WERTPAPIER
ANALYSE

# Benjamin Graham
& David Dodd

Geheimnisse der Wertpapieranalyse

Überlegenes Wissen für Ihre
Anlageentscheidungen

FinanzBuch Verlag München

Alle Rechte, einschließlich derjenigen des auszugsweisen Abdrucks sowie der photomechanischen und elektronischen Wiedergabe, vorbehalten.
Dieses Buch will keine spezifischen Anlageempfehlungen geben und enthält lediglich allgemeine Hinweise. Autor, Herausgeber und die zitierten Quellen haften nicht für etwaige Verluste, die aufgrund der Umsetzung ihrer Gedanken und Ideen entstehen.

AUS DEM AMERIKANISCHEN VON DR. WALTER FRÜHLING

Lizenzausgabe 1999 für den FinanzBuch Verlag
bearbeitet von Sidney Cottle, Roger F. Murray, Frank E. Block
unter Mitarbeit von Martin L. Leibowitz
® 1992 by Verlag Hoppenstedt & Co.
Umschlaggestaltung: Julia Grunow

FinanzBuch Verlag München
Candidplatz 13, 81543 München
Tel. 089-65 12 85 0 / Fax 089-65 20 96
eMail: graham@finanzverlag.com

Für mehr Bücher: www.finanzverlag.com

Die Autoren möchten Autranet, sowie Donaldson, Lufkin und Jenrette ihren verbindlichen Dank für die finanzielle Unterstützung aussprechen, die eine wichtige Hilfe für die Herausgabe der 5. Auflage dieses Buches war.
Diese Unterstützung ist Ausdruck des Interesses und der Verpflichtung, die diese beiden Organisationen der Aufgabe entgegenbringen, die Effektivität des Investmentprozesses zu fördern.

Inhalt

Vorwort zur deutschen Ausgabe IX

Vorwort von David L. Dodd XIII

TEIL 1 Finanzanalyse und Methode

    1. Finanzanalyse, Investmententscheidungen und Wertpapieranalyse 3
    2. Wertpapiere und Wertpapiermärkte 11
    3. Umfang und Grenzen der Wertpapieranalyse 31
    4. Innerer Wert 45
    5. Wirtschaftsanalyse 55
    6. Kapitalmarktanalyse 75
    7. Analyse von Börsen-Sektoren 97
    8. Die Informationsquellen des Analysten und ihre Eigenarten . . 105
    9. Qualitative und quantitative Faktoren in der Wertpapieranalyse und das Konzept eines Sicherheitsrahmens 123

TEIL 2 Analyse von Jahresabschlüssen

    10. Überblick über die Analyse von Jahresabschlüssen 143
    11. Analyse der Gewinn- und Verlustrechnung 161
    12. Die Auswirkungen von Reserven, Eventualverbindlichkeiten und Wertberichtigungskonten auf die Gewinn- und Verlustrechnung 181
    13. Bewertung der Vorräte und Herstellungskosten 213
    14. Auswirkungen von Abschreibung und Amortisation auf Steuern und Erträge 229
    15. Analyse der Finanzbewegungsrechnung 259
    16. Ergebnisse von Tochtergesellschaften, Beteiligungsgesellschaften und aus Auslandstätigkeit 291
    17. Auswirkungen der Ertragssteuern 305
    18. Analyse von Bilanzen 327
    19. Die Vermögenswerte in der Bilanzanalyse 353
    20. Analyse von Kennzahlen 373
    21. Kennzahlen im Vergleich von Gesellschaften 411
    22. Kennzahlen in der Industrieanalyse 431

TEIL 3 Analyse von festverzinslichen Wertpapieren

    23. Das Umfeld für festverzinsliche Anlagen
        (von *Martin L. Leibowitz*) 451
    24. Auswahl von festverzinslichen Wertpapieren 491
    25. Besondere Standards für das Investment in Obligationen . . . 507
    26. Auswahl von Vorzugsaktien 525

TEIL 4 Bewertung von Aktien und Eventualansprüchen

    27. Investment in Aktien in den späten achtziger Jahren:
        Die Aufgabe des Wertpapieranalysten 539
    28. Das Für und Wider der Bewertungsmethode 553
    29. Bedeutung der bisherigen Gewinnentwicklung 567
    30. Projektionen von Gewinnen und Dividenden:
        Das Konzept der Ertragskraft 591
    31. Der Dividendenfaktor bei der Aktienbewertung 617
    32. Kapitalisierungsrate für Gewinne und Dividenden 631
    33. Kapitalstruktur 645
    34. Der Substanzwert bei der Bewertung von Aktien 657
    35. Eventualansprüche: Wandelanleihen, Warrants und Optionen . 673

TEIL 5 Die Einwirkungsmöglichkeiten der Wertpapieranalyse

    36. Kontrolle über die Gesellschaften 689

Literatur, die in den „Anmerkungen des Übersetzers" benutzt wurde . . . 703

Abkürzungsverzeichnis 705

Amerikanische Fachausdrücke mit Erläuterungen 707

Kennzahlenverzeichnis 713

Stichwortverzeichnis 719

Vorwort zur deutschen Ausgabe

Mit dem vorliegenden Buch bringt der Verlag das amerikanische Standardwerk über die Fundamentalanalyse von Aktien (und Obligationen) heraus, das zuerst 1934 erschienen ist. „Investment nach Graham und Dodd" (die Namen der beiden ursprünglichen Autoren) ist inzwischen in den USA zu einer Art Markenbezeichnung für konservatives, langfristiges Investment geworden. Nach über 50 Jahren ist die neue, fünfte Auflage durch eine neue Generation von Autoren bearbeitet worden; es handelt sich dabei jeweils um führende Autoritäten auf ihrem Gebiet, die ihr theoretisches Wissen dem harten Test der Praxis in leitenden Stellungen in Wallstreet unterworfen haben.

Das Buch wendet sich oft an „den Wertpapieranalysten". Dazu ist wenig zu sagen: Für ihn handelt es sich um ein wichtiges Fachbuch und zugleich um ein Nachschlagewerk für zahlreiche Einzelfragen. Aber als bloßes Fachbuch für Wertpapieranalysten hätte das Werk nicht diesen nachhaltigen Erfolg gehabt und wäre zur „Bibel der Fundamentalisten" (Granville) geworden. Derjenige, für den es eigentlich bestimmt ist und der es sehr gründlich lesen sollte, ist „der Investor". Um sein Geld geht es, er muß die Anlageentscheidungen treffen, und dazu muß er den Wertpapieranalysten zumindest verstehen, besser noch: seine Empfehlungen kritisch beurteilen können.

Was in Deutschland im allgemeinen unter Fundamentalanalyse verstanden wird, ist ein Konglomerat von einzelnen Elementen einer solchen Fundamentalanalyse. Was in der Regel fehlt, ist der Rahmen, das gedankliche System, nach dem diese Elemente sich ordnen und beurteilen lassen und weiter die Möglichkeit, diese Elemente zahlenmäßig zu bewerten. Das bietet das vorliegende Buch. Darüber hinaus bietet es ein unglaublich reiches Material an Zahlen, Fakten und Erfahrungswissen: Wie hoch waren die Kursrückgänge der US-Börse in den einzelnen Bearmarkets seit 1871? Wie hoch lagen die durchschnittlichen Kurs-/Gewinnverhältnisse an der amerikanischen Börse seit 1871? Bestehen Beziehungen zwischen dem Buchwert einer Gesellschaft und dem Wert, den sie an der Börse hat? Welchen Einfluß hat überhaupt der Substanzwert auf die Aktienbewertung? Was sind Interest Rate Swaps? Welchen Einfluß hat die Kapitalstruktur (der Anteil von Schulden) auf die Gewinnentwicklung? Wie läßt man Schulden legal aus der Bilanz verschwinden? Wie werden Gewinne legal „aufgeforstet"?

Der umfangreiche Teil 2 (Analyse von Jahresabschlüssen) erörtert die zahlreichen Zweifelsfragen auf diesem Gebiet mit jener zupackenden amerikanischen Praxisbezogenheit, die in deutschen Darstellungen leider manchmal etwas fehlt. Entscheidendes Kriterium ist dabei immer der Investmentgesichtspunkt, der bei uns in der Regel allenfalls am Rande erwähnt wird. Die Beispiele sind natürlich alle dem amerikanischen Wirtschaftsraum entnommen. Aber schon nach einigen Seiten merkt man, daß die Probleme und ihre Lösungen weitgehend dieselben wie bei uns sind und sogar die technischen Einzelheiten in vielen Fällen übereinstimmen. Beispielsweise wendet u. a. die Karstadt AG die „Einzelhandelsmethode" (Kapitel 13) für die Bewertung der Warenvorräte an (Geschäftsbericht 1988, S. 31). Wie vergleicht man unter dem Investmentgesichtspunkt zwei Gesellschaften, von denen die eine ihre Büros, Fabriken oder Verkaufsstätten zu Eigentum besitzt, während die andere sie gemietet hat? Welche Auswirkungen hat die Abschreibungspolitik oder die Vorratsbewertung auf die (tatsächliche oder scheinbare) Rentabilität einer Firma? Nicht alle Zaubertricks eines Bilanzbuchhalters wird man lernen, aber um einiges klüger ist man nach dem Lesen dieses zweiten Teiles denn doch.

Bei der Übersetzung der Fachausdrücke galt es, mehrere Gesichtspunkte miteinander in Einklang zu bringen. Das Buch sollte, wie das amerikanische Original, nicht nur für einige wenige Fachleute verständlich sein, sondern auch für den normalen Investor, der in der Regel weder studierter Betriebswirt noch Bilanzbuchhalter ist. Viele Ausdrücke der Wirtschaft, vor allem in den Bereichen Buchführung, Bilanzen, Steuern, sind historisch gewachsen und/oder Ergebnis der nationalen Rechtsordnungen, nicht zuletzt der Steuergesetzgebung und -praxis. Deutsche und amerikanische Fachausdrücke entsprechen sich deshalb oft nur im großen und ganzen, aber nicht in den Einzelheiten. Bei der Übersetzung bin ich daher wie folgt verfahren: In vielen Fällen gibt es Ausdrücke der deutschen Wirtschaftssprache, die ohne weiteres verständlich sind und auch so weitgehend passen, daß Unklarheiten kaum zu befürchten sind. Beispiele sind etwa flüssige Mittel (Cash) oder Ertragssteuern (Income Tax). Wenn es solche allgemeinverständlichen Ausdrücke nicht gab, habe ich im Zweifel lieber eine wörtliche Übersetzung gewählt (wenn diese verständlich war) als einen (für den normalen Investor unverständlichen) deutschen Fachausdruck, der überdies oft nicht genau paßt. Ich habe also die „Deferred Taxes" wörtlich als „aufgeschobene Steuern" übersetzt und nicht als „latente Steuern" (zumal zu den Fällen von latenten Steuern auch Varianten gehören, die keine „Deferred Taxes" wären). Die „Reserves" habe ich als „Reserven" übersetzt und nicht als „Rückstellungen" (zumal zu den Reserves auch noch andere Fälle gehören). Der Wertpapieranalyst oder ausgebildete Fachmann weiß ohnehin, welcher deutsche Fachausdruck jeweils einschlägig ist. Gelegentlich habe ich in solchen Fällen den „nächstbesten" deutschen Fachbegriff in Klammern hinzugefügt, gelegentlich auch den amerikanischen Ausdruck in Klammern wiederholt, und zwar dort, wo die deutsche Übersetzung kein genau passendes Wort lieferte, oder aber wo Kenntnis des amerikanischen Fachausdruckes u. U. von Nutzen sein könnte, wenn man ihn in der Fachliteratur sucht. In einigen Fällen allgemeinerer und gebräuchlicher Fachausdrücke habe ich allerdings auch diese benutzt, obwohl sie vermutlich nicht jedem Investor geläufig sind (z. B. Gesamtkapitalrentabilität); der nähere Inhalt ergibt sich dann aus dem Buchtext, sonst habe ich ihn für den Nicht-Fachmann in einer „Anmerkung des Übersetzers" kurz erläutert (z. B. „Nettoumlaufvermögen").

Vorwort zur deutschen Ausgabe

In einer Reihe von Fällen habe ich die amerikanischen Ausdrücke so belassen. „Treasury Bills" als Schatzanweisungen zu übersetzen, würde mehr Verwirrung als Klarheit schaffen. Für einige amerikanische Begriffe, etwa die „Duration", gibt es meines Wissens keine eingebürgerten deutschen Ausdrücke. Ich habe diese Wörter also beibehalten und beim ersten Mal eine wörtliche Übersetzung hinzugefügt. In etlichen weiteren Fällen, etwa für die „Performance" oder den „Warrant" sind die amerikanischen Ausdrücke inzwischen zu einem festen Bestandteil unserer Börsensprache geworden. Wo immer amerikanische Ausdrücke (im Text oder in Klammern) auftauchen, werden sie zur Bequemlichkeit des deutschen Lesers meist groß geschrieben, vor allem die Substantive.

Gelegentlich habe ich in einer „Anmerkung des Übersetzers" für den deutschen Leser einige Hinweise oder Erklärungen gegeben, die im amerikanischen Original nicht enthalten sind, die mir aber nützlich erschienen. Die dabei benutzte Literatur wird in diesen Anmerkungen nur in Abkürzung zitiert; ein Verzeichnis der in diesen Anmerkungen benutzten Literatur befindet sich am Ende des Textes.

Zum Schluß sei mir noch eine persönliche Bemerkung gestattet: Einige Leser wissen vielleicht, daß ich Bücher über die Technische Aktienanalyse übersetzt und selbst geschrieben habe. Darin habe ich die Auffassung vertreten, die Technische Analyse sei für den kleinen und mittleren Investor die „größte Chance im Konkurrenzkampf am Aktienmarkt". Dieser Auffassung bin ich auch heute noch. Aber das soll mich natürlich nicht daran hindern, über den Zaun zu blicken und mich mit Fundamentalanalyse zu befassen. Beide Methoden haben ihre Stärken und ihre Schwächen, und man sollte sie beide kennen.

Hannover, den 25. 11. 1990 *Dr. Walter Frühling*

Vorwort

Das Konzept der Wertpapieranalyse von Graham und Dodd mit seiner Betonung des Wertes bedarf keiner Revision. Die Prinzipien der Fundamentalanalyse, wie sie in den vier vorhergehenden Auflagen formuliert wurden, leisten ihren Anhängern nach wie vor gute Dienste. Viele Investmentmanager benutzen Ausdrücke wie „wertbezogen" und „die Graham-Dodd-Methode" gleichbedeutend, um ihre Art der Auswahl von Wertpapieren zu beschreiben. Diese 5. Auflage ist daher nicht die Revision eines Prinzips, sondern bringt nur die Techniken bei der Anwendung auf den neuesten Stand. In einer Ära von Übernahmen, Leveraged Buy Outs und Umstrukturierungen von Gesellschaften ist die gründliche Analyse, wie sie die Graham-Dodd-Methode bietet, besonders erforderlich, um den Wert von Gesellschaften zu bestimmen.

Untersuchungen über die Börseneffizienz (Market Efficiency), die moderne Portfoliotheorie und Schlußfolgerungen aus der Finanzwirtschaft argumentieren, daß für *alle* Investoren oder für den *durchschnittlichen* Investor keine ständigen Erträge aus einer Wertpapieranalyse zu erwarten seien. Angeblich ist der Preismechanismus der Börse, wie er durch die Anstrengungen fähiger Analysten in Gang gehalten wird, zu effizient, um auch nur *einigen* Investoren überdurchschnittliche Erträge durch die Auswahl von Wertpapieren zu ermöglichen. Die Graham-Dodd-Methode jedoch geht von der Auffassung aus, daß der Preismechanismus der Börse so weitgehend auf fehlerhaften und häufig irrationalen analytischen Prozessen beruht, daß der Kurs eines Wertpapieres nur gelegentlich mit dem inneren Wert zusammenfällt, um den er normalerweise schwankt.

Der konzeptmäßige Rahmen der Wertpapieranalyse, die Qualität der Finanz-Information und der darauf angewandte analytische Prozeß verdienen jeweils eine sorgfältige Untersuchung. Diese Auflage beginnt daher, wie die vorhergehenden in Teil 1 mit einer Darstellung der Rolle, die die Wertpapieranalyse im Prozeß der Investmententscheidung spielt. Es wird eine Definition des inneren Wertes erarbeitet und es werden die analytischen Zusammenhänge behandelt, die bei der Auswahl von Wertpapieren von Bedeutung sind. Es wird das Konzept eines Sicherheitsrahmens vorgestellt.

Teil 2 befaßt sich mit der Analyse von Jahresabschlüssen, um verläßliche Schätzungen der Ertragskraft einer Gesellschaft zu erhalten – im Gegensatz zu den periodisch berichteten „Gewinnen". Um zu Stetigkeit und Vergleichbarkeit der Kennzahlanalyse für Gesellschaften und Industrien zu gelangen, bedarf es gewisser Anpassungen. Sie sind fast vollständig neu, weil seit der 4. Auflage im Jahre 1962 viele Änderungen in der Buchführung, bei der Steuer und bei den Veröffentlichungsvorschriften stattgefunden haben.

Teil 3 bietet eine umfassende Übersicht über den Markt für festverzinsliche Wertpapiere und gibt Standards für ihre Auswahl. Die Kreditwürdigkeit des Ausgebers wird im Rahmen der Prinzipien untersucht, wie sie für die Analyse von Jahresabschlüssen in Teil 2 entwickelt werden.

Die Bewertungsmethode bei der Auswahl von Aktien wird in Teil 4 behandelt. Die Bedeutung der Ertragskraft, von Dividenden, Wachstum und Vermögenswerten wird untersucht und führt zum Kapitalisierungsfaktor, um den inneren Wert einer Gesellschaft festzulegen. Optionen, Warrants und Wandelanleihen werden in einem besonderen Kapitel über Eventualansprüche behandelt.

Fragen der Kontrolle über Gesellschaften, soweit sie den Wertpapieranalysten angehen, sind in Teil 5 behandelt.

Auch in dieser Auflage haben die Autoren die Tradition von Graham und Dodd aufrecht erhalten: Tatsachen zu respektieren, um echte Erfolge von bloßen Hoffnungen und Erwartungen zu unterscheiden und zu gesunden Bewertungsprinzipien zu gelangen. Die konservative Einstellung, wie sie der Graham-Dodd-Methode zugrundeliegt, läßt ernste Zweifel an einem Aktienniveau aufkommen, wie es sich in einem Dow Jones Average von 2400 zu Anfang 1987 darstellt. Dem Leser wird eine realistische Gruppe von Wertstandards vorgestellt, die er akzeptieren, ablehnen oder modifizieren kann.

Die erneute Bearbeitung der Prinzipien von Graham und Dodd berücksichtigt so wesentliche Änderungen wie die augenblickliche Rolle der institutionellen Investoren in den Wertpapiermärkten, die Entwicklung neuer Finanz-Technologien, ein umfangreiches Arsenal von Eventualansprüchen und wichtige Änderungen in der Praxis der Finanz-Berichterstattung. Bestimmte Bewertungskriterien sind verfeinert worden, um die fortlaufende Forschung im Bereich der Finanzanalyse zu berücksichtigen. Angesichts dieser Änderungen haben sich die Prinzipien von Graham und Dodd als dauerhaft erwiesen und liefern auch weiterhin Struktur und Rahmen für die Wertpapieranalyse als Disziplin.

Dieses Buch ist ein Tribut an den analytischen Genius des verstorbenen Benjamin Graham. Die 4 ersten Auflagen waren Handbücher für die Mitglieder der Financial Analysts Federation und für das Institute of Certified Financial Analysts, die bei Graham Inspiration und Förderung fanden. Ein wichtiges Ergebnis seiner Führungsrolle war die Betonung ethischer Standards und fortgesetzter Weiterbildung. Beides wird von diesen Oganisationen heute vermittelt. Weiterer Fortschritt im Bereich der Wertpapieranalyse ist damit sichergestellt.

Diese 5. Auflage beruht auf der Zusammenarbeit von drei Autoren. Sidney Cottle, der schon an der 4. Auflage mitwirkte, hat langjährige Erfahrung in Forschung und Investmentberatung für große Gesellschaften und institutionelle Investoren. Dr. Cottle war früher Director of Finance am Stanford Research Institute und Fakultätsmitglied der Graduate School of Business, Stanford University. Frank E. Block, CFA bringt in diese Auflage 30 Jahre Investmenterfahrung in Trustabteilungen von Banken und in Wallstreet ein. Bis vor kurzem war er Mitglied des Financial Accounting Standards Board und eng mit der Weiterentwicklung der Praxis von Jahresabschlüssen befaßt. Roger F. Murray ist S. Sloan Colt Professor

Emeritus für Bankwesen und Finanz der Graduate School of Business der Columbia Universität; als Vizepräsident der Bankers Trust Company und geschäftsführender Vizepräsident der Teachers Insurance and Annuity Association und des College Retirement Equities Fund war er dort für das Geldmanagement verantwortlich. Als früherer Präsident der American Finance Association ist Dr. Murray der Urheber des Konzepts eines „Individual Retirement Account" und unterrichtete zahllose Studenten der Columbia Business School auf der Grundlage zweier vorhergehender Auflagen. Martin L. Leibowitz, dem geschäftsführenden Direktor der Bond Portfolio Analysis Group bei Salomon Brothers Incorporated verdanken wir Kapitel 23 über die Entwicklung des Umfeldes für festverzinsliche Anlagen.

Die Größe der Aufgabe, diese neue Auflage nach 25 Jahren herauszugeben, sollte nicht unterschätzt werden. Die zahlreichen Einzelpersonen, deren Ideen und Hilfe zur Fertigstellung dieses Buches beigetragen haben, wissen um die Dankbarkeit der Autoren. Ein besonderer Dank gilt Nancy C. Doolittle für umfangreiche und rechtzeitige Kritik, bohrende Fragen und richtige Antworten.

Falmouth, Maine *David L. Dodd*
April 1987 Professor em. für Finanzwissenschaft
  Columbia Universität

TEIL 1

Finanzanalyse und Methode

Kapitel 1
Finanzanalyse, Investmententscheidungen und Wertpapieranalyse

Dieses Buch befaßt sich mit jenem weiten Aspekt der Finanzanalyse, den man als Wertpapieranalyse („Security Analysis") bezeichnet, seit der Ausdruck durch den Titel dieses Buches in seiner ersten Auflage 1934 geprägt wurde.[1]) Wertpapieranalyse untersucht und bewertet individuelle Wertpapiere; sie will die Ergebnisse schätzen, die ein Investment in diese Wertpapiere haben wird. Finanzanalyse im allgemeinen und Wertpapieranalyse im besonderen sind Teil des Entscheidungsprozesses, der für ein Investment erforderlich ist. Der Platz dieser Disziplinen in jenem Prozeß ist Gegenstand dieses Kapitels.

Finanzanalyse

Finanzanalyse hat für das Investieren die Aufgabe, Informationen zu liefern und Vorhersagen zu treffen. Sie liefert Informationen über Vergangenheit und Gegenwart und quantifiziert Erwartungen für die Zukunft. Entscheidungen über den Kapitaleinsatz, über die Finanzpolitik einer Gesellschaft und informierte Auswahl von Wertpapieren für Investmentzwecke sind alles Ergebnisse der Finanzanalyse. Zu den analytischen Hilfsmitteln, die für diese Zwecke mobilisiert werden, gehören

---

[1]) Vorher hatten führende Finanz-Institutionen statistische Abteilungen, in denen Statistiker über Karten der Eisenbahnverkehrsdichte brüteten und berechneten, in welcher Zeit Eisenbahnschwellen zu erneuern seien und ob die Eisenbahnausrüstung ordnungsgemäß unterhalten sei. In den Fällen, wo sinnvolle finanzielle Daten für Industriegesellschaften verfügbar waren, versuchten die Statistiker, Vergleiche zwischen führenden Gesellschaften anzustellen, aber ihr Beitrag zu dem Prozeß, in dem Investmententscheidungen getroffen werden, blieb gering. Benjamin Grahams' erster Kurs an der Columbia Universität im Jahre 1929 hatte den Titel „Investments". David Dodds sorgfältige Notizen und die Beispiele aus jenem Kurs waren das reiche Material, aus dem 1934 jene erste Auflage gewonnen wurde. Wertpapieranalyse („Security Analysis") entwickelte sich im Laufe der Zeit von einem Buchtitel zu einem allgemein gebräuchlichen Namen für eine umfangreiche finanzwissenschaftliche Disziplin. Statistische Abteilungen wurden Analyseabteilungen und schließlich Aufgabenbereiche im Rahmen von Investment-Research.

Analysen der (Gesamt)Wirtschaft, des Kapitalmarktes, einzelner Sektoren und spezifischer Wertpapiere.

Wirtschaftsanalyse liefert sowohl kurzfristige (die nächsten 4 bis 8 Quartale) als auch längerfristige (die nächsten 5 Jahre oder mehr) Projektionen für die gesamte Volkswirtschaft. Dabei geht es um den Ausstoß an Gütern und Dienstleistungen (Sozialprodukt), die Inflation, die Gewinne, die monetäre- und Fiskalpolitik sowie die Produktivität. Sie legt damit die Grundlage für Zukunftsschätzungen in bezug auf Kapitalmarkt, einzelne Sektoren, Industriezweige und einzelne Gesellschaften.

Kapitalmarktanalyse entwickelt vor allem für die Aktien- und Obligationenmärkte Schätzungen über Wert und Ertrag. Schätzungen in bezug auf den Aktienmarkt werden für diesen insgesamt entwickelt, wie er durch die bekannten Indizes repräsentiert wird. Schätzungen für den Obligationenmarkt beziehen sich auf das allgemeine Niveau und die Zeitstruktur von Zinssätzen, ferner auf erwartete Ertragsunterschiede, wie sie sich aus dem Risiko von Kursschwankungen und der Zahlungsfähigkeit des Schuldners ergeben.

Wertpapieranalyse untersucht Industriezweige und Wertpapiere einzelner Gesellschaften – in erster Linie, um Erwartungen über ihren Wert und Ertrag zu entwickeln und dadurch zu hoch notierte Papiere von den zu niedrig notierten zu unterscheiden.

Zwischen Kapitalmarkt- und Wertpapieranalyse – mit einigen Wesenszügen von beiden – liegt die Sektoranalyse (die auch „Analyse von Wertpapieren mit gemeinsamem Faktor" – „Common Factor Analysis" – genannt wird). Breiter angelegt als Industrie- und Gesellschaftsanalyse kann Sektoranalyse als Brücke zwischen Kapitalmarkt- und Wertpapieranalyse angesehen werden. Im Zusammenhang mit dem Aktienmarkt bestehen Sektoren aus größeren Aktiengruppierungen, die mehrere Industrien ganz oder nur in Ausschnitten umfassen (z. B. entsprechend einem Wirtschaftssektor, nach ihren Wachstumsraten oder der zyklischen Natur ihrer Gewinne).

Individuelle und institutionelle Investoren

Die augenblickliche Betonung der wachsenden Rolle von Institutionen hat dazu geführt, daß das Augenmerk mehr auf die Form als auf den Inhalt des Prozesses gerichtet ist, in dem Investmententscheidungen getroffen werden. Deshalb soll gleich zu Beginn dieses Buches auf die Ähnlichkeit, ja Identität der Schritte hingewiesen werden, die sowohl die Institution als auch der individuelle Investor vollziehen. Das gemeinsame Ziel aller Investoren ist es, Werte zu erwerben, die zumindest richtig und – besser noch – zu niedrig notiert sind. Sollten diese Werte später zu hoch notieren, besteht das Ziel darin, diese Tatsache zu erkennen und sie zu verkaufen. Diese Bewertung hängt von unbekannten zukünftigen Ereignissen ab. Deshalb kann ihre Genauigkeit ebenso von Faktoren aus dem Bereich der Gesamtwirtschaft, des Kapitalmarktes, des Sektors und des Industriezweiges beeinflußt werden wie von der spezifischen Leistung der Gesellschaft. Individuelle Investoren gehen stillschweigend von Voraussagen oder Annahmen über diese Faktoren aus, ohne darüber ausgearbeitete Berichte anzufertigen. Denn für sie besteht keine Notwendigkeit zur Kommunikation, abgesehen vom Kauf- oder Verkaufsauftrag an ihren Broker. Eine Institution jedoch muß ein ausgeklügeltes Verfahren entwickeln, um verschiedene Ansichten in Einklang zu bringen, und außerdem ein Kommunikationssystem, um die Schlußfolgerungen einheitlich anwendbar zu machen. Ebenso muß eine Gruppe von Wertpapieranalysten für ihre Arbeit eine einheitliche Grundlage gesamtwirtschaftlicher und sonstiger Faktoren haben, die sie auf einzelne Gesellschaften anwendet, so daß ihre Arbeit auf einem Fundament von widerspruchsfreien und beständigen Zukunftserwartungen beruht.

Die Protokolle des Komitees für Anlagepolitik einer großen Institution mögen daher umfangreiche Berichte und zusätzliches Material erfordern, um eine festgelegte Investmentstrategie auf Kurs zu halten. Das Individuum braucht keine formalen Studien vorzubereiten, denn eine einfache Notiz von einer Zeile mag ausreichen, um die Basis einer Entscheidung für später festzuhalten. Aber das Fehlen einer „Papierspur" unterscheidet das Verfahren des Individuums, eine Entscheidung zu erreichen, nicht von dem der Institution.

Die Methoden: „Von-Oben-Nach-Unten" und „Von-Unten-Nach-Oben"

Ein gewisser formeller Apparat von analytischen Untersuchungen ist erforderlich, um Voraussagen über die Gesamtwirtschaft, den Kapitalmarkt und Sektoren zu machen. Man sollte daher erwarten, daß alle Institutionen „Von-Oben-Nach-Unten" Investoren sind, daß sie also bei ihren Untersuchungen mit der Gesamtwirtschaft – sowohl national als auch international – beginnen und dann fortschreiten zur Untersuchung der Kapitalmärkte, der Sektoren und Industrien, wenn sie spezifische Wertpapiere aussuchen. Der Privatmann im Gegensatz dazu könnte ein „Von-Unten-Nach-Oben"-Investor sein, der bei seiner Suche nach unterbewerteten Fällen eine große Anzahl von Aktien durchleuchtet und die Faktoren des weiteren wirtschaftlichen Umfeldes nur kurz betrachtet. In der Praxis jedoch benutzen viele große institutionelle Investoren eine Methode „Von-Unten-Nach-Oben" und viele Privatleute mit bescheidenen Hilfsmitteln gehen bei ihrer Prüfung" von oben nach unten" vor.

Daraus folgt, daß der Wertpapieranalyst verschiedene Arten von Zuhörern für seine Ergebnisse haben kann. Portfoliomanager des „Von-Oben-Nach-Unten"-Typs werden Klarheit verlangen, daß sie und ein Wertpapieranalyst beide von gemeinsamen Annahmen ausgehen, während der Manager des „Von-Unten-Nach-Oben"-Typs hauptsächlich daran interessiert ist, gesellschaftsspezifische Informationen zu bekommen. Wie man die Untersuchungsergebnisse eines Wertpapieranalysten benutzt, kann daher sehr unterschiedlich sein, aber dies ändert nicht die Analyse als

Disziplin oder den Verlauf der Untersuchung. Die Bewertung berücksichtigt alle Charakteristiken einer Gesellschaft und ihrer Tätigkeit, um zu entscheiden, ob ein Wertpapier für eine bestimmte Portfolio-Struktur geeignet ist.

Investieren als Disziplin

Investieren – wie Medizin, Rechts- oder Wirtschaftswissenschaft – liegt als Disziplin irgendwo zwischen einer Kunst und einer Wissenschaft. Gewisse Aspekte des Investierens lassen sich mit wissenschaftlichen Methoden behandeln. Die Schaffung von Datenbanken für Computer und Fortschritte in quantitativen Techniken sowie im Einsatz von Computern haben die Benutzung wissenschaftlicher Methoden beschleunigt. Gesellschaften sind jedoch Wirtschaftsunternehmen, die den Unwägbarkeiten des menschlichen Managements unterliegen und in einem höchst dynamischen und wettbewerbsbetonten Umfeld arbeiten. Viele stehen im Wettbewerb sowohl in nationalen als auch internationalen Märkten. Infolgedessen bleibt für den Wertpapieranalysten die Zahl der Variablen beinahe unendlich groß, und der Beurteilungsfaktor beherrscht auch weiterhin die Investmententscheidungen.

Es ist zu bezweifeln, daß Investieren jemals als Wissenschaft eingestuft werden kann. Nichtsdestoweniger haben Forschung, Training und Erfahrung das Investieren zu einer Disziplin entwickelt. „Disziplin" bedeutet hier einen strukturierten, widerspruchsfreien und ordnungsmäßigen Prozeß, der andererseits weder in Konzept noch Methode starr ist. Solch ein Prozeß wird den Einfluß von menschlichen Emotionen auf den Höhepunkten oder Tiefpunkten der Börse gering halten. Mit anderen Worten: Investieren sollte systematisch betrieben werden. – Für Investoren gibt es nicht die einzige, überragende, ewige Entscheidung – weder in bezug auf ein einziges Wertpapier noch ein Portfolio –, denn das Investmentumfeld ist hochdynamisch. Die Aussichten und Börsenbewertungen von einzelnen Gesellschaften und ganzen Industriezweigen ändern sich erheblich und manchmal sehr schnell. Infolgedessen werden nur ganz ungewöhnliche Wertpapiere einmal als Dauerbesitz gekauft. Erinnern Sie sich bitte, daß in bezug auf Wachstum und Gewinnaussichten Stahl einmal eine der führenden Industrien in den Vereinigten Staaten war. Von 1982 bis 1986 jedoch erlitten acht große, integrierte Stahlgesellschaften einen Verlust von zusammen über 4 Milliarden Dollar.

Mancher wird sich auch an die Zeiten erinnern, als die Aluminiumindustrie eine Favoritenrolle an der Börse spielte. 1960 wurde Alcoa mit mehr als dem vierzigfachen Gewinn gehandelt, verglichen mit einem Durchschnitt des 3,7fachen Gewinns im Jahre 1979 und dem 8,1fachen des Gewinns, wie er Anfang 1985 allgemein mit 3,85 $ je Aktie geschätzt wurde.

In jüngerer Zeit stieg Coleco Industries (ein Produzent von Swimmingpools und Wasserprodukten, Spielzeugen, Puppen und elektronischen Produkten für Verbraucher) von einem Tiefstwert von 3 im Jahre 1979 auf einen Höchstkurs von 65 im Jahre 1983, als die „Cabbage Patch"-Puppen Furore machten. 1985 wurde Coleco unter 10 gehandelt. Einige Werte, die augenblicklich als höchst attraktiv betrachtet werden, werden ohne Zweifel zu irgendeinem zukünftigen Zeitpunkt als ebenso unattraktiv angesehen werden.

Auswahl durch Vergleich

Auswahl durch Vergleich zwischen verschiedenen Investmentgelegenheiten erfordert die Bewertung von Wertpapieren, so daß ihre relative Attraktivität in bezug auf Gewinn und Risiko jederzeit beurteilt werden kann. Dieser Zweck kann nur erreicht werden, wenn gleichmäßige analytische Prozeduren angewandt werden. Die Voraussagen für Industrien und Gesellschaften müssen auf Projektionen für Gesamtwirtschaft und Kapitalmarkt beruhen, die einheitlich, in sich beständig und widerspruchsfrei sind. Wenn Dow Chemical für einen Kauf ausgesucht wird, muß die Aktie für attraktiver gehalten werden als Union Carbide, Hercules, Monsanto oder andere Wertpapiere mit vergleichbaren Investmenteigenschaften. Isolierte Analyse und Bewertung eines individuellen Wertpapieres ist also wenig praktisch und nicht angebracht. Ein Wertpapier kann nicht ohne andere Wertpapiere oder das allgemeine Investmentklima erfolgreich bewertet werden

Beständigkeit, Widerspruchsfreiheit und Vergleichbarkeit sind so wichtig, daß sie die Hauptziele des Wertpapieranalysten sein sollten. Beständigkeit und Widerspruchsfreiheit beziehen sich auf Daten für eine individuelle Gesellschaft über längere Zeit, Vergleichbarkeit bedeutet richtige Daten für mehrere Gesellschaften

Tafel 1.1: Anpassung von Umsätzen zur Herstellung der Vergleichbarkeit (in Millionen Dollar)

	1985	1984	1983
Amoco (Standard Oil of Indiana)			
Netto-Umsätze (laut Geschäftsbericht)	26 922	26 949	27 635
Excise Tax	1 615	1 555	1 557
Chevron			
Umsätze (laut Geschäftsbericht)	43 845	46 173	28 411*)
davon Excise Tax	2 103	1 957	1 069
Netto-Umsätze ohne Steuer	41 742	44 216	27 342
Mobil			
Umsätze (laut Geschäftsbericht)	59 458	59 492	57 996
davon Excise Tax	3 498	3 445	3 389
Netto-Umsätze ohne Steuer	55 960	56 047	54 067
*) vor dem Erwerb von Gulf Oil			

für den jeweiligen Zeitraum. Ohne Beständigkeit, Widerspruchsfreiheit und Vergleichbarkeit kann der Investor kein gesundes Urteil fällen, wenn er über- oder unterbewertete Aktien identifizieren will. Ein Beispiel: Bei Amoco Corporation (früher Standard Oil of Indiana) sind die Umatzsteuern (Excise Taxes) im Posten „Verkäufe und andere Betriebseinnahmen" nicht enthalten, wohl aber bei Chevron und Mobil. Wie die Zahlen in Tafel 1.1 zeigen, ist eine Berichtigung wegen dieser Tatsache erforderlich, wenn man die drei Gesellschaften vergleichen will.

1985 betrug die Umsatzsteuer 6 % für die „Nettoumsätze" bei Amoco, 5 % bei Chevron und 6.3 % bei Mobil. Diese Zahl ist also groß genug, um die Vergleichbarkeit der Kennzahlen für Aufwand und Gewinn von Amoco in bezug zu den beiden anderen Gesellschaften zu beeinflussen. Da überdies der Prozentsatz der Umsatzsteuer für die verschiedenen Gesellschaften von 1983 bis 1985 nicht derselbe war, mußte das auch einen gewissen Einfluß auf den prozentualen Rückgang der Umsätze für jede einzelne Gesellschaft haben.

Das Erreichen einer Investmententscheidung

Investmententscheidungen können am besten als ein zusammengesetzter Prozeß angesehen werden, zu dem die Wertpapieranalyse ihren eigenständigen Beitrag liefert. Portfolio-Management – damit befassen sich eingehend andere Bücher – erfordert die beständige und widerspruchsfreie Anwendung von Analysen der Gesamtwirtschaft, des Kapitalmarktes und einzelner Sektoren, um Ziele zu definieren und das Ergebnis (Performance) zu messen. Wertpapieranalyse dient demjenigen, der Investmententscheidungen trifft: Sie ermittelt angemessen oder zu niedrig notierte Wertpapiere, die am wahrscheinlichsten das erwünschte Ergebnis bringen werden.

Wer als Portfoliomanager oder sonstiger Investor Investmententscheidungen trifft, sucht im Discountladen nach attraktiver Ware. Der Analyst beschafft die Informationen über die Vor- und Nachteile der verschiedenen Angebote wie ein guter Verkäufer im Laden. Die Diskussion befaßt sich mit Qualität, Haltbarkeit, dem Service und besonders dem Preis. Ohne die Analogie zu weit zu führen, ist es klar, daß ein kundiger Käufer genaue Vorstellungen über das gewünschte Produkt hat, während der Verkäufer über die vergleichsweisen Werte gut unterrichtet ist und eine besonders günstige Gelegenheit herausstreichen wird.

Die Wertpapieranalyse als Disziplin

Bei seiner Bewertung von Wertpapieren wendet der Analyst ein Verfahren an, das folgende Resultate liefern soll:

– Das echte Bild einer Gesellschaft als aktiv betriebenes Unternehmen über eine repräsentative Zeitspanne.

- Eine sorgfältig aufbereitete Schätzung der augenblicklichen normalen Ertragskraft.
- Eine Projektion von Rentabilität und Wachstum in der Zukunft, verbunden mit einem fundierten Urteil über die Verläßlichkeit solcher Erwartungen.
- Eine Umsetzung dieser Schlußfolgerungen in eine Bewertung der Gesellschaft und ihrer Wertpapiere, die sich im Durchschnitt als verläßlicher erweisen wird als die der Börse.

Eine (wissenschaftliche) Disziplin erfordert Sorgfalt, Gründlichkeit und Beständigkeit der Methode, um Verläßlichkeit des Ergebnisses sicherzustellen. Nichts sollte als selbstverständlich gelten, und niemals sollte der Analyst seine skeptische Einstellung gegenüber der Welt verlieren.

Wenn die Umstände es nicht erlauben, eine ausreichende Menge verläßlicher Informationen zu sammeln und zu analysieren, muß er die Verläßlichkeit einer Schlußfolgerung in Frage stellen. Eine ordnungsmäßige Methode erfordert auch, daß bei der Beurteilung Personen mit einem Interesse am Ergebnis den geringstmöglichen Einfluß haben.

Bedingte Vorhersagen und Risiko

Bedingte Vorhersagen tragen der Tatsache Rechnung, daß die Rentabilität aller Geschäftsunternehmungen und der Börsenwert ihrer Aktien zu einem gewissen Grade von äußeren Faktoren beeinflußt werden (oder davon abhängen) – in erster Linie von der Wirtschaft und von der Börse.

Bei der Analyse und Bewertung von Gesellschaften haben Analysten schon immer versucht, solche Risikofaktoren zu bewerten, wie das Veralten von Produkten, die Intensität des Wettbewerbs, Umfang der fixen Kosten, Eigenkapitalausstattung oder Schwankungsbreite der Gewinne. Eine neue Dimension der Wertpapieranalyse ist die genauere Bestimmung des Risikos. Die Risikocharakteristik eines Wertpapiers allein oder zusammen mit anderen kann in einer Weise gemessen werden, die dem Investor bei der Konstruktion des Portfolios hilft. Der Wertpapieranalyst sollte darauf vorbereitet sein, solche Informationen zu geben.

Analysten müssen in der Lage sein, in genauer Form darzulegen, welche Ungewißheit ihrer Vorhersage anhaftet. Dafür können Einstufungen, etwa von 1 bis 5 dienen, oder es wird für die Schätzung von Gewinnen oder Werten ein Rahmen angegeben. Die Einschätzung des Risikos wird in den folgenden Kapiteln mehrfach behandelt, besonders soweit sie sich auf die Analyse von Jahresabschlüssen, Projektionen von Gewinnen und Dividenden und Bewertung von Aktien bezieht.

Wertpapieranalyse in der Perspektive

Als Folge der Entwicklung der Portfoliotheorie und neuer Methoden, um Probleme des Investmentmanagements zu behandeln, wird vom Wertpapieranalysten mehr erwartet. Seine ständige Aufgabe besteht darin, Fälle von Fehlbewertungen an der Börse zu identifizieren, die ihrerseits durch immer besser ausgebildete Wertpapieranalysten immer effizienter gemacht wird. Der Analyst soll außerdem Schätzungen über die Ertragskraft abgeben, und zwar sowohl für die laufende Ertragskraft als auch für deren voraussichtlichen normalen Entwicklungstrend. All das muß auf Eigentumseinheiten bezogen werden, die Aktien heißen, und zwar aus dem einfachen Grunde weil der Portfoliomanager Käufe oder Verkäufe in diesen Einheiten vornimmt und nicht in Bruchteilen des Wertes eines Unternehmens.

Wenn der Analyst gegenüber den Investoren Bewertungsurteile abgibt, muß er natürlich in der Lage sein, mit ihnen in sinnvoller Weise zu kommunizieren. Aber der Analyst bewertet Gesellschaften und nicht Aktienurkunden, deren Basis in der Form von Vermögenswerten und Ertragskraft sich ständig ändert. Doch so dringlich sind die Forderungen der Klienten, daß der Analyst leicht von seiner Aufgabe abgelenkt werden kann. Er muß daher mit einer disziplinierten Methode arbeiten. Erst wenn die fundamentale Analyse der Gesellschaft vollständig beendet und ein Urteil über den Wert erreicht ist – erst dann und nicht früher – ist es an der Zeit, sich der Frage zuzuwenden, wie das Unternehmen finanziert ist und wie das erwartete Ergebnis unter den Wertpapierbesitzern verteilt werden wird.

Kapitel 2
Wertpapiere und Wertpapiermärkte

Kapitel 2 befaßt sich mit der Wertpapieranalyse unter drei Gesichtspunkten:

1. Es gibt einen Überblick über die vielen Arten von Wertpapieren, die für eine mögliche Analyse zur Verfügung stehen
2. Es erörtert das Verhalten des Aktien- und Obligationenmarktes
3. Es behandelt die „Efficient Market Hypothesis" (Hypothese von der Effizienz der Börse)

In bezug auf Punkt 3 formuliert das Kapitel die Position der Autoren zu diesem kontroversen Thema und umreißt das Konzept des Kursverhaltens, auf dem alle späteren Ausführungen über Aktienanalyse und Investment beruhen.

Die Arten von Wertpapieren

Wenn man ungewöhnliche Fälle und Zwischenformen ausscheidet, kann man Wertpapiere in 2 Hauptgruppen einteilen: 1. Verbindlichkeiten der Regierung (und der sonstigen „öffentlichen Hände", Government Obligations) und 2. Obligationen und Aktien von Gesellschaften. (Bonds and Stocks of Corporations).*) Pfandbriefe (Mortgage-backed Securities), Gesellschaftsanteile (Limited Partnerships) und Vehikel aus dem Immobilienbereich leiten ihre Eigenschaften von den zugrundeliegenden Werten ab, von denen die meisten nicht als Wertpapiere qualifiziert werden können, die gemeinsame Züge für die Analyse hätten.

---

*) *Anmerkung des Übersetzers:* Der deutsche Sprachgebrauch ist nicht einheitlich: Meist spricht man bei Staaten von „Anleihen" und bei Gesellschaftsschuldnern von „Obligationen". Aber es gibt auch „Bundesobligationen" und „Wandelanleihen" (von Gesellschaften). Daneben gibt es noch viele weitere Bezeichnungen für einzelne Kategorien von festverzinslichen Wertpapieren: Renten, Schuldverschreibungen, Pfandbriefe u. a. Hier und im folgenden wird generell die Bezeichnung „Obligationen" für festverzinsliche Wertpapiere benutzt, unabhängig von der Art des Schuldners.

Verbindlichkeiten der Regierung

Es handelt sich um die Verbindlichkeiten von Staaten (Nations), Einzelstaaten der USA (States), Städten und Gemeinden (Municipalities) und ihrer öffentlich-rechtlichen Agenturen (Agencies). Viele von ihnen können in spezieller und häufig sehr ausgeklügelter Form analysiert werden. Andere, hauptsächlich die riesige Masse von Verbindlichkeiten der US-Regierung werden mit Recht als so gesund angesehen wie das Papiergeld selbst, mit dem heute alle Schulden zahlbar sind. Es besteht daher keine Notwendigkeit, US-Verbindlichkeiten im Hinblick auf ihre Sicherheit zu analysieren. Die verschiedenen Arten von Regierungsverbindlichkeiten, die 1985 ausstanden, sind in Tafel 2.1 zusammengefaßt.

Tafel 2.1: 1985 ausstehende Verbindlichkeiten der Regierung (in Milliarden Dollar)

Art	Pari-Betrag
Börsenfähige Wertpapiere der US-Regierung	1423,5
Bills (bis zu 1 Jahr Fälligkeit)	399,9
Notes (1 bis 10 Jahre Fälligkeit)	812,5
Bonds	211,1
Unmittelbare und mittelbare Agenturen des Bundes[1]	263,9[2]
Kreditmarkt Instrumente von Einzelstaaten und örtlichen öffentlich-rechtlichen Stellen	674,49[3]

[1] Zu den größeren (unmittelbaren) Bundesagenturen als Ausgeber von Obligationen gehören die Federal Housing Administration, die Government National Mortgage Assossiation und die Tennesse Valley Authority. Zu den vom Bund getragenen (mittelbaren) Agenturen gehören die Federal Home Loan Banks, die Federal National Mortgage Assossiation, die Federal Home Loan Mortgage Corporation, die Farm Credit Banks und die Student Loan Marketing Assossiation.
[2] In dieser Zahl sind nicht enthalten 368,9 Milliarden Dollar Mortgage Pool Wertpapiere (gebündelte Hypotheken), die nicht unmittelbare Verbindlichkeit der ausgebenden Agenturen sind, sondern nur Eventualverbindlichkeiten.
[3] Diese Zahl repräsentiert die gesamten steuerbefreiten Obligationen – das heißt solche von Einzelstaaten und örtlichen Verwaltungsstellen unmittelbar, von Haushalts- und gemeinnützigen Organisationen und nichtfinanziellen Gesellschaften (Industrial Revenue Bonds). Sie alle sind unmittelbare Verbindlichkeiten der ausgebenden öffentlichen Körperschaften.

Quellen: Board of Governors of the Federal Reserve System. Washington, D.C., Federal Reserve Bulletin, Dezember 1986, Tafel 1.41. „Gross Public Debt of U.S. Treasury", S. A30, und Flow of Funds Accounts, Assets and Liabilities Outstanding, September 1986, „Credit Market Debt Owned by Financial Sectors", S. 2, „Tax Exempt Securities and Loans", S. 40.

Kapitel 2: *Wertpapiere und Wertpapiermärkte*

Wertpapiere von Gesellschaften

Es gibt ungefähr 2,7 Millionen aktive Gesellschaften in den USA. Jede hat Aktien und möglicherweise Obligationen, und jede von ihnen könnte theoretisch Studienobjekt für einen Wertpapieranalysten sein. Die große Masse sind jedoch private, „geschlossene Gesellschaften" (Closed Corporations), die nicht in den Kreis der Analyse für weit verbreiteten Gebrauch einbezogen werden. Gegenstand der Analyse sind in erster Linie Gesellschaften, die Wertpapiere mit einem notierten Börsenkurs haben. Ungefähr 3100 solcher Unternehmen haben Obligationen oder Aktien, die an einer (regulären) Börse notiert werden.[1] Darüber hinaus gibt es nicht weniger als 25 000 Gesellschaften, deren Wertpapiere „over the counter" (OTC) gehandelt werden. Für viele der letzteren ist jedoch der Handel so wenig aktiv, daß er praktisch nicht besteht.[2]

Eine breite Übersicht über analysierte Wertpapiere kann man von solchen Investmentdiensten und -handbüchern wie „Standard and Poor's" und „Moody's" gewinnen. Sie enthalten Gesellschaften, für die statistische Daten regelmäßig veröffentlicht werden. Zahlen von 1986 für diese Gesellschaften, ebenso für OTC-Wertpapiere und NASDAQ Gesellschaften, sind in Tafel 2.2 zusammengestellt.

Tafel 2.2: Übersicht über Gesellschaften mit öffentlich gehandelten Wertpapieren

Moody's Handbücher	
öffentliche Versorgungsunternehmen	500
Transport	600
Industrie	1 800
Banken und Finanzen	12 000
Standard and Poor's Monatshefte	
Obligationen	6 500
Aktien (Stamm- und Vorzugs-Aktien)	3 250
OTC (ein Teil der NASDAQ-quotierten Gesellschaften)	2 250
sämtliche im NASDAQ-System quotierten OTC-Gesellschaften	4 400
Zahl der OTC-Gesellschaften in den „daily sheets" des National Quotation Bureau (an einem durchschnittlichen Geschäftstag)	
Obligationen	5 100
Aktien	11 800

---

[1] Laut dem 52. jährlichen Bericht der Securities and Exchange Commission (Washington DC 1986 S. 138) werden die Wertpapiere von 3133 Gesellschaften an Börsen notiert.
[2] Weniger als 18 % der OTC Aktien haben tägliche Notierungen, die in den automatischen Notierungen der NASDAQ (National Association of Security Dealers) erscheinen. Siehe unter „NASDAQ" in Tafel 2.2

Aktien der ersten Kategorie (Primary Common Stocks)

Es besteht ein Unterschied zwischen Aktien der ersten Kategorie (oder denen der „Ersten Linie" oder „Standardaktien") und solchen der zweiten Kategorie. Wie bei den meisten Unterschieden nach Qualität oder Grad ist es schwierig, eine scharfe Grenzlinie zu ziehen. Aktien der ersten Kategorie sind solche von großen und bekannten Gesellschaften. Die Gesellschaften haben im allgemeinen eine gute Vorgeschichte in bezug auf Gewinne und fortgesetzte Dividendenzahlungen, und ihre Aktien sind leicht handelbar. Sie sind – natürlicherweise – geeignet, in weit diversifizierte Portfolios von Finanz-Institutionen aufgenommen zu werden. Es gibt etwa 500 bis 600 Aktien dieser Art, über die wenig Streit herrscht. Weitere 100 gehören vielleicht nur zeitweise zu diesem ausgesuchten Kreis und werden dann von anderen ersetzt; oder sie werden nur von einigen Autoritäten als Aktien der ersten Kategorie anerkannt. Aktien der ersten Kategorie sind gut repräsentiert durch die Gesellschaften, die in die Liste der Fortune 500 aufgenommen worden sind oder die den „Standard & Poor's Composite Index of 500 Stocks" bilden (in Zukunft abgekürzt: S&P 500).

Aktien der zweiten Kategorie (Secondary Common Stocks)

Zahlreiche weitere Aktien liegen am Rande dieser Gruppe, d. h. sie werden als fast erstklassig angesehen, und viele Käufer erwarten, daß sie schließlich diesen Status erreichen. Andere Aktien werden von ihren besonderen Anhängern für „ebensogut" gehalten wie erstklassige Aktien. (Dies ist oft ein Irrtum in der Beurteilung, der unter den Bedingungen eines spekulativen Enthusiasmus gemacht wird.) Jedoch gehören etwa 75 % der an einer Börse notierten Aktien und vielleicht 90 % oder mehr der unnotierten Werte klar in diese zweite Kategorie. Diese Zuordnung beeinflußt das Verhalten ihres Kurses in bedeutsamer Weise, und der Analyst darf nicht versäumen, das zu berücksichtigen.

Verhalten der Wertpapiermärkte

Ein guter Analyst sollte mit typischen Kursverläufen an den Wertpapiermärkten genügend vertraut sein, um vernünftige Schlußfolgerungen über die wahrscheinlichen Kursbewegungen verschiedener Arten von Wertpapieren zu ziehen. Diese Schlußfolgerungen sollten das generelle, typische Bild von Kursschwankungen in Betracht ziehen, das für das untersuchte Wertpapier wahrscheinlich ist.

Erstklassige Gesellschaftsobligationen

Es gibt keine weitgehend anerkannte Unterscheidung von Obligationen in erstklassige (high-grade) und zweitklassige (secondary) Werte. Deshalb werden hier als erstklassige Obligationen etwas willkürlich diejenigen klassifiziert, die bei Moody's und Standard & Poor's in den ersten 3 Gruppierungen enthalten sind (Aaa bis A).[3] Trotz definitionsmäßiger Unterschiede ist die Absicht klar: Erstklassige Obligationen sind solche, für die zur Zeit und vermutlich auch in Zukunft keine Zweifel bestehen, daß Zinsen oder Kapital prompt gezahlt werden. Wenn man einmal im Augenblick die Fragen ausklammert, die sich aus Kündigungsklauseln (zur frühzeitigen Rückzahlung, Call Provisions) ergeben, ist der Kurs erstklassiger Obligationen in erster Linie eine Funktion des augenblicklichen Zinssatzes auf ihre Verfallszeit. Wenn der allgemeine Zinssatz fällt, sollte ihr Kurs so steigen, daß ihre Rendite entsprechend sinkt. Umgekehrt sollte der Kurs fallen, wenn die Zinssätze steigen. Dieses Prinzip wird durch Tafel 2.3 illustriert.

Tafel 2.3: Rendite und Kurs von erstklassigen Obligationen

ausgewählte Perioden	Rendite für Moody's Aaa Gesellschaftsobligationen Monatsdurchschnitt		Kurs für Madison Gas & Electric Co. (Minn.) first 4¾ % Aa Bonds (fällig 1991)	
	Tief	Hoch	Hoch	Tief
1960–1964	4,19 %	4,61 %	108⅝	100¾
1965–1969	4,41 %	7,72 %	104⅝	64
1970–1974	7,08 %	9,27 %	73⅛	53
1975–1979	7,92 %	10,76 %	70⅞	56
1980–1984	10,58 %	15,49 %	69¾	46

Quellen: Zusammengestellt aus Moody's Industrial Manual und Public Utility Manual, Moody's Investors Services, Inc., New York, N.Y.

Wenn man Obligationen dieser Qualität betrachtet, ist die zukünftige Entwicklung des Zinssatzes der Hauptfaktor, den man beurteilen muß. Leider ist er für die Wertpapieranalyse nicht gut geeignet. Die Zinssätze von heute spiegeln erwartete Veränderungen für wichtige wirtschaftliche Faktoren wider, insbesondere Erwartungen in bezug auf zukünftige Inflation. Deshalb ist eine Voraussage, daß zukünftige Zinssätze höher oder niedriger als im Augenblick liegen werden, eher eine Frage von allgemeiner Wirtschafts- und Kapitalmarktanalyse denn von Wertpapieranalyse.

Dementsprechend ist bei erstklassigen Obligationen der Wertpapieranalyst normalerweise nicht mit Vorwegnahme von Kursen befaßt, sondern mit einer sorgfältigen Untersuchung über die Qualität der Obligation, d. h. mit der Kreditwürdigkeit der Gesellschaft. Hier ist die Rolle des Analysten kritisch, denn in neuerer Zeit sind

---

[3] Salomon Brothers behandeln als erstklassige Obligationen die aus den ersten beiden Bewertungskategorien (Aaa und Aa), während einige Aufsichtsbehörden die ersten 4 Kategorien (Aaa bis Baa) als Werte mit Investmentcharakter behandeln.

Änderungen in der Einstufung von Obligationen schneller vonstatten gegangen als früher[4]), und eine Änderung der Krediteinstufung einer Obligation kann ihren Börsenkurs erheblich beeinflussen. Aufgabe des Analysten ist es natürlich, solche Änderungen in der Krediteinstufung rechtzeitig vorauszusehen.

Kursfluktuationen infolge Änderungen im Zinssatz beeinträchtigen selten das Vertrauen in die Fähigkeit eines bestimmten Schuldners, Zinsen und Kapital pünktlich zu bedienen und die Obligation bei Fälligkeit zurückzuzahlen oder umzuschulden. Jedoch haben in neuerer Zeit die größer gewordenen Kursfluktuationen, insbesondere Kursrückgänge, die Bonität von Finanz-Institutionen bedroht. Um diese unerwünschten Folgen gering zu halten, hat das Gesetz Sonderregelungen für Banken und Versicherungsgesellschaften getroffen, die in erster Linie solche Obligationen besitzen: Ihnen ist erlaubt, Kursschwankungen bei Obligationen von Investmentgrad in ihrer Bilanzaufstellung (Statement of Condition) zu ignorieren.[5])

Wie Tafel 2.3 zeigt, hatten die bescheidenen Änderungen im Zinssatz während der Jahre 1960 bis 1964 nur eine beschränkte Auswirkung auf den Kurs von Madison Gas & Elektric Company's first 4¾ % Bonds. Als jedoch die Zinssätze über die nächsten vier Fünfjahresperioden anstiegen, spiegelte der Kursverfall die lange „Duration" („Dauer") dieser Obligation wider. (Siehe Kap. 23 wegen der

Tafel 2.4: Kurse von drei erstklassigen (Aaa) Obligationen (1967 bis 1986)

	Kurs		
	Hoch 1967	Tief 1981	Ende 1986
General Electric SF debenture 5.30s 1967/92	98	51	91⅛
Exxon SF debenture 6s 1967/97	100¼	47	88¼
Amoco SF debenture 6s 1966/91	109½	55⅛	94¼

Quellen: Moody's Industrial Manual; Standard & Poor's Bond Guide.

---

[4]) Während der 10-Jahresperiode von 1971–1980 wurde lediglich eine von 20 Industrie-Obligationen, die 1971 von Moody als Aaa eingestuft waren, aus dieser obersten Einstufung herausgenommen. Im Gegensatz dazu wurden über die 5-Jahres-Periode 1981–1985 48 Obligationen aus einer Gesamtzahl von 78, die 1981 mit Aaa bewertet waren, in der Einstufung reduziert.

[5]) Statt dessen dürfen sie sie zu „amortisierten Kosten" ausweisen, dh. zu höheren oder niedrigeren Kosten, um das allmähliche Herannahen der Rückzahlung zu pari bei Verfall zum Ausdruck zu bringen. Diese Behandlung ändert nicht die Realität der Kursbewegungen an der Börse.

Erörterung der Duration als Maß der Empfindlichkeit des Kurses in bezug auf Änderungen im Zinssatz.)

Tafel 2.4 vergleicht die Kursbewegungen von drei Obligationen mit Tilgungsfonds (Sinking Fund = SF), die alle in der Zeit 1966/67 zum Kurs von ungefähr 100 % zum Handel eingeführt wurden, eine lange Duration hatten und von Moody mit Aaa eingestuft waren (und sind).

Erstklassige Vorzugsaktien

Tafel 2.5 zeigt über die 19 Jahre von 1968 bis 1986 die zyklischen Hoch- und Tiefpunkte der Dividendenrendite für erstklassige Vorzugsaktien (High-Grade Preferred Stocks), berechnet nach „Moody's erstklassigen Industriewerten mit geringer Dividende" (Moody's high-grade, low-dividend Industrials). Um die Kapitalauszehrung zu zeigen, die auf das Steigen der Zinssätze zurückzuführen ist, setzt Tafel 2.5 Moody's Dividendeneinkommen aus erstklassigen Vorzugsaktien ins Verhältnis zum Kurs von DuPont's 4,50 $ Vorzugsaktien über dieselbe 19-Jahresspanne.

Der Wertpapieranalyst ist hier ebenso wie im Falle von erstklassigen Gesellschaftsobligationen verantwortlich dafür, daß er die Qualität der Vorzugsaktie sorgfältig bewertet. Die Frage, ob die Rendite daraus attraktiv ist, überläßt er jenen zur Beantwortung, die Projektionen für Zinssätze erarbeiten.

Tafel 2.5: Rendite und Kurs erstklassiger Vorzugsaktien

ausgewählte Jahre	Rendite für Moody's low dividend series Monatsdurchschnitt (Prozent)	Kurse von Du Pont $ 4,50 preferred stock (in Dollar)
1968	5,47 (Tief)	82½ (Hoch)
1970	7,31 (Hoch)	60½ (Tief)
1971	6,18 (Tief)	77¾ (Hoch)
1975	8,08 (Hoch)	53⅞ (Tief)
1977	7,00 (Tief)	66¾ (Hoch)
1982	12,54 (Hoch)	34½ (Tief)
1983	9,57 (Tief)	47⅜ (Hoch)
1984	10,42 (Hoch)	39 (Tief)
1986	7,54 (Tief)	64½ (Hoch)

Quelle: zusammengestellt aus Moody's Industrial Manual.

Zweitklassige vorrangige Wertpapiere (Second-Grade Senior Securities)

Solche Wertpapiere werden hier definiert als Obligationen und Vorzugsaktien, die von Moody's und Standard & Poor's als unterhalb der ersten vier Gruppen (Aaa bis Baa) befindlich eingestuft sind. Wegen ihres Kreditrisikos (Risiko der Zahlungsunfähigkeit) bieten diese Wertpapiere berechtigterweise eine Risikoprämie. Selbst innerhalb der ersten vier Gruppen (zwischen Moody's Aaa und Baa Gesellschaftsobligationen) betrug die jährliche Zinsdifferenz in der Zeitspanne 1975-1986 durchschnittlich 1,46 %. Die Einstellung der Investoren gegenüber dem unterschiedlichen Kreditrisiko zwischen Gesellschaftsobligationen der Klasse Aaa und Baa kann sich mit den allgemeinen Wirtschaftsbedingungen erheblich ändern, wie Fig. 2.1 zeigt: Dort wird die jährliche Renditedifferenz zwischen Obligationen vom Typ Moody's Aaa und Baa über den Zeitraum von 12 Jahren gezeigt. Typischerweise verringert sich die Renditedifferenz in günstigen Wirtschaftsperioden und erweitert sich in Zeiten der Rezession. Z. B. schwankte diese Spanne über die 12 Jahre zwischen einem Tief von 0,72 % (Juli 1978) und einem Hoch von 2,69 % (September 1982).

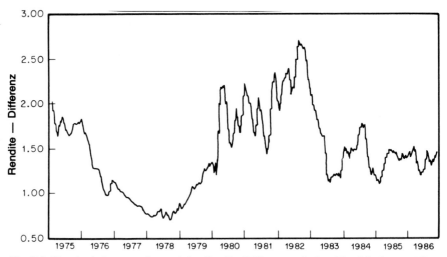

Fig. 2.1: Durchschnittswerte (means) der Rendite-Differenz zwischen Moody's Aaa und Baa Gesellschaftsobligationen

Quelle: Zusammengestellt aus Moody's Industrial Manuals, Moody's Investors Services, Inc. New York, N.Y.

Aktien

Der erwartete (Gesamt)Ertrag (Return) aus einer Aktie kommt wahrscheinlich eher aus Kursgewinnen als von Dividendenzahlungen. Der Kurs beim Kauf und zur Zeit des Verkaufes wird der wirklich entscheidende Faktor sein, der das Anlageergebnis bestimmt. Da man die langfristige Entwicklung von Aktienkursen nicht zuverlässig voraussagen kann, ist entscheidend, daß man für eine Gesellschaft nicht zuviel zahlt. Das ist der Ursprung der bekannten Feststellung, daß „der Kurs der beste Freund des Analysten ist". Eine wesentliche Sicherheitskomponente für ein Investment muß immer sein, daß beim Kauf nicht zuviel gezahlt wurde. In diesem Zusammenhang ist der Kurs im absoluten Sinne zu sehen, nicht in einem relativen.

Bedeutung der bisherigen Kurs- und Ertrags-Performance

Wenn es darum geht, zukünftiges Kursverhalten vorwegzunehmen, beginnt man mit einer Untersuchung der bisherigen Fluktuationen und Zyklen, die die (Gesamt)Erträge für Aktien aufweisen. Die Vergangenheit erfordert nun zwar Interpretation, um einen Ausgangspunkt für die Formulierung von Zukunftserwartungen zu bekommen. Aber jede mechanische Extrapolation der Vergangenheit als Voraussage für die Zukunft ist äußerst riskant. Berücksichtigt werden müssen auch bestehende und sich entwickelnde soziale, politische und wirtschaftliche Kräfte, die im Sinne einer Änderung am Werke sind und von denen man Einfluß auf das Niveau und die Schwankungsbreite von Aktienerträgen erwarten kann.

Die gesamte Rendite (Rate of Return) für Aktien ist abhängig sowohl von Kursveränderungen als auch von Dividendenzahlungen. In der entfernteren Vergangenheit, als Dividendenzahlungen typischerweise mehr als 60 % der Gewinne ausmachten, bildeten sie den größeren Bestandteil des Ertrages. In den letzten 15 Jahren lag die durchschnittliche Auszahlungsrate für Dividenden („Ausschüttungsquote") dagegen für eine breite Gruppe wie den Standard & Poor's 400 Industrial Stock Index (im folgenden abgekürzt: S&P 400) bei 44 %. Infolgedessen ist heute die Bewertung, die die Börse den einbehaltenen Gewinnen gibt, die wichtigere und stärker schwankende Komponente des Gesamtertrages für eine Aktie.

Über kürzere Perioden werden die Kursschwankungen der dominante Faktor sein. So stiegen beispielsweise die Dividenden für die Werte im S&P 500 über die 6-Jahresspanne von Beginn 1969 bis Ende 1974 um 16 %. Trotzdem führte der scharfe Kursrückgang 1973–74 für diese Periode zu einer *negativen* durchschnittlichen jährlichen Rendite von 3,4 %.

Langfristiges Verhalten von Aktienkursen

Zur besseren Perspektive und als Hilfe für die Einschätzung der zukünftigen Entwicklung werden zwei zusammenfassende Übersichten über die langfristigen Bewegungen von Aktien vorgestellt. Die erste befaßt sich mit dem langfristigen, säkularen Trend (secular trend) der jährlichen Kurse und die zweite mit der Schwankungsbreite von Kurszyklen unter Verwendung von monatlichen Durchschnittsdaten.

Figur 2.2 zeigt einen Überblick über die jährlichen Bewegungen der Aktienkurse über die Periode von 1887 bis 1986. Die Grafik enthält eine mathematisch angepaßte

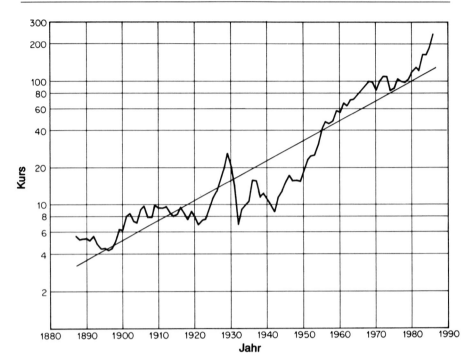

Fig. 2.2: Jahresdurchschnitt der monatlichen Kurse 1887 bis 1986, Cowles Comission und Standard and Poor's Composite Stock Price Index

Quelle: Für die frühen Jahre beruht die Kursserie auf den jährlichen Daten der Cowles Kommission und später dem S&P 500

Trendlinie. Diese repräsentiert die durchschnittliche jährliche Kurszuwachsrate für die gesamte Hundertjahresspanne (unter Berücksichtigung des Zinseszinseffektes). Diese Betrachtung zeigt zwei grundsätzliche Eigenarten im Verhalten von Aktienkursen: 1. ihre zugrundeliegende langfristige Aufwärtsentwicklung als Ergebnis von wirtschaftlichem Wachstum und Wiederanlage von Gewinnen und 2. ihre zyklische Natur, gekennzeichnet durch große Schwankungsbreite (Variability) in bezug auf Ausmaß und Dauer der zwischenzeitlichen Schwankungen. Beachten Sie bitte, daß die Abweichungen der tatsächlichen Kurse von der Trendlinie so wesentlich sind und sich über so lange Perioden erstrecken, daß die durchschnittliche jährliche Wachstumsrate von zweifelhaftem Wert ist, und zwar sowohl als Maßstab für die Vergangenheit als auch als Indikator für die Zukunft.

Die folgende Tabelle zeigt die durchschnittliche jährliche Rate des Kurszuwachses (Dividenden nicht eingeschlossen) für die Hundertjahresspanne und für jede der vier 25-Jahr-Perioden. Die Unterschiede in den jährlichen Zuwachsraten für die 25-Jahr-Perioden zeigen, wie die Raten über lange Zeiträume schwanken können.

Kapitel 2: *Wertpapiere und Wertpapiermärkte*   21

Ein mathematischer Test zeigt, daß die Trendlinie für die gesamte Zeitspanne den Daten besser entspricht als die für jede 25-Jahr-Periode.

1887–1986 3.8 %
1887–1911 3.2 %
1912–1936 2.4 %
1937–1961 8.3 %
1962–1986 3.6 %

Vernünftigerweise kann man den Schluß ziehen, daß auch in Zukunft (wie in der Vergangenheit) ein umfassender Querschnitt von Aktien mit Investmentqualität ein säkulares Kurswachstum haben wird. Der typische Investor sollte jedoch nicht zu viel Hoffnung auf das höchstwahrscheinlich zu erwartende zukünftige Wachstum setzen, denn der säkulare Anstieg von Aktienkursen ist außerordentlich erratisch. In Folge der erheblichen Beweglichkeit von Aktienkursen waren ausgedehnte Perioden dadurch gekennzeichnet, daß es kein säkulares Wachstum gab, daß es sehr beschränkt oder außerordentlich hoch war oder irgendwo dazwischen lag.[6]) (Beachten Sie, daß diese Zahlen keine Rücksicht auf Inflation oder Deflation nehmen, da sie nur nominelle Kurse darstellen.)

Aktienkurs-Zyklen

Selbst wirklich langfristig anlegende Investoren können kaum den Kurs mißachten, den sie für Aktien gezahlt haben, und sich darauf verlassen, daß sie jedenfalls durch das säkulare Wachstum der Aktienkurse „gerettet würden". Um die Bedeutung der richtigen Bewertung eines Kurses herauszustellen, zeigt Tafel 2.6 die Zyklen in den Kursen der Serie der Cowles Commission und im S&P 500 über die volle Spanne von 116 Jahren (1871–1986), für die Daten zur Verfügung stehen, und untersucht die Größenordnung der hauptsächlichen Abwärtsbewegungen.

In der Periode 1871–1949 hatten 12 größere zyklische Kursabwärtsbewegungen (gemessen vom Höchst- bis zum Tiefstkurs) einen Durchschnitt von 38 %. In der Spanne 1949–1970 maßen 6 Abwärtsbewegungen im Durchschnitt 18 %; diese Kursrückgänge waren so bescheiden, daß wir sie als Aktienkursschwankungen und nicht als Zyklen bezeichnen.[7])

Wenn diese Daten nicht in richtiger Perspektive gesehen wurden, konnten sie den Nachkriegsinvestor zu einigen unberechtigten Schlußfolgerungen verleiten. So konnte man z. B. fälschlicherweise schließen, daß eine dauernde Verringerung der

---

[6]) Ein extremes Beispiel: Der S&P 500 hatte seinen Höchstkurs bei 31,92 im September 1929 und erholte sich auf dieses Niveau erst 25 Jahre später im September 1954.
[7]) Eine abweichende Meinung vertritt R. R. Officer, „The Variability of the Market Factor of the New York Stock Exchange", Journal of Business, Juli 1973, S. 434-453. Officer schlußfolgert, daß der offenbare Rückgang in der Variabilität des Gesamtmarkt-Faktors in der Nachkriegszeit, wie ihn andere Untersuchungen beobachteten, richtiger beschrieben wird als Rückkehr zu einem normalen Niveau der Variabilität nach dem außergewöhnlich hohen Niveau der dreißiger Jahre.

Kursbeweglichkeit stattgefunden hatte, weil die Kursrückgänge in der Periode 1949–1970 nicht so groß waren wie jene während der vorangegangenen 78 Jahre. Diese Annahme wurde nachhaltig durch das Ausmaß des Bearmarket von 1974 widerlegt (ein Kursrückgang von 43 %); damit zeigte sich, daß Aktienkurszyklen nicht der Vergangenheit angehörten.

Tafel 2.6: Größere Aktienkursbewegungen, 1871–1986. (Cowles Commission und Standard & Poor's Composite Stock Price Series, monatliche Durchschnittskurse.)

Tiefpunkt		Höhepunkt		Änderung (%)	
Datum	Tiefstkurs ($)	Datum	Höchstkurs ($)	Anstieg vom Tiefpunkt	Kursrückgang zum nächsten Tiefpunkt
Januar 1871	4,44	April 1872	5,13	16	47
Juni 1877	2,73	Juni 1881	6,58	141	36
Januar 1885	4,24	Mai 1887	5,90	39	22
Dez. 1890	4,60	August 1892	5,62	22	32
August 1896	3,81	Sept. 1902	8,85	132	29
Oktober 1903	6,26	Sept. 1906	10,03	60	38
Nov. 1907	6,25	Dez. 1909	10,30	65	29
Dez. 1914	7,35	Juli 1919	9,51	29	32
August 1921	6,45	Sept. 1929	31,30	385	85
Juni 1932	4,77	Februar 1937	18,11	280	45
April 1938	9,89	Nov. 1938	13,07	32	40
April 1942	7,84	Mai 1946	18,70	139	25
Juni 1949	13,97	Januar 1953	26,18	87	11
Sept. 1953	23,27	Juli 1956	48,78	110	17
Dez. 1957	40,33	Juli 1959	59,74	48	10
Oktober 1960	53,73	Dez. 1961	71,74	34	22
Juni 1962	55,63	Januar 1966	93,32	68	17
Oktober 1966	77,13	Dez. 1968	106,50	38	29
Juni 1970	75,59	Jan. 1973	118,40	57	43
Dez. 1974	67,07	Sept. 1976	105,50	57	16
März 1978	88,82	Nov. 1980	135,70	53	19
Juli 1982	109,40	Oktober 1983	167,70	53	10
Juli 1984	151,10	*			

* Die Kursserie Ende 1986 lautete 248,61 – ein Anstieg von 65 % vom Tiefpunkt

Quellen: Security Price Index Record, 1976 und 1986 und Current Statistics, Januar 1987, S. 40; Standard & Poor's Corporation, New York.

Kapitel 2: *Wertpapiere und Wertpapiermärkte* 23

Zwei wesentliche Schlußfolgerungen können aus dem Kursrückgang 1973/74 gezogen werden: 1. Es ist wesentlich, das Kursniveau des gesamten Aktienmarktes zu berücksichtigen, auch wenn man Investmentgelegenheiten für individuelle Aktien bewertet. 2. Die Größe und die Eigenart von zukünftigen Kursbewegungen am Aktienmarkt können nicht einfach dadurch vorweggenommen werden, daß man historische Daten extrapoliert.

Edgar Lawrence Smith kam in den frühen zwanziger Jahren zu der Schlußfolgerung, daß ein langfristiger Wertanstieg in einer gut diversifizierten Liste von Qualitätsaktien stattfinden sollte. Diese Schlußfolgerung war richtig und bleibt es auch weiterhin.[8]) In der Nachkriegsperiode bis 1973 jedoch interpretierten viele

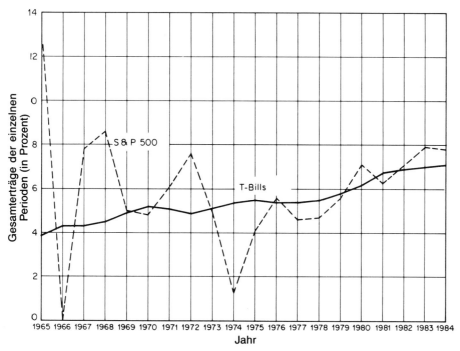

Fig. 2.3: Jährliche kumulative Gesamtertragsraten (unter Berücksichtigung des Zinseszinses): S&P 500 und Treasury Bills. Das Aktieninvestment beginnt 1965, die Erträge beziehen sich auf das Jahresende, 1965–1984. (Diese Periode lag vor dem folgenden dramatischen Anstieg bei den Erträgen für Zeitperioden, in denen Aktien gehalten wurden.)

Quelle: Zusammengestellt von FRS Associates aus Ibbotson Associates, Stocks, Bonds, Bills and Inflation: 1984 Yearbook, Chicago, 1985

---

[8]) Edgar Lawrence Smith, „Common Stocks as Long Term Investments", Macmillan, New York 1929. Siehe auch Winthrop B. Walker, „A Re-examination of Common Stocks as Long Term Investments", Doktorthese für die Graduate School of Banking at Rutgers University, Anthoesner Press, Portland, Maine, 1954.

Investoren dieses Konzept falsch und kauften erstklassige Aktien mit hochgradigem Wachstum zu fast jedem Kurs – zu ihrem späteren Leidwesen.

Gesamtertrag

Das Kursverhalten kann man auch unter dem Gesichtspunkt des Gesamtertrages (Total Return) analysieren. Die Untersuchungen anderer zeigen, daß die jährlichen Gesamterträge für Aktien (basierend auf dem S&P 500 und gemessen vom Beginn bis zum Ende eines Jahres) in 19 der letzten 59 Jahre (von 1926–1984) negativ waren. Ferner: Wenn man Aktien zu Beginn des Jahres 1965 gekauft und bis Ende 1984 gehalten hätte (der S&P 500 mit den Dividenden reinvestiert), lag (unter Berücksichtigung des Zinseszinseffektes) die Gesamtrendite mit 7,8 % nur geringfügig über der von Treasury Bills (7,1 % über dieselbe Periode).[9] Figur 2.3 zeigt, daß in diesen zwanzig Jahren der Gesamtertrag für Aktien nur in 11 Halte-Perioden gleich oder größer war als der Ertrag von Treasury Bills. Das Kurswachstum von Anfang 1965 bis Ende 1984 betrug (unter Berücksichtigung des Zinseszinseffektes) jährlich nur 3,3 %.

Die „Efficient Market Hypothesis"

In ihren verschiedenen Formen hat die „Efficient Market Hypothesis" (in diesem Kapitel abgekürzt: EMH-Hypothese von der Markteffizienz der Börse) unterschiedliche Bedeutung für die Disziplin der Wertpapieranalyse.[10]

Schwache Form

Eine Feststellung der sog. schwachen Form der EMH geht einfach dahin, daß Aktienkurse unabhängig sind, d. h. Kurse der Vergangenheit haben keine Aussagekraft für die zukünftige Kursentwicklung. Im allgemeinen stimmen wir mit dieser Meinung überein. Börsenanalyse oder Technische Analyse von Kursverhalten ist

---

[9] R. G. Ibbotson Associates, Inc., „Stocks, Bonds, Bills and Inflation": 1984 Yearbook, Chicago, 1985, S. 90–91, 98.
[10] Ein umfassender und gedankenreicher Überblick über die Efficient Market Hypothesis, ihre Formen und besonderen Untersuchungen findet sich bei B. L. Boldt und H. L. Arbit, „Efficient Markets and the Professional Investor", Financial Analysts Journal, July/August 1984, S. 22–33; ferner E. J. Elton und M. J. Gruber, „Modern Portfolio Theory and Investment Analysis", 2d. ed., John Wiley & Sons, New York, 1984, S. 394–402. Eine ausgezeichnete Diskussion der Beweise, die aus Buchführungs- und Bilanzdaten für die halbstarken und starken Formen entwickelt wurden, findet sich bei W. H. Beaver, „Financial Reporting: An Accounting Revolution", Prentice-Hall, Englewood Cliffs, N. J. 1981, Kap. 5 und 6.

nach unserer Meinung kein angemessener Ersatz für die Fundamentalanalyse bei der Auswahl der einzelnen Aktien.

Wegen dieser Unabhängigkeit der Aktienkurse hat man die Kurse an der Börse plastisch als „Zufallsserie" (Random Walk) bezeichnet. Ausgefeilte Tests zur Korrelation von aufeinanderfolgenden Kursen, mit Serien- und Filter-Regeln finden einige schwache Beziehungen, aber sie sind nicht ausreichend, um Gewinne zu produzieren, wenn man die Kosten der Transaktionen mitberücksichtigt. Käufe im Hinblick auf „relative Stärke" (relative Strength) und Versuche, den „Januareffekt" (wegen der Jahresendverkäufe aus Steuergründen) auszunutzen, sind mit die häufigsten Versuche, ohne analytische Anstrengung zu einer erfolgreichen Aktienauswahl zu kommen. Im Gegensatz zu den großen Vermögen, die aus langfristigen Investitionen herrühren und auf gründlicher Wertpapieranalyse beruhen, hat diese Art von Börsenanalyse keinen großen Reichtum geschaffen, und das ist ein eindeutiger Kommentar.

Eine andere Dimension des Kursverhaltens sollte jedoch nicht außer acht gelassen werden: Die Begeisterungsfähigkeit der Investmentgemeinschaft für Tagesmoden oder Pseudobegründungen von „neuen Einsichten". Wir brauchen dazu nicht auf die Erfahrungen mit der Südseeseifenblase (Southsea Bubble) oder den Tulpenwahnsinn (Tulipmania) zurückzugreifen, wie sie Charles Mackay in seinem Buch „Außergewöhnliche, populäre Illusionen und die Verrücktheit der Massen" (Extraordinary Popular Delusions and the Madness of Crowds) 1881 beschreibt. Wir brauchen uns nur die Ergebnisse anzusehen, die immer wieder mit der Spekulation in neu eingeführten Aktien (Hot New Issues) gemacht werden, oder mit dem „Einmal-Und-Für-Immer"-Investieren in Qualitätswachtumsaktien in den sechziger Jahren (One-decision Investing) oder die Popularität der Grundstücksinvestment-Trusts (REITs) in den siebziger Jahren oder die Übernahmemanie der achtziger. Alle diese Wellen des Enthusiasmus werden durch nachhaltige Kurssteigerungen vorwärtsgepeitscht, bis dann die Kursumkehr kommt. B. Rosenberg und A. Rudd sind z. B. der Ansicht, daß die Serien-Korrelation gewisser Komponenten von monatlichen Erträgen Gewinne durch Portfolio-Umschichtung erlaubt.[11])

Halbstarke Form

Die halbstarke Form (Semistrong Form) der EMH besagt, daß alle öffentlich zugänglichen Informationen sich in den Börsenpreisen widerspiegeln. Eine wechselnde Mischung von günstigen und ungünstigen Informationen über Gesellschaften, Industrien, den Kapitalmarkt und die Wirtschaft insgesamt gelangt ständig in zufälliger Form an die Börse. Deshalb sollten sich die Kurse im allgemeinen in gleicher Weise zufällig bewegen, wenn die Information in Aktienkurse umgesetzt wird. Neue Informationen, das haben zahlreiche Tests bewiesen, finden schnell

---

[11]) B. Rosenberg und A. Rudd, „Factor-Related and Specific Returns of Common Stocks: Serial Correlation and Market Inefficiency", Journal of Finance, May 1982, S. 551–552.

ihren Niederschlag im Kurs des Wertpapiers. Bei dem erweiterten Zugang zu Telegrafen- und Nachrichtendiensten ist die Schnelligkeit der Übermittlung nicht überraschend; jedoch ist Schnelligkeit nicht immer gleichbedeutend mit Genauigkeit.

Ein erfahrener Börsenbeobachter, Jack Treynor, bemerkt, daß es, abgesehen von Informationen, deren Bedeutung klar ist, auch „langsame" Ideen gibt. Der sorgfältige Analyst kann eine Anzahl von unauffälligen Informationsbruchstücken sammeln, um daraus ein Mosaik zu konstruieren, das allmählich ein ganz anderes Bild über eine Gesellschaft hervortreten läßt, als es der allgemeinen Meinung entspricht. Bei einer Messe beobachtet er beispielsweise, daß die Gesellschaft A einsatzfähige und lieferbare chemische Pumpen hat, während die Gesellschaft B in der Absicht, dieselbe Nachfrage zu erreichen, nur ein Verkaufsmodell zeigt. Da bisher keine Pumpe tatsächlich im Gebrauch getestet worden ist, wird sich der Unterschied in Aufträgen, Verkäufen und Gewinnen erst in einigen Monaten in den Gesellschaftsnachrichten niederschlagen. – Andere „langsame Ideen" können von scheinbar nicht verwandten Entwicklungen ausgehen, die die Investoren für eine lange Zeitdauer nicht mit einer besonderen Gesellschaft in Verbindung bringen.

Im wesentlichen heißt das also: Es gibt unabhängig von der Börsenentwicklung Gewinne, die von der größeren Sorgfalt und dem besseren Verständnis eines Analysten abhängen und die unabhängig vom Timing sind oder davon, wieweit eine Information verbreitet ist. Der geschulte, erfahrene Analyst kann und wird häufig Informationen mit besserem Beurteilungsvermögen interpretieren, als es sich in der Übereinstimmung an der Börse zeigt. In diesem Umfange ist die halbstarke Form der EMH nicht nachgewiesen.

Ein Beispiel dafür, daß sich zusätzliche Gewinne, unabhängig von der allgemeinen Bewertung an der Börse (Extramarket Returns), aus der besseren Benutzung öffentlich zugänglicher Informationen erzielen lassen, ist das „Value Line Timeliness Ranking-Model". Dieses Modell beruht auf öffentlich zugänglichen Informationen, aus denen für jede der 1700 Aktien in der Sammlung des Value Line Service relative Gewinne und Kurse abgeleitet werden, ein Gewinn- und Kurs-Momentum Faktor sowie ein „Gewinn-Überraschungs-Faktor". Durch mehrfache (statistische) Regressions-Analyse werden die Aktien nach der erwarteten Kursentwicklung über die nächsten Monate so eingruppiert, daß von Gruppe 1 die beste Kursentwicklung zu erwarten ist und von Gruppe 5 die schlechteste. Das Ergebnis über 20½ Jahre (April 1965 bis Dezember 1986) dieser Einstufung zeigt, daß dieses auf Tatsachen beruhende Modell mit seiner Benutzung von Trends historischer Daten überdurchschnittliche Erträge (risiko-berichtigt) produzieren kann. Dadurch wird die halbstarke Form der Efficient Market Hypothesis widerlegt:[12])

---

[12]) „Selection & Opinion", The Value Line Investment Survey, 23. Januar 1987, S. 719.

Eingruppierung	Kursänderung in Prozent
1	2 071
2	1 103
3	495
4	166
5	24
Dow-Jones Ind.Av. 109	109

Starke Form

Die starke Form (Strong Form) der EMH besagt, daß Wertpapierkurse alle erfahrbaren Informationen voll widerspiegeln. Auch intensive Analyse werde den Analysten nicht befähigen, mit genügend Beständigkeit bessere Beurteilungen zu finden als der Preismechanismus der Börse, um daraus zusätzliche Gewinne zu erzielen. Die EMH erkennt dabei voll den Beitrag der Wertpapieranalysten an – ihre fruchtlosen Anstrengungen, Fehlbewertungen zu identifizieren, sind es, die die Börse effizient machen. Nach dieser Meinung ist Wertpapieranalyse ein öffentlicher Dienst, der die Börsen darin unterstützt, Kapital optimal einzusetzen, und die Belohnung für diese Tätigkeit brauche nicht höher zu sein als die Entlohnung nach den Maßstäben anderer öffentlicher Dienste. Und Investoren sollten danach dieses Buch durch ein Brett mit Aktiennamen ersetzen, auf das sie Pfeile werfen (Dart Board). Statt dessen – so wird empfohlen – können die Investoren sich an kostengünstigen Portfolios beteiligen, die auf einen Börsenindex ausgerichtet sind. So können sie dem ausgesuchten Index mit geringer Fehlerquote und und einem Minimum von Transaktionskosten folgen.

Der „Beweis" für diese Art von Markteffizienz wird teilweise von der Performance-Analyse von aktiv geführten Portfolios abgeleitet, und häufig werden dazu Anlagefonds (Mutual Funds) benutzt.[13])

Von dem durchschnittlichen Manager eines Anlagefonds sollte man ein durchschnittliches Anlage-Ergebnis erwarten, das um gewisse Kosten unterhalb der Entwicklung seiner Art von Aktiengruppe liegt: Transaktionskosten, Depotkosten und Kosten für die Buchhaltung, die Verteilung von Fonds-Anteilen, rechtliche und

---

[13]) Siehe solche historischen Studien wie W. F. Sharpe, „Mutual Fund Performance", Journal of Business, Security Prices, A Supplement, Januar 1966, S. 119–138; M. C. Jensen, „The Performance of Mutual Funds in the Period 1945–1964", Journal of Finance, Mai 1968, S. 389–416; I. Friend, M. Blume und J. Crocket, „Mutual Funds and other Institutional Investors: A New Perspective", McGraw Hill, New York 1970; P. J. Williamson, „Measuring Mutual Fund Performance", Financial Analysts Journal, November/Dezember 1972, S. 78–84.

buchprüferische Dienstleistungen, Eintragung und Benachrichtigung von Anteilseignern und Managementgebühren müßten abgezogen werden. Tatsächlich jedoch erreichen verschiedene Gruppen von Fonds über ausgedehnte Zeiträume ein Ergebnis, das über dem Durchschnitt der von ihnen gehaltenen Aktienart liegt. Wir sind der Meinung, daß einige Fonds ihre Marktsektoren nicht aus reinem Zufall beständig über 10 Jahreszeiträume übertreffen, sondern daß es Beweis dafür ist, daß disziplinierte Wertpapieranalyse, auf verschiedene Arten von Börsen angewandt, eine Logik hat, die man testen kann und als richtig anerkennen muß.

Es kann wenig Zweifel bestehen, daß die Verbesserung in den Analysetechniken und in der Erkenntnis solider Prinzipien die Effizienz der Börse gesteigert hat. Grobe Ungereimtheiten zwischen wirtschaftlichem Wert und Börsenkurs sind seit der ersten Ausgabe dieses Buches im Jahr 1934 wesentlich reduziert worden. Wir hoffen, daß diese Auflage einen Beitrag leistet, um die Ineffizienz von Analysten weiter zu verringern und dadurch die Effizienz der Kursbildung für Wertpapiere zu verbessern. Aber unsere grundsätzliche Überzeugung geht dahin, daß Börsenkurse dem Investor den richtigen Wert nur gelegentlich anzeigen, wie auch eine angehaltene Uhr nur zweimal am Tage die richtige Zeit zeigt.

Trotz der Gewinne an Börseneffizienz haben sorgfältige Untersuchungen die Existenz von Anomalien[14]) bewiesen, z. B. den „Kleine-Gesellschaften-Effekt" („Small-Company Effect"), die Unterbewertung bei niedrigem Kurs-/Gewinnverhältnis und ähnliche Phänomene, die die Genauigkeit des Kursbildungsmechanismus der Börse in Frage stellen. Ein kundiger Beobachter drückt seine Meinung in diesem provozierenden Kommentar im „Financial Analysts Journal" aus:

> Die Menge dieser neu gefundenen, ungewöhnlichen Börseneigenschaften ist groß genug, um ein eigenes Schlagwort zu rechtfertigen... Es ist „Idiosynkrasie"... Es gibt eine Fülle von solchen Besonderheiten. Der „Kleine-Gesellschaften-Effekt" der „Jahresendeffekt", das niedrige Kurs-/Gewinnverhältnis, Junk Bonds (Aktien?), niedrig bewertete Aktien, („Low Priced Stocks") das Value Line-Phänomen, Wochenendeffekte, Anlageergebnisse

---

[14]) Die folgende Liste zeigt den Umfang und die Natur der Untersuchungen: E. F. Renshaw: „Stock Market Panics, A Test of the Efficient Market Hypothesis", Financial Analysts Journal, Mai/Juni 1984, S. 48–52; D. A. Goodman und J.W. Peavey, III, „Industry Relative Price-Earnings Ratios as Indicators of Investment Returns", Financial Analysts Journal, Juli/August 1983 S. 60–66; R. F. Vandell und G. W. Kester, „A History of Risk-Premia Estimates for Equities: 1944–1978", Financial Analysts Research Foundation, Charlottesville, Va., 1983 S. 135; M. R. Reinganum, „Abnormal Returns in Small Firm Portfolios", Financial Analysts Journal, März/April 1981 S. 52–57; C. P. Jones, R. J. Rendleman, Jr. und H. Latane, „Stock Returns and SUEs during the 1970", The Journal of Portfolio Management, Winter 1984, S. 18–22; C.M. Budwell, III, „A Test of Market Efficiency: SUE/PE", The Journal of Portfolio Management, Summer 1979, S. 53–58; R. Ferguson, „An Efficient Stock Market? Ridiculous!" Journal of Portfolio Management, Summer 1983, S. 31–37; K.P. Ambachtsheer und J. L. Farrell, Jr., „Can Active Management Add Value?", Financial Analysts Journal, November-Dezember 1979, S. 39–45; K.P. Ambachtsheer, „The Predictive Accuracy of the Value Line and Wells Fargo Stock Advisory Services", Canavest House, Toronto, Canada, November, 1976.

von Portfolios mit niedrigem Beta, Sektor Rotation und Informations-Koeffizienten. Genau belegte, besondere Marktphänomene zeigen wie Krokusse eine neue Jahreszeit an. Die Frage ist: Wie lange kann sich die EMH ohne Revision gegen diese wachsende Liste von Idiosynkrasie-Phänomenen halten?[15])

Schließlich: Wenn alle Aktien richtig („efficient") bewertet wären, wie die EMH behauptet, wäre die erwiesene Notwendigkeit für eine breite Diversifizierung überflüssig. Man brauchte lediglich die Variabilitätseigenschaften einer Handvoll von Werten mit der Toleranz des Besitzers gegenüber der Ungewißheit von Erträgen in Einklang zu bringen. Eine weitere Folgerung aus der EMH ist der gedankliche Trost, daß es schwierig ist, schlechter mit seinen Erträgen abzuschneiden, als es der Risikoklasse (der jeweils gehaltenen Aktien) entspricht, weil Aktien ja so effizient bewertet sind. Unser durchdachtes Urteil ist einfach, daß man effektive Kursgestaltung durch die Börse nicht nur unterstellen sollte, sondern darangehen muß, sie durch disziplinierte Wertpapieranalyse nachzuprüfen.

---

[15]) „Meinung des Herausgebers" in Financial Analysts Journal, März-April 1984 S. 9.

Kapitel 3
Umfang und Grenzen der Wertpapieranalyse

Analyse ist das sorgfältige Studium verfügbarer Tatsachen in der Weise, daß man ihren Zusammenhang verstehen und aus ihnen Schlußfolgerungen ziehen kann, die auf anerkannten Prinzipien und gesunder Logik beruhen. Wenn man die maßgeblichen Faktoren aus Vergangenheit und Gegenwart zusammenstellt und untersucht, um daraus Schätzungen für die Zukunft abzuleiten, so ergeben sich aus diesem Verfahren unvermeidlicherweise die Notwendigkeit von Beurteilungen und erhebliche Ungewißheiten. Individuelles analytisches Geschick und Unterscheidungsvermögen sind daher wichtig für Erfolg oder Mißerfolg. Dieses Kapitel diskutiert Umfang und Grenzen der Analyse und einige der Beurteilungen, die sie erfordert.

Finanzanalyse

Rationale Entscheidungen zur Bewertung von Wertpapieren erfordern eine Reihe von Voraussagen. Geht man von der „Von Oben-Nach-Unten-Methode" aus so sind das Voraussagen für:

- Die Gesamtwirtschaft
- Aktien- und Obligationenbörsen
- Börsensektoren
- Industriezweige
- einzelne Gesellschaften

Abhängigkeiten in der Analyse: Die Voraussagekette

Alle diese Voraussagen sind voneinander abhängig und dienen dazu, Vorhersagen für Gewinne, Dividenden, Wachstum und Stabilität einer individuellen Gesellschaft zu erstellen. Die Kapitel 5, 6 und 7 befassen sich mit Analysen der Gesamtwirtschaft, des Kapitalmarktes und Sektoranalyse; Analyse von Industriezweigen wird in Kapitel 9 behandelt. An dieser Stelle wollen wir die Abhängigkeit des analytischen Prozesses von Trends der Gesamtwirtschaft, von Erwägungen über eine Industrie und von gesellschaftsspezifischen Fragen anhand einer Gesellschaft illustrieren: Wir wollen in den Grundzügen die Faktoren untersuchen, die für die General Motors Corporation (= GM) Umsätze und Gewinne, Betriebsergebnis und Gewinnmaßstäbe bestimmen.[1])

Einflußfaktoren für Umsatzerlöse und Gewinne

Viele Industrien sind abhängig von der allgemeinen Wirtschaftsentwicklung im In- und Ausland. Die Umsatzerlöse der meisten Gesellschaften – insbesondere der größeren – werden erheblich durch das berührt, was sich im Industriezweig dieser Gesellschaft abspielt. Andererseits werden die Ergebnisse auch durch interne Faktoren des Unternehmens beeinflußt, wie Produktionsprogramm und Qualität des Managements.

Wenn der Analyst zukünftige Umsätze und Gewinne für GM projizieren will, wird er sich einmal auf Faktoren konzentrieren, die den allgemeinen Trend der Gesamtwirtschaft betreffen:
– Wachstum des Bruttosozialprodukts (im folgenden abgekürzt: BSP) in den USA und im Ausland
– Umfang von Arbeitslosigkeit
– Trends im Konsumentenverhalten in bezug auf Spartätigkeit und Kreditaufnahme
– Zuversicht der Konsumenten und ihre Kaufpläne
– Trends bei den Ausgaben der Konsumenten für dauerhafte Güter
– Steueränderungen, die das verfügbare Einkommen beeinflussen
– Zinshöhe und Verfügbarkeit von Konsumentenkrediten

Überlegungen in bezug auf die Autoindustrie im allgemeinen könnten betreffen:
– Reifegrad des Industriezweiges in bezug auf Wachstum des BSP
– Importeinschränkungen für ausländische Fahrzeuge
– Verfügbarkeit und Preise von Treibstoff
– Preissteigerungen für Autos im Verhältnis zur allgemeinen Inflation
– Preise für Gebrauchtwagen und Umfang der Verschrottung
– Durchschnittsalter der betriebenen Fahrzeuge und Annahmen über den Erneuerungszyklus
– Trends bei Rohmaterial- und Lohnkosten

---

[1]) Eine vollständige Bewertung einer Gesellschaft ist Aufgabe dieses gesamten Buches. Hier beschränkt sich der Zweck des Beispiels darauf, zu zeigen, wie die verschiedenen Stufen der Analyse voneinander abhängig sind. Eine genau durchgeführte Bewertung erforderte Anpassungen der mitgeteilten Gewinne und Prüfung von mehr als einem Jahr von historischen Daten. Für GM beispielsweise sind wesentlich für eine vollständige Analyse solche Komplexe wie der Einfluß der riesigen Steuergutschrift aus Investment (Investment Tax Credit) auf die effektive Steuerrate 1985, die Konsolidierung der voll kontrollierten Finanzgesellschaft (GMAC), Fragen des Goodwill und die Identifizierung von Erträgen, die nicht aus der Betriebsführung stammen.

Einige Punkte, die speziell für diese Gesellschaft von Interesse sind, würden sein:
- Diversifizierung in Bereiche, die nichts mit Fahrzeugen zu tun haben
- Produktionsprogramm, auch unter Berücksichtigung geografischer Gesichtspunkte
- Einführung neuer Produkte; Trends bei den Marktanteilen
- Rentabilitätstrends
- Abschreibungen sowie Ausgaben für Werkzeuge
- Einkommensquellen außerhalb des eigentlichen Betriebes, zum Beispiel aus nichtkonsolidierten Beteiligungs- und Tochtergesellschaften
- Faktoren aus dem Bereich der Bilanz, wie z. B. Verschuldungsgrad, zurückgekaufte Aktien, Ausgabe von neuem Kapital
- Ein anderer Steuersatz, als es der gesetzlichen Normalrate entspricht
- Änderungen im Management oder in dessen Zielsetzung (z. B. ein größeres Programm zur Kostenreduzierung)

Betriebsergebnis

Zahlen über das Betriebsergebnis (Operating Income) sind Voraussetzung für eine Analyse der Gesellschaft und die Entwicklung von Zukunftsprojektionen. Tafel 3.1 zeigt, daß 1985 das Betriebsergebnis von GM 4,2 Milliarden Dollar betrug. Nach Berücksichtigung von Gewinnanteilen an nicht konsolidierten Tochter- und Beteiligungsgesellschaften, sonstigen Erträgen und Aufwendungen sowie Ertragssteuern betrug der Jahresüberschuß 4 Milliarden Dollar. Diese Zahlen allein geben jedoch nur einen teilweisen Einblick in die Rentabilität eines Unternehmens.

Kennzahlen für die Rentabilität

Der Analyst muß nunmehr diese Zahlen über das Betriebsergebnis sinnvoll ordnen, um zu den wesentlichen Kennzahlen über die Rentabilität zu gelangen. Zu diesen Kennzahlen gehören Kapitalumschlag (Capital Turnover), das Verhältnis von Nettoertrag auf das gesamte Kapital (Net available for total Capital) zu den Umsätzen (Gewinnquote – Earnings Margin), Rendite auf das durchschnittliche gesamte Kapital (Return on average total Capital – Gesamtkapitalrentabilität) sowie Rendite auf das durchschnittliche Eigenkapital (Return on average Common Stockholders Equity – Eigenkapitalrentabilität).[1a] Für GM war 1985 ein gutes Jahr. Der Faktor für den Kapitalumschlag (bezogen auf das Automobilgeschäft) betrug 2,7, und die Gewinnquote betrug 4,9 % der Umsätze. Das Produkt dieser beiden Zahlen – Rendite auf das gesamte Kapital, die Gesamtkapitalrentabilität – betrug 13,2 %, eine höhere Zahl als in irgendeinem der letzten Jahre mit Ausnahme von 1984. Die Zahl für die Eigenkapitalrentabilität betrug 15 %.

[1a] Hinweis des Übersetzers: Alle diese Begriffe sind im einzelnen in Kap. 20 zu Fig. 20.3 erörtert.

Tafel 3.1: General Motors Corporation, konsolidierte Gewinn- und Verlustrechnung, 31.12.1985 (in Tausend Dollar)

Netto Umsatzerlöse	96 371 700
Herstellungskosten	81 654 600
Vertrieb, Allgemeines und Verwaltungsaufwand	4 294 200
Abschreibung	2 777 900
Amortisation von Sonderwerkzeugen	3 083 300
Amortisation von immateriellen Vermögenswerten	347 300
Gesamte Betriebsaufwendungen	92 157 300
Betriebsergebnis	4 214 400
Ertragsanteil aus nicht konsolidierten Tochtergesellschaften und Beteiligungen	1 008 000
Zinserträge	1 328 300
sonstige Erträge	143 600
Gesamte Erträge	6 694 300
Zinsen und sonstige Aufwendungen	1 065 000
Ergebnis vor Steuern	5 629 300
Ertragssteuern (ausländische, US und Einzelstaaten)	1 630 300
Jahresüberschuß	3 999 000
Plus Zinsen (berichtigt um den Steuereffekt)	689 100
Nettoertrag auf das gesamte Kapital	4 688 100

Interpretation der Rentabilitätskennzahlen

Das Jahr 1985 wies allgemein günstige wirtschaftliche Bedingungen auf, und weltweit stiegen GM's Verkäufe von Automobilen, Lastwagen und Omnibussen nach Stückzahlen um 13 %. Inlandsverkäufe brachten 77 % des Gesamtumsatzes und 91 % des Jahresüberschusses. Der Rückgang des Jahresüberschusses um 2 % gegenüber 1984 trotz einer Steigerung im Volumen reflektiert einen industrieweiten Faktor, den Preiswettbewerb durch Importe. Kostensteigerungen der Gesellschaft ergaben sich durch die Installation von neuen Computersystemen und aus Investitionen zur Verbesserung der Produktionseffizienz. Eine damit verbundene gesellschaftsspezifische Entwicklung war die Einbeziehung von Elektronic Data Systems in die Gesellschaftsstruktur.

Mit Hilfe der Rentabiltätskennzahlen kann der Analyst den Einfluß untersuchen, den Faktoren aus dem Bereich der Gesamtwirtschaft, der Industrie und der Gesellschaft selbst auf die Ertragskraft haben. Sind die Ergebnisse 1985 normal und wiederkehrend oder sind sie durch besondere Umstände verzerrt? Welche Faktoren fördern das Wachstum der Ertragskraft? Wie empfindlich ist die Gesellschaft gegenüber dem allgemeinen wirtschaftlichen Umfeld, national und international? Als wie stabil kann der Investor die Ertragskraft über einen Drei- bis Fünfjahreszeitraum einschätzen? Die Ergebnisse eines einzigen Jahres können repräsentativ sein oder auch nicht, aber sie haben ihren Stellenwert bei der Identifizierung von Trends und – besonders wichtig – wenn es darum geht, Zeichen einer Änderung bei den grundlegenden Investment-Charakteristiken der Gesellschaft zu entdecken.

Maß der Ungewißheit

Das vorstehende Beispiel zeigt in groben Zügen die Serie von Voraussagen, um die es bei der Schätzung der laufenden Gewinne eines Unternehmens geht. Projektionen auf jedem Niveau – Gesamtwirtschaft, Industrie und Gesellschaft – haben ihre eigene Irrtumsspanne. Da Projektionen auf einem Niveau Auswirkungen auf die Projektionen des nächsten Niveaus haben, kann der Irrtumsfaktor immer größer werden, wenn die Projektion Schritt um Schritt von der Gesamtwirtschaft zur Industriegruppe und zur Gesellschaft fortschreitet. Eine Zahl für den Nettoertrag, der für das Eigenkapital zur Verfügung steht (Net available for Common Equity) [1b]) und andere ähnliche Werte sind immer nur die wahrscheinlichsten Schätzwerte des Analysten im Rahmen einer vernünftigen Spanne. Dementsprechend sollte er das Maß der Ungewißheit in seiner Voraussage andeuten, indem er entweder einen Schätzungsrahmen angibt oder eine subjektive „Vertrauensskala" – etwa von 1 bis 5 – benutzt.

Eine Voraussage über Gewinne und Dividenden ist nicht die letzte Aufgabe des Analysten, wenn er den Wert einer Aktie schätzen will. Der letzte Schritt besteht darin, eine Kapitalisierungsrate für Gewinne oder Dividenden zu wählen. Der Ausdruck „Kapitalisierungsrate" („Capitalization Rate") in diesem allgemeinen Sinne bezeichnet den Faktor, mit dessen Hilfe man den gegenwärtigen Wert bestimmt. Es ist entweder ein Multiplikator (Vervielfältiger für vorhergesagte, normalisierte, zukünftige Gewinne) oder aber ein Diskontierungsfaktor (für einen geschätzten Dividendenfluß). (Vgl. Kap. 32.)

Letzten Endes sind die Investoren mit dem Ertrag befaßt, der aus dem Kauf und Verkauf individueller Aktien resultiert. Daher richten sich die meisten Investmentuntersuchungen auf Prüfung und Bewertung individueller Wertpapiere.

Wertpapieranalyse

Wertpapieranalyse entwickelt und präsentiert die Fakten, die für Aktien oder Obligationen wichtig sind, in einer Weise, die den Investor am besten informiert und ihm am nützlichsten ist. Außerdem sucht eine solche Analyse aus den Fakten und

---

[1b]) Hinweis des Übersetzers: Ein Faktor bei der Berechnung der Eigenkapitalrentabilität, siehe Kap. 20 zu Fig. 20.3

den einschlägigen Standards verläßliche Schlüsse über den inneren Wert und die Risikocharakteristiken eines Wertpapiers zu gewinnen.

Aus diesen Informationen sowie Annahmen über den Zeitraum, bis Kurs und Wert zusammenlaufen werden, kann der Analyst die von einer Aktie zu erwartende Rendite zum augenblicklichen Börsenkurs bestimmen und sich ein gewisses Bild über die Wahrscheinlichkeit machen, daß der erwartete Gewinn tatsächlich eintreten wird. Auf diese Weise liefert die Wertpapierananlyse die Basis, um unter verschiedenen Möglichkeiten einzelne Aktien zum Kauf oder Verkauf auszuwählen.

Schwierigkeiten aus den Bereichen Börse und Informationsquellen

Bedeutung und Prestige der Wertpapieranalyse sind über die Jahre angewachsen. Sie haben sich im großen und ganzen parallel zu der ständigen Verbesserung der Gesellschaftsberichte und anderer statistischer Daten entwickelt, die das Rohmaterial für solche Analysen darstellen. Trotz des Beitrages der Analysten zur Markteffizienz wird jedoch das Pendel weiterhin ausschwingen – in Richtung übermäßigen Börsenpessimismus in Zeiten der Rezession und hin zu übermäßigem Optimismus in Zeiten ausgedehnter Prosperität. Diese Pendelbewegungen werden für die Aktien, die gerade in Mode sind, noch übertriebener ausfallen – wie etwa für die kleinen Technologiewerte in der Zeit 1983–1986. Überschäumenden Optimismus gab es auch in den frühen und späten 60er Jahren und im ganzen Jahr 1972 und teilweise 1973. Nichtsdestoweniger wird die Wertpapieranalyse mit diesen Herausforderungen durch die Börse befriedigend fertig, *wenn sie richtig durchgeführt wird.*

Jedoch wird Wertpapieranalyse nicht immer *richtig durchgeführt.* Ein Fall, wo sie besonders flagrant versagt hat, war das Debakel der Penn Central; es gab umfangreiche Hinweise vor 1970 für diejenigen, die danach suchten.[2]

Die Möglichkeiten für effiziente Analyse verbessern sich weiterhin. In den letzten Jahren haben wesentliche Änderungen in der Buchführung und in der Geschäftsberichtspraxis von Gesellschaften stattgefunden. Verschiedene Gesetze sind auf Empfehlung der Securities und Exchange Commission (zukünftig abgekürzt: SEC) beschlossen worden. Die SEC und andere Institutionen wie der Accounting Principles Board (= ABP, „Ausschuß für Buchführungsgrundsätze") und die Nachfolgeorganisation, der Financial Accounting Standards Board (= FASB, „Ausschuß zur Festlegung von Standards für Finanzbuchhaltung")[3],

---

[2] Hierzu siehe B. Graham, „The Intelligent Investor", 4. Aufl. Harper & Row, New York 1973, S. 234. Siehe auch R. F. Murray, „The Penn Central Debacle: Lessons for Financial Analysis", The Journal of Finance, Mai 1971, S. 327–332.

[3] Der Umfang der Aktivität von FASB und SEC sind gut zusammengefaßt bei William H. Beaver, „Financial Reporting: An Accounting Revolution", Prentice Hall, Englewood Cliffs, N. J. 1981, S. 1–2. Eine ausgedehnte Studie über die Veröffentlichung von Finanzdaten findet sich im Report of the Advisory Committee on Corporate Disclosure to the Securities and Exchange Commission, 3. November 1977, US Government Printing Office, Washington D. C., 1977.

ferner das Financial Analysts' Federation Financial Accountings Policy Committee (Komitee über Finanzbuchhaltungspolitik der Vereinigung der Finanzanalysten) und dessen Corporate Information Committee (Komitee über Information durch Gesellschaften) haben ständig Druck in Richtung auf eine volle Unterrichtung ausgeübt und damit die Qualität und Quantität der publizierten Gesellschaftsdaten verbessert.[4]) Auch hat die erhöhte Aufmerksamkeit, die viele Gesellschaften ihren jährlichen Geschäftsberichten widmen, den informativen Wert dieser Berichte wesentlich verbessert.[5]) Diese Verbesserungen haben Umfang und Verläßlichkeit der Wertpapieranalyse erhöht. Zugleich hat allerdings der schnelle Wandel die Verläßlichkeit der Informationen aus den Geschäftsberichten über das Jahr hinweg verringert und damit den Analysten vor neue Herausforderungen gestellt.

Die drei Funktionen der Wertpapieranalyse

Die drei Funktionen der Wertpapieranalyse, wie sie in den folgenden Abschnitten im einzelnen behandelt werden, kann man wie folgt kennzeichnen:

– Beschreibung
– Bewertung
– Kritik

Die beschreibende Funktion

Die beschreibende Analyse faßt die für eine Aktie wichtigen Tatsachen zusammen, analysiert sie, interpretiert sie und präsentiert diese Information in einer zusammenhängenden, leicht verständlichen Form. Erfolg und Geschicklichkeit, mit der Analyse in dieser beschreibenden Funktion betrieben wird, sind unterschiedlich.

Die allereinfachste beschreibende Analyse findet man in den bekannten und unentbehrlichen statistischen Darstellungen der verschiedenen Wertpapierhandbücher und ähnlicher beschreibender Dienste. Hierbei handelt der Analyst mehr als Reporter denn als Analyst. Für große Gesellschaften wird das Material im wesentlichen direkt aus den Berichten entnommen, die der SEC eingereicht werden (in erster Linie die Geschäftsberichte und die 10-K-Berichte der Gesellschaft). In

---

[4]) Ein kurzer Überblick über die Entwicklung der Finanzbuchhaltung (Financial Accounting) über einen großen Teil der Nachkriegszeit und einige Erklärungen über die Gründe durch jemanden, der Einfluß auf einige Entwicklungen nahm, findet sich bei William C, Norby, „A 35-Year Review of Financial Accounting and Reporting to the Investor", Financial Analysts Journal, Juli-August 1982, S. 33–35.
[5]) Eine kritische Meinung findet sich bei D. G. Sutliff, „Annual Reports Today", Financial Analysts Journal, Mai-Juni 1984, S. 10.

einigen Fällen – wegen des Zeitfaktors – mag die neueste Information in dem Geschäftsbericht an die Aktionäre enthalten sein.[6])

Eine gründliche beschreibende Analyse muß weitergehen als lediglich die berichteten Zahlen wiederzugeben. In vielen Fällen wird der Analyst verschiedene Anpassungen vornehmen müssen, um für die untersuchten Jahre den Zusammenhang und die Bedeutung der Geschäftsergebnisse besser darzustellen und die Daten für eine Anzahl von Gesellschaften besser vergleichbar zu machen. Der Umfang dieser Analyse ist Gegenstand von Teil 2.

Beschreibende Analyse erfordert eine gründliche Durchleuchtung der Gesellschaften, um die Gründe für die frühere und gegenwärtige Rentabilität zu verstehen und ihre Beziehung zur zukünftigen Rentabilität zu interpretieren. Diese Analyse umfaßt so wichtige Punkte wie:

- Erwerb von Gesellschaften und Zusammenschlüsse
- Änderung im Produktionsprogramm
- Expansion auf bestimmten Marktgebieten
- Änderungen im Marktanteil
- Intensität des Wettbewerbs aus dem Ausland
- Kapazitätsausnutzung

Detaillierte Vergleiche von Gesellschaften im selben Industriezweig gehören ebenfalls hierher. Besonders wichtig ist, daß die beschreibende Analyse die Ertragskraft oder die Fähigkeit, Dividenden zu zahlen, in die Zukunft projiziert und sich dabei auf eine spezielle Gruppe (oder Gruppen) von gesamtwirtschaftlichen Annahmen stützt.

Die Bewertungsfunktion

Die zweite Aufgabe der Wertpapieranalyse besteht darin, Schätzungen über den Wert von Aktien und Obligationen zu entwickeln. Erfahrene Analysten sollten in der Lage sein, ein Urteil über die relative Attraktivität der untersuchten Wertpapiere für Investments abzugeben.

Viele Laien glauben, daß erfahrene Wertpapieranalysten, die ihr Geld wert sind, jederzeit verläßliche Schätzungen für jede Aktie oder Obligation entwickeln könnten; dieser Glaube ist weit von der Wahrheit entfernt. Gewisse Zeiten und gewisse Situationen am Wertpapiermarkt sind günstig für ein gesundes analytisches Urteil. In anderen Situationen mag der Analyst nur in bescheidenem Ausmaße in der Lage sein, ein qualifiziertes Urteil abzugeben. Noch andere mögen so spekulativ sein, daß Untersuchung und Schlußfolgerung des Analysten, obwohl besser als gar nichts,

---

[6]) Zunehmend veröffentlichen Gesellschaften für ihre Aktionäre eine Zusammenfassung von Geschäftsbericht und 10-K-Bericht. So werden beide gleichzeitig verfügbar.

einem so hohen Maße von Ungewißheit unterliegen, daß sie von wenig verläßlichem Wert sind.

Bewertung von vorrangigen Wertpapieren (Senior Securities)

Analyse und Bewertung von Obligationen mit Investmentqualität folgen üblicherweise lange bestehenden Grundsätzen.[7] Sie sollen größtmögliche Sicherheit verschaffen, daß die Ertragskraft der Gesellschaft ausreicht, um Zinsendienst und Kapitalrückzahlung auch in Zukunft zu gewährleisten. Die allgemein akzeptierte Methode erfordert eine weite Sicherheitsspanne in der Vergangenheit und geeignete Gewinnprojektionen für die Zukunft; beide müssen erwarten lassen, daß ausreichend Schutz gegen mögliche ungünstige Entwicklungen besteht. Obwohl die Techniken und Standards, die bei dieser Arbeit benutzt werden, keineswegs überall gleich sind, ist es doch unwahrscheinlich, daß die praktischen Schlußfolgerungen eines kompetenten Analysten auffällig von denen eines anderen abweichen werden. Dazu können Festlegung von angemessenem Kurs und Rendite für die Obligation gehören, die sie dem gegenwärtig erwarteten Ertrag für ihre Gruppe anpassen. Im allgemeinen werden Vorzugsaktien von Investmentgrad in derselben Weise wie Obligationen behandelt.

Als die vierte Auflage dieses Buches im Jahre 1962 erschien, war der ausgegebene Betrag von zweitklassigen Obligationen bescheiden. Im Gegensatz dazu waren im vierten Quartal 1986 insgesamt 124,7 Milliarden Dollar Gesellschaftsobligationen ausgegeben, deren Krediteinstufung unterhalb der 4 obersten Kategorien liegt. Infolgedessen ist die Analyse von zweitklassigen Obligationen zu einem wichtigen Gebiet der Analyse von festverzinslichen Wertpapieren geworden. Das Kursniveau solcher Obligationen (und Vorzugsaktien) an ihren Extrempunkten wird normalerweise interessante und lohnende Gelegenheiten für eine Wertanalyse bieten.

Bewertung von Privatplazierungen (Private Placement Issues)

Vom Standpunkt der Analyse her liegt ein erhebliches Volumen von zinszahlenden Wertpapieren außerhalb der obigen beiden Kategorien (Obligationen mit Investmentgrad und zweitklassige Obligationen). Diese Wertpapiere bestehen hauptsächlich aus direkten (privaten) Plazierungen, die keine Liquidität haben. Aus diesem Grunde erfordern sie eine noch genauere Analyse der langfristigen Aussichten für die Gesellschaft als die handelbaren Wertpapiere mit Investmentgrad. Der Bruttobetrag aus privatplazierten Gesellschaftsobligationen lag 1984 über 42 Milliarden Dollar; das entsprach 88 % der öffentlich angebotenen Gesellschaftsobligationen. – Terminausleihungen der Banken gehören in dieselbe Kategorie.

---

[7] Der Ausdruck Obligationen von Investmentqualität bezieht sich typischerweise auf die obersten 4 Einstufungen (Aaa bis Baa); den Ausdruck erstklassige Obligationen (High-Grade Bonds) reservieren wir für die obersten 3 Einstufungen.

Bewertung von Aktien

Analyse und Bewertung von Aktien bieten einen besonders faszinierenden Aspekt der Bewertungsaufgabe. Sie sollen dem Investor klare Schätzungen über Ertrag und Risiko verschaffen. Diese Schätzungen bilden die Grundlage, um von einer Liste von Aktien diejenigen zu kennzeichnen, die unter ihrem Wert notieren (und daher Kandidaten für Käufe sind und jene, die über ihrem Wert notieren (und daher Kandidaten für Verkäufe sind).[8])

Teil 4 behandelt die Faktoren, die ein Analyst bei der Bewertung berücksichtigen wird.

Drei Methoden für Analyse und Bewertung

Es gibt drei allgemeine Konzepte oder Methoden für die Analyse und Bewertung von Aktien. Die erste und älteste Methode legt ihr Schwergewicht auf die vorweggenommene Börsenperformance. Im eigentlichen Sinne beruht diese Methode nicht auf einem Bewertungskonzept, denn sie versucht nicht, eine Aktie unabhängig von der Börse zu bewerten. Daher nennen wir sie hier die „Vorwegnahme-Methode" (Anticipation Approach). Die zweite und dritte Methode beruhen eindeutig auf Bewertung – die eine auf dem inneren Wert, die andere auf dem relativen Wert.

Vorwegnahmemethode (Anticipation Aproach)

Sie wird gekennzeichnet durch die vielen veröffentlichten Listen mit Aktienempfehlungen, die sich über eine bestimmte Zeitspanne, etwa die nächsten 6 oder 12 Monate „besser als die Gesamtbörse" entwickeln werden. Diese Methode nimmt normalerweise an, daß der augenblickliche Börsenkurs die augenblickliche Situation der Aktie, einschließlich der „allgemeinen Ansicht" über ihre Zukunft, im großen und ganzen richtig widerspiegelt. Jedoch wird der Kurs, sagen wir in einem Jahr wahrscheinlich ganz anders als der heutige Kurs sein, obwohl er im Hinblick auf die allgemeinen Bedingungen und Erwartungen, wie sie in einem Jahr herrschen, angemessen sein wird. Solche Kursvorhersagen sind spekulative Unternehmungen, für die eine analytische Disziplin wenig Hilfe bietet.

Die Aufgabe des Wertpapieranalysten besteht hier darin, die neue Situation vorwegzunehmen und abzuschätzen, in welchem Grade der Börsenkurs einer Gesellschaft davon positiv oder negativ betroffen wird. Dazu untersucht er detailliert die Stellung der Gesellschaft in ihrem Geschäftszweig und ihre kurzfristigen

---

[8]) Die folgende Diskussion bezieht sich auf die Bewertung eines aktiv betriebenen Unternehmens (Going Concern). In den letzten Jahren hat die ausgedehnte Übernahme- und Verschmelzungsaktivität (Akquisitions and Mergers) dazu geführt, daß Gesellschaften, die als Akquisitionskandidaten angesehen wurden, entsprechend ihrem Übernahmewert bewertet wurden. Unter diesem Blickwinkel kann auch der Liquidationswert berücksichtigt werden.

Aussichten. Man geht davon aus, daß die Arbeit und Geschicklichkeit des Analysten bei der Untersuchung öffentlich verfügbarer Daten eine genauere Projektion der zukünftigen Gesellschaftsergebnisse liefern wird, als sie der „allgemeinen Ansicht" entspricht, wie sie schon im augenblicklichen Börsenkurs enthalten ist. Diese Methode versucht offensichtlich nicht herauszufinden, was eine Aktie wert ist. Sie bestimmt nicht den Wert der Aktie – eine Bestimmung, die wir als wesentlich ansehen.

Methode des inneren Wertes („Intrisic Value")

Die zweite Methode unterscheidet sich merklich von der „Vorwegnahmemethode" und versucht, eine Aktie unabhängig von ihrem augenblicklichen Börsenkurs zu bewerten. Die Methode der Bestimmung eines inneren Wertes ist ein normatives Konzept. Es versucht zu bestimmen, was eine Aktie wert ist, d. h. den Kurs, zu dem sie gehandelt werden sollte, wenn sie unter normalen Börsenbedingungen *richtig* notiert wird. Diese Methode liegt unserer Ansicht über Wertpapieranalyse zugrunde und ist Gegenstand von Kapitel 4.

Dieser unabhängige Wert hat verschiedene Namen, von denen der gebräuchlichste und daher am besten bekannte der des „inneren Wertes" („Intrisic Value") ist.[9] Er könnte auch bezeichnet werden als „angezeigter Wert", „normaler Wert", „Investmentwert", „vernünftiger Wert", „angemessener Wert", (so in einigen Gesetzen) und „geschätzter Wert".

Im Hinblick auf seine weitverbreitete Anerkennung wird in diesem Buch durchweg der Ausdruck „Innerer Wert" („Intrisic Value") benutzt. Wenn wir heute jedoch einen anderen Ausdruck aussuchen müßten, zögen wir das anschauliche Wort „Zentralwert" vor, denn es bezeichnete die zentrale Tendenz des Wertes, um den die tatsächlichen Kurse fluktuieren.

Methode des relativen Wertes (Relative Value)

Die dritte Methode befaßt sich mit dem relativen Wert anstelle des inneren Wertes. Anstatt die völlige Unabhängigkeit des inneren Wertes von dem augenblicklichen Kursniveau zu akzeptieren, nimmt der Analyst bei dieser Methode mehr oder weniger das augenblickliche allgemeine Kursniveau der Börse als gegeben hin und versucht, den relativen Wert einer Aktie in bezug darauf zu bestimmen. Zum Beispiel wird die Kapitalisierungsrate für eine bestimmte Aktie entwickelt und ins Verhältnis gesetzt zu der Rate, zu der die Gewinne oder Dividenden für einen

---

[9] Wir wissen nicht, wann der Ausdruck „Innerer Wert" zuerst auf Investments angewandt wurde: Aber darauf wurde schon Bezug genommen in einem 1848 veröffentlichten Pamphlet, „Stocks and Stock-jobbing in Wall Street" von William Armstrong, S. 12.

Querschnitt des Marktes, wie etwa den S&P 500 kapitalisiert sind; oder sie wird ins Verhältnis gesetzt zu der augenblicklichen Kapitalisierungsrate für einen spezifischen Industriezweig oder eine andere Gruppe, die den Markt für die individuelle Aktie unter Beobachtung typisiert, wie etwa eine vergleichbare Gruppe von Aktien mit hohem Wachstum.

Nehmen wir an, ein Analyst kommt zu der Schlußfolgerung, daß das erwartete Wachstum und die Qualität für eine bestimmte Aktie höher als für den S&P 500 liegen. Daher sei es berechtigt, diese Aktie mit einem Multiplikator von 120 % im Verhältnis zu dem für den S&P 500 zu versehen. Nehmen wir an, daß der S&P 500 bei 240 steht. Eine repräsentative Gewinnvorhersage für die nächsten 12 Monate für den S&P 500 liegt bei 17 $ und der sich daraus ergebende Börsenmultiplikator also bei 14,1. Demgemäß läge der relative Multiplikator für die obige Aktie bei 16,9 (120 % von 14,1).

Wenn die Methode des relativen Wertes das augenblickliche Niveau von Aktienkursen als gegeben unterstellt, so kann sich das als sehr gefährlich herausstellen. Im Januar 1973 war beispielsweise die Börse an einem zyklischen Höhepunkt. Wenn ein Investor einen Querschnitt derjenigen Aktien gekauft hätte, die damals als relativ am attraktivsten angesehen wurden, so hätte sein Portfolio einen erheblichen Kursrückgang erlitten, selbst wenn er nicht die volle Schwere des Bearmarket 1973/1974 zu spüren bekommen hätte, der einen 43 %igen Kurseinbruch der gesamten Börse mit sich brachte.

Die kritisierende Funktion

Der Analyst hat neben der Bewertung und der Auswahl von Wertpapieren die Aufgabe der Unternehmenskritik. Insoweit fällt ihm eine Führungsrolle zu, und er liefert einen Beitrag zur Finanzwissenschaft und zum Finanzwesen. Breitgefächerte Erfahrung in der Analyse und Bewertung von Wertpapieren sollte dem Analysten den Blick für Politik und Praktiken von Gesellschaften auf dem Gebiete der Finanzen und für Fragen der Kontrolle über Gesellschaften schärfen. Mehr noch: Indem er direkt oder indirekt das Investieren von Kapital leitet, ist der Analyst mit diesen Gegenständen befaßt, soweit sie den Investor betreffen. So ist etwa der Wertpapieranalyst daran interessiert, daß Wertpapiere, besonders Obligationen und Vorzugsaktien, mit angemessenen Schutzklauseln versehen sind und – noch wichtiger – daß angemessene Methoden der Durchsetzung dieser Klauseln Teil der allgemein anerkannten Finanz-Praxis sind.

Da eine richtige Präsentierung der Fakten besonders wichtig ist, muß der Analyst besonders kritisch sein, wenn es sich um Buchführungsmethoden und Veröffentlichungspraktiken handelt. Schließlich muß sich der Analyst mit der gesamten Unternehmenspolitik befassen, die den Wertpapierbesitzer berührt. Der Wert des analysierten Papiers mag in weitem Maße darauf beruhen, wie sich das Management in dem erwarteten wirtschaftlichen und wettbewerblichen Umfeld verhalten wird. Einige wichtige Facetten der Politik einer Gesellschaft sind:

Kapitel 3: *Umfang und Grenzen der Wertpapieranalyse* 43

- Fragen der Kapitalstruktur
- Dividenden- und Expansionspolitik
- Fähigkeit und Vergütung des Managements
- Regelungen im „Kleingedruckten" („Bylaw Provisions")
- Fortsetzung oder Liquidierung von unrentablen Geschäftszweigen

Teil 5 befaßt sich mit diesen Dingen, die von erheblichem Gewicht für den wirklich guten Analysten sind.

Kapitel 4
Innerer Wert

Innerer Wert (Intrinsic Value) ist das Investmentkonzept, auf dem unsere Ansichten über Wertpapieranlyse beruhen. Der Analyst benötigt einen festen Wertstandard für sein Urteil, ob Wertpapiere an der Börse über- oder unterbewertet sind. Sonst ist er ein potentielles Opfer der Wellen von Pessimismus oder Euphorie, wie sie die Wertpapiermärkte überschwemmen. Ebenso destruktiv für ein befriedigendes Investment wirken sich Tagesmoden und Herdeninstinkte der großen Börsenteilnehmer aus. Wenn Wertpapieranalyse positiv zu dem Prozeß über Investmententscheidungen beitragen soll, muß sie auch ein Bollwerk der Disziplin sein: Gegenüber der Versuchung, passiv der vorherrschenden Stimmung zu folgen oder aber der Tendenz, ihr gedankenlos entgegenzuhandeln (Contrarian), weil man aus Prinzip das Gegenteil der allgemeinen Meinung für richtig hält.

Wie in Kapitel 2 schon erwähnt, werden die Börsenkurse im Laufe der Zeit gelegentlich mit dem Wert des Unternehmens übereinstimmen, wenn sie über und unter den inneren Wert oder Zentralwert pendeln. Dieses Zusammentreffen von Kurs und Wert mag sich der Festlegung entziehen, soweit es sich um den Zeitpunkt handelt. Aber irgendwann muß es dazu kommen, wenn Börsen einigermaßen effizient und die Informationen angemessen sind. In der Tat ist die Bewertung einer Gesellschaft, die mit dem Kursverhalten der Aktie über einen vollen Börsenzyklus nicht übereinstimmt, automatisch verdächtig.

Die traditionelle Definition des inneren Wertes betont die Rolle von Tatsachen: Der Wert, der gerechtfertigt wird durch Vermögen, Gewinne, Dividenden, bestimmte Aussichten und den Managementfaktor.

Bewertungsfaktoren

Die folgenden vier gewinnbezogenen Faktoren sind die Hauptkomponenten für den inneren Wert eines laufenden, in Betrieb befindlichen Unternehmens:

1. Niveau der normalen Ertragskraft und Rentabilität bei der Benutzung des Vermögens – im Gegensatz zu den ausgewiesenen Gewinnen, die durch vorübergehende Einflüsse verzerrt sein können und es häufig sind.

2. Die tatsächlich gezahlten Dividenden oder die Fähigkeit, solche Dividenden zur Zeit und in der Zukunft zu zahlen.
3. Eine realistische Erwartung über den Wachstumstrend der Ertragskraft.
4. Stabilität und Verläßlichkeit dieser quantitativen und qualitativen Projektionen des zukünftigen wirtschaftlichen Wertes des Unternehmens.

Wenn diese Komponenten der Ertragskraft kapitalisiert werden, ist für die Bewertung die Berücksichtigung einer Risikoprämie, im Vergleich zu einem gesicherten Ertragsfluß, erforderlich; die Prämie beruht auf folgenden Überlegungen:

1. Veränderlichkeit (Variability) der erwarteten Erträge (Returns) um die Trendlinie der Erträge herum; darin drücken sich Faktoren des Industriezweiges, operative und finanzielle Hebelwirkung, Kreditwürdigkeit und nicht-finanzielle Elemente aus.
2. Positive Aussichten für das Wachstum, abgeleitet von bestimmten Erwartungen wie neue Produkte, neue Märkte und ökonomische und soziale Entwicklungen außerhalb des Unternehmens.
3. Informierte und auf Erfahrung gegründete Bewertung der Fähigkeiten des Managements, mit den Ungewißheiten und unvorhersehbaren Ereignissen der langfristigen Zukunft fertigzuwerden.

Im wesentlichen ist der innere Wert einer Firma ihr wirtschaftlicher Wert als ein aktiv betriebenes Unternehmen. Dabei sind ihre Charakteristiken, die Natur des oder der von ihr betriebenen Geschäftszweige(s) und des Investmentumfeldes zu berücksichtigen.

Normative und dynamische Aspekte

Diese Definition des inneren Wertes ist sowohl normativ als auch dynamisch. Sie ist normativ insoweit, als sie sich auf erwartete durchschnittliche Beziehungen stützt und dadurch zu schätzen versucht, welches der Kurs sein *sollte* – im Gegensatz zu dem tatsächlichen augenblicklichen Börsenkurs.

Die Definition eines inneren Wertes soll in erster Linie den Unterschied zwischen Wert und augenblicklichem Börsenkurs betonen. Dennoch ist dieser Wert nicht mit einer Aura der Dauer umgeben. In Wahrheit wird sich der errechnete innere Wert von Jahr zu Jahr ändern, so wie sich Gewinne, Dividenden und die anderen Faktoren, ändern, die den Wert bestimmen.[1] Obwohl die ausgewiesenen Gewinne

---

[1] Unabhängig von der gesamten Zeitspanne der Vorausschau projizieren die meisten Investmentorganisationen Gewinne und Dividenden einer Gesellschaft auf Jahresbasis und überprüfen dann diese Projektionen vierteljährlich. Wenn daher im Verlauf einer 12-Monats-Periode keine fundamentale Änderung in vierteljährlich oder sonst berichteten Daten eintritt, wird der innere Wert meist auf jährlicher Basis berechnet.

pro Aktie bei fast allen Gesellschaften in ungleichmäßigen Raten wachsen, ist es doch so, daß die „normalen" Gewinne im allgemeinen stetig anwachsen. Der innere Wert ist daher wie ein sich bewegendes Ziel, von dem man erwarten kann, daß es sich vorwärts bewegt, aber in einer wesentlich weniger unruhigen Weise als die zyklischen oder sonstigen Schwankungen des Börsenkurses. Wenn der innere Wert daher richtig geschätzt ist, werden die Kurse um ihn herum fluktuieren.

Anerkennung des Konzeptes

Im allgemeinen geben Investmentpraktiker nunmehr die Existenz eines inneren Wertes zu, der sich vom Kurse unterscheidet. Anderenfalls wäre es sehr merkwürdig, wenn sowohl Wall Street als auch Organisationen für Investmentmanagement erhebliche Ausgaben machten, um Schätzungen über den Wert einer umfangreichen Liste von Aktien zu entwickeln.

Kurs und Wert

Zentrale Tendenz der Kurse

Wie schon früher angedeutet, beschriebe das Wort *Zentralwert* diesen geschätzten Wert besser. Eine typische Aktie von Investmentqualität hat eine zentrale Tendenz der Kurse. Dieser Zentralwert hat eine sinnvolle Beziehung zu dem normalen Niveau und dem erwarteten Wachstum von Gewinnen und Bardividenden sowie zu dem Maß des Risikos, das diesen Erwartungen innewohnt. Diese Beziehung bildet die wesentliche Basis für die Auswahl eines Multiplikators für projizierte Gewinne oder eines Abzinsungssatzes für projizierte Dividenden und damit für eine Schätzung des zentralen Wertes. Innerer Wert ist also im wesentlichen die zentrale Tendenz der Kurse. In dieser Weise betrachtet, wird das tatsächliche Zusammentreffen zwischen dem Börsenkurs und der stabileren zentralen Tendenz im Werte normalerweise nur kurz sein. Typischerweise werden sie dann zusammenfallen, wenn ein steigender Kurs den Wert erreicht und darüber hinaus steigt oder wenn ein fallender Kurs bis auf den Wert sinkt und darunter fällt.

Zusammenfallen von Kurs und Wert: Ein Beispiel

Da der innere (zentrale) Wert einer Aktie sich allmählich ändert, kann man die Tatsache, daß der Börsenkurs nicht auf längere Zeit mit dem Wert übereinstimmt, leicht nachweisen. Dazu untersuchen wir die Kursschwankungen eines Querschnitts von 12 zufällig ausgesuchten Gesellschaften von Investmentqualität mit verschiedenen Wachstumsraten und verschiedenen Graden von Stabilität bei den Gewinnen.

Tafel 4.1 zeigt die prozentualen Kursveränderungen für die 12 Gesellschaften über den Zeitraum von 1978–1986, im wesentlichen in Übereinstimmung mit den zyklischen Schwankungen des S&P 500. Zur besseren Perspektive sind die Fluktuationen des S&P 500 mit aufgeführt. Beachten Sie bitte, daß Ausdehnung und Spannweite der Kurssteigerungen für die 12 Gesellschaften von ihren Tiefpunkten 1978 zu ihren Höhepunkten 1979/80 erheblich sind. Dasselbe gilt für die Kursrückgänge zu ihren Tiefpunkten 1981/82 und ihrem anschließenden Anstieg zu ihren Höhepunkten 1985/86.

Rezession, sich beschleunigende Inflation (für einen Teil der 6-Jahresspanne), und andere Ereignisse hatten einen erheblichen Einfluß auf die Gewinnaussichten für viele dieser Gesellschaften und auf ihre Kapitalisierungsraten. Kann man nun schließen, daß entweder die Ertragskraft (oder die Fähigkeit, Dividende zu zahlen) einer repräsentativen Gruppe von guten US-Gesellschaften den Charakter eines „Jojo" hat, oder aber, daß die normale Kapitalisierungsrate für die Ertragskraft oder die Fähigkeit, Dividende zu zahlen, in dem Maße wechseln könnte, wie das durch die Kursveränderungen nahegelegt wird? Offensichtlich ist die Antwort: Nein. Ferner wäre es nicht überraschend, selbst für diese zeitlich relativ kurz dauernden Börsenschwankungen festzustellen, daß die Kurse den inneren Wert von beiden Seiten umgeben.

Kursverhalten als Faktor bei der Auswahl eines Multiplikators

Ein weiterer Aspekt des Kursverhaltens von Aktien erfordert einen Kommentar. Gelegentlich weichen die Multiplikatoren (Gewinnvervielfältiger) individueller Aktien oder einer Gruppe von Aktien von früheren Niveaus über längere Zeiträume ab. Das zwingt den Analysten zur Vorsicht, wenn er die Kurse aus der Vergangenheit als Anhaltspunkt für die Zukunft interpretieren will. Tafel 4.2 vergleicht zum Beispiel die Kurs-/Gewinnverhältnisse (KGV) für Aktien mit hohem und mit durchschnittlichem Wachstum über die Periode 1968–1986. Aus der Tafel können Sie entnehmen, daß über die Sechs-Jahresspanne 1968–1973 Aktien mit hohem Wachstum ein hohes KGV hatten. Der jährliche Durchschnitt 1968/69 lag beim 30fachen und der Durchschnitt 1971–1973 sogar noch höher beim 33,6fachen. Im Verlauf des Börsenanstiegs von 1970–1973 stieg das KGV von einem Tief 1970 von 24,1 bis zu einem Hoch 1972 von 40,3. Im merklichen Gegensatz dazu lag das durchschnittliche KGV für 15 Aktien von Investmentqualität mit durchschnittlichem Wachstum 1971–1973 unter dem Niveau von 1968/1969 (13,9 gegen 15,6). Die Kompression im KGV in den folgenden Jahren bis 1985 bedeutet einen bisher nicht dagewesenen Bearmarket für Wachstum als Komponente des Aktienwertes.

Wenn Bedingungen dieser Art für eine verhältnismäßig lange Zeit vorherrschen (etwa zwei oder drei Jahre oder noch länger), erhebt sich die Frage: Berichtigt der Wertpapieranalyst den Multiplikator, mit dessen Hilfe er den inneren Wert für eine

Kapitel 4: *Innerer Wert*

Tafel 4.1: Kursfluktuationen einzelner Aktien

Aktie	1978 Tief ($)	1979–1980 Hoch ($)	Anstieg (%)	1981–1982 Tief ($)	Kursrück-gang (%)	1985–1986 Hoch ($)	Anstieg (%)
Avon Products	44	56	27	19	66	36	89
Black & Decker	14	25	79	12	52	27	125
Coca-Cola	12	15	25	10	33	45	350
Colgate-Palmolive	16	20	25	14	30	47	236
IBM	59	81	37	48	41	162	238
American Brands	10	22	120	17	23	53	212
R. R. Donnelly & Sons	11	19	73	15	21	80	433
RJR Nabisco	10	19	90	16	16	55	244
Caterpillar Inc.	45	64	42	33	48	55	67
General Motors	54	66	22	34	48	89	162
PPG Industries	6	10	67	7	30	39	457
Weyerhaeuser	21	38	81	23	39	41	78
Durchschnitt			57		37		224
S&P 500	89	136	53	109	20	254	133

Quelle: Zusammengestellt aus The Value Line Investment Survey und Standard & Poor's Statistical Service, Security Price Index Record und Current Statistics.

Hinweis: Kurse und Prozente sind abgerundet. Die Kurse sind im Falle von Gratisaktien (Stock Splits, Stock Dividend) angepaßt.

Tafel 4.2: Kurs-/Gewinnverhältnisse von Aktien mit hohem und durchschnittlichem Wachstum im Vergleich (1968 bis 1986)

Jahr	Aktien mit hohem Wachstum			Aktien mit durchschnittlichem Wachstum		
	Hoch	Tief	Durchschnitt*)	Hoch	Tief	Durchschnitt*)
1968	32,2	27,0	29,9	16,9	14,3	15,6
1969	31,7	27,9	30,1	17,1	15,0	15,7
1970	30,3	24,1	26,4	14,6	12,2	13,3
1971	34,0	28,3	31,2	15,9	14,1	15,0
1972	40,3	33,1	36,9	15,3	13,2	14,6
1973	37,0	25,8	32,8	13,9	10,3	12,2
1974	25,0	14,5	20,5	11,3	7,6	9,4
1975	21,8	15,6	18,7	10,1	8,6	9,5
1976	18,4	14,1	16,5	9,9	8,4	9,1
1977	13,0	11,0	12,1	9,1	7,7	8,5
1978	12,7	9,9	11,0	8,4	7,3	7,8
1979	11,0	8,5	10,0	8,0	6,7	7,7
1980	9,9	8,1	9,1	7,9	6,2	7,1
1981	9,7	8,3	8,9	7,2	6,3	6,7
1982	10,8	7,9	8,8	7,9	6,1	6,8
1983	12,4	9,9	11,3	9,9	7,9	8,9
1984	10,2	8,9	9,4	8,3	7,5	7,9
1985	11,9	9,8	10,3	10,2	8,4	9,5
1986	14,8	11,9	13,6	13,3	10,1	12,1

*) Durchschnitte von 12 Monatsenden

Quelle: FRS Associates, Structure of the Market Studies

Aktie mit hohem Wachstum gefunden hat, nach oben und denjenigen für eine Aktie mit durchschnittlichem Wachstum nach unten, beides mit dem Argument, daß eine neue Bewertung stattgefunden habe? Wenn ja, nach welchem Standard sollten die neuen Multiplikatoren festgelegt werden?

Im Rückblick ist die Antwort einfach. Eine Berichtigung des Multiplikators für Aktien mit hohem Wachstum nach oben aufgrund der Erfahrungen von 1971–1973 hätte im Jahre 1974 verheerende Ergebnisse gebracht. Das niedrigste KGV in jenem Jahre (14,5fach) lag 64 % unter dem Hoch im KGV (40,3fach).

Nehmen wir die umgekehrte Situation: Der durchschnittliche Multiplikator für die 15 Aktien mit hohem Wachstum im Jahre 1978 war 11. Das durchschnittliche KGV lag damit 67 % unter dem Niveau 1971–1973 (30). Was sollte der Analyst tun? Ein Schritt ist klar: Die Qualität der Aktien muß sorgfältig überprüft werden, um festzustellen, ob die fundamentalen Daten noch gegeben sind. Wenn das der Fall ist würde sich der Wertpapieranalyst fragen: Hat die Börse übertrieben? Um die Analyse zu vervollständigen: Das Kurs-/Gewinnverhältnis 1978 für durchschnittliche Aktien betrug 7,8, lag also nur 44 % unter dem Niveau 1971–1973 (13,9). Beim nächsten Schritt würde man fragen: Sind Wachstumsaktien im Verhältnis zu normalen Aktien unterbewertet?

Lassen Sie uns das Ergebnis prüfen, wenn der Analyst sich dafür entschieden hätte, daß Wachstumsaktien unterbewertet seien. Ein Investment in 15 Wachstumsaktien zum Durchschnittskurs 1978 hätte zum Durchschnittskurs 1984 eine Steigerung von 53 % gebracht. Dasselbe Investment in 15 durchschnittliche Aktien wäre um 114 % gewachsen. Obwohl also der Rückgang 1973–1978 im Multiplikator für Wachstumsaktien gewaltig war, sah die Börse offenbar diesen Rückgang als noch nicht angemessen an.

Unser Ergebnis wird durch eine unabhängige Studie bestätigt, die sich mit Wachstumsgesellschaften mit großer Kapitalisierung für die Periode 1973–1981 befaßt: „Leider wurde die Gruppe so populär, daß diese Aktien überbewertet wurden. Außerdem schienen Gesellschaften mit geringerem Wachstum relativ mehr von der sich beschleunigenden Inflation zu profitieren. Die Wachstumsgesellschaften mit großem Kapital stiegen zwischen Mitte 1973 und dem Jahresende 1981 erheblich weniger als die allgemeine Börse."[2]

Diese Exzesse der Börse bieten dem Analysten gute Gelegenheiten, sind aber zugleich auch Ursache für praktische Schwierigkeiten und Frustrationen. Exzesse geben dem Analysten die Gelegenheit, Diskrepanzen zwischen Kurs und Wert zu entdecken. Wenn jedoch Optimismus oder Pessimismus übermäßig anwachsen und für lange Zeit anhalten, mag es scheinen, als sei die Mühe des Wertpapieranalysten nutzlos. Es ist vorstellbar, daß es so lange dauert, bis die Börse die Schlußfolgerungen über den Wert honoriert, daß die praktische Brauchbarkeit einer solchen Analyse zerstört wird. Unsere eigene Erfahrung und unsere eigenen Beobachtungen führen allerdings zur gegenteiligen Schlußfolgerung. Mit einer angemessenen Kombination von Geschicklichkeit, Vorsicht und Geduld sollte die Bewertungsmethode einen befriedigenden jährlichen Ertrag bei bescheidenem Risiko liefern – im Gegensatz zu der „Vorwegnahmemethode" (siehe oben Kap. 3).

Zusammenlaufen von Kurs und Wert

Wie schon betont, werden Investmenterträge durch Käufe und Verkäufe an der Börse realisiert, nicht durch die geschickte Ableitung des inneren Wertes seitens eines Analysten. Es ist daher eine grundlegende Annahme, daß man ein Zulaufen des Kurses auf den inneren Wert hin erwarten kann. Die Schlüsselfragen sind daher: Werden Kurs und Wert zusammenlaufen? Wenn ja, wann?

---

[2] William S. Gray, III. „Portfolio Construction: Equity" in J. L. Maginn and D. L. Tuttle, „Managing Investment Portfolios", Warren, Gorham and Lamont, Boston 1983, S. 386.

Die vernünftige Bewertung

Die Definition einer vernünftigen Bewertung ist nicht etwas Theoretisches oder durch die Konzeption Vorgegebenes; sie ist eine praktische Angelegenheit. Eine *vernünftige Bewertung* wird schließlich durch eine effizient funktionierende Börse bestätigt. Es ist daher axiomatisch, daß der Kurs mit einer vernünftigen Bestimmung des inneren Wertes zusammenlaufen wird. Vernünftige Bewertungen sollten am besten erreichbar sein, wenn Kontinuität und Verläßlichkeit in der Ertragskraft der Gesellschaft die innewohnende Stabilität ihres Geschäftes widerspiegeln. Beispielsweise wies das Nettoeinkommen von Abbott Laboratories von 1972–1985 eine

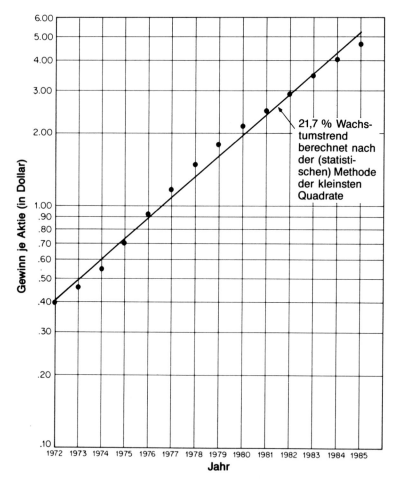

Fig. 4.1: Abbott Laboratories: Wachstumsrate der Jahresüberschüsse, 1972 bis 1985
Quelle: Zusammengestellt aus Value Line, Inc., The Value Line Investment Survey

Kapitel 4: *Innerer Wert*

durchschnittliche jährliche Wachstumsrate von ungefähr 22 % auf. Das Wachstum von Jahr zu Jahr war extrem stabil und wies nur eine kleine „Beule" während der inflationären Jahre 1975–1980 auf. Figur 4.1 zeigt dies dadurch, daß das Nettoeinkommen jedes Jahres ganz nahe an der errechneten Trendlinie liegt.

In scharfem Gegensatz dazu bieten junge Gesellschaften auf neuen Betätigungsgebieten keine gesunde Basis für die Festlegung eines inneren Wertes. Die Risiken, die dem Geschäft innewohnen, ein Management, das sich erst noch bewähren muß, und ungewisse Zugangsmöglichkeiten zu weiterem Kapital vereinen sich, um eine richtige analytische Festlegung des Wertes unwahrscheinlich, wenn nicht unmöglich zu machen. Analysten dienen ihrer Zunft am besten, wenn sie solche Gesellschaften als hochspekulativ kennzeichnen und nicht versuchen, sie zu bewerten. Allerdings ist nicht zu übersehen, daß Druck ausgeübt werden mag, für neu einzuführende Aktien (Initial Public Offerings) und für andere wenig erprobte Aktien Bewertungen zu erstellen.[3]) Der Käufer solcher Wertpapiere macht kein Investment, sondern setzt sein Geld auf eine neue Technologie, einen neuen Markt, einen neuen Service oder eine neue Entwicklung in einem bereits bestehenden Markt. Erfolgreiche Wetten in solchen Situationen können sehr große Gewinne bringen. Aber es geht dabei mehr um die Wahrscheinlichkeit, ob die Chance sich verwirklicht, und nicht um einen Bewertungsprozeß. Wenn man diese Grenzen der Bewertungsmethode erkennt, kann das ebenso nützlich sein wie beinahe alle anderen Bemühungen des Analysten.

Der Zeitpunkt des Zusammenlaufens

Wenn der Investor seine Investmentposition, die einen verläßlich wachsenden Strom von Gewinnen und Dividenden darstellt, zu einem günstigen Preise erworben hat, kann er es an sich ignorieren, wenn die Börse seine Auswahl nicht voll honoriert. Wenn man jedoch nicht in Einklang mit der Börse investiert hat, weil sie sich gerade an anderer Stelle in einer ihrer Übertreibungsphasen befindet, so ist das frustrierend und möglicherweise durchaus ein Verlust anderweitiger Gelegenheiten (Opportunity Loss). Die Belohnung dafür, unterbewertete Wertpapiere zu finden, besteht schließlich in dem erhöhten Gewinn, wenn die Börse das Papier später zu einem höheren Kurse bewertet, der mit dem inneren Wert in Einklang steht.

---

[3]) Das Forbes Magazin untersuchte 1922 neu an der Börse eingeführte Gesellschaften, die in den USA von Januar 1975 bis Juni 1985 ihre Aktien zu 1 $ oder mehr ausgegeben hatten. Die Untersuchung zeigt, daß am 30. Juni 1985 fast 60 % unterhalb des ursprünglichen Ausgabekurses lagen und ungefähr 4 % in Konkurs gegangen waren. Im Verhältnis zum S&P 500 während derselben Zeit lagen ungefähr 13 % zumindest um 95 % tiefer, und ungefähr die Hälfte lag zumindest um 50 % tiefer („Warum neue Aktien ein lausiges Investment sind", Forbes, 2. Dezember 1985). Eine Studie von 1986 fand, daß 61 % dieser neuen Aktien schlechter abschnitten als der S&P 500 („Neue Aktien: Wer ist heiß, wer nicht", Forbes 19. März 1987)

Zu versuchen, den Zeitpunkt dieses Zusammenlaufens von Kurs und Wert vorherzusagen, ist für den Analysten kein fruchtbares oder angemessenes Unternehmen. Eine genaue Voraussage hinge offensichtlich von der eigenen Fähigkeit (oder dem Glück) ab, vorherzusehen, wann sich die Vorliebe und die Erwartungen einer unbekannten Menge von Investoren ändern, die ihrerseits damit auf eine unbekannte zukünftige Umwelt reagieren. Untersuchungen der verschiedenen durcheinanderlaufenden Strömungen an der Börse mögen von einiger Hilfe sein, indem man vielleicht die relative Stärke von Kursen mißt.[4]

Die Unfähigkeit, den Zeitpunkt des Zusammenlaufens von Kurs und Wert vorauszusagen, ist kein ernsthafter Defekt der Bewertungsmethode. Die Erfahrung zeigt, daß dieses Zusammenlaufen tatsächlich stattfindet. Diversifizierung ist das logische Hilfsmittel des Investors, um günstige und ungünstige Überraschungen auszugleichen, wie sie bei der Entwicklung von Wertfaktoren und in bezug auf das frühe oder späte Zusammenlaufen von Kurs und Wert eintreten können.

---

[4] Das Verhältnis des Kurses einer einzelnen Aktie oder einer Gruppe von Aktien zu dem Wert eines breiten Börsenindex wird als Maß der relativen Stärke dargestellt. Ein Verhältnis, das sechs Monate oder ein Jahr fällt, kann anzeigen, daß die Investoren weiterhin nicht davon überzeugt sind, daß ein Fall von Unterbewertung vorliegt. Ein unverändertes oder ständig steigendes Verhältnis jedoch könnte nahelegen, daß eine Aktie immer mehr als preisgünstig angesehen wird.

Kapitel 5
Wirtschaftsanalyse

Gewinnerwartungen für den Aktien- und Obligationenmarkt und Projektionen von Umsätzen, Kosten und Gewinnen für Industrien und fast alle Gesellschaften enthalten notwendigerweise Annahmen über die Gesamtwirtschaft. Es ist die Ausnahme, für die das nicht gilt.[1])

Voraussagen für die Gesamtwirtschaft müssen im Hinblick auf die Erfordernisse des einzelnen Analysten gesehen werden; dabei muß man sowohl ihre (normale) Aufgabe als auch die Art ihres Zustandekommens berücksichtigen. Demgemäß werden in diesem Kapitel

– die Natur der gesamtwirtschaftlichen Vorhersagen beschrieben, die der Wertpapieranalyst benötigt, und die Notwendigkeit für langfristige (säkulare) und kürzerfristige (zyklische) Vorhersagen diskutiert.
– Es werden für beide die Unterschiede in der Konzeption erklärt.
– Es wird die Notwendigkeit unterstrichen, die Beziehungen zwischen makro-ökonomischen Variablen zu verstehen und Verbindungen zwischen diesen Variablen und der Performance der Kapitalmärkte, Wirtschaftssektoren, Industrien und Gesellschaften zu entwickeln.
– Es wird die Methodologie von Projektionen diskutiert und die zugrundeliegenden wichtigsten Annahmen werden illustriert.

Gesamtwirtschaftliche Annahmen können ausdrücklich oder stillschweigend gemacht sein. Eine Investmentorganisation benötigt ausdrückliche Vorhersagen, damit die Kommunikation innerhalb der gesamten Organisation effizient bleibt. Individuelle Investoren können sich aus einer Serie von Voraussagen ein stillschweigendes und intuitives Bild entwickeln, das für ihre Zwecke ausreicht.

In allen Fällen, in denen Investoren solche Voraussagen benutzen, sollten sie sich in Gedanken klar über die Zeitspanne (oder die Zeitspannen) sein, für die sie Projektionen haben wollen und über die wesentlichen zyklischen oder säkularen Annahmen, die den benutzten Vorhersagen zugrundeliegen.

---

[1]) Einige Ausnahmefälle sind am Ende dieses Kapitels aufgeführt.

Gesamtwirtschaftliche Vorhersagen in Perspektive

Gesamtwirtschaftliche Vorhersagen legen die wesentlichen Grundlagen für Projektionen über die Aktien- und Obligationenbörsen, Industriezweige und Gesellschaften. Die Aussichten für Aktien- und Obligationenmärkte beruhen auf den Aussichten für so grundlegende gesamtwirtschaftliche Faktoren, wie:

- Die Wachstumsrate für das reale (= inflationsbereinigte) BSP und das BSP in laufenden Dollar.
- Das Angebot von Kapital, wie es hauptsächlich aus der Wirtschaft und den persönlichen Ersparnissen einschließlich der Pensionsfonds kommt.[2]
- Die Nachfrage nach Kapital, wie sie sich aus den Ausgaben der Konsumenten, der Wirtschaft und der öffentlichen Hand ergibt.
- Die Inflationsrate und der zu erwartende inflationäre Druck.
- Die Unternehmensgewinne (im allgemeinen).

In ähnlicher Weise hängen die Aussichten für Industriezweige und Gesellschaften von den Aussichten für solche Wirtschaftsfaktoren ab, die die Nachfrage nach ihren Produkten und die Kosten von Arbeitskraft, Material und Kapital beeinflussen. Die Genauigkeit und Verläßlichkeit der Projektionen des Analysten für Umsätze, Kosten und Gewinne von Industriezweigen und Gesellschaften hängen von der guten Verknüpfung von Wirtschafts- und Wertpapieranalyse ab. Das macht es notwendig, verläßliche und in sich widerspruchsfreie (gesamt)wirtschaftliche Projektionen zu finden, von denen alle übrigen Voraussagen abhängen sollten.

Große Organisationen mit eigenen Volkswirtschaftlern (economists) entwickeln ihre eigenen Voraussagen. Im Verlaufe dieses Prozesses untersuchen sie die Projektionen anderer (wie z. B. von Brokerhäusern und Banken). Oft abonnieren sie auch einen oder mehrere Vorhersagedienste wie Data Resources Inc., Chase Econometrics und das Wharton Econometric Model. Computerzugang zu diesen Modellen erlaubt den Test von alternativen Annahmen oder sonstigen Modifizierungen der „Standardprojektionen", die diese Vorhersagedienste liefern.

Kleine Investmentorganisationen und individuelle Investoren hängen typischerweise von fremden Vorhersagen ab, wie sie von Brokerhäuser oder von jenen bereits erwähnten Diensten geliefert werden. Diese kleineren Organisationen haben wahrscheinlich seltener Computerzugang zu ökonometrischen Modellen und werden sich in erster Linie auf die Übersichten und Berichte verlassen, die in regelmäßigen Zwischenräumen (vierteljährlich oder öfter) herausgegeben werden.

---

[2] Einige Jahre lang haben Einzelstaaten der USA und lokale Behörden einen Haushaltsüberschuß erzielt, der ebenfalls eine Quelle für Bruttoersparnisse ist. Zufließendes ausländisches Kapital ist eine weitere Kapitalquelle.

Kapitel 5: *Wirtschaftsanalyse* 57

Zyklische und säkulare Vorhersagen

Investmententscheidungen sollten sowohl auf längerfristige als auch auf kurzfristige Projektionen gestützt werden. In der Tat werden Investmententscheidungen der Institutionen zunehmend auf längerfristiger Basis getroffen.[3]

Einerseits lehrt uns die Investmenttheorie, daß der Wert einer Aktie dem Gegenwartswert der gesamten zukünftigen Gewinne oder des zukünftigen Dividendenstroms entspricht. Allerdings steigt die Ungewißheit der Projektionen, je weiter sie in die Zukunft reichen, und der Gegenwartswert von Gewinnen oder Dividenden in ferner Zukunft ist gering. Deshalb sind genaue, langfristige Projektionen unpraktisch.

Andererseits können die Ertragskraft oder die Fähigkeit eines Unternehmens, Dividenden zu zahlen (und damit die zentrale Tendenz seiner Kurse), nicht angemessen auf Grund eines Ausblicks über ein oder zwei Jahre beurteilt werden. Das jeweils normale Kursniveau, das längerfristige Wachstum, die Stabilität der Gewinne und der Dividendenanteil vom Gewinn können nicht wirksam aus den Vorhersagen nur für das nächste Jahr abgeleitet werden. In gleicher Weise wäre es ein reines Zufallsergebnis, wenn die kurzfristigen Aussichten die zukünftigen Wachstumsraten der Industriezweige, des Aktienmarktes oder der Gesamtwirtschaft anzuzeigen schienen. Falsche Betonung auf den kurzfristigen Aspekten kann zu falschen Investmententscheidungen führen.

Die konzeptmäßigen Unterschiede zwischen kurzfristigen, zyklischen Vorhersagen und längerfristigen, säkularen Projektionen sind so bedeutsam wie die Unterschiede in den Projektionsspannen. Diese Unterschiede müssen verstanden werden, denn sie bedeuten substantiell andersartige Bewertungen der Zukunft.

Kurzfristige Vorhersagen

Im allgemeinen umfassen kurzfristige Projektionen die nächsten vier bis acht Quartale und werden von Wirtschaftlern in der Regel als „Vorhersagen" (Forecasts) bezeichnet. Solche Projektionen enthalten klare Schätzungen darüber, was in einem gegebenen Zeitrahmen geschehen wird. Es sind Vorhersagen des spezifischen Niveaus und der Natur der wirtschaftlichen Aktivität auf Quartalsbasis, und damit kennzeichnen sie den zyklischen Pfad, dem die Wirtschaft vermutlich folgen wird.

---

[3] Leider dringen Investoren zu häufig auf Zuwachs in kurzfristiger Rentabilität (von Quartal zu Quartal). Das legt zuviel Gewicht auf kurzfristige Vorhersagen und kann sich auf lange Sicht als nachteilig erweisen.

Quartalsweise Vorhersagen über die Nachfrage

Kurzfristige Vorhersagen sind in erster Linie Vorhersagen über die Nachfrage.[4]) Das Niveau der Wirtschaftsaktivität auf kurze Sicht wird mehr durch Änderungen im Einkommen und in den Ausgaben bestimmt als durch Änderungen in der Kapazität. Zwar muß man sorgfältig das Verhältnis der Nachfrage zu der bestehenden Lieferkapazität der Nation im Auge behalten (ob wenig oder viel „Luft" in der Wirtschaft vorhanden ist). Aber auf kurze Sicht ist es mehr die Nachfrage als die Kapazität, die sich nennenswert ändern kann.[5])

Läßt man einmal so große Störungen beiseite wie Krieg, ernsthafte Trockenheit oder ein Ölembargo, dann ist wirtschaftliche Änderung auf kurze Sicht fast ausschließlich das Ergebnis von Änderungen in Einkommen und Ausgaben von Einzelpersonen, im Niveau der Unternehmensgewinne und -ausgaben und in der Geld- und Fiskalpolitik, die die Einkommen und Ausgaben beeinflussen soll. Demgemäß befassen sich kurzfristige Vorhersagen in erster Linie mit dem Ergebnis von Wirtschaftskräften, das heißt Kräften, die innerhalb des wirtschaftlichen Systems selbst erzeugt werden. Aus diesem Grunde sind ökonomische Modelle besonders wichtig für kurzfristige Vorhersagen.

Ökonomische Modelle

Diese Modelle werden gewonnen durch ausgedehnte systematische Analyse des vergangenen Verhaltens von wirtschaftlichen Schlüsselgrößen. Sie beschreiben allgemein die Verhaltensmuster und Beziehungen innerhalb des Wirtschaftssystems zwischen Privathaushalten, der Geschäftswelt, öffentlichen Stellen und Ausländern – den hauptsächlichen Gruppen von Wirtschaftseinheiten. Ob sie nun eine Anzahl mathematischer (ökonometrischer) Vorhersagen mit ausgedehnten Details für einzelne Sektoren anfertigen oder nur vereinfachte Vorhersagen, die auf Beurteilung beruhen, so entwickeln die Wirtschaftler jedenfalls ihre Modelle systematisch innerhalb eines gegebenen konzeptmäßigen Rahmenwerkes.

Der praktische Gebrauch von Modellen liegt darin, daß sie Fragen wie etwa die folgenden beantworten: Welche Folgen hat eine Verringerung der Einkommensteuer auf Höhe und Struktur der privaten Konsumausgaben? Welche Effekte kann man für die Ausgaben der Wirtschaftsunternehmen für Fabriken und Ausrüstungen (Plant and Equipment, „Betriebs- und Geschäftsausstattung") erwarten, wenn eine Steuerbegünstigung für Investitionen (Investment Tax Credit, „Ankurbelungsprogramm") erhöht wird? Welchen Einfluß wird eine nennenswerte Erhöhung der Ausgaben des Bundes auf die Gesamtnachfrage haben? Welche Folgen wird eine Erhöhung der Benzinsteuer auf den Benzinverbrauch haben?

---

[4]) Siehe Geoffrey H. Moore, „Business Cycles, Inflation and Forcasting", National Bureau of Economic Research, Studies on Business Cycles, Nr. 24, 1980.
[5]) Es darf jedoch nicht übersehen werden, daß als Ergebnis der wirtschaftlichen Erholung, durch beschleunigte Abschreibung und Steuersenkungen in den Jahren 1983 und 1984 erhebliche Kapazitäten neu hinzukamen.

Artikel und Bücher, die sich mit den Methoden und Techniken der kurzfristigen Wirtschaftsvorhersage befassen, gibt es in großer Zahl.[6] Eine allgemeine Kenntnis darüber, wie die Wirtschaft arbeitet, ist wesentlich bei der Analyse von Industriezweigen oder Gesellschaften und für richtige Investmententscheidungen.

Längerfristige Projektionen

Längerfristige Vorhersagen werden oft als „Projektionen" bezeichnet.[7] Keine Einmütigkeit besteht im Hinblick auf die Dauer dieser Langfristigkeit, da über die nächsten zwei Jahre hinaus Vorhersagen nicht mit so viel Sicherheit gemacht werden können wie für die nahe Zukunft. Für eine in die Tiefe gehende Analyse und eine umfassende Gruppe von Projektionen wird für langfristige Vorhersagen ein Zeitraum von fünf bis zehn Jahren als Optimum angesehen. Eine Periode von wesentlich unter fünf Jahren wird übermäßig von zyklischen Kräften beeinflußt, während Projektionen über längere Zeiträume mehr im Sinne von säkularen Kräften und strukturellen Änderungen zu sehen sind. Ein Zeitraum von wesentlich mehr als zehn Jahren bringt zunehmende Ungewißheiten, besonders im Hinblick auf soziale, politische und technologische Änderungen.

Der Fünf-Jahres-Zeitraum wird in den meisten Fällen empfohlen. Weil die Wirtschaft der USA und der Welt insgesamt höchst dynamisch ist, ist eine gründliche Analyse eher zu bewältigen, wenn sie auf fünf Jahre begrenzt wird. Außerdem hat die Dauer des Konjunkturzyklus (Business Cycle) in der Nachkriegsperiode (gemessen von Tiefpunkt zu Tiefpunkt) durchschnittlich zwischen vier und fünf Jahren gelegen.[8] Damit umfaßt eine Fünfjahresprojektion den typischen Konjunkturzyklus und ist außerdem eine vernünftige Zeitspanne, um den Investmenterfolg (Performance) von Wertpapieranalysten und Portfoliomanagern zu messen.

---

[6] Siehe z. B. L. Klein und R. M. Young, „An Introduction to Economic Forecasting and Forecasting Models", Lexington Books, Lexington, Mass., 1980. Weiter findet sich eine umfassende Sammlung von 32 Aufsätzen über die vielen Aspekte von Vorhersagen in einer beeindruckenden Liste von Praktikern. Sie ist enthalten in: „Methods and Techniques of Business Forcasting", herausgegeben von W. F. Butler, R. A. Kavesh, und R. W. Platt, Prentice Hall, Englewood Cliffs, N. J., 1974. Eine summarische Diskussion durch zwei der Herausgeber, Kavesh und Platt, mit dem Titel „Economic Forecasting" findet sich bei S. N. Levine, ed. Financial Analysts Handbook I, Dow-Jones-Irwin, Homewood, Ill. 1975, Seiten 928–943. Verwandte Themen finden sich in Teil V des Handbuches „Economic Analysis and Timing". Eine andere umfassende Untersuchung ist eine zweibändige Studie von B. G. Hickman, ed. „Economic Models of Cyclical Behavior", Studies in Income & Wealth, No. 36, National Bureau of Economic Research, Columbia University Press, New York, 1972.
[7] Die Ausdrücke Vorhersagen (Forecasts) und Projektionen (Projections) werden austauschbar benutzt. Der Zusammenhang zeigt, ob es sich um Vorhersagen für kurze oder längere Frist handelt.
[8] Für die Spanne 1945–1981 betrug die durchschnittliche Dauer 60 Monate. Wenn man die beiden Extremwerte (34 und 117 Monate) ausschaltet, beträgt der Durchschnitt 53 Monate (Die Angaben, beruhen auf einem Nachdruck des National Bureau of Economic Research aus Business Conditions Digest, Juli 1982, S. 105).

Unser Vorschlag, daß eine gründliche Analyse von langfristigem Wachstum auf fünf Jahre beschränkt wird, ist nicht in dem Sinne gemeint, den Horizont einer Organisation zu begrenzen. Auch wird zusätzlich eine tendenzielle (weniger spezifische), langfristige Vorstellung über das soziale, politische und ökonomische Umfeld benötigt. Sie soll sich in Form einer skelettartigen Gruppe von Projektionen mit solchen Schlüsselvariablen befassen wie Wachstumsrate für das reale BSP, Inflation, BSP in laufenden Dollar und Unternehmensgewinne. Vorhersagen über fünf Jahre hinaus zeigen in erster Linie an, ob das Investmentklima von den ganz langfristigen Erwartungen abweichen wird; sie entwickeln Stetigkeit in den Industrie- und Gesellschaftsprojektionen der Wertpapieranalysten und liefern Daten für den Endzustand („Steady State" oder „Terminal Stage") eines Dividendendiskontmodells. Diese Projektionen geben mehr die Richtung als die Dimension an. Beispielsweise war die Inflation wahrscheinlich die am meisten störende wirtschaftliche Kraft für einen Investor von den späten sechziger bis zu den frühen achtziger Jahren. Sie wirkte sich negativ auf die wirtschaftliche Aktivität aus, verringerte Unternehmensgewinne, trieb die Zinssätze nach oben und die Aktienkurse nach unten und verzerrte die relativen Erträge auf den Kapitalmärkten. Für einen Teil der siebziger Jahre übertrafen die Erträge für die kurzfristigen Treasury Bills in der Tat die Erträge sowohl für Aktien als auch für Obligationen. Wenn man daher in langfristige Werte wie Aktien oder Obligationen investiert, muß man das wirtschaftliche und das Investmentklima über die nächsten fünf Jahre hinaus bewerten.

Projektionen für langfristige Durchschnittswerte

Längerfristige Projektionen nehmen im allgemeinen die Form einer jährlichen anstatt einer vierteljährlichen Vorhersage an und sind in erster Linie langfristig (secular) und nicht zyklisch. Sie sollten weder das tatsächliche Niveau der Aktivität für jedes Jahr in dieser Fünfjahresspanne vorhersagen noch die tatsächlichen Änderungen von Jahr zu Jahr. Statt dessen abstrahieren längerfristige Projektionen von den zyklischen Schwankungen und zeigen grundsätzliche Trends und Niveaus in der Wirtschaft auf, die den zyklischen Schwankungen zugrundeliegen. Fluktuationen in der Nachfrage verursachen zyklische Schwankungen um den Trend.

Langfristige Projektionen liefern spezifische Schätzungen für ein bestimmtes Jahr in der Zukunft (das Endjahr). Üblicherweise wird es als Jahr in der Mitte eines Konjunkturzyklus oder als repräsentives „Durchschnittsjahr" behandelt. Auch das Beschäftigungsniveau und die Art der Wirtschaftsaktivität im Anfangsjahr werden als diejenigen eines Durchschnittsjahres behandelt. Das Endjahr ist damit im wesentlichen das Ergebnis von Vorhersagen der erwarteten *durchschnittlichen* jährlichen Änderungen für die dazwischenliegende Spanne von Jahren. Dieses Konzept, Durchschnitte zu bilden, beruht auf der Annahme, daß gute und schlechte Jahre einander ausgleichen. Es macht langfristige Projektionen weniger verläßlich, wenn die Projektionsspanne verkürzt wird. Das ist ein weiterer Grund, warum längerfristige Projektionen mindestens fünf Jahre umfassen sollten.

Kapitel 5: *Wirtschaftsanalyse*

Angebotsprojektionen

Langfristige Projektionen des realen BSP (Ausstoß in tatsächlichen Werten, inflationsbereinigt) sind im wesentlichen „Angebots"-Vorhersagen. Demgemäß wenden sie ihre besondere Aufmerksamkeit den demografischen Daten zu – dem Wachstum der Bevölkerung, der Altersverteilung und dem Wachstum in der Beschäftigtenzahl. Kapitalbildung, Innovation und erhöhte Produktivität (Ausstoß je Beschäftigtenstunde) sind ebenfalls wichtig. Längerfristige Projektionen benutzen also als Ausgangspunkt Schätzungen über das Wachstum im Produktionspotential der Volkswirtschaft – das durchschnittliche jährliche Wachstum im Volumen von Gütern und Diensten (Ausstoß in konstanten Dollar), das die USA produzieren könnten, wenn mit einem bestimmten Beschäftigungsniveau produziert wird.

Diese ursprünglichen Schätzungen werden dann entsprechend den Erwartungen für Wachstum und Art der Nachfrage über die Projektionsspanne modifiziert, um auf diese Weise bestmögliche Schätzungen zu liefern. Die Erfahrung zeigt, daß diese modifizierten Projektionen am besten brauchbar sind, wenn sie außer den Faktoren von langfristigen Wachstumskräften und strukturellen Änderungen der Wirtschaft weitere Daten berücksichtigen:

– Das Verhältnis zwischen dem augenblicklichen und dem erwarteten kurzfristigen Niveau der wirtschaftlichen Aktivität einerseits zu dem Produktionspotential der Volkswirtschaft andererseits
– Die erwartete Wirtschaftspolitik der Regierung einschließlich monetärer- und Fiskalpolitik
– Internationale politische (und wirtschaftliche) Entwicklungen
– Die Natur und Schwankungsbreite von Konjunkturzyklen über die Projektionsspanne; die Schwere von Rezessionen
– Die Wahrscheinlichkeit übermäßiger Inflation

Die Antworten auf diese Fragen sind höchst ungewiß; jedoch ist ihre Beachtung wesentlich, um längerfristige Projektionen für die Gesamtwirtschaft und die Wertpapiermärkte aufzustellen.

Langfristige Projektionen: Bedingt und übergreifend

Längerfristige Projektionen sind viel mehr an Bedingungen geknüpft als kurzfristige. Sie werden wesentlich mehr von nichtwirtschaftlichen Faktoren beeinflußt. Über eine Reihe von Jahren können soziale, politische, technologische und internationale Kräfte sowohl die Nachfrage nach Gütern und Dienstleistungen als auch die Fähigkeit, sie zu produzieren, entscheidend beeinflussen. Demgemäß sind gute, längerfristige gesamtwirtschaftliche Vorhersagen in einem erstaunlichen Umfange Vorhaben, die über eine einzelne Disziplin hinausgreifen.

Bedeutung von längerfristigen Projektionen.

Die hauptsächliche Bedeutung längerfristiger Projektionen liegt keineswegs in den konkreten Zahlen, die darin genannt werden, und die in erster Linie Größenordnungen repräsentieren. Sie liegt vielmehr in den Untersuchungen und Begründungen, auf denen diese Zahlen beruhen, und den Maßstäben und Beziehungen, die sie schaffen. Es wäre Zufall, wenn die Projektionen eine genaue Vorwegnahme der Zukunft wären; nichtsdestoweniger sind ausdrückliche Vorhersagen erforderlich für die geistige Disziplin, die Logik und die Prüfungen und Gegenprüfungen, die erforderlich sind, um bestimmte Schlußfolgerungen zu ziehen.[9] Gründliche Schätzungen der längerfristigen Zukunft liefern wichtige Einsichten in das zugrundeliegende Wachstum und die strukturellen Änderungen in der Wirtschaft, die aus kurzfristigen Vorhersagen nicht gewonnen werden können. Sie liefern außerdem die wichtige Perspektive für die Beurteilung der kurzfristigen Entwicklung. Es ist unwahrscheinlich, daß das Anfangsjahr tatsächlich ein Jahr in der Mitte eines Konjunkturzyklus sein wird (ein Durchschnitts- oder Gleichgewichtsjahr). Die langfristige Projektion wird einen Maßstab liefern, um das Ausmaß der augenblicklichen Abweichung vom langfristigen Trend zu beurteilen.[10]

Langfristige Projektionen liefern dem Wertpapieranalysten die Information, um Wachstumsraten für Industriezweige und Gesellschaften zu schätzen. Längerfristiges Wachstum bei den Gewinnen ist der im wesentlichen bestimmende Faktor für den Multiplikator von Aktien mit Investmentqualität. Daher ist es zu bedauern, daß soviel Forschungsaufwand dem Ziel gewidmet wird, die nächsten vier bis acht Quartale vorherzusagen, und daß nur begrenzte – wenn auch wachsende – Anstrengungen der langfristigen Vorhersage gewidmet sind.

Verbindung zwischen Wirtschafts- und Wertpapieranalyse

Verbindung mit kurzfristigen Vorhersagen

Es gibt gut entwickelte Methoden, um die kurzfristigen Aussichten für die Gesamtwirtschaft vorherzusagen oder die Vergangenheit von Gesellschaften zu ananlysieren und ihre Zukunft vorherzusagen. Es bestehen jedoch die größten Schwierigkeiten, und es ist bisher sehr wenig dabei erreicht worden, Vorhersagen für die Gesamtwirtschaft so aufzubereiten, daß sie die beste Hilfe für den Wertpapieranalysten liefern.

---

[9] Die Methode und die hauptsächlichen Erwägungen für längerfristige Vorhersagen sind gut erörtert bei W. S. Gray III in „Developing a Long-Term Outlook for the U. S. Economy and Stock Market", Financial Analysts Journal, Juli-August 1979, S. 29–39.
[10] Infolgedessen werden die laufenden Erträge verschiedener Klassen von Investments sich wahrscheinlich von den vorausgesagten Durchschnittserträgen unterscheiden.

Kapitel 5: *Wirtschaftsanalyse* 63

Die Suche nach festen Beziehungen

Die Aufgabe besteht darin, einigermaßen stabile Beziehungen zwischen makro-ökonomischen Variablen und solchen Faktoren zu finden wie Umsätze von Industriezweigen und Gesellschaften, ihren Kosten und ihren Gewinnen. Obwohl eine solche Aufgabe nicht einfach ist, können Wertpapieranalysten ihre Urteilsfähigkeit stärken und bessere Investmententscheidungen treffen, wenn sie ständig eine vorgegebene Gruppe von makro-ökonomischen Variablen im Auge behalten.

Institutionen sollten vierteljährlich die gesamtwirtschaftlichen Projektionen überprüfen und diskutieren, die solche makro-ökonomischen Variablen betreffen wie reales BSP, Inflation, nominales BSP und ausgewählte Ausgabeposten. Die Bedeutung von einzelnen Variablen wird sich von Zeit zu Zeit ändern ebenso wie das Maß der Aufmerksamkeit, das man zu gegebener Zeit der einen oder anderen von ihnen widmen muß.

Beurteilung des Risikos der Vorhersagen

Es ist erforderlich, das Risiko (die Wahrscheinlichkeit, unrichtig zu sein) abzuwägen, das mit jeder Serie von Vorhersagen verbunden ist. Diese Abwägung sollte für alle Stufen der Vorhersagen erfolgen, angefangen mit den Aussichten für die Gesamtwirtschaft, dann mit den Vorhersagen für die Wertpapiermärkte, Sektoren, Industriezweige und schließlich mit dem Ausblick für individuelle Wertpapiere. Demgemäß sollte man auch die Wahrscheinlichkeiten bewerten, die für diejenigen wirtschaftlichen Projektionen sprechen, die man als „am wahrscheinlichsten" akzeptiert hat.

Zwei Methoden können angewandt werden, wenn man subjektiv solche Wahrscheinlichkeiten einschätzt. Eine besteht darin, alternative Scenarios zu entwickeln, die auch noch vernünftig erscheinen und einmal optimistischere und das andere Mal pessimistischere Möglichkeiten annehmen als die Vorhersage, die man für am wahrscheinlichsten hält.

Die andere Methode besteht darin, als Grundlage entweder einen Konsensus von Vorhersagen aus äußeren Quellen zu benutzen oder die Ergebnisse eines umfassenden Modells (wie z. B. das von Data Resources). Dieses Fundament von Projektionen kann dann in dem Ausmaß modifiziert werden, in dem eine Organisation stark abweichende Meinungen hat. Die Wahrscheinlichkeiten in diesem Falle können dann einmal dadurch beurteilt werden, daß man das Maß der Überzeugung wertet, das man in bezug auf die Modifizierungen des Kontrollmodells hat. Außerdem kann man sie auch dadurch beurteilen, daß man die verschiedenen Vorhersagen untersucht, die bei anderen, zum Beispiel einigen Wall Street Wirtschaftlern, vorherrschen.

Im Folgenden wird eine Zusammenfassung von makro-ökonomischen Schlüsselgrößen im Rahmen einer Gruppe von kurzfristigen Vorhersagen gegeben; zugleich werden Beispiele gezeigt, die das Verhältnis zwischen den Umsätzen von zwei Industriezweigen und einer übergeordneten wirtschaftlichen Variablen illustrieren.

Tafel 5.1: Zusammenfassung des Bruttosozialproduktes (BSP) und größerer Ausgabenkomponenten, prozentuale Änderungen zwischen 1984 und 1985.

	Jahr (in Milliarden Dollar)		Prozentuale Änderung
	1984	1985	
BSP (in Dollar von 1982)	3 489,9	3 585,2	2,7
BSP-Deflator (Bereinigungsfaktor, 1982 = 100)	107,9	111,5	3,3
BSP (in laufenden Dollar)	3 765,0	3 998,1	6,2
Private Konsumausgaben	2 428,2	2 600,5	7,1
Dauerhafte Konsumgüter	331,2	359,3	8,5
Nichtdauerhafte Konsumgüter	870,1	905,1	4,0
Dienstleistungen	1 227,0	1 336,1	8,9
Brutto Investitionsausgaben von Privaten im Inland	661,1	661,1	(0,2)
Sachanlagen	598,0	650,0	8,7
Wirtschaftsunternehmen	416,5	458,2	10,0
Bautätigkeit	139,3	154,8	11,1
Dauerhafte Anlagen von Produzenten	277,3	303,4	9,4
privater Wohnungsbau	181,4	191,8	5,7
Änderung bei den Vorräten der Unternehmen	64,1	11,1	(82,6)
Nettoexport von Gütern und Dienstleistungen	−58,7	−78,9	
Exporte	382,7	369,8	(3,4)
Importe	441,4	448,6	1,6
Käufe des Staates von Gütern und Dienstleistungen	733,4	815,4	11,2
Bundesausgaben	311,3	354,1	13,7
Verteidigung	235,0	259,4	10,4
Zivile Ausgaben	76,2	94,7	24,3
Einzelstaaten und Gebietskörperschaften	422,2	461,3	9,3

Quelle: U.S. Department of Commerce, Survey of Current Business, Dezember 1986, Tafeln 1.1, 1.2, und 7.4, S. 3, 13

Kapitel 5: *Wirtschaftsanalyse*

Identifizierung von makro-ökonomischen Schlüsselgrößen

Die Masse der Daten, die sich auf die US-Wirtschaft beziehen, kann man in zwei Hauptkategorien einteilen: Einkommen und Ausgaben (die letztere ist die sog. Produktkategorie – „Product Category"). Das allgemeine Niveau der wirtschaftlichen Aktivität wird in der Weise betrachtet, daß man die großen Ausgabenkategorien untersucht, vgl. Tafel 5.1.

Die Zusammenfassung der makro-ökonomischen Schlüsselgrößen liefert einen Mindestumfang von Informationen in Form von Ausgabenposten. Wieviel an weiterer Unterteilung erforderlich ist, wird von der Gründlichkeit der Analyse innerhalb der Organisation abhängen. So können beispielsweise Ausgaben des privaten Konsums für nicht dauerhafte Güter noch weiter unterteilt werden in Ausgaben für Kleidung und Schuhe, Essen, Heizöl und Kohle, Benzin und sonstige Ausgaben.

Tafel 5.1 zeigt, daß das Wachstum bei den Ausgaben von 1984 auf 1985 unter den größeren Komponenten ganz erhebliche Unterschiede aufwies. Beispielsweise war unter den Ausgaben für privaten Konsum der Anstieg bei Dienstleistungen erheblich stärker als der für nicht dauerhafte Güter. In ähnlicher Weise übertraf das Wachstum der Ausgaben der Wirtschaft für Bauinvestitionen das für jede andere Komponente. Diese und andere offensichtliche Unterschiede bei den Ausgaben in den einzelnen Sektoren hatten erhebliche Auswirkungen auf das Wachstum von Umsatz und Gewinnen bei Industrien und Gesellschaften im Jahre 1985.

Tafel 5.2: Verhältnis der Einzelhandelsumsätze zu den Ausgaben für privaten Konsum von nichtdauerhaften Konsumgütern 1976–1985

Jahr	Ausgaben (in Milliarden $)	Einzelhandelsumsätze (in Milliarden $)	Einzelhandelsumsätze als Prozentsatz der Ausgaben
1976	452,0	63,6	14,1
1977	490,4	68,7	14,0
1978	541,8	75,8	14,0
1979	613,2	82,0	13,4
1980	681,4	95,5	14,0
1981	740,6	105,9	14,3
1982	771,0	108,3	14,0
1983	817,0	125,2	15,3
1984	872,4	139,8	16,0
1985	912,5	153,4	16,8

Quellen: Council of Economic Advisors, Economic Report of the President 1986, S. 252. Industriedaten zusammengestellt aus: The Value Line Investment Survey, Retail Store Industry studies.

Einzelhandelsumsätze und Ausgaben für nicht dauerhafte Güter

Der nächste Schritt besteht darin, das Verhältnis zwischen bestimmten Industrien und einer Ausgabenkomponente zu untersuchen. Tafel 5.2 zeigt die enge Verwandtschaft zwischen Einzelhandelsumsätze und privatem Konsum für nicht dauerhafte Güter. Obwohl die 10-Jahresspanne gewisse zyklische Fluktuationen sah, war kein Jahr weit vom Durchschnitt der Periode von 14,6 % entfernt. Eine verläßliche Vorhersage dieser wichtigen wirtschaftlichen Variablen hätte also einem Wertpapieranalysten erheblich geholfen, der für den Einzelhandelssektor verantwortlich war.

Umsätze von Toiletten- und Kosmetikartikeln und Ausgaben für nicht dauerhafte Güter

Eine noch engere Beziehung (sowohl relativ als auch absolut) besteht zwischen den Umsätzen der Industrie für Toiletten- und Kosmetikartikel und den Ausgaben für den privaten Konsum. Das Maß der zyklischen Fluktuationen um den 10-Jahresdurchschnitt von 1,4 % lag innerhalb von plus oder minus 0,1 Prozent. Die Umsätze als Prozentsatz der privaten Ausgaben für nicht dauerhafte Güter werden in Tafel 5.3 gezeigt.

Tafel 5.3: Umsätze als Prozentsatz der privaten Konsum-Ausgaben für nichtdauerhafte Konsumgüter, 1976–1985 (Toiletten- und Kosmetikartikel)

Jahr	Prozent	Jahr	Prozent
1976	1,3	1981	1,5
1977	1,3	1982	1,5
1978	1,4	1983	1,4
1979	1,5	1984	1,4
1980	1,5	1985	1,4

Quellen: Council of Economic Advisors, Economic Report of the President 1986, S. 252. Industriedaten zusammengestellt aus: The Value Line Investement Survey, Toiletries/Cosmetics Industry studies.

Verbindung zu längerfristigen Projektionen

Es gibt zahlreiche Methoden, langfristige Projektionen zu entwickeln. Die folgenden Seiten geben einen Überblick über eine Methode, die ein bestimmtes analytisches Rahmenwerk für die betreffenden Überlegungen liefert. Diese Zusammenfassung zeigt eine Reihe von aufschlußreichen Annahmen für die wichtigsten makro-ökonomischen Variablen, die den längerfristigen Projektionen für die US-

Kapitel 5: *Wirtschaftsanalyse*

Wirtschaft zugrundeliegen. Diese Zusammenfassung soll keine Bevorzugung für eine bestimmte Methode zum Ausdruck bringen.

Die letzten Ursachen

Soziale und politische Kräfte im In- und Ausland sind letztlich die Ursachen, die wirtschaftlichen Entwicklungen zugrundeliegen. Ihr komplexes Zusammenspiel schafft sowohl das Klima, in dem die Wirtschaftsunternehmen arbeiten, als auch die Stellung der USA in größeren internationalen Märkten. Eine Analyse dieser letzten Ursachen liefert die Grundlage für spezifische Schätzungen in bezug auf die Wirtschaft.

Eine rein nationale Betrachtungsweise der Wirtschaft ist ein bruchstückhaftes Konzept; es ist nicht länger gültig in einem sich ausdehnenden Weltmarkt und sich entwickelndem System internationalisierter Produktion. Der Analyst muß die politischen Aussichten in der ganzen Welt berücksichtigen, die Interdependenz der Nationen und die zunehmende Bedeutung anderer Nationen neben den Supermächten.

Er muß auch die sozialen Kräfte erkennen, die in den USA während des Vorhersagezeitraumes voraussichtlich vorherrschen werden, und die wesentlichen Änderungen beurteilen, die von diesen Kräften zu erwarten sind. Dazu gehören Änderungen in dem System von Wertvorstellungen, die die Amerikaner als Ergebnis von Alter, Erziehung, Beschäftigung und Wohlstand besitzen. Dazu gehört auch die wachsende Anerkennung der Macht von Interessengruppen und kollektiven Aktionen, das Ausmaß der Beteiligung der Bundesbehörden (Federal Government) und der Einfluß, den Beschäftigungsänderungen auf die Einkommens- und Ausgabenstruktur der Bevölkerung haben.

Längerfristige Schätzungen sollten Trend- oder langfristige Projektionen sein, die durchschnittliche („normale") jährliche Wachstumsraten darstellen, und zwar ausgehend von einem geschätzten laufenden Mitt-Zyklusjahr zu einem Mitt-Zyklusjahr in 5 Jahren. Beide, das Anfangs- und das Endjahr, werden als durchschnittlich geschätzt sowohl unter dem Gesichtspunkt der Zusammensetzung des BSP als auch des Preisniveaus.

Trendprojektionen für wirtschaftliche Schlüsselgrößen

Da Trendprojektionen auf dem Wachstum von Angebots- oder Ausstoßkapazität der Wirtschaft beruhen, müssen kritische Annahmen über die folgenden Punkte gemacht werden:

– Trend der Wachstumsrate der erwerbstätigen Bevölkerung (Labour Force). Diese Rate ist eine Maßzahl für das Wachstum im Angebot von Arbeitskräften. Sie ist abhängig vom Alter der Bevölkerung, von der Verteilung der Geschlechter und dem Anteil (Prozentsatz) derjenigen im arbeitsfähigen Alter, die Beschäftigung suchen).

- Trend der Wachstumsrate bei der Produktivität (Ausstoß je Arbeiter und Stunde). Dieses Wachstum wird bestimmt durch solche Schlüsselfaktoren wie Betrag der Kapitalinvestitionen seitens der Wirtschaft (Verhältnis von Kapital zu Arbeit), technologischen Fortschritt, Verschiebungen der Anteile von Arbeitskräften in verschiedenen Beschäftigungszweigen und von dem Alter, der Erziehung und dem Ausbildungsniveau der Beschäftigten.
- Durchschnittliche Arbeitslosenrate für die Projektionsspanne. Wenn man die Angebotskapazität der Wirtschaft hat, ist diese Rate der hauptsächliche Bestimmungsfaktor für die Höhe des (preis)bereinigten BSP (Produktionsvolumen).
- Trend der Wachstumsrate im bereinigten BSP. Diese Rate mißt das Wachstum im Produktionspotential der Volkswirtschaft – in der Angebotskapazität der Wirtschaft – und ist in erster Linie die Summe des Wachstums in der Beschäftigtenzahl (unter Berücksichtigung der Beschäftigungsrate) und der Steigerung der Produktivität.
- Durchschnittliche jährliche Inflationsrate für die Periode. Diese Annahme macht es möglich, das bereinigte BSP in das nominale BSP umzuwandeln (Ausstoß zu Marktpreisen bewertet).

Zwei Gruppen von Projektionen sollen als Beispiel dienen: Beispiel 1 ist eine Projektion für die 5-Jahresspanne 1984–1989 und wurde von einer Finanzinstitution entwickelt. Beispiel 2 ist eine Gruppe von Annahmen und Projektionen für die 5-Jahresspanne von 1973–1978 und wurde 1974 von FRS Associates erstellt. Beide Beispiele enthalten im allgemeinen die vorherrschenden Annahmen und Projektionen zur Zeit der Erstellung. Beispiel 2 demonstriert das Ausmaß, in dem die Ergebnisse von den Erwartungen bei längerfristigen Projektionen abweichen, und zeigt durch Vergleich mit den Vorhersagen in Beispiel 1 das Ausmaß, bis zu dem sich in einer 10-Jahresperiode die Erwartungen ändern können.

Beispiel 1: Diese aufschlußreiche Gruppe von Schlüsselprojektionen durch eine Finanzinstitution betreffen die Periode 1984–1989:

(Trend-)Wachstumsrate der Beschäftigten	1,3 %
(Trend-)Rate für Zunahme der Produktivität	1,5 %
(Trend-)Wachstumsrate des realen BSP (1,013× 1,015)	2,8 %
Anstieg der Inflation (Bereinigungsfaktor – Deflator – für das BSP)	5 %
(Trend-)Wachstumsrate des nominalen BSP (1,028×1,05)	7,9 %

Die obige Schätzung für das bereinigte (reale) BSP geht von einer durchschnittlichen Arbeitslosenrate von 7 % für die 5-Jahresspanne aus. Man muß nunmehr das letzte Jahr nehmen, für das echte Daten vorliegen, und daraus das Maß des Ausstoßes (bereinigtes BSP) schätzen, das mit einer Arbeitslosigkeit von 7 % vereinbar ist. Zu dieser Schätzung kommt man üblicherweise durch Ableitung einer Funktion für die Produktion, die die Größe der Beschäftigtenzahl, den Kapitaleinsatz, Produktivität usw. berücksichtigt.

Kapitel 5: *Wirtschaftsanalyse*

Tafel 5.4: Langfristige gesamtwirtschaftliche Projektionen für die Periode 1973–1978 und tatsächliche Ergebnisse

Vorhergesagter Durchschnitt	Tatsächlicher Durchschnitt
Wachstumsrate für den Trend der erwerbstätigen Bevölkerung (Labor Force): Die erwerbstätige Bevölkerung wird weiterhin schnell anwachsen. Die jährliche Zunahme von 1.7 % über die Vorhersagespanne wird den Durchschnitt 1947–1973 von 1,5 % übersteigen aber unterhalb des Durchschnitts der Jahre 1968–1973 (2 %) liegen.	2,7 % (die erwartete Verlangsamung bei der Zahl der Frauen, die eine Berufstätigkeit aufnehmen, fand nicht statt.
Durchschnittliche Arbeitslosenrate: Der weitere Zuwachs bei den Arbeitskräften durch junge Männer und Frauen (als Folge eines starken Wechsels bei Arbeitsplätzen) wird zu einer Arbeitslosenrate von 4,5 % anstatt der 4 % führen, die zuvor von der Regierung zu Grunde gelegt wurde.	7,0 % (viel höher als projiziert).
Zuwachsrate der Produktivität (Ausstoß je Arbeiter und Stunde): Die Rate wird für die Gesamtwirtschaft bei 2,2 % im Jahr liegen. Weniger Arbeiter verlassen die Landwirtschaft, das knappe Angebot und die hohen Preise für Energie sowie erhöhtes Investment aus Gründen des Umweltschutzes wird den Zuwachs bei der Produktivität insgesamt beeinträchtigen.	1,2 % (infolge trägen Wachstums der Wirtschaft).
Wachstumsrate für den Trend im realen (bereinigten) BSP: Das Wachstum im realen BSP wird 3,9 % im Jahr betragen. In der Vorhersageperiode wird es einen schnelleren Zuwachs bei den Arbeitskräften und einen langsameren Zuwachs bei der Produktivität geben. Der tatsächliche Ausstoß 1973 lag leicht unter dem hohen Beschäftigungspotential. Die Wachstumsrate, von dem augenblicklichen Ausstoß 1973 ausgehend, wird daher im Hinblick auf die Schätzung der hohen Beschäftigung für 1978 bei 4,2 % im Jahr liegen.	2,8 % (erheblich unter dem geschätzten Potential)
Durchschnittliche jährliche Inflationsrate: Die durchschnittliche Inflationsrate wird 6,1 % betragen, gemessen durch den BSP-Deflator (Bereinigungsfaktor). Sie liegt damit erheblich über dem Durchschnitt 1968–1973 von 4,7 %. Der Deflator wird weiterhin durch die Schwungkraft der augenblicklichen Inflationsrate betroffen sein und wesentlich höhere Kosten finden ihren Weg durch das gesamte Preis- und Lohngefüge der Nation.	7,3 % (sogar noch höher als projiziert)
Durchschnittliches jährliches BSP in laufenden Dollar (Marktwert des Ausstoßes der Nation an Gütern und Dienstleistungen): Das durchschnittliche nominelle Wachstum des BSP wird 10,2 % im Jahr betragen.	10,3 % (die Nähe der Projektion zu dem tatsächlichen Ergebnis beruht auf der höheren Inflationsrate, weil das Niveau der wirtschaftlichen Tätigkeit niedriger lag als vorhergesehen).

Wenn man so das bereinigte BSP für das zugrundeliegende oder Anfangsjahr geschätzt hat, kann man die dem Trend entsprechenden Werte für das BSP über die nächsten 5 Jahre dadurch errechnen, daß man die oben festgelegte Wachstumsrate benutzt. Der Wert des bereinigten BSP in 1984 wurde mit 3395 Milliarden Dollar geschätzt (durch Zufall ungefähr der tatsächliche Wert von 3490 Milliarden Dollar). Wenn man darauf eine Wachstumsrate von 2,8 % anwendet ergibt sich der Trendwert für das bereinigte BSP im Jahre 1989 mit 3898 Milliarden Dollar ($1,028^5 \times \$ 3395$).

Das bereinigte BSP für 1989 kann leicht in das nominale BSP verwandelt werden, wenn man vom BSP-Bereinigungsfaktor (Deflator) für 1984 ausgeht und ihn dann in einer festgelegten Rate wachsen läßt. In diesem Falle ist es der geschätzte (Zinseszins)-Satz von 5 %. 1984 stand der Deflator bei 107,9, wobei 1982 einem Wert von 100 entsprach. Bei einem (Zinseszins)-Satz von 5 % ($1,05^5 \times 107,9 = 137,7$) würde das nominelle BSP 1989 $1,377 \times \$ 3898$ oder 5368 Milliarden Dollar betragen.

Beispiel 2: Tafel 5.4 faßt die hauptsächlichen wirtschaftlichen Projektionen von FRS für die Zeitspanne 1973–1978 zusammen, bringt die Begründung, wie sie 1974 niedergelegt worden war, und berichtet über die folgenden tatsächlichen Ergebnisse.

Zwei Punkte sollen betont werden: 1. Obwohl die meisten der vorstehenden Projektionen der Richtung nach richtig waren, war die Fehlerquote bei den einzelnen wirtschaftlichen Variablen, aus denen das nominelle BSP zusammengesetzt war, erheblich. Tatsächliches und geschätztes nominales BSP lagen nur deshalb so dicht beieinander, weil es in den Projektionen Irrtümer gab, die sich gegenseitig ausglichen. 2. Tafel 5.5 listet die Schätzungen im Jahre 1974 und 1984 auf und zeigt, daß sich über die 10-Jahresspanne merkliche Änderungen bei den vorherrschenden Erwartungen über die längerfristige Entwicklung (Performance) der Wirtschaft ergeben haben.

Sollte man angesichts dieser Irrtumsquoten längerfristige wirtschaftliche Projektionen unterlassen? Keineswegs. Sie sind wesentlich für den Analyse- und Entschei-

Tafel 5.5: Vergleich der Schätzwerte aus 1974 und 1984

	Durchschnittliche Wachstumsrate (%) über 5 Jahre	
	Projektion 1974	Projektion 1984
erwerbstätige Bevölkerung	1,7	1,3
Produktivität	2,2	1,5
reales (bereinigtes) BSP	3,9	2,8
Inflation	6,1	5,0
nominales BSP	10,2	7,9
Arbeitslosigkeit	4,5	7,0

dungsprozeß und müssen erstellt werden. Der Irrtumsfaktor jedoch erfordert, daß man ein Konzept über das Maß der Ungewißheit hat, das diese Projektionen umgibt.

Beschleunigungen und Verzögerungen

In den meisten Fällen wird eine Änderung im BSP oder in irgendeiner besonderen gesamtwirtschaftlichen Variablen keine zeitlich damit zusammenfallende und gleich große Auswirkung auf Umsätze und Gewinne einer Industrie oder Geslschaft haben. Es wird unvermeidlicherweise Verzögerungen und Beschleunigungen geben. Die Dynamik des Lagerzyklus etwa ist gut bekannt:

Eine merkliche Verlangsamung der Konsumentenausgaben hat zur Folge, daß die Vorräte übermäßig groß werden, und das hat einen sich verstärkenden Effekt, zuerst auf die Einzelhandelsumsätze und Gewinne, dann auf die Produktion von Konsumgütern und mit einer Verzögerung auf die Produzenten von Rohmaterialien.

Es ist aber möglich, eine in sich widerspruchsfreie Reihe von makro-ökonomischen Projektionen zu entwickeln, die dem Wertpapieranalysten im wesentlichen einen Leitfaden für die Zukunft liefern. Diese Projektionen ermöglichen eine Vergleichbarkeit für Voraussagen über Gesellschaften, die andernfalls nicht erreicht werden könnte.

Ausnahmefälle

Wenn wir die Wichtigkeit betonen, Verbindungen zwischen dem Wachstum und der Rentabilität von Industrien und Gesellschaften einerseits und gesamtwirtschaftlichen Faktoren andererseits zu finden, wollen wir damit nicht sagen, daß in den meisten Fällen eine verläßliche und leicht erkennbare Beziehung vorhanden ist, die nur darauf wartet, entdeckt zu werden. Meist existieren zu viele potentielle Variablen, um enge Abhängigkeiten zuzulassen. Anderseits ist es wichtig, diejenigen Industriezweige und Gesellschaften zu erkennen, deren Schicksal geringe oder gar keine sinnvolle Beziehung zu makro-ökonomischen Variablen hat. In diesen Fällen ändert sich die Aufgabe des Analysten dahingehend, das Fehlen solcher Verbindungen festzustellen und andere und unabhängige Grundlagen für Voraussagen der Zukunft zu finden. Die folgenden Beispiele, in denen nichtwirtschaftliche Faktoren vorherrschen, illustrieren diesen Punkt.

Technologische Faktoren

Die explosionsartige Nachfrage nach Computerprogrammen in den frühen achtziger Jahren war nicht der kritische Faktor, um eine Gesellschaft auf diesem Gebiet zu beurteilen. Entscheidend war vielmehr die Fähigkeit der Gesellschaft, die kostengünstigsten Software-Pakete zu liefern und neue Merkmale einzubauen, um so wettberwerbsmäßig gleichzuziehen oder einen Vorsprung zu gewinnen. Im Falle von Personal Computern war es entscheidend, der erste zu sein und den Industriestandard zu setzen, ein Produkt zu haben, das der Neuling leicht verstand oder das durch eine aggressive Anzeigenkampagne durchgesetzt wurde. Das Programm selbst mochte von Vollkommenheit weit entfernt sein.

Die Nachfrage für Elektronik auf dem Verteidigungssektor beruht im wesentlichen auf der Entwicklung von neuen Produkten und auf der Verteidigungspolitik des Landes und ist insoweit relativ unabhängig von der wirtschaftlichen Entwicklung.

Der Markt für einzelne Medikamente und für ganze Abläufe medizinischer Behandlungen hängt ab von den Ergebnissen klinischer Tests und der Genehmigung durch die Federal Drug Administration (FDA) und nicht von wirtschaftlichen Nachfragefaktoren.

Faktoren aus dem Bereich staatlicher Lenkung

Trotz eines wahrscheinlich erheblichen Potentials für Kommunikation durch Mobilfunk wird die Ausgabe von Lizenzen der kritische Faktor für das Wachstum der einschlägigen Gesellschaften sein, und so wird diese Industrie durch solche staatlichen Regelungen beherrscht. Ein weiteres Beispiel sind Stromversorgungsunternehmen, die große Kernkraftwerke aufgegeben haben. Diese Gesellschaften finden ihre Gewinne weniger durch die Nachfrage nach Elektrizität bestimmt als durch das Ausmaß, in dem ihnen erlaubt wird, riesige Kosten durch Preisangleichungen hereinzuholen. Ein anderes Beispiel sind Finanz-Institutionen, deren zukünftiges Wachstum wesentlich dadurch beeinflußt werden wird, ob ihnen erlaubt wird, ihre Palette von Dienstleistungen auszuweiten. – Die Aufgabe von staatlichen Regulierungen für die Luftfahrtindustrie (Deregulation) hat den Wettbewerb verschärft und eine Bereinigung (Shakeout) sowie auch eine gewisse Konsolidierung der Industrie zur Folge gehabt.

Politische und internationale Faktoren

Der Preis von Kupfer kann mehr durch Zahlungsbilanzprobleme des Staates Chile beeinflußt werden als durch das Niveau des Wirtschaftswachstums in der Welt. Die Beurteilung der Kupferindustrie muß politische und internationale Faktoren berücksichtigen. Als die Ölpreise in der Welt mehr durch das OPEC Kartell als durch die Kräfte des freien Marktes festgesetzt wurden, waren die allgemeinen Wirtschaftsbedingungen nicht der hauptsächliche Bestimmungsfaktor für Preise. (Die allgemeinen Wirtschaftsbedingungen haben im folgenden aber einen erheblichen Einfluß auf das Kartell und die Preise gehabt.)

Ein anderes Beispiel ist Gesundheitsfürsorge: Die Politik der Bundesregierung (der USA) zur Kostenbeschränkung im Gesundheitswesen kann wichtiger für die Industrie sein als die ansteigende Nachfrage der Allgemeinheit nach Gesundheitsfürsorge.

Weltweite Überkapazitäten, verursacht durch weltweite politische Einmischung, Regierungszuschüsse und Protektionismus haben kritische Bedingungen in einer zunehmenden Zahl von Industrieen verursacht (z. B. Autos, Stahl, Computer, Halbleiter, Schwermaschinen, Textilien und Chemikalien). Solche Bedingungen können die Bedeutung von wirtschaftlichen Beziehungen, die ausschließlich auf innerwirtschaftlichen Daten der USA basieren, fast zum Verschwinden bringen.

Kapitel 6
Kapitalmarktanalyse

Wechselbeziehungen zwischen Aktien und Obligationen

Wenn der Wertpapieranalyst die Attraktivität einzelner Wertpapiere beurteilen will, muß er das zu erwartende Umfeld nicht nur im Bereich der Gesamtwirtschaft, sondern auch auf dem Kapitalmarkt berücksichtigen. Obwohl der Kapitalmarkt noch aus weiteren Wertpapier- oder Finanzmärkten besteht, sind es vor allem der Markt für neu ausgegebene Obligationen (New Issue Market for Bonds) und der Sekundärmarkt für Aktien, die von Interesse sind.[1]

Es gibt wenige Institutionen oder private Investoren, die nicht Obligationen und Aktien – jedenfalls bis zu einem gewissen Grade – als alternative Möglichkeiten für ein Investment sehen. Allerdings gibt es prozentuale Beschränkungen bei einigen institutionellen Portfolios, die sowohl in Aktien als auch in festverzinsliche Werte investieren können. Da so viele Investoren die Möglichkeit haben, sich frei zwischen den beiden Märkten zu bewegen, sind Aktien- und Obligationenbörsen miteinander verknüpft. Die Beziehung ist komplex und war zu gewissen Zeiten außerordentlich locker. In der Tat: Wenn man nach den Kurs-/Gewinnverhältnissen urteilen sollte, die in den oberen Bereichen mancher Bullmarkets an der Tagesordnung waren, scheint es, daß Aktieninvestoren zu diesen Zeiten die Erträge von Obligationen völlig vergessen hatten.[2]

---

[1] Eine breit angelegte Übersicht über Obligationen und Geldmarktinstrumente findet sich bei D. M. Darst, The Handbook of the Bond and Money Markets, Mc Graw Hill 1981, und bei Marcia Stigum, The Money Market, Revidierte Auflage, Dow Jones Irvin, Homewood Illinois 1983

[2] Im vierten Quartal 1972 beispielsweise notierte der S&P 400 zu einem höchsten Kurs-/Gewinnverhältnis von 19,3 mit einer Dividendenrendite von nur 2,4 %. Zur selben Zeit betrug die Rendite auf den S&P AAA-Obligationen-Index 7,1 %. Wenn Aktien einen Gesamtertrag über dem für erstklassige Obligationen liefern sollten, wäre es notwendig gewesen, daß die Aktienkurse von dem bestehenden hohen Niveau aus mit einer Rate von jährlich beinahe 5 % gestiegen wären. Wären das hohe Kurs-/Gewinnverhältnis bestehen geblieben und die Gewinne genügend gewachsen, hätte dieser Anstieg stattfinden können. Es gab etwas Wachstum bei den Gewinnen. Das Kurs-/Gewinnverhältnis jedoch fiel bis 1974 auf 7,1 zusammen und hat bisher den Höhepunkt von 1972 noch nicht wieder erreicht. Der Kurs für den S&P 400 fiel um mehr als 45 % und stieg erst l980 wieder auf das Niveau von l972.

Kapitel 6 zeigt die Möglichkeiten der Analyse für die Obligationen- und Aktienmärkte und erörtert die Faktoren, die bewertet werden müssen, wenn man die jeweilige Attraktivität des Obligationen- oder Aktienmarktes bestimmen will. Dabei werden Vorhersagen von anderer Seite als anschauliche Beispiele benutzt.

Der Obligationenmarkt

Eine angemessene Bewertung des Aktienmarktes ist nicht möglich, ehe der Analyst nicht zu einigen Schlußfolgerungen über den Obligationenmarkt gekommen ist. Investmentbeurteilungen sind sinnvoller, wenn sie aus einer vergleichenden Analyse der Erträge für beide Typen von Wertpapieren entwickelt werden.

Aussichten für die Zinssätze

Aus zwei Gründen ist es angebracht, unsere Diskussion mit dem Obligationenmarkt zu beginnen. Erstens: Kreditwürdigkeit vorausgesetzt, ist die alles überragende Überlegung bei der Analyse des Obligationenmarktes ein einziger Faktor: Die Aussicht in bezug auf die Zinssätze. (Andere Faktoren sind Fälligkeit, Kupon sowie Qualitäts- und Sektorunterschiede wie die zwischen Obligationen von Versorgungs- und Industrieunternehmen und des Staates.) Die Vorhersage von Zinssätzen ist eine schwierige und risikoreiche Aufgabe.

Zweitens ist dieser Faktor – Aussichten für die Zinssätze und daraus folgend die erwartete Rendite der Obligationen – wichtig bei der Entscheidung, welchen Ertrag man von Aktien suchen soll. Der Obligationenertrag über die Anlagedauer ist wesentlich, um den gesamten Ertrag (Dividendeneinkommen + Kurssteigerung) festzulegen, den man von Aktien verlangen soll. Damit wird zugleich über den angemessenen Kurs entschieden, der für Aktien gezahlt werden kann – und das heißt über die Auswahl eines Multiplikators für die Gewinne oder eines Abzinsungssatzes für die Dividenden.

Dimensionen des Obligationenmarktes

Die beträchtliche Dimension des Obligationenmarktes kann man leicht ermessen, wenn man das Volumen der ausstehenden Beträge ansieht. Die gesamten am 31. Dezember 1985 ausstehenden Beträge, aufgegliedert nach Obligationentypen, werden in Tafel 6.1 gezeigt.

Kapitel 6: *Kapitalmarktanalyse*

Tafel 6.1: Obligationen, Gesamtbeträge ausstehend per 31.12.1985

Art der Obligationen		ausstehender Betrag (in Milliarden Dollar)
Gesellschafts-Obligationen (öffentlich verkaufte einfache Obligationen)		464,7
Bonds und Notes der US-Regierung (Kupon-Werte im öffentlichen Besitz)		1 023,6
Bundes-Agenturen (Kupon-Werte)		632,8*)
kommunale Bonds und Notes		674,4
	Gesamt	2 795,5
*) Diese Zahl enthält gebündelte Hypotheken (Mortgage Pool Securities) im Werte von 368,9 Milliarden Dollar		

Quellen: Prospects for Financial Markets 1987, Salomon Brothers, New York, 16. Dezember 1986, S. 54, 57–59; Board of Governors of the Federal Reserve System, „Gross Public Debt of U.S. Treasury," Federal Reserve Bulletin, Dezember 1986, „Credit Market Debt Owed by Financial Sectors und Tax Exempt Securities and Loans," Flow of Funds Accounts, Financial Assets and Liabilities Year-End, 1962–85, September 1986.

Indikatoren für die Höhe der Zinssätze

Erstklassige Obligationen

Man kann sich das „allgemeine" oder „vorherrschende" Niveau von langfristigen Zinssätzen so vorstellen, daß es der Rendite der Obligationenserien entspricht, die bei Moody's oder Standard & Poor's in der höchsten Stufe rangieren. Diese Indizes setzen sich aus repräsentativen erstklassigen und eingeführten Obligationen von Industrie, Eisenbahnen und Versorgungsunternehmen zusammen. Ein anderer breiter Maßstab für den gesamten Obligationenmarkt ist der Regierungs- und Gesellschaftsobligationen-Index (Government and Corporate Bond Index) von Shearson Lehmann.

Die Obligationenrendite kann als angemessener Vergleichsmaßstab genommen werden, um damit den Ertrag auf Aktien für die Vergangenheit zu analysieren und für die Zukunft zu projizieren. Die Attraktivität des erwarteten Gesamtertrages wird vom normalen Aktieninvestor verglichen mit dem Ertrag, der für alternative Investments zur Verfügung steht, wobei das jeweilige Risiko gebührend zu beachten ist.

Der Kapitalmarktsatz für Zinsen: Ein Beispiel

Der Zinssatz, wie er sich an der Börse ergibt („Umlaufrendite"), ist der nominelle Satz für eine Obligation mit festem Kupon und fester Laufzeit. Kurs und Rendite bis zur Fälligkeit berücksichtigen dabei die Prämie oder den Abschlag, der während der Laufzeit bis zur Fälligkeit wegfällt oder hinzukommt. Ein Beispiel: Die Obligation von General Mills zu 8⅞ % mit Fälligkeit 1995 notierte 1984 am Tiefpunkt mit 71. Damit lieferte sie, wie man sagt, eine Rendite auf Fälligkeit von 13,5 %. Bei dieser Rechnung wird angenommen, daß alle halbjährlichen Kupons zu 13,5 % wieder investiert werden. Genaugenommen ist nur die Verzinsung des Zuwachses (von 71 bis 100) zu dieser Rate sichergestellt. Als die Obligation 1970 zu 100 ausgegeben wurde, hatte sie eine „Duration" von 11 Jahren, wenn man den Effekt des Tilgungsfonds ignorierte.[3] Zum Tiefpunkt 1984 hatte sich die Duration der Obligation auf 6,6 Jahre verkürzt. Die Duration gibt ein grobes Maß für die Kursänderung für jedes Prozent Zinsänderung. Die verstrichene Zeit und ein drastischer Anstieg bei den Zinssätzen veränderten also erheblich die Empfindlichkeit dieser Obligation gegenüber Fluktuationen der an der Börse herrschenden Zinssätze. Die tatsächlichen Kurse der Obligation während einer 12-Jahresspanne aus neuerer Zeit werden in Tafel 6.2 gezeigt.

Kursschwankungen der Obligationen und anderer Schuldinstrumente, die auf Änderungen der Zinssätze zurückzuführen sind, haben einen starken Impuls gege-

Tafel 6.2: 8⅞%ige Obligationen von General Mills, fällig 1995

Jahr	Hoch	Tief
1975	103½	92¼
1976	103½	98
1977	102½	97
1978	102¾	97
1979	94¾	83
1980	86½	65
1981	71⅛	61
1982	82	62⅝
1983	87½	78⅜
1984	83½	71
1985	95⅞	81
1986	107	92⅛

---

[3] „Duration", in Jahren ausgedrückt, ist der gewichtete Gegenwartswert der zukünftigen Geldzuflüsse, die der Obligationenvertrag verspricht (Vgl. Kap. 23).

ben, die Geschichte (*was* geschah)[4] und die Theorie (*warum* es geschah) für Zinssätze zu untersuchen.

Theorie der Zinssätze

Die Theorie liefert das Konzept, auf dem die Analyse beruht. In neuerer Zeit war Irving Fisher einer der frühen und führenden Theoretiker. Vor mehr als 75 Jahren lehrte Fisher, daß der jeweilige (nominelle) Zinssatz an der Börse aus zwei Komponenten besteht:

1. einem realen Zinssatz (ausgedrückt in konstanter Kaufkraft), der grundsätzlich durch Angebot und Nachfrage für Kapital bestimmt wird, und 2. einer Prämie, die auf der erwarteten Inflation beruht.[5] Diese Konstruktion unterstellte – vom Kreditstandpunkt – risikofreie Wertpapiere. Sollte ein Kreditrisiko bestehen, müßte eine weitere Prämie addiert werden.

Heute ist Fishers Ansicht weitgehend akzeptiert, daß die Höhe der Zinsen bestimmt wird durch

– Angebot von Spargeldern,
– Nachfrage nach Kapital,
– Inflationserwartungen[6].

Die Uneinigkeit und die Probleme beginnen jedoch, sobald man sich von dieser grundsätzlichen Erklärung des Kapitalmarktzinssatzes entfernt: Was im einzelnen sind die Faktoren, die unmittelbar auf die einzelnen Bestimmungsgrößen des Zinssatzes Einfluß haben? Wie mißt man sie und welche Beziehungen zueinander haben sie?

Zusätzlich zur Inflationsrate werden solche weiteren Faktoren berücksichtigt wie Wachstum des BSP, Unternehmensgewinne und -finanzierungserfordernisse, Umfang des Konsumentenkredites, Politik der Federal Reserve, Haushaltsdefizite des Bundes, das Handelsdefizit der USA und der Kapitalzufluß vom Ausland.

---

[4] Eine der größten Autoritäten auf diesem Gebiet, der verstorbene Sidney Homer, schrieb „A History of Interest Rates", 2. Ausgabe Rutgers University Press New Brunswick, New Jersey 1977.

[5] Später noch weiter ausgearbeitet bei Irving Fisher, The Theory of Interest, McMillan, New York 1930.

[6] 1965, zu Beginn der Inflation, die noch immer die Völker plagt, kauften Portfoliomanager langfristige erstklassige Gesellschaftsobligationen, die 4,5 % oder weniger Ertrag brachten. Mitte 1970, als die jährliche Inflationsrate 5,5 % erreichte, war der reale Ertrag auf diese Obligationen geringer als Null. In den USA hatten wir im folgenden eine zweistellige Inflation. Die Inflation hatte einen dramatischen Effekt auf die Zissätze, wie die jährliche Kursspanne über den Zeitraum 1975–1986 für die Tilgungsfonds Obligationen von General Mills zeigen (vgl. oben in diesem Kapitel).

Realer Zinssatz

Wenn man Fishers Grundsatz akzeptiert, daß der Kapitalmarktzinssatz aus zwei Teilen besteht, ergibt sich die Notwendigkeit, dieses einfache Prinzip auf den Vorhersageprozeß anzuwenden. Wäre es möglich, die Inflationserwartungen mit genügender Genauigkeit zu bestimmen, könnte man daraus den realen Zinssatz leicht ableiten. Wenn der reale Zinssatz sich langsam ändert, wie es bis in die späten siebziger Jahre im allgemeinen der Fall war, dann könnte man die Höhe des Kapitalmarktzinses dadurch vorhersagen, daß man sich in erster Linie auf die erwartete zukünftige Inflationsrate stützte.

Im letzten Teil der siebziger Jahre und anfangs der achtziger Jahre fluktuierten die realen Zinssätze jedoch erheblich. Die reale Rate des Jahres 1985 von ungefähr 7 % war etwa doppelt so hoch wie der langfristige Durchschnitt. Dieser erhöhte Satz wird der erhöhten Beweglichkeit von festverzinslichen Wertpapieren zugeschrieben. Sie hat ihren Grund in Fluktuationen des nominalen Zinssatzes, in Änderungen als Ergebnis von Deregulierungen der Finanzmärkte, in großen Haushaltsdefiziten des Bundes (USA), Druck durch Wertänderungen des US-Dollars und größerer Schwankungsbreite des Geldwachstums.[7] Das Konzept eines realen Zinssatzes ist hilfreich, denn es betont, daß nicht nur Angebot und Nachfrage für ausleihbare Gelder, sondern auch die Inflationserwartungen sorgfältig analysiert werden müssen, wenn man die zukünftigen Zinssätze am Kapitalmarkt vorhersagen will.

Projektion der Zinssätze

Wer verantwortlich dafür ist, die Zinssätze zu analysieren und vorherzusagen (das ist „der Kapitalmarkt-Analyst") hat – im Rahmen der gegebenen Wirtschaftsprojektionen – drei hauptsächliche Aufgaben:

- Er muß für Vergangenheit und Gegenwart die Ersparnisbildung von Privatleuten und Gesellschaften untersuchen und die Entwicklung für die gewünschte Periode vorhersagen.
- Er muß für Vergangenheit und Gegenwart die Nachfrage nach Kapital durch Gesellschaften, private Haushalte und Regierungsstellen untersuchen und die Nachfrage für die (zu untersuchende) zukünftige Periode vorhersagen.
- Er muß die Inflationsrate und deren Einfluß auf den nominellen Zinssatz vorhersagen.

Indem er die obigen Schätzungen entwickelt, wird der Analyst die möglichen Einflüsse der Geld- und Fiskalpolitik des Staates auf Angebot und Nachfrage für

---

[7] Weitere Untersuchungen in diesem Sinne von Z. Bodin, A. Caine und R. McDonald „Why Havn't Nominal Rates Declined?" Financial Analysts Journal März/April 1984, S. 16–27, P.S. Holland, „Real Interest Rates: What Accounts for their Recent Rise?" Review Federal Reserve Bank of San Louis, Dezember 1984, S. 18–29.

Kapital bewerten. Internationale Wirtschaftsfaktoren und der Kapitalfluß müssen ebenfalls berücksichtigt werden, da sie einen erheblichen Einfluß haben können. Ein Beispiel: In einer Studie aus dem Jahre 1985 von Salomon Brothers „Prospects for Financial Markets" sagten die Autoren einen „massiven" Zufluß von ausländischem Kapital voraus: „Eine riesige, bisher noch nicht dagewesene Lücke hat sich zwischen dem Produktions- und dem Ausgabenniveau in der US-Wirtschaft entwickelt. Auf der einen Seite hat sie ein unerwartetes Handelsdefizit geschaffen und auf der anderen einen erstaunlichen Kapitalzufluß – beide werden 1985 weiter wachsen."[8])

Es gibt unterschiedliche und oft widersprüchliche Ansichten zur Frage, welches Verhältnis zwischen wirtschaftlichen und sonstigen Faktoren einerseits und dem Angebot von Kapital andererseits besteht – ob z. B. höhere Zinssätze die Privatleute veranlassen, mehr oder weniger zu sparen. Zwar sind die Lehrbücher voll mit theoretischen Diskussionen über die Neigung der Verbraucher zu Konsum oder Sparen. Aber bei der praktischen Untersuchung bestehen Schwierigkeiten, das spezifische Niveau privater Ersparnisbildung quantitativ zu klären (das Verhältnis von privatem Sparen zum verfügbaren Einkommen), das in den USA jeweils existierte. Um das zu illustrieren: Die persönliche Sparrate in den USA betrug in der Periode 1965–1984 im Durchschnitt 6,8 % des verfügbaren Einkommens. Die Spanne für diese 20-Jahresperiode jedoch reichte von 5 % bis 8,6 %.[9])

Außerdem gibt es eine große Anzahl von Studien über die Nettoproduktivität von Kapital und andere Faktoren, die der Nachfrage für Kapital zugrundeliegen. Im Falle solcher Produktionsfaktoren wie Arbeit und Grundbesitz muß der Zinsbetrag, den die Wirtschaft für Kapital zahlen kann, mit der daraus resultierenden Produktivität in Beziehung gesetzt werden. In gewissem Sinne ähnlich wird der Betrag, den Privatpersonen als Zinsen auf solche geliehenen Gelder wie Hypotheken für das Eigenheim oder Darlehen für den Autokauf bezahlen können, dadurch bestimmt, welchen Wert der Nutzen hat, den diese Güter bieten.

Ohne Zweifel ist es schwierig und riskant, Zinssätze vorherzusagen. Der Kapitalmarktanalyst muß eine beständige und widerspruchsfreie Methode entwickeln, um mit den Ungewißheiten und den erheblichen konzeptbedingten Problemen fertig zu werden, die damit verbunden sind. Einige besondere Faktoren, die der Kapitalmarktanalyst untersuchen und bewerten muß, wenn er Angebot und Nachfrage für Kapital vorhersagen will, werden im folgenden erörtert.

Die Höhe des Sparaufkommens

Das erwartete Niveau für private Ersparnisbildung wird weitgehend von der Höhe des verfügbaren persönlichen Einkommens abhängig sein. Dieses wiederum wird beeinflußt durch 1. einen ständig wachsenden Anteil von Familien mit mehr als

---

[8]) H. Kaufman, J. McCeon und N. Kimmelman „1985 Prospects for Financial Markets" 1984, S. 5
[9]) US Department of Commerce, Survey of Current Business, Februar 1986, S. 25.

einem Einkommen, 2. durch die Tatsache, daß Unselbständige zwischen 25 und 34 Jahren einen wachsenden Anteil von Einkommen verdienen und 3. dadurch, daß das zur Verfügung stehende Pro-Kopf-Einkommen durch einen größeren Anteil der arbeitenden Bevölkerung erhöht wird.

Andere Faktoren sind ebenfalls wichtig. Öffentliche und private Pensionsfonds wachsen schnell und sind eine weitere wichtige Quelle der Ersparnisbildung. Unter dem Gesichtspunkt des Kapitalflusses sind Ersparnisse der Gesellschaften gleichbedeutend mit zurückgehaltenen flüssigen Mitteln (Cash-flow). Demgemäß muß man den entsprechenden Faktoren seine Aufmerksamkeit zuwenden, nämlich den Abschreibungen, den aufgeschobenen Ertragssteuern sowie den Unternehmensgewinnen und den Bardividenden an die Aktionäre.

Soweit es sich um Einnahmen und Ausgaben öffentlicher Haushalte handelt, läßt es die Erfahrung der Vergangenheit zweifelhaft erscheinen, ob es Ersparnisbildung bei der (Bundes-)Regierung gibt. Der Kampf geht vielmehr darum, wie man die Haushaltsdefizite begrenzt und finanziert. Es gibt jedoch eine gewisse Ersparnisbildung in Form des Anwachsens der Reserven von staatlichen Versicherungen und der staatlichen Pensionskassen. Dazu gehören der „Civil Service Employees Retirement Account" (Pensionskasse für Beamte), der „Railroad Retirement Account" (Eisenbahner-Pensionskasse) sowie Pensionskassen für Angestellte der Einzelstaaten und sonstiger öffentlicher Stellen. Zeitweilig übersteigen die Einnahmen auch in manchen Einzelstaaten und bei sonstigen öffentlichen Stellen die Ausgaben.

Die Höhe der Kapitalnachfrage

Das Verhältnis von Ursache und Wirkung zwischen den Ausgaben von Privathaushalten, der Wirtschaft (der Gesellschaften) sowie des Staates auf der einen Seite und den finanziellen Erfordernissen dieser Sektoren auf der anderen ist wesentlich klarer als die Frage, wie die private Ersparnisbildung mit den übrigen wirtschaftlichen Faktoren in Beziehung zu setzen ist. Beispielsweise wird der Bedarf an Außenfinanzierung bei den Gesellschaften durch Ausgaben für Fabriken und Ausrüstungen („Betriebs- und Geschäftsausstattung") beeinflußt. Wenn daher die Ausgabenprojektionen, die durch die Analyse der Gesamtwirtschaft entwickelt wurden, bekannt sind, kann der Kapitalmarktanalyst wahrscheinlich die Kapitalnachfrage durch Haushalte und Wirtschaft besser abschätzen als das gesamte Angebot von Kapital. Wegen seiner politischen Eigenarten kann das Defizit des Bundes und damit die Kapitalnachfrage des Staates nicht mit gleicher Sicherheit vorhergesagt werden.

Zinssätze und Inflation

Die grundsätzlich bestehende Beziehung zwischen Zinssatz und Inflationsrate verdient es, noch einmal betont zu werden. Inflation ist ein kritischer Faktor, der Angebot von und Nachfrage nach Kapital bestimmt. Wenn die Kaufkraft des Geldes absinkt und erwartet wird, daß dieser Trend anhält, werden die Kapitalgeber eine

Inflationsprämie zu dem Zinssatz hinzufügen, den sie verlangen. Gleichzeitig wird der Kapitalnehmer bis zu einem gewissen Grade bereit sein, wegen der wahrscheinlichen Abwertung des Geldes einen höheren Zinssatz zu zahlen.

Bewertung der Aktienbörse

Wenn der Kapitalmarktanalyst eine Vorhersage über die Höhe der Zinssätze entwickelt (oder erhalten) hat, ist er in der Lage, die Bewertung der Aktienbörse vorzunehmen. Um diese Aufgabe zu lösen, muß er als erstes darüber entscheiden, welche Schlüsselfaktoren er voraussagen muß. Mit ihrer Hilfe dann bestimmt er den inneren Wert eines von ihm ausgesuchten Index für die Gesamtbörse, z. B. den des S&P 500 oder des Standard & Poor 400 (Industrials). Bei dieser Analyse kann er die Aufmerksamkeit ganz auf die maßgeblichen Überlegungen für die Bewertung der Börse richten.

Bewertungsmodelle für die Gesamtbörse können nach demselben Muster wie für einzelne Aktien entwickelt werden. Der Investmentwert wird im Prinzip bestimmt durch das augenblickliche normale Niveau, Wachstum sowie Stabilität der Ertragskraft und schließlich die normale Auszahlungsrate (für Dividenden, „Ausschüttungsquote")[10]. Die drei hauptsächlichen Schritte bei der Bewertung der Gesamtbörse sind: 1. Vorhersage von Gewinnen, 2. Schätzung der Auszahlungsrate für die Dividenden und 3. Auswahl einer Kapitalisierungsrate.

Die Gewinne auf den Börsenindex

Verschiedene Methoden können benutzt werden, um die Gewinne für den ausgesuchten Börsenindex vorherzusagen. (Kapitel 29 wendet Projektionen für den Börsenindex an, wenn Voraussagen- fortschreitend von makro-ökonomischen Vorhersagen bis hin zu den Schätzungen über die Gewinne einzelner Gesellschaften gemacht werden). Drei Methoden, um den Gewinn auf den Index vorherzusagen, werden in der folgenden Diskussion erörtert.

Verknüpfung der Gesamtgewinne mit den Gesellschaftsgewinnen nach Steuern

Eine Methode besteht darin, die Gesamtgewinne, beispielsweise für die S&P 400-Industriegesellschaften, mit den gesamten Gesellschaftsgewinnen nach Steuern (Total Corporate Profits after Tax, „Unternehmensgewinne") zu verknüpfen. Dafür

---

[10] Der Ausdruck Stabilität umfaßt alle Faktoren von Variabilität, die es schwierig machen, das normale Niveau, langfristiges Wachstum und zyklische Beweglichkeit der Gewinne einer Gesellschaft vorherzusagen.

benutzt man die Daten, die durch das Handelsministerium (Department of Commerce) in Verbindung mit den Einzelkonten für das BSP gesammelt werden.[11]) Von diesen summierten Schätzungen kann man dann die Gewinne für den S&P 400 ableiten. Alternativ kann man die Gewinne für den Index direkt schätzen, indem man den Prozentsatz errechnet, den die Gewinne, bezogen auf den Index je Milliarde Dollar der gesamten Gesellschaftsgewinne (Total Corporate Profits), ausmachen.[12]) Daten für beide Techniken sind in Tafel 6.3 zusammengestellt. Eine

Tafel 6.3: Gesamtgewinne der Gesellschaften im S&P 400 Industrial als Prozentsatz der gesamten Gesellschaftsgewinne nach Steuern, 1976–1985

Jahr	Gesellschafts-Gewinne nach Steuern (in Mrd. $)	Gesamtgewinn des S&P 400			Gewinn je Milliarde Gesellschafts-Gewinne nach Steuern
		Betrag*) (in Mrd. $)	Prozent der Gesellschafts-Gewinne nach Steuern	Gewinn des Index	
1976	102,5	49,4	48,2	10,68	10,4
1977	122,0	54,3	44,5	11,57	9,5
1978	145,9	62,0	42,5	13,12	9,0
1979	165,1	78,7	47,7	16,21	9,8
1980	149,8	79,5	53,1	16,13	10,8
1981	140,0	85,0	60,7	16,70	11,9
1982	106,5	68,8	64,6	13,21	12,4
1983	130,4	80,3	61,6	14,73	11,3
1984	140,3	92,7	66,1	17,98	12,8
1985	131,4	78,4	59,7	15,28	11,6

*) Ertrag vor außergewöhnlichen Posten und aufgegebenen Tätigkeiten

Quellen: Zusammengestellt aus U.S. Department of Commerce, Survey of Current Business, Tafel 1.14, „National Income by Type of Income"; Standard & Poor's Statistical Service – Security Price Index Record; Standard & Poor's Compustat Services, Inc., Financial Dynamics.

---

[11]) Als Alternative könnten Gewinne nach Steuern für Nichtfinanz-Gesellschaften benutzt werden. Diese Serie umfaßt jedoch nicht die Gewinne aus Auslandstätigkeiten, und das Verhältnis zu den gesamten Gewinnen des S&P 400 ist etwas weniger stabil.
[12]) Diese Zahlen geben nicht das „Net Income available for Total Capital"(Nettoergebnis für das Gesamtkapital), wie es wünschenswert wäre, sondern das „Net Income" (Jahresüberschuß) nach Abzug von Zinsen und Zahlungen für Nutzungsverträge (Pacht, Miete, Leasing). *Hinweis des Übersetzers:* Alle diese und die weiteren Begriffe (z. B. im folgenden „Reingewinnquote", „Eigenkapitalrentabilität") werden in Kapitel 20 näher erörtert).

weitere Technik besteht darin, die Gesamtgewinne für den S&P 400 mit den gesamten Gesellschaftsgewinnen durch (statistische) Regressionsanalyse in Beziehung zu setzen.

Umsätze-Reingewinnquote-Methode

Eine zweite Methode, um die Gewinne für den Aktienmarkt vorherzusagen, nennen wir die „Umsätze-Reingewinnquote-Methode" (Sales-Profit Margin Approach). Die gesamten Umsätze für die Industriegesellschaften des S&P 400 können zum BSP über einen ausgewählten Zeitraum in Beziehung gesetzt werden. Umgekehrt können Gewinne nach Steuern (Jahresüberschuß, „Reingewinn") zu den Umsätzen in Beziehung gesetzt werden, um eine Verhältniszahl zu bekommen, die die Reingewinnquote (Profit Margin, „Gewinnspanne") für die Umsätze des S&P 400 repräsentiert. Tafel 6.4 liefert die Daten für das BSP, Umsätze und Nettoertrag („Reingewinn", Gewinne nach Steuern, Jahresüberschuß) sowie ihre Beziehung über die 10-Jahresspanne 1976–1985. Wenn man die früheren und augenblicklichen Beziehungen zwischen Umsätzen, BSP und Gewinnen nach Steuern als Prozentsatz der Umsätze analysiert, kann man die Gesamtgewinne für die 400 Gesellschaften im Rahmen der allgemeinen Projektionen für die US-Wirtschaft schätzen. Mit Hilfe

Tafel 6.4: Beziehung zwischen Gesamtumsätzen der S&P 400-Gesellschaften und Bruttosozialprodukt sowie der Jahresüberschüsse und der Umsätze, 1976–1985

Jahr	BSP (in Mrd. $)	S&P 400 Umsätze (in Mrd. $)	Umsätze/ BSP (%)	S&P 400 Jahresüberschüsse (in Mrd. $)	Jahresüberschüsse/ Umsätze (%)
1976	1 782,8	901,5	50,6	49,6	5,5
1977	1 990,5	1 021,5	51,3	54,4	5,3
1978	2 249,7	1 160,4	51,6	62,3	5,4
1979	2 508,2	1 376,6	54,9	78,8	5,7
1980	2 732,0	1 583,8	58,0	80,4	5,1
1981	3 052,6	1 729,5	56,7	86,3	5,0
1982	3 166,0	1 716,5	54,2	68,4	4,0
1983	3 401,6	1 777,4	52,3	74,2	4,2
1984	3 774,7	1 904,1	50,4	92,2	4,8
1985	3 992,5	1 972,2	49,4	76,0	3,9

Quellen: Economic Report of the President, Februar 1986, National Income or Expenditure Tafel B-1 S.232; Standard & Poor's Compustat Services, Inc., Financial Dynamics, Industry Composite, Oktober 1986.

dieser Gewinnschätzungen kann der Analyst dann eine Voraussage für die Gewinne auf den Index erstellen.

Eigenkapitalrentabilitäts-Methode (Return on Equity Method)

Die dritte Methode, um die Gewinne vorherzusagen, beruht auf einer Analyse der Rendite auf den Buchwert des Eigenkapitals (Eigenkapitalrentabilität).[13] Der Buchwert steigt im Laufe der Zeit an – einmal als Ergebnis von einbehaltenen Gewinnen und zum anderen besonders durch die Ausgabe neuer Aktien, deren Ausgabepreis über dem Buchwert liegt. Es bestehen allerdings störende Einflüsse: In der Liste der Gesellschaften, aus denen sich der S&P 400 zusammensetzt, gibt es Änderungen,

Tafel 6.5: Ertrag auf das durchschnittliche Eigenkapital (Stammaktien) für den S&P 400 (Eigenkapitalrentabilität) 1976–1985

Jahr	durchschnittlicher Buchwert (in Milliarden $)*	Gewinne (in Milliarden $)	Eigenkapital-rentabilität (%)
1976	73,55	10,68	14,5
1977	79,24	11,57	14,6
1978	85,97	13,12	15,3
1979	94,22	16,21	17,2
1980	103,51	16,13	15,6
1981	112,20	16,70	14,9
1982	117,35	13,21	11,3
1983	120,46	14,73	12,2
1984	122,80	17,98	14,6
1985	124,74	15,28	12,2
1976–1980			15,4
1981–1985			13,0

* Durchschnitt von Jahresanfang und -ende

Quellen: Standard & Poor's Statistical Service, 1986 Security Price Index Record und Current Statistics, November 1986.

---

[13] Die beiden obigen Methoden („Gesamte Indexgewinne ..." und „Umsätze-Reingewinn-quote"), können auf den S&P 500 ebenso wie auf den S&P 400 angewandt werden. Allerdings werden Buchwertzahlen für den S&P 500 nicht gesammelt, und damit kann die dritte Methode („Eigenkapitalrentabilität") auf den S&P 500 nicht ohne weiteres angewandt werden.

Kapitel 6: *Kapitalmarktanalyse*

(indem eine Gesellschaft herausfällt und eine neue hinzugefügt wird), es erfolgen Änderungen in der Buchführungspraxis, neue Aktien werden ausgegeben und alte Aktien zurückgekauft und weitere Faktoren. Dadurch kann sich der tatsächliche Anstieg im Buchwert des S&P 400 in einem Jahr von dem Betrag der einbehaltenen Gewinne in diesem Jahr unterscheiden. So entsteht ein zusätzlicher Spielraum für Fehler, wenn der Anstieg im Buchwert über eine Reihe von Jahren vorhergesagt werden soll. Ein anderer Faktor, der zu Komplikationen führt, ist die Tatsache, daß der Buchwert eine Zahl aus der Vergangenheit ist, während Gewinne in aktuellen Dollars ausgedrückt werden. Schließlich können Änderungen in der Kapitalstruktur die Hebelwirkung (Leverage) auf das Eigenkapital steigern oder abschwächen und dadurch die Rendite auf das Eigenkapital (die Eigenkapitalrentabilität) beeinflussen.

Demgemäß ist diese Methode notwendigerweise grob. Nichtsdestoweniger zeigt Tafel 6.5, daß die Eigenkapitalrentabilität eine sinnvolle Kennzahl ist, trotz der störenden Effekte der Inflation. Sie liefert zusätzliche Einsichten in die Gewinnprojektion.[14]

Eine Analyse dieser Kennzahlen und die Aussichten auf Wachstum bei den Umsätzen und Reingewinnquoten (Profit Margins) können die Grundlage liefern, um sowohl die kurzfristige als auch die „normale" Rendite (Rate of Return) auf den Buchwert zu beurteilen. Die projizierte „normale" Rendite kann dann zusammen mit einer projizierten durchschnittlichen (normalen) Einbehaltungsrate benutzt werden, (1 minus der Auszahlungsrate für Bardividenden), um eine brauchbare Annäherung der langfristigen Wachstumsrate für Gewinne zu liefern. Bei der Benutzung von Durchschnittswerten werden mehrere Annahmen gemacht: Daß die Gewinne auf den Index mit einer konstanten langfristigen Wachstumsrate steigen, daß der Buchwert nicht dadurch verzerrt ist, daß Änderungen in der Buchführungs- und Bilanzierungspraxis stattfinden oder Aktien in nennenswertem Umfange zu Kursen ausgegeben oder zurückgekauft werden, die sich erheblich vom Buchwert

---

[14] Die Eigenkapitalrentabilität kann man näher analysieren, indem man Umsätze und Reingewinnquote (Profit Margin) mit dem Buchwert über eine Dekade oder mehr in Beziehung setzt. Die Eigenkapitalrentabilität kann ausgedrückt werden als das Produkt von 1. Umsatz per Dollar Buchwert (Turnover) und 2. die Reingewinnquote (Profit Margin) per Dollar der Umsätze. Die Anlyse und Projektion der Eigenkapitalrentabilität kann dann aufgegliedert werden nach getrennter Betrachtung von Umschlag (Turnover) und Reingewinnquote (Profit Margin).
Hinweis des Übersetzers: Vgl. hierzu Kap. 20 und Kap. 22 zu Tafel 22.2. – Turnover und Profit Margin beziehen sich hier auf das Eigenkapital; die beiden Kennzahlen Nr. 15 und 16 in Kap. 20 sind die entsprechenden Werte bezogen auf das Gesamtkapital. Demgemäß habe ich hier Profit Margin mit Reingewinnquote (Jahresüberschuß (nach etwaigen Anteilen anderer Gesellschafter) abzügl. etwaiger Erfordernisse für Vorzugsaktien, dividiert durch Umsatz) übersetzt im Unterschied zur Gewinnquote in Kennzahl Nr. 16 in Kap. 20, vgl. hierzu Kap. 20 Anm. [5d] und Text zu Kennzahlen 15 und 16. – In Kap. 22, Text zu Tafel 22.2 findet sich eine entsprechende Aufgliederung der Rentabilität wie oben in dieser Anmerkung, allerdings der Gesamtkapitalrentabilität in Kapitalumschlag und Gewinnquote (und beide dort natürlich bezogen auf das Gesamtkapital, nicht das Eigenkapital).

unterscheiden; ferner daß die Hebelwirkung (Leverage) infolge der Kapitalstruktur für den betrachteten Zeitraum relativ konstant bleibt. Letzteres ist eine Annahme, die für die achtziger Jahre durchaus in Frage gestellt werden kann.

Wenn man in dieser Weise von der Rendite auf den Buchwert, multipliziert mit der Einbehaltungsrate (für Gewinne) eine langfristige Wachstumsrate für die Gewinne abgeleitet hat, kann man diese Vorhersage mit den Wachstumsraten vergleichen, die aufgrund der beiden vorhergehenden Methoden entwickelt wurden. Die verschiedenen Methoden liefern wertvolle gegenseitige Kontrollmöglichkeiten. Ein etwaiger nennenswerter Unterschied bei den Ergebnissen muß sorgfältig untersucht werden; dann folgt die endgültige Entscheidung über die Wachstumsrate (oder den Rahmen der Raten), die benutzt wird.

Auszahlungsrate für die Dividenden (Dividend Payout Ratio)

Der Anteil des Gesellschaftsgewinnes, der in Form einer Bardividende ausgezahlt wird („Ausschüttungsquote"), hängt in erster Linie von der Beurteilung folgender Punkte durch das Management ab:

– Erwartete Finanzierungsbedürfnisse der Gesellschaft aufgrund von Umsatzwachstum, Anstieg des Anlage- oder Umlaufvermögens und anderer Faktoren
– Erwartete Rentabilität (einschließlich Cash-flow).
– Zugangsmöglichkeiten zum Kapitalmarkt und die Kosten von Fremdkapital.
– Die Auswirkung einer Änderung in der Dividendenpolitik auf den Börsenkurs der Aktie; dabei wird der mögliche Einfluß zu berücksichtigen sein, den dies auf den Investortyp hat, der sich für die Aktie interessiert.

Wachstum und Rentabilität von größeren US-Gesellschaften, ihre Finanzierungs-Bedürfnisse und damit ihre Politik in bezug auf Dividendenausschüttungen werden maßgeblich bestimmt durch die Aussichten für die US-Gesamtwirtschaft; auch dadurch sind makro-ökonomische Vorhersagen von Bedeutung.

Tafel 6.6 zeigt Daten für Gewinne und Dividenden für den S&P 400 in der 20-Jahresperiode 1966–1985.[15]) Bitte beachten Sie, daß in der letzten Hälfte der sechziger Jahre der Anteil der Bardividenden leicht über 50 % lag, während in den

---

[15]) Die durchschnittliche Auszahlungsrate für den S&P 400 und den S&P 500 waren fast identisch für die folgenden Perioden:

Periode	S&P 400	S&P 500
1966–1970	53,6 %	55,1%
1971–1980	42,3 %	42,5 %
1981–1985	47,7 %	49,4 %
Quelle: Standard & Poor's Statistical Service, Security Price Index Record.		

Kapitel 6: *Kapitalmarktanalyse*

Tafel 6.6: Gewinne, Dividenden und Auszahlungsraten für den S&P 400, 1966–1985

Jahr	Gewinne (in Milliarden $)	Dividenden (in Milliarden $)	Dividenden als Prozentsatz	
			der Gewinne	des Cash Flow
1966	5,89	2,98	51	30
1967	5,66	3,01	53	30
1968	6,15	3,18	52	29
1969	6,17	3,27	53	29
1970	5,43	3,24	60	30
1971	6,02	3,18	53	28
1972	6,83	3,22	47	26
1973	8,86	3,48	39	23
1974	9,69	3,72	38	23
1975	8,55	3,78	44	24
1976	10,68	4,25	40	23
1977	11,57	4,96	43	24
1978	13,12	5,35	41	24
1979	16,21	5,98	37	22
1980	16,13	6,55	41	23
1981	16,70	7,00	42	23
1982	13,21	7,18	54	26
1983	14,73	7,37	50	25
1984	17,98	7,43	41	22
1985	15,28	7,74	51	24

Quellen: Standard & Poor's Statistical Service, 1986 Security Price Index Record, S. 120–121; Standard & Poor's Compustat Service, Inc., Financial Dynamics, Industrial Composite, Oktober 1986.

meisten Jahren der siebziger die Auszahlungsrate nahe bei 40 % lag. In dieser Periode starker Inflation und damit hoher Kapitalerfordernisse behielten die Gesellschaften mehr Gewinne ein. Die Beziehung zwischen Dividenden und Cash-flow ist aussagekräftiger und zeigt ein Bild, das mehr mit diesen Faktoren übereinstimmt.

Wenn der S&P 400 oder irgendein anderer umfassender Börsenindex bewertet wird, muß stets berücksichtigt werden, welchen Einfluß die erwartete Auszahlungsrate auf so entscheidende Faktoren haben wird, wie Wachstum bei Gewinnen und Änderungen in der Kapitalstruktur.

Kapitalisierungsrate

Die Auswahl einer Kapitalisierungsrate bedeutet zugleich auch die Entscheidung darüber, was man als angemessenen Gesamtertrag für die Aktienbörse fordert. Mehrere verschiedene Methoden können benutzt werden, um eine Kapitalisierungsrate zu wählen.

Der innere Wert wird bestimmt durch die Erwartungen in bezug auf Niveau, Wachstum und Stabilität der Gewinne und ferner durch die Auszahlungsrate für Dividenden. Die Rate, zu der Gewinne (durch einen Multiplikator – Gewinnvervielfältiger –) oder Dividenden (durch eine Diskontierungsrate – Abzinsungsatz –) kapitalisiert werden sollen, ist jedoch nicht allein durch diese Faktoren bestimmt.

Ertragsunterschiede auf den Kapitalmärkten werden durch ständige Abwägung und Ausgleich (trade-off) zwischen Risiko und Ertrag bestimmt. Wenn man daher eine Kapitalisierungsrate für die Börse wählt, sollte man ein Risikodifferential (Risikoprämie) zu dem erwarteten Zinssatz hinzufügen, um die erwartete Rendite für Aktien zu erhalten.

Es lohnt sich ein Blick auf die Daten der Vergangenheit, wenn man die angemessene Risikoprämie für Aktien untersucht. Die durchschnittlichen jährlichen Renditen (unter Berücksichtigung des Zinseszinses), die für die wesentlichen Arten von Wertpapieren über die 60-Jahresspanne von 1926–1985 tatsächlich erzielt wurden, werden in Tafel 6.7 gezeigt.[16]

Die Abkehr von diesen langfristigen Durchschnittswerten ist drastisch und lang anhaltend. Tafel 6.8 zeigt ein Investment in Aktien, das jeweils zu Beginn eines Jahres in der ersten Hälfte der siebziger Jahre begonnen und bis zum Ende 1979

Tafel 6.7: Ertragsraten (Rentabilität) für die hauptsächlichen Gruppen von Wertpapieren, 1926–1985

Wertpapier	durchschnittlicher jährlicher Ertrag
U.S. Treasury bills	3,4 %
langfristige US-Regierungs-Anleihen	4,1 %
langfristige Gesellschafts-Obligationen	4,8 %
(Stamm-)Aktien	9,8 %

Quelle: Ibbotson Associates, Inc., Stocks, Bonds, Bills and Inflation: 1986 Yearbook, Chicago, Ill., Februar 1986, S. 91, 95, 97, 99.

---

[16] Gesamtertrag mit monatlicher Wiederanlage der Dividenden oder Zinsen, berechnet nach Ibbotson Associates, Inc. in „Stocks, Bonds, Bills and Inflation" 1986, Yearbook, Chicago, Illinois, Februar 1986, S. 90, 94, 96, 98. Diese jährliche Veröffentlichung ist als eine Quelle für Kapitalmarktinformationen anerkannt.

Kapitel 6: *Kapitalmarktanalyse*

durchgehalten wurde. Der Ertrag hierauf wäre geringer gewesen als der für (die kurzfristigen) Treasury Bills. In der Tat ergab das Investment in Aktien für die Zeitspanne 1973–1979 den niedrigsten und das in Treasury Bills den höchsten Ertrag.

In der Fünfjahresperiode 1980–1984 lieferten Aktien wieder den höchsten Ertrag. Bitte beachten Sie in Tafel 6.9 jedoch, daß Treasury Bills die langfristigen Regierungsanleihen im Ergebnis übertrafen.

Tafel 6.8: Gesamterträge über verschiedene Halte-Perioden für (Stamm-)Aktien, Treasury Bills und Regierungsanleihen (Bonds), 1970–1979

Halte-Periode	Aktien	Treasury Bills	Regierungs-Anleihen	Gesellschafts-Obligationen
1970–1979	5,9 %	6,3 %	5,5 %	6,2 %
1971–1979	6,1 %	6,3 %	4,8 %	5,0 %
1972–1979	5,1 %	6,5 %	3,8 %	4,2 %
1973–1979	3,2 %	6,9 %	3,5 %	3,8 %
1974–1979	6,6 %	6,9 %	4,3 %	

Quelle: Ibbotson Associates, Inc., Stocks, Bonds, Bills, and Inflation: 1985 Yearbook, Chicago, Ill., Februar 1985, S. 91, 95, 97, 99.

Tafel 6.9: Ertragsraten (Rentabilität) für die hauptsächlichen Gruppen von Wertpapieren, 1980–1984

Wertpapier	durchschnittlicher jährlicher Ertrag
(Stamm-)Aktien	14,8 %
langfristige Gesellschafts-Obligationen	11,1 %
U.S. Treasury Bills	11,0 %
langfristige US-Regierungs-Anleihen (Bonds)	9,8 %

Quelle: Ibbotson Associates, Inc., Stocks, Bonds, Bills, and Inflation: 1986 Yearbook, Chicago, Ill., Februar 1986, S. 91, 95, 97, 99.

Bewertung für den S&P 400 – ein Beispiel

Die folgende Bewertung durch einen professionellen Investor zeigt, wie eine Bewertung für den S&P 400 entwickelt wurde. Dazu wurden benutzt: eine Gruppe von 10-Jahresvorhersagen (1978–1988) für die Gewinne, eine Dividendenauszahlungsrate und eine Kapitalisierungsrate. Das Beispiel zeigt auch, wie das BSP, Gesellschaftsgewinne und Inflationsprojektionen die Vorhersage unterstützten.[17] Dieses Beispiel von methodischer Arbeitsweise findet seine Fortsetzung durch eine

Tafel 6.10: Projektion des Kursniveaus für den S&P 400 für das Jahr 1988

augenblickliche Bedingungen (Oktober 1978)			
Kurs-Index: 113			Dividenden: 5,45 $*)
vorhergesagte Bedingungen (Oktober 1988)			
	ungünstigster Fall	wahrscheinlichster Fall	günstigster Fall
Wachstumsraten 1978–1988			
BSP (nominell)	10,0 %	9,0 %	8,0 %
S&P 400, Gewinne	11,0 %	10,0 %	9,0 %
S&P 400, Dividenden	12,0 %	11,0 %	10,0 %
Bedingungen 1988			
Inflationsrate	8,0 %	6,0 %	4,0 %
langfristige Zinssätze	11,0 %	9,0 %	7,0 %
Wachstumsrate der Dividenden	9,5 %	9,0 %	8,5 %
Auszahlungsrate für Dividenden	44,0 %	44,0 %	44,0 %
Kurs-Index			
Risikoprämie (1988)			
5,5 %	241	280	352
4,5 %	281	343	469
3,5 %	337	441	704

*) Später revidiert auf 5,31 $ für die 12 Monate per Ende September 1978

---

[17] Diese Vorhersagen wurden 1978 von W. S. Gray gemacht und erschienen in „Developing a Long Term Outlook for the US Economy and Stock Market", Financial Analysts Journal Juli/August 1979, S. 29–39.

Kapitel 6: *Kapitalmarktanalyse*

Überprüfung in der Mitte der Projektionsspanne: Das Maß der Genauigkeit wird noch einmal überprüft, wenn man sich die Ergebnisse von fünf Jahren zunutze machen kann.[18]) Das benutzte Aktienbewertungsmodell geht davon aus, daß Aktienkurse durch folgende Faktoren bestimmt werden:

– Die laufende Dividendenrendite.
– Eine erwartete Wachstumsrate bei den Dividenden.
– Ein erwarteter Gesamtertrag, der eine befriedigende Risikoprämie enthält im Vergleich zur Rendite auf Fälligkeit für längerfristige Obligationen.

Dieses Modell wird nutzbar durch die Serie von Projektionen, die in Tafel 6.10 dargestellt werden.

Im folgenden wird zusammengefaßt, wie die Projektionen in Tafel 6.10 abgeleitet wurden und was von 1978 bis 1983 tatsächlich geschah; ferner wird aufgezeigt, wo Korrekturen in der Mitte des Vorhersagezeitraumes erforderlich waren:

Wachstumsraten 1978–1988

– *Nominelles BSP*. Die „wahrscheinlichste Vorhersage" von 9 % war das Ergebnis eines Wachstums im realen BSP von 3 % und einer Inflationsrate von 6 %. Das tatsächliche Wachstum des realen BSP von 1978–1983 betrug nur 1,3 %. Da jedoch die Inflationsrate im Jahr 7,4 % betrug, wuchs das BSP mit einer jährlichen Rate von 8,8 %, das heißt nahe der Rate der „als höchstwahrscheinlich" projizierten 9 % für die 10-Jahresspanne. Mit diesem Ergebnis über fünf Jahre, das man nunmehr kannte, wurde das 3 %ige reale Wachstum nach wie vor als angemessen für die verbleibenden 5 Jahre angesehen.
– *Gewinne für den S&P 400*. Da sich die Manager in der Wirtschaft an die Inflation angepaßt hatten, wurde erwartet, daß sich die Gewinne als Prozentsatz des BSP etwas erholen würden. Infolgedessen wurde vorhergesagt, daß die Gewinne für den S&P 400 mit einer jährlichen Rate von 10 % wachsen würden. Die tatsächliche Wachstumsrate 1978–1983 betrug 2,4 %. Die Schwere der Rezession 1981–1982 war nicht vorhergesehen worden.
– *Dividenden für den S&P 400*. Die vorhergesagte Rate von 11 %, die höher als für die Gewinne war, stützte sich auf eine erwartete Steigerung der Auszahlungsrate. Die tatsächliche Wachstumsrate in den Dividenden 1978–1983 betrug 6,6 %. Auch hier war nicht vorhergesehen worden, daß die Rezession 1981–1982 so lang anhaltend oder so schwer sein würde. Die „Mittel-Korrektur" revidierte die 11 %ige Wachstumsrate auf 9 % für die Spanne 1983–1988.

---

[18]) Siehe William S. Gray, „The Stock Market and the Economy 1988" The Journal of Portfolio Management Sommer 1984, S. 73–80.

Vorhersage der Bedingungen für 1988

- *Inflation.* Es war erwartet worden, daß die Inflationsrate niedriger als die 1978 herrschende Rate und zwischen 6 und 7 % liegen würde. Die Inflation war ein so dringliches Problem geworden, daß man meinte, das politische Klima sei reif für eine Lösung. Obwohl die tatsächliche Inflation von 1978–1983 im Durchschnitt 7,4 % pro Jahr betrug, wurde erwartet, daß sie von 1983–1988 zwischen 5 und 7 % liegen würde.
- *Langfristige Zinssätze.* Die Schätzung nahm einen realen Zinssatz von 3 % an und kam somit zu einem Rahmen von 7 bis 11 %, wobei 9 % am wahrscheinlichsten angesehen wurden. Dies stand in Einklang mit der Projektion für die Inflation. Am 15. Oktober 1983 lag die Rendite für Aa-Industrieobligationen an der Börse (Secondary Market) ungefähr bei 12,1 %. Es wurde angenommen, daß die Zinssätze auf einen etwas normaleren Satz zurückgehen würden, wodurch die Zahl für den (wahrscheinlichsten Wert) um nur 1 % (von 9 auf 10 %) steigen würde.
- *Wachstumsrate für Dividenden.* Für 1988 wurde eine Spanne zwischen 8,5 und 9,5 % vorhergesagt, wobei der „wahrscheinlichste" Satz bei 9 % lag. Dieser Faktor blieb nach der Überprüfung von 1983 unverändert.
- *Ausgezahlte Dividende.* Die Auszahlungsrate für Dividenden war in der Tafel einheitlich mit 44 % angenommen worden. Diese Zahl bedeutete eine Anpassung nach oben bei der bestehenden Auszahlungsrate. Die tatsächliche Auszahlungsrate von 1978–1983 betrug im Durchschnitt 45 %. In der Überprüfung von 1983 wurde die Schätzung für 1988 auf 46 % erhöht.
- *Risikoprämie.* Der projizierte Rahmen lag bei 3,5–5,5 % über der Rendite des S&P Composite Bond Index, wobei 4,5 % als die wahrscheinlichste Rate gewählt wurde. Die Vorhersage der Risikoprämie für 1988 wurde auf eine Bewertung der folgenden fünf Faktoren gestützt: 1. Ein Wirtschaftssystem, das durch zunehmende Stabilität der endgültigen Nachfrage charakterisiert war. 2. Größere finanzielle

Tafel 6.11: Vergleich der ursprünglichen und revidierten Projektionen für 1988 für den S&P 400

	Projektionen aus dem Jahr	
	1978	1983
Dividenden 1988	15,47 $	13,45 $
Zinssätze 1988	9,0 %	10,0 %
Risikoprämie	4,5 %	3,5 %
Abzinsungsrate	13,5 %	13,5 %
Wachstumsrate für Dividenden über 1988 hinaus	9,0 %	9,0 %
Dividendenrendite 1988	4,5 %	4,5 %
Wert des S&P 400 in 1988	343	299

Hebelwirkung (Financial Leverage) als Ergebnis einer höheren langfristigen Verschuldung in der Kapitalstruktur der Gesellschaften und höherer Zinskosten. 3. Zunehmender Aktienbesitz durch Institutionen; das erlaubt größere Diversifizierung und hat ein geringeres spezifisches Risiko zur Folge. 4. Ungünstigere steuerliche Behandlung von normalem Investmenteinkommen und Kapitalgewinnen und 5. die veränderte Struktur in den erwarteten Erträgen aus Aktien in dem Sinne, daß weniger Ertrag aus Dividenden und mehr aus Kapitalzuwachs kommen werde. Das Ergebnis war die Vorhersage einer Prämie von 4 bis 4,5 %, wie sie oben zitiert wurde. Bei der Überprüfung 1983 wurde die Schlußfolgerung gezogen, daß die Vorhersage von 1978 für die Prämie in der richtigen Richtung lag (weniger als für die Periode 1926–1976), aber daß ein Betrag von 3,5 % für die Zeit 1983–1988 eher angemessen schien. Der Hauptgrund dieser Schlußfolgerung war die Wahrscheinlichkeit steigender Inflation; dadurch würde sich das Risiko für festverzinsliche Wertpapiere erhöhen und die Ertragsdifferenz (Risikoprämie) zwischen Aktien und Obligationen verringern.[19]

Tafel 6.11 vergleicht die „wahrscheinlichsten" Werte der Projektion von 1978 für den S&P 400 bezogen auf 1988, mit den Projektionen aufgrund der Überprüfung 1983.

Dieses Beispiel demonstriert eine disziplinierte Methode, die Börse zu analysieren und zu bewerten. Sie illustriert auch die Ungewißheiten, wenn man die Performance des Aktienmarktes vorhersagen will. Der Vorteil, wenn man einen Rahmen von Schätzungen benutzt, liegt auf der Hand.

---

[19] Weitere Untersuchungen hierüber finden sich bei B. Copeland, „Inflation, Interest Rates and Equity Risk Premia", Financial Analysts Journal Mai/Juni 1982, S. 32–43. Eine umfassende Analyse findet sich in der Monographie von R. F. Vandell und G. W. Kester, „A History of Risk Premia Estimates for Equities: 1944 bis 1978", Financial Analysts Research Foundation, Charlottesville, Virginia 1983.

Kapitel 7
Analyse von Börsen-Sektoren

Definition der Sektoranalyse

Wie in Kapitel 1 schon ausgeführt, ist Sektoranalyse nicht eine selbständige Art von Analyse, sondern dient mehr als Brücke zwischen Kapitalmarkt- und Wertpapieranalyse. Sie hat einige der Charakteristiken von beiden. Sie greift über Industriezweige hinaus und liefert Einsichten in die Aktienbörse; damit ist Sektoranalyse ein wichtiger Faktor für Entscheidungen über die großen Linien der Anlagepolitik.

Zum Management von Investmentportfolios gehört immer mehr die Auswahl von Aktien aus Bereichen, die jenseits des traditionellen S&P 500-Typs von großen, gut bekannten Qualitätsaktien liegen. Der Zweck dieser Erweiterung ist bessere Diversifizierung und das Auffinden von Börsensektoren, deren Aktien weniger effizient notiert sind als die Aktien mit großer Kapitalisierung. Außerdem erkennen Analysten zunehmend, daß die Börse aus zahlreichen großen Marktsektoren oder -segmenten besteht, die – ausgedrückt in den Kursbewegungen der Gruppe und den Gesamterträgen – durch unterschiedliche Performance charakterisiert sind.

Auf verschiedene Weise werden die Folgerungen aus der Tatsache gezogen, daß die Börse nicht monolithisch beschaffen ist. Die Investoren sind daran interessiert, die Gesamtbörse in unterschiedlicher Weise in Segmente zu teilen. Dafür gibt es hauptsächlich vier Grundlagen:

- die finanziellen Charakteristiken der einzelnen Werte, z. B. Kurs-/Gewinnverhältnis, Dividendenertrag und Größe (Börsenkapitalisierung)
- wirtschaftliche Sektoren, wie nichtdauerhafte Konsumgüter, dauerhafte (langlebige) Konsumgüter, Investitionsgüter, Verkehr, Finanz und Technologie
- Aktienverhalten in bezug auf Gesamtertrag (statistisch gebildete homogene Gruppen), die auf dem Maße der Korrelation von Aktienerträgen beruhen
- Fundamentale Eigenschaften von Unternehmen, z. B. Gruppen, die auf der Basis von Wachstum, zyklischem Verhalten oder Stabilität der Gewinne gebildet werden.

Die folgenden Performance-Analysen verschiedener Börsensektoren liefern wertvolle Einsichten in das Verhalten des Aktienmarktes. Darüber hinaus hilft die Unterteilung der Gesamtbörse in Sektoren, sich bei der Analyse nach logischen Gesichtspunkte zu spezialisieren.

SEI-homogene Gruppen

Eine Methode, um Marktsektoren zu bilden, hat erhebliche Aufmerksamkeit gefunden. Es ist die Kombination von Aktien, die in der Vergangenheit ähnliche Charakteristiken in bezug auf den Gesamtertrag aufweisen.[1])

Bei dieser Methode unterteilt die SEI-Corporation Aktien in vier Sektoren (homogene Aktiengruppen); die Unterteilung beruht auf den Verhaltensmustern des Gesamtertrages in der Vergangenheit. Zunächst eliminiert SEI den Einfluß der Gesamtbörse auf jede einzelne Aktie (mit Hilfe der statistischen Regressionsanalyse) und gruppiert die Aktien dazu nach bestimmten Verhaltensmustern des verbleibenden Ertrages (Residual Return Pattern). Die Gruppen werden in der Weise gebildet, daß die durchschnittliche Korrelation (Comovement = gemeinsame Bewegung) zwischen verbleibenden (residual) Erträgen für jeweils zwei Aktien derselben Gruppe hoch ist, während die Korrelation zwischen zwei Aktien in zwei verschiedenen Gruppen niedrig ist.

Die Gruppen wurden ursprünglich durch die A. G. Becker Inc. gebildet, und zwar auf Grund statistischer Analyse der monatlichen Gesamterträge der einzelnen Aktien über die 114 Monate vom 31. Dezember 1962 – 30. Juni 1972.[2]) Ehe man die Korrelations-Koeffizienten zwischen den einzelnen Aktien errechnete, wurde der Effekt der Gesamtbörse (S&P 500) von den monatlichen Ziffern für den Gesamtertrag bei jeder Aktie abgezogen. Die Gruppen wurden durch Klumpenanalyse (Cluster Analysis) gebildet.[3]) Danach wurde durch Beurteilung entschieden, welche Gruppen die Charakteristiken von Wachstum, Stabilität oder zyklischem Verhalten in bezug auf die Gesamterträge aufwiesen.

Um sicherzustellen, daß die Aktiengruppen weiterhin entsprechende Ertragscharakteristiken aufweisen, wird alle sechs Monate eine Verklumpung (clustering) der jeweils neuen „verbleibenden" Erträge (residual returns) durchgeführt, und die Gruppen werden auf diese Weise periodisch neu geformt. Diese laufende Analyse der Gruppen hat erhebliche Änderungen in der Zusammensetzung gebracht.

---

[1]) Eine frühe Studie von Aktiengruppen findet sich bei B. F. King, „Market and Industry Factors in Stock Price Behaviour", Journal of Business, Band 39, Special Supplement, Januar 1966, University of Chicago Press. Spätere bekannte Studien sind z. B.: E. J. Elton und M. J. Gruber „Improved Forecasting through the Design of Homogeneous Groups", Journal of Business, Oktober 1971, S. 432–450 und J. L. Farell, Jr. „Analizing Co-Variation of Returns to Determine Homogeneous Stock Groupings", Journal of Business, April 1974, S. 186–207.
[2]) Becker hielt die Serie aufrecht bis November 1983; dann wurde sie verkauft und wird nun von SEI Corporation erstellt.
[3]) Klumpenanalyse (Cluster Analysis) ist eine statistische Methode, um Aktien zu sinnvollen Gruppen zusammenzufügen. Zunächst werden die Aktien mit der höchsten Korrelation verbunden und der Durchschnitt ihrer Erträge gemessen, dadurch wird die Größe der Auswahl um 1 Aktie reduziert. Die durchschnittlichen Erträge der beiden kombinierten Aktien werden dann im Wege der Regressionsanalyse mit allen übrigen Aktien in Verbindung gebracht. Diese Methode wird solange fortgesetzt, bis die Korrelation unter ein festgesetztes Niveau fällt.

Kapitel 7: *Analyse von Börsen-Sektoren*

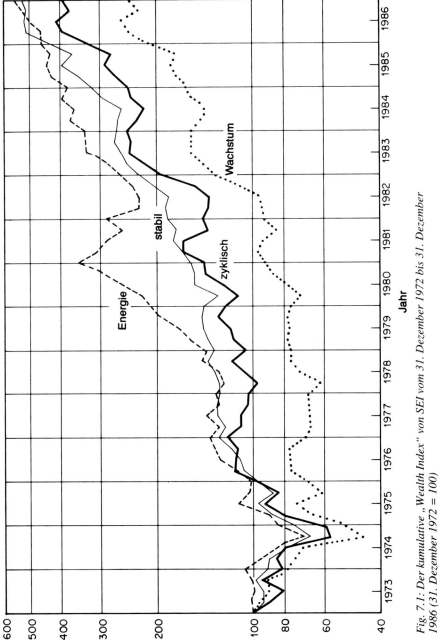

Fig. 7.1: *Der kumulative „Wealth Index" von SEI vom 31. Dezember 1972 bis 31. Dezember 1986 (31. Dezember 1972 = 100)*

Als Ergebnis der laufenden Überprüfungen wurde eine vierte Gruppe, Energie, identifiziert und im Juni 1981 hinzugefügt. Sobald die Gruppe identifiziert war, wurden ihre Zusammensetzung und ihre Ertragscharakteristiken bis 1972 zurückverfolgt.

Ab Jahresende 1972 wurden Indizes für den aufsummierten Gesamtertrag („Cumulative Total Return Wealth Index") für die vier homogenen Aktiengruppen entwickelt. Diese Indizes wurden dadurch geschaffen, daß man jede der vier einzelnen Gruppen für den Zeitpunkt des Beginns mit 100 bewertete. Dann wurde jeder Wert des Vormonats multipliziert mit 1 plus der Prozentänderung im Gesamtertrag für den folgenden Monat, gewichtet nach der Börsenkapitalisierung.

Die wertgewichteten Indizes in Fig. 7.1 zeigen, daß für die Periode vom 31. 12. 1972–31. 12. 1986 die Energiegruppe den größten kumulierten Gesamtertrag hatte, gefolgt von der stabilen Gruppe, dann der zyklischen Gruppe und schließlich der Gruppe mit hohem Wachstum. Die schlechte Performance der Gruppe mit hohem Wachstum hängt zum Teil mit dem Datum für den Beginn zusammen. Der eindrucksvolle Anstieg der Wachstumsaktien von 1970 bis 1972 wird nicht berücksichtigt. Statt dessen beginnen die Indizes am zyklischen Höhepunkt des Anstiegs 1970–72.

Figur 7.1 zeigt die Entwicklung der vier Gruppen, ausgedrückt durch den „Cumulative Wealth Index". Die Energiegruppe und die stabile Gruppe stiegen über die vierzehn Jahre mehr als fünffach (555 % bzw. 528 %). Sie übertrafen erheblich den Index für die zyklische Gruppe (390 %). Die Gruppe mit den Wachstumsaktien (244 %) wurde von allen übrigen Gruppen weit in den Schatten gestellt, und in der Tat erreichte die Gruppe erst spät im Jahre 1982 wieder das Niveau vom Jahresbeginn 1973. Die gesamten jährlichen Erträge (Renditen unter Berücksichtigung des Zinseszinseffektes) für die vier Gruppen über die gesamte Spanne lauteten wie folgt:

Energie	13 %
stabil	12,6 %
zyklisch	10,2 %
Wachstum	6,6 %

Diese Zahlen ergeben sich aus dem Zufall von Beginn- (und End-)Zeitpunkt; sie sollten nicht als Indiz für verhältnismäßige Werte zu bestimmten Zeitpunkten angesehen werden.

Tafel 7.1 vergleicht die zyklischen Bewegungen des Gesamtertrages der SEI-Gruppen mit dem S&P 500.[4]) Diese Tafel ist aufschlußreicher, denn sie enthält acht Börsen-Hoch- und -Tiefpunkte, um die Erträge zu messen.

---

[4]) In einigen Fällen sind die Daten für die zyklischen Umkehrpunkte des S&P 500 und die prozentweisen Änderungen anders als die in Tabelle 2.6 (Kapitel 2). Tafel 7.1 zeigt die gesamten Erträge (Kursänderung plus Dividenden) und nicht nur die Kurse. Außerdem werden Kurse des Monatsendes benutzt anstelle von täglichen Schlußkursen, um den Gesamtertrag zu berechnen. Auf diese Weise werden die Daten für den S&P 500 und die SEI Gruppen vergleichbar gemacht.

Kapitel 7: *Analyse von Börsen-Sektoren* 101

Tafel 7.1: Vergleich der zyklischen Performance des Gesamtertrages für den S&P 500 und die SEI Homogenen Gruppen

	S&P 500	Wachstum	Stabil	Zyklisch	Energie
Dez. 1972–Sept. 1974	–42,7 %	–53,5 %	– 33,1 %	– 42,9 %	– 29,7 %
Sept. 1974–Dez. 1976	+86,3 %	+60,0 %	+ 90,0 %	+109,3 %	+ 93,2 %
Dez. 1976–Feb. 1978	–14,2 %	–16,5 %	– 3,2 %	– 21,2 %	– 11,6 %
Feb. 1978–Nov. 1980	+86,6 %	+45,2 %	+ 22,9 %	+ 54,3 %	+220,6 %
Nov. 1980–Juli 1982	–17,2 %	+ 6,4 %	+ 19,1 %	– 7,2 %	– 45,8 %
Juli 1982–Nov. 1983	+65,9 %	+61,4 %	+ 52,6 %	+ 85,3 %	+ 55,6 %
Nov. 1983–Juli 1984	– 6,8 %	– 7,5 %	– 5,6 %	– 13,2 %	+ 2,8 %
Juli 1984–Dez. 1986*)	+77,4 %	+70,3 %	+103,7 %	+ 79,8 %	+ 66,1 %
*) Dies war kein Börsenhoch					

Hinweis: Die Hoch- und Tiefpunkte des S&P 500 beruhen auf den kumulativen Gesamterträgen zum Monatsende.

Im wesentlichen kann man zwei Schlußfolgerungen aus den Eigenschaften ziehen, die der Gesamtertrag der SEI-homogenen Gruppen aufweist. Erstens: Die Unterschiede in der Performance zwischen den großen Börsensektoren in den zyklischen Auf- und Abwärtsbewegungen sind ganz erheblich. Zweitens: Wenn man die Entwicklung von Börsenzyklus zu Börsenzyklus betrachtet, besteht über die acht zyklischen Bewegungen hinweg keine klare Überlegenheit einer Gruppe.

Die FRS Industriegruppen

Um noch weiter die großen Unterschiede in der Erfolgs-Charakteristik von Börsensektoren zu demonstrieren, analysieren wir die zyklische Kursperformance einer anderen Gruppe von Sektoren. In diesem Falle sind die Aktien nach ihren Gewinncharakteristiken gruppiert.

Eine Anzahl von grundlegenden Charakteristiken der Gesellschaften können benutzt werden, um Aktien in Sektoren zu unterteilen. Eine Variable, die fast allgemein ausgewählt wird, ist das Wachstum der Gewinne je Aktie. FRS Associates hat Marktsektoren gebildet, indem sowohl das Wachstum als auch das zyklische Verhalten des Gewinns je Aktie benutzt wurden. Vier Gruppen von Industrieaktien – zusammengesetzt aus größeren Gesellschaften – wurden Ende 1972 gebildet.

Die Industriegruppen sind gleich gewichtet und werden monatlich neu ausgewogen (rebalanced).[5] Über eine 10-Jahresspanne wurden Daten der Vergangenheit für das Gewinnwachstum je Aktie und sonstige Gesellschaftscharakteristiken analy-

---

[5] Die FRS Gruppen unterscheiden sich von den SEI Gruppen, die statistisch abgeleitete homogene Gruppen sind, nach ihrem Marktwert gewichtet sind und alle 6 Monate neu konstruiert werden (FRS Associates, Los Altos, California).

siert. Auf Grund dessen wurden Gruppen aus je 15 Aktien in den folgenden Kategorien gebildet: Starkes Wachstum, überdurchschnittliches Wachstum, durchschnittliches Wachstum und hauptsächlich zyklisches Verhalten. Die ursprünglich ausgewählten Aktien wurden in ihrer jeweiligen Gruppe belassen mit Ausnahme einer begrenzten Anzahl von Auswechselungen infolge von Zusammenschlüssen. Demgemäß haben die Erträge von Ende 1972 an keine nachträglich hinzugekommene Tendenz. Diese Gruppen sind nach Industriezweigen gut diversifiziert mit Ausnahme der Gruppe mit durchschnittlichem Wachstum, die 40 % ihrer Gesellschaften in der Lebensmittel verarbeitenden Industrie hat.

Um zur Zeit der Aufstellung der Gruppen zu derjenigen mit hohem Wachstum zu gehören, mußte eine Aktie ein jährliches Wachstum des Gewinns je Aktie von 11 % oder mehr (unter Berücksichtigung des Zinseszinseffektes) über die vorhergegangene 10-Jahresspanne gehabt haben. Aktien mit überdurchschnittlichem Wachstum hatten Raten zwischen 9 und 11 % und solche mit durchschnittlichem Wachstum hatten Raten zwischen 4 und 9 %. Der vierte industrielle Sektor, die Gruppe mit größeren zyklischen Schwankungen, war auf solche Aktien beschränkt, deren Gewinnwachstum je Aktie ein auffällig zyklisches Bild bot.

Wenn die Kursperformance einer Gruppe eine Bedeutung haben soll, muß es eine gewisse Übereinstimmung (Korrelation) in den Kursbewegungen der individuellen Aktien geben, die die Gruppe bilden. Außerdem muß die Performance der Gruppe von der anderer Gruppen unterscheidbar sein. Über die Zeitspanne 1974–1979 wurden statistische Tests durchgeführt, um zu entscheiden, ob die Einteilung in die vier FRS Aktiengruppen richtig war. Die Untersuchung kam zu dem Ergebnis, daß die Kursperformance der Gruppen ausreichend unterschiedlich war, um verschiedene Sektoren der Börse zu repräsentieren.

Figur 7.2 zeigt, daß für die Zeitspanne 1972–1986 die Gruppe mit durchschnittlichem Wachstum am Ende der 14-Jahresspanne die übrigen drei Gruppen im Ergebnis weit übertroffen hatte. Im Gegensatz dazu erreichte die Gruppe mit hohem Wachstum erst Ende 1984 wieder ihr Niveau vom Dezember 1972. Wenn man die Gruppen per Ende 1972 mit 100 bewertet, ergeben sich für Dezember 1986 folgende relative Kursindexzahlen:

Aktien mit durchschnittlichem Wachstum	372,54
Aktien mit überdurchschnittlichem Wachstum	244,36
Aktien mit größeren zyklischen Schwankungen	216,01
Aktien mit hohem Wachstum	154,12

Tafel 7.2 zeigt für die Periode von Dezember 1972–Dezember 1986 die zyklischen Kursbewegungen (basierend auf Monatsendkursen) für den S&P 500 und die vier Industriegruppen von FRS. Die Zyklen sind wieder die des S&P 500. Man sieht die deutlichen Unterschiede im Kursverhalten über vier Börsenzyklen zwischen den FRS-Gruppen und im Vergleich dazu mit dem S&P 500.[6])

---

[6]) Beachten Sie, daß der S&P 500 nach dem Marktwert gewichtet ist, während die FRS-Serien gleichwertig gewichtet sind.

Kapitel 7: *Analyse von Börsen-Sektoren*

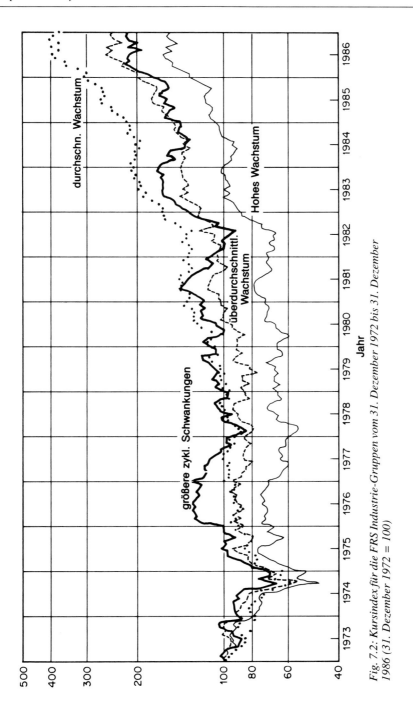

Fig. 7.2: *Kursindex für die FRS Industrie-Gruppen vom 31. Dezember 1972 bis 31. Dezember 1986 (31. Dezember 1972 = 100)*

Tafel 7.2: Vergleich der zyklischen Kursperformance für den S&P 500 und die FRS Industrie Gruppen

	S&P 500	Hohes Wachstum	überdurch- schnittliches Wachstum	durch- schnittliches Wachstum	größere zyklische Schwan- kungen
Dez. 1972–Sept. 1974	–46,2 %	–53,7 %	–43,5 %	–41,0 %	–33,8 %
Sept. 1974–Dez. 1976	+69,1 %	+54,0 %	+65,0 %	+69,9 %	+95,7 %
Dez. 1976–Feb. 1978	–19,0 %	–22,2 %	–15,7 %	–10,1 %	–34,1 %
Feb. 1978–Nov. 1980	+61,4 %	+27,8 %	+29,7 %	+52,2 %	+42,3 %
Nov. 1980–Juli 1982	–23,8 %	– 5,6 %	+18,7 %	– 4,3 %	–25,0 %
Juli 1982–Nov. 1983	+55,4 %	+54,7 %	+16,2 %	+61,5 %	+86,0 %
Nov. 1983–Juli 1984	– 9,5 %	–10,2 %	– 4,1 %	– 7,1 %	–22,1 %
Juli 1984–Dez. 1986*)	+60,7 %	+65,9 %	+81,0 %	+89,1 %	+63,7 %

*) kein Börsenhoch

Hinweis: Die Hoch- und Tiefpunkte für den S&P 500 beruhen auf den Kursen zum Monatsende.

Schlußfolgerungen

Die vorhergehende Analyse der homogenen Gruppen von SEI und der Industriegruppen von FRS zeigt, daß es an der Börse ganz wesentliche Unterschiede in der Gruppenperformance gibt, und zwar gleichgültig, ob man die Gesamterträge oder das Kursverhalten mißt. Darüber hinaus zeigt die Analyse das Ausmaß, in dem sich von Zyklus zu Zyklus die Überlegenheit der einzelnen Gruppen ändern kann.

Offenbar lassen sich aus der Sektorananlyse potentielle Gewinne ziehen. Wie einzelne Aktien und Industriezweige, so können auch Sektoren der Fundamentalanalyse unterzogen werden. Zum Beispiel können für die Industriegruppen von FRS aus den Vorhersagen für die 15 Einzelaktien Gewinnprojektionen für die einzelnen Gruppen gewonnen werden. Damit kann man die augenblickliche Bewertung der erwarteten Gewinne finden und mit denen der anderen Gruppen vergleichen. Ähnlich kann man die fundamentale Analyse unter anderen Gesichtspunkten anwenden. Sektoranalyse kann man benutzen, um attraktive Gebiete aufzufinden, die bevorzugte Untersuchung verdienen. Damit kann es ein starkes Hilfsmittel des Investment-Management sein.

Kapitel 8
Die Informationsquellen des Analysten und ihre Eigenarten

Die hauptsächlichen Informationsquellen

Die meisten Gesellschaftsdaten für den Wertpapieranalysten kommen aus vier Hauptquellen. Zwei könnte man als ursprünglich und parallel bezeichnen: Es sind die Informationen, die die Gesellschaft an ihre Aktionäre und die Presse schickt, und das Material, das sie einer Aufsichtsbehörde übergibt – in den meisten Fällen der SEC (Securities and Exchange Commission).

Die dritte Quelle sind breit angelegte Finanzdienste wie Moody's oder Standard and Poor's, die fast alle Informationen der Originalquellen wiedergeben oder zusammenfassen, sobald sie verfügbar werden. In vielen Fällen ist es sinnvoll, sich für die Analyse auf das Material zu verlassen, das in den verschiedenen Handbüchern, Ergänzungen oder laufenden Informationsdiensten dieser Organisationen zusammengestellt ist.[1]) Eine andere unabhängige Quelle erhält man durch Bezug des „Value Line Investment Survey", der einen systematischen Überblick über 1700 Gesellschaften in 92 Industriezweigen gibt. Wenn es sich allerdings um eine in die Tiefe gehende Originaluntersuchung handelt, sollte der Analyst im allgemeinen Originalquellen benutzen, um sicherzustellen, daß nichts von Wichtigkeit übersehen wird.

Die vierte Informationsquelle sind die neuen, immer mehr Anwendung findenden Computerdatenbanken in Verbindung mit Softwareprogrammen („Packages" oder

---

[1]) Zu diesen Veröffentlichungen gehört Moody's Investorservice, und zwar die Handbücher über Industrien, öffentliche Versorgungsunternehmen, Banken und Finanz, Transportunternehmen sowie der Obligationenbericht (Bond Record). Ferner die Veröffentlichungen des Standard & Poor-Dienstes, und zwar der Security Price Index Record, die monatlichen „Current Statistics" und die „Basic Statistics". Um die Auswirkungen von Änderungen in den Buchführungs- und Bilanzierungserfordernissen auf Jahresabschlüsse zu verstehen, benutzen Analysten Publikationen wie die Accounting Standards des FASB, („Original Pronouncement" und „Current Text"), Miller's GAAP Guide (Allgemein anerkannte Buchführungsgrundsätze) und „Accounting Trends und Techniques" von AICPA. Eine zusätzliche Quelle analytischer Informationen ist die große Anzahl von Untersuchungen, die von den großen Brokerfirmen veröffentlicht werden.

„Systems"), die Daten analysieren und ordnen. Auf diesem Gebiet gibt es viele Anbieter, und ihre Zahl nimmt ständig zu. In einigen Fällen liefern die Datenbanken Zusammenstellungen für einige hundert bis zu mehreren tausend Gesellschaften und über eine Zeitspanne von bis zu zehn oder zwanzig Jahren. Der Analyst wird allerdings die Richtigkeit von Daten überprüfen müssen, die sich über eine Reihe von Jahren erstrecken. Denn Akquisitionen und Zusammenschlüsse, Änderungen in der Buchführungspraxis, Aufgabe von Tätigkeitsbereichen und außerordentliche Posten können Einfluß auf die von den Gesellschaften berichteten Daten haben. Die Daten erscheinen auf dem Computerschirm sauber aufgereiht und in der Ordnung, die der Anbieter ihnen gegeben hat, die Kennzahlen sind schon ausgerechnet, und so ist die Versuchung groß, solche schon aufgearbeiteten Daten ohne ausreichende Analyse zu übernehmen.

Zusätzlich zu diesen vier besonderen Quellen gibt es eine große und heterogene Anzahl von Informationsmöglichkeiten, die nicht leicht in Kategorien zu bringen sind: Dazu gehören eine Vielzahl von Publikationen, angefangen bei Handelszeitungen bis hin zu Regierungsveröffentlichungen. Diese Quellen liefern wichtige Informationen in bezug auf spezifische Industriezweige, Wirtschaftssektoren und die Wirtschaft in den USA und im Ausland. Viele Gesellschaften liefern regelmäßig ergänzende statistische und andere Datenzusammenfassungen an Wertpapieranalysten und andere Personen, die darum bitten. Wichtige Informationen stammen auch von den Direktoren der Gesellschaften anläßlich des Zusammentreffens mit der Gesellschaft der Wertpapieranalysten. Besuche von Analysten am Sitz der Gesellschaft und Diskussionen mit dem Management ergänzen die veröffentlichten Informationen. Weitere Erkenntnisse gewinnt der Analyst durch Diskussionen mit Lieferfirmen, Wettbewerbern, Kunden, Gewerkschaften und Weiterverkäufern. Eine andere Informationsquelle sind die bereits bestehenden Voraussagen über zukünftige Daten, die die „allgemeine Meinung" anderer Wertpapieranalysten über die voraussichtlichen Gewinne wiedergeben. Als Quellen hierfür sind zu nennen Lynch, Johns und Ryan's IBES, Zacks und ferner S&P's Earnings Forcaster, die zusammen mehr als 8000 Gesellschaften erfassen.

Der Umfang des Materials, das aus allen diesen Quellen zur Verfügung steht, ist sehr unterschiedlich. An einem Extrem liegen kleine Gesellschaften in festem Besitz, die praktisch keinerlei Erfordernissen der Aufsichtsbehörde nachzukommen haben, aber typischerweise geprüfte Jahresabschlüsse an ihre Aktionäre versenden. Diese Gesellschaften brauchen der SEC keine Jahresabschlüsse oder andere Informationen vorzulegen, es sei denn, daß eine der folgenden Voraussetzungen vorliegen: 1. Wenn Aktien ausgegeben werden, die öffentlich angeboten oder im Handel über die Einzelstaatsgrenze hinaus oder durch die Post verkauft werden, 2. wenn sie ihre Wertpapiere an einer nationalen Börse registrieren lassen oder 3. wenn sie mindestens 3 Millionen Aktiva und 500 oder mehr Aktionäre haben.

Am anderen Extrem befinden sich die Gesellschaften mit öffentlich notierten Wertpapieren, die allen Erfordernissen der SEC über Finanz-Berichterstattung nachkommen müssen; sie müssen in ihren geprüften Jahresabschlüssen für die Aktionäre und für das allgmeine Publikum den allgemein anerkannten Buchführungsgrundsätzen folgen, wie sie durch den Financial Accounting Standards Board (= FASB) festgelegt sind.[2]

Berichte an staatliche Aufsichtsbehörden außerhalb der SEC

Gesellschaften in einigen Industriezweigen, die der Aufsicht durch öffentliche Stellen unterworfen sind, müssen diesen Stellen Jahresabschlüsse einreichen; sie sind der Einsichtnahme durch das Publikum zugänglich. Die meisten dieser Berichte sind erheblich ausführlicher als die normalerweise veröffentlichten Abschlüsse.

Öffentliche Versorgungsunternehmen.

In allen Einzelstaaten sind Versorgungsunternehmen einer umfassenden Kontrolle durch die Public Service Commission des einzelnen Staates unterworfen. Im allgemeinen haben diese Kontrollkörperschaften die Entscheidungsgewalt über Gebühren, Ausgabe von Wertpapieren, Erwerb von Grundeigentum, Standard der Dienstleistungen, Buchführungsmethoden zum Zwecke der Berichterstattung an die Aufsichtsbehörde usw. Diese Gesellschaften müssen umfassende und dataillierte jährliche Berichte abgeben, die zur Einsichtnahme durch das Publikum in der Dienststelle der Kommission offenliegen. Wie gesagt enthalten diese Berichte meist wesentlich mehr detaillierte Finanz- und Betriebsstatistiken, als man sie in den Geschäftsberichten an die Aktionäre findet. In manchen Fälle werden sogar monatliche Betriebsberichte eingereicht und sind der Einsichtnahme durch die Öffentlichkeit zugänglich.

---

[2] Allgemein anerkannte Buchführungsgrundsätze (Generally Accepted Accounting Principles = GAAP) bestehen aus einer Gruppe von Standards, die die Aufstellung von Jahresabschlüssen erörtern. Diese Standards sind hauptsächlich durch drei Körperschaften über 45 Jahre entwickelt und gefördert worden. Die erste war das Committee on Accounting Procedure (1939–1959), das die „Accounting Research Bulletins" veröffentlichte. Ihm folgte der Accounting Principles Board (APB), der von 1959–1973 die „Opinions" (Meinungen) veröffentlichte. 1973 folgte dem APB der Financial Accounting Standards Board (FASB), der die „Statements of Financial Accounting Standards" herausgibt. Die Veröffentlichungen des FASB und seiner Vorgänger haben keine rechtlich bindende Wirkung; ihre Autorität beruht auf der Anerkennung durch die Wirtschaftsprüfer, die staatlichen Behörden für die Zulassung von Wirtschaftsprüfern, das Management der Gesellschaften und die Finanzanalysten, sowie auf der von der SEC geforderten Benutzung der FASB Standards. SEC-Regelung S-X, Rule 4-01 fordert, daß Jahresabschlüsse, die der Kommission unterbreitet werden, den GAAP entsprechen.

Zusätzlich zu dieser Information an die Einzelstaatskommissionen geben alle über einen Einzelstaat hinausreichenden Gesellschaften für Elektrizität und Naturgas ähnliche detaillierte jährliche Berichte an die Federal Energy Regulatory Commission ab. Diese Berichte kann man im Hauptbüro der Kommission in Washington D. C. einsehen und in gewissen Fällen auch in ihren regionalen Büros.

Obwohl wirklich all dieses Material in den Berichten an die Kommissionen interessant und wichtig ist, erfordert es meist erhebliche Interpretation, um die Bedeutung unter Investmentgesichtspunkten darzustellen. Einige Finanzdienste sammeln diese Daten und liefern die entsprechenden Aufschlüsselungen und Kennzahlen über mehrere Jahre.

Versicherungsgesellschaften

Versicherungsgesellschaften legen detaillierte Jahresabschlüsse von einheitlichem Charakter (die sogenannten Konventionsberichte) bei den staatlichen Versicherungsabteilungen jedes Einzelstaates vor, in dem der Konzern geschäftlich tätig ist. Darüber hinaus erfolgt alle drei Jahre eine Prüfung durch den Staat des Hauptsitzes unter Beteiligung der Behörden der anderen Einzelstaaten. Die Prüfungsergebnisse liegen zur Einsicht offen und sind die Quelle für die Erfahrungsberichte über Versicherungen, wie sie die „Best Reports" zusammentragen. Allerdings ergibt sich daraus nichts über die Qualität der Investmentportfolios.

Eisenbahngesellschaften

Eisenbahnen legen detaillierte Quartalsberichte bei der Interstate Commerce Commission (ICC) vor; die von der Commission geforderten Jahresberichte sind noch vollständiger. Viele der darin mitgeteilten Daten werden in den jährlichen „Transportation Statistics of Railways in the United States" (dem „Blauen Buch") durch die ICC veröffentlicht. Das einheitliche System der von der ICC vorgeschriebenen Konten ist normalerweise nicht sehr brauchbar für den Wertpapieranalysten, aber es liefert jedenfalls Informationen über die Unterhaltung und andere Betriebstätigkeiten. Die Buchführungspraktiken, wie sie die ICC vorschreibt, tragen viel dazu bei, die Gesundheit und Rentabilität von Transportgesellschaften im dunkeln zu lassen.

Gesellschaften unter Aufsicht der SEC

Die meisten Gesellschaften, die der Analyst untersucht, sind an einer Börse notiert oder haben seit 1933 einmal öffentlich Wertpapiere ausgegeben oder beides. In diesem Falle stehen dem Analysten vier Arten von Material zur Verfügung:

Kapitel 8: *Die Informationsquellen des Analysten und ihre Eigenarten* 109

- Die Erklärung anläßlich der Registrierung oder der Prospekt
- (Jährliche) Geschäftsberichte (einschließlich des Berichtes nach Formular 10-K der SEC).
- (Quartalsweise) Zwischenberichte (Berichte nach Formular 10-Q der SEC).
- Berichte über Ereignisse gemäß Formular 8-K der SEC

Die Registrierungserklärung (der Börsenzulassungsprospekt)

Sie liefert eine detaillierte Beschreibung des Geschäftes und des Grundbesitzes der Gesellschaft und dient oft als Ausgangspunkt für eine gründliche Analyse.[3] Sie ist das hauptsächliche Dokument zur Offenlegung der Gesellschaftsverhältnisse, das den Zielen der SEC-Regel 10(b)-5 dient. Im Falle von schon lange bestehenden Konzernen können viele Finanzdaten aus den Registrierungsberichten früherer Jahre aus den Wertpapierhandbüchern (wie Moody's oder Standard & Poor's) entnommen werden.

Aktionärsinformationen

Informationen, die den Aktionären zugesandt werden, um ihre Zustimmung bei den jährlichen oder bei außerordentlichen Hauptversammlungen zu suchen (Proxy Statements), sind eine weitere Informationsquelle für den Analysten. Sie geben Aufschluß über die Anstellungsbedingungen für die Führungskräfte, Prämien- und Pensionierungsprogramme, Aktienbeteiligungen von Direktoren und alle Vorschläge, die mit dem Ergebnis der Gesellschaft zusammenhängen.

Wie leitende Angestellte und Direktoren auf Empfehlungen der Aktionäre reagieren, die sich mit sozialen Verantwortlichkeiten und öffentlichen Angelegenheiten befassen, verrät viel über die „Gesellschaftskultur" (Corporate Culture). Abfindungspläne und Aktienbesitz des Managements können einen Hinweis darauf geben, wieweit Interessen von Aktionären und Management zusammenfallen. „Goldene Fallschirme" (Golden Parachutes) und Verträge mit Angestellten werden ebenfalls in diesen Aktionärsinformationen bekanntgegeben. Wenn sie sich mit Zusammenschlüssen oder Akquisitionen befassen, sind sie so weitreichend wie in einem Prospekt.

Jährliche Daten

Daten im Geschäftsbericht der Gesellschaft an die Aktionäre unterliegen – in den Grenzen der allgemein anerkannten Buchführungsprinzipien – in erheblichem

---
[3] Form S-1, 17 CFR (Code of Federal Regulations) 239.11

Umfange dem Ermessen des Management. Allerdings enthalten die Geschäftsberichte jetzt viel mehr Informationen als früher und sind daher für den Analysten besser zu gebrauchen. In der Tat ist der Unterschied zwischen den Informationen im Geschäftsbericht (wie ihn die SEC fordert) und denen im 10-K-Formular geringer geworden.

Die Daten, die der SEC mitgeteilt werden müssen, sind zwingend. Jede Gesellschaft mit öffentlich notierten Wertpapieren muß jährlich bei der SEC ein Formular 10-K einreichen. Es enthält mehrere wichtige Aufstellungen von Finanzdaten mit vorgeschriebenen Einzelheiten und zusätzliches Material, das nützlich bei der Analyse und zum Verständnis des Gesellschaftsergebnisses ist.

Das Formular 10-K enthält vier Teile: Teil I ist hauptsächlich eine Beschreibung der Geschäftstätigkeit der Gesellschaft einschließlich Informationen in bezug auf Industriesegmente. Teil II betrifft den Handel in den Aktien der Gesellschaft, ausgewählte Finanzdaten, Erörterung und Analyse der finanziellen Situation und des Betriebsergebnisse der Gesellschaft durch das Management und den Jahresabschluß. Teil III behandelt die Direktoren und leitenden Angestellten, ihre Vergütung, Optionen auf Aktien, Transaktionen mit nahestehenden Parteien (Related Parties) und ähnliche Angelegenheiten. Teil IV besteht in erster Linie aus ergänzenden finanziellen Mitteilungen und Finanzübersichten wie über das Sachanlagevermögen sowie angesammelte Abschreibungen.

Der 10-K-Bericht enthält die folgenden Finanzberichte und ergänzenden Daten:

1. Tätigkeitsbereiche der letzten 3 Jahre mit den Angaben über Umsatzerlöse und Ergebnisse vor außergewöhnlichen Posten und vor Ertragssteuern; die Daten beziehen sich auf die Bereiche, die 10 % oder mehr zu dem gesamten Umsatz oder Ergebnis vor Steuern und außergewöhnlichen Posten beigetragen haben.
2. Bilanzen für die letzten 2 Jahre
3. Gewinn- und Verlustrechnungen für 3 Jahre
4. Eine Berechnung über Veränderungen in der Vermögenssituation

Die letzteren beiden Finanzaufstellungen müssen in spaltenweise vergleichbarer Form jeweils für das Ende der drei letzten Geschäftsjahre erstellt werden. Außerdem müssen diese Berichte geprüft und entsprechend den allgemein anerkannten Buchführungsgrundsätzen erstellt sein.[4]

Einige Gesellschaften, die Formulare nach 10-K bei der SEC einreichen müssen, senden mit ihren Geschäftsberichten Kopien an die Aktionäre oder nehmen den 10-K-Bericht in den gedruckten Geschäftsbericht mit auf. Alle Gesellschaften werden Kopien dieses Berichtes übersenden, wenn darum schriftlich gebeten wird.

Außerdem veröffentlichen alle Gesellschaften ihren Jahresabschluß zur Verteilung bei Aktionären und Publikum. Diese Berichte sind in der Form ähnlich und müssen den Jahresabschluß wie im 10-K-Bericht zusammen mit anderen Daten enthalten. Insgesamt enthalten sie meist etwas weniger Finanzdaten als der 10-K-

---

[4] Siehe SEC Regeln 17 CFR 210.3-01, 210.3-02 und 210.4-01 (a)(1).

Bericht, aber oft geben sie finanzielle Entwicklungen der letzten fünf oder zehn Jahre wieder, die bestimmte entscheidende Finanzinformationen beleuchten. Die wichtigsten Angaben, die im 10-K-Bericht, aber nicht in den Geschäftsberichten der Gesellschaft erscheinen, sind gewisse detaillierte Mitteilungen in Fußnoten und ausgedehnte Informationen über den Board of Directors („Verwaltungsrat"). Die SEC erlaubt den Gesellschaften, bei ihren jährlichen 10-K-Berichten auf ihre Geschäftsberichte Bezug zu nehmen.

Zwischenberichte

Zwischenzeitliche Information ist für öffentlich notierte Gesellschaften in einheitlicher Form verfügbar. Diese Konzerne stellen Quartalsberichte für alle Aktionäre und sonstige Interessenten zur Verfügung, aber Quartalsberichte für die SEC nach 10-Q muß man anfordern. Der Analyst muß Investmentbeurteilungen, die er auf Quartalsberichte stützt, sorgfältig abwägen, denn sie enthalten Schätzungen, die im (jährlichen) Geschäftsbericht nicht benutzt werden, und Anpassungen zum Jahresende können erheblich sein.

Quartalsberichte sind üblicherweise nicht geprüft, obwohl die Beteiligung von Prüfern als Folge des Prüfungsverfahrens zunimmt. Gewisse Quartalsdaten, die im 10-Q-Bericht vorgelegt werden müssen, müssen im Geschäftsbericht der Gesellschaft enthalten sein.[5]

Die Entwicklung des 10-Q-Berichtes ist ein Beispiel für die verbesserte Information, die dem modernen Investor zur Verfügung steht. Seit dem ersten Geschäftsquartal 1970 wurden 10-Q-Berichte an die SEC für solche Gesellschaften erforderlich, die vorher halbjährliche 9-K-Berichte eingereicht hatten. Anstelle des 9-K-Berichtes forderte die SEC quartalsweise Finanzberichte für die ersten 3 Quartale des Geschäftsjahres.[6] Diese Information brauchte den Aktionären nicht übersandt zu werden.

Nach 1970 erließ die SEC mehrere Regelungen über die Anforderungen an Zwischenberichte. In einer wichtigen Erklärung veröffentlichte die SEC im September 1975 den „Accounting Series Release Nr. 177". Nach dieser Entscheidung mußten die folgenden Punkte im 10-Q-Bericht enthalten sein:

---

[5] Festgelegt im Accounting Series Release 177, 10. September 1975, „Hinweis auf Übernahme der Ergänzungen zu Formular 10-Q und Regulation S-X betreffend Finanzzwischenberichte, „SEC Kurzprotokoll" (Docket) im Falle des Geschäftsberichts einer Gesellschaft an die Aktionäre: „ . . . Mitteilung der Nettoumsatzerlöse, des Rohgewinns, des Ergebnisses vor außerordentlichen Posten und der kumulativen Auswirkungen einer Änderung in der Buchführung, der Daten je Aktie, die auf solchem Gewinn beruhen, ferner des Überschusses für jedes Quartal innerhalb der zwei letzten Geschäftsjahre und jeder folgenden Geschäftsperiode, für die Gewinn- u. Verlustrechnungen vorgelegt werden, sind angemessen für den Schutz des Investors im Falle von großen Gesellschaften, deren Aktien aktiv gehandelt werden."

[6] Securities Exchange Act of 1934, Release Nr. 9004, 28. Oktober 1970, „SEC Kurz-Protokoll (Docket) (Adoption of Form 10-Q, Rescission of Form 9-K and Amendment of Rules 13a–13 und 15d–13)".

1. Die Gewinn- und Verlustrechnung für das letzte Quartal in verkürzter Form, verglichen mit der des entsprechenden Vorjahresquartals und die Zahlen für das laufende Jahr bis zum Quartalsende und entsprechend für das Vorjahr
2. Eine verkürzte Berechnung über Herkunft und Verwendung von Mitteln für das laufende Jahr bis zum letzten Quartalsende und entsprechend für das vorhergehende Jahr
3. Die verkürzte Bilanz für das neueste Quartal[7])
4. Formelle Information über Geschäftszusammenfassungen, die als Kauf bilanziert sind
5. Übereinstimmung mit den allgemein anerkannten Buchführungsgrundsätzen für Finanzzwischenberichte
6. Gesteigerte Offenbarungspflicht in bezug auf Änderungen in der Buchführungspraxis[8])

Diese Änderungen führten dazu, daß die zugelassenen Wirtschaftsprüfer (Public Accountants) mehr mit den Zwischenberichten befaßt wurden.

Aktuelle Berichte nach SEC-Formular 8-K

Nach bestimmten Ereignissen muß der SEC innerhalb von 15 Tagen ein 8-K-Bericht vorgelegt werden. Die wichtigsten Ereignisse, mit denen sich der 8-K-Bericht befaßt, sind:

1. Änderungen in der Kontrolle über die registrierte Gesellschaft
2. Erwerb oder Veräußerung von Vermögen
3. Konkurs oder Zwangsverwaltung (Receivership)
4. Wechsel des Wirtschaftsprüfers

---

[7]) Gemäß SEC-Regel 10–01 (c) (1), 17 CFR 210.10–01 (c) (1), muß eine gekürzte Bilanz für das entsprechende Quartal des vorhergehenden Geschäftsjahres vorgelegt werden, wenn das nötig ist, um den Einfluß von jahreszeitlichen Schwankungen auf die finanzielle Lage der Gesellschaft verständlich zu machen.

[8]) „Accounting Series Release" Nr. 177, 10. September 1975, SEC, Kurzprotokoll, (Docket) September 1975. (Bekanntgabe einer Änderung für das Formular 10-Q und die Regulation S-X betreffend Finanzzwischenberichte). Einer der etwas kontroversen Punkte dieser Veröffentlichung betrifft die Frage, ob Änderungen in der Buchführung „zu bevorzugen" seien. Release Nr. 177 sagte dazu: „Im Zusammenhang mit einer Änderung der Buchführung ist ein Schreiben des unabhängigen öffentlichen Wirtschaftsprüfers des Einreichers erforderlich, in dem der Wirtschaftsprüfer sich äußert, ob ein Wechsel zu einem anderen Grundsatz vorliegt, der nach seiner Beurteilung unter den Umständen ‚zu bevorzugen ist'." Die Firma Arthur Anderson & Co. wandte sich gegen die Berechtigung der SEC, von öffentlichen Wirtschaftsprüfern eine solche Erklärung zu fordern, wenn Änderungen in der Bilanzierung erfolgten. Die Gerichte hielten jedoch die Regelungen von ASR Nr. 177 (und ASR Nr. 150) aufrecht und wiesen den Antrag von Arthur Anderson auf eine einstweilige Verfügung gegen die SEC zurück. (Siehe „Arthur Anderson is Set Back in Bid to Bar SEC Ruling", The Wall Street Journal, 7. September 1976, S. 18.)

Kapitel 8: *Die Informationsquellen des Analysten und ihre Eigenarten*

5. Rücktritt eines oder mehrerer Direktoren
6. Andere Punkte von erheblicher Bedeutung
7. Finanzielle Darstellung und Bericht über ein erworbenes Unternehmen oder über Immobilien von erheblicher Größe

Wenn solche Punkte im 8-K-Bericht mitgeteilt werden, kann die Aktualität dieser Daten dazu beitragen, daß die Investoren die neueste Entwicklung in der finanziellen Situation des Unternehmens erkennen können.

Nicht börsennotierte Gesellschaften

Ursprünglich kam der Druck, detaillierte Geschäftsberichte und Zwischenberichte für die Aktionäre zu veröffentlichen, von seiten der New York Stock Exchange und bezog sich daher auf die (dort) notierten Gesellschaften. Dieser Druck machte den Weg frei für die SEC auf diesem Gebiet. Inzwischen jedoch müssen nicht börsennotierte Gesellschaften mit Aktiva von 3 Millionen Dollar oder mehr und fünfhundert oder mehr Aktionären bei der SEC dieselbe Art von Berichten einreichen wie die börsennotierten Gesellschaften. Auch müssen ihre Geschäftsberichte an die Aktionäre den allgemein anerkannten Buchführungsgrundsätzen entsprechen, wie sie vom FASB veröffentlicht werden.

Segmentberichte und andere Veröffentlichungen

Die Verbesserung bei den Gesellschaftsberichten war weitreichend. Für eine ganze Reihe von Daten gab es verbesserte Informationen: Aufschlüsselung der Umsatzerlöse nach Produkten oder Produktzweigen (Segmentberichte) sowie nach den belieferten Industriezweigen; Kosten für Forschung und Entwicklung; langfristige Pachtvereinbarungen (Lease Arrangements); Löhne und Gehälter („Employee Statistics"); Auslandsaktivitäten; Kapitalausgaben; Bewertung der Vorräte und Abschreibung.[9] Von diesen Verbesserungen erwiesen sich die Segmentberichte als am wertvollsten.[10]

---

[9] Es gibt Vorschläge, daß Gesellschaften Informationen über feste und variable Kosten geben sollten, so daß Analysten die Gewinne auf verschiedenen Stufen der Tätigkeit genauer schätzen könnten. Solche Informationen würden für den erfahrenen Analysten offensichtlich hilfreich sein, besonders wenn er sich in erster Linie mit Projektionen von Gewinnen auf der Basis von Quartal zu Quartal oder von Jahr zu Jahr befaßt. Auf das Management von Gesellschaften einzuwirken, diese Daten zu liefern, mag ein langwieriger Prozeß sein, aber davon sollte man sich nicht abschrecken lassen.
[10] Eine andere Entwicklung war die Anpassung früherer Kosten-Daten an die Inflation. Die Inflation hat in letzter Zeit in den USA etwas nachgelassen, aber die ausgeprägte Inflation der siebziger und frühen achtziger Jahre bewirkte, daß zuerst die SEC und dann auch der FASB von ungefähr 1200 großen Gesellschaften forderte, bestimmte Auswirkungen von Preisänderungen auf ihre finanzielle Position und ihre Betriebsergebnisse bekanntzugeben. Diese Erfordernisse wurden ab 1987 freiwillig.

Daten über Produktion, Grundvermögen und das Kapitalbudget

Die Dollarzahlen in den Bilanzen und bei den Ergebniskonten sollten, wo es erheblich ist, durch gewisse zusätzliche qualitative Informationen ergänzt werden. Der Analyst hätte gern das folgende Material, falls verfügbar:

1. Auftragsvolumen und unerledigte Aufträge (wenn diese Informationen erforderlich sind, um den Geschäftsablauf der Gesellschaft zu verstehen, müssen sie im 10-K-Bericht mitgeteilt werden)
2. Produktionskapazität, wo von Bedeutung
3. Produktion in Einheiten, wo von Bedeutung
4. Beschreibung des Grundbesitzes und Betrag und Menge von etwaigen Minerallagerstätten
5. Projektionen für Kapitalausgaben (Kapitalbudget) und Budgets für Forschung und Entwicklung
6. Erlöschen von Patenten und langfristigen Nutzungsverträgen (Pacht, Miete, Leasingverträge)

Die meisten dieser Informationen sind im Registrierungsbericht enthalten, der mit der Ausgabe von Wertpapieren verbunden ist, im Informationsmaterial an Aktionäre über Zusammenschlüsse und ähnliches oder in den 10-K-Berichten. In den Geschäftsberichten selbst werden sie nicht so häufig geliefert.

Datenbanken auf Computerbasis und Softwaresysteme

Ein wesentliches Ziel der Wertpapieranalyse besteht darin, Informationen aus Daten zu gewinnen. Dazu müssen Daten gesammelt, in brauchbare Form gebracht und in systematischer Weise analysiert werden. Die weite Verbreitung des Personal Computers hat wichtige Folgen dafür, wie der Wertpapieranalyst diese Schritte ausführt.

Datenbanken

Daten können entweder von Datenbanken jederzeit abrufbar (Time-Sharing), oder auf Magnetband oder optisch gespeichert sein.
   Unser Interesse gilt besonders Datenbanken, die Jahresabschlüsse für die Benutzung in der fundamentalen Analyse liefern.

„Berichtete" im Vergleich zu „angepaßten" Daten

Datenbanken unterscheiden sich erheblich in bezug auf die Gesamtheit (Universe) von Gesellschaften, die behandelt werden, und die Jahre, für die Daten gesammelt

Kapitel 8: *Die Informationsquellen des Analysten und ihre Eigenarten*

sind. Sie unterscheiden sich außerdem dadurch, ob die Daten so übernommen werden, wie sie von der einzelnen Gesellschaft in ihrem Jahresabschluß berichtet wurden (as reported, „wie berichtet") oder ob sie durch Wertpapieranalysten bereinigt und umgeformt werden („angepaßt"). Praktisch alle Datenbanken bereinigen allerdings ihre Daten, soweit es sich um Gratisaktien (Stock Splits) und Stock Dividends handelt. Wo jedoch Akquisitionen und Zusammenschlüsse oder größere Änderungen in der Buchführungspraxis stattgefunden haben, können die Unterschiede zwischen den Daten „wie berichtet" und den „angepaßten" Daten über eine Spanne von Jahren erheblich und daher wichtig sein. Wenn der Analyst daher eine Computerdatenbank benutzt, muß er berücksichtigen, ob die Daten „wie berichtet" geliefert werden oder ob sie „angepaßt" sind.

Sowohl Daten „wie berichtet" als auch „angepaßte" Daten sind für ihn von Interesse. „Berichtete" Daten über die Gewinne nutzen bei der Analyse von Kursperformance in der Vergangenheit; „angepaßte" Daten sind wesentlich für ein zusammenhängendes Bild über das Wachstum einer Gesellschaft und ihrer Rentabilität über eine Anzahl von Jahren. „Angepaßte" Daten sind auch wesentlich, wenn man das Ergebnis von mehreren Gesellschaften vergleichen will.

Computerdatenbanken sind sekundäre Informationsquellen. In gewissem Sinne sind Datenbanken mit Daten „wie berichtet" vergleichbar den Handbüchern von Moody's und Standard & Poor's. Demgemäß gilt für sie dieselbe Warnung wie für die Informationen, die in den Handbüchern geliefert werden: Originale Quellen sollten befragt werden, wenn man eine erstmalige Untersuchung durchführt. Für Datenbanken auf einer Basis „wie berichtet" muß der Analyst die schon erwähnten Anpassungen für solche Faktoren vornehmen wie Akquisitionen und Zusammenschlüsse, Änderungen in der Buchführungspraxis und Aufgabe von Tätigkeitsbereichen. Für jene Datenbanken, die „angepaßte" Daten liefern, muß der Analyst die Art der Anpassung im einzelnen genau prüfen, um zu entscheiden, ob diese Anpassungen mit der Praxis seiner Organisation vereinbar sind.

Die Unterscheidung zwischen Daten „wie berichtet" und „angepaßten" Daten wird allgemein zur Grundlage für die Einteilung von Datenbanken. Die folgende Beschreibung gibt eine Momentaufnahme einiger heutiger Produkte, die ständig auf neuestem Stand gehalten werden.

Datenbanken mit Daten „wie berichtet"

Hierzu gehören in erster Linie die folgenden:
- *Value Line Data Base II.* Sie liefert umfassende Finanzdaten aufgrund von Geschäftsberichten und 10-K-Berichten für ungefähr 1700 größere Gesellschaften aus den Bereichen Industrie, Transport, Versorgung und Finanzen. Die jährlichen Daten beginnen 1955 und die Quartalsdaten 1963. Eine umfangreiche Serie von Kennzahlen (Ratios) und Beziehungen wird berechnet. Bei Akquisitionen und Zusammenschlüssen werden die Zahlen von Vorjahren nicht angepaßt. Bei Änderungen in einzelnen Geschäftsbereichen erfolgt Neuberechnung nur, wenn die Gesellschaft es auch tut. Die Forschungsabteilung von Value Line

liefert sowohl jährliche und quartalsweise Gewinnprojektionen als auch Einstufungen der Aktien als augenblicklich günstig oder weniger günstig.
- *Disclosure II Data Base.* Sie enthält Geschäfts- und Finanzinformationen aus Berichten an die SEC über mehr als 10 000 Gesellschaften. Gewinn- und Verlustrechnungen für drei Jahre und Bilanzen für zwei Jahre stehen zur Verfügung. Es werden keine Kennzahlen berechnet.
- *Media General Financial Services.* Sie liefern für 10 Jahre Finanzdaten für 5000 Gesellschaften. Die Daten werden zusammengetragen aus Geschäftsberichten der Gesellschaften, 10-K-Berichten an die SEC, Zwischenberichten, 10-Q-Berichten an die SEC und Mitteilungen von Nachrichtendiensten. Mitgeteilt werden Jahresüberschuß, Bilanz, Umsatzerlöse, Gewinne (auf Quartalsbasis) und Informationen über Industriezweige. Eine Analyse über fundamentale Kennzahlen sowie Daten über Kurse und Umsätze an der Börse werden ebenfalls geliefert.

Datenbanken mit „angepaßten" Daten

Standard & Poor's Compustart Services ist der Hauptlieferant für solche Daten; Sie bestehen aus jährlichen Informationen über bis zu 20 Jahren und Quartalszahlen über 10 Jahre für mehr als 6000 Industriegesellschaften und mehr als 500 Versorgungsbetriebe, Telefongesellschaften und Banken. Diese Daten werden aus den Geschäftsberichten für die Aktionäre und Mitteilungen an die SEC herausgezogen. „Standardisierte Definitionen von Daten und Prozeduren über die Sammlung der Daten" werden benutzt, um Vergleichbarkeit zwischen den Gesellschaften sicherzustellen.

Die Möglichkeiten für die Entwicklung elektronischer Datensysteme, um Informationen über öffentliche Gesellschaften zu sammeln und abzurufen, wird durch ein Experiment der SEC illustriert, das das Acronym (den aus den Anfangsbuchstaben zusammengesetzten) Namen EDGAR trägt. Ein anderes Produkt zur Übermittlung von Informationen ist das National Automated Accounting Research System (NAARS), das von der AICPA getragen wird. Man kann daraus für fünf Jahre die Geschäftsberichte (voller Text), die Fußnoten und zusätzliche Übersichten nach 10-K für 4200 Gesellschaften abrufen. Dazu gehören auch inflationsberichtigte Informationen und Aufstellungen über den Gewinn je Aktie. Abkürzungen für Buchführungskonzepte erleichtern die Suche des Benutzers nach spezifischen Informationen.

Zukünftiges Wachstum auf dem Markt für umfassende Datenbanken wird im wesentlichen von weiteren technologischen Entwicklungen abhängen, die die Kosten für die Gewinnung und Verarbeitung von Daten reduzieren. Obwohl die Nachfrage für Vorhersagen von Gewinnen, Dividenden und Auszahlungsraten hoch bleibt, besteht auch ein Trend in Richtung spezieller Datenbanken, die ihr Gewicht auf besondere Industrien wie Energie oder Gesundheitsfürsorge legen.[11]) Andere

---

[11]) Angaben aus einem Interview mit D. Berman, Executive Vice President und S. Chamberlin, Partner von Lynch, Jones & Ryan, New York.

Trends gehen dahin, Datenbanken für makro-ökonomische, Industrie- und Gesellschaftsanalyse zu integrieren oder die Datenbanken auszudehnen, um Schritt zu halten mit der Entwicklung des Portfoliomanagement in Richtung internationaler Diversifizierung. Allerdings hat diese Entwicklung noch nicht das Problem gelöst, daß Buchführungs- und Bilanzdaten international nur bedingt vergleichbar sind.[12]).

Software Programme

Wenn man Daten in brauchbarer Form für die Analyse zusammenstellen will, bedeutet das nicht nur Sammlung von Finanzdaten aus Berichten an Aktionäre, die SEC und andere Aufsichtsbehörden. Man muß auch die Kennzahlen, die zahlenmäßigen Beziehungen und die Wachstumsraten berechnen, die für analytische Zwecke erforderlich sind. Außerdem muß der Analyst ein vergleichbares Rahmenwerk für den analytischen Vergleich von Gesellschaften einrichten.

Auf diesem fruchtbaren und von starkem Wettbewerb beherrschten Gebiet liefern eine große Anzahl von Verkäufern Computerprogramme, um diese Schritte zu vollziehen. Die Programme unterscheiden sich erheblich in Umfang und Art. Sie reflektieren die Auffassung des Entwerfers in bezug auf Analyse und Bewertung und versuchen, mit der Informationsexplosion der Gegenwart fertigzuwerden. Es ist ein sich schnell entwickelndes Gebiet, und es ist nötig, daß die Programme bestimmte Merkmale aufweisen, um spezifischen analytischen Erfordernissen gerecht zu werden.

Der Kauf eines Softwareprogrammes erfordert Prüfung des gesamten Angebotes, um zu entscheiden, welche Programme den analytischen Erfordernissen am besten gerecht werden und mit anderen Softwareprogrammen, die schon benutzt werden, vergleichbar sind. Die Auswahl sollte die bestmögliche Ergänzung für das Verfahren der Institution für Analyse und Bewertung bringen.

Die Anbieter in diesem Feld stellen eine heterogene Gruppe dar. Sie setzt sich zusammen aus Brokerhäusern, speziellen Softwareorganisationen, Investmentmanagern (wie Banken) und Investmentberatungsfirmen. Einige haben eigene Datenbanken; andere bekommen ihre Daten von einer anderen Organisation und fügen maßgeschneiderte Softwaresysteme hinzu, um eigene Produkte zu schaffen.

Obwohl die zahlreichen Softwareprogramme auf dem Markt in bezug auf ihre Leistungsfähigkeit sehr unterschiedlich sind, stimmen sie alle insofern überein, als

---

[12]) Führend bei der Anpassung von internationalen Indizes zum Zwecke der Vergleichbarkeit ist die PC Version von Morgan Stanley Capital International Perspective. Darin werden für ungefähr 2000 der größten Gesellschaften in 19 Ländern jeweils mehr als 400 Daten geliefert. Ein anderes Produkt wird von IBES International angeboten. Darin gibt es Informationen über 3800 Aktien in 22 Ländern. Internationale Datenbanken werden ebenfalls für einige 3000 Industriegesellschaften in 24 Ländern als „World Scope Industrial Company Profiles" entwickelt. Dies ist ein veröffentlichter und auch über Computer zugänglicher Dienst von Wright Investor Service of Bridgeport, Connecticut.

sie typischerweise Daten sortieren und filtern (Screening), Kennzahlen und andere Beziehungen errechnen und Berichte konstruieren. Sie fügen Daten in elektronische Spread Sheets, wie sie vom Programm oder vom Analysten entworfen sind, um speziellen Erfordernissen zu genügen. Beispiele für Softwaresysteme sind die folgenden:

- „*Stock Facts*" *von Salomon Brothers*. Dieses Time-sharing-System gibt, je nachdem wie die Subscription lautet, Zugang zu Compustat, Value Line, IBES und ZACKS. Bilanz, Gewinn- und Verlustrechnung, Herkunft und Verwendung von Mitteln und angepaßte Finanzdaten sind auf jährlicher und vierteljährlicher Basis verfügbar. Im Zentrum des Softwaresystems steht ein eigenes Modell für fundamentale Faktoren und ein Dividendendiskontierungs-Modell; es gibt zwei Modelle, um Wachstumsraten über fünf Jahre für Umsatzerlöse und Gewinne abzuleiten, um Empfindlichkeiten gegenüber allgemein-wirtschaftlichen Faktoren zu bestimmen und um Aufteilungen nach einzelnen Geschäftsgebieten vorzunehmen; schließlich kann man damit Erträge (returns) für mehr als 4500 Gesellschaften vorhersagen. Die Wachstumsprojektionen werden im Rahmen eines zu Grunde zu legenden wirtschaftlichen Scenarios und eines „Input-Output-Modells" geliefert. Die Modelle hängen miteinander zusammen (sind „interactive") und dadurch kann der Analyst das wirtschaftliche Scenario verändern und Projektionen in das Dividendendiskontierungs-Modell eingeben. Vorhersagen durch die Industrieanalysten von Salomon sind im Programm eingeschlossen.[13])

- *FactSet Data Systems*. Dieses Softwaresystem benutzt zur Zeit die Datenbanken von Compustat, IBES, Value Line und ZACKS. Ein zu diesem Programm gehöriges Merkmal ist die Darstellung und Analyse der Jahresabschlüsse der Gesellschaft, ihrer Rentabilitätskennzahlen, Wachstumsraten und Aktienbewertung. Die Ergebnisse für die letzten 12 Monate werden zusammen mit einer Darstellung für die letzten 10 Jahre gezeigt. Ein anderes eigenes Merkmal des Programms ist ein besonderes Vorhersagemodell, das die komplexen Beziehungen zwischen Entscheidungen der Gesellschaft über Anlage in Vermögenswerten, der Finanzierung dieser Investments, deren Behandlung und dem Wachstum der Gewinne zeigt. Das Modell erlaubt dem Analysten, eine Reihe von Annahmen und Empfindlichkeiten zu testen, und liefert dazu jeweils entsprechende (simulierte) Jahresabschlüsse.[14])

- *Decision Analysis Investment Systems (DAIS) von Drexel Burnham Lambert*. Das DAIS System erfaßt mehr als 8000 Gesellschaften. Die Datenbanken enthalten hier Informationen aus Jahresabschlüssen von Compustat, Value Line sowie

---

[13]) Ein gründlicher Bericht über die Entwicklung des Modelles für fundamentale Faktoren findet sich in „The Evolution of a New Approach to Investment Risk", Salomon Brothers, New York, Mai 1984. Weitere Änderungen werden für das Stockfacts Software System erwartet.

[14]) Dies beruht auf einem Interview mit Howard Wille, President, Factset Data Systems, New York.

Daten über ungefähr 600 Gesellschaften, die von den Analysten von Drexel Burnham Lambert entwickelt wurden. Die Datenbanken für zukünftige Ergebnisse bestehen aus Vorhersagen, die von ZACKS und von IBES zusammengetragen wurden, sowie aus Schätzungen über Gewinne, Dividenden und Aktienkurse, die von den Analysten von Drexel Burnham Lambert herrühren. Die Bewertung beruht auf dem Dividendendiskontierungs-Modell der Firma und auf „historischen Modellen", die eine Vielzahl von Aktien im Sinn solcher relativen Bewertungsmaßstäbe analysieren wie Kursgewinn- und Kurs- zu Buchwertverhältnissen. Die Teile des Systems sind miteinander verbunden (interactive) und befähigen den Benutzer, alternative Scenarios zu simulieren. Empfindlichkeitsanalysen kann man auf dem Dividenden-Diskontierungs-Modell vornehmen, um den Einfluß zu bestimmen, den veränderte Annahmen auf die voraussichtliche Ertragsrate der Gesellschaft haben werden.

- *Finstat von Shearson Lehman Brothers.* Der Teil des Software-Systems, der jederzeit zugänglich ist (on line), benutzt die Datenbank der Interactive Data Corporation über Kurse und verwandte Informationen, ZACKS Investment Research und die Daten von IBES über erwartete Gewinne sowie die Datenbank von Compustat. Das System liefert jährliche und quartalsweise Aufstellungen für Gesellschaften, Industrie-Indizes und Analysen von Geschäftszweigen (Business Segments). Das System benutzt außerdem eine eigene Datenbank mit jährlichen Daten für über 2600 Gesellschaften mit großem Börsenkapital über durchschnittlich 11 Jahre und von Quartalsdaten für über 2000 Gesellschaften über fünf Jahre. Diese Datenbank ist für den Gebrauch mit monatlichen Disketten eingerichtet und enthält Anpassungen der von den Gesellschaften berichteten Daten durch die Firma, hauptsächlich für nicht wiederkehrende und außerordentliche Posten. Sie liefert Rentabilitäts- und andere Kennzahlen, Wachstumsraten, Kapitalstruktur-Verhältnisse und eine prozentweise Aufschlüsselung der Aktiva.
- *Interactive Data Corporation.* Das Produkt benutzt einen PC-Schirm und hat Zugang zu Compustat, IBES und anderen Finanzdaten über mehr als 6500 Gesellschaften und liefert ein Spektrum von Finanzdaten für die fundamentale Analyse. Das Data-Sheet-System gibt dem Analysten die Möglichkeit, Daten von Compustat, IBES, Extel (internationale Daten) und den Value Line-Gesellschaften zu verändern.
- *Lotus Development, Lotus One Source.* Dieses Software System enthält Daten von Compustat, Value Line, Media General, IBES, Ford Investor Services, Disclosure II und tägliche Börsenkurse. Das System ermöglicht es, Datenbanken zu verändern und zu verbinden, um eine umfassende Analyse von Industrien und Gesellschaften vorzunehmen. Umfangreiche Analysen von Kennzahlen und Performance sind ebenfalls möglich.
- *Shaw Data Services Inc., Research Service.* Für die fundamentale Analyse benutzt dieses Software System vier Datenbanken: Shaw's Security Evaluation Service, Meryll Lynch Data Service, IBES und BARRA BETA Coefficients. Es werden detaillierte Finanzinformationen und eine vergleichende Analyse von Gesellschaften und Industrien geliefert.

Der Personal Computer mit Datenbank und geeignetem Software System wird zu einem wichtigen Werkzeug für den Wertpapieranalysten. Es gibt ihm mehr Freiheit, die Daten zu analysieren, Projektionen zu entwickeln und einzelne Gesellschaften zu bewerten, denn er braucht jetzt weniger Zeit darauf zu verwenden, Daten zu sammeln, zu ordnen und zu verarbeiten. Um detaillierte Analysen zu erleichtern, können Gesellschaften leichter zusammengestellt werden, es können traditionelle Finanzdatenserien für Industrien geschaffen und Daten für breitere Sektoren oder homogene Gruppen können zusammengefügt werden. Der zunehmende Gebrauch von PC's wird auch größere Flexibilität bringen, wenn man Berechnungen durchführt und alternative Gruppen von Vorhersagen testet.[15]

Der Analyst darf jedoch nicht seine prinzipiell neugierige und skeptische Einstellung gegenüber allen Jahresabschlüssen verlieren, nur weil sie zu ihm in großen Mengen und bequem aufgearbeitet für weitere Benutzung kommen.

Ob Anpassungen aus Gründen der Widerspruchsfreiheit und Vergleichbarkeit erforderlich sind, kann man nur durch die Anwendung eines informierten Urteils auf die ursprünglichen Zahlen feststellen.

Andere Informationsquellen

Ergänzende wirtschaftliche Information

Wertpapieranalysten benutzen eine erhebliche Anzahl von Informationen, die nicht von Gesellschaften kommen und die sich mit der Wirtschaft insgesamt, mit besonderen Segmenten davon oder mit Industriezweigen befassen. Viel Material kann man in den wöchentlichen und monatlichen Veröffentlichungen des Department of Commerce finden, und der monatlich erscheinende Survey of Current Business und der Business Conditions Digest sind unentbehrlich. Weiter von Interesse sind der US Industrial Outlook, die Ernteberichte des Landwirtschaftsministeriums und die Förderdaten des Bureau of Mines. Andere wichtige Quellen sind der Economic Report of the President, das Federal Reserve Bulletin und die Flow of Funds Accounts des Federal Reserve System. Dies sind nur einige der Veröffentlichungen der Regierung und von Regierungsstellen, die untersucht werden müssen.

Handelszeitungen

Viele wichtige zusammenfassende Zahlen für eine Industrie werden häufig in den verschiedenen Handelszeitungen (Trade Journals) veröffentlicht. Dort findet man

---

[15]) Die Benutzung eines Personal Computers durch den Analysten wird jedoch nicht ohne Schwierigkeiten sein. In diesem Zusammenhang siehe J. Kolman, „Is the Microcomputer Becoming a Menace for Analysts?" Institutional Investor, August 1985, S. 245–246.

fortlaufend ein detailliertes Bild des augenblicklichen und erwarteten Zustandes einer Industrie. Dadurch kann der Analyst meist ohne große Schwierigkeiten eine ziemlich vollständige Kenntnis der Vergangenheit und der Probleme der Industrie gewinnen, mit der er sich beschäftigt. Manchmal können Analysten auch inoffizielle Daten erfahren, die sich auf individuelle Konzerne beziehen. Beispielsweise bringen verschiedene Handelszeitungen den (geschätzten) wöchentlichen Ausstoß jeder einzelnen Automobilgesellschaft, die augenblickliche Produktionsrate der größeren Stahl- und Kupfergesellschaften oder eine Schätzung der Ernte für den einzelnen Zuckerproduzenten.[16]

Offizielle Dokumente

Früher, als viele Gesellschaften außerordentlich geheimnistuerisch mit ihren Angelegenheiten umgingen, war der aufgeweckte Analyst oft in der Lage, wenig bekannte Informationen aus verschiedenen Arten von offiziellen Dokumenten auszugraben. (Beispiele waren die Berichte der Federal Trade Commission und der US Coal Commission). Heute kann man neue Informationen in den ausführlichen Anhörungen und umfangreichen Meinungsäußerungen solcher Regierungsorganisationen wie SEC und ICC finden.

Bitte um direkte Information an die Gesellschaft

Veröffentlichte Informationen können oft in erheblichem Ausmaß durch private Erkundigungen oder Interviews mit dem Management ergänzt werden. Es besteht kein Grund, daß Aktionäre nicht Informationen über bestimmte Punkte erbitten sollten, und in vielen Fällen werden alle oder ein Teil der erbetenen Daten mitgeteilt werden. Man sollte niemals vergessen, daß der Aktionär Eigentümer der Gesellschaft und Arbeitgeber seiner leitenden Angestellten ist. Der Investor hat nicht nur ein Recht, legitime Fragen zu stellen, sondern auch ein Recht auf Antwort, wenn kein überzeugender Grund dagegen spricht.

In zunehmendem Maße gibt das Management freimütige und angemessene Antworten auf sachliche Fragen. Dazu gehört auch eine Erklärung von dunklen oder ungewöhnlichen Posten in den Jahresabschlüssen. Eine hervorragende Zusammenarbeit hat sich zwischen Wertpapieranalysten und leitenden Angestellten von Gesellschaften durch die Tätigkeit der mehr als 50 Analysten-Vereinigungen entwickelt, die Mitglied der Financial Analysts Federation sind. Auf den Arbeitses-

---

[16] Viele solcher Daten werden im Wall Street Journal veröffentlicht. Wegen einer umfassenden Auflistung der Handelszeitschriften der Industrie und einer hervorragenden Liste von Informationsquellen für Investmentzwecke siehe J. B. Cohen, E. D. Zinbarg und A. Ziekel, Investment Analysis und Portfolio Management, 4. Auflage, Richard D. Irwin, Homewood, Ill. 1982.

sen dieser Organisationen sprechen jedes Jahr Dutzende von Firmenleitern, die oft gute Einsichten in den Betrieb, die Probleme und die Aussichten ihrer Gesellschaft geben. Von einer Gesellschaft geförderte Treffen mit dem gesamten Management-Team, oft an Ort und Stelle, liefern zusätzliche Möglichkeiten für Analysten, ein Gefühl für die Philosophie dieses Managements zu bekommen.

Direkte Kontakte mit der Gesellschaft bieten weniger gefilterte Informationen, als sie in Brokerberichten oft enthalten sind. Der Analyst kann sich auf die Punkte konzentrieren, die für die Investmentkriterien und Zeitvorstellungen seiner Organisation wichtig sind. Analysten müssen sich jedoch hüten, daß sie nicht einfach zu Reportern von Hoffnungen des Management werden. Sie müssen ihre eigenen Überzeugungen von der Stärke der Gesellschaft, der Stellung ihrer Produkte, ihrer Kontrolle der Finanzen und ihrer Wachstumsaussichten haben. Wenn möglich, sollten Analysten mit verschiedenen Abteilungen des Management sprechen, um die nötigen gründlichen Informationen zu bekommen.

Kapitel 9

Qualitative und quantitative Faktoren in der Wertpapieranalyse und das Konzept eines Sicherheitsrahmens

Wenn der Analyst festgestellt hat, welche Information verfügbar und wo sie zu finden ist, steht er vor der schwierigeren Aufgabe, wie er sie benutzen soll. Zur Analyse eines Wertpapieres gehört auch Analyse des Unternehmens. Eine solche Untersuchung könnte unbegrenzt ins Detail gehen; deshalb muss man nach praktischen Gesichtspunkten beurteilen, wieweit dieser Prozeß gehen soll. Natürlich haben die Umstände Einfluß auf die Entscheidung. Der Käufer einer Obligation von 10 000 $ würde sicherlich nicht eine so gründliche Analyse in Erwägung ziehen, wie eine große Versicherungsgesellschaft, die einen Aktienblock von 5 Millionen Dollar kaufen will. Und deren Untersuchung wäre immer noch weniger detailliert als die des Investmentbankiers, der sich an einer Wertpapierausgabe beteiligt (Underwriting); und weiter: Um eine erstklassige Obligation auszuwählen, die beispielsweise 9 % Rendite liefert, braucht man eine weniger intensive Analyse, als wenn es darum geht, eine (noch) sichere Anlage mit 10,5 % Rendite oder eine Aktie zu einem klaren Ausverkaufspreis zu finden.

Umfang der Analyse und Wert der Daten

Der Analyst muß einen Sinn für Proportionen bewahren, wenn er entscheidet, wie gründlich er sein will. Wenn man das Material für eine Analyse auswählt und behandelt, muß man nicht nur die darin steckende Bedeutung und Verläßlichkeit ins Auge fassen, sondern auch die Möglichkeit und Leichtigkeit des Zuganges. Der Analyst darf sich andererseits nicht durch die Verfügbarkeit einer Masse von Daten (z. B. in den Berichten der Eisenbahnen an die Interstate Commerce Commission) dazu verleiten lassen, ausgedehnte Untersuchungen von Unwesentlichkeiten vorzunehmen.

Oft ist es jedoch erforderlich, sich mit dem Fehlen von einschlägigen Informationen abzufinden, weil sie nur mit mehr Mühe beschafft werden könnten, als man aufwenden kann oder als durch das Problem gerechtfertigt ist. Dies würde für einige Elemente einer vollständigen Unternehmensanalyse gelten – zum Beispiel das Ausmaß, bis zu dem ein Unternehmen von Patentschutz abhängig ist oder von geographischen Vorteilen oder günstigen Arbeitsbedingungen, die nicht andauern mögen.

Vor allem muß der Analyst sich darüber klar sein, daß der Wert bestimmter Daten äußerst abhängig von der Art des Unternehmens ist, das untersucht wird. Wenn die Abschlüsse einer stabilen Gesellschaft, wie etwa eines Versorgungsunternehmens, einer großen Einzelhandelskette oder einer Nahrungsmittelgesellschaft, für einen Zeitraum von fünf Jahren vorliegen, wird das vielleicht noch keine absolut sichere, aber jedenfalls eine einigermaßen vernünftige Basis abgeben, um die Sicherheit bevorrechtigter Wertpapiere oder die Attraktivität der Aktie zu beurteilen. Aber fünf Jahre Gewinn- und Verlustrechnungen eines kleinen Produktionsunternehmens auf einem Gebiet mit intensivem Wettbewerb oder der Hochtechnologie (zum Beispiel der Elektronik) mögen so wenig Anhalt für die zukünftigen Gewinne geben, daß sie praktisch wertlos sind. Dasselbe gilt natürlich für jede andere Art von spekulativem Unternehmen. (Nichtsdestoweniger wurden zu gewissen Zeiten die Aktien von unzähligen kleinen Firmen öffentlich zum Kauf angeboten und zwar hauptsächlich gestützt auf ein befriedigendes drei- bis fünf Jahres-Ergebnis bei den Umsätzen und nur wenige Quartale mit Gewinnen.)

Quantitative und qualitative Elemente in der Analyse

Gelegentlich ist es gut, die Elemente einer Analyse unter zwei Überschriften einzuordnen: Die quantitativen und die qualitativen. Die ersteren könnte man als das statistische Bild der Gesellschaft ansehen. Dazu zählen alle die nützlichen Posten in der Gewinn- und Verlustrechnung, in der Bilanz und in der Finanzbewegungsrechnung; dazu gehören weiter so spezielle Daten wie Produktion, Stückpreise, Kosten, Kapazität, Auftragsbestände und Pensionsverpflichtungen. Die verschiedenen Posten könnte man noch unterteilen in: 1. Kapitalisierung, 2. Gewinne und Dividenden, 3. Vermögen und Verbindlichkeiten und 4. Betriebsstatistik.

Die qualitativen Faktoren handeln von der Art des Geschäftes, der relativen Stellung der individuellen Gesellschaft in ihrem Industriezweig und der Intensität des Wettbewerbs auf ihrem Markt; (dieser Faktor grenzt an das Quantitative wegen des erheblichen Anteils von Daten, die dafür entwickelt und analysiert werden können); es sind weiter die physikalischen, geographischen und betrieblichen Charakteristiken des Unternehmens, Art des Management und schließlich der langfristige Ausblick für die Gesellschaft – dazu gehört auch der Trend der zukünftigen Gewinne für den Industriezweig und für die Wirtschaft im allgemeinen. Heute werden Fragen dieser Art in Geschäftsberichten der Gesellschaften häufiger besprochen als in der Vergangenheit. Für weitere Antworten jedoch muß der Analyst verschiedene Informationsquellen benutzen, die in ihrer Verläßlichkeit ganz erheblich variieren – einschließlich einer großen Beigabe von bloßen Meinungen.

Im allgemeinen eignen sich die quantitativen Faktoren viel besser für eine präzise Untersuchung und Bewertung einer Gesellschaft als die qualitativen. Einschlägige Daten über die ersteren sind leichter erhältlich und besser geeignet für eindeutige Schlüsse. Außerdem reflektieren die finanziellen Ergebnisse auch qualitative Elemente wie etwa die Fähigkeiten eines langfristig tätigen Managements. Wir wollen hier nicht die Bedeutung von qualitativen Faktoren bei der Bewertung des Ergebnisses einer Gesellschaft herabsetzen, aber darauf hinweisen, daß eine detaillierte Untersuchung qualitativer Faktoren – wenn sie gerechtfertigt sein soll – ausreichende weitere Einsichten liefern müßte, um bei der Bewertung der Gesellschaft nennenswert zu helfen. Eine Untersuchung sollte den Analysten davon abhalten, Hoffnungen mit Tatsachen zu verwechseln.

Qualitative Faktoren

Die am häufigsten untersuchten qualitativen Faktoren sind die „Natur des Geschäftes", Art des Managements und Trend der zukünftigen Gewinne. Diese Elemente sind außerordentlich wichtig und zugleich schwierig zu bewerten.

Natur und Aussichten des Geschäftes in einer Industrieanalyse

Das Konzept der „Natur des Geschäftes" (Nature of a Business) enthält auch eine allgemeine Vorstellung über die zukünftigen Geschäftsaussichten. Wenn der Analyst (oder der Investor) so gestellt ist, daß er eine gründliche Industrieanalyse vornehmen kann, wird er feststellen, daß eine beachtliche Menge wertvoller Daten zusammengetragen werden kann. Dennoch wird dieser Punkt als qualitativer Faktor eingestuft, und zwar hauptsächlich aus zwei Gründen: 1. Die Vorstellungen des Investors über ein „gutes Geschäft" stützen sich oft ebensosehr auf Vermutung und Voreingenommenheit als auf Kenntnis der speziellen Fakten und Bedingungen in dem Industriezweig. 2. ist in erheblichem Umfange eine Beurteilung nötig, wenn man den Einfluß allgemeiner Industriebedingungen auf die zukünftige Performance einer einzelnen Gesellschaft vorhersagen wird.

Die Rolle von Industrieuntersuchungen

Die Rolle, die Industrieuntersuchungen (Branchenuntersuchungen) beim Investment spielen, ist ein sehr umstrittenes Thema. Auf der einen Seite wird die Ansicht vertreten, daß die Auswahl des Industriezweiges das Allerwichtigste sei und die der Gesellschaft beinahe nebensächlich. Auf der anderen Seite steht die Meinung, daß Auswahl der Gesellschaft nicht nur die bei weitem vorherrschende Überlegung sei, sondern daß Daten über eine Industrie von zweifelhafter Bedeutung seien, weil viele größere Gesellschaften sich in zunehmendem Maße in vielen Industriezweigen betätigen.¹) Nichtsdestoweniger besteht eine Methode für das Investment in Aktien darin, zuerst die am meisten versprechende Industrie (oder Industrien) auszuwählen und dann innerhalb dieser Industrien angemessen bewertete oder unterbewertete Gesellschaften zu suchen.

Attraktive Aussichten für den gesamten Industriezweig sind jedoch nicht unumstößliche Bedingung für den Kauf einer spezifischen Aktie. Es gibt bekannte Beispiele von Gesellschaften, die sich über eine Reihe von Jahren entgegengesetzt entwickelten als ihr Industriezweig. Aus diesem Grunde sollte man sich davor hüten, den allgemeinen Ausblick für einen Industriezweig zu überbetonen, wenn man eine individuelle Aktie aussucht. Nicht alle Gesellschaften in einem Industriezweig mit besonders günstigen Aussichten teilen notwendigerweise dessen günstiges Schicksal, und nicht alle Firmen in einem Industriezweig mit schlechter Prognose fallen zurück.

Zum Beispiel hatte die Luft- und Raumfahrtindustrie in der letzten Dekade eine steigende, aber Boeing hatte eine abnehmende Ertragsrate, bis sich dieser Trend bei Boeing vor einiger Zeit umkehrte. Im Gegensatz dazu litt die Maschinenindustrie unter abnehmenden Erträgen, aber Ex-CELL-O (ein diversifizierter Produzent von Werkzeugmaschinen, Verpackungsmaschinen, Autoteilen usw.) hatte steigende Erträge, bis die Firma 1986 von Textron aufgekauft wurde.

Unabhängig von den Meinungsverschiedenheiten über die Bedeutung von Industrieuntersuchungen beim Aktieninvestment läßt sich jedenfalls die Performance einer Gesellschaft nicht völlig und dauernd von dem wirtschaftlichen Klima der Industrie (oder der Industrien) isolieren, in der sie in erster Linie tätig ist. Infolgedessen spielt die Information über Industriezweige eine wesentliche Rolle in der Bewertung individueller Gesellschaften.

Gründlichkeit der Industrieanalyse

Wenn Daten über Industrien wichtig sind, folgt daraus, daß Studien über Industrien von gleicher Wichtigkeit sind? Die große Masse von Industrieuntersuchungen besteht in erster Linie in einem Wiederaufwärmen leicht verfügbarer und normaler-

---

¹) Eine immer weiter reichende Diversifizierung der Produkte und in neuerer Zeit eine Menge von Akquisitionen und Zusammenschlüssen haben immer mehr Gesellschaften in multiindustrielle Unternehmungen verwandelt. Infolgedessen wird die Eingruppierung von komplexen Gesellschaften nach Industrien schwieriger – Beispiele sind die Akquisition von General Foods durch Philip Morris, von Nabisco Brands durch R. J. Reynolds und Carnation durch Nestlé (Siehe den Artikel „The Brand-name Mergers" in Business Week, 21. Oktober 1985, S. 108–116). Das Ausmaß dieses Trends zeigt sich auch im „Value Line Investment Survey", wo eine „Multiform"-Industrie von 42 diversifizierten Gesellschaften erscheint. Nichtsdestoweniger bleibt bei den meisten Hauptindustrien im Laufe der Zeit ein Kern von Gesellschaften, die unter dem Investmentgesichtspunkt einigermaßen vergleichbar sind. Wenn daher Industriedaten als grobe – und nicht exakte – Indikatoren für Gewinne und finanziellen Aufbau der Hauptsegmente der US Industrie benutzt werden, stellen sie hilfreiche analytische Werkzeuge dar.

weise bekannter Daten, und ihr Nutzen ist fragwürdig. Soweit sich diese Studien auf die Vergangenheit beziehen, haben die darin behandelten Elemente bereits das Ergebnis der Gesellschaften innerhalb des Industriezweiges und ihren durchschnittlichen Börsenkurs beeinflußt. Wenn die günstige oder ungünstige Lage der Industrie überbetont wird, und zwar zusätzlich zu den hohen oder niedrigen Gesellschaftsgewinnen, die durch diese Lage verursacht sind, besteht die Gefahr, daß man Ursache und Wirkung als zwei Faktoren statt einem bewertet, wie sie es wirklich sind. Soweit sich diese Studien mit der Zukunft befassen, nehmen sie meistens an, daß die Charakteristiken und Trends der Vergangenheit sich fortsetzen werden. Diese Projizierung der Vergangenheit in die Zukunft ist mindestens ebensooft irreführend wie nützlich.

Wenn Industrieanalyse einen nennenswerten Beitrag zum Aktieninvestment leisten soll, muß sie gründlich genug vorgenommen werden, um neue Informationen

Tafel 9.1: Durchschnittlicher Ertrag auf das gesamte Vermögen (Gesamtkapitalrentabilität) 1976–1980 und 1981–1985

1976–1980			1981–1985		
Ein-stufung	Industrie	Ertrag (%)	Ein-stufung	Industrie	Ertrag (%)
1	Kosmetik	11,35	1	Heilmittel	11,28
2	Heilmittel	11,23	2	Computer/Büromaschinen	9,08
3	Computer/Büromaschinen	10,58	3	Elektronik	8,28
4	Ausrüstung und Service für Ölbohranlagen	10,04	4	Kosmetik	8,22
			5	Elektrische Produkte	8,21
			6	Lebensmittel	8,00
5	Elektronik	9,23	7	Ausrüstung und Service für Ölbohranlagen	6,34
6	Lebensmittel	8,01			
7	Maschinenbau	7,92			
8	Öl (Inland)	7,84	8	Raumfahrt	6,23
9	Papier	7,54	9	Öl (Inland)	6,11
10	Holzprodukte	7,43	10	Öl (International)	5,85
11	Öl (International)	7,37	11	Papier	5,48
12	Elektrische Produkte	7,41	12	Chemie	4,43
13	Baumaterial	6,72	13	Einzelhandel	4,12
14	Chemie	6,70	14	Holzprodukte	2,78
15	Raumfahrt	6,08	15	Baumaterial	2,74
16	Einzelhandel	5,60	16	Maschinenbau	0,43
17	Stahl	2,66	17	Stahl	−1,92

Quelle: Daten zusammengestellt von Salomon Brothers, Inc., The Composite Financial Statements of the S&P 400 and Selected Industry Groups – 1986, 29. August 1986.

zu liefern und die Anatomie der Industrie besser als vorher kenntlich zu machen. Vergleichende Analyse ist ein wesentliches Element von Industrie- und Gesellschaftsstudien. Daher sollte die Performance einer Industrie im Sinne der Erfahrungen von anderen Industrien untersucht werden. Industriestudien dieser Art liefern bessere Einsicht in die Kräfte, die in einer Industrie am Werke sind, rücken die verhältnismäßige Performance einer Industrie besser ins Licht und ermöglichen eine genauere Abschätzung der Zukunft.

Solche Studien sind besonders wertvoll, wenn sie zu gut fundierten Schlußfolgerungen führen, die von der Modemeinung abweichen. Typischerweise würden solche Schlußfolgerungen die *Umkehr* einer Bedingung oder eines Trends voraussagen, die schon solange bestehen, daß sie in Wall Street als dauernd akzeptiert sind. Eine derartige Umkehr ereignet sich überraschend häufig, wie in Tafel 9.1 illustriert wird. Dort wird für 17 Industrien die durchschnittliche Rendite auf die gesamten Aktiva (Average Return on Total Assets – „Gesamtkapitalrentabilität") 1976–1980 und 1981–1985 gezeigt. Bitte beachten Sie besonders den scharfen Abfall der relativen Rentabilität in der Maschinenbau- und Forstprodukteindustrie über diese kurze Zeitspanne von 10 Jahren. Im Gegensatz dazu verbesserte sich die relative Rentabilität der Industriezweige Elektroindustrie und Luft- und Raumfahrt merklich. Weiterhin: Von den 17 Industrien hatten nur 2 in der letzten Hälfte der Zeitspanne dieselbe Einstufung wie in der ersten Hälfte.

Aufstellungen über die zusammengefaßten Umsätze, Vermögenswerte, Gewinne und andere finanzielle Daten für die größeren Gesellschaften in bestimmten Industriezweigen sind erhältlich bei den Brokerhäusern, den Investmentdiensten und von anderen Quellen. Diese Aufstellungen, zusammen mit beschreibendem Material helfen dem Analysten, die Natur des Geschäfts einer Gesellschaft zu verstehen. Eine gründliche Untersuchung über ein einzelnes Wertpapier sollte auch die industriellen Rahmenbedingungen behandeln, die zu der Entwicklung der Gesellschaft beigetragen haben. (Industrieanalyse wird noch näher in Kapitel 22 behandelt.)

Nichtfinanzielle Faktoren

Einige wichtige Faktoren in bezug auf die Natur des Geschäftes können weder aus den Abschlüssen der Gesellschaften noch aus Industriedaten abgeleitet werden. Produzenten von Zigaretten und Alkoholika beispielsweise müssen sich damit abfinden, daß die Öffentlichkeit immer höhere Verbrauchssteuern auf ihre Produkte akzeptiert. Die Nachfrage wird durch die Erhöhung der Einzelhandelspreise und weiter durch die Beschränkungen bei der Werbung betroffen. Nach quantitativen Standards erscheinen Aktien von Gesellschaften in diesen Industriezweigen an der Börse ständig unterbewertet. Die Reaktion des Gesellschaftsmanagements bestand darin, ihre Unternehmen zu diversifizieren: So R. J. Reynolds – jetzt R. J. R. Nabisco –, Philip Morris und American Tobacco – jetzt American Brands. Die Ligget Group und P. Lorillard sind Teile von multiindustriellen Gesellschaften geworden, und Seagram Company ist jetzt zu 22,5 % Eigentümer von DuPont.

Staatliche Aufsicht

Trends in der Politik und die Praxis von Aufsichtsbehörden können die Wettbewerbsposition und die Kostenfaktoren drastisch ändern. Beispiele sind Banken, Radiogesellschaften, Gesellschaften für Heilmittel und Gesundheitsfürsorge, Versicherungen, öffentliche Versorgungsunternehmen, die Telekommunikation, Sparkassen und die Transportindustrie. Verläßliche Schätzungen der augenblicklichen und zukünftigen Ertragskraft sind unmöglich ohne ein informiertes (qualitatives) Urteil über zukünftige Entwicklungen im Bereich der Staatsaufsicht.

Die Entwicklung staatlicher Regelungen wird nicht nur durch wirtschaftliche Faktoren diktiert; politischer Druck mag ebenso wichtig sein. Über den Schutz von Märkten und Industrien, über Kernkraftwerke, Subventionen für Farmprodukte und die Zulassung zu Dienstleistungen auf dem Finanzsektor kann man sicherlich auch unter wirtschaftlichem Blickwinkel diskutieren. Aber das Ergebnis mag eher durch regionalen oder politischen Druck diktiert werden, der schwer vorherzusagen ist. Hier ist der Wertpapieranalyst mit einer Vielzahl von Möglichkeiten konfrontiert, deren Folgen er bewerten muß.

Soziale Fragen

Gleiche Beschäftigungsmöglichkeiten, das kontroverse Konzept des vergleichbaren Wertes (Comparable Worth), Arbeitsbeziehungen, Sicherheitsstandards für Bedienstete, Produktqualität und Verkaufspraktiken sind Fragen, die die Öffentlichkeit im Hinblick auf erkannte oder gewünschte Standards sozialer Verantwortlichkeit aufgeworfen hat. In vielen dieser Fälle geht es in erster Linie um Werturteile. Deshalb zieht es der Wertpapieranalyst eindeutig vor, solche Angelegenheiten dem Investor zur Bewertung und Entscheidung zu überlassen.[2]

In manchen Fällen jedoch führen diese abstrakten Fragen zum (sozialen) Verhalten von Gesellschaften zu erheblichen Konsequenzen. Manville Corporation (Asbest) und A. H. Robbins (Dalkon Shield)[2a] suchten Schutz nach Kapitel 11 des Konkursgesetzes[2b], als sich herausstellte, daß ihre Produkte in weitem Umfange

---

[2] Das „Investor Responsibility Research Center (IRC)", eine gemeinnützige Untersuchungseinrichtung in Washington D. C., wurde ursprünglich mit Hilfe von Erziehungsmitteln und Stiftungsbeiträgen eingerichtet, um objektive Informationen über das ganze Gebiet von sozialen Verantwortlichkeiten zu geben, die Aktionäre betreffen. Im folgenden bezogen Banken, Versicherungsgesellschaften, Pensionsfonds und andere Investmentmanager die Informationen. Zusätzlich zu dem allgemeinen Bereich sozialer Fragen unterrichtet IRC nunmehr auch über Südafrika und Angelegenheiten der Kontrolle über Gesellschaften. Unter den Aktivistenorganisationen, die soziale und ethische Fragen ansprechen, sind der „Council of Economic Priorities", „Inform", sowie „Interfaith Center on Corporate Responsibility", alle in New York. Die institutionelle Perspektive des Problems „soziales Investieren" findet man in Dan M. McGill, ed. „Social Investing", Richard D. Irvin for the Pension Research Council, Homewood, Ill. 1984.

[2a] Anm. des Übersetzers: Ein Verhütungsmittel.

[2b] Anm. des Übersetzers: Eine Art Zwangsvergleichsverfahren.

Gesundheitsschäden verursacht hatten. Sicherheit für die Beschäftigten war die Frage, die sich aus dem Unfall in einer Fabrik von Union Carbide in Bophal/Indien entwickelte. Einige Jahre lang gab es Resolutionen von Aktionären zu Fragen des Marketing von Kindernahrung in der Dritten Welt und über die Aufklebezettel für Heilmittel in Übersee. Im Falle von Nestlé breitete sich ein Konsumentenboykott im inländischen Markt so sehr aus, daß die Gesellschaft sich den Standards der World Health Organisation bei Reklame für Kindernahrung anpaßte.

Einige Investoren weigern sich, Aktien solcher Gesellschaften zu halten, die Weltraum- oder andere Waffen herstellen. Ob der Boykott solcher Investoren die Bewertung berührt, erscheint sehr zweifelhaft. Wenn Firmen mit großen Verteidigungskontrakten meist zu einem niedrigen Kurs-/Gewinnverhältnis gehandelt werden, so mag das einfach an dem Risiko liegen, daß die Aufträge bei einem einzigen Kunden, dem Verteidigungsministerium, konzentriert sind.

Südafrika

Die Rolle der US Gesellschaften, die in Südafrika tätig sind, ist eine andere soziale oder ethische Streitfrage für Investoren. Anhänger eines Rückzuges argumentieren, die bloße Anwesenheit einer größeren Gesellschaft zeige Unterstützung und Akzeptierung der abstoßenden Praktiken von Rassendiskriminierung durch die weiße Minorität. Die Gegner eines Rückzuges argumentieren, die Unterzeichner der Sullivan Principles seien die Kräfte eines konstruktiven Wechsels, und sie seien entscheidend, um die soziale und wirtschaftliche Schlechterstellung der nicht weißen Südafrikaner zu beseitigen. Spätere Versionen der Sullivan Principles drängten US-Gesellschaften sogar, aktiv für Bürgerrechte zu kämpfen, wie Freizügigkeit, Recht auf ein eigenes Haus und Erziehung. Das taten auch einige Gesellschaften bis zu dem Zeitpunkt, als sie sich aus dem Lande zurückzogen.

Für die meisten größeren Gesellschaften erbrachte die Tätigkeit in Südafrika weniger als 1 % der Umsätze und einen noch kleineren Teil des Gewinnes. Wenn dort das Geschäft verkauft wurde, stellte das den Analysten also selten vor das Problem, seine Bewertung anzupassen. Die Androhung von Boykotts durch eine Einkaufsabteilung der Regierung ist jedoch eine andere Sache. Die Finanzierungstätigkeit in Südafrika durch Banken war vermutlich der Grund, warum einige Personen ihre Konten in solchen Banken auflösten.

Die harte Kontroverse über Investments in Südafrika warf unvermeidlicherweise Fragen auf über Geschäfte mit Regierungen hinter dem Eisernen Vorhang, Arbeitsbeziehungen in Nordirland und Menschenrechte in Chile.

Umweltschutz

Luft- und Wasserverschmutzung durch Papier-, Zement-, Stahl- und chemische Fabriken sind schon lange das Ziel von Klagen über Umweltschäden. Probleme bei der Ablagerung von Giftmüll sind in vielen Gegenden aufgetaucht, und die weitverbreitete Gefahr von saurem Regen hat Streit zwischen Einzelstaaten und mit Kanada darüber aufgeworfen, wie Kosten für Einschränkungen zu verteilen seien.

Wo das technische Verfahren wirtschaftlich nicht geändert werden konnte, mußten alte Papiermühlen stillgelegt werden, um Umweltschäden zu verringern. Das war ein sichtbarer Beweis, daß der Analyst mehr um diesen Aspekt von Produktionskapazitäten wissen mußte. Wenn in der Vergangenheit Abfallmaterial sorglos behandelt worden ist und nun aufgeräumt werden muß, ist das eine Ausgabe ohne einen Beitrag zu Effizienz und Produktivität. Die Modernisierung der Stahlkapazitäten beispielsweise war belastet mit den zusätzlichen Kosten für die Kontrolle der Umweltverschmutzung.

Folgen für die Analyse

Diese Art von äußeren, nichtfinanziellen Faktoren kann den Analysten leicht davon ablenken, sich mit meßbaren Quantitäten wie Umsatzerlöse und den Komponenten der Ertragskraft zu befassen. In gewissem Umfange sollte er sich damit natürlich beschäftigen. Aber wichtiger als ein besonders kompliziertes Einzelproblem kann die Art und Weise sein, in der sich das Management damit befaßt. Was das Management über seine Politik innerhalb der vier Wände seines Sitzungszimmers entscheidet, wird dem Wertpapieranalysten selten, wenn überhaupt, bekannt werden. Aber wertvolle Einsichten in diesen Prozeß kann man dadurch bekommen, daß man das Verhalten des Managements gegenüber Angestellten, Kunden, öffentlichen Stellen, den Medien, Analysten und Aktionären genau beobachtet. Fehlendes Gespür, Starrheit, Unkenntnis des Umfeldes, in dem die Gesellschaft tätig ist, sind fast immer untrügliche Kennzeichen von Friktionen und von Fehlern im effektiven Einsatz und in der Motivierung von leitenden Angestellten.

Wenn ein Analyst dem Spruch folgt, daß „der Sinn des Geschäfts Geschäft ist", wird er Fragen sozialer und kommunaler Verantwortlichkeit als unwichtig ansehen. Oder noch schlimmer: Er wird sie als Verschwendung von Ressourcen im Hinblick auf das „allmächtige Ergebnis unter dem Strich" ansehen. Eine so kurzsichtige Betrachtungsweise ignoriert die Tatsache, daß sich die US-Industrie wie alle größeren Institutionen unserer Gesellschaft ihre Akzeptanz jeden Tag verdienen muß, indem sie sich verantwortlich verhält und darüber Rechenschaft ablegt. Das Wort der Wirtschaft: „Es muß uns gut gehen, wenn wir Gutes tun sollen", ist völlig richtig, aber die Öffentlichkeit besteht darauf, daß der zweite Teil des Satzes nicht vergessen wird.

Management

Oft wird die Auswahl einer Gesellschaft mit gutem Management als noch wichtiger angesehen als die Auswahl einer Gesellschaft in einer vielversprechenden Industrie. Es gibt wenig greifbare Information über das Management. Objektive Tests für Managementfähigkeiten gibt es wenige, und sie sind ziemlich unwissenschaftlich.

Meistens muß der Investor sich auf eine Reputation verlassen, die gerechtfertigt sein mag oder auch nicht. Der beste Beweis für ein fähiges Management ist eine längere Zeit mit vergleichsweise besserem Ergebnis, aber das bringt uns zurück zu quantitativen Daten.

Am Aktienmarkt besteht oft die Tendenz, den Managementfaktor zweimal zu bewerten. Die Aktienkurse reflektieren schon die großen und wachsenden Gewinne, die das gute Management produziert hat, und außerdem addieren die Analysten noch einen erheblichen „Zuschlag für gutes Management", der gesondert berücksichtigt wird. Das läuft darauf hinaus, daß dieselbe Tatsache doppelt bewertet wird, und ist eine häufige Ursache für Überbewertung.

Das quantitative Ergebnis allein scheint anzuzeigen, daß die meisten Heilmittel und Zeitungsgesellschaften ein gutes Management haben, während die Fabriken für landwirtschaftliche Maschinen und die großen Stahlgesellschaften anscheinend schlecht geführt sind. Aber die wahren Ursachen des guten oder schlechten Ergebnisses lassen sich auf Währungskurse und Wettbewerb aus dem Ausland zurückführen. Außerdem ist das neuere Ergebnis oft die Folge von Führungsentscheidungen, die vor fünf oder zehn Jahren von einer anderen Managementgruppe getroffen wurden.

So gewinnt der Managementfaktor in der Tat eine ganz unabhängige Bedeutung, wenn kürzlich ein Wechsel stattgefunden hat oder als wahrscheinlich angesehen wird. In solchen Fällen mögen zukünftige Ergebnisse sich von denen der Vergangenheit sehr unterscheiden. Typischerweise, allerdings keineswegs immer, bringen Änderungen im Management eine Verbesserung; oft finden sie statt, weil die Ergebnisse so unbefriedigend waren, daß sie drastische Maßnahmen erzwangen. Besonders auf diesem Gebiet kann der Analyst von persönlichen Kontakten mit den neuen Leuten profitieren. Diese Untersuchungen können ihn dazu bringen, zukünftige Ergebnisse zu erwarten, die im augenblicklichen Kurs noch nicht berücksichtigt sind.

Trend der zukünftigen Gewinne

Der Trend der Gewinne ist heute ein Hauptfaktor bei der Analyse und Bewertung von Aktien. Eine Vorgeschichte von steigenden Gewinnen ist ein günstiger Faktor, und ihm sollte bei der Bewertung volles Gewicht gegeben werden.[3] Wenn eine graphische Übersicht über Verkaufserlöse, Gewinne oder andere finanzielle Daten für eine Gesellschaft oder Industrie ein genügend nachhaltiges Wachstum zeigt, ist

---

[3] Eine Befragung von 2000 Mitgliedern der Financial Analysts Federation zeigte, daß ein überwältigender Anteil dem Wachstum der Gewinne über die nächsten fünf Jahre viel mehr Gewicht beilegte als kurzfristigen Änderungen bei den Gewinnen (L. C. Chugh und J. W. Meador, „The Stock Valuation Process: The Analysts View", Financial Analysts Journal November/Dezember 1984 S. 41–48).

es angemessen und wünschenswert, dieses Wachstum durch eine graphische oder mathematisch angepaßte Trendlinie zu messen.

Es wird also die Benutzung solcher Trendlinien empfohlen. Andererseits muß der fundamentale Unterschied betont werden zwischen der Benutzung einer Trendlinie, um vergangene Performance zu messen und ihrer Extrapolation als Maß für zukünftige Performance. In einigen wenigen spezifischen Fällen mag es gerechtfertigt sein, zukünftige Gewinne dadurch zu schätzen, daß der Trend aus der Vergangenheit in die Zukunft projiziert und dann die Projektion als Grundlage für die Bewertung der Aktie genommen wird. Aber das kann nur mit äußerster Vorsicht geschehen. Der Analyst muß sich völlig darüber klar sein, was es bedeutet, wenn er eine Trendlinie einfach extrapoliert.

Eine mathematisch an Daten der Vergangenheit angepaßte Trendlinie ist eine Tatsache, aber ein projizierter Trend ist nur eine Annahme. Faktoren wirtschaftlicher Anpassung und Neuanpassung richten sich gegen die Aufrechterhaltung unnormaler Prosperität oder Depression in der Wirtschaft als Ganzes. In gleicher Weise wirken sie gegen die unbegrenzte Aufrechterhaltung von beidem für eine einzelne Gesellschaft oder einen Industriezweig.[4] Wenn ein Trend fest verwurzelt zu sein scheint, mögen die Bedingungen durchaus reif für einen Wandel sein.

Beispielsweise wuchsen von 1960 bis 1973 die Gewinne je Aktie von Avon Products mit einer jährlichen Rate von 17,4 %. Bitte beachten Sie in Fig. 9.1 die Beständigkeit dieses Wachstums. Das machte Avon zu einer der am meisten geschätzten Werte in der Ära der Wachstumsaktien. Eine kurze Pause in diesem Wachstum der Gewinne je Aktie gab es 1974. Nichtsdestoweniger lag von 1974–1979 die jährliche Wachstumsrate wieder dicht bei 17 %. Seit 1979 jedoch haben die Gewinne von Avon einen merklichen Abfall erlitten, und die Ergebnisse von 1984 lagen 48 % unter dem Höhepunkt von 1979. 1984 fiel der Kurs auf 14 % des Höchstwertes von 1972.

Ein Trend repräsentiert die Beziehungen der einzelnen Daten in einer Zeitserie. Damit ist er wie jedes statistische Maß abgeleitet aus den Daten für die ausgewählte Periode und natürlicherweise all den fundamentalen Verzerrungen unterworfen, die in den Daten vorhanden sind. Ein Beispiel: Wenn man dem gesamten Nettoeinkommen einer Gruppe von fünf internationalen Ölgesellschaften für die Zeit von 1970–1980 einen Trend anpaßt, zeigt er eine durchschnittliche jährliche Wachs-

---

[4] In einer bekannten Untersuchung hierzu durch J. G. Craig und B. G. Malkiel, „The Consensus and Accuracy of Some Predictions of the Growth of Corporate Earnings", The Journal of Finance, März 1968 S. 67–84 kommen die Autoren zu dem Schluß: „In letzter Zeit haben sich immer mehr Beweise dafür ergeben, daß das Gewinnwachstum in der Vergangenheit keine brauchbaren Vorhersagen von zukünftigem Gewinnwachstum liefert." Der klassische Aufsatz über dieses Thema von Ian M. D. Little trug den Titel „Higgledy Piggledy Growth (1962)" – Konfuses Wachstum – und zeigte, daß in Großbritannien die Gewinne der Gesellschaften in ihrer Aufeinanderfolge unabhängig voneinander waren (serially independent), daß also Änderungen bei den Gewinnen in der Vergangenheit nicht geeignet waren, um zukünftige Änderungen vorherzusagen. John Lintner und Robert Glauber zusammen mit anderen Forschern bestätigten, daß dieselbe Schlußfolgerung für US-Gesellschaften zutrifft.

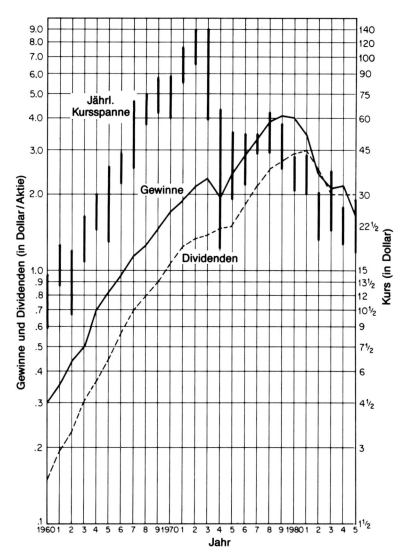

Fig. 9.1: Avon Products, Inc.: Jährliche Gewinne, Dividenden und Kursspannen 1960–1985 (Gewinne 1985 vor Aufgabe von Betriebsteilen)

tumsrate von 16,6 %. Im Jahre 1981 jedoch hätte ein Analyst ernsthafte Zweifel haben müssen, ob er diesen Trend extrapolieren sollte. Die Wachstumsrate war maßgeblich beeinflußt durch die Bildung der OPEC, seine Preispolitik und durch die Weltnachfrage nach Öl. Als Ergebnis dieser Kräfte wuchs der gesamte Gewinn für die Gesellschaften zwischen 1972 und 1974 um 122 % und um 128 % zwischen 1978 und 1980.[5]) Das Wachstum im Gewinn wurde daher besser durch eine Stufenleiter charakterisiert als durch einen Trend. Außerdem wäre 1981 der Analyst aus mehreren Gründen besorgt gewesen: Gleichbleibende Ölpreise, geringere Nachfrage als Ergebnis weltweiter wirtschaftlicher Schwäche, Energieeinsparung, ausgedehnte Ölsuche, interne Differenzen innerhalb der OPEC und ihr Verlust an Marktanteilen waren alles negative Faktoren. Eine Hauptaufgabe des Analysten ist es, einen Trendwechsel vorherzusehen, wenn andere die Vergangenheit in die Zukunft extrapolieren.

Trends sind sicherlich eines der Werkzeuge, das der Analyst in seinem analytischen Werkzeugkasten haben sollte. Aber sie sind nur *eines* der Werkzeuge, und daher sollten sie ihren Platz zusammen mit den individuellen Ziffern und Durchschnittswerten der Vergangenheit einnehmen. Der Analyst darf Trends nicht bevorzugen, weil sie mit mathematischen Formeln berechnet werden können. Nicht nur setzt ihr Gebrauch eine Anzahl von subjektiven Entscheidungen voraus (Periode, für die berechnet wird, Art des Trends usw.), sondern es werden Situationen vorkommen, wo Trendanalyse von fraglichem Wert ist.

Eine Trendprojektion hat die Aura der Bestimmtheit um sich, die den Arglosen in die Irre leiten kann; sie sollte nur als ein grober Anhalt dafür benutzt werden, was von der Zukunft erwartet werden kann. Außerdem sollte durch eine Trendprojektion – die bis in alle Ewigkeit ausgedehnt werden kann – nicht eine finanzielle Situation verschleiert werden, die nach den Erfahrungen der Vergangenheit und dem augenblicklichen Gewinniveau unbefriedigend erscheint. Dieser wichtige Punkt soll durch das folgende Beispiel aus der entfernten Vergangenheit klargestellt werden.

1929 zeigten fast alle Holdinggesellschaften von öffentlichen Versorgungsunternehmen ein ständiges Gewinnwachstum, aber die festen Belastungen von vielen waren so groß – wegen der pyramidenartigen Kapitalstruktur – daß sie fast alle verfügbaren Gewinne aufzehrten. Die Investoren kauften großzügig Obligationen dieser Systeme aufgrund der Theorie, daß der kleine Sicherheitsrahmen kein Nachteil sei, da die Gewinne mit Sicherheit weiterwachsen würden. Sie machten damit eindeutig eine Vorhersage für die Zukunft, auf deren Richtigkeit die Sicherheit ihres Investments beruhte. Falls ihre Voraussagen falsch waren – wie sich das 1931–1932 herausstellte – mußten sie ernsthafte Verluste erleiden.

Andere Beispiele aus derselben Zeit sind die Obligationen von Eisenbahnen und Stahlgesellschaften, die wegen sehr günstiger Gewinntrends aus der Vergangenheit hohe Einstufungen hatten. Infolgedessen erlitt im großen Crash von 1929–1932 und der begleitenden Depression nicht nur der mit Kredit arbeitende Spekulant, sondern auch der konservative Investor, der der konventionellen Weisheit folgte, schwere Verluste.

---

[5]) Die Untersuchungsberichte über einzelne Gesellschaften, die in diesem Beispiel benutzt wurden, betreffen Exxon Corporation, The Royal Dutch/Shell Transport Group, Chevron Corporation, Mobil Corporation und Texaco Incorporated, (The Value Line Investment Survey).

Die Anziehungskraft von hoher Verschuldung in Verbindung mit vermutetem dauerndem Wachstum endete jedoch nicht mit den Erfahrungen der großen Depression. Das zeigt die neuere Erfahrung der Investoren mit den Real Estate Investment Trusts (REITs, Grundstücksinvestmentgesellschaften). REITs wurden 1960 durch den Kongreß ermöglicht; es sollte für den kleinen Investor die Möglichkeit geschaffen werden, sich an Immobilienbesitz und -Kredit zu beteiligen. Die dadurch geschaffene Struktur hätte nicht geschickter entworfen sein können, um auf dem Wege zum Ziel einen Unfall zu garantieren. Die Steuerbehörde (Internal Revenue Service) bestand darauf, daß keine Reserven für mögliche Verluste angesammelt werden durften. Der Anreiz, die Verschuldung zu erhöhen, und der Druck, sofort zu investieren, verursachten eine finanzielle Position, die nur durch ein starkes und ununterbrochenes Anwachsen der Grundstückspreise (möglicherweise) vor dem Verhängnis hätte gerettet werden können.

Ende 1969 hatten die REITs 2,5 Milliarden Dollar Vermögen und 1,6 Milliarden Dollar Eigenkapital. Auf dem Höhepunkt, Mitte 1974 war ihr Vermögen auf beinahe 21 Milliarden angewachsen, aber der Nettowert (das Eigenkapital) betrug nur 6,6 Milliarden Dollar. Als die Bäume aufhörten, in den Himmel zu wachsen, sanken die Dividenden an die Aktionäre von der Spitze 1974 bis Mitte 1977 um 79 %, und ein Index dieser Aktien fiel von dem Niveau 1972 um 75 % zurück. Die wenigen REITs, die überlebten, waren jene mit einem größeren Anteil gesundem Eigenkapitalinvestment und geringerer Verschuldung.[6])

Qualitative Faktoren lassen sich schwer bewerten

Die Projektion eines Trend ist eine Aussage über zukünftige Aussichten. Auch das ist ein qualitativer, nicht ein quantitativer Faktor in der Wertpapieranalyse. Auch Schlüsse über die Natur des Geschäftes und die Fähigkeiten des Managements haben hauptsächlich Einfluß auf die Aussichten der Gesellschaft. Diese qualitativen Faktoren sind insoweit alle ähnlich. Sie alle enthalten für den Analysten dieselbe Schwierigkeit, nämlich zu beurteilen, wieweit sie im Kurs eines bestimmten Wertpapieres angemessen reflektiert sind. Die Gefahr liegt in der Tendenz, sie zu sehr zu betonen. Derselbe Einfluß ist auch an der Börse ständig an der Arbeit. Ihre wiederkehrenden Exzesse nach oben und unten kommen im Prinzip dann zustande, wenn Werte hauptsächlich durch Aussichten bestimmt werden. Dann sind die daraus folgenden Beurteilungen keiner mathematischen Kontrolle unterworfen, und das führt fast unvermeidlich zu Extremen.

---

[6]) M. E. Polakoff und T. A. Durkin, „Financial Institutions and Markets", 2. Auflage, Houghton Mifflin, Boston, S. 194/195.

Bedeutung von qualitativen Faktoren im analytischen Denken

In diesem Buch wird entschieden die Auffassung vertreten, daß Wertpapieranalyse in erster Linie ein Prozeß des *Messens* sein soll – entweder der Sicherheit im Falle einer typischen Obligation oder des Wertes im Fall einer typischen Aktie. Diese Auffassung führte zu einer Bevorzugung der Bewertungsmethode gegenüber der „Vorwegnahmemethode", wie das in Kapitel 3 ausgeführt wurde. Diese Auffassung veranlaßt uns an dieser Stelle zu einer Warnung: Legen Sie kein *übertriebenes* Gewicht auf nicht meßbare Qualitätsfaktoren, wenn Sie Gesellschaften analysieren und bewerten. Das ist ein sehr wichtiger Punkt. Es war diese übertriebene Betonung der Qualität, die in den sechziger und beginnenden siebziger Jahren zu der Redensart führte: „Kümmern Sie sich um die Qualität, und der Kurs wird sich um sich selbst kümmern" (Make sure of the quality and price will take care of itself). Dieses Konzept führte zu verheerenden Ergebnissen für diejenigen, die Qualitätswachstumsaktien (sogenannte „One Decision Stocks") im Börsenabschwung 1973–1974 hielten. Die Kursperformance der folgenden vier Aktien illustriert das Ausmaß des Rückganges:

	1972–1973 Hoch	1974 Tief	Prozentualer Rückgang
Control Data	39 5/8	4 3/4	88 %
Honeywell	85 3/8	8 3/4	90 %
IBM	91 1/4	37 5/8	59 %
RCA	45	9 1/4	79 %

Qualitative Faktoren sind natürlich wichtig, wenn man ein Wertpapier analysiert und bewertet. Die Ergebnisse der oben (Anmerkung 3) erwähnten Befragung von 2000 Mitgliedern der Financial Analysts Federation zeigt, daß die Analysten der Meinung waren, daß der Vorhersageprozeß in erster Linie auf qualitativen Faktoren beruht.[7] Der Unterschied im Vergleich zu den frühen sechziger Jahren besteht in der verstärkten Verfügbarkeit quantitativer Daten, um diese Faktoren zu überprüfen und zu bewerten. Das Ergebnis sollte eine bessere Beurteilung qualitativer Faktoren im Bewertungsprozeß sein.

Wertpapieranalyse und die Zukunft

Geschätzte Werte beruhen natürlich auf Erwartungen. Diese Werterwartungen sind am verläßlichsten, wenn die Vorgeschichte einer Gesellschaft einen einigermaßen

---
[7] Chugh und Meador, „Stock Valuation Process", S. 41–48.

verläßlichen Hinweis auf die Zukunft bietet. In dieser Hinsicht ist die Methode des Analysten diametral entgegengesetzt zu der des Spekulanten. Jener versucht, mit höchst ungewissen zukünftigen Entwicklungen fertig zu werden, für die die Vergangenheit keinen vernünftigen Anhalt bietet. Der Analyst behandelt die Zukunft als eine Ungewißheit, der seine Erwartungen gerecht werden müssen und vor der sie zugleich Schutz bieten sollen.

Gegengewichte zu den Ungewißheiten der Zukunft

Den Ungewißheiten der Zukunft kann der Wertpapieranalyst auf verschiedene Weise begegnen. Er kann das Hauptgewicht auf einen breiten Sicherheitsrahmen für das Wertpapier legen, so daß ungünstige Entwicklungen, soweit sie vernünftigerweise zu erwarten sind, absorbiert werden können. In diesen Fällen wird der Analyst bereit sein, unbefriedigende Gewinne seiner Aktie während der Zeit einer Rezession in Kauf zu nehmen. Aber er wird erwarten, daß die *finanzielle Stärke* der Gesellschaft sie ohne Schaden durch einen Rückschlag tragen wird und daß ihre *durchschnittlichen Gewinne* ausreichen, um den empfohlenen Kauf der Obligation oder Aktie zu rechtfertigen.

In anderen Fällen mag der Analyst den Faktor der *inneren Stabilität* betonen. Hier wird davon ausgegangen, daß die Natur des Industriezweiges oder der Gesellschaft in weitem Maße eine Immunität vor den wiederkehrenden Schwierigkeiten bringt, die die meisten Unternehmungen befällt.

Schließlich mag der Analyst mit Recht erhebliches Gewicht den *Aussichten* selbst geben, indem er Gesellschaften vorzieht, die bessere als durchschnittliche Aussichten haben. Bei der Auswahl von Aktien wird er solche Konzerne großzügiger bewerten als andere. Er muß sich jedoch davor hüten, die Großzügigkeit so weit zu treiben, daß daraus Enthusiasmus wird. Denn an diesem Punkt wird die nüchterne Mäßigung, die das Investment von der Spekulation unterscheidet, verlorengehen. Der Wertpapieranalyst befindet sich auf sicherem Boden, wenn günstige Aussichten als ein zusätzlicher Grund für einen Kauf behandelt werden, der auch in Ordnung wäre, wenn er lediglich auf die Vorgeschichte und die augenblickliche Situation gestützt würde.

Innere Stabilität

Der Faktor der inneren Stabilität hat besondere Anziehungskraft für den Wertpapieranalysten, denn sie hält das Risiko gering, daß Kalkulationen, die aus der Vorgeschichte abgeleitet sind, durch neue Bedingungen umgeworfen werden. Stabilität kann wie der Trend in quantitativer Weise ausgedrückt werden, zum Beispiel durch die Feststellung, daß über die 15-Jahres-Periode 1970–1984 die Gesamtkapitalrentabilität von Winn-Dixie Inc. niemals unter 16,6 % fiel oder über 20,1 % stieg. Darüber hinaus waren die durchschnittlichen Gewinne für die letzten beiden 5-Jahres-Perioden beinahe identisch (17,7 bzw. 17,2 %). In ähnlicher Weise sind die Gewinne je Aktie von United States Tobacco Company mit einer fast konstanten Rate von 15,1 % über die letzten 20 Jahre gewachsen, und die Gewinne pro Aktie für Capital Cities Communication Inc. hatten eine beinahe konstante Wachstumsrate von 18,6 % über die 20 Jahre bis 1984. Aber Stabilität ist eigentlich ein qualitativer Charakterzug, denn sie leitet sich in erster Linie aus der „Natur des Geschäftes" ab und nicht von den statistischen Ergebnissen der Vergangenheit. Eine stabile Vorgeschichte legt die Annahme nahe, daß das Geschäft von Natur aus stabil ist, aber diese Annahme mag durch andere Überlegungen zunichte gemacht werden.

Beispielsweise hatten Texas Instruments über die 10-Jahresspanne von 1970–1980 in jedem Jahr mit Ausnahme von 1975 eine Zunahme bei den Gewinnen. Der Gewinn je Aktie stieg von 1,36 $ auf 9,22 $, eine durchschnittliche jährliche Rate von fast 24 %. Der Aktienkurs stieg von einem Tief von 31 im Jahre 1970 auf ein Hoch von 151 im Jahre 1980. Seit 1980 jedoch verhalten sich die Gewinne alles andere als stetig. 1981 fiel der Gewinn je Aktie um 50 %, erholte sich 1982 etwas und wurde 1983 negativ. Nach einer starken Erholung 1984 wurde für 1985 wieder ein Defizit ausgewiesen, und die Aktie notierte in diesem Jahr am Tiefpunkt 86, ein Verlust von 43 % seit dem Höchstkurs 1980. In dieser Zeitspanne wurde die Gesellschaft durch ihren Rückzug aus dem Geschäftsbereich Personal Computer sowie durch niedrige Nachfrage, Überkapazität und scharfen Wettbewerb in der Halbleiter-Industrie geschüttelt.

Quantitative Faktoren

Sicherheitsrahmen als der grundsätzliche quantitative Faktor

Das Vorhandensein eines Sicherheitsrahmens ist das entscheidende Merkmal des wirklichen Investments. In gleicher Weise kann man den Sicherheitsrahmen als das wichtigste quantitative Konzept in der Wertpapieranalyse bezeichnen. Im Falle einer Obligation wird dieser Rahmen bestimmt durch den Überschuß von Ertragskraft über die Erfordernisse der Zinszahlung und durch den Wertüberschuß, den das Unternehmen über die bevorrechtigten Forderungen hat. Wenn also ein angemessener Sicherheitsrahmen besteht, wird eine bestimmte Obligation als sicheres Investment bezeichnet werden. Der Rahmen wird durch den Analysten quantitativ ausgedrückt und wird mit bestimmten quantitativen Kriterien verglichen.

Im Falle einer Aktie würde der Sicherheitsrahmen durch ein tüchtiges Überschießen des berechneten inneren Wertes über den augenblicklichen Börsenkurs repräsentiert. Bei der Auswahl von erstklassigen oder führenden Aktien für konventionelles Investment ist eine solche Spanne zwischen Wert und Kurs jedoch nicht typisch. In diesen Fällen wird der Sicherheitsrahmen durch solche qualitativen Faktoren geliefert, wie z. B. beherrschende Stellung der Firma in ihrer Industrie und auf ihrem Markt und erwartetes Wachstum bei den Gewinnen. Bei der Bewertung von Aktien muß der Analyst also neben den quantitativen auch sorgfältig die qualitativen Faktoren bewerten. Andere Faktoren, die einen Sicherheitsrahmen geben, sind Vermögenswerte in Grundbesitz und sonstigem Eigentum zu Preisen, die wesentlich unter dem augenblicklichen Marktwert liegen (zum Beispiel Gelände mit Wald oder Mineralreserven). Der Cash-flow verschafft finanzielle Beweglichkeit und gibt dem Unternehmen die Möglichkeit, schwierige Zeiten zu überstehen, Produktionszweige auszubauen oder zu ändern und andere Maßnahmen durchzuführen, die die Wettbewerbsstellung der Gesellschaft verbessern. Andererseits würde eine erstklassige Aktie nur dann empfohlen werden, wenn ihr Kurs innerhalb oder unterhalb des Rahmens des inneren Wertes läge (zum Beispiel wenn sie richtig bewertet erschiene).

Im Falle von zweitklassigen Aktien besteht sehr viel mehr Ungewißheit und Unvorhersehbarkeit in der Performance der Gesellschaft. Demgemäß würde der Analyst hier als Ausgleich auf einen Sicherheitsrahmen zwischen Kurs und Wert achten.

Zusammenfassung

Diese Diskussion von qualitativen und quantitativen Faktoren kann so zusammengefaßt werden, daß die Schlußfolgerungen des Analysten immer auf Zahlen und auf anerkannten Tests und Standards beruhen müssen. Die Zahlen allein sind jedoch nicht ausreichend; sie können völlig ungültig gemacht werden durch qualitative Faktoren mit entgegengesetzter Bedeutung. Ein Wertpapier mag statistisch befriedigend erscheinen, aber Zweifel in bezug auf die Zukunft oder Mißtrauen gegenüber dem Management mag mit Recht seine Ablehnung nahelegen. Andererseits kann es unter Umständen richtig sein, daß der Analyst das Hauptgewicht dem qualitativen Element der inneren Stabilität beilegt. Wenn es vorhanden ist, werden Schlußfolgerungen, die auf den Ergebnissen der Vergangenheit beruhen, wahrscheinlich nicht so leicht durch unerwartete Entwicklungen umgeworfen werden. Der Analyst wird ein Wertpapier wesentlich zuversichtlicher auswählen, wenn ein angemessenes quantitatives Bild mit ungewöhnlich günstigen qualitativen Faktoren abgestützt werden kann.

Wenn jedoch die Investmententscheidung in erheblichem Maße auf diesen qualitativen Faktoren beruht – das heißt wenn der Kurs erheblich höher liegt, als es die Zahlen allein rechtfertigen würden – fehlt es an der analytischen Basis, und die Aktie kann nicht empfohlen werden. Damit ist ein befriedigendes statistisches Bild eine notwendige, aber keinesfalls ausreichende Bedingung für eine günstige Entscheidung durch den Analysten.

TEIL 2

Analyse von Jahresabschlüssen

Kapitel 10
Überblick über die Analyse von Jahresabschlüssen

Ein wichtiger Bereich der Wertpapieranalyse ist die Analyse von Jahresabschlüssen. Sie enthält zwei Schritte. Zunächst muß der Jahresabschluß angepaßt werden, um die Auffassung des Analysten widerzuspiegeln: Der Analyst ändert also 1. die veröffentlichten Zahlen, sortiert einige Vermögenswerte und Schulden aus, bildet neue Zahlen, ändert die Zuweisung von Aufwendungen zu bestimmten Zeiträumen und erstellt letztlich einen neuen Jahresabschluß. 2. verarbeitet er die neuen Informationen, indem er Durchschnitte, Kennzahlen, Trends, Gleichungen errechnet und den Bericht anderweitig statistisch auswertet.

Die Grundlagen für Buchführung und Jahresabschlüsse

Die Revolution in der Buchführung

Die dramatischen Änderungen bei den allgemein anerkannten Buchführungsgrundsätzen und der Festsetzung von Buchführungsstandards, die in den Vereinigten Staaten über die letzten 25 Jahre stattgefunden haben, sind als eine „Revolution" auf diesem Gebiet bezeichnet worden.[1]) Die Regeln haben sich von einigen dünnen Broschüren ausgedehnt auf massive 2000 Seiten mit Meinungen, Standards und anderen Erklärungen. Daneben gibt es noch weitere neue Regeln, wie zum Beispiel die vielen Prüfungsrichtlinien (Audit Guides) für die Industrie, herausgegeben vom Auditing Standards Board und die „Statements of Position" für Industriebuchführung und Buchführung für Transaktionen, herausgegeben durch das Accounting Standards Executive Comitee of the American Institute of Certified Public Accountants (AICPA). Die heutige Struktur für die Festsetzung von Buchführungsstandards hat sich aus einem zeitweise tätigen, weitgehend freiwilligen Komitee des AICPA zu einem hauptberuflichen, unabhängigen Financial Accounting Standards Board (FASB) entwickelt. Diese Institution wird heute gemeinsam getragen von AICPA, dem Financial Executive Institute, der Financial Analysts Federation, der

---

[1]) William H. Beaver: „Financial Reporting: An Accounting Revolution", Englewood Cliffs, New Jersey: Prentice-Hall, 1981

National Association of Accountants, der American Association of Accountants und der Securities Industry Association.

Die Autorität des Financial Accounting Standards Board

An und für sich hat der FASB selbst keine Machtbefugnisse. Seine Autorität beruht auch nicht auf seiner Unabhängigkeit, sondern auf den Standesregeln der AICPA[2]) und der Anerkennung durch andere Organisationen. Es sind dies die SEC[3]), die ihrerseits durch den Kongreß ermächtigt ist, Buchführungsstandards für registrierte Gesellschaften festzusetzen, und ferner die verschiedenen Behörden der Einzelstaaten, welche die öffentlich zugelassenen Wirtschaftsprüfer (Certified Public Accountants, CPA's) zur öffentlichen Praxis zulassen. Dadurch hat der FASB praktisch die Macht, wirksame Buchführungsgrundsätze zu schaffen. Darüber hinaus wird diese Macht dadurch sichergestellt, daß die vom FASB geschaffenen Standards allgemein durch alle möglichen Benutzer akzeptiert werden, z. B. durch Buchhalter, Aufsichtbehörden, Regierungen, Gerichte und ausländische Stellen, die Buchführungsgrundsätze festlegen.

Bessere Regeln und schlechtere Befolgung

Die Verbesserungen durch die Verlautbarungen des Accounting Principles Board (APB) und den FASB schließen viele Alternativen der Buchführung für wirtschaftlich ähnliche Transaktionen aus. Dadurch vergrößern sie die Vergleichbarkeit der Zahlen zwischen Gesellschaften und Industrien und sichern langfristig größere Beständigkeit der Buchführungspraxis. Trends und Schwankungsbreite (Variability) können so besser identifiziert werden, und man erhält eine kodifizierte Gruppe von Definitionen und Konzepten, die der Buchführung in den USA zugrunde liegen.

Andererseits wurde die Kapitalstruktur der Gesellschaften erheblich durch die Inflation geschädigt, die in den frühen siebziger Jahren begann. Inflation hat zur Folge, daß mehr Kapital benötigt wird, um dieselbe physische Menge von Gütern

---

[2]) American Institute of Certified Public Accountants, AICPA Professional Standards, Rule 203, New York. Diese Standesregel (Ethic Rule) verbietet Abweichung von einem Buchführungsgrundsatz, der durch die FASB oder seinen Vorgänger, den Accounting Principles Board erlassen wurde, wenn nicht der Abschlußprüfer eindeutig beweisen kann, daß eine Befolgung der GAAP (Generally accepted Accounting Principles) einen irreführenden Jahresabschluß zur Folge hätte. Die Abweichungen müssen deutlich erklärt werden, und der Prüfer muß bereit sein, die Abweichung zu verteidigen.

[3]) Securities and Exchange Commission, Accounting Series Release 150, 20. Dezember 1973, Washington D. C. In dieser Bekanntmachung stellt die Kommission fest, daß die Standards und Praktiken des FASB in seinen Festsetzungen und Interpretierungen als maßgeblich angesehen werden und Abweichungen davon unzulässig sind.

oder Dienstleistungseinheiten zu produzieren. Dieses Kapital konnte nicht nur durch einbehaltene Gewinne bereitgestellt werden, und der Verwässerungseffekt machte die Ausgabe von Aktien zu gedrückten Kursen sogar noch unattraktiver als Darlehen, selbst zu hohen Zinssätzen. Die allgemeine Logik war, daß hohe Zinskosten von der Steuer absetzbar waren (selbst Zinsen von 18 % nach 34 % Steuern bedeuten nur 11,88 %!), und die Schulden konnten später umgeschuldet werden, wenn die Zinssätze zurückgingen. Diese Auffassung führte zu einem Ansteigen des Verhältnisses von Schulden zu Eigenkapital, und das erhöhte das Risiko der Gesellschaften. Zusätzliche finanzielle Hebelwirkung (Leverage) folgte daraus, daß die neuen Schulden zu hohen Zinssätzen aufgenommen waren und die Zinsen daher einen größeren Anteil des Betriebsgewinnes und der flüssigen Mittel in Anspruch nahmen.

Die Inflation drückte die wirklichen Gewinnspannen – das heißt die Spannen nach Abzug von (Schein-)Gewinnen auf Vorräte und die laufenden Kosten der Abschreibung. Der Rückgang von flüssigen Mitteln ließ das Risiko in den Bilanzen noch offensichtlicher werden, und das führte viele Investoren dazu, risikoscheuer zu werden. Sie suchten Gesellschaften, die niedriges und nicht höheres Risiko boten, und das übte Druck auf die Manager aus, zumindest den äußeren Anschein der Bilanz zu verbessern, wenn auch nicht das zugrundeliegende Risiko. – Die Unternehmensmanager wiederum übten Druck auf die Portfoliomanager aus, daß sie in den Pensions-Portfolios kurzfristige Investmentgewinne erzielen sollten, und man konzentrierte sich fast ausschließlich auf Quartalsergebnisse. Die Betonung von kurzfristigen Investmentergebnissen bei den Pensionsfonds veranlaßte die Portfoliomanager, Gesellschaften mit günstigen kurzfristigen Gewinnergebnissen zu suchen. Und so beklagten sich sowohl die für die Finanzen verantwortlichen Manager in den Gesellschaften als auch die Investmentmanager, daß die eine Seite der anderen einen unrealistischen Zeitrahmen aufzwänge.[4]) Diese Situation ändert sich jetzt allmählich, weil die Finanzmanager der Gesellschaften besser gelernt haben, die Investmentperformance ihrer Portfolios zu messen, und die Tatsache akzeptieren, daß richtige Beurteilung der Performance längere Zeiträume benötigt. Vielleicht wird dies etwas Druck von den Gesellschaften nehmen, wenn sie über ihre kurzfristigen Ergebnisse berichten. – Dieser Druck war oft verantwortlich für die Zunahme von Transaktionen mit dem Ziel, Buchführungsergebnisse zu erreichen, die durch die wirtschaftliche Substanz nicht gerechtfertigt waren. Das „Nach-vorn-Holen" („Front Ending") von Gewinnen, das Verschwindenlassen von Schulden aus der Bilanz und die Abschreibung oder Hochschreibung von Vermögenswerten sind ein gewisses Problem geworden, das das generelle Bild sich ständig verbessernder Buchführungsregeln etwas verdüstert.

1984 stellte der FASB die „Emerging Issues Task Force" (Arbeitsgruppe für neue Probleme) auf, um fragwürdige Transaktionen aufzuspüren und angemessene Regeln dafür vorzuschlagen. Das Komitee wurde teilweise auch aufgestellt im Hinblick auf Zweifel der SEC, ob die an der Buchführung beteiligten Kreise

---

[4]) „The Folly of Inflating Quarterly Profits", New York Times, 2. März 1986, S. 2, 8

mißbräuchliche Praktiken schnell genug ans Licht brachten, um eine Verbreitung zu verhindern.

Anpassungen durch den Analysten

Summarische oder postenweise Anpassungen

Dem Wertpapieranalysten stehen zwei Möglichkeiten offen, wenn er Informationen im Jahresabschluß anpassen will. Bei der postenweisen Methode ändert er die tatsächlichen Zahlen in Gewinn- und Verlustrechnung und Bilanz. Bei der anderen Methode paßt er stillschweigend den Multiplikator (Vervielfältiger für die Gewinne) oder den Abzinsungssatz (für die Dividenden) an, den er für die Bewertung der Aktie benutzt. Die postenweise Anpassung kann mit ziemlicher Genauigkeit vorgenommen werden, während die summarische Anpassung „einfach über den Daumen" („Kentucky Windage") erfolgt. Der Analyst sollte daher die postenweise Anpassung vornehmen, wann immer möglich. Die Situation ist ähnlich, als wenn man Erz mit geringer Reinheit verarbeitet: Buchführung enthält Schätzungen und Zuweisungen, die nicht immer sehr genau sind, aber der Analyst kann den Wert dieser Informationen erhöhen. Der zusätzliche Effekt einer Anzahl von kleinen postenweisen Anpassungen kann die Information vollständiger und genauer machen. Auf diese Weise muß der vorhandene Informationsgehalt soweit wie möglich herausgezogen werden, ähnlich den wenigen Unzen Gold aus vielen Tonnen Gestein.

Die verschiedenen Anpassungen: Notwendige, situationsbedingte und urteilsabhängige Anpassungen

Die Anpassungen des Analysten kann man in drei Gruppen einteilen:

1. Zwingende Anpassungen. Es gibt Standardregeln, die für jeden Fall gelten; zum Beispiel müssen frühere Werte je Aktie nach einem Aktiensplit angepaßt werden.
2. Anpassungen von Fall zu Fall. Sie erfolgen nur, wenn das angemessen ist oder wenn besondere Bedingungen bestehen. – Immaterielle Werte, die verkäuflich sind oder Einnahmen erbringen, bleiben in der Bilanz; alle anderen werden entfernt.
3. Anpassungen auf Grund einer Beurteilung. Der Analyst wird sie mit Erfahrung, gesundem Menschenverstand und unter Beachtung der Praktiken anderer Analysten vornehmen, die er für gut und erfahren hält.

Warum überhaupt Anpassungen?

Es ist unmöglich, die wirtschaftliche Realität als solche darzustellen, weder durch Buchführung noch durch irgendeinen anderen Prozeß. Wirtschaft ist keine exakte, sondern eher eine soziale Wissenschaft, in der Wertbeurteilungen eine größere Rolle spielen. Es wäre herrlich, wenn Buchführung zu den exakten Wissenschaften gehörte, die alle Veränderlichen beobachtet, sie mit dem jeweils erforderlichen Maß von Genauigkeit mißt und eine endgültige Zahl vorlegt, die allgemein als „wirtschaftliche Realität" Anerkennung fände. Leider können sich oft nicht einmal zwei Personen darüber einigen, wie die wirtschaftliche Realität aussieht. Wirtschaftliche Tätigkeit zeigt sich in vieler Weise, die sich wissenschaftlich nicht beobachten und messen läßt. Buchführung kann nicht direkt den wirtschaftlichen Effekt messen, wenn z. B. ein Wettbewerber in Konkurs geht oder wenn ein ausgedehntes Trainingsprogramm durchgeführt wird. Gutes Management ist ein Vermögenswert, und schlechtes Management kommt einer Verbindlichkeit gleich. Aber die Buchführung hat keine Möglichkeit, verläßliche Zahlen in die Bilanz zu setzen, um solche Werte wiederzugeben. Die Buchführung behandelt solche Probleme mit gesundem Menschenverstand – sie mißt nur, was sie beobachten und messen *kann*, und das sind meistens Austauschtransaktionen, an denen die Gesellschaft teilgenommen hat.

Der Analyst kann u. U. ein genaueres Bild der Wirklichkeit einfangen, wenn er zu dieser Information etwas hinzufügt oder sie in einer Weise anpaßt, die durch die Buchführungsregeln nicht erlaubt ist. Analysten machen solche Anpassungen aus verschiedenen Gründen. Am wichtigsten sind vielleicht Anpassungen, um die Auffassung des Analysten über den (wirklichen) Jahresüberschuß und den Zustand der Kapitalerhaltung darzulegen, wenn diese Auffassung nicht mit der übereinstimmt, die bei der Buchführung benutzt wird.

Für gewisse Transaktionen übernimmt die Buchführungspraxis aus der Wirtschaft vereinfachende Annahmen, die von den meisten Analysten abgelehnt werden: Beispielsweise die Annahme, daß Märkte perfekt, austauschbar, reibungslos funktionieren und keine Kosten verursachen; daß die Teilnehmer dort glücklich ihre Waren zu angemessenen (anstelle von vorteilhaften) Preisen austauschen; oder die Annahme, daß Märkte immer rational sind oder daß Änderungen im Zinsgefälle die Kursänderungen von ausländischen Währungen völlig erklären. Der Analyst kann hier u. U. einen Ausgleich vornehmen, um andere Meinungen über diese Fragen zum Ausdruck zu bringen.

Wertpapieranalyse ist nicht durch die Buchführungsregeln eingeengt und kann daher beweglicher operieren, wenn sie die Abschlußzahlen und die Tatsachen behandelt, die sie aus anderen Quellen gewonnen hat. Wo die Buchführungsregeln oder die Beurteilung durch das Management eine unterschiedliche Darstellung derselben Tatsachen ermöglichen, kann der Analyst diese Unterschiede ausgleichen und damit Vergleichbarkeit, Genauigkeit und Vollständigkeit verbessern. Er kann die Wirkungen von Transaktionen aussondern, die vielleicht gerade eben noch mit den Buchführungsregeln übereinstimmen, die aber, wirtschaftlich oder mit gesundem Menschenverstand betrachtet, so nicht zu rechtfertigen sind.

Analyse erfordert die Fähigkeit zu unterscheiden, das Normale vom Ungewöhnlichen zu trennen und Änderungen zu entdecken. Daher muß man die Informationen des Abschlusses auseinandernehmen, sie erweitern und neu zusammenfügen, um sie für die weitere Untersuchung vorzubereiten.

Auffassungen über Einkommen und Kapitalerhaltung

Überblick über verschiedene Gewinnbegriffe

Die Sicht des Wirtschaftswissenschaftlers

Man kann nicht „Einkommen" oder „Gewinne" ausweisen, wenn nicht das ursprüngliche Kapital erhalten geblieben ist. Diese Auffassung wurde gut durch J. R. Hicks in einer Erörterung zu dieser Frage dargestellt.[5]

1. *Wirtschaftliche Gesundheit („Well-Offness")*. Hicks' erste Definition des Einkommens besagt: Es ist der Betrag, den man (in einer Periode) verbrauchen kann, um dennoch am Ende der Periode wirtschaftlich „ebensogut dazustehen" wie zu Anfang.
2. *Konsumfähigkeit*. Hicks drückte Einkommen auch in Form von Erwartungen aus und schlug als Begriff des Einkommens den Betrag vor, den man konsumieren könne in der Erwartung, daß man ihn auch in der Zukunft weiterhin konsumieren könne.
3. *Tatsächlicher Verbrauch*. Eine dritte Meinung zum Einkommen betonte den Umfang der Güter und Dienstleistungen in tatsächlichen und nicht in nominellen Werten.
4. *Berücksichtigung einer sozialen Nutzen-Komponente*. Hicks verdoppelte die Zahl seiner Definitionen durch seine Auffassung, idealerweise müßten diese Beträge durch einen Faktor für den Nutzen der Güter und Dienstleistungen angepaßt werden, den das Einkommen kaufen kann. Er führte aus, es sei unmöglich, den Nutzen in Zahlen auszudrücken. Hicks' Schlußfolgerung war, daß diese Meinungen über das Einkommen alle nützlich, aber sehr „zerbrechlich" seien, und er ermahnte die Wirtschaftler etwas ironisch, eine Diskussion des Einkommensbegriffes möglichst zu vermeiden.

Die Sicht des Bilanzbuchhalters

Die Erhaltung des Kapitals (Capital Maintenance) ist als Buchführungsproblem viele Jahre lang erörtert worden.

1. *Finanzielles Kapital*. Ziel der Erhaltung des finanziellen Kapitals ist es, den Betrag des Nettovermögens (Net Worth, Eigenkapital) in der Bilanz aufrechtzuerhalten. Hier wird nur der reine Vermögenswert in der Bilanz als Differenz zwischen Aktiva und Verbindlichkeiten gesehen; dabei bevorzugen einige den Ansatz zu Tageswerten andere zu Anschaffungskosten. Da die Bilanz die Werte und Verbindlichkeiten nicht erfaßt, die nicht zu messen sind, ist diese Meinung über die Kapitalerhaltung unvollständig.

---

[5] John Richard Hicks, „Value and Capital" 2. Auflage Oxford Clarendon Press, 1950, S. 171–188

2. *Physisches Kapital.* Man hat auch verschiedene Meinungen über die Erhaltung des physischen Kapitals erwogen. Dabei wurde entweder auf die Kosten für einen Ersatz abgestellt oder die Betriebsfähigkeit, das heißt die Fähigkeit, einen bestimmten Betrag von Gütern oder Dienstleistungen zu produzieren.
3. *Verteilbares Einkommen.* Die vorhergehende Auffassung kann dahin abgewandelt werden, daß sie eine Einkommenszahl liefert, die als „verteilbares Einkommen" („ausschüttungsfähiger Gewinn") bekannt ist. Dies entspricht der ersten Definition von Hicks, das sei der Betrag, der verbraucht werden könne, ohne daß man am Ende der Periode finanziell schlechter dastehe.
4. *Kaufkraft.* Die Buchführung liefert auch Methoden, um jede dieser drei Formen der Kapitalerhaltung in tatsächlichen anstatt in nominellen Werten auszudrücken. Im allgemeinen erfolgt das durch Anpassung an Änderungen im allgemeinen Preisniveau (aber natürlich nicht für Änderungen im Nutzen).

Die Sicht des Wertpapieranalysten

Die Wertpapieranalysten haben ebenfalls über die Frage der Erhaltung des Kapitals und das entsprechende Problem des Einkommens nachgedacht.

1. *Vermögen des Investors (Investor Wealth).* Eine Auffassung ist die, daß eine Gesellschaft nicht wirklich Geld einbringt, wenn sie nicht den Börsenwert ihrer Aktien aufrechterhält. Diese Methode mißt nicht das Betriebsergebnis der Gesellschaft. Sie mißt den Reichtum des Investors, und das ist kaum eine Sache, die in die Bilanz der Gesellschaft gehört.
2. *Ertragskraft.* Eine zweite Ansicht ist, eine Gesellschaft mache erst dann Gewinn, wenn sie die vorher bestehende Ertragskraft aufrechterhalten habe.
3. *Erwartete Dividenden.* Eine dritte Meinung in der Wertpapieranalyse über das Einkommen (den Gewinn) sieht darin den zusätzlichen Gewinn, den die Gesellschaft erzielt, nachdem sie den erwarteten zukünftigen Dividendenstrom sichergestellt hat.
4. *Verteilbares Einkommen.* Einige Analysten neigen zu einer in Großbritannien entwickelten Meinung in bezug auf das „verteilbare Einkommen" (den „ausschüttungsfähigen Gewinn"). Das ist der Betrag, den eine Gesellschaft verteilen kann, nachdem sie die erforderlichen Kapitalauslagen gemacht, für die Bedürfnisse des Nettoumlaufvermögens[5a]) gesorgt und ihre verfügbare Kreditkapazität ausgenutzt hat.

[5a]) Anm. des Übersetzers: Das Nettoumlaufvermögen ist das Umlaufvermögen abzüglich der kurzfristigen Verbindlichkeiten (in der Regel unter einem Jahr). Das Umlaufvermögen besteht im wesentlichen aus den flüssigen Mitteln, den Vorräten und den laufenden Forderungen („Außenstände"). Der amerikanische Ausdruck für das Nettoumlaufvermögen, „Working Capital", Arbeitskapital, ist wesentlich plastischer. (Vergleiche im übrigen auch Kapitel 18.)

5. *Liquidationswert.* Noch ein anderes Konzept besagt, daß der Liquidationswert der Gesellschaft aufrechterhalten werden muß, ehe Einkommen (Gewinn) entsteht. Dies entspricht mehr der Ansicht des Bilanzbuchhalters über das Nettovermögen (siehe dort Nr. 1) als einer Betrachtungsweise unter Investmentgesichtspunkten.

Welche Auffassung über den Gewinn sollte der Analyst benutzen?

Alle obigen Auffassungen sind insoweit nützlich, als sie uns über die Performance einer Gesellschaft nachdenken lassen. Für eine in Betrieb befindliche Firma sind am besten geeignet die Auffassungen des Wertpapieranalysten Nr. 2 und 3, wonach es darum geht, die Ertagskraft und den zukünftigen Dividendstrom aufrechtzuerhalten. Denn sie führen am schnellsten zur Bewertung von Wertpapieren. In Fällen von Zusammenschlüssen, Buy-Out-Kandidaten, bei Konkursen oder anderen vermögensorientierten Analysen ist die Auffassung über den Liquidationswert oft sehr nützlich.

Vermögenswert und Investmentwert

Einen wichtigen Unterschied findet man in der Meinung des Wertpapieranalysten zu Nr. 2 und 3 über den Gewinn, wenn man sie mit den Auffassungen des Bilanzbuchhalters vergleicht. Die meisten Auffassungen des Buchhalters über den Gewinn benutzen *Vermögenswerte* (obwohl manche Werte überholt sein mögen). Damit wird zugleich gesagt, daß die Vermögenswerte („Aktiva") abzüglich der Verbindlichkeiten (oder dem Wert der Verbindlichkeiten) einen Nettowert liefern, der den Wert der Firma „repräsentiert" (Eigenkapital). Diese Zahl drückt wahrscheinlich den ungefähren Betrag aus, zu dem Vermögenswerte nach und nach verkauft und die Verbindlichkeiten daraus beglichen werden können.

Der Analyst sucht nach einem anderen Wert – dem Investmentwert. Beim Investmentwert kommt es nicht darauf an, für wieviel die Vermögenswerte verkauft werden können, sondern wozu man sie *benutzen* kann, d. h. was sie an zukünftigen Gewinnen erzeugen werden, die als Dividenden ausgezahlt werden oder das Wachstum der Gesellschaften erhöhen können. Die bevorzugte Berechnungsweise des Investmentwertes durch die meisten Wertpapieranalysten ist 1. kapitalisierte Ertagskraft oder 2. der kapitalisierte Strom zukünftiger Dividenden.

Die Auffassung des Fundamentalisten

Der Analyst, der mit der Fundamentalanalyse arbeitet, geht davon aus, daß Aktienkurse um den zugrundeliegenden Investmentwert fluktuieren und daß die beiden gelegentlich zusammenfallen. Er lehnt die Meinung ab, daß Aktien an der Börse normalerweise richtig bewertet seien, und hegt sogar Zweifel, ob sich die Börse ständig rational verhält. Aktienkurse bewegen sich zufällig mit einer nur schwachen gravitationsartigen Anziehung in Richtung des inneren Wertes. Daher kommt das Zusammentreffen von Kurs und Wert nur selten zustande wie das Auftauchen von Halley's Komet. Das heißt, daß die Zeit des „Aufeinanderzulaufens" (Convergence Time) lang ist – vielleicht drei bis fünf Jahre. Der Analyst, der die in diesem Buch empfohlenen Techniken benutzt, muß einen relativ langen Zeithorizont und erhebliche Geduld haben. Die Methode ist die eines „Fundamentalisten" oder wertorientierten Analysten. Wertorientierte Analysten sind keine kurzfristigen Spekulanten (Traders), sondern langfristige Investoren; sie betrachten Investment eher als eine Ehe, nicht nur als einen Flirt. Investmentwert bedeutet Vorhersage von zukünftigen Gewinnen und Dividenden, die erst anfangen müssen, sich in Realität zu wandeln, ehe die Börse sie honorieren wird. Es ist daher wichtig zu verstehen, daß der Wert, den wir in diesem Buch suchen, nicht der Vermögenswert ist und sicherlich nicht der Kurswert.

Nehmen Sie die folgende hypothetische Situation: Der Manager einer Gesellschaft erklärt einem Analysten, daß die Gesellschaft 8 $ je Aktie verdient habe und davon 2 $ an Dividenden auszahle. Der Analyst fragt, warum die Dividendenzahlung nur 25 % beträgt, während die meisten anderen Gesellschaften in dieser Industrie mehr als die Hälfte ihrer Gewinne ausschütten. Der Manager antwortet: „Wir brauchten die 6 $, um bessere Maschinen zu kaufen, so daß unsere Kosten und Preise so niedrig wie die unserer Wettbewerber sind. Unsere alten Maschinen waren überholt." Wieviel verdiente die Gesellschaft vom Analysten her gesehen? Die zurückbehaltenen 6 $ waren keine Gewinne, sondern Ausgleich für (frühere) zu geringe Abschreibungen oder eine völlige Sonderabschreibung eines überholten Maschinenparks. Die „einbehaltenen Gewinne" standen nicht für Dividendenzahlungen zur Verfügung, und sie trugen auch nichts zu der zukünftigen Ertragskraft der Gesellschaft bei. In welchem Sinne waren sie überhaupt Gewinne? Das Beispiel kann man zu einem Prinzip ausdehnen: *Gewinne, die nicht im folgenden die Ertragskraft erhöhen, sind unter dem Gesichtspunkt des Wertpapieranalysten keine echten Gewinne.*

Die Eigenarten und Grenzen der Buchführung

Buchführung entwickelte sich aus der Notwendigkeit zu wissen, sich zu erinnern und Entscheidungen zu treffen. Die industrielle Revolution erzwang die Ansammlung von Kapital aus vielen Quellen unter einem einzigen Management, um zu einer Massenproduktion zu kommen. Die Trennung zwischen Eigentum und Management führte dazu, daß Rechenschaft über die Verwaltung des Kapitals und seinen rentablen Einsatz abgelegt werden mußte. Nicht alle Analysten sind sich stets bewußt, daß die Jahresabschlüsse nicht von den Prüfern, sondern vom Management der Gesellschaften erstellt werden. Die Philosophie, die den Jahresabschlüssen zugrunde lag, war über viele Jahre die Rechenschaftlegung über die Verwaltung des Aktionärsvermögens durch das Management. Eigentlich waren die Abschlüsse eine jährliche Visitenkarte des Managements, in dem es sich selbst aufgrund seiner Tätigkeit einstufte. Infolgedessen konzentrierte sich der Bericht oft mehr auf die Betriebs- und Börsenperformance, als es dem Analysten lieb war, manchmal zu Lasten eines klaren Bildes über die Rentabilität der Gesellschaft. Obwohl der Gedanke, Verwalter zu sein, noch bei vielen Managern vorherrscht, hat sich die Buchführung in neuerer Zeit mehr in Richtung auf die Bedürfnisse des Benutzers entwickelt.

Informationssystem für das Management

Grundlage oder Informationsquelle für die Buchführung ist das System des Managements zur Kontrolle und Entscheidungsfällung („Betriebliches Rechnungswesen"). Ein solches System soll zeigen, was das Management für seine Entscheidungen über einzelne Vermögenswerte und Verbindlichkeiten wissen muß. Der Manager hat Zugang zu diesen Vermögenswerten und Verbindlichkeiten, während der außerhalb stehende Investor oder Kreditgeber das normalerweise nicht hat. Das Management braucht ferner ein Buchführungssystem für Steuererklärungen, Berichte an Ausfsichtsbehörden, Erfordernisse der SEC und aus anderen Gründen. Die Bedürfnisse des Investors unterscheiden sich von denen des Managements in mancher Hinsicht, weil Investoren andere Entscheidungen treffen müssen.

Der geordnete Charakter der Buchführung

Buchführung ist in mehrfacher Hinsicht ein eigenes Informationssystem. Dadurch daß es geordnet ist, kann es systematisch bewertet werden.

Ausdrücklichkeit (Articulation)

Der Abschluß drückt sowohl den (statischen) Zustand als auch die dynamische Entwicklung einer Gesellschaft aus, das heißt, er zeigt den Zustand und die Änderung des Zustandes.

Maßeinheit

Buchführung ist Rechnung in einer einzigen Maßeinheit – dem Dollar im Falle der USA.

Zuverlässigkeit

Buchführung ist recht zuverlässig, denn sie wird überprüft, und außerdem behandelt sie Transaktionen und Ereignisse im nachhinein und versucht, den Einfluß von subjektiven Schätzungen der Zukunft möglichst gering zu halten. Leider müssen zumindest gewisse Schätzungen gemacht werden, wie beispielsweise über die Nutzungsdauer langlebiger Güter.

Verläßlichkeit in der Darstellung

Buchführung ist verläßlich in der Darstellung – sie ist das, was sie erklären will. Sie will nicht das tatsächliche Vermögensstück darstellen, etwa ein Pult oder einen Computer oder ein Gebäude. Die Buchführung erklärt nur, daß sie spezifische Informationen liefern will, wie zum Beispiel über noch nicht eingegangene Kosten, angemessene Werte oder andere Attribute; und das kann nützliche Informationen über das Pult, den Computer oder das Gebäude geben.

Erheblichkeit

Die Erheblichkeit der Informationen durch die Buchführung beruht zum großen Teil darauf, daß sie unternehmensspezifisch ist – das Gewicht liegt auf den vollendeten Umsatztransaktionen der Einheit.

Beständigkeit und Vergleichbarkeit

Der Buchführungsprozeß schafft erhebliche Beständigkeit über die Zeit und Vergleichbarkeit zwischen Gesellschaften, Industrien und Sektoren. Natürlich sind Vergleichbarkeit und Beständigkeit nicht perfekt, denn Buchführung kann nicht mit absoluter Gleichmäßigkeit angewandt werden; es bestehen Alternativen, und die Regeln der Buchführung werden oft geändert, wodurch etwas Kontinuität verloren geht.

Periodenechte Abrechnung

Das heutige System der periodenechten Abrechnung (Accrual Accounting) verbindet Ursache und Wirkung, indem ursächliche Kosten mit den sich daraus ergebenden Erlösen im selben Zeitraum gegenübergestellt werden. Die bloße Auflistung von Bartransaktionen würde wesentlich weniger Informationen über das Ergebnis einer Periode liefern, und daher ist eine periodische Abgrenzung von Ertrag und Aufwand erforderlich. Periodenechte Abrechnung sagt viel mehr über zukünftige Mittelzuflüsse (Cash-flow) aus, als es die unmittelbare Beobachtung der Zahlungsströme einer bestimmten Periode könnte.[6] Beispielsweise würde der Ankauf einer

---

[6] Financial Accounting Standards Board, Reporting, November 1978 44–48. Concept Nr. 1, Objectives of Financial Reporting, November 1978, S. 44–48

größeren neuen Anlage in einer bestimmten Abrechnungsperiode einen Rückgang an Zahlungsmitteln herbeiführen und den Anschein eines negativen Ergebnisses erwecken, obwohl sie über viele Jahre benutzt wird, um Ertrag zu produzieren. Ihre Kosten sollten daher auf alle diese Jahre verteilt und nicht nur dem einen Jahr angelastet werden, in dem die Anlage gekauft wurde.

Der Barmittelzyklus

Periodenechte Abrechnung beschreibt sehr gut die „bar-zu-bar"-Zyklen der Wirtschaft. Eine Geschäftsorganisation beginnt mit Barmitteln, investiert in Rohmaterialien, Arbeit, Dienstleistungen und Einzelteile, und am Ende steht ein völlig neues Produkt oder eine neue Dienstleistung zum Verkauf bereit. Für diese Güter und Dienstleistungen erhält die Gesellschaft Barmittel oder aber Forderungen, die letztlich wieder in Barmittel zurückverwandelt werden, und so schließt sich der Kreislauf von Bargeldausgabe zu Bargeldeinnahme. Es wäre schön, wenn alle Gesellschaften am Ende des Jahres zu einer reinen Barposition zurückkehrten und alle ihre Verbindlichkeiten erfüllten – es gäbe wenig Streit über die Höhe des Gewinns. Leider laufen am Ende des Jahres noch viele Barmittelzyklen weiter. Einige von ihnen sind sehr kurze Zyklen, und andere laufen über viele Jahre. Periodenechte Abrechnung hat das Ziel, so gut wie möglich die Performance der Gesellschaft aufzuzeichnen; dabei werden verschiedene Konventionen benutzt, die den Teil eines jeden einzelnen Barmittelzyklus erfassen, der während der Periode vollendet wurde.

Die Gegenüberstellung von Ertrag und zugehörigem Aufwand kann natürlich mißbraucht werden. Leicht wird die Linie überschritten, die zwischen der Gegenüberstellung von Posten einerseits und einem „Glätten" und Ausgleichen andererseits liegt; die Versuchung besteht, den Abschluß „gut aussehen zu lassen" und nicht „zu sagen, wie es war". Der Prüfer sollte darauf achten, daß der Abschluß des Managements – innerhalb der Grenzen der Buchführungsregeln und Konventionen – zeigt, „wie es war". Es ist die Aufgabe des Analysten, diesen Weg ganz zu Ende zu gehen und „*alles* zu zeigen, wie es *wirklich* war".

Der konservative Charakter der Buchführung

Im großen und ganzen hat die Buchführung viele konservative Züge angenommen. Der Buchhalter hat die Tendenz, ausreichende Sicherheit abzuwarten, ehe er Erlöse und Gewinne anerkennt, während er Verluste sehr schnell wiedergeben wird. Das ist ein hilfreiches Gegengewicht zu dem natürlichen Optimismus des Managements. Dieser konservative Trend ist von großer Bedeutung für den Analysten, denn dadurch verbreitet sich sein Sicherheitsrahmen, wenn Wertpapiere gekauft oder verkauft werden.

Realisierungsprinzip

Zu den Prinzipien der Buchführung gehört das Realisierungsprinzip, und es besagt, daß Erlöse nicht anerkannt werden sollen, bis 1. die Gesellschaft alle Tätigkeiten beendet hat, um diesen Erlös zu „verdienen", und 2. die Gesellschaft wirklich Geld in der Hand hat oder die Sicherheit, in Zukunft Geld zu bekommen. Die Existenz einer Forderung von guter Qualität reicht normalerweise für letzteres aus.

Mittelzufluß

Im allgemeinen sind also die Ergebnisse der Buchführung gut geeignet für die weitere Verarbeitung durch den Analysten. Investoren sehen allerdings die Gesellschaft unter dem Gesichtspunkt, daß ihnen selbst von dort Geld zufließt. Der Mittelzufluß zum Investor aber hängt völlig davon ab, welche Bestände an Geldmitteln die Gesellschaft hat und welchen Mittelzufluß sie sich verschaffen kann. Denken Sie daran, daß so ungefähr alles, was der Investor von seiner Gesellschaft bekommt, Dividendenschecks und Jahresabschlüsse sind. Da der Marktwert für alte Geschäftsberichte sehr bescheiden ist, sind es die Dividendenzahlungen, die der Investor als seine Belohnung ansieht. Er hat die Wahl, die Aktie zu behalten und weiterhin diese Dividendenzahlungen zu erhalten oder sie an der Börse zu verkaufen. Er hat keinen direkten Zugang zu dem Vermögen und den Verbindlichkeiten, wie es das Management der Gesellschaft hat. Für den Investor wird der Zeitpunkt des Geldbedarf anders aussehen,als die Mittelsituation bei der Gesellschaft.

Die Stellungnahme des Abschlußprüfers

Ein herkömmliches Wort unter Wertpapieranalysten besagt: „Lies zuerst die Stellungnahme des Prüfers, die Fußnoten, und erst dann den Jahresabschluß. Auf diese Weise wirst du die ersten beiden nicht vergessen." Es besteht viel Unklarheit über die Beteiligung der Abschlußprüfer am Jahresabschluß. Der Prüfer bereitet sie normalerweise nicht vor. Der *Jahresabschluß ist die Darstellung des Managements,* das ihn tatsächlich auch vorbereitet. Aufgabe des Abschlußprüfers ist es, gewisse Kontrollen und Stichproben vorzunehmen, das Kontrollsystem des Managements zu überprüfen und zu entscheiden, ob die angewandten Buchführungsprinzipien in Übereinstimmung mit den allgemein anerkannten Buchführungsgrundsätzen stehen. Wenn der Prüfer seine Stellungnahme „qualifiziert" („eingeschränkter Bestätigungsvermerk"), ist das oft ein wichtiger Hinweis, ob man eine Gesellschaft weiterhin als in Betrieb befindlichen Konzern ansehen kann oder ob sie vermutlich in Liquidation oder Konkurs gehen wird. Prüfer können ihre Meinung „qualifizieren", wenn sie Zweifel haben, ob die Berichte verläßlich sind, und sie können später diese Einschränkung auch wieder zurückziehen.

Beispiel: Coopers und Lybrand „qualifizierten" den Jahresabschluß 1982 von General Refractories Company mit den folgenden Worten: „Obwohl bestimmte Ziele des Geschäftsplanes der Gesellschaft für 1982 erreicht wurden, zeigt der Geschäftsplan der Gesellschaft für 1983 weiterhin die Notwendigkeit, die Betriebsverluste zu verringern, die inländische Abteilung für Baumaterial zu verkaufen, zusätzliches Nettoumlaufvermögen zu beschaffen, im Verhandlungswege eine Verbesserung der Einkaufsvereinbarungen über Rohstoffe zu erreichen und den Verpflichtungen und einschränkenden Vertragsbestimmungen gemäß der letzten Darlehnsvereinbarung nachzukommen." Zur Zeit des Jahresabschlusses 1983 waren viele dieser Ungewißheiten und Probleme gelöst oder abgemildert, und Coopers und Lybrand zogen ihre Einschränkung zurück mit der Feststellung: „Demgemäß ist unsere jetzige Meinung zu den konsolidierten Jahresabschlüssen 1981 und 1982 anders als in unserer vorherigen Stellungnahme zum Ausdruck gebracht."

Grenzen der Buchführung

Die Buchführung hat natürlich eine Reihe von Unvollkommenheiten, die der Analyst kennen und vor denen er sich hüten sollte. Wie schon vorher bemerkt, kann die Buchführung viele Ereignisse und Umstände nicht messen oder auch nur beobachten. Buchführung ist kein perfektes Modell; sie beruht nicht ausschließlich auf Anschaffungs- oder Herstellungskosten; sie hat nicht nur mit Investments zu tun, die man wiedererlangen könnte oder mit aktuellen Werten oder irgendeiner anderen alleinigen Maßeinheit, die Puristen gerne hätten. Aus pragmatischen Gründen – Verhältnis von Kosten und Nutzen und Verständlichkeit – benutzt die Buchführung eine Mischung von Merkmalen, wenn sie Vermögenswerte und Verbindlichkeiten mißt. Dennoch ist das Endresultat brauchbar für den, der die Grenzen der Buchführung kennt und gelernt hat, damit umzugehen.

Buchführung ist voller Bewertungsentscheidungen und daher höchst subjektiv. Jemand hat die angemessene Abschreibung festzulegen, Kosten müssen verteilt werden, beispielsweise zwischen den Aufwendungen der Periode und dem aktivierbaren Vorratsvermögen, und es ist schwierig, zu beweisen, daß solche Entscheidungen richtig oder falsch sind. Menschliche Schwäche kommt bei dieser Art von Entscheidungen mit ins Spiel, und, nicht erstaunlich, Eigeninteresse, Stolz, innewohnender Optimismus und andere Eigenarten des Managements. Oft führen sie dazu, ein höheres aktuelles Ergebnis zu berichten zu Lasten von niedrigeren Gewinnen später. Aus diesem Grunde haben die meisten Anpassungen, die der Analyst vornimmt, die Tendenz, die heute berichteten Gewinne zu reduzieren und höhere Gewinne in die Zukunft zu verlagern.

Ausgewiesene Gewinne und „echte" Gewinne

Die Tätigkeit des Analysten ist etwas schizophren, denn er möchte zwei Arten von Gewinnen kennen: Die im Jahresabschluß ausgewiesenen (reported) Gewinne und die „wirtschaftlichen" Gewinne. Letztere entsprechen der Auffassung des Analysten über das echte Ergebnis: Gewinn, der 1. verteilt werden kann, ohne das Kapital anzugreifen, oder 2. wieder investiert werden kann, um größere zukünftige Gewinne zu produzieren. Nichtsdestoweniger möchte der Analyst auch gerne genau schätzen können, was die Gesellschaft für die nächste Abschlußperiode als Gewinn ausweisen (berichten) wird. Das ist wichtig, denn ausgewiesene Gewinne haben zumindest einen kurzfristigen Einfluß auf den Börsenkurs einer Aktie. Eine Reihe von Investmenttechniken sind entwickelt worden, die allein die ausgewiesenen Gewinne ohne Anpassung durch den Analysten benutzen. Der Value Line Investment Service ist oft untersucht worden, weil die Aktieneinstufung dieses Dienstes ständig günstige Investmentergebnisse lieferte.[7] Die beiden wichtigsten Bestandteile in der Methode von Value Line sind Gewinn-Momentum und Kurs-Momentum. Die Gewinne, die benutzt werden, sind die *ausgewiesenen* Gewinne. Viele akademische Untersuchungen haben ebenfalls ausgewiesene Gewinne benutzt, um die Geschwindigkeit zu messen, mit der Informationen durch die Börse absorbiert werden. – Der „Price-Earnings-Effekt" (Kurs-Gewinn-Effekt), besagt, daß Aktien mit niedrigem Kurs-/Gewinnverhältnis höhere Gesamterträge liefern sollen, als Aktien mit hohem Kurs-/Gewinnverhältnis. Diese Hypothese ist mehrfach getestet worden, und diese Studien benutzen ebenfalls die ausgewiesenen Gewinne. Kisor untersuchte die Effekte von relativen Veränderungen bei den Gewinnen auf Aktienkurse und fand, daß die relativen Änderungen bei den ausgewiesenen Gewinnen über verschiedene Zeiträume in Korrelation standen mit den relativen Gesamterträgen (Total Returns).[8]

Andererseits aber wissen die Analysten auch, daß Dividenden aus den echten, „wirtschaftlichen" Gewinnen gezahlt werden und nicht aus dem, was als Gewinn ausgewiesen wird. Sie müssen daher wirtschaftliche Gewinne schätzen, um den Strom von zukünftigen Dividenden zu berechnen. Wirtschaftliche Gewinne sind auch von Bedeutung, um die „Ertragskraft" zu schätzen. Ertragskraft ist die Fähigkeit, Dividenden zu zahlen und die Gewinnbasis zu verbreitern, und mehr als das, was ein periodenechtes Buchführungssytem ausweist. Wirtschaftliche Gewinne, die einbehalten werden, haben immer gesteigerte Ertragskraft zur Folge, wenn sie vom Management richtig investiert werden.

Einige Analysten vermischen diese beiden Arten von Gewinnen, vielleicht weil sie falsche Vorstellungen über die Genauigkeit von Gewinnausweisen haben. Der

---

[7] Fischer Black, „Yes, Virginia, There Is Hope: Tests of the Value Line Ranking System", vorgelegt in einem Seminar des Center for Research in Security Prices, Graduate School of Business, University of Chicago, Mai 1971

[8] Manowm C. Kisor und Van A. Messner, „The Filter Approach to Earnings Forecasts", The Financial Analysts Journal Januar/Februar 1969, S. 109–115

ausgewiesene Jahresgewinn mag mehr als 10 oder 20 % von dem angepaßten Gewinn abweichen, den ein Analyst als das echte Jahresergebnis betrachten würde. Gewinnausweise für das Quartal werden mit Hilfe der sogenannten Integralmethode vorbereitet. Das macht sie weitgehend zu einem Spiegelbild dessen, was das Management als das volle Jahresergebnis schätzt. Es ist bemerkenswert, daß die Börse wild auf Zwischengewinne reagiert, die einige Prozente höher oder niedriger liegen als erwartet, wo doch die Genauigkeit der Quartalsgewinne in so starkem Maße auf subjektiven Schätzungen für die folgenden Quartalsergebnisse beruht. Die Empfindlichkeit der Börse gegenüber Gewinnausweisen, die die Erwartungen enttäuschen, ist besonders groß im Falle von Glamour-Wachstumsaktien, wo der Kurs so sehr auf Hoffnungen und Träumen beruht und sowenig auf Vermögen und nachgewiesener Ertragskraft.

Es gibt also viele Beweise dafür, daß die Börse auf ausgewiesene Gewinne reagiert, aber ebenso zeigt sich, daß die Börse durch Unterschiede, die nur auf der Buchführung beruhen, „hindurchsieht" und angemessene Anpassungen dafür vornimmt. Wenn etwa eine Gesellschaft ihre Vorräte nach LIFO bewertet und die anderen Gesellschaften FIFO benutzen, wird die Börse die Aktienkurse der Gesellschaften entsprechend anpassen. In ähnlicher Weise wird die Börse den Kurs von Gesellschaften anpassen, die verschiedene Abschreibungsmethoden benutzen.[9] Wir sind der Überzeugung, daß die Börse die Kurse richtig anpassen wird, wenn sie die Buchführungsunterschiede versteht und die notwendige Information bekommt, um diese Anpassung vorzunehmen. Diese Anpassungen durch die Börse bleiben meist auf die Dauer bestehen, während die Auswirkungen der Gewinnausweise nur relativ kurzlebig sind und normalerweise nach ein paar Tagen oder höchstens Monaten verschwinden. Die Bedeutung der angepaßten Gewinne, die der Analyst so nahe wie möglich an die „echten" Gewinne heranzuführen versucht, liegt darin, einen verläßlichen Ausgangspunkt für die Voraussagen der Zukunft zu liefern.

Einige spezielle Gebiete der Buchführung bieten sehr weiche und subjektive Zahlen. Hervorstechende Beispiele sind die Methode, Kontrakte mit längerer Laufzeit nach dem Prozentsatz der Erfüllung zu behandeln (Percentage-of-Completion-Method of Contract Accounting) und die Buchführung für Film und Kabelfernsehen. Auf allen diesen Gebieten nimmt die Buchführung eine verringerte Präzision in Kauf, um rechtzeitig zu informieren, anstatt überhaupt keine finanzielle Information zu bieten. Die Schwierigkeit hier ist nicht eine Schwäche der Buchführungsregeln, sondern die oft anzutreffende Ungewißheit in Geschäftsdingen.

---

[9] W. H. Beaver und R. E. Dukes, „Tax Allocation and Depreciation Methods", The Accounting Review, Juli 1973, S. 549–555; siehe auch R. E. Dukes, „An Investigation of Effects of Expensing Research and Development Costs on Security Prices", in M. Schiff und G. Sorter, Proceedings of the Conference of Topical Research in Accounting, New York University, New York, 1976, S. 147–193; G. Foster, „Valuation Parameters of Property-Liability Companies", Journal of Finance, Juni 1947, S. 823–836; Raymond J. Ball, „Changes in Accounting Techniques and Stock Prices", University of Chicago, 1971

Die Benutzung von angepaßten Abschlußzahlen

Analysten passen die Jahresabschlüsse an, um die Zahlen näher an ihre eigene Auffassung über Gewinn und Kapitalerhaltung heranzuführen. Die Vorstellungen über den Gewinn mögen teilweise durch den Blick auf die Entscheidung geprägt sein, die getroffen werden soll. In manchen Fällen sollen Gesellschaften innerhalb einer Industrie oder eines Sektors verglichen werden. Alle müssen auf eine gemeinsame Grundlage gestellt werden, soweit die Information dafür vorhanden ist. Anpassungen bereiten die Abschlüsse für die nachfolgende Bearbeitung und Analyse vor. Oft besteht sie darin, Kennzahlen zu berechnen, um zu entscheiden, welche Beziehungen stabil und welche variabel sind. Der Analyst mag Anpassungen vornehmen, um das wirkliche Niveau eines Postens zu irgendeinem Zeitpunkt zu finden oder um herauszufinden, was das normale Niveau über den ganzen Konjunkturzyklus ist. Diese Verfahren erfordern Änderung der Abschlußzahlen, um die Genauigkeit, Vergleichbarkeit und Beständigkeit zu erhöhen, bevor ein Trend gemessen, eine Kennzahl errechnet oder der Durchschnitt einer Anzahl von Jahren gebildet wird. Mit zunehmender Erfahrung der gesamten Berufsgruppe benutzen Analysten immer mehr statistische Techniken und mathematische Modelle. Das am häufigsten benutzte Modell ist ein Finanzmodell der Gesellschaft. Das ist eine vollständige Zusammenstellung von bisherigen Jahresabschlüssen, Trends, Kennzahlen, Gleichungen und Beziehungen. Sie bilden die Grundlage, um Projektionen für mehrere Jahre in die Zukunft hinein zu erstellen. Die Zukunft ist es, wo Geld gemacht wird – oder verloren.

Kapitel 11
Analyse der Gewinn- und Verlustrechnung

Jede Wertpapieranalyse hat mit der Analyse von Jahresabschlüssen zu tun. Allerdings kann das Gewicht sehr unterschiedlich sein, das dem Finanzmaterial gegeben wird. Das hängt ab von der Art des untersuchten Wertpapieres und den Motiven des zukünftigen Käufers. So hängt etwa die Einstufung von Obligationen mit Investmentqualität und von Vorzugsaktien entscheidend von der finanziellen Vorgeschichte der betreffenden Gesellschaft ab. Solche Obligationen und Vorzugsaktien müssen bestimmten Sicherheitsanforderungen entsprechen, die von Kriterien wie den folgenden abhängig sind:

- Verhältnis der bisherigen Gewinne zu den festen Belastungen (und Vorzugsdividenden)
- Vorgeschichte in bezug auf gezahlte Dividenden
- Verhältnis der verbrieften langfristigen Verbindlichkeiten zum Sachanlagevermögen
- Position beim Nettoumlaufvermögen
- Geschäftsumfang

Obwohl qualitative Faktoren wichtig bei der Analyse von Aktien und Obligationen sein können, kann man das Risiko nicht ohne die Unterstützung durch tatsächliche Zahlen bestimmen.

Bedeutung der Vorgeschichte für die Zukunft

Bei der Auswahl von Aktien bilden die zukünftigen Erwartungen die Grundlage für Attraktivität und Wert. Theoretisch könnten sich diese Erwartungen so sehr von der Performance in der Vergangenheit unterscheiden, daß diese buchstäblich ohne Bedeutung für die Analyse wäre. Aber eine solche Trennung der Zukunft von der Vergangenheit kommt selten vor. Meist besteht eine Kontinuität der Geschäftstätigkeit, und das macht die Finanz-Vorgeschichte zum logischen Ausgangspunkt für alle Projektionen der Zukunft.

Die meisten Gesellschaften und Industrien haben gewisse identifizierbare Finanz-Charakteristiken, die stabil bleiben oder sich im Laufe der Zeit nur langsam ändern. Nur wer den kurzfristigen Börsenschwankungen folgt oder der unachtsame

Spekulant, der Tips oder eigenen Eingebungen folgt, wird die finanziellen Ergebnisse – das statistische Bild – einer Aktie mißachten. Echtes Investment in irgendein Wertpapier – und dem dient die analytische Methode – erfordert die richtige Anwendung der Analyse auf Jahresabschlüsse.

In Kapitel 2 wiesen wir auf die beschreibende Funktion der Wertpapieranalyse hin; die für ein Wertpapier wichtigen Tatsachen müssen richtig aufgebaut und in einer zusammenhängenden, leicht verständlichen Weise präsentiert werden. Analyse von Jahresabschlüssen spielt eine wichtige Rolle in dieser beschreibenden Funktion, und Teil 2 befaßt sich näher damit bis hin zu dem Punkt, wo die ermittelten Ergebnisse tatsächlich für Bewertung und Auswahl von Wertpapieren benutzt werden sollen.

Das typische Muster einer analytischen Studie

Jede einigermaßen vollständige Analyse eines Gesellschaftswertpapieres hat 3 größere Unterteilungen:

1. Eine Beschreibung der Geschäftstätigkeit der Gesellschaft und ihres Vermögens. (Dazu gehören unter Umständen einige Daten der Vergangenheit und einige Einzelheiten über das Management.)
2. Finanzmaterial: Die Kapitalisierung, die Entwicklung von Gewinnen und Dividenden über eine erhebliche Anzahl von Jahren, eine Analyse der Finanzbewegungsrechnung (Funds Flow Analysis) und eine oder mehrere neuere Bilanzen.
3. Aussichten des Unternehmens in Form von in die Zukunft projizierten Abschlüssen und die Vorzüge des Wertpapiers

Der geschriebene Bericht

Wir können nicht genug die Wichtigkeit betonen, die ein schriftlich vorbereiteter Bericht für die eigene Disziplin des praktisch tätigen Analysten hat. Diese Tätigkeit verbessert die Ordnung der Gedanken, erzwingt größere Aufmerksamkeit für die Einzelheiten und legt das Gewicht auf die Tatsachen und nicht auf bloße Annahmen. Die Kommunikation wird verbessert und Mehrdeutigkeiten werden verringert. Eine Schlußfolgerung muß erreicht werden, und es wird eine Unterlage für zukünftige Überprüfungen geschaffen. Die gute Investmentorganisation überprüft ihre vergangenen Erfolge und Fehler und lernt aus ihnen. Der individuelle Analyst oder Berater sollte dasselbe tun.

Benutzung der Gewinn-und Verlustrechnung

Die Ergebnisse der Gewinn- und Verlustrechnung können unter verschiedenen Gesichtspunkten analysiert und erörtert werden. Dazu gehören Durchschnittsergebnisse und das Jahresminimum in der untersuchten Zeitspanne sowie der Trend und die Veränderlichkeit (Variability) über die Jahre. In vielen Äußerungen über Aktien wird erhebliche und vielleicht übermäßige Aufmerksamkeit den neuesten Zahlen gewidmet, und das mag irreführend sein. Gute Analysten benutzen die Gewinn- und Verlustrechnungen aus der Vergangenheit in erster Linie als Richtschnur, um Schätzungen für die zukünftigen Gewinne oder die Ertragskraft zu formulieren. Sie sind die wichtigste Grundlage für ihre Schlußfolgerungen, welche Vorteile eine Aktie bietet. Ein Gewinniveau, das schon in der Vergangenheit erreicht wurde, ist als Aussicht eher glaubwürdig als die Projektion von neuen Rekordergebnissen.

Drei Aspekte für die Analyse von Gewinn- und Verlustrechnungen

Die Bedeutung, die der Gewinn- und Verlustrechnung in der Wertpapieranalyse beigemessen wird, macht ein kritisches Studium der veröffentlichten Zahlen besonders wichtig. Eine wirklich gute Arbeit über eine Gewinn- und Verlustrechnung kann alles andere als eine einfache Angelegenheit sein. Viele Komplikationen gilt es aufzulösen, vor manchen „Schlenkern" oder besonderen Eintragungen muß man sich hüten, und viele Unterschiede zwischen einzelnen Gesellschaften müssen ausgeglichen werden. Das Studium der Gewinn- und Verlustrechnung einer Gesellschaft kann man grob unter drei Überschriften fassen.

1. *Buchführung.* Die Hauptfrage ist hier: Was waren die echten Gewinne für die untersuchten Perioden der Vergangenheit?
2. *Geschäftsaussichten.* Die Hauptfrage ist: Welche Anhaltspunkte gibt die Gewinn- und Verlustrechnung in bezug auf die zukünftige Ertragskraft der Gesellschaft?
3. *Wertpapierbewertung.* Hier ist die Hauptfrage: „Welche Elemente in der Gewinn- und Verlustrechnung sollte der Analyst berücksichtigen und welchen Standards sollte er folgen, wenn er zu einer vernünftigen Bewertung der Aktie kommen will?"

Die Kapitel 11–19 befassen sich mit dem Buchführungs-Aspekt der Abschlußanalyse. Sie behandeln die Gewinn- und Verlustrechnung, ihre Beziehung zur Finanzbewegungsrechnung und zur Bilanz. Die Fragen der Geschäftsaussichten werden in den Kapiteln 29 und 30 behandelt, die Bewertung in Kapitel 31–34.

Grundsätze des Verfahrens zur Ermittlung der echten Betriebsgewinne

Betrügerische und andere irreführende Transaktionen

Der Analyst muß natürlich von der Annahme ausgehen, daß die untersuchten Zahlen nicht betrügerisch sind, daß die verschiedenen Vermögenswerte und Verbindlichkeiten in der Bilanz ehrlich angegeben sind, wie sie in den Büchern erscheinen und ohne Auslassungen oder fiktive Eintragungen. Wo Vermögensgegenstände bewertet oder Verbindlichkeiten geschätzt werden müssen und dazu eine Beurteilung nötig ist, muß der Analyst weiter annehmen, daß solche Schätzungen auf dem informierten und ehrlichen Urteil des Managements beruhen.

Die veröffentlichten Jahresabschlüsse von Gesellschaften, die bei der SEC registriert sind, sind durch unabhängige öffentliche Wirtschaftsprüfer geprüft und tragen ihr Zertifikat. Das ist jetzt ein gesetzliches Erfordernis. Das Prüfungsverfahren ist seit 1933 erheblich verschärft worden, teils durch die Bemühungen der Abschlußprüfer selbst und teils auf Druck der SEC. Die Möglichkeiten eines richtiggehenden Betruges sind nicht nur erheblich verringert worden, sondern – was von größerer praktischer Bedeutung ist – die Analysten bekommen nunmehr die Jahresergebnisse in genügenden Einzelheiten und mit ausreichendem Kommentar, um eine vernünftige Interpretation der Zahlen vorzunehmen.

Vor 1933, vor der Gesetzgebung über die SEC, waren halbbetrügerische Verzerrungen von Gesellschaftsdaten nicht selten. Die Irreführung ging fast stets dahin, die Ergebnisse besser aussehen zu lassen, als sie waren. Meist hing sie mit irgendeiner Manipulation an der Börse zusammen, an der das Management beteiligt war. Obwohl die Häufigkeit solcher Praktiken zurückgegangen ist, muß der Analyst weiterhin wachsam sein, ob nicht so ein Fall von Irreführung durch den Jahresabschluß oder gar echter Betrug vorliegt.

Gute Analyse kann helfen, Investment in betrügerische Gesellschaften zu vermeiden

Wertpapieranalysten werden wahrscheinlich keinen Betrug aufdecken, aber sie haben Werkzeuge, um auf ungewöhnliche Bilanzbilder hinzuweisen, die schwer zu erklären sind. Eine Aktie sollte nie empfohlen werden, wenn der Analyst die Gesellschaft nicht kennt und nicht versteht. Gesellschaften, die mit Betrug oder fragwürdigen Transaktionen zu tun haben, werden nicht selten von sorgfältigen Analysten vermieden, die zu dem Schluß kommen, daß die Zahlen einfach keinen Sinn ergeben.

Der gute Wertpapieranalyst hält nicht nur Verbindung zu den Gesellschaften, die für Käufe in Frage kommen. Wettbewerber, Gewerkschaften, Handelsvereinigungen, Verkäufer, Kunden und eine Menge anderer Quellen liefern Informationen und

Einsichten über Trends, technische Entwicklungen, Marktanteile, Gerüchte usw. Durch solche Kanäle hört der Analyst oft zuerst von ungewöhnlichen Transaktionen oder verdächtigen Umständen.

Der Analyst benutzt eine Reihe von empfindlichen Kennzahlen (siehe Kap. 20), vor allem die Tätigkeitskennzahlen Kapitalumschlag (Asset Turnover) – Vorratsumschlag (Inventory Turnover, „Lagerumschlag"), Umschlag von Forderungen aus Lieferungen und Leistungen (Accounts Receivable Turnover usw), die alle mit dem Ziel geschaffen wurden, frühestmöglich Warnzeichen zu geben, daß in einer Gesellschaft sich etwas ändert. Eine solche Änderung führt fast immer zu Erkundigungen beim Management über die Ursachen. Wenn die Erklärungen des Managements unzureichend sind, wird der Verdacht des Analysten geweckt.

Der Analyst hat eine Reihe von Möglichkeiten, die Rate vorherzusagen, mit der die Gesellschaft wächst. Einige Techniken orientieren sich dabei an der Fähigkeit der Gesellschaft, ihr Wachstum zu finanzieren. Wenn das berichtete Wachstum die Grenzen des vom Analysten projizierten Finanzierungsspielraums überschreitet, besteht Grund zur Besorgnis.

Wenn ein Analyst mit dem Versicherungsgeschäft vertraut ist, weiß er, daß schnelles Wachstum riesige Beträge von Kapital erfordert, um die anfänglichen Kosten von neuen Verträgen zu finanzieren. Im Falle von Equity Funding Corporation hätte ein Analyst vielleicht nicht erkennen können, daß es sich um einen Fall von Betrug handelte. Aber die Analyse des Kapitalbedarfs veranlaßte jedenfalls einige Analysten dazu, sich von der Gesellschaft abzuwenden, weil sie keinen vernünftigen Weg sahen, ihre Wachstumsziele zu finanzieren.

Die Ergebnisse des Bilanzbuchhalters und des Analysten

Die Berichte fast aller Gesellschaften werden ehrlich zusammengestellt und sind von ihren Abschlußprüfern mit einem Zertifikat versehen dahingehend, daß sie mit den allgemein anerkannten Buchführungsgrundsätzen übereinstimmen. Damit erhebt sich die Frage: Warum muß der Wertpapieranalyst überhaupt diese Zahlen verändern? Ein Hauptgrund besteht darin, daß die GAAP erheblichen Spielraum in der Darstellung der Ergebnisse lassen. Dieser Spielraum erlaubt der Gesellschaft, ihre Gewinne in einer Art auszuweisen, die vielleicht nicht die wirklichen Betriebsergebnisse für das Jahr (einschließlich der Interessen in Beteiligungsgesellschaften) so widerspiegelt, wie der Analyst sie darstellen würde.

Vergleichbarkeit von Vorräten und Abschreibungen

Vor allem erlaubt die Buchführung einen erheblichen Spielraum bei den Vorräten und der Abschreibung. Anpassungen sind erforderlich, um echte Vergleiche zu ermöglichen. Der Analyst muß die Zahlen neu ordnen und interpretieren; nicht so sehr, um sie in Übereinstimmung mit der Buchführungspraxis zu bringen, sondern in eine Form, die den Investor am besten informiert.

Beständigkeit über längere Zeit

Die erhöhte Zahl von Buchführungsregeln hat zwar die Vergleichbarkeit zwischen Gesellschaften erhöht, die sich mit ähnlichen Transaktionen befassen. Aber diese Änderungen haben gewisse Probleme insoweit hervorgerufen, als es um die Beständigkeit über längere Zeit geht. Die meisten Buchführungsregeln werden erst für die Zukunft wirksam: Transaktionen der Vergangenheit brauchen also nicht neu ausgewiesen zu werden, um den neuen Erfordernissen zu genügen. Dafür gibt es verschiedene Gründe: Die Kosten einer Neubewertung, Verfügbarkeit der nötigen Daten, die Frage, ob die Gesellschaft die Transaktion vorgenommen hätte, wenn die neuen Regeln schon gegolten hätten, und Bedenken, daß die Glaubwürdigkeit der Buchführung beeinträchtigt wird, wenn vorher herausgegebene Erklärungen geändert werden. Vom Standpunkt des Analysten her haben die häufigen Änderungen zur Folge, daß in seinen Trends und Durchschnitten Transaktionen enthalten sind, die nach alten, aber auch neuen Regeln der Buchführung abgerechnet wurden. Solche Unterbrechungen und Änderungen sind ein kleiner Preis für die erheblich verbesserte Information durch die Buchführung. Wenn der Analyst sich der Änderungen der Regeln bewußt bleibt, kann er gewöhnlich mit ihnen fertigwerden.

Berufliche und praktische Bedeutung der Anpassungen durch den Analysten

Die Analyse von Jahresabschlüssen ist Teil eines notwendigen Verfahrens durch den berufsmäßigen Analysten und ist wichtig für die beste Auswahl von Wertpapieren, insbesondere Aktien. Wenn der Praktiker die Vorgeschichte als Ausgangspunkt für eine Untersuchung benutzen soll, müssen die Zahlen angemessen und genau präsentiert werden. Wenn er die Anpassungen unterläßt, die durch solide Technik erfordert werden, liefert er mit einer solchen Analyse eine schlechte berufliche Arbeit. Unter diesem Gesichtspunkt ist eine umfassende Ausbildung in der Analyse von Jahresabschlüssen ein wesentlicher Teil bei der Erziehung des Praktikers.

Analyse von Abschlüssen ist weniger hilfreich bei der Auswahl von Aktien als bei Obligationen

Gute Aufbereitung der Zahlen führt normalerweise zu einer erfolgreichen Auswahl von Obligationen und Vorzugsaktien. Dort steht die Frage im Vordergrund, ob das Papier aufgrund der Ergebnisse der Vergangenheit gewisse minimale Sicherheitsstandards erfüllt. Aber im Bereich der Aktien hängt der Wert in erheblichem Maße von den Erwartungen ab, die sich auf das zukünftige Gewinnwachstum beziehen. Deshalb werden die folgenden Fragen weitgehend bestimmen, ob der Kauf einer Aktie erfolgreich ist:

Kapitel 11: *Analyse der Gewinn- und Verlustrechnung*

1. Sind die Erwartungen des Analysten genauer als die der Börse?
2. Werden diese Erwartungen erfüllt?
3. Sind die jetzigen Erwartungen über die zukünftige Wachstumsrate günstiger oder ungünstiger als früher?
4. Hat sich die Basis, auf der die Börse solche Erwartungen kapitalisiert, nach oben oder unten verändert?

Diese Bestimmungsfaktoren des Börsenwertes und der Erfolg von Aktienkäufen stehen nicht in sehr enger Beziehung mit der Vorgeschichte. Bei der Auswahl einer Aktie beschäftigt man sich heute hauptsächlich mit der zukünftigen Entwicklung. Wenn der Analyst daher die Vergangenheit genau darstellt, scheint diese Arbeit ziemlich unwichtig und von geringem praktischen Wert zu sein. Es wäre unrealistisch, nicht zu erkennen, daß bei der Investition in Aktien die Betonung auf der Zukunft liegt.

Nichtsdestoweniger sollte der Analyst weiterhin diese Untersuchung und kritische Analyse der Vergangenheit betreiben – und zwar aus mehreren Gründen. Zunächst einmal müssen die beruflichen Standards des Analysten bei seiner Arbeit aufrechterhalten werden, auch wenn die Börse zu Zeiten solchen Darstellungen wenig Aufmerksamkeit zu schenken scheint. Zweitens führt auch weiterhin diese kritische Analyse in einzelnen Fällen zu wertvollen Schlüssen dahingehend, daß eine bestimmte Aktie über- oder wichtiger unterbewertet ist. Oft bestätigt die Analyse der Gewinne lediglich, daß die Gewinnzahlen, wie sie die Gesellschaft vorlegt, ziemlich genau und die Netto-Anpassungen unbedeutend sind. Sehr oft ist dies zugleich ein Anzeichen, daß die Börse mit den richtigen Gewinnzahlen arbeitet und daß wenig Wahrscheinlichkeit besteht, daß die Aktie anders notieren wird als jetzt an der Börse. Es ist ebenso wichtig, richtig bewertete Aktien als potentielle Kaufkandidaten auszuscheiden als solche zu entdecken, die unter- oder überbewertet sind. Drittens: Welches Bewertungsmodell man auch benutzt – einen Multiplikator (Vervielfältiger) für Gewinne, ein Dividendenabzinsungsmodell oder was immer – das augenblickliche Gewinniveau ist Ausgangspunkt für die Berechnungen und Projektionen. Um für eine bestimmte Gesellschaft korrekte Projektionen zu erstellen, muß die augenblickliche Ertragskraft so genau wie möglich ermittelt werden. Ertragskraft kann man als die „Fähigkeit, Gewinne zu machen" bezeichnen, und diese Fähigkeit ist sicherlich nicht nur in den Buchführungsunterlagen zu finden. Wichtige Fragen sind auch, ob die Gesellschaft die Fähigkeiten in physischer Hinsicht, bezüglich der Produktion, des Verkaufs, des Managements, der Finanzen und in anderer Richtung hat, um die Projektionen zu verwirklichen. Wenn eine Gesellschaft diese Fähigkeiten noch nicht hat – kann sie sie erwerben? Wenn die Gesellschaft es „vorher geschafft hat", erscheinen die Projektionen der Zukunft zumindest als vernünftig. Und schließlich: Die Börsen werden auch in Zukunft Zeiten des Optimismus haben, wo bereitwillig ein Preis für einen erwarteten zukünftigen Gewinn gezahlt wird, der den der Vergangenheit weit übersteigt – und Zeiten des Pessimismus, wenn selbst erwiesene Fähigkeiten zu einem kümmerlichen Preis erworben werden können.

Überblick über die sieben Schritte bei der Analyse von Gewinn- und Verlustrechnungen

Um die Ertragskraft für die untersuchte Periode zu finden, sollte der Analyst einem Standardverfahren von sieben Stufen folgen (von denen die ersten beiden ausführlich in diesem Kapitel erörtert werden):

1. *Richtige Behandlung nicht wiederkehrender Posten.* Der Analyst muß nicht wiederkehrende Posten bei der Analyse eines einzelnen Jahres aussondern, aber er muß sie in den meisten langfristigen Analysen berücksichtigen.
2. *Aussonderung der Posten, die zu Unrecht als Ertrag ausgewiesen sind.* Der Analyst muß jeden ausgewiesenen Ertrag aussondern, der nicht durch die wirtschaftliche Substanz gerechtfertigt ist. Ein Beispiel: Eine Gesellschaft bietet Führungskräften eine Entschädigung in Form von Aktienoptionen, die einen wirtschaftlichen Wert haben, aber nach den Buchführungsregeln nicht als Gehalt behandelt werden. Hier sollte der Analyst den geschätzten Wert der Optionen als Personalaufwand (abzüglich des Steuereffektes) behandeln und dadurch die Gewinne der Gesellschaft verringern. (Ordnungsgemäße Feststellung des Ertrages ist indirekt Gegenstand aller Kapitel über Analyse von Jahresabschlüssen, das heißt der Kapitel 10–20.)
3. *Unmittelbare Zuführungen zu den Gewinnrücklagen.* Gewinne müssen berichtigt werden, um unangebrachte direkte Zuweisungen zu den Rücklagen (Surplus) zu erfassen (Kap. 12)
4. *Benutzung vergleichbarer Methoden für Vorräte und Abschreibungen.* Der Analyst sollte die Bewertung der Vorräte (Kap. 13) und den Aufwand für Abschreibung und Amortisation (Kap. 14) auf eine einheitliche Basis stellen, damit sie für vergleichsweise Studien benutzt werden können (dies mag nicht immer möglich sein).
5. *Konsolidierung von Beteiligungsgesellschaften.* Der Analyst berichtigt die Gewinne im Hinblick auf die Gewinne von Tochter- und Beteiligungsgesellschaften (Kap. 16). Das sind zum Beispiel auch Joint Ventures, Trusts für Lizenz- oder Konzessionsvergabe (Grantor Trusts) und Investments, die auf Kostenbasis zu Buche stehen, soweit ihre Gewinne nicht berücksichtigt, aber verfügbar sind. Die Entscheidung, ob eine juristische Person (Legal Entity) eine Beteiligungsgesellschaft ist, sollte auf Grund der wirtschaftlichen Substanz der Regelung und nicht auf Grund der rechtlichen Form entschieden werden.
6. *Ertragssteuern.* Der Analyst muß nun die Ausgaben für Ertragssteuern anpassen, um sie in das richtige Verhältnis zu den berichtigten Erträgen vor Steuern zu bringen (Kap. 17).
7. *Berücksichtigung fehlender Vermögenswerte und Verbindlichkeiten.* Der Analyst sollte die Auswirkungen bestimmter, nicht erfaßter Vermögenswerte und Verbindlichkeiten berücksichtigen, die im Jahresabschluß nicht enthalten sind. Das sind zum Beispiel Nutzungsverträge (Pacht-, Leasing-, Mietverträge), einige Vorträge von Betriebsverlusten und einige nichtkonsolidierte Beteiligungsgesellschaften (Kap. 18 + 19).

Nicht wiederkehrende Posten*⁾

Ereignisse aus vergangenen Jahren

Wie der Name zeigt, ergeben sich nicht wiederkehrende Gewinne oder Verluste aus Gründen außerhalb des normalen Geschäftsverlaufs. Die Eintragungen sind hauptsächlich von zweierlei Art. Die erste bezieht sich völlig auf Ereignisse aus früheren Jahren, wie etwa die folgenden:

Steueranpassungen und Steuernachlaß

Solche Ereignisse sind z. B. Steuererstattungen oder Zahlungen von rückständigen Steuern, für die nicht schon Vorsorge getroffen war, und Zinsen darauf. Manchmal sind sie verbunden mit Anpassungen in den Abschreibungsreserven. Ebenfalls hierher gehören Steuernachlässe.

1. Beispiel: Die Steuerreform von 1984 brachte verschiedene Arten von Steuernachlässen. Als Folge davon zeigte der Jahresabschluß 1984 von Archer Daniels Midland Company die Auflösung einer Reserve (Rückstellung) in Höhe von zwölf Millionen Dollar für aufgeschobene Steuern. Diese Reserve war vorher wegen der (noch nicht ausgezahlten) Gewinne von Domestic International Sales Corporation gebildet worden; das neue Gesetz hatte mit Wirkung vom 31.12.1984 alle Ertragssteuern beseitigt, wenn die Gewinne noch nicht ausgezahlt waren.

2. Beispiel: Ähnlich enthielt die Gewinn- und Verlustrechnung von Aetna Life and Casualty Insurance Company einen Posten von 65 Millionen Dollar für „Neuanpassung". Das war eine Ertragssteuergutschrift als Folge der Steuerreform 1984. Diese erforderte eine Neuberechnung der Rückstellungen für Versicherungspolicen mit einem dauernden Erlaß der Steuern, die sonst Folge dieser Neuberechnung gewesen wären.

Prozesse, Ansprüche und Neuverhandlungen

Das Ergebnis aus Prozessen oder anderen Ansprüchen (zum Beispiel aus Verhandlungen über alte Verträge, aus Schadensersatzansprüchen, Kontroversen über die Gebühren für öffentliche Stromversorgung) sind nicht wiederkehrende Posten, die

---

*⁾ Anm. des Übersetzers: Im Amerikanischen gibt es „Nonrecurring Items", nicht wiederkehrende Posten, und „Extraordinary Items", außergewöhnliche Posten. Letztere sind ungewöhnlich *und* selten, erstere ungewöhnlich *oder* selten (vgl. Barron's Dictionary of Accounting Terms unter „Extraordinary Item" und „Nonrecurring (income statement) Item". In diesem Buch wird der Begriff „Nonrecurring Item", nicht wiederkehrender Posten, dagegen für beide Arten, d. h. als Oberbegriff benutzt (vgl. diese Überschrift und weiter unten in diesem Kapitel unter „Ungewöhnliche oder seltene Posten")

sich auf frühere Jahre beziehen. Die „Accounting Trends and Techniques 1985"[1]) zeigte, daß 339 von 600 Gesellschaften Reserven (Rückstellungen) für schwebende Prozesse auswiesen. In der großen Mehrzahl der Fälle wurde keine Zahl für die Haftungshöhe gezeigt, wie das im Falle von Prozessen üblich ist. Ein Prozeß ist bei weitem die häufigste Ursache für Reserven (Rückstellungen) für noch nicht feststehende Risiken.

Beispiel: Im Geschäftsjahr, das am 31.7. 1984 endete, schloß A. M. International Incorporated in einem Prozeß mit Richard B. Black, dem früheren Chairman of the Board, einen Vergleich: Es wurden gewisse Aktientransaktionen (deren Wert nicht klar war) vorgenommen, und die Gesellschaft verzichtete auf einen Anspruch in Höhe von 1 668 750 Dollar, den die Gesellschaft gegen Black hatte.

Änderungen in den Buchführungs- und Bewertungsmethoden

Ein anderer dieser nicht wiederkehrenden Posten ist der Gesamteffekt, der sich durch Änderungen in der Buchführung oder Änderungen in Schätzungen ergibt. (Für letzteres siehe das Beispiel für Bethlehem in Kap. 14.)

Beispiel: Im Geschäftsjahr per Ende September 1984 änderte Ashland Oil, Inc. die „Tafelmethode" (Actuarial Cost Method) bei Kalkulation ihrer Pensionsverpflichtungen in eine andere, „die der Buchführungsmethode für Pensionskosten, wie sie der Financial Accounting Standards Board vorgeschlagen hat, ähnlicher ist". Diese Änderung verminderte den Nettoverlust für 1984 um 6 262 000 $ (0,23 $ je Aktie). Eine Fußnote zum Pensionsplan zeigte außerdem, daß 1984 die geschätzten gesamten Rentenansprüche gegen die Gesellschaft auf einer Basis von 8,9 % Zinsen für 1984 berechnet waren. Für 1983 betrug der entsprechende Zinssatz 10,1 %; daraus ergab sich ein versicherungstechnischer Verlust, der über die zukünftigen Jahre verteilt werden würde. Es wurden keine Zahlen für die Auswirkungen durch die Änderung des Zinssatzes gegeben.

Anpassungen und Änderungen für frühere Perioden

Beispiel: Die Erläuterung 52 für Währungsumrechnungen[2]) forderte eine Anpassung der Eröffnungsbilanzen an die neuen Erfordernisse dadurch, daß aktuelle Wechselkurse für bestimmte ausländische Tochtergesellschaften anzuwenden waren. Die 10-K-Erklärung von Abbot Laboratories für 1985 enthält eine Fußnote, in der es heißt: Die Anpassungen für Währungsumrechnungen 1983 enthalten „Anpassungen der Eröffnungsbilanz in Höhe von 49 376 000 $".

---

[1]) AICPA, Accounting Trends and Techniques, New York 1985, S. 52
[2]) Financial Accounting Standards Board, Statement 52, Foreign Currency Translation, Stanford, Conn. 1981

Ereignisse aus dem laufenden Jahr

Die andere Art von besonderen Transaktionen hat zwar ihren Ursprung im laufenden Geschäftsjahr, hat aber dennoch einen außergewöhnlichen Charakter, der sie von dem normalen Betrieb ausnimmt. Es folgen einige Beispiele dieser Kategorie:

Veräußerung von Vermögenswerten

Gewinne oder Verluste aus dem Verkauf von Sachanlagevermögen – oder von Investments, soweit es sich nicht um eine Investmentgesellschaft handelt – sind solche nicht wiederkehrenden Posten.

Verkaufsprogramme für größere Vermögensveräußerungen

Solche Programme betreffen oft Summen, die die normalen Aktivitäten der Gesellschaft klein erscheinen lassen. Gewinn oder Verlust aus Verkäufen eines größeren Teilbereichs kann um ein Mehrfaches größer sein als die normalen Gewinne der Gesellschaft. Die häufigsten und wichtigsten nicht wiederkehrenden Posten stammen aus Verkauf oder anderweitiger Verfügung über Produktionsstätten, Fabriken oder Anlagen. Sie beziehen sich oft auf den Verkauf oder die Stillegung einer Abteilung oder eines Produktionszweiges oder einer Tochtergesellschaft. Zugleich mögen Reserven (Rückstellungen) für Aufwendungen infolge Beendigung von Arbeitsverhältnissen, für Verluste auf Lagerbeständen oder ähnliches vorgesehen werden, wenn der Verkauf Teil eines größeren Restrukturierungsprogrammes ist. Die übliche Behandlung hier wie bei anderen ähnlichen Transaktionen besteht darin, den Betrag vor Steuern in der Gewinn- und Verlustrechnung vor dem (normalen) Jahresüberschuß auszuweisen. Diesen Posten muß der Analyst als „außergewöhnlich" behandeln.

Zuweisung von Gewinnen oder Verlusten zum richtigen Geschäftsjahr

Die Zuordnung solcher Gewinne zu dem richtigen Jahr ist oft schwierig. In den meisten Fällen ist Zuweisung zu einem einzigen Jahr nicht die richtige Lösung. In einigen Fällen kann der Verlust durch ein Ereignis hervorgerufen sein: Etwa eine Entscheidung in bezug auf den Umweltschutz, ein neues Gesetz, einen plötzlichen Fall des Dollars an den Devisenbörsen, einen technologischen Durchbruch oder ein anderes Ereignis, das spezifisch ist und innerhalb eines bestimmten Zeitraumes liegt. Häufiger werden Restrukturierungen, Schließung von Fabriken, Aufgabe von Produkten und ähnliches dadurch verursacht, daß die Bedingungen über einen verhältnismäßig langen Zeitraum immer schlechter werden. Ähnlich sind viele Gewinne beim Verkauf von Vermögensgegenständen Ergebnis einer Preissteigerung, die sich über zehn oder zwanzig Jahre hingezogen hat, aber der Gewinn wird buchmäßig erst ausgewiesen, wenn der Verkauf stattfindet. Sobald der Analyst den Zeitraum ermittelt hat, muß er eine Entscheidung treffen: Welche Form der Verteilung von Gewinn oder Verlust beschreibt die wirtschaftliche Seite der Situation am besten? Obwohl eine gleichmäßige Verteilung am leichtesten zu berechnen ist, mögen wirtschaftliche Überlegungen eine unterschiedliche Verteilung von Gewinn oder Verlust auf verschiedene Jahre erfordern. Der Analyst muß daran denken, daß die Art, wie Gewinn oder Verlust in der Bilanz erscheinen – alles in einem Geschäftsjahr – die am wenigsten geeignete ist; sie ist fast mit Sicherheit die falsche Form.

Der Analyst mag Gewinne oder Verluste aus solchen Dispositionen aus der Gewinn- und Verlustrechnung ganz ausklammern, aber dann muß er auch alle damit in Zusammenhang stehenden Steuerauswirkungen eliminieren. Dabei muß er darauf achten, den richtigen Steuersatz anzuwenden (normale Ertragssteuer, ausländische Steuersätze, Steuern der Einzelstaaten oder der USA).

Beispiel: Während einer Periode der Umstrukturierung traf Ideal Basic Industries finanziell Vorsorge für Schließungen, für Sonderabschreibungen (Write Downs), sowie für Gewinne und Verluste aus dem Verkauf von Betrieben. Es handelte sich um Beträge von 15 Millionen Dollar Verlust für 1980, 15 Millionen Dollar Verlust für 1981, 11,768 Millionen Dollar Verlust für 1983 und 940 000 $ Gewinn für 1984. Der Analyst sollte diese Posten aus den individuellen Jahresergebnissen aussondern, aber er würde sie wahrscheinlich berücksichtigen, wenn er einen 5-Jahresdurchschnitt berechnete. Für 1983 und 1984 wies die Gesellschaft außergewöhnliche Gewinne aus durch vorzeitige Schuldentilgung im Betrage von 4,663 Millionen Dollar bzw. 4,198 Millionen Dollar. Während der Jahre 1982–1984 wurden neue Verpflichtungen eingegangen, die erheblich über den vorzeitig getilgten Beträgen lagen. Infolgedessen stiegen die Ausgaben für Zinsen stark von 32 Millionen Dollar im Jahr 1982 auf 46 Millionen Dollar im Jahre 1984. Es scheint, daß durch die vorzeitige Tilgung wirtschaftlich kein Gewinn erzielt wurde, und die (Buch-)Gewinne sollten deshalb aus dem Ertrag der betreffenden Jahre eliminiert werden. Man könnte darüber streiten, ob man solche Gewinne über längere Perioden verteilen kann, aber im allgemeinen sollten sie ausgeschlossen werden.

Mitte der achtziger Jahre machten viele Finanzinstitutionen Anstrengungen, ihre Kapitalverhältnisse zu verbessern. Dazu verkauften sie Bürogebäude, die über die Jahre erheblich im Wert gestiegen waren, und leasten (pachteten) sie für längere Zeiträume zurück. Solche Verkäufe werden sich voraussichtlich nicht wiederholen und geben daher wenig Einsicht in die Ertragskraft einer Gesellschaft. Sie sollten aus den normalen Gewinnen ausgeklammert werden. Andererseits optimieren Autovermietungsgesellschaften wie Hertz, Avis und National die Nutzung ihrer Automobile, indem sie sie verkaufen, wenn sie ein bestimmtes Alter oder einen bestimmten Kilometerstand aufweisen. Diese Gesellschaften haben ihre eigenen Verkaufseinrichtungen für gebrauchte Autos, und der Verkauf von Autos ist offensichtlich ein Teil der normalen Geschäftstätigkeit dieser Gesellschaften.

Kapitel 11: *Analyse der Gewinn- und Verlustrechnung*

Abschreibung oder Zuschreibung auf Finanzanlagen

Ein anderer nicht wiederkehrender Posten ist die Anpassung von bestimmten Investments an den Börsenwert, wenn es sich nicht um eine Investmentgesellschaft handelt, oder die (Sonder)Abschreibung von Investments, die nicht an der Börse gehandelt werden. Ein Beispiel für den letzteren Fall war die außerplanmäßige Abschreibung in Höhe von 40 Millionen Dollar, die American Can Company 1985 für ihre Bestände von Vorzugsaktien an New TC vornahm, weil deren Hypothekenversicherungstochter Verluste gehabt hatte.

Anpassung von Vermögenswerten im Ausland

Sonderabschreibungen oder Wiedererlangung von Vermögenswerten im Ausland sind ebenfalls nicht wiederkehrende Posten. Für 1979 bildete ITT Corporation eine Reserve (Rückstellung) für einen Verlust von 305 Millionen bei ihrer Papierfabrik in Quebec „ohne Steuervorteile".

Verluste bei Betrieben im Ausland ergeben sich häufig durch politische oder finanzielle (Devisen) Störungen. Früher bildeten Gesellschaften mit diversifizierten Interessen im Ausland Reserven (Rückstellungen), meist durch Belastungen des Ertrages, um zukünftige mögliche Verluste dieser Art aufzufangen. Dadurch wurde die Gewinn- und Verlustrechnung geschont, wenn solche Verluste eintraten. Statement Nr. 5 vom März 1975, „Buchführung für unvorhergesehene Fälle"[3]) verbietet allgemeine Reserven dieser Art. Eine Reserve wird nur gebildet, wenn der Verlust „wahrscheinlich" wird (wird näher definiert), und sie muß in der Gewinn- und Verlustrechnung erkennbar sein und darf nicht direkt in die Reserven (Rücklagen) gehen.

Lebensversicherung und andere Versicherungsgewinne

Erträge aus fälligen Lebensversicherungspolicen stellen für die meisten Gesellschaften eine ungewöhnliche Einnahme dar und sind nicht Teil der normalen Aktivität der Gesellschaft. Gewisse andere Versicherungsgewinne haben ebenfalls nicht wiederkehrenden Charakter. Der Jahresbericht 1985 für Fluorcarbon Company zeigte als außergewöhnlichen Posten 966 000 $ Versicherungsleistungen. Dies war der Überschuß der Versicherungssumme über den Betrag hinaus, zu dem eine chemische Fabrik in Birmingham/Alabama zu Buche stand, die im August 1984 abgebrannt war. Obwohl Brandfälle im Geschäftsleben immer wieder vorkommen, ist eine solche überschießende Versicherungssumme nicht als Teil der normalen Betriebsgewinne einer Gesellschaft anzusehen.

---

[3]) Financial Accounting Standards Board, Statement 5, Accounting for Contingencies, Stanford, Conn. 1975

Aufgegebene Tätigkeiten

Ertrag aus aufgegebenen Tätigkeiten ist nicht wiederkehrend, obwohl einiges Vermögen aus der abgebrochenen Tätigkeit übrigbleiben mag. Dieses Kapital kann in andere rentable Betriebszweige reinvestiert werden.

Ungewöhnliche oder seltene Posten

Im allgmeinen gibt die Buchführung heute eine alles umfassende Gewinn- und Verlustrechnung; Ausnahmen sind selten, zum Beispiel gewisse Gewinne und Verluste aus Devisenschwankungen, Pensionen und börsenfähigen Wertpapieren. Der Ausdruck „außergewöhnlich" (extraordinary) ist lange auf solche Ereignisse beschränkt gewesen, die sowohl selten als auch ungewöhnlich waren. Außergewöhnliche Posten werden unterhalb der Zeile „Net Income" („Jahresüberschuß") ausgewiesen, und zwar schon unter Abzug der Steuern („Net of Tax"). Andererseits werden Ereignisse, die *entweder* ungewöhnlich *oder* selten sind, aber nicht beides, getrennt in der Gewinn- und Verlustrechnung oberhalb des „Net Income" („Jahresüberschuß") ausgewiesen und müssen ohne Steuereffekt gezeigt werden. Fußnoten zeigen normalerweise die damit zusammenhängende steuerliche Auswirkung. Man kann im allgemeinen davon ausgehen, daß Posten, die entweder ungewöhnlich sind oder selten vorkommen, als nicht wiederkehrend zu behandeln sind.

Doppelte Stellung der nicht wiederkehrenden Posten in der Analyse

Die meisten nicht wiederkehrenden Posten spielen eine doppelte und widerspruchsvolle Rolle in der Wertpapieranalyse. Sie sollten aus den Ergebnissen für ein einzelnes Jahr zwar ausgeklammert, müssen aber für das Gesamtergebnis über eine Reihe von Jahren berücksichtigt werden. Eine erhebliche Rückerstattung überzahlter Steuern beispielsweise hat nichts mit dem laufenden Betriebsergebnis zu tun. Es wäre ein sprachlicher Mißbrauch, sie als Teil der „Gewinne" des Jahres zu bezeichnen, in dem sie eingingen. Der Analyst ist an Trends interessiert; deshalb müssen die Auswirkungen von Ereignissen in den Jahren untergebracht werden, in denen die Ereignisse stattfanden. Wenn 1987 eine Steuererstattung für Überzahlungen auf Ertrag aus den Jahren 1984 und 1985 eingeht, so sollte der Analyst die Steuern für 1984 und 1985 anpassen und die Erstattung aus dem Ergebnis 1987 ausklammern.

In eine Analyse der durchschnittlichen Gewinne über 7 oder 10 Jahre jedoch gehört eine Steuererstattung aus der Periode genauso hinein wie die Gewinne oder Verluste, auf die sie sich bezieht. Bei einer langfristig zurückreichenden Analyse von Ergebnissen nimmt man am besten jeden realen Gewinn- oder Verlustposten auf, wenn er nicht völlig ohne Beziehung zu der normalen Geschäftätigkeit ist. Willkürliche Herauf- oder Herabsetzungen im Wert (Markup or Markdown) von Kapitalposten wie Fabriken oder ideellen Werten sollten nicht als echter Gewinn oder Verlust angesehen werden.

Analysten begegnen oft Faktoren, die das Ergebnis kurzfristig günstig oder ungünstig beeinflussen, die sich aber während der Periode, für die sie den Gewinn projizieren, erheblich ändern werden. Beispiele könnten sein:

– Zinsgünstige Verbindlichkeiten, die in einigen Jahren fällig sein werden
– Ein günstiger Pachtvertrag, der bald ausläuft
– Das baldige Auslaufen von Patenten, Royalties, Versorgungs- oder sonstigen Verträgen

Der Analyst wird seine Projektionen anpassen, um beispielsweise zu berücksichtigen, daß die alten 4 %igen Obligationen, die in 2 Jahren fällig werden, wahrscheinlich durch 10 %ige Obligationen refinanziert werden müssen.

Regeln für die Behandlung nicht wiederkehrender Posten

Wo es nennenswerte, nicht wiederkehrende Posten gibt, kann offenbar keine völlig befriedigende Gewinn- und Verlustrechnung für ein einzelnes Jahr bestehen: Weder die Berücksichtigung noch die Nichtberücksichtigung solcher Posten wird der Situation voll gerecht. Ohnehin ist zu bezweifeln, daß wirklich brauchbare Anhaltspunkte für Ertragskraft und inneren Wert aus einer Untersuchung allein der Ergebnisse des laufenden Jahres gewonnen werden könnten. Eine nähere Erörterung dieses Punktes müssen wir zurückstellen, bis wir die Bedeutung der Gewinnentwicklung in Kapitel 29 erörtern.

Der Wertpapieranalyst steht jedoch vor dem Problem, die Ergebnisse für relativ kurze Perioden angemessen zu interpretieren und vielleicht zu verändern. Eine logische und beständige Methode für die Behandlung der verschiedenen Fälle ist nötig. Hier können die folgenden drei Vorschläge für die Behandlung nicht wiederkehrender Posten in der Gewinn- und Verlustrechnung helfen:

1. Kleine Posten sollten so übernommen werden wie berichtet. Als „klein" wird ein Posten angesehen, wenn er den Jahresüberschuß um weniger als 5 % berührt. Wenn es sich um eine Reihe von verschiedenen Posten handelt, sollte die Summe ihrer Effekte nach der 5-%-Regel behandelt werden.
2. Wenn ein Posten ausgeklammert wird, muß eine entsprechende Berichtigung für einen Ertragssteuerabzug vorgesehen werden.
3. Die meisten nicht wiederkehrenden Posten, die aus der Analyse für ein einziges Jahr herausgenommen werden, müssen nichtsdestoweniger bei der Feststellung der langfristigen oder normalen Ergebnisse berücksichtigt werden.

Gewinne und Verluste bei den eigenen Wertpapieren der Gesellschaft

Gewinne und Verluste aus der vorzeitigen Tilgung von Schulden werfen zwei Fragen auf: Ein Gewinn kann einen kürzlichen Anstieg bei den Zinssätzen widerspiegeln oder vielleicht eine niedrigere Krediteinstufung der Gesellschaft, die sich über viele Jahre entwickelte. Die wirtschaftliche Ursache des Gewinns muß ermittelt werden, um das Jahr oder die Jahre zu bestimmen, für die der Gewinn angerechnet werden soll – falls ein Gewinn besteht.

Eine zweite Frage ist, ob der Gewinn überhaupt berücksichtigt werden sollte. Es ist eine berechtigte Frage, ob die Gesellschaft wirklich „besser dasteht" (vgl. Kap. 10). Wenn sie lediglich einen kleineren Nominalbetrag von hochverzinslichen Obligationen benutzt, um dafür einen größeren Nominalbetrag von niedrigverzinslichen Obligationen zu ersetzen, sind die Kosten für das Kapital ungefähr dieselben, wenn die Firma weiterbesteht. Was beim Nominalwert der ausstehenden Obligationen gewonnen wurde, wird durch den höheren Kupon in den zukünftigen Jahren verloren (der Gegenwartswert der neuen und der alten Obligationen ist derselbe). Wenn jedoch die Firma in Kürze die Liquidation beabsichtigt, ist der Gewinn sehr real, denn er wird für eine Verteilung an die Aktionäre zur Verfügung stehen.

Woher auch die Kapitalien für die vorzeitige Tilgung kommen: Es entstehen Kapitalkosten oder Kosten für eine verpaßte Gelegenheit (Opportunity Costs) auf demselben Zinsniveau, wie es bei der vorzeitigen Tilgung bestand. Für eine weiterlaufende Firma werden Gewinne und Verluste von allen Kapitaltransaktionen am besten ausgeklammert, zumindest für die Ergebnisse des laufenden Jahres.

Eine besonders schwierige Frage ist der Gewinn bei vorzeitiger Schuldentilgung, wenn diese durch einen Umtausch in Aktien der Gesellschaft erfolgt. Die steuerlichen Auswirkungen einer Schuldentilgung durch Umtausch in Aktien der Gesellschaft sind etwas ungewöhnlich. Jeder Gewinn dabei wird von der Steuerbehörde als zu versteuernder Ertrag angesehen, aber Anfall dieses Ertrages kann dadurch vermieden werden, daß die steuerliche Kostenbasis (Tax Cost Basis) abschreibungsfähiger Vermögenswerte (wenn solche bestehen) verringert wird. Wenn dadurch der Gewinn auch im Augenblick von der Besteuerung frei ist, wird die geringere Abschreibung in der Zukunft den steuerpflichtigen Ertrag um genau denselben Betrag erhöhen, so daß die Ertragssteuer in zukünftigen Jahren gezahlt werden muß. Daher sollten Reserven (Rückstellungen) für aufgeschobene Ertragssteuern auf den Gewinn gebildet werden.

Eine wichtige Frage ist, ob die Gesellschaft Aktien zu einem günstigen oder ungünstigen Kurs ausgegeben hat. Gewinne durch Tilgung von Schulden entstehen oft, weil die Zinssätze gestiegen sind. Wenn die Zinsen hoch sind, notieren die Aktien wahrscheinlich niedrig. Der Analyst muß daher entscheiden, ob das Management unter den obwaltenden Umständen eine kluge Entscheidung getroffen hat. Natürlich hätte die Gesellschaft Aktien ausgeben können, ohne mit dem Erlös die

Schulden zurückzuzahlen, und das legt die Vermutung nahe, daß die Tatsache der Rückzahlung nicht relevant ist. Für die Ermittlung der Ertragskraft sind solche „internen" Transaktionen in der Tat irrelevant. Das längerfristige Bild sollte allerdings den Steueraufwand mit umfassen, denn er wird wahrscheinlich zu zahlen sein.

Kapitalgewinne und Kapitalverluste von Finanzgesellschaften

Finanzgesellschaften sind diejenigen, deren Vermögenswerte fast ausschließlich in der Form von flüssigen Mitteln, Forderungen und Wertpapieren gehalten werden. Dazu gehören:
- Banken
- Versicherungsgesellschaften
- Investmentgesellschaften und Mutual Funds
- Holding Gesellschaften, die keinen konsolidierten Jahresabschluß vorlegen
- Kredit- oder Finanzierungsgesellschaften

In allen außer der letzteren Gruppe stellt das Investieren in börsenfähige Wertpapiere den größeren oder zumindest einen wesentlichen Teil des Geschäfts dar. Gewinne oder Verluste aus dem Investmentportfolio, sowohl realisierte als auch nicht realisierte, werden im Verhältnis zu dem gewöhnlichen- oder Betriebseinkommen meist erheblich sein. Sollen solche Veränderungen in den Portfoliowerten bei der Analyse der Gewinn- und Verlustrechnung von Finanzgesellschaften als wiederkehrende oder nicht wiederkehrende Posten angesehen werden?

Es gibt keine eindeutige Antwort auf die Frage. Solche Gewinne oder Verluste sind sicherlich wiederkehrend in dem Sinne, daß sie jedes Jahr in größerem oder geringerem Ausmaß wiederkehren, und sie haben ohne Zweifel etwas mit dem normalen Geschäftsbetrieb zu tun. Aber sie sind nicht wiederkehrend in dem Sinne, daß unter normalen Betriebsbedingungen das Geschäft darauf abgestellt wäre, einen gewissen normalen Verdienst aus den Kursbewegungen von Wertpapieren zu erzielen. Schwankungen von Jahr zu Jahr bei den Aktienkursen sind viel größer als der erwartete durchschnittliche Kapitalgewinn und werden keine repräsentative Zahl geben, auch wenn ein Durchschnitt über mehrere Jahre gebildet wird. Ihre Einbeziehung würde daher irreführende Signale für die Zukunft geben. Im Gegensatz dazu ist das Zinsen- und Dividendeneinkommen aus den gehaltenen Wertpapieren einigermaßen stabil und vorhersehbar.

Es scheint ein erheblicher Unterschied zwischen den realisierten und nicht realisierten Gewinnen oder Verlusten zu bestehen. Die ersteren gehen notwendigerweise in die Bücher ein; sie haben Ertragssteuerkonsequenzen; in den Fällen der meisten Investmentfonds werden realisierte Gewinne an die Aktionäre verteilt.[4]) Wenn es sich jedoch nur um eine Änderung im Börsenwert handelt, wird er unter Umständen gar nicht berücksichtigt oder nur in einer Fußnote zur Bilanz oder als direkte Eintragung beim Eigenkapital, je nachdem, um welche Industrie es sich handelt. Ob ein Wertpapiergewinn oder -verlust „real" ist, ehe er realisiert ist, ist weniger wichtig, als es erscheint – der wirkliche Unterschied liegt zwischen den langfristigen Gesamtergebnissen – sie sind wichtig – und den mehr oder weniger zufälligen Wechselfällen der Wertpapierkurse eines einzigen Jahres.

Bei der Analyse eines einzigen Jahres sollte der Analyst die realisierten und nicht realisierten Portfoliogewinne oder -verluste getrennt gruppieren. (So wird es in der konventionellen, standardmäßigen Form der Gewinn- und Verlustrechnung von Versicherungsgesellschaften gemacht.) Die Zahlen für die 12 Monate sollten in zwei Teilen dargestellt werden: 1. Normales Einkommen und 2. Portfoliogewinn oder -verlust. Verhältnismäßig wenig Bedeutung wird der zweiten Komponente zuzumessen sein, denn sie wird im wesentlichen durch die Bedingungen an den Wertpapiermärkten in dem fraglichen Jahr beherrscht. Aber die erstere kann als Richtschnur für zukünftige Projektionen gelten.

In einer langfristigen Analyse müssen die Portfolioergebnisse immer eine Rolle spielen; für Investmentfonds sind Portfolioergebnisse besonders wichtig, um die Leistungen des Managements zu messen. Frühere Ausgaben dieses Buches schlugen vor, daß Vergleichsperioden für die Untersuchung so gewählt werden sollten, daß die Börse im wesentlichen ein gleiches Niveau aufweist (Die „Gleiche-Niveau-Methode"). Für einen solchen Zeitraum würde der Portfoliogewinn oder -verlust in der Analyse zu Recht gleichwertig neben den anderen Komponenten der Ertragskraft stehen und damit ein Maß für die Fähigkeit des Managements auf diesem wichtigen Tätigkeitsgebiet einer Finanzgesellschaft liefern.

Aktienmärkte steigen jedoch manchmal auf neue Rekordhöhen. Deshalb sind solche Vergleiche nicht immer verfügbar – das Endniveau mag hoch über jedem sinnvollen Anfangspunkt liegen. Eine Alternative besteht darin, Portfolio-Betas[4a]) zu berechnen (oder zu schätzen) und sie zu benutzen, um entsprechende Anpassungen der ermittelten Erträge für das Börsenrisiko vorzunehmen. Vergleiche von Erträgen nach Risikoanpassung über dieselbe Zeitspanne sind ebenso brauchbar wie die Ergebnisse der „Gleiche-Niveau-Methode". In jedem Falle sollte die Zeitdauer zumindest 5 Jahre, vorzugsweise mehr, betragen.

---

[4]) Nach den Steuergesetzen können zugelassene (regulated) Investmentgesellschaften die Ertragssteuer verringern oder vermeiden, wenn sie ihren Ertrag und ihre realisierten Wertpapiergewinne in einer bestimmten, vorgeschriebenen Weise verteilen.

[4a]) Anm. des Übersetzers: Der Betawert einer Aktie oder eines Portfolios gibt an, wieviel größer oder geringer die normale Empfindlichkeit einer Aktie (eines Portfolios) im Vergleich zur Gesamtbörse (S&P 500) ist. Eine Aktie mit einem Beta von 1,5 wird also im Durchschnitt eineinhalb mal so große Bewegungen vollführen, wie die Gesamtbörse. (Die Sache ist noch etwas komplizierter, vgl. Cohen, Zinbarg, Zeitel, Investment Analysis, S. 139 ff.)

Solche Vergleiche von Portfolios sollten versuchen, Gesellschaften mit ähnlicher allgemeiner Politik, ähnlichen Zielen und ähnlicher Portfoliozusammensetzung zusammenzustellen. Es ist zum Beispiel offensichtlich, daß ein reiner Aktienfonds während einer steigenden Börse voraussichtlich bessere Resultate zeigen wird als ein gemischter Fonds (Balanced Fund) mit einer erheblichen Komponente von Obligationen.

Kapitel 12

Die Auswirkungen von Reserven, Eventualverbindlichkeiten und Wertberichtigungskonten auf die Gewinn- und Verlustrechnung

Einschränkungen bei der Benutzung von Reserven

Reserven*) haben in der Buchführung von Gesellschaften eine wichtige, aber nicht immer nützliche Rolle gespielt. Die weniger nützlichen Arten von Reserven bestanden aus willkürlich bestimmten Teilen des Ertrages, die vom Management abgesondert wurden, um für allgemeine und nicht näher beschriebene Notfälle vorzusorgen. Solche Reserven wurden in guten Jahren aufgestellt, und die Beträge in schlechten Jahren zurückgeholt, wodurch der Trend der Gewinne ausgeglichen wurde. Das Wort „Reserves" wird auch heute noch benutzt, jedoch verhindert Statement Nr. 5 des FASB, (Accounting for Contingencies – Buchführung für Unvorhergesehenes)[1] jetzt die meisten Fälle von fragwürdiger Benutzung. Diese Regelung erfordert, daß eine Reservebildung zu Lasten des Ertrages vorgenommen wird, wenn

1. es zur Zeit des Jahresabschlusses wahrscheinlich ist, daß sich ein Vermögenswert verringert hat oder eine Verbindlichkeit entstanden ist,
2. es wahrscheinlich ist, daß zukünftige Ereignisse eintreten werden, die die Tatsache des Verlustes bestätigen,
3. der Betrag einigermaßen geschätzt werden kann.

Wenn der Betrag nicht festgelegt werden kann, ist eine Erläuterung erforderlich. Die Schaffung von Gewinnausfallreserven zu Lasten des Ertrages ist verboten. Die Buchführungsregeln verhindern heute Reservenbildung für allgemeine oder nicht

---

*) Anm. des Übersetzers: Das Wort „Reserves" umfaßt eine ganze Reihe von deutschen buchführungstechnischen Ausdrücken: Rückstellung, Rücklage, Sonderposten mit Rücklagenanteil, Wertberichtigung u. a. (siehe im folgenden Text). Deshalb ist hier der weniger scharfe wirtschaftliche Begriff der „Reserven" als Übersetzung gewählt worden.
[1] Financial Accounting Standards Board, Stanford, Connecticut, 1975

näher spezifizierte Geschäftsrisiken und viele entfernte Eventualitäten, wie zum Beispiel:

- Garantien für Schulden anderer
- Kreditbriefe mit Bereitstellungsvereinbarung (Stand-By Letters of Credit)
- Rückkaufgarantie für (abgetretene) Außenstände („Forderungen aus Lieferungen und Leistungen")
- Selbstversicherungen

Die Sonderabschreibung (Write-down) von Betriebsvermögen (Operating Assets) war ausdrücklich vom Statement 5 ausgenommen. Besondere Abschreibungsprobleme durch Restrukturierungen von Gesellschaften sind in getrennten Abschnitten dieses Kapitels behandelt, ebenso Leistungen an Bedienstete nach Pensionierung und die Behandlung von Währungsumrechnungen.

Drei Arten von Reserven

Das Wort „Reserve" wird normalerweise benutzt, um drei Arten von Buchführungspositionen zu beschreiben:

- Wertberichtigungskonten (Valuation Accounts)
- Verbindlichkeiten
- Reserven im Hinblick auf zukünftige Entwicklungen

Wertberichtigungskonten

Die Standardmethode, um Vermögensgegenstände durch Wertberichtigungskonten (Valuation Accounts) im Wert zu verringern, sind solche Konten für:

- Außenstände – Wertberichtigung für uneinbringliche Forderungen („Delkredere-Wertberichtigung oder -Rückstellung")
- Sachanlagevermögen – Wertberichtigung für Abschreibungen und sonstige Amortisationen
- Börsenfähige Wertpapiere – Heruntersetzung auf den augenblicklichen Kurs („Wertberichtigung")
- andere Investments und Nettoauslandsvermögen – Herabsetzung auf den geschätzten augenblicklichen Wert oder den Betrag, der (bei Verwertung) wieder hereingeholt werden kann („Außerplanmäßige Abschreibung")
- Lagerbestände – Heruntersetzung unter die Kosten („Außerplanmäßige Abschreibung")
- Kredite und Hypotheken – Wertberichtigung für zweifelhafte Konten („Wertberichtigung oder Rückstellung")

Kapitel 12: *Die Auswirkungen von Reserven*

Verbindlichkeiten

Einige normale Verbindlichkeiten, die in der Vergangenheit ihren Ursprung haben, werden „Reserven" genannt, üblicherweise wenn die Verbindlichkeit *nicht wiederkehrend ist und Ungewißheit über Fälligkeit oder Betrag besteht.* Zu diesen Verbindlichkeiten („Rückstellungen für Verbindlichkeiten") gehören solche aus Steuern, Neuverhandlung von Verträgen, Pensionen, (besonders wenn dafür die Buchführung in Form des „Book Reserve Pension Accounting" benutzt wird), ferner Ansprüche, die in Prozessen anhängig sind und ähnliche Verbindlichkeiten.

Andere Reserven für Verbindlichkeiten sind besonders wichtig in speziellen Industrien, zum Beispiel

Industrie	Reserve für:
Versicherung	noch nicht verdiente Prämien;
	Reserven für Versicherungspolicen („Schadensreserve");
	Verlustreserve („Rücklage, Rückstellung für Verluste");
Kredit	noch nicht verdiente finanzielle Belastungen
Transport	Verletzungen und Schadensfälle
Spedition	Wegfall von Zuschüssen
Öffentliche Versorgungsunternehmen	Gebührenanpassungen und Erstattungen

Alles dies kann man als „Reserven" bezeichnen, weil es sich um Ungewißheiten bezüglich Zeitpunkt oder Betrag handelt, aber in Wahrheit sind es Verbindlichkeiten („Liabilities").

Reserven im Hinblick auf zukünftige Entwicklungen

Zu den Reserven gegen wahrscheinliche Verluste gehören: Solche für Wertminderung von Fabrikanlagen und ähnliche Kosten für vorgesehene Erneuerungen, Schließung oder Aufgabe von Fabrikationsstätten („Außerplanmäßige Abschreibungen", „Wertberichtigungen") und Aufgabe eines Produktionszweiges.

Behandlung von Reserveposten in der Bilanz

Die Reservebildung erscheint in der Gewinn- und Verlustrechnung unter solchen Titeln wie „Vorsorge für Fabrikschließung", „Besondere Belastung" oder „Reserve für Rationalisierungsmaßnahmen". In jedem Falle gibt es eine Auswirkung in der Bilanz:

1. Ein Vermögenswert verschwindet aus der Bilanz oder wird im Wert reduziert
2. Eine Verbindlichkeit wird geschaffen oder erhöht
3. Das Eigenkapital wird verringert

Besondere Regeln für die Behandlung gewisser Reserveposten

Kleine Posten

Reserveposten, die den Jahresüberschuß um weniger als 5 % belasten, wenn alle diese Posten addiert werden, sollten so übernommen werden, wie sie erscheinen.

Aufgeschobene Steuern[1a])

Aufgeschobene Ertragssteuern sollten als normaler Abzug vom laufenden Ertrag behandelt werden, wenn sie sich nicht eindeutig auf einen nicht wiederkehrenden Posten beziehen oder sonst einen besonderen Charakter haben.

Erörterung häufig benutzter Reserven

Die folgenden Absätze erörtern einige Reserveposten wegen ihrer Häufigkeit oder wegen besonderer Eigenarten. Reservenbildung bei der Buchführung für Vorräte (Kapitel 13), Abschreibungen (Kapitel 14) und aufgeschobene Steuern (Kapitel 17) sind so wichtig und kompliziert, daß wir sie getrennt behandeln werden.

Reserven für zweifelhafte Forderungen

Reserven für zweifelhafte Forderungen („bad debt" – Delkredere-Wertberichtigungen oder -Rückstellungen) werden fast immer akzeptiert, wenn es sich um Nicht-Finanzgesellschaften handelt. Gewisse Finanzinstitutionen, wie zum Beispiel Banken, haben besondere Wahlrechte, die unter Umständen Anpassung durch den Analysten erfordern. Das 10-K-Formular gibt normalerweise Auskunft über die tatsächlichen Absetzungen. Das ist nützlich bei der Beurteilung, ob die Reserven für zweifelhafte Forderungen (die bei manchen Gesellschaften bei der Steuer absetzbar sind) angemessen sind. Viele Bankanalysten benutzen die tatsächlichen Absetzungen anstelle der „Reserven für Verluste bei Ausleihungen". (Diese laufen jetzt für Steuerzwecke aus für Banken, die Aktiva von 500 Millionen Dollar oder mehr haben.) Die Analysten sehen solche Reserven als Mittel an, mit dessen Hilfe die Gewinne ausgeglichener gemacht werden. Für Gesellschaften im Ratenzahlungsgeschäft oder im Kleinkreditgeschäft sind Verluste aus Forderungen wichtig und mögen besondere Untersuchungen erfordern.

[1a]) Anm. des Übersetzers: Einzelheiten, auch zur Terminologie, siehe Kapitel 14 und dort Anm. [2a]) sowie Kapitel 17

Die Behandlung von Reserven für Ausleihungsverluste der Banken

Die Reserven für Ausleihungsverluste (Loan Loss Reserves) der Banken können sowohl als Mittel benutzt werden, um Gewinne zu glätten, als auch um versteckte Reserven zu bilden. Infolgedessen klammern Bankanalysten aus der Gewinn- und Verlustrechnung oft die Änderungen bei der Reserve für Ausleihverluste aus. Sie setzen dafür die tatsächlichen Absetzungen (Charge-offs) und die Wiedereingänge schon abgesetzter Forderungen (Recoveries) für das betreffende Jahr ein. Das Ergebnis sind stärker schwankende (Volatile) Gewinn- und Verlustrechnungen, die wahrscheinlich besser zeigen, was in einem bestimmten Jahr tatsächlich geschah. Wenn man einen Durchschnitt aus den tatsächlichen Absetzungen und Wiedereingängen bildet, gibt das ein besseres Bild der Ertragskraft, als wenn man die Reserven für Ausleihungsverluste als Prozentsatz der Ausleihungen nimmt und daraus einen Durchschnitt bildet. Gelegentlich allerdings werden Bankanalysten größere Anpassungen durch Reserven für Ausleihungsverluste dieser Institutionen vornehmen. Mitte der achtziger Jahre beispielsweise waren die Reserven offensichtlich zu gering für die Banken, die in Ölregionen tätig waren; sie waren stark beteiligt an Ausleihungen auf Immobilien und für Ölbohrungen. In ähnlicher Weise machten die Analysten erhebliche Anpassungen für erwartete Verluste auf Ausleihungen an unterentwickelte Länder.

Industrien mit hohem Risiko

Gewisse Industrien haben – entweder zeitweise oder ständig – ein hohes Risiko von Kreditverlusten. Ihre Vorsorgemaßnahmen für Verluste auf Ausleihungen oder für zweifelhafte Forderungen erfordern die besondere Aufmerksamkeit des Analysten. Zum Beispiel sind die Kreditverluste von Spielkasinos von Jahr zu Jahr höchst unterschiedlich. Im Geschäft mit Rohbauten für Eigenheime (Shell Homes)[1b] werden üblicherweise sehr geringe Anzahlungen verlangt. Das Risiko ist erheblich, daß die Käufer sich ihren Darlehensverpflichtungen entziehen. Spar- und Darlehensvereinigungen (Savings and Loan Assossiations), bei denen massiv Geld abgezogen wird, mögen in erheblichem Umfange Hypotheken verkaufen müssen, um die notwendigen Mittel flüssig zu machen. Wenn die Hypotheken „unter Wasser stehen" oder von zweifelhafter Qualität sind, mögen die normalen Verlustvorkehrungen nicht ausreichen.

Absetzungen für börsennotierte Wertpapiere

Diese Wertberichtigungskonten (Valuation Accounts) sind bei der Steuer nicht absetzbar, bis Verluste tatsächlich realisiert werden (ausgenommen für Wertpapier-

---

[1b] Anmerkung des Übersetzers: Die Eigenheime in den USA sind in der Regel Holzkonstruktionen, ähnlich wie bei uns manche „Fertighäuser".

händler). Das FASB Statement Nr. 12 (Accounting for certain marketable Securities) verlangt Berücksichtigung von nicht realisierten Gewinnen und Verlusten in Portfolios von börsennotierten Aktien dann, wenn sie als Umlaufvermögen zu Buche stehen. *Realisierte* Gewinne und Verluste gehören in die Gewinn- und Verlustrechnung der Periode unabhängig von der Einstufung als Anlage- oder Umlaufvermögen; einige, aber nicht alle *nicht realisierten* Gewinne und Verluste von Aktienportfolios im Anlagevermögen werden unter der Rubrik „Eigenkapital" der Bilanz ausgewiesen, aber erscheinen nicht in der Gewinn- und Verlustrechnung. Gewisse Industrien haben eine besondere Form der Buchführung für börsennotierte Papiere.

Bei Nichtfinanz-Gesellschaften sollten Änderungen in solchen Reserven als nicht wiederkehrend behandelt werden, aber sie sind selten wichtig genug, um eine Anpassung in der Gewinn- und Verlustrechnung zu erfordern. Bei der Analyse von Finanzgesellschaften erscheint es nicht praktisch, zwischen nicht realisiertem Wertverlust auf Wertpapieren des Portfolios und den tatächlich realisierten Verlusten zu unterscheiden.

Beispiel: 1982 verbuchte Resorts International Incorporated einen Nettogewinn von 16,7 Millionen Dollar aus börsennotierten Wertpapieren. In dieser Zahl waren enthalten 42,2 Millionen Dollar aus dem Verkauf von von bestimmten Treasury Bonds sowie aus dem Verkauf von Terminkontrakten über US-Treasury Bonds, Verluste von 6 Millionen Dolllar aus dem Verkauf von notierten Aktien sowie Dividendeneinkommen von 2,7 Millionen Dollar. Der Gewinn führte zur buchmäßigen Ausnutzung von 4,2 Millionen Dollar aus vorgetragenen Steuerverlusten. Außerdem wurde das Nettoumlaufvermögen um 45 Millionen Dollar vergrößert, weil die börsennotierten Wertpapiere zukünftig als Umlaufvermögen verbucht wurden. Obwohl das Hauptgeschäft der Gesellschaft darin besteht, Hotels und Kasinos zu betreiben, hat sie eine interessante Vergangenheit von Investitionen in Terminkontrakte über Zinsen und Metalle sowie in festverzinsliche Wertpapiere und Aktien. Die Investmentaktivitäten waren groß genug, um eine Bewertung des Portfolios mit dem Börsenwert zu rechtfertigen und die jährlichen Investmenterträge zu berechnen.

Reserven für andere Investments

Im allgemeinen beziehen sich Reserven für Investments auf Tochter- oder Beteiligungsgesellschaften. Wertberichtigungskonten werden für solche Gesellschaften unter verschiedenen Bedingungen eingerichtet. Wenn das Management sich entschlossen hat, eine Beteiligung zu verkaufen oder zu liquidieren, kann in den Büchern ein Verlust ausgewiesen werden, wie er dem geschätzten Mindererlös unter Berücksichtigung der Kosten entspricht. Gelegentlich werden Beteiligungsgesellschaften im Ausland ohne angemessene Entschädigung nationalisiert, und die Entschädigungshöhe mag im Streit sein, sei es im Verhandlungs- oder im Prozeßwege. Unter diesen Umständen wird eine Schätzung des Verlustes vorgenommen, und der Buchwert des Investments wird reduziert, um den erwarteten Verlust aufzuzeigen.

Reserven für Neuverhandlung von Verträgen und für Prozesse

Eine wichtige Quelle von Reserven, die mit Verbindlichkeiten zu tun haben („Rückstellungen"), sind die verschiedenen Beträge, die beiseitegesetzt werden oder werden sollten, um Risiken aus Prozessen oder der erneuten Verhandlung von im Streit befindlichen Verträgen zu decken. Einige Beispiele sind:

- Streit bei Kontrakten über Waffenlieferungen
- Nichtgenehmigung von bereits belasteten Versicherungsprämien durch die Genehmigungsbehörde
- Erstattungsanordnung durch eine einzelstaatliche Kommission für öffentliche Versorgungsbetriebe
- Prozeß über Aufhebung eines Kontraktes wegen höherer Gewalt
- Prozeß über einen Steuerstreitfall
- Prozeß über die Anwendung von Preiskontrollen

Beispiel: Der Jahresabschluß 1985 der Exxon Corporation zeigte auf einer Zeile einen Posten in der Gewinn- und Verlustrechung mit dem Titel „Vorsorge für den Fall Hawkins" in Höhe von 948 Millionen Dollar. In der Fußnote hieß es, daß der Nettobetrag (ohne Steuern) 545 Millionen Dollar betrage. Dieser Fall betraf einen Streit über Ölpreise im Hawkins-Feld in Osttexas. Eine Buchung war während der Jahre des Prozesses zulässig. Ein Analyst würde normalerweise einen Verlust dieser Art über die Jahre verteilen, in denen das Öl produziert wurde. Wir wissen nunmehr, daß die Gewinne jener Jahre zu hoch angesetzt waren.

Reserven bei Sach- und Unfallversicherungen

In der Feuer- und Unfallversicherungsbranche sind Schadensersatzansprüche – mit oder ohne Prozeß – ein wesentlicher Teil des laufenden Geschäftes. Die Erträge für das einzelne Jahr und die Höhe des für die Aktionäre ausgewiesenen Eigenkapitals hängen in großem Maße von der Methode ab, wie Reserven für noch nicht erledigte und noch nicht gemeldete Schäden berechnet werden. Die Aufsichtsbehörden verlangen, daß bestimmte Formeln angewandt werden, um Minimalreserven für Ansprüche aus Personenschaden bei Autoversicherungen und für Schadensersatzansprüche von Arbeitnehmern festzusetzen. (Wenn die eigenen Schätzungen der Gesellschaft unter Berücksichtigung der Einzelfälle eine größere Verbindlichkeit ergeben, muß diese Zahl stattdessen benutzt werden.) Verbindlichkeiten für andere Arten von Ansprüchen muß das Management festlegen, wobei alle drei oder vier Jahre eine Prüfung durch die Aufsichtsbehörde erfolgt. Es besteht auf diesem Gebiet erheblicher Spielraum für Über- oder Unterschätzungen.

Reserve für noch nicht verdiente Prämien (Unearned Premium Liability)

Die Analysten berücksichtigen in der Gewinn- und Verlustrechung in gewissem Maße noch nicht verdiente Prämien. Heute handelt es sich immer um „kurze Policen" („short-tailed", Policen mit „kurzem Schwanz" von Ansprüchen), bei denen alle Ansprüche kurz nach dem Ende der Police verbucht sind. Die folgende Formel wird von einigen Analysten benutzt, um den Wert dieser Policen zu errechnen; diese Zahl entspricht ungefähr den Kosten, die durch das Neugeschäft entstehen.

$$\text{Anpassung} = \begin{pmatrix} \text{Zuwachs der Reserve} \\ \text{für noch nicht} \\ \text{verdiente Prämien} \end{pmatrix} \times \begin{pmatrix} 1 - \text{Steuersatz} \end{pmatrix}$$

$$\times \left(\frac{\text{Gesamtaufwendungen} - \text{Aufwendungen für Verluste}}{\text{Abgeschlossene Versicherungen}} \right)$$

Der Analyst darf nur den Zuwachs an unverdienten Prämien für die besondere Art von Policen benutzen, die er berücksichtigen will; dazu kann er die Informationen aus dem Commissioners' Standard Report der Aufsichtbehörde benutzen. Wenn der Anpassungsbetrag berechnet ist, wird die gefundene Zahl mit den Preisen verglichen, die die Rückversicherungsgesellschaften für die Rückversicherung derselben Verbindlichkeiten berechnen. Dieses Verfahren wird empfohlen.

Früher bestand die Praxis, in das Jahresergebnis ungefähr 35–40 % der noch nicht verdienten Prämien für „lange Policen" („long-tailed", Policen mit „langem Schwanz" von Ansprüchen), wie zum Beispiel Haftung für Produktschäden, einzubeziehen. Das hat sich als schlechte Praxis herausgestellt. Einmal fehlt die angemessene Berichtigung für Steuern, und außerdem führt diese Praxis zu einer gewaltigen Unterschätzung der Anspruchshöhe in Zeiten der Inflation. Sehr wenige Analysten oder Finanzdienste benutzen noch dieses früher populäre Verfahren. Es ist interessant, daß das Steueränderungsgesetz von 1986 diese abgelehnte Art der Ertragsberechnung zum ersten Mal aufgriff und den Zuwachs an noch nicht verdienten Prämien zu 20 % der Steuer unterwarf.

Sonstige häufig vorkommende Reserven

Reserven für noch nicht verdiente finanzielle Belastungen

Die finanziellen Belastungen (Anm. des Übersetzers: des Kunden) bei Kreditgewährung werden in der Weise verbucht, daß sie vom Darlehensnehmer als im voraus

„gezahlt" behandelt werden; sie werden zu seiner Verbindlichkeit hinzugezählt. Das ist im wesentlichen identisch mit der Behandlung von Versicherungsprämien beim Abschluß der Versicherungspolice. Eine Reserve wird für den Teil der finanziellen Belastungen aufgestellt, die noch nicht durch den Zeitablauf verdient sind. Der Betrag ist demgemäß richtigerweise von den Forderungen, die auf der Vermögens-Seite stehen, zusammen mit der Reserve für zweifelhafte Forderungen abzuziehen.

Ohne Zweifel haben die Aktionäre einen gewissen Eigenkapital-Anteil (Equity) an diesen noch nicht verdienten finanziellen Belastungen. Denn sie repräsentieren zum Teil Kosten bei Abschluß des Geschäfts wie die Reserven für noch nicht verdiente Prämien der Versicherungsgesellschaften. Es ist nicht üblich, einen solchen Eigenkapital-Anteil in einer offiziellen Berechnung der Gewinne oder des Nettowertes der Gesellschaft zu berücksichtigen. Die Vorsicht würde nahelegen, daß solche Werte nur als zusätzliches Motiv für den Kauf einer Aktie benutzt werden, die schon so als unterbewertet angesehen wird, nicht aber, daß dieser Wert in die Wertberechnung selbst einfließt. Unsere konservative Auffassung wird bestärkt durch den augenblicklichen Mißbrauch, den einige Finanzinstitutionen mit ähnlichem Gebühreneinkommen treiben.

Reserven für fortlaufende Abonnements (Subscriptions)

Die Verbindlichkeit von Zeitungs- und Zeitschriftenverlagen für fortlaufende Abonnements ist ähnlich der für noch nicht verdiente Prämien. Fortlaufende Abonnements bieten ein interessantes Beispiel eines Vermögenswertes, der nicht über die Bücher läuft. Abonnements bedeuten die Verpflichtung, entweder Geld zu zahlen oder die Publikation zu liefern, aber diese Verbindlichkeit wird mehr als ausgeglichen durch den Wert der Kundenliste. Wenn eine Zeitschrift ihre Veröffentlichungen einstellt, kaufen andere Verlage gerne die Kundenliste gegen Bargeld und übernehmen außerdem die Verpflichtungen aus den Abonnements. Der erwerbende Verlag bietet dann den alten Abonnenten die Wahl einer neuen Publikation oder Rückzahlung des Restes des Abonnementpreises. Da die meisten Abonnenten die neue Publikation wählen, ist der Kauf eine attraktive und billige Art, um die Auflage zu erhöhen. – Wir würden keinen Wert für die noch fortlaufenden Abonnements in den Büchern ansetzen. Aber sie sind ein zusätzlicher Anreiz bei der Entscheidung, eine Aktie zu kaufen, die schon ohnehin als einigermaßen vernünftig notiert erkannt ist. Der Analyst hat keine Möglichkeit, eine Abonnementsliste zu bewerten, denn das würde Kenntnis der demographischen Umstände der Abonnenten voraussetzen, wie Alter, Wohnort, Einkommen, Vermögen und Hobbies.

Reserven für Gebührenanpassungen

Öffentliche Versorgungsgesellschaften werden oft einem Kontrollverfahren unterworfen mit der Absicht, Verbrauchs- oder Benutzungsgebühren und andere Belastungen der Verbraucher zu reduzieren. In manchen Fällen wirkt die Anordnung von Gebührensenkungen rückwirkend. Viele der Gebührenstreitfälle ergeben sich aus der Stillegung von Kraftwerken infolge überhöhter Kapazität, aus Verzögerungen beim Bau, die die Zinskosten für diese Kraftwerke erhöhen, und aus unerwarteter Inflation. Konsumentengruppen und andere wenden sich oft energisch dagegen, daß deshalb Gebühren für Produkte und Dienstleistungen dieser Versorgungsunternehmen erhöht werden. Die Gebührenkommissionen haben einige Kosten nicht anerkannt, weil bei ihrer Entstehung leichtfertig gehandelt worden sei; in manchen Fällen wurde weder ein Ertrag auf das Investment noch Amortisation (Recovery) der Investmentsumme zugelassen. Die Versorgungsgesellschaften waren sehr zurückhaltend dabei, die fraglichen Vermögenswerte abzuschreiben, denn sie glauben, daß danach die Gebührenkommission ihnen eine Wiedererlangung solcher Summen noch weniger zugestehen wird. Sie behalten daher die alten Werte, wie sie zu Buche stehen, lieber bei, bis eine endgültige gerichtliche Entscheidung gefallen ist. Das kann sich natürlich über mehrere Jahre hinziehen, falls Rechtsmittel durch verschiedene Instanzen des Gerichtssystems laufen. Diese verspätete Anerkennung von Verlusten, obwohl sie wahrscheinlich werden, ist nicht gerechtfertigt. In diesen Fällen sollte der Analyst sein eigenes Urteil benutzen, um zu einer angemessenen Anpassung zu kommen, und sie als nicht wiederkehrenden Posten behandeln.

Wertberichtigungskonten für Portfolios von Darlehen und Hypotheken

Die Sparinstitute, wie Spar- und Darlehensvereinigungen und gegenseitige Sparbanken (Savings and Loan Assossiations and Mutual Savings Banks) weisen ihre Portfolios von Darlehen und Hypotheken normalerweise zu den ursprünglichen Kosten aus, berichtigt um die Amortisation von Agios und den Zuwachs von Disagios. Es besteht eine Reserve für Ausleihungsverluste („Wertberichtigungen, Rückstellungen für zweifelhafte Forderungen"). Diese Reserve ist jedoch eine Schätzung der Kreditverluste und hat nichts mit dem jeweiligen Wert des Portfolios zu tun. Unter gewissen Umständen kann die Institution gezwungen sein, einen erheblichen Teil ihres Portfolios zu liquidieren, um sich Barmittel zu verschaffen – entweder um Zinsen zu zahlen oder den Abzug von Depositen zu decken. Die Buchführungsgrundsätze erfordern nicht, daß diese Portfolios zum Marktwert zu Buche stehen. Es liegt daher am Analysten, Schätzungen des Marktwertes vorzunehmen und Schätzungen darüber, in welchem Ausmaß das Portfolio wahrscheinlich leiden wird, wenn eine solche Sparinstitution in Schwierigkeiten gerät. Eine solche Berechnung ist natürlich nicht erforderlich, wenn die Institution mit Gewinn arbeitet und die Fälligkeiten ihres Darlehensportfolios einigermaßen vernünftig mit den Fälligkeiten für ausstehende Depositeninstrumente gekoppelt sind.

Kapitel 12: *Die Auswirkungen von Reserven*

Vorsorge für Verluste bei größeren Umstrukturierungsmaßnahmen

Größere „Herunterschreibungen" (Write-Downs)[1c]

Wenn ein Fertigungszweig aufgegeben, ein größerer Teil eines Betriebes verkauft, eine Abteilung reorganisiert wird oder andere Restrukturierungsmaßnahmen ergriffen werden, handelt es sich um nicht wiederkehrende Fälle, Posten, die normalerweise Vorkehrungen für erwartete Verluste erfordern („Außerplanmäßige Abschreibungen, Sonderabschreibungen, Wertberichtigung"). Diese teilweisen oder völligen Herunterschreibungen werden in den Büchern mit einer Vielzahl von dekorativen Titeln geführt. Einige versuchen, die negativen Aspekte zu mildern, und manchmal hinterlassen sie sogar den Eindruck, daß die ganze Angelegenheit eine gute Nachricht sei. Die Verluste in den Büchern werden aufgrund einer Managemententscheidung ausgewiesen, bestimmte Vermögenswerte zu veräußern und Aktivitäten aufzugeben, und auch der Betrag beruht auf einer Schätzung des Managements, gewöhnlich aufgrund eines schriftlich niedergelegten Planes, der vom Board of Directors genehmigt wurde. Das Problem besteht darin, daß Pläne sich ändern und das Programm letztlich sich als viel umfangreicher oder kleiner erweisen mag als ursprünglich angenommen. Im allgemeinen sind Buchungen aufgrund von Absichten des Managements eine gefährliche Sache. Die Analyse derartiger Buchungen ist genauso gefährlich, und Analysten finden sich oft in der Lage, daß sie auf die weitere Entwicklung warten. Die Buchungseinträge können sowohl die Heruntersetzung von Vermögenswerten betreffen als auch die Schaffung von Verbindlichkeiten. Ein größerer Kostenfaktor sind die verschiedenen Abfindungsleistungen für Beschäftigte anläßlich der Beendigung des Arbeitsverhältnisses. Zu diesen Beträgen gehören: Anreize für frühzeitige Pensionierung, Hilfe bei der Arbeitsplatzsuche, Beratung, Umzugs- und Reisekosten und besondere Abfindungszahlungen; diese Beträge sind oft größer als die Verluste bei Vorräten und Fabrikanlagen. Der Analyst muß den Verlust schätzen und ihn als nicht wiederkehrenden Posten behandeln.

[1c] Anmerkung des Übersetzers: Der Begriff der „Abschreibungen" (Depreciation) bezieht sich im Amerikanischen nur auf die regulären Abschreibungen für Sachanlagevermögen (Fixed Assets, Erläuterung siehe im folgenden, Anm. [1d]). Abschreibungen auf sonstige Güter sind Amortisation (Amortisation) und Depletion (Substanzverzehr – bei Lagerstätten –). (Vgl. dazu im einzelnen Barron's Dictionary of Finance and Investment Terms, unter „Amortisation, Depreciaton, Depletion und Write-off".) Allerdings ist diese Terminologie nicht einheitlich. Oft wird „Amortisation" auch als Oberbegriff für alle Arten von Abschreibungen benutzt (Anthony, Essentials of Accounting, Glossary unter „Amortisation"), so auch in diesem Buch gelegentlich, vgl. z. B. Kap. 14. Ich habe sie dann auch im Deutschen mit Amortisation übersetzt. Außerplanmäßige Abschreibungen (Sonderabschreibungen) in der deutschen Terminologie sind hier wörtlich übersetzt mit „Herunterschreibungen" (Write-down oder Write-off), Zuschreibungen mit Heraufschreibung („Write-up").

Tafel 12.1: Armco Inc. (in Millionen Dollar – negative Zahlen bzw. Verluste in Klammern)

Jahr	Ertrag aus fort- laufendem Betrieb	Nichtwiederkehrende Posten					Verkaufs- gewinn	Insgesamt
		Besondere Belastungen						
		Ölfeldaus- rüstungen	Stahl- betriebe	Hergestellte Produkte und erbrachte Leistungen	Nickel	Andere		
1986	(361,6)[1]	(108,0)	(235,0)	—	—	7,4	—	(335,6)
1985	(143,2)[1]	25,1	(110,0)	69,9	—	42,0[2]	167,9[3]	55,9
1984	(249,3)[1]	(190,0)	(10,0)	(10,0)	—	(135,0)[4]	(172,5)[5]	(172,5)
1983	(506,2)	—	(235,9)	—	—	(60,8)	—	(296,7)
1982	(359,8)	—	(300,0)	—	(71,9)	(88,4)	—	(460,3)
1981	220,9	—	—	—	—	—	—	—

[1]) Entsprechend einer Neufestsetzung im Jahre 1986
[2]) Einschließlich Steuervorteile aus Verlustvortrag in Höhe von 58 Dollar
[3]) Material für Luftfahrt und strategische Zwecke und 33,2 Dollar Gewinn aus Verkauf von Steuervorteilen
[4]) Darin enthalten 120 Dollar Vorsorge („Rückstellung") für zukünftige Verluste der Armco Financial Services Group
[5]) Kohlenbetriebe

Beispiel: Tafel 12.1 zeigt eine Anzahl von besonderen Herunterschreibungen (Special Write-offs, „Sonderabschreibungen"), Vorsorge für Verluste, Erträge aus Verkäufen und verwandte, nicht wiederkehrende Transaktionen. Diese Zahlen zeigen das Ergebnis der Bemühungen von Armco Inc. während der Jahre 1982–1986, fast alle Tätigkeitbereiche zu restrukturieren. Einige Charakteristiken solcher Restrukturierungsmaßnahmen werden in der Tafel gezeigt und verdienen Erwähnung. Zunächst einmal ist der ursprüngliche Betrag für völlige oder teilweise Herunterschreibung oder die Vorsorge für Verluste im allgemeinen eine runde Zahl. Dadurch wird angedeutet, daß es nur eine grobe Schätzung und noch nicht ein realisierter Gewinn oder Verlust ist. Zweitens ist es nicht ungewöhnlich, daß eine Gesellschaft später merkt, daß der erste Schnitt nicht tief genug war und daß weitere Herabsetzungen und Verlustvorsorgemaßnahmen nötig sind. Dies sieht man bei den Stahlbetrieben der Gesellschaft, wo 1982 eine umfangreiche Reserve gebildet worden war. 1983 trat dort ein zusätzlicher Verlust auf, der wahrscheinlich realisierte Verluste betraf, wie den Verkauf von Anlagen, Zahlungen an ausgeschiedene Mitarbeiter und ähnliches. (Eine nicht abgerundete Zahl von 235,9 Millionen Dollar). Dann wurde in den nächsten zwei Jahren wieder Vorsorge für weitere Verluste getroffen (gerundete Zahlen), aber die endgültige Lösung lag noch in der Zukunft. Bei den fertigen Erzeugnissen und Dienstleistungen sieht es ähnlich aus. Anfänglich wurde eine Reserve von 10 Millionen Dollar gebildet, eine runde Zahl; ihr folgte ein genauerer Verlust von 69,9 Millionen Dollar. Das Einkommen aus weiterlaufenden Tätigkeiten wurde für die Jahre 1984–1986 neu berechnet, um die

Verluste von Armco Financial Services Group mit aufzunehmen. Früher hatte Armco die Absicht angekündigt, diese Gruppe verkaufen zu wollen, aber inzwischen ist sie zu dem Schluß gekommen, daß weitere fünf Jahre nötig sein werden, ehe dieser Geschäftsbereich verkauft werden kann.

Verteilung durch den Analysten

Wie soll ein Analyst in einer Situation wie bei Armco verfahren? Offenbar gehören die Beträge der speziellen Posten, die in den einzelnen Jahren aufgeführt werden, nicht lediglich zu dem Jahr, in dem sie im Jahresabschluß erscheinen. Würde man einfach die Gewinne und Verluste nicht wiederkehrenden Charakters addieren und sie gleichmäßig über irgendeinen willkürlichen Zeitraum verteilen, so wäre das nicht angemessen. Die richtige Technik ist die, daß man jeden Gewinn oder jeden Verlust in das Jahr oder die Jahre einstellt, in denen sie nach der Auffassung des Analysten eingetreten sind. Wenn man richtig verfährt, muß man jeden einzelnen Gewinn oder Verlust untersuchen, seine Ursache finden und ihn individuell behandeln.

Gewinne in der Stahlindustrie erreichten 1979 eine Spitze, und in den Jahren 1982–1986 gab es generell Verluste. Ein Analyst könnte die Verluste aus dem Stahlbereich über die Jahre 1982–1986 verteilen oder vielleicht ungefähr ein Jahr eher damit beginnen.

Im Falle von Gewinnen und Verlusten aus den Ölfeldanlagen sollten die Zahlen zusammengefaßt und auf diejenigen Jahre verteilt werden, als jene Industrie unrentabel arbeitete. Gewinne in der Öldienstleistungsindustrie hatten ihren Gipfel 1981, die Verluste begannen 1983, und bis 1985 waren Verluste und große Absetzungen verbreitet. Im Hinblick auf die allgemeinen Bedingungen in dieser Industrie konnte der Analyst die Nettoverluste an den Anlagen für Ölfelder über die Jahre 1983–1986 verteilen; man könnte aber auch argumentieren, daß man bis 1982 zurückgehen sollte.

Der Verkauf des Kohlengeschäfts und der Abteilung für Raumfahrt und strategische Materialien erbrachten Gewinne, die in dem Jahre realisiert wurden, in dem sie auch im Abschluß erschienen. Sie sollten bei der Schätzung von normalen Gewinnen ausgenommen, aber bei langfristigen Durchschnitten eingeschlossen werden: Die Erlöse aus solchen Verkäufen sind natürlich verfügbar, um daraus in Zukunft Gewinne zu ziehen, und erhöhen die zukünftige Ertragskraft.

Der Verlust für den Geschäftsbereich Nickel gehört wahrscheinlich in das Jahr 1982; damals wurde jene Industrie unrentabel.

Der Nutzen aus den Steuerverlustvorträgen, der 1985 realisiert wurde, kam durch die Verluste zustande, die sich 1982–1985 angesammelt hatten. Die Verlustvorträge sollten also über jene Zeit verteilt werden. Der Steuernutzen ist Teil der normalen Gewinne für diese Jahre im Gegensatz zu den übrigen nicht wiederkehrenden Posten in der Tafel.

Einer der interessantesten und ungewöhnlichsten der nicht wiederkehrenden Posten in der Tafel 12.1 ist der Gewinn von 33,2 Millionen Dollar für den Verkauf von Steuervorteilen. Im Ergebnis wurde das Nettoeinkommen 1985 dadurch um einen Betrag erhöht, der normalerweise Steuerabzüge für die folgenden Jahre bedeutet hätte. Um diesen Posten für eine Berechnung der normalen Gewinne richtig einzuordnen, sollte man ihn idealerweise gleichmäßig über zukünftige Jahre verteilen, anstatt ihn nur für 1985 zu berücksichtigen. Normalerweise handelt es sich allerdings darum, nicht wiederkehrende Posten über vergangene Jahre und nicht über zukünftige Jahre zu verteilen.

Der Analyst muß auch entscheiden, wie er die Verteilung auf die Jahre im einzelnen vornimmt. Er kann sich dafür entscheiden, den Betrag gleichmäßig zu verteilen oder aber auch in Beziehung zu irgendeinem Faktor zu setzen (indem er zum Beispiel den steuerlichen Verlustvortrag im Verhältnis zu den vergangenen Verlusten verteilt); er kann sogar eine beschleunigte Rate wählen, indem er die größeren Beträge in die späteren Jahre und die kleinen in die früheren Jahre verlegt.

Unterschiedlicher Zeitpunkt für Mittelzu- und -abflüsse

Die obigen Absätze haben sich dafür ausgesprochen, die Gewinne oder Verluste in das richtige Jahr zu verlegen, haben aber die Frage des Mittelflusses (Cash-flow) nicht behandelt. Eine der interessanten Eigenarten der außerplanmäßigen Abschreibungen und Reservebildungen für Restrukturierungsmaßnahmen ist die Tatsache, daß der Mittelabfluß nicht in dem Jahr eintreten muß, für das der Verlust ausgewiesen wird. Oft erfolgt er im folgenden Jahr oder über mehrere Jahre. Der Analyst sollte auf diese Tatsache achten: Wenn die augenblickliche Position beim Nettoumlaufvermögen noch günstig erscheint, mag das daran liegen, daß die Auswirkungen der Reservebildung dort noch nicht zu spüren sind. Eine nähere Untersuchung der Tatsachen mag aufweisen, daß die Liquidität ziemlich angespannt sein wird, wenn die Gelder tatsächlich abfließen.

„Bereinigung in einem Aufwasch"

Ein ebenfalls schwieriger Aspekt dieser größeren Herunterschreibungen ist die sogenannte „Bereinigung in einem Aufwasch" (Big Bath Accounting). Eine solche Bereinigung erfolgt nicht, wenn eine unrentable Geschäftstätigkeit verkauft oder liquidiert wird, sondern dann, wenn die Tätigkeit fortgesetzt wird, aber die Vorräte, die Fabriken und die Anlagen in den Büchern heruntergesetzt werden („außerplanmäßige Abschreibungen, Wertberichtigung"). Das Ergebnis sind später niedrigere Kosten.

„Einschließlich der Küchenspüle" (Including the Kitchen Sink)

Sobald man sich einmal entschieden hat, eine größere Bereinigung vorzunehmen, bestehen wenig weitere Hemmungen, jeden nur möglichen zweifelhaften Vermögenswert abzusetzen, um so den Weg für saubere Bilanzen zu bereiten. In den folgenden Jahren werden die Herstellungskosten und die Abschreibungen entsprechend reduziert sein, so daß die Gesellschaft hervorragende Gewinne und eine schöne Rendite auf das Kapital ausweisen wird. Der Grund der Gewinnerholung ist im ersten Jahr nach den Herabsetzungen noch klar erkennbar, denn man kann im Jahresbericht mehr als nur den Abschluß für ein Jahr sehen. Aber in einigen Jahren mag der „Aufwasch" nicht mehr erkennbar sein, und der Analyst ist geneigt anzunehmen, daß die Gesellschaft hochrentabel ist. Hier besteht die Gefahr, daß er durch die große Bereinigung letztlich getäuscht wird. Deshalb muß der Analyst die Jahresabschlüsse von zumindest fünf bis zehn zurückliegenden Jahren überprüfen, ehe er zu Schlußfolgerungen über die Rentabilität einer Gesellschaft, über die Qualität ihres Managements, die Effizienz ihrer Betriebsführung und ähnliches kommt

Beispiel: 1969 und 1970 bildete Lockheed Corporation eine Reserve von 340 Millionen Dollar für Verluste aus Verträgen mit dem Verteidigungsministerium. Die Aufwendungen für Abschreibungen fielen um 8,5 Millionen Dollar von 56,3 Millionen (1970) auf 47,8 Millionen Dollar (1972). Die geringeren Abschreibungen und wahrscheinlich geringeren Herstellungskosten trugen nennenswert zu dem Gewinn von 13 Millionen Dollar für 1972 bei.

Anpassungen für Währungsumrechnungen

Die Fluktuationen der einheimischen Währung gegenüber dem Dollar führen häufig zu Änderungen der Dollarbeträge für Vermögenswerte und Verbindlichkeiten ausländischer Tochtergesellschaften, deren Arbeitswährung die lokale Währung ist. Wenn die fremde Währung im Verhältnis zum Dollar sinkt, werden der Nettowert der Tochtergesellschaft (ihr Eigenkapital), wie er zu Beginn der Abrechnungsperiode bestand, und ihre Gewinne für die Periode entsprechend reduziert. Der Verlust tritt jedoch nicht in der Gewinn- und Verlustrechnung in Erscheinung, sondern wird im Eigenkapitalkonto gezeigt, normalerweise unter dem Titel „Anpassungen für Währungsumrechnungen" (Foreign Currency Translation Adjustments, „Translationsergebnisse"). „Anpassungen" ist in diesem Falle ein netter, aber irreführender Ausdruck für wirkliche Gewinne und Verluste. Die meisten von ihnen sollten in die Gewinn- und Verlustrechnung einbezogen werden.

Transaktionen und Anpassungen für Währungsumrechnungen

Transaktionen

Ein wichtiger, aber manchmal falsch verstandener technischer Unterschied besteht zwischen Transaktionen in fremder Währung (Foreign Currency Transactions – „Umrechnung von Fremdwährungsposten") und Anpassungen für Währungsumrechnungen (Foreign Currency Translation Adjustments, „Translationsergebnissse"). Wenn eine Geschäftseinheit flüssige Mittel (Bargeld, Forderungen usw.) oder Verbindlichkeiten in einer anderen Währung als der hat, in der sie ihre Resultate mißt, und dann vor der Abwicklung die relativen Werte der Währungen sich ändern, liegen Transaktionen vor, und sie haben Gewinne und Verluste zur Folge. Wenn beispielsweise eine Geschäftseinheit den Peso als Währung für ihre Betriebstätigkeit benutzt, erleidet sie einen Verlust aus „Transaktionen", wenn sie Verbindlichkeiten in französischen Francs hat und der Franc im Verhältnis zum Peso steigt.

Anpassungen für Währungsumrechnungen

Solche Anpassungen (Translation Adjustments) entstehen, wenn die Abschlüsse der ausländischen Tochtergesellschaft von der lokalen Währung in die Heimatwährung der Muttergesellschaft umgewandelt werden. Wenn die Währung der Muttergesellschaft dieselbe wie die der Tochter ist, finden solche Anpassungen nicht statt. Wenn die beiden Währungen jedoch nicht dieselben sind, werden Gewinne oder Verluste, die im Abschluß der Tochtergesellschaft erschienen, normalerweise anders sein, wenn sie in der Währung der Muttergesellschaft gemessen werden. Der Gewinn einer Tochtergesellschaft mag sich sogar bei der Muttergesellschaft als Verlust herausstellen oder umgekehrt. Denken Sie also daran, daß Währungsumrechnung in diesem Sinne („Translation Adjustment") der Prozeß ist, in dem die Resultate *noch einmal gemessen* werden, so daß sie erkennen lassen, was, ausgedrückt in der Währung der Muttergesellschaft, in derjenigen Währung geschah, in der Dividenden und Darlehen der Muttergesellschaft gezahlt werden. Dieses erneute Messen zeigt wirkliche Gewinne und Verluste für den, der erwartet, in Dollar bezahlt zu werden – nicht nur eine mechanische Anpassung.

Die Wichtigkeit einer Dollarperspektive

Die allererste Entscheidung, wenn man etwas messen will, ist Auswahl der richtigen Maßeinheit. Wenn die Fähigkeit einer US-Gesellschaft gemessen werden soll, Dividenden und Schulden zu zahlen, muß die Maßeinheit offenbar der Dollar sein. Investoren und Gläubiger aus den Vereinigten Staaten können keine anderen Entscheidungen treffen als ausgedrückt durch die Zahl der Dollar, die sie zu erhalten hoffen. Ein extremes Beispiel wird zeigen, warum Anpassungen für Währungsumrechnungen wirkliche Gewinne und Verluste widerspiegeln.

Beispiel: Nehmen Sie an, daß eine britische Tochtergesellschaft eine 100-Dollar-Note in der Kasse hat. Zu Beginn des Jahres steht das Pfund bei 2 Dollar. Unter dem Blickwinkel des britischen Managers hat die Gesellschaft einen Vermögenswert in Höhe von 50 Pfund. Am Ende des Jahres ist das Pfund auf 1 Dollar gefallen. Der britische Manager errechnet dann, daß die Note 100 Pfund wert ist. Er hat also einen Währungsgewinn von 50 Pfund (Foreign Currency Transaction gain), der in der Gewinn- und Verlustrechnung der Tochtergesellschaft erscheinen muß. Dieser Betrag wird in Dollar übertragen als 50 $ Transaktionsgewinn. Er erscheint in der Gewinn- und Verlustrechnung der Muttergesellschaft.

Das Währungsumrechnungsverfahren (Translation Process), das die Abschlüsse von der lokalen (Pfund)-Perspektive in die Dollar-Perspektive überträgt, sorgt für die Erkenntnis, daß der 50-$-Transaktionsgewinn in einer Dollar-Welt nicht existiert und daß die 100-$-Note in ihrem Dollarwert unverändert ist. Darum muß die Muttergesellschaft eine Anpassung (Verlust) in Höhe von 50 $ für Währungsumrechnung (Translation) vornehmen, um den nicht bestehenden Gewinn zu beseitigen. Das Problem für den Analysten besteht darin, daß die Anpassungen (Translation Adjustment) direkt in das Eigenkapitalkonto eingehen, während der wirtschaftlich nicht bestehende Gewinn beim Jahresüberschuß verbleibt. Wenn also die Anpassung für Währungsumrechnungen nicht als das erkannt wird, was sie ist, – ein Verlust – wird der Ertrag zu hoch ausgewiesen. Offensichtlich würde der Analyst in diesem Falle 50-$-Anpassung für Währungsumrechnung (Translation Adjustment) als Verlust in der Gewinn- und Verlustrechnung absetzen, um den unrichtigen Gewinn auszugleichen, der sonst in den Büchern erschiene.

Sind alle Anpassungen für Währungsumrechnungen Gewinne oder Verluste? Es ist weniger offensichtlich, was man tun soll, wenn die Aktiva jener Tochtergesellschaft beispielsweise ein Gebäude enthielten. Der Analyst wird folgende Fragen stellen: Wird die Muttergesellschaft wirklich einen Verlust im Hinblick auf das Gebäude erleiden, wenn das englische Pfund sinkt? Ist anzunehmen, daß der zukünftige Fluß von Dollars aus dem Gebäude niedriger sein wird?

Unterschiedliche Antworten

Wäre das Gebäude ein Lagerhaus und an jemanden auf 20 Jahre zu einer Miete von 10 000 Pfund im Jahr fest vermietet, so wäre es klar, daß die Dollarzuflüsse an die Muttergesellschaft und ihre US-Aktionäre mit dem Wert des Pfundes fallen und steigen würden.

Wäre jedoch das Gebäude eine Fabrikationsstätte für Teile eines Produktes, das in den USA für Dollar verkauft wird, würden Schwankungen im Wert des Pfundes zukünftige Dollarzuflüsse aus der Fabrik wohl nicht sehr beeinträchtigen. Im zweiten Falle bedeutet also die Anpassung für Währungsumrechnungen wahrscheinlich keinen wirtschaftlichen Verlust und sollte daher nicht beim Ertrag berücksichtigt werden (und in der Bilanz auch nicht). Leider sind die meisten Situationen keineswegs so eindeutig wie diese beiden Beispiele. Die Auswirkungen von Wechselkursänderungen auf Sachanlagen[1d] wird selten genau ermittelt werden können.

[1d] Anm. des Übersetzers: (Property), Plant and Equipment = Fixed Assets ist ein Fachausdruck in der Buchführung, der unserem Begriff des „Sachanlagevermögens", „Sachanlagen" entspricht. Es sind das im wesentlichen Grundstücke, Fabriken, Maschinenausrüstungen, Bürogebäude usw. Nicht dazu gehören „immaterielles Anlagevermögen" (z. B. Goodwill, Patente) und Finanzanlagevermögen (z. B. Aktien einer Tochtergesellschaft). Nicht dazu gehören auch die Sachen des Umlaufvermögens (z. B. Vorräte). Daneben wird der Ausdruck „Plant and Equipment" aber auch gelegentlich im nichttechnischen Sinne (außerhalb der Buchführung) benutzt i. S. von „Fabriken und deren Ausrüstung", „(Investitionen in) Produktionsstätten", „Betriebs- und Geschäftsausstattung", vgl z. B. oben Kap. 5 und 6.

Informationsmangel als Ursache der Schwierigkeit

Für den Wertpapieranalysten sind die Anpassungen für Währungsumrechnungen mit die schwierigsten unter den verschiedenen Arten von Reservebildung, und nicht selten muß er seiner Analyse mißtrauen. Oft ist die erforderliche Information einfach nicht verfügbar.

Antworten ergeben sich getrennt für jeden einzelnen Vermögensgegenstand und jede Verbindlichkeit

Gewinne und Verluste als Ergebnis von Währungsschwankungen beruhen darauf, daß *individuelle* Vermögenswerte und Verbindlichkeiten vorhanden sind und daß bestimmte Erlöse und Aufwendungen anfallen. Währungsschwankungen haben ganz unterschiedliche wirtschaftliche Konsequenzen für verschiedene Arten von Vermögenswerten und Verbindlichkeiten. Durch jede Bewegung des Wechselkurses mag ein Wert wertvoller und ein anderer weniger wertvoll werden.

Individuelle Vermögenswerte und Verbindlichkeiten stehen auf dem Spiel, nicht der Nettowert (das Eigenkapital) der Tochtergesellschaft

Trotzdem sind viele Gesellschaften der Auffassung, und dem schließt sich sogar die Buchführung an, daß es der Nettowert der ausländischen Tochtergesellschaft (ihr Eigenkapital) ist, der bei Währungsfluktuationen auf dem Spiel steht, und nicht die individuellen Vermögenswerte und die individuellen Verbindlichkeiten, die jenen Wert ausmachen. Deshalb verfolgen viele Gesellschaften nicht im einzelnen die Ursachen ihrer verschiedenen Gewinne und Verluste durch Währungsumrechnungen. Stattdessen berechnen sie lediglich den Gesamtbetrag für das Jahr mit Hilfe einer einfachen Kurzformel.[2] Gesellschaften, die diese Einstellung haben und die diese gekürzte Methode verwenden, können unter Umständen die Fragen des Analysten nicht beantworten, wieviel ihrer Anpassungen für Währungsumrechnung vom Anlagenkonto und wieviel von den langfristigen Schulden herrührt. Offensichtlich sind diese Verhältnisse in fremden Währungen nicht nur schwer zu analysieren, sondern es fehlt auch an der ständigen und gut organisierten Offenlegung der gewünschten Einzelheiten.

---

[2] Wenn man gewisse Anpassungen für Hedging-Transaktionen beiseite läßt, besteht die Anpassung für Währungsumrechnungen in folgendem: 1. Der Nettowert (Eigenkapital) zum Jahresbeginn multipliziert mit der Veränderung im Wechselkurs zwischen Beginn und Ende des Jahres plus 2. dem Jahresüberschuß mal dem Unterschied zwischen der durchschnittlichen Wechselkursrate und der Rate zum Jahresende. Andere Gesellschaften stellen einfach den Unterschied zwischen dem Jahresüberschuß einerseits und der Änderung im Nettowert (Eigenkapital) der Bilanz andererseits fest, nachdem beide in Dollar verwandelt worden sind. Diese Differenz wird zu dem Anpassungsergebnis addiert oder von ihm abgezogen und wie eine Art Konto für Irrtümer und Unterlassungen behandelt.

Kapitel 12: *Die Auswirkungen von Reserven* 199

Eine Kompromißtechnik für Anpassungen

Anpassungen aus dem Bereich Nettoumlaufvermögen sollten beim Ertrag berücksichtigt werden

Der Wert von kurzfristigen Posten wie flüssige Mittel und Forderungen und Verbindlichkeiten aus Lieferungen und Leistungen ändert sich mit dem Wert der fremden Währung, auf die sie lauten. Wenn sie als kurzfristig eingestuft sind, werden sie in Kürze in Barmittel umgewandelt werden, und die Gewinne und Verluste werden realisiert. Da auch Vorräte in verhältnismäßig kurzer Zeit verkauft werden – wahrscheinlich vor einer größeren Änderung in den Wechselkursen – sollten Gewinne und Verluste aus ihrer Anpassung ebenfalls in das Ergebnis einbezogen werden. Idealerweise sind Gewinne und Verluste aus dem Bereich des Nettoumlaufvermögens (zum Begriff siehe oben, Kap. 10 Anm. 5a) – bereinigt natürlich um die Steuerfolgen, – das Minimum, das der Analyst beim Ergebnis berücksichtigen sollte.

Die Annahmen hinter der Empfehlung für das Nettoumlaufvermögen

Bei unserer Empfehlung, Gewinne und Verluste aus Währungsumrechnung beim Umlaufvermögen und den kurzfristigen Verbindlichkeiten (Current Assets and Liabilities) zu berücksichtigen, wurden mehrere Annahmen zugrunde gelegt. Sie sollten genau geprüft werden. Die Annahme bezüglich der Vorräte ist wichtig und befindet sich nicht in Widerspruch mit dem heutigen Buchführungsmodell. Zeichen für den schnellen Umschlag der Vorräte finden sich überall. Die Annahme, daß Vorräte verkauft werden können und werden, ist erforderlich, um die bestehenden Buchwerte zu rechtfertigen. Und die Annahme, daß der heutige Wechselkurs die beste Schätzung für morgen ist, ist die Grundlage, um Transaktionsgewinne und -verluste auf diese selben Vermögenswerte und Verbindlichkeiten anzuerkennen.

Die Finanzbewegungsrechnung mag Auskunft geben

Es gibt eine Technik, die dem Analysten oft erlaubt, die Gewinne und Verluste in bezug auf das Nettoumlaufvermögen zu bestimmen. Die Information dazu befindet sich oft in der Finanzbewegungsrechnung (Funds Statement, siehe Kap.15). Viele dieser Finanzbewegungsrechnungen beziehen sich auf Änderungen im Nettoumlaufvermögen. Anpassungen für Währungsumrechnungen tragen zu Änderungen im Nettoumlaufvermögen bei – und das ist ein weiterer Beweis, daß die Anpassungen wahrscheinlich bald realisierte Gewinne und Verluste sein werden. Diese Methode wird nicht immer funktionieren, weil das Management bei der Darstellung in der Finanzbewegungsrechnung sehr beweglich ist. Manchmal gibt es genau die Zahl, die gewünscht wird: Der Effekt der Währungsumrechnungen auf das Nettoumlaufvermögen. In anderen Fällen kann es möglich sein, die gewünschte Zahl durch Hin- und Hervergleiche zwischen Jahresabschlüssen und der Finanzbewegungsrechnung zu gewinnen.

Die Auswirkung auf Umlaufvermögen und kurzfristige Verbindlichkeiten ist gleich der Gesamtauswirkung minus der Auswirkungen auf die übrigen, nicht kurzfristigen Posten

Dies ist eine Alternative, um die Auswirkungen der Währungsumrechnungen in bezug auf das Nettoumlaufvermögen zu schätzen, wenn die Analyse der Finanzbewegungsrechnung keine Auskunft gibt. Wir kennen die Gesamtanpassung für Währungsumrechnung (die Änderungen im Betrag des Eigenkapitals) von Jahr zu Jahr. Wir mögen daher in der Lage sein, den auf die übrigen Posten entfallenden Anteil zu schätzen und diesen Betrag von der Gesamtsumme abzuziehen, um so den Anteil für die laufenden Posten, (Current Assets, Umlaufvermögen und Current Liabilities, kurzfristige Verbindlichkeiten) zu bekommen. Die hauptsächlichen nichtlaufenden (langfristigen, übrigen) Posten sind:

1. Sachanlagen
2. Langfristige Verbindlichkeiten
3. Aufgeschobene Steuern

Die Auswirkungen von Währungsschwankungen auf das Sachanlagevermögen wird oft in den Teilen V und VI des 10-K-Berichts gezeigt oder kann aus den Angaben über Segmente oder anderen Quellen geschätzt werden. Die Beträge und Währungen von langfristigen Verbindlichkeiten sind üblicherweise in ausreichenden Einzelheiten verfügbar, um Wechselkursgewinne und -verluste darauf zu schätzen. Aufgeschobene Steuern sind im Ausland weniger wichtig als in den USA, weil die Bücher meist auf der Grundlage der Steuerbilanz geführt werden. Wenn nicht die Gesellschaft selbst Angaben macht, hat der Analyst wahrscheinlich nicht genügend Informationen, um die Auswirkungen aus aufgeschobenen Steuern abzuschätzen.

Wenn die Gewinne und Verluste bei den nichtlaufenden (langfristigen, übrigen) Posten von der Berücksichtigung für das Ergebnis ausgeschlossen werden, wird das für die Analyse der Gesellschaft nicht sehr schädlich sein: Auch wenn die Wechselkurse da blieben, wo sie am Ende des Jahres waren, wird die Realisierung derartiger Gewinne und Verluste über eine lange Zeitspanne hin erfolgen, bis die Fabriken und Anlagen abgenutzt und Zinsen und Kapital von Obligationen gezahlt sind. Außerdem: Die große Schwierigkeit, zu entscheiden, ob Währungsumrechnungsgewinne und -verluste für das Sachanlagevermögen (Plant and Equipment) wirtschaftliche Gewinne oder Verluste darstellen, wirft die Frage auf, ob der Analyst in der Lage ist, sie sachgerecht zu behandeln. Im Ergebnis ist es also normalerweise angebracht, in das Ergebnis nur die Anpassungen für Währungsumrechnungen, die aus dem Bereich des Nettoumlaufvermögens kommen, als Gewinne oder Verluste aufzunehmen.

Kapitel 12: *Die Auswirkungen von Reserven*

Unterschiedliche Behandlung von Umrechnungswirkungen in der Finanzbewegungsrechnung

Tafel 12.2 zeigt, wie vier Gesellschaften die Anpassungen für Währungsumrechnungen in ihrer Finanzbewegungsrechnung behandeln. Die vier Gesellschaften sind in gewisser Hinsicht ähnlich:

- Jede hatte insgesamt gesehen bei den Anpassungen für Währungsumrechnungen einen Gewinn
- Bei jeder bezog sich die Finanzbewegungsrechnung auf flüssige Mittel (Cash and Equivalents)

Die Behandlung der Anpassungen für Währungsumrechnungen und die Finanzbewegungsrechnung waren für die vier Gesellschaften absolut unterschiedlich.

Die Darstellung durch American Brands war ideal. Die Beschreibung der Zahl war völlig eindeutig, und der Analyst würde lediglich die 24,1 Millionen Dollar, abzüglich eines angemessenen Betrages für Ertragssteuern, dem Jahresüberschuß hinzurechnen.

Tafel 12.2: Anpassungen für Währungsumrechnung aus den Finanzbewegungsrechnungen 1985

Gesellschaft	Finanzbewegungs- rechnung bezieht sich auf:	Gesamte Anpassungen für Währungs- umrechnung (Millionen Dollar)	Anpassung – Methode der Darstellung und Betrag (Millionen Dollar)
American Brands	flüssige Mittel	75,3 Gewinn	„Auswirkungen der Währungsschwankungen auf das Nettoumlauf- vermögen...............24,1"
Abbott Laboratories	flüssige Mittel	28,2 Gewinn	„Flüssige Mittel für den Betrieb: Umrechnungs- anpassung............(28,2)"
IBM	flüssige Mittel	1 482,0 Gewinn	„Quellen . . . Benutzung . . . Umrechnungseffekt (Translation Effects) ....677,00"
United Technologies	flüssige Mittel	74,4 Gewinn	nicht genannt

Abbott Laboratories führte die gesamten Anpassungen sowohl aus Umlaufvermögen und kurzfristigen Verbindlichkeiten als auch den übrigen Posten (Sachanlagevermögen, langfristige Verbindlichkeiten, aufgeschobene Steuern) unter dem allgemeinen Titel „Flüssige Mittel beim Betrieb" auf (Cash Used in Operations). Eine untergeordnete Zeile unter dem Titel „Umrechnungsanpassung" (Translation Adjustment) gab als Betrag eine negative Zahl von 28,2 Millionen Dollar. Die Bedeutung würde sein – da es sich um eine negative Zahl handelte, – daß es sich um einen *Zufluß* (Source) von flüssigen Mitteln aus dem Betrieb handelte. Wahrscheinlich war jedoch nur ein geringer Teil dieses Anpassungsgewinnes eine Quelle von flüssigen Mitteln und entsprechenden Werten, und es gab auch keinen Hinweis, welcher Teil aus Umlaufvermögen und kurzfristigen Verbindlichkeiten stammte und welcher aus den übrigen Vermögenswerten und Verbindlichkeiten. Die Information ist wertlos und irreführend.

IBM gab Umrechnungswirkungen (Translation Effects), in Höhe von 677 Millionen Dollar auf einer gesonderten Zeile an, und zwar unter der Überschrift Mittelherkunft (Sources) und -verwendung (Uses). Einige Additionen und Subtraktionen waren erforderlich, um herauszufinden, daß es sich um einen Gewinn handelte. Eine vergleichende Analyse der Bilanz und der Finanzbewegungsrechnung zeigte, daß es sich bei dem Betrag um Gewinne aus Haltung von flüssigen Mitteln handelte. Weitere Informationen aus dem 10-K-Bericht und dem Jahresabschluß erlaubten eine Schätzung der Gewinne auf nicht kurzfristige (langfristige) Vermögensgegenstände und Verbindlichkeiten, aber zu viele Annahmen und Vermutungen waren erforderlich, um eine verläßliche Schätzung zu erlauben. Der Analyst sollte hier den Jahresüberschuß *zumindest* um den bekannten Gewinn aus flüssigen Mitteln berichtigen.

United Technologies Corporation erwähnten die Auswirkungen fremder Währungen in ihrer Finanzbewegungsrechnung nicht, obwohl sie ohne Zweifel in irgendeiner Form vorhanden waren.

Finanzbewegungsrechnungen, die sich auf das Nettoumlaufvermögen beziehen, liefern im Zweifel wesentlich bessere Informationen über Gewinne und Verluste bei Posten des Nettoumlaufvermögens als die Finanzbewegungsrechnungen, die sich auf flüssige Mittel beziehen. Jedoch kann jede dieser Methoden in sich widerspruchsvoll und verwirrend sein.

Pensionen und sonstige Ruhestandsvergünstigungen

Pensionspläne mit festen Beiträgen ohne Analyseprobleme

Diese Pensionspläne bieten keine besonderen Probleme für den Analysten. Wenn die Gesellschaft ihre Beiträge erbracht hat, trifft sie keine Verpflichtung zu irgendwelchen weiteren Zahlungen. Wenn ein Beitrag noch nicht entrichtet wurde,

Kapitel 12: *Die Auswirkungen von Reserven* 203

erscheint der Betrag in der Bilanz als kurzfristige Verbindlichkeit. In jedem Falle erscheinen die Aufwendungen für Pensionsausgaben ordnungsgemäß in der Gewinn- und Verlustrechnung.

Gemeinschaftliche Pensionspläne und die Verbindlichkeit bei Austritt

Gemeinschaftliche Pläne mehrerer Arbeitgeber werden nur dann komplex, wenn die Gesellschaft sich möglicherweise aus dem Plan zurückzieht und dadurch eine Kündigungsverbindlichkeit entsprechend dem Employee Retirement Income Security Act of 1974 – ERISA – zur Entstehung bringt. Sobald die Verbindlichkeit bekannt ist oder schätzbar wird, sollte der Analyst darauf achten, daß jede zusätzliche Verbindlichkeit (abzüglich Steuereffekt) als Verlust in der Gewinn- und Verlustrechnung aufgeführt, aber als nicht wiederkehrender Posten behandelt wird. Die Bilanz sollte ebenfalls berichtigt werden.

Pensionspläne mit festen Leistungsansprüchen

Ungewißheit von Pensionsverpflichtungen

Die Verpflichtung zu Pensionsleistungen fällt in die breitere Kategorie der Reserven für langfristige Verbindlichkeiten, wobei Höhe und Zeitpunkt der Zahlungen ungewiß sind. Die Schätzung der Höhe der Pensionsverpflichtungen und ihres angemessenen Gegenwartswertes stellen eine umwerfende Übung dar. Ein zwanzigjähriger Mann arbeitet heute für eine Gesellschaft, und es besteht zumindest eine gewisse Wahrscheinlichkeit, daß er Zahlungen aus seinem Pensionsplan noch in 60 Jahren erhält. Die Höhe der Zahlungen mag von seinem Gehalt in 45 Jahren abhängen. Der Versicherungsstatistiker muß bei seinen Abzinsungsberechnungen Schätzungen der Zinssätze über einen Zeitraum von bis zu 80 Jahren benutzen. Verschiedene Annahmen über Gehaltssteigerungen und über Zinssätze können vertretbare Ergebnisse liefern, von denen manche fünf mal so groß sind wie andere.

Die „Opinion 8" war zu flexibel

Die Kosten und Verbindlichkeiten von Pensionsplänen mit festen Ansprüchen waren unter der „Opinion 8" des Accounting Principles Board nicht vergleichbar. Fast jede versicherungstechnische Berechnungsmethode für die Kosten reichte für die Finanzierung und für die Festlegung der Aufwendungen für Pensionen aus; unzulässige Methoden waren nur „Pay As You Go" (Zahlungen aus den laufenden Einnahmen) und „Terminal Funding" (Finanzierung am Ende). Außerdem bestand große Freiheit bei der Auswahl von statistischen Annahmen und in der Möglichkeit, sie abzuändern. Vergleichbarkeit der Pensionsaufwendungen zwischen einzelnen Gesellschaften gab es nur durch Zufall. Die populärste versicherungsstatistische Methode für die Kapitalansammlung war „Entry Age Normal" (normales Eintrittsalter), hauptsächlich, weil sie der Gesellschaft die größte Flexibilität bei ihrer Steuerplanung gab. Diese Methode für die Kapitalansammlung ist eher konservativ, obwohl sie mit sehr wenig konservativen Methoden bei der Behandlung von versicherungstechnischen Gewinnen und Verlusten benutzt werden kann und benutzt wird. Sie berechnet die zu erwartenden Ansprüche versicherungstechnisch und ermittelt dann den konstanten Prozentsatz der projizierten Lohnsumme, der sie finanzieren wird, wenn sie fällig werden. Dieses Verfahren hat die Tendenz, die Gewinnspannen zu stabilisieren und verringert damit Fluktuationen bei den Gewinnen.

Informationen waren Behelfsantworten

Seit 1980 gibt es Erläuterungen in Fußnoten über den versicherungstechnischen Gegenwartswert der Summe von verbindlichen und freiwilligen Leistungen des Pensionsplanes, über den Börsenwert des Planvermögens und über die zugrundeliegenden Annahmen für Zinssätze. Der erste dieser Posten gab eine grobe Annäherung der Verbindlichkeit, die gemäß ERISA geschuldet wäre, wenn der Plan beendet würde. Es gab keine Informationen über die Gehaltsprojektionen: Diese sind jedoch notwendiger Bestandteil der endgültigen Verbindlichkeit für den endgültigen Zahlungsplan einer weiter im Betrieb befindlichen Firma.

Neue Buchführungsregeln für Pensionsverpflichtungen durch Statement 87

Im Dezember 1985 gab der FASB das Statement Nr. 87 heraus (Employers Accounting for Pensions). Für die meisten Anforderungen von Statement 87 ist das maßgebliche Datum das erste Geschäftsjahr nach dem 15. Dezember 1986. Für eine Gesellschaft mit dem Kalenderjahr als Geschäftsjahr gelten also die meisten Anforderungen für den Abschluß 1987; allerdings ist die buchmäßige Anerkennung bestimmter Pensionsverbindlichkeiten noch für zwei weitere Jahre aufgeschoben.

Buchführungsgrundsätze auf der Basis des Weiterlebens der Firma.

Statement 36 hatte Informationen über die angesammelten Ansprüche verlangt – das sind einfach die Ansprüche, die auf Grund des augenblicklichen Gehaltsniveaus erdient sind. Die angesammelten Ansprüche sind der Betrag, den die Arbeitnehmer verlangen könnten, wenn sie zum Zeitpunkt des Jahresabschlusses mit der Arbeit aufhörten. Dieser Betrachtungsweise liegt der Gedanke einer Liquidation zugrunde. Statement 87 verlangt Angaben, die besser für eine in Betrieb befindliche Firma mit einem endgültigen Zahlungsplan geeignet sind – die Pensionsansprüche für die bisherige Arbeit auf der Grundlage zukünftiger Lohnsätze – nicht dem heutigen Niveau.

Kapitel 12: *Die Auswirkungen von Reserven* 205

Das neue System berücksichtigt Gehaltssteigerungen

Alle Gesellschaften müssen jetzt dieselbe versicherungstechnische Methode benutzen, die sogenannte „Projected Unit Credit"-Methode (auch „Unit Credit with Service pro Rate" genannt). Sie berücksichtigt die Gehaltssteigerung als Ergebnis von Inflation, Beförderungen und Produktivitätsgewinnen. Außerdem werden dadurch Grenzen für die Freiheit aufgestellt, versicherungstechnische Annahmen zu wählen. Die Annahme über den Zinssatz muß die Ertragsrate berücksichtigen, die augenblicklich für bestehende Vermögenswerte des Planes verfügbar ist; sie muß weiter vernünftige Schätzungen der Zinssätze zugrunde legen, zu denen zukünftige Beiträge, Dividenden, Zinsen, Renten und Fälligkeiten wieder investiert werden. Die Gesellschaft soll außerdem die Beträge berücksichtigen, zu denen die Pensionsverbindlichkeit dadurch getilgt werden könnte, daß Jahresrenten (bei einer Lebensversicherung) gekauft werden. Auch hier erzwingen die neuen Regeln realistischere und besser vergleichbare Annahmen über die Zinssätze, als sie allgemein benutzt werden. Die Zahl über die Gehaltssteigerung muß übereinstimmen mit den Annahmen über Zinssätze; das sollte einige „Spiele" mit der Differenz zwischen Zinssätzen und Gehaltssteigerungsrate verhindern. Dies sind die beiden wichtigsten Annahmen bei der Kalkulation von Pensionen. Beide müssen dieselben Annahmen über die Inflation enthalten, wenn sie widerspruchsfrei sein wollen.

„Verpflichtungen aus früherer Tätigkeit" als Ergebnis von Planänderungen

„Verpflichtungen aus früherer Tätigkeit" (Prior Service Obligations) treten ein, wenn ein Pensionsplan begonnen oder verbessert wird und sich nun aus früheren Tätigkeiten von Beschäftigten Ansprüche ergeben. Die neuen Buchführungsregeln verlangen Amortisation der Kosten dafür und von versicherungstechnischen Gewinnen und Verlusten über die verbleibende Dienstzeit der vorhandenen Bediensteten und nicht über die jetzt typischen dreißig oder vierzig Jahre. Dies erzwingt eine bessere Amortisationspraxis als in der Vergangenheit. Die frühere Praxis zur Amortisation solcher Kosten schob den größeren Teil solcher Effekte unsinnig lange hinaus. Die Amortisationsperiode für „Kosten aus früherer Tätigkeit" (Prior Service Costs) war oft erheblich länger als die verbeibende Dienstzeit der begünstigten Arbeitnehmer.

Konsolidierung des Pensionsplanes durch den Analysten

Komponenten des Pensionsaufwandes

Es wird hierzu eine umfangreiche Offenlegung von Daten erfolgen einschließlich der folgenden Komponenten von Pensionaufwendungen:

1. Aufwand für normale Beiträge zum Pensionsfonds im laufenden Jahr (Service Cost)[2a]
2. Zinsaufwendungen
3. Tatsächlicher Ertrag auf die Vermögensanlagen
4. Nettosumme der anderen Komponenten:
   a) Nettogewinn oder -verlust auf Vermögensanlagen während der Abrechnungsperiode, der buchungsmäßig auf später verschoben ist.
   b) Amortisation des Nettogewinnes oder -verlustes aus früheren Abrechnungsperioden
   c) Amortisation von noch nicht ausgewiesenen „Kosten aus früherer Tätigkeit" (Prior Service Cost)
   d) Amortisation aller Übergangsbeträge für Nettovermögenswerte oder -verbindlichkeiten, die zum Zeitpunkt der ersten Anwendung der (neuen) Regeln bestanden.

Konsolidierung in die Gewinn- und Verlustrechnung

Erste Methode: Mit dieser Information sowie der Information aus der Bilanz des Pensionsplanes stehen dem Analysten zumindest zwei Wege offen, um die Ergebnisse des Pensionsplanes in die Gewinn- und Verlustrechnung zu konsolidieren. Bei der einen Methode werden die periodischen Nettopensionskosten für die Periode von den Aufwendungen für Lohnkosten abgesetzt; der Aufwand für „normale Beiträge" („Service Costs", s. o. Nr. 1) und die verschiedenen Amortisationsposten werden zu den Lohnkosten hinzugezählt:

- Die Zinsaufwendungen (Hinweis des Übersetzers: gemäß Pensionsberechnung) werden zu den anderen Zinsaufwendungen der Gesellschaft addiert
- Der Ertrag auf das Anlagevermögen des Planes wird zu den „sonstigen Erträgen" der Gesellschaft addiert
- Die Aufwendungen für Ertragssteuern werden angepaßt

Diese Methode betrachtet den Pensionsplan als 1. ein Investment, mit einem Ertrag auf das Investment, 2. als Darlehensaufnahme bei den Beschäftigten mit Zinskosten auf dieses Darlehen und 3. als Lohnkosten, zu denen auch die Amortisation verschiedener Gewinne und Verluste und der „Kosten aus früherer Tätigkeit" (Prior Service Costs) gehören.

Zweite Methode: Bei dieser Methode der Konsolidierung werden die periodischen Nettopensionskosten der Periode von den Lohnkosten abgezogen und durch

---

[2a] Anm. des Übersetzers: Es ist der versicherungstechnische Gegenwartswert der Leistungsansprüche der Arbeitnehmer, die diese im laufenden Geschäftsjahr erdient haben (Barron's Dictionary of Accounting Terms unter „Service Cost", „Normal Pension Cost" und „Prior Pension Cost").

den Aufwand für „normale Beiträge" („Service Cost" Komponente) ersetzt. Die Zinskosten und das Investmenteinkommen werden wie oben behandelt, aber die tatsächlichen Gewinne und Verluste für das Jahr werden in der Gewinn- und Verlustrechnung als „Pensionsgewinne oder -verluste" oder unter einem ähnlichen Titel ausgewiesen. Steuern werden angepaßt. Die zweite Methode führt in den Jahresüberschuß alle Gewinne und Verluste einschließlich der Ergebnisse aus dem Investmentportfolio ein. Eine zeitliche Verschiebung oder Ausgleichung von Posten findet nicht statt.

Bilanz des Pensionsplanes

Alle nötigen Informationen, um eine Bilanz für den Pensionsfonds zu konstruieren, werden in den Fußnoten gegeben: Darunter fallen auch der Verkehrswert für die Vermögensgegenstände im Plan, die Pensionsverbindlichkeiten und Einzelheiten der noch nicht ausgewiesenen „Kosten aus früherer Tätigkeit" (Prior Service Costs), Gewinne und Verluste und ähnliches.

Konsolidierung der Bilanz

Einfach durch Kenntnis der Vermögenswerte und Verbindlichkeiten des Pensionsplanes ist man in der Lage, eine Bilanz für den Pensionsfond aufzustellen, da die Differenz zwischen den Vermögenswerten und Verbindlichkeiten der Nettowert oder das Nettodefizit des Planes ist. Falls gewünscht, kann der Analyst die Bilanz des Pensionsfonds in die des Trägers des Planes konsolidieren. Zunächst müßten etwaige Pensionsverpflichtungen oder -vermögenswerte, die in der Bilanz des Trägers erscheinen, daraus entfernt und das Eigenkapital entsprechend angepaßt werden. Dann werden die Vermögenswerte des Planes zu denen des Trägers addiert und entsprechend die Verbindlichkeiten des Planes zu denen des Trägers. Danach wird die Differenz zwischen den beiden Posten (der Nettowert oder das Nettodefizit des Pensionsfonds) zu dem Nettowert (Eigenkapital des Trägers) addiert oder davon abgezogen abzüglich dem Steuereffekt. Die Steuerverbindlichkeit würde um den Effekt der Konsolidierung berichtigt werden.

Eine solche Konsolidierung wird für einige Zwecke empfohlen, wie zum Beispiel für die Analyse von festverzinslichen Wertpapieren oder die Beurteilung der Möglichkeit, überschießende Vermögenswerte aus dem Pensionsplan zu entnehmen. Die Konsolidierung kann jedoch irreführend sein: Der prompte Zugriff zu den Vermögenswerten des Pensionsplanes ist beschränkt, die geschätzten Verbindlichkeiten des Planes können ungenau sein, und die börsenfähigen Wertpapiere im Plan unterliegen Kursschwankungen. Der Analyst wird davor gewarnt, den Pensionsfond bei Untersuchungen zu konsolidieren, die die normale Ertragskraft ermitteln wollen. Kursfluktuationen im Wert des Anlagevermögens oder eine Änderung bei einer einzigen versicherungstechnischen Annahme können die Gewinne einer Gesellschaft für ein bestimmtes Jahr auslöschen oder verdoppeln. Die Auswirkungen solcher Fluktuationen können den Analysten von wichtigeren Dingen ablenken, vor allen Dingen von dem in erster Linie betriebenen Geschäft der Gesellschaft.

Behandlung von „Kosten aus früherer Tätigkeit"

Ein umfangreiches Problem für den Analysten ist die Frage, ob Zahlungen auf das Konto „Kosten aus früherer Tätigkeit" (Prior Service Costs) in einem Pensionsplan als Abtrag einer Verpflichtung aus der Vergangenheit angesehen werden sollte, als nicht wiederkehrende Belastung von Gewinnen oder als normale Betriebsaufwendungen. Was ist die praktische Bedeutung jeder dieser Möglichkeiten?

Die Schaffung einer „Verbindlichkeit aus früherer Tätigkeit"

Eine Verbindlichkeit für „Kosten aus früherer Tätigkeit" tritt dann ein, wenn ein Pensionsplan begonnen oder verbessert wird und dabei Tätigkeiten berücksichtigt werden, die in früheren Jahren erfolgten. (Dieses Buch benutzt die Ausdrücke „Kosten aus früherer Tätigkeit" – Prior Service Costs – und Kosten für vergangene Tätigkeit – Past Service Costs – austauschbar wie Statement Nr. 87.) Im Ergebnis hat die Gesellschaft eine sofortige Verbindlichkeit; der Arbeitnehmer könnte am nächsten Tage seine Tätigkeit beenden und dennoch Ansprüche auf die erhöhten Leistungen entsprechend der Regelung im Pensionsplan haben. Gemäß ERISA werden „Verpflichtungen aus früherer Tätigkeit" infolge Verbesserung eines Planes über eine Fünfjahresperiode allmählich eingeführt („phased in"), wenn es darum geht, die Beendigungsverbindlichkeit gemäß ERISA zu errechnen.

Verteilung von Kosten für frühere Tätigkeit

Unabhängig von der Frage, ob eine sofort wirksame, gesetzliche Verbindlichkeit besteht, hat man in der Buchführung diese Kosten allgemein als Aufwendungen angesehen, die über die folgenden Jahre verteilt werden sollten. Behandelte man die gesamte „Verbindlichkeit aus früherer Tätigkeit" als sofortige Belastung für das Jahresergebnis, könnte dies das Niveau der Gewinne verzerren.

„Kosten aus früherer Tätigkeit" als normale Belastung des Jahresergebnisses

Sowohl praktische als auch logische Gründe sprechen dafür, die jährlichen Beitragszahlungen zum Pensionsplan, die sich auf „Kosten aus früherer Tätigkeit" beziehen, als normale Belastung des Jahresergebnisses zu behandeln. Solche Zahlungen werden als jährliche Abzüge für Steuerzwecke zugelassen und unterliegen nicht der Aktivierung bei den Beständen (Capitalisation in Inventories) wie andere Aufwendungen für Pensionen. „Kosten aus früherer Tätigkeit" sind weniger das Ergebnis von Ereignissen in der Vergangenheit als das einer freiwilligen oder durch die Gewerkschaften erzwungenen Entscheidung, Summen in der Zukunft auszuzahlen. Sie repräsentieren tatsächliche und regelmäßige Geldzahlungen über eine Reihe von Jahren, die nicht durch zusätzliche Vermögenswerte der Gesellschaft ausgeglichen werden. Damit stehen sie einer normalen und laufenden Aufwendung viel näher als

Kapitel 12: *Die Auswirkungen von Reserven* 209

der Ablösung einer Verpflichtung aus der Vergangenheit, wie etwa die Rückzahlung einer Serienobligation.

Behandlung als nicht wiederkehrender Posten ist widerspruchsvoll

Die Wirkung, wenn man die jährlichen Zahlungen als nicht wiederkehrende Belastung ansieht, ist in sich widersprüchlich: Sie würden bei den echten Gewinnen für das eine Jahr nicht berücksichtigt, aber von den langfristigen Erträgen abgezogen. Offensichtlich sollte eine *regelmäßige* Belastung, die in der langfristigen Analyse auftaucht, auch in der Analyse für das einzelne Jahr abgezogen werden: Sonst schafft man lediglich eine unnötige Differenz zwischen den einzelnen aufeinanderfolgenden kurzfristigen und den langfristigen Erträgen. (Es ist nur die *unregelmäßige* Natur von großen, nicht wiederkehrenden Posten, die dafür spricht, sie von der Analyse für ein einziges Jahr auszunehmen.)

Versicherungstechnische Gewinne und Verluste

Natur der Gewinne und Verluste

Die Amortisation von versicherungstechnischen Gewinnen und Verlusten ist ein weiteres schwieriges analytisches Problem. Solche Gewinne und Verluste sind in Wirklichkeit nicht dasselbe wie normale Gewinne und Verluste. Sie werden nicht von null aus gemessen, sondern von den versicherungstechnischen Annahmen aus. Wenn die Annahme dahingeht, daß das Portfolio 6 % Ertrag haben wird, und der Jahresertrag beträgt 4 %, entsteht ein versicherungstechnischer Verlust von 2 %, der mit der Summe der Vermögenswerte im Plan laut Eröffnungsbilanz multipliziert wird. Offensichtlich verlor der Pensionsfond nicht wirklich Geld – er verdiente 4 %. Es mag sich ergeben, daß die durchschnittliche Ertragsrate für die nächsten hundert Jahre genau 4 % sein wird. Das würde bedeuten, daß der Versicherungsmathematiker und die Gesellschaft sich auf 4 % als ihre Annahme für die Erträge der Vermögenswerte im Pensionsplan hätten einigen sollen. In einem solchen Falle besteht das Problem nicht darin, daß die Performance der Vermögenswerte im Plan schlecht war, sondern daß die versicherungstechnische Schätzung zu hoch lag. Ähnlich kann man für die verschiedenen anderen versicherungstechnischen Schätzungen argumentieren, gleich ob es sich um die Lohnsteigerung, die Fluktuation, die Sterblichkeit oder was auch immer handelt.

Änderungen bei den Annahmen werden Gewinne und Verluste genannt

Eine Änderung in den versicherungstechnischen Annahmen ändert die Verbindlichkeit, und dies wird als „versicherungstechnischer Gewinn oder Verlust" bezeichnet. Die besondere Eigenart dieser Gewinne und Verluste rechtfertigt es, sie über eine vernünftige Zeitdauer zu verteilen, etwa die Beschäftigungsdauer der Angestellten, anstatt sie sofort zu berücksichtigen. Außerdem würde die sofortige Berücksichtigung von versicherungstechnischen Gewinnen und Verlusten dazu führen, daß sich in der Gewinn- und Verlustrechnung die Fluktuationen der Aktien- und Obligationenbörsen voll auswirken würden. Zwar sind diese Fluktuationen wichtig, aber sie sollten unabhängig von den Gewinnen aus der Geschäftstätigkeit untersucht werden.

Erledigung und Beschränkung von Pensionsplänen, Leistung bei Beendigung

In den letzten Jahren war es nicht ungewöhnlich, daß eine Gesellschaft ihren eigenen Pensionsplan beendete, stattdessen (Lebensversicherungs-)Renten für sämtliche Pensionsverpflichtungen der Gesellschaft kaufte und einen Teil oder den gesamten Betrag des Überschusses aus dem Pensionsplan auflöste. Nach den früheren Buchführungsregeln wäre die buchmäßige Anerkennung eines Gewinnes aus der „Rückumwandlung der Vermögenswerte" nur zulässig gewesen, wenn die Gesellschaft keinen neuen Pensionsplan mit festen Leistungsansprüchen begonnen hätte. Statement Nr. 88 (Employers Accounting for Settlements and Curtailments of Defined Benefit Plans and for Termination Benefits) verlangt buchmäßige Berücksichtigung eines Gewinnes in dem Umfange, in dem der Träger des Planes Vermögenswerte auflöst. Die Träger können nach ihrer Wahl Vermögenswerte im Pensionsfond lassen und nur einen Teil des Gewinnes buchmäßig berücksichtigen. 1984 hatte beispielsweise Amax Corporation ungefähr 150 Millionen Dollar überschüssige Vermögenswerte in ihrem Pensionsplan, entschied sich aber dafür, nur ungefähr 100 Millionen Dollar durch Auflösung von Vermögenswerten herauszunehmen. Dies beließ eine freiwillige Reserve von 50 Millionen Dollar – im Ergebnis vorausgezahlte Pensionsausgaben, die in der Bilanz nicht erscheinen. Der Analyst kann entweder einen Gewinn auf *alle* überschüssigen Vermögenswerte berücksichtigen, die sich aus der Beendigung eines Pensionsplanes ergeben. Dann berücksichtigt er sie als nicht wiederkehrenden Posten. Oder er kann keinen augenblicklichen Gewinn berücksichtigen, sondern projiziert niedrigere Pensionsausgaben für zukünftige Jahre als Ergebnis der überschüssigen Vermögenswerte, die im Plan belassen wurden. Die Autoren dieses Buches sind in diesem Punkte nicht einer Meinung.

Sonstige Ruhestandsvergünstigungen

Darlegung der jährlichen Kosten für sonstige Leistungen nach Pensionierung (Post Employment Benefits) ist vorgeschrieben. Diese Leistungen bestehen in erster Linie aus Kranken- und Lebensversicherungen, die fortgeführt werden, nachdem der Arbeitnehmer das Pensionsalter erreicht hat. Oft ist auch der Ehegatte mit abgedeckt. Die Beträge sind potentiell sehr hoch. 1985 betrugen die durchschnittlichen Kosten der Gesundheitsfürsorge für Personen über 65 Jahre ungefähr 4800 $ im

Kapitel 12: *Die Auswirkungen von Reserven*

Jahr. Medicare[2b]) trug ungefähr 60 % dieses Betrages, so daß der Rest von den Betroffenen selbst und /oder ihren früheren Arbeitgebern zu tragen war. Der Betrag und die Art der Deckung, die abziehbaren Beträge, Höchstbeträge und andere Charakteristiken des Planes werden von Gesellschaft zu Gesellschaft unterschiedlich sein. Aber es bestehen wenig Zweifel, daß viele Gesellschaften zu sehr erheblichen Beträgen von Gesundheitsfürsorgeleistungen auf viele Jahre in die Zukunft verpflichtet sind. Eine periodenechte Aufwandsrechnung spräche wohl dafür, die Verpflichtung und den Aufwand für diese Leistungen über das Arbeitsleben des Arbeitnehmers zu verteilen. Stattdessen berücksichtigt die augenblickliche Praxis die jeweils tatsächlichen laufenden Leistungen (Accounting on a pay as you go Basis). Das empfohlene Verfahren, um eine Verbindlichkeit in der Bilanz für diese sonstigen Leistungen nach Pensionierung zu bilden, besteht in folgendem: Die jährliche Aufwandszahl muß mit einem Faktor zwischen 10 und 15 multipliziert werden, wobei der Faktor mit dem Alter der Beschäftigten ansteigt. Jährliche

Tafel 12.3: Sonstige Ruhestandsleistungen

Medizinische Versorgung	
Berechtigte:	Pensionäre und Angehörige
Krankenhauskosten	100 % der angemessenen und üblichen Kosten
Operationen	500 $ Plan
Eigenbeteiligung	100–150 $ je Person (lohnabhängig) 80–100 % nach Eigenleistung von 1000 $ durch den Bediensteten
Maximum	25 000 $ in 3 Jahren
Verbindung mit Medicare	Subsidiär
Erstattung nach Teil B	12,26 $
Beitrag des Bediensteten	keiner
Zahnbehandlung	keine Leistungen in 1985

Sterbegeld und sonstige Leistungen mit Ausnahme von Pensionen		
	Zahlung der Gesellschaft	andere Beitragspflichtige
Zahlung bei Pensionierung	1000–5000 $	entfällt
Sterbegeld	ebenso	entfällt
Beiträge der Angestellten	—	entfällt

[2b]) Anm. des Übersetzers: Die halbstaatliche Krankenversicherung.

Änderungen in der Verbindlichkeit sollten zu dem ausgewiesenen Aufwand addiert werden (unter angemessener Berücksichtigung der Steuer).

Beispiel: Die folgenden Daten beruhen auf den Informationen einer Gesellschaft mit einer großen Anzahl von Betrieben. Fast alle gewähren nach der Pensionierung Leistungen für Gesundheitsfürsorge und Lebensversicherung. Die Leistungen in den verschiedenen Betrieben sind im allgemeinen ähnlich, aber nicht einheitlich. Tafel 12.3 zeigt die Leistungen für 1985 in einem typischen Betrieb:

1985 betrugen die echten Aufwendungen der Gesellschaft (Pay as You go Expenses) 5 740 000 $. Würde die Gesellschaft die Aufwendungen für die bis dahin erdienten Ansprüche ausweisen (das Äquivalent der „Unit Credit"-Methode) und die gesamten Ansprüche über 10 Jahre amortisieren, so würden die Ausgaben auf 23 104 000 $ ansteigen, wenn man eine 9%ige Inflation für medizinische Kosten und einen 9%igen Investmentertrag annimmt. Eine Buchführung nach der „Projected Unit Credit"-Methode würde den Aufwendungsposten auf 36 364 000 $ erhöhen. Die Verbindlichkeit in der Bilanz für alle angesammelten Verbindlichkeiten würde 110 000 000 $ betragen, und die projizierte Verpflichtung zu Leistungen betrüge 195 000 000 $. Benutzung der Projected Unit Credit Methode hätte die Gewinne und den Nettowert der Gesellschaft um ungefähr 5 % reduziert. Das Durchschnittsalter der Bediensteten lag in den niedrigen Dreißiger Jahren.

Kapitel 13
Bewertung der Vorräte und Herstellungskosten

Vom Standpunkt der Wertpapieranalyse her gesehen, hat die Behandlung von Vorräten und Abschreibungen in der Buchführung eine gemeinsame Beziehung. Beide können einen erheblichen Einfluß auf die ausgewiesenen Gewinne haben. In beiden Fällen ergeben sich die Beträge aus Prinzipien und Theorien und nicht als das einfache Ergebnis von Bargeld- oder Kredittransaktionen im untersuchten Geschäftsjahr. Kapitel 13 erörtert kurz die Buchführungsgrundsätze für Vorräte und Abschreibung, ehe es sich auf die Bewertung der Vorräte konzentriert.

Methoden für Bewertung von Vorräten und Berechnung der Abschreibung

Die Standardmethode zur Bewertung von Warenvorräten besteht darin, sie in den Büchern zu Anschaffungs- bzw. Herstellungskosten oder aber zu Marktpreisen auszuweisen, je nachdem, welcher Wert niedriger ist. Die Standardmethode zur Berechnung von Abschreibungen (und anderen Amortisationen) besteht darin, den abzuschreibenden Gegenstand durch regelmäßige Belastungen des Ertrages über die erwartete Nutzungsdauer von den Kosten bis zum Schrottwert herunterzuschreiben. Bis vor kurzem bestand die Hauptaufgabe des Wertpapieranalysten auf diesem Gebiet darin, sich zu vergewissern, daß die Standardpraxis der Buchführung in den untersuchten Jahresabschlüssen befolgt wurde. Im allgemeinen tendierten Abweichungen in Richtung auf eine Übertreibung des Ertrages, das heißt Vorräte wurden nicht auf den Marktwert heruntergesetzt oder Abschreibungsbeträge wurden ausgelassen oder zu sparsam bemessen. Seltener kam es vor, daß der Ertrag und die Vermögenswerte zu niedrig bemessen wurden, indem eine überkonservative Politik bei der Vorratsbewertung oder der Berechnung der Abschreibung und Amortisation gewählt wurde.

Seit dem Ende des zweiten Weltkrieges hat die Frage der Vorratsbewertung und der Abschreibungspolitik eine etwas andere Form angenommen. Viele Gesellschaftsmanager kamen zu der Überzeugung, daß die Standardbuchführungspraxis für eine längere Periode steigender Preise nicht sehr geeignet war. Auf der einen Seite wurden die Gewinne durch nicht wiederkehrende und wahrscheinlich illusorische Erträge erhöht, die aus der Höherbewertung von Vorräten zu immer höheren

Wiederbeschaffungskosten stammten. Auf der anderen Seite wurde die steuerlich zulässige Abschreibung auf der Grundlage der Kosten grob unangemessen, um für eine Erneuerung von verbrauchten Produktionseinrichtungen zu dem höheren Kostenniveau auszureichen. Als die Steuergesetze geändert wurden, um eine schnellere Abschreibung zuzulassen, änderten viele Gesellschaften ihre Buchführungspraxis, um den Einfluß der inflationären Kräfte auf die Gewinn- und Verlustrechnung möglichst gering zu halten. Die hier angesprochenen Punkte haben Auswirkungen nicht nur für eine korrekte Berichterstattung gegenüber den Aktionären. Sie haben zu der entschiedenen Forderung geführt, während inflationärer Zeiten für Steuerzwecke höhere Abschreibungen gegenüber den Gewinnen zuzulassen. Sie sind ebenfalls an hervorragender Stelle bei Arbeitsdisputen benutzt worden, wo es um die „wirklichen" Gewinne der Wirtschaftsunternehmen und ihre daraus folgende „Fähigkeit zu zahlen" ging.

Gewinne bei den Vorräten und Inflation

Die neuere Entwicklung

Man kann die Jahre nach dem zweiten Weltkrieg (etwas willkürlich) in fünf Phasen der Inflation einteilen. Die Zeit 1947–1957 reflektierte inflationäre Kräfte, die durch Lohn- und Preiskontrollen während des zweiten Weltkrieges und die Auswirkungen

Tafel 13.1: Inflation und Gewinne auf Vorräte 1947–1986

Zeitraum	durchschnittliche jährliche Inflationsrate (%)[1]	Gesellschaftsgewinne vor Steuern (Milliarden $)	Wertsteigerung der Vorräte (Milliarden $)	Wertsteigerung als Prozentsatz der Gesellschaftsgewinne
1947–1957	2,6	40,3	1,7	4,2
1958–1965	1,4	56,5	0,2	0,3
1966–1972	4,2	85,5	4,4	5,1
1973–1983	7,8	187,4	23,3	12,4
1984–1986	3,0	196,1[2]	–1,1[2]	0,0[2]

[1] Zinseszinsraten der jährlichen Änderungen im Konsumenten-Preis-Index für Angestellte und Arbeiter, ermittelt vom Department of Labor.
[2] Die Zahlen für das vierte Quartal 1986 sind vorläufig.

Quellen: Das „Corporate Domestic Product of the National Income" (Inlandsanteil der Gesellschaften am Nationaleinkommen) und die „Products Accounts" (Produktionswerte) werden vom Department of Commerce zusammengestellt. Die Zahlen sind entnommen aus: Department of Commerce. Business Statistics, 1981, S. 201; Business Conditions Digest, April 1981, S. 95, 99; Survey of Current Business, Februar 1987, S. 5–6.

des Koreakrieges zurückgestaut waren. In den Jahren 1958–1965 herrschten Friede und mäßiges Wachstum, begleitet von verhältnismäßig bescheidener Inflation und buchstäblich keinem Gewinn bei den Vorräten. Staatsdefizite aus dem Vietnamkrieg, umfangreiche Sozialausgaben und Unruhe auf den internationalen Geldmärkten führten zu einer Beschleunigung der Inflation und zunehmenden Gewinnen aus Vorräten für die Jahre 1966–1972. Die vierte Periode endete abrupt 1983, weil die erschreckenden inflationären Kräfte des OPEC Ölkartells und der Zusammenbruch des Bretton Wood Agreement (festgelegte Wechselkurse) ihren Lauf genommen hatten und zur Ruhe gekommen waren. Die Periode 1984–1986 zog Nutzen aus dem Rückgang in Öl- und anderen Warenpreisen und einem stärkeren Dollar. Tafel 13.1 zeigt das zu erwartende Bild: Hohe Gewinne auf Vorräte begleiten hohe Inflationsraten, und das Umgekehrte gilt für niedrigere Inflation.

Aus Tafel 13.1 wird klar, daß Gewinne bei den Vorräten demselben Muster wie Beschleunigung und Verlangsamung von Preisänderungen in der Wirtschaft folgen. Die Wirtschaftsgeschichte des 19. Jahrhunderts für die USA zeigt, daß Preise manchmal über längere Zeiträume nach unten tendieren. Die Auswirkungen auf die Gewinne würden unter solchen Umständen genau entgegengesetzt (wie in inflationären Zeiten) sein, da sie dann Herabsetzungen anstelle von Heraufsetzungen bei den Vorräten zur Folge hätten.

Behandlung von Vorräten und Abschreibungen durch den Wertpapieranalysten

Anpassung zur Normalisierung der Aufwendungen

Der Wertpapieranalyst ist an diesen Fragen unter zwei praktischen Gesichtspunkten interessiert. Erstens muß er entscheiden, welche Behandlung von Vorräten und Abschreibungen die richtige ist, um die normale Ertragskraft und (weniger wichtig) den augenblicklichen Vermögenswert zu berechnen.

Vergleichbarkeit

Zweitens muß der Analyst, soweit möglich, eine Methode entwickeln, um alle Gesellschaften in einer bestimmten Industriegruppe bezüglich der Vorräte und Abschreibungen auf dieselbe Buchführungsbasis zu stellen, um eine richtige vergleichende Analyse zu erlauben.

Buchführung in der Inflation

Von 1976 bis 1986 waren die meisten großen Gesellschaften verpflichtet, – zuerst durch die SEC und dann durch den FASB – die Auswirkungen der Inflation auf ihre Vorrats- und Anlagenkonten („Sachanlagevermögen") zu berichten. 1987 wurde die

Information freiwillig, aber einige Gesellschaften mögen sie weiterhin liefern. Zu den Erfordernissen des FASB gehörte Darstellung in konstanten Dollars (Benutzung von Dollars mit konstanter Kaufkraft), was die Information komplizierter machte.[1] Analysten könnten Zahlen in konstanten Dollars aus den Jahresabschlüssen auch ohne die Hilfe der Gesellschaften entwickeln, aber niemand hielt es für lohnend. Die Zahlen für die laufenden (jetzigen) Kosten und Wiederbeschaffungskosten sind im Prinzip brauchbar. Sie erlauben dem Analysten, FIFO-Gesellschaften auf eine LIFO-Basis für die Vorräte zu stellen, die wir als besseres Maß der Ertragskraft ansehen.[2] Informationen über die laufenden (jetzigen) Kosten und die Wiederbeschaffungskosten für das (Sach)anlagenkonto und über die Abschreibungen mögen hilfreich sein, wenn man die Kosten von neuen Fabriken und Anlagen schätzt, aber diese Zahlen sind nicht sehr genau.

Die allgemeine Apathie der Analysten ist nicht gerechtfertigt

Die Informationen über die Inflationsbuchführung haben wenig Interesse unter den Benutzern von Jahresabschlüssen gefunden.[3] Dennoch möchten wir dem Analysten empfehlen, zumindest die Auswirkungen zu prüfen, wenn es um folgendes geht:

- Umstellung der Gewinn- und Verlustrechnungen von FIFO auf LIFO
- Schätzung des zukünftigen Niveaus von Kapitalausgaben
- Erfordernisse für das Nettoumlaufvermögen
- Liquidationswert
- Potential als Übernahmekandidat

---

[1] Über viele Jahre haben die Buchhalter Probleme mit der instabilen Kaufkraft des Dollars oder jeder anderen Währung als Maßeinheit gehabt. Viele sind der Auffassung, daß die Buchführung verpflichtet sein sollte, in inflationsfreien Einheiten zu messen. Wenn Analysten solche Dollars mit konstanter Kaufkraft in ihren Projektionen benutzten, würde die Mathematik des Verfahrens erfordern, daß sie auch zukünftige Gewinne und Dividenden in konstanten Dollars vorhersagen. Das würde eine korrekte Vorhersage künftiger Inflation erfordern. Noch schlimmer: Es müßten die Dividenden auf den Gegenwartswert mit Hilfe *realer* Zinssätze abgezinst werden; darüber hat es Hypothesen gegeben, aber es wurde nie gemacht. Analysten umgehen dieses Problem, indem sie in nominellen Dollars und in nominellen Zinssätzen rechnen, die schon eine Inflationsprämie eingebaut haben.
[2] LIFO- und FIFO-Methoden werden ausführlich in der nächsten Hälfte dieses Kapitels erörtert.
[3] William C. Norby „Application of Inflation Adjusted Accounting Data", The Financial Analysts Journal, März/April 1953, S. 33–39; Robert H. Berliner „Do Analysts use Inflation Adjusted Information? Results of a Survey" The Financial Analysts Journal, März/April 1983, S. 65–72.

Berechnung von Vorräten

FIFO und LIFO

Die beiden wichtigsten Arten, die Kosten für Vorräte zu berechnen, sind bekannt als FIFO (First-in, First-out – „zuerst rein, zuerst raus") und LIFO (Last-in, First-out „zuletzt rein, zuerst raus"). Beide unterstehen dem Gebot, daß der niedrigere Preis – Kostenpreis (Anschaffungspreis) oder jeweiliger Marktpreis – maßgeblich ist. FIFO beruht auf der normalerweise richtigen Annahme über den Güterfluß, daß nämlich eine Gesellschaft die ältesten Vorräte zuerst ausliefern wird, ehe „Motten und Staub sie verderben". LIFO-Vorräte müssen ebenfalls zu Anschaffungskosten in den Büchern ausgewiesen werden, aber die Kosten werden unter der Annahme berechnet, daß die neuesten Vorräte zuerst verkauft werden.

Der grundsätzliche Unterschied zwischen FIFO und LIFO wird im allgemeinen durch den Kohlenhaufen bei einer Gesellschaft illustriert. Wenn die neugekaufte Kohle auf den Haufen geschüttet und die benutzte Kohle vom Boden her entnommen wird, haben wir den typischen Fall von „First-in, First-out". Die alte Kohle wird zuerst aufgebraucht, und der verbleibende Vorrat würde natürlicherweise auf Basis der neuesten Käufe bewertet. Aber wenn man die benutzte Kohle von oben abnähme, entspräche der physische Materialfluß der typischen Last-in-, First-out-Situation. Die verbleibende Kohle zum Zeitpunkt der Inventur würde die alten oder ursprünglichen Käufe darstellen, die von Jahr zu Jahr zu unveränderten Preisen bewertet würden.

Während einer Periode scharf steigender Preise steigern FIFO-Berechnungen den Wert der Vorräte auf ungefähr laufende Wiederbeschaffungskosten. Dadurch werden die Gewinne um einen bestimmten Profitanteil gesteigert (von den Buchhaltern als Lagergewinne – Holding Gains – bezeichnet); er stammt aus dem Verkauf von älterem und billigerem Material zu steigenden Notierungen. Unter denselben Umständen hält die LIFO-Methode die Buchwerte einer bestimmten Menge von Vorräten auf ihrem ursprünglichen, niedrigen Niveau und schließt damit jährliche Gewinne aus Lagerhaltung im ausgewiesenen Ergebnis aus.

Gesteigerte Benutzung von LIFO

Die Zeitschrift „Accounting Trends and Techniques" vergleicht jedes Jahr viele der Buchführungspraktiken von 600 Gesellschaften. Die Zahl der Gesellschaften mit LIFO Buchführung für einen erheblichen Teil ihrer Vorräte, stieg von 194 (= 32 %) im Jahre 1960 auf 400 (= 67 %) im Jahre 1984.[4] Die FIFO Methode wurde vor der

---

[4] American Institute of Certified Public Accountants, Accounting Trends and Techniques 1961 und 1985.

Inflationsperiode weitgehend benutzt, weil sie den tatsächlichen Gegebenheiten des Geschäftslebens zu entsprechen schien.

Benutzung vielfacher Methoden

LIFO-Buchführung ist in den meisten ausländischen Staaten für Steuerzwecke oder die Jahresabschlüsse nicht zulässig; aus diesem Grunde benutzen die meisten multinationalen Gesellschaften für ihre Vorräte im Ausland eine FIFO-Basis. Diversifizierte Gesellschaften benutzen oft besondere Buchführungstechniken, die für Vorräte in ihren verschiedenen Industriezweigen üblich sind. So wird ein Konglomerat, das auch eine Einzelhandelstätigkeit ausübt, wahrscheinlich die Einzelhandelsmethode unter seinen Buchführungsmethoden mit benutzen. Tochtergesellschaften, die landwirtschaftliche Produkte oder Edelmetalle herstellen, werden solche Vorräte üblicherweise zu Marktpreisen bewerten, anstatt sie auf Kostenbasis zu buchen. Wieder andere Gesellschaften benutzen mehrere verschiedene Buchführungsmethoden für die Vorräte, weil sie Akquisitionen gemacht haben; entweder haben sie noch nicht die Zeit gefunden, die Bewertungsmethode der Tochtergesellschaft zu ändern oder haben es nicht der Mühe für Wert befunden. In den Fußnoten über die Buchführungspolitik geben die Gesellschaften die hauptsächlich benutzten Buchführungsmethoden für Vorräte an. Aber sie geben nicht immer ausreichende Information über den Anteil an den gesamten Vorräten, der in einer bestimmten Weise zu Buche steht.

Die wirtschaftliche Logik von LIFO

Bei laufender Produktion oder ständigem Verkauf werden die älteren Güter normalerweise als erste verkauft, wenn das möglich ist, so daß die Vorräte neu und modern sind. Die neue LIFO-Idee ist daher eigentlich ein etwas künstliches Konzept, das sich allerdings durch seine stabilisierende Wirkung auf die Gesellschaftserträge empfiehlt. Darüber hinaus findet es auch Unterstützung durch die Wirtschaftstheorie. Beispielsweise schließen die Berechnungen des Nationaleinkommens durch das Department of Commerce Gewinne oder Verluste aus Vorratsbewertung aus, da sie mit der wirklichen Produktion und Verteilung von Gütern nichts zu tun haben. (Ähnlich benutzt das Department eine Anpassung für Kapitalverbrauch aus den Gesellschaftsgewinnen, um ungenügenden Abschreibungen Rechnung zu tragen; das ist in der Auswirkung ähnlich, als wenn man die Abschreibung auf die Ersatzkosten bezieht). Schließlich ist die LIFO-Methode nach dem (amerikanischen) Steuerrecht eine erlaubte Methode der Buchführung – mit gewissen Einschränkungen.

Beispiel: Der Unterschied zwischen der FIFO- (früher der Standard) und der LIFO-Methode, Herstellungskosten (Costs of Goods sold) und Vorräte zu berechnen, kann nach folgendem vereinfachten und hypothetischem Beispiel illustriert

Kapitel 13: *Bewertung der Vorräte und Herstellungskosten*

werden (siehe Tafel 13.2): Eine Gesellschaft beginnt mit 10 Millionen Pfund Kupfer, kauft über 3 Jahre jedes Jahr 10 Millionen Pfund und verkauft dieselbe Menge jedes Jahr mit einem Aufschlag von 2 Cents gegenüber den jeweiligen Anschaffungskosten. Die Kosten zu Beginn betragen 10 Cents; der Durchschnitts- und Endkostenpreis beträgt 15 Cents im ersten Jahr, 20 Cents im zweiten Jahr und 10 Cents im dritten Jahr. Wir unterstellen, daß die Gesellschaft keine Betriebskosten hat.

Offensichtlich steht die Gesellschaft bezüglich ihrer Vorräte dort, wo sie anfing, und hat ständig einen Gewinn von 2 Cents je Pfund gemacht. Der gesunde Menschenverstand würde uns sagen, daß sie jedes Jahr 200 000 $ verdient hat. Aber die Standard- oder FIFO-Methode der Buchführung würde einen Gewinn von

Tafel 13.2: FIFO und LIFO (Zahlen in Dollar)

	1. Jahr		2. Jahr		3. Jahr	
	FIFO					
Erlös der verkauften Ware		1 700 000		2 200 000		1 200 000
Kosten der verkauften Ware:						
Wert der Vorräte zu Beginn	1 000 000		1 500 000		2 000 000	
Käufe	1 500 000		2 000 000		1 000 000	
Insgesamt		2 500 000		3 500 000		3 000 000
Abzüglich Wert der Vorräte am Ende der Periode (jeweils niedrigster Preis: Kosten oder Marktwert)	1 500 000	1 000 000	2 000 000	1 500 000	1 000 000	2 000 000
Brutto-Gewinn (Verlust in Klammern)		700 000		700 000		(800 000)
	LIFO					
Erlös der verkauften Ware		1 700 000		2 200 000		1 200 000
Kosten der verkauften Ware (entspricht den Käufen während des Jahres)		1 500 000		2 000 000		1 000 000
Brutto-Gewinn		200 000		200 000		200 000
Wert der Vorräte am Ende der Periode		1 000 000		1 000 000		1 000 000

700 000 $ im ersten Jahr, denselben Betrag im zweiten Jahr, und einen Verlust von 800 000 $ im dritten Jahr aufzeigen. Im allgemeinen können Betriebsverluste für steuerliche Zwecke für 3 Jahre rückwärts oder 15 Jahre vorwärts verlagert werden. Damit würde der Betriebsverlust von 800 000 $ zurückgetragen werden gegen die Gewinne der vorigen 2 Jahre und eine Steuerstattung zur Folge haben.

Nach der LIFO-Methode jedoch würde der Gewinn sich in jedem Jahr als 200 000 $ herausstellen – die vernünftige Zahl; und die Ertragssteuer würde auf diesen Betrag im richtigen Jahr zu zahlen sein.

LIFO Probleme und Streitfragen

Unser Beispiel stellt die LIFO-Methode in ein besonders günstiges (und insoweit irreführendes) Licht, denn es vermeidet zwei komplizierende Faktoren: Erstens die Auslösung von Gewinnen durch „Lageninvasion" und zweitens die Benutzung von fragwürdigen Versionen von LIFO.

Die Liquidation von LIFO Kosten-Lagen

Die meisten Gesellschaften wachsen entweder oder verschwinden einfach aus dem Geschäftsleben. Jene, die wachsen, haben ein steigendes Geschäftsvolumen, und das erfordert ein größeres Volumen bei den Vorräten. So mag eine Gesellschaft 100 Einheiten von Vorräten am Ende des Jahres 1 haben und 175 Einheiten am Ende des Jahres 2. Wenn die Preise steigen, haben die 100 Einheiten aus dem Jahr 1 niedrigere Kosten als die im Jahr 2 gekauften. Diese jährlichen Zunahmen werden als „Lagen" (Layers) bezeichnet. Nach längerer Zeit wird eine Gesellschaft viele Lagen in einem bestimmten Vorrat von Produkten angesammelt haben, jede zu einem unterschiedlichen Preis. Wenn ein Jahr kommt, wo das physische Volumen der Vorräte abnimmt, wird zuerst die neueste Lage aufgebraucht. Aber wenn der Rückgang im Volumen groß ist, werden zusätzliche Lagen aufgebraucht, und das heißt, daß immer ältere Kosten aus der Bilanz verschwinden und in die Herstellungskosten (der verkauften Güter) eingehen. Da in inflationären Zeiten diese älteren Kosten im Zweifel niedrigere Kosten sind, erhöhen sie den Gewinn.

Steuerkonforme Buchführung

Eine der ursprünglichen Forderungen für die Benutzung von LIFO Buchführung für Steuerzwecke war, daß die Gesellschaft ihre Herstellungskosten gegenüber den Aktionären in genau derselben Weise wie gegenüber der Steuerverwaltung (IRS) auswies. Dies wurde die „LIFO-Konformitätsregel" genannt. Außerdem war die Steuerverwaltung ziemlich genau hinsichtlich der Größe der „LIFO-Pools" („LIFO-Unterlager", bestehend aus Gruppen von verwandten Produkten), die sie für Steuerzwecke anerkannte. Natürlich wollten die Gesellschaften Steuer-Pools, die so weit wie möglich allumfassend waren, und die IRS war darauf bedacht, die Pools so klein wie möglich zu halten: Denn dadurch wurde gelegentliche Benutzung von Niedrigkosten-Lagen („Layer Invasion", „Lageninvasion") sichergestellt, und das führte zu höheren Steuereinnahmen.

Lager und ganz kleine Lager

Die LIFO-Konformitätsregeln der Steuerverwaltung sind gelockert worden. Dadurch können Gesellschaften heute große Pools für Steuerzwecke angeben und Kleinstlager gegenüber den Aktionären benutzen. „Lageninvasion" oder Verbrauch älterer Lagerschichten kommt seltener vor, wenn die Vorratslager groß sind. Kleinstlager geben dem Management die Möglichkeit, beinahe willkürlich größere Gewinne zu berichten, indem es einfach das physische Volumen gewisser Einzellager zum Jahresende absichtlich reduziert oder indem es etwa Einzellager nach Modelljahren einrichtet. Ob eine Gesellschaft nennenswert andere LIFO-Lager für Steuerzwecke als für die Berichte gegenüber den Aktionären benutzt, kann man aus der Fußnote entnehmen, die den Unterschied zwischen (echt gezahlter) Ertragssteuer und dem gesetzlichen normalen Steuersatz erläutert. Die Fußnote über Vorräte wird den Betrag der LIFO Reserven aufzeigen und den Betrag, um den der Gewinn als Ergebnis der Lageninvasion erhöht wurde. Lageninvasion führt allerdings nicht immer zu einer Erhöhung von Gewinnen. Einige ältere Lagen haben nämlich eher *höhere* als niedrigere Kosten.

Oft findet eine „Lageninvasion" durch Zufall statt oder weil eine Gesellschaft bestimmte Produktionszweige aufgibt oder ihren Umfang in einer Restrukturierung verringert.

Beispiel: Firestone Tire & Rubber Company berichteten für 1983 eine Verringerung der Vorratsmengen als Ergebnis einer teilweisen Liquidation von LIFO-Kosten. Das Ergebnis dieser teilweisen Liquidation bestand darin, die Herstellungskosten im Jahre 1983 um 55 Millionen Dollar zu senken. Der Jahresüberschuß für 1983 betrug 111 Millionen Dollar.

Beispiel: Der Geschäftsbericht 1985 für Deere & Company berichtete: „Während der letzten drei Jahre sind die Vorräte der Gesellschaft zurückgegangen, hauptsächlich als Folge von geringerem Produktionsniveau und gesteigerter Bemühung um Lagerreduzierung. Infolgedessen wurden mit den Gewinnen dieser Jahre niedrigere Kosten aus früheren Jahren abgerechnet. Das Ergebnis war eine Steigerung des Jahresüberschusses." Von dem Gesamtüberschuß von 158,7 Millionen Dollar für die Dreijahresperiode kamen 151,2 Millionen durch die „Lageninvasion" bei den Vorräten zustande. Dennoch hatte am Ende des Steuerjahres 1985 die Gesellschaft noch 971 Millionen LIFO Reserven.

Variationen bei der LIFO-Berechnung

Die LIFO-Berechnung ist nicht eine einzelne Methode, sondern eher eine Gruppe von Methoden, die sehr verschiedene Ergebnisse liefern können. Einige sind so irreführend, daß sie durch die SEC nicht zugelassen sind. Der Analyst sollte sich darüber klar sein, daß das Management große Beweglichkeit bei seiner Entscheidung hat, welche Aufwendungen als Vorräte aktiviert oder welche als Kosten der Periode abgesetzt werden. Die Buchführung erfordert, daß zumindest in gewissem Maße die Gemeinkosten (Overhead) bei den Vorräten berücksichtigt werden. Die Regel mag sein: „Wenn es hier in der Stadt ist, ist es Verkauf, Allgemeines und Verwaltungskosten, und wenn es draußen in der Fabrik ist, gehört es zu den Vorräten." Wenn also die Personalabteilung in der Stadt ist, würden ihre Kosten zu den Verwaltungskosten gehören; wäre sie in der Fabrik, würde zumindest ein Teil der Kosten in die Vorräte eingehen. Das konservative Management tendiert dazu, nur die unmittelbaren Aufwendungen zu den Vorräten zu rechnen und im übrigen so wenig zusätzliche Kosten wie möglich. Großzügigere Manager schlagen zu den Vorräten alles, was mit der Produktion zu tun hat; diese Auffassung wurde durch die Steuerreform 1986 unterstützt. Wenn das Verfahren nicht offensichtlich irreführend ist, kann man wirklich kaum nachweisen, daß die eine Beurteilung bezüglich der Vorräte richtig und die andere falsch ist.

Gehen Sie nicht einfach davon aus, daß eine Gesellschaft, die LIFO benutzt, konservativer in ihrer Buchführung ist als eine, die FIFO benutzt. In gewissen Industrien, wie etwa Halbleiter und Computer, fallen die Kosten dramatisch. Dort führt es zu einer Verminderung der (Herstellungs)Kosten und nicht zu einer Erhöhung, wenn man die neuesten Kosten bei den Vorräten benutzt. Interessanterweise benutzten 1984 nur 38 % der Industriegruppen, die auch Computer und Halbleiter umfassen, LIFO, obwohl der Durchschnitt für alle Industrieen insgesamt bei 67 % lag. Für Gesellschaften mit abnehmenden Kosten führt die FIFO Berechnung zu geringeren Gewinnen und geringeren Steuern und bietet damit die traditionellen Vorteile der LIFO Buchführung.

LIFO Reserven

Aus praktischen Gründen führen die meisten Gesellschaften ihre internen Unterlagen auf FIFO Basis und berechnen die LIFO Zahlen erst für die Jahresabschlüsse. Die meisten benutzen Kosten-Lager (Pools) mit dem Dollarwert und nehmen die Anpassungen dadurch vor, daß sie interne Preisindexe auf die Dollarbeträge anwenden, anstatt auf die physischen Einheiten.

Der Dollarunterschied zwischen den Beträgen der Vorräte nach LIFO und FIFO wird oft die „LIFO-Reserve" genannt, oder „der Überschuß der gegenwärtigen Kosten über die Buchkosten der Vorräte" oder ähnlich. Einige wenige Gesellschaften zeigen die Reserve in den Bilanzen, aber die meisten Gesellschaften mit LIFO-Zahlen geben entweder die Reserve oder den FIFO-Betrag in Fußnoten an.

Beispiel: Norton Company berichtete in ihrer Fußnote zu den Vorräten für 1984: „Wenn die normale oder Standardmethode für die Vorratsbewertung (First in – First out), die ungefähr den Wiederbeschaffungskosten entspricht, für alle Vorräte der Gesellschaft benutzt worden wäre, hätte der Wert der Vorräte 62 115 000 $ mehr betragen als zum 1. Dezember 1984 angegeben (61 327 000 $ am 31. Dezember 1983)." Beachten Sie, daß die LIFO Reserve als Ergebnis der Benutzung von LIFO während des Jahres 1984 nur um 788 000 $ anstieg, während der Jahresüberschuß 60 425 000 $ betrug. Der Unterschied in der Bewertungsmethode für die Vorräte hätte die Gewinne nur um 1 % geändert; aber die (gesamte) LIFO-Reserve machte ungefähr 10 % des gesamten Eigenkapitals der Aktionäre aus.

Berücksichtigung von LIFO-Reserven bei Berechnung von Kennzahlen

Das Beispiel mit Norton lenkt die Aufmerksamkeit auf eine Frage, die mit der Berechnung von Kennzahlen zusammenhängt, wie zum Beispiel Eigenkapitalrentabilität und Gesamtkapitalrentabilität (siehe dazu unten Kapitel 20). LIFO-Vorräte werden manchmal zu absurd niedrigen Zahlen in den Bilanzen ausgewiesen, und die Art von Kennzahlen, wie wir sie eben erwähnten, versucht, den Ertrag mit dem benutzten Kapital in Verbindung zu bringen. Das Kapital sollte die LIFO Reserve abzüglich einem angemessenen Steuerabschlag enthalten. Die Erhöhung sollte einfach zu dem angegebenen Kapital im Nenner addiert werden, unabhängig davon, ob der Ertrag im Zähler auf LIFO oder FIFO Buchführung beruht. Dieses Verfahren wird die Kennzahl für die Eigenkapitalrentabilität für Gesellschaften mit FIFO oder LIFO Buchführung viel vergleichbarer machen, denn der Nenner wird dadurch vergleichbar, und die Zähler werden normalerweise nicht sehr beeinflußt.

Andere Bewertungsmethoden für die Vorräte

Die Methode des „Grundvorrates" oder „normalen Vorrates"

Die Methode des Grundvorrates (Base Stock Method) für die Bewertung der Vorräte ist eine Variante der LIFO-Buchführung; sie wird auf ein bestimmtes Mindestniveau von Rohmaterialien angewandt, meist Metalle oder landwirtschaftliche Güter, und der Rest der Vorräte wird in den Büchern auf einer anderen Basis ausgewiesen. Die frühere Praxis ging dahin, den Grundvorrat auf geringfügige Beträge herunterzuschreiben, und damit hatten einige Gesellschaften erhebliche verborgene Vermögenswerte. Die Methode beruht auf der Theorie, daß die Gesellschaft normalerweise einen gewissen physischen Vorrat von Materialien haben muß. Es bestehe nicht mehr Grund, den Wert dieses normalen Vorrats von Jahr zu Jahr – entsprechend den Marktschwankungen – zu ändern, als man den Wert der Fabrikanlage ändert, je nachdem, ob ihr Wert oder das Niveau der Tätigkeit darin steigt oder fällt.

Wenn ein Teil des normalen Vorrates verkauft wird, so daß der tatsächliche Vorrat unter dem Grundbedürfnis liegt, müssen die Gewinne mit einer Reserve für Erneuerung des Fehlbestandes belastet werden. In der Wirkung gleicht dies den großen Gewinn aus, der durch den Verkauf gemacht wurde. Damit unterscheidet sich diese Methode von der LIFO Methode bezüglich der Gewinne aus „Lageninvasion".

Im ganzen genommen liefert die Methode des Grundvorrates wahrscheinlich konservativer geschätzte und stabilere Gewinne über eine längere Zeit als die LIFO Methode.

Die Durchschnitts- und die Standardmethode

Die Durchschnittskostenmethode (Average Cost Method) wird von ungefähr 39 % der Gesellschaften zumindest für einen Teil ihrer Vorräte benutzt. Da der Durchschnitt sowohl ältere als auch neuere Vorräte erfaßt, liegt das Ergebnis irgendwo zwischen FIFO und LIFO-Zahlen, aber es liegt näher als beide bei den tatsächlichen Kosten bestimmter Posten.

Standardkosten (Standard Cost Method) werden gewöhnlich auf noch nicht abgeschlossene Arbeiten und fertige Güter angewandt, wobei bisherige Erfahrungen für Kosten und Produktivität benutzt werden. Ungewöhnliche Kosten sind auf diese Weise von dem Betrag in den Vorräten ausgeschlossen und werden daher als Aufwendungen ausgewiesen. Abgesehen von der Berücksichtigung von ungewöhnlichen Kosten liegen die Ergebnisse der Standardkostenmethode nahe bei denen der Durchschnittskostenmethode.

Die Einzelhandelsmethode

Eine anerkannte Methode für die Bewertung von Vorräten von Einzelhandelsgeschäften einschließlich Kaufhäusern und Kettenläden beginnt damit, daß die aktuellen Verkaufspreise für jedes einzelne Produkt addiert werden und davon ein angemessener „Aufschlag" abgezogen wird. Der sich ergebende Wert gibt die kalkulierten Wiederbeschaffungskosten. Sie entsprechen dem erwarteten Verkaufspreis abzüglich normaler Aufwendungen und Gewinn. Diese Zahl soll den wirklichen Wert jedes einzelnen Warenstückes für das Geschäft besser anzeigen als die tatsächlichen Kosten jedes Stückes oder seine augenblickliche Bewertung zu Großhandelspreisen.

LIFO für Einzelhandelsgeschäfte

Einzelhandelsgeschäfte, die der LIFO-Methode folgen, benutzen eine besondere Technik, die auf einem offiziellen Index für Einzelhandelspreise beruht. Das Inventar jeder einzelnen Abteilung wird zunächst entsprechend der Einzelhandelsmethode bewertet, und dann werden die Kosten im umgekehrten Verhältnis zu dem Anstieg in der offiziellen Indexzahl reduziert. Die Steuerbehörde macht hier eine Ausnahme von ihrer normalen Regel, wonach die LIFO Indexe intern ermittelt werden müssen.

Der Wertpapieranalyst und die Bewertungsmethoden für Vorräte

LIFO oder FIFO?

Wenn in einer Periode der Inflation von zwei im allgemeinen ähnlichen Gesellschaften die eine ihre Jahresabschlüsse auf der Basis von LIFO und die andere nach FIFO vorlegt, wird die zweite wahrscheinlich einen etwas höheren Gewinn als die erstere aufweisen. Soll der Analyst beide Gewinn- und Verlustrechnungen so als richtig akzeptieren? Wenn nicht – welche Anpassungen sollte er vornehmen?

Vergleichbarkeit

Zwei Gesellschaften können nicht echt verglichen werden, wenn nicht für beide im wesentlichen dieselbe Methode der Vorratsbewertung angewandt wird. Für diesen Zweck kann sowohl die LIFO als auch die FIFO Methode benutzt werden, wenn die Daten verfügbar sind. Da die meisten Gesellschaften jetzt zumindest teilweise auf LIFO-Basis bewerten, erscheint es vernünftig, die Vorräte und Gewinne derjenigen mit FIFO-Bewertung an die der Mehrheit anzupassen. Dies ist jedoch nur möglich, wenn die FIFO-Gesellschaften die jetzigen Vorratskosten und Herstellungskosten nach Statement Nr. 33 bekanntgeben oder bereit sind, dem Analysten die erforderlichen Informationen zu geben. Zu oft wird diese Information nicht verfügbar sein, und der Analyst wird die Gesellschaften mit LIFO-Basis den Zahlen für FIFO anpassen müssen. Die Bekanntgabe der LIFO-Reserve und/oder des Wertes der Vorräte nach FIFO wird von der SEC für den 10-K-Bericht verlangt, und diese Zahlen stehen fast immer im Geschäftsbericht. Oft werden sogar Zahlen je Aktie angegeben. Damit sind jedenfalls vergleichbare Zahlen auf FIFO-Basis fast immer vorhanden.

Anpassungsformeln

Die Anpassung von einer Methode an die andere ist mit den folgenden Formeln sehr einfach:

> Formel 1: Vorräte zum Jahresbeginn plus Vorratskäufe minus Vorräte am Jahresende gleich Herstellungskosten (Costs of Goods Sold)
> Formel 2: LIFO-Vorräte plus LIFO-Reserve gleich FIFO-Vorräte

Beachten Sie, daß keine besondere Anpassung bei diesen Formeln erforderlich ist, wenn es bei LIFO Buchführung eine „Lageninvasion" gibt.

Beispiel: Tafel 13.3 gibt die einschlägigen Zahlen der Maytag Company (Hinweis des Übersetzers: Haushaltsgerätehersteller) für 1985 wieder. Die Tafel enthält gewisse FIFO-Zahlen; in den Fußnoten wird erklärt, wie sie aus den anderen Informationen in der Tafel errechnet wurden. Da wir die Zahlen für die Vorräte zu Beginn und Ende des Geschäftsjahres sowie die Herstellungskosten haben, können wir – mit Formel 1 – leicht errechnen, daß die Käufe während des Jahres 433,7 Millionen Dollar betrugen (432,9 $ + 78,5 $ – 77,7 $ = 433,7 $). Der Betrag der Käufe ist unabhängig von der Bewertungsmethode für die Vorräte.

Die dritte Linie der Tafel ist lediglich das Ergebnis aus der Formel 2. Wir haben nunmehr die FIFO-Vorräte zu Beginn und Ende des Jahres und die Vorratskäufe

Tafel 13.3: Ausgewählte Daten aus dem Geschäftsbericht 1985 der Maytag Company (in Millionen Dollar)

	1985	1984
LIFO-Reserve	37,3	39,1
Vorräte (LIFO)	78,5	77,7
Zusammen = FIFO-Vorräte	115,8[1]	116,8[1]
Herstellungskosten	432,9	421,5
Eigenkapital (LIFO)	256,6	228,9
Eigenkapital (FIFO)	276,7[2]	250,0[2]
Jahresüberschuß (LIFO)	71,8	63,1
Jahresüberschuß (FIFO)	70,8[3]	

[1] gemäß Formel 2
[2] Eigenkapital nach FIFO = [(1 – Steuersatz) mal (LIFO-Reserve)] + Eigenkapital nach LIFO. Der Steuersatz betrug damals 46 %.
[3] Jahresüberschuß nach FIFO = [(1985 LIFO-Reserve – 1984 LIFO-Reserve) mal (1 – Steuersatz)] + 1985 Jahresüberschuß nach LIFO

Hinweis: Das Ende der Geschäftsjahre war der 31. Dezember.

nach Formel 1. Damit können wir die Herstellungskosten auf FIFO-Basis in Höhe von 434,7 Millionen Dollar errechnen. (116,8 $ + 433,7 $ − 115,8 $ = 434,7 $). Dies sind 1,8 Millionen mehr als die Herstellungskosten, berechnet nach LIFO und entspricht dem Rückgang der LIFO-Reserve. Der entsprechende Ertragsanteil nach FIFO (nach Steuern) beträgt: 1,8 Millionen Dollar mal (1-Steuersatz) oder 1 Million Dollar weniger als der Ertragsanteil berechnet nach LIFO (nach Steuern). Beachten Sie, daß der Steuersatz damals 46 % und nicht 34 % betrug.

Für diese Anpassungen im Zusammenhang mit LIFO sollte der US-Ertragsteuersatz benutzt werden, weil LIFO-Vorräte gewöhnlich im Inland lagern. Für bestimmte Zwecke sollte der Analyst noch die Auswirkungen verfügbarer Steuerverlustvorträge, die Prozentbeschränkung auf den Investment Tax Credit und andere Aspekte der sich ständig ändernden Steuergesetze berücksichtigen.

Welche Basis sollte der Analyst bevorzugen?

Bei Bilanzen FIFO benutzen

Bei Untersuchungen über Bilanzen sind die laufenden oder Wiederbeschaffungskosten für Vorräte oft die Zahlen mit dem größeren Informationswert für den Analysten. Wenn man FIFO-Vorräte benutzt oder die LIFO-Reserve und eine angemessene Steuerberichtigung für Gesellschaften auf LIFO-Basis mit berücksichtigt, so erhält man ein besseres Bild für das Nettoumlaufvermögen und das eingesetzte Kapital. Denn alle Gesellschaften in derselben Industrie befinden sich in einer vergleichbaren Position, und man vermeidet ein Preisniveau, das sich auf willkürlich in der Vergangenheit gewählte Daten bezieht. Wenn der Analyst der Auffassung ist, daß das augenblickliche Preisniveau verletzlich ist, können erwartete Rückgänge berücksichtigt werden.

LIFO in der Gewinn- und Verlustrechnung benutzen

Die Benutzung von LIFO-Herstellungskosten in der Analyse der Gewinn- und Verlustrechnung hat jedoch ihre eigenen Vorteile. Die allerneuesten Kosten liefern Hinweise für die Vorhersage der Kosten für das nächste Jahr. Die Buchführung nach LIFO hat nicht die Probleme eines Buchungssystems voll nach laufenden Kosten. Die Dynamik des laufenden Unternehmens drückt sich in den beendeten Geld-zu-Geld-Zyklen aus (Cash to Cash Cycles). Dem Grundsatz konservativer Buchführung ist durch Aufrechterhaltung des Realisierungsprinzips und Vermeidung von Gewinnen auf Vorräte Rechnung getragen. Die Forderung, daß das zum Gewinn führende Verfahren zunächst beendet sein muß, ehe Gewinne ausgewiesen werden, verringert Möglichkeiten, die Betriebsergebnisse zu rosig zu malen.

Probleme bei Benutzung beider Methoden gleichzeitig

Es gibt Probleme bei der gleichzeitigen Benutzung von LIFO für die Gewinn- und Verlustrechnung und FIFO in der Bilanz. Erstens passen beide nicht mehr genau zusammen, das heißt, Änderungen im Eigenkapital werden nicht mehr durch die Gewinn- und Verlustrechnung erklärt. Zweitens werden Vorräte zwar durch die LIFO-Reserven (abzüglich entsprechender Steuern) im Wert erhöht. Aber früher oder später hat die „Lageninvasion" zur Folge, daß der nicht realisierte Gewinn realisiert wird und über die Gewinn- und Verlustrechnung dem Eigenkapital zufließt. Da diese Gewinne schon beim Eigenkapital berücksichtigt sind, muß darauf geachtet werden, daß sie nicht doppelt gezählt werden. Dieses Problem ist von seiten der Buchhalter als „Recycling" oder „Reclassification of Equity" bezeichnet worden. Wenn der Analyst eine Wachstumsrate für den Buchwert je Aktie berechnet und dabei FIFO-Vorräte in der Bilanz benutzt, enthält dieser Trend FIFO- aber nicht LIFO-Gewinne. Die Angelegenheit wird dadurch weiter kompliziert, daß für die Aufwertung der Vorräte Reserven für aufgeschobene Steuern berücksichtigt werden müssen.

Die Benutzung vermischter Maßstäbe begrenzen

Offenbar gibt es Vorteile, wenn man Vorräte in der Ertragsrechnung und in der Bilanz unterschiedlich behandelt. Andererseits zeigt der Widerspruch im Meßsystem deutlich, daß der Analyst die Abschlüsse nicht einfach so behandeln darf, als wären sie eine Einheit. Es wird empfohlen, daß die Anpassung der Vorräte an FIFO auf folgenden Gebrauch beschränkt wird: Erstens auf Kennzahlberechnung in Bilanzen und zweitens bei Bilanzanalysen, die in Richtung auf Liquidationswert oder Vermögenswert zielen, aber nicht für die Bewertung einer laufenden Firma oder für die Ertragskraft. Der Unterschied zwischen dem Investmentwert des Analysten und dem Vermögenswert des Buchhalters muß im Auge behalten werden. Die Benutzung von Herstellungskosten nach LIFO in der Gewinn- und Verlustrechnung bietet sehr nützliche Information, um die Ertragskraft zu schätzen, die der Eckstein des Investmentwertes ist.

Kapitel 14
Auswirkungen von Abschreibung und Amortisation auf Steuern und Erträge

Aufwand, der über die Zeit verteilt werden muß

Abnutzung, Erschöpfung von Bodenschätzen und Amortisation*) haben eine gemeinsame Charakteristik: Es handelt sich um Kosten oder Aufwendungen, die auf eine Anzahl von Geschäftsjahren verteilt werden müssen und nicht nur einer einzigen Abrechnungsperiode zur Last fallen können. Eine kritische Analyse einer Gewinn- und Verlustrechnung muß besondere Aufmerksamkeit den Beträgen zuwenden, die für Abschreibung und andere unbare Belastungen (solche ohne Zahlungsmittelabfluß) abgesetzt werden. Sie unterscheiden sich von den normalen Betriebsaufwendungen in folgender Weise:

- Sie bedeuten normalerweise nicht eine aktuelle und gleich hohe Ausgabe an flüssigen Mitteln.
- Sie repräsentieren den geschätzten Wertrückgang von Anlage- oder Kapitalgütern infolge von Abnutzung, technischer oder wirtschaftlicher Überalterung, Verbrauch oder des aus sonstigen Gründen näherrückenden Endes dieser Güter.
- Sie stellen sicher, daß das in einem Vermögensgegenstand investierte Kapital aus dem Ertragstrom in Form von füssigen Mitteln zurückgegeben wird.
- Sie schaffen zeitlich begrenzte Differenzen zwischen den Beträgen, die bei der Steuer absetzbar sind und denen, die den Aktionären als Aufwendungen berichtet werden, mit dem Ergebnis von aufgeschobenen Steuern.

Abschreibung und Amortisation

Hauptfragen in bezug auf Abschreibung und Amortisation

Die theoretische Grundlage für Belastungen durch Abschreibung erscheint einfach genug. Wenn ein Kapitalgut eine begrenzte Lebensdauer hat, muß Vorsorge

---

*) Anm. des Übersetzers: Zur amerikanischen Terminologie und zu der hier vorgenommenen Übersetzung vgl. Anm. [1c] zu Kap. 12

getroffen werden, die Kosten (abzüglich Restwert) für jenes Gut durch Belastung der Gewinne über die Nutzungsdauer des Gutes abzuschreiben. Aber hinter dieser einfachen Theorie liegen fünf Komplikationen:

- Die Buchführungsregeln selbst erlauben als Grundlage für die Amortisationsbelastungen einen anderen Wert als die (Anschaffungs- oder Herstellungs-)Kosten.
- Die Gesellschaften haben einen weiten Spielraum bei der Wahl der Verteilungsmethode und in bezug auf die Länge der angenommenen Nutzungsdauer des Gutes.
- Manche Gesellschaften mögen sich nicht an die anerkannte Buchführungspraxis halten, wenn sie ihre Absetzungen für Amortisation in der Gewinn- und Verlustrechnung ausweisen.
- In den meisten Fällen wird die Gesellschaft eine steuerlich zulässige Grundlage für die Amortisation in ihrer Steuererklärung und eine andere in den veröffentlichten Jahresabschlüssen benutzen.
- Manchmal ist ein Absetzungsbetrag unter dem Gesichtspunkt der Buchführung berechtigt, aber nicht unter dem des Investments.

Abgesehen von diesen technischen Fragen wird die Abschreibung gelegentlich irgendwie nicht als wirkliche Ausgabe angesehen, und die Aufmerksamkeit konzentriert sich dann auf die Gewinne vor Abschreibung und Amortisation oder den sogenannten Cash-flow.

Die Grundsätze des Analysten für die Behandlung von Abschreibung und anderen Amortisationen

Wir empfehlen, daß der Analyst sich auf diesem ziemlich komplexen Gebiet von den folgenden Grundsätzen leiten läßt:

1. Er sollte sich vergewissern, daß die vorgesehene Amortisation nach konservativem Standard angemessen ist.
2. Er sollte soweit wie möglich einheitliche Maßstäbe für die Abschreibung anwenden und bei vergleichenden Studien die nötigen Anpassungen vornehmen.
3. Er muß einen Sinn für die Proportionen bewahren und diejenigen Punkte unbeachtet lassen, die keinen nennenswerten Einfluß auf seine Schlußfolgerungen haben.

Amortisationsbelastungen in Gesellschaftskonten

Die Aufmerksamkeit, die der Analyst der Abschreibung widmen wird, hängt von ihrer Bedeutung ab. Wenn eine schlechte Wahl der Abschreibungsmethode oder der

Nutzungsdauer nur geringen Einfluß auf den Jahresüberschuß hat, verdient die Frage der Abschreibung nur geringe Aufmerksamkeit. Wo aber zum Beispiel ein Dollar-Investment in Anlagen nötig ist, um einen Dollar-Jahresumsatz zu erzeugen, bedarf die Abschreibungsfrage sorgfältiger Untersuchung. Wenn eine Gesellschaft nur verhältnismäßig geringes Anlagevermögen hat, wird ihre Abschreibungsbelastung nur einen geringen Einfluß auf den Gewinn haben. Diese Situation wird man im allgemeinen bei den größeren Betrieben von Finanz-, Handels- und Dienstleistungsunternehmen vorfinden. Auf dem Gebiet der Produktion sind Anlageninvestitionen und die damit zusammenhängende Abschreibung weniger wichtig für leichte Betriebe vom Montagetyp als für schwere und integrierte Betriebe der Grundstoffindustrie. Im Bergbau, in der Chemie, Öl- und Gasproduktion, bei den öffentlichen Versorgungsunternehmen und Eisenbahnen fällt das Anlagevermögen stark ins Gewicht, und die Amortisation ist entsprechend wichtig.

Charakteristiken von Industrieabschreibungen

Tafel 14.1 gibt einen Überblick über das Verhältnis zwischen der steuerlichen Absetzung für Abschreibung (Depreciation Tax Deduction) und anderen wichtigen Finanz-Daten für verschiedene Industriegruppen. Die Daten sind aus den Ertragsteuererklärungen der Gesellschaften 1983 entnommen, die neueste Veröffentlichung durch die Steuerbehörde. Bitte beachten Sie, daß für Fabrikationsbetriebe (Manufacturing) die Amortisationsbelastung im allgemeinen mehr als 9,5 % der abschreibbaren Vermögenswerte betrug, ungefähr 3,9 % der Umsatzerlöse und 47 % des steuerpflichtigen Ertrages vor Abschreibungen. Die rechte Spalte zeigt die großen Unterschiede zwischen den Industriezweigen bei den Abschreibungen und ihren Einfluß auf Gewinne. Wo das Verhältnis hoch ist, kann offensichtlich schon ein kleiner Fehler bei der Schätzung der Nutzungsdauer von Fabriken und Anlagen einen sehr großen Fehler bei der Höhe des Ergebnisses zur Folge haben. (Beachten Sie ferner, daß der steuerpflichtige Gewinn in Tafel 14.1 vor Abzug von Ertragssteuer für fremde Staaten, Einzelstaaten, US-Besitzungen und von lokalen Steuern gezeigt wird; diese Steuern betrugen 1983 für alle Gesellschaften 25 Milliarden Dollar). Die Gewinne vor Amortisation setzten sich ziemlich gleichmäßig zusammen aus Abschreibung, allen Ertragssteuern und restlichem Jahresüberschuß.

Die Zahlen in unserer Tafel zeigen, daß für die meisten Industriezweige die Absetzung für Abschreibung und Amortisation von erheblicher Bedeutung im Verhältnis zum Jahresüberschuß ist. Infolgedessen muß der Analyst sich darüber klar werden, was die normale oder angemessene Abschreibung für Gesellschaften im allgemeinen und für Industriegruppen ist; er muß Abweichungen einzelner Gesellschaften oder Gruppen von Gesellschaften von diesen Normen entdecken und bewerten.

Tafel 14.1: Steuerliche Abschreibungssätze von Gesellschaften 1983[1])

	Gesamte Umsatzerlöse (in Mio)	US-Ertragssteuern nach Steuerkrediten (in Mio)	steuerpflichtige Erträge[2]) (in Mio)	abschreibbare Vermögenswerte (in Mio)	Abschreibungs-beträge (in Mio)	Verhältnis der Abschreibung zu Vermögenswerten	Verhältnis von Abschreibung zu steuerpfl. Ertrag
Alle Gesellschaften	7 135 494 $	51 862 $	218 686 $	2 730 372 $	241 492 $	8,8 %	110 %
Sektoren							
Bergbau	132 420 $	722 $	4 623 $	85 787 $	7 786 $	9,1 %	168 %
Bau	290 799 $	1 393 $	5 505 $	57 711 $	6 281 $	10,7 %	101 %
Fabrikationsbetriebe	2 552 831 $	24 961 $	113 610 $	1 051 144 $	99 416 $	9,5 %	88 %
Transport und Versorgungsbetriebe	657 421 $	5 430 $	25 612 $	901 874 $	56 162 $	6,2 %	219 %
Groß- und Einzelhandel	2 119 445 $	10 653 $	33 503 $	246 665 $	27 667 $	11,2 %	83 %
Finanz, Versicherung, Grundstücksgesellschaften	902 822 $	5 697 $	22 470 $	193 098 $	19 654 $	9,9 %	88 %
Dienstleistungen	416 462 $	2 674 $	11 840 $	162 395 $	21 194 $	13,1 %	179 %
Ausgewählte Industrien							
Metallbergbau	50 701 $	25 $	47 $	6 118 $	370 $	6,0 %	787 %
Kohle	15 669 $	115 $	256 $	10 995 $	1 014 $	9,2 %	396 %
Öl- und Gasproduktion	103 637 $	489 $	4 049 $	60 221 $	5 806 $	9,6 %	143 %
Lebensmittel und verwandte Produkte	305 288 $	2 581 $	9 434 $	78 572 $	8 502 $	10,8 %	90 %
Papier und ähnliche Produkte	69 614 $	707 $	1 159 $	43 441 $	3 290 $	7,6 %	284 %
Druck und Verlag	93 783 $	1 980 $	5 509 $	33 374 $	4 120 $	12,3 %	75 %
Chemie und Verwandtes	236 327 $	2 631 $	14 013 $	122 298 $	10 463 $	8,6 %	75 %
Erdölraffinerie	511 125 $	3 722 $	30 092 $	220 043 $	18 223 $	8,3 %	61 %
Maschinenbau (mit Ausnahme von elektrischen Maschinen)	179 634 $	2 210 $	11 271 $	82 237 $	9 266 $	11,3 %	82 %
elektrische und elektronische Produkte	202 754 $	2 077 $	8 036 $	78 676 $	9 284 $	11,8 %	116 %
Motorfahrzeuge	171 176 $	1 178 $	5 678 $	65 054 $	7 911 $	12,2 %	139 %
Transport	235 696 $	1 535 $	5 954 $	176 993 $	14 749 $	8,3 %	248 %
Telefon	120 585 $	525 $	5 732 $	235 491 $	20 097 $	8,5 %	351 %
Elektrizitäts- und Gasversorgungsgesellschaften	281 028 $	2 911 $	12 565 $	478 062 $	19 736 $	4,1 %	157 %

[1]) Department of Treasury, Internal Revenue Service, Statistics of Income – 1983, Corporate Income Tax Returns, S. 16–21.
[2]) Ertrag vor Steuern der US-Besitzungen, ausländischer Staaten, der Einzelstaaten und der USA.

Standardmethoden der Abschreibungsberechnung

Viele Abschreibungspraktiken – eine Herausforderung für den Analysten

In der augenblicklichen Buchführungspraxis gibt es vier Methoden, um Anlagegüter über ihre Nutzungsdauer abzuschreiben. Außerdem erstreckt sich die Nutzungsdauer, wie sie von den verschiedenen Gesellschaften für ihre Geschäftsberichte an die Aktionäre zugrunde gelegt werden, über eine außerordentlich weite Spanne. Diese Unterschiede können dramatische Ergebnisse zur Folge haben. Beispielsweise hatte eine Chemiegesellschaft konservative Maßstäbe für die Nutzungsdauer ihrer Fabrikanlagen benutzt. Sie änderte dann aber ihre Buchführungspraxis, um dieselbe Nutzungsdauer anzuwenden wie die meisten ihrer hauptsächlichen Wettbewerber. Die Auswirkung dieser Änderung in der Schätzung der Lebensdauer war eine Verdoppelung der Gewinne der Gesellschaft, verglichen mit dem Betrage, den sie nach der bisherigen Abschreibungspraxis ausgewiesen hätte.

Lineare Abschreibung

Über viele Dekaden war die übliche Methode der Abschreibung die lineare Abschreibung (Straight Line Method); danach wird jedes Jahr derselbe Dollarbetrag abgeschrieben. Dieser Betrag ist der Unterschied zwischen den (Anschaffungs-)Kosten in den Büchern und dem geschätzten Restwert (Schrottwert), geteilt durch die geschätzten Jahre der Nutzungsdauer.

Degressive Abschreibungsmethoden (Accelerated Methods)

Eine konservativere Methode nimmt an, daß ein Vermögensgegenstand in den ersten Jahren einen größeren Teil seines wirtschaftlichen Wertes verliert als später; bei dieser Methode nimmt der Abschreibungsbetrag über die Nutzungsdauer des Wirtschaftsgutes ab. Zu diesen degressiven (accelerated) Abschreibungsmethoden gehören die Methoden „Double Declining Balance", „150 % Declining Balance" und „Sum of the Years' Digits". Zur Zeit dürfen Gesellschaften Vermögensgegenstände, die zwischen 1980 und 1986 in Dienst gestellt wurden, für Steuerzwecke nach dem modifizierten „Accelerated Cost Recovery System" (ACRS) abschreiben. Nach 1986 in Dienst gestellte Güter können für Steuerzwecke abgeschrieben werden entweder mit linearer Abschreibung oder mit 150 % oder 200 % „Declining Balance"-Methoden; im einzelnen hängt das von der Nutzungsdauer und anderen Faktoren für die betreffende Güterklasse ab. Das augenblicklich geltende System von Abschreibungszeiträumen für Vermögenswerte (Class Life Asset Depreciation Range = CLADR) anerkennt Nutzungszeiten, die kürzer als die wirtschaftliche

Nutzungsdauer sind, aber nicht so konservativ wie die Nutzungsdauer nach ACRS oder ADR. Letztere ist für Güter maßgebend, die zwischen 1970 und 1981 in Dienst gestellt wurden. ACRS war dazu bestimmt, die Auswirkungen der Inflation auszugleichen; danach war die Benutzung besonderer Abschreibungspläne mit sehr kurzer Nutzungsdauer erlaubt. Auch wenn die weniger großzügige modifizierte ACRS-Methode gemäß der Steuerreform von 1986 für Jahresabschlüsse benutzt wird, würde das immer noch die Abschreibungsbeträge in den ersten Jahren erheblich überhöhen und für die späteren Jahre (der Nutzung) keine Abschreibung mehr übriglassen. Selbst das augenblickliche CLADR System tendiert in diese Richtung, aber in weniger starkem Maße.

Berechnung der Abschreibung nach der Methode „Sum of the Years' Digits"

Der mechanische Teil der meisten degressiven Abschreibungsmethoden ist ziemlich direkt und einfach. Im Falle der Methode „Sum of the Years' Digits" hätte eine Anlage mit vier Jahren Nutzungsdauer eine Summe der Zahlen von 1+2+3+4 = 10. Damit wäre im ersten Nutzungsjahr die Abschreibung $4/10$ Kosten (abzüglich Schrottwert), im nächsten Jahr $3/10$ usw.

Berechnung nach der „Double Declining Balance"-Methode

Hierbei wird zunächst die lineare Abschreibung als Prozentsatz der Anschaffungskosten abzüglich Schrottwert errechnet. Dann wird dieser Prozentsatz für die Abschreibung des ersten Jahres verdoppelt. Die Abschreibung des zweiten Jahres ist derselbe doppelte Prozentsatz, multipliziert mit dem restlichen abzuschreibenden Wert. An einer Stelle erreicht die Abschreibung nach dieser Formel einen Betrag, der geringer als die lineare Abschreibung ist, und für die restliche Nutzungsdauer des Gutes wird die lineare Abschreibung benutzt. Andere „Declining Balance"-Methoden werden entsprechend berechnet.

Abschreibung nach „Produktionseinheiten"

Die dritte allgemein benutzte Methode beruht auf dem Prinzip, daß Abnutzung nicht nur eine Folge des Zeitablaufs ist, sondern auch des Ausmaßes der Nutzung. Gesellschaften, die diese Methode benutzen, halten die Abschreibungshöhe in einem bestimmten Verhältnis zum Umfang des Betriebes während der betreffenden Periode. Diese Berechnungsmethode, die üblicherweise die „Unit of Production"-Methode genannt wird, hat die Tendenz, die Gewinne auszugleichen.

Beispiel: 1983 änderte Bethlehem Steel Corporation ihre Abschreibungspolitik. Die neue Abschreibungsmethode benutzt als Basis eine lineare Abschreibung, jedoch mit Anpassungen – allerdings nicht über 25 % in jeder Richtung – an das Beschäftigungsniveau der Fabriken. Eine weitere Änderung durch Bethlehem bestand darin, daß die Kosten für Auskleidung der Hochöfen aktiviert wurden, und die aktivierten Kosten auf der Grundlage einer „Unit of Production"-Basis abgeschrieben wurden. Eine Fußnote erläuterte die Auffassung des Managements, die Änderungen würden eine bessere Abstimmung von Erlösen und dazugehörigen Aufwendungen herbeiführen und Bethlehem's Buchführungspraxis mit der in der übrigen Stahlindustrie vorherrschenden in Einklang bringen. Die angenommene Nutzungsdauer wurde ebenfalls verlängert. Die Änderungen bezogen sich hauptsächlich auf die Anlagen, die Stahl und Rohmaterialien produzierten.

Progressive Abschreibung („Mortgage oder Sinking Fund-Methoden")

Eine vierte Methode für Abschreibungen erlaubt in den ersten Jahren *kleinere* Abschreibungen als in den späteren Jahren. Hier wird der Absetzungsbetrag beiseitegesetzt – manchmal nur für Berechungszwecke – und wird Zinseszinsen verdienen, bis der Vermögensgegenstand außer Dienst gestellt wird. Diese Methode wurde durch einige staatliche Kommissionen in den westlichen USA als angemessen für öffentliche Versorgungsgesellschaften angesehen. Vorschläge für ähnliche sogenannte „Tilgungs-Fond"- oder „Hypotheken"-Methoden für andere Industrien haben sich in der Buchführung nicht durchgesetzt.

Abschreibung bei Inbetriebnahme neuer Kraftwerke

Der FASB prüft zur Zeit neue Abschreibungsmethoden bei der Inbetriebnahme neu erstellter Kernkraftwerke. Diese besonderen Abschreibungspläne für die Inbetriebnahme haben den Sinn, die stoßweise Erhöhung der Strompreise zu vermeiden, die erforderlich wäre, um die Werke zu finanzieren. Einige dieser Pläne laufen darauf hinaus, in den Anfangsjahren eine *negative* Abschreibung durch Aufwertung des Kraftwerkes in den Anfangsjahren zu erzielen, und zwar dadurch, daß der Wert des Kraftwerkes um einen höheren Betrag heraufgesetzt wird als die ausgewiesene Abschreibung. Ein solches Verfahren mag für Zwecke der Festsetzung von Strompreisen geeignet sein, aber für Buchführungszwecke sind sie nach jeder vernünftigen Vorstellung über Abnutzung, Obsoletwerden oder Kapitalrentabilität ungerechtfertigt. (Merkwürdigerweise nennt ein internes Papier der California Public Service Commission eine solche Bewertung „wirtschaftliche Abschreibung"!)

Das Portfolioproblem

Portfolioprobleme tauchen auf, wenn Gesellschaften wählen können, wieweit sie Wirtschaftsgüter für die Abschreibung zusammenfassen. Auf der einen Extremseite kann eine gesamte Fabrik und ihre Maschinenausrüstung als einheitlicher Vermögensgegenstand angesehen und nach einer der möglichen Methoden abgeschrieben werden. Dieses große Portfolio von verschiedenen Wirtschaftsgütern hätte aber auch in kleinere Portfolios zerlegt werden können, beispielsweise einzelne Produktionszweige. Diese wiederum hätten in einzelne Maschinen und Ausrüstungsgegenstände unterteilt werden können. Oder alle Maschinen eines ähnlichen Typs können zu einem Portfolio zusammengefaßt werden, beispielsweise alle Maschinendrehbänke. Eine große Zusammenfassung, wie etwa die gesamte Fabrik, erlaubt dem Buchhalter, einige Ausgaben direkt als „Unterhaltungskosten" zu buchen, anstatt sie zunächst zu aktivieren und dann über eine Periode von Jahren zu amortisieren. Große Zusammenfassungen können andererseits auch obsolete Ausrüstungsgegenstände verschleiern, die eigentlich schon auf ihren Schrottwert (Restwert) hätten abgeschrieben sein sollen. Wenn der Analyst also Aufwendungen für Abschreibungen vergleicht, darf er nicht nur die Methode und die Nutzungsdauer der Wirtschaftsgüter sehen, sondern muß auch darauf achten, wie die Methode angewandt wird. Im allgemeinen finden sich Informationen über diesen letzteren Punkt nicht in den Geschäftsberichten und müssen durch Diskussion mit dem Management herausgefunden werden. Unterhaltungsaufwand wird oft in 10-K- und bestimmten Berichten an die Aufsichtsbehörde offengelegt und kann manchmal nützliche Schlüsse über interne Operationen, Abschreibungen usw. geben.

Abschreibung und augenblickliche Werte

Wenn Sachanlagevermögen (z. B. Fabrikanlagen und Ausrüstung) im Wert herauf- oder heruntergeschrieben wird, fallen oder steigen die Abschreibungsaufwendungen normalerweise im selben Verhältnis. Im ersten Drittel dieses Jahrhunderts waren Hochschreibungen des Wertes eine häufig benutzte Methode für Aktienmanipulationen und die Ursache des Ausdrucks „verwässerte Aktie". In den frühen dreißiger Jahren waren Herunterschreibungen („außerplanmäßige Abschreibungen") allgemein üblich, als Gesellschaften versuchten, ihre Gewinn- und Verlustrechnungen von der Abschreibungsbürde zu befreien[1])

Die Aktivierung von Zinsen und AFUDC

Die Aktivierung („Capitalisation") von Zinsen als Kosten bei der Anschaffung von Fabriken und Anlagen („Bauzinsen") bringt ein schwieriges Analyseproblem mit

---

[1]) In seiner Zeugenaussage (vor dem Kongreß) berichtete Professor Soloman Fabricant über die Praktiken, Vermögenswerte nach oben oder nach unten auf den gegenwärtigen Wert zu schreiben. Dieser Bericht und die unglückseligen Ergebnisse für Investoren, die durch solche Buchführungspraktiken getäuscht wurden, waren nach Meinung vieler Historiker der überzeugende Beweis für Aktienmanipulationen, der den Kongreß veranlaßte, 1933 das Gesetz über die Schaffung der SEC zu verabschieden.

sich. Sobald in der Buchführung die Zinsaktivierung anerkannt war, wurde dies schnell zu einem Erfordernis im Rahmen der Ertragssteuern. Für Steuerzwecke sind die aktivierten Zinsen ein Vermögenswert, der über eine Periode bis zu 10 Jahren zu amortisieren ist und nicht dann, wenn das Wirtschaftsgut gekauft und bezahlt wurde – wie etwa die Zinsen eines Investors.

Zinsen sind Ertrag auf Investment – AFUDC nicht

Der Analyst sollte bei den Kapitalkosten die (Zins)-Zahlungen *auf* das Kapital von den (Rück)-Zahlungen *des* Kapitals unterscheiden. Zinsen sind ein Ertrag auf das Kapital, denn sie sind die Entschädigung für seine Benutzung. Sicherlich würde kein Inhaber einer Obligation auf den Gedanken kommen, daß die erhaltene Zinszahlung eine Rückzahlung des ursprünglichen Investments sei. Aktivierte Zinsen jedoch erscheinen niemals als solche in der Gewinn- und Verlustrechnung. Das Fehlen der Zinsaufwendungen führt zu unmittelbar höherem Ertrag und damit höherem steuerpflichtigem Einkommen. Dieser höhere Ertrag wird natürlich über die Jahre durch die höheren Abschreibungsaufwendungen für das überbewertete Wirtschaftsgut ausgeglichen, das erworben wurde.

Die aktivierten Zinsen werden jedes Jahr in einer Fußnote aufgeführt. In den folgenden Jahren sieht der Leser der Gewinn- und Verlustrechnung nur die Abschreibung, die nach ihrer Definition ein Rückfließen von Kapital ist. So erscheinen die aktivierten Zinsen in den Jahresabschlüssen niemals als Ertrag *auf* das Kapital. Wenn nicht für diese Zinsen durch den Analysten eine Anpassung vorgenommen wird, wird der Ertrag der Gesellschaft auf das investierte Kapital (die Gesamtkapitalrentabilität, vgl. Kap. 20) über die Jahre ständig zu niedrig erscheinen. Der Ertrag auf das Eigenkapital (Eigenkapitalrentabilität) wird anfangs zu hoch sein, obwohl die gesamten Gewinne der Aktie über die Jahre dieselben sind.

Der Sonderbetrag für die Benutzung von Eigenkapital während der Bauperiode (Allowance for Equity Funds Used During Construction = AFUDC) hat noch weniger Berechtigung als die aktivierten Zinsen. Es ist lediglich die Anweisung einer staatlichen Kommission an eine öffentliche Versorgungsgesellschaft, irgendwelche Buchführungseintragungen vorzunehmen – einen Gewinn und einen imaginären Vermögenswert einzutragen – ohne daß irgendeine tatsächliche Transaktion geschieht! Im Ergebnis sagt die Kommission: „Es ist politisch unglücklich, die Strompreise gerade jetzt zu erhöhen, aber andererseits mußt du rentabel *scheinen*, um zu überleben; berichte also einen Gewinn, und vielleicht können wir später die Strompreise erhöhen." Wenn andere Gesellschaften außer öffentlichen Versorgungsunternehmen Gewinne aufgrund solcher Phantasien veröffentlichten, würde man sie wegen Betruges anklagen.

Es ist ziemlich schwierig, die Buchführung insoweit zu entwirren und wieder rückgängig zu machen. Um das perfekt durchzuführen, benötigte man Informationen über Abschreibungsmethoden und Nutzungsdauer bezüglich der einzelnen erworbenen Wirtschaftsgüter sowie des Zinsbetrages und des Anteils von AFUDC in den Buchwerten. Dann könnte man die Abschreibung so anpassen, daß jene Amortisation ausgeschlossen wäre, und die aktivierten Zinsen könnten dann richtig als Ertrag auf das Kapital für das Jahr gezeigt werden, wo sie gezahlt wurden. Mangels solcher genauer Information sollte der Analyst die normale Abschreibungsrate der Gesellschaft benutzen, wie sie als Prozentsatz des Brutto-Sachanlagevermögens[1a]) erscheint oder eine sonstige vernünftige Annäherung, um die Amortisierung der aktivierten Zinsen und von AFUDC zu eliminieren.

Anpassung für aktivierte Zinsen

Das folgende hypothetische Beispiel mag eine Erklärung für die Wirkungen der Zinsaktivierung und dafür geben, warum der Analyst dafür Anpassungen vornehmen muß. Angenommen eine Gesellschaft braucht zwei Jahre, um eine Maschinenanlage zu konstruieren. Die verauslagten Kosten für den Bau der Maschine betragen 100 $, der Durchschnitt des Investments in die neue Ausrüstung während der Anschaffungsperiode beträgt 50 $ und der anwendbare Zinssatz 10 %; 10 % Zinsen für 2 Jahre auf 50 $ sind 10 $. Die Zinsen werden in Höhe von 10 $ aktiviert, und der anfängliche Buchwert der Maschine beträgt 110 $. Während der zweijährigen Anschaffungsperiode werden die Zinsen also aktiviert und nicht als Aufwendungen in der Gewinn- und Verlustrechnung geführt. Damit sind über diese zwei Jahre die scheinbaren Gewinne für den Aktionär vor Steuern 10 $ höher oder nach 34 % Ertragssteuer 6,60 $ höher.

Wenn die Maschine eine Nutzungsdauer von 5 Jahren und einen Schrottwert von 0 $ hat, beträgt die jährliche Abschreibung ein Fünftel von 110 $, das heißt 22 $. Ohne den aktivierten Zins hätte die Abschreibung 20 $ im Jahr betragen. Diese 2 $ zusätzlicher Abschreibung im Jahr verringern die gesamten Gewinne vor Steuern während der Abschreibungsjahre um 10 $ oder nach Steuern um 6,60 $. Damit wird der Anstieg bei den Gewinnen während der Anschaffungsperiode genau durch eine Abnahme der Gewinne während der Abschreibungsperiode ausgeglichen.

Der potentiell irreführende Effekt kommt dadurch zustande, daß die Zinskosten niemals in der Gewinn- und Verlustrechnung erscheinen. Deshalb wird eine normale Berechnung des Ertrages auf das Investment („Gesamtkapitalrentabilität") niemals jene 10 $ Ertrag zeigen, wenn der Analyst nicht eine Anpassung dafür vornimmt. Die angemessenen Anpassungen bestünden hier darin, die 10 $ Zinsaufwendungen für die Jahre, in denen sie gezahlt wurden, in die Gewinn- und Verlustrechnung einzustellen und die gezahlten oder zahlbaren Steuern über die beiden Jahre um 3,40 $ zu verringern. In den folgenden 5 Jahren würde der Analyst die Abschreibung

---

[1a]) Anm. des Übersetzers: „Gross-Plant", das Brutto-Sachanlagevermögen ist das gesamte Sachanlagevermögen zu den ursprünglichen Kosten ohne Abzug der bis jetzt aufgelaufenen Abschreibung

um 2 $ im Jahr verringern und die Steueraufwendungen und die aufgeschobenen Steuerverbindlichkeiten um 0,68 $ jedes Jahr erhöhen (34 % von 2 $).

Bei oberflächlicher Betrachtung scheint eine Umkonstruktion dieser Transaktionen kaum der Mühe wert zu sein. Aber man darf nicht die kapitalintensiven Industrien vergessen, besonders jene, bei denen die Konstruktion von Fabrikanlagen viele Jahre in Anspruch nimmt; dort können die Zinszahlen enorm werden. Der Zinsanteil für ein Kernkraftwerk kann leicht die Hälfte der Gesamtkosten erreichen. Wenn das Bauprogramm einer Gesellschaft groß ist, können ihre gesamten Zinsaufwendungen für das Jahr von der Gewinn- und Verlustrechnung verschwinden mit dem Ergebnis, daß 66 % des Betrages (scheinbar) in den Jahresüberschuß fließen. Das kann in den Jahren der Zinsaktivierung leicht den Jahresüberschuß um 25 %, 50 % oder 100 % erhöhen.

Das alte Buchhalterwort „man macht Gewinne durch den Verkauf von Dingen, nicht indem man sie kauft" scheint für diese Situation äußerst angemessen. Der Analyst kann nicht aus Gründen der Arbeitsersparnis stark verzerrte Gewinne und einen dauernden Fehler bei der Kennzahl „Gesamtkapitalrentabilität" der Gesellschaft hinnehmen. Er muß die Zahlen umändern, um die kapitalisierten Zinsen, ihre Amortisation und die damit zusammenhängenden Steuereffekte auszuschalten (siehe „Abschreibung" in Kapitel 17).

Aufgeschobene Steuern und beschleunigte Abschreibung

Die Erläuterung der Abschreibungspolitik

Die Abschreibungspolitik der meisten wichtigen Gesellschaften wird in den detaillierten Beschreibungen zusammengefaßt, die in den Finanz-Handbüchern erscheinen. Sie müssen in Registrierungserklärungen, den Prospekten für den Verkauf von Wertpapieren, in Aktionärsinformationen bei Zusammenschlüssen und ähnlichen Transaktionen und in den Geschäftsberichten erläutert werden. In den letzten Jahren ist die Abschreibungsfußnote in vielen Geschäftsberichten zu einer Erklärung zusammengeschrumpft, daß eine bestimmte Methode „über die geschätzte Nutzungsdauer" benutzt wird. Viele Gesellschaften pflegten früher bessere Auskünfte über die Nutzungsdauer für die größeren Gruppen von Anlagegütern zu geben.

Beispiel: Der Geschäftsbericht 1984 der International Paper Company war besser als die meisten. Er lieferte die folgenden Informationen über die Schätzung der Nutzungsdauer für Vermögensgegenstände der Gesellschaft:

Gebäude	2,5 %
Maschinen und Ausrüstungsgegenstände	5 bis 33 %
Ausrüstung für Waldgelände	10 bis 16 %
Anlaufkosten	5 Jahre
Waldgelände	entsprechend dem Holzeinschlag
Straßen- und Landverbesserung	über das wirtschaftliche Leben

Investment Tax Credit

Um den Bau neuer Fabriken und Anlagen zu ermutigen, hat der Kongreß während der Nachkriegsperiode von Zeit zu Zeit Tax Credits (Abzugsbeträge unmittelbar von der Ertragsteuerschuld) bewilligt; meist waren es 10 % der Kosten für gewisse Fabriken und Anlagen. Zwei Methoden werden für die Behandlung des Investment Tax Credit in der Bilanz angewandt. Am meisten verbreitet ist die „Flow Through"-Methode (Durchfluß-Methode). Sie zeigt den vollen Wert des Tax Credit beim Jahresüberschuß in dem Jahr, in dem er genommen wird. Die Deferral Methode (Aufschiebungsmethode, hauptsächlich von den öffentlichen Versorgungsbetrieben benutzt) schiebt den Tax Credit auf und amortisiert ihn über die Nutzungsdauer des Anlagegutes. Die Anhänger der Durchflußmethode argumentieren, daß der Kredit durch den Erwerb der Anlage erworben ist. Die Anhänger der Methode, den Tax Credit aufzuschieben und zu amortisieren, glauben, daß es sich um einen Zuschuß handelt, der lediglich die Kosten des Anlagegutes verringert und daß er daher in derselben Weise amortisiert werden sollte wie das Anlagegut selbst. Die Steuerreform von 1986 beseitigte den Investment Tax Credit.

Praktiken seit Bestehen der SEC

Ungefähr zwischen 1935 und 1954 benutzte die große Mehrheit der Gesellschaften die lineare Abschreibungsmethode auf die (Anschaffungs-)Kosten (abzüglich Schrottwert) ihres Sachanlagevermögens, wie das auch für die Steuern galt. 1954 begann ein Trend in Richtung großzügigerer Steuerabschreibungen. Für eine Weile hatten die Gesellschaften die Tendenz, ihre Abschreibung in den Jahresabschlüssen diesen schnelleren Steuermethoden anzupassen. Dieser Trend hat sich umgekehrt, denn die Strafe in Bezug auf die Gewinne war zu schmerzlich. 1984 benutzten von 600 Gesellschaften 567 die lineare Abschreibung für einen Teil oder alle ihrer abschreibbaren Güter: 60 benutzten „Unit-of-Production"-Berechnungen; 54 „Declining Balance", 15 „Sum of the Years' Digits" und 76 nicht näher bezeichnete beschleunigte (degressive) Methoden.[2] Wenn Gesellschaften mehr als eine Abschreibungsmethode benutzten, geschah das, weil sie kürzlich Akquisitionen hatten, weil sie für bestimmte Tochtergesellschaften den Erfordernissen ausländischer Buchführungsvorschriften nachkommen mußten oder weil sie bestimmte Betriebe in Übereinstimmung mit den Praktiken der Industrie halten wollten, in denen diese tätig waren.

---

[2] American Institute of Certified Public Accountants, Accounting Trends and Techniques, 1985, New York, S. 268

Kapitel 14: *Auswirkungen von Abschreibung*

Auswirkung von aufgeschobenen Steuern[2a])

Zeitunterschiede zwischen Buchführung und Steuern (zwischen „Handels- und Steuerbilanz")

Die Benutzung beschleunigter (degressiver) Abschreibung und von ACRS für Steuerzwecke sind die Hauptgründe für Unterschiede zwischen dem zu versteuernden Gewinn im Steuerformular und den Gewinnen in den veröffentlichten („handelsrechtlichen") Jahresabschlüssen. Eine Übersicht über die Zeitdifferenzen zwischen Buch- und Steuerabschreibung bei 600 Gesellschaften im Jahre 1984 zeigt, daß 488 solche Zeitdifferenzen wegen der Abschreibung hatten.[3]) Keine andere Art von Zeitdifferenzen war so weit verbreitet oder so erheblich in der Größenordnung.

Beitrag zum Cash-flow

In den letzten Jahren hat der Steueraufschiebungseffekt ein Drittel bis zur Hälfte des Unterschiedes betragen, der zwischen Buch-Abschreibung („nach Handelsbilanzrecht") und Steuerabschreibung besteht. Damit haben aufgeschobene Ertragssteuern in erheblichem Umfang die flüssigen Mittel der Gesellschaften erhöht. Selbst bei einer Steuerrate von 34 % und unter Benutzung der neuen Spannen für die Nutzungsdauer von Abschreibungsgütern ist die Auswirkung groß.

Normalisierung von Gewinnen im Jahresabschluß

Steuern werden aufgeschoben, wenn eine Gesellschaft im Steuerformular schnellere Abschreibung benutzt als im Jahresabschluß („nach Handelsrecht"). Das einfache Beispiel in Tafel 14.2 illustriert, warum der Ausweis einer aufgeschobenen Ertragssteuerverbindlichkeit den Jahresüberschuß gegenüber dem Investor erhöht und auch günstige Konsequenzen für die flüssigen Mittel hat.

[2a]) Anmerkung des Übersetzers: Ein großer Teil dieser Fälle (siehe auch Kapitel 17) entspricht den Rückstellungen für „latente Steuern". Aber auch die (je nach deutscher Steuergesetzgebung) wechselnden „Sonderposten mit Rücklagenanteil" enthalten je ca. 50 % „aufgeschobene Steueranteile" (ohne daß eine Rückstellung erforderlich wäre, 247 Abs. 3 HGB), die den aufgeschobenen Steuern entsprächen. Andererseits gehören zu den „latenten Steuern" auch die sog. „aktivisch latenten Steuern", bei denen der steuerliche Gewinn früher als der handelsrechtliche anfällt; vgl. z. B. Heymann, Kommentar zum Handelsgesetzbuch Bd. 3 1988; 274 HGB, Randnote 5 ff. Diese Art von latenten Steuern gehören offenbar nicht zu den „aufgeschobenen Steuern". Unter diesen Umständen habe ich es bei einer wörtlichen Übersetzung der „Deferred Taxes" im Sinne von „aufgeschobenen Steuern" belassen.
[3]) Wie Anm. 2, jedoch S. 275

Tafel 14.2: Vergleich zwischen den Ausweisungen gegenüber den Aktionären und der Steuerbehörde

Ausweis gegenüber Aktionären					
Jahr	Erlös	Ab-schreibung	Ergebnis vor Steuern	Steueraufwand (34 %)	Ergebnis nach Steuern	Mittelzufluß
1	100 $	50 $	50 $	17 $[1])	33 $	100 $
2	100 $	50 $	50 $	17 $[1])	33 $	100 $
3	100 $	50 $	50 $	17 $[1])	33 $	100 $
4	100 $	50 $	50 $	17 $[2])	33 $	66 $
5	100 $	50 $	50 $	17 $[2])	33 $	66 $
6	100 $	50 $	50 $	17 $[2])	33 $	66 $
Ausweis gegenüber der Steuerbehörde					
Jahr	Erlös	Ab-schreibung	Ergebnis vor Steuern	Steuern (34 %)	
1	100 $	100 $	0 $	0 $	
2	100 $	100 $	0 $	0 $	
3	100 $	100 $	0 $	0 $	
4	100 $	0 $	100 $	34 $	
5	100 $	0 $	100 $	34 $	
6	100 $	0 $	100 $	34 $	

[1]) Zuführung zur Verbindlichkeit („Rückstellung") für aufgeschobene Steuern.
[2]) Das Konto für aufgeschobene Steuern wird um diesen Betrag vermindert.

Wir wollen annehmen, die Gesellschaft habe nur ein Wirtschaftsgut, eine Maschine mit einer erwarteten Nutzungsdauer von sechs Jahren. Die Maschine kostet 300 $. Die Gesellschaft hat jährliche Erlöse von 100 $ und keine Aufwendungen mit Ausnahme der Abschreibungen und Steuern. Wir nehmen weiter an, daß die Steuergesetze erlauben, daß eine solche Maschine linear über drei Jahre abgeschrieben werden kann.

Der Geschäftsbericht für die Aktionäre zeigt genau die wirtschaftliche Situation in der Spalte „Einkommen nach Steuern". Das Einkommen der sechs Jahre wird mit einer vernünftigen Zuweisung der Kosten von 300 $ für die Maschine belastet. Die Steueraufwendungen im Geschäftsbericht an die Aktionäre zeigt einen jährlichen Zuwachs von 17 $ bei der Verbindlichkeit („Rückstellung") der Gesellschaft für aufgeschobene („latente") Steuern für die ersten drei Jahre. Am Ende des dritten

Jahres hätte die Gesellschaft eine (aufgeschobene) Steuerverbindlichkeit (Rückstellung) von 51 $ in bezug auf die Maschine. Während jedem der letzten drei Jahre werden 17 $ der Verbindlichkeit für aufgeschobene Steuern „reif", und 17 $ neue Steueraufwendungen stammen aus dem Betrieb; die Gesellschaft würde also Steuerzahlungen in Höhe von 34 $ in jedem dieser letzten drei Jahre leisten müssen. (Die Buchhalter bezeichnen dieses Phänomen des „Reifwerdens" als „Umkehr der Zeitdifferenz zwischen Büchern und Steuern" – Reversal of Book-Tax Timing Difference.)

Der Mittelzufluß bei dieser Gesellschaft in jedem Jahr entspricht der Summe aus Jahresüberschuß plus Abschreibung plus Zuwachs (oder minus Abnahme) bei der Verbindlichkeit („Rückstellung") für aufgeschobene („latente") Steuern.

Ein Vergleich von Abschreibungsraten und Methoden

Die Renaissance der linearen Abschreibung

Tafel 14.3 zeigt Abschreibungssätze und Methoden 29 größerer Industriegesellschaften für 1984 und für ausgewählte frühere Jahre. Die durchschnittliche Abschreibungsrate als Prozentsatz des Brutto-Sachanlagevermögens stieg von 5 % im Jahre 1949 auf 5,6 % in 1959 und 6,6 % in 1984. Das Ergebnis ist eine Reduzierung bei den ausgewiesenen Gewinnen von ungefähr 10 % über die 25 Jahre. Die Frage ist, ob die neueren Abschreibungssätze angemessen sind.

Für sich genommen, geben die Abschreibungsmethoden wenig Aufschluß über die Angemessenheit der Abschreibungsbeträge oder den Effekt der damit zusammenhängenden aufgeschobenen Ertragssteuern. Die Buchstaben SD, DB und DEG bedeuten alle beschleunigte (degressive) Methoden; sie geben in den ersten Jahren eine schnellere und in den späteren Jahren eine langsamere Abschreibung als die lineare Methode und werden daher als konservativ angesehen. Ein Wechsel von einer dieser Methoden in Richtung lineare Abschreibung würde als eine Bewegung weg von der konservativen Haltung erscheinen. Neun der Gesellschaften gingen zwischen 1959 und 1984 von einer dieser drei degressiven Methoden auf die lineare Abschreibung über. In fünf der Fälle nahm die Abschreibung als Prozentsatz des gesamten Sachanlagevermögens ab, aber bei den anderen vier ergab sich eine *Zunahme*. Vermutlich wurde in diesen Fällen der Übergang zu einer weniger konservativen Methode durch die Annahme einer konservativeren Nutzungsdauer ausgeglichen. Allerdings kann dies nicht mit Sicherheit gesagt werden, weil sich die Mischung der gehaltenen Anlagegüter geändert haben mag. Insgesamt gesehen scheint der Anstieg der Rate auf 6,6 % im Jahre 1984 eher auf der Annahme einer erheblich kürzeren Nutzungsdauer zu beruhen als auf der Änderung in der Methode. Die Änderung ergab sich wahrscheinlich, weil die meisten Gesellschaften es vorziehen, sowohl für Steuerzwecke als auch für die Handelsbilanz dieselbe Nutzungsdauer anzunehmen.

Tafel 14.3: Vergleich der Absetzungen für Abschreibung bei 29 Gesellschaften

	1984		1959		1948	
	Verhältnis zum Brutto-Sachanlagevermögen	Methode	Verhältnis zum Brutto-Sachanlagevermögen	Methode	Verhältnis zum Brutto-Sachanlagevermögen	Methode
Allied Signal	7,1 %	SL	5,4 %	SD	3,7 %	SL
Alcoa	5,3 %	SL	4,8 %	SD	2,3 %	SL
American Brands	7,8 %	SL	4,2 %	SL	4,0 %	SL
American Can	6,7 %	SL	4,4 %	SL	3,6 %	SL
American Tel. & Tel.	7,2 %	SL	4,7 %	SL	3,4 %	SL
Bethlehem Steel	3,8 %	UP	4,3 %	DB	2,7 %	SL
Chevron Corp.	6,1 %	UP	4,5 %	SL	5,5 %	SL
Chrysler[1]	9,9 %	SL[2]	6,3 %	SL	9,3 %	SL
Du Pont	6,3 %	SD	7,5 %	SL	8,3 %	SL
Eastman Kodak	7,0 %	AM	6,0 %	SD	5,1 %	SL
Exxon	6,3 %	UP	5,3 %	SL	4,9 %	SL
General Electric	7,5 %	SD	7,5 %	SL	7,7 %	SL
General Foods	6,1 %	SL	6,3 %	SD	4,3 %	SL
General Motors[1]	11,9 %	AM	6,7 %	AM	6,3 %	SL
Goodyear	5,3 %	SL	6,3 %	SD	5,9 %	SL
INCO Ltd.	3,8 %	SL	2,5 %	SL	2,8 %	SL
International Paper	4,6 %	UP	6,3 %	DB	4,7 %	SL
Manville	5,2 %	SL	5,5 %	SD	4,4 %	SL
Navistar Int'l	7,0 %	SL	6,0 %	SL	4,7 %	SL
Owens Illinois	5,9 %	SL	5,0 %	SD	4,8 %	SL
Procter & Gamble	4,9 %	SL	3,8 %	SL	3,3 %	SL
Sears Roebuck	4,9 %[3]	SL	5,5 %	SD	7,5 %	SL
Swift Independent	7,7 %	SL	4,5 %	SD	4,4 %	SL
Texaco	7,7 %	UP	6,7 %	SL	6,7 %	SL
Union Carbide	4,6 %	SL	6,2 %	SL	4,0 %	SL
U.S. Steel	5,5 %	UP	3,2 %	UP	3,9 %	UP
United Technologies	7,7 %	AM	9,9 %	SD	7,4 %	SL
Westinghouse Electric	7,8 %	SL	6,2 %	SL	4,3 %	SL
Woolworth	12,1 %	SL	6,1 %	SL	5,8 %	SL
Durchschnitt	6,6 %		5,6 %		5,0 %	

[1]) Einschließlich Amortisation von Spezialwerkzeugen
[2]) Für Vermögenswerte, die vor 1980 erworben wurden, wurde eine degressive Methode benutzt
[3]) Betrifft nur die Kaufhausbetriebe

Hinweis: Diese Gesellschaften bildeten 1959 den DJJ. Anaconda wurde inzwischen durch eine andere Gesellschaft erworben und wurde daher ausgelassen.
Abschreibungsarten: SL = Straight Line (Linear), SD = Sum of the Year's Digits, DB = Declining Balance, AM = Accelerated Method (degressiv), UP = Units of Production (Produktionseinheiten) oder sonstige aktivitätsbezogene Methode.

Zunehmende Popularität der „Units-of-Production"-Methode

Ein interessanter Trend zwischen 1959 und 1984 war der Übergang zu Abschreibungsmethoden, die das Niveau der Aktivität wiedergeben – die „Units-of-Production"-Methode. Dieser Übergang vollzog sich hauptsächlich in den Industrien für Rohmaterialien wie Stahl, Öl und Papier.

Angemessene Nutzungsdauer, angemessen angewandt

Der Abschreibungssatz ist der reziproke Wert der Nutzungsdauer

Wenn der Abschreibungssatz für die gesamten Sachanlagen 5 % beträgt, ergibt sich daraus, daß das normale Anlagevermögen, ausgenommen Land, eine erwartete Nutzungsdauer von 1 dividiert durch 5 % oder 20 Jahren hat. Ein Rückgang des Abschreibungssatzes legt die Vermutung nahe, daß die Nutzungsdauer länger eingeschätzt wird. Das bedeutet nicht notwendigerweise mangelnde konservative Einstellung, denn die Mischung von abschreibbaren Gütern kann sich im Laufe der Zeit erheblich ändern. Einerseits kann das Obsoletwerden, sei es aus Gründen des Wettbewerbs oder der Technologie, die Nutzungsdauer von Anlagegütern erheblich verkürzen. Eine Abnahme des Wettbewerbs aus dem Ausland infolge eines schwachen Dollars kann andererseits die Nutzungsdauer einer Ausrüstung verlängern, die sonst schon kurz vor der Außerbetriebsetzung stünde.

Die Nutzungsdauer wird durch Änderungen in der Wirtschaft beeinflußt

In den Nachkriegsjahren ist die US-Wirtschaft charakterisiert durch eine Entwicklung fort von den alten Basisindustrien und hin zu neuen technologischen Produkten und den Dienstleistungsindustrien. Beide Gebiete enthalten mehr an Technologie. Das legt die Vermutung nahe, daß in den neuen Sektoren das Obsoletwerden von Anlagegütern aus technischen Gründen zunehmenden Einfluß haben mag.

Rückgang der Basisindustrien: Sind Herunterschreibungen („außerplanmäßige Abschreibungen") ein ausreichender Ersatz für angemessene Abschreibungen?

Ein Teil der Probleme in den alten Basis- und Grundstoffindustrien beruhte auf dem Wachstum solcher Industrien in den stärkeren Ländern der Dritten Welt. Diese Länder haben niedrigere Löhne und in manchen Fällen modernere Anlagen als ihre US-Gegenspieler. Die durchschnittliche Abschreibung in den Basisindustrien hätte in der Vergangenheit wahrscheinlich schneller sein müssen, um das wirtschaftliche Obsoletwerden widerzuspiegeln. Eine Überprüfung zeigt nur sehr geringe Abschreibungssätze. In diesen Industrien haben wir heute die größte Zahl von Radikalabschreibungen für Fabriken, Fabrikschließungen, Aufgaben, Umstrukturierung der

Produktionszweige usw. Die durchschnittliche Abschreibung 1984 für die von Verlusten geplagte Stahlindustrie betrug 4 %, was eine wirtschaftliche Nutzungsdauer von 25 Jahren bedeutet. Die Hauptfrage ist daher: Sind große Herunterschreibungen von obsolet gewordenen Fabrikanlagen ein ausreichender Ersatz für angemessene Abschreibungen?

Der Analyst sollte die Abschreibungsunterschiede zwischen den Industriezweigen verringern

Im Gegensatz zu den integrierten Stahlgesellschaften hatte 1984 ein Dutzend Gesellschaften aus dem Elektronikbereich einen durchschnittlichen Abschreibungssatz von 10 %, woraus für Fabrikanlagen und Ausrüstung eine durchschnittliche Nutzungsdauer von 10 Jahren folgt. Angesichts der kurzen Nutzungsdauer neuer Produkte in der Elektronikindustrie kann diese schnelle Abschreibung durchaus gerechtfertigt sein. Nichtsdestoweniger sollte der Analyst sich unwohl fühlen, wenn er den breiten Rahmen der Abschreibungsraten in der Elektronikindustrie (von 7–16,1 %) und in der Stahlindustrie (von 2,6–5,5 %) sieht.

Sind die Abschreibungsbeträge angemessen?

Zumindest zwei Quellen liefern nützliche Hintergrundinformation darüber, ob die angenommene Nutzungsdauer für die Abschreibung in der Wirtschaft insgesamt angemessen ist: Die Daten über laufende Kosten und die Konten aus der BSP-Rechnung.

Informationen aus den Angaben über laufende Kosten

Statement 33 forderte, daß bis einschließlich 1986 1 200 Gesellschaften in ihren Geschäftsberichten ihre Abschreibung nach laufenden Kosten berechnet vorlegten. Der Unterschied zwischen den Abschreibungsbeträgen nach laufenden Kosten und den historischen Kostenbeträgen zeigt die zusätzlichen Beträge, die nötig wären, um die während des Jahres abgenutzte Betriebsfähigkeit zu laufenden Preisen zu ersetzen. Die Abschreibungsbeträge, bezogen auf die laufenden Kosten, überstiegen die nach historischen Kosten im Jahre 1980 um 37 %; 1980 bis 1983 betrug die Differenz im Durchschnitt 31 %.[4] Diese Zahlen zeigen einen ernsten Mangel bei der Vorsorge für Erneuerungen.

---

[4] Price Waterhouse & Co. Inflation Accounting, New York, 1981

Kapitel 14: *Auswirkungen von Abschreibung*

Konten für das Nationaleinkommen und das Nationalprodukt

Zu diesen Konten gehört Überblick 1.12, „Gross Domestic Product of Corporations". Dies ist eine teilweise Gewinn- und Verlustrechnung für das Inlandsgeschäft der US-Gesellschaften. Der Überblick enthält eine Anpassung für Kapitalverbrauch (Capital Consumption Adjustment); das ist der Betrag, der notwendig wäre, um die Abschreibung auf einen Betrag nach laufenden Kosten zu bringen. 1985 betrug der Kapitalverbrauch 197,4 Milliarden $, zu dem dann noch der Betrag für die Anpassung an Kapitalverbrauch in Höhe von 71,8 Milliarden $ zu rechnen war. Dies zeigt, daß die Abschreibung nach historischen Kosten hätte um 36 % erhöht werden müssen, um den Verbrauch von Sachanlagen nach laufenden Kosten im Jahre 1985 zu decken.

Zwar ergeben sowohl die Daten nach laufenden Kosten als auch die Konten für das BSP ein düsteres Bild. Es gibt aber einige ausgleichende Faktoren. Viele Gesellschaften benutzen für ihre normalen Abschreibungen die Nutzungsdauerklassen der Steuerverwaltung für abzuschreibende Wirtschaftsgüter (IRS Class Life Asset Depreciation Ranges = CLADR, „AFA-Tabellen für die betriebsgewöhnliche Nutzungsdauer"). Diese legen die Nutzungsdauer durchaus konservativ fest. Außerdem: Obwohl der technische Wandel ohne Zweifel die Fälle von Obsoletwerden erhöht hat, hat er zugleich eine erhebliche Steigerung bei Effizienz und Produktqualität gebracht, die aus den bloßen Kosten für Wiederbeschaffung nicht hervorgehen. Die Industrien, in denen die Abschreibung am wenigsten angemessen schien, haben über die letzten Jahre große Herunterschreibungen und völlige Abschreibungen vorgenommen; sie hatten in der Vergangenheit die dürftigsten Gewinne. Ihr Anteil an der Gesamtwirtschaft nimmt ab und macht damit ihre Abschreibungspraxis weniger wichtig für die allgemeine Entwicklung. Die Geschichte wird uns die Wahrheit zeigen, aber, im großen und ganzen gesehen, sind die heutigen Abschreibungssätze wahrscheinlich angemessen, wenn die Inflation unter etwa 5 % bleibt.

Anpassung zur Herstellung von Vergleichbarkeit

Ein Beispiel der empfohlenen Verfahrensweise

Unterschiedliche Abschreibungsmethoden und Annahmen über die Nutzungsdauer bei zu vergleichenden Gesellschaften müssen auf eine vergleichbare Basis gestellt werden. Eine wegen ihrer Einfachheit empfohlene Methode bringt alle Gesellschaften in einem Industriezweig auf die Basis einer linearen Abschreibung. Dabei wird der Durchschnitt der Abschreibungssätze in dieser Industrie benutzt: Er wird errechnet als Verhältnis der Abschreibungsaufwendungen zum gesamten Anlagevermögen. Lineare Berechnung ist die einfachste Methode, weil man das Alter der Wirtschaftsgüter nicht benötigt; der Abschreibungsbetrag ist einfach das Brutto-Anlagevermögen dividiert durch eine konservativ gewählte Nutzungsdauer.

Abschreibungssatz für Luftfahrtgesellschaften

Tafel 14.4 zeigt die Abschreibungssätze für sieben große Luftfahrtgesellschaften im Jahre 1984 (im Falle von Delta Airlines reicht das Geschäftsjahr bis zum 30. 6. 1985). Um die Abschreibungszahlen für diese Gesellschaften vergleichbarer zu machen, errechnet der Analyst das Durchschnittsverhältnis der Abschreibung zum Brutto-Sachanlagevermögen (vgl. oben Anm. [1a]); in diesem Falle beträgt es 6,82 %. Dieser Durchschnittsprozentsatz würde mit dem Brutto-Sachanlagevermögen jeder einzelnen Luftfahrtgesellschaft multipliziert werden, um zu entscheiden, ob die angegebene Abschreibung über oder unter dem Durchschnitt lag. Wenn, wie im Falle von Delta Airlines, eine Gesellschaft zu stark abzuschreiben scheint, würde eine Anpassung wie folgt berechnet:

$$(7{,}83\ \% - 6{,}82\ \%) \times 4\ 423\ \$ \times (1-46\ \%) = 24{,}1\ \$$$

Die übermäßige Abschreibung, als Prozentsatz ausgedrückt, wird multipliziert mit dem Brutto-Sachanlagevermögen, und das Ergebnis wird entsprechend dem Steuer-

Tafel 14.4: Abschreibungssätze 1984 für größere Luftfahrtgesellschaften (Dollarbeträge in Millionen)

	AMR Corp.	Delta	Eastern	NWA Corp.	PanAm Corp.	Trans-Air	UAL Inc.
Brutto-Sachanlagevermögen	4759	4423	4505	2643	2762	3428	6714
Abschreibung	307,7	346,5	287,7	167,2	207,7	224,1	445,6
Jahresüberschuß	239,9	175,6	37,9(d)	56,0	206,8(d)	29,9	282,4
Verhältnis von Abschreibung zum Brutto-Sachanlagevermögen (Prozent)	6,47	7,83	6,39	6,33	7,52	6,54	6,54
Anpassung der Abschreibung an 6,82 % nach 46 % Steuern	+ 9,0	+24,1	−10,5	− 7,0	+10,5	− 5,2	− 6,5
Angepaßter Jahresüberschuß	224,9	199,7	48,4(d)	49,0	196,3(d)	24,7	275,9

(d) = Defizit

Quellen: Moody's Transportation Manual, New York, 1985: Standard & Poor's Corporation Records, New York, 1985.

satz für 1984 (46 %) steuerlich angepaßt, um die richtige Anpassung für den Jahresüberschuß zu erhalten. Ähnliche Anpassungen für die anderen Luftfahrtgesellschaften haben einige Steigerungen und Abzüge zur Folge, die die Gewinne um einen erheblichen Prozentsatz ändern.

Die Genauigkeit solcher Anpassungen würde bei einer genauen Analyse der Gesellschaften erheblich verbessert werden. Einige von ihnen betreiben Hotels, Reservierungssysteme, Tochtergesellschaften für die Pkw-Vermietung und ähnliches. Der sorgfältige Analyst würde versuchen, getrennte Jahresabschlüsse für diese Betriebe und Beteiligungsgesellschaften zu erhalten, um die Abschreibungsanpassungen genauer nach gewichteten Durchschnitten zu berechnen.

Amortisationsbelastungen bei Bergwerks- und Ölgesellschaften

Diese wichtigen Sektoren im Bereich der Industrie weisen in bezug auf die Amortisation Besonderheiten auf. Neben der normalen Abschreibung auf Gebäude und Ausrüstung müssen sie Vorsorge für die Erschöpfung ihrer Erz-, Öl- und ähnlichen nicht ersetzbaren Resourcen treffen. Bergwerksgesellschaften haben außerdem Explorations- und Entwicklungsaufwendungen; die entsprechenden Belastungen bei Öl- und Gasproduzenten würden unter solche Überschriften fallen wie unproduktive Schürfrechte (Leases), trockene Bohrungen (Dry Holes) und Bohrkosten, wobei die „immateriellen Bohrkosten" (Intangible Drilling Costs) eine besondere Stellung für Buchführung und Steuern einnehmen. Diese Posten haben einen erheblichen Einfluß auf die echten Gewinne, und für den Analysten sind sie oft lästig, denn verschiedene Gesellschaften benutzen verschiedene Methoden, wie sie diese Zahlen in ihren Konten behandeln.

Belastungen für Substanzverzehr – ein Hereinholen von Kosten

Substanzverzehr (Depletion) ist die Folge, wenn erschöpfbare Kapitalgüter – hauptsächlich unter der Erde – verbraucht werden, indem sie in Verkaufsprodukte umgewandelt werden. Das gilt für Gesellschaften, die Öl und Gas produzieren, Metalle und viele andere Mineralien, Schwefel und andere Chemikalien aus Lagerstätten, Ton, Kalk und andere ähnliche Materialien. Holzverarbeitende Gesellschaften unterliegen ebenso dem Substanzverzehr, obwohl ihr verbrauchbares Wirtschaftsgut über der Erde liegt und durch Neuanpflanzung erneuert werden kann. Entsprechend wie die Substanz oder die Reserven dieser Produkte erschöpft werden, müssen ihre Kosten allmählich durch Belastungen gegen Gewinne abgeschrieben werden, so daß das ursprüngliche Kapital zurückfließt. In den eigenen Konten der Gesellschaften werden solche Belastungen dadurch vorgenommen, daß ein Prozentsatz der Kosten des Grundbesitzes abgezogen wird, der sich aus dem Verhältnis des entnommenen Minerals zu dem gesamten Mineralvorkommen ergibt. Diese „Units-of-Production"-Methode kann auch für die Abschreibung von Öl- und Gasvorkommen und Anlagen angewandt werden, deren Nutzungsdauer von denselben Faktoren beherrscht wird. Von dieser Standardmethode, die Abschreibung zu berechnen, ist jedoch für Steuerzwecke eine wichtige Abkehr erlaubt worden – prozentualer Substanzverzehr.

Prozentualer Substanzverzehr ist eine Steuerregel – kein Hereinholen von Kosten

Das Konzept eines „prozentualen Substanzverzehrs" entwickelte sich, weil die Suche nach Mineralien und Brennstoffen unter der Erde sehr risikoreich ist und die meisten Explorationsanstrengungen keine wirtschaftlich brauchbaren Lagerstätten entdecken. Um die Belohnung dem Risiko anzupassen, erlaubte der Kongreß einen besonderen Steuerabzug, der als bestimmter Prozentsatz der Umsätze berechnet wurde. Der Prozentsatz war unterschiedlich für die verschiedenen Mineralien. Der Effekt dieses Steueranreizes insgesamt war, daß erfolgreiche Explorationsgesellschaften nicht nur Gewinne machen und ihr Kapital wiedererlangen konnten, sondern eine zusätzliche Prämie bekamen, die den Kosten und erwarteten Erträgen der erfolglosen Explorationsgesellschaften entsprach. Exploration für Mineralien wurde dadurch insgesamt wirtschaftlich attraktiv – ein positives Summenspiel. Unabhängig davon, ob das Konzept, das hinter der Abschreibung nach prozentualem Substanzverzehr steht, berechtigt ist, hat es viel politische Kontroversen verursacht. Infolgedessen hat der Kongreß die Steuervorteile in neuerer Zeit verringert. Tafel 14.5 zeigt die Prozentsätze der Umsatzerlöse, die unter dem Steuergesetz 1954 und 1987 für einige Mineralien als Abzug zugelassen waren.

Der Abzug für prozentualen Substanzverzehr ist beschränkt auf höchstens 50 % des Jahresertrages (vor Absetzung) für jedes produzierende Grundstück. Dadurch kann der Abzug 50 % des *gesamten* Jahresüberschusses einer Gesellschaft überschreiten, wenn andere Betriebe der Gesellschaft Geld verlieren. Für Steuerzwecke muß die Gesellschaft die größere der beiden Abschreibungsmöglichkeiten wählen, enweder prozentualen Substanzverzehr oder den normalen, auf Kosten beruhenden Substanzverzehr. Bisher war der prozentuale Substanzverzehr fast immer größer als der Substanzverzehr auf Kostenbasis und wuchs allmählich auf Beträge an, die höher lagen als die Kosten für das Auffinden und Entwickeln von Lagerstätten. Typischerweise enthalten die Berichte an die Aktionäre nur normalen, auf Kosten beruhenden Substanzverzehr, und die Amortisation von „immateriellen Bohrkosten" (Intangible Drilling Costs – siehe im folgenden) ist ebenfalls erheblich niedriger als die Beträge, die für Steuerzwecke als Aufwand angesetzt werden.

Beachten Sie, daß jeder Überschuß des „prozentualen Substanzverzehrs" („nach der Steuerbilanz") über dem Substanzverzehr nach den Büchern („Handelsbilanz")

Kapitel 14: *Auswirkungen von Abschreibung*

Tafel 14.5: Zulässige prozentuale Absetzungen für Substanzverzehr

	Zulässige prozentuale Absetzung	
	1954	1987
Öl und Gas	27,5	0[1])
Schwefel und Uran	23	22
Gold, Silber	15	15
Erzbergwerke	15	14
Kohle	10	10
Ton, Schiefer	5	5–22[2])
Kies, Schotter, Torf	5	5

[1]) Für Produzenten, die auch die Raffinierung und den Handel betreiben und für eine Produktion von über 100 Barrel je Tag (Öl) oder 6000 mcf je Tag (Naturgas).
[2]) Abhängig von Qualität und Lage.

Quelle: Internal Revenue Code of 1986, Bd. 1, Commerce Clearing House, Chicago, 1986, S. 5310–5311.

zu einer *dauernden* Zeitdifferenz zwischen Handels- und Steuerbilanz führt, und sich *nicht* umkehrt. Dieser Unterschied wird also niemals in den Jahresabschlüssen für die Aktionäre erscheinen, und es wird auch kein Zeitpunkt kommen, zu dem der nach den Büchern ausgewiesene Substanzverzehr wegen dieses Unterschiedes geringer wird. Die Wirkung des überschießenden Betrages aus „prozentualem Substanzverzehr" ist dieselbe wie der dauernde Unterschied, der für Zinsen aus steuerbefreiten Obligationen herrührt: Es wird Ertrag geschaffen, der von der Steuer ständig befreit ist, und der Analyst braucht daher keine Vorsorge für aufgeschobene Steuerverbindlichkeiten („Rückstellungen") zu treffen.

Buchführungspraxis bei Ölgesellschaften

Zwei grundsätzliche Buchführungsmethoden werden in der Öl- und Gasindustrie angewandt:

- „Successful Efforts" (erfolgreiche Anstrengungen). Hier werden nur die Ölbohrungen aktiviert, die Öl und Gas entdecken.
- „Full Cost" (volle Kosten). Hier werden alle Kosten eines Ölfeldes oder einer Region aktiviert, wenn zumindest einige Bohrungen erfolgreich genug sind, um Wiedererlangung der Kosten sicherzustellen.

Einige „Full Cost"-Gesellschaften begrenzen das Feld oder die Region sehr eng, und dadurch kommen ihre Ergebnisse nahe an die nach der anderen Methode („Successful Efforts") heran. In anderen Fällen mag das Interessengebiet ein ganzes Land oder eine große Zone sein, wie etwa die „Off-shore-Zone vor den USA". Fast alle kleinen Explorationsgesellschaften benutzen „Full Cost"-Kalkulationen, während viele große Gesellschaften bei der „Successful Efforts"-Buchführung bleiben. Es ist sehr schwierig für den Analysten, Gesellschaften, die diese beiden Buchführungsmethoden benutzen, auf eine vergleichbare Basis zu bringen.

Information über die Reserven – wichtiger als die Buchführungsmethode

Obwohl der Mangel an Vergleichbarkeit frustrierend ist, sollte der Analyst nicht einen wesentlich wichtigeren Faktor aus dem Auge verlieren: Gewöhnlich sind die größten Anlagewerte einer Öl produzierenden Gesellschaft, nämlich Öl und Gas unter der Erde, überhaupt nicht in den Büchern verzeichnet. Die Bücher zeigen nur die Kosten der Bohrungen, die zu dem Öl hinführen, plus dem Wert von anderen Ausrüstungen. Informationen über die Reserven, ihre Quantität, Qualität und Lage und das „Standardmaß" der abgezinsten künftigen Nettobarmittelzuflüsse (Standardized Measure of Discounted Future Net Cash Inflows) sind wichtige Informationen. Die letzteren diskontieren erwartete, zukünftige Barmittelzuflüsse aus erwiesenen Reserven, die nach Jahresendpreisen und -Kosten berechnet werden und für die eine 10%ige Abzinsungsrate benutzt wird. Der Ölanalyst ist wahrscheinlich besser beraten, wenn er sich um Informationen über bestehende Reserven und den in Zukunft zu erwartenden Mittelzufluß daraus kümmert, als wenn er dieselbe Zeit aufwendet, die Buchführungsunterschiede zu entwirren.

Buchführung für „immaterielle Bohrkosten"

„Immaterielle Bohrkosten" (Intangible Drilling Costs) repräsentieren die Kosten für Löhne und Gemeinkosten („Overhead"), die beim Bohren nach Öl und Gas entstehen, – im Unterschied zu den Kosten von Röhren und anderen faßbaren Materialien. Die Steuergesetze geben die Möglichkeit, diese Kosten zu aktivieren und allmählich zu amortisieren oder sie sofort abzusetzen. Normalerweise nehmen die Gesellschaften wegen des Steuervorteils die sofortige Absetzung in Anspruch. Die aktiven und sich ausdehnenden Produzenten sind dem Steuereinnehmer durch ihre wachsenden Konten für „immaterielle Bohrkosten" immer eine Nasenlänge voraus gewesen – ein Grund für häufige Debatten im Kongreß.

Ölroyalties

Steuern, die an fremde Regierungen gezahlt werden müssen, haben „Tax Credits" (Steuergutschriften) zur Folge, die die US-Steuern (in gleicher Höhe) verringern. Zahlungen an fremde Regierungen im Verhältnis zur Ölproduktion können mit vielen Überschriften versehen werden, zum Beispiel Royalties, Schürfsteuern oder Ertragssteuern. Unter dem Gesichtswinkel der Gesellschaft sind Zahlungen als ausländische Ertragsteuer wünschenswert, weil sie auf diese Weise eine Steuergutschrift in gleicher Höhe für die fremde Steuer (Foreign Tax Credit) bekommen und nicht nur einen Abzug (vom Gewinn für Unkosten). Je mehr Zahlungen so strukturiert werden, daß sie wie Ertragssteuer aussehen, umso größer ist andererseits die Sorge der ausländischen Regierung in bezug auf den Preis, zu dem das Öl oder Gas an die Raffinerie oder Pipeline der Gesellschaft in einem anderen Land „verkauft" (Transfer Price) wird. Dadurch können politische Entwicklungen im In- und Ausland das statistische Zahlenwerk überwältigen ebenso wie das näherliegende Risiko einer Verstaatlichung von ausländischen Reserven. In den unterentwickelten Ländern erfolgt die Verstaatlichung meist dann, wenn die Regierung das Kapital und die Erfahrungen der Gesellschaft nicht mehr braucht.

Substanzverzehr bei Bergwerksgesellschaften

Bei den Minengesellschaften ist der Substanzverzehr kein wichtiger Punkt mehr in den Jahresabschlüssen. Einige haben ihre Explorationskosten abgeschrieben, als sie anfielen oder über eine zu kurze Periode, und haben jetzt keine Kosten mehr, die sie amortisieren könnten. Andere zeigen einen Abzug, der auf den (ursprünglichen) Kosten ihres Bergwerkeigentums beruht, aber diese Zahl ist fast immer verhältnismäßig gering. Früher setzten einige Konzerne den steuerlich zulässigen „prozentualen Substanzverzehr" ab, und der Analyst mußte diese Beträge dem Jahresüberschuß hinzuzählen und statt dessen einen Betrag für Substanzverzehr nach (echten) Kosten abziehen, durch den das tatsächliche Investment wieder hereingeholt wurde.

Vor längerer Zeit pflegten Finanzdienste den Gewinn je Aktie bei Minengesellschaften „vor Substanzverzehr" anzugeben. Diese unglückliche Praxis ist nicht mehr länger üblich. Wenn das in die Bergwerksreserven investierte Kapital nicht wieder hereingeholt wird, dann wird das Kapital der Gesellschaft nicht erhalten. Der Ertrag ohne solche Belastungen ist nicht ordnungsgemäß angegeben.

Ertragseffekte aus Operating – und Finanzierungs-Leasing

„Operating Lease"

Eine wesentliche Entwicklung der vergangenen 25 Jahre ist das Anwachsen von Vermögenswerten gewesen, die in den Büchern als „Operating Lease" („Operating Leasing") erschienen. Die in den Abschlüssen erscheinenden Aufwendungen sind die Leasingkosten, eine gleichmäßige Ausgabe, die von der Tendenz her die Gewinnschwankungen ausgleicht (siehe Kapitel 18).

Finanzierungs-Leasing

Beim Finanzierungs-Leasing (Capital Lease) wird in der Bilanz eine Verbindlichkeit ausgewiesen, und der Vermögenswert wird getrennt von den übrigen Sachanlagen aufgeführt. Der Vermögenswert wird abgeschrieben, normalerweise linear. Der Zinskomponenten des Vertrages wird mit Hilfe der „Hypotheken („Mortgage")- oder Zinsmethoden"-Rechnung getragen. Der Effekt besteht darin, den Jahresüberschuß in den Anfangsjahren des Leasingvertrages zu verringern und in den späteren Jahren zu erhöhen (siehe Kap. 18).

Amortisation von immateriellen Gütern

Immaterielle Güter lassen sich in verschiedene Gruppen unterteilen, je nachdem wie sie steuerlich amortisiert werden können und wie sie von den Gesellschaften in der Buchführung behandelt werden. Normalerweise haben diese Posten einen geringen Einfluß auf die ausgewiesenen Gewinne, aber es gibt Ausnahmen, vor allem, wenn der Goodwill (Firmenwert) groß ist. (Die sogenannten „immateriellen Bohrkosten"- „Intangible Drilling Costs" – sind nicht wirklich immateriell und werden in den Bilanzen immer als Teil der materiellen Vermögenswerte behandelt.) Im folgenden werden vier Gruppen von immateriellen Werten erörtert, je nach ihrer Behandlung bei den Steuern oder in der Buchführung.

Posten, die als Aufwendungen oder als Amortisation behandelt werden

Explorationskosten und Aufwendungen für die Entwicklung einer Mine

Diese Kosten werden fast immer für Steuerzwecke abgeschrieben, aber ihre Behandlung in den Büchern ist unterschiedlich. Aufwendungen für erfolgreiche Exploration und Entwicklung der Mine werden üblicherweise aktiviert und über die Lebenszeit des Bergwerkrechts abgeschrieben.

Kosten für Forschung und Entwicklung (Research and Development, R&D)

Diese Kosten müssen als laufende Aufwendungen ausgewiesen werden. Forschung und Entwicklung sind meistens erfolglos, und es gibt keine verläßliche Beziehung zwischen 1. dem Wert der Entdeckung, des Verfahrens oder Produktes und 2. dem dafür aufgewendeten Betrag. Offenbar sind Forschung und Entwicklung, wenn sie erfolgreich sind, ein echter wirtschaftlicher Vermögenswert. Aber der Analyst hat selten die Informationen, um die Kosten dieses Vermögensgegenstandes zu bestimmen oder die Nutzungsdauer, über die er amortisiert werden sollte. Wenn man einen solchen Vermögenswert in den Büchern schaffen wollte, benötigte man dazu die Hilfe der Gesellschaft, um zu wissen, wie sich die Kosten für Forschung und

Entwicklung zwischen Aufwendungen insgesamt und den Kosten für erfolgreiche Produkte verteilen.

Vieles, was als Forschung und Entwicklung bezeichnet wird, sind normale Maßnahmen, die mit Kostensenkung, Formgebung und Produktion zu tun haben – die normale Anwendung von bekannten Verfahren und Materialien auf bereits bestehende Tätigkeiten oder Produkte. Diese normalen und wiederkehrenden Aufwendungen sollten zu den laufenden Aufwendungen gerechnet werden. Für die Forschung bei Heilmitteln, in der Elektronik und Biotechnologie hat man versucht, in irgendeiner Form die Ergebnisse von erfolgreichen Forschungsanstrengungen erkennbar zu machen. Die Analysten, die der Heilmittelindustrie folgen, haben beispielsweise Anpassungen entwickelt, indem sie die Hälfte der Forschungskosten zu den ausgewiesenen Gewinnen addieren, um Gesellschaften besser vergleichen zu können. Eine andere Methode berichtigt die Gewinne nach oben oder unten um eine Zahl, die den Betrag darstellt, um den die Forschungsausgaben der Gesellschaft (ausgedrückt als Prozentsatz des Umsatzes) vom Industriedurchschnitt abweichen.

Steuerliche Amortisation immaterieller Güter

Immaterielle Güter dieser Art sind:

- Patente
- Lizenzen
- Royalties
- Filme und Fernsehprogramme
- Tonaufnahmen
- Kosten für Nutzungsverträge (Leases)

(Verbesserung von gepachteten oder geleasten Gegenständen – oft Gebäude auf gepachtetem Land – sollte wie materielle Vermögenswerte behandelt werden, deren Nutzungsdauer mit dem betreffenden Pacht- [oder Leasing-] Vertrag zusammen endet.) Früher schrieben die meisten Gesellschaften (aus „konservativen" Gründen) die Kosten von Patenten gegen „Rücklagen" („Surplus") ab und befreiten so zukünftige Gewinne von den meist geringen Amortisationsbelastungen. Heute werden Amortisationsbeträge für Patente und Lizenzen normalerweise vom Jahresergebnis abgezogen. Unabhängig von der Behandlung solcher Gegenstände bei der Steuer sollte der Analyst der allgemeinen Regel folgen und immaterielle Güter und ihre Amortisation ausscheiden. Etwas anderes gilt nur, wenn sie verkaufsfähig sind oder einen Strom von Einnahmen erzeugen, der ihnen zuzurechnen ist. In vielen Fällen wird offensichtlich sein, daß das immaterielle Gut einen großen Wert hat. Beispielsweise war die RCA ein Pionier bei Radio und Fernsehen und erhält noch immer erhebliche Einnahmen als Royalties aus der Benutzung ihrer Patente. Filmbestände der Filmgesellschaften bringen erhebliche Erlöse aus Verpachtungen an Fernsehstationen und aus der Wiederherausgabe alter Klassiker – beispielsweise zahlte Turner Broadcasting System für MGM Entertainment Company 1,5 Milliarden Dollar. Normalerweise jedoch haben die immateriellen Güter geringen oder keinen Wert; Auskünfte darüber erhält der Wertpapieranalyst selten, wenn nicht das Management ausdrücklich danach gefragt wird.

Steuerlich absetzbare Entwicklungskosten

Zu den Entwicklungskosten gehören Anzeigenkosten, Anlaufkosten, anfängliche Defizite und ähnliches. In einigen ziemlich seltenen Fällen sind diese in den Bilanzen aktiviert worden, wodurch die (anfänglichen) Gewinne höher waren. Wenn solche Posten in der Bilanz erscheinen, sollte der Analyst sie und ihre Amortisation eliminieren. Die Höhe dieser Posten ist manchmal proportional zu der Unfähigkeit, mit der diese Aufwendungen veranlaßt wurden.

Gekaufter Goodwill und andere zweifelhafte Posten

Zur vierten Gruppe von immateriellen Gütern gehören die, die steuerlich weder als Aufwendungen noch als Amortisation anerkannt werden. In erster Linie ist dies der „Goodwill", besonders in der Form des „gekauften Goodwill" (Firmenwert). Dieser entsteht (buchmäßig) dann, wenn ein Geschäft zu Kosten erworben wird, die den angemessenen Wert seines Nettovermögens übersteigen; es muß sich um einen echten Kauf und nicht nur um ein Zusammenfassen von Interessen handeln.

Warren Buffett, ein Schüler und späterer Sozius von Ben Graham, hat dazu gesagt: „Ein Analyst kann ein reiches und erfülltes Leben führen, ohne jemals etwas über den Goodwill oder seine Amortisation gehört zu haben." Damit meinte er, daß Goodwill und seine Amortisation keinerlei Informationswert haben und durch den Analysten ausgeklammert werden sollten. Der Goodwill sollte also von der Bilanz abgesetzt und seine Amortisation aus der Gewinn- und Verlustrechnung ausgeklammert werden. Wenn wirtschaftlich kein Vermögenswert bestand, entstanden auch keine wirtschaftlichen Kosten durch seine Benutzung. Der Analyst sollte nicht zulassen, daß seine Amortisation die laufenden oder zukünftigen Gewinne belastet. Eine Steuerberichtigung ist nicht erforderlich, denn die Amortisation von Goodwill kann steuerlich nicht abgesetzt werden.

Goodwill ist eine Prämie, die über den echten Wert der Vermögenswerte hinaus gezahlt wird. Sie repräsentiert die Schätzung der erwerbenden Firma darüber, wieviel der Investmentwert über dem Substanzwert liegt. Diese Schätzung ist jedoch zeitlich schnell dadurch überholt, daß die Gewinnprojektionen sich nunmehr auf die Situation unter dem neuen Eigentümer beziehen. Wenn die Gesellschaft finanzielle Schwierigkeiten hat, ist der Goodwill schnell verschwunden. Goodwill ist damit kein verläßlicher Vermögenswert.

Die Buchführungsregeln erfordern, daß der gekaufte Goodwill über nicht mehr als 40 Jahre amortisiert wird. Die sofortige Abschreibung in der Bilanz ist verboten. Gelegentlich kann selbst Amortisation über 40 Jahre zu erheblichen Beträgen in der

Gewinn- und Verlustrechnung führen. Als beispielsweise 1984 Manufacturers Hanover Bank CIT Financial Corporation übernahm, erwarb sie damit Goodwill von 626 Millionen Dollar. Die Amortisation erfolgt über 34 Jahre, das sind 18.4 Millionen Dollar im Jahr.

Kapitel 15

Analyse der Finanzbewegungsrechnung

In Kapitel 14 haben wir einige Aspekte von Abschreibung, Substanzverzehr und anderen Amortisationen erörtert, so wie diese Posten tatsächlich in den Konten der Gesellschaften erscheinen oder idealerweise erscheinen sollten. Wir können nunmehr unsere Erörterung mit dem Konzept des Cash-flow*) fortsetzen, das zur Zeit einen wichtigen Raum bei den Überlegungen von Wall Street einnimmt. Zwei Methoden werden hier vorgeführt, die von der konventionellen Finanzbewegungsrechnung (Funds-Statement, z. T. auch als Kapitalflußrechnung bezeichnet), abweichen; Gebrauch und Interpretation von solchen Rechnungen werden erörtert.

Einige Definitionen zur Finanzbewegungsrechnung

Ausrichtung auf flüssige Mittel oder Nettoumlaufvermögen

Die Finanzbewegungsrechnung, offiziell bezeichnet als Erklärung über Änderungen in der finanziellen Position (Statement of Changes in Financial Position) versucht, viele Änderungen in der Bilanz während der Abrechnungsperiode außer durch den Jahresüberschuß noch durch andere Ursachen zu erklären. Aus Gründen der Einfachheit werden wir geläufigere Ausdrücke benutzen, wie Finanzbewegungsrechnung (Funds Statement) oder Cash-flow-Rechnung (Cash-flow-Statement). Das Ergebnis ist entweder die „Nettoänderung in Barmitteln und sonstigen flüssigen Mitteln" (Net Changes in Cash and Equivalent) oder die „Änderung des Nettoumlaufvermögens" (Net Changes in Working Capital), aber auch viele weitere Änderungen in der Bilanz einschließlich Investitionen und Finanzierungstätigkeit

---

*) Anm. des Übersetzers: Der Ausdruck „Cash-flow" wird von den Autoren nicht immer in einem engen, technischen Sinne benutzt wie oft in Deutschland. Auch dort wird der Begriff allerdings keineswegs einheitlich benutzt; vgl. z. B. Wöhe, „Bilanzierung und Bilanzpolitik", 7. Aufl. 1987, S. 329 ff, der allein vier verschiedene Cash-flow-Begriffe erwähnt. Um diesen terminologischen Schwierigkeiten aus dem Wege zu gehen und Unklarheiten zu vermeiden, habe ich „Cash-flow" im allgemeinen als Mittelzu- bzw.- abfluß übersetzt. Als Fachausdruck taucht der „Cash-flow" hier und im weiteren Text nur als „Betriebs-Cash-flow" auf. Der Inhalt dieses Begriffs ist in Fig. 15 und dem Text dazu festgelegt.

werden berücksichtigt. (Zu den „sonstigen flüssigen Mitteln" [Cash Equivalents] gehören typischerweise auch US Treasury Bills, Commercial Paper, Certificates of Deposit und andere kurzfristige Investmentmöglichkeiten von hoher Qualität für Barmittel.)

Betriebs-, Finanzierungs- und Investitions-Aktivitäten

Da für Finanzbewegungsrechnungen wenig offizielle Anhaltspunkte gegeben werden, unterscheiden sie sich stark. Manche Praktiken sind ganz verbreitet, etwa die Darstellung der Rechnung in drei Kategorien: Für die Betriebs-, Finanzierungs- und Investitionstätigkeiten. Da es zur Zeit keine offiziellen Definitionen für diese Kategorien gibt, werden verschiedene Posten unterschiedlich eingeordnet, je nach Beurteilung oder Vorliebe des jeweiligen Managements.

Direkte und indirekte Methoden

Erörterungen der Finanzbewegungsrechnung werden durch lockeren Gebrauch der Terminologie erschwert – besonders soweit es die Begriffe „direkte" und „indirekte" Methode betrifft. In diesem Buch wird als indirekte Methode jede bezeichnet, die als Ausgangspunkt nicht den tatsächlichen Mittel-Fluß benutzt. Als „indirekte Methode" nach unserer Definition werden also zum Beispiel die typischen Finanzbewegungsrechnungen bezeichnet, wenn sie als „Cash-flow aus dem Betrieb" („Cash-flow from Operations", „Betriebs-Cash-flow", „Cash-flow aus Betriebs- und Geschäftstätigkeit") die Summe der Posten aus folgenden Quellen angeben:

- Jahresüberschuß
- Abschreibung
- andere Belastungen ohne Mittelabfluß
- Erhöhung (oder als Minusposten: Verminderung) bei den aufgeschobenen Steuern

Es ist möglich, alle diese Posten in seiner Rechnung vorzufinden und dennoch keinen Mittelzufluß zu haben. Jene vier Posten sind lediglich eine Annäherung des Nettomittelzuflusses, denn sie sind entweder Erträge oder aber Aufwendungen, von denen man annimmt, daß sie keinen gegenwärtigen Mittelabfluß erfordern. Unterstellt ist hier, daß überhaupt Erträge in Form von flüssigen Mitteln bestehen und daß die obige Liste von Posten diesen Mittelzufluß nicht beansprucht.

Die direkte Methode untersucht die direkten Quellen von flüssigen Mitteln. Zum direkten Mittelzufluß gehören:

- Verkäufe gegen bar
- Einzug von Forderungen, Mieten, Zinsen und Dividenden
- Eingang von Steuererstattungen

- Verkauf von Wertpapieren
- andere Transaktionen

In gleicher Weise betrachtet die direkte Methode die wirklichen Mittelabflüsse, die Bargeld, Schecks, Überweisungen und ähnliches aufbrauchen, um Zahlungen an andere zu bewirken, und benutzt nicht die Eintragungen aus der periodenechten Buchführung.

Die indirekte Methode ist der Normalfall

Obwohl die Gesellschaften die Informationen haben, um direkte Finanzbewegungsrechnungen zu erstellen, ist es leider durchaus üblich, dabei eine indirekte Methode zu benutzen. Oft ist das, was tatsächlich in Finanzbewegungsrechnungen vorgelegt wird, eine Kombination von verschiedenen Posten:

- Einige Änderungen in Bilanzposten (wie Abschreibung von Anlagen über das Jahr)
- Einige echte Fälle von Mittelbewegungen (z. B. Barkauf von Vorräten)
- Einige periodenechte Eintragungen (beispielsweise Aufstellung einer Garantiereserve für verkaufte Produkte)

Manche Posten sind Bruttobeträge, und andere werden netto nach Steuern oder Aufwendungen angegeben.

Wenn man eine Finanzbewegungsrechnung gebraucht, die auf periodenechter Abrechnung beruht, um sie als Kontrolle für eine Gewinn- und Verlustrechnung zu benutzen, die ebenfalls auf periodenechter Abrechnung beruht, so ist das eine Art von sich selbst erfüllender Prophezeiung. Irreführende Informationen über die Mittelbewegungen in der einen müssen notwendigerweise auch in der anderen unentdeckt bleiben.

Die Bedeutung des Mittelzuflusses

Investoren und Gläubiger können nur dann Geld bekommen, wenn es die Gesellschaft hat oder es ihr zufließt. Infolgedessen untersuchen die Investoren die Beziehung zwischen dem periodenechten Jahresüberschuß, wie er in der Gewinn- und Verlustrechnung berichtet wird, und dem damit zusammenhängenden Mittelzufluß aus Erträgen und Aufwendungen. Über das gesamte Leben einer Gesellschaft gesehen, macht es keinen Unterschied, ob periodenechte Buchführung (Accrual Accounting) erfolgt oder reine Bargeldbuchführung (Cash Accounting), da der Ertrag letztlich derselbe ist. In einem einzelnen Jahr jedoch können die Mittelzu- und -abflüsse sich von dem buchmäßigen Stand erheblich unterscheiden. Über eine Periode von mehreren Jahren sollte sich eine lediglich auf flüssigen Mitteln basierende Gewinn- und Verlustrechnung (Cash-based Income Statement) den Zahlen annähern, wie sie in der normalen Gewinn- und Verlustrechnung nach periodenechter Abrechnung vorgelegt werden. Einige Analysten benutzen folgende Daumenregel: Wenn die Gewinne, wie sie aus der Finanzbewegungsrechnung geschätzt werden, über eine 5-Jahres-Periode innerhalb von 15 oder 20 % der Gewinne liegen, wie sie sich aus den vorgelegten Gewinn- und Verlustrechnungen ergeben, wird die letztere Zahl „bestätigt".

Vor allem die Banken sind sich bei der Kreditprüfung bewußt, daß Darlehen mit Geld zurückgezahlt werden müssen. Sie möchten auch wissen, ob eine Gesellschaft aus ihrem Betrieb genügend flüssige Mittel erwirtschaftet, um ohne Schwierigkeiten ihre Schulden tilgen, ihre Mieten bezahlen und ihre Betriebsbereitschaft aufrecht erhalten zu können. Der Benutzer von Jahresabschlüssen kann die normale Finanzbewegungsrechnung weitgehend selbst erstellen, indem er die vorhandene Gewinn- und Verlustrechnung, Bilanz, die Fußnoten und Kenntnisse oder Schätzungen über die Höhe von Kapitalauslagen benutzt. Wie erwünscht die Information über den Mittel-Fluß ist, kann man daraus entnehmen, daß Banken solche Finanzbewegungsrechnungen, wie man weiß, bereits 1863 erstellt haben.

Dividenden und Mittelzufluß

Der Wertpapieranalyst ist am Mittelzufluß aus verschiedenen Gründen interessiert. Einer davon sind auch die Dividenden, die einen größeren Anteil des Ertrages ausmachen. Obwohl der Grund vielleicht nicht sofort offensichtlich ist, besteht eine viel engere Beziehung (Correlation) zwischen Dividenden und Mittelzufluß als zwischen Dividenden und Gewinnen. Teilweise ist das so, weil Gewinne stark schwanken – viel stärker als der Mittelzufluß – und die Gesellschaften sich bemühen, ihre Dividenden verhältnismäßig stetig zu zahlen. Normalerweise werden Dividenden bei einem Gewinnrückgang nicht gekürzt, wenn dieser nur als zeitweilige Erscheinung angesehen wird; oft wird die gesamte oder der größte Teil der Dividende weitergezahlt, auch wenn über zwei oder drei Jahre ein Defizit erscheint. Die Dividende wird jedoch nicht weitergezahlt werden, wenn der Mittelzufluß so weit sinkt, daß der Schuldendienst und die notwendigen Kapitalausgaben gefährdet sind. Damit wird die Voraussage von zukünftigen Dividenden ganz erheblich dadurch beeinflußt, wie der Analyst den zukünftigen Mittelzufluß aus dem Betrieb und die zwingenden Mittelabflüsse beurteilt.

Dividendenpolitik

Die Gesellschaften stellen zukünftige Dividendenzahlungen in derselben Weise in ihre Finanzplanung (Budget) ein wie andere Mittelabflüsse, etwa die Erfordernisse für Schuldendienst, Kapitalausgaben oder sonstige vorhersehbare Anforderungen an flüssige Mittel. Wenn daher der Board of Directors („Verwaltungsrat") eine generelle Dividendenpolitik festlegt, geschieht das oft in Form eines Anteils am Mittelzufluß und jedenfalls immer unter Berücksichtigung des erwarteten Mittelzuflusses – nicht der Gewinne. So kann man die interne Politik etwa dadurch beschreiben, daß Dividenden 20–25 % des durchschnittlichen Mittelzuflusses betragen; das gilt auch für Gesellschaften, die ihre Dividendenpolitik nach außen hin in der Form beschreiben, daß er ein Prozentsatz der Gewinne ist.

Annäherungsberechnung für den Mittelzufluß

Ein weiterer Grund für das Interesse des Analysten am Mittelzufluß liegt darin, daß er dadurch die Fähigkeit der Gesellschaft beurteilen kann, ihr Wachstum intern zu finanzieren – das heißt aus den Geldmitteln die sie aus ihrem Betrieb erwirtschaftet. Eine Gesellschaft kann nicht für alle Zeiten dadurch wachsen, daß sie ihre Fremdfinanzierung (Leverage) erhöht. Die Qualitätseinstufung ihrer Schulden würde herabgesetzt werden, und die Gesellschaft wäre gezwungen, Aktien auszugeben und damit das Wachstum der Gewinne je Aktie zu verwässern. Wenn sich also auch ein gewisses Wachstum durch Schuldenaufnahme finanziert läßt, kann auf lange Sicht diese Verschuldung nicht schneller wachsen als das Eigenkapital. Das Eigenkapital muß im wesentlichen aus einbehaltenen Gewinnen wachsen, wenn der Verwässerungseffekt durch Ausgabe neuer Aktien vermieden werden soll. Da die Wachstumsrate der Gewinne einen erheblichen Einfluß auf den Gewinnvervielfältiger hat, muß der Analyst seine Projektionen des Gewinnwachstums mit einer Analyse des Mittel-Flusses bestätigen, die die Fähigkeit der Gesellschaft ergibt, ihr Wachstum finanzieren zu können.

Umsatzerlöse als erste Annäherung an den Mittelzufluß

Das Konzept des Mittel-Flusses kann man besser verstehen, wenn man es im Sinne des Geld-zu-Geld-Zyklus innerhalb des typischen Geschäftsunternehmens betrachtet. Der Betriebsablauf besteht darin, daß Rohmaterialien, Arbeitskraft usw. für flüssige Mittel eingekauft werden und später flüssige Mittel eingehen, wenn der Ausstoß verkauft wird. Die Gesellschaften haben sehr wenige Transaktionen, die nicht in Geld erfolgen. Daher repräsentiert das Geld früher oder später die eine Seite der meisten zweiseitigen Transaktionen. Woher kommt das Geld, der Betriebs-Cash-flow? Gewöhnlich stammen die flüssigen Mittel aus den Verkäufen oder aus dem Austausch von Gütern und Dienstleistungen gegen Kreditforderungen (aus Lieferungen und Leistungen), die später eingezogen werden. Die Umsatzerlöse können als eine erste Annäherung für die tatsächlichen Mittelzuflüsse aus dem Betrieb benutzt werden; die Geldzahlungen auf Forderungen aus früheren Perioden werden ungefähr genausogroß sein wie der fehlende Mittelzufluß aus den noch nicht eingezogenen Forderungen am Ende der Periode.

Bruttomittelzufluß

Dividenden und Wachstum werden natürlich durch die *Netto*-Mittelzuflüsse finanziert. Erträge in Form von flüssigen Mitteln stehen für solchen Gebrauch nicht zur Verfügung, wenn sie nicht die Aufwendungen in Form von flüssigen Mitteln übersteigen. Der Analyst benötigt die *Brutto*-Beträge für Mittelzuflüsse aus Erträgen und die Brutto-Abflüsse für Aufwendungen und Verluste. Die Gründe sind dieselben wie für eine Gewinn- und Verlustrechnung, die sowohl Erträge *als auch* Aufwendungen zeigt. Der hauptsächliche Nutzen der Finanzbewegungsrechnungen für den Aktienanalysten besteht darin, daß sie über einen langen Zeitraum die Beträge bestätigen oder in Frage stellen, die in der Gewinn- und Verlustrechnung ausgewiesen werden. Wenn der Analyst die Erträge und Aufwendungen auf der Basis von flüssigen Mitteln hat und mit den periodenechten Erträgen und Aufwendungen vergleichen kann, gibt ihm das die Möglichkeit, die *Ursachen* von Unterschieden genauer zu identifizieren. Eine Information nur über die *Nettomittelzuflüsse* ist insoweit nicht ausreichend.

Beispiel für einen Vergleich von Bruttomittelzuflüssen

Nehmen wir zum Beispiel eine Gesellschaft, die steigende periodenechte Erträge, aber gleichbleibende Bruttoerträge in Form von flüssigen Mitteln ausweist. Der Unterschied mag in der Form von steigenden Außenständen in Erscheinung treten, die verkauft werden können. Der Unterschied bei den Erträgen würde im Kopfe des Analysten eine Reihe von Fragen auslösen:

- Hat die Gesellschaft eine zu großzügige Kreditpolitik betrieben?
- Verkauft sie an Kunden, die nicht zahlen können?
- Hat die Gesellschaft sich von zukünftigen Abrechnungsperioden Umsätze „geliehen"?
- „Parkt" die Gesellschaft in einer Finanztransaktion Vorräte?
- Sind die Barverkäufe zurückgegangen?

Irgendeine Erklärung ist erforderlich, um die Unterschiede zwischen den Erträgen in Form von flüssigen Mitteln und den periodenechten Erträgen miteinander in Einklang zu bringen; auf lange Sicht müssen sie dieselben sein. Wenn nur Information über den *Netto*-Mittelzufluß gegeben würde, führte das nicht zu diesen Fragen.

Aus ähnlichen Gründen muß der Analyst den Unterschied zwischen den periodenechten Aufwendungen und den Ausgaben in Form von Bruttomittelabflüssen für den Betrieb untersuchen. Dieser Unterschied gibt Veranlassung zu Fragen und bietet einen Einblick in die Betriebsdynamik einer Gesellschaft. Wenn solche Informationen dem Benutzer von Jahresabschlüssen nicht zur Verfügung gestellt und von ihnen auch nicht gefordert wurden, ist das kein Grund, ihre potentielle Nützlichkeit zu übersehen. Im Gegenteil: Wenn man die unterschiedliche Betrachtungsweise des Analysten und des Buchhalters zur Kapitalaufrechterhaltung und zum Einkommen

Kapitel 15: *Analyse der Finanzbewegungsrechnung*   265

(vgl. oben Kap. 10) bedenkt, erscheinen Bruttomittelzufluß und -abfluß vielversprechende Kandidaten, um folgende Unterschiede aufzuhellen:

- Amortisation von Goodwill
- Behandlung anderer zweifelhafter immaterieller Güter
- Zuwachs oder Diskontierung von Zinsen
- Schwierigkeiten bei der Erhaltung (Maintenance) des physischen Kapitals
- Aktivierung von Zinsen

Erste Methode: Indirekte Berechnung ohne Anpassung

Berechnung des Mittelzuflusses auf indirekte Weise

Die anfängliche Methode für die Berechnung des Mittelzuflusses („Cash-flow") bestand darin, den Jahresüberschuß und die Abschreibung zu addieren. Abschreibung war für die meisten Gesellschaften die einzige größere Aufwendung, die keinen Abfluß flüssiger Mittel zur Folge hatte. Das Ergebnis wurde „Cash-flow" genannt, und es begann, eine eigene Bedeutung anzunehmen. Teilweise wird es immer noch auf diese Weise berechnet, zum Beispiel durch den Value Line Investment Survey.[1] Aber sonst berechnen Analysten und Gesellschaften heute den „Cash-flow" mit einer etwas vollständigeren Version der indirekten Methode – es werden addiert: Jahresüberschuß, Abschreibung, Anstieg bei den aufgeschobenen Steuerverbindlichkeiten und sonstige Belastungen aus der Gewinn- und Verlustrechnung, die nicht mit Mittelabflüssen verbunden sind.[2] Zu diesen sonstigen Belastungen ohne Mittelabfluß gehören:

- Amortisation von Goodwill, Patenten, Lizenzen und ähnlichem
- Belastungen für Garantien
- Amortisation eines Obligationen-Disagios
- Amortisation von Grundstücksverbesserungen bei Nutzungsverhältnissen

(Idealerweise sollten die entsprechenden Gutschriften, wie etwa die Amortisation von Agios bei Ausgabe von Obligationen, von der Gesamtsumme abgezogen werden.)

---

[1] „How to use the Value-Line Investment Survey – a Subscriber's Guide", Value-Line Inc., New York, S. 30
[2] Allan H. Seed III, „The Funds Statement", Financial Executive Research Foundation, Morristown N. J., 1984, S. 33–34. Seed fand für 1983 nur zwei Gesellschaften, die die direkte Methode benutzten: Safecard Services Inc. und Northrop Corp.

Aber Abschreibung ist nicht Mittelzufluß

Wenn keine Verkäufe gegen flüssige Mittel erfolgt oder keine Forderungen eingezogen worden wären, hätte der Betrieb natürlich keinen Mittelzufluß gehabt. Der Analyst darf nicht vergessen, daß Abschreibung und ähnliche Posten keine echten Quellen von Mittelzuflüssen sind; wenn allerdings Erträge vorhanden sind, sind Abschreibung und sonstige Belastungen ohne Mittelabfluß Aufwendungen, die im allgemeinen keinen entsprechenden Mittelabfluß verursachen. Der entsprechende Teil des Mittelzuflusses ist dann ein *Netto*-Zufluß.

Mittelzufluß und Erhaltung des Kapitals – Rückfluß oder Ertrag des Investments?

Jeglicher Mittelzufluß aus dem Betrieb bedeutet entweder Rückfluß des Kapitals oder Ertrag auf das Kapital (Kapitalverzinsung). Die Beträge, die angemessene Aufwendungen sind, stellen Rückfluß des Investments dar. Angemessen berechnete Abschreibung bedeutet Rückfluß des Investments in ein Gebäude oder ein Stück Ausrüstung über seine Nutzungsdauer. Wenn alle angemessenen Aufwendungen für eine Periode wieder hereingeholt worden sind, ist jeder zusätzliche Mittelzufluß aus dem Betrieb Überschuß, das heißt Ertrag auf das Investment. Ein wichtiges Ziel der Wertpapieranalyse besteht darin, den Jahresüberschuß so genau wie möglich zu messen, indem angemessene Anpassungen an die Zahl, wie sie die Buchführung ausweist, vorgenommen werden. Zu diesen Anpassungen gehört auch, daß einige der Beträge, die in den Büchern als „Rückfluß von Kapital" erscheinen, zu „Ertrag auf das Kapital" umgewandelt werden oder umgekehrt. (Natürlich benutzen die Jahresabschlüsse nicht tatsächlich die Ausdrücke „Rückfluß von Kapital" und „Ertrag auf das Kapital").

Für den Analysten ist der Rückfluß von Kapital die Summe der Aufwendungen in der Periode, die nötig sind, um das Kapital zu erhalten – um „ebensogut" dazustehen wie vorher (vergleiche oben Kapitel 10). Der Ertrag auf das Kapital oder der berichtigte Jahresüberschuß ist der Restbetrag, nachdem Erträge und Aufwendungen auf ein Niveau angepaßt worden sind, das nach Schätzung des Analysten *richtig* ist. Viele Anpassungen des Analysten für die Gewinn- und Verlustrechnung oder die Bilanz werden sich auch als angemessene Anpassungen für die Finanzbewegungsrechnung herausstellen.

Mitttel-Fluß – Unabhängigkeit von der Buchführung

Ein Punkt, der es verdient, wiederholt zu werden, ist die Tatsache, daß der Mittel-Fluß („Cash-flow") derselbe bei jeder Art von Buchführungssystem ist. Dies sieht man etwa in Tafel 14.2 in Kapitel 14 an dem Beispiel über die aufgeschobenen

Steuern. Beachten Sie, daß der berechnete Mittelzufluß genau derselbe ist, unabhängig, ob man die Steuererklärung gegenüber der Steuerbehörde oder den Geschäftsbericht gegenüber den Aktionären benutzt, um die Mittelzuflüsse zu messen. Sie entsprechen in jenem Beispiel dem Jahresüberschuß plus Abschreibung plus Zuwachs (oder minus Abnahme) bei den Verbindlichkeiten (Rückstellungen) für aufgeschobene Steuern.

Kritik zu Methode eins

Mängel der Finanzbewegungsrechnung

Kritik an Aufbau und Berechnung

Die indirekte Methode für die Finanzbewegungsrechnung, die wir Methode eins nennen wollen, ist aus verschiedenen Gründen kritisiert worden. Einmal wird darauf hingewiesen, daß der Aufbau dieser Art von Finanzbewegungsrechnung sich so sehr von der Gewinn- und Verlustrechnung unterscheidet, daß es schwierig ist, beide miteinander in Beziehung zu bringen. Zum anderen wird gefordert, eine Anzahl von Verbesserungen der einfachen indirekten Methode vorzunehmen, so daß man eine genauere Zahl für den Mittelfluß erhält – unabhängig davon, ob sich das Ergebnis auf Änderungen beim Nettoumlaufvermögen oder bei den Zahlungsmitteln bezieht.

Nettoumlaufvermögen als Endergebnis

Eine weitere Kritik weist darauf hin, daß das Konzept einer Bewegungsrechnung für das Nettoumlaufvermögen sehr vage sei. Hier ist nicht genau zu erkennen, was mit dieser Kritik gesagt werden soll. Sie hat offenbar nichts mit dem zuvor beschriebenen Geld-zu-Geld-Zyklus zu tun; man könnte argumentieren, daß die meisten Änderungen von Posten des Nettoumlaufvermögens zu lose Beziehungen zu Jahresüberschuß und Kapital haben, um als Kontrolle für die Gewinn- und Verlustrechnung hilfreich zu sein.

Das Endergebnis ist nicht wichtig

Es ist ganz einfach, eine Finanzbewegungsrechnung, die auf flüssige Mittel ausgerichtet ist, so umzukonstruieren, daß sie sich am Nettoumlaufvermögen ausrichtet. Gewöhnlich findet sich die nötige Information in der Finanzbewegungsrechnung selbst und muß nur umgestellt werden. Wenn das nicht der Fall ist, werden einige Additionen und Subtraktionen von Posten aus der Bilanz diese Umstellung ermöglichen. Soweit es den Informationswert betrifft, erscheint daher die Debatte für oder gegen das eine oder andere Endergebnis fruchtlos.

Methode zwei: Anpassungen bei der indirekten Berechnung – eine leicht vorzunehmende Verbesserung

Gewohnheit und Beharrungsvermögen werden wahrscheinlich die jetzt vorherrschende indirekte Methode noch einige Zeit fortsetzen. Der so durch Schlußfolgerungen gewonnene Mittelfluß kann jedoch durch eine Reihe von Anpassungen näher an den tatsächlichen Betrag herangeführt werden; dadurch kommt man von einer groben Annäherung zu einer ziemlich guten Schätzung.

Die konventionelle indirekte Methode geht davon aus, daß keine Zeitunterschiede bestehen zwischen der periodenechten Verbuchung von Erträgen und Aufwendungen einerseits und dem Zeitpunkt, zu dem flüssige Mittel tatsächlich empfangen oder ausgezahlt werden. Das ist offensichtlich nicht richtig. Die periodenechte Buchführung entfernt Erträge oder Aufwendungen absichtlich aus den Perioden, in denen die Mittel zu- bzw. abfließen. Einige der Zeitunterschiede kann man identifizieren und benutzen, um eine erste etwas genauere Annäherung zu erreichen. Beispielsweise sind Forderungen aus Lieferungen und Leistungen („Accounts Receivable", „Außenstände")[2a] zu Beginn des Jahres im allgemeinen noch nicht eingezogene Umsatzerlöse aus dem vorigen Jahr oder den vorigen Jahren. Wenn die Forderungen als „kurzfristig" klassifiziert sind, kann man vernünftigerweise annehmen, daß sie während des folgenden Jahres fällig und eingezogen werden. Die Schätzung des Mittelflusses kann dadurch verbessert werden, daß man zu den Erträgen die Forderungen aus Lieferungen und Leistungen (Außenstände) hinzuzählt, die zu Beginn des Jahres ausstehen.

Entsprechende Forderungen am Ende des Jahres sind Beträge, die wahrscheinlich für das Jahr gebucht, aber noch nicht eingezogen wurden. Damit erbrachten die Erträge ein Minus an Zahlungsmitteln, das den Außenständen am Jahresende entspricht. Anpassungen wie diese wandeln die Methode 1, die indirekte Methode, in die Methode 2, eine angepaßte indirekte Methode, um.

Eine Vielzahl solcher Anpassungen sind möglich. Einige werden unten in Verbindung mit der dritten Methode erörtert. Der springende Punkt ist, daß selbst

---

[2a] Anm. des Übersetzers: „Accounts Receivable" („Trade Credits", „Außenstände") sind wie die deutschen „Forderungen aus Lieferungen und Leistungen" solche aus dem laufenden Geschäftsbetrieb. Es sind Forderungen aus offener Rechnung (ohne Scheck oder Wechsel) und sie werden in der Bilanz (wie in Deutschland) unter dem Umlaufvermögen (Current Assets) besonders ausgewiesen, manchmal getrennt, manchmal zusammen mit „Notes Receivable" – entsprechend etwa unseren Sola-Wechselforderungen–, jedoch nur solchen für Lieferungen und Leistungen. Beide Posten zusammen sind die „Trade Receivables" oder „Customer Receivables" („Forderungen aus dem Geschäftsbetrieb" oder „Forderungen gegen Kunden" vgl. Barron's Dictionary of Accounting Terms unter „Accounts Receivable", „Trade Credit" und „Receivables" und ferner unten, Kap. 18). Hier und im folgenden werden sowohl Accounts Receivable als auch Trade (= Customer) Receivables mit „Forderungen aus Lieferungen und Leistungen" übersetzt.

die grobe indirekte Methode so angepaßt werden kann, daß die Schätzung des Mittelzuflusses verbessert wird. Der Analyst hätte es immer noch mit dem *Netto*-Mittelzufluß zu tun und nicht mit den Bruttozahlen. In dieser Hinsicht liegt das Ergebnis noch unter dem Optimum, aber die erhöhte Genauigkeit ist die Mühe wert.

Methode drei wird bevorzugt

Eine direkte Methode zur Schätzung einer Gewinn- und Verlustrechnung auf der Basis flüssiger Mittel

Die oben genannten Anpassungen verbessern die Zahlen der Netto-Mittelzuflüsse aus der indirekten Methode. Aber sie können auch für die direkte Methode Anwendung finden. Diese direkte Berechnung befaßt sich näher mit den tatsächlichen Mittelzuflüssen und -abflüssen und zeigt sie in einer Form, die einer normalen Gewinn- und Verlustrechnung ähnlich ist.

Ein Arbeitsbogen für diese Methode wird in Figur 15.1 gezeigt. Dies ist eine Form, die für eine Produktionsgesellschaft geeignet ist, mit Umsatzerlösen, einigen Zinserträgen und vielleicht einer Anpassung für einen Gewinn oder Verlust aus Währungsumrechnung von flüssigen Mitteln.[2b] Zu den Aufwendungen gehören:

- Kosten für Verkauf, Allgemeines und Verwaltung
- Herstellungskosten (Cost of Goods sold)
- Abschreibung und Amortisation

Die Gesellschaft hat Schulden, daher hat sie Aufwendungen für Zinsen, von denen einige aktiviert sind. Die Gesellschaft hat Aufwendungen für Ertragssteuern, aber ein Teil davon ist aufgeschoben, weil insoweit steuerbedingte Zeitdifferenzen bestehen. Die Gesellschaft investiert in Fabrikanlagen und Ausrüstung, verkauft einige gebrauchte Ausrüstung und zahlt sogar etwas Dividende an ihre Aktionäre.

Das Beispiel beginnt mit den periodenechten Zahlen der Gewinn- und Verlustrechnung und versucht, jeden einzelnen Posten so anzupassen, daß statt einer periodenechten Abrechnung die Mittelzu- und -abflüsse erfaßt werden. Wenn eine Zeile in der Gewinn- und Verlustrechnung keinen aktuellen Mittelfluß zur Folge hat, wird sie ignoriert. Das beabsichtigte Ergebnis ist eine Gewinn- und Verlustrechnung auf Basis der flüssigen Mittel. Das Modell entspricht der Buchführung der öffentlichen Hand insoweit, als die Aufwendungen durch die Ausgaben ersetzt werden.

[2b] Anm. des Übersetzers: Siehe zu diesem Arbeitsbogen auch das Muster in: „Der Cash-flow in der Finanzanalyse", Heft 21 der Beiträge zur Aktienanalyse der „Deutschen Vereinigung für Finanzanalyse und Anlageberatung", (DVFA).

Mittelzufluß aus normaler Betriebstätigkeit:
1. + Umsatzerlöse _____
2. – Zunahme bei den Außenständen
   (Forderungen aus Lieferungen und Leistungen) _____
3. + Abnahme bei den Außenständen
   (Forderungen aus Lieferungen und Leistungen) _____
4. + Zinsertrag _____
5. – Zinsertrag ohne Mittelzufluß _____
6. + Amortisation von Obligationen – Agio _____
7. + Dividende aus Beteiligungsgesellschaften (Equity Methode) _____
8. + Gewinn aus Anpassung für Währungsumrechnung von flüssigen Mitteln _____
9.   Gesamter Mittelzufluß aus dem Betrieb _____

Mittelabflüsse aus normaler Betriebstätigkeit:
10. + Aufwand für Vertrieb, Allgemeines und Verwaltung _____
11. + Herstellungskosten _____
12. + Zunahme bei Vorräten _____
13. – Abnahme bei Vorräten _____
14. – Zunahme bei Verbindlichkeiten aus Lieferungen und Leistungen _____
15. + Abnahme bei Verbindlichkeiten aus Lieferungen und Leistungen _____
16. + Zunahme bei vorweggezahlten Aufwendungen _____
17. – Abnahme bei vorweggezahlten Aufwendungen _____
18. + Zunahme bei den passiven antizipativen Rechnungsabgrenzungsposten _____
19. – Abnahme bei den passiven antizipativen Rechnungsabgrenzungsposten _____
20. + Zunahme beim sonstigen Umlaufvermögen
    (mit Ausnahme von flüssigen Mitteln und Steuerposten) _____
21. – Abnahme beim sonstigen Umlaufvermögen
    (mit Ausnahme von flüssigen Mitteln und Steuerposten) _____
22. + Verlust aus Anpassung für Währungsumrechnung von flüssigen Mitteln _____
23.   Gesamter Mittelabfluß für Aufwendungen vor Zinsen und Ertragssteuern _____

Figur 15.1: Arbeitsbogen: Angenäherte Gewinn- und Verlustrechnung auf der Basis von Zahlungsmittelflüssen

Kapitel 15: *Analyse der Finanzbewegungsrechnung*

24. Netto Cash-flow aus Betriebstätigkeit vor Zinsen und
    Ertragssteuern (Zeile 9 minus Zeile 23) (= Betriebs-Cash-flow
    vor Zinsen und Steuern)   ═══════

Mittelabfluß für Zinsen:
25. + Aufwand für Zinsen   ───────
26. – Zuwachs von Obligationen-Disagio   ───────
27. – Aktivierter Zins   ───────
28.   Gesamter Mittelabfluß für Zinsen   ═══════

Mittelabfluß für Ertragssteuern:
29. + Ertragssteueraufwand   ───────
30. – Zunahme bei Verbindlichkeiten für aufgeschobene Steuern   ───────
31. + Abnahme bei Verbindlichkeiten für aufgeschobene Steuern   ───────
32. – Zunahme bei kurzfristigen Ertragssteuer-Verbindlichkeiten   ───────
33. + Abnahme bei kurzfristigen Ertragssteuer-Verbindlichkeiten   ───────
34.   Gesamter Mittelabfluß für Ertragssteuern   ═══════

35.   Cash-flow aus dem Betrieb, der für Dividenden,
        Kapitalausgaben und Schuldenrückzahlung
        (Zeilen 24 minus Zeile 28, Zeilen 28 minus Zeile 34)
        zur Verfügung steht (= Betriebs-Cash-flow nach
        Zinsen und Steuern)   ═══════

Investments:
36. + Kauf von Sachanlagevermögen (Plant and Equipment)   ───────
37. – Aktivierte Zinsen   ───────
38. – Veräußerung von Sachanlagevermögen   ───────
39.   Gesamtes Investment   ═══════

Mittelzufluß durch Finanzierung:
40. + Verkauf von Obligationen   ───────
41. – Fällig gewordene Schuldscheine und Eigenwechsel (Notes)   ───────
42. + Ausübung von Aktienoptionen   ───────
43. – Abnahme von Bankschulden   ───────
44. + Verkauf von Commercial Paper   ───────
45.   Gesamter Mittelzufluß durch Finanzierung   ═══════

46.   Gezahlte Dividenden   ═══════

47.   Nettozufluß an flüssigen Mitteln
        (Zeile 35 minus Zeilen 39, 45 und 46)   ═══════

Figur 15.1: Fortsetzung

Eine Parallele zur Gewinn- und Verlustrechnung

Figur 15.1 zeigt im Aufbau einige Ähnlichkeit mit einer normalen Gewinn- und Verlustrechnung, obwohl auch Unterschiede bestehen. Es werden Informationen aus der Bilanz, der aktuellen Finanzbewegungsrechnung, (Present Funds Statement) den Fußnoten und den 10-K-Formularen benutzt. Der wesentliche Gedankengang dieses Arbeitsbogens ist:

Erträge und Gewinne
    abzüglich Aufwendungen und Verluste, aber ohne Zinsen und Steuern
Flüssige Mittel aus dem Betrieb (Geschäftstätigkeit) vor Zinsen und Steuern
    abzüglich Zinsen
    abzüglich Ertragssteuern
intern erzeugte freie flüssige Mittel
    abzüglich flüssige Mittel, die für Investment ausgegeben wurden
zuzüglich flüssige Mittel, die durch Finanzierung erlangt wurden
    abzüglich gezahlter Dividenden
Nettozuwachs an flüssigen Mitteln

In den folgenden Absätzen werden wir Figur 15.1 Zeile um Zeile untersuchen, die erfolgten Anpassungen erklären und die Gründe dafür geben. Figur 15.1 ist kein Standard-Formular, das für jede Gesellschaft passen würde. Es ist einfach ein Beispiel, das bestimmte Annahmen, Methoden und Prinzipien gibt, um einzelne Posten Zeile um Zeile anzupassen und sie den wirklichen Mittelbewegungen anzunähern. Allerdings paßt das Formular für viele Industriegesellschaften mit geringen oder gar keinen Änderungen.

Mittelzuflüsse aus gewöhnlicher Geschäftstätigkeit

Erlöse und Gewinne und ihre Anpassung

Figur 15.1 beginnt mit den (Umsatz)-Erlösen (Revenues), wie sie in der Gewinn- und Verlustrechnung ausgewiesen sind. Würden alle Verkäufe gegen Bargeld abgewickelt, entspräche die Zahl für die Umsatzerlöse dem Mittelzufluß aus den Umsatzerlösen. Die meisten Gesellschaften verkaufen nicht nur gegen bar, sondern haben in bestimmtem Umfange Außenstände aus Kreditverkäufen.

Forderungen aus Lieferungen und Leistungen
(Accounts Receivable, „Außenstände")

Die periodenechten Erlöse sollten um die Außenstände zu Beginn und Ende des Jahres berichtigt werden. Beachten Sie, daß wir Annahmen über die Außenstände gemacht haben, von denen sich einige als unrichtig erweisen werden. Beispielsweise

Kapitel 15: *Analyse der Finanzbewegungsrechnung*

nahmen wir an, daß die Forderungen, die zu Beginn des Jahres ausstanden, während des Jahres eingezogen werden würden. In einigen Fällen, zum Beispiel bei langfristigen Kontrakten, wäre eine solche Annahme nicht richtig und würde durch den Analysten abgelehnt werden. Die Annahmen, die den Anpassungen für die Methoden 2 und 3 zugrunde liegen, sind nicht absolut richtig, aber der Leser wird sie erträglich finden. Sie scheinen in der Praxis keine erheblichen Irrtümer hervorzurufen.

Die Vereinfachung bei den Außenständen

Da unser Verfahren verlangt, daß wir Forderungen zu Beginn des Jahres addieren und die des Jahresendes abziehen, benutzt unser Formular eine Vereinfachung: es behandelt nur die Änderungen bei diesen Konten von Beginn bis Ende des Jahres. Wenn die Änderung ein Anstieg ist (Zeile 2), muß sie von den periodenechten Erlösen abgezogen werden, um die Zahl für die Erlöse mit Mittelzufluß zu erhalten. Ein Rückgang in den Außenständen (Zeile 3) über das Jahr erfordert entsprechend eine Addition. Der Analyst sollte eventuell den Abschlag für zweifelhafte Forderungen (Accounts) unter VIII des 10-K-Formulars überprüfen.

Zinsertrag

Zeile 4 zeigt, daß die Gesellschaft Zinserträge hat. Einiges davon mag nicht mit einem Mittelzufluß zu tun haben. Wenn die Gesellschaft Obligationen unter pari gekauft hat, würde ein periodenechter Zinsertrag auch den Wertzuwachs umfassen, der kein Mittelzufluß ist und erst bei Fälligkeit einginge. Deshalb müssen wir alle etwaigen Zinserträge, die keine Mittelzuflüsse darstellen, abziehen (Zeile 5). Entsprechend würde die periodenechte Buchführung eine Prämie (Agio) amortisieren, die für eine Obligation bezahlt wurde, und der ausgewiesene Zinsertrag läge unter dem tatsächlichen Mittelzufluß. Deshalb würde man den Amortisationsbetrag für die Obligationsprämie (zurück)addieren (Zeile 6).

Dividenden

Diese Gesellschaft hat einige nicht konsolidierte Beteiligungsgesellschaften, für die sie die Buchführung nach der „Equity Methode" (siehe Kap. 16) benutzt. Die einbehaltenen Gewinne interessieren uns nicht, da sie keinen Mittelzufluß zu unserer Gesellschaft darstellen. Zeile 7 führt daher als Ertrag nur Dividenden auf, die während des Jahres wirklich gezahlt wurden – nicht den anteiligen Jahresüberschuß aus der Gewinn- und Verlustrechnung.

Gewinne

In Zeile 8 ist der (Wert-)Zuwachs bei *flüssigen Mitteln* (Cash and Equivalents) zu addieren, der aus Gewinnen infolge Anpassung für Währungsumrechnung herrührt.

(Dieser Arbeitsbogen behandelt solche Gewinne als Erträge und solche Verluste als Aufwendungen.) Wenn eine Gesellschaft im Ausland tätig ist und flüssige Mittel in verschiedenen Währungen hält, sind solche (Wechselkurs)gewinne und -verluste (Translation Gains and Losses) ein normales und wiederkehrendes Ergebnis ihrer Geschäftstätigkeit.

Gewinne und Verluste (Anpassung) aus Währungsumrechnung, soweit sie sich auf flüssige Mittel (Fremdwährungen) beziehen, werden hier bei dem Ergebnis der Betriebstätigkeit berücksichtigt, genauso wie Währungsgewinne und -verluste aus Transaktionen, die auch aus Währungs-Kursschwankungen resultieren. Darüber hinausgehend erscheint es nicht sinnvoll, die Ergebnisse aus Währungsumrechnungen in solche aus dem Betrieb, aus der Finanztätigkeit und aus der Investitionstätigkeit aufzuteilen, und zwar aus folgenden Gründen:

1. Entsprechende Ergebnisse bei Transaktionen werden nicht unter diesen Kategorien aufgeteilt.
2. Die periodenechte Gewinn- und Verlustrechnung (mit der diese Finanzbewegungsrechnung verglichen werden wird) macht solche Anpassungen nicht.
3. Die nötigen Informationen, um diese Unterscheidung zu treffen, sind meist nicht verfügbar.

Die Schätzung (der Übersetzer: des Zahlungsmittelanteils von Anpassungen für Währungsumrechnung) mag für den Analysten sehr schwierig sein, aber idealerweise sollte sie vorgenommen werden, weil es sich um einen Mittelzufluß handelt.

Viele andere Arten von Gewinnen und Verlusten können vorkommen, von denen einige mit Bewegungen von flüssigen Mitteln verbunden sind und andere nicht. Beispielsweise bedeuten Vorsorgemaßnahmen für eine Restrukturierung (Rückstellungen) oft einen Verlust, der vor jedem Mittelabfluß eintritt; ein Gewinn oder Verlust auf Grund eines Prozesses ist oft durch einen sofortigen Zu- oder Abfluß von flüssigen Mitteln begleitet.

Erlöse in Form von flüssigen Mitteln (Cash Revenue)

Wenn man diese verschiedenen Erlös- und Gewinnposten addiert, erhält man den gesamten Mittelzufluß aus der Betriebstätigkeit (Zeile 9).

Mittelabflüsse aus normaler Betriebstätigkeit

Mittelabfluß durch normale Aufwendungen

Wir untersuchen nunmehr Zeile um Zeile die Posten der Gewinn- und Verlustrechnung, die erhebliche Mittelabflüsse enthalten. Zeile 10 sind die Aufwendungen für den Vertrieb, für Allgemeines und für die Verwaltung. Zeile 11 sind die Herstellungskosten.

Kapitel 15: *Analyse der Finanzbewegungsrechnung*

Ausschluß von Abschreibungen und Belastungen ohne Mittelabfluß

Denken Sie daran, daß Abschreibung – normalerweise eine Aufwendung ohne Mittelabfluß – entweder als einzelner Posten auf einer Zeile der Gewinn- und Verlustrechnung erscheinen kann; sie mag aber auch verteilt sein zwischen den Kosten für Vertrieb, Allgemeines und Verwaltung (Zeile 10), den Herstellungskosten (Zeile 11) und aktivierten Posten. Dem Analysten wird empfohlen, die Abschreibungszahlen der Gewinn- und Verlustrechnung zu vergleichen mit denen in der Finanzbewegungsrechnung, den Fußnoten und unter VI des 10-K-Formulares. Oft liefert dieser Vergleich Anhaltspunkte über den Abschreibungsbetrag, der in den Vorräten steckt oder unter einem anderen Titel in der Gewinn- und Verlustrechnung enthalten ist. Wenn man sie finden kann, sollte die Abschreibung in der entsprechenden Zeile von den Aufwandsposten mit Mittelabfluß (Ausgaben) abgesetzt werden. Die Behandlung der Abschreibung und der Zinsen beim Finanzierungs-Leasing (Capital Lease) sollte darauf untersucht werden, ob die Mittelabflüsse für die Leasinggebühr in den Betriebsaufwendungen mit Mittelabfluß enthalten und richtig verteilt sind zwischen Betriebsaufwand (mit Mittelabfluß) und Zinsaufwand (mit Mittelabfluß).

Änderungen bei den Vorräten

Eine Zunahme bei den Vorräten stellt mittelbar einen Mittelabfluß über den Betrag hinaus dar, der in den Herstellungskosten enthalten ist. Ein Anstieg der Vorräte über das Jahr erhöht also den Mittelabfluß entsprechend (Zeile 12), und eine Abnahme der Vorräte verringert den Mittelabfluß (Zeile 13). (Abschreibung, die bei den Vorräten aktiviert ist, erfordert jedoch keinen laufenden Mittelabfluß wie im vorigen Absatz erwähnt.)

Änderungen bei den Verbindlichkeiten aus Lieferungen und Leistungen (Accounts Payable)[2c]

Wenn diese Verbindlichkeiten im Laufe des Jahres zugenommen haben, werden in der Gewinn- und Verlustrechnung wahrscheinlich entsprechende Aufwendungen oder Verluste ausgewiesen, aber sie sind noch nicht durch flüssige Mittel beglichen; sie bedeuten also noch keinen Abgang von flüssigen Mitteln. Demgemäß geht man davon aus, daß ein Zuwachs bei diesen Verbindlichkeiten (Zeile 14) den Mittelabfluß verringert und eine Abnahme (Zeile 15) den Abfluß erhöht.

[2c]) Anm. des Übersetzers: „Accounts Payable" sind das Gegenstück zu den „Accounts Receivable" (oben Anm. [2a]) auf der Seite des Kunden, die Verbindlichkeiten aus dem Bezug von Gütern oder Dienstleistungen (Verbindlichkeiten aus offener Rechnung) und werden in der Bilanz als laufende Verbindlichkeiten (Current Liabilities) ausgewiesen (vgl. Barron's Dictionary of Accounting Terms unter Accounts Payable). Sie entsprechen unseren Verbindlichkeiten aus Lieferungen und Leistungen

Der Analyst wird sich darüber klar sein, daß nicht alle diese Verbindlichkeiten aus der (eigentlichen, engeren) Betriebstätigkeit herstammen. Solche Verbindlichkeiten (Accounts Payable) können auch aus dem Kauf einer neuen Maschine auf Kredit herrühren, die ein Teil der Investmentaktivität und nicht des laufenden Betriebes ist. Glücklicherweise ist das die Ausnahme, und unter praktischen Gesichtspunkten wird unsere Annahme im wesentlichen richtig sein.

Vorweggezahlte Aufwendungen (Prepaid Expenses)[2d])

Wenn Aufwendungen vorweggezahlt werden, sind flüssige Mittel abgeflossen, aber der Aufwand ist in der Gewinn- und Verlustrechnung noch nicht ausgewiesen. Ein Anwachsen in den vorweggezahlten Aufwendungen von einem Jahr auf das andere Jahr ist daher ein Nettomittelabfluß (Zeile 16), während eine Abnahme (Zeile 17) einen Nettomittelzufluß bedeutet. Im letzteren Falle war Aufwand, der in einer Periode in der Gewinn- und Verlustrechnung erschien, in einer früheren Periode bezahlt worden.

Passive antizipative Rechnungsabgrenzungsposten (Accrued Current Liabilities)[2e])

Wenn eine entsprechende Verbindlichkeit ausgewiesen ist, ist ein Aufwand angefallen, aber noch nicht bezahlt. Ein Anstieg dieser Art von Verbindlichkeiten während des Jahres (Zeile 18) vermindert daher den Mittelabfluß, während eine Abnahme (Zeile 19) ihn erhöht. Einige Autoren haben empfohlen, daß solche Verbindlichkeiten (Accrued Liabilities) und finanzielle Vorausleistungen (Prepaid Expenses, siehe voriger Absatz) mit den Aufwendungen für Vertrieb, Allgemeines und Verwaltung verbunden und daß die Anpassungen bei Vorräten und Verbindlichkeiten aus Lieferungen und Leistungen mit den Herstellungskosten verbunden werden sollten.[3]) Obwohl diese Beziehung oft richtig sein mag, scheint der Unterschied nicht lohnenswert zu sein.

[2d]) Anm. des Übersetzers: Prepaid Expenses sind finanzielle Vorleistungen, die ganz oder teilweise Aufwand erst für das nächste Geschäftsjahr darstellen. Beispiele: Im voraus gezahlte Versicherungsprämie, Miete oder Anzeigenkosten („aktiver transitorischer Rechnungsabgrenzungsposten", vgl Barron's Dictionary of Accounting Terms unter Prepaid Expenses)
[2e]) Anm. des Übersetzers: (Current) Accrued Liabilities = Accrued Expenses („passive antizipative Rechnungsabgrenzungsposten") sind in die Berichtsperiode gehörige Aufwendungen, wobei aber die Forderung noch nicht bezahlt ist (soweit sie nicht schon unter Accounts Payable fällt). Ein Beispiel wäre die Büromiete, wenn diese nachträglich (in der nächsten Periode) zu zahlen wäre. Auch das im folgenden Text genannte Beispiel des Anfang Januar gezahlten (Dezember-)Gehalts wird meist unter die Accrued Expenses gezählt. (Vgl. Barron's Dictionary of Accounting Terms unter Accrued Expenses, Accrued Revenue; Barron's Dictionary of Business Terms unter „Accrued"; Anthony, Essentials of Accounting S. 62.)
[3]) Robert Morris Associates, „RMA Uniform Credit Analysis", I. M. D. Learning Systems, Inc. Oakland Calif. 1982, S. 26–30

Kapitel 15: *Analyse der Finanzbewegungsrechnung*

Sonstige Verbindlichkeiten

Wenn sonstige kurzfristige Verbindlichkeiten anwachsen, beispielsweise zu zahlende Gehälter (mit Ausnahme von Steuern und Darlehnsaufnahmen, die weiter unten behandelt werden) geht man davon aus, daß die Erhöhung der Verbindlichkeit einen Mittelabfluß für einen Aufwand vermieden hat. Das sollte vom Mittelabfluß abgesetzt werden (Siehe Zeile 20). Entsprechend ist bei einer Abnahme von sonstigen kurzfristigen Verbindlichkeiten, die nichts mit der Finanzierung zu tun haben (Zeile 21) anzunehmen, daß damit Mittelabflüsse verbunden waren, die noch nicht als Aufwendung ausgewiesen sind.[3a]

Viele nicht kurzfristige Verbindlichkeiten – abgesehen von den langfristigen Schulden und aufgeschobenen Steuerverbindlichkeiten – sind ihrer Natur nach Finanzverbindlichkeiten und beruhen nicht unmittelbar auf der Betriebstätigkeit. Oft werden sie so ausgewiesen – zum Beispiel als Verpflichtungen aus einem Nutzungsvertrag (Lease) – und sollten daher nicht als Verminderung von Ausgaben flüssiger Mittel (Cash Expense) angesehen werden. Eventuell muß man weitere Information bei der Gesellschaft suchen, wenn es sich um erhebliche Beträge handelt und die Information nicht ausreicht.

Verluste aus Währungsumrechnung

Die entsprechenden Gewinne aus dem Halten von flüssigen Mitteln haben wir als Mittelzufluß bei den Umsatzerlösen behandelt; entsprechende Verluste sollten also als Mittelabfluß bei den Aufwendungen angesehen werden (Zeile 22).

Cash-flow aus der Betriebstätigkeit

Diese Aufwendungen und ihre Anpassungen sind in Zeile 23 zusammengefaßt. Wenn Zeile 23 (Aufwendungen in Form von Mittelabflüssen) von Zeile 9 (Erträge in Form von Mittelzuflüssen) abgezogen wird, ist das Ergebnis der Cash-flow aus der Betriebstätigkeit (im folgenden kurz bezeichnet als „Betriebs-Cash-flow") vor Zinsen und Steuern (Zeile 24). Dies ist eine wichtige Kennzahl, die man mit ihrem Gegenstück aus der Gewinn- und Verlustrechnung, dem Betriebsergebnis, vergleichen muß, insbesondere die jeweiligen Gesamtbeträge über lange Zeiträume.

[3a] Anm. des Übersetzers: Hier stimmen Arbeitsbogen und Text nicht überein: Zeile 20 und 21 in Fig. 15.1 lauten im Original: 20. Plus Increase in Other Noncash, Nontax Current Assets (Umlaufvermögen), 21. Less Decrease in Other Noncash, Nontax Current Assets. Wenn in Zeile 20 und 21 Verbindlickeiten gemeint sind, müßte es dort statt „Current Assets" (Umlaufvermögen) heißen „Current Liabilities" (kurzfristige Verbindlichkeiten); außerdem müßten Plus und Minus vertauscht werden.

Mittelabflüsse für Zinszahlungen

Zinszahlungen betrachten wir getrennt, da wir sie nicht als zu den Betriebsaufwendungen gehörig ansehen. Wir übertragen zunächst die Zinsaufwendungen, die in der Gewinn- und Verlustrechnung ausgewiesen werden (Zeile 25). Wenn allerdings Obligationen mit einem Disagio (Discount) ausgegeben wurden, wird ein Teil der Zinsaufwendungen die buchtechnische Verteilung des Abschlages betreffen, und das ist keine Mittelabfluß. Daher wird auf Zeile 26 die Zuweisung des Abschlages zu den Zinsen abgezogen. (Der Betrag würde addiert werden, wenn es sich um die Amortisation einer Prämie (Agio) bei Überpari-Ausgabe handelte.)

Aktivierte Zinsen

Wenn eine Gesellschaft Fabriken und Anlagen anschafft, und Zeit für den Bau oder den Erwerb benötigt, muß sie die Zinsen aktivieren, die in der Erwerbsperiode anfallen. Diese aktivierten Zinsen sind normalerweise ein Mittelabfluß (Zeile 27). Wenn das der Fall ist, müssen sie zu den Zinsaufwendungen hinzugezählt werden, um (Zeile 28) den gesamten Mittelabfluß für Zinsen zu erhalten. (Beachten Sie, daß die aktivierten Zinsen später von den Kapitalausgaben abgezogen werden.)

Mittelabflüsse für Zahlung von Ertragssteuer

Aufwendungen für Ertragssteuern

Diese Zahl wird direkt aus der Gewinn- und Verlustrechnung übernommen. Jedoch ist dies nicht notwendigerweise der Betrag, der an die Steuerbehörde gezahlt wurde. Falls es einen Anstieg bei den aufgeschobenen Steuerverbindlichkeiten (Rückstellungen für Steuerverbindlichkeiten) gab, wurde dieser Betrag während des Jahres nicht gezahlt und muß von den Aufwendungen für Ertragssteuern abgezogen werden. Wenn aufgeschobene Steuern (Zeile 31) abnahmen, würde dieser Betrag einen Mittelabfluß darstellen und müßte zu den gezahlten Steuern addiert werden.

Ein Anstieg bei Ertragssteuern, die kurzfristig zahlbar sind, stellt Steuern dar, die zwar geschuldet, aber noch nicht gezahlt sind; das ist eine Verringerung im Mittelabfluß für Ertragssteuer (Zeile 32). Eine Abnahme bei diesem Posten (Zeile 33) muß zu dem Mittelabfluß für Steuern addiert werden, denn es ist eine Zahlung, größer als der (ausgewiesene) Steueraufwand. Zeile 34 ist die Summe aller Steuerposten, die einen Mittelabfluß zur Folge haben.

Zeile 35 ist der Mittelzufluß aus Betriebstätigkeit (Betriebs-Cash-flow) nach Steuern und Zinsen. Die Zahl repräsentiert die flüssigen Mittel, die für Dividenden, Kapitalausgaben (Investitionen) und Schuldenrückzahlung zur Verfügung stehen. Dies ist ein anderer Schlüsselwert, den man mit der Gewinn- und Verlustrechnung vergleichen kann.

Investments

Kapitalausgaben

Der Erwerb von (neuen) Sachanlagen („Investitionen") bedeutet vermutlich einen Mittelabfluß und wird auf Zeile 36 gezeigt. Diese Zahlen enthalten aktivierte Zinsen, die schon unter den Mittelabflüssen für Zinsen registriert wurden; daher müssen aktivierte Zinsen hier abgezogen werden (Zeile 37). Wenn außerdem die Gesellschaft einen Teil ihres Sachanlagevermögens veräußert hat, wird der erhaltene Nettobetrag als Verrringerung des Mittelabflusses für Investment behandelt (Zeile 38). Wir gehen dabei davon aus, daß Veräußerung von Sachanlagen durch neue Investitionen ausgeglichen wird. Beachten Sie, daß die Gewinne oder Verluste bei Veräußerung nicht als Mittelzufluß behandelt werden und die Zahlen für Erträge oder die Aufwendungen nicht ändern. Zeile 39 summiert die verschiedenen Mittelzu- und -abflüsse unter der Rubrik Investment.

Finanzierungsaktivitäten

Finanztransaktionen sind fast per Definition Anlaß für sofortigen Mittelzu- oder -abfluß. Die Zeilen 40 bis 45 verstehen sich also von selbst: Verkauf von Wertpapieren läßt Zahlungsmittel zufließen. Einlösung von fälligen Wertpapieren erfordert einen Mittelabfluß. Es sollte darauf geachtet werden, daß Prämien (Agios) auf Obligationen als Verkaufserlös und Abschläge (Disagios) als Verringerung des Erlöses behandelt werden.

Ein Operating-Lease[3b] sollte als Finanzierung behandelt werden, wenn das geleaste (gepachtete/gemietete) Objekt als Investment behandelt wird. Normalerweise bedeuten sie keinen sofortigen Mittelfluß (abgesehen von der Zahlung der Leasinggebühr (Pacht, Miete), und es läßt sich die Auffassung vertreten, beides unberücksichtigt zu lassen. Allerdings müssen das geleaste (gepachtete, gemietete) Objekt und die Verpflichtung aus dem Leasing- (Pacht, Miet-) Vertrag übereinstimmend behandelt werden. Sie müssen also nach einer der beiden folgenden Möglichkeiten behandelt werden:

1. Als eine Transaktion, die einer solchen mit Zahlungsmittelaustausch gleichgestellt wird; dabei ist der Vermögensgegenstand ein Investment und die Verpflichtung aus dem Leasing (Pacht- Miet-) Vertrag eine Verbindlichkeit (Borrowing)
2. Ein Austausch ohne Mittelfluß (beide Posten werden aus der Tabelle herausgelassen).

[3b] Anm. des Übersetzers: Ein (meist) langfristiger Nutzungsvertrag (Pacht, Miete, Leasing). Einzelheiten siehe Kap. 18

Obwohl die Argumente für jede der beiden Möglichkeiten ziemlich gleich stark sind, neigen wir dazu, beide Posten einzuschließen, weil die Ausgaben für die Leasinggebühr (Miete/Pacht) mit Sicherheit in den Aufwendungen mit Mittelabfluß enthalten sind.

Dividenden

Zeile 46 zeigt die Dividenden auf Vorzugs- und Stammaktien.

Das Gesamtergebnis

Zeile 47 gibt als Ergebnis den Netto-Mittelzufluß für die untersuchte Periode. Idealerweise würde diese Zahl genau der Änderung im Zahlungsmittelbestand entsprechen, wie sie in der Bilanz ausgewiesen wird, aber das kommt selten vor. Wenn der Unterschied relativ gering ist, ist es am besten, einen Ausgleichsbetrag zu den Betriebsaufwendungen mit Mittelabfluß hinzuzuzählen oder abzuziehen. Fehler oder Unterlassungen sind weniger wahrscheinlich bei den Erträgen, den Finanzierungs- und Investmenttätigkeiten oder den gezahlten Dividenden.

Die maßgeschneiderte Methode

Figur 15.1 zeigt einen Versuch, Zahlen aus der periodenechten Abrechnung in die Zahlen einer Finanzbewegungsrechnung umzuwandeln. Es ist ein einfaches Beispiel mit einer absichtlich kurzen Erklärung des empfohlenen Verfahrens; wir hätten es komplizierter machen können, wenn wir noch weitere Transaktionen berücksichtigt hätten. Wenn etwa die Gesellschaft in unserem Beispiel LIFO – Berechnungen benutzt und Vorräte aus niedrigeren „Kostenlagen" verbraucht hätte, wären zwar die Herstellungskosten niedriger, nicht aber der Mittelabfluß geringer gewesen. Der Analyst hätte den berechneten Mittelabfluß für die Herstellungskosten um den Betrag der „Lageninvasion" verringert. Wenn die Reserven für zweifelhafte Forderungen erheblich angewachsen wären, hätte der Analyst den Betrag für Zunahme oder Abnahme bei den Forderungen aus Lieferungen und Leistungen angepaßt, um damit zu berücksichtigen, daß die Veränderung nichts mit dem Mittelzufluß aus Erlösen zu tun hatte, sondern eine Buchführungsangelegenheit war.

Es geht uns darum, klarzumachen, daß auch ein ganzes Buch nicht alle die Anpassungen berücksichtigen könnte, die erforderlich sein können. Der Arbeitsbogen entsprechend den Grundsätzen von Figur 15.1 ist ein Beispiel für Finanzanalyse, er stellt nicht eine Gruppe von unbeugsamen Regeln dar. Die normale Arbeitsweise besteht darin:

1. mit den periodenechten Posten zu beginnen, die Mittelzu- oder -abflüsse darstellen,
2. alle logischen Anpassungen vorzunehmen, um sie dem echten Mittelfluß anzunähern.

Jede Gesellschaftsanalyse wird maßgeschneidert, um die besondere Mischung von Transaktionen dieser Gesellschaft widerzuspiegeln.

Die Anwendung des allgemeinen Modells beginnt mit der Annahme, daß normale Erträge und Aufwendungen aus Mittelzu- bzw. -abflüssen bestehen. Die bekannten Aufwendungen ohne Mittelabfluß – Abschreibung, Amortisation, aufgeschobene Steuern und ähnliches – gehen nicht in das Modell ein, es sei denn, daß echter Mittelabfluß vorliegt. Hier sind noch einige Erinnerungsstützen allgemeiner Natur:

1. Bei Erwerb irgendeines Vermögensgegenstandes (mit Ausnahme von Zahlungsmitteln) wird angenommen, daß dadurch ein Mittelabfluß erforderlich ist.
2. Das Eingehen einer Verbindlichkeit ist ein Netto-Mittelzufluß, denn entweder ist es eine Darlehensaufnahme, oder man kann annehmen, daß dadurch ein Mittelabfluß vermieden wird.
3. Zunahme und Abnahme bei den Beträgen, zu denen Vermögensgegenstände ausgewiesen sind, werden von Fall zu Fall behandelt. Denn einige dieser Änderungen beruhen auf Änderungen im Preis (Kurs) und sind nicht das Ergebnis von Mittelzu- oder- abflüssen. (Dazu gehören beispielsweise gehandelte Wertpapiere und nicht aus flüssigen Mitteln bestehende Vermögenswerte und Verbindlichkeiten von ausländischen Tochtergesellschaften, die bei ihrer Tätigkeit andere Währungen als den Dollar benutzen.)
4. Die Buchbeträge von anderen Vermögensgegenständen und Verbindlichkeiten können sich ändern, wenn Wertberichtigungskonten geändert werden, wie etwa das Abschreibungskonto. Solche Änderungen stellen keinen Mittelzu- oder -abfluß dar und sollten behandelt werden wie Änderungen bei Wechselkursen.
5. Nur der Effekt von Wechselkursänderungen auf Bargeld und gleichstehende Zahlungsmittelbestände (Cash and Equivalents) sollte als Mittelzu- oder -abfluß behandelt werden – nicht die ganze Anpassung für Währungsumrechnung.

Analyse von Finanzbewegungsrechnungen nach Methode 3

Vergleichen Sie längere Zeitperioden

Die Finanzbewegungsrechnungen für vielleicht eine 10-Jahres-Periode sollten addiert werden. Dadurch gleichen sich viele der Unebenheiten aus, die auf den Zeitunterschieden zwischen periodenechter Buchführung und Finanzbewegungsrechnung beruhen. Dann werden die Zahlen der Gewinn- und Verlustrechnungen über 10 Jahre addiert und die beiden Zahlengruppen verglichen. Viele der größeren Posten werden von derselben allgemeinen Größenordnung sein und dem Analysten so eine gute Bestätigung der Gewinn- und Verlustrechnung geben. Sicherlich sollten die folgenden Posten gut miteinander vergleichbar sein: Umsatzerlöse, Herstellungskosten plus Aufwendungen für Vertrieb, Allgemeines und Verwaltung (ausgenommen Abschreibung), Finanzierung und Dividenden. Beachten Sie, daß bei einer 10-Jahresuntersuchung nur die Änderungen zwischen der Bilanz am Anfang des ersten Jahres und dem Ende des letzten Jahres verglichen werden müssen. Die dazwischenliegenden Änderungen von Jahr zu Jahr heben sich auf.

Der Vergleich zwischen Abschreibung und Kapitalausgaben (Investitionen)

Ein Vergleich der Abschreibung (aus der Gewinn- und Verlustrechnung) mit den Mittelabflüssen für Kapitalausgaben zeigt interessante Ergebnisse. Vielleicht die wichtigste Aufgabe des Analysten liegt hier darin, herauszufinden, welcher Teil der Kapitalausgaben über die 10-Jahres-Periode als Ersatz für abgängiges Anlagevermögen angesehen werden muß – ein Gegenstück zu Abschreibung und Amortisation – und welcher Teil einen Zuwachs beim Anlagevermögen darstellt. Kapitalausgaben, die die Effizienz oder Kapazität steigern, werden anders angesehen als der Ersatz alter Kapazität. Die Erhöhung des Anlagevermögens ist Teil des Ertrages.

Die Hauptfrage ist: „Haben die Kapitalausgaben die Ertragskraft verbessert, sie auf dem ursprünglichen Niveau gehalten oder waren sie sowenig angemessen, daß sie die Ertragskraft zurückgehen ließen?" Wenn der Analyst eine Antwort auf diese Fragen findet, kann er wahrscheinlich einen Betrag schätzen, der lediglich zur Erneuerung der abgängigen und obsoleten Anlagen diente. Wie die Abschreibung so sichern diese Ausgaben die Erhaltung des Kapitals. Alle weiteren Ausgaben für Sachanlagen (Plant and Equipment), wenn sie nicht regelrecht verschwendet wurden, repräsentieren etwas, was dem Einkommen verwandt ist, einen Zustand, bei dem man „besser dasteht" (vergleiche oben, Kapitel 10).

Schätzung des konventionellen Jahresüberschusses aus einer Rechnung nach Methode 3

In ähnlicher Weise trägt eine Vergrößerung des Nettoumlaufvermögens (Working Capital) zu einer Verbesserung in der Situation der Gesellschaft bei. Wenn man auf Grund der Finanzbewegungsrechnung den konventionellen Jahresüberschuß schätzt, sollten Erhöhungen des Nettoumlaufvermögens mit berücksichtigt werden. Der so geschätzte Jahresüberschuß würde aus der Summe der folgenden Posten – abzüglich Nettofinanzierungstätigkeit – bestehen:

Kapitel 15: *Analyse der Finanzbewegungsrechnung* 283

- Erhöhung im Zahlungsmittelbestand
- gezahlte Dividenden
- Kapitalausgaben (über die für die Kapitalerhaltung hinaus benötigten Beträge) und andere Investments
- sonstige Erhöhungen des Nettoumlaufvermögens

Schätzung des verteilbaren Jahresüberschusses

Wenn allerdings der Analyst den zur Verteilung bereiten Jahresüberschuß ermitteln will, muß er den Teil eines Zuwachses beim Nettoumlaufvermögen unberücksichtigt lassen, der nötig ist, um ein konstantes Geschäftsvolumen abzuwickeln. (In einer Variante dieses Gedankens würde man eine Anpassung vornehmen, wenn die Fähigkeit der Gesellschaft sich erhöht hätte, Verbindlichkeiten für den Bedarf an erhöhtem Nettoumlaufvermögen einzugehen.) Der Gedanke des verteilbaren Einkommens hat bei den Investoren in Großbritannien mehr Aufmerksamkeit als in den Vereinigten Staaten gefunden, vielleicht, weil dort die Idee mehr erörtert wurde.

Wenn man soweit gekommen ist, kann ein Vergleich der 10-Jahres-Finanzbewegungsrechnung mit der Gewinn- und Verlustrechnung sich auf den Jahresüberschuß unter beiden Gesichtspunkten konzentrieren. Wenn die beiden Rechnungen stark voneinander abweichen, kann die auf der periodenechten Buchführung beruhende Zahl über den Jahresüberschuß nicht als bestätigt angesehen werden.

Vergleich der drei Methoden

Drei Methoden für eine Finanzbewegungsrechnung sind in diesem Kapitel erörtert worden:

1. Die konventionelle Finanzbewegungsrechnung mit Hilfe der indirekten Methode
2. Die indirekte Methode mit Anpassungen, um weitere Mittelzu- und -abflüsse zu erfassen, die sich aus der Analyse des Jahresabschlusses und sonstigen Daten anbieten
3. Die direkte Methode, die mit den (Umsatz)erlösen und den Aufwendungen in Form einer Quasigewinn- und Verlustrechnung beginnt und dieselben Anpassungen wie für die zweite Methode vornimmt

Methode eins ist bekannt und mit relativ wenig Arbeit verbunden

Die konventionelle Finanzbewegungsrechnung hat den Vorteil, daß sie bekannt ist. Der Analyst benötigt für sie wenig oder keine Arbeit, außer daß er vielleicht die Zahlen neu anordnen muß, um die von ihm bevorzugte Form zu finden. Ihr Nachteil besteht darin, daß sie sich nicht in eine Form bringen läßt, die der Gewinn- und Verlustrechnung parallelläuft und daher mit ihr schwerer zu vergleichen ist. Die erste Methode versucht nicht einmal, sich mit Mittelzu- und -abflüssen zu befassen. Statt dessen arbeitet sie mit den Zahlen aus der (periodenechten) Buchführung. Aber diese verschiebt absichtlich Erträge oder Aufwendungen aus der Periode, in der die Mittelbewegungen stattgefunden haben, wenn das erforderlich ist, damit Erträge und zugehörige Aufwendungen sich entsprechen. Wenn man die daraus abgeleiteten Geldbewegungen „Cash-flow" nennen will, müßte man annehmen, daß genau dieselben Beträge für Erträge und für Aufwendungen in die untersuchte Periode hinein- oder herausgenommen worden wären. Das könnte sich nur durch Zufall so ergeben.

Methoden zwei und drei suchen den wirklichen Mittelzu- und -abfluß

Im Gegensatz dazu sind die zweite und dritte Methode ein Versuch, den wirklichen Mittelfluß zu erfassen, der während der Periode stattfindet. Soweit sie Erfolg haben, liefert die Analyse verläßlichere und verständlichere Zahlen.

Unterschiede zwischen der zweiten und dritten Methode

In einer Hinsicht sind die zweite und dritte Methode gleich: Alle Anpassungen im einen Fall sind auch angemessen im anderen. Unterschiedlich sind sie nur darin, daß die zweite Methode von der (bloßen) Annäherung der indirekten Methode an den Mittelfluß ausgeht und eine Schätzung des Nettomittelzuflusses ist: Sie addiert den Jahresüberschuß zu den Aufwandsposten, die keine Mittelabflüsse darstellen. Sie nimmt an, daß der Jahresüberschuß und die Aufwendungen ohne Mittelabfluß dem Teil der Erträge entspricht, der Nettomittelzufluß ist.

    Methode drei erreicht ebenfalls die Zahl für den Nettomittelzufluß, beginnt aber mit den Bruttomittelzu- und -abflüssen – der Näherungsberechnung von Erträgen und Aufwendungen auf der Basis flüssiger Mittel. Wenn man diesen zusätzlichen Schritt tut, hat das zwei Vorteile:

1. Es stellt sicher, daß die Erträge auch wirklich Mittelzuflüsse darstellen, so daß die (bloße) Annahme der zweiten Methode tatsächlich erfüllt ist
2. die dritte Methode liefert die Information in einer Form, die viel eher mit der Form der traditionellen Gewinn- und Verlustrechnung vergleichbar ist

Der letztere Punkt ist wichtig, denn einer der Hauptanwendungsfälle der Finanzbewegungsrechnung besteht darin, die Gewinn- und Verlustrechnung über einen längeren Zeitraum zu bestätigen. Ein weiterer Vorteil der Methode drei ist die Möglichkeit, den Jahresüberschuß bzw. den Ertrag auf verschiedenen Grundlagen

Kapitel 15: *Analyse der Finanzbewegungsrechnung*

anzugeben. Zum Beispiel kann man eine Zahl für das „Einkommen" in der Form flüssiger Mittel (Cash Income; Hinweis des Übersetzers: vgl. oben Kap. 10) ableiten auf der Grundlage:

– der konventionellen Auffassung über das „Einkommen" (unter dem Gesichtswinkel des Analysten) aus der Zunahme der Nettovermögenswerte
– der Auffassung über das „verteilbare Einkommen"
– des „Einkommens auf Liquidationsbasis"

Der verteilbare Jahresüberschuß nach Methode drei ist umstritten

Die Auffassung über das „verteilbare Einkommen" (Hinweis des Übersetzers: Vgl. oben Kap. 10), wie sie sich aus der direkten Berechnungsmethode ergibt, wurde kritisiert, weil sie den Zuwachs beim Nettoumlaufvermögen ganz oder teilweise ausschließe. Im Falle einer Liquidation ist ein Zuwachs des Nettoumlaufvermögens ein Zuwachs an Nettovermögenswerten und damit des erwarteten Liquidationswertes. Für eine solche Analyse sind natürlich Änderungen im Nettoumlaufvermögen Ertragsposten.

Für einen laufenden Betrieb beruhen jedoch Änderungen im Nettoumlaufvermögen auf bewußten Betriebsentscheidungen des Managements oder sind das Ergebnis des Betriebsumfeldes, in dem die Gesellschaft tätig ist. Änderungen im Nettoumlaufvermögen waren also entweder nötig, um das Betriebsergebnis zu erreichen, oder sie waren positives oder negatives Ergebnis des Betriebsumfeldes. Es erscheint logisch, solche Anforderungen an das Nettoumlaufvermögen als Teil der Betriebstätigkeit zu betrachten, wenn man die Mittelflüsse in einer Gesellschaft untersucht. Gleichzeitig erscheint es unter einer mehr konventionellen Auffassung über den laufenden Betrieb angemessen, bei der Gewinnanalyse die Vorteile solcher Änderungen für die allgemeine Gewinnsituation anzuerkennen.

Technische Schwierigkeiten von Methoden zwei und drei

Gelegentlich werden die Methoden zwei und drei kritisiert, weil gewisse technische Schwierigkeiten bei ihrer Anwendung bestehen. Der wichtigste Fall ergibt sich insoweit dann, wenn es einen Wechsel in der buchführenden Einheit gibt: Wenn also Zusammenschlüsse, Akquisitionen, Ausgliederungen, Veräußerungen und ähnliches zwischen Beginn und Ende des Jahres stattfinden. Diese Ereignisse verursachen in der Tat analytische Probleme, aber nicht nur für die Finanzbewegungsrechnung, sondern für jegliche andere Art von Analyse der überlebenden Gesellschaft. In den meisten Fällen findet der Analyst genug Informationen in den Geschäftsberichten und den 10-K-Formularen, um mit diesen Problemen fertigzuwerden.⁴) Es mag nötig sein, daß der Analyst die Gesellschaft wegen zusätzlicher Informationen aufsucht, um seine Analyse zu beenden, aber regelmäßiger Kontakt mit den Gesellschaften ist ein routinemäßiger Teil der Tätigkeiten eines Analysten.

Vergleiche von Vorräten und Herstellungskosten sind technisch schwierig, besonders wo es sich um eine „Lageninvasion" bei LIFO-Buchführung handelt, aber vor denselben Problemen steht man auch bei den normalen Gewinn- und Verlustrechnungen.

Methode drei wird bevorzugt

Wenn möglich, sollte der Analyst die direkte Methode benutzen. Die dritte Methode erfordert nicht mehr Arbeit als die zweite, aber wenn man Aufwendungen und Erträge für die Analyse brutto berechnet, ist die dritte Methode aufschlußreicher. Zweifelsfrei vermeidet die erste Methode erhebliche Mühe für den Analysten. Wenn er für eine zu große Zahl von Gesellschaften verantwortlich ist, mag er nicht genügend Zeit für eine Anwendung der dritten Methode haben, und die erste gibt ihm sicherlich auch nützliche Informationen. Jedoch sollte die dritte Methode jedenfalls in allen Fällen der Analyse benutzt werden, wo es um Prospekte, Leveraged Buy Outs, eine spekulative Finanzierung durch festverzinsliche Wertpapiere, Übernahme- und Akquisitionskandidaten und ähnliche Fälle geht, und wo eine besondere Sorgfalt erforderlich ist.

Verwirrung um Jahresüberschuß und Mittelzufluß („Cash-flow")

Mittelzufluß („Cash-flow") als Ersatz für den Jahresüberschuß

Der Mittelzufluß („Cash-flow") im Gegensatz zu den Auffassungen über „Einkommen" und Gewinn ist durch einige Schriftsteller, Analysten und Manager, besonders im Immobilienbereich, stark betont worden. Das hat zu der gelegentlichen Meinung geführt, gewisse Industrien sollten bei der Berechnung ihrer Gewinne keine Abschreibungen benutzen. Eine solche Auffassung über die Erhaltung des Kapitals ist nicht akzeptabel; sie erhält nicht das investierte Kapital, soweit es sich um die abzuschreibenden Wirtschaftsgüter handelt. Andererseits kann man die Frustration im Immobilienbereich verstehen, weil die normale Buchführung den wahren Wert des Grundvermögens nicht richtig zeigt. Viele Gesellschaften im Immobilienbereich

---

⁴) Ralph Drtina und James A. Largay, III, „Pitfalls in Calculating Cash-Flow from Operations", The Accounting Review, Band 60, Nr. 2 April 1985, S. 314–326

legen daher ergänzende Bilanzen und Gewinn- und Verlustrechnungen nach laufenden Werten vor, und wir betrachten diese Ergänzungen als nützlich.

Die Immobilienindustrie legt das Gewicht auf den Mittelzufluß („Cash-flow")

Das Problem im Immobilienbereich besteht darin, daß das Ganze oft mehr wert ist als die Summe der einzelnen Teile. Wenn eine Immobilienentwicklungsgesellschaft (Real Estate Development Company) ein Einkaufszentrum baut, ist dieses anfangs gerade die Kosten für seine Konstruktion und den Landerwerb wert. Wenn das Projekt jedoch eine günstige langfristige Finanzierung hat, wenn es zu 95 % an stabile, erstklassige Mieter vermietet ist und einen starken Zuspruch von Kunden hat, wird das Grundstück plötzlich wesentlich mehr wert als die bloßen Anschaffungskosten. Dieser zusätzliche Wert wird natürlich in verbesserten Mieten und einem hohen Ertrag auf die ursprünglichen Kosten ausgedrückt. In der Immobilienindustrie möchte man jedoch oft, daß der Wertzuwachs ganz oder zum Teil als Einkommen berücksichtigt wird. Dabei wird vor allem daran gedacht, die Abschreibung und gewisse weitere Aufwendungen aus der Gewinn- und Verlustrechnung herauszunehmen. Manche möchten sogar die erhöhten Mieten und auch den noch nicht realisierten Gewinn auf den Wert des Grundstücks als Folge der erhöhten Mieten in die Gewinn- und Verlustrechnung einbeziehen. Hier würde jedoch dasselbe doppelt gezählt.

1. Beispiel: Eine Broschüre, herausgegeben durch Koger Partnership Limited führt aus:

> „Cash-flow ist das akzeptierte, professionelle Maß für Performance und Wert von Einkommen produzierenden Immobilien, das von Geldinstituten, Steuerbewertern, Schätzern und anderen Personen benutzt wird, die im Immobiliensektor tätig sind. Cash-flow stellt die Gewinne dar, ehe Belastungen abgehen, die nicht mit Zahlungen verbunden sind, wie Abschreibungen, Amortisation von später fälligen Eigentumskosten, Reserven für später fällige Ertragssteuer usw.
> Cash-flow ist ein wesentlicher Gesichtspunkt für den Kauf, den Besitz und den Verkauf von kommerziellen Immobilien.
> Cash-flow wird für die Abtragung von Hypotheken benutzt, für zukünftige Expansion und sonstige Gesellschaftszwecke und zur Verteilung an die Investoren.
> Der Jahresüberschuß wird im professionellen Immobiliensektor nicht als das wesentliche Ertragsmaß für einkommenproduzierende Immobilien angesehen. Idealerweise sollte der Jahresüberschuß aus Immobilien nahe bei null liegen, indem die Gewinne durch nicht mit Zahlungen verbundene Buchführungseintragungen vermindert und damit vor Steuern geschützt werden."

2. *Beispiel:* Der Geschäftsbericht 1985 für McCormick and Company, Inc. nennt eine Übersicht „Rentabilität" (Seite 15). Die vertikalen Kolonnen werden beschrieben als „Jahresüberschuß vor finanziellen Belastungen, Abschreibung und Amortisation"; eine Fußnote besagt, daß sie auch nicht die Verluste aus der Abwertung des mexikanischen Peso im Jahre 1982 enthalten. Die Tochtergesellschaft, McCormick Properties, Inc. gibt den Betriebs-Cash-flow für 1985 mit 10,89 Millionen Dollar an mit folgender Fußnote: „Betriebs-Cash-flow wird definiert als Jahresüberschuß plus Abschreibung, andere Belastungen ohne Mittelabfluß und aufgeschobene Steuern (ausgenommen die Steuervorteile aus Autovermietungen auf Kreditbasis) minus Gewinn nach Steuern aus Verkäufen von umgebauten Grundstücken und planmäßigen Hypothekenzahlungen."

Sind Abschreibungen notwendige Kosten?

Wir wollen die Vorstellung, daß Abschreibungen keine echten Kosten darstellen, an den Zahlen in Tafel 15.1 für den Value Line Industrial Composite von 1977 bis 1986 testen. Der Jahresüberschuß auf der Basis von Mittelzuflüssen steigt von 1977 bis 1986 um 87,5 % und damit mehr als die 47,5 % Steigerung für den Jahresüberschuß auf der üblichen Basis. Es geht aber nicht um die relative Entwicklung der beiden, sondern darum, ob eine Überschußberechnung auf Basis des Mittelzuflusses eine gesunde Kapitalerhaltung garantiert. Die summierten Kapitalausgaben während der 10-Jahres-Periode betrugen 40,90 Dollar je Aktie oder 89 % des gesamten Ertrages an flüssigen Mitteln. Man kann sich nur schwer vorstellen, daß nicht ein erheblicher Anteil dieser Kapitalausgaben Ersatz von Fabriken und Ausrüstung war, die abgenutzt oder technisch oder wirtschaftlich obsolet waren. Wenn nur die Hälfte der Ausgaben für Ersatz und nicht für Ausdehung oder größere Effizienz bestimmt waren, hätte der nötige Ersatz gerade ungefähr die 21,06 $ ausgemacht, die tatsäch-

Tafel 15.1: Ertrag an flüssigen Mitteln und Jahresüberschuß je Aktie im Value Line Industrial Composite Index

	1977–1986[1])	1977	1986[1])
Ertrag an flüssigen Mitteln	45,82 $	3,04 $	5,70 $
Abschreibung und Amortisation	21,06 $	1,21 $	3,00 $
Jahresüberschuß	24,76 $	1,83 $	2,70 $
Eigenkapital		13,10 $	23,05 $
[1]) Die Zahlen für das vierte Quartal 1986 sind z.T. geschätzt			

Hinweis: Der Ertrag an flüssigen Mitteln ergibt sich hier als Jahresüberschuß plus Abschreibung und Amortisation.

Quelle: The Value Line Investment Survey, Part 2, Selections and Opinions, 13. Februar 1987, S. 691.

lich als Abschreibungsaufwand nach der konventionellen Berechnungsmethode für den Jahresüberschuß belastet worden waren.

Niemand stellt die Bedeutung von Zahlungsmittelzuflüssen in Frage – sie sind nötig, um Schulden zu bedienen und zukünftiges Wachstum zu finanzieren; mit ihrer Hilfe kann man am besten den zukünftigen Strom von Dividenden vorhersagen. Wir lehnen jedoch die Auffassung ab, daß Zahlungsmittelzuflüsse als identisch mit Gewinnen angesehen werden.

Kapitel 16
Ergebnisse von Tochtergesellschaften, Beteiligungsgesellschaften und aus Auslandstätigkeit

Konsolidierung der Ergebnisse

Definition von Beteiligungs- und Tochtergesellschaften

Eine Tochtergesellschaft (subsidiary) wird allgemein als eine Gesellschaft definiert, die von einer sogenannten Muttergesellschaft (Parent Company) kontrolliert wird, die mehr als die Hälfte der stimmberechtigten Aktien kontrolliert. (Die meisten Tochtergesellschaften gehören der Muttergesellschaft zu 100 %.) Beteiligungsgesellschaft (Affiliate) ist ein wenig genauer Begriff. Eine Beteiligungsgesellschaft kann eine Gesellschaft sein, die praktisch kontrolliert wird – vielleicht zusammen mit anderen – obwohl die Beteiligung geringer als 50 % sein mag. Oder die Beziehung mag dadurch bestehen, daß beide Gesellschaften durch dieselbe Eigentümergruppe oder dieselbe Muttergesellschaft kontrolliert werden, woraus sich enge wirtschaftliche oder betriebliche Bindungen ergeben. In manchen Fällen wird eine Gesellschaft Beteiligungsgesellschaft genannt, obwohl sie in Wahrheit eine Tochtergesellschaft ist.*)

Vorlage von konsolidierten Jahresabschlüssen

Die große Mehrzahl der Gesellschaften veröffentlichen konsolidierte Jahresabschlüsse; in ihren Bilanzen und Gewinn- und Verlustrechnungen sind die Ergebnisse und die finanzielle Position der Tochtergesellschaften enthalten. Die Gewinne oder die Beteiligung am Eigenkapital, die anderen etwa vorhandenen Aktionären zustehen, werden als Abzug von Minderheitsinteressen (Minderheitsanteilen) ausgewiesen. Solche konsolidierten Jahresabschlüsse haben normalerweise keine Ver-

---

*) Anm. des Übersetzers: Diese Darstellung bezieht sich auf die amerikanischen Verhältnisse. Für Deutschland. Vgl. 15 ff Akt.Ges. und die Kommentare dazu.

anlassung, zwischen den Ergebnissen der einen oder anderen Gesellschaftseinheit zu unterscheiden. Die Frage wird jedoch dann wichtig, wenn eine Gesellschaft sich dafür entscheidet, einen unkonsolidierten Jahresabschluß („nur für die Muttergesellschaft") vorzulegen, oder wenn ein sogenannter konsolidierter Jahresabschluß gewisse wichtige Tochtergesellschaften oder Beteiligungen nicht mit erfaßt.

Gelegentlicher Ausschluß von Auslandstätigkeiten

Unterschiedliche Behandlung der Ergebnisse – und damit Anlaß für mögliche Korrekturen oder Anpassungen durch den Analysten – besteht bei den Auslandstätigkeiten einschließlich Tochtergesellschaften und Filialen im Ausland. Für eine Anzahl unserer größeren Gesellschaften sind solche Auslandstätigkeiten von erheblicher Bedeutung; ihre richtige Bewertung stellt an die Technik und das Beurteilungsvermögen des Wertpapieranalysten hohe Anforderungen. Wir werden zunächst die inländischen Tochter- und Beteiligungsgesellschaften und dann die Situation im Ausland behandeln.

Inländische Tochter- und Beteiligungsgesellschaften

Abzug der Minoritätsbeteiligung vom Jahresüberschuß

Wenn die Gesellschaft 50 % oder mehr der stimmberechtigten Aktien einer Tochter- oder Beteiligungsgesellschaft besitzt, besteht das Standardverfahren darin, die Tochtergesellschaft zu konsolidieren; dabei werden in einer Zeile der Bilanz die Minoritätsinteressen angegeben, üblicherweise unter sonstigen Verbindlichkeiten, aber über dem Eigenkapital der Aktionäre. Die Minderheitsbeteiligung am Jahresüberschuß wird wird als Posten in der Gewinn- und Verlustrechnung ausgewiesen, und zwar als Abzug, so daß der als Jahresüberschuß ausgewiesene Betrag derjenige ist, der den Aktionären der Muttergesellschaft allein zur Verfügung steht.

Benutzung der Equity-Methode für Beteiligungen zwischen 20 und 50 %

Wo die Muttergesellschaft weniger als 50 %, aber mindestens 20 % der stimmberechtigten Aktien besitzt, wird normalerweise die „Equity-Methode" („Eigenkapitalanteilmethode") für die Buchführung benutzt. Der Besitz von 20 bis 49 % der stimmberechtigten Aktien gibt der Muttergesellschaft vermutlich erheblichen Einfluß auf die Betriebs- und Finanzierungspolitik.

Kapitel 16: *Ergebnisse Tochtergesellschaften etc.*

Die Equity-Methode zeigt in der Gewinn- und Verlustrechnung die anteilmäßige Beteiligung – nach Steuern – am Jahresüberschuß der Beteiligungsgesellschaft. In der Bilanz wird das Investment in der Beteiligungsgesellschaft ebenfalls als Posten auf einer Zeile ausgewiesen, der nach oben oder unten angepaßt wird, um die anteilmäßige Beteiligung an einbehaltenen Gewinnen oder Verlusten wiederzugeben. Der Jahresüberschuß des Investors und seine Beteiligung am Eigenkapital sollen nach der Equity Methode dieselben sein, als wenn die Beteiligungsgesellschaft konsolidiert wäre. Gewinne und Verluste zwischen den beiden Gesellschaften werden eliminiert. Wenn der Anteil des Investors an den Verlusten den Buchbetrag des Eigenkapitalanteils übersteigt, wendet er die Equity-Methode nicht mehr an, und das Investment ist auf null zurückgegangen. Alle weiteren Verluste werden ignoriert, wenn der Investor nicht finanzielle Verpflichtungen eingegangen ist, um die Beteiligungsgesellschaft zu unterstützen.

Beispiel: Die Universal Leaf Tobacco Company, Inc. hat 1. Beteiligungsgesellschaften, an denen eine Minderheitsbeteiligung besteht, und 2. Beteiligungsgesellschaften, in denen 20 oder mehr Prozent des Kapitals gehalten werden. Tafel 16.1 ist eine abgekürzte Gewinn- und Verlustrechnung für 1985 und zeigt die Behandlung von Minderheitsbeteiligungen und den anteiligen Jahresüberschuß nach der Equity Methode.

Die Darstellung von Universal Leaf Tobacco ist typisch für die Art von Gewinn- und Verlustrechnung, die die meisten Gesellschaften für ihre Investments nach der Equity-Methode benutzen. Die Konten der Gesellschaft zeigen, daß ihr (vermuteter) Einfluß auch ausgeschaltet sein kann. Fußnote 1 lautet (teilweise): „Da gewisse finanzielle Informationen nicht zur Verfügung standen und Devisenkontrollen die Übertragung von Dividenden beschränken, wird unsere Beteiligung in Zimbabwe nach der Kostenmethode ausgewiesen. Eine mexikanische Beteiligung wird eben-

Tafel 16.1: Universal Leaf Tobacco Co., gekürzte Gewinn- und Verlustrechnung per 31. Dezember 1985 (in Mill. Dollar)

Erlöse	1 078,9
Kosten und Aufwendungen	1 030,3
Ergebnis vor Ertragssteuern und anderen Posten	48,5
Ertragssteuern	13,3
	35,2
(Gewinn)-Anteile anderer Gesellschaften	0,2
Ertrag aus konsolidierter Tätigkeit	35,0
Anteil am Ertrag nichtkonsolidierter Beteiligungen	10,9
Ertrag aus weiterlaufenden Betrieben	45,9
Ertrag aus aufgegebenen Betrieben	0,5
Jahresüberschuß	46,4

falls nach der Kostenmethode behandelt, da die Gesellschaft keinen wesentlichen Einfluß auf ihre Finanz- und Beteiligungspolitik ausübt." Die Konsolidierungspolitik von Unversal ist allerdings etwas ungewöhnlich. Obwohl die Muttergesellschaft in erster Linie im Tabakbereich tätig ist, konsolidiert sie in vollem Umfange ihre Tochtergesellschaft „Lawyers Title Insurance Corporation". Die sich daraus ergebende Bilanz ist etwas schwierig zu analysieren. Sie zeigt ein Umlaufvermögen von 188.8 Millionen Dollar und kurzfristige Verbindlichkeiten von 148.8 Millionen Dollar. Die Liquidität zweiten Grades – (Current Ratio)**) ist für eine Gesellschaft im Tabakgeschäft ziemlich niedrig. Aber die Einzelheiten des Umlaufvermögens und der kurzfristigen Verbindlichkeiten zeigen den erheblichen Einfluß aus dem Versicherungsbereich: Den kurzfristigen Anteil an Ansprüchen aus Policen und Verträgen sowie an Einzahlungen und Vorauszahlungen von Versicherungskunden. Die anscheinende Schwäche in der Position des Nettoumlaufvermögens wird mehr als ausgeglichen durch ein Investmentportfolio von 100,7 Millionen Dollar, das in der Bilanz unter dem Anlagevermögen erscheint, getrennt von den 47,4 Millionen Dollar Beteiligung an den Nettovermögenswerten der konsolidierten Beteiligungsgesellschaften und Vorauszahlungen an diese.

Beispiel: Schlumberger Limited besitzt 50 % der Dowell Schlumberger, ein Dienstleistungsunternehmen für Ölfelder. Schlumberger führt den entsprechenden Anteil an den Erlösen und Aufwendungen jener Gesellschaft unter den einzelnen Posten der konsolidierten Gewinn- und Verlustrechnung auf. Diese Darstellung ist ungewöhnlich. In der Bilanz wird die Tochtergesellschaft nach der Equity-Methode behandelt.

Kostenmethoden

Bei Investments von weniger als 20 % der stimmberechtigten Aktien wird angenommen, daß es sich um reine Investments handelt. Sie werden in den Büchern ausgewiesen 1. entweder nach Anschaffungskosten oder Börsenwert (je nachdem was niedriger ist – „Lower of Cost or Market") oder aber 2. nach der (reinen) „Kostenmethode" („Cost Method"), die Verluste erst dann in die Bücher übernimmt, wenn sie als endgültig angesehen werden.

Die beiden Methoden berücksichtigen nur Dividendeneinkommen. Beachten Sie, daß die einbehaltenen Gewinne für ein Investment, das nach einer der beiden Kostenmethoden ausgewiesen wird, nicht im Jahresüberschuß des Investors erscheinen. Aber man könnte wohl schwerlich sagen, daß der Investor durch die einbehaltenen Gewinne nicht „besser dasteht" (vgl. Kap. 10) als ohne sie. Einige Analysten addieren die einbehaltenen Gewinne, falls sie bekannt sind, zu dem Ergebnis des

---

**) Anm. des Übersetzers: Umlaufvermögen dividiert durch kurzfristige Verbindlichkeiten. Vgl. Kap. 19 und 20.

Investors und wandeln damit für Zwecke der Gewinnberechnung praktisch diese Investments in solche nach der Equity-Methode um. Nach ihrer Meinung ist der entscheidende Punkt nicht die Kontrolle oder die wirtschaftliche Integration; die Gewinne zeigen einfach an, daß der Investor „besser dasteht". Andere Analysten – wahrscheinlich die große Mehrheit – nehmen keine ausdrücklichen Anpassungen vor, sondern betrachten die einbehaltenen Gewinne auf ein Investment, das nach einer Kostenmethode zu Buche steht, nur als günstigen Faktor bei der Entscheidung über die Attraktivität der Gesellschaft.

Wirtschaftliche Integration und Benutzung der Equity-Methode

Wenn die Geschäftsbeziehungen zwischen dem Investor und der Firma, in die investiert wurde, stark sind, zum Beispiel durch Liefervereinbarungen, sollte der Analyst die Gewinn- und Verlustrechnung nach der Equity-Methode vornehmen. Beispielsweise bilden Ölgesellschaften oft Joint Ventures, um Öl- und Gaspipelines, oder Sammelsysteme zu bauen. Wenn auch die prozentuale Beteiligung gering sein mag, scheint die Beteiligungsmethode doch eher angemessen als die Kostenmethode, wenn die Ergebnisse solcher integrierter Aktivitäten vorgelegt werden.

Die Möglichkeit der Kontrolle

Der Analyst sollte nicht nur auf die vorhandene Kontrolle achten, sondern auch auf bestehende Möglichkeiten potentieller Kontrolle. Wenn eine Muttergesellschaft ein Investment in ihren Büchern nicht nach der Equity- oder Konsolidierungs-Methode führen will, kann sie das sehr einfach umgehen: Ein anderer Beteiligter ist nomineller Inhaber des Eigenkapitals, während die Muttergesellschaft im Besitz von Warrants, Optionen, Wandelanleihen oder vertraglichen Vereinbarungen ist, die eine Kontrolle sicherstellen, wann immer die Gesellschaft sich dafür entscheidet. Einige Mißbrauchsfälle bei der Buchführung sind in neuerer Zeit vorgekommen, und zwar auf Gebieten wie Nichtkonsolidierung von anlaufenden Tochtergesellschaften, Trusts für Konzessionen (Grantor Trusts) und Partnerschaften für Forschung und Entwicklung. Besondere Aufmerksamkeit muß hier den Fußnoten über „Transaktionen von Beteiligten" (Related Party Transactions) zugewandt werden; sie werden normalerweise solche Dinge offenlegen wie:

– gemeinsame Direktorensessel in verschiedenen Firmen
– Geschäftsbeziehungen
– andere Anzeichen für wirtschaftliches Interesse und Gemeinsamkeit

Abgesehen von den Fußnoten zu den Jahresabschlüssen finden sich Informationen über Transaktionen mit Beteiligten und über Geschäftsbeziehungen in Prospekten, den Berichten für Hauptversammlungen und in den Mitteilungen der 10-K-Formulare und anderen Erklärungen gegenüber der SEC.

Ausschluß der Ergebnisse von inländischen Tochtergesellschaften

Im allgemeinen werden konsolidierte Jahresabschlüsse als brauchbarer angesehen als lediglich der Abschluß der Muttergesellschaft. Viele Gesellschaften konsolidieren jedoch gewisse Tochtergesellschaften nicht, teils weil sie unterschiedlich strukturiert sind, teils weil andere besondere Umstände vorliegen. Es ist beispielsweise für eine Produktionsgesellschaft nicht üblich, Tochtergesellschaften, die auf dem Gebiet der Finanzen tätig sind, zu konsolidieren wie zum Beispiel:

- Banken
- Finanzierungsgesellschaften
- Leasinggesellschaften
- Spar- und Darlehensvereinigungen (Savings and Loan Associations)
- Versicherungsgesellschaften

Einschluß oder Ausschluß von Tochtergesellschaften auf dem Gebiet von Finanzierung und Leasing – eine umstrittene Frage

Große Produzenten und Verkäufer von langlebigen Konsumgütern und Anlagegütern haben oft Tochtergesellschaften für die Finanzierung und das Leasing, die die Ratenzahlungskäufe und die Leasingverträge für die Produkte abwickeln. Es ist üblich, das volle Ergebnis solcher Tätigkeiten in einer Zeile der Gewinn- und Verlustrechnung aufzuführen, aber nicht die einzelnen Arten von Vermögenswerten und Verbindlichkeiten in der Bilanz zu konsolidieren.

Innerhalb oder außerhalb der Bilanz?

Die Frage der Konsolidierung von solchen Tochtergesellschaften im Bereich der Finanzierung ist umstritten. Wenn keine ganz außergewöhnlichen Umstände vorliegen, werden die Gewinne einer hundertprozentigen Finanzierungs- oder Leasingtochtergesellschaft in den Jahresüberschuß der Muttergesellschaft aufgenommen. Der Streit herrscht um die richtige Handhabung in der Bilanz. Wenn die Tochtergesellschaften nach der Kosten- oder Equity-Methode in den Büchern stehen, sind bestimmte Kennzahlen wie die Gesamtkapitalrentabilität höher, als wenn die Aktiva und Passiva der Tochtergesellschaft in der Bilanz voll konsolidiert werden. Andererseits wird argumentiert, daß Finanzgesellschaften im Verhältnis riesige Verbindlichkeiten gegenüber Banken und anderen Gläubigern haben und daß deren Aufnahme in den Jahresabschluß der Muttergesellschaft die normalen Kreditkennzahlen für Produktions- und Handelsfirmen verzerren würden.

Garantieerklärung der Mutter für die Tochter – handelt es sich wirklich um eine Schuld der Muttergesellschaft?

Hierzu muß der Analyst mehrere Punkte beachten. Erstens gibt die Muttergesellschaft in den meisten Fällen gegenüber Gläubigern der Finanzierungsgesellschaft wesentliche Zusicherungen ab, so daß die Verbindlichkeiten der Tochtergesellschaft tatsächlich durch die Muttergesellschaft garantiert sind. Die meisten Banken würden ohne solche Garantien den mit hohem Fremdkapital arbeitenden Finanzierungsgesellschaften keine Ausleihungen machen. Einer der Punkte ist also die Finanzierung außerhalb der Bilanz (Off-Balance-Sheet Financing), wo die Muttergesellschaft dafür sorgen muß, daß Kredite gegeben werden, aber in ihrer Bilanz keine Verbindlichkeiten ausweist.

Die Zusicherungen der Muttergesellschaft gegenüber dem Darlehnsgeber können so formuliert sein, daß sie aus der Verpflichtung keine offensichtliche Verbindlichkeit machen. Die Muttergesellschaft übernimmt beispielsweise die Garantie, daß der Zahlungsbestand der Tochtergesellschaft oder deren Nettoumlaufvermögen nicht unter ein bestimmtes Niveau fallen wird. Dann ist das im Effekt eine Garantie, die Schulden der Tochtergesellschaft zu zahlen, wenn diese das nicht kann. Die Muttergesellschaft kann auch durch die Umstände in die Pflicht genommen werden, wenn sie beispielsweise von der guten finanziellen Gesundheit der Tochtergesellschaft abhängig ist, um ihre Produkte verkaufen oder kritische Teile oder Rohmaterialien einkaufen zu können.

Vergleichbarkeit

Ein zweiter Aspekt ist die Tatsache, daß man Gesellschaften nicht echt miteinander vergleichen kann, wenn die eine konsolidiert und die andere nicht. Aber gleichgültig, ob Gesellschaften eine Finanzierungstochtergesellschaft haben oder nicht, können sie erstens von Banken oder auf dem Markt für Commercial Paper Gelder aufnehmen, um ihre Forderungen zu finanzieren oder zweitens einfach ihre Forderungen (mit oder ohne Rückgriffsanspruch) an Banken oder andere Investoren verkaufen. Das Problem der Vergleichbarkeit bleibt, unabhängig von der Frage der Konsolidierung.

Unselbständige Finanzierungsgesellschaften nur für den Eigenbedarf (Captive Finance Companies)

Das Bild wird weiter durch Unterschiede in den Tätigkeiten von Finanzierungs- und Leasingtochtergesellschaften verzerrt. General Motors' Acceptance Corporation (GMAC) ist eine Tochtergesellschaft von General Motors Corporation. GMAC ist im wesentlichen eine Finanzierungsgesellschaft nur für den Eigenbedarf; sie soll die Vorräte des Händlernetzes der Gesellschaft finanzieren und Ratenzahlungsverträge für ihre Automobile abwickeln. Sie ist ein integrierender Bestandteil des Fahrzeuggeschäftes. Gelegentlich hat General Motors zinsfreie Darlehen an GMAC gegeben, so daß diese den Käufern von General Motors Wagen besonders günstige Zinssätze anbieten konnte. Das ist eine besondere Art von Preisreduzierung mit der Absicht, die Autoverkäufe zu steigern. Wo die Tätigkeiten der beiden Organisationen so eng miteinander verknüpft sind, kann eine Trennung der Jahresabschlüsse von Mutter- und Tochtergesellschaft erhebliche Verzerrungen bringen und undurchsichtig sein. Hier ist Konsolidierung erforderlich.

Selbständige Finanzierungstochtergesellschaften

In anderen Fällen, wie etwa bei der General Electric Credit Corporation (GECC), hat die Finanzierungstochtergesellschaft nicht den Hauptzweck, die Produkte der Muttergesellschaft zu finanzieren, sondern sie soll als unabhängige Gesellschaft durch Finanzierung und Leasing Gewinne machen und Steuervergünstigungen ausnutzen. Im Falle von GECC ist die Konsolidierung nicht so klar wie bei GMAC, denn GECC finanziert sogar überwiegend Produkte anderer Firmen.

Ein drittes Beispiel wäre Sears, Roebuck Acceptance. Sie finanziert einen erheblichen Teil der Einzelhandelsverkäufe von langlebigen Konsumgütern durch Sears, Roebuck, aber sie finanziert auch die Verkäufe von anderen Produzenten und ist auch auf anderen Gebieten der Finanz tätig. Im Falle von Sears hat die Konsolidierung der Einzelhandelstätigkeiten mit so verschiedenen Aktivitäten im Finanzbereich wie denen von Dean Witter (ein Broker), Sears, Roebuck Acceptance, All State Insurance, Coldwell Banker (Immobilien) und anderen Finanzdienstleistungen eine Bilanz zur Folge, die außerordentlich verwirrend ist. Zwar versuchen die Geschäftsberichte von Sears, Roebuck in vorbildlicher Weise, diese Verwirrung zu verringern. Aber der Analyst steht einer konsolidierten Bilanz gegenüber, für die es unmöglich ist, den richtigen Verschuldungsgrad, die Liquidität zweiten Grades oder den Zinsdeckungskoeffizienten zu bestimmen oder zu beurteilen, ob die Position bei den flüssigen Mitteln angemessen ist. Ungefähr die einzige sinnvolle Kennzahl, die man mit Hilfe von Sears' Bilanz gewinnen kann, ist die der Eigenkapitalrentabilität. Aber diese Zahl könnte man auch berechnen, wenn die Tochtergesellschaften auf dem Gebiet der Finanz nach der Equity-Methode zu Buche stünden. Es mag tröstlich sein, wenn man weiß, daß man eine Bilanz hat, in der „alles drin" ist. Die beunruhigende Frage im Falle von Sears, Roebuck ist allerdings, wie man dafür eine Gebrauchsmöglichkeit finden kann.

Leasing Tochtergesellschaften – dieselben Schwierigkeiten bei der Konsolidierung

Aus verschiedenen Gründen ist das Leasing von Gebäuden und Ausrüstung in den Nachkriegsjahren dramatisch angestiegen; teils war es eine Antwort auf zunehmenden Kapitalbedarf infolge von Inflation, teils der Wunsch, Verbindlichkeiten aus der Bilanz herauszuhalten, und schließlich die Möglichkeit, Steuergutschriften, (Tax Credits) und Steuerabzüge von einer Gesellschaft oder Person auf die andere übertragen zu können. Außerdem mag ein Produzent von langlebigen Gütern mit einer eigenen Leasing-Tochter seine Produkte besser an gewisse Kunden absetzen können als durch direkte Verkäufe. Deshalb haben heute viele Gesellschaften Leasing-Tochtergesellschaften, und in den meisten Fällen werden sie in den Büchern nach der Equity-Methode behandelt und nicht konsolidiert. Die Argumente für und gegen eine Konsolidierung von Finanzierungstochtergesellschaften gelten in gleicher Weise für Leasing-Tochtergesellschaften.

Empfohlenes Verfahren

Der Analyst sollte die meisten nur dem Eigenbedarf dienenden Finanzierungs- und Leasinggesellschaften konsolidieren, wenn ihm die nötige Information zur Verfügung steht. Wo die Tochtergesellschaft nicht nur für den Eigenbedarf arbeitet, nicht ein integrierender Bestandteil der sonstigen Tätigkeiten der Muttergesellschaft ist, sollte der Analyst von Fall zu Fall entscheiden. Dieser Punkt wird weiter in Teil III bei der Analyse von festverzinslichen Wertpapieren erörtert.

Behandlung von ausländischen Tätigkeitsbereichen

Bedingungen für die Nichteinbeziehung in die konsolidierte Bilanz

In den letzten 25 Jahren haben sich die Unterschiede in der praktischen Behandlung der Konsolidierung von Auslandstätigkeiten erheblich verringert. Unmittelbar nach dem zweiten Weltkrieg waren die Devisenmärkte in Aufruhr. Viele Länder schränkten die Übertragung von Devisen über ihre Grenzen erheblich ein oder verboten sie ganz. Diese Devisenschwierigkeiten haben erheblich nachgelassen, so daß es in den letzten Jahren nur gelegentliche und kurzlebige Einschränkungen gibt, meist unter den Entwicklungsländern. Heute ist eine ausländische Tochtergesellschaft selten von der Konsolidierung ausgeschlossen, ausgenommen wenn

– eine entsprechende inländische Tochtergesellschaft ausgeschlossen wäre,
– echte Probleme die freie Bewegung von Devisen beschränken, so daß Dividenden und sonstige Zahlungen an die Muttergesellschaft nicht übermittelt werden können,
– wenn ernste politische Probleme, wie Revolutionen, Krieg und Nationalisierung bestehen.

Beispiel: 1982 nahm Carnation Company für ihre mexikanische Tochtergesellschaft eine außerplanmäßige Vollabschreibung vor und nahm 1983 die mexikanischen Geschäftstätigkeiten aus der Konsolidierung heraus, obwohl sie dort weiterhin eine

Kondensmilchfabrik betrieb. Der Grund dafür waren Devisenrestriktionen, Preiskontrollen und Unsicherheit über die Versorgung mit bestimmten entscheidenden Rohmaterialien. Eine Fußnote zu dem Jahresabschluß 1983 stellte fest, daß etwaige Gewinne in einem konsolidierten Jahresabschluß wiedergegeben würden, wenn und sobald Dividenden eingingen.

Denken Sie daran, daß Geldeingänge vom Ausland im allgemeinen auf Grund von Steuerverträgen einer US-Einkommensteuer unterliegen; sie entspricht der Differenz zwischen unserer Rate von 34 % und derjenigen, die eine ausländische Regierung auf Gewinne erhebt. Die Prozentunterschiede zu den einzelnen Ländern schwanken erheblich.

Aufgeschobene Steuern für nicht überwiesene ausländische Gewinne

Heute beziehen sich die Probleme für den Analysten hauptsächlich auf die Reserven (Rückstellungen) – oder den Mangel von Reserven – für aufgeschobene Ertragssteuern auf unverteilte ausländische Gewinne.

– Einige Gesellschaften bilden keine Reserven (Rückstellungen) für aufgeschobene Steuern auf die nicht überwiesenen Gewinne ausländischer Tochtergesellschaften. Sie argumentieren, daß niemals Steuern zu zahlen seien, weil die Gesellschaft die Absicht hat, den Gewinn nie ins Inland zu überweisen. Wenn das der Fall ist, ist fraglich, ob die Gewinne überhaupt konsolidiert werden sollten, da sie offenbar niemals dem inländischen Aktionär zugute kommen werden.
– Einige andere Gesellschaften sind der Auffassung, daß gesetzliche Möglichkeiten bestehen, die Gewinne ohne Steueranfall auszuschütten und daß aus diesem Grunde keine Reserven für Steuern gebildet werden sollten. Diese Art von Gewinnausschüttung hört sich sehr nach der Art von Steuerschlupfloch (Tax Loop Hole) an, um das der Kongreß sich oft kümmert.
– Schließlich bilden einige Gesellschaften in vollem Umfange Reserven für die Steuern auf nicht überwiesene Gewinne, unabhängig davon, ob sie diese Gewinne in Kürze einziehen wollen oder nicht.

Beispiel: 1984 verkaufte American Express eine kanadische Tochtergesellschaft und andere Vermögenswerte mit einem Gewinn von 42 Millionen Dollar. Die Gesellschaft wies außerdem einen mit dieser Summe im Zusammmhang stehenden Steueraufwand für unverteilte Gewinne in ihren Büchern aus, für die vorher keine Reserven geschaffen worden waren. Da diese Transaktion freiwillig war, ist das eine Erinnerung, daß die Steuer nicht immer dadurch vermieden werden kann, daß man den Vorgang in besonderer Weise konstruiert. Außerdem können Entscheidungen aus der Vergangenheit, Gewinne aus dem Ausland nicht zu verteilen, jederzeit revidiert werden.

Nicht überwiesene ausländische Gewinne und damit in Zusammenhang stehende Steuern

Die unterschiedliche Behandlung dieses Punktes durch die Gesellschaften stellt den Wertpapieranalysten vor ein Problem. Offenbar sollten nicht überwiesene ausländische Gewinne im Jahresüberschuß berücksichtigt werden. Aber sollten sie mit vollem Wert angerechnet werden, ohne Rücksicht auf mögliche Steuerverbindlichkeiten und Transferschwierigkeiten? Wir glauben das nicht. Solche Gewinne sollten – nach Abzug der geschätzten Steuern infolge ihrer Überweisung – nur dann aufgenommen werden, wenn einigermaßen sichergestellt ist, daß die Überweisung in ordnungsgemäßer Weise entsprechend den erwarteten Devisenkontrollbedingungen stattfinden kann. Solche Anpassungen sollten natürlich nur gemacht werden, wenn es sich um nennenswerte Beträge handelt.

Im allgemeinen sollte der Analyst solche nicht überwiesenen Gewinne gleichbleibend behandeln, und zwar unabhängig von der Art und Weise, wie die Gesellschaft darüber in ihrem Jahresabschluß berichtet. Überdies sollte der Analyst ausländische Gewinne zu Sätzen kapitalisieren, die die politischen und die Devisenrisiken widerspiegeln.

Verluste von Tochtergesellschaften

Die Summe der Teile

Die Verluste von Tochtergesellschaften werfen besondere Fragen auf, die einige der Feinheiten bei der Wertpapieranalyse illustrieren können. Wir haben gesagt, daß sowohl Gewinne als auch Verluste von Tochtergesellschaften bei den Gewinnen der Muttergesellschaft voll berücksichtigt werden sollten. Aber ist der Verlust einer Tochtergesellschaft notwendigerweise gegen die Gewinne der Muttergesellschaft aufzurechnen? Warum sollte eine Gesellschaft weniger Wert sein, weil sie etwas besitzt – in diesem Falle ein unrentables Investment? Könnte sie nicht jederzeit dem Verlust ein Ende setzen, indem sie die Tochtergesellschaft verkauft, liquidiert oder sogar ihre Rechte daran aufgibt?

Verluste der Tochtergesellschaft werden als nicht wiederkehrender Posten behandelt, wenn die Tochtergesellschaft abtrennbar ist

Müssen wir nicht – gutes Management einmal unterstellt – annehmen, daß die Verluste der Tochtergesellschaft allenfalls vorübergehend sind, und sie daher als nicht wiederkehrende Posten behandeln und nicht als Abzug von den normalen Gewinnen? Manche Investoren sind darauf spezialisiert, nach „Turn Around"-Situationen zu suchen. Man kann sich kaum eine attraktivere derartige Situation vorstellen als eine Gesellschaft, die ihre Gewinne verdoppelt, indem sie einfach eine ihrer Tochtergesellschaften für wohltätige Zwecke weggibt. Eine solche Situation ist noch attraktiver, wenn die Tochtergesellschaft verkauft oder allmählich liquidiert werden kann und so noch zusätzlich flüssige Mittel erbringt.

Ist die Abtrennung wirklich angezeigt?

Es gibt keine einfache Antwort auf die beiden folgenden Fragen: 1.: Sind die Verluste einer Tochtergesellschaft bei dem Jahresüberschuß der Mutter zu berücksichtigen oder nicht? Und 2.: Soll man die unrentable Tochtergesellschaft als laufenden Betrieb oder als Liquidationskandidaten bewerten? Wenn die Tochtergesellschaft liquidiert werden könnte, ohne daß sich ein nachteiliger Effekt auf den Rest der Geschäftätigkeit ergibt, wäre es nur logisch, solche Verluste als zeitweilig zu betrachten. Aber wenn zwischen Mutter- und Tochtergesellschaft einige Geschäftsbeziehungen bestehen, wenn zum Beispiel die letztere für den Absatz wichtig ist, billige Rohmaterialien oder Vorräte liefert oder einen erheblichen Anteil der Gemeinkosten mit trägt, dann ist die Beendigung ihrer Verluste nicht ganz so einfach. Es mag sich bei näherer Analyse ergeben, daß der Verlust der Tochtergesellschaft ganz oder zu einem guten Teil ein notwendiger Faktor bei Erzielung der Gewinne der Muttergesellschaft ist. Es ist oft nicht einfach, zu entscheiden, welche Geschäftsbeziehungen im einzelnen betroffen sind. Wie bei so vielen anderen Elementen der Analyse erfordert auch hier eine Untersuchung meist, daß der Analyst über die mitgeteilten Zahlen hinausgeht.[1])

Prüfen Sie die einzelnen Teile getrennt, wenn Verluste vorhanden sind

Der Analyst sollte die Frage der Abtrennbarkeit der unrentablen Tochtergesellschaft im Zusammenhang mit der Beurteilung der normalen Ertragskraft prüfen. Wenn die Teile trennbar erscheinen, mag der Gesamtwert der Teile größer sein als der Wert des Ganzen. Dann könnte man Teile einer Gesellschaft auf der Grundlage normaler Ertragskraft bewerten, während andere mit null bewertet werden oder mit dem Betrag, den sie in einer Liquidation brächten.

Verluste von Einzelbetrieben und Tochtergesellschaften

Diese Fragen könnten uns auf das viel weitere Gebiet von unrentablen Einzelbetrieben, Geschäftsbereichen (Betriebsabteilungen) oder Produkten führen. Der Unterschied zwischen einer Tochtergesellschaft mit einem eigenen Gesellschaftsnamen

---

[1]) Zwei ältere Beispiele, die diesen Punkt illustrieren, waren Purity Bakeries und Barnsdall Oil in den dreißiger Jahren; siehe dazu die Ausgabe 1951 dieses Buches, S. 159 f.

Kapitel 16: *Ergebnisse Tochtergesellschaften etc.*

und getrennten Konten einerseits und einem „nicht so getrennten" Einzelbetrieb (Betriebsabteilung) andererseits besteht mehr in der Denk-Bequemlichkeit und der Form und nicht in der Substanz. Wenn es sich nicht um eine hundertprozentige Tochtergesellschaft handelt, erfordert das Minderheitsinteresse üblicherweise die Veröffentlichung ihrer getrennten Ergebnisse. Dadurch wird der Analyst direkt auf die Existenz von Verlusten aus einer solchen Quelle aufmerksam. Viel öfter aber stammen die Verluste von einer hundertprozentigen Tochtergesellschaft oder von einer bloßen Betriebsabteilung einer Gesellschaft; das Ausmaß der Verluste wird vom Management normalerweise nur angedeutet, wenn darüber im Bericht über die einzelnen Geschäftszweige überhaupt gesprochen wird. Ein tüchtiger Analyst kann jedoch in den meisten dieser Fälle durch Fragen und Nachbohren eine ziemlich gute Vorstellung davon bekommen, wie stark die Belastung der Gesellschaftsgewinne ist. Die Möglichkeit, diese Belastung zu beenden, sollte in der Analyse nicht vergessen werden. Eine Aktion in dieser Richtung ist sicherlich erforderlich und wird auch meistens früher oder später unternommen – obwohl vielleicht zuerst eine Veränderung im Management nötig sein mag. Wenn dann etwas unternommen worden ist, mag das die Gewinnsituation und den Wert der Gesellschaftsaktien verändern.

Beispiel: 1985 verkaufte ACME – Cleveland Corporation ihre Shalco Systems Division (einschließlich dazugehöriger Anlagen und Teile der Vorräte), ferner ihre Tochtergesellschaft LaSalle Machine Tool Inc. und gewisse damit zusammenhängende Aktivitäten für 12,8 Millionen Dollar plus Eventualzahlungen und 0,8 Millionen Dollar Rückzahlungen aus Vermögenswerten des Pensionsplanes. Diese Tätigkeitsgebiete hatten 1985 Betriebsverluste nach Steuern von 4,2 Millionen Dollar und noch viel höhere Verluste 1984 und 1983 erbracht. Das Ergebnis der Gesellschaft 1985 war ein Verlust von 1,90 $ je Aktie einschließlich der Verluste aus den aufgegebenen Tätigkeiten; aber ein Gewinn von 0,70 $ je Aktie aus den weiterlaufenden Betriebstätigkeiten.

Empfohlene Behandlung von Verlusten von Tochtergesellschaften

Damit dieser Punkt nicht im unklaren bleibt, wollen wir die Behandlung zusammenfassen mit folgenden Vorschlägen:

1. Bei langfristigen Untersuchungen ziehen Sie Verluste von Tochtergesellschaften oder Betriebsabteilungen ab.
2. Wenn der Betrag, um den es geht, erheblich ist, prüfen Sie, ob die Verluste frühzeitig beendet werden können.
3. Wenn das Ergebnis dieser Untersuchung günstig ausfällt, betrachten Sie alle oder einen Teil dieser Verluste wie einen einmaligen Posten und lassen die Verluste bei der Errechnung der Ertragskraft unberücksichtigt.
4. Vorhersagen zukünftiger Gewinne sollten berücksichtigen, daß Verkaufs- oder Liquidationserlöse für die unrentable Tätigkeit anderweitig zur Verfügung stehen werden.

Kapitel 17
Auswirkungen der Ertragssteuern

Der Analyst muß hinsichtlich der Ertragssteuern auf dem laufenden bleiben

Steuerberechnungen erforderlich für die Berechnungen des Analysten

In den Kapiteln 10 bis 16 haben wir viele Fälle erörtert, in denen der Wertpapieranalyst die Jahresabschlüsse ändern sollte. Wenn ein nicht wiederkehrender Posten aus der Gewinn- und Verlustrechnung entfernt werden muß, gilt das auch für die steuerlichen Auswirkungen dieses Postens. Die meisten Umstellungen von Finanz-Konten erfolgen fiktiv, das heißt sie werden dargestellt, als ob ein wirkliches Ereignis sich nicht ereignet hätte oder umgekehrt. Wenn eine solche Änderung vorgenommen wird, müssen offenbar auch die Steuerfolgen jenes Ereignisses eliminiert werden, sonst ist der Jahresüberschuß durch eine falsche Steuer verzerrt, und die Bilanz ist ebenfalls widersprüchlich. Diese Steueranpassungen erfordern, daß der Analyst mit den Steuersätzen und Steuergesetzen zumindest der letzten zehn Jahre genauso vertraut ist wie mit denen im gegenwärtigen Zeitpunkt.

Beurteilung des Managements auf steuerlichem Gebiete erforderlich

Der Analyst muß auch erkennen, wie gut oder schlecht das Management der Gesellschaft die Steuerangelegenheiten plant und abwickelt. Der Analyst braucht kein Steuerexperte zu sein, aber er sollte mit den Eigenarten der US-Steuergesetze generell vertraut sein ebenso wie mit den besonderen Steuerfragen der Industrien, in denen er ein laufendes Interesse hat.

Eigenschaften und Besonderheiten der Steuergesetze

Steuern – ein sich bewegendes Ziel

Alle Wertpapieranalysten sollten eine Anzahl von allgemeinen, strukturellen Eigenarten der Steuergesetze kennen. Diese Gesetze und die Durchführungsregelungen werden fast jedes Jahr in irgendeiner Weise geändert. Der tätige Wertpapieranalyst muß auf dem laufenden bleiben, wenn Steuerregelungen vorgeschlagen und wenn sie verabschiedet werden; dabei muß er besonders auf die besondere Steuersituation der Industrien und Gesellschaften achten, denen er folgt. Manche Steuersituationen sind sehr kompliziert, weil verschiedene Elemente der Steuergesetze zusammenwirken. In diesen Fällen werden eine Routine-Analyse und einfache Daumenregeln durchaus unbrauchbar.

Der wirkliche Steuersatz entspricht oft nicht dem gesetzlichen Steuersatz

Wir werden zuerst untersuchen, warum möglicherweise ein bestimmter Betrag steuerpflichtigen Ertrages im Formular Nr. 1120 der Gesellschaft nicht zu dem normalen Steuersatz von 34 % besteuert wird. (Das Inkrafttreten des Satzes von 34 % war der 1. Juli 1987. Davor betrug – seit dem 1. Januar 1980 – der Satz 46 %, und vor jenem Termin über mehrere Jahre 48 %.)

Wichtige Eigenarten der US-Steuergesetze

Steuerprogression für Gesellschaften

Wie auch für das persönliche Einkommen so ist die US-Ertragssteuer für Gesellschaften progressiv. Es gelten folgende Sätze:

– steuerpflichtiger Ertrag bis 50 000 $ wird mit 15 % besteuert
– die nächsten 25 000 $ werden mit 25 % besteuert
– die Beträge über 75 000 $ werden mit 34 % besteuert

Für eine Gesellschaft mit 100 000 $ oder mehr Jahresgewinn wird dieser Stufen-Effekt durch eine Zusatzsteuer von 5 % auf den Gewinn über 100 000 $ allmählich beseitigt. Wenn daher der steuerpflichtige Gewinn einer Gesellschaft 310 000 $ erreicht hat, wird er nach einem gleichmäßigen Satz von 34 % auf den *gesamten* Gewinn besteuert. In normalen Jahren werden Gesellschaften, die ein Wertpapieranalyst untersucht, zumindest diesen Ertrag haben; praktisch kann also der Analyst davon ausgehen, daß der normale Gewinn mit einem gleichmäßigen Satz von 34 % besteuert wird.

Die Alternative Minimumsteuer

Das Steuergesetz 1986 führte eine „Alternative Minimumsteuer" (Alternative Minimum Tax) ein, die greift. Man erwartet, daß sie von 1987 bis 1991 22 Milliarden Dollar einbringt. Eine Anzahl von neuen Steuerbegünstigungsfällen (Tax Preference Items) kamen zu den bisherigen hinzu.*) Durch die Alternative Minimumsteuer nun gewinnt das buchmäßige Ergebnis, das heißt der Betrag, der gegenüber den Investoren und Gläubigern ausgewiesen wird, Einfluß auf den Umfang der „Steuerbegünstigungsfälle". Von dem Jahresüberschuß der Gewinn- und Verlustrechnung („nach Handelsrecht"), der über den nach der Minimumsteuer zu versteuernden Ertrag hinausgeht, gelten 50 % als „Steuerbegünstigungsfälle" (Preference Items)**). Die Alternative Minimumsteuer wird auf das dieser Steuer unterliegende Einkommen über 40 000 $ mit einem Satz von 20 % erhoben, wenn dieser Betrag höher ist als die Steuer nach der normalen Berechnung. Infolgedessen müssen alle Gesellschaften die Alternative Minimumsteuer berechnen, die sie möglicherweise schulden. Bei der Auswahl der „Steuerbegünstigungen" (Preference Items) trieb der Kongreß die üblichen „Verdächtigen" zusammen: Beschleunigte Abschreibung, Kosten für Exploration und Entwicklung von Minen, besondere Buchführungsarten für Kontrakte (Completed Contract Accounting – siehe im folgenden –), die letzten Reste der besonderen Buchführung für Ratenzahlungsverkäufe („Installment Method Accounting – siehe im folgenden –") „Immaterielle Bohrkosten" (siehe oben Kapitel 14, nach Tafel 14.5), steuerbefreite Zinsen auf „Private Activiy Bonds"***), die nach dem 7.8.1986 ausgegeben wurden, und nicht realisierte Gewinne für im Wert gestiegene Grundstücke bei Überlassung für wohltätige Zwecke.

Alles dieses gilt nur als Übergang bis Ende 1989. Danach wird ein bisher noch nicht definiertes Konzept für Gewinne verwirklicht werden. Anscheinend werden diese „Gewinne" sich auf einen berichtigten Buch-Ertrag vor Steuern beziehen. Da die meisten Anpassungen durch den Kongreß erst noch in Zukunft festgelegt werden müssen, ist das bisher nicht sehr viel an Information.

Der Steuersatz von 34 % gilt, wie gesagt nur für die zweite Hälfte 1987, während für die erste Hälfte der Satz von 46 % gilt. Daher kann man in den meisten Fällen das gesamte Jahr so behandeln, als ob ein gleichmäßiger Satz von 40 % gegolten

---

*) Anm. des Übersetzers: Diese Steuerbegünstigungsfälle (Tax Preferences) nach den normalen Ertragssteuergesetzen (34 %) entfallen bei der Berechnung der Alternativen Minimumsteuer (20 %), d. h. sie sind *hier* wie normales Einkommen (ohne Steuervergünstigung) zu behandeln; vgl. Barron's Dictionary of Finance and Investment Terms, unter „Tax Preference Items" und „Alternative Minimum Tax", Dictionary of Business Terms unter „Tax Preference Item")
**) Anm. des Übersetzers: D. h. sie sind letztlich doch nach der Alternativen Minimumsteuer mit 20 % zu versteuern
***) Anm. des Übersetzers: Private Activity = Private Purpose Bonds werden von einer staatlichen Stelle ausgegeben, um als in den USA nichthoheitlich angesehene Aufgaben zu finanzieren, z. B. Industrieansiedlungen durch Kommunen. (Industrial Development Bonds, siehe im folgenden – vgl. auch Barron's Dictionary of Banking Terms unter „Private Purpose Bond", „Private Development Bond")

hätte. Für die Zeit früher sollte von 1980–1985 der Satz von 46 % und vor 1980 der von 48 % angewandt werden.

Steuerfreie Zinsen

Fast alle Zinsen auf Obligationen der Einzelstaaten, Städte oder anderer lokaler Einrichtungen der öffentlichen Hand sind steuerbefreit und werden damit vom zu versteuernden Ertrag abgesetzt. Nach dem Steuergesetz von 1986 wurden solche steuerfreien Obligationen für Zwecke der Bundesertragssteuer voll steuerpflichtig, wenn sie für „private Zwecke" ausgegeben waren, wie Obligationen für Industrieansiedlung, für Sportstadien, für Kontrolle von Umweltverschmutzung und sonstige „private" Zwecke. Steuerbefreiung von Zinsen war einer der Hauptgründe dafür, daß viele Banken wenig oder gar keine Bundesertragssteuern zahlten; es war ein wichtiger Faktor für die Höhe des tatsächlichen Steuersatzes, den Versicherungsgesellschaften zahlten. Eine Regelung für Lebensversicherungsgesellschaften, die steuerfreie Zinsen teilweise steuerpflichtig machte, wurde durch die Steuerreform 1984 beseitigt.

80 %ige Steuerbefreiung für Dividenden

Nur 20 % der Dividenden, die inländische Gesellschaften von anderen inländischen Gesellschaften erhalten, sind steuerpflichtig. Damit ist der tatsächliche Steuersatz hierauf 34 % von 20 % oder 6,8 %. Für 1986 und früher betrug die Befreiung 85 %, aber bei einem Steuersatz von 46 % betrug die effektive Rate 6,9 %. Wegen des niedrigen effektiven Steuersatzes sind Vorzugsaktien lange ein beliebtes Investment für Versicherungsgesellschaften gewesen. Wegen der Steuervorteile für investierende Gesellschaften bringen Vorzugsaktien Erträge, die unter denen von Gesellschaftsobligationen ähnlicher Qualität liegen, aber über denen von (völlig) steuerbefreiten Obligationen ähnlicher Qualität.

Kapitalgewinne

Wenn vor 1987 Kapitalgewinne beim Verkauf von Vermögenswerten gemacht wurden, die länger als 6 Monate gehalten worden waren (und die entsprechenden langfristige Kapitalverluste überstiegen), mußten sie mit einem Steuersatz von 28 % versteuert werden. Jetzt werden Kapitalgewinne als normales Einkommen behandelt.

Steuergutschriften

Steuergutschriften (Tax Credits) kommen und gehen, wie Washington in Laune ist; oft fördern sie sozial wünschenswerte, aber wirtschaftlich nicht gerechtfertigte Maßnahmen der Wirtschaft. Die Verlockung für Washington besteht darin, daß die

Benutzung von Steuergutschriften, um politische Ziele zu erreichen, die *Steuereinnahmen verringert* und nicht die Ausgaben erhöht. Damit wird dem Wähler die Subvention verschleiert. Das Hauptmerkmal einer Steuergutschrift (Tax Credit) besteht darin, daß sie die Steuern unmittelbar verringert; ein Steuerabzug (Tax Deduction) dagegen verringert nur den steuerpflichtigen Ertrag und ist daher nur 34 % wert.

Steuergutschrift für allgemeine Geschäftszwecke

Hierzu gehören Steuergutschriften in folgenden Fällen:

- Wohnungsbau für Minderbemittelte (Low-Income Housing)
- bestimmte Investitionen für Energiegewinnung (Sonnenenergie, Wärmeenergie aus dem Ozean, aus Biomasse und geothermische Energiegewinnung)
- bestimmte Rehabilitationsausgaben
- Belegschaftsaktien (Employee Stock Ownership Plan)
- Förderung bestimmter Berufe
- Forschung und Entwicklung

Bis Anfang 1986 gehörte die Steuergutschrift für Investitionen (Investment Tax Credit) zu diesen Steuergutschriften für allgemeine Geschäftszwecke; diese Steuervergünstigung war eine wesentliche Ursache dafür, daß der wirkliche Steuersatz für Gesellschaften erheblich unter dem gesetzlichen Steuersatz lag. Die Beseitigung des Investment Tax Credit soll die Steuern der Gesellschaften über die 5 Jahre von 1987–1991 um 119 Milliarden Dollar erhöhen, eine durchschnittliche Erhöhung von ungefähr 24 Milliarden Dollar im Jahr. Übergangsregeln lassen die Steuergutschrift für bestimmte Investitionen noch bis Ende 1991 zu, wenn der Auftrag noch vor dem 1.1.1986 gegeben wurde. Landwirte und die Stahlindustrie dürfen die Steuergutschrift 15 Jahre mit Rückwirkung benutzen (Carry Back). Die Steuergutschrift bleibt für Aufwendungen für Wiederaufforstung erhalten und kommt damit den Holzgesellschaften zugute.

Bedeutung des Investment Tax Credit

Vor 1986 wurde den Gesellschaften diese Steuergutschrift erteilt, wenn sie bestimmte Fabrikanlagen und Ausrüstungen (aber nicht Land) erwarben. Die Gutschrift wurde zu dem Zeitpunkt erteilt, zu dem die Fabrik oder das Ausrüstungsstück zuerst benutzt wurden. Der Umfang der Steuergutschrift für allgemeine Geschäftszwecke, der in Anspruch genommen werden kann, ist auf 85 % der Ertragsteuer für das Jahr beschränkt. Die noch nicht verbrauchte Gutschrift kann noch für die nächsten 15 Jahre vorgetragen werden (Carry Forward). Jedoch wurde die Höhe dieses Vortrages für 1982 auf 82,5 % und für die folgenden Jahre auf 65 % verringert. Für viele Gesellschaften war der Investment Tax Credit der Hauptgrund für die Verringerung des effektiven Steuersatzes.

Beispiel: 1985 hatte Georgia Pacific Corporation einen effektiven Steuersatz von 33 %. 10 Prozentpunkte der Verringerung des damals geltenden normalen Steuersatzes von 46 % waren auf den Investment Tax Credit zurückzuführen und 10 Prozentpunkte auf die Anwendung des niedrigeren Satzes für Kapitalgewinne auf Wertsteigerung bei Holz. Andererseits gab es 7 Prozentpunkte Erhöhungen infolge von Ertragssteuer der Einzelstaaten oder aus anderen Gründen (46 % – 10 % – 10 % + 7 % = 33 %).

Foreign Tax Credit (Steuergutschrift für ausländische Steuern)

Diese Steuergutschrift erlaubt es einer Gesellschaft, den Betrag gezahlter ausländischer Ertrags- oder Einkommensteuer von ihrer Verpflichtung zur Zahlung von US-Ertragssteuer abzusetzen. Diese Gutschrift gilt aber nicht für Verkaufsgesellschaften im Ausland. Die Höhe des Foreign Tax Credit ist durch eine Formel beschränkt: Das Verhältnis des ausländischen Ertrages zum gesamten Ertrag wird mit der zu zahlenden US-Ertragssteuer multipliziert (wobei für letztere gewisse Anpassungen vorgenommen werden). Die Anwendung der Formel ist durch das Steuergesetz von 1986 sehr viel komplizierter geworden. Der ausländische Ertrag muß nun auf eine Anzahl von „Körben" aufgeteilt werden, wobei jeder eine andere Höchstgrenze für den Foreign Tax Credit hat. Diese „Körbe" betreffen „passives" Einkommen, Ertrag aus Finanz-Dienstleistungen, Öl und Gas, Ertrag aus Transport, Ertrag inländischer internationaler Verkaufsgesellschaften, Ertrag ausländischer Verkaufsgesellschaften usw. Dadurch wird verhindert, daß eine Gesellschaft niedrig und hoch besteuerte Erträge zu einem Durchschnittswert addiert, um einen möglichst hohen Foreign Tax Credit zu erhalten.

Der neue US-Steuersatz von 34 % bringt unseren Satz nunmehr an die untere Grenze der folgenden Ertragssteuersätze für Gesellschaften (in Deutschland: Körperschaftssteuer):

Australien	46 %
Brasilien	35 %
Kanada	46 %
Frankreich	45 %
Deutschland	56 %
Italien	36 %
Japan	43 %
Korea	33 %
Mexiko	42 %
Spanien	35 %
United Kingdom	35 %

Infolgedessen werden viele Gesellschaften ausländische Ertragssteuern über den Betrag hinaus zahlen, den sie als Tax Credit vom US-Steuersatz von 34 % abziehen können.

Kapitel 17: *Auswirkungen der Ertragssteuern*

Verteilung von US Zinsaufwand

Das Steuergesetz 1986 führte neue Regeln bei der Verteilung des Aufwandes für US Zinsen zwischen Erträgen in den USA und ausländischen Erträgen ein; maßgeblich ist das Verhältnis der Vermögenswerte in den USA zu den ausländischen Vermögenswerten. Die Regeln traten 1987 in Kraft; aber für Verbindlichkeiten, die bis zum 15. November 1985 eingegangen worden sind, wurden diese Regeln erst allmählich über 4 Jahre eingeführt. Offenbar müssen manche Gesellschaften bis 1987 Verbindlichkeiten auf ihre ausländischen Tochtergesellschaften verlagern, um zu verhindern, daß ein Teil ihrer ausländischen Erträge doppelt besteuert wird.

Transfer aus dem Ausland

Das Steuergesetz 1986 schuf auch neue „Durchgriffsregeln" (Look-Through Rules), wonach nunmehr die Gewinnquelle von Geldtransfers der ausländischen Tochtergesellschaft auf eine inländische Mutter- oder Tochtergesellschaft untersucht wird. Diese Betonung der Substanz anstelle der Form mag für einige Gesellschaften Probleme bringen.

Possessions Tax Credit

Gesellschaften, die in US-Besitzungen (Possessions) tätig sind, einschließlich Puerto Rico und Virgin Islands, können einen Tax Credit nach Sektion 936 anstelle des Foreign Tax Credit in Anspruch nehmen. Diese Steuergutschrift ist der Teil der US-Steuer, der dem steuerpflichtigen Ertrag entspricht, der in der Besitzung verdient wurde. Die Regeln sind kompliziert, und einige Gesellschaften sind der Meinung, daß die Vorteile zum Teil ausgeglichen werden durch 1. einen Mangel von Wiederinvestitionsmöglichkeiten in jenen Besitzungen und 2. die Unmöglichkeit, aus der Besitzung Gelder abzuziehen außer unter harten Bedingungen.

Netto-Verluste aus der Betriebsführung

Solche Verluste (Net Operating Losses) können drei Jahre zurück- oder fünfzehn Jahre vorverlagert werden (Carry Back und Carry Forward). Wenn ein solcher Verlust eintritt, muß er zunächst auf das früheste der drei letzten Jahre zurückgetragen werden, in dem ein Betriebsgewinn anfiel, dann auf das folgende Jahr usw. Verluste aus Enteignungen im Ausland können nicht zurück –, wohl aber vorgetragen werden, und zwar über zehn oder zwanzig Jahre, je nachdem, um welches Land es sich handelt. Einige Finanzinstitutionen haben die Möglichkeit, Verluste bis zu zehn Jahren zurückzutragen. Ein wesentlicher Wechsel im Eigentum kann unter Umständen dazu führen, daß Nettobetriebsverluste nicht weiter vorgetragen werden können.

Das Steuergesetz 1986 brachte wesentliche Änderungen bei den Regeln für die Übertragung von Betriebsverlusten, Steuergutschriften und Steuerabzügen, wenn eine wesentliche Änderung in der Eigentumssituation stattfand, (im allgemeinen 50 % oder mehr über eine Drei-Jahres-Periode). Eine Begrenzung nach Sektion 382 ist einschlägig: Es wird der angemessene Wert der gesamten Beteiligung an der Verlustgesellschaft unmittelbar vor der Änderung der Eigentümersituation mit der „Long-Term Tax Exempt Rate" multipliziert. Unter Umständen kann ein sehr großer Teil der Steuervorteile und Abzüge durch diese komplizierte Regelung nicht mehr ausnutzbar sein. Es ist auch völliger Wegfall möglich. Damit ist der Erwerb einer Gesellschaft, um den Wert ihrer Steuergutschriften und steuerlichen Verlustvorträge auszunutzen, sehr viel schwieriger geworden und wird in der zweiten Hälfte der achtziger Jahre besonders riskant sein, weil die Regeln des Spieles noch nicht gut bekannt oder klar sind.

Buchmäßige Ausweisung von Steuervorteilen

Die Buchführung nimmt eine sehr strenge Haltung ein, wenn es darum geht, die Vorteile von steuerlichen Verlustvorträgen als Vermögenswerte oder Verminderung von Verbindlichkeiten buchmäßig anzuerkennen. Um einen ausweisbaren Verlustvortrag zu haben, muß eine Gesellschaft entweder 1. im laufenden Jahr einen so großen Verlust haben, daß er die Gewinne der vorhergehenden drei Jahre übersteigt, oder 2. (häufiger) für eine Reihe von Jahren laufende Verluste ausgewiesen und daher keine Gewinne aus früheren Jahren haben, die sie mit den Verlusten des laufenden Jahres ausgleichen könnte. Der Buchführungsgrundsatz verlangt deshalb, daß die Verwirklichung des steuerlichen Verlustvortrages „jenseits allen Zweifels sicher ist", wenn der Steuervorteil in den Büchern erscheinen soll. Wenn dieser Steuervorteil ausgenutzt wird, muß er als außergewöhnlicher Posten erscheinen.

Beispiel: 1984 hatte Aetna Insurance Company große Verluste im Versicherungsgeschäft. In den drei Jahren zuvor hatte die Gesellschaft geringes oder gar kein steuerpflichtiges Einkommen, weil sie massiv in steuerfreie Obligationen investiert hatte. Die SEC vertrat die Auffassung, daß Aetna den steuerlichen Verlustvortrag nicht buchen konnte, weil es „nicht außerhalb jeden vernünftigen Zweifels" war, daß sie den Verlustvortrag ausnutzen konnte. Dabei war es offensichtlich, daß Aetna lediglich ihre steuerfreien Obligationen zu verkaufen brauchte, um dafür steuerpflichtige, aber höherverzinsliche Gesellschaftsobligationen wieder zu kaufen. Damit hatte sie steuerpflichtiges Einkommen, mit dessen Hilfe sie den Vorteil des Verlustvortrages ausnutzen konnte. Genau das tat Aetna. Ein Analyst, der mit der Situation vertraut war, hätte den Verlustvortrag als echten Vermögenswert berücksichtigt, der daher auch in die Bilanz gehörte und den Jahresverlust verringert hätte.

Ausgleich von Betriebsverlusten mit aufgeschobenen Steuern

Die heutigen Steuergesetze lassen einen Verlustvortrag über fünfzehn Jahre zu, (zu verschiedenen Zeiten der Vergangenheit war der Zeitraum wesentlich kürzer). Wenn ein Analyst also überhaupt Vertrauen in die Zukunft einer Gesellschaft hat, wird er wahrscheinlich zu dem Schluß kommen, daß der steuerliche Verlustvortrag ganz oder teilweise ein Vermögenswert ist, der irgendwann realisiert wird.

Steuerliche Verlustvorträge aus Betriebstätigkeit und Vorträge von Steuergutschriften (Investment Tax Credit und Foreign Tax Credit) können ausgenutzt und damit als Werte anerkannt werden, wenn die Gesellschaft hohe Verbindlichkeiten („Rückstellungen") aus aufgeschobenen Steuern in ihren Bilanzen ausweist. In solchen Fällen werden zwar die Zeitdifferenzen zwischen Buch- und Steuersituation (Book-Tax Timing Differences) enden und steuerpflichtigen Ertrag auslösen. Aber wenn das während der Periode geschieht, in der der Vortrag besteht, das heißt die aufgeschobenen Steuern dann fällig werden, werden sie durch die betreffenden steuerlichen Verlustvorträge ausgeglichen. Im Effekt ist also die Verbindlichkeit beseitigt: 1. Wenn steuerpflichtiger Ertrag anfällt, können die steuerlichen Verlustvorträge die Steuern dafür ausgleichen oder 2. wenn kein steuerpflichtiger Ertrag nach der Fälligkeit der aufgeschobenen Steuern anfällt, besteht für jene keine Steuerverbindlichkeit. In jedem Falle stellt der steuerliche Verlustvortrag sicher, daß bei Ablauf der Zeitdifferenz zwischen Bucheintrag und Steuer (Book-Tax Timing Difference) in dieser Höhe keine Steuerzahlung erforderlich ist.

Beispiel: Im Jahresabschluß 1985 für Acme-Cleveland Corporation heißt es in der Fußnote für Ertragssteuer: „Am 30. September 1985 hat die Gesellschaft für Zwecke der Bundesertragsteuer einen Netto-Betriebsverlustvortrag von 640 000 $, der 1999 ausläuft, einen Investment Tax Credit Vortrag von 1,3 Millionen Dollar, der 1998 bis 2000 ausläuft, und Vorträge für Foreign Tax Credits in Höhe von 1,160 Millionen Dollar, die von 1986–1990 auslaufen." Der Gesamtbetrag von Vorträgen für Zwecke des Jahresabschlusses belief sich auf beinahe 25 Millionen Dollar. Die Bilanz per 30. September 1985 zeigt jedoch eine Verbindlichkeit für aufgeschobene Ertragssteuern in Höhe von 382 Millionen Dollar. Es konnte daher kaum fraglich sein, daß die 3,1 Millionen Vorträge für Verluste und Tax Credits benutzt werden konnten, um die Steuerzahlungen zu verringern, die sonst anfallen konnten. Buchvorträge über die Beträge hinaus, die für Ertragssteuerzwecke verfügbar sind, sollten nicht benutzt werden, um wirkliche aufgeschobene Steuerverbindlichkeiten zu verringern, denn für Zwecke der Steuerbuchführung bestehen sie nicht.

Verlagern Sie den Vorteil der Verlustvorträge in die Verlustjahre

Es besteht keine Rechtfertigung, die Steuerersparnis auf Grund eines Verlustes oder einer Steuergutschrift aus der Vergangenheit als Teil der Gewinne des laufenden Jahres anzusehen. Der dem Vortrag entsprechende Anteil des ausgewiesenen Gewinnes ist in keiner Weise das „normale Ergebnis" des Jahres; offensichtlich kann er nicht als Teil der Ertragskraft der Gesellschaft unbegrenzt in die Zukunft projiziert werden. Der Wertpapieranalyst sollte solche Steuerersparnisse als nicht wiederkehrenden Posten behandeln, der von dem laufenden Jahresergebnis ausgesondert werden muß. Wenn die Zahlen geordnet werden, um Trends oder ähnliches zu projizieren, sollte der Verlustvortrag oder Rücktrag auf das Jahr bezogen werden, in dem der Verlust vorkam, und nicht auf das Jahr, in dem der Vorteil durch Ausgleich laufender Steuerzahlungen ausgenutzt wurde.

Vorgetragene Posten sind bei Projektionen der Ertragskraft auszulassen

Vorträge von Verlusten und Steuergutschriften sind natürlich jederzeit verfügbar, sind also daher auch von Bedeutung bei der Analyse, aber nicht eigentlich als Teil der zukünftigen Ertragskraft. Sie stellen einen besonderen, „außergewöhnlichen" Gewinnfaktor dar. Er kann *nur* den abgezinsten augenblicklichen Wert der gesamten möglichen Steuerersparnis dem Wert ohne diese Vorteile hinzufügen. In anderen Worten: Die Ertragskraft sollte ohne die Vorteile der Vorträge projiziert werden, und der außergewöhnliche Wert des Steuervorteils dann zu dem Wert addiert werden, wie er sich aus den Nettogewinnen (d. h. Gewinne ohne Vortrag des Steuervorteils) ergibt.

Prozentualer Substanzverzehr

Der prozentuale Substanzverzehr (Percentage Depletion) wurde in Kapitel 14 erörtert. Der Unterschied zwischen dem Substanzverzehr, wie er im Jahresabschluß ausgewiesen wird, und dem steuerlich erlaubten Substanzverzehr erfordert keine Untersuchung und mögliche Korrektur durch den Analysten. Er muß aber die Möglichkeit im Auge behalten, daß bei diesem Steuervorteil eine gesetzliche Änderung möglich ist.

Übertragbarkeit von Steuervorteilen

Steuerliche Abzüge aufgrund von Abschreibung und Amortisation und die Steuervorteile aus Investment Tax Credits sind unter bestimmten Umständen übertragbar. Übertragbarkeit der Steuervorteile spielte eine wichtige Rolle im Wachstum der Leasing Industrie. Denn diese Steuervorteile können entweder zurückbehalten, auf andere übertragen oder zur Verringerung der Kosten des Leasingnehmers benutzt werden.

Beispiel: 1985 verkaufte Armco Incorporated gewisse Steuergutschriften aus Investment Tax Credit und ACRS- Abschreibungen im Werte von etwa 120 Millionen Dollar mit einem Gewinn von ungefähr 33 Millionen Dollar. Der Verkauf entsprach den Regeln einer „Safe Harbor"-Leasing Transaktion (Methode „sicherer Hafen") und war daher vermutlich strukturiert als Verkauf und Zurückanmietung (Sale and Lease Back) für Steuerzwecke. Der Geschäftsbericht beschrieb die Transaktion als „Verkauf von Steuervorteilen", was in der Tat auch alles ist, was verkauft wurde. Die betreffenden Vermögenswerte waren Ausrüstungen für Ölfelder, Computer, Produktionsanlagen und der Schmelzofen in Ashland. Diese Objekte bleiben in den Büchern und werden in den Abschlüssen für die Aktionäre abgeschrieben. Da Armco schon Steuerverlustvorträge von 775 Millionen Dollar hatte, waren Steuern für die Gesellschaft auf nähere Sicht kein Problem. Die Steuervorteile der Abschreibung werden also im Augenblick nicht benötigt.

Transaktionen dieser Art sind kritisiert worden, besonders wenn der Leasinggeber am Ende wenig oder keine Ertragssteuer zahlt. So ist beispielsweise General Electric kritisiert worden, daß sie nicht ihren fairen Anteil von Steuern zahle. Die wirtschaftliche Seite ist indes die, daß der Vermieter oft mittelbar durch den Mieter zahlt. Wenn der Vermieter die Abschreibung wahrnimmt, wird (normalerweise) der Mieter erhöhtes steuerpflichtiges Einkommen haben, weil bei ihm der Steuerabzug aufgrund der Abschreibungen nicht anfällt. Vielleicht wird General Electric in Wahrheit für ihre Steuerplanung kritisiert, weil sie so gut ist.

Industrien mit besonderem Steuerstatus

Die Vorteile des prozentualen Substanzverzehrs (Percentage Depletion) und andere besondere steuerliche Regelungen für gewisse Industrien sind schon erwähnt worden. Für bestimmte andere Industrien gibt es ebenfalls besondere Regelungen im Steuergesetz. Beispiele sind: Spar- und Darlehenskassen (Savings and Loan Companies), Handelsbanken, (Commercial Banks), Sach- und Unfallversicherungsgesellschaften (Property and Casualty Insurance) und zugelassene Investmentgesellschaften (Regulated Investment Companies).

Spar- und Darlehenskassen

Sie und gewisse andere Sparinstitutionen dürfen von ihrem Ertrag für Steuerzwecke die Dividenden absetzen, die sie an Inhaber von Konten und Depositenkonten zahlen. Diese Sparinstitutionen dürfen auch eine Reserve für zweifelhafte Forderungen bilden, und zwar auf folgender Basis: 1. auf Grund ihrer Erfahrungen, oder 2. als Prozentsatz der Ausleihungen, wie etwa Handelsbanken mit Vermögenswerten unter 500 Millionen Dollar, oder 3. als Prozentsatz des steuerpflichtigen Ertrags. Als Reserve für ihr Hypothekenportfolio dürfen sie 8 % (vor 1987: 40 %) ihres steuerpflichtigen Ertrages benutzen.

Spar- und Darlehenskassen dürfen nicht die besonderen Prämienreserven absetzen, die sie an die Federal Savings and Loan Insurance Corporation (FSLIC)****) zahlen, obwohl diese Reserven sehr wie Versicherungsprämien aussehen, die als Aufwendungen behandelt werden sollten. Ab 1987 dürfen Zinsen für Verbindlichkeiten, mit denen steuerfreie Obligationen gekauft werden, nicht länger abgezogen werden.

****) Anm. des Übersetzers: Versicherung der Kundeneinlagen gegen Ausfälle bei Zahlungsunfähigkeit des Sparinstituts. Es bestehen Höchstsätze für diesen Schutz.

Handelsbanken (Commercial Banks)

Vor 1987 durften die Reserven für zweifelhafte Forderungen betragen:

- 0,6 % des Bestandes am Jahresende oder
- das höchste bis dahin erreichte Niveau oder
- den Wert eines beweglichen Durchschnitts (Moving Average) über 5 Jahre auf Grund der eigenen Erfahrungen der Bank

Überhöhte Reserven für Verluste sind „Tax Preference"-Posten, so daß sie bei der Anwendung der Alternativen Minimumsteuer berücksichtigt werden. Ab 1987 werden für Banken mit 500 Millionen Dollar oder mehr an Vermögen Verlustreserven nicht länger zugelassen. Es muß eine bestimmte Methode für die Belastung von Ausfällen (Charge-off-Methode) benutzt werden. Zinsen für Verbindlichkeiten, um damit steuerfreie Obligationen zu finanzieren, sind nicht länger abziehbar. Vor 1987 waren 80 % abziehbar.

Sach- und Unfallversicherungsgesellschaften

Sie durften vor 1987 Abzüge für Zuwachs bei den Reserven für nichtverdiente Prämien vornehmen. Seit 1987 sind nur bis 80 % des Zuwachses abziehbar. Außerdem muß für die Jahre von 1986–1991, beginnend mit 1987, dem Ertrag eine anteilmäßige Rate für den Betrag hinzuaddiert werden, der 22 % der zu Anfang 1987 bestehenden Reserve für noch nicht verdiente Prämien entspricht.[1]) Die Steuerreform von 1986 änderte auch die Behandlung von Verlustreserven (Loss Reserves) erheblich. Unter anderem stellte sie das Erfordernis auf, daß Verlustreserven und Verlustanpassungsaufwendungen (Loss Adjustment Expenses) abzuzinsen seien. Der Abzug für Erhöhungen und Verlustreserven muß um 15 % der steuerbefreiten Zinsen und 15 % des Abzuges für erhaltene Dividenden (Dividends-received Deduction) verringert werden; dies gilt für Aktien und Obligationen, die nach dem 7. August 1986 erworben wurden.

Zugelassene (regulated) Investmentgesellschaften

Wenn bei einer solchen Gesellschaft der Bruttoertrag zumindest zu 90 % aus Dividenden, Zinsen, Wertpapiergewinnen und ähnlichem besteht, sie 97 % des normalen Ertrages und 90 % ihrer Kapitalgewinne an die Aktionäre verteilt und sie außerdem andere gewisse Erfordernisse erfüllt, ist sie frei von Ertragssteuern mit

---

[1]) Offenbar übernahm der Kongreß die frühere Praxis der Analysten, einen gewissen Gewinn anzuerkennen, wenn die Versicherungspolice abgeschlossen wird, und nicht abzuwarten, bis die Ergebnisse des Vertrages bestätigen, daß in der Tat ein Gewinn existiert. Die meisten Versicherungsanalysten haben diese Praxis in den letzten Jahren abgelehnt, und wir hoffen dringend, daß die Versicherungsgesellschaften eine solche Praxis nicht in ihre Buchführung übernehmen werden.

Ausnahme der für den einbehaltenen Gewinn. Wie Privatleute können auch diese Gesellschaften (gewisse) Aufwendungen für ihre Investmenttätigkeit (unter Anwendung der Kriterien von Sektion 212) nur insoweit absetzen, als sie 2 % des berichtigten Bruttoertrages übersteigen. Die Beschränkung auf 30 % der Gewinne aus Wertpapieren, die weniger als 3 Monate gehalten worden sind, wurde durch das Steuergesetz 1986 großzügiger gestaltet, um Hedging mit Optionen, Futures und Vorwärts-Kontrakten zu erlauben. Immobilien-Investmenttrusts (REITS) können ebenfalls wie eine zugelassene Investmentgesellschaft besteuert werden, aber mit einer Reihe von besonderen Regeln und Beschränkungen.

Öl- und Gasgesellschaften

Absetzung für prozentualen Substanzverzehr (Percentage Depletion) ist für kleine, unabhängige Öl- und Gasgesellschaften zulässig, aber nicht für die großen, integrierten Gesellschaften. Das Steuergesetz 1986 beendete die Percentage Depletion für den Bonus auf Pachten, vorweggezahlte Royalties und gewisse andere Zahlungen. Die großen, integrierten Gesellschaften müssen 30 % der inländischen „immateriellen Bohrkosten" aktivieren und sie ab 1987 über 5 Jahre linear amortisieren. Unter dem alten Gesetz waren es 20 %. „Immaterielle Bohrkosten" außerhalb der USA müssen sogar von kleinen, unabhängigen Produzenten aktiviert und über 10 Jahre linear amortisiert werden; alternativ können sie wie normaler Substanzverzehr (Ordinary Cost Depletion) abgeschrieben werden. Öl- und Gasgesellschaften unterliegen der Steuer für außergewöhnliche Gewinne (Windfall Profits); technisch ist dies eher eine Verbrauchssteuer als eine Ertragssteuer. Jedoch ist die Steuer so konstruiert, daß die Sätze sich ganz auf Beträge beziehen, die steuerpflichtige Erträge sind. Große Ölgesellschaften unterliegen der Steuer zu Sätzen zwischen 30–70 %; Der Satz bezieht sich auf den Überschußpreis, den sie für „altes Öl" über den Basispreis für die betreffende Sorte hinaus erzielt haben. Dabei bestand eine Begrenzung auf 90 % des Nettoertrages, bezogen auf jeden verkauften Barrel. 1980, als das Gesetz in Kraft trat, lag der Basispreis weit über den Produktionskosten; infolgedessen stellten die zusätzlichen Beträge, die dieser Steuer unterlagen, Ertrag vor Steuern dar. Analysten mit Interesse in diesen Gesellschaften sollten sich die Steuerformulare 720, 6047 und 6458 zusammen mit den darauf bezüglichen Erläuterungen beschaffen.

Besteuerung besonderer Industrien

Steuervor- und -nachteile für besondere Industrien der Art, wie wir sie eben beschrieben haben, sind äußerst wichtig für die betroffenen Gesellschaften und Industrien. Gesellschaften mit günstiger steuerlicher Behandlung befinden sich immer in der Gefahr, daß die Gesetze oder Regeln in Zukunft geändert werden, während Gesellschaften mit besonders schwerer Steuerlast die erfreulichere Aussicht haben, daß die Bürde erleichtert werden mag. Logischerweise sollten die Aussichten für eine Veränderung in der Besteuerung einer Gesellschaft bei einer

Bewertung ihrer Gewinne mitberücksichtigt werden. Der Analyst muß nicht nur wirtschaftliche, sondern auch politische Trends verfolgen und sollte in langfristigen Projektionen solche Steueränderungen, die sehr wahrscheinlich aussehen, mit berücksichtigen.

Der Unterschied zwischen steuerpflichtigem und ausgewiesenem Ertrag

Das Management hat verschiedene Wahlmöglichkeiten, um Unterschiede zwischen dem steuerpflichtigen Ertrag und dem in der Gewinn- und Verlustrechnung ausgewiesenen Ergebnis vor Steuern zu schaffen („Unterschied zwischen Handels- und Steuerbilanz"). Andere Unterschiede ergeben sich durch unterschiedliche Behandlung in den Steuergesetzen und in den Buchführungsgrundsätzen. Einiges Steuermaterial ist hier noch einmal zusammengefaßt, um einen zusammenhängenden Überblick der Steuerfolgen zu geben, die die Buchführungsmethoden der Gesellschaft haben.

Abschreibung

Die Unterschiede zwischen der Abschreibung in der Steuererklärung und in der Gewinn- und Verlustrechnung waren schon immer ein wichtiges Element in der Analyse. Früher beruhten sie auf verschiedenen willkürlichen Praktiken der Gesellschaften. Zur Zeit beruhen sie im wesentlichen darauf, daß in den Zahlen der Gewinn- und Verlustrechnung die lineare Abschreibung Anwendung findet, während für Steuerzwecke folgende Methoden benutzt werden:

- modifizierte ACRS nach 1986 („Accelerated Cost Recovery System" – Degressive Abschreibung)
- ACRS für Wirtschaftsgüter, die zwischen 1980 und 1986 erworben wurden
- andere erlaubte beschleunigte (degressive) Abschreibungsmethoden für Wirtschaftsgüter vor 1981
- 200 % und 150 % Diclining Balance Abschreibung für dafür zugelassene Wirtschaftsgüter, die nach 1986 erworben wurden

Diese Punkte wurden ausgiebig in Kapitel 14 erörtert.

Nicht überwiesene ausländische Gewinne

Gewinne von Tochtergesellschaften aus dem Ausland und aus US-Besitzungen werden normalerweise nicht besteuert, ehe sie nicht effektiv in die USA überwiesen werden. Kapitel 16 (Abschnitt über ausländische Gewinne) empfiehlt eine Methode,

Kapitel 17: *Auswirkungen der Ertragssteuern* 319

wie man mit der Reservebildung für aufgeschobene Steuern auf solche Gewinne verfahren soll.

Amortisation

Kapitel 14 erörterte die Steuerauswirkungen verschiedener Beträge, die in der Steuererklärung abgesetzt, aber in den Jahresabschlüssen aktiviert werden. Zu den Beispielen gehören: 1. „Immaterielle Bohrkosten" der Öl- und Gasproduzenten und 2. Explorations- und Entwicklungskosten für Minen. Der Analyst muß als erstes darauf achten, daß gegenüber dem so erlangten Vorteil ein Posten aufgesetzt wird, der einer Reserve für aufgeschobene Steuern entspricht, und außerdem, daß die Posten bei den Gesellschaften vergleichbar gemacht werden.

Aktivierung von Zinsen

Wenn die Fertigstellung von Fabriken und Ausrüstungsinvestitionen längere Zeit dauert, müssen die dabei angefallenen Zinskosten aktiviert und über die Lebensdauer der Wirtschaftsgüter amortisiert werden. Die Gesellschaften haben eine gewisse Flexibilität in bezug auf den Betrag der aktivierten Zinsen. Die augenblicklichen Steuergesetze erfordern, daß die aktivierten Zinsen über zehn Jahre oder über die Lebensdauer des erworbenen Wirtschaftsgutes (je nachdem, was kürzer ist) als Aufwand abgesetzt werden. In einer Anzahl von Fällen ist die Amortisationsdauer, über die die Gesellschaft die aktivierten Zinsen absetzt, unterschiedlich für Steuerzwecke und für die Jahresabschlüsse gegenüber den Aktionären. Durch diese Zeitdifferenz zwischen Buchführung und Steuer werden Effekte im Sinne aufgeschobener Steuern verursacht. Zur Zeit bestehen keine Offenlegungserfordernisse für die Art, wie aktivierte Zinsen amortisiert werden. Deshalb sollte der Analyst versuchen, diese Information durch direkte Nachfrage bei der Gesellschaft zu erhalten.

Vom Standpunkt des Analysten her gesehen sollten aktivierte Zinsen und ihr Gegenstück, die AFUDC (Allowance for Equity Funds Used During Construction) zusammen mit ihren Steuerauswirkungen aus den Abschlüssen entfernt werden.

Ratenzahlungsverkäufe

Eine wichtige Quelle von Gewinnen, die für Steuerzwecke in die Zukunft geschoben wurden, waren Ratenzahlungsverkäufe. Vor der Änderung 1986 erlaubten die Steuergesetze, den Gewinn proportional zu dem Empfang von Zahlungen zu verbuchen. Aber fast allgemein buchten die Gesellschaften den vollen Gewinn in ihren Jahresabschlüssen schon zur Zeit des Verkaufs, und der Unterschied zwischen der (später) geschuldeten und der jetzigen Steuer wurde als Reserve (Rückstellung) für aufgeschobene Steuern behandelt. Das Gesetz von 1986 beendete für börsennotierte Gesellschaften die Benutzung der bisherigen Praxis für Ratenzahlungsverkäufe bei der Steuer, ebenso wie für Grundstücke, die auf der Basis eines sich erneuernden Kredites verkauft wurden. (Revolving Credit Plan). Die Beendigung der Ratenzahlungsmethode führt dazu, daß der Gewinn aus diesen Verkäufen jetzt steuerlich über vier Jahre verteilt wird: 15 % im ersten Jahr, 25 % im zweiten Jahr und 30 % im dritten und vierten Jahr. Bestimmte Ratenverkäufe von persönlichem Eigentum oder von Grundeigentum durch Händler und gelegentliche Verkäufe von Grundbesitz fallen unter eine besondere Steuerregelung (Proportionate Disallowance Rule). Die Analysten haben die meisten Ratenzahlungsverkäufe schon immer als echte Erlöse angesehen, ausgenommen bestimmte Einzelfälle, etwa mißbräuchliche Immobilientransaktionen.

Reserven für zweifelhafte Forderungen

Das Gesetz von 1986 beseitigt die Reserven für zweifelhafte Forderungen (die tendenziell die Gewinne ausglichen) in der bisherigen Form und bringt statt dessen eine besondere Absetzungsmethode. Wenn sich die Buchführungsgrundsätze nicht ändern, werden die meisten Gesellschaften wahrscheinlich weiterhin die Reserve für zweifelhafte Forderungen bei ihren Abschlüssen gegenüber den Aktionären benutzen. Wir bevorzugen die Beibehaltung der Reserve für zweifelhafte Forderungen, denn die Ansprüche könnten nicht ohne einen gewissen Abzug für erwartete Verluste verkauft werden. In den meisten Fällen wird sich freilich eine Anpassung der betreffenden Posten nicht lohnen.

Buchführung für abgewickelte Kontrakte

In der Vergangenheit benutzten die meisten Kontrakt-Firmen gegenüber den Aktionären eine Buchführung, wonach der Prozentsatz der Vertragserfüllung maßgeblich war, während für Steuerzwecke die „Completed Contract"-Methode (steuerpflichtige Abrechnung erst bei vollständiger Vertragsabwicklung) benutzt wurde. Dadurch entstanden Zeitdifferenzen zwischen Buchführung und Steuererklärung mit den üblichen Auswirkungen einer aufgeschobenen Steuerverbindlichkeit. Das Steuergesetz 1986 läßt zu, daß 60 % des Ertrags nach der Completed Contract-Methode berechnet werden, wobei allerdings die Alternative Minimumsteuer zu berücksichtigen ist. Außerdem werden strengere Aktivierungsregeln für Kosten aufgestellt, so daß sich im Endergebnis für Steuerzwecke eine Berechnung nach einer modifizierten Prozentabrechnung ergibt. Wenn jedoch die Gesellschaften auch weiterhin für die Jahresabschlüsse die traditionelle Basis von prozentualer Abrechnung benutzen, werden weiterhin große Unterschiede zwischen Buchführung und Steuer bestehen.

Analysten waren niemals ganz glücklich mit der prozentualen Abrechnungsweise; die berichteten Gewinne hängen weitgehend von Schätzungen ab, und manche davon sind wenig besser als bloße Annahmen. Unrichtige Annahmen und gelegentliche Manipulationen haben zu oft große außerplanmäßige Abschreibungen zur Folge gehabt; und das wirft die Frage auf, ob Gesellschaften, die diese Methode benutzen, als Gesellschaften mit Investmentqualität angesehen werden können.

Aktivierung von Produktionskosten (Herstellungskosten)

Die Steuerreform 1986 brachte eine Vielzahl von Berechnungsänderungen für Steuerzwecke. Die neuen Regeln treten über vier Jahre, beginnend ab 1987 in Kraft. Die anerkannten Buchführungsgrundsätze erfordern, daß zumindest gewisse Allgemeinkosten einer Fabrik in die Vorratskosten eingehen. Die meisten Analysten sind der Meinung, daß Vorratskosten schon jetzt zu viele Allgemeinkosten enthalten, wodurch die Gewinne unberechtigterweise ausgeglichen werden. Der Kongreß übernahm das Konzept der „vollen Übernahme" (Full Absorption Concept) und erhob es von einer schlechten Gewohnheit zum Gesetz des Landes. Zum Beispiel müssen jetzt die folgenden Posten in die Vorratskosten aufgenommen werden:

- Überschuß der Steuerabschreibung über die Buchabschreibung
- Lagerungskosten
- Allgemeine und Verwaltungskosten, die mit den Tätigkeiten des Steuerzahlers insgesamt zusammenhängen
- Grundstückssteuern und Versicherung
- Kosten aufgrund von Streiks, Nacharbeitungskosten, Schrott und Verlust

Wir hoffen dringend, daß diese Posten auch weiterhin als Zeitdifferenzen zwischen Steuer und Buchführung behandelt und nicht in die Jahresabschlüsse übernommen werden. Der Analyst hätte wenige Werkzeuge, um die Konten einer Gesellschaft wieder in Ordnung zu bringen; selbst heute wird wenig darüber gesagt, was alles in die Vorräte eingeht. Die Schätzungen gehen dahin, daß diese und andere Änderungen bei der Steuerbuchführung über den Zeitraum 1987–1991 60 Milliarden Dollar zusätzliche Steuern einbringen werden.

Außerplanmäßige Abschreibungen

Größere Herunterschreibungen (Write-Downs) und die Restrukturierung von unrentablen Betriebsabteilungen und Produktionszweigen verursachen meist große Unterschiede zwischen Handels- und Steuerbilanz. Beispielsweise stellte 1985 die Mobil Corporation eine Reserve von 775 Millionen Dollar für die Restrukturierung ihrer Einzelhandelstochtergesellschaft Montgomery Ward auf. Im Zusammenhang mit dieser Transaktion wurde die Verbindlichkeit für aufgeschobene Steuern um 227 Millionen Dollar verringert. Die Beträge legten die Vermutung nahe, daß ein Teil des Verlustes im Rahmen der normalen Betriebstätigkeit und ein Teil als Kapitalverlust erwartet wurde. Unter der neuen Regelung werden beide als normaler Bestandteil des Ertrags (Verluste) behandelt.

LIFO-Pools

Zeitdifferenzen entstehen, wenn Gesellschaften verschiedene „Pools" (Unter-Lager) für LIFO-Vorräte in der Steuererklärung einerseits und in der Erklärung gegenüber den Aktionären andererseits benutzen. Dies führt zu einer Differenz, die sich letztlich auflösen wird. Wenn sie erheblich ist, sollte die Fußnote, die den Unterschied zwischen dem wirklichen und dem normalen (gesetzlich vorgesehenen) Steuersatz erklärt, eine besondere Zeile mit einer entsprechenden Fassung enthalten, wie etwa „Unterschied bei der Vorratsbuchführung".

Überhöhte Beiträge

Ähnliche Zeitdifferenzen entstehen, wenn eine Gesellschaft Beiträge an einen Pensionsfonds oder für wohltätige Zwecke macht, die über die steuerlich zulässigen Grenzen hinausgehen.

Goodwill

Amortisation von käuflich erworbenem Goodwill ist steuerlich nicht absetzbar, aber der Goodwill ist Teil der steuerlichen Kostenbasis, wenn die Tochtergesellschaft verkauft oder liquidiert wird. Kapitel 19 enthält Empfehlungen, um Goodwill und seine Abschreibung für Zwecke der Wertpapieranalyse aus den Konten zu entfernen.

Vorzeitige Schuldentilgung

Ein Gewinn bei der Schuldentilgung ist normaler Ertrag, aber solvente Gesellschaften können normalerweise den Anfall dieses Ertrags vermeiden, indem sie die steuerlichen Werte von abschreibbaren Gütern verringern. Dadurch wird die Steuer aufgeschoben, aber sie wird dadurch fällig, daß in den folgenden Jahren geringere Abschreibungen anfallen. Verluste bei der Tilgung werden üblicherweise bei der Steuer sofort geltend gemacht.

Ungeklärte Widersprüche – fragen Sie die Gesellschaft!

Ab und zu wird der Analyst einen Widerspruch zwischen der Gewinn- und Verlustrechnung und Steuerabzügen finden, für die es keine auf der Hand liegende Erklärung gibt. Der effektive Steuersatz stimmt offensichtlich nicht mit dem überein, was man nach den gesetzlichen oder anderen Steuersätzen erwarten sollte, denen die Gesellschaft unterliegt. In der Theorie sollen zwar Fußnoten die Erklärung geben, aber der Analyst kann auch dort die Antwort nicht finden: In einem solchen Falle sollte der Analyst, wenn er eine gründliche Darstellung der Gesellschaft geben will, die Gesellschaft fragen. Meist wird eine Erklärung gegeben.

Aufgeschobene Ertragsteuern

Absetzungen für aufgeschobene Steuer

Manchmal wird argumentiert, daß aufgeschobene Ertragsteuern noch keine Verbindlichkeiten seien: Sie seien Steuern auf steuerpflichtigen Ertrag, der noch nicht eingenommen sei, daher bestehe noch keine aufgeschobene Verbindlichkeit, kein Aufwand. Keine Vorsorge (Rückstellung) für aufgeschobene Steuern zu treffen, entspricht jedoch nicht den heutigen Buchführungsregeln. Das heutige Buchführungsmodell (manchmal ungenau „Historical Cost Accounting" – Buchführung nach historischen Kosten – genannt) hat als grundsätzliches Ziel, daß der in den Büchern ausgewiesene Betrag für ein Wirtschaftsgut ein *wiedererlangbarer* Betrag sein muß und daß der Betrag einer Verbindlichkeit in den Büchern derjenige sein muß, zu dem die Verbindlichkeit letztlich beglichen werden kann (wenn man einmal den Zuwachs von zukünftigen Zinsen beiseite läßt).

Wenn alle Wirtschaftsgüter und Verbindlichkeiten der Gesellschaft *zu ihren Buchwerten* verwertet oder beglichen werden, dann wird, so kann rechnerisch bewiesen werden, die aufgeschobene Steuerverbindlichkeit in diesem Moment fällig werden. (Das heißt, alle Zeitdifferenzen zwischen Buchführung und Steuer werden sich auflösen.) Wenn behauptet wird, aufgeschobene Steuern seien keine Verbindlichkeiten, läuft das darauf hinaus, daß Vermögensgegenstände zu Beträgen in den Büchern stehen, die über dem Erlös liegen, den man für sie erlangen wird oder daß Verbindlichkeiten in den Büchern zu Beträgen stehen, die geringer sind als die Beträge, mit denen sie zu tilgen sind.

Die aufgeschobenen Steuern werden fällig

Der steuerpflichtige Ertrag wird anfallen! Ein Beispiel findet sich in Kapitel 14, Tafel 14.2 am Ende des dritten Jahres: Die Wiedererlangung des Buchwertes von 150 $ für das Wirtschaftsgut (durch Abschreibung) stellte sicher, daß die 51 $ in dem Konto für aufgeschobene Steuern zahlbar wurden. Da für die letzten drei Jahre keine steuerliche Abschreibung abziehbar ist, wurde der gesamte Buchwert von 150 $, sobald er realisiert wurde, steuerpflichtiger Ertrag.

Die meisten Steueranpassungen erfolgen zum normalen gesetzlichen Satz

Wenn man die Gewinn- und Verlustrechnung einer Gesellschaft berichtet, um sie für Abschreibung und sonstige Amortisationsaufwendungen auf eine vergleichbare Basis zu stellen, muß man besonders sorgfältig die Fußnoten über Ertragsteuern lesen: Möglicherweise ergeben sich daraus besondere Probleme bei der Berechnung der Reserven für die entsprechenden aufgeschobenen Steuern. Wenn die Zeitdifferenzen bezüglich der Abschreibung nur das Inland betreffen, kann der Analyst den damit zusammenhängenden Steuereffekt ungefähr ermitteln, indem er die Anpassung bei der Abschreibung mit 34 % multipliziert, gegebenenfalls etwas mehr, wenn das infolge von Ertragsteuern auf örtlicher oder einzelstaatlicher Ebene nötig ist (Berechnungen für die Jahre vor 1988 würden normalerweise zu dem jeweils geltenden Jahressatz gemacht. Im Falle von 1987 würde man eine gemischte Rate von 40 % benutzen, 46 % für das erste Halbjahr und 34 % für das zweite Halbjahr.) Der Steueraufwand, wie er nach dieser Methode berechnet wurde, mag eine Anpassung der aufgeschobenen Steuern in der Gewinn- und Verlustrechnung und der Bilanz erfordern, da die gezahlten Steuern nicht betroffen werden.

Aufgeschobene Steuerverbindlichkeiten

Die Vorsorge (Rückstellung) für aufgeschobene Steuern betrifft eine echte Verbindlichkeit, aber sie bleibt eine Quelle von Problemen für den Wertpapieranalysten. Einige Schwierigkeiten entstehen, weil aufgeschobene Steuern Verbindlichkeiten zu sein scheinen, die niemals einen Mittelabfluß erfordern. Die meisten Gesellschaften wachsen und erneuern regelmäßig ihre Fabriken und Anlagen, um die alten zu ersetzen. Diese Neuerwerbungen schaffen neue Zeitdifferenzen für die alten, die auslaufen. Das Ergebnis ist, daß kein Mittelabfluß für Steuern zu erfolgen braucht. Der Betrag der aufgeschobenen Steuern auf der rechten Seite der Bilanz wächst weiter, und seine Natur erscheint merkwürdig.

Eine Sache der Perspektive

Ein Problem besteht darin, wie aufgeschobene Steuern gemessen werden. Die meisten langfristigen Forderungen und Verbindlichkeiten, die keine Zinsen oder einen ungewöhnlich niedrigen Zinssatz haben, müssen auf ihren gegenwärtigen Wert abgezinst werden, wenn sie gebucht werden. Danach werden die Zinsen addiert, mit dem Ergebnis, daß entweder Zinserträge oder Zinsaufwendungen entstehen. Aus praktischen Gründen werden jedoch aufgeschobene Steuern nicht abgezinst.

Zweifelsfragen für den Analysten, betreffend die aufgeschobenen Steuern

Wenn für viele Jahre, manchmal viele Dekaden, kein Mittelabfluß erfolgt, muß sich der Analyst fragen,

- ob das Konto der aufgeschobenen Steuern (Rückstellungen dafür) in Wirklichkeit eine Verbindlichkeit mit einem Gegenwartswert nahe 0 betrifft;
- ob die aufgeschobene Steuer als zinsfreies, langfristiges Darlehen des Finanzamtes zu behandeln ist;
- ob das Konto für aufgeschobene Steuern sich wirtschaftlich überhaupt von den einbehaltenen Gewinnen unterscheidet; es sollte ein Teil des Eigenkapitalkontos sein.

Offenbar arbeitet das Kapital zugunsten der Aktionäre und nicht der Obligationäre oder sonstiger Gläubiger. Für Zwecke des Vergleichs von Gesellschaften sollte man daher aufgeschobene Steuern zum Eigenkapital rechnen, soweit es sich um Berechnungen der Gesamtkapitalrentabilität und der Eigenkapitalrentabilität handelt.

Ein letzter Punkt schließlich, den der einzelne Analyst entscheiden muß, ist, ob die aufgeschobenen Steuerverbindlichkeiten dem Eigenkapital des Aktionärs so ähnlich sind, daß *Änderungen* in den aufgeschobenen Steuerverbindlichkeiten bei Berechnung jener Kennzahlen als Teil des Ertrags behandelt werden sollten.

Steuern und die Investmentperspektive

Konzentrieren Sie sich auf die Transaktion

Die häufigen Steueränderungen mögen den Analysten so sehr beschäftigen, daß er das einzige Problem darin sieht, bei Anpassungen in den Jahresabschlüssen auch den richtigen Steuersatz anzuwenden. Diese Betrachtungsweise hat zwei Gefahren. Die nächstliegende ist, daß die Konzentration auf die Art der Vorgänge nachläßt oder ganz verloren geht. Aber das Kernstück der Analyse von Jahresabschlüssen besteht darin, die wirkliche Natur von Transaktionen zu erkennen. Sonst wird die Analyse zu einem mechanischen und gedankenlosen Prozeß, der wahrscheinlich kaum zum Investmenterfolg beiträgt.

Menschen zahlen Steuern – nicht Gesellschaften

Die zweite und noch größere Gefahr besteht darin, daß man Steueränderungen lediglich als Addition oder Subtraktion vom Ergebnis unterm Strich auffaßt. Diese Perspektive besagt im Ergebnis, daß es die Gesellschaften sind, die Steuern zahlen. Aber die Gesellschaften sind nur menschliche Konstruktionen – eine einfache Art, wie man Gruppen von Personen zum gemeinsamen Handeln bringt und sie organisiert. Das analytische Problem bei einer Steueränderung ist: „Wer wird letztlich die Steuern zahlen oder den Gewinn aus der Verringerung haben?" Es gibt nur drei Möglichkeiten: Die Aktionäre, die Angestellten oder die Kunden. Einer oder mehreren dieser Gruppen wird das Ergebnis einer Steueränderung zugute kommen oder zur Last fallen. Die Steuerreform von 1986 beispielsweise beseitigte den Investment Tax Credit, verringerte die Vorteile beschleunigter Abschreibung und senkte den Steuersatz auf ordentliche Erträge. Eine simple Betrachtungsweise nahm an, daß anlagenintensive Gesellschaften leiden würden, während solche Gesellschaften, die bis jetzt mangels Tax Credit und beschleunigter Abschreibung den vollen Satz zahlten, den Nutzen haben würden. Die Analyse muß viel weiter gehen. Wenn die anlagenintensive Gesellschaft unter scharfem ausländischem Wettbewerb steht, ist sie nicht in der Lage, die Steuer an ihre Kunden weiterzugeben. Aber je nach ihrer Stellung im Arbeitsmarkt ist sie unter Umständen in der Lage, einen Teil der Steuererhöhung auf ihre Arbeiter abzuwälzen. Wenn das nicht möglich ist, geht der gesamte Betrag zu Lasten des Ergebnisses unterm Strich, und die Aktionäre werden die volle Last tragen. Wenn eine Gesellschaft die Stellung eines Oligopols hat, weil beispielsweise Patente und eine unelastische Nachfrage nach ihren Produkten besteht, kann sie in der Lage sein, alle Steuerbelastungen auf ihre Kunden abzuwälzen und alle Vorteile für ihre Aktionäre zu behalten. Sicherlich werden viele Gesellschaften eine Weile benötigen, ehe sie die Steuerlasten oder -vorteile an bestimmte Gruppen weitergeben können – Aktionäre, Arbeiter oder Konsumenten. Aber eine gute Analyse der relativen Verhandlungsposition jeder Gruppe wird zeigen, wer wahrscheinlich der letzte Steuerzahler ist. Die Menschen zahlen Steuern, nicht legale Fiktionen wie Gesellschaften.

Kapitel 18
Analyse von Bilanzen

Die Bilanz

Die Bilanz verdient mehr Aufmerksamkeit als Wall Street ihr seit vielen Jahren zuwendet. Sechs Arten von Informationen und Hinweisen kann der Investor aus der Untersuchung einer Bilanz gewinnen:

1. Information darüber, wie das Kapital investiert ist und wie die Kapitalstruktur zwischen bevorrechtigten Wertpapieren und Aktien aufgeteilt ist
2. Stärke oder Schwäche der Position beim Nettoumlaufvermögen
3. Übereinstimmung mit den Gewinnen, wie sie in der Gewinn- und Verlustrechnung angegeben sind
4. Daten, um den wirklichen Erfolg und das Gedeihen des Unternehmens zu prüfen, nämlich den Betrag, der auf das investierte Kapital verdient wurde
5. Die Basis, um die Quellen des Ertrages zu analysieren
6. Die Basis für eine langfristige Untersuchung des Verhältnisses zwischen Ertragskraft und Vermögenswerten und der Entwicklung der finanziellen Struktur

Darstellung der Bilanz

Die konventionelle Bilanz zählt alle Vermögenswerte auf der linken Seite auf, und die Verbindlichkeiten, das Kapital und den Bilanzgewinn bzw. die Rücklagen auf der rechten. (In England sind die beiden Kolonnen vertauscht.) Alternative und manchmal besser informierende Methoden der Darstellung finden sich gelegentlich in Geschäftsberichten; sie versuchen, die Zahlen für (Eigen-)Kapital und die Rücklagen dadurch zu entwickeln, daß sie die Verbindlichkeiten von den Vermögenswerten abziehen; sie zeigen auch ein besseres Bild des Nettoumlaufvermögens, indem sie die kurzfristigen Verbindlichkeiten direkt unter dem Umlaufvermögen aufführen. In manchen Geschäftsberichten erscheint diese Darstellung unter der Überschrift „Statement of Financial Condition" (Darstellung der finanziellen Situation) und wird zusätzlich zu der konventionellen Bilanz gegeben.

Obwohl die Darstellungsweise eine Sache des persönlichen Geschmacks ist, empfehlen wir, daß der Analyst mit der Darstellung in Figur 18.1 experimentiert.

Kapital:		
Langfristige verbriefte Verbindlichkeiten		114 200 $
sonstige Verbindlichkeiten		77 300 $
aufgeschobene Ertragssteuern		81 700 $
2 Dollar wandelbare Vorzugsaktien, Pariwert 1 $		
165 143 Stück bewertet mit 50 $		8 300 $
Gesamte vorgehende Ansprüche		281 500 $
Stammaktien (138 048 132 Stück ausstehend)		2 278 800 $
Gesamte Kapitalmittel		2 560 300 $
Repräsentiert durch:		
Umlaufvermögen	2 502 200 $	
abzüglich kurzfristige Verbindlichkeiten	997 000 $	
Nettoumlaufvermögen		1 505 200 $
mittelfristige Vermögenswerte (nettto)		129 300 $
Sachanlagevermögen (brutto)	1 482 400 $	
abzüglich Abschreibung	(556 600) $	
Sachanlagevermögen (netto)		925 800 $
Insgesamt		2 560 300 $

Figur 18.1: Umgruppierte Bilanz der Bristol-Myers Company per 31. Dezember 1985 (in Tausend Dollar)

Wir wollen die Methode dadurch erläutern, daß wir die Bilanz per Dezember 1985 für Bristol-Myers Company neu fassen und dabei auch Anpassungen vornehmen: Aussonderung von 163,9 Millionen Dollar für Goodwill und Neubewertung der Verbindlichkeiten aus Vorzugsaktien und zwar von dem Pari-Wert von 1 $ auf einen realistischeren Liquidationswert von 50 $. Die einzelnen Posten in den verschiedenen Kategorien sind zusammengefaßt.

Umlaufvermögen und kurzfristige Verbindlichkeiten (Current Assets and Liabilities)

Wir gehen davon aus, daß der Leser mit der Buchführung vertraut ist, und werden daher nicht alle Posten in der Bilanz im einzelnen erörtern, sondern lediglich jene Aspekte, die besondere Kenntnisse oder – häufiger – eine besondere Betrachtungsweise durch den Analysten erfordern.

Kapitel 18: *Analyse von Bilanzen*

Definition von Umlaufvermögen und kurzfristigen Verbindlichkeiten

Gesellschaften, die im Bereich von Produktion, Verteilung und Großhandel tätig sind, sowie einige Dienstleistungsbetriebe haben „klassifizierte" („classified") Bilanzen: Ihre Vermögenswerte und Verbindlichkeiten werden unterschieden in Umlaufvermögen (Current Assets) und kurzfristige Verbindlichkeiten (Current Liabilities) einerseits und Anlagevermögen (Non Current Assets) und langfristige Verbindlichkeiten (Non Current Liabilities) andererseits. Normalerweise haben Versorgungsbetriebe, Banken, Versicherungsellschaften und andere Finanzgesellschaften keine solchen „klassifizierte" Bilanzen. Umlaufvermögen und kurzfristige Verbindlichkeiten sind Vermögensgegenstände und Verbindlichkeiten, die kurzfristig in Geld umgewandelt oder mit Geld bezahlt werden sollen, genauer: Innerhalb einer Frist von 12 Monaten oder im Verlauf des Betriebszyklus, je nachdem, was länger ist. Beispielsweise muß Zigarettentabak normalerweise drei Jahre lagern, ehe er verkauft wird. Vorräte an Zigarettentabak würden also als Umlaufvermögen behandelt werden. Ähnlich müssen Weine und Liköre lagern, und auch langfristige Konstruktionsprojekte und ähnliches sind „Umlaufvermögen" (im amerikanischen Sinne: Current Assets), obwohl sie nicht innerhalb von 12 Monaten in Zahlungsmittel umgewandelt werden, sondern über eine längere Zeitdauer. Für Verbindlichkeiten allerdings geht die vorherrschende Praxis dahin, nur das 12-Monatskriterium zur Einstufung zu benutzen, auch wenn eine Verbindlichkeit eindeutig Teil des Betriebszyklus ist. Beispielsweise würde eine Verbindlichkeit zur Anzahlung oder Hinterlegung für einen langfristigen Bauvertrag typischerweise nicht als kurzfristige Verbindlichkeit (Current Liability) eingestuft werden.

Umlaufvermögen und „Duration" (Dauer)*

Die Einstufung eines Vermögenswertes als Umlaufvermögen oder Anlagevermögen dient in einer gewissen Weise dazu, die Geschwindigkeit zu bezeichnen, mit der der Gegenstand im normalen Geschäftsverlauf voraussichtlich in flüssige Mittel umgewandelt werden kann. Duration (Dauer) ist ein Maß des Risikos, in gewisser Weise verwandt der Fälligkeit. Die Duration von Forderungen aus Außenständen mag eine Angelegenheit von Tagen oder wenigen Monaten sein. Die Duration von Vorratsvermögen mag zwischen Monaten und mehreren Jahren liegen. Für das Anlagevermögen und langfristige Verbindlichkeiten wird die Duration in Jahren oder Dekaden gemessen.

Duration und Risiko

Das Risiko, das mit Vermögenswerten von langer Duration verbunden ist, ist offensichtlich, wenn es sich um Obligationen handelt: Je langfristiger die Obligation

---

*) Anm. des Übersetzers: Die „Duration" ist normalerweise ein Begriff aus der Welt der Obligationen, vgl. Kap. 23.

ist, umso größer sind die Kursschwankungen als Ergebnis einer bestimmten Änderung bei den Zinssätzen. Obwohl dieses Risiko weniger sichtbar im Falle von Anlagen und Ausrüstungen ist, besteht es genauso. Anlagen und Ausrüstungen haben einen Verkaufswert, der in gewissem Sinne den durchschnittlichen abgezinsten Gegenwartswert von künftigen Mittelzuflüssen repräsentiert, ähnlich wie eine Obligation. Die Gegenstände des Umlaufsvermögens tragen zur Liquidität bei. Das Verhältnis des Umlaufvermögens zu dem Gesamtvermögen ist offensichtlich ein Maß des Risikos. Je länger die Zeit, ehe ein Vermögensgegenstand wieder in der Form von flüssigen Mitteln erscheinen wird, desto größer die Wahrscheinlichkeit, daß etwas schiefgeht. Der Analyst wird daher das Umlaufvermögen untersuchen, das Verhältnis des Umlaufvermögens zu dem Gesamtvermögen und die Liquidität zweiten Grades (Current Ratio, das Verhältnis des Umlaufvermögens zu den kurzfristigen Verbindlichkeiten, Kap. 19). Er wird sie sowohl unter dem Gesichtspunkt des Risikos als auch der Liquidität bewerten.

Umlaufvermögen

Flüssige Mittel

Zum Umlaufvermögen (Current Assets) gehören die flüssigen Mittel, d. h. das Bargeld und die gleichstehenden Zahlungsmittel (Cash and Equivalents), Forderungen und Vorräte. Gewisse flüssige Mittel, meist in der Form von Regierungsobligationen, werden manchmal von den Gesellschaften ausgesondert und nicht unter dem Umlaufvermögen ausgewiesen. Manchmal werden sie gehalten, um Verbindlichkeiten abzudecken, die nicht als kurzfristig ausgewiesen sind.

Beispiel: Am Jahresende 1985 zeigte die Bilanz von IBM unter dem Anlagevermögen einen Posten „Investments und andere Vermögenswerte". Eine Fußnote besagte, daß es sich um 503 Millionen Dollar festverzinsliche Wertpapiere der USA handelte. Fälligkeiten waren nicht angegeben.

Flüssige Mittel im Portfolio müssen mitberücksichtigt werden

Wenn Gesellschaften ein Portfolio von Investmentwertpapieren haben, kommt es vor, daß flüssige Mittel als Teil des Portfolios vorhanden sind, aber unter Anlagevermögen erscheinen. Es gibt keine formale Definition des Ausdrucks „flüssige Mittel" (Cash Items). Wir halten es für sinnvoll, unter dem Umlaufvermögen Zahlungsmittel zu erfassen und ferner solche Mittel, die zeitweilig in kurzfristigen, erstklassigen Investmentmedien (sogenannte „Cash Equivalents") angelegt sind, wenn sie sich in Kontrolle der Gesellschaft befinden.

Pensionsvermögen muß ausgesondert werden

Aber auch wenn wir den Pensionsfonds der Gesellschaft zum Zwecke bestimmter Berechnungen in die Bilanz der Gesellschaft konsolidiert haben, würden wir die

Zahlungsmittelposten des Pensionsfonds nicht als Umlaufvermögen einstufen. Zwar könnte eine Gesellschaft eine „Vermögensrückumwandlung" (Assett Reversion) von überschüssigem Vermögen aus dem Pensionsfonds vornehmen. Aber der Prozeß ist kompliziert, erfordert Zustimmung der Pension Benefit Guarantee Corporation und dauert im Zweifel sehr lange. Wegen der fehlenden jederzeitigen Zugriffsmöglichkeit auf diese flüssigen Mittel halten wir es nicht für sinnvoll, sie mit den sonstigen Zahlungsmitteln der Gesellschaft zusammenzurechnen..

„Compensating Balances" („Mindestkontostände") sind unter Umständen nicht verfügbar

Der Analyst sollte sich darüber klar sein, daß Bankguthaben nicht immer „verfügbar" sind. Einige Bankdarlehen enthalten eine Vereinbarung, daß die Gesellschaft *jederzeit* „Compensating Balances" (Mindestkontostände) von beispielsweise 10 % der Kreditlinie plus weiteren 10 % des tatsächlichen Überziehungskredites hält. Die Bank mag sogar darauf bestehen, daß diese Gelder in einem zinslosen Terminkonto (Certificate of Deposit) gehalten werden. In anderen Fällen besteht die Erfordernis einer „Compensating Balance" lediglich darin, daß das Nettoumlaufvermögen der Gesellschaft auf einem bestimmten Niveau gehalten wird. In jedem Falle können Zahlungsmittel, die irgendeine Form von Compensating Balance darstellen, nicht immer zur Bezahlung von Verpflichtungen benutzt werden. Die Offenlegung der Verträge und Bedingungen in bezug auf Compensating Balances verbessert sich allmählich.

Rückkaufswert einer Lebensversicherung

Der Rückkaufswert von Lebensversicherungspolicen – manchmal ein erheblicher Posten – wurde früher meist als Teil des Umlaufvermögens ausgewiesen, aber jetzt erscheint er fast stets als Anlagevermögen. Der Analyst kann einen solchen Posten, wenn er wichtig ist, durchaus zum Umlaufvermögen rechnen, wenn er bestimmte Berechnungen vornehmen will, zum Beispiel den Wert des Umlaufvermögens (Current Asset Value) je Aktie finden will.

Forderungen (Receivables)

Forderungen aus der laufenden Geschäftstätigkeit (Trade Receivables, Customer Receivables)**) abzüglich Abschlägen für Ausfälle werden unter dem Umlauf-

---

**) Anm. des Übersetzers: Es handelt sich hier also um die Forderungen aus Lieferungen und Leistungen und eventuelle „Notes" aus solchen Verpflichtungen, vgl. oben Kap. 15 Anm. [2a]). „Notes" sind „Promissory Notes" („Abstraktes Schuldversprechen", „Sola-Wechsel", vgl. Barron's Dictionary of Banking Terms unter „Note" und Dictionary of Business Terms unter „Notes Reveivable").

vermögen ausgewiesen, auch wenn das Zahlungsziel weit über ein Jahr hinausreicht, zum Beispiel im Falle von Wechseln und Schuldscheinen bei Ratenzahlungen (Installment Notes). Solche Ratenzahlungsschuldscheine werden oft an Finanz- oder Faktoringgesellschaften oder Banken verkauft; dabei wird ein teilweiser oder voller Rücklauf vereinbart, das heißt der Verkäufer ist ganz oder teilweise finanziell verantwortlich bei Nichtzahlung. Der Betrag solcher Rücknahmeverpflichtungen und, falls bekannt, die noch nicht eingegangenen Beträge werden in einer Fußnote ausgewiesen. Manche Analysten addieren diese beiden Beträge sowohl zu den Außenständen als auch zu den kurzfristigen Verbindlichkeiten, um einen besseren Überblick über die finanzielle Situation der Gesellschaft zu erlangen. Nehmen Sie folgende Situation an:

1. Die Rücklaufvereinbarung ist begrenzt, nehmen wir an auf 10 % der Forderungen
2. Der Erfahrungssatz der Gesellschaft mit uneinbringlichen Forderungen lag wesentlich unter 10 %
3. Der Käufer der Forderungen hat kein Recht, den Verkäufer insgesamt zum Rückkauf zu zwingen

Unter diesen Umständen glauben wir, daß man nur den zu erwartenden Rücklaufverlust, höchstens die 10 % als Vermögenswert bzw. als Verbindlichkeit betrachten sollte. Konservative Buchführung verlangt nicht, daß Verbindlichkeiten ausgewiesen werden, wenn man sie dadurch vermeiden kann, daß man einfach nein sagt.

„Niemals einen Verlust zeigen"

Andere Transaktionen haben nicht den Sinn, Vermögenswerte und Verbindlichkeiten aus der Bilanz zu entfernen, sondern, umgekehrt, sie dort zu belassen, um den Ausweis eines Verlustes zu vermeiden. Solche Transaktionen sollen nichts offenlegen, sondern etwas verbergen, und angemessene Berichtigungen in diesem Falle sollten als Triumph des Analysten angesehen werden.

Angemessenheit von Verlustreserven

Wo die Forderungen eine große Rolle im Geschäft der Gesellschaft spielen, muß man die Reserve für uneinbringliche Forderungen und die Aufwendungen für die Einziehung besonders untersuchen. Wenn der Geschäftsbericht keine ausreichende Information bietet, sollte der Analyst Teil VIII des 10-K-Berichtes einsehen. Man sollte mit anderen Gesellschaften auf demselben Gebiete Vergleiche ziehen. In extremen Fällen mag der echte Wert der Forderungen erheblich zu hoch bemessen sein. Denken Sie daran, daß Verluste aus gewährten Krediten zyklisch sind. Wahrscheinlich werden sie steigen, wenn die Forderungen am Tiefpunkt einer Rezession fällig werden, während die Verluste bei einem Konjunkturaufschwung abnehmen.

Kapitel 18: *Analyse von Bilanzen*

Beispiel: Hilton Hotels Corporation zeigte unter VIII des 10-K-Berichtes „Wertberichtigung und Qualifizierung von Konten", die folgende Information über die Absetzungen für zweifelhafte Forderungen:

Jahr	als Aufwand belastet	Entnahme aus den Reserven
1985	4 716 000 $	2 679 000 $
1984	2 037 000 $	3 080 000 $
1983	2 055 000 $	4 856 000 $

Das sehr unterschiedliche Ergebnis der Gesellschaft bei der Einziehung der Forderungen hing im wesentlichen mit ihren Kasinobetrieben zusammen. In den Aufwandsposten der Gesellschaft waren die tatsächlichen Verlusterfahrungen 1983 und 1984 erheblich zu niedrig bewertet; das wurde 1985 teilweise wieder ausgeglichen. Die Zahlen für Aufwendungen zeigen genau den umgekehrten Trend wie die Verluste, die stark nach unten zeigten. Angesichts der Erfahrungen von ziemlich großen Verlusten im Jahre 1983 würde jedoch der Analyst wahrscheinlich bezweifeln, ob der Rest im Konto am Ende 1984 (in Höhe von 3 139 000 $) einen ausreichenden Sicherheitsspielraum bot. Offenbar kam die Gesellschaft zu demselben Schluß. Ende 1985 wurde die Reserve für zweifelhafte Forderungen auf 5 174 000 $ erhöht.

Vorräte

Die Beträge für Vorräte werden zunehmend unterteilt in solche für Rohmaterial, unfertige und fertiggestellte Güter. Diese zusätzlichen Einzelheiten erlauben die Anwendung neuer analytischer Techniken, insbesondere Schlußfolgerungen über das Folgende:

– Umschlag der fertigen Güter (die einzigen, die letztlich verkauft werden!)
– Die Politik der Gesellschaft zur Rohmaterialversorgung
– Die Fähigkeit der Gesellschaft, Preisänderungen bei Rohmaterialien vorwegzunehmen
– Wirtschaftlichkeit der Produktion oder Probleme damit

Die LIFO-Reserve ist bei den meisten Kennzahlen zu berücksichtigen

Wenn die Vorräte nach der LIFO-Methode zu Buche stehen, sollte die LIFO-Reserve wieder addiert werden, wenn man solche Kennzahlen wie Umlaufvermögen je Aktie, Eigenkapitalrentabilität, Gesamtkapitalrentabilität und tatsächlicher (physischer) Umschlag der Vorräte berechnet. Wenn es allerdings darum geht, die Gewinnspanne für den Umsatz des nächsten Jahres oder die Auswirkungen der

„Lageninvasion" auf den Jahresüberschuß zu projizieren, wird der Analyst besser die Vorräte auf der LIFO-Basis belassen.

Zweifelhafte Posten im Umlaufvermögen

Die Regeln für die Einstufung von Wirtschaftsgütern als Umlaufvermögen sollten verengt werden, um einige der etwas zweifelhafteren Posten auszuschließen. Beispielsweise erscheinen manchmal abschreibbare Anlagegüter, wie etwa Planierraupen, als Teile des Umlaufvermögens, weil sie bei einem langfristigen Bauprojekt benutzt werden; oder ein Wirtschaftsgut, das traditionsmäßig zum Anlagevermögen gehört, wird unter das Umlaufvermögen aufgenommen, weil die Gesellschaft „beabsichtigt", es in den nächsten zwölf Monaten zu verkaufen. Eines der Kriterien dafür, ob ein Wirtschaftsgut zum Umlaufvermögen gehört, ist, ob es Teil des Betriebszyklus ist. Wenn das so bleiben soll, bedarf es näherer Festlegung, was genau der Betriebszyklus ist. Offenbar laufen viele verschiedene Zyklen mit unterschiedlicher Länge zur selben Zeit ab. Ein Rüstungsbetrieb darf nicht den Betriebszyklus für 30 Jahre offenlassen, nur weil er weiterhin Ersatzteile für Flugzeuge oder ein U-Boot verkauft.

Beispiel: Im Geschäftsbericht von Tonca Corporation per Ende 1984 hieß es unter dem Umlaufvermögen: „Wirtschaftsgüter, die für den Verkauf bestimmt sind, (Note 7) ... 4,4 Millionen Dollar." Note 7 sagte teilweise: „Im Laufe des Geschäftsjahres 1984 wurden die Bürogebäude und Produktionsbetriebe in Springpark und Mound, Minnesota zum Verkauf bestimmt." Der Käufer hatte für drei Jahre ein bedingtes Rücktrittsrecht. Die Grundstücke wurden in der Tat im Februar 1985 für etwa 5 Millionen Dollar verkauft.

Finanzierung außerhalb der Bilanz

Gesellschaften werden gerne Verbindlichkeiten aus ihrer Bilanz los. Um das zu erreichen, müssen sie auch Vermögenswerte entfernen. Achten Sie auf entsprechende Konstruktionen, deren Zweck darin besteht, Verbindlichkeiten loszuwerden, die aber dabei zugleich Vorräte oder Forderungen mit entfernen mögen. Diese Praxis hat sich soweit ausgebreitet, daß ein ganz neues Buchführungsvokabular im Zusammenhang damit entstanden ist, wie etwa:

- „Nonsub Sub" („Tochtergesellschaft, die keine ist", vgl. Kap. 16)
- „Tax-deductible Preferred"
- Collateralized Mortgage Obligations (CMOs, durch Hypothekenbündel gesicherte Obligationen)
- Collateralized Automobile Receivables (CARs, Forderungen aus Autoverkäufen mit „Sicherungsabtretung")
- Nonsale Sale (Verkauf, der keiner ist)

Kurzfristige Verbindlichkeiten

Zu den kurzfristigen Verbindlichkeiten (Current Liabilities) gehören alle, die in einem Jahr fällig werden oder – jedenfalls in der Theorie, wenn auch nicht in der Praxis – die während des Betriebszyklus fällig werden. Dazu gehören auch die im laufenden Jahr fällig werdenden Teile einer Serienobligation oder eines Serienschuldscheines („Tilgungsanleihe") und in manchen Fällen der Teil einer langfristigen Obligation, der innerhalb des Jahres durch die Tätigkeit eines Tilgungsfonds zurückgekauft werden soll. Gewisse mittelfristige Verbindlichkeiten und solche außerhalb der Bilanz sollte der Analyst als kurzfristig wieder eingliedern, wenn sie wahrscheinlich innerhalb des Jahres bezahlt werden.

Tilgungsfonds und Vorzugsaktien, die zwangsweise zurückzukaufen sind

Falls ein verbindlicher Tilgungsfond für Vorzugsaktien besteht, bedeutet das denselben wahrscheinlichen Mittelabfluß wie bei einem Tilgungsfond für Obligationen oder bei Fälligkeit einer Obligation. Wenn der Betrag erheblich ist, sollte der Teil der Vorzugsaktien, der innerhalb von 12 Monaten zurückzukaufen ist, zu den kurzfristigen Verbindlichkeiten addiert werden und von dem noch offenstehenden Anteil der Vorzugsaktien abgezogen werden. Zwar ist ein Anspruch auf das Tätigwerden eines solchen Tilgungsfonds rechtlich weit unterhalb des Anspruchs einzustufen, den fällige Verbindlichkeiten oder Steuern geben. Aber die Brauchbarkeit des Begriffs der kurzfristigen Verbindlichkeiten ist größer, wenn alle bekannten Mittelabflüsse der kommenden zwölf Monaten einbezogen werden. Wenn der Mittelabfluß wahrscheinlich ist, sollte man die wirtschaftliche Substanz und nicht die rechtliche Form zugrunde legen.

Ausgleich von fällig werdenden Steuern mit Steuervorauszahlungsnoten

Der große Umfang der Ertragssteuerverbindlichkeiten hat eine Einrichtung geschaffen, die teilweise die Liquidität (2. Grades, Current Ratio, siehe Kapitel 19) verbessern und teilweise das übliche Staatsdefizit finanzieren helfen soll. Die Gesellschaften kaufen große Mengen von Steuervorauszahlungsnoten des Schatzamtes (US Treasury Tax Anticipation Notes), die eine geringere Verzinsung als üblich abwerfen, wenn sie bis zur Fälligkeit gehalten werden. Die Noten können jedoch zum Nennwert zur Bezahlung von Steuern des Bundes benutzt werden, und zwar zu einem Datum etwas vor der Fälligkeit; dann liefern sie eine höhere effektive Verzinsung. Infolgedessen kaufen die Gesellschaften diese Vorauszahlungsnoten nur, wenn sie sie für die Bezahlung von Ertragssteuern benutzen wollen. Die Noten dienen kraft Gesetzes der Tilgung von Steuerverbindlichkeiten, und sie müssen dazu benutzt werden, um den größtmöglichen Ertrag zu liefern. Der Analyst sollte trotzdem den Ausgleich zwischen Noten und Steuern rückgängig machen, damit er Beständigkeit und Vergleichbarkeit für die Liquiditätskennzahlen herstellt, unabhängig davon, ob im Einzelfall solche Noten gekauft worden sind oder nicht. Die hier vorgeschlagene Behandlung ist jedoch unter den Analysten kontrovers.

Anlagevermögen (Noncurrent Assets)

Sachanlagevermögen (Plant, Property and Equipment)

Der Buchwert ist normalerweise konservativ

Die Sachanlagen (Fixed Assets) werden als „Fabrikkonto", „Fabriken, Grundeigentum und Ausrüstung" (Plant, Property and Equipment = PP & E) oder als „Grundstückskonto" bezeichnet. Bei fast allen Gesellschaften stehen sie nunmehr mit konservativen Zahlen zu Buche. Die übliche Basis sind die tatsächlichen Kosten (Anschaffungskosten) abzüglich Abschreibung. Wegen der großen Inflationsauswirkungen auf die heutigen Kosten von Fabriken und Anlagen liegen die abgeschriebenen Beträge von älteren Fabriken und Anlagen meist weit unter den Kosten, die ein Austausch derselben Ausrüstung mit gebrauchter Ausrüstung erfordern würde – die abgeschriebenen (heutigen) Wiederbeschaffungskosten. Dies erklärt teilweise die Bereitschaft, selbst 1½- oder 2mal den Buchwert für eine zu erwerbende Firma zu zahlen. Wenn für die Buchführung bei der Akquisition die „Kaufmethode" benutzt wird, erhält das Sachanlagevermögen der erworbenen Gesellschaft einen neuen Buchwert, der dem „echten Wert" (Fair Value) entspricht; in den meisten Fällen liegt dieser echte Wert weit über dem vorherigen Buchwert.

Informationen über den Zeitwert

Die Information über die Preisänderungen, die von etwa 1200 Gesellschaften gefordert und von vielen anderen freiwillig geliefert wurde, zeigt die aktuellen (Wiederbeschaffungs-)Kosten. Diese Zahl kann als Maß dafür dienen, ob die Buchwerte des Sachanlagevermögens konservativ sind. Schon lange, ehe diese Information verfügbar war, pflegten die Wertpapieranalysten das Management nach dem Betrag zu fragen, zu dem die Feuerversicherung über die Fabriken und Anlagen abgeschlossen war. Falls die Zahl der Fabrikstätten gering ist, kann man sich auch die (Grund-)Steuerschätzung beschaffen und sie benutzen, um den Wert von Grundstücken und Bauten zu schätzen.

Pachtverträge

Eine Pacht (Leasehold) ist das Recht, Grundstücke für eine festgesetzte Zeit gegen die Zahlung der Pacht ungestört zu besitzen. Ein solches Recht könnte als wertvolles Vermögensrecht angesehen werden, wenn der augenblickliche Pachtwert für das gepachtete Land viel höher liegt als im Pachtvertrag vorgesehen. In den vergangenen Jahren haben Gesellschaften manchmal mehr oder weniger willkürliche Zahlen für den Wert solcher Pachtverträge eingesetzt und sie als Vermögensgegenstände in den Büchern geführt. In Zeiten finanzieller Not sind die Rechte des Pächters aber normalerweise auf gewisse enge Schadensersatzansprüche beschränkt. Ein Vermögenswert dieser Art muß deshalb als völlig immateriell angesehen werden.

Verbesserungen des Pachtgegenstandes als materielle Werte

In vielen Fällen jedoch haben Gesellschaften Gebäude auf dem Grund und Boden errichtet, den sie für lange Zeit gepachtet haben. Bei Beendigung der Pacht (bzw. etwaiger vereinbarter Verlängerung) werden die Gebäude Eigentum des Verpächters (des Landeigentümers). Technisch ist der Pächter nicht Eigentümer solcher Gebäude; sondern sie sind Teil des Pachtgegenstandes. Solche Gebäude werden in der Bilanz oft als „Verbesserungen auf den Pachtgegenstand" bezeichnet. Genau genommen müßten sie als immaterielle Güter bezeichnet werden; aber es entspricht mehr der tatsächlichen Lage, sie als materielles Investment durch den Pächter und daher als materielles Vermögensrecht anzusehen.

Mittelfristige und langfristige Vermögenswerte

Mittelfristige Vermögenswerte

Sie bestehen im wesentlichen aus drei Arten: Forderungen, die nicht zu den kurzfristig fälligen Forderungen gehören, Finanzanlagen, die nicht als Zahlungsmittelersatz (Umlaufvermögen) angesehen werden und aus „aufgeschobenen" Forderungen (Deferred Assets). Ansprüche auf Steuererstattung können solche mittelfristigen Werte sein oder auch Forderungen des Umlaufvermögens (Current Receivables), je nach dem zu erwartenden Datum ihrer Fälligkeit. Manche nicht kurzfristig fälligen Forderungen sind von Führungskräften, Angestellten oder Beteiligungsgesellschaften zu erfüllen.

Langfristige Vermögenswerte

Investments in Beteiligungen

Die meisten Investments in Tochtergesellschaften verschwinden aus der Bilanz (als Investment), dadurch, daß eine konsolidierte Bilanz aufgestellt wird, aber es gibt gewisse Ausnahmen zu dieser Regel. Einige Gesellschaften konsolidieren nicht alle ihre ausländischen Tochtergesellschaften; andere konsolidieren Tochtergesellschaften nicht, wenn es sich nicht um eine 100%ige Beteiligung handelt. Meistens werden Finanz- und Leasing-Tochtergesellschaften nicht konsolidiert. Das Investment kann in solchen Fällen auch das Eigentum an einem erheblichen Umlaufvermögen repräsentieren. Vorauszahlungen an Beteiligungsgesellschaften werden bei einer Konsolidierung üblicherweise ausgeschlossen. Wenn das nicht der Fall ist, sollten sie zusammengestellt werden als „Investments in und Zahlungen an Beteiligungen". Dann können die Dividenden oder die sonstigen Erträge dieser Beteiligungsgesellschaften zu dem gesamten Betrag in Beziehung gesetzt werden, der in sie investiert ist. Für Darlehen an Beteiligungen nach der Equity Methode werden Zinsen geschätzt und nach den Regeln über „Geschäfte mit Beteiligten" offengelegt. Das erlaubt dem Analysten ein einigermaßen richtiges Bild der Rentabilität der Beziehung.

Handelbare Wertpapiere

Die Liquidität der Gesellschaft wird durch ein Portfolio von handelbaren Wertpapieren vergrößert, wenn die Größe der betreffenden Blöcke die Liquidität nicht begrenzt. Solche Wertpapiere können zu Recht mit in das Umlaufvermögen einbezogen werden. Für einige Zwecke sollte das Portfolio von handelbaren Wertpapieren allerdings aus dem Umlaufvermögen herausgenommen werden; das gilt etwa, wenn man den normalen Bedarf an Nettoumlaufvermögen je Dollar Umsatz bei einer Produktionsgesellschaft bestimmen will. In jedem Falle muß der Analyst entscheiden, ob er die handelbaren Wertpapiere zu Börsenkursen oder zu den Anschaffungskosten berücksichtigt. Für die Bestimmung der Liquidität ist offenbar der Börsenwert entscheidend. Wenn es um die Berechnung des Ertrages auf das Investment geht (Rentabilität) und im Zähler die Börsenfluktuationen des Wertpapierportfolios nicht enthalten sind, erscheint der geringere Wert (Kosten oder Kurs) eher angemessen.

Wenn ein Kontrollrecht besteht, erscheint zweifelhaft, ob der Börsenkurs der Aktien direkt in die Bilanzanalyse der kontrollierenden Gesellschaft Eingang finden sollte. Im Ergebnis würde damit für einen wichtigen Teil des Geschäftsbetriebes der Ertragswert (Earning Power Value) ersetzt durch einen Vermögenswert. Dadurch würde der Sinn der Bilanzanalyse verfälscht, die Vermögenswerte als einen getrennten Faktor bei der Bewertung einer Gesellschaft behandelt. Es erscheint richtiger, den Wert des zugrundeliegenden Vermögensobjektes anzusetzen – und er ergibt sich aus den Gewinnen der kontrollierten Gesellschaft.

Beispiel: Ende 1985 besaß Seagram Company Ltd. 22,5 % der Aktien der E.I.Du Pont de Nemours & Company. Am 29. März 1986 wurde ein „Stillhalteübereinkommen" unterzeichnet, das eine Vereinbarung von 1981 ergänzte. Nach dem neuen Übereinkommen wird Seagram nicht mehr als 25 % von Du Pont kaufen, ausgenommen unter gewissen Bedingungen, die eine Verwässerung bedeuten würden. Seagram wird eine anteilmäßige Repräsentation am „Board of Directors" von Du Pont und seinem Finanzkomitee zugestanden, die bis 1990 verwirklicht werden soll. Du Pont wird das Recht haben, zwei Seagram Direktoren vorzuschlagen. Das Abkommen reicht bis 1999; von da an kann es mit einer zweijährigen schriftlichen Mitteilung beendet werden. Seagram weist den Besitz an Du Pont nach der Equity Methode aus. Der größere Teil von Seagram's Gewinnen stammt aus diesem Investment. Eine Analyse von Seagram unter Vermögensgesichtspunkten würde sicherlich naheliegen, den Börsenkurs des Investments zu benutzen.

Vorausleistung auf Aufwendungen und aufgeschobene Belastungen

Vorausleistung auf Aufwendungen (Prepaid Expenses, Rechnungsabgrenzungsposten, s. Kap. 15 Anm. ^{2d}))

Das sind die Beträge, die an andere für Dienstleistungen gezahlt wurden, die in der Zukunft zu erbringen sind – beispielsweise vorausgezahlte Miete und Versicherungen. Die AICPA hat vorgeschlagen, solche Vorauszahlungen als sozusagen entsprechende Posten für Außenstände in das Umlaufvermögen aufzunehmen, und sie werden jetzt im wesentlichen so behandelt. Die Auffassung des Analysten würde durch die Stellung der Gesellschaft beeinflußt werden – ob es eine weiterlaufende Firma oder eine Firma in Liquidation ist.

Aufgeschobene Belastungen

Im Gegensatz zu den Vorauszahlungen von Aufwendungen sind die aufgeschobenen Belastungen (Deferred Charges)***) Beträge, die schon gezahlt sind oder zahlbar werden und für die in der Zukunft keine Leistungen empfangen werden, die aber zu Lasten der zukünftigen Geschäftstätigkeit gehen. Dazu gehören Steuerguthaben (Tax Assets), einige immaterielle Betriebsrechte, gewisse Anlaufkosten und andere Posten. Die Kosten für Werkzeuge und Farben für Modelle, die noch nicht auf dem Markt sind, werden beispielsweise manchmal unter diesem Konto gebucht. Meistens belasten Gesellschaften solche Posten ziemlich schnell den tatsächlichen Umsätzen. Für den Analysten sind viele dieser Posten für Zwecke der Bilanzanalyse zweifelhaft. Insgesamt sind die Vorauszahlungen auf Aufwendungen und ähnliche Posten außerordentlich vielfältig in ihrer Natur und von unterschiedlicher Berechtigung. Glücklicherweise kann der Analyst die meisten von ihnen als unwesentlich ignorieren. Die größeren bedürfen sorgfältiger Untersuchung.

Das Concepts Statement Nr. 6, Elements of Financial Statements[1]), verlangt, daß alle Vermögensgegenstände „wahrscheinlichen zukünftigen Nutzen bringen". Vom Konzept her wird damit die Auffassung abgelehnt, daß bloße Aufwendungen der Vergangenheit als Vermögensgegenstände angesehen werden können, die darauf warten, mit einem zukünftigen Erlös verbunden zu werden. Wir erwarten eine Abnahme der Zahl der zweifelhaften Fälle von aufgeschobenen Belastungen, von denen manche wenig mehr sind als in der Luft hängende Verbindlichkeiten.

Beispiel: Der Geschäftsbericht 1985 von IBM zeigte eine etwas zusammengefaßte Bilanz mit einer Position „Investments und andere Vermögenswerte . . . 6,854 Millionen Dollar". Eine Tafel gab eine Aufgliederung dieser Kategorie in sieben Unterkategorien per Ende Dezember 1984 und 1985. Eine der Zeilen konnte als aufgeschobene Belastung beschrieben werden. Es handelte sich um „Programme abzüglich kumulierter Amortisation . . . 1,964 Millionen Dollar". Analysten (und Buchhalter) streiten sich, ob Computerprogramme aktiviert oder als Aufwendungen behandelt werden sollten. Ein anderer Buchungsposten war Goodwill, den fast alle Analysten absetzen würden. Noch eine andere Position betraf US-Wertpapiere, die jeder als sehr solide Vermögenswerte ansehen würde. Der Analyst muß ziemlich suchen, um die aufgeschobenen Belastungen erst einmal zu finden, und dann muß

***) Anm. des Übersetzers: „Deferred Charges" entsprechen den „aktiven transitorischen Rechnungsabgrenzungsposten", vgl. auch oben Kap. 15 Anm. [2d]) und [2e])).
[1]) Financial Accounting Standards Board, Statement of Financial Accounting Concepts Nr. 6, Elements of Financial Statements, Dezember 1985, S. 10–12 Stanford, Connecticut.

er beurteilen, ob es sich um echte Vermögenswerte oder aber um Posten handelt, die in der Gewinn- und Verlustrechnung belastet werden sollten.

Immaterielle Werte

Zu den bekannten Arten solcher Werte gehören:

- Goodwill (Firmenwert)
- Patente
- Copyrights
- Warenzeichen und Markenrechte
- Franchisen
- Lizenzen
- Aufwendungen für Organisation und Entwicklung

Diese Posten werden in Kapitel 19 erörtert.

Die wachsende Liste von mittelfristigen Verbindlichkeiten

In der Vergangenheit fielen fast alle Verbindlichkeiten in die Kategorien von 1. kurzfristigen Verbindlichkeiten oder 2. fundierten Schulden (langfristige, verbriefte Verbindlichkeiten). Diejenigen von der Art einer allgemeinen Reserve gehörten in die Rücklagen (Surplus). Der Rest war so klein im Betrag, daß er einfach zu den kurzfristigen Verbindlichkeiten addiert werden konnte. Heute steht der Analyst vor einer neuen Art von Problemen. Ein erheblicher Teil von Verbindlichkeiten paßt weder in die eine noch in die andere der beiden Gruppen gut hinein. Zumindest drei Bereiche müssen angesprochen werden:

- Finanzierung außerhalb der Bilanz
- aufgeschobene Steuern
- Vorzugsaktien

Verbindlichkeiten außerhalb der Bilanz

Dazu gehören:

- Operating Leases (Nutzungsverträge)
- Vereinbarungen über Produktfinanzierungen
- Transaktionen mit „beteiligten Parteien"
- nicht konsolidierte Beteiligungsgesellschaften und „beteiligte Parteien", die Schulden der Muttergesellschaft übernommen haben
- Eventualverbindlichkeiten aus Prozessen
- Verbindlichkeit für Pensionen und sonstige Ruhestandsleistungen

Der Analyst muß entscheiden, wie er diese Verbindlichkeiten behandelt. Diejenigen, die zu Recht in die Bilanz gehören, müssen als kurzfristige Verbindlichkeiten, langfristige Verbindlichkeiten oder Eigenkapital eingestuft werden. Zum Beispiel ist „aufgeschobenes" Gebühreneinkommen (Deferred Fee Income)[1a], das nicht erstattet zu werden braucht, keine Verbindlichkeit, und es wird am besten als Eigenkapital angesehen, wenn es um die Berechnung der Eigenkapitalrentabilität geht.

Operating Lease (Miete, Pacht)

Die Bevorzugung des Operating Lease[1b] gegenüber dem Capital Lease („Finanzierungs-Leasing") hat zwei Gründe, die in der Art der Buchung liegen. Einmal wird das Operating Lease nicht unter Vermögensgegenständen und Verbindlichkeiten in der Bilanz ausgewiesen. Im Gegensatz dazu zeigen beim Capital Lease die Bücher, daß ein Wirtschaftsgut erworben und ein Darlehen aufgenommen wurde. Zweitens entsprechen die Aufwendungen einfach den Zahlungsbeträgen, die gleichmäßig über die Laufzeit des Operating Lease verteilt sind.

Aufwendungen bei einem Capital Lease

Bei einem Capital Lease (Finanzierungs Leasing) wird das Wirtschaftsgut abgeschrieben – meist linear. Der Zinsanteil der Schuld wird nach der „Hypotheken-

---

[1a] Anm. des Übersetzers: „Deferred Income" (= „Deferred Credit, Deferred Revenue") ist das Gegenstück zu den „aufgeschobenen Belastungen" (s. o. S. 339 Anm. ***)), bereits im voraus eingegangene Beträge, die aber noch nicht für diese Periode als Ertrag auszuweisen sind, z. B. im voraus erhaltene Beratungsgebühr, erhaltene Mietvorauszahlung („passive transitorische Rechnungsabgrenzungsposten", vgl. Barron's Dictionary of Accounting Terms unter „Deferred Credit").

[1b] Anm. des Übersetzers: Ein Lease nach amerikanischem Recht gibt das Recht zur Nutzung von Immobilien oder beweglichen Sachen auf festgelegte Zeit gegen Entgelt (Barron's Dictionary of Finance and Investment Terms, unter „Lease"). Es entspricht daher der deutschen Miete, Pacht oder einem Leasingvertrag (der allerdings auch nur ein Mietvertrag mit Sonderklauseln ist, vgl. Palandt, Kommentar zum Bürgerlichen Gesetzbuch, 49. Aufl. 1990, Anm. 4 vor 535 BGB).
Das Operating Lease ist nach „deutscher" Terminologie das „Operating Leasing", gelegentlich wird es auch als „Operate Leasing" bezeichnet, seltsamerweise aber nicht richtig, nämlich als Operating Lease. Hier wird der amerikanische Ausdruck beibehalten, also vom Operating Lease gesprochen, gelegentlich auch vom Nutzungsverhältnis. Gemeint sind damit immer – entsprechend der amerikanischen weiten Bedeutung (s. o.) – nicht nur eigentliche Leasing Verträge (vom Typ „Operating Leasing"), sondern auch normale Mietverträge (meist mit längerer, fester Laufzeit) und Pachtverträge. Diese beiden Formen werden nur gelegentlich noch einmal wieder zur Erinnerung in Klammern aufgeführt. Nicht gemeint ist damit das Capital Lease, das Finanzierungs-Leasing deutscher Terminologie (z. B. ein sog. „Mietkauf"), bei dem der Leasing-Nehmer wirtschaftlich (Steuer, Abschreibung, Unterhaltung usw.) Eigentümer ist.

Methode" (Mortgage Method, vgl. Kapitel 14) wiedergegeben. In den Anfangsjahren zehrt die Zinskomponente fast die gesamte Zahlung auf, während in den letzten Jahren die Zahlung fast nur noch das Kapital betrifft und der Zinsanteil ganz gering ist. Damit sind die gesamten Aufwendungen bei einem Capital Lease (Abschreibung plus Zinsen) in den ersten Jahren höher als die Zahlungen beim Operating Lease und in den späteren Jahren niedriger. Benutzung des Capital Lease verringert also den Jahresüberschuß in den ersten Jahren und erhöht ihn in den letzten Jahren des Vertrages.

Das Capital Lease läßt sich leicht vermeiden

Die Buchführungsregeln benutzen, um zwischen Capital Lease und Operating Lease zu unterscheiden, willkürliche Merkmale: Etwa das Erfordernis, daß (Hinweis des Übersetzers: beim Operating Lease) die Dauer des Vertrages 75 % der geschätzten Nutzungsdauer des geleasten Objektes nicht übersteigen soll oder daß der Gegenwartswert der Mindestzahlungen nach dem Vertrag (Minimum Lease Payment[1c]) zu Beginn nicht 90 % des echten Wertes des Wirtschaftsgutes übersteigen soll. Es ist sehr einfach, ein Capital Lease in ein Operating Leasing zu verwandeln, indem man die Bedingungen entsprechend konstruiert. Zwei Gesellschaften mögen also wirtschaftlich gesehen dasselbe tun, aber die eine mit dem Operating Lease wird geringere Verbindlichkeiten und früheren Gewinn zeigen als die andere mit dem Capital Lease. Die verschiedenen Kennzahlen für Rentabilität, Stabilität und für finanzielles Risiko werden bei der ersten Gesellschaft besser als bei der zweiten aussehen. Aber die wirtschaftliche Substanz ist identisch.

Die alten Daumenregeln

Historisch gesehen waren die meisten gepachteten (geleasten) Gegenstände Immobilien. Die Pachtverträge waren lang mit ausgedehnten Verlängerungsmöglichkeiten. Die Praxis des Analysten bestand darin, den Pachtvertrag zu aktivieren, indem er die jährliche Pacht mit einer willkürlichen Zahl wie 10- oder später 8mal multiplizierte. Diese Technik löste ein schwieriges Analyseproblem vor allem für diejenigen, die Einzelhandelsketten untersuchten, aber sie ließ sich auch sonst anwenden. Die Berechnung gab eine gute Annäherung des Wertes der Immobilien in jenen Tagen verhältnismäßig niedriger Zinsen. Sie erlaubte echte Vergleiche zwischen den Gesellschaften, die ihre eigenen Grundstücke besaßen und Schulden in der Bilanz hatten, mit jenen, die mieteten oder pachteten und wenig oder keine ausstehenden Schulden zeigten.

[1c] Anm. des Übersetzers: Nuzungsentgelt (Miete, Pacht) ohne etwaige Zwangsvollstreckungskosten (Barron's Dictionary of Business Terms unter „Minimum Lease Payments").

Kapitel 18: *Analyse von Bilanzen*

Die Verträge von heute – kürzere Fristen zu höheren Zinsen

Heute ist ein viel höherer Anteil von Nutzungsverträgen kurzfristiger Natur und erfaßt Computer, Automobile, Maschinen und ähnliche Gegenstände mit kurzer Nutzungsdauer. Dadurch kann ein Multiplikator von 8 oder 10 den Wert für Vermögen und Verbindlichkeit erheblich zu hoch ansetzen. Glücklicherweise müssen die Gesellschaften die Mindestzahlungen für Operating Lease-Verträge für jedes der folgenden 5 Jahre und den Gesamtwert für alle folgenden Jahre in einer Fußnote angeben. Viele Gesellschaften zeigen die längeren Verträge in 5-Jahresstufen. Dadurch kann der Analyst den Vermögenswert und die Höhe der (entsprechenden) Verbindlichkeit genauer schätzen.

Zwei Darstellungen von Operating Leases

Tafel 18.1 zeigt einen Plan für die entsprechenden Zahlungen für zwei Gesellschaften – die Daten, die man braucht, um die Verträge zu aktivieren.

Tonka Corporation

Die Daten zeigen deutlich, daß Tonka Corporation verhältnismäßig kurzlebige Güter least (mietet) und daß einige dieser Verträge ziemlich bald auslaufen. Es besteht keine Schwierigkeit, den Gegenwartswert der Verträge für Tonka zu bestimmen, abgesehen von der Auswahl des Zinssatzes; es ist unnötig, Daten über zukünftige Zahlungen zu ermitteln. Alle Zahlungen sind in der Tafel angegeben. Wenn man einen Zinssatz von 15% wählt und die Zahlungen am Jahresende erfolgen, würde die unten folgende Gleichung den Gegenwartswert für die Verpflichtungen von Tonka aus den Nutzungs-(Leasing-)Verträgen zu Beginn des Jahres 1986 angeben. Der berechnete Wert der Verträge würde 1,301 Millionen

Tafel 18.1: Zukünftige jährliche Mindestzahlungen auf Operating Leases (in Mill. Dollar)

Kalenderjahr	Tonka Corporation	Mead Corporation
1986	0,6	28,9
1987	0,4	25,4
1988	0,4	17,8
1989	0,2	13,3
1990	0,1	10,5
spätere Jahre	0,0	285,6*)
Insgesamt	1,7	381,5
*) Bis 2057		

Quelle: Geschäftsbericht 1985

Dollar betragen – ungefähr 3,7mal der durchschnittliche jährliche Zahlungsbetrag für die nächsten 5 Jahre und ungefähr 2mal die Zahlung für 1986. Offenbar hätte ein Multiplikator von 8 oder 10 die Verbindlichkeiten und den Vermögenswert in extremer Weise übertrieben. Die folgenden Zahlen sind jeweils in Millionen Dollar:

$$\frac{0,6}{(1,15)} + \frac{0,4}{(1,15)^2} + \frac{0,4}{(1,15)^3} + \frac{0,2}{(1,15)^4} + \frac{0,1}{(1,15)^5} = 1,301$$

Mead Corporation

Im Falle von Mead Corporation geht es um langfristige Nutzungsverträge (Leasing-Verträge). Zumindest einer von ihnen scheint eine Lebensdauer von 72 Jahren gehabt zu haben, da die Zahlungen bis in das Jahr 2057 gehen. Wie soll ein Analyst den Wert der Verträge für die Mead Corporation schätzen? Zunächst fiele dem Analysten auf, daß einige bald auslaufende Verträge bestehen – oder kurzfristige Verträge, wir wissen es nicht. Denn die jährlichen Mindestzahlungen fallen ziemlich schnell von beinahe 29 Millionen im Jahre 1986 auf etwas über 10 Millionen Dollar im Jahre 1990. Als grobe Schätzung kann der Analyst die gesamten Zahlungen (an Miete, Pacht, Leasinggebühren) für die Zeit von 1991–2057 durch die Anzahl der Jahre teilen und erhält so eine durchschnittliche jährliche Zahlung von 4,26 Millionen Dollar. Eine Alternative bestünde darin, die gesamten verbleibenden Zahlungen von 285,6 Millionen Dollar durch die späteste bekannte jährliche Zahlung, die Zahl für 1990 von 10,5 Millionen Dollar, zu teilen. Dann wären die Zahlungen aber im Jahre 2017 bereits beendet. Das wäre ungefähr 40 Jahre zu früh. Als Kompromiß-Schätzung könnte der Analyst sich dafür entscheiden, daß die jährlichen Zahlungen weiterhin um 3 Millionen im Jahr für weitere 2 Jahre abnehmen und dann den Betrag errechnen, der der verbleibenden Zahlung von 1993–2057 entspräche. Damit würde der geschätzte Verlauf der verbleibenden Zahlungen für Mead Corporation (in Millionen Dollar) wie folgt aussehen:

1991	$10,5 - 3,0$	$= 7,5$
1992	$7,5 - 3,0$	$= 4,5$
1993–2057	$\dfrac{285,6 - 7,5 - 4,5}{65}$	$= 4,209$ jährlich

Wenn wir diese Entwicklung zugrundelegen und darauf einen 15%igen Zinssatz anwenden, ergibt sich als Gegenwartswert für Mead's Pacht-, Miet- und Leasing-Verträge ein Betrag von 84,3 Millionen Dollar. Nimmt man einen 12%igen Zinssatz an, würde das den gegenwärtigen Wert nur auf 94,8 Millionen Dollar erhöhen; unsere Projektion für die Zahlungen von Mead ergibt also keinen Gegenwartswert, der sehr empfindlich gegen Änderungen im angenommenen Zinssatz ist. Beide Zahlen betragen nur ungefähr ¼ der gesamten Zahlungen für die Nutzungsverträge

(381,5 Millionen Dollar). Annahme einer anderen Staffelung der Zahlungen könnte allerdings eine erhebliche Änderung in den Zahlen bringen. Wenn man weitere Einzelheiten der geplanten Mindestzahlungen für die Nutzungsverhältnisse von der Gesellschaft erhalten könnte, würde das dem Analysten offensichtlich mehr Vertrauen in seine Berechnungen geben können.

Die Berechnung für Mead zeigt, daß die alten, traditionellen Multiplikatoren von 8 und 10 in diesen Zeiten hoher Zinsen keine sehr gute Lösung darstellen. Die durchschnittliche jährliche Mindestzahlung für die ersten 5 Jahre betrug 19,2 Millionen Dollar, und ein Vervielfältiger von 10 ergäbe eine Schätzung, die beinahe das doppelte von den beiden Zahlen ausmachte, die wir mit Hilfe einer Abzinsungstechnik berechnet haben. Unsere Berechnung entsprach im Ergebnis einem Multiplikator von ungefähr 4.

Die Zinskomponente beim Operating Lease (Pacht, Miete)

Wenn ein Analyst die Verträge von Mead aktiviert, müssen sowohl der Vermögenswert als auch die Verbindlichkeit in der Bilanz ausgewiesen werden. Damit die Kennzahl Gesamtkapitalrentabilität (vgl. Kapitel 20, Nr. 14) nicht verzerrt wird, muß eine Zinskomponente der laufenden Zahlung (Pacht, Miete, Leasinggebühr) im Zähler (der Kennzahl Gesamtkapitalrentabilität, der Übersetzer) hinzugezählt werden, um das Vorhandensein der Lease-Verbindlichkeit im Nenner auszugleichen. Welcher Teil der laufenden Zahlung (Rent = Miete, Pacht, Leasinggebühr) sollte als Zinskomponente angesehen werden? Wir schlagen vor, daß eine vernünftige Lösung im Rahmen der Berechnung des Gegenwartswertes gefunden wird. Mead's gesamte Zahlungen für Nutzungsverträge belaufen sich auf 381,5 Millionen Dollar. Der Gegenwartswert beträgt etwa 94,8 Millionen Dollar. Das ist der Kapitalanteil der Zahlungen. Der Rest sind Zinsen. Damit ergibt sich der Bruch:

$$\frac{381,5 - 94,8}{381,5} = 75,15\%$$

Dieser Bruch könnte auf den 5-Jahresdurchschnitt der Zahlung als durchschnittliche Zinskomponente angewandt werden. Wenn diese Zahl als Ertrag auf die Zahlungsverbindlichkeit aus dem Operating Lease-Vertrag unvernünftig erscheint, könnte ein aktueller Zinssatz auf den Gegenwartswert der früher auslaufenden Verträge angewandt werden und ein Zinsanteil, der wie oben berechnet würde, auf die länger laufenden Nutzungsverhältnisse.

Sollen Operating Leases (Miet-, Pachtverträge) in der Bilanz erscheinen?

Die Frage bleibt, ob der Analyst diese Berechnungen in die Bilanz einfügen sollte. Für gewisse Zwecke bejahen wir das. Wenn man solche Kennzahlen wie Gesamtkapitalrentabilität, das Verhältnis von Schulden zu Eigenkapital („Verschuldungskoeffizient") von Schulden zu Sachanlagevermögen und Umschlag des Sachanlagevermögens berechnet, sollten idealerweise sowohl das Vermögen als auch die

Verbindlichkeiten in der Bilanz ausgewiesen sein. Bei einer Untersuchung für eine Liquidation sollten Nutzungsverhältnisse aus der Bilanz ausgeschlossen werden. Dieses Vermögen steht nur zur Verfügung, wenn die Pacht (Miete, Leasing-Gebühr) gezahlt wird, und die Verbindlichkeit kann für wesentlich weniger geregelt werden, als der Gegenwartswert des Vermögensstückes beträgt.

Praktische Schwierigkeiten

Einige Schwierigkeiten könnten den Analysten zu der Meinung veranlassen, daß die Berücksichtigung von Nutzungsverträgen (Operating Leases) in der Bilanz sich nicht lohnt. Um wirklich mit dem Capital Lease vergleichbar zu sein, müßte die Verbindlichkeit jedes Jahr nach der Hypothekenmethode verringert werden, während der Vermögenswert abgeschrieben werden müßte, wahrscheinlich linear. Die Berechnung für einen einzigen Pacht- (Miet-, Operating Lease-)Vertrag wäre schon umfangreich. Im typischen Falle laufen jedes Jahr einige solcher Verträge aus, und neue werden abgeschlossen. Wollte man eine vernünftige Zahl für die Abschreibung berechnen, müßte man zumindest jedes Jahr die auslaufenden Verträge als getrennten Vermögenswert mit jeweils eigener Nutzungsdauer betrachten. Das erforderte nicht nur einen erheblichen Arbeitsaufwand, sondern auch entweder Informationen, die selten verfügbar sind, oder Benutzung sehr fragwürdiger Unterstellungen.

Die „Ein Drittel der Pacht-Regel" ist fragwürdig

Die Berechnungen für Zinsen und Abschreibung sind kompliziert und würden vermutlich erhebliche Irrtümer enthalten. Deshalb empfehlen einige Autoren die Benutzung eines Drittels der laufenden Zahlungen (Mieten, Pachten, Leasing-Gebühren) als Schätzung für die Zinskomponente. Mit dieser Zahl sind wir jedoch dann nicht ganz einverstanden, wenn es sich um langfristige Verträge in den ersten Jahren handelt. Pacht für ein Gebäude mit 50 Jahren Nutzungsdauer wird zum großen Teil aus Zinsen bestehen, da die lineare Abschreibung nur 2 % im Jahr betrüge.

Welche Methode soll der Analyst benutzen?

Es gibt keine insgesamt befriedigende Lösung für das Problem der Nutzungsverträge. Zu den Zweifelsfragen gehören folgende:

Abzinsungssätze

Jede Schätzung des Vermögenswertes und der Verbindlichkeit eines Operating Lease erfordert Annahme eines Zinssatzes, um den Fluß der Zahlungen abzuzinsen. Über die Lebensdauer des Vertrages liefert die Berechnung des Zinssatzes, der im Fluß der laufenden Zahlungen enthalten ist, einfach nur den angenommenen Zinssatz. Wenn daher der Zinssatz als Teil des Ertrages auf das Investment (der Gesamtkapitalrentabilität) benutzt wird, wird eine hohe Schätzung des Zinssatzes einen hohen Ertrag auf einen geringeren Investmentbetrag zur Folge haben. Ein geringerer Zinssatz wird einen geringeren Ertrag auf einen höheren Investmentbetrag zur Folge haben. Man könnte einige Vergleichbarkeit erzielen, wenn man denselben Zinssatz für alle Gesellschaften benutzt. Aber das mag zu irreführenden Ertragsvergleichen führen, da es dieselbe Antwort für Situationen liefert, die wahrscheinlich verschieden sind.

Abschreibung beim Operating Lease

Wenn man die Abschreibung schätzt, erfordert das Annahmen über die *ursprüngliche* Nutzungsdauer des Wirtschaftsgutes. Bei langlebigen Gütern können große Irrtümer bei der Schätzung der Abschreibung vorkommen.

Laufende Zahlung als Ersatz

Wenn man die laufende Zahlung (für Miete, Pacht, Leasing-Gebühr) als Ersatz für die Summe von Zinsen plus Abschreibung benutzt, erhält man keine Vergleichbarkeit mit Gesellschaften, die einen Vermögensgegenstand nach den Regeln des Capital Lease besitzen. Wenn allerdings die Gesellschaft viele Nutzungsverträge hat, die zu verschiedenen Zeiten begannen, kann man einigermaßen zu Recht annehmen, daß die laufende Zahlung ungefähr die richtige Summe von Zinsen plus Abschreibung ergibt. Außerdem benutzt diese Methode die Annahme über den Zinssatz nur für die Aufteilung der Zahlungen zwischen diesen beiden Aufwandsposten. Langfristige Nutzungsverträge sind nicht sehr empfindlich, wenn man die Annahme über den Zinssatz in bescheidenen Grenzen ändert, und kurzfristige Verträge haben eine relativ geringe Zinskomponente im Vergleich zum Betrag der Abschreibung. Wenn man also die Gesamtkapitalrentabilität vor Abschreibung berechnet und dabei die Pacht (Miete, Leasing-Gebühr) als die Summe von Abschreibung und Zinsen benutzt, erhält man wahrscheinlich ein Resultat, mit dem der Analyst leben kann.

Berechnungsregeln „über den Daumen" müssen aktuell gehalten werden

Wenn man Regeln „über den Daumen" benutzt, ist das wahrscheinlich meist akzeptabel, obwohl es sich nur um eine grobe Annäherung der Zinskomponente handelt. Wenn der Analyst diesen Weg geht, schlagen wir als angemessene Regeln unter den heutigen Verhältnissen vor:

– ein Drittel der laufenden Jahreszahlung für kurze Nutzungszeiten
– die Hälfte der Jahreszahlungen für Nutzungsverhältnisse zwischen 12–20 Jahren
– 60 % für Nutzungsverhältnisse über 20 Jahre

Wir schlagen diese Zahlen vor, weil sie mit der Zinskomponente einer Musterliste von Capital Leases übereinstimmen, wo Länge der Vertragsdauer und Art des geleasten Gegenstandes offengelegt wurden. Diese „Daumenregeln" beruhen auf

Zinssätzen, die solchen Nutzungsverhältnissen zugrunde lagen, die 1985 und in der ersten Hälfte 1986 noch nicht abgelaufen waren. Diese Regeln sollten geändert werden, wenn sich die Zinssätze ändern. Wir schlagen vor, daß Analysten, die diese „Daumenregeln" benutzen, die Zinskomponente von Capital Leases (Finanzierungs-Leasing) beobachten, vor allem bei Gesellschaften in ähnlichen Industrien.

Nichtberücksichtigung von Nutzungsverhältnissen bei Ertragsberechnungen

Eine Alternative besteht darin, Nutzungsverhältnisse überhaupt nicht zu kapitalisieren, wenn man Ertragskennzahlen berechnen will. Diese Methode benutzt die geschätzten Zahlungsverbindlichkeiten aus dem Nutzungsvertrag lediglich bei Untersuchungen über die Kapitalstruktur, die Eigenkapitalquote und ähnlichen Berechnungen, benutzt aber das Nutzungsverhältnis nicht als Teil des Nenners bei irgendeiner Ertragsberechnung (Rentabilitätsberechnung). Wenn man jedoch das Operating Lease (einschließlich Miete, Pacht) anders als ein Capital Lease behandelt, wird das oft zur Folge haben, daß identische Vermögensgegenstände verschieden behandelt werden. Nach Ablauf einiger Jahre würden viele Capital Leases nicht länger als solche angesehen werden, wenn sie neu eingruppiert würden. Sie wären jetzt ein Operating Lease, denn die Vertragsdauer betrüge nicht mehr 75 % der Nutzungsdauer, und der Gegenwartswert betrüge nicht mehr 90 % des Verkehrswertes. Vom Konzept her bestehen gute Gründe, alle diese ähnlichen Wirtschaftsgüter in der Bilanz zu berücksichtigen.

Andere Verbindlichkeiten außerhalb der Bilanz

Bei den meisten anderen Arten von Finanzierungen außerhalb der Bilanz muß der Analyst sein gutes Urteil benutzen und hat keine festen Regeln.

Vereinbarungen über Produktfinanzierung

„Rückgabe der Produkte" im Vergleich zu „Produkten in Kommission"

Zeitschriften werden oft an Zeitungsständen mit der Vereinbarung verkauft, daß nicht verkaufte Hefte zurückgenommen werden, wenn die nächste Nummer herauskommt. In den meisten Industrien würde das als Kommission und das Geld des Kunden zunächst noch nicht als Erlös, sondern als Anzahlung angesehen werden, weil man die Rückgabequote noch nicht genau schätzen kann. Das sind jedoch keine Vereinbarungen über Produktfinanzierung, die den Analysten vor Probleme stellen.

„Parken" von Vorräten

Die schwierigsten Transaktionen in bezug auf Vorräte sind Vereinbarungen, wonach Vorräte bei einer anderen Partei „geparkt" werden mit der Erwartung, daß der

"Käufer" eine Option ausüben wird, die Güter zurückzugeben, um den ursprünglichen Preis mit Zinsen zurückzubekommen. In Wirklichkeit ist das eine Darlehensaufnahme gegen Sicherheit und sollte so behandelt werden.

Geschäfte mit „beteiligten Parteien"

Viele solcher Geschäfte betreffen Darlehensaufnahme und -gewährung zwischen der Gesellschaft und einer „beteiligten Partei". „Beteiligte Parteien" (Related Parties) sind Personen und Organisationen, die oft nicht unter den Begriff von Tochter- oder Beteiligungsgesellschaften fallen:

- Trusts für die Vergabe von Lizenzen (Grantor Trusts)
- unechte Tochtergesellschaften (Nonsub Subsidiaries), deren Aktien nominell einer dritten Partei gehören oder die keine wirtschaftliche Substanz haben
- Partner in Joint Ventures
- Direktoren und leitende Angestellte
- Großaktionäre und ihre Verwandten

Solche Beziehungen werden manchmal benutzt, um im Interesse der Gesellschaft Geld aufzunehmen, ohne daß die Darlehensaufnahme in der Bilanz erscheint. Schlimmer noch, die Darlehensaufnahme mag in der Bilanz der Gesellschaft als Vorzugsaktie, normale Aktie oder als sonstiges nachgeordnetes Wertpapier erscheinen. Häufiger allerdings erscheint gar nichts in der Bilanz, aber die Gesellschaft hat das Darlehen garantiert oder andere Kreditsicherungen gegeben, wie zum Beispiel durch Versicherungen oder Kreditbriefe. Wenn der Analyst solche komplizierten Transaktionen verstehen und in seiner Analyse richtig behandeln will, kann das oft eine schwierige Aufgabe für ihn sein.

Eventualverbindlichkeiten aus Prozessen

Viele Eventualverbindlichkeiten, die mit einem Prozeß zu tun haben, werden nicht in die Bilanz aufgenommen, weil entweder das Ergebnis des Prozesses vernünftigerweise nicht abgeschätzt werden kann oder weil bei einer Schätzung das Prozeßergebnis beeinflußt werden könnte. Diese Eventualverbindlichkeiten werden normalerweise in Fußnoten erläutert, wenn auch vielleicht kein Betrag des möglichen Verlustes genannt wird.

Besteht ein Vermögenswert?

Der wirtschaftliche Hintergrund einiger versteckter Verbindlichkeiten ist der, daß die Gesellschaft in erster Linie Schuldner und Begünstigter eines Darlehens oder einer Garantie ist. Der Analyst mag zu dem Ergebnis kommen, daß eine Verbindlichkeit und möglicherweise auch ein Vermögenswert in den Büchern erscheinen sollte. Da diese Verbindlichkeiten oft gut versteckt sind, kann der Analyst solche Fälle leichter auffinden, indem er von dem Vermögenswert ausgeht, durch den die Gesellschaft Vorteile hat.

Andere Verbindlichkeiten

Fundierte Schulden

Die Eigenarten von fundierten (langfristigen, verbrieften) Schulden werden näher in Kapitel 23 und 24 erörtert.

Pensionen und sonstige Ruhestandsleistungen

Diese Verbindlichkeiten wurden in Kapitel 12 erörtert.

Pensionsverbindlichkeiten in der Bilanz

Manchmal werden in der Bilanz Pensionsverbindlichkeiten ausgewiesen, wenn wirtschaftlich gesehen in Wahrheit keine bestehen. Das kann geschehen, weil die Gesellschaft die Grenze der steuerlichen Abzugsfähigkeit erreicht hat und zunächst keine weiteren Beiträge in den Pensionsfonds entrichtet, bis sie wieder steuerlich absetzbar werden. Das kann in der Bilanz eine erhebliche Verbindlichkeit aufbauen, obwohl der Pensionsplan selbst vielleicht erheblich zu hoch ausgestattet ist und wirtschaftlich gesehen keine Verbindlichkeit existiert. Der Analyst sollte eine solche Verbindlichkeit aus der Bilanz herausnehmen und Anpassungen bei Pensionsaufwendungen, Steuern und Eigenkapital für die Jahre vornehmen, in denen die übermäßige Beitragsleistung stattfand.

Auslaufen von Pensionsplänen

Eine andere schwierige Situation in bezug auf Pensionen fängt neuerdings an hervorzutreten. Eine Gesellschaft beendet ihren alten Pensionsplan (mit fest definierten Vorteilen – Defined Benefit Pension Plan –) und ersetzt ihn durch einen neuen ebensolchen Plan; vorher hat sie für alle Verbindlichkeiten aus dem alten Plan Versicherungen gekauft und Barmittel dazu aus dem Plan entnommen. Etwaige Vermögensstücke, die im Plan verbleiben, obwohl alle Ansprüche daraus befriedigt sind, können mit Recht als Vermögenswert des Trägers angesehen werden – Vorauszahlungen auf (zukünftigen) Pensionsaufwand; und sicherlich sollten in einem solchen Falle alle etwaigen Verpflichtungen, die in den Büchern des Trägers des alten Planes noch verblieben sind, aus der Bilanz entfernt werden.

Pensionsverbindlichkeiten nach der „Buchreserve Methode"

Bis vor kurzem zahlten die meisten deutschen Tochtergesellschaften keine Gelder in ein Treuhandvermögen (Trust) für die Bezahlung von Pensionsverpflichtungen ein. Statt dessen zeigten sie nur eine Verbindlichkeit in der Bilanz – die „Book Reserve Methode" (Pensionsrückstellungen) für den Buchausweis von Pensionen.

Aufgeschobene Steuern

Die größte Gruppe von mittelfristigen Verbindlichkeiten werden sicherlich die aufgeschobenen Steuern sein. Sie wurden im einzelnen in Kapitel 17 erörtert und ihre Cash-flow-Effekte in Kapitel 15.

Verbindlichkeiten aus Vorzugsaktien

Bis vor kurzem wies die konventionelle Bilanz die Vorzugsaktien als Teil des Kapitals und der Rücklagen (Surplus) aus. Dadurch standen sie mit den (normalen) Stammaktien auf einer Stufe, als ob sie gleichberechtigte Teilhabe am Unternehmen hätten; sie waren scharf getrennt von fundierten Schulden und anderen Verbindlichkeiten. (1985 begann die SEC zu fordern, daß zwangsweise einzuziehende Vorzugsaktien außerhalb des Eigenkapitals der Aktionäre auszuweisen seien.) Am besten wird man bei der Bilanzanalyse die Vorzugsaktien zusammen mit den fundierten Schulden zusammenfassen, da beide die vorgehenden Ansprüche gegen das Vermögen ausmachen. Verbindlichkeiten in Form von Obligationen und Vorzugsaktien können zusammen unter „vorrangige Wertpapiere" (Senior Issues) eingeordnet werden. Wenn man allerdings bevorrechtigte Ansprüche analysiert, muß die nachgeordnete Stellung der Vorzugsaktien beachtet werden. Der richtige Buchbetrag für Verbindlichkeiten aus Vorzugsaktien wird in Kapitel 19 erörtert.

Rückstände von Dividenden auf Vorzugsaktien

Wenn sich nicht bezahlte Vorzugsdividenden angesammelt haben, sollte dieser Betrag deutlich in der Bilanz ausgewiesen und nicht in einer Fußnote vergraben werden. Eine gute Lösung besteht darin, den Betrag in Parenthese unmittelbar unter den Zahlen für einbehaltenen Gewinn aufzuführen oder sonst ihn zu den Verbindlichkeiten aus Vorzugsaktien zu addieren. Unter dem Blickwinkel des Stammaktionärs sind solche Ansprüche Verbindlichkeiten.

Kapitel 19

Die Vermögenswerte in der Bilanzanalyse

Vermögensgegenstände und ihre Beziehung zu Wertpapieren und anderen Ansprüchen

Wir setzen die Erörterung der Bilanz fort und befassen uns zunächst mit den Werten von Vermögensgegenständen und ihrer Beziehung zu Wertpapieren und anderen Ansprüchen

Wert von Vermögensgegenständen

Das laufende Unternehmen

Die richtige Berechnung der Vermögenswerte und ihrer Beziehung zu Wertpapieren oder Ansprüchen von Kreditgebern hängt von dem Zweck der Analyse ab. Der angehende Investor ist manchmal überrascht, daß beispielsweise der Buch- oder Nettovermögenswert für die Aktionäre völlig rechtmäßig auf verschiedene Weise berechnet werden kann, je nachdem, welche Fragen gestellt werden. Wir werden gleich eine solche Gruppe von Berechnungen untersuchen. Die Vermögenswerte sind normalerweise nicht kritisch für die Betrachtung eines weiterlaufenden Unternehmens, denn sie sollen nicht verkauft, sondern gebraucht werden. Wenn ein Analyst eine Gesellschaft als laufendes Unternehmen untersucht, will er den Gesamtinvestmentwert der Firma finden. Die Ertragskraft der Vermögenswerte *im Gebrauch* ist es, die über ihren Investmentwert entscheidet. Aber Vermögenswerte spielen doch eine Rolle bei der Analyse eines laufenden Unternehmens, denn sie sind ein Maß für das eingesetzte Kapital. Die verschiedenen Kennzahlen für den Ertrag auf das Kapital sind sehr aufschlußreich, denn sie zeigen die Effizienz, mit der das Kapital benutzt wird.

Der Vermögenswert kann den Wert übersteigen, der sich aus der Ertragskraft des laufenden Unternehmens ergibt. In diesen Fällen enthält er ein Potential für günstige zukünftige Entwicklungen und gibt einen Sicherheitsrahmen, wenn die Gewinne einbrechen. Und selbst wenn er unter dem Investmentwert liegt, ist er durchaus ein positiver Faktor, der den möglichen Verlust des Investors begrenzen kann, wenn die Gewinne zusammenbrechen.

Wert für Sicherungszwecke

Als Sicherungsobjekt betrachtet, beruht der Wert eines Vermögensgegenstandes („Beleihungswert") auf seinem potentiellen Verkaufspreis. Anspruchsberechtigte und Wertpapierhalter sind an dem Sicherungs- und Liquidationswert einer Gesellschaft interessiert. Das gilt vor allem, wenn eine volle oder teilweise Liquidation wahrscheinlich ist oder wenn Zweifel auftauchen, ob die Zahlungen auf Grund der Ertragskraft geleistet werden können.

Zusammenschluß- und Akquisitionswerte

Gesellschaften mit hohen Liquidationswerten sind oft attraktive Kandidaten für Aufkäufe. Ein Teil des Erwerbspreises kann dadurch finanziert werden, daß gegen den Sicherungswert der Vermögenssubstanz Geld aufgenommen wird. Manchmal können einige Vermögenswerte zu Beträgen verkauft werden, die ausreichen, um die gesamten Erwerbskosten zurückzuzahlen und noch Vermögenswerte und Ertragskraft für den Erwerber übrigzulassen. Gesellschaften mit großem Vermögensbestand sind interessantere Kaufobjekte, denn bei ihnen beträgt der Goodwill, den der Analyst als Vermögenswert ignoriert, weniger.

Gesellschaften, die für wesentlich weniger als ihren Vermögenswert gekauft werden können, können selbst dann attraktive Akquisitionen sein, wenn sie im Augenblick unrentabel sind. Einige oder alle Vermögenswerte können verkauft und das Kapital anderweitig eingesetzt werden, hoffentlich in einer Weise, die den Investmentwert und letztlich den Kurs der Wertpapiere erhöhen wird.

Ein Maß für das Kapital

Die Vermögenswerte einer Gesellschaft sind ihr echtes Kapital. Meistens benutzt die Wertpapieranalyse das Wort Kapital, um damit die Ansprüche von Gläubigern und Eigentümern zu bezeichnen – diejenigen, deren Interessen auf der rechten Seite der Bilanz erscheinen. Diese rechte Seite der Bilanz nennt die *Quellen* des Kapitals.

Die linke Seite zeigt, wie das Kapital unter verschiedenen Investments verteilt ist, und zeigt im allgemeinen diese Vermögenswerte zu den (noch nicht wieder hereingeholten) Beträgen, die in sie investiert wurden.

Ein Maß der Sicherheit für jede Art von Wertpapier

Der Vermögenswert ist ein Maß für die Sicherheit von Wertpapieren und Ansprüchen von Gläubigern. Zunächst werden alle vorhergehenden Ansprüche abgezogen; das übrige Vermögen steht für das bestimmte Wertpapier oder die Gruppe von Anspruchstellern zur Verfügung. Es gibt eine Reihe von Deckungskennzahlen, um den Überschuß an Deckung durch Vermögen zu bestimmen.

Die Ansprüche aus dem Eigenkapital

Die Aktionäre haben Anspruch auf die verbleibenden Vermögenswerte, nachdem alle vorhergehenden Ansprüche befriedigt worden sind.

Berechnung des Wertes des Eigenkapitals- oder Buchwertes je Aktie

Den Buchwert je Aktie findet man, indem man alle Vermögenswerte addiert, alle Verbindlichkeit und etwaige Aktien mit Vorrang vor den normalen (= Stamm-)Aktien abzieht und den Rest durch die Zahl der (Stamm-)Aktien teilt. Die Bilanz für Bristol Myers für 1985, in der Form, wie wir sie in Figur 18.1 in Kapitel 18 zeigten, führt sofort zu dem Buchwert der Aktie. Man braucht nur das dort ausgewiesene Eigenkapital durch die Anzahl der Aktien zu teilen. Im Falle von Bristol Myers beträgt die Zahl 16,51 $ je Aktie.

Die Folgen einer Verwässerung

Man muß die mögliche Verwässerung des Buchwertes berücksichtigen, wenn man den Buchwert je Aktie für folgende Fälle untersucht:

1. Das Potential der Gesellschaft bei Liquidation, Verkauf von Vermögen, Ankauf als Substanzwert (Asset Play)
2. Für jeden Fall, in dem der Buchwert als mögliche Alternative dazu gesehen wird, den Wert durch Kapitalisierung von Gewinnen auszudrücken

Der Analyst sollte immer die möglichen Kombinationen prüfen, daß Umwandlungsrechte (Wandelanleihen), sowie Warrants und Optionen ausgeübt werden, damit er den schlimmstenfalls bestehenden Verwässerungseffekt beurteilen kann.

Behandlung immaterieller Güter bei der Berechnung von Vermögenswerten

Es ist üblich, immaterielle Werte bei der Berechnung des Nettovermögenswertes oder Kapitalanteils je Aktie unberücksichtigt zu lassen. Der Ausdruck „Buchwert" ist etwas zweideutig; manchmal bedeutet er, daß damit alle ausgewiesenen Vermögenswerte gemeint sind, und manchmal sollen die immateriellen Werte ausgeschlossen sein. Wenn die immateriellen Güter völlig aus dem Buchwert ausgeschlossen sein sollen, benutzen die Analysten oft den Ausdruck materielle Nettovermögenswerte je Aktie (Net Tangible Assets per Share). Dieser Ausdruck ist nicht richtig für die Buchwertzahl, die wir empfehlen; denn wir sind dafür, alle die immateriellen Werte zu berücksichtigen, die einen bekannten oder schätzbaren Verkaufswert haben oder die einen unmittelbaren Strom von Erlösen erzeugen, wie zum Beispiel den Ertrag aus Royalties (Lizenzen, Patentgebühren, Tantiemen usw.).

1. Beispiel: Der Geschäftsbericht 1985 von Philip Morris führte Goodwill und immaterielle Güter von 4,457 Milliarden Dollar auf. Ungefähr 4,3 Milliarden Dollar war Goodwill, der linear über 40 Jahre abgeschrieben wird. Ungefähr 3,9 Milliarden dieses Goodwill ergaben sich infolge des Erwerbs von General Food. Das Eigenkapital (Net Worth) von Philip Morris Ende 1985 betrug 4,757 Milliarden Dollar. Eine sofortige Absetzung des Goodwill aus der Bilanz hätte das Eigenkapital der Aktionäre praktisch ausgelöscht.

2. Beispiel: Die richtige Behandlung irgendeines besonderen immateriellen Wertes kann sich ändern. Vor dem Transportgesetz von 1980 (Motor Carrier Act) waren Betriebsrechte, die über einen Einzelstaat hinausgingen und urspünglich von der Interstate Commerce Commission oder einer anderen lizenzgebenden Stelle erworben worden waren, ausschließliches Vermögen des Transportunternehmens. Diese Betriebsrechte konnten an eine andere Transportgesellschaft verkauft werden. Vor jenem Gesetz gab es viele solcher Käufe und Verkäufe von Transportrechten und zu Preisen, die recht gut vorhersehbar waren. Das Gesetz beseitigte die Regulierung der Industrie und machte damit die Betriebsrechte wertlos, da jedermann entsprechende Rechte kostenlos erwerben konnte, abgesehen von der geringfügigen Arbeit des Antragsverfahrens. Ein vorher wertvolles Recht war plötzlich wertlos geworden, und damit wurde der Nettowert (das Eigenkapital) einer ganzen Anzahl schwächerer Transportgesellschaften ausgelöscht.

Zu den immateriellen Rechten, die man oft in der Bilanz findet, gehören solche Posten wie Patente, Franchisen, Betriebsrechte und gekaufter Goodwill (die Kosten des Erwerbs eines anderen Konzerns, die über dem echten Wert [Fair Value] der Vermögenswerte abzüglich Verbindlichkeiten liegen. Wenn Goodwill nach dem 31. Oktober 1970 erworben wurde, wird er in Raten über nicht mehr als 40 Jahre abgeschrieben. Goodwill, der vor dem 1. November 1970 gekauft worden ist, braucht nicht abgeschrieben zu werden. Hier bleibt es der Beurteilung durch das Management überlassen, ob und über welchen Zeitraum eine Abschreibung erfolgen soll. Eine Anzahl Gesellschaften weist weiterhin ihre Werte für vor 1970 gekauften Goodwill und andere immaterielle Werte zu historischen Zahlen aus und macht keinerlei Anstalten, sie zu amortisieren.

3. Beispiel: Der Geschäftsbericht 1985 von ITT Corporation beschreibt den vor November 1970 gekauften Goodwill von 51 788 000 $ als „unamortisierbar", was nicht richtig ist, und führt diesen Betrag in dem Konto für Fabriken, Grundstücke und Ausrüstungsgegenstände (Sachanlagen).

Alternative Berechnung des Buchwertes

In den meisten Fällen kann man den Buchwert leicht aus der Passivseite der konventionellen Bilanz errechnen. Man addiert das Aktienkapital – zu pari oder dem angegebenen Wert –, die verschiedenen Rücklagenposten (Surplus Items) und eine etwaige Anpassung für Währungsumrechnungen. (Die meisten immateriellen Werte müssen von dieser Summe abgezogen werden). Dies ergibt das gesamte Eigenkapital, das dann durch die Anzahl der Aktien geteilt wird. Anpassungen können wünschenswert sein, wenn man ausgewiesene Verbindlichkeiten für Vorzugsaktien berücksichtigen muß oder Buchbeträge für Vermögenswerte und Verbindlichkeiten anpaßt, die unrichtig angegeben sind oder bekannt sind, aber in der Bilanz fehlen.

Vermögenswert und Investmentwert

Der Buchwert ist nicht der innere Wert

Die Berechnung des Buchwertes für das Eigenkapital ist nicht beabsichtigt, um den „echten Wert" der Aktien zu zeigen; wäre das der Fall, müßten die immateriellen Werte vieler Gesellschaften mit einer sehr hohen Summe berücksichtigt werden. Der Buchwert ist nur einer von vielen „Werten", mit denen sich der Analyst auseinandersetzen muß, und es ist sicherlich nicht der Börsenwert der Aktie oder ihr innerer Wert oder ihr Liquidationswert. Es ist nur der Nettovermögenswert des Buchhalters und das noch nach verschiedenen Anpassungen durch den Analysten. Es ist nur ein Schritt auf dem Wege, um den Investmentwert oder „inneren Wert" zu bestimmen. Bei dem Erwerb bestimmter Nahrungsmittelgesellschaften wie Nabisco oder General Foods wurden sehr hohe Prämien über den Buchwert hinaus gezahlt. Das ist Beweis genug, daß gut eingeführte Markennamen echte wirtschaftliche Werte von erheblicher Bedeutung sind. Dieser Wert kann erhalten werden durch Anzeigenkampagnen, Verkaufsförderung, Aufrecherhaltung der Produktqualität und andere Maßnahmen. Der Wert mag über die Jahre erhalten bleiben oder sich sogar noch erhöhen. Der *Buchwert, Vermögenswert oder Nettowert, (Book Value, Asset Value, Net Worth),* der in diesem Abschnitt erörtert wird, ist nur ein einziger Faktor in dem gesamten Wertbild. Für diesen begrenzten Zweck beschränken wir uns auf die verschiedenen Kategorien von materiellen Vermögenswerten und die wenigen immateriellen Werte, die einen Liquidationswert oder einen anderen meßbaren Wert haben. Der *echte Wert* von Goodwill, Handelsnamen, Kundenbeziehungen und ähnlichen immateriellen Gütern ist untrennbar verbunden mit dem *Wert der Gewinne,* die sie produzieren.

Praktische Bedeutung des Buchwertes

Die Finanzdienste berechnen aus den veröffentlichten Bilanzen regelmäßig den Buchwert der Aktien, aber er wird selten benutzt, um direkt den Wert zu messen. Seine unmittelbare Bedeutung ist auf einige wenige typische Situationen beschränkt:

- *Öffentliche Versorgungsbetriebe.* Bei den Aktien öffentlicher Versorgungsbetriebe können die Gebühren, die die Aufsichtsbehörden zulassen und die Grundlage der Ertragskraft sind, durch die Vermögenswerte entscheidend beeinflußt werden. Das geht soweit, daß sie in die Berechnungsbasis für die Gebühren Eingang finden. Normalerweise werden sie nach den ursprünglichen Kosten berechnet, obwohl in einigen wenigen Aufsichtsbezirken der „angemessene Wert" benutzt wird.
- *Finanzgesellschaften.* Die Vermögenswerte von Finanzgesellschaften wie Banken, Versicherungs- und Investmentgesellschaften sind fast alle so liquide, daß ihr Wert – in unterschiedlichem Ausmaß – in Investmententscheidungen über ihre Aktien einfließt.
- *Eigenkapitalrentabilität.* Der Buchwert ist nützlich, wenn man die Eigenkapitalrentabilität berechnet. Wenn diese Zahl auf die Dauer stabil bleibt, kann man daraus zusammen mit der Auszahlungsrate für Dividenden („Ausschüttungsquote") einige Schlüsse über das Wachstum ziehen, das intern finanziert werden kann.
- *Substanzwerte und Liquidationswerte.* Wenn man Übernahmekandidaten, sogenannte Asset Plays, aufspüren und den Liquidationswert einer Gesellschaft schätzen will, muß man in gewissem Umfange Buchwerte benutzen. Allerdings sind die Buchwerte weitgehend als wieder zu erlangendes Investment im Rahmen eines fortlaufenden Unternehmens ausgestaltet. Deshalb ist der Buchwert nur eine erste Annäherung. Außer den üblichen Anpassungen des Wertpapieranalysten würde man auch Schätzungen des augenblicklichen Wertes von individuellen Vermögensgegenständen benötigen, um die Genauigkeit der Zahlen zu verbessern.
- *Aktienbewertungsmodelle.* Es gibt eine begrenzte mechanische Benutzung des Buchwertes in einigen Kursmodellen für Aktien, obwohl diese Modelle nicht oft benutzt werden.

Vermögenswert und Ertragskraft sind voneinander unabhängig

Für die meisten Industriegesellschaften und die Eisenbahnen scheinen Buchwerte bei einer direkten Bewertung nur selten benutzt zu werden. Aktien werden sowohl zu hohen Vielfachen, aber auch zu kleinen Bruchteilen des Buchwertes gehandelt, ohne daß das große Aufmerksamkeit erregt. Beispielsweise notierten Marion Laboratories Inc. im April 1986 bei 63 $, während der neueste Buchwert 4,17 $ je Aktie betrug. Zur selben Zeit notierte Data Point Corp. bei 5½ $, während der Buchwert 14,92 $ betrug.

Wir stimmen mit der herrschenden Meinung überein, daß Vermögenswerte nicht der Hauptfaktor bei der Bestimmung von Investmentwerten sind. Aber das heißt nicht, daß es klug oder sicher wäre, dieses Teilstück der Analyse ganz aus den Augen zu verlieren. Eine Erörterung hierüber findet sich in Kapitel 23 und 24 über die Bewertung von Obligationen und Vorzugsaktien und in Kapitel 34 über den Vermögenswert bei der Bewertung von Aktien.

Vorbereitung der Bilanz für die Analyse der Vermögenswerte

Tafel 19.1 zeigt die Kapitalisierung (mit Anpassungen) von American Brands Inc. am Jahresende 1985.

Tafel 19.1: Kapitalisierung (mit Anpassungen) von American Brands per 31.12.1985

	Dollarwert (in Millionen)	Prozent
Schuldscheine und Wechselverpflichtungen gegenüber Banken	243,2	6,6
Commercial Paper	138,7	3,8
Langfristige verbriefte Verbindlichkeiten	748,7[1]	20,4
Operating Leases	95,7[2]	2,6
Gesamte Verbindlichkeiten	1 226,3	33,4
Aufgeschobene Ertragssteuern	323,5[3]	8,8
2,75 $ Vorzugsaktien, nicht pari, ausgewiesen zum vorgeschriebenen Rückkaufkurs von 30,50 $ (4 507 528 Vorzugsaktien)	137,5	3,8
2,67 $ wandelbare Vorzugsaktien, nicht pari, ausgewiesen zu 30,50 $ (Vorzugsbetrag bei einer Liquidation) (1 552 328 Vorzugsaktien)	47,3	1,3
Eigenkapital der Stammaktionäre nach Abzug von 641,8 Millionen $ Goodwill	1 930,0[3]	52,7
Gesamte Kapitalstruktur	3 664,6	100,0
Andere kurzfristige Verbindlichkeiten	1 074,1[4]	
Gesamtes Kapital und andere Verbindlichkeiten	4 738,7	

[1] Einschließlich 8,2 $ kurzfristiger Anteil von Schulden und Finanzierungs-Leasing.
[2] Gegenwartswert der Mindestzahlungen für Operating Leases bei einem 12%igen Abzinsungssatz. Die Zahlungsweise später als 5 Jahre ist geschätzt.
[3] Angepaßt, um die Verluste von Währungsumrechnungen für Posten auszuklammern, die nicht zum Umlaufvermögen gehören.
[4] Diese kurzfristigen Verbindlichkeiten werden nicht als Teil der Kapitalstruktur angesehen, sind aber erforderlich, um die Deckungsraten zu berechnen.

Ausschluß von immateriellen Werten

Die Gesellschaft zeigte 641,8 Millionen Dollar an Goodwill als Ergebnis von Firmenübernahmen. Der Nettowert (das Eigenkapital) wurde um diesen Betrag voll ermäßigt. Es erfolgte keine Berichtigung bei den Reserven für aufgeschobene Ertragsteuern, denn die Firma wurde als fortlaufend behandelt, und die Amortisierung des Goodwill ist bei der Steuer nicht absetzbar. Es fällt also kein Steuervorteil daraus an, wenn nicht Tochtergesellschaften, die Anlaß zur Erhöhung des Goodwill gaben, verkauft oder liquidiert werden. Hätten wir allerdings andere immaterielle Güter ausgeklammert, die für Zwecke der Ertragssteuern berücksichtigungsfähig waren, hätten wir das Eigenkapital nur um den Faktor (1 minus Ertragssteuersatz) multipliziert mit dem Betrag jener immateriellen Werte verringert. Den Rest hätten wir bei der Reserve für aufgeschobene Ertragssteuern abgezogen. Falls man eine baldige Liquidierung der Gesellschaft erwartet hätte, wäre allerdings eine Berichtigung für die steuerliche Auswirkung angemessen gewesen; dasselbe würde gelten, wenn man erwartet, daß die Gesellschaft ihr Investment bei einer Tochtergesellschaft liquidiert, deren Kauf Anlaß zur Erhöhung des (gekauften) Goodwill gegeben hatte.

Gewinne und Verluste bei Wertpapieren

Das Eigenkapital der Aktionäre in der Tafel umfaßt auch die noch nicht realisierten Gewinne auf Investments in börsennotierte Aktien durch die Franklin Life Insurance Company im Betrage von 4,1 Millionen Dollar. Diese Versicherungsgesellschaft steht nach der Equity Methode in den Büchern und ist eine 100%ige Tochtergesellschaft; die letztere Tatsache rechtfertigt es, daß die 4,1 Millionen Dollar in das Eigenkapital der Aktionäre eingerechnet werden. Nehmen wir an, daß dieser nicht realisierte Gewinn den verhältnismäßigen Anteil von American Brands an den Ergebnissen einer nur 25%igen Beteiligungsgesellschaft darstellte, die nach der Equitiy Methode behandelt würde: Dann sollte der Gewinn nicht bei der Berechnung von Vermögenswerten benutzt werden, die für die Sicherheit von Verbindlichkeiten und Vorzugsaktien zur Verfügung stehen. Denn es würde kein sofortiger Zugriff auf die nicht realisierten Gewinne bestehen.

Investments nach der Equity Methode

Ähnlich könnte man auch argumentieren, daß einbehaltene Gewinne einer 25%igen Investmentbeteiligung, die nach der Equity Methode ausgewiesen wird, von dieser Art von Berechnungen ausgeschlossen werden sollte, weil die einbehaltenen Gewinne nicht jederzeit zugänglich sind.

Anpassungen für Währungsumrechnungen

Aus den Gründen, die in Kapitel 12 zu dieser Frage erörtert worden sind, wurden Eigenkapital der Aktionäre und Reserve für aufgeschobene Ertragssteuern angepaßt: Es wird nur der Teil der Gewinne und Verluste aus der Anpassung für Währungsumrechnungen gezeigt, der sich aus den Folgen der Wechselkursänderungen für das Nettoumlaufvermögen ergibt.

Buchwert der Vorzugsaktien

American Brands hat zwei Arten von Vorzugsaktien, beide ohne Pariwert. Beide werden mit einem Buchwert von 30,50 $ je Aktie ausgewiesen. Im Falle der 2,75 $ Vorzugsaktien ist der Betrag von 30,50 $ der vorgeschriebene Rückkaufspreis. Im Falle einer Liquidation haben beide Vorzugsaktien einen Anspruch auf 30,50 $ je Vorzugsaktie. Die Vorzugswandelaktie zu 2,67 $ ist gleichberechtigt mit der Vorzugsaktie von 2,75 $, obwohl die Dividendenbeträge sich leicht unterscheiden. Es besteht auch ein geringer Unterschied bei den Stimmrechten der beiden Vorzugsaktien, aber keine hat gegenüber der anderen einen vorrangigen Anspruch auf Zahlung von Dividenden oder von Kapitalzahlungen bei Liquidation. Infolgedessen glauben wir, daß sie gleichbehandelt werden können und am besten zu dem ausgewiesenen Wert von 30,50 $ in den Büchern stehen sollten.

Aufgeschobene Steuern

Die Tafel zeigt, daß American Brands eine Reserve für Verbindlichkeiten aus aufgeschobenen Ertragssteuern angesammelt hat (Steuerrückstellungen), die nach unserer Berichtigung für Verluste bei Währungsumrechnung 323,5 Millionen Dollar beträgt. Diese Steuern sind zur Zeit noch nicht geschuldet und werden auch nicht fällig, bis sich in zukünftigen Jahren gewisse Zeitdifferenzen zwischen Buch- und Steuerabschluß umkehren. Wir haben schon erörtert, daß Reserven aus aufgeschobenen Ertragssteuern sich als Kapitalquelle zugunsten des Aktionärs auswirken. Die aufgeschobenen Ertragssteuern sollten jedoch nicht ignoriert werden, wenn man die Deckung berechnet, die die Vermögenswerte für langfristige Schulden oder die Vorzugsaktien von American Brands darstellen. Denn wenn die Buchbeträge für die Vorzugsaktien und das normale Eigenkapital realisiert würden, beispielsweise in einer Liquidation, würden die aufgeschobenen Ertragssteuern zahlbar werden und einen Rang vor vielen Verbindlichkeiten einnehmen. Bei der Berechnung der Deckung für fundierte Schulden oder die Vorzugsaktien muß die Verbindlichkeit aus aufgeschobenen Ertragssteuern also ebenfalls gedeckt sein.

Pensionen

Der Geschäftsbericht 1985 von American Brands zeigte ein leichtes Defizit bei der Bewertung des Pensionsfonds per 1. 1. 1984. Die Verbindlichkeit für Pensionen betrug 505,9 Millionen Dollar; die Nettovermögenswerte, die zur Auszahlung zur Verfügung standen, betrugen 484,2 Millionen – eine normale Situation, die keine Anpassung beim Nettowert erforderte. Wenn jedoch die Gesellschaft sich in finanziellen Schwierigkeiten befände, würden wir dazu neigen, das Defizit bei den Pensionen als Verbindlichkeit zu behandeln. Wenn umgekehrt American Brands einen großen Überschuß im Pensionsplan hätte und anzunehmen wäre, daß die Gesellschaft den Pensionsplan beenden wollte, um die Vermögensumwandlung zu erreichen, sollte der Nettoüberschuß im Pensionsfonds dem Eigenkapital hinzugezählt werden. Zuvor müßte man dann allerdings eine Anpassung (Rückstellung) für aufgeschobene Steuern zur normalen Ertragssteuerrate vornehmen.

Nutzungsverträge (Operating Leases)

Aus den Gründen, wie wir sie in Kapitel 18 erörtert haben, wurden auch hier Nutzungsverhältnisse (Operating Leases) aktiviert und dabei ein 12%iger Abzinsungssatz benutzt.

Die Struktur der Bilanz

Die Kapitalstruktur

Tafel 19.1 zeigt die Hauptkategorien der Kapitalstruktur von American Brands:
- Kurzfristige Verbindlichkeiten
- Kurzfristige und langfristige fundierte Schulden einschließlich Capital Leases
- Operating Leases
- Aufgeschobene Steuern
- Vorzugsaktien
- Eigenkapital, das auf die Stammaktien entfällt

Normalerweise gelten kurzfristige Verbindlichkeiten nicht als Teil der Kapitalstruktur, es sei denn, daß es sich um den kurzfristig fällig werdenden Teil fundierter (langfristiger, verbriefter) Schulden, Schuldscheine (Notes Payable), Bankdarlehen und Commercial Paper handelt. Manchmal wird der Ausdruck „Kapitalstruktur" nur in bezug auf langfristige Kapitalquellen benutzt. Um Unklarheiten zu vermeiden, benutzen Sie am besten den Ausdruck „dauerndes Kapital" (Permanent Capital) oder „langfristiges Kapital", wenn das gemeint ist. Die Behandlung anderer Verbindlichkeiten ist von Fall zu Fall verschieden. Capital Leases würden normalerweise bei den fundierten Verbindlichkeiten berücksichtigt werden. Aber zinslose Verbindlichkeiten, für die auch kein Zinssatz angenommen oder berechnet werden kann, werden am besten aus der Kapitalstruktur ausgeschieden, um Verzerrungen bei den Berechnungen der Gesamtkapitalrentabilität zu vermeiden. Die Behandlung der aufgeschobenen Steuern ist unterschiedlich, je nachdem welches Ziel die Analyse verfolgt; in Kapitel 17 wurden die Gründe erörtert, warum man die Posten für aufgeschobene Steuern für bestimmte analytische Zwecke aus der Kapitalstruktur ausscheiden soll. Die Kapitalstruktur oder Kapitalisierungsstruktur wird üblicherweise dadurch zusammengefaßt, daß man feststellt, welchen Prozentsatz der Gesamtsumme jede Kategorie ausmacht.

Das Nettoumlaufvermögen

Ein sorgfältiger Käufer von Wertpapieren prüft die Bilanz daraufhin, ob die flüssigen Mittel angemessen sind, ob das Umlaufvermögen in einem angemessenen Verhältnis zu den kurzfristigen Verbindlichkeiten steht und ob es irgendeine langfristige Schuld gibt, die kurz vor der Fälligkeit steht, so daß sich daraus unter Umständen ein Refinanzierungsproblem entwickeln könnte.

Mangel an flüssigen Mitteln kann durch eine gute Position beim Nettoumlaufvermögen ausgeglichen werden

An dieser Stelle können wir nichts Definitives zur Frage sagen, wieviel flüssige Mittel eine Gesellschaft bereithalten sollte. Der Investor muß im Einzelfall selbst darüber entscheiden, wieviel flüssige Mittel benötigt werden und wie schwer ein Mangel daran zu beurteilen ist. Ein echter Mangel an flüssigen Mitteln kommt selten vor, wenn nicht die gesamte Position des Nettoumlaufvermögens schwach ist. Mit einem guten Verhältnis von Umlaufvermögen zu kurzfristigen Verbindlichkeiten kann eine Gesellschaft die benötigten flüssigen Mittel durch Bankkredite oder Verkauf von Forderungen aus Lieferungen und Leistungen erhalten.

Standards für die Liquidität zweiten Grades (Current Ratio) bei Industriegesellschaften*)

In bezug auf die Kennzahl für das Nettoumlaufvermögen wurde früher ein Minimum von 2 Dollar Umlaufvermögen für jeden Dollar kurzfristiger Verbindlich-

---

*) Anm. des Übersetzers: Die deutsche Terminologie für die „Current Ratio", d. h. Wert des Umlaufvermögens dividiert durch die kurzfristigen Verbindlichkeiten ist nicht einheitlich. Hier wird die der deutschen Vereinigung für Finanzanalyse (DVFA) angewandt (Heft 21 der „Beiträge", Nr. 10, Liquidität zweiten Grades). Bei Wöhe z. B. wäre diese die Liquidität 3. Grades („auf mittlere Sicht"); vgl. Wöhe, Bilanzierung und Bilanzpolitik S. 327

keiten als Standard für Industriegesellschaften angesehen. In neuerer Zeit neigen die Banken dazu, von dieser traditionellen Liquidität zweiten Grades von 2 : 1 abzuweichen, weil inzwischen Statistiken für die Durchschnittswerte einzelner Industrien verfügbar sind. Diese Statistiken zeigen erhebliche Unterschiede zwischen einzelnen Industriezweigen und einzelnen Gesellschaften in bezug auf die Liquidität zweiten Grades, die erforderlich ist, um den Betrieb effizient und doch einigermaßen konservativ zu leiten. Solche Übersichten werden regelmäßig von Robert Morris Associates und anderen veröffentlicht; darin werden die Industriedurchschnitte insgesamt und nach der Größe der Firma angegeben.

Kreditstandards der Banken

Der Analyst sollte mit den Standards der Bankindustrie für Kreditentscheidungen vertraut sein, damit er an die Möglichkeit denkt, daß einer Gesellschaft der Kredit entzogen wird. Weil die Definitionsgrenzen nicht ganz scharf sind (Kurzfristigkeit, Umlaufvermögen), meinen viele, daß die Liquidität zweiten Grades ohne Bedeutung sei. Sie haben jedoch in zweierlei Hinsicht Unrecht:

1. Erhebliches Erfahrungswissen zeigt, daß die Liquidität zweiten Grades, zusammen mit anderen Kennzahlen ein äußerst gutes Indiz für bevorstehenden Konkurs oder finanzielle Anspannung ist.[1])
2. Die Kreditabteilungen der Banken sind der Auffassung, daß die Liquidität zweiten Grades von Bedeutung ist, und ihre Entscheidungen haben praktische Konsequenzen

Eine Kennzahl unter dem Durchschnitt bedeutet nicht automatisch „unbefriedigend"

Gelegentlich wird angenommen, daß eine Gesellschaft, die bezüglich der Liquidität zweiten Grades unter dem Durchschnitt ihrer Gruppe liegt, schon deshalb verdächtig ist. Dieser logische Fehlschluß bestraft automatisch die untere Hälfte jeder statistischen Gruppe, unabhängig davon, wie befriedigend die Situation für sich selbst genommen ist. Wir können keine besseren Zahlen vorschlagen als den Industriedurchschnitt, um sie als klaren quantitativen Test für eine ausreichende und sichere Liquidität zweiten Grades zu benutzen. Natürlich wird der Investor eine Gesellschaft bevorzugen, die klar über den Mindesterfordernissen liegt. Aber die Frage ist, ob eine höhere Kennzahl als Bedingung für einen Kauf gefordert werden muß, so daß eine sonst befriedigende Aktie notwendigerweise abgelehnt werden müßte, wenn das Umlaufvermögen unter dem Standard liegt. Wir zögern, eine solche Regel vorzuschlagen, können andererseits aber auch keine bessere andere Zahl nennen.

---

[1]) I. I. Altmann, „Financial Ratios, Discriminant Analysis and the Prediction of Corporate Bankruptcy", Journal of Finance, September 1968, S. 589–609; eine gute Erörterung von Altmanns Ergebnissen und ähnlichen Ergebnissen anderer findet sich bei George Foster, „Financial Statement Analysis", Prentice-Hall, Englewood Cliffs, N. J. 1978, S. 460–480

Kapitel 19: *Die Vermögenswerte in der Bilanzanalyse*

Standards für die Liquidität ersten Grades (Quick Ratio)

In früheren Zeiten war der „Säuretest" (Acid Test) identisch mit der Liquidität ersten Grades (Quick Ratio), dem Verhältnis des Umlaufvermögens abzüglich der Vorräte zu den kurzfristigen Verbindlichkeiten. Im Laufe der Zeit wandelte sich der Begriff „Säuretest" allmählich dahin, daß man damit die Barliquidität meinte, das heißt das Verhältnis der flüssigen Mittel zu den kurzfristigen Verbindlichkeiten (Cash Ratio). Im Hinblick auf diese Unklarheit werden wir die Ausdrücke „Liquidität ersten Grades" und „Barliquidität" benutzen. Der allgemein anerkannte Standard für die Liquidität ersten Grades ist, daß das Umlaufvermögen ausschließlich der Vorräte zumindest den kurzfristigen Verbindlichkeiten entsprechen muß. Die „Barliquidität" ist kein sehr nützlicher Test: Es bestehen keine allgemeinen Standards als Anhaltspunkt, und die Kennzahl selbst ist sehr beweglich (Volatile).

Wenn keine der beiden Liquiditätskennzahlen befriedigend ist

Normalerweise sollte der Investor mit Recht erwarten, daß eine Gesellschaft beide Tests, Liquidität ersten und zweiten Grades, (Quick Ratio und Current Ratio) besteht. Wenn eines dieser Kriterien nicht erreicht wird, wird das in den meisten Fällen stark gegen die Investmentqualität einer Aktie sprechen – ebenso wie im Falle einer Obligation oder Vorzugsaktie. Es wäre auch ein Anzeichen für fehlende Sicherheit unter spekulativen Gesichtspunkten.

Große Bankschulden

Finanzielle Schwierigkeiten werden fast immer durch das Vorhandensein von Bankverbindlichkeiten und anderen Schulden gekennzeichnet, die in Kürze fällig sind. Mit anderen Worten: Selten wird eine schwache finanzielle Position nur durch normale Verbindlichkeiten aus Lieferungen und Leistungen begründet. Bankverbindlichkeiten sind andererseits jedoch nicht automatisch und notwendigerweise ein schlechtes Zeichen; die Benutzung von Bankkredit in vernünftigem Umfange – besonders für saisonalen Bedarf – ist nicht nur legitim, sondern sogar wünschenswert. Wenn immer die Bilanz jedoch Bankkredite oder Schuldschein- oder Wechselverbindlichkeiten aufweist, wird der Analyst das finanzielle Bild etwas gründlicher prüfen, als wenn die Bilanz „sauber" ist.

Bankverbindlichkeiten mittlerer Fälligkeit

Seit den frühen vierziger Jahren hat sich der Bankkredit mit fester Laufzeit (Term Loan) als wichtiges Finanzierungsmittel für Unternehmen entwickelt. Im allgemeinen laufen solche Kredite von 3 bis 15 Jahren, und sie sind normalerweise in Raten über ihre Lebensdauer rückzahlbar – oft mit einer größeren als durchschnittlichen Fälligkeit am Ende (der „Ballon"). Der Kreditgeber ist meist eine Bank, aber manchmal auch eine Versicherungsgesellschaft. Diese Art von Krediten werden aus verschiedenen Gründen aufgenommen:

1. Um Obligationen und sogar Vorzugsaktien einzuziehen
2. Um weiteres Nettoumlaufvermögen zu erhalten
3. Um den Erwerb von Immobilien oder einer kontrollierenden Aktienbeteiligung zu finanzieren
4. Um ein Projekt oder den Erwerb eines Vermögensgegenstandes zu finanzieren, die nur eine mittelfristige Nutzungsdauer haben

Schuldklauseln und Dividendenbeschränkungen

Bei den meisten Kreditvereinbarungen mit fester Fälligkeit und auch bei sonstigen Formen von Schuldenaufnahme verpflichtet sich der Schuldner, das Nettoumlaufvermögen auf einer vorgeschriebenen Höhe zu halten und keine Dividende zu zahlen, es sei denn, aus zukünftigen Gewinnen plus einer irgendwie begrenzten Zahl. Im Ergebnis wird also der größere Teil der (Gewinn-)Rücklagen eingefroren, bis das Darlehen abgezahlt ist. Während dieser Zeit und ehe die Gesellschaft (neue) einbehaltene Gewinne als „Kissen" aufgebaut hat, müssen die Aktionäre zumindest teilweise mit der Möglichkeit rechnen, daß sie kein Dividendeneinkommen haben.

Unter dem Blickwinkel der Wertpapieranalyse entsprechen die Kredite mit fester Fälligkeit den kurzfristigen Schuldscheinen, die früher als ein bekannter Teil der Gesellschaftsfinanzierung öffentlich verkauft wurden. Sie müssen ungefähr eingestuft werden wie kurzfristige Verbindlichkeiten und demnächst fällig werdende Schulden. Wenn die Position beim Umlaufvermögen so stark ist, daß die Kredite ohne weiteres wie kurzfristige Verbindlichkeiten bedient werden könnten oder die Ertragskraft so groß und verläßlich ist, daß eine Refinanzierung kein Problem ist, sind sie nicht gefährlich. Aber wenn keine dieser Bedingungen erfüllt ist, muß der Analyst einen erheblichen Betrag mittelfristiger Bankkredite als mögliche Bedrohung der Dividenden oder sogar der Zahlungsfähigkeiten sehen.

Sicherungsklauseln in Krediten mit fester Fälligkeit

Vereinbarungen über solche Kredite sind rechtlich meist sehr empfindliche Instrumente. Sie enthalten oft die normalen Schutzklauseln eines gewöhnlichen Bankkredites und die traditionellen Schutzklauseln von langfristigen Obligationen. Der Analyst sollte mit den typischen Kreditklauseln vertraut sein, die für kurz-, mittel- und langfristige Kredite bestehen, und sollte prüfen, ob, eine der drei Arten zum Verzug (Default) führen könnte. Dieser wiederum würde wahrscheinlich weitere Verzugsklauseln auslösen, wodurch jedenfalls in der Theorie die gesamten Verbindlichkeiten sofort fällig würden.

„Umlaufvermögensüberschuß", „schnelle Aktiva" und flüssige Mittel je Aktie

Zusätzlich zum Buchwert je Aktie möchten wir drei andere Zahlen je Aktie vorschlagen, die ähnlichen Charakter haben: Den Wert des „Umlaufvermögensüberschusses" der „schnellen Aktiva" und der „flüssigen Mittel" je Aktie.

Der Wert des Umlaufvermögensüberschusses je Aktie

Der Wert des Umlaufvermögensüberschusses einer Aktie (Current Asset Value) besteht aus dem Umlaufvermögen, abzüglich *aller* Verbindlichkeiten und Ansprüche, die der Aktie vorgehen. (Hinweis des Übersetzers: Dividiert durch die Zahl der ausstehenden Aktien.) Dieser Wert schließt nicht nur die immateriellen Vermögenswerte aus, sondern auch das Sachanlagevermögen und „vermischte" Vermögenswerte. Eine gelegentliche Praxis in Wall Street besteht darin, als „Net Current Asset Value" das Nettoumlaufvermögen einer Aktie zu berechnen, ohne auch die vorgehenden (langfristigen) Verbindlichkeiten und Ansprüche (Senior Securities) vom Nettoumlaufvermögen (Working Capital) abzusetzen.[1a] Wir sehen eine solche Zahl als verhältnismäßig bedeutungslos und möglicherweise irreführend an.

Von Zeit zu Zeit, wenn die Börse tief unten ist, kann man eine große Zahl von Aktien kaufen zu Kursen, die unter ihrem Umlaufvermögensüberschuß (Net Current Assets) liegen. Im Ergebnis kann also der Investor die Gesellschaft für ihren

---

[1a] Anm. des Übersetzers: Die Terminologie der Autoren ist hier etwas verwirrend: Sie sprechen zuerst vom „Current Asset Value", dann vom „Net Current Asset Value" und schließlich vom „Working Capital", offenbar in allen Fällen mit derselben Bedeutung. (siehe auch Kap. 34). Diese Bedeutung geht – *nur* in diesem Zusammenhang, d. h. als Wert je Aktie – dahin, daß damit der Wert des Umlaufvermögens abzüglich *aller* Verbindlichkeiten gemeint ist (dividiert durch die Zahl der ausstehenden Aktien). Sonst wird „Net Current Asset Value" mit „Working Capital" gleichgesetzt, und zwar im Sinne des deutschen „Nettoumlaufvermögens", d. h. Umlaufvermögen abzüglich (nur) der kurzfristigen Verbindlichkeiten (vgl. Barron's Dictionary of Finance and Investment Terms, unter „Net Current Assets"; Robert N. Anthony, „A Review of Essentials of Accounting", unter „Net Current Assets", „a less desirable term for working capital" (Nettoumlaufvermögen).
In diesem allgemein gebräuchlichen Sinne verwenden die Autoren übrigens auch sonst in diesem Buch die Begriffe „Working Capital" = „Net Current Assets" und „Current Assets" (d. h. im Sinne des deutschen Nettoumlaufvermögens bzw. Umlaufvermögens), zum Beispiel in Figur 18.1 und im Text zu Tafel 19.2 sowie in Kap. 25 unter „Liqidität").
Um in der deutschen Ausgabe Verwirrung zu vermeiden, habe ich den Begriff der „Net Current Assets" und des „Working Capital" (je Aktie) im Sinne der Autoren, wie sie ihn *nur* an dieser Stelle (und im Kap. 34) benutzen, mit einem neuen Wort belegt: „Umlaufvermögensüberschuß". Damit sich der Leser aber selbst eine Meinung bilden kann, habe ich an dieser Stelle die von den Autoren benutzten jeweiligen amerikanischen Begriffe in Klammern hinzugefügt. (Siehe zu dieser etwas ungewöhnlichen Methodik der Autoren auch Kap. 20, Anm. *).)

Umlaufvermögensüberschuß (Working Capital) kaufen, und das Anlagevermögen bekommt er umsonst.[1b]) Solche Bedingungen können sogar für Gesellschaften bestehen, die noch mit Gewinn arbeiten und für die kein erkennbares Unheil ersichtlich ist. Ein diversifiziertes Portfolio solcher Gesellschaften wird sich normalerweise sehr gut entwickeln, weil das Risiko im Börsenkurs sehr gering ist und die Wahrscheinlichkeit besteht, daß das Management über kurz oder lang die Vermögenswerte produktiver einsetzen wird. Allerdings kann man ein solches Portfolio typischerweise nur in Zeiten des extremen Pessimismus kaufen, wenn Aktien im allgemeinen tief gefallen sind.

„Schnelle Aktiva" und flüssige Mittel je Aktie

Der Wert für „schnelle Aktiva" („Quick Assets") je Aktie besteht aus der Summe der flüssigen Mittel und der kurzfristig fälligen (1 Jahr) Forderungen[1c]) abzüglich *aller* Ansprüche, die den Aktien vorgehen, dividiert durch die Zahl der ausstehenden Aktien.

Der Wert der flüssigen Mittel (Cash Asset Value) je Aktie besteht aus den flüssigen Mitteln allein abzüglich *aller* Verbindlichkeiten und Ansprüche, die den Aktien vorgehen.[1d]) Zu den flüssigen Mitteln gehören:

- Certificates of Deposit
- Jederzeit fällige Ausleihungen (Call Loans)
- Commercial Paper
- Bankwechsel (Bankers Acceptances)
- Börsennotierte, kurzfristige, festverzinsliche Wertpapiere zum Marktwert
- Rückkaufwert von Versicherungspolicen
- Die Zahlungsmittel (Kassenbestände) selbst

Eine etwas engere Berechnungsweise erfaßt nur den Teil der börsennotierten, kurzfristigen festverzinslichen Wertpapiere mit hoher Qualität.

[1b]) Anm. des Übersetzers: Da normalerweise auch langfristige Verbindlichkeiten bei einer Gesellschaft bestehen, kann man nur den Schluß ziehen, daß die Autoren auch hier nicht das „normale" „Working Capital" (Nettoumlaufvermögen, d. h. Umlaufvermögen abzüglich nur der kurzfristigen Verbindlichkeiten) meinen, sondern ihren Sonderbegriff i. S. Umlaufvermögen abzüglich *aller* Verbindlichkeiten (je Aktie).

[1c]) Anm. des Übersetzers: Im Original heißt es „Receivables", was eigentlich „Forderungen" (allgemein) heißt. Nach dem Sinn und nach allgemeinem Gebrauch sind aber offenbar nur die kurzfristig (1 Jahr) verwertbaren Forderungen des Umlaufvermögens gemeint, d. h. vor allem die Trade Receivables gegen Kunden, Wechselforderungen usw. (vgl. Barron's Dictionary of Accounting Terms unter „Quick Assets" und unten, Kap. 20 Text zu Kennzahl Nr. 35).

[1d]) Genaugenommen handelt es sich also bei diesen beiden Werten je Aktie auch wieder um einen Überschuß (an „schnellen Aktiva" bzw. an flüssigen Mitteln). Anders als beim Nettoumlaufvermögen ist hier aber wohl keine begriffliche Verwirrung zu befürchten, so daß ich hier die Begriffe so wörtlich übersetzt habe.

Der Wert der freien flüssigen Mittel je Aktie

Eine andere Berechnungsweise für den Wert der flüssigen Mittel nimmt an, daß das Umlaufvermögen, soweit es nicht aus flüssigen Mitteln besteht, zunächst dazu dient, die Verbindlichkeiten zu bedienen, die den Aktien vorgehen. Die flüssigen Mittel werden dann nur um den Betrag vermindert, der erforderlich ist, um die übrigbleibende Differenz zugunsten der vorgehenden Ansprüche zu decken. Der Rest der flüssigen Mittel kann als verfügbar für die Aktionäre angesehen werden. Dieser Rest kann als die „freien flüssigen Mittel" (Free Cash) bezeichnet werden, und der Betrag, der davon auf jede Aktie entfällt, als Wert der freien flüssigen Mittel je Aktie („Free Cash Asset Value").

Tafel 19.2 zeigt ein Beispiel für die Berechnung der Vermögenswerte für die Aktien von Guilford Mills für 1985. Das Umlaufvermögen sollte um den Betrag erhöht werden, den der Rückkaufswert der Lebensversicherung hat. Der Analyst könnte diesen Betrag auf beispielsweise 4 Millionen Dollar schätzen. Damit betrüge das Nettoumlaufvermögen (Working Capital) 143 750 000 Dollar plus 4 Millionen Dollar abzüglich 50 267 000 $ kurzfristiger Verbindlichkeiten oder 97 483 000 $. Hiervon müssen die mittelfristigen Verbindlichkeiten abgezogen werden, die

Tafel 19.2: Guilford Mills, Inc., verkürzte Bilanz per 30. Juni 1985 (in Tausend Dollar)

Vermögenswerte	
Flüssige Mittel	2 286 $
Forderungen aus Lieferungen und Leistungen	79 903 $
Vorräte	58 258 $
Anzahlungen	3 303 $
Umlaufvermögen	143 750 $
Nettosachanlagenkonto	68 382 $
Goodwill	7 122 $
Sonstiges, hauptsächlich Rückkaufswert der Lebensversicherung	5 680 $
Gesamte Vermögenswerte	224 934 $
Verbindlichkeiten	
Kurzfristige Verbindlichkeiten	50 267 $
Langfristige Verbindlichkeiten	11 860 $
Aufgeschobene Ertragssteuern	6 464 $
Andere aufgeschobene Verbindlichkeiten	5 515 $
Eigenkapital (7 858 442 Aktien)	150 828 $
Gesamte Verbindlichkeiten	224 934 $

23 839 000 Dollar betragen,[1e]) so daß 73 644 000 Dollar für die Aktien übrigbleiben. Das bedeutet 9,37 $ für jede der ausstehenden Aktien von 7 858 442 Stück. Um den Betrag der „schnellen Aktiva" zu bestimmen, der für die Aktien zur Verfügung steht, müssen die Vorräte von 58 258 000 Dollar abgezogen werden, so daß 15 386 000 Dollar oder 1,96 $ „schnelle Aktiva" je Aktie übrigbleiben. Wenn man noch die 79 903 000 Dollar Außenstände abzieht, ergibt sich eine negative Zahl; es gibt also keinen Wert für flüssige Mittel je Aktie.

Berechnung der Gewinne mit Hilfe der Bilanz

Ein allumfassendes Ertragsbild

In manchen Fällen kann man die echten Gewinne über eine Reihe von Jahren verläßlicher dadurch finden, daß man die Änderung beim Eigenkapital vergleicht, anstatt die jeweils berichteten Gewinne aufzuaddieren. Hierzu gehören meist Fälle von ausländischen Gesellschaften, die den ganzen Gewinn direkt zum Eigenkapital schreiben (Rücklagen), oder wenn eine Änderung in der Buchführungspraxis vorliegt, die denselben Effekt hat, indem die Eröffnungsbilanz des frühesten vorgelegten Jahres berichtigt wird. Wenn keine Komplikationen vorliegen, kann man die folgende Gleichung benutzen:

Gewinne für die Periode = Zuwachs bei den Gewinnrücklagen (Earned Surplus)
+ Gewinn auf börsennotierte Wertpapiere
+ der dem Nettoumlaufvermögen entsprechende Anteil der Anpassungen für Währungsumrechnungen
+ gezahlte Dividenden

In unkomplizierten Fällen kann man eine entsprechende Rechnung aufstellen, indem man die Nettovermögenswerte (Buchwerte) je Aktie zu Beginn und Ende der Periode vergleicht und die ausgezahlten Dividenden addiert. Allerdings kann diese Methode, die Bilanz zu benutzen, etwas kompliziert werden, wenn eine der folgenden Situationen oder Umstände vorliegen:

– Zusammenschlüsse und Akquisitionen während der untersuchten Periode
– Veräußerung von Tochtergesellschaften, wodurch ein vorher konsolidierter Teil der Gewinnrücklagen entfernt wird und durch einen Gewinn oder Verlust bei den Gewinnrücklagen als Folge der Veräußerung ersetzt wird
– Ausgabe oder Rückkauf von Aktien durch die Gesellschaft
– Außergewöhnliche Herauf- oder Herunterschreibungen von Vermögenswerten, wenn sie die Gewinnrücklagen berühren

---

[1e]) Anm. des Übersetzers: Gemeint sind offenbar alle nicht kurzfristigen Verbindlichkeiten, wie eine Summierung ergibt.

- Gratisaktien (Stock Dividends), die ganz oder zum Teil zu Lasten der Gewinnrücklage gehen
- Übertragungen vom Gewinnrücklagenkonto auf das Kapitalkonto, wenn beispielsweise der Nennwert der ausstehenden Aktien erhöht wird

Bei allen Bilanzvergleichen über längere Zeit muß der Analyst die Belastungen und Zuführungen zur Gewinnrücklage verfolgen, um zu sehen, ob er eventuell einige Posten von der Gesamtsumme der Gewinne absetzen muß.

Einige Aspekte von Aktienverkäufen und -käufen

Eine grundsätzliche Buchführungsregel besagt, daß eine Gesellschaft kein Geld dadurch verdient, daß sie mit sich selbst Geschäfte abschließt. Infolgedessen hat der Kauf oder Rückkauf von (eigene) Aktien keinen Gewinn zur Folge, der auszuweisen wäre. Vom Blickpunkt des langfristigen Besitzers der Aktien her gesehen, können jedoch geschickte Käufe und Verkäufe der eigenen Aktien seitens der Gesellschaft zu einem Anwachsen des Buchwertes je Anteil führen. Für den Daueraktionär hat ein Dollar im Anstieg des Buchwertes je Aktie denselben Wert, ob er nun durch Käufe und Verkäufe von eigenen Aktien durch die Gesellschaft verdient wird oder als einbehaltener Gewinn. Es ist einfach ein Dollar mehr Kapital, der für jede der Aktien arbeitet. Es ist richtig, daß solche erfolgreichen Trading-Geschäfte der Gesellschaft nachteilig für die Investoren auf der anderen Seite der Transaktionen der Gesellschaft sind. Denn sie müssen, insgesamt gesehen, Geld verlieren, wenn die verbleibenden (langfristigen) Aktionäre etwas gewinnen sollen.

Aktienrückkaufprogramme können den langfristig investierenden Anlegern helfen

Der fundamentale Investor hat in der Regel einen langfristigen Zeithorizont und interessiert sich für seine eigenen Gewinne und Verluste – nicht jene der anderen Aktionäre, die kommen und gehen. Wenn daher eine Gesellschaft ihre eigenen Aktien vorteilhaft kauft und verkauft, erhöht sie dadurch den Buchwert je Aktie für die verbleibenden Aktionäre und insbesondere die Gewinne je Aktie. Das hat eine Attraktivität, die über die normale Ertragskraft hinausgeht. In neuerer Zeit haben viele Gesellschaften wie Teledine Inc., General Foods, Washington Post, Ford Motor, Exxon und Schlumberger ihre Gewinne je Anteil dadurch verbessert, daß sie gut überlegte Käufe ihrer eigenen Aktien vornahmen; in einer Anzahl von Fällen haben sie auch den Buchwert je Aktie erhöht. Normalerweise wird die Ankündigung eines Aktienkaufprogramms allein schon zur Folge haben, daß die Kurse der Aktien sofort steigen.

Nicht alle Käufe eigener Aktien sind vorteilhaft

Wenn die eigenen Aktien dann gekauft werden, wenn sie übermäßig hoch stehen, – zum Beispiel, um flüssige Mittel loszuwerden und eine unfreundliche Übernahmeofferte zu entmutigen – hat der Analyst mehrere Gründe, einen Verkauf zu empfehlen.

Langfristige Untersuchungen über Gewinne und Bilanzposition

Kapitel 20 erörtert die wesentlichen Beziehungen zwischen investiertem Kapital, Gewinnen, Dividenden und Kursen, wie sie unserer Beurteilung über die Performance einer Gesellschaft und die Attraktivität ihrer Wertpapiere zugrundeliegen. Eine umfassende Studie einer Aktie kann sehr gut Vergleiche von absoluten Beträgen und wichtigen Kennzahlen enthalten, die viele Jahre zurückreichen. Zahlen dieser Art geben dem Analysten eine langfristige Perspektive und eine richtige Vorstellung über die Wechselfälle bei der Gesellschaft und Ausmaß und Richtung ihrer Entwicklung. Bilanzen und Gewinnkonten für bestimmte Jahre, die, sagen wir, 10 Jahre auseinanderliegen, werden für die meisten Zwecke ausreichen, vor allem wenn zwei oder mehr Unternehmen verglichen werden. Eine vollständigere Untersuchung würde die summierten Gewinne für die Dekaden zwischen den Bilanzdaten enthalten, so daß einige wichtige Kennzahlen auf der Basis von aufeinanderfolgenden 10-Jahresergebnissen berechnet werden können und nicht nur für die einzelnen Jahre, die eine Dekade auseinanderliegen.

Kapitel 20
Analyse von Kennzahlen

Wenn man den Jahresabschluß einer bestimmten Gesellschaft untersucht, sollte man in der folgenden logischen Reihenfolge vorgehen (die betreffenden Kapitel sind in Klammern angegeben):

1. Der Analyst sollte alle Anpassungen der Jahresabschlüsse vornehmen, die nötig sind, um von seinem Standpunkt aus echte Zahlen zu zeigen und sie mit anderen Gesellschaften vergleichbar zu machen (Kapitel 10–19).
2. Die echten Betriebsgewinne und der Betriebs-Cash-flow für den untersuchten Zeitraum sollten festgestellt werden (Kapitel 10–17).
3. Der Analyst sollte die Bilanz untersuchen und das Nettoumlaufvermögen, die Kapitalstruktur und den Betrag des investierten Kapitals je Aktie ermitteln (Kapitel 18 und 19).
4. Der Analyst sollte dann eine Reihe von Kennzahlen ermitteln; sie werden Licht auf die Performance der Gesellschaft insgesamt, die Sicherheit ihrer bevorrechtigten Wertpapiere und die Attraktivität ihrer Aktien für ein Investment werfen.

Dieses Kapitel befaßt sich mit vielen der wichtigeren Kennzahlen, die man bei der Analyse von Jahresabschlüssen benutzt. Einige besondere Kennzahlen für die Analyse von bevorrechtigten Wertpapieren werden in Kapitel 25 und 26 erörtert. Viele weitere Kennzahlen werden von Analysten benutzt, wenn das angebracht erscheint.

Es gibt besondere Aspekte bei der Benutzung von Kennzahlen in der Wertpapieranalyse. Einmal kann man verschiedene Kennzahlen oft als im wesentlichen ähnlich in einer Gruppe zusammenfassen; innerhalb jeder Gruppe mögen einige weitgehend dieselbe Aussage machen. Deshalb mag ein Analyst eine von mehreren ähnlichen Kennzahlen aussuchen und die anderen nicht benutzen; das hängt weitgehend von Bequemlichkeit und persönlicher Bevorzugung ab. So mag beispielsweise die Berechnung des Ertrags auf Vermögenswerte (Return on Assets) im wesentlichen dasselbe besagen wie die über den Ertrag auf das investierte Kapital (Return on Invested Capital). Denn sehr wenig des Gesamtvermögens ist nicht durch das investierte Kapital finanziert, und beide Kennzahlen bewegen sich meistens zusammen aufwärts oder abwärts. Der Analyst muß allerdings dieselben Kennzahlen und dieselbe Berechnungsweise benutzen, damit er Beständigkeit über die Zeit und für Vergleichszwecke zwischen den Gesellschaften erhält.

Ein besonderer Aspekt der Analyse mit Kennzahlen besteht darin, daß der Analyst eine bestimmte Kennzahl für den einen Zweck in der einen Weise und für einen anderen Zweck in anderer Weise berechnen kann. Beispielsweise mag der Analyst die aufgeschobenen Steuerverbindlichkeiten als Teil des Eigenkapitals behandeln, wenn er die Eigenkapitalrentabilität berechnet, aber als vorgehenden Anspruch, wenn es ihm um den Buchwert der Aktien geht. Diese verschiedenartige Benutzung zeigt nur den Versuch des Analysten, verschiedene Fragen zu beantworten, wobei er zwar die übliche Terminologie benutzt, wie das „Eigenkapital" („Common Equity"), aber mit unterschiedlicher Bedeutung für verschiedene Zwecke. Sobald man mit der Terminologie des Wertpapieranalysten mehr vertraut ist, wird die Bedeutung normalerweise aus dem Zusammenhang der Analyse klar.*)

Wenn wir in diesem Kapitel Kennzahlen erörtern, beziehen wir uns auf die Formeln in Figur 20.1 bis 20.6. Die Formeln werden in vereinfachter Form zusammengestellt, wobei übliche Ausdrücke benutzt werden, wie „Gewinne" oder „Buchwert". Wir gehen dabei davon aus, daß der Analyst bereits die angemessenen Anpassungen zu den betreffenden Posten vorgenommen hat; deshalb vermeiden wir lange Ausdrücke in den Formeln, wie wir sie benutzen müßten, wenn wir beispielsweise Gewinne plus einer langen Liste von Anpassungen nach oben abzüglich einer langen Liste von Anpassungen nach unten in die Formeln schreiben würden. Unsere Formeln sind also irreführend einfach für jemanden, der nicht die Kapitel 10 bis 19 gelesen hat.

Zahlen je Aktie und damit zusammenhängende Kennzahlen

Die Kennzahlen je Aktie**)

In Wall Street ist es üblich, die statistischen Daten zu einer Aktie in drei einfachen Zahlen anzugeben: Die Gewinne je Aktie, der Dividendensatz und der Kurs. Obwohl der Kurs (Preis je Aktie) genaugenommen eine Verhältniszahl je Aktie ist, wird sie so nicht angesehen, weil sie sich direkt aus der Börse ergibt. Manche Analysen enthalten auch Umsätze, (Betriebs-)Cash-flow, Buchwert und andere Posten je Aktie.

Figur 20.1 zeigt Formeln, um acht häufig benutzte Kennzahlen je Aktie zu berechnen. Diese Berechnungen sind ziemlich unkompliziert. Der Zähler ist das, was die Kennzahl als Wert je Aktie darstellen will. Wo dieser Posten die Ergebnisse

---

*) Anm. des Übersetzers: Anscheinend handelt es sich bei der etwas eigenwilligen Terminologie im vorigen Kapitel (siehe dort zu Anm. [1a] und [1b])) um einen solchen Fall
**) Anm. des Übersetzers: Wenn nichts Besonderes gesagt ist, handelt es sich hier und bei den folgenden Kennzahlen immer nur um Stammaktien, nicht (auch) Vorzugsaktien.

Kapitel 20: *Analyse von Kennzahlen*

für ein Jahr darstellt, wie bei Gewinnen, Dividenden oder (Betriebs-)Cash-flow, besteht der Nenner aus der gewichteten Durchschnittszahl der ausstehenden Aktien. Wo die Kennzahl eine Zahl aus der Bilanz im Zähler hat, die die Position an einem bestimmten Datum zeigt, ist der Zähler einfach die Zahl der ausstehenden Aktien zum Datum jener Bilanz.

Die Bedeutung der einzelnen Kennzahlen je Aktie ist ziemlich klar, und wir werden sie nicht im einzelnen behandeln. Erfahrung mit der Berechnung und

---

1. Gewinn je Aktie =
$$\frac{\text{Gewinn, der für die (Stamm)-Aktien zur Verfügung steht}}{\text{Gewichteter Durchschnitt der ausstehenden (Stamm)-Aktien}}$$

2. Dividende je Aktie =
$$\frac{\text{Gesamte jährliche Dividende, die auf (Stamm)-Aktien gezahlt wurde}}{\text{Gewichteter Durchschnitt der ausstehenden (Stamm)-Aktien}}$$

3. Umsatz je Aktie =
$$\frac{\text{Umsatz}}{\text{Gewichteter Durchschnitt der ausstehenden (Stamm)-Aktien}}$$

4. Betriebs-Cash-flow nach Steuern je Aktie (Kap. 15) =
$$\frac{\text{Betriebs-Cash-flow nach Steuern (Kap. 15)}}{\text{Gewichteter Durchschnitt der ausstehenden (Stamm)-Aktien}}$$

5. Buchwert je Aktie (Kap. 19) =
$$\frac{\text{Buchwert des Eigenkapitals} - \text{Goodwill} - \text{die meisten immateriellen Werte}}{\text{zum Bilanzstichtag ausstehende (Stamm)-Aktien}}$$

6. Umlaufvermögensüberschuß je Aktie (Kap. 19, Anm. 1a) =
$$\frac{\text{Umlaufvermögen} - \text{alle den (Stamm)-Aktien vorgehenden Ansprüche}}{\text{zum Bilanzstichtag ausstehende (Stamm)-Aktien}}$$

7. „Schnelle Aktiva" je Aktie (Kap. 19) =
$$\frac{\text{flüssige Mittel (i. S. von Kap. 19) + kurzfristige (1 Jahr) Forderungen} - \text{alle den (Stamm)-Aktien vorgehenden Ansprüche}}{\text{zum Bilanzstichtag ausstehende (Stamm)-Aktien}}$$

8. Flüssige Mittel je Aktie (Kap. 19) =
$$\frac{\text{flüssige Mittel (i. S. von Kap. 19)} - \text{alle den (Stamm)-Aktien vorgehenden Ansprüche}}{\text{zum Bilanzstichtag ausstehende (Stamm)-Aktien}}$$

Figur 20.1: Vorgeschlagene Formeln für die Berechnung von Kennzahlen je Aktie

Benutzung der Kennzahlen, der Auffindung von Trends und Abweichungen davon bei Vergleichen und ähnlichen Analysen werden dem Analysten ein Gefühl für die Kennzahlen der untersuchten Gesellschaft geben, und mit der Zeit wird er zu einem besseren Verständnis der Bedeutung und Grenzen jeder dieser Kennzahlen kommen.

Daten je Aktie sind in zweierlei Hinsicht mangelhaft

Vernachlässigung der Gesellschaft

Die Gewinnzahlen je Aktie sind sehr bequem, und das führt unvermeidlich zu weitem Gebrauch. Sie haben jedoch zwei Nachteile, die sie für die ernsthafte Analyse eher zu einem Hindernis machen. Der geringere Nachteil ist, daß sie die Aufmerksamkeit des Analysten von dem Unternehmen als Ganzes ablenken und damit von den Zahlen für:

- Umsätze
- Gewinne
- investiertes Kapital
- Gesamtbörsenwert der Firma

Statt dessen liegt die ganze Aufmerksamkeit auf der einzelnen Aktie. Schwerer wiegt der Nachteil, daß es dadurch leicht zu Fehlinformationen kommt, wenn die Gewinne je Aktie so im Vordergrund stehen, ohne daß die Einzelheiten der Gewinnberechnung gesehen werden, aus der sie abgeleitet sind.

Warnung vor der Betonung von Kennzahlen je Aktie

Eine deutliche Warnung vor den Gefahren der Benutzung von Kennzahlen je Aktie wurde durch das Committee on Accounting Procedure der AICPA ausgesprochen:

„Bei seinen Überlegungen zu Natur und Zweck der Gewinn- und Verlustrechnung war sich das Kommittee der Bereitschaft selbst gut informierter Personen bewußt, einer einzelnen Zahl für den Jahresüberschuß und den ‚Gewinnen je Aktie' für ein bestimmtes Jahr unberechtigte Bedeutung beizumessen. Das Kommittee weist darauf hin, daß in vielen Fällen Informationen unerwünscht sind, in denen einer einzelnen Zahl über den Jahresüberschuß oder den Jahresüberschuß je Aktie große Wichtigkeit beigemessen wird. Wenn jedoch solche Ergebniszahlen berichtet werden, (wie in Zeitungen, Investmentdiensten und Geschäftsberichten der Gesellschaften) empfiehlt das Kommittee dringend, daß alle Zahlen über den ‚Ertrag je Aktie' sich auf den Betrag beziehen sollen, der als Jahresüberschuß ausgewiesen wird. Wo Belastungen oder Zugänge bei der Festlegung des Jahresüberschusses unberücksichtigt geblieben sind, sollte auch die entsprechende Gesamtsumme oder der Betrag je Aktie von solchen Belastungen oder Zugängen gleichzeitig und gesondert mitgeteilt werden. In diesem

Zusammenhang erbittet das Komitee dringlich die Mitarbeit aller privaten und öffentlichen Organisationen, die mit der Zusammentragung von Statistiken über Gesellschaftsgewinne aus Geschäftsberichten befaßt sind."[1])

Ein technisches Problem bei den Zahlen je Aktie

Eine Aktie ist nicht ein dauernder Maßstab. Sie repräsentiert nicht notwendigerweise einen bestimmten Prozentsatz des Eigentums an einer Gesellschaft, und die Aktie in diesem Jahre ist in wirtschaftlichem Sinne nicht die Aktie des letzten Jahres. Infolgedessen kann eine Aufeinanderfolge von Daten je Aktie unmerklich irreführen, wenn sie nicht vernünftig und mit der notwendigen Kenntnis untersucht wird.

Für die Benutzung von Zahlen der Bardividende je Aktie in einem Jahr bestehen dagegen keine entsprechenden Bedenken. Diese Zahl kann kaum irreführen. Zwar gibt es häufig gewisse Zweifel, welches der augenblickliche, genaue Dividendensatz ist – hauptsächlich weil normale und Sonderzahlungen geleistet werden, aber das ist eine Schwierigkeit anderer Art.

Ausgewiesene und bereinigte Gewinne je Aktie

Die genaue Untersuchung der Gewinn- und Verlustrechnung durch den Analysten wird gelegentlich zu einer Neuberechnung der ausgewiesenen Gewinne führen, um die „echten" Betriebsgewinne zu zeigen. Diese berichtigten Gewinne werden zu einer entsprechenden Anpassung bei den Gewinnen je Anteil führen. Wo der Unterschied zwischen den beiden Beträgen erheblich ist, muß der Analyst darlegen, daß seine berichtigte Rechnung ein besseres Bild der Betriebsergebnisse gibt. Wenn man Daten je Aktie für die Vergangenheit in einer Tafel zusammenstellt, kann man Spalten für Gewinne je Aktie „wie berichtet" und „angepaßt" zeigen; in den Fußnoten werden für jedes Jahr die Art und der Betrag von Anpassungen erklärt.

Berücksichtigung von Änderungen in der Kapitalisierung

Berechnung der Gewinne je Aktie (Kennzahl Nummer 1)

Die Kennzahl Nr. 1 in Figur 20.1 zeigt die übliche Methode der Gewinnberechnung je Aktie für Zwecke der Messung und Mitteilung. Einige Komplikationen insoweit werden im folgenden erörtert. Wie bei den meisten anderen Kennzahlen des Analysten kann die Berechnung der Gewinne je Aktie davon beeinflußt werden, wie der Analyst seine Fragen stellt. Soweit es sich um die Messung der Vergangenheit

---
[1]) AICPA, Accounting Research Bulletin Nr. 32, Dezember 1947, Absatz 32

handelt, ist die gegebene Formel zwar befriedigend. Für die Schätzung von zukünftigen Gewinnen je Aktie würde der Analyst jedoch die Anzahl von Aktien zugrundelegen, die er für das Jahr der Gewinnschätzung erwartet. Ein entsprechender Vorbehalt gilt für alle anderen Schätzungen von zukünftigen Zahlen je Aktie.

Gratisaktien und Dividenden in Aktienform (Splits and Stock Dividends)

Wenn es sich um Daten je Aktie und Zahlen der Vergangenheit handelt, muß der Analyst die Zahlen anpassen, um alle wichtigen Änderungen in der Kapitalisierung zu zeigen, die während der betreffenden Zeit stattgefunden haben. Im einfachsten Fall wird es sich nur um die Anzahl der Aktien handeln, die auf Grund von Dividenden in Aktienform, Gratisaktien usw. verändert ist. Dann ist es nur nötig, die Kapitalisierung über die ganze Periode auf Grund der jetzigen Anzahl von Aktien anzupassen. Wenn etwa Gratisaktien im Verhältnis 2 : 1 ausgegeben worden sind, müssen alle früheren Daten je Aktie durch 2 dividiert werden (einige statistische Dienste nehmen solche Rückberechnungen vor).

Rechte und Umwandlungen

Manchmal beruht die Änderung in der Kapitalisierung auf der Ausgabe zusätzlicher Aktien zu verhältnismäßig niedrigen Kursen (meist durch die Ausübung von Bezugsrechten oder Warrants) oder auf der Umwandlung von vorrangigen Wertpapieren. Dann ist die Anpassung etwas schwieriger. Die Bezugsrechte mögen dahingehen, daß man zusätzliche Aktien derselben Art kaufen kann, daß man Wandelanleihen kaufen kann, die später in Aktien derselben Art getauscht werden, oder daß man andere Wertpapiere kaufen kann.

Eine einfache Methode der Anpassung für Bezugsrechte

Eine verhältnismäßig einfache Anpassung kann man für alle diese Arten von Bezugsrechten vornehmen. Dazu benötigt man nur den Börsenkurs der Aktie und des Bezugsrechts, unmittelbar nachdem die Aktie ex Bezugsrecht gehandelt wurde. Dann wird der Kurs des Bezugsrechtes dividiert durch die Summe aus Bezugsrechtskurs und Kurs der Aktie ex Bezugsrecht. Damit erhält man einen Prozentsatz, der dem Wert einer Gratisaktie (Stock Dividend) entspricht. Die Zahlen je Aktie für alle vorherigen Zeiträume werden dann durch eins plus diesem Prozentsatz geteilt, wie man es im Falle einer Dividende in Form von Gratisaktien tun würde. Diese Methode ist die gleiche, wie sie die Steuerverwaltung anwendet, wenn sie die Kostenbasis für die Steuern zwischen der Aktie und dem Bezugsrecht verteilt. Dafür gibt es für die Vergangenheit Daten in verschiedenen veröffentlichten Steuerdiensten, die dem Analysten eigene Berechnungen ersparen.[2]

---

[2] H. Levy und Marshal Sarnat, „Investment and Portfolio Analysis", John Wiley und Sons, New York, 1972, S. 39–44

Kapitel 20: *Analyse von Kennzahlen*

Anpassung für Ausübung von Wandelrechten

Wenn Obligationen oder Vorzugsaktien in Stammaktien gewandelt worden sind, werden die Zinsen oder Dividenden, die bisher gezahlt wurden, abzüglich damit etwa verbundener Steuervorteile wieder zu den Gewinnen addiert. Die neue Gewinnzahl wird dann auf die größere Anzahl von Aktien umgerechnet.

Das Problem der Gewinnverwässerung

Analyse der Gewinnverwässerung

Für den Investor geht es bei der Gewinnverwässerung und ihren Auswirkungen um drei Fragen:

– Die Wahrscheinlichkeit von Verwässerungen
– Den Zeitpunkt von Verwässerungen
– Das Maß der Verwässerung

Auf diesem Gebiet benötigt man eine jeweils besondere Analyse; es gibt keine allgemeinen und klaren Regeln. Wir wollen den Buchführungsregeln einige hypothtische Situationen gegenüberstellen, um die Schwierigkeiten zu beleuchten.

Ausgewiesene Gewinne je Aktie

Primäre Gewinne je Aktie

Der Jahresabschluß kann unter Umständen zwei Zahlen für die Gewinne je Aktie geben; eine wird „primäre Gewinne" (Primary Earnings) und die andere „voll verwässerte Gewinne" (Fully diluted Earnings) genannt. Die Berechnungen benutzen die den Aktien gleichstehenden Wertpapiere (Common-Stock Equivalents). Warrants und Optionen werden immer als den Aktien gleichstehend behandelt. Wandelbare Wertpapiere, die nach dem 28. Februar 1982 ausgegeben wurden, sind Aktien gleichstehend, wenn zur Zeit der Ausgabe der Barertrag (Kupon dividiert durch den Ausgabepreis) unter $2/3$ eines bestimmten Zinssatzes lag. Im Augenblick ist es der Ertrag auf Gesellschaftsobligationen mit Einstufung Aa. (Vorher war die „Barertragsgrenze" $2/3$ der Prime Rate.) Diese Buchführungsregel kann rückwirkend auf Wandelanleihen angewandt werden, die vor diesem Datum ausgegeben worden sind. Die wandelbaren Wertpapiere, die als den Aktien gleichstehend angesehen werden, werden so behandelt, als ob sie in normale Aktien umgewandelt worden wären. Dabei werden entsprechende Anpassungen für Zinsen, Vorzugsdividenden und Steuerauswirkungen auf die Gewinne für die Aktien gemacht, die zu diesem Zeitpunkt ausstanden. Von Warrants und Optionen wird angenommen, daß sie ausgeübt werden und der Ausübungspreis benutzt wird, um eigene Aktien zurückzukaufen, wodurch die Zahl der ausstehenden Aktien wieder verringert wird. Wenn eine Ausübung oder Umwandlung die entgegensetzte Auswirkung einer Verwässerung hat, wird sie aus der Berechnung ausgeklammert.

Die „Barertragsgrenze" (Cash Yield Test) funktioniert nicht

Hier sei angemerkt, daß nach Untersuchungen in der Wissenschaft die (obige) Grenze des Barertrages in Wirklichkeit eher die Wertpapiere kennzeichnet, die *nicht* umgewandelt werden, als diejenigen, die zur Umwandlung kommen.

Die „vollverwässerten Gewinne" je Aktien – eine wertvolle Warnung

Die eben durchgeführte Berechnung zeigt die Auswirkungen „im schlimmsten Falle", wenn alle Rechte ausgeübt und alle Wandlungen vollzogen werden, das heißt es wird die Kombination untersucht, die die größtmögliche Gewinnverwässerung bewirkt. Wenn diese Zahl erheblich unter den „primären Gewinnen" je Aktie liegt, ist das eine Warnung, daß eine Verwässerungsgefahr bestehen *kann*.

Das analytische Problem

Niemand würde ein Recht zum Aktienbezug zu 40 $ je Aktie ausüben, wenn er sie an der Börse für 20 $ kaufen könnte. Man mag jedoch Erwartungen dahingehend haben, daß das Recht eines Tages ausgeübt werden wird. Als erstes muß der Analyst die Gesellschaft und ihre Wachstumsaussichten dahingehend bewerten, ob der zukünftige Wert der Aktien über dem Ausübungskurs von 40 $ liegen wird, ehe das Ausübungsrecht erlischt. Das Recht wird nur dann ausgeübt werden, wenn eine der folgenden Voraussetzungen vorliegt:

1. Der Aktienkurs liegt so weit über 40 $, daß der Wert des Rechts zum Bezug (Hinweis des Übersetzers: als Bezugsrecht, Option, Warrant, Wandlungsrecht usw.) im wesentlichen verschwunden ist, und die Dividende der Aktie übersteigt die Kosten einer Schuldaufnahme von 40 $, um das Recht auszuüben.
2. Ein wertvolles Recht zum Bezug steht kurz vor dem Erlöschen

Abschätzung des Zeitpunktes der Verwässerung

Hierzu muß man jenen Zeitpunkt schätzen, zu dem die Dividende die Kosten für eine entsprechende Darlehensaufnahme übersteigen würde und zu dem die Aktie mit einer ausreichenden Prämie über 40 $ gehandelt werden würde, so daß der Wert des Rechts im wesentlichen verschwunden wäre. Solange ein solcher Wert besteht, ist es vorteilhafter, das Recht zu verkaufen und Aktien an der Börse zu kaufen anstatt das Recht auszuüben. Der Analyst muß also zukünftige Kurs-/Gewinnverhältnisse schätzen, Wachstumsraten von Gewinnen und Dividenden, Auszahlungsraten (für die Dividende), Zinssätze und ähnliche Elemente. Im Falle von Wandelanleihen kommt zu dieser schwierigen Abschätzung noch die Beurteilung der Wahrscheinlichkeit hinzu, daß die Gesellschaft die Wandelanleihe einzieht (Call), um eine Umwandlung zu erzwingen. Zwei Drittel eines Zinssatzes aus der Vergangenheit ist kaum ein geeigneter Filter, um solche komplizierten Beziehungen einzufangen.

Was wird verwässert – die Gewinne?

Wenn man den Zeitpunkt der Wandlung oder der Ausübung geschätzt hat, taucht die nächste Frage auf: Wie soll diese Information interpretiert werden? Was wird wirklich verwässert? Zwischen heute und dem Datum, für das man die Ausübung oder Wandlung erwartet, wird die Gesellschaft Dividenden an ihre vorhandenen Aktionäre zahlen. Da die Aktionäre jenen Dividendenertrag nicht zurückgeben werden, wird jener Teil der Gewinne nicht verwässert.

Werden einbehaltene Gewinne verwässert?

Die einbehaltenen Gewinne werden natürlich zu einem Teil des Buchwertes. Wenn der Buchwert für den Zeitpunkt der Ausübung oder Wandlung mit 20 $ erwartet wird, müssen wir diese 20 $ je Aktie mit dem Betrag je Aktie vergleichen, den die Gesellschaft erhalten wird. Wenn die Gesellschaft mehr als 20 $ für jede neue Aktie erhält, wird der Buchwert je Aktie steigen und nicht sinken. Die Auswirkung wäre also keine Verwässerung, sondern das Gegenteil. Einbehaltene Gewinne können also verwässert werden oder auch nicht!

Zukünftige Dividenden?

Vielleicht wird durch die Ausübung oder Wandlung der folgende Dividendenstrom verwässert. Das hängt von dem zusätzlichen Ertrag ab, der auf die neuen Mittel aus der Umwandlung oder Ausübung verdient wird. Das Ergebnis kann eine Verwässerung des zukünftigen Dividendenstromes oder aber auch das Gegenteil sein.

Was ist der Preis der Verwässerung?

Nehmen wir schließlich an, daß die Verwässerung je Aktie bei 10 % liegen wird, beginnend in zehn Jahren von heute. Wieviel ändert das den Aktienkurs heute? Wenn man eine Wachstumsrate für Gewinne und Dividenden von 8 % und einen Abzinsungssatz von 15 % annimmt, würde der Gegenwartswert der Aktie um ungefähr 5 % verringert: $10\% \times (1{,}08 : 1{,}15)^{10} = 5{,}3\%$. Der Analyst muß also zwei wichtige Regeln beherzigen:

1. Die Verwässerung spielt keine große Rolle, wenn sie für längere Zeit aufgeschoben ist.
2. Wenn man alsbaldige Ausübung oder Wandlung erwartet, kann das Ergebnis sowohl eine Verwässerung bedeuten als auch das Gegenteil.

Wie soll der Analyst vorgehen?

Besteht ein Problem – in welcher Größenordnung?

Zunächst sollte sich der Analyst die „voll verwässerten Gewinne" je Aktie darauf ansehen, ob ein potentielles Problem besteht. Wenn diese Gewinne nur fünf oder zehn Prozent unter den ausgewiesenen Gewinnen liegen, besteht kein dringendes Problem. Wenn der Verwässerungseffekt größer ist, muß der Analyst den Zeitpunkt, die Wahrscheinlichkeit und das Maß der Verwässerung bestimmen und die Auswirkungen auf den gegenwärtigen Wert abzinsen, um den inneren Wert der Aktie nach unten anzupassen.

Die Zahl der Aktien

Für normale Berechnungen von Gewinnen je Aktie empfehlen wir die Benutzung 1. der gewichteten Durchschnittszahl von Aktien, soweit es sich um die Analyse von Ergebnissen der Vergangenheit handelt, und 2. die Zahl der Aktien, die man für den zukünftigen Zeitpunkt erwartet, wenn es sich um Berechnungen zukünftiger Werte, wie etwa zukünftige Gewinne je Aktie handelt.

Anpassung für erwartete Wandlung, falls erheblich

Wenn der Analyst eine erhebliche Verwässerung aus einer Wandlung erwartet, sollte er die Verwässerung der Aktie „für den schlimmsten Fall" berechnen, d. h. für die Anzahl der Wertpapiere, von denen er „schlimmstenfalls" eine Umwandlung in normale Aktien erwartet.

Berücksichtigung von ausstehenden Warrants und Aktienoptionen

Benutzung des Kaufs eigener Aktien („Treasury Stock"-Methode)

Bei der Projektion zukünftiger Gewinne sollte man normalerweise für neue Mittel die „Treasury Stock"-Methode benutzen. Das bedeutet: Man geht davon aus, daß die Mittelzuflüsse infolge der Ausübung der Rechte dafür benutzt werden, eigene Aktien zu kaufen; für den Wegfall der Zinsen oder Vorzugsdividenden wird eine entsprechende Anpassung, gegebenenfalls unter Berücksichtigung des Steuereffektes, vorgenommen.

Die Alternative: Geschätzter Ertrag auf den Mittelzufluß aus der Ausübung

Als Alternative zu der Treasury Stock Methode kann man die Gewinne schätzen, die auf das zusätzliche Kapital entfallen, das durch die Ausübung der Rechte, Warrants oder Optionen der Gesellschaft zufließt. Dieses Verfahren ist komplizierter, aber es kann gerechtfertigt sein, wenn die erwartete zusätzliche Gesamtkapitalrentabilität erheblich höher oder niedriger liegt als im Augenblick.

Kapitel 20: *Analyse von Kennzahlen*

Formeln für die Bewertung von Optionen

Aktienoptionen, die Angestellten der Gesellschaft oder anderen Personen gegeben werden, haben dieselben theoretischen Folgen wie die gerade erörterten Warrants, aber sie haben keinen Börsenwert. Ihr Börsenkurs kann mit Hilfe von Black & Scholes' Modell oder einer Variante davon berechnet werden[3]) oder mit Hilfe des „Minimum Value"-Modells. Der Analyst kann dadurch grob schätzen, um wieviel der Optionswert den Ausübungskurs übersteigt. Dieses Verhältnis ist eine nützliche Information in bezug auf die Wahrscheinlichkeit der Ausübung, da eine Prämie über dem Ausübungskurs die Ausübung verhindert.

Formel für den Mindestwert („Minimum Value")

Der Wert einer Option ist niemals geringer als der augenblickliche Kurs der zugrundeliegenden Aktie abzüglich des Gegenwartswertes des Ausübungskurses und abzüglich des Gegenwartswertes aller Dividenden bis zum Ausübungsdatum.[4]) Das ist das „Minimum Value Modell", und man kann es leicht benutzen, indem man einen Abzinsungssatz findet, wenn der Analyst eine befriedigende Projektion zukünftiger Dividenden hat.

Beobachten Sie die Prämie auf den Ausübungskurs

Ein gutes Gefühl für die Wahrscheinlichkeit einer Ausübung erhält man zugleich dadurch, daß man einfach eine etwa bestehende Prämie des Ausübungskurses über dem Börsenkurs der zugrundeliegenden Aktie beobachtet. Wenn sie weit auseinanderliegen, muß der Aktienkurs erheblich steigen, damit es zu einer Ausübung kommt. Wenn sie nahe beieinanderliegen, beispielsweise innerhalb von 25 %, gibt die Treasury Stock Methode schnell ein Bild, wie ernst die Verwässerungsgefahr ist. Unsere 5-%-Grenze in bezug auf den Jahresüberschuß zeigt, ob die kumulativen Verwässerungswirkungen eine Anpassung der Zahlen je Aktie erfordern.

Umwandlung von „Klasse B-Aktien" in normale Aktien

Eine erhebliche Anzahl früher privater Gesellschaften ist durch den Verkauf von „Klasse A-Aktien" an die Börse gegangen, während das Interesse der früheren Alleineigentümer durch die „Klasse B-Aktien" (manchmal auch einfache Aktien) repräsentiert wird. Obwohl die Dividendenrechte der beiden Aktien-Klassen von Gesellschaft zu Gesellschaft verschieden sind, haben meistens die normalen Aktien

---

[3]) Fisher Black und Myron Scholes, „The Pricing of Options of Corporate Liabilities" Journal of Political Economy, Band 81, Nr. 3 Mai/Juni 1973, S. 637–654
[4]) William F. Sharpe, „Investments", Prentice-Hall Inc., Englewood Cliffs N. J., 1978, S. 364–365

der Klasse A einen Vorzug. In buchstäblich allen Fällen jedoch haben die anderen Aktien das Recht der Wandlung – Aktie um Aktie – in Aktien der Klasse A. Manchmal besteht ein sofortiges und vollständiges Wandlungsrecht, aber häufiger kann die Wandlung nur in Blöcken über eine Reihe von Jahren erfolgen.

Meistens gehen die Analysten bei ihren Berechnungen von einer vollen Umwandlung aus, das heißt sie gehen nur von einer Art von Aktien aus. In einigen wenigen Fällen wäre diese Annahme nicht richtig, wenn es sich um Klasse B-Aktien handelt.

Eine allgemeine Regel für Partizipationsscheine

Wenn der Analyst die Gewinne für die normalen Aktien berechnet, muß er die Rechte von Partizipationsscheininhabern voll berechnen, unabhängig davon, ob die betreffenden Beträge wirklich gezahlt werden. Verschiedene Arten von Obligationen und Vorzugsaktien haben Klauseln, die ihnen einen Teil des Gewinns oder der Dividenden zuerkennen, der auf die normalen Aktien (Stammaktien) gezahlt wird. Diese Wertpapiere haben meist Ansprüche auf feste Zahlungen, ehe ihre Partizipations- oder variablen Zahlungen berechnet werden. Die Folgen sind ähnlich wie bei Wandelanleihen und Optionen. Daher muß der Analyst entsprechende Anpassungen vornehmen, um bei den Zahlen je Aktie die Ansprüche dieser besonderen Schuldinstrumente auf den verbleibenden Gewinn der Gesellschaft zu zeigen. In den meisten Fällen wird die Anpassung des Analysten darauf hinauslaufen, daß er ein hypothetisches festverzinsliches Wertpapier zuzüglich einer Anzahl von Anteilen annimmt, die normalen Aktien gleichstehen (Common Stock Equivalents). Normalerweise werden die „voll verwässerten" Gewinne je Aktie (Fully diluted Earnings per Share) im Geschäftsbericht zeigen, ob eine Untersuchung des Verwässerungsfaktors erforderlich ist.

Dividenden je Aktie (Kennzahl Nr. 2)

Genaugenommen sind Dividenden je Aktie eine Kennzahl, aber sie wird praktisch nie anders berechnet, als daß die gesamten Dividenden je Aktie über die fragliche Zeit addiert werden, da Dividenden normalerweise je Aktie erklärt werden. Die Kennzahl 2 in Tafel 20.1 würde erfordern, daß die ausstehenden Aktien nach den gezahlten Dividenden gewichtet würden, und das wäre eine ziemlich komplizierte Art, etwas zu berechnen, was direkt verfügbar ist. Natürlich müssen historische Dividenden je Aktie bereinigt werden, wenn seitdem Gratisaktien, Dividenden in Aktienform (Splits and Stock Dividends), Bezugsrechte usw. ausgegeben worden sind.

Kapitel 20: *Analyse von Kennzahlen*

Umsätze je Aktie (Kennzahl Nr. 3)

Die Einzelheiten ergeben sich aus Figur 20.1[4a)]

Betriebs-Cash-flow je Aktie (Kennzahl Nr. 4)

Betriebs-Cash-flow je Aktie ist ein nützliches Maß der allgemeinen Fähigkeit einer Gesellschaft, Schulden aufzunehmen, Dividenden zu zahlen, „Buchgewinne" in flüssige Mittel zu verwandeln und allgemein finanzielle Flexibilität zu haben. Der Betriebs-Cash-flow „gehört" jedoch nicht den Inhabern des Eigenkapitals in demselben Sinne wie Gewinne. Er mag für den Schuldendienst erforderlich sein oder für irgendeinen anderen vorgehenden Anspruch, wie etwa eine Pachtzahlung. Wenn man eine Kennzahl für „Freien Cash-flow" (Discretionary Cash-Flow) je Aktie berechnen will, muß man diese festen Verpflichtungen zum Mittelabfluß berücksichtigen (vgl. hierzu auch weiter unten S. 403 Anm. [5f)]).

Buchwert, Umlaufvermögensüberschuß, „Schnelle Aktiva" und flüssige Mittel je Aktie

Wenn Daten aus der Bilanz je Aktie umgerechnet werden, sind das immer die Beträge, die für den Bilanzstichtag angegeben sind, dividiert durch die Aktien, die an diesem Tage umliefen. Die üblichen Kennzahlen je Aktie aus der Bilanz sind in Figur 20.1 unter 5–8 angegeben.

Kurskennzahlen

Ein Grundprinzip beim Investment besagt, daß keine richtige Entscheidung für eine Aktie getroffen werden kann, es sei denn, daß sie sich auf einen bestimmten Kurs bezieht. Normalerweise ist es der augenblickliche Börsenkurs, aber es kann auch eine erwartete oder berechnete Zahl sein. Der Wertpapieranalyst sollte den Kurs mit den Gewinnen, Dividenden, Vermögenswerten und – mit wertvollen zusätzlichen Erkenntnissen – mit den Umsätzen vergleichen. Damit haben wir in Tafel 20.2 folgende Kennzahlen:

[4a)] Anm. des Übersetzers: „Sales" – Hier und in den weiteren Kennzahlen wird nur kurz von Umsätzen gesprochen; gemeint sind damit die Umsätze, die sich auf den gewöhnlichen Betrieb beziehen, d. h. die Umsatzerlöse, nicht z. B. Umsätze aus dem Verkauf von Werkswohnungen oder sonstige nichtwiederkehrende Posten (vgl. Barron's Dictionary of Accounting Terms, unter „Sales".

Kennzahl Nr. 9   Kurs-/Gewinnverhältnis
Kennzahl Nr. 10   Gewinnrendite (der reziproke Wert des Kurs-/Gewinn-
                   verhältnisses)
Kennzahl Nr. 11   Dividendenrendite
Kennzahl Nr. 12   Umsätze je Dollar des Aktienkurses
Kennzahl Nr. 13   Kurs-/Buchwertverhältnis

Diese Kennzahlen werden normalerweise auf Grund der Ergebnisse des letzten vollen Jahres oder der letzten Bilanz errechnet. Die Gewinne jedoch können ein Durchschnitt für eine geeignete Anzahl von Jahren sein. Die Gewinne, die man für die Berechnung des Kurs-/Gewinnverhältnisses benutzt, können die für die jeweils letzten 12 Monate oder das laufende Geschäftsjahr sein; oder eine Schätzung der kommenden 12 Monate darstellen. Einige Börsenbriefe von Brokern geben zwei Kurs-/Gewinnverhältnisse; in einem Fall werden die geschätzten Gewinne des laufenden und im anderen die geschätzten Gewinne des folgenden Geschäftsjahres benutzt. Ein Investmentdienst veröffentlicht Kurs-/Gewinnverhältnisse auf Basis der in den letzten drei Quartalen ausgewiesenen Gewinne plus einer Schätzung der Gewinne für das erste Quartal, für das noch kein Bericht vorliegt. Da sich die Gewinne von Jahr zu Jahr unter Umständen erheblich ändern können, muß der zugrundeliegende Zeitraum angegeben werden und ferner, ob es sich um tatsächliche oder geschätzte Zahlen handelt. Der Kurs kann ein neuester Kurs sein, ein Kurs vom Ende der Berechnungsperiode, ein Durchschnittskurs, ein vorweggenommener oder berechneter Kurs. Ähnliche Probleme können bei anderen Kurskennzahlen auftauchen, und daher muß der Analyst sich bewußt sein, welche Kurse und Zeitabschnitte in irgendeiner Kennzahl verbunden sind. Wenn er einen schriftlichen Bericht schreibt, sollte er darauf achten, daß alle Kennzahlen entweder im Text oder in Fußnoten ordnungsgemäß erläutert sind.

Kurs-/Gewinnkennzahlen

Börsenverhältniszahlen und Multiplikator

Gewinne je Aktie zeigen an, wie sicher die Dividende ist. Aber ihr Hauptzweck besteht darin, daß man dadurch einen einfachen Vergleich für den augenblicklichen Börsenkurs der Aktie bekommt. Das daraus folgende Kurs-/Gewinnverhältnis ist ein Konzept, mit dem sich der aktive Analyst intensiv befassen muß. Wir müssen uns nun der Frage zuwenden, was Kurs-/Gewinnverhältnisse sind und wodurch sie bestimmt werden. Wir werden die Frage in zwei Teilen behandeln. Der erste befaßt sich mit dem tatsächlichen Verhalten der Börse, das heißt der Investoren und Spekulanten in bezug auf das Kurs-/Gewinnverhältnis. Der zweite Teil, den wir in einem späteren Kapitel über Bewertungsmethoden behandeln werden, wird erörtern, was das Kurs-/Gewinnverhältnis oder der Multiplikator (Vervielfältiger) *sein sollte*.

> 9. Kurs-/Gewinnverhältnis (Kap. 19) =
> $$\frac{\text{Kurs je (Stamm)-Aktie}}{\text{Gewinne je (Stamm)-Aktie}}$$
>
> 10. Gewinn-Rendite =
> $$\frac{\text{Gewinn je (Stamm)-Aktie}}{\text{Kurs je (Stamm)-Aktie}}$$
>
> 11. Dividenden-Rendite =
> $$\frac{\text{Dividende je (Stamm)-Aktie}}{\text{Kurs je (Stamm)-Aktie}}$$
>
> 12. Umsatz je Dollar Aktien-Kurswert =
> $$\frac{\text{Umsatz}}{\text{Gewichteter Durchschnitt der ausstehenden (Stamm)-Aktien} \times \text{Kurs}}$$
>
> 13. Verhältnis Kurswert zu Buchwert =
> $$\frac{\text{Kurs je (Stamm)-Aktie}}{\text{Buchwert je (Stamm)-Aktie}}$$

Figur 20.2: Vorgeschlagene Formeln für die Berechnung von Kurskennzahlen

Unklarheit über die benutzten Gewinne

Die Feststellung, eine Aktie werde zu „n-mal Gewinne" gehandelt, ist mehrdeutig. Die Gewinne, auf die man sich bezieht, mögen aus dem letzten Jahr stammen, aus dem laufenden Jahr (teilweise geschätzt), oder es mögen die (geschätzten) Gewinne des nächsten Jahres sein oder sogar die der letzten drei Monate, multipliziert mit 4. Manchmal wird der Satz etwas erweitert, etwa dahingehend „n-mal erwartete Gewinne" für eine angegebene Periode der Zukunft oder „n-mal durchschnittliche Gewinne" für eine angegebene Periode der Vergangenheit oder sogar „n-mal die Gewinne der jeweils letzten 12 Monate". Meistens jedoch wird das Konzept des Kurs-/Gewinnverhältnisses so benutzt, daß damit die laufenden oder ganz neuen Zahlen eines vollen Jahres gemeint sind.

Unterschiedliche Kurs-/Gewinnverhältnisse

Wenn der Analyst mit einer größeren Zahl von Kurs-/Gewinnverhältnissen befaßt ist, ist er wahrscheinlich sehr verwundert über ihre Unterschiedlichkeit und fehlende Beständigkeit. Aktienkurse schwanken innerhalb eines einzigen Jahres über eine weite Spanne, und das heißt, daß die Verhältniszahlen im Laufe des Jahres

Tafel 20.1: Durchschnittliche Gewinne je Aktie, Kurse und Kurs-/Gewinnverhältnisse der einzelnen Aktien im DJJ Average (1975–1979, 1980–1984 und 1985)

Aktie[1])	Durchschnitt 1975–1979			Durchschnitt 1980–1984			Durchschnitt 1985		
	Gewinne	Durch-schnittskurs (Mean)[2])	Kurs-/Gewinnverhältnisse	Gewinne	Durch-schnittskurs (Mean)	Kurs-/Gewinnverhältnisse	Gewinne	Durch-schnittskurs (Mean)	Kurs-/Gewinnverhältnisse
Allied-Signal	2,41 $	33,9 $	14,1	4,88 $	30,9 $	6,3	3,40 $	41,0 $	12,1
Aluminum Co.	3,48 $	23,8 $	6,8	3,18 $	33,6 $	10,6	1,32 $	35,3 $	26,7
American Can	5,51 $	36,2 $	6,6	3,50 $	37,4 $	10,7	5,02 $	56,6 $	11,3
American Express	1,79 $	17,7 $	9,9	2,75 $	27,3 $	9,9	3,55 $	45,5 $	12,8
American T & T	na[3])	na	na	na	na	na	1,43 $	22,2 $	15,5
Bethlehem Steel	2,12 $	25,6 $	12,1	(2,53)	22,9 $	nmf[4])	(2,45)	16,8 $	nmf
Chevron	3,26 $	19,9 $	6,1	5,62 $	38,1 $	6,8	4,19	35,1 $	8,4
Du Pont	4,08 $	41,1 $	10,1	4,98 $	43,2 $	8,7	5,04 $	58,5 $	11,6
Eastman Kodak	3,15 $	50,0 $	15,9	4,14 $	48,1 $	11,6	1,46 $	47,2 $	32,3
Exxon	3,29 $	24,3 $	7,4	6,06 $	34,8 $	5,7	7,43 $	50,2 $	6,8
General Electric	2,37 $	25,0 $	10,5	4,09 $	40,4 $	9,9	5,13 $	64,8 $	12,6
General Motors	8,86 $	60,3 $	6,8	5,14 $	56,9 $	11,1	12,28 $	75,2 $	6,1
Goodyear	2,59 $	19,0 $	7,3	3,28 $	23,8 $	7,3	2,81 $	28,1 $	10,0
Inco	1,75 $	23,4 $	13,4	(2,10)	17,0 $	nmf	0,28 $	12,9 $	46,1
IBM	4,48 $	63,5 $	14,2	7,79 $	85,1 $	10,9	10,67 $	138,1 $	12,9
International Paper	6,28 $	51,0 $	8,1	5,28 $	46,3 $	8,8	1,61 $	51,1 $	31,7
McDonald's	1,51 $	21,8 $	14,4	3,38 $	34,6 $	10,2	4,99 $	66,3 $	13,3
Merck	1,94 $	33,0 $	17,0	2,93 $	41,9 $	14,3	3,79 $	57,5 $	15,2
Minnesota M&M	3,84 $	55,5 $	14,5	5,77 $	66,8 $	11,6	6,02 $	82,6 $	13,7
Navistar	7,04 $	32,1 $	4,6	(13,48)	14,3 $	nmf	0,77 $	15,9 $	20,6
Owens Illinois	3,56 $	23,2 $	6,5	3,76 $	29,6 $	7,9	5,23 $	46,9 $	9,0
Philip Morris	1,43 $	15,1 $	10,6	3,13 $	28,0 $	8,9	5,08 $	25,6 $	5,0
Procter & Gamble	2,77 $	42,7 $	15,4	4,57 $	46,6 $	10,2	3,80 $	61,1 $	16,1
Sears, Roebuck	2,38 $	28,1 $	11,8	2,86 $	26,0 $	9,1	3,53 $	36,0 $	10,2
Texaco	3,86 $	26,4 $	6,8	6,28 $	37,3 $	5,9	4,62 $	33,7 $	7,3
Union Carbide	2,27 $	16,6 $	7,3	2,15 $	17,3 $	8,0	0,36 $	18,2 $	50,6
United Technologies	2,13 $	17,4 $	8,2	3,63 $	28,4 $	7,8	4,58 $	40,5 $	8,8
U.S. Steel	2,60 $	34,8 $	13,4	2,01 $	25,3 $	12,6	1,71 $	28,7 $	16,8
Westinghouse Electric	1,50 $	9,1 $	6,1	2,61 $	18,1 $	6,9	4,30 $	36,5 $	8,5
Woolworth	2,36 $	10,8 $	4,6	1,88 $	13,6 $	7,2	2,75 $	24,8 $	9,0

[1]) Angepaßt für Gratisaktien (Splits und Stockdividends) bis Ende 1985
[2]) Durchschnitt der jährlichen Durchschnittskurse (Mean Prices)
[3]) na: nicht angegeben (auf vergleichbarer Basis)
[4]) nmf: Die Zahl paßt nicht in diesem Zusammenhang (not a meaningful figure)

entsprechend unterschiedlich ausfallen. Die durchschnittliche jährliche Kennzahl für fast jede Aktie ist von einem Jahr zum anderen wahrscheinlich sehr unterschiedlich. Schließlich reichen die Kennzahlen verschiedener Aktien im selben Augenblick über eine weite Spanne. Im Februar 1987 beispielsweise wurden Wheeling-Pittsburgh Steel nur mit 1,3mal und International Bank Note mit 85mal der Gewinne gehandelt, wie sie den damals aktuellen Schätzungen von Value Line per Ende März 1987 entsprachen. Offenbar hat nur der Kurs dividiert durch die normalen Gewinne irgendeine Bedeutung oder Beständigkeit.

Gibt es erkennbare Muster?

Es erscheint beinahe unmöglich, aus diesem Chaos irgendeine Art von Ordnung zu entwickeln. Dennoch kann man einige gut erkennbare und nicht irrationale Muster in den Kurs-/Gewinnverhältnisen entdecken, wenn man sie aus dem richtigen Blickwinkel betrachtet. Eine wirksame Methode besteht darin, durchschnittliche Kurse über eine repräsentative Zahl von Jahren mit den durchschnittlichen Gewinnen während derselben Zeit zu vergleichen. In Tafel 20.1 zeigen wir die Kennzahlen für jede der 30 Aktien im Dow Jones Industrial Average und benutzen dafür die beiden 5-Jahres-Perioden 1975–1979 und 1980–1984 und ferner 1985.

Qualität der Gewinne

Für die große Mehrheit der Aktien zeigt die durchschnittliche Beziehung zwischen Kurs und Gewinnen – wie wir sie hier zusammengestellt haben – die Meinung der Investoren und Spekulanten über Qualität und Wachstum der Wertpapiere. Eine starke, erfolgreiche und vielversprechende Gesellschaft wird üblicherweise zu einem höheren Multiplikator für die laufenden oder durchschnittlichen Gewinne gehandelt als eine, die weniger stark, weniger erfolgreich und weniger aussichtsreich erscheint.

Die Haupteinflußfaktoren für das Kurs-/Gewinnverhältnis

Zu den wesentlichen analytischen Elementen, die über das Kurs-/Gewinnverhältnis entscheiden, gehören:

1. Die Faktoren, die sich in vollem Umfange in den Finanzdaten zeigen (materielle Faktoren):
   - Wachstum von Gewinnen und Umsätzen in der Vergangenheit
   - Rentabilität – Gesamtkapitalrentabilität (Rate of Return on Invested Capital)
   - Stabilität der Gewinne in der Vergangenheit, Dividendensatz und bisherige Dividendenentwicklung
   - Finanzielle Stärke oder Krediteinstufung
2. Diejenigen Faktoren, die sich in den Daten nur unbestimmt zeigen (immaterielle Faktoren):
   - Qualität des Managements
   - Art und Aussichten der Industrie
   - Wettbewerbsstellung und individuelle Aussichten der Gesellschaft

Die immateriellen Faktoren beeinflussen die materielle Vorgeschichte

Die fünf materiellen Faktoren kann der Analyst in den Jahresabschlüssen untersuchen. Die drei immateriellen lassen natürlich nicht dieselbe Art von bestimmter quantitativer Berechnung zu. Denken Sie daran, daß typischerweise die nicht berechenbaren Faktoren schon einen starken Einfluß auf die ausgewiesenen Ergebnisse gehabt haben. Mit anderen Worten: Die Zahlen selbst werden ziemlich deutlich und umfassend zeigen, wie gut ein Unternehmen und sein Management ist, – wenn nicht das jetzige Management erst vor kurzem seine Tätigkeit begonnen hat oder größere, neue Entwicklungen in der Industrie oder im Konzern die Ergebnisse der Vergangenheit für die Zukunft irrelevant erscheinen lassen. Im frühen Stadium einer höchst dynamischen Industrie – Elektronik, Kommunikation, Halbleiter, Computer, Gentechnik (Genetic Engeneering), Heilmittel – sind die Erwartungen für zukünftige Gewinne oft völlig von den tatsächlichen Ergebnissen der Vergangenheit zu trennen. Aber das ist nicht der Normalfall.

Tafel 20.1 zeigt einen anderen Einfluß – den Molodovsky-Effekt[5]): Eine Gesellschaft, die vorübergehend gedrückte Gewinne hat und deshalb zu einem hohen Kurs-/Gewinnverhältnis gehandelt wird. Die Kurs-/Gewinnverhältnisse 1985 für Aluminum Company, Eastman Kodak Inc., International Paper, Union Carbide und Inco weisen das auf, was die Börse als nicht typischen Nenner (in der Kennzahl) ansieht. Eine flüchtige Durchsicht der Kurs-/Gewinnverhältnisse von 1985 zeigt, daß einige das doppelte Verhältnis oder noch mehr aufweisen als in der Periode 1980 bis 1984. Eigentlich sehen sie aus wie die äußerst optimistischen Kurs-/Gewinnverhältnisse, die für schnell wachsende Gesellschaft mit sehr hoher Qualität reserviert sind. Die Überprüfung der betreffenden Gesellschaften zeigt jedoch, daß die meisten von ihnen keine Wachstumsaktien sind und die Qualität von einigen nicht einmal besonders hoch ist. Hüten Sie sich davor, das Kurs-/Gewinnverhältnis als Indiz dafür zu benutzen, ob an der Börse etwas billig oder teuer ist. Das *durchschnittliche* Kurs-/Gewinnverhältnis für 1985 liegt 75 % über dem der Periode 1980–1984, aber eine Durchsicht der einzelnen Aktien zeigt, daß die Mehrzahl nur ungefähr 30 % oder so im Kurs gestiegen ist. Der (statistische) Zentralwert (median) von 12,6mal der Gewinne im Jahre 1985 würde wahrscheinlich ein wesentlich besseres Indiz dafür geben, ob die Börse insgesamt billig oder teuer war; die meisten der Beispiele mit hohem Kurs-/Gewinnverhältnis im Jahre 1985 (aber nicht in den früheren Perioden) sind wahrscheinlich Auswirkungen des Molodovsky Effektes.

Haupt-Kennzahlen in bezug auf materielle Faktoren

Die materiellen Faktoren, die die Qualität einer Gesellschaft berühren, lassen sich mit Hilfe von Kennzahlen und anderen Berechnungen messen. Außer den Zahlen je

---

[5]) Nicholas Molodovsky „A Theory of Price-Earnings Ratios", Financial Analysts Journal, November 1953, S. 65–80

Aktie und den auf den Kurs bezogenen Zahlen liefern fünf andere Gruppen von Kennzahlen Erkenntnisse über die Vorgeschichte der Gesellschaft und die „materiellen" Faktoren:

– Rentabiltätskennzahlen: Spannen und Aktivitätskennzahlen
– Wachstumsrate
– Stabilitätskennzahlen
– Auszahlungsraten (Dividendenpolitik)
– Kreditkennzahlen

Die vorhergehenden Abschnitte dieses Kapitels erörterten einige Mängel der Zahlen, die sich auf die einzelne Aktie beziehen, insbesondere die Gefahr, daß von einer Analyse des Unternehmens als Ganzes abgelenkt wird. Am besten konzentriert man sich auf Kurs und Daten je Aktie zuletzt, nachdem man die obigen fünf Gruppen von Kennzahlen genau analysiert hat. Diese fünf Gruppen messen die Performance und die finanzielle Stärke des Unternehmens unabhängig von der Börsenbewertung. Wir wollen zuerst diese verschiedenen Kennzahlen in ihrer richtigen Reihenfolge erörtern und dann ihre Benutzung illustrieren, indem wir sie auf zwei chemische Gesellschaften (Kapitel 21) und eine Industrie, den Lebensmitteleinzelhandel, (Kapitel 22) anwenden.

Rentabilitätskennzahlen

Die Fähigkeit des Managements bei der Benutzung des Kapitals

Das breiteste Maß für Rentabilität ist das Verhältnis des *endgültigen* Nettogewinns, der für das gesamte Kapital zur Verfügung steht, zu dem gesamten Kapital. („Gesamtkapitalrentabilität"). Der endgültige Nettogewinn auf das gesamte Kapital spiegelt alle wiederkehrenden Posten von Gewinn und Verlust einschließlich Ertragssteuern wider; Zinsen auf fundierte Schulden und die Zinskomponente für Nutzungsverträge (Leasing, Pacht, Miete) werden nicht abgezogen, denn Zinsen sind ein Teil des Ertrages. Das grundsätzliche Verdienst der Gesamtkapitalrentabilität (Return on Invested Capital Ratio) liegt darin, daß sie die zugrundeliegende oder allgemeine Performance eines Unternehmens mißt. Sie bezieht sich auf die gesamten Kapitalmittel, die von allen Investoren und nicht nur von einer einzigen Klasse zur Verfügung gestellt wurden. Die Kennzahl ist ein Maß für die Fähigkeit des Managements, Vermögenswerte rentabel zu nutzen, unabhängig von der Art, wie die Vermögenswerte finanziert sind. Die Kennzahl kann auch *vor* Ertragssteuern berechnet werden („Brutto-Gesamtkapitalrentabilität"); das liefert ein Maß der Rentabilität, das unabhängig von der Finanzierung *und* der Besteuerung der Gesellschaft ist. Die letztere Art der Berechnung ist manchmal hilfreich, wenn man verschiedene Gesellschaften miteinander vergleicht.

Verschiedene nützliche Variationen

Als Gruppe sind Rentabilitätskennzahlen wahrscheinlich die wirksamsten Werkzeuge des Wertpapieranalysten. Sie werden in verschiedener Weise berechnet; jede macht eine leicht unterschiedliche Aussage und beleuchtet die Dinge unter einer etwas anderen Perspektive. Zu diesen Kennzahlen gehören der Ertrag (Return) auf:

- die gesamten Vermögenswerte (Total Assets)
- das Kapital (definiert in verschiedener Weise)
- langfristiges Investment (Long-term Investment)
- Eigenkapital (Equity)

Letzteres kann der Ertrag auf das buchmäßige Eigenkapital sein, wie immer das Eigenkapital in der Bilanz im einzelnen ausgewiesen ist – oder der Ertrag auf das materielle Netto-Vermögen (Net Tangible Assets), das den Aktionären gehört – das ist die hier empfohlene Methode. In allen Fällen muß der Ertrag (der Zähler des Bruches) widerspruchsfrei zu dem definierten Kapital (dem Nenner) passen. Wenn beispielsweise kurzfristige Schulden aus dem Kapital ausgeklammert sind, muß auch der Zins dafür aus dem Ertrag ausgeklammert werden.

Durchschnittliches Kapital oder Anfangskapital

Ein häufiger Fehler besteht darin, den Ertrag durch das Kapital am Ende der Berechnungsperiode zu dividieren. Beispielsweise kann man (falsch!) die Eigenkapitalrentabilität, also den Ertrag auf das Eigenkapital, so berechnen, daß man den Gewinn für das Jahr durch den Buchwert am Ende des Jahres dividiert. Das Problem dabei besteht darin, daß das Kapital, das mit „Buchwert" beschrieben wird, weder zu Beginn noch das ganze Jahr tätig war. Es war einfach der Betrag, der sich am Jahresende angesammelt hatte oder übriggeblieben war. Vertretbare Methoden sind, daß man den Ertrag entweder durch das durchschnittliche Kapital des Jahres dividiert (Ertrag auf das durchschnittlich tätige Kapital) oder aber durch das Kapital, das zu Beginn des Jahres vorhanden war (Ertrag auf das Anfangsinvestment). Jede Zahl ist für analytische Zwecke annehmbar, aber die Methode sollte klargestellt und bei Vergleichen einheitlich benutzt werden. Die erste Methode hat Vorteile, wenn während des Jahres neues Kapital zugeführt oder das Kapital verringert wurde. Das Problem mit dem Jahresende besteht unabhängig davon, welche Rentabilitätskennzahl im einzelnen berechnet wird. Dieser Kommentar bezieht sich also gleichermaßen auf Ertrag auf Vermögenswerte (Return on Assets), Ertrag auf das gesamte Kapital (Return on Total Capital), Ertrag auf das langfristige Kapital (Return on longterm Capital) und andere.

Gesamtkapitalrentabilität (Return on Capital, Kennzahl Nr. 14)

Das umfassendste Maß für den Erfolg eines Unternehmens ist der Prozentsatz, der auf das investierte Kapital verdient wurde (Kennzahl Nr. 14 in Figur 20.3). Die

Kapitel 20: *Analyse von Kennzahlen*

14. Gesamtkapitalrentabilität =

$$\frac{\text{Jahresüberschuß} + \text{(Gewinn)-Anteile anderer Gesellschafter} + \text{steuerberichtigter Zinsaufwand}}{\text{materielle Vermögenswerte} - \text{passive antizipative Rechnungsabgrenzungsposten}}$$

15. Kapitalumschlag =

$$\frac{\text{Umsatz}}{\text{materielle Vermögenswerte} - \text{passive antizipative Rechnungsabgrenzungsposten}}$$

16. Gewinnquote =

$$\frac{\text{Jahresüberschuß} + \text{(Gewinn)-Anteile anderer Gesellschafter} + \text{steuerberichtigter Zinsaufwand}}{\text{Umsatz}}$$

17. Gesamtkapitalrentabilität vor Abschreibung =

$$\frac{\text{Jahresüberschuß} + \text{(Gewinn)-Anteile anderer Gesellschafter} + \text{steuerberichtigter Zinsaufwand} + \text{(reguläre) Abschreibung}}{\text{materielle Vermögenswerte} - \text{passive antizipative Rechnungsabgrenzungsposten}}$$

18. Eigenkapitalrentabilität =

$$\frac{\text{Jahresüberschuß} - \text{Erfordernis (etwaiger) Vorzugsaktien}}{\text{Eigenkapital} - \text{Goodwill} - \text{die meisten immateriellen Werte} + \text{aufgeschobene Steuerverbindlichkeiten (Steuerrückstellungen)}}$$

Figur 20.3: Vorgeschlagene Formeln für die Berechnung der Rentabilitätskennzahlen

Ausdrücke „Investiertes Kapital" (Invested Capital), „Kapitalmittel" (Capital Funds) und „Gesamtkapital" (Total Capital) können dabei gleichbedeutend benutzt werden.[5a] Kurzfristige Schulden wie Bankverbindlichkeiten und Commercial Paper und die aufgeschobenen Steuerverbindlichkeiten werden in den Begriff des arbeitenden (Gesamt-)Kapitals einbezogen. Die Praxis ist unterschiedlich, soweit es sich um Nutzungsverträge, (Operating Lease, Pacht, Mietverträge) handelt, aber wir ziehen vor, sie in das investierte Kapital miteinzubeziehen. Theoretisch sollten kurzfristige passive antizipative Rechnungsabgrenzungsposten (Current Accrued

---

[5a] Anm. des Übersetzers: Im Deutschen wird diese Kennzahl auch kurz mit einer gebräuchlichen amer. Abkürzung als „ROI" (Return on Investment – Ertrag auf das Investment) bezeichnet. Der Zähler dieses Bruches wird im Amerikanischen oft als „Net Available for Total Capital" – „Nettobetrag, der für das Gesamkapital zur Verfügung steht" (z. B. Tafel 3.1) – bezeichnet.

Payables[5b]), die zinslos sind, ausgeklammert werden, weil man ihren Zinsanteil nicht ermitteln kann. Praktisch ist es meist bequemer, sie miteinzuschließen, indem man den Ertrag auf (alle) materiellen Vermögenswerte berechnet einschließlich der gepachteten (mit Operating Lease geleasten) Vermögenswerte. In beiden Fällen ist die Kennzahl sinnvoll und gibt Vergleichbarkeit, wenn sie gleichmäßig angewandt wird.

Anpassungen

Gewisse Anpassungen sollten beim Eigenkapital vorgenommen werden. Wenn eine Gesellschaft ihre Vorräte nach LIFO bewertet, sollte die LIFO-Reserve zum Eigenkapital addiert werden. Goodwill und andere immaterielle Vermögenswerte, die keinen laufenden Marktpreis haben oder einen erkennbaren Strom von Erlösen liefern, sollten vom Eigenkapital abgezogen werden. Aufgeschobene Steuern sollten als Eigenkapital behandelt werden, wenn man die Eigenkapitalrentabilität (Return on Equity) berechnet; (aber sie sollten als Schulden behandelt werden, wenn man Kapital- oder Buchwertzahlen je Aktie berechnet). Der Gegenwartswert eines Nutzungsvertrages (Operating Lease, Pacht, Miete) sollte in die Bilanz sowohl als Vermögenswert als auch als Verbindlichkeit eingefügt werden. Diese Verbindlichkeit wäre natürlich Teil des Gesamtkapitals, aber ebenso natürlich nicht Teil des Eigenkapitals. Die Verbindlichkeit für „sonstige Ruhestandsleistungen" sollte als zusätzliche Schuld behandelt und das Eigenkapital um diesen Betrag verringert werden. Andere verborgene Vermögenswerte und Verbindlichkeiten mögen ähnlich behandelt werden müssen. Rückstände für Dividende auf Vorzugsaktien sollten entweder als Verbindlichkeit oder als Erhöhung der Ansprüche aus den Vorzugsaktien behandelt werden, und ein entsprechender Betrag muß von dem Eigenkapital der Stamm-Aktien abgezogen werden.

Unsere Formel für den Ertrag auf das Kapital (Gesamtkapitalrentabilität) berechnet den Nenner von der Vermögensseite („Aktiva") aus: Von dem Gesamtvermögen werden der Goodwill und die sonstigen immateriellen Vermögenswerte soweit erforderlich (siehe oben) abgezogen; für die geleasten (Pacht, Miete, Leasing) Vermögenswerte wird dieser hinzugezählt und von dieser Summe werden die oben erwähnten Rechnungsabgrenzungsposten (Current Accrued Payables, vgl. oben [5b])) abgezogen. Letztere werden als unverzinslich angesehen, im Gegensatz zu Bankkrediten, Commercial Paper, Wechselverbindlichkeiten und ähnlichen. Der Nenner

---

[5b]) Anm. des Übersetzers: „Payables" werden in der Bilanz als Liabilities (Verbindlichkeiten) ausgewiesen (z. B. Accounts Payable, vgl. oben. Kap. 15 Anm. [2c]) – S. 275 –). „One type of payable is accrued expenses payable (e. g. salaries payable)" (Barron's Dictionary of Accounting Terms unter „Payable"). Es handelt sich also um einen anderen Ausdruck für die oben Kap. 15 Anm. [2e]) schon genannten (Current) Accrued Liabilities, die passiven antizipativen Rechnungsabgrenzungsposten (Beispiele waren in die Periode als Aufwendung fallende Mieten oder Löhne, die aber nachträglich, also in der nächsten Periode gezahlt werden).

könnte ebenso leicht von der rechten Seite der Bilanz her konstruiert werden.[5c]) Der Analyst mag unter Umständen nach seinem Ermessen noch weitere Anpassungen bei den Kapitalposten vornehmen. Ebenso können Anpassungen für den Zähler der Gleichung vorgenommen werden. Wenn beispielsweise Goodwill und andere immaterielle Werte vom Eigenkapital abgezogen wurden, müßten auch ihre Amortisation, Herunterschreibung und die etwaigen Steuerauswirkungen von den Gewinnen abgesetzt werden. Wenn der Gegenwartswert eines Operating Lease (Pacht, Miete) im Nenner in das Kapital einbezogen wurde, dann muß der Zähler die entsprechende steuerberichtigte Zinskomponente enthalten, die ein Teil der Leasinggebühr (Pacht, Miete) ist (vgl. oben Kap. 18).

Normalerweise sollte die Gesamtkapitalrentabilität so berechnet werden, daß man das durchschnittliche Kapital benutzt, das während des Jahres eingesetzt war. Oft kann man eine Annäherung erreichen, indem man einen Durchschnitt aus den Kapitalbeträgen zu Beginn und Ende des Jahres bildet. Als Alternative kann man auch die Zwischenberichte bei der Bildung der Durchschnitte benutzen.

Um Gesellschaften vergleichbar zu machen, sollte man die Zinsaufwendungen im Zähler um die entsprechende Ertragssteuerrate kürzen. Damit werden die Zinsen so behandelt, als seien sie nicht steuerlich abziehbar, d. h. genauso wie die Gewinne für das Aktienkapital, die Vorzugsaktien oder Minderheitsinteressen (Minderheitsanteile). Auf diese Weise können Gesellschaften mit erheblich unterschiedlicher Kapitalstruktur unter dem Blickwinkel der Rentabilität ihrer Kapitalnutzung auf einer gemeinsamen Grundlage verglichen werden. Diese Methode ist auch nützlich, wenn man den Rentabilitätstrend über eine längere Zeit für eine Gesellschaft zeigt, deren Kapitalstruktur sich erheblich geändert hat.

Gesamtkapitalrentabilität – indirekte Berechnungsweise

Die Gesamtkapitalrentabilität kann entweder direkt berechnet werden, wie das in Figur 20.3 , Kennzahl Nr. 14 geschieht, oder als das Produkt von Kapitalumschlag (Kennzahl Nr. 15) mal Gewinnquote (Kennzahl Nr. 16).

Kapitalumschlag – eine Kennzahl für die Aktivität (Kennzahl Nr. 15)

Der Kapitalumschlag gehört zu einer Gruppe von Kennzahlen, die manchmal Aktivitätskennzahlen oder Umschlagskennzahlen genannt werden. Diese Kennzahlen werden normalerweise als Umsätze dividiert durch den betreffenden Posten berechnet. Oft geben sie den ersten Hinweis auf einen Wechsel bei der Gesellschaft und verlangen nach einer Erklärung. Zu dieser Familie gehören:

[5c]) Anm. des Übersetzers: So geht die DVFA vor, vgl. Heft 21 zur dortigen Kennzahl Nr. 18 – Die dortige Formel klammert allerdings wesentlich mehr Posten aus als nur die passiven antizipativen Rechnungsabgrenzungsposten, vor allem auch die Verbindlichkeiten aus Lieferungen und Leistungen, vgl. dort S. 15 zu Nr. 39 bis 45.
(Letztere sind allerdings bei Überschreitung des Zahlungszieles doch (hoch) verzinslich, vgl. das Beispiel bei Barron's, Dictionary of Accounting Terms unter „Trade Credit")

- Gesamtkapitalumschlag (Total Capital Turnover, Kennzahl Nr. 15)
- Umschlag der Vermögenswerte (Asset Turnover)
- Umschlag der Vorräte (Lagerumschlag, Inventory Turnover, Kennzahl Nr. 38)
- Eigenkapitalumschlag (Equity Turnover)
- Umschlag des Sachanlagevermögens (Plant Turnover)
- Umschlag der Außenstände (Accounts Receivable Turnover, Kennzahl Nr. 39)
- Umschlag des Nettoumlaufvermögens (Working Capital Turnover)

Gewinnquote (Kennzahl Nr. 16)

Beachten Sie, daß die Gewinnquote (Earnings Margin) in Kennzahl Nr. 16 nicht dasselbe ist wie Gewinnspanne (Margin of Profit), wie man diesen Ausdruck normalerweise in der Buchführung benutzt. Der letztere Ausdruck bezieht sich lediglich auf das unmittelbare Betriebsergebnis und wird vor Ertragssteuern und vor betriebsfremden Erträgen und Aufwendungen berechnet. Unsere Zahl ergibt sich aus der Summe des endgültigen Nettogewinns, der für die gesamten Kapitalmittel zur Verfügung steht und dem (steuerberichtigten) Zinsbetrag.[5d]

Zusammenhänge zwischen Kapitalumschlag, Gewinnquote und Gesamtkapitalrentabilität

Der Kapitalumschlag und andere Aktivitätskennzahlen reagieren sehr empfindlich auf Änderungen in der Betriebsführung und in der finanziellen Struktur einer Gesellschaft. Eine Untersuchung der Kennzahlen Nr. 15 und 16 kann unter Umständen eine alsbaldige Erklärung für Änderungen in der Gesamtkapitalrentabilität geben und den Analysten veranlassen, die näheren Ursachen der Änderung zu untersuchen.

Berücksichtigung von Unterschieden in der Abschreibungspolitik

Die Bedeutung der Abschreibung ist in der Nachkriegszeit erheblich angestiegen; zugleich haben sich erhebliche Unterschiede in der Abschreibungspolitik zwischen den Gesellschaften entwickelt (siehe Kapitel 14). Eine vergleichende Analyse mehrerer Gesellschaften innerhalb einer Industrie sollte daher den Abschreibungs-

---

[5d] Anm. des Übersetzers: Die Gewinnquote wird auch als Umsatzgewinnrate oder Umsatzrendite bezeichnet. In Kap. 6, Anm. 14 (S. 87) ist die Rede von „Turnover" und „Profit Margin". Damit sind dort offenbar Parallelbegriffe zu Nr. 15 und Nr. 16 der Kennzahlen gemeint, die sich auf das Eigenkapital beziehen. (Nenner und Zähler sind daher dort gegenüber Nr. 15 und 16 verschieden – Eigenkapital [Buchwert] statt Gesamtkapital im Nenner der Parallelkennzahl zu Nr. 15 bzw. Jahresüberschuß statt des Zählers in der Parallelkennzahl zu Nr. 16.) Die Gewinnquote, die sich auf das Eigenkapital (bzw. den Jahresüberschuß) bezieht, habe ich in Kap. 6 Anm. 14 zur Unterscheidung mit dem Wort „Reingewinnquote" belegt. „Turnover" in Kap. 6 Anm. 14 ist der „Eigenkapitalumschlag", s. o. im Text zu Nr. 15.

Kapitel 20: *Analyse von Kennzahlen*

faktor berücksichtigen. Dies kann in verschiedener Weise geschehen, etwa indem man das Verhältnis von Abschreibungen zum Umsatz oder zum Brutto-Sachanlagevermögen (vor Abschreibung, Gross Plant) bildet. In Tafel 14.4 des Kapitels 14 wurde ein Beispiel der letzteren Art gegeben, wie man den Abschreibungsaufwand im Falle bestimmter Luftfahrtgesellschaften anpaßt.

Gesamtkapitalrentabilität vor Abschreibungen (Kennzahl Nr. 17)

Diese Kennzahl vergleicht einfach die Gesamtkapitalrentabilität von Gesellschaften, nachdem die Auswirkungen der verschiedenen Möglichkeiten von Abschreibungspolitik ausgeklammert sind. Bezüglich dieser Kennzahl sind einige Warnungen angebracht. Sie ist weder eine Berechnung des echten Ertrages noch des (Betriebs-)Cash-flow. Sie gibt nur ein Einstufungssystem, mit dessen Hilfe die Unterschiede in der Abschreibung ausgeklammert werden. Zugrunde liegt dieser Kennzahl auch die Annahme, daß die Abschreibung, bezogen auf das Kapital, dieselbe ist. Daher ist ihre Verwendung zum Vergleich von Gesellschaften, die nicht verhältnismäßig gleichartig strukturiert sind, potentiell irreführend.

Eigenkapitalrentabilität (Return on Common Equity, Kennzahl Nr. 18)[5e]

Die zweitwichtigste Rentabilitätskennzahl für den Investor ist die Kennzahl Nr. 18. Ihre Anziehungskraft entspricht der Vorliebe der Börse für Aktien im Vergleich zu festverzinslichen Wertpapieren. Sie zeigt, wie das Management das Kapital des Aktionärs benutzt und wie geschickt es ist, die Eigenkapitalrentabilität durch Aufnahme von Schulden zu erhöhen. Die Benutzung von Fremdkapital (Financial Leverage) hat den unerwünschten Nebeneffekt, daß dadurch die Gewinne für die Aktien schwankender werden (Variability). Der Analyst benutzt das Gegenspiel zwischen höheren Gewinnen einerseits und der erhöhten Schwankungsanfälligkeit der Gewinne andererseits, um zu entscheiden, ob das Management ein Optimum an Fremdfinanzierung (Financial Leverage) gewählt hat.

Aufgeschobene Steuern als Eigenkapital

Ein Gegenstand möglicher Kontroverse ist unsere Entscheidung, die Verbindlichkeiten für aufgeschobene Ertragssteuern (Steuerrückstellungen) als Quelle von Kapital zu behandeln – insbesondere als Eigenkapital. Zwar ist es nicht „investiertes" Kapital im üblichen Sinne. Wenn aber der Kongreß Steuerregeln schafft, die die Zahlung von Ertragssteuern auf ein späteres Datum verschieben, ist der Effekt

---

[5e] Anm. des Übersetzers: Diese Kennzahl, „Return on (Common) Equity" wird in der amerikanischen Literatur (und in diesem Buch) oft abgekürzt als ROE (vgl. oben Anm. [5a] zu ROI). – Der Zähler dieses Bruches wird oft als „Net Available for Common Equity" – „Nettobetrag (Jahresüberschuß), der für das Eigenkapital zur Verfügung steht" – bezeichnet.

– daran kann wenig Zweifel bestehen – derselbe, als wenn der Gesellschaft ein zinsfreies Darlehen gegeben würde. Das Fehlen von Kapitalkosten (Zinsen) bewirkt, daß die Gewinne aus der Benutzung der Vermögenswerte, die durch jenes „Darlehen" finanziert werden, unmittelbar dem Jahresüberschuß zufließen; dadurch erweist sich der Ertrag auf diesen Kapitalanteil letztlich als Teil des Ertrages auf das Eigenkapital. Einige Gesellschaften haben sehr hohe Verbindlichkeiten (Rückstellungen) für aufgeschobene Ertragssteuern. Beispielsweise hatte Exxon Ende 1985 11 Milliarden Dollar aufgeschobene Steuerverbindlichkeiten. Andere Gesellschaften haben nur unbedeutende Summen. Nehmen wir an, man würde Exxon's Eigenkapitalrentabilität mit einer Gesellschaft vergleichen, die keine aufgeschobene Steuerverbindlichkeiten hat oder sogar nur aufgeschobene Steuerguthaben (Steuervorauszahlungen). Würde man daher die Verbindlichkeiten (Rückstellungen) für zukünftige Steuern ausklammern, würde das zu einer übermäßig günstigen Beurteilung der verhältnismäßigen Effizienz führen, mit der Exxon sein Eigenkapital im Vergleich zu der anderen Gesellschaft benutzt. Man würde damit die Vergleichbarkeit von Berechnungen über die Eigenkapitalrentabilität weitgehend beseitigen und dem Benutzer einer solchen Kennzahl ein falsches Bild vermitteln.

Sind aufgeschobene Steuern Gewinne?

Was nach unserer Ansicht wesentlich zweifelhafter ist, ist die Frage, ob Änderungen bei den Verbindlichkeiten für aufgeschobene Steuern Gewinnen oder Verlusten entsprechen, die in den Zähler der Gleichung über die Eigenkapitalrentabilität aufgenommen werden sollten. Die Argumente für und wider sind im wesentlichen ausgeglichen, und der Leser muß dazu seine eigene Entscheidung treffen.

Andere Quasi-Eigenkapitalposten

Einige Gesellschaften haben erhebliche Beträge von langfristigen Verbindlichkeiten, die aber keinen Finanzierungscharakter haben und die man sich ähnlich wie die Verbindlichkeiten für aufgeschobene Steuern vorstellen kann – das heißt Kapital, das im wesentlichen für die Aktionäre arbeitet. Die meisten Posten, die unter diese Rubrik fallen, sind eigentlich aufgeschobener Ertrag und aufgeschobene Gewinne. Anders als die echte Verbindlichkeit werden sie keinen Mittelabfluß erfordern. Es sind einfach Guthabenposten, die bei periodengerechter Abrechnung noch nicht als Ertrag oder Gewinnn ausgewiesen werden können (Hinweis des Übersetzers: Rechnungsabgrenzungsposten, vgl. Kap. 18 Anm. [1a]) – S. 341 –). Die beste Behandlung hängt von der Beurteilung durch den Anlysten im Einzelfall ab, denn die Wahl der angemessenen Methode ist einigermaßen umstritten. Wenn man symmetrisch denkt, sollte die Frage auch aufgeschobene (noch nicht realisierte) Verluste (Deferred Losses, Hinweis des Übersetzers: Vgl. oben Kap. 18 Anm. ***) – S. 339 –) betreffen, die (noch) als Vermögenswerte ausgewiesen werden. Kein Nutzen wird jemals von ihnen kommen, und man kann dafür plädieren, daß sie vom Eigenkapital abgezogen werden sollten.

Rentabilität für Perioden und für einzelne Jahre

Die Rentabilitätskennzahlen sollten sowohl auf Durchschnittswerte innerhalb einer untersuchten Periode als auch auf einzelne Jahre angewandt werden. Auf diese Weise kann man sowohl die Fluktuationen von Jahr zu Jahr als auch das allgemeine Performance-Niveau über eine Reihe von Jahren bewerten.

Wachstumsraten, Stabilität und die Auszahlungsrate

Wachstumsraten

Kennzahlen und prozentuale Jahresraten

Um Wachstumsraten von Gesellschaften über Zeiträume zu vergleichen, werden am häufigsten Umsätze, Gesamtertrag und Gewinne je Aktie verglichen (Kennzahlen 19–21 in Figur 20.4). Unsere hier vorgeschlagenen Kennzahlen vergleichen lediglich Niveaus, ausgedrückt als Prozentsatz. Aber viele Analysten drücken das Wachstum in jährlichen Zinseszinsraten (Prozentsätze des Wachstums unter Berücksichtigung der Zinseszinsrechnung) aus. Sie nehmen die Anzahl der Jahre zwischen dem Mittelpunkt der Basisperiode und dem Mittelpunkt der Endperiode und benutzen diese Zahl als Exponenten, mit dessen Hilfe sie die Gesamtänderung in eine jährliche Änderungsrate umrechnen.

Viele weitere Wachstumsraten werden von Analysten berechnet, wobei sowohl Gesamtzahlen als auch Zahlen je Aktie benutzt werden. Dazu gehören:

- Cash-flow
- Dividenden
- Buchwert
- Sachanlagevermögen
- Physische Daten (zum Beispiel produzierte Einheiten oder Kapazität)
- Einbehaltener Ertrag auf das Eigenkapital (stellvertretend für Wachstum)

Ausgleich von zyklischen Effekten

Die Seltenheit *größerer* Zyklen seit 1949 stand einem Ausgleich von zyklischen Effekten für analytische Arbeit meist im Wege. Statt dessen mußte der Analyst Trendvergleiche über eine bequem lange Periode vornehmen, beispielsweise 10 Jahre. Um die Auswirkung von Abweichungen in Einzeljahren zu vermindern, empfehlen wir, daß solche Vergleiche zwischen Mehrjahres-Durchschnitten gezogen werden, beispielsweise dem Durchschnitt 1983–1987 im Vergleich zu dem von 1973–1977. Eine andere Technik benutzt die statistische Regression über die Zeit, um den Trend zu erhalten.

Wachstum

19. Umsatzwachstum =

$$\frac{\text{Umsatz in der Endperiode}}{\text{Umsatz in der Basisperiode}}$$

20. Wachstum im Gesamtertrag =

$$\frac{\text{Nettobetrag, der für das Gesamtkapital in der Endperiode verdient wurde}}{\text{Nettobetrag, der für das Gesamtkapital in der Basisperiode verdient wurde}}$$

21. Wachstum der Gewinne je Aktie =

$$\frac{\text{Gewinn je (Stamm)-Aktie in der Endperiode}}{\text{Gewinn je (Stamm)-Aktie in der Basisperiode}}$$

Stabilität

22. Maximaler Rückgang in der Deckung für vorgehende Belastungen (siehe Kennzahl Nr. 32) =

$$\frac{\text{Schuldendeckung (Nr. 32) im schlechtesten Jahr}}{\text{Schuldendeckung (Nr. 32) im Durchschnitt der drei vorhergehenden Jahre}}$$

23. Prozentualer Rückgang der Gesamtkapitalrentabilität (siehe Kennzahl Nr. 14) =

$$\frac{\text{Gesamtkapitalrentabilität im schlechtesten Jahr}}{\text{Gesamtkapitalrentabilität im Durchschnitt der drei vorhergehenden Jahre}}$$

Auszahlungsraten

24. Dividenden-Auszahlungsrate (Ausschüttungsquote) =

$$\frac{\text{Dividende auf (Stamm)Aktien}}{\text{Jahresüberschuß, der für die (Stamm)Aktien zur Verfügung steht}}$$

$$= \frac{\text{Kennzahl Nr. 2}}{\text{Kennzahl Nr. 1}}$$

25. Verhältnis Dividende / Betriebs-Cash-flow nach Steuern =

$$\frac{\text{Dividende auf (Stamm)-Aktien}}{\text{Betriebs-Cash-flow nach Steuern}}$$

$$= \frac{\text{Kennzahl Nr. 2}}{\text{Kennzahl Nr. 4}}$$

Figur 20.4: Vorgeschlagene Formeln für die Berechnung der Kennzahlen für Wachstum, Stabilität und Auszahlungsraten

Inflatorisches Wachstum

Der Analyst muß die Ursache des Wachstums sehen und darf sich nicht durch Wachstum in die Irre leiten lassen, das zum Teil durch Inflation verursacht ist. Wenn eine Gesellschaft ein jährliches Umsatzwachstum von 5 % aufweist, während 7 % allgemeine Inflation herrschen, hält sie nicht einmal mit der Inflation Schritt. Der Analyst muß herausfinden, ob das Zurückfallen darauf beruht, daß weniger Einheiten produziert werden, daß die Gewinnspanne unter Druck geraten ist, oder ob es an anderen besonderen Ursachen liegt.

Wachstumsraten einer Industrie

Die jährlichen Wachstumsraten verschiedener Industrien können mit dieser Methode verglichen werden; dabei benutzt man eine geeignete Gruppe von Gesellschaften als Beispiel für jede Industrie. Eine Schwierigkeit, die gelegentlich auftaucht, ist ein erheblicher Größenunterschied zwischen den größten ein, zwei oder drei Gesellschaften einer Industrie, während die übrigen Teilnehmer relativ klein sind. Um ein besseres Bild der verschiedenen Wachstumsmöglichkeiten für die kleineren Gesellschaften in der Industrie zu bekommen, muß man Wachstumsindexe für jede einzelne Gesellschaft und dann daraus einen Durchschnitt bilden, um allen Gesellschaften gleiches Gewicht zu geben. Dies mag zeigen, daß wichtige Wachstumsmöglichkeiten, die für einige der kleineren Gesellschaften bestehen, einen zu kleinen Markt betreffen, um viel Auswirkung auf eine der großen Gesellschaften zu haben. In anderen Fällen, in denen die Produkte der Industrie recht homogen sind, wird der Anlyst die Wachstumsrate nach der relativen Größe der Gesellschaften gewichten – eine konventionellere Methode. Um es zu wiederholen: Wir haben hier ein Beispiel für eine Berechnungsmethode, die vom Üblichen oder den Regeln abweicht, aber der Anlyst nutzt sie, um die richtigen Antworten auf die anliegenden Fragen zu finden.

Stabilität

Behandlung eines Gewinnrückganges

Der Analyst kann über eine gegebene Zahl von Jahren arithmetische Indizes für die Stabilität der Gewinne entwickeln. Ein Beispiel: Suchen Sie den geringsten Jahresüberschuß in beispielsweise 5 oder 10 Jahren aus und berechnen Sie das Verhältnis, das er zum Durchschnitt der vorhergehenden 3 Jahre hat, wie in Kennzahl Nr. 22. Dies zeigt, wie ernsthaft die Auswirkungen eines vorübergehenden Rückschlages waren. Ein Gesamtrückgang über mehrere Jahre könnte ebenfalls gegenüber einer vorhergehenden Durchschnittsperiode gemessen werden. Wir sind der Meinung, daß die Auswirkungen eines „schlechten Jahres" auf die Gewinne immer mit einer vorhergehenden Periode verglichen werden sollten und nicht mit einem Durchschnitt, der auch spätere Jahre mit umfaßt. Wenn die späteren Jahre einen großen

Zuwachs bei den Gewinnen zeigen, würden sie (wenn man sie in einem solchen Durchschnitt benutzt) die Gewinne als arithmetisch unstabil erscheinen lassen, während sie in Wahrheit steigen.

Zyklische und langfristige Gewinnrückgänge

In den letzten vierzig Jahren haben wir kein Jahr einer allgemeinen Wirtschaftsrezession gesehen, die genügend stark war, um die innere Stabilität aller Unternehmen zu testen. In keinem Vergleich von Jahr zu Jahr gingen die (gesamten) Gesellschaftsgewinne um 25 % zurück, obwohl einige Industrien ernsthafte Rentabilitätsänderungen gehabt haben. In einigen Fällen bedeutet der Rückgang nur einen Abfall von ungewöhnlich hohen Niveaus; in anderen Fällen aber zeigte er einen echten zyklischen Rückgang in der Nachfrage.

Damit haben die Nachkriegsfluktuationen immerhin für einige Gesellschaften und Industrien eine gute Testmöglichkeit für die relative Gesundheit oder Wettbewerbsfähigkeit der einzelnen Firma gegeben. Für andere Gesellschaften (und Industrien) würde der Analyst jedoch zu weit in der Zeit zurückgreifen müssen, um einen vergleichbaren Testfall zu finden. Die zeitliche Entfernung von Zahlen verringert ihre Brauchbarkeit erheblich, aber in einigen Fällen mag sie nicht ganz zerstört worden sein.

Stabilität und Wachstum

Über kurze Perioden, etwa fünf oder sechs Jahre, kann man die Stabilität mit Hilfe der (statistischen) Standardabweichung messen. Aber dieses Maß ist unbefriedigend, wenn das Wachstum schnell ist. In diesem Falle kann man Abweichungen von der Trendlinie statistisch messen oder visuell auf halblogarithmischem Papier untersuchen.

Sicherheitsüberlegungen (Kennzahlen 22 und 23)

Die Gewinnstabilität spielt eine große Rolle bei der Entscheidung über die Qualität einer Obligation oder Vorzugsaktie. Hier braucht man nur das Minimum zu berechnen, bis zu dem die Belastungen oder früheren Belastungen sowie die Vorzugsdividenden gedeckt waren, und zwar über eine nennenswerte Anzahl von Jahren in der Vergangenheit. Es kann nützlich sein, die Stabilität der Deckung auf einer hypothetischen Basis so zu prüfen, als ob die Gesellschaft eine ähnliche Kapitalstruktur und ähnliche Zinssätze gehabt hätte, wie sie jetzt bestehen.

Die geringste Dividende, die über beispielsweise die letzten zehn Jahre auf die Aktien gezahlt wurde, wird oft einen wertvollen Hinweis auf innewohnende Stabilität geben und zugleich auf die Ansichten des Managements zu dieser Frage. Das ist ein wichtiger Faktor für fast alle Gesellschaften außer den anerkannten Wachstumsgesellschaften. (Die Dividende einer Wachstumsgesellschaft in der Vergangenheit mag wenig Einfluß auf die Erwartungen einer Mindestdividende für die Zukunft oder andere Bestimmungsfaktoren für ihren Wert haben.) Dementspre-

Kapitel 20: *Analyse von Kennzahlen* 403

chend schlagen wir für Nicht-Wachstumsgesellschaften nur zwei Standardmaße für Stabilität vor:

- Größter Rückgang bei der Deckung von vorgehenden Belastungen (Kennzahl Nr. 22)
- Größter Rückgang der Gesamtkapitalrentabilität (Kennzahl Nr. 23)

Die Kennzahlen Nr. 22 und 23 können ergänzt werden, indem man den größten Rückgang von Eigenkapitalrentabilität und Gewinnen je Aktie mißt.

Auszahlungsraten (Kennzahl Nr. 24)

Der Prozentsatz der verfügbaren Gewinne, der als Dividende ausgezahlt wird (Auszahlungsrate, Ausschüttungsquote), hat oft einen sehr wichtigen Einfluß auf die Beurteilung der Aktien, die nicht in der Wachstumskategorie sind. Die Auszahlungsrate der Gewinne kann sehr einfach dadurch berechnet werden, daß man die Dividende durch die Gewinne teilt (Kennzahl Nr. 24 in Figur 20.4).

Wenn Gesellschaften neben Bardividende auch Gratisaktien (Stock Dividends) ausgeben, sollte nur die Bardividende bei der Berechnung der Auszahlungsrate berücksichtigt werden. Bei Gratisaktien, ganz gleich in welchem Verhältnis die Verteilung erfolgt (Stock Dividends – Stock Splits) erhält der Aktionär nichts, was er nicht schon besaß, und die Gesellschaft gibt keinen Wert auf. Es werden einige Eintragungen in den Büchern gemacht und einiges Papier mit der Post versandt, aber nichts von wirtschaftlicher Bedeutung geschieht.

Auszahlungsrate in bezug auf den Betriebs-Cash-flow (Kennzahl Nr. 25)

Der Prozentsatz des Betriebs-Cash-flow, der in Dividenden ausgezahlt wird, ist eine beständigere Zahl als das Verhältnis der Dividenden zu den Gewinnen. Damit ist die Beziehung zwischen Dividenden und Betriebs-Cash-flow (Kennzahl Nr. 25) aus der Vergangenheit nützlicher als die konventionelle Auszahlungsrate (Kennzahl Nr. 24), wenn man die zukünftigen Dividenden schätzen will.[5f]

[5f] Anm. des Übersetzers: In der Kennzahl Nr. 25 heißt es im Nenner: „Cash-flow from Operations after Taxes". Aus dem Sinn der Kennzahl (Auszahlungsrate für Dividenden) ergibt sich, daß damit der „freie" Betriebs-Cash-flow gemeint ist, der für die Dividende (oder zur sonstigen freien Verfügung) benutzt werden kann, d. h. Zeile 35 in Figur 15.1. Außer den Steuern sind also zuvor auch noch die Zinszahlungen abzuziehen. – Durch die Bezugnahme auf die Kennzahl Nr. 4 (und Nr. 2) wird klargestellt, daß auch in Kennziffer Nr. 4 der Betriebs-Cash-flow nach Steuern und Zinsen gemeint ist (siehe auch den Text zu Kennzahl Nr. 4). – Entsprechendes gilt für den „Betriebs-Cash-flow in den Kennzahlen Nr. 32 ff (wo dann später in der Formel die [steuerberichtigten] Zinsen zurückaddiert werden, vgl. den Text zu Kennzahl Nr. 32 am Ende).

Kreditkennzahlen

Kreditkennzahlen (Figur 20.5) sind eine unterschiedliche Gruppe. Sie wollen Liquidität, finanzielle Beweglichkeit, Kapitalstruktur, Fähigkeit zur Schuldenbedienung, Merkmale für die Gewinnung flüssiger Mittel und andere Kreditkriterien erfassen.

Liquidität ersten und zweiten Grades und Barliquidität (Current, Quick and Cash Ratio) (Kennzahlen Nr. 26–28)

Die Bedeutung dieser Kennzahlen ist in Kapitel 19 unter „Das Nettoumlaufvermögen" behandelt worden.

Eigenkapitalquote (Equity-Ratio – Kennzahl Nr. 29)

Der Überschuß von Vermögenswerten über die Ansprüche von vorrangigen Wertpapieren wird durch die Kennzahl zur Eigenkapitalquote (Nr. 29) erfaßt. Im wesentlichen dieselbe Information erhält man durch zwei andere Kennzahlen. Eine ist das Verhältnis von Schulden zu Eigenkapital, manchmal auch der Verschuldungskoeffizient (Debt Ratio) genannt. Dieser Ausdruck Debt Ratio wird jedoch häufig auch für das Verhältnis von Schulden zum Gesamtkapital (Total Capital – „Verschuldungsgrad", „Anspannungskoeffizient") benutzt. Da alle drei im wesentlichen dieselbe Information liefern, sollte der Analyst oder die Investmentorganisation sich für eine Standardmethode entscheiden und dabei bleiben; mit einer Fußnote sollte die Kennzahl im einzelnen für Außenstehende erläutert werden. Beachten Sie, daß aufgeschobene Steuern in dieser Berechnung als Verbindlichkeiten behandelt werden.

Eigenkapitalquote zum Börsenkurs (Equity Ratio at Market – Kennzahl Nr. 30)

Diese Kennzahl wird berechnet, indem man das Eigenkapital zum Börsenkurs durch das gesamte Kapital (Total Capital Fund) zum Buchwert dividiert. Das Eigenkapital zum Börsenkurs wird berechnet als Anzahl der ausstehenden Aktien, multipliziert mit dem Kurs je Aktie. Eine alternative Methode benutzt denselben Nenner, aber bildet aus dem Börsenwert für das Eigenkapital einen Durchschnitt, üblicherweise über eine 5-Jahres-Periode. Die Kennzahl für das Eigenkapital zum Börsenkurs zeigt die Ansicht der Börse über den Goodwill der Gesellschaft. Wenn der Börsenwert des Eigenkapitals weit über dem Buchwert liegt, könnte die Gesellschaft offensichtlich zusätzliche Aktien ausgeben, um Schulden abzubauen ohne den

Kapitel 20: *Analyse von Kennzahlen*

26. Liquidität 2. Grades (Current Ratio, Kap. 19) =
$$\frac{\text{Umlaufvermögen}}{\text{kurzfristige Verbindlichkeiten}}$$

27. Liquidität 1. Grades (Quick Ratio, Kap. 19) =
$$\frac{\text{Umlaufvermögen} - \text{Vorräte}}{\text{kurzfristige Verbindlichkeiten}}$$

28. Barliquidität (Cash Ratio, Kap. 19) =
$$\frac{\text{flüssige Mittel (Kap. 19)}}{\text{kurzfristige Verbindlichkeiten}}$$

29. Eigenkapitalquote (Equity Ratio) =
$$\frac{\text{Eigenkapital zum Buchwert}}{\text{materielle Vermögenswerte} - \text{passive antizipative Rechnungsabgrenzungsposten}}$$

30. Eigenkapitalquote zum Börsenkurs =
$$\frac{\text{Eigenkapital zum Börsenkurswert}}{\text{materielle Vermögenswerte} - \text{passive antizipative Rechnungsabgrenzungsposten}}$$

31. Deckung vorgehender Belastungen („Schuldendeckung") =
$$\frac{\text{Ertrag auf das gesamte Kapital vor Steuern}}{\text{vorgehende Belastungen}}$$

32. Deckung vorgehender Belastungen („Schuldendeckung") durch Betriebs-Cash-flow nach Steuern =
$$\frac{\text{Betriebs-Cash-flow nach Steuern} + \text{vorgehende Belastungen}}{\text{vorgehende Belastungen}}$$

33. Verhältnis von Betriebs-Cash-flow nach Steuern zu Gesamtkapital =
$$\frac{\text{Betriebs-Cash-flow nach Steuern} + \text{steuerberichtigte Zinsen}}{\text{materielle Vermögenswerte} - \text{passive antizipative Rechnungsabgrenzungsposten}}$$

34. Deckung des gesamten Schuldendienstes =
$$\frac{\text{Betriebs-Cash-flow nach Steuern} + \text{Zahlungen für Nutzungsverhältnisse (Miete, Pacht, Operating Lease-Gebühren)} + \text{steuerberichtigte Zinsen}}{\text{Zinsen} + \text{Zahlungen für Nutzungsverhältnisse} + \text{kurzfristig fällig werdende Schulden (Maturities)} + \text{Tilgungsfonds-Zahlungen}}$$

35. Verteidigungszeitraum (in Tagen) =
$$\frac{(\text{flüssige Mittel} + \text{kurzfristige [1 Jahr] Forderungen}) \times 365}{\text{gesamte Betriebsaufwendungen} - \text{Abschreibungen} - \text{sonstige Aufwendungen ohne Mittelabfluß}}$$

Figur 20.5: Vorgeschlagene Formeln zur Berechnung der Kreditkennzahlen

Buchwert der Aktie zu verwässern. Zwar würden die Investoren es lieber sehen, wenn der Betriebs-Cash-flow für die Rückzahlung auf festverzinsliche Wertpapiere benutzt würde. Aber sie mögen es tröstlich finden, daß der Aktienmarkt eine andere Methode der Rückzahlung bietet. Sie werden sich weniger getröstet fühlen, wenn die Börse die Vermögenswerte der Gesellschaft niedriger bewertet als die Bücher der Gesellschaft.

Deckung von vorgehenden Belastungen (Kennzahl Nr. 31)

Vorgehende Belastungen (Senior Charges) werden üblicherweise als Ausgaben für Zinsen definiert. Das Anwachsen der Nutzungsverträge (Leasing, Pacht, Miete) hat dazu geführt, daß der Zinsanteil beim Finanzierungsleasing (Capital Lease) in die Definition einbezogen wurde. Nach einigen Definitionen können die Zinskomponente beim Operating Lease (Pacht, Miete), sowie u. U. die gesamten Leasinggebühren, (Pachtzahlungen, Mietzahlungen) und schließlich Vorzugsdividenden ebenfalls berücksichtigt werden.

Die Deckung von vorgehenden Belastungen (Kennzahl Nr. 31) findet man, indem man den Betrag, der für diese vorgehenden Verbindlichkeiten insgesamt zur Verfügung steht, durch den Betrag der vorgehenden Belastungen dividiert. Diese können als jeweils eine Kombination folgender Posten definiert werden:

– Zinsen auf kurz- und langfristige Schulden einschließlich Finanzierungsleasing (Capital Leases)
– Zinsaufwand zuzüglich einer Zinskomponente für Operating Lease (Pacht, Miete)
– Zinsaufwand für kurz- und langfristige Schulden plus (vollständige) Zahlungen für Finanzierungs- und Operating Lease (Capital und Operating Leases – inklusive normale Pacht, Miete)
– die gesamten festen Belastungen, Leasinggebühren (Pachten, Mieten) und Vorzugsdividenden

Verschiedene Kennzahlen können für jede Art von Deckung berechnet werden. Dies sind wichtige Zahlen bei der Festsetzung der Qualität einer Obligation oder Vorzugsaktie. Ihre Berechnung und Bedeutung wird im einzelnen in den Kapiteln 23 und 24 erörtert werden. Die Qualität einer Aktie und daraus folgend ihr Kurs-/Gewinnverhältnis werden ebenfalls erheblich durch den Sicherheitsrahmen beeinflußt, der für die obigen vorgehenden Belastungen besteht.

Unsere Empfehlung geht dahin, daß der Analyst zu den festen Belastungen die Zinsen und die gesamten Zahlungen für Leasing (Pacht, Miete) rechnet, aber nicht die Erfordernisse für Vorzugsdividenden, wenn es um die Sicherheit der verzinslichen Schulden oder der Zahlungen für Leasing, (Pacht, Miete) geht. Wenn es dagegen um die Sicherheit der Vorzugsaktien geht, sollten alle vorhergehenden Belastungen einschließlich der Vorzugsdividende in die Berechnung einbezogen werden. Diese letztere Berechnungsart ist auch unter dem Gesichtswinkel der

(Stamm-)Aktienanalyse wünschenswert, da alle diese Anspruchsberechtigten eine Vorzugsstellung gegenüber den (Stamm-)Aktionären haben. Der Betrag, der für die bevorrechtigten Leistungen zur Verfügung steht (der Zähler), umfaßt alle bevorrechtigten Belastungen. Wenn beispielsweise zu den bevorrechtigten Belastungen auch die gesamten Zahlungen für Leasing gehören, sollten sie ebenfalls in den Zähler einbezogen werden.

In den meisten Finanz-Diskussionen wird angenommen, daß die Kreditkennzahlen einer Gesellschaft gar nicht stark genug sein können. Diese scheinbar einleuchtende Meinung übersieht einige echte Probleme, die sich vom Standpunkt des Eigenkapitaleigners, des Aktionärs her gesehen, ergeben. Ihm geht es um die für ihn günstigste Gesellschaftspolitik. Eine Gesellschaft mag mehr flüssige Mittel haben, als sie braucht. Das ergibt ein eindrucksvolles Bild vom Nettoumlaufvermögen und von der Kreditwürdigkeit, aber es kann bedeuten, daß das Kapital des Aktionärs verhältnismäßig unrentabel oder uneffizient genutzt wird.

Die beste Kapitalstruktur in bezug auf reine Kreditwürdigkeit und finanzielle Stärke bedeutet, daß keine vorrangigen Wertpapiere bestehen, mit anderen Worten, daß der „Aktienanteil" hundert Prozent beträgt. Das bedeutet aber nichts anderes, als daß eine Gesellschaft niemals freiwillig Obligationen oder Vorzugsaktien ausgeben sollte. Das ist einfach nicht richtig (siehe Kapitel 33 zur Frage der optimalen Kapitalstruktur).

Deckung der vorgehenden Belastungen durch Betriebs-Cash-flow (Kennzahl Nr. 32)

Kapitel 15 erörterte Methoden, wie man den Betriebs-Cash-flow berechnet. Um die Beziehung zwischen Betriebs-Cash-flow und den vorgehenden Belastungen zu berechnen (Kennzahl Nr. 32), wird für den Zähler der Cash-flow aus dem Betrieb abzüglich gezahlter Steuern genommen, und die steuerberichtigten Zinsen werden zurückaddiert (vgl. auch weiter oben S. 403 Anm. [5f])).

Verhältnis von Betriebs-Cash-flow zum Gesamtkapital (Kennzahl Nr. 33)

Diese Kennzahl zeigt den Satz, zu dem Kapital sich wieder erneuert. Wenn die Kennzahl beispielsweise 0,25 beträgt, sieht die Gesellschaft, jedenfalls in der Theorie, ihr Kapital in Form von flüssigen Mitteln alle vier Jahre wieder. In diesem Sinne ist die Zahl eine Art von Aktivitätskennzahl, und in jedem Falle: Je höher die Zahl, um so besser.

Deckung des gesamten Schuldendienstes (Kennzahl Nr. 34)

Der Zähler dieser Gleichung ist der Betriebs-Cash-flow nach Steuern zuzüglich (gesamte) Zahlungen für Leasing (Pachten, Mieten), und steuerberichtigte Zinsen. Der Nenner besteht aus dem Gesamterfordernis zur Schuldenbedienung. Dazu gehören alle Zinsen, Zahlungen für Leasing (Pachten, Mieten), kurzfristig fällig werdende Zahlungen auf Schulden (Current Maturities of Debt) und zwingend vorgeschriebene Zahlungen aus einem Tilgungsfonds. Wenn eine Gesellschaft unter dem Gesichtswinkel der Vorzugsaktien untersucht wird, würde man auch die Erfordernisse für Vorzugsdividenden und einen etwaigen Tilgungsfonds für Vorzugsaktien berücksichtigen. Im allgemeinen sehen die Kreditabteilungen der Banken die Deckung der Erfordernisse für den gesamten Schuldendienst durch Betriebs-Cash-flow als wichtiger an als die mehr konventionellen Deckungsberechungen, die sich nur mit Zinsen und Zahlungen für Leasing (Pacht, Miete) befassen.

Verteidigungszeitraum (in Tagen) – (Kennzahl Nr. 35)

Diese Kennzahl berechnet, wieviel Tage Betriebsaufwand nur mit den augenblicklich vorhandenen liquiden Umlaufvermögenswerten (Umlaufvermögen abzüglich Vorräte – Quick Assets) bestritten werden können. Bei den Betriebsaufwendungen sollten Abschreibung und andere Belastung ohne Mittelabfluß ausgeklammert werden. Diese Kennzahl ist ein anderer Test für den schlimmsten Fall. Sie nimmt an, daß der Betrieb auf dem jetzigen Niveau weiterläuft, daß keine Erlöse einkommen und daß die einzigen Zahlungsquellen dieser laufend zu zahlenden Betriebsaufwendungen aus den augenblicklichen flüssigen Mitteln und dem Eingang von Forderungen (Außenstände) bestehen. Die Kennzahl wird am besten benutzt als eine Serie über die Zeit für eine individuelle Gesellschaft und zum Vergleich von Gesellschaften in derselben Industrie.

Andere Kennzahlen

Einige weitere Kennzahlen, die möglicherweise interessant sind, werden in Figur 20.6 gezeigt. Das Verhältnis der Abschreibung zu den Umsätzen und zum Brutto-Sachanlagevermögen (Gross Plant, Property and Equipment – Anlagevermögen ohne Abzug der kumulierten Abschreibungen) Kennzahlen Nr. 36 und 37, werden in erster Linie benutzt, um Gesellschaften in derselben Industrie und mit im wesentlichen ähnlichen Sachanlagekonten zu vergleichen. Die Kennzahlen sind dafür gedacht, Großzügigkeit oder konservative Haltung in der Abschreibungspolitik aufzuzeigen; in manchen Fällen geben sie auch einen Hinweis, daß Anpassungen erforderlich sind, um die verglichenen Gesellschaften auf ungefähr dieselbe Abschreibungsbasis zu bringen. Im Falle von kapitalintensiven Gesellschaften kann die Abschreibung einen großen Teil des gesamten Aufwandes ausmachen. Was eine harmlose Änderung in der geschätzten Nutzungsdauer zu sein scheint, mag zu einer wesentlichen Änderung im ausgewiesenen Jahresüberschuß führen.

Umschlag der Vorräte (Kennzahl Nr. 38) ist einfach das Verhältnis der Herstellungskosten zu den Vorräten, wobei zu den letzteren die LIFO-Reserve gehört, wenn die Gesellschaft auf dieser Basis arbeitet. Das Ergebnis zeigt, wieviel mal die *Einheiten* der Vorräte umgeschlagen – das heißt verkauft und dann ersetzt werden. Eine verbreitete Variante besteht darin, den reziproken Wert dieser Kennzahl zu nehmen und mit 365 Tagen zu multiplizieren. In diesem Falle werden die vorhandenen Vorräte als so viele „Tagesvorräte" bezeichnet.

Die Umschlagrate für Forderungen aus Lieferungen und Leistungen (Außenstände – Accounts Receivable Turn Over, Kennzahl Nr. 39) ist einfach das Verhältnis der Umsätze zu den Außenständen und ist manchmal eine nützliche Warnung, daß Kredit- oder Einziehungsprobleme bestehen. Dieser Umschlag wird manchmal auch in Tagen ausgedrückt.

Die Kennzahlen in diesem Kapitel sind die gebräuchlichen Varianten, die in den meisten Fällen für die Bedürfnisse des Analysten ausreichen. In einer Analyse wird er meist nur einige von ihnen benutzen. Gelegentlich wird man auf Zusammenstellungen stoßen, die hundert oder mehr allgemeine Kennzahlen enthalten. Spezielle Industriekennzahlen müssen die Gesamtzahl der Kennzahlen auf mehr als tausend bringen, und allein in den Industrien unter Staatsaufsicht (Banken, Versicherungen, Eisenbahnen, Versorgungsunternehmen, Luftfahrtgesellschaften usw.) bestehen ebensoviele. Ohne einen Sinn für Perspektive kann man in Kennzahlen und in übermäßiger Information ertrinken. Wir schlagen vor, daß sich der Analyst im

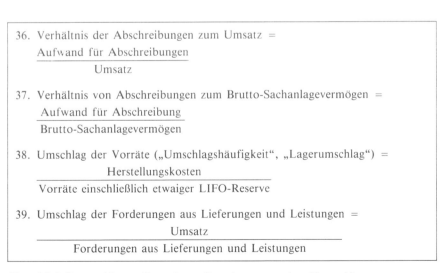

Figur 20.6: Vorgeschlagene Formeln zur Berechnung sonstiger Kennzahlen

wesentlichen im Rahmen der hier vorgeschlagenen 39 Kennzahlen hält, zuzüglich der Kennzahlen für vorrangige Wertpapiere in den Kapiteln 23 und 24. Gelegentlich allerdings wird er eine Kennzahl finden oder erfinden, die genau die richtige Antwort auf eine wichtige Frage gibt. Es handelt sich um ein Gebiet, bei dem man auf seine Beurteilung angewiesen ist und immer ein Auge auf Beständigkeit und Vergleichbarkeit richten muß.

Kapitel 21
Kennzahlen im Vergleich von Gesellschaften

Berechnung von Kennzahlen für zwei Chemiegesellschaften

Um die Anwendung von Kennzahlen zu illustrieren, haben wir zwei Chemiegesellschaften ausgesucht. Sie haben ungefähr ähnliche Größe, aber gewisse Unterschiede in finanziellen und Betriebseigenarten – Herkules Inc. (Tafel 21.1) und Rohm & Haas Company (Tafel 21.2). Die Berechnungen werden in getrennten Kolonnen gezeigt; sie beruhen auf dem Durchschnitt der Jahre 1975–1979 und 1980–1984 und außerdem auf dem Ergebnis des einzelnen Jahres 1985. Alle Kennzahlen, die sich auf den Börsenwert beziehen, beruhen auf dem Durchschnitt des höchsten und niedrigsten Kurses für jedes Jahr. Tafel 21.3 zeigt getrennt die vergleichsweisen Börsenwertkennzahlen für Hercules Inc. und Rohm & Haas auf Grund des Kurses Ende Mai 1986. (Dieses Datum wurde unter der Annahme gewählt, daß zu diesem Zeitpunkt der Analyst die Geschäftsberichte erhalten und analysiert gehabt hätte.) Aus Gründen der Kürze werden nicht alle Kennzahlen aus Kapitel 20 in diesem Kapitel benutzt. Das Thema hier ist das Verfahren der Kennzahlanalyse, nicht die Kennzahlen selbst.

Das Aktienkapital oder die ertragbringende Kapitalbasis

Wenn der Analyst den Ertrag auf das Aktienkapital (Common-stock Capital) berechnet, geht es ihm um das ertragbringende Kapital im Unterschied zum Eigenkapital oder der Eigentümerbasis. Daher mißt der Analyst den Ertrag auf alles Kapital, das unmittelbar für den (Stamm-)Aktionär arbeitet; ob der Aktionär tatsächlich rechtlicher Inhaber all diesen Kapitals ist, liegt etwas neben der Sache. In diesem Sinne kann man die ertragbringende Kapitalbasis des Aktionärs definieren als die gesamten materiellen Vermögenswerte abzüglich kurzfristiger Verbindlichkeiten und verzinslicher langfristiger Verbindlichkeiten. (Das für den Aktionär arbeitende Kapital würde damit die Reserven [Rückstellungen] für aufgeschobene Ertragssteuern und ähnliche Posten mit enthalten.) Gehen Sie an diese Berechnung von der rechten Seite der Bilanz heran: Typischerweise würde die Basis für das

Tafel 21.1: Hercules Incorporated

Daten und Kennzahlen	1975–1979	1980–1984	1985
Grunddaten (in Millionen Dollar)			
Umsatzerlöse	1 799,8	2 659,2	2 587,2
Abschreibung und Amortisation	97,0	113,7	105,7
Steueraufwand	62,3	46,8	39,0
Nettoertrag für das Kapital (vor Steuern)[1]	205,4	288,8	245,4
Nettoertrag für das gesamte Kapital (nach Steuern)[1][2]	123,0	203,7	162,0
Zinsaufwand (einschließlich aller Nutzungsverhältnisse)	40,9	83,8	96,6
Nettoertrag für Stammaktien	102,3	158,2	109,8
Dividenden auf Stammaktien	40,0	62,3	86,5
Buchwert für das gesamte Kapital[3][7]	1 364,7	2 042,4	2 544,3
Aufgeschobene Steuern[4]	95,3	190,5	212,0
Eigenkapital – Buchwert[4]	794,8	1 218,0	1 496,8
Eigenkapital zum Börsenkurs[5]	992,0	1 244,0	1 943,0
Durchschnittlich ausstehende Aktien (Millionen)	42,9	46,7	54,1
Umlaufvermögen (Jahresende)			1 045,8
Kurzfristige Verbindlichkeiten (Jahresende)			415,9
Kennzahlen (siehe Kapitel 20):			
Rentabilitätskennzahlen			
14. Gesamtkapitalrentabilität	9,0 %	10,0 %	6,4 %
15. Kapitalumschlag	1,3×	1,3×	1,0×
16. Gewinnquote	6,8 %	5,9 %	6,3 %
17. Gesamtkapitalrentabilität vor Abschreibung und Amortisation	16,1 %	15,5 %	10,3 %
18. Eigenkapitalrentabilität[4]	11,5 %	11,2 %	6,4 %
Wachstumskennzahlen			
19. Verhältnis der Umsätze zur Basis 1975–1979	100 %	148 %	144 %
20. Verhältnis des Nettoertrages auf das Gesamtkapital zur Basis 1975–1979	100 %	166 %	132 %
21. Verhältnis des Nettoertrages je Stammaktie zur Basis 1975–1979	100 %	142 %	85 %
Stabilitätskennzahlen			
22. Stärkster Deckungsrückgang für vorgehende Belastungen – Verhältnis des niedrigsten Jahres zum Durchschnitt der drei vorhergehenden Jahre[6]	–62 %	–42 %	–30 %
23. Rückgang in der Gesamtkapitalrentabilität – Verhältnis des niedrigsten Jahres zum Durchschnitt der drei vorhergehenden Jahre[6]	–39 %	–14 %	–32 %
Auszahlungsraten			
24. Auszahlungsrate der Dividende bezogen auf den Gewinn auf Stammaktien	39 %	39 %	79 %
25. Verhältnis von Dividende zu Betriebs-Cash-Flow	12 %[6]	11 %[6]	16 %[6]

Tafel 21.1: Fortsetzung

Daten und Kennzahlen	1975–1979	1980–1984	1985
Kreditkennzahlen			
26. Liquidität zweiten Grades (Current Ratio)	2,0×[6]	2,2×[6]	2,5×[6]
29. Eigenkapitalquote	59 %	59 %	58 %
31. Deckung für vorgehende Belastungen	5,0×[6]	3,5×[6]	2,5×
31. Mindestdeckung für vorgehende Belastungen	2,0×[6]	2,6×[6]	2,5×
Zahlen je Aktie (in Dollar)			
Kurs für Stammaktien	23,13	26,65	35,94
1. Gewinne je Aktie	2,38	3,39	2,03
2. Dividenden je Aktie	0,95	1,33	1,60
3. Umsätze je Aktie	41,95	56,94	47,82
5. Buchwert je Aktie	18,53	26,08	27,67
Börsenkurs-Kennzahlen			
10. Gewinn-Rendite	10,3 %	12,7 %	5,7 %
11. Dividenden-Rendite	4,0 %	5,0 %	4,5 %
12. Umsatz je Dollar (Stamm-)Aktien-Kurswert	1,81 $	2,14 $	1,33 $
13. Verhältnis Kurswert zum Buchwert	1,3×	1,0×	1,3×

[1]) Einschließlich der geschätzten Zinskomponente der Zahlungen für Nutzungsverhältnisse (Pacht, Miete, Operating Leases).
[2]) Der Zinsertrag ist zum Zwecke der Vergleichbarkeit zwischen den Gesellschaften um den gesetzlichen Steuersatz verringert worden, nämlich um 46 % nach 1979 und um 48 % für 1975–1979.
[3]) Einschließlich aufgeschobener Steuerverbindlichkeiten als Teil des Eigenkapitals.
[4]) Auf der Grundlage des durchschnittlichen Buchwertes zu Beginn und Ende der Jahre.
[5]) Durchschnitt der jährlichen Mittelwerte (Mean) zwischen dem Höchst- und Niedrigstkurs, angepaßt für Gratisaktien, multipliziert mit der Durchschnittszahl der ausstehenden Aktien.
[6]) Diese Zahlen können aus den hier angegebenen Grunddaten nicht berechnet werden.
[7]) Einschließlich geschätzter Zahlen für Nutzungsverhältnisse. Die Beträge sind die Durchschnitte zu Beginn und Ende der Jahreszahlen.

ertragbringende Kapital aus den folgenden Posten bestehen – abzüglich Goodwill und anderer zweifelhafter Posten –:

- Eigenkapital
- LIFO-Reserven und alle verborgenen Vermögenswerte, die aktiv Ertrag bringen
- Reserven für aufgeschobene Steuern

Die folgenden Berechnungen benutzen diese Definition der ertragbringenden Kapitalbasis (Earning-Capital Base).

Ertrag auf das gesamte Kapital (Earnings Available for Total Capital)

In dieser Analyse werden die Erträge, die für das gesamte Kapital zur Verfügung stehen, wie folgt bestimmt:

- Jahresüberschuß nach Steuern (nach Anpassung durch den Analysten)
- Zinsen sowohl auf kurzfristige als auch langfristige Verbindlichkeiten
- Zinsen auf Operating Leases (Pacht, Miete)

Die Zinsen auf die Verbindlichkeiten werden um die jeweilige Ertragsteuerrate angepaßt: 48 % in den Jahren 1975–1979 und 46 % von 1980 bis Ende 1985.[1] Der Zinsaufwand enthält auch die geschätzte Zinskomponente der Zahlungen für Operating Leases. Aktivierte Zinsen werden ebenfalls in den Ertrag auf das Kapital einbezogen, und die Amortisierung der aktivierten Zinsen aus den Aufwendungen ausgeklammert. Zinsen sind natürlich steuerlich abzugsfähig, während Gewinne auf Stamm- und Vorzugsaktien voll besteuert werden. Man will ausreichende Vergleichbarkeit zwischen Gesellschaften erreichen, die verschieden kapitalisiert sind und verschiedene Finanzierungsinstrumente unter ihren vorrangigen Wertpapieren und bei ihren Darlehensaufnahmen benutzen – zum Beispiel Operating Leases, Commercial Paper, langfristige Obligationen und Vorzugsaktien. Daher müssen die Zinsen um den Steuervorteil verringert werden. Man kann auch eine andere Methode wählen und die Kennzahlen für die Gesamtkapitalrentabilität vor Steuern berechnen. Beide Methoden sind völlig vertretbar, um die unterschiedliche steuerliche Behandlung von Zinsen und Jahresüberschuß auszugleichen. Aber die Methode der Berechnung nach Steuern hat den Vorteil, daß sie Steuern als Aufwand behandelt, was sie auch sind. Gewisse Kennzahlen werden auch vor Abschreibung berechnet, um Unterschiede in der Abschreibungspolitik der verglichenen Gesellschaften zu neutralisieren. Denken Sie daran, daß Abschreibung ebenfalls ein Aufwandsposten ist, und interpretieren Sie diese Kennzahlen entsprechend.

Der Wachstumsfaktor wird gemessen, indem man 1985 und den Durchschnitt 1980–1984 mit der Basis 1975–1979 vergleicht. Die Daten und Kennzahlen für die gesamte Analyse werden in sieben Abschnitten gezeigt. 24 Kennzahlen, auf 6 Gruppen verteilt, werden durch die Nummern gekennzeichnet, die in Kapitel 20 benutzt wurden. Wenn immer ein erheblicher Anteil (etwa von 50–60 %) von vorrangigen Wertpapieren in der Kapitalstruktur vorhanden ist wie in unserem Beispiel, kann es durchaus wünschenswert sein, die Rentabilitätskennzahlen sowohl auf Basis der (Stamm-)Aktien als auch auf Basis des gesamten Kapitals zu berechnen. Unsere beiden Gesellschaften lagen in der Periode 1979–1985 zumindest zum Teil mit ihrer Eigenkapitalquote in jenem Bereich, aber wir haben diese Berechnungen und ihre Erörterungen aus Gründen der Kürze unterlassen.

Einzelheiten der Anpassungen

Zu Beginn von Kapitel 20 betonten wir, daß der Analyst alle Anpassungen vornehmen muß, *bevor* er Kennzahlen, Trends und Durchschnitte berechnet oder

---

[1] Die Steuerreform von 1986 änderte den Gesellschaftssteuersatz für normalen Ertrag von 46 % für 1986 in eine gemischte Rate von 40 % für 1987 und auf 34 % danach.

Tafel 21.2: Rohm and Haas Company

Daten und Kennzahlen	1975–1979	1980–1984	1985
Grunddaten (in Millionen Dollar)			
Umsatzerlöse	1 174,1	1 871,2	2 051,0
Abschreibung und Amortisation	77,6	93,9	111,0
Steueraufwand	37,6	77,0	86,0
Nettoertrag für das Kapital (vor Steuern)[1]	128,1	234,9	189,1
Nettoertrag für das gesamte Kapital (nach Steuern)[1][2]	70,7	137,6	159,3
Zinsaufwand (einschließlich aller Nutzungsverhältnisse)	41,2	44,2	64,8
Nettoertrag für Stammaktien	49,3	113,7	124,3
Dividenden auf Stammaktien	18,0	36,1	49,3
Buchwert für das gesamte Kapital[3][7]	972,4	1 254,8	1 490,1
Aufgeschobene Steuern[4]	52,5	91,6	130,2
Eigenkapital – Buchwert[4]	547,3	811,8	937,7
Eigenkapital zum Börsenkurs[5]	619,4	1 035,5	1 572,6
Durchschnittlich ausstehende Aktien (Millionen)	25,8	25,8	23,5
Umlaufvermögen (Jahresende)			924,0
Kurzfristige Verbindlichkeiten (Jahresende)			444,0
Kennzahlen (siehe Kapitel 20):			
Rentabilitätskennzahlen			
14. Gesamtkapitalrentabilität	7,2 %	10,9 %	10,7 %
15. Kapitalumschlag	1,2×	1,5×	1,4×
16. Gewinnquote	6,0 %	7,3 %	7,7 %
17. Gesamtkapitalrentabilität vor Abschreibung und Amortisation	15,2 %	18,4 %	18,1 %
18. Eigenkapitalrentabilität[4]	11,7 %	12,6 %	11,6 %
Wachstumskennzahlen			
19. Verhältnis der Umsätze zur Basis 1975–1979	100 %	159 %	175 %
20. Verhältnis des Nettoertrages auf das Gesamtkapital zur Basis 1975–1979	100 %	195 %	225 %
21. Verhältnis des Nettoertrages je Stammaktie zur Basis 1975–1979	100 %	231 %	277 %
Stabilitätskennzahlen			
22. Stärkster Deckungsrückgang für vorgehende Belastungen – Verhältnis des niedrigsten Jahres zum Durchschnitt der drei vorhergehenden Jahre[6]	–54 %	–36 %	–20 %
23. Rückgang in der Gesamtkapitalrentabilität – Verhältnis des niedrigsten Jahres zum Durchschnitt der drei vorhergehenden Jahre[6]	–49 %	–19 %	–25 %
Auszahlungsraten			
24. Auszahlungsrate der Dividende bezogen auf den Gewinn auf Stammaktien	37 %	32 %	40 %
25. Verhältnis von Dividende zu Betriebs-Cash-Flow[6]	8 %	10 %	11 %

Tafel 21.2: Fortsetzung

Daten und Kennzahlen	1975–1979	1980–1984	1985
Kreditkennzahlen			
26. Liquidität zweiten Grades (Current Ratio)	2,4×[6])	2,6×[6])	2,1×
29. Eigenkapitalquote	56 %	65 %	63 %
31. Deckung für vorgehende Belastungen	3,1×	5,3×	4,2×
31. Mindestdeckung für vorgehende Belastungen[6])	1,6×	3,4×	4,2×
Zahlen je Aktie (in Dollar)			
Kurs für Stammaktien	24,11	40,17	67,00
1. Gewinne je Aktie	1,91	4,41	5,29
2. Dividenden je Aktie	0,70	1,40	2,10
3. Umsätze je Aktie	45,51	72,53	87,28
5. Buchwert je Aktie	21,21	31,47	39,90
Börsenkurs-Kennzahlen			
10. Gewinn-Rendite	7,9 %	11,0 %	7,9 %
11. Dividenden-Rendite	2,9 %	3,5 %	3,1 %
12. Umsatz je Dollar (Stamm-)Aktien-Kurswert	1,90 $	1,81 $	1,30 $
13. Verhältnis Kurswert zum Buchwert	1,1×	1,3×	1,7×

[1]) Einschließlich der geschätzten Zinskomponente der Zahlungen für Nutzungsverhältnisse (Pacht, Miete, Operating Leases).
[2]) Der Zinsertrag ist zum Zwecke der Vergleichbarkeit zwischen den Gesellschaften um den gesetzlichen Steuersatz verringert worden, nämlich um 46 % nach 1979 und um 48 % für 1975–1979.
[3]) Einschließlich aufgeschobener Steuerverbindlichkeiten als Teil des Eigenkapitals.
[4]) Auf der Grundlage des durchschnittlichen Buchwertes zu Beginn und Ende der Jahre.
[5]) Durchschnitt der jährlichen Mittelwerte (Mean) zwischen dem Höchst- und Niedrigstkurs, angepaßt für Gratisaktien, multipliziert mit der Durchschnittszahl der ausstehenden Aktien.
[6]) Diese Zahlen können aus den hier angegebenen Grunddaten nicht berechnet werden.
[7]) Einschließlich geschätzter Zahlen für Nutzungsverhältnisse. Die Beträge sind die Durchschnitte zu Beginn und Ende der Jahreszahlen.

andere statistische und arithmetische Bearbeitungen vornimmt. Daher wollen wir hier einige Anpassungen mitteilen, die gemacht wurden, andere, die zwar wünschenswert waren, aber nicht gemacht wurden, und einige ungewöhnliche Anpassungen, die auf analytischer Beurteilung und nicht so sehr auf festen Regeln beruhten.

Ausklammern von immateriellen Vermögenswerten

Der Goodwill wurde aus der Bilanz ausgeklammert, wodurch das Eigenkapital um dessen vollen Betrag verringert wurde. Im Falle von Goodwill wurden keine Steueranpassungen vorgenommen. Rohm & Haas besaßen für 60 Millionen Dollar Patente und Warenzeichen abzüglich eines unbekannten Betrages von Amortisation. Einzelheiten dieser Patente und Warenzeichen waren nur für die Jahre 1983–1985 verfügbar; die Gesellschaft erhielt Lizenzen und ähnliche Gebühren in Höhe von ungefähr 10 % der Bruttobeträge dieser immateriellen Werte. Es wurde entschieden, daß diese immateriellen Vermögenswerte einen ausreichend identifizierbaren Ertragsstrom lieferten und daß nur der Goodwill und seine Amortisation aus den Abschlüssen ausgeklammert werden sollte.

„Sonstige Ruhestandsleistungen"

Rohm & Haas zeigten 25 Millionen Dollar Aufwendungen für Leistungen im Krankheitsfalle und für Versicherungspolicen für 3100 pensionierte und 8300 aktive Beschäftigte. Da sie durch eine einheitliche Versicherungspolice gedeckt waren, konnte die Gesellschaft nicht den Teil angeben, der auf die pensionierten Beschäftigten entfiel. Die Verbindlichkeit für „sonstige Ruhestandsleistungen" wurde unberücksichtigt gelassen, weil erstens Daten für die früheren Jahre nicht verfügbar waren und zweitens die Schätzung des Betrages der Leistungen an Pensionäre nicht verläßlich gewesen wäre.

Operating Leases (Pachten, Mieten)

Die Operating Leases (Pachten) wurden für jedes Jahr aktiviert; dabei wurde die Art der Zahlung über das fünfte Jahr hinaus, wenn nötig geschätzt und eine Abzinsungsrate von 10 % benutzt. Beachten Sie, daß die alte Daumenregel des „⅓ der Pacht" als Zinskomponente im Falle von Rohm & Haas sehr gut funktioniert hätte. Im Falle von Herkules jedoch hätte die Drittelregel nur ungefähr die Hälfte einer angemessenen Zinskomponente ausgemacht; besonders seit 1980, als die Firma in erheblichem Umfang Büroräume langfristig mietete.

Änderungen bei Annahmen und Methoden für die Pensionsberechnung

1985 änderten beide Gesellschaften ihre versicherungstechnischen Kostenmethoden (Actuarial Cost Methods) zur „Projected Unit Credit" Methode und nahmen Änderungen bei gewissen Annahmen vor. Außerdem änderte Herkules 1984 einige versicherungstechnische Annahmen. Rohm & Haas verringerte für 1985 die Aufwendungen für die Pensionen von früheren Beträgen um ca. 30 Millionen Dollar auf 0; Herkules verringerte für 1984 und 1985 die Ausgabe für Pensionen um ungefähr denselben Betrag von dem Niveau, das über die vorhergehende Dekade üblich gewesen war. Kann man davon ausgehen, daß die Beschäftigten von Rohm & Haas 1985 große Pensionsansprüche erworben hatten, aber die Gesellschaft dafür keine Kosten auswies? Bei einer realistischen Betrachtungsweise würde man sagen, daß der Pensionsaufwand in den früheren Jahren zu hoch bemessen worden war, als die Portfolios der Gesellschaften Gewinne aufwiesen und andere versicherungstechnische Annahme zugrunde lagen, so daß eine vernünftige Anpassung durch den Analysten erfolgen sollte. Im Falle von Rohm & Haas schätzen wir den richtigen Aufwand für Pensionen auf 30 Millionen Dollar vor Steuern, so daß die Gewinne 1985 um 16,2 Millionen Dollar nach Steuern verringert wurden. Die 30 Millionen Dollar wurden dann benutzt, um die Aufwendungen für Pensionen in der Vergangenheit zu kürzen, und zwar in gleichmäßigen Raten über die zehn vorhergehenden

Jahre. Eine ähnliche Anpassung wurde für Herkules vorgenommen, aber die Aufwendungen für Pensionen wurden 1984 und 1985 erhöht und die Kosten davon über die vorhergehenden neun Jahre verteilt. Diese Schritte erforderten auch Anpassungen in der Bilanz und in steuerlicher Hinsicht.

LIFO Reserven

Beide Gesellschaften benutzen LIFO-Zahlen für erhebliche Teile ihrer Vorräte. Für die Berechnung des ertragbringenden Kapitals wurden LIFO-Reserven nach Steuern dem Eigenkapital zugefügt und Reserven für aufgeschobene Steuern auf der Grundlage des in dem Jahr geltenden Steuersatzes aufgestellt. Die Änderungen in der LIFO-Reserve wurde zum Ertrag des Jahres nicht hinzugezählt.

Währungsumrechnungen

Rohm & Haas ist insofern ein ungewöhnlicher Fall, als die Gesellschaft den Dollar als Arbeitswährung für alle Überseetätigkeiten benutzt. Dadurch entstehen in ihren Büchern keine Anpassungen für Währungsumrechnungen. Die Gewinne und Verluste im Jahresergebnis kommen aus allen Geldvermögenswerten und -verbindlichkeiten in fremden Währungen, die sich während der Periode im Verhältnis zum Dollar veränderten. Herkules benutzt in einer Reihe von Überseeplätzen lokale Währungen. Aus dem 10-K-Formular gingen genügend Informationen hervor, um die Auswirkungen der Wechselkursänderungen auf die Sachanlagen (Plant and Equipment) auszuklammern. Bei einem Vergleich würde Ausklammerung der Gewinne und Verluste aus dem Sachanlagekonto Herkules fast auf dieselbe Basis stellen wie Rohm & Haas mit Ausnahme der Vorräte und einiger anderer kleinerer, nicht in Geld bestehender Vermögenswerte und Verbindlichkeiten. Daher wurden die entsprechenden Gewinne und Verluste in bezug auf Sachanlagen bei Herkules ausgeklammert, und zwar sowohl in der Bilanz als auch in der Gewinn- und Verlustrechnung.

Aktivierte Zinsen

Auswirkungen der Zinsaktivierung auf das Sachanlagenkonto wurden ausgeklammert.

Abschreibung und Amortisierung

Diese wurden berichtigt, um die Amortisierung von Goodwill, aktivierten Zinsen und einigen anderen immateriellen Werten auszuklammern.

Schuldentilgung

1982 wies Herkules einen außerordentlichen, nicht steuerpflichtigen Gewinn von 11 553 000 $ aus. Es war das Ergebnis eines Umtausches von von 50 Millionen

Dollar 6½%iger nachrangiger Wandelanleihen in 2 038 000 (Stamm-)Aktien. Diese Transaktion war keine normale Umwandlung, sondern eher ein besonderes Umtauschangebot von ungefähr 38 Millionen $ in Aktien für die Wandelanleihe. Wir glauben nicht, daß sich ein wirtschaftlicher Gewinn ergab, und daher klammerten wir diesen Posten aus der Gewinn- und Verlustrechnung und aus dem Eigenkapital aus. Die Transaktion hat zwar Steuerfolgen, aber der Betrag rechtfertigte keine besondere Anpassung.

Schätzungen

Es war erforderlich, einige benötigte Zahlen zu schätzen, und wie die Erörterung der Pensionsangelegenheit weiter oben zeigt, gewisse Zahlen in einer willkürlichen Weise zu verteilen. Dies ist ein übliches Problem für den Wertpapieranalysten, und die einzige Lösung besteht darin, gesunden Menschenverstand auf die bekannten Tatsachen anzuwenden. Unsere Beispiele waren absichtlich nur auf veröffentlichte Informationen gestützt. In einer echten Analyse würde der Analyst häufigen Kontakt mit der Gesellschaft haben, und das würde ihm besser fundierte Anpassungen ermöglichen.

Vergleich der Kennzahlen

Beachten Sie, daß die Zahlen und Kennzahlen in den ersten fünf Abschnitten des Vergleichs sich auf Performance und die Stellung der beiden *Gesellschaften* beziehen. Sie geben also Auskunft über die Qualität des Unternehmens als Ganzes und (vermutlich) über sein Management. In fast allen Kennzahlen, die in den ersten drei Abschnitten entwickelt wurden, stand Rohm & Haas besser da als Herkules, wenn auch nicht um eine erhebliche Spanne.

Die fünfte Abteilung über Kreditkennzahlen zeigt, daß Rohm & Haas von 1975–1984 die bessere Liquidität zweiten Grades (Current Ratio) hatte, aber die schlechtere 1985, ein Ergebnis von umfangreichen Aktienrückkäufen. Rohm & Haas hat in den letzten sechs Jahren eine konservativere Eigenkapitalquote und etwas bessere Deckung der Zinsen gehabt. Mit einem kleinen Vorteil für Rohm & Haas ist jedoch die Kreditbeurteilung der beiden Gesellschaften ungefähr die gleiche.

Die letzte Abteilung der Tafeln gibt Kennzahlen, die auf dem Börsenkurs der Aktie beruhen. Bezogen auf den *Durchschnittskurs* hat Herkules mehr an Umsätzen, Gewinnen, Dividenden und Nettovermögenswerten je investiertem Dollar als Rohm & Haas geboten. Dies entsprach der historischen Entwicklung, wonach der Vorteil von Rentabilität, Wachstum und Stabilität bei Rohm & Haas lag. Herkules' Entwicklung je Aktie zeigt die negativen Wirkungen der Verwässerung, während Rohm & Haas Vorteile durch den Rückkauf von Aktien hatte.

Ein Vergleich zu gegenwärtigen Kursen

Tafel 21.3 zeigt die Beziehungen zwischen Kurs und Gewinnen, Dividenden und Vermögenswerten der beiden Aktien, bezogen auf den Kurs Ende Mai 1986. Die Tafel zeigt, daß die Gewinne 1985 für Herkules scharf von dem Niveau der vorhergehenden fünf Jahre abgefallen waren. Die Gewinne 1985 für Rohm & Haas waren niedriger als auf dem Höhepunkt 1984, aber höher als der Durchschnitt 1980–1984. Herkules ist die billigere Aktie in bezug auf Vermögenswerte, Ertrag und (angepaßte) Gewinne für die letzten Jahre, aber nicht in bezug auf die Gewinne von 1985. Unsere Kennziffertechnik zeigt dem Analysten, daß Rohm & Haas ein rentableres und dynamischeres Unternehmen gewesen ist als Herkules, aber dieser Vorteil mag durch den niedrigeren Kurs von Herkules ausgeglichen werden. Ob der Vorteil in der Tat ausgeglichen ist, kann mathematisch nicht dargelegt werden. Die Antwort muß in Form einer Meinung auf Grund des informierten Urteils und vielleicht Vorurteils des Analysten kommen. Die Entscheidung über die jeweiligen Verdienste oder die Attraktivität der beiden Aktien *zu ihrem augenblicklichen Kurs* ist das letzte und schwierigste Stadium einer vollständigen, vergleichenden Wertpapieranalyse. Das ist keine Frage der Aktienbewertung, und unsere Bemerkungen über diese Frage gehören in einen späteren Abschnitt dieses Buches. Aber ehe der Analyst zu einer Schlußfolgerung über das Verhältnis von Wert zum Kurs kommt, wird er eine Anzahl von Schlüssen aus den Kennzahlen ziehen, die wir in unseren Vergleichstafeln entwickelt haben. Wir wollen diese etwas näher erörtern, um zu illustrieren, was man als „Zwischenstadium" oder „Zerteilungsstadium" der Wertpapieranalyse bezeichnen könnte.

Tafel 21.3: Kennzahlen nach Börsenwert für zwei Gesellschaften

	Hercules	Rohm and Haas
Börsenkurs am 31. Mai 1986	50⅛	100½[1]
Umsätze 1985 je Dollar der Stammaktien zum Börsenkurs	0,95 $	0,87 $
Gewinne 1985 je Dollar der Stammaktien zum Börsenkurs[2]	4,05 %	5,26 %
Durchschnittliche Gewinne 1980–1984 je Dollar der Stammaktien zum Börsenkurs[2]	6,76 %	4,39 %
Dividendenrendite	3,2 %	2,4 %
Verhältnis des Kurses zum Buchwert, Nettovermögenswerte zum Jahresende 1985	1,81×	2,52×

[1] Vor Gratisaktien 3:1 am 12. Juni 1986
[2] Angepaßte Gewinne von Tafeln 21.1 und 21.2

Rentabilitäts- und Umschlagkennzahlen

Tafel 21.4 gibt möglicherweise eine Erklärung für das schnellere Wachstum, das Rohm & Haas von der Mitte der siebziger bis zur Mitte der achtziger Jahre zeigt. Die erste Kennzahl – Kapitalumschlag – ist eine Aktivitätskennzahl. Sie zeigt, daß Rohm & Haas den Umschlag ihres Kapitals von der ersten bis zur zweiten Periode erheblich erhöhten. Bei Herkules war das nicht der Fall. Beide Gesellschaften erlitten einen geringen Rückgang der Gewinnquote vor Abschreibung (aber gemischte Resultate nach Abschreibung). Diese Unterschiede waren geringfügig. Die dritte Zeile, der Ertrag auf das (Gesamt-)Kapital vor Abschreibung, ist einfach das Produkt der beiden ersten Zeilen. Offensichtlich war der Faktor, der den Ertrag bei Rohm & Haas erhöhte, der erhöhte Kapitalumschlag. Beide Gesellschaften zeigten einen Rückgang im Verhältnis von Abschreibung zu Umsatz, aber bei Rohm & Haas beruhte der Rückgang teilweise darauf, daß die Umsätze über das zugrundeliegende Kapital hinauswuchsen. Wenn man dieses Element berücksichtigt, erscheint die Abschreibungspolitik beider Gesellschaften ungefähr gleich. Der Rückgang im Verhältnis von Abschreibung zu Umsätzen half der Gesamtkapitalrentabilität nach Abschreibung bei beiden Gesellschaften.

Die unterschiedliche Entwicklung von Gesamtkapitalrentabilität und Eigenkapitalrentabilität zeigt, daß Rohm & Haas einen geringeren Anteil von Fremdfinanzierung (Leverage) etwas effizienter benutzte als Herkules, um verbesserte Erträge für die Aktionäre zu verdienen.

Die Zahlen in Tafel 21.4 würden den Analysten zu einer Untersuchung von Daten über Segmente und Produktionszweige veranlassen, um herauszufinden, welche Veränderungen über die Dekade zur Verbesserung der Aktivitätskennzahlen bei Rohm & Haas führten und ob weitere Verbesserungen wahrscheinlich sind.

Tafel 21.4: Rentabilitäts- und Umschlagskennzahlen für zwei Gesellschaften

	Hercules		Rohm and Haas	
	1975–1979	1980–1984	1975–1979	1980–1984
Kapitalumschlag	1,32	1,30	1,21	1,49
Gewinnquote vor Abschreibung und Amortisation	12,2 %	11,9 %	12,6 %	12,3 %
Gesamtkapitalrentabilität vor Abschreibung und Amortisation	16,1 %	15,5 %	15,2 %	18,4 %
Verhältnis von Abschreibung und Amortisation zu Umsätzen	5,4 %	4,3 %	6,6 %	5,0 %
Gesamtkapitalrentabilität	9,0 %	10,0 %	7,2 %	10,9 %
Eigenkapitalrentabilität	11,5 %	11,2 %	11,7 %	12,6 %

Entwicklungskennzahlen (Progress Ratios)

Jede der drei Kennzahlen, die sich auf das Wachstum beziehen, begünstigen Rohm & Haas erheblich. Die Zahlen 1985 für Herkules sind aber wahrscheinlich nicht so schlimm, wie sie scheinen. Hohe Anlaufkosten, Produktionsprobleme bei gewissen neuen Anlagen und ein größerer Streik hatten einen – hoffentlich – nicht wiederkehrenden negativen Einfluß auf Umsätze und Gewinne. Die Umsatzzahlen 1984 und 1985 wurden außerdem erheblich dadurch verringert, daß Ende 1983 ein 50%iges Joint Venture gebildet wurde, um Verkäufe und Herstellung von Polypropylen-Harz-Produkten und andere Geschäftszweige zu übernehmen. Dieses Joint Venture, HIMONT Inc., hatte 1984 und 1985 Umsätze von über 900 Millionen Dollar. Da das Joint Venture nach der Equity Methode behandelt wird, wurde 1984 und 1985 bei Herkules ein wesentlicher Betrag bei Umsätzen und Kapital aus der Konsolidierung herausgenommen.

Ein Vergleich der Gesamtkapitalrentabilität mit der Eigenkapitalrentabilität bei Herkules im Jahre 1985 beweist die Verletzlichkeit dieser Gesellschaft infolge ihrer relativ größeren Fremdfinanzierung.

Stabilitätskennzahlen

Die Stabilitätskennzahlen in den Tafeln 21.1 und 21.2 sind etwas günstiger für Rohm & Haas, beweisen aber vor allem die der chemischen Industrie innewohnende Neigung zu Schwankungen (Volatility). Es ist ein fast universelles Gesetz der Wertpapieranalyse, daß in jeder Industrie die Einheiten mit besseren Gewinnquoten kleinere prozentuale Gewinnrückgänge in Rezessionsjahren erleiden. Ebenso zeigen diejenigen mit der geringsten Fremdfinanzierung kleinere prozentuale Rückgänge bei der Eigenkapitalrentabilität. Rohm & Haas hat seine Spannen nach Abschreibung erhöht und seine Fremdfinanzierung verringert. Herkules hat seine Spannen nach Abschreibung verbessert, aber nicht seine Fremdfinanzierung zurückgeführt.

Auszahlungsraten

Rohm & Haas hatte im Vergleich zu Herkules ständig geringere Auszahlungsraten bezogen auf Gewinne und (Betriebs-)Cash-flow. (Die Zahlen für 1985 sollten nicht als repräsentativ angesehen werden, da beide Gesellschaften 1985 im Verhältnis zu 1984 gedrückte Gewinne hatten.) Die geringere Auszahlungsrate von Rohm & Haas erlaubte, daß diese Gesellschaft einen größeren Anteil ihres Wachstums aus internen Quellen finanzierte, und dies wiederum erlaubte der Gesellschaft, ihre Eigenkapitalquote zu verbessern. Herkules jedoch konnte seine Eigenkapitalquote nur dadurch aufrechterhalten, daß die Anzahl der ausstehenden Aktien erhöht wurde. Dadurch wurde die Wachstumsrate für Gewinne, Dividenden und Buchwert je Aktie verwässert. 1985 war der Durchschnitt der ausstehenden Aktien bei Herkules um 26 % höher als der Durchschnitt für 1975–1979, wogegen Rohm & Haas eine 13%ige Verringerung für dieselbe Periode aufweisen.

Kreditkennzahlen

Kreditkennzahlen für beide Gesellschaften sind in befriedigendem Zustand, und beide Gesellschaften sollten als finanziell stark angesehen werden. Rohm & Haas hat die Deckung für die vorgehenden Belastungen verbessert, und die Deckung bei Herkules ist gut aufrechterhalten worden. Bei Rohm & Haas ist die Liquidität zweiten Grades geringfügig besser mit Ausnahme von 1985. Jedoch ist dieser Rückgang zum größten Teil auf den 1984 und 1985 erfolgten Rückkauf von über 8,5 Millionen eigenen Aktien zurückzuführen.

Zahlen je Aktie und Kurskennzahlen

Beachten Sie in den Tafeln 21.1 und 21.2, daß ein Käufer von Rohm & Haas zum Durchschnittspreis von 1975–1979 *mehr* Dollar an Umsatz und Nettovermögen kaufte und *weniger* Gewinne und Dividenden, als er erhalten hätte, wenn er dasselbe Geld in Herkules investiert hätte. Jedoch wurde im Durchschnitt der Jahre 1980–1984 die Aktie des Investors in Rohm & Haas mit einem Kurs bezahlt, der 66 % höher als der Kaufpreis lag, im Vergleich zu 15 % höher für den Investor in Herkules. Der Investor in Rohm & Haas hätte außerdem für die Zeit 1980–84 eine durchschnittliche Dividende von 5,8 % erhalten, dasselbe wie der Investor in Herkules. Wenn die Zahlen bis Mai 1986 vervollständigt würden, wären die besseren Investmentergebnisse in Rohm & Haas noch dramatischer gewesen: Die Aktie stieg von 24,11 $ auf 100,50 $ – ein Gewinn von über 300 % im Börsenkurs; Herkules stiegen etwas mehr als 100 % von 23,13 $ auf 50,12 $. Im nachhinein zeigt sich klar, daß Rohm & Haas der Gewinner war, sowohl was Dividenden als auch Kursgewinn angeht. Die Erklärung findet sich hauptsächlich in den Zahlen je Aktie, die ein weit stärkeres Wachstum bei Verkäufen, Gewinnen, Dividenden und Buchwerten zeigen. Der höhere Gesamt-Ertrag für Investoren in Rohm & Haas beruht auf dem wesentlich stärkeren Wachstum bei den Gewinnen. Es ist das Gewinnwachstum, das das Wachstum von Dividenden und einen steigenden Ertrag auf die Investitionskosten erlaubt. Es sind die Gewinne, die den Aktienkurs steigen lassen, wenn der Multiplikator (Gewinnvervielfältiger) konstant bleibt. Und es ist erhöhtes Gewinnwachstum, das eine Erhöhung des Multiplikators von dem Niveau der durchschnittlichen Aktie auf ein Niveau rechtfertigen kann, das eine Prämie für Wachstum enthält.

Ein Investor, der Anfang 1980 nur die Zahlen für 1975–1979 in den Tafeln 21.1 und 21.2 hätte sehen können, hätte durchaus Herkules gegenüber Rohm & Haas bevorzugen können. Die Rentabilitätszahlen gaben Herkules bessere Noten für vier der gezeigten fünf Kennzahlen. Die Maße für Stabilität, Auszahlungsrate und Kredit waren für diese Periode im großen und ganzen fast gleichwertig. Das Wachstum bei den Gewinnen von dem vorhergehenden Höhepunkt bis 1979 sprachen zugunsten von Herkules ebenso wie das Kurs-/Gewinnverhältnis und der Ertrag. Wenn ein

Investor die feste Überzeugung gehabt hätte, daß Rohm & Haas die attraktivere Aktie war, hätte er allein auf Grund der historischen Daten keine überzeugende Begründung liefern können. Er hätte vielmehr die höhere Wachstumsrate bei der Ertragskraft für Rohm & Haas im Vergleich zu Herkules richtig voraussagen müssen. Die zusätzlichen Informationen für die Jahre 1980–1985 in den Tafeln 21.1 und 21.2 geben Rohm & Haas einen klaren statistischen Vorteil, aber für den heutigen Investor werfen sie dieselbe Frage auf, nämlich welche Aktie dem Kurse nach attraktiver ist, wenn man die Kursdaten in Tafel 21.3 zugrunde legt.

Die Betonung liegt auf Qualität

Die vorstehende Analyse von Kennzahlen für den vollen Zeitraum von 1975–1985 zeigte, daß die qualitativen Faktoren klar für Rohm & Haas sprachen, während die Kurskennzahlen jetzt Herkules als die billigere Aktie erscheinen lassen. Die vergleichsweisen Investmentergebnisse für den Zeitraum der Analyse zeigen, daß trotz des höheren Kurses Rohm & Haas bei weitem die günstigere Kaufgelegenheit war. Diese Schlußfolgerung bestätigt das an der Börse anerkannte Urteil in bezug auf den Kauf von *Qualitätsaktien*. Denken Sie jedoch daran, daß erstens an irgendeinem Punkte selbst die beste Aktie zu hoch im Kurse stehen kann, und zweitens, daß die Vorwegnahme einer Qualitätsverbesserung in einer Aktie, die unter dem Durchschnitt liegt, eine hervorragende Investmentgelegenheit bieten kann. Im letzteren Falle kann der Investor mit Sicherheit davon ausgehen, daß er nicht nur eine Zunahme bei Gewinnen und Dividenden haben wird, sondern auch im Multiplikator.

Verbesserte Qualität kann das Ergebnis zahlreicher Faktoren sein; Änderungen im Management und im Produktionsprogramm stechen am meisten hervor. In einem frühen Stadium einer solchen Entwicklung ist es nicht einfach, mit einigermaßen Genauigkeit das Ergebnis solcher Änderungen oder die Zeitdauer vorherzusehen, die für einen Erfolg nötig ist. Aber die Gewinne können erheblich sein, wenn es einem gelingt.

Analyse von physischen Daten

Die Analyse der Ergebnisse einer Gesellschaft sollte sich nicht auf die Dollarzahlen beschränken, sondern auch auf die physischen Daten erstrecken, die für eine analytische Studie in Betracht kommen. Zu dem normalerweise untersuchten Material, falls es verfügbar ist, gehören die folgenden Punkte.

Reserven an Bodenschätzen

Diese Reserven sind bedeutsam für alle diejenigen Gesellschaften, die von einem sich aufbrauchenden Vermögenswert abhängig sind, wie Öl- und Gasproduzenten,

Bergwerksgesellschaften und möglicherweise auch Transportgesellschaften, die von den Reserven ihrer Hauptkunden oder Lieferanten abhängen: Eine bestimmte Eisenbahnlinie transportiert hauptsächlich Kohle oder eine Pipeline Öl oder Gas.

Metalle, Mineralien und Ölreserven finden sich oft in unterentwickelten und/oder politisch instabilen Teilen der Welt. Ein Analyst wird normalerweise den Wert solcher Reserven niedriger ansetzen, um eine erwartete Nationalisierung, enteignungsgleiche Besteuerung, Kriege oder Aufstände zu berücksichtigen.

Viele Gesellschaften beschränken ihre Entwicklungsarbeiten nur auf die Reserven für ein paar Jahre, denn die örtlichen Steuern würden erheblich erhöht werden, wenn sie die Entwicklung von größeren Erzreserven berichteten. Gesellschaften mit Vermögenswerten, die sich erschöpfen, planen normalerweise die Erschöpfung ihrer augenblicklichen Reserven ein und kaufen oder pachten neues, geeignetes Eigentum. Daher ist es ganz ungewöhnlich für eine größere Gesellschaft dieser Art, daß sie tatsächlich ihr Geschäft aufgibt, weil ihre Bodenreserven erschöpft sind.

Bei der Schätzung von Reserven sollte der Analyst sowohl Qualität als auch Quantität berücksichtigen. Wenn eine Bergwerksgesellschaft hauptsächlich Erz von niedriger Konzentration in Reserve hat und augenblicklich Erz mit hoher Konzentration abbaut, muß ihre zukünftige Ertragskraft vorsichtig bewertet werden. Ähnlich wichtig ist der Unterschied von weniger wertvollen Ölreserven im Vergleich zu wertvollerem schweren Öl mit geringem Schwefelgehalt.

Der Analyst muß die Zahlen über Reserven mit Vorsicht betrachten. Sie haben natürlich einen gewissen Informationswert. Wenn die sonstigen Umstände gleich sind, ist eine Gesellschaft mit großen, entwickelten Reserven einer anderen mit kleinen Reserven vorzuziehen.

1. Beispiel: Der Geschäftsbericht 1984 von Amax, Inc. enthielt die Daten für ihre Molybdänreserven, wie sie in Tafel 21.5 gezeigt werden. Entsprechende Einzelhei-

Tafel 21.5: Molybdän-Reserven laut Geschäftsbericht 1984 von AMAX Inc.

	Molybdän (Millionen Tonnen)				
	1984	1983	1982	1981	1980
Colorado					
Climax	408	413	413	418	433
(% Molybdän-Disulfid)	(0,31)	(0,31)	(0,31)	(0,31)	(0,31)
Henderson	240	246	246	230	239
(% Molybdän-Disulfid)	(0,38)	(0,38)	(0,38)	(0,42)	(0,42)
Canada					
Kitsault	115	115	115	105	105
(% Molybdän-Disulfid)	(0,19)	(0,19)	(0,19)	(0,19)	(0,19)

Tafel 21.6: Gekürzte Aufstellung über Öl- und Gasreserven aus dem Geschäftsbericht 1985 von EXXON

Standardisiertes Maß der abgezinsten zukünftigen Nettomittelzuflüsse	
Stand am 31. Dezember 1985	Gesamtsumme weltweit (in Millionen $)
Zukünftiger Mittelzufluß aus Verkäufen von Öl und Gas	217 131
Zukünftige Produktions- und Entwicklungskosten (flüssige Mittel)	84 562
Zukünftiger Ertragssteueraufwand	63 843
Zukünftiger Nettomittelzufluß	68 726
Wirkung der Abzinsung des Nettomittelzuflusses bei 10 %	37 904
Standardisiertes Maß der abgezinsten zukünftigen Nettomittelzuflüsse	30 822
Änderungen im standardisierten Maß	
	1985 (in Millionen $)
Wert der im Jahre hinzugekommenen Reserven Ausdehnungen, Entdeckungen, andere Zugänge und verbesserte Gewinnung abzüglich damit im Zusammenhang stehender Kosten	3 916
Änderungen im Wert der Reserven früherer Jahre Verkäufe und Lieferung von Öl und Gas, das während des Jahres produziert wurde abzüglich Produktionskosten	(12 065)
Entwicklungskosten während des Jahres	4 205
Nettoänderungen in Preisen und Produktionskosten	(3 252)
Revision von früheren Reserveschätzungen	831
Zuwachs aus der Abzinsung	6 268
Sonstige Änderungen	(1 210)
Nettoänderung bei Ertragssteuern	2 180
Gesamtänderung beim standardisierten Maß während des Jahres	873

Hinweis: Die vollständigen Angaben enthielten Einzelheiten für 1983–1985 und Daten über sechs geographische Gebiete.

ten wurden über die anderen größeren Metall- und Mineralreserven der Gesellschaft bekanntgegeben. Genaue Produktionszahlen für jedes Produkt wurden ebenfalls geliefert.

2. *Beispiel:* Der Geschäftsbericht 1985 von Exxon Corp. enthält die erforderlichen Informationen über das „standardisierte Maß von abgezinstem, zukünftigen netto Cash-flow in bezug auf die nachgewiesenen Öl- und Gasreserven". Tafel 21.6 zeigt die weltweiten Zahlen für 1985 und erklärt die Ursache von Änderungen in den Zahlen. Die ganze Erklärung war weit umfangreicher als dieses Beispiel.

Dieses standardisierte Maß ist keine Schätzung der Öl- und Gasreserven. Es ist einfach die Berechnung des Gegenwartswertes (unter Benutzung einer Abzinsungsrate von 10 %) für den zukünftigen Nettomittelzufluß aus Verkäufen von *erwiesenen* Öl- und Gasreserven; dabei sind die Kosten, Steuern, Produktionsmethoden (zum Beispiel zweite oder dritte Gewinnung) usw. berücksichtigt.

Wahrscheinliche Reserven sind darin nicht enthalten, ebensowenig wie der Wert von *möglichen* Ölreserven auf Ländereien, für die eine Pacht (Lease) besteht. Interessanterweise wurde die Information, als sie zuerst verfügbar wurde, in Wall Street ohne große Aufregung zur Kenntnis genommen. Aber spätere Akquisitionskurse für Ölgesellschaften bestätigten mehrfach, daß das standardisierte Maß gar keine schlechte Schätzung des Übernahmewertes von Ölreserven war, und die Ölanalysten begannen, dieser Frage wesentlich mehr Aufmerksamkeit zuzuwenden.

Die Berechnung von Ölreserven (einschließlich des flüssigen Inhalts von Gasreserven) hat in den letzten Jahren einen erheblichen technischen Fortschritt gemacht. Die meisten Gesellschaften liefern jetzt Schätzungen durch eigene Angestellte oder mit Hilfe von beratenden Geologen. Die Benutzung von Reservezahlen bei Analysen und beim Vergleich von Ölgesellschaften ist allgemein üblich – im allgemeinen wird ein bestimmter Dollarwert für das Öl im Boden angesetzt, und dann werden die Nettobuchzahlen für die anderen Vermögenswerte addiert, um einen Gesamtwert zu finden. Beachten Sie, daß auf dem Gebiet von Öl- und Bergwerksgesellschaften der geschätzte Vermögenswert stärkeres Gewicht hat als im Falle von Produktions- und Handelskonzernen.

Kapazität

Die meisten Produzenten und Verarbeiter von Rohmaterialien haben eine bestimmte Kapazität, die sich in physischen Einheiten ausdrücken läßt, beispielsweise Tonnen Rohstahlgewinnung, Zuckersäcke – roh oder raffiniert –, Barrels an Öldurchlauf einer Raffinerie oder Barrels von Zement. Die Kapazitätszahlen ändern sich natürlich durch Hinzufügungen oder Aufgabe, aber die Zahlen helfen, die Position der Gesellschaft zur Zeit der Analyse zu beschreiben. Wieviel Gewicht die Kapazitätszahlen verdienen, wird weitgehend von den Umständen abhängen.

Produktion in Einheiten

Produktion in Einheiten ist eine wichtige Zahl für eine genaue Analyse; wenn man sie mit der Kapazität vergleicht, zeigt sie
- möglichen Bedarf für zukünftige Ausdehnung,
- Möglichkeiten für Erhöhung des Ausstoßes,
- die Gewinnschwelle.

Wenn eine Gesellschaft ein homogenes Produkt fertigt, zum Beispiel Kupfer, Zucker oder Zement und wenn Zahlen über Produktionseinheiten veröffentlicht werden, kann der Analyst berechnen
- den Verkaufspreis,
- die Produktionskosten,
- die Gewinnspanne per Einheit,
- den Marktanteil.

Diese Zahlen sind nützlich für die vergleichende Analyse, und wenn man die Auswirkung von Preis- und Kostenänderungen auf die individuelle Gesellschaft berechnen will.

Einige Produktivitätskennzahlen und Kapazitätsausnutzungszahlen sollten mit Vorsicht benutzt werden. Kapazitätsausnutzungszahlen für die Textilindustrie werden seit langem auf die Annahme gestützt, daß in zwei Acht-Stunden-Schichten gearbeitet wird und sonntags und feiertags frei ist. Im Kriege arbeitet die Industrie typischerweise um die Uhr und sieben Tage in der Woche, und das zeigt, daß die echte Kapazität, Güter zu produzieren, ungefähr doppelt so hoch ist wie die normale Zahl, die als Maß für die Anlagenkapazität benutzt wird.

In der Kohleindustrie wurde die Gesamtzahl von Tonnen, die je Arbeiter und Tag produziert wurden, lange als Maß für die Effizienz eines Kohlebergwerkes angesehen. Anfang der achtziger Jahre untersuchte eine Industriegruppe, wie die Gesellschaften diese Zahlen berechnen. Sie fand riesige Unterschiede. Einige Gesellschaften zählten nur Produktionsarbeiter unter Tage ohne Schichtführer, Inspektoren und sonst Tätige. Andere Gesellschaften berücksichtigten jeden, der nur irgendwie mit der Kohlenproduktion zu tun hatte, z. B. auch diejenigen, die beim Waschen, Säubern, Sortieren, Transportieren der Kohlen beschäftigt waren einschließlich der Aufseher usw. Eine Neuberechnung auf einer gemeinsamen Grundlage stellte fest, daß einige Bergwerke, die lange zu den effizientesten im Lande gezählt worden waren, in Wahrheit eine wenig beeindruckende Einstufung hatten.

Über viele Jahre legte die Einzelhandelsindustrie große Betonung auf den statistischen Wert „Verkäufe je Quadratfuß der Einzelhandelsfläche" für vergleichbare Geschäfte. Auch hier bestanden Definitionsprobleme: Welche Flächen sollten berücksichtigt werden und welche nicht? Heute bleiben einige Einzelhandelsketten 24 Stunden am Tage und 7 Tage in der Woche geöffnet, und da müssen Vergleiche von Verkäufen von Einzelhandelsketten per Quadratfuß mit sehr viel Sorgfalt vorgenommen werden.

Produktion nach Betriebsabteilungen

Der Ausstoß vieler Produktionsgesellschaften besteht aus verschiedenen Produkten, die unter verschiedene Kategorien und in verschiedene Industriezweige fallen. Um die Gesellschaft unter dem Gesichtswinkel der Industrieanalyse zu untersuchen, möchte der Analyst wissen, wie die Produkte der Firma sich nach Einheiten und nach dem Dollarwert aufteilen. Die Gesellschaften liefern jetzt Daten über Segmente in erheblichen Einzelheiten, obwohl die Verteilung der Gemeinkosten (Overhead) weiterhin schwer vergleichbar bleibt. Zu einer typischen Darlegung insoweit gehören die folgenden Posten für jede größere Produktgruppe:

– Umsätze
– Betriebsgewinn
– Beteiligung an Gewinnen von Beteiligungsgesellschaften
– Einschlägige Vermögenswerte zum Jahresende
– Investment in Beteiligungsgesellschaften
– Abschreibungsaufwand
– Kapitalausgaben (Investitionen)

Konzentration und geografische Lage der Umsätze

Wenn Unternehmen von einem oder zwei größeren Kunden abhängig sind, sieht man sie als etwas verletzlicher an als solche mit einer großen Anzahl von weniger wichtigen Kunden. Die erstere Situation findet sich oft unter den Produzenten von Autoteilen, Waffenproduzenten und bei Gesellschaften, die fast ausschließlich für eine große Versandfirma oder eine Organisation von Kettenläden produzieren. Eine große erfolgreiche Firma wird normalerweise außer ihrem inländischen Geschäft ein erhebliches Auslandsgeschäft haben, aber eine erhebliche Abhängigkeit von Exporten – besonders in ein bestimmtes geografisches Gebiet – muß als zusätzliches Risiko angesehen werden. Die Analysten müssen diese Umstände bedenken und bei ihrer Bewertung entsprechend ihrem Ermessen berücksichtigen.

Kapitel 22
Kennzahlen in der Industrieanalyse

Vergleich von Gesellschaften mit der zugehörigen Gruppe

Wertpapiere können nicht in einem Vakuum analysiert oder bewertet werden. Zur Analyse gehört, daß eine Gesellschaft mit solchen gleicher Art und mit Aktien im allgemeinen verglichen wird, um die Charakteristik und Attraktivität der einzelnen Aktie zu bestimmen. Im allgemeinen werden individuelle Gesellschaften nach folgenden Gesichtspunkten zusammengefaßt:

– Nach traditionell festgelegten Industriezweigen, wie zum Beispiel nichtalkoholische Getränke oder Automobile
– Nach wirtschaftlichen Sektoren, wie zum Beispiel nach nichtdauerhaften (langlebigen) Konsumgütern
– Nach Empfindlichkeit gegenüber einem wirtschaftlichen Faktor, zum Beispiel gegenüber Zinsen
– Nach Börsensektoren, wie zum Beispiel niedrig notierte Aktien oder Wachstumsaktien

Ehe der Analyst irgendeine Voraussage macht, muß er verstehen, wie die Gesellschaft ihr Geld verdient. Der Gewinn kommt dadurch zustande, daß Wert zu dem Ausgangsmaterial (Arbeitskraft, Rohmaterial usw.) hinzugefügt wird. Der hinzugefügte Wert beruht auf der Erhöhung des Nutzens, indem die Form, die Lage, die Größe, die Bequemlichkeit, das Aussehen oder eine andere Eigenart des ursprünglichen Produktes in einer Weise geändert wird, die das Produkt oder den Dienst begehrter macht.

Daher muß der Analyst die Tätigkeit der Industrie verstehen, in der die Gesellschaft tätig ist und ihre Wettbewerber hat. Die Wettbewerber der Gesellschaft müssen verstanden werden, denn sie sind Teil des Tätigkeitsumfeldes. Analysten vergleichen meistens Aktien innerhalb einer „Gruppe der Gleichen", etwa in derselben Industrie, intensiver miteinander als mit der Börse insgesamt.

Vor der Bewertung wird der Analyst herauszufinden versuchen, welche Gesellschaften besser oder schlechter als die Gruppe abgeschnitten haben und noch wichtiger: Warum. Ein Maßstab dafür, was die „normale" oder durchschnittliche Performance der Gruppe ist, ist sehr nützlich, um daran die einzelne Gesellschaft messen und vergleichen zu können. Wegen der Unterschiede in der Größe der Gesellschaften ist die Analyse mit Kennzahlen das am meisten verbreitete Werkzeug geworden, um das greifbare Ergebnis der Gesellschaften und der Industrie unabhängig von der Größe zu messen. Dieses Kapitel soll Beispiele für die Darstellung von Industriedaten liefern und einige Anwendungen für Durchschnitte, Indexe und andere Techniken mit ihren Vor- und Nachteilen erörtern.

Der Analyst steht vor vielen Schwierigkeiten, wenn er die Daten für eine Gesellschaft so vorbereiten will, daß ihre Kennzahlen über die Zeit beständig bleiben und mit anderen untersuchten Gesellschaften vergleichbar sind. Außerdem ergeben sich einige technische Schwierigkeiten, wenn man einen „Industrie-Durchschnitt" oder -Maßstab entwickelt, mit dem die anderen Gesellschaften verglichen werden sollen.

Sieben Lebensmitteleinzelhandelsketten

Tafeln mit Kennzahlen

Um die Grundlagen für eine Erörterung von alternativen Techniken und ihrer starken und schwachen Seiten zu schaffen, haben wir einige Tafeln mit Kennzahlen über sieben Lebensmitteleinzelhandelsketten vorbereitet. Die Lebensmittelindustrie wurde ausgesucht, weil sie so homogen ist und weil alle Leser mit ihren Einzelhandelsaktivitäten im allgemeinen vertraut sein werden. Die Liste enthält sehr große und sehr kleine Gesellschaften, einige mit hoher Rentabilität und andere mit niedriger und Gesellschaften von unterschiedlichem qualitativem Charakter.

Anpassung der ursprünglichen Daten bei Operating Leases (Miete, Pacht)

Bei der Aufbereitung der Daten für die Industrieanalyse mit Kennzahlen wurde jede Gesellschaft entsprechend den empfohlenen Anpassungen in den Kapiteln 10–19 behandelt. Die Zahlungen bei Operating Leases wurden in die Zukunft projiziert und mit einem Satz von 10 % abgezinst. Der sich ergebende Gegenwartswert wurde als Vermögenswert aktiviert und eine entsprechende Verbindlichkeit ausgewiesen. Der Gegenwartswert entspricht dem Kapital, und der Rest der Zahlungen entspricht den Zinsen. Es wurde angenommen, daß das Verhältnis dieser Zinskomponente zu den gesamten Zahlungen für alle Jahre konstant blieb. Der Zinsaufwand für das Operating Lease (Pacht, Miete) wurde daher für jedes Jahr berechnet als der Zinsanteil (Anteilverhältnis der Zinskomponente), multipliziert mit der gesamten jährlichen Zahlung für das Operating Lease (die Miete, Pacht). Diese Maßnahme brachte die Kennzahlen für Eigenkapital- und Gesamtkapitalrentabilität auf eine besser vergleichbare Basis, als wenn die Operating Leases nicht aktiviert worden wären. Ein gewisser Fehlerfaktor auf absoluter Basis ergibt sich aus der geschätzten

Abzinsungsrate, aber auf einer relativen Basis wird das Bild dennoch verbessert, weil eine etwaige Verzerrung für alle Gesellschaften in dieselbe Richtung geht.

FIFO-Vorräte

Zu Beginn der untersuchten 10-Jahres-Periode war nur eine Minderzahl der Gesellschaften auf LIFO-Basis, aber am Ende der Periode benutzten alle sieben Gesellschaften LIFO. Ohne Anpassung hätten Verzerrungen bestanden, und es stehen keine ausreichenden Informationen zur Verfügung, um für die ersten Jahre eine Anpassung an LIFO vorzunehmen. Daher wurden alle Gesellschaften für die untersuchten Jahre auf FIFO-Basis umgestellt.

Andere Anpassungen

Wo Zinsen aktiviert worden waren, wurden sie als Aufwand berechnet und die geschätzten Amortisierungs- und Steuereffekte aus den Konten ausgeklammert. Einige ungewöhnliche und nicht wiederkehrende Posten, zusammen mit ihren Steuerauswirkungen, wurden ausgeklammert oder anderen als den Berichtsjahren zugerechnet. Der Goodwill wurde zusammen mit seiner Amortisierung ausgeklammert. Nur eine Gesellschaft hatte Anpassungen für Währungsumrechnungen, aber für die empfohlene analytische Anpassung standen keine ausreichenden Informationen zur Verfügung.

Abgesehen von der Aktivierung von Operating Leases ergab sich, daß die meisten Anpassungen für diese Gesellschaften so klein waren, daß sie hätten übergangen werden können. Aber der Analyst weiß selten, ob die Gesamtsumme der Anpassungen groß genug sein wird, um einen wesentlichen Unterschied auszumachen, bis er sie berechnet hat.

Änderungstendenzen in der Industrie

Vor einigen Dekaden waren Lebensmittelketten in ihren Aktivitäten und Charakteristiken meist sehr homogen. Verschiedene standardisierte Kennzahlen für die Industrie wurden benutzt, um die Gründe für Unterschiede bei Gewinnspannen, Umsatzwachstum usw. herauszufinden. Dazu gehörten solche Daten wie Umsätze je Geschäft, Quadratfuß der Einzelhandelsfläche je Geschäft, Umsätze je Quadratfuß Einzelhandelsfläche „auf der Basis von vergleichbaren Geschäften" usw. In neuerer Zeit haben fast alle Einzelhandelsketten Drogeriewaren in ihr Sortiment aufgenommen; einige erwarben Drugstores (Drogerien + Apotheken) und andere bauten eine Drogerieabteilung im Lebensmittelladen ein. Außerdem arbeiten einige nach dem Konzept von Großraum- und Kombinationsläden. Damit werden mehr als 20 000 Waren im Vergleich zu 10 000 Waren vor 30 Jahren umgesetzt. Der altmodische Supermarkt aus der Nachbarschaft kann jetzt auf mehr als einen halben Hektar Einzelhandelsfläche angewachsen sein, in einer riesigen Einkaufs-Mall liegen und auch dauerhafte Güter und Luxusgüter anbieten, wie zum Beispiel Rasen- und Gartenmöbel, elektrische Werkzeuge oder verschiedene Marken von Videorecordern. Verkäufe je Quadratfuß scheinen nicht mehr viel zu bedeuten, wenn die eine Gesellschaft nur während der normalen Verkaufszeiten Montag bis Samstag geöffnet hat, während die andere über das Jahr rund um die Uhr arbeitet. Obwohl die Kennzahlen dem Analysten sagen, daß sich Änderungen ergeben, muß er heute mehr nachgraben, um zu verstehen, warum eine Lebensmittelkette erfolgreich ist oder nicht.

Rentabilität

Die Rentabilitätskennzahlen

Tafel 22.1 zeigt die konventionellen Rentabilitätsmaße der sieben Lebensmitteleinzelhandelsketten. Wir wiederholen unsere Auffassung, daß der Prozentsatz, der auf das Gesamtkapital verdient wird (Gesamtkapitalrentabilität), das beste Maß für den Erfolg jeder Gesellschaft ist und der Ausgangspunkt für die Analyse sein sollte. Wir neigen dazu, das Investment in Aktien gegenüber einem Investment in Obligationen zu bevorzugen. Daher enthalten die Tafeln auch die Eigenkapitalrentabilität für die sieben Gesellschaften. Außerdem werden 5-Jahres-Durchschnitte für 1976–1980 und für 1981–1985 gezeigt.

Technische Einzelheiten

Gewichtete und ungewichtete Industriedurchschnitte

Die Tafel zeigt unser erstes technisches Problem bei der Berechnung von Industriedurchschnitten. Die Industriedurchschnitte können so berechnet werden, daß man für die gesamte Industrie eine Gesamterfolgsrechnung und eine Industriebilanz aufstellt und dann die gewünschten Kennzahlen für jedes Jahr errechnet. Diese Berechnungsweise ist in erster Linie dann vorteilhaft, wenn man den Erfolg einer Industrie mit dem einer anderen vergleicht. Solche Gesamtberechnungen zeigen sehr gut die Gesamtergebnisse der Industrie unabhängig davon, ob sie kleine Teilnehmer, einige kleine und einige große oder nur einige große Teilnehmer hat.

Im Falle unserer sieben Lebensmittelketten (die nur einen kleinen Teil der gesamten Lebensmitteleinzelhandelsindustrie umfassen) hätten Kroger und Safeway 62 % der Umsätze und damit einen entsprechend großen Einfluß auf jede der Kennzahlen gehabt. Praktisch würden die so berechneten Kennzahlen im wesentlichen widerspiegeln, was mit diesen beiden Gesellschaften geschah, und die

Kapitel 22: *Kennzahlen in der Industrieanalyse*

Tafel 22.1: Rentabilitäts-Kennzahlen

Jahre	unge-wichteter Industrie-durch-schnitt	Albert-son's Inc.	Borman's	Food Lion	Lucky Stores	Kroger	Safeway Stores	Super-markets General
			Gesamtkapitalrentabilität (in Prozent)					
1985	9,9	10,6	8,0	13,3	7,6	7,4	9,4	12,9
1984	9,3	11,2	3,2	13,9	8,1	7,5	8,7	12,8
1983	7,8	11,0	− 5,5	12,7	9,0	7,4	8,3	11,4
1982	10,1	11,5	8,0	12,8	8,7	8,2	8,1	13,4
1981	11,0	11,7	1,3	14,9	10,1	8,8	6,9	12,9
1980	10,6	11,9	7,5	13,6	11,1	9,2	7,5	13,5
1979	11,2	11,9	6,7	15,0	13,2	8,5	8,5	14,7
1978	10,9	11,9	9,4	14,6	12,2	7,5	8,9	11,7
1977	9,3	10,4	4,3	12,7	10,7	6,9	7,6	12,4
1976	10,2	9,2	6,6	14,4	9,0	6,4	12,3	13,6
Durchschnitt								
1981–1985	9,6	11,2	5,2	13,5	8,7	7,8	8,3	12,7
1976–1980	10,5	11,1	6,9	14,1	11,2	7,7	9,0	13,2
Unterschied	− 0,9	0,1	− 1,7	− 0,6	− 2,5	0,1	− 0,7	− 0,5
			Eigenkapitalrentabilität (in Prozent)					
1985	15,7	16,7	15,9	22,6	12,4	11,8	12,5	18,2
1984	13,6	18,2	− 1,7	24,3	13,9	11,5	11,6	17,4
1983	9,5	18,7	−29,6	23,1	16,6	10,9	12,4	14,2
1982	16,5	20,9	13,6	21,4	16,1	12,8	12,4	18,0
1981	13,9	23,3	10,8	20,1	20,0	15,4	8,7	17,4
1980	18,0	24,8	13,4	16,4	23,1	15,6	10,8	22,2
1979	20,6	26,5	10,8	17,5	29,2	15,2	13,8	31,0
1978	19,6	26,3	19,8	16,4	25,9	14,0	15,2	19,9
1977	15,6	21,3	1,9	15,1	22,9	11,1	11,9	25,0
1976	16,1	17,0	8,8	18,6	19,5	9,5	12,3	26,8
Durchschnitt								
1981–1985	14,0	19,6	− 1,9	22,3	16,8	12,5	11,5	17,1
1976–1980	18,1	23,8	10,9	16,8	24,1	13,1	12,8	25,0
Unterschied	− 4,1	−4,2	−12,8	5,5	− 7,3	− 0,6	− 1,3	− 7,9

Ergebnisse der anderen fünf Gesellschaften wären weitgehend verschleiert worden. Hätte man die fünf kleineren Gesellschaften mit einem gewichteten Industriedurchschnitt verglichen, so würde das nur zeigen, wie jede der fünf Gesellschaften im Verhältnis zu Kroger und Safeway abgeschnitten hatte. Dies würde für die individuellen Gesellschaften die Einstufung nach der Performance verwischen.

Für den Vergleich individueller Gesellschaften wurde daher ein ungewichteter Industriedurchschnitt gewählt. Die Kennzahl wurde also für jede einzelne Gesellschaft errechnet, die Kennzahlen für das betreffende Jahr addiert und die Summe durch sieben geteilt. Dies sind die Spalten „ungewichteter Industriedurchschnitt". Diese Methode wurde auch wegen ihrer Einfachheit und deshalb gewählt, weil die 5-Jahres-Durchschnitte einige der technischen Probleme ausgleichen würden. Der Analyst sollte sich jedoch darüber klar sein, daß die ungewichteten Industriezahlen für ein einziges Jahr in die Irre führen können. Das beste Beispiel hier ist die Eigenkapitalrentabilität der Industrie für 1983. Sie enthält den negativen Ertrag in Höhe von 29,6 % auf das Eigenkapital von Borman. Dadurch wird der Industriedurchschnitt scharf nach unten gedrückt, obwohl Borman nur ungefähr 2 % der Erlöse und Vermögenswerte der sieben Beispielsgesellschaften repräsentiert.

Behandlung von „Ausreißern"

Eine Technik, um das Problem bei Borman zu handhaben besteht darin, daß man die höchste und niedrigste Beobachtung in jedem Beispiel als atypisch aussondert und einfach den Durchschnitt der übrigen fünf bildet. Würde man die Ergebnisse von Borman und Food Lion, die schlechteste und beste Kennzahl für Eigenkapitalrentabilität 1983, ausklammern, so erhielte man einen Durchschnitt von 14,6 % als Industriedurchschnitt, der eher charakteristisch wäre. Ein Einwand gegen diese Technik, die höchste und niedrigste Beobachtungszahl für jedes Jahr auszusortieren, besteht darin, daß damit jedes Jahr eine verschiedene Mischung von Gesellschaften im Industriedurchschnitt repräsentiert ist und daher nicht genau dieselben Gesellschaften über die Zeit dargestellt werden.

Der Verlust von Borman 1983 war so groß, daß der Analyst an die Möglichkeit denken mußte, in diesem Jahr habe ein höchst ungewöhnliches und nicht wiederkehrendes Ereignis stattgefunden. Keine andere Zahl in der Tafel kommt irgendwie nahe an diese Zahl heran. Würde der Analyst die Situation bei Borman untersuchen, würde er folgendes finden: Die Gesellschaft war Opfer eines Preiskrieges geworden, der durch Wettbewerber begonnen worden war. Sie hatten niedrigere Arbeitskosten, weil sie unter dem Schutz des Konkursgerichtes arbeiteten. Borman war diesem Preiskrieg durch seine geografische Konzentration im Staat Michigan besonders ausgesetzt. Diese Umstände rechtfertigen nicht, die Zahlen als ungewöhnlich oder nicht wiederkehrend zu behandeln.

Durchschnitte aus Kennzahlen

Obwohl es nicht die übliche Praxis ist, sollte aus mathematischen Gründen die bevorzugte Verfahrensweise zur Bildung von Durchschnittswerten aus Kennzahlen (Verhältniszahlen) darin bestehen, das geometrische und nicht das arithmetische Mittel zu wählen. Diese Methode funktioniert jedoch nicht, wo negative Zahlen beteiligt sein können. Wenn man ein geometrisches Mittel bildet, muß man die negativen Zahlen aus dem Beispiel aussondern oder andere Techniken benutzen, die mathematisch recht kompliziert sind. Die praktische Antwort scheint wohl die Benutzung des arithmetischen Mittels zu sein, vielleicht mit der Aussortierung von „Ausreißern".

Aufteilung der Gesamtkapitalrentabilität

Tafel 22.2 zeigt die Gesamtkapitalrentabilität aufgeteilt in ihre zwei Komponenten, die Gewinnquote und den Kapitalumschlag. Die drei Gesellschaften mit der höchsten Gesamtkapitalrentabilität haben alle überlegene Gewinnquoten und schnitten im allgemeinen auch beim Kapitalumschlag gut ab.

Die Überraschung in diesem Bild ist die bemerkenswert hohe Umschlagrate von Borman, der eine schwache und erratische Gewinnquote aufweist. Auf der Suche nach einer Erklärung für Bormans schnellen Kapitalumschlag wurden auch die

Tafel 22.2: Auflösung der Gesamtkapitalrentabilität in ihre Komponenten

Jahre	unge-wichteter Industrie-durch-schnitt	Albert-son's Inc.	Borman's	Food Lion	Lucky Stores	Kroger	Safeway Stores	Super-markets General
			Gewinnquote (in Prozent)					
1985	1,9	2,3	1,0	3,0	1,5	1,7	1,9	2,2
1984	1,9	2,3	0,4	3,1	1,6	1,8	1,7	2,2
1983	1,7	2,3	− 0,6	2,9	1,9	1,7	1,6	2,0
1982	1,8	2,3	0,9	2,6	1,7	1,6	1,6	2,2
1981	1,9	2,2	0,2	3,4	2,0	1,8	1,3	2,1
1980	2,0	2,2	1,0	3,5	2,2	1,7	1,4	2,2
1979	2,1	2,3	0,9	3,7	2,4	1,6	1,6	2,4
1978	2,1	2,2	1,3	3,7	2,2	1,6	1,7	2,1
1977	1,9	2,0	0,6	3,3	1,9	1,5	1,5	2,4
1976	1,9	1,8	1,0	3,3	1,7	1,3	1,7	2,7
Durchschnitt								
1981–1985	1,8	2,3	0,4	3,0	1,7	1,7	1,6	2,1
1976–1980	2,0	2,1	0,9	3,5	2,1	1,5	1,6	2,3
			Kapital-Umschlag					
1985	5,3×	4,7×	8,1×	4,4×	5,0×	4,3×	4,9×	5,8×
1984	5,5	4,8	8,9	4,5	5,1	4,2	5,2	5,8
1983	5,4	4,7	8,6	4,4	4,9	4,4	5,1	5,7
1982	5,6	5,1	7,6	5,0	5,0	5,2	5,2	6,0
1981	5,6	5,4	7,8	4,3	5,0	4,9	5,3	6,3
1980	5,6	5,3	7,8	3,9	5,1	5,4	5,2	6,3
1979	5,5	5,2	7,5	4,0	5,5	5,2	5,2	6,1
1978	5,4	5,4	7,3	3,9	5,5	4,8	5,2	5,7
1977	5,2	5,3	6,9	3,8	5,5	4,7	5,2	5,2
1976	5,5	5,1	6,8	4,3	5,2	4,8	7,2	5,0
Durchschnitt								
1981–1985	5,5	4,9	8,2	4,5	5,0	4,6	5,1	5,9
1976–1980	5,4	5,3	7,3	4,0	5,4	5,0	5,6	5,7

Tafel 22.2: Fortsetzung

Jahre	unge-wichteter Industrie-durch-schnitt	Albert-son's Inc.	Borman's	Food Lion	Lucky Stores	Kroger	Safeway Stores	Super-markets General
Umschlag der Vorräte								
1985	8,4×	10,3×	9,2×	7,5×	7,7×	7,7×	7,9×	8,5×
1984	9,0	10,9	10,5	8,0	8,8	8,3	8,0	8,3
1983	8,8	10,6	10,4	7,5	7,9	8,7	8,3	8,5
1982	9,4	10,6	10,3	8,0	8,3	10,4	8,4	9,6
1981	9,4	10,9	11,1	8,7	7,9	9,3	8,7	9,3
1980	9,7	11,2	10,1	10,1	8,1	9,3	9,3	9,7
1979	9,7	11,5	10,8	10,0	8,0	8,6	9,1	9,8
1978	9,8	11,3	10,9	10,0	7,5	8,7	9,0	11,2
1977	10,1	12,5	12,4	11,1	8,3	8,4	9,4	8,5
1976	10,1	12,5	12,5	11,6	7,5	8,8	9,7	8,3
Durchschnitt								
1981–1985	9,0	10,7	10,3	7,9	8,1	8,9	8,3	8,8
1976–1980	9,9	11,8	11,3	10,6	7,9	8,8	9,3	9,5

Zahlen für Vorratsumschlag (Lagerumschlag) in die Tafel aufgenommen. Leider scheinen sie keine völlige Erklärung von Bormans Kapitalumschlag zu geben. Der Analyst müßte auf die anderen Vermögenswerte der Gesellschaft sehen, wahrscheinlich auf die heruntergeschriebenen Buchwerte für die Geschäfte selbst, um eine Erklärung für Bormans hohe Kapitalumschlagrate zu finden.

Die Produktion von Eigenmarken ist eine wichtige Aktivität für einige, aber nicht alle Lebensmittelketten. Produktion erfordert natürlich Kapitalinvestitionen in Fabriken und Vorräte, und der Umschlag in der Produktion liegt weit unterhalb dem des normalen Lebensmitteleinzelhandels. Daher wird man erwarten, daß Gesellschaften, die vertikal integriert sind, geringere Umschlagraten haben. Der Analyst würde auch untersuchen, ob das eine Erklärung für Bormans höhere Umschlagrate im Vergleich mit den anderen Gesellschaften gäbe.

Die Auswirkung von Fremdfinanzierung

Tafel 22.3 gibt einige Erklärungen über Unterschiede zwischen Gesellschaften. Mit ihrer Hilfe kann man einen verhältnismäßig großen oder kleinen Anteil der Gesamtkapitalrentabilität, wie sie sich aus Tafel 22.1 ergibt, in Beziehung zum Eigenkapital bringen. Benutzung von Fremdkapital in einer Gesellschaft (Leverage) erhöht die Eigenkapitalrentabilität über das Maß hinaus, das die Gesellschaft ohne Fremdkapitalaufnahme gehabt hätte. Die Aufnahme von Fremdkapital wirkt sich gut aus,

Tafel 22.3: Eigenkapital als Prozentsatz des gesamten Kapitals (Eigenkapitalquote)

Jahre	unge-wichteter Industrie-durch-schnitt	Albert-son's Inc.	Borman's	Food Lion	Lucky Stores	Kroger	Safeway Stores	Super-markets General
1985	38	50	29	43	36	29	40	39
1984	38	48	25	49	36	33	38	38
1983	37	44	26	42	35	31	41	41
1982	38	43	34	45	34	35	36	41
1981	38	37	30	55	35	32	37	38
1980	40	36	29	71	34	35	40	36
1979	40	33	28	73	36	36	40	33
1978	39	30	30	78	32	32	41	31
1977	39	34	26	76	37	31	40	26
1976	37	30	30	68	33	34	41	24
Durchschnitt								
1981–1985	38	44	29	47	35	32	38	39
1976–1980	39	33	29	73	34	34	40	30

solange die Kosten nach Steuern für das Fremdkapital geringer sind als die Gesamtkapitalrentabilität. Im Falle von Borman war die Eigenkapitalquote ständig die geringste im Industriebeispiel. Weil Borman in einigen Jahren keine ausreichende Gesamtkapitalrentabilität erzielte, um seine Zinsaufwendungen zu decken, wirkte sich die starke Fremdfinanzierung in jenen Jahren dahingehend aus, daß sie die Gewinne verringerte, anstatt sie zu erhöhen. Der Analyst sollte die Sätze untersuchen, die Borman für kurzfristige Bankdarlehen, fundierte Schulden, Pachten usw. zahlte. Daraus könnte er ersehen, ob die Gesellschaft übermäßig hohe Zinssätze für einige ihrer Schulden zahlte und wann diese hochverzinslichen Schuldinstrumente auslaufen. Die Auswirkungen der Aufnahme von Fremdkapital werden durch das Verhältnis der Gesamtschulden zum Kapital und durch die Zinssätze auf die Schulden beeinflußt.

Wachstum durch Fremdfinanzierung

Die verhältnismäßig bescheidene Fremdfinanzierung von Food Lion läßt dessen Eigenkapitalrentabilität in neuerer Zeit umso bemerkenswerter erscheinen. Der Analyst würde jedoch feststellen, daß ein nennenswerter Beitrag zu Food Lions hoher und wachsender Rentabilität darauf beruht, daß die Gesellschaft von einer ultrakonservativen Eigenkapitalquote von 73 % 1976–1980 zu einer gemäßigten Quote von 47 % in der neueren 5-Jahres-Periode übergegangen ist. Die Erhöhung der Eigenkapitalrentabilität seit der früheren 5-Jahres-Periode beruht daher zum Teil

Tafel 22.4: (Wachstums-Index 1976–1980 = Basis = 100)

Jahre	unge-wichteter Industrie-durch-schnitt	Albert-son's Inc.	Borman's	Food Lion	Lucky Stores	Kroger	Safeway Stores	Super-markets General
			Umsatz-Index					
1985	246	224	123	565	193	214	156	248
1984	220	210	128	445	190	199	156	211
1983	193	190	125	355	172	190	147	171
1982	176	175	125	287	164	184	140	157
1981	148	154	118	202	148	141	131	145
1980	133	135	125	165	133	129	120	127
1979	116	118	113	126	119	113	109	115
1978	98	100	98	91	96	98	100	100
1977	81	80	86	66	80	84	89	84
1976	72	66	78	52	72	76	83	74
Durchschnitt								
1981–1985	197	191	124	371	173	186	146	186
1976–1980	100	100	100	100	100	100	100	100
			Index für gesamten Betriebs-Cash-Flow vor Zinsen					
1985	259	255	139	574	199	200	189	257
1984	219	233	97	422	182	195	188	217
1983	179	203	22	330	175	186	158	176
1982	162	176	139	247	161	128	143	163
1981	161	148	93	213	162	237	125	152
1980	134	132	125	161	130	144	115	133
1979	111	119	93	132	127	102	109	97
1978	105	106	126	96	106	93	105	102
1977	75	79	68	62	75	74	85	85
1976	74	64	89	48	63	87	87	83
Durchschnitt								
1981–1985	196	203	98	357	176	189	161	192
1976–1980	100	100	100	100	100	100	100	100

auf erhöhter Fremdfinanzierung. Obwohl die Eigenkapitalquote der Gesellschaft konservativ bleibt, würde man keine weitere großartige Verbesserung in der Eigenkapitalrentabilität erwarten, nachdem die Quote der Gesellschaft den Industriedurchschnitt erreicht hat.

Supermarkets General zeigt das umgekehrte Bild im Vergleich zu Food Lion. Die Gesellschaft hat sich von einer starken Fremdkapitalisierung auf ein Niveau bewegt, das ungefähr dem Industriedurchschnitt entspricht. Diese Rückführung beim Fremdkapital ist ein Grund dafür gewesen, daß die Eigenkapitalrentabilität der Gesellschaft von dem Niveau der ersten 5-Jahres-Periode abgesunken ist.

Tafel 22.4: Fortsetzung

Jahre	unge-wichteter Industrie-durch-schnitt	Albert-son's Inc.	Borman's	Food Lion	Lucky Stores	Kroger	Safeway Stores	Super-markets General
	Index des Ertrages auf das Gesamtkapital							
1985	235	235	129	480	137	237	190	238
1984	200	230	49	390	142	226	164	200
1983	152	205	– 84	291	150	206	152	146
1982	161	184	123	207	133	187	139	152
1981	131	156	21	196	141	163	108	129
1980	133	141	126	161	135	140	109	119
1979	121	126	106	133	134	118	112	119
1978	103	104	132	95	100	97	107	89
1977	73	73	56	62	73	80	83	86
1976	69	56	79	49	58	64	89	87
Durchschnitt								
1981–1985	176	202	48	313	141	204	151	173
1976–1980	100	100	100	100	100	100	100	100
	Index der Gewinne je Aktie							
1985	205	232	157	426	103	137	151	231
1984	160	221	– 15(d)	363	109	124	129	192
1983	91	195	–311(d)	265	121	104	128	134
1982	151	172	148	196	107	166	121	144
1981	109	161	– 79(d)	191	122	162	83	120
1980	133	144	139	162	123	143	99	123
1979	126	129	107	132	130	123	118	146
1978	109	104	172	93	99	102	118	78
1977	67	71	15	64	82	73	84	78
1976	64	51	67	49	66	59	81	74
Durchschnitt								
1981–1985	143	196	– 20(d)	288	112	139	122	164
1976–1980	100	100	100	100	100	100	100	100
(d) = Defizit								

Obwohl wir nur die Eigenkapitalquote als Maß der Fremdfinanzierung gezeigt haben, könnte eine gründlichere Industrieanalyse auch eine Tafel der durchschnittlichen Zinssätze auf Darlehen einschließlich der Operating Leases zeigen. Änderungen bei den Zinssätzen können ebenfalls eine gute Erklärung der Änderungen in der Eigenkapitalrentabilität von Gesellschaften geben, die mit Fremdkapital arbeiten.

Indizes – Basisperiode und Basisjahr

Die Benutzung von Indizes ist ein gutes Mittel, um den Schwierigkeiten beim Trendvergleich von Gesellschaften zu entgehen, deren Daten in der Größe erheblich unterschiedlich sind. Die meisten Indizes der Regierung benutzen ein einziges Jahr als Basis, für das der Index auf 100 festgesetzt wird. Das ist für die Gesamtwirtschaft brauchbar, weil die meisten wirtschaftlichen Statistiken über die breiteren Aspekte der Wirtschaft ziemlich stabil sind. Ergebnisse individueller Gesellschaften sind der Tendenz nach viel beweglicher (volatile), und daher ist es eine bessere Praxis, als Basis eine Periode von mehreren Jahren zu benutzen und nicht nur ein einzelnes Jahr.

In Tafel 22.4 haben wir die durchschnittlichen Ergebnisse für die Jahre 1976–1980 als hundert und als Basis für unseren Index ausgewählt. Beachten Sie, daß es für den Umsatzindex, mit Ausnahme von Food Lion, kaum einen Unterschied gemacht hätte, wenn wir das Jahr 1978 als Basisjahr angenommen hätten. Wenn wir jedoch einen Index für eine so bewegliche Zahl wie die Gewinne je Aktie schaffen, wäre 1978 eine schlechte Basis gewesen, um einen Fortschritt zu messen.

Einige der Gesellschaften wandelten mit ziemlicher Regelmäßigkeit einen gleichbleibenden Teil der Umsätze in Betriebs-Cash-flow und Ertrag für das gesamte Kapital um, aber einige hatten erhebliche Schwierigkeiten, einen entsprechenden Anteil in Gewinne je Aktie umzuwandeln. Der Analyst würde die Ursachen dieser Schwierigkeiten untersuchen; sie könnten von Verwässerung infolge Ausgabe zusätzlicher Aktien, über schlechte Gewinnspannen bis hin zu hohen Zinssätzen reichen.

Deckung der Zinsen – der Betriebs-Cash-flow ist Schlüssel zur Qualität

Tafel 22.5 zeigt die Deckung aller Zinsaufwendungen durch Betriebs-Cash-flow. Diese Kennzahl ist eine von vielen, um die Qualität der Schuldinstrumente einer Gesellschaft zu messen. Es ist eine Maxime dieses Buches: Wenn die Obligationen einer Gesellschaft nicht genügend Qualität für einen Kauf haben, sollte allenfalls ein Spekulant die Aktie kaufen. Daher sollten alle analytischen Studien zumindest einige Kennzahlen über die Qualität der Schulden einer Gesellschaft enthalten.

Der Leser sollte die vergleichsweise Einstufung der Gesellschaften unter dem Blickwinkel der Zinsdeckung mit den Daten in Tafel 22.2 über Kapitalumschlag vergleichen. Im allgemeinen wird schneller Kapitalumschlag als höchst wünschenswerte Eigenschaft angesehen. Aber manchmal ist er begleitet von niedrigen Abschreibungen, vielleicht weil die Geschäfte alt sind und niedrige Erwerbskosten hatten. Das verringert der Tendenz nach den Betriebs-Cash-flow. Obwohl Food Lion und Kroger einen ziemlich wenig beeindruckenden Kapitalumschlag hatten,

Tafel 22.5: Deckung aller Zinsen durch Betriebs-Cash-Flow

Jahre	unge- wichteter Industrie- durch- schnitt	Albert- son's Inc.	Borman's	Food Lion	Lucky Stores	Kroger	Safeway Stores	Super- markets General
1985	5,8×	4,6×	3,1×	12,3×	6,4×	6,9×	4,4×	2,8×
1984	5,7	5,0	2,3	11,6	7,6	4,8	5,6	3,1
1983	6,4	5,2	4,0	12,4	6,7	6,3	6,5	3,4
1982	6,3	4,9	2,7	13,8	6,9	5,8	5,8	3,9
1981	6,0	5,0	3,4	12,3	5,9	6,6	4,9	4,1
1980	6,3	5,2	2,7	12,7	6,0	9,1	4,3	3,8
1979	5,6	5,2	4,2	12,2	5,5	3,7	4,5	3,8
1978	4,8	5,7	0,7	8,9	5,2	4,3	4,7	4,1
1977	5,3	6,1	2,9	9,4	5,4	4,4	5,1	4,0
1976	5,6	7,3	3,9	9,0	5,8	4,4	4,6	4,1
Durchschnitt								
1981–1985	6,0	4,9	3,1	12,5	6,7	6,1	5,4	3,5
1976–1980	5,6	5,9	2,9	10,4	5,6	5,2	4,6	4,8

hatten beide eine sehr gute Deckung der Zinsen durch Betriebs-Cash-flow. Bei Food Lion ist die Zinsdeckung leicht durch die hohe Gewinnquote und die konservative Kapitalstruktur erklärt. Die Erklärung für Krogers Zinsdeckung geht aus diesen Tafeln nicht hervor; daher würde der Analyst die Finanzbewegungsrechnung von Kroger überprüfen, um herauszufinden, ob die günstige Deckungsrate durch überdurchschnittliche Abschreibung oder vielleicht Reserven für aufgeschobene Steuern zu erklären ist. Wenn die Antwort dort nicht zu finden ist, könnte sie sich vielleicht aus niedrigen Zinssätzen ergeben. Was immer die Antwort ist: Der wichtige Punkt ist, daß vergleichende Analyse von Kennzahlen nicht nur die verschiedensten nützlichen Informationen über Gesellschaften und Industrien liefert, sondern auch Bereiche andeutet, die der Analyst näher untersuchen sollte. So liefern Anomalien einen einzigartigen Beitrag zur Wertpapieranalyse.

Wachstumsraten je Aktie

Vergleich von Durchschnitten

Tafel 22.6 zeigt einen guten Mechanismus, um die Wachstumseigenschaften je Aktie für die sieben Lebensmittelketten zwischen der ersten und der zweiten 5-Jahres-Periode zu vergleichen. Von den 5-Jahres-Perioden wird angenommen,

Tafel 22.6: Wachstums-Eigenschaften je Aktie

Jahre	unge-wichteter Industrie-durch-schnitt	Albert-son's Inc.	Borman's	Food Lion	Lucky Stores	Kroger	Safeway Stores	Super-markets General
			Betriebs-Cash-Flow je Aktie					
Durchschnitt 1981–1985		3,77 $	2,89 $	0,93 $	4,18 $	10,57 $	8,17 $	3,03 $
1976–1980		1,96 $	2,97 $	0,27 $	2,67 $	7,71 $	5,71 $	1,60 $
%-Änderung 1976–1980 bis 1981–85	80	92	– 3	244	57	37	43	89
			Gewinne je Aktie					
Durchschnitt 1981–1985		2,26 $	– 0,24 $	0,59 $	1,94 $	4,21 $	3,09 $	1,32 $
1976–1980		1,15 $	1,21 $	0,20 $	1,72 $	3,04 $	2,52 $	0,81 $
%-Änderung 1976–1980 bis 1981–85	42	96	*)	180	12	38	64	63
			Dividende je Aktie					
Durchschnitt 1981–1985		0,60 $	0,03 $	0,05 $	1,15 $	1,85 $	1,44 $	0,37 $
1976–1980		0,26 $	0,08 $	0,01 $	0,86 $	1,00 $	1,18 $	0,17 $
%-Änderung 1976–1980 bis 1981–85	87	126	–63	286	34	85	22	117
			Buchwert je Aktie					
Durchschnitt 1981–1985		12,95 $	12,13 $	2,46 $	11,64 $	28,50 $	25,40 $	7,21 $
1976–1980		5,23 $	11,19 $	1,19 $	6,69 $	19,75 $	18,85 $	3,23 $
%-Änderung 1976–1980 bis 1981 85	77	148	8	107	74	44	35	123
*) keine sinnvolle Zahl								

daß sie die normalen Zahlen für Betriebs-Cash-flow, Gewinne, Dividenden und Buchwert für die Gesellschaften repräsentieren. Die prozentuale Veränderung von der ersten zur zweiten 5-Jahres-Periode repräsentiert das *gesamte* Wachstum vom Mittelpunkt der ersten 5 Jahre bis zum Mittelpunkt der zweiten 5 Jahre. Um die *jährliche* Änderungsrate zu erhalten, würde man 100 % addieren und aus dieser Summe die fünfte Wurzel ziehen. Beispielsweise betrug das Wachstum der Gewinne je Aktie für die Periode 1976–1980 bis zur Periode 1981–1986 bei Albertson's, Inc. 96 %. Um die jährliche Wachstumsrate zu erhalten, würde man 100 % zu der Gesamtzahl addieren und das Ergebnis als Dezimale ausdrücken: 1,96. Der natürliche Logarithmus von 1,96 ist 0,673. Das dividiert durch 5 ergibt 0,13459, der Numerus dazu beträgt 1,144 %. Die jährliche Wachstumsrate von Mittelpunkt zu Mittelpunkt betrug also 14,4 %.

Wachstumsrate unter Benutzung von Indizes

Ein alternativer Maßstab für das Wachstum der Gewinne je Anteil wäre die Benutzung des Index, der im letzten Teil von Tafel 22.4 gezeigt wird. Eine einfache Rechnung von Beginn bis zum Ende kann eine geschätzte Wachstumsrate liefern. Zunächst wird das Ende des Index (für Albertson's): 232 (für 1985) durch den Anfangswert von 51 (1976) dividiert. Mit derselben logarithmischen Methode, wie sie eben beschrieben wurde, liefert der Index eine Wachstumsrate von 18,3 % für die Gewinne von Albertson's; das beruht auf der übermäßig niedrigen Indexzahl für das Anfangsjahr 1976. Beachten Sie, daß sich die Gewinne je Aktie von 1976–1978 verdoppelten (der Index stieg von 51 auf 104). Welche Wachstumsrate die Entwicklung der Gesellschaft besser charakterisiert, ist eine Frage des Ermessens des Analysten und hängt von vielen Faktoren ab. In jedem Falle ist die wichtige Wachstumsrate die der Zukunft. Die zentrale Frage für den Aspekt „Wachstum" bei der Bewertung ist, ob das zukünftige Wachstum der Gesellschaft irgendwie ähnlich dem der Vergangenheit sein wird oder in irgendeiner Weise anders.

Die Indexzahlen können auch mit anderen Techniken benutzt werden, um eine jährliche Rate des historischen Wachstums zu schätzen, zum Beispiel durch eine lineare Regression der Indexzahlen in den Jahren. Die Werte, die man auf dieser Regressionslinie findet, ergäben eine Wachstumsrate (unter Berücksichtigung des Zinseszinses) von 17,1 %, während eine logarithmisch lineare Regression eine Wachstumsrate von 18,6 % lieferte.

Bei einer so großen Spanne zwischen den berechneten Wachstumsraten muß der Analyst darauf achten, ob er eine Serie oder einen Durchschnitt benutzt. Durchschnitte haben den Effekt, die „Ausreißer" zu dämpfen. Individuelle Jahre ergeben eine längere Geschichte, aber auf Kosten einiger Genauigkeit. Das Urteil des Analysten wird ihn im Einzelfall zu der einen oder anderen Methode bringen, je nachdem, welche nützlicher ist, um die zukünftige Wachstumsrate zu schätzen.

Kursvergleiche – Ergebnisse je investiertem Dollar

Tafel 22.7 zeigt bestimmte Schlüsseldaten auf der Basis, daß man einen Dollar in eine Aktie investiert. Die obere Linie zeigt die Aktienkurse am 31. Dezember 1985. Normalerweise hätten wir ein etwas späteres Datum ausgesucht – im Jahre 1986 –, so daß der Geschäftsbericht zur Verfügung gestanden hätte, als der Analyst die Kauf- oder Verkaufsentscheidung traf. In der ersten Hälfte 1986 gab es jedoch Gerüchte, daß drei dieser Lebensmitteleinzelhandelsketten Übernahmeziele seien, und die Kurse reflektierten diese spekulative Möglichkeit. Die Dollarzahlen für Umsätze, Betriebs-Cash-flow, Gewinne, Dividenden und Buchwert auf der obersten Zeile sind die tatsächlichen Zahlen für 1985. Da einige dieser Zahlen möglicherweise nicht normale Bedingungen repräsentierten, hätten die meisten Analysten entweder einen Durchschnitt benutzt oder eine Schätzung darüber, was sie als normal ansehen, aber nicht die tatsächlichen Zahlen für das Jahr. Die erste Zeile soll zeigen, was der Investor mit einem Dollar bei einem Investment in jede der sieben Aktien am 31. Dezember 1985 gekauft hätte. Den Daten für 1985 wurde hier der Vorzug gegenüber den 5-Jahres-Daten gegeben, weil drei der Gesellschaften einen starken Wachstumstrend aufwiesen.

Die zweite Zeile zeigt den durchschnittlichen Aktienkurs für die Periode 1981–1985 und die Durchschnittsbeträge der verschiedenen Posten für die 5-Jahres-Periode 1981–1985; sie sind errechnet als die Beträge, die man mit der Investition von einem Dollar in die Aktie zum Durchschnittskurs der 5 Jahre erhalten hätte. Wenn man die beiden Zeilen vergleicht, erhält man eine Vorstellung, was man am Ende der Periode hätte kaufen können im Vergleich zu dem, was man zum Durchschnittspreis hätte kaufen können.

Die berechneten Ergebnisse zeigen in diesem Falle, daß die Investoren zu den Zahlen 1985 wesentlich weniger von jedem einzelnen Posten zum Kurse vom Dezember 1985 erhalten hätten, als sie zum Durchschnittspreis der vorhergehenden 5 Jahre hätten erhalten können. Das ist nicht besonders überraschend, da alle Aktien von ihrem 5-Jahres-Durchschnittskurs stark gestiegen waren. Einige der Posten stiegen jedoch ebenfalls stark.

Tafeln wie 22.7 verschaffen Perspektive. Sie zeigen, was man heute erhalten kann im Vergleich zu dem, was im Durchschnitt über eine vernünftig lange vorhergehende Periode erhältlich war. Sie stellen die Daten für eine Anzahl von Gesellschaften zusammen, die einigermaßen ähnlich in ihrem Geschäftsbereich sind. Sie betonen, wieviel der Investor aufgibt, um eine hohe historische Wachstumsrate zu erhalten, und wieviel mehr er an anderen Posten der Vergangenheit erhalten kann, wenn er mit Werten niedrigerer Qualität zufrieden ist.

Die Tafel 22.7 hilft dem Investor zu entscheiden, welche der sieben Aktien *historisch* gesehen die attraktivste Wachstumsaktie und die attraktivste Aktie vom Ertrag her ist. Aber die Tafel bezieht sich nur auf eine Industrie und gibt keine Information darüber, ob Aktien von Lebensmitteleinzelhandelsketten teuer oder billig im Verhältnis zur übrigen Börse sind. Dieser Vergleich erfordert Industriedaten und einige breit angelegte Maßstäbe wie den Standard und Poor's 400, für den man ähnliche Daten erhalten kann.

Tafel 22.7 ist ein gutes Beispiel dafür, wie man Kennzahlen verbindet, um neue Kennzahlen zu bekommen. Die Kennzahl „Umsätze je Dollar Börsenwert" ist einfach das Verhältnis der Umsätze je Aktie zu den Kursen je Aktie, und die anderen Kennzahlen in Bezug auf den Börsenkurs sind ähnlich errechnet.

Tafel 22.7: Aktien-Daten je investiertem Dollar

Gesellschaft	Kurs	je Dollar Börsenwert				
		Um-sätze	Betriebs-Cash-Flow	Ge-winne	Divi-dende	Buch-wert
Albertson's Inc.						
1985	32,50*	4,69	0,15	0,08	0,02	0,53
1981–85 Durchschnitt	22,50	6,32	0,17	0,11	0,03	0,59
Borman's						
1985	12,00*	29,35	0,39	0,16	0,00	1,11
1981–85 Durchschnitt	6,93	58,42	0,50	(0,05)	0,01	2,04
Food Lion						
1985	21,75*	1,61	0,07	0,04	0,00	0,17
1981–85 Durchschnitt	11,00	2,18	0,09	0,06	0,00	0,24
Kroger						
1985	47,88*	8,19	0,19	0,09	0,04	0,59
1981–85 Durchschnitt	35,09	11,99	0,34	0,13	0,05	0,85
Lucky Stores						
1985	25,00*	7,35	0,19	0,07	0,05	0,53
1981–85 Durchschnitt	18,10	9,33	0,23	0,11	0,07	0,65
Safeway						
1985	36,88*	8,83	0,24	0,10	0,04	0,77
1981–85 Durchschnitt	23,56	14,84	0,36	0,13	0,06	1,13
Supermarkets General						
1985	50,50*	2,81	0,08	0,04	0,01	0,19
1981–85 Durchschnitt	11,82	11,34	0,31	0,13	0,04	0,73

* Kurs am 31.12.1985; die anderen Daten auf dieser Zeile beziehen sich auf das Jahr 1985.

Die Beispiele für nützliche Übersichten und Techniken in diesem Kapitel haben nur historische Daten benutzt. Eine echte Untersuchung einer Industrie würde auch Projektionen in die Zukunft sowohl für die einzelnen Gesellschaften als auch für die gesamte Industrie enthalten. Der geordnete Vergleich der Vorgeschichte einer homogenen Gruppe von Gesellschaften ist eine gesunde Grundlage, um herauszufinden und zu verstehen, was „normal" oder charakteristisch für diese Gruppe ist. Wenn einzelne Gesellschaften von dieser Norm abweichen, sagt das etwas über die Charakteristiken der besonderen Gesellschaft. Alle diese Informationen sind ein guter Hintergrund, um die Zukunft vorherzusagen.

Der Leser wird es nützlich finden, einige Zeit darauf zu verwenden, die Kursdaten von Tafel 22.7 mit den verschiedenen Daten zu vergleichen, die er in den anderen Tafeln findet. Welche Faktoren passen am besten (Correlate) zu den Kursen dieser Aktien am Jahresende 1985 oder während der Periode 1981–1985? Rentabilität, Wachstum, Stabilität, Fremdfinanzierung, Ertrag oder Kreditwürdigkeit? Wieviel wichtiger ist das neueste Ergebnis als das aus der entfernten Vergangenheit? Welches Maß für das bisherige Wachstum oder die Ertragskraft scheint die beste Technik, um den Aktienkurs zu erklären?

Versuchsweise kann man Antworten auf diese Fragen formulieren, aber Kursanomalien werden uns weiterhin mit dem Gefühl zurücklassen, daß die Aktienkurse, unabhängig von der Technik, nicht völlig durch die Vergangenheit erklärt werden. Das Gefühl ist richtig. Erwartungen für die Zukunft sind der beherrschende Faktor bei der Kursbildung für Aktien. Die Beziehung (Correlation) von Aktienkursen zu den Daten der Vergangenheit beruht weitgehend auf der Fortdauer von Eigenarten der Gesellschaft und der Industrie aus der Vergangenheit. Diese Kontinuität besteht stärker in stabilen Industrien, wie den Lebensmitteleinzelhandelsketten, als in zyklischen Industrien oder solchen der Technologie. Selbst bei den stabilen Industrien aber ist die blinde Extrapolation vergangener Daten ein schlechter Ersatz für die Analyse.

Kursvergleiche zwischen Gesellschaften wie in Tafel 22.7 sind die besten Werkzeuge des Analysten, um relative Werte zu finden. Sie werden bei den letzten Schritten der Investmententscheidung benutzt, denn der Kurs ist der beste Verbündete des Analysten.

TEIL 3

Analyse von festverzinslichen Wertpapieren

Kapitel 23
Das Umfeld für festverzinsliche Anlagen

Von Martin L. Leibowitz

Der US-Markt für festverzinsliche Anlagen hat sowohl in Struktur als auch im Stil eine bemerkenswerte Umformung erfahren. Vor den siebziger Jahren war es die Fälligkeit eines Schuldinstruments, die seine Anwendung bestimmte. Eine traditionelle Buy-and-Hold-Philosophie war an der Tagesordnung, und der Ertrag bis zur Fälligkeit war das entscheidende Maß für den Investmentwert. Gerade die Sicherheit des Geldzuflusses (Cash-flow) gab die Grundlage ab für ein Investment, dessen Methode in hohem Maße festgelegt war. Langfristige Obligationen wurden für langfristige Investmentperioden gehalten. Die Entwicklung von Obligationen war vorhersehbar, sogar etwas langweilig.

Im Augenblick dagegen liegt die Betonung entschieden auf Liquidität und Flexibilität. Die Investmentziele der einzelnen institutionellen Investoren unterscheiden sich von einem zum anderen sehr viel stärker, und das Ziel der Portfoliostrategie eines Fonds kann sich von einem Tag auf den nächsten ganz radikal ändern. Die Finanzaktivitäten der Marktteilnehmer sind mehr dem Wettbewerbsdruck des Tages angepaßt. Wo langfristige Aussichten so beweglich (volatile) und ungewiß sind, ist es nur natürlich, daß größere Betonung darauf gelegt wird, sich den kurzfristigen Notwendigkeiten anzupassen. Im Bereich des Investments hat diese Betonung dazu geführt, daß die kurzfristigen Ertragsraten immer mehr in den Vordergrund rücken und Portfoliobeweglichkeit eine nennenswerte Prämie erzielt.

Aber auch in den heutigen hektischen Märkten sieht der Investor die festverzinsliche Komponente eines Portfolios unter dem Aspekt, daß damit gewisse, spezifische Ziele verläßlich erreicht werden können. Allerdings sind diese Ziele jetzt wahrscheinlich eher durch kurzfristige Notwendigkeiten charakterisiert, sowohl was Angemessenheit des Ertrages als auch Flexibilität zur Änderung betrifft. Der Trend bei der festverzinslichen Anlage geht in Richtung neuer Arten von strukturiertem Management, das – zumindest in relativem Sinne – mit Verläßlichkeit spezifischere Ergebnisse erreichen kann. Diese Suche nach festumrissenen Ergebnissen selbst auf kurze Sicht läßt sich nur mit den vertraglichen, langfristigen Geldzuflüssen (Cash-flows) erreichen, die das entscheidende Charakteristikum des festverzinslichen Marktes bilden.

Kapitel 23 verfolgt einige der entscheidenden historischen Entwicklungen, die zu der augenblicklichen Situation geführt haben: Zu den neuen Management-Stilarten, zu den neuen, strukturierten Strategien und der enorm angewachsenen Anzahl von neuen Finanzierungsmöglichkeiten, die den heutigen Obligationenmarkt ausmachen und die der Wertpapieranalyst beurteilen muß.

„Buy and Hold"-Management

Vor 1970 funktionierte der Markt für festverzinsliche Wertpapiere in den Vereinigten Staaten im wesentlichen als primärer Markt. Durch die Ausgabe von „Bills", „Bonds", „Notes" und „Placements" wurden Gelder für die Regierung, öffentliche Stellen und Gesellschaften aufgenommen, und zugleich dienten diese Instrumente dazu, die zukünftigen Verbindlichkeiten von Finanzinstitutionen und Individuen zu bedienen. In dieser frühen Zeit ging die Absicht der meisten Investoren in Obligationen dahin, diese zu behalten, die Kupons abzuschneiden und bei der Fälligkeit die Rückzahlung in Empfang zu nehmen. Obwohl es wenig Statistiken gibt, wurden Obligationen meistens bis zur Fälligkeit behalten, und zwischenzeitliche Verkäufe gab es nur unter außergewöhnlichen Umständen.

Die Buchführungstechniken bei den meisten Finanzinstitutionen förderten sicherlich diese Methode des „Buy and Hold" („Kaufen und (be)halten"). Anlagen in festverzinslichen Wertpapieren wurden in den Büchern zu amortisierten Kaufkosten geführt. Wenn der augenblickliche Zinssatz am Markt höher lag als die Rendite zum Kaufzeitpunkt, hätte ein Verkauf einen sofortigen Buchverlust bedeutet. Wenn andererseits der augenblickliche Zinssatz niedriger als zum Zeitpunkt des Kaufes lag, dann hätte der Verkauf eine Steuerverbindlichkeit aus Kapitalgewinn verursacht und zugleich zu einem Rückgang in der Rendite des gesamten Buchbestandes geführt. Alle diese Ergebnisse wurden im allgemeinen als unerwünscht angesehen. Ganz eindeutig führte diese Auffassung zu nur einer Art von „Aktivität" – weiteres Festhalten an der Anlage.

Maximierung der Rendite

In einer solchen Welt des „Kaufens und Haltens" maßen die Investoren in festverzinsliche Werte ihren Erfolg danach, wie hoch die Rendite war, die sie erzielen konnten – als Gesamtrendite auf das Portfolio, Rendite auf das im Jahre investierte Kapital oder als Rendite, die sie beim Kauf einer „akzeptablen" Obligation erzielen konnten. Dies führte natürlich dazu, daß möglichst hohe Renditen im Rahmen bestimmter „akzeptabler Grenzen" gesucht wurden. Die Aufgabe des Wertpapieranalysten bestand darin, diese Grenzen zu ermitteln, damit eine Herabstufung in der Kreditwürdigkeit ausgeschlossen war; außerdem darin, zusätzliche Bruchteile eines Rendite-Prozentes zu suchen, die den Lohn für weniger konventionelle oder kompliziertere Investments in Obligationen ausmachten.

Kapitel 23: *Das Umfeld für festverzinsliche Anlagen*

Investieren lediglich unter dem Gesichtspunkt der Rendite-Maximierung hatte gewisse Tücken: Beispielsweise Inkaufnahme einer niedrigeren Kreditwürdigkeit, weniger sichere Liquidität und weniger wünschenswerte Eigenschaften in bezug auf Nebenbedingungen wie Kündigungsmöglichkeit des Schuldners, (Call Features), Tilgungsfonds, Vertragsbedingungen und so weiter. Diese potentiellen Probleme waren in gewissem Maße dadurch begrenzt, daß in jenen Zeiten der Markt der festverzinslichen Wertpapiere sehr stark segmentiert war.

Investment in Marktsegmente

Langfristige Gesellschaftsobligationen

Vor 1970 brachten Gesellschaftsobligationen die weitaus höchste Rendite (siehe Figur 23.1). Industrie- und Versorgungsunternehmen von hoher Qualitätseinstufung waren in erster Linie daran interessiert, 25- und 30jährige Obligationen zu verkaufen, die der Lebensdauer der Kapitalprojekte entsprachen, die damit finanziert wurden. Infolgedessen hatten Gesellschaftsobligationen von hoher Qualität ganz überwiegend langfristige Fälligkeiten (siehe Figur 23.2). In ihrem Streben nach Obligationen mit möglichst hoher Rendite, aber immerhin noch akzeptabler Qualität

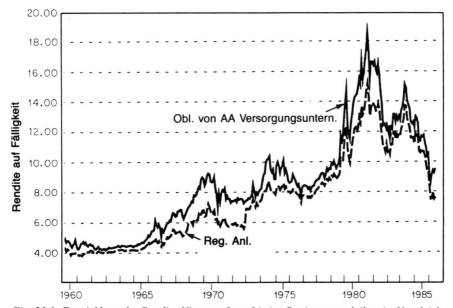

Fig. 23.1: Entwicklung des Rendite-Niveaus: Langfristige Regierungsanleihen im Vergleich mit neu ausgegebenen Obligationen von Versorgungsunternehmen, Kategorie AA

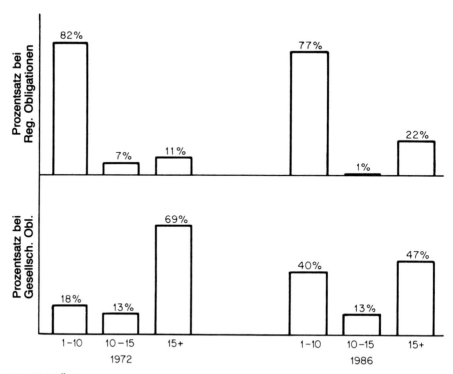

Fig. 23.2: Änderungen in der Fälligkeitsstruktur

konzentrierten sich daher Pensionsfonds und Versicherungsgesellschaften weitgehend auf langfristige Gesellschaftswertpapiere. Diese Käufe von langfristigen Papieren schienen im großen und ganzen auch mit der Natur der Verbindlichkeiten dieser Institutionen übereinzustimmen. Oft gab es sehr genaue Begrenzungen für die Krediteinstufung im gesamten Portfolio: Beispielsweise nicht mehr als 10 % Obligationen nur mit Einstufung A oder nicht mehr als 60 % mit Einstufung nur AA. In der „guten, alten Zeit" war die Krediteinstufung einer Obligation (Credit Rating) stabiler als in unseren Tagen, in denen sich das Kreditrisiko aus plötzlichen Ereignissen heraus ändert („Event Risk"); daher war diese Strukturierung der Portfolioqualität nach Krediteinstufung wahrscheinlich verläßlicher und von größerer Bedeutung.

Angesichts der begrenzten Auswahl von Marktsektoren hatte die Renditemaximierung in der Weise, wie sie von unseren Vorgängern betrieben wurde, Sinn. Diese Methode hatte sicherlich eine vernünftigere Basis, als man von heutiger Warte aus glauben könnte. Wenn der moderne Anleger auf die Praktiken der alten Zeiten herabsieht, so ist das nur ein weiteres Beispiel dafür, daß diese Verachtung selbst auf Ignoranz beruht: Die ältere Generation handelte in einer völlig rationalen Weise im Rahmen dessen, was in ihrer Zeit von Bedeutung war.

Wertpapiere des Staates (Treasuries)

Es gab noch andere Marktsegmente. Der Markt für kurzfristige Anlagen bestand in erster Linie aus Treasury-Wertpapieren (T-Bills). Certificates of Deposit (von Banken ausgegebene Schuldinstrumente – CD's) und Commercial Papers (Wechsel- und sonstige kurzfristige Schuldinstrumente von Banken und Gesellschaften) entwickelten sich in den siebziger Jahren zu einem wichtigen Markt. Die Regierung (US Treasury – das Schatzamt) und verschiedene öffentliche Stellen gaben natürlich neben langfristigen Obligationen auch kurz- und mittelfristige Wertpapiere aus. Aber solche „Notes" hatten eine Laufzeit unter 7 Jahren, während langfristige Anleihen (Treasury Bonds) Fälligkeiten von 25 oder 30 Jahren hatten. Selbst im öffentlichen Bereich war also die Renditekurve (Yield Curve) ungleichmäßig und hatte große Lücken. Außerdem verbot ein Gesetz dem Schatzamt, „Bonds" mit einem Kupon von mehr als 4,25 % auszugeben. (Dieses wunderliche, alte Gesetz besteht immer noch, aber in ständiger Folge wurden seit 1973 durch den Kongreß Sonderausnahmen verabschiedet.) Als die Zinssätze Mitte der sechziger Jahre über dieses Niveau hinausstiegen und dort verharrten, wurden alle langfristigen Staatsanleihen mit großen Abschlägen gehandelt. Allein das verwandelte den Markt für langfristige Regierungsanleihen in einen absterbenden, reinen Sekundärmarkt. Aber das „Absterben" erhielt noch eine zweite – makabre – Bedeutung, als diese langfristigen 3½- und 4¼%igen Regierungsanleihen einen besonderen Wert für die Bezahlung von Erbschaftssteuer bekamen. Vereinfacht dargestellt, konnten diese langfristigen Regierungsanleihen dazu benutzt werden, um Erbschaftssteuern zu ihrem vollen Pariwert zu begleichen. Infolge der höheren allgemeinen Zinssätze konnte man diese Obligationen zu einem erheblichen Abschlag kaufen. Der Investor, der mit seinem baldigen Tode rechnete, konnte also einen Dollar demnächst fälliger Erbschaftssteuer dadurch finanzieren, daß er für 70 Cents diese sogenannten „Flower Bonds" (Blumenobligationen) kaufte. Diese recht spezielle Anwendungsform beherrschte bald den Markt für langfristige Staatsanleihen und führte dazu, daß

Tafel 23.1: Änderungen in der Portfolio-Struktur (in Mrd. $)

	1970		1985	
	Reg.-Obl.	Gesellsch.-Obl.*)	Reg.-Obl.	Gesellsch.-Obl.*)
Private Pensionsfonds	2,1	29,4	134,1	97,1
Pensionskassen des Staates und sonstiger öffentlich rechtlicher Stellen	5,1	35,1	78,5	114,9
*) einschließlich Privatplazierungen und Wandelanleihen				

sie zu höheren Kursen (und daher niedrigeren Renditen) gehandelt wurden, als ihr Kuponsatz gerechtfertigt hätte.

Alles in allem wurde dieser reine Sekundärmarkt in langfristigen Staatsanleihen mit ihrer relativ niedrigen Verzinsung von gesunden, langfristigen Investoren zu Recht als nicht akzeptabel angesehen, gleich ob es sich um Individuen oder Institutionen handelte (siehe Tafel 23.1). Diese Aufteilung des Marktes und die Buy and Hold-Methode charakterisierten die festverzinslichen Märkte vor 1970. Diese recht starre Struktur veranlaßte die Manager dazu, sich auf Renditesteigerung allein durch den Kauf neuer Gesellschaftsanleihen zu konzentrieren, wenn sie die ihnen zufließenden neuen Mittel investieren mußten.

Die Kräfte des Wandels

In den Jahren nach 1970 wurden diese Traditionen immer mehr verzerrt und schließlich durch den Einfluß vieler neuer Kräfte zerstört. Diese Faktoren waren:

- Die anschwellende Inflation und verbunden damit der Anstieg der Zinssätze
- Die erneute Ausgabe von langfristigen US-Anleihen, nachdem 1973 die Begrenzung auf einen Höchstsatz von 4,25 % (praktisch) aufgegeben worden war
- Das unglaubliche Wachstum des US-Haushaltsdefizits und die damit einhergehende Explosion des Marktes für US-Wertpapiere (siehe Figur 23.3)
- Die Freigabe der Zinssätze innerhalb des Finanzsystems
- Die Internationalisierung der Kreditmärkte und aller Kapitalmärkte
- Die Aufgabe der Verbindung (jedenfalls im Bereich der Gesellschaften) zwischen der Lebensdauer der Investitionsprojekte einerseits und der Fälligkeit der Schuldinstrumente andererseits, die diese Projekte finanzieren
- Die veränderte Einstellung gegenüber Verschuldung (Financial Leverage) von Seiten der Gesellschaften und der Regierung
- Die explosionsartige Entwicklung des Verschuldungs-Managements (diese Schlacht wurde so gründlich gewonnen, daß die meisten Leute heute vergessen haben, daß es jemals eine Kontroverse darüber gab, ob man auch die Verbindlichkeiten einer Finanzinstitution managen müsse)
- Die Entwicklung von neuen, zinssatz-empfindlichen Produkten in den Bereichen Versicherungen, Banken und Sparkassen
- Die erhöhte Beweglichkeit (Volatility) der Kosten von Verbindlichkeiten innerhalb von Finanzinstitutionen
- Der Wandel vieler Finanzinstitutionen, die nicht mehr primär investieren, sondern den „Großhandel" und die Umformung von Finanzinstrumenten betreiben
- Die explosionsartige Entwicklung privater und öffentlicher Pensionsfonds
- Der Wandel im Bereich Management und Investment, die nicht mehr auf „Beziehungen" beruhen, sondern zu einem fast ausschließlich wettbewerbsorientierten Geschäftszweig geworden sind, dessen Grundlage die kurzfristige Ertrags-Performance ist. (Zuerst im Bereich der Aktienmärkte und dann auch im Bereich der festverzinslichen Wertpapiermärkte.)

Kapitel 23: *Das Umfeld für festverzinsliche Anlagen* 457

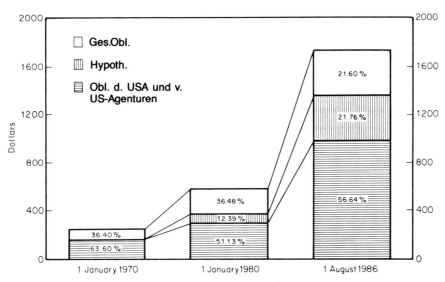

Fig. 23.3: Änderungen in der Struktur der Kreditmärkte: Öffentlich gehandelte Werrtpapiere
– ausstehende Beträge

Diese grundsätzliche Änderung im Finanzsystem spiegelte sich über die Jahre wider in einer Änderung im Investmentstil, in der Entwicklung von neuen Investmenttechniken und natürlich im Auftauchen eines völlig neuen Arsenals von festverzinslichen Instrumenten.

Im Prinzip lassen sich alle diese Änderungen in einem Wort zusammenfassen – Flexibilität. Das Umfeld änderte sich von einem traditionell eingeteilten Markt, der durch eine verhärtete Buy-and-Hold-Mentalität charakterisiert war, zu einem Markt, der einen riesigen Appetit für Flexibilität entwickelte – sowohl auf Seiten der Investoren als auch der Anbieter von Kreditinstrumenten. Alle Teilnehmer in diesen veränderten Märkten fanden sich in einer verletzlichen Stellung: Durch schrumpfende Spannen, durch größere Volatilität von Verbindlichkeiten, durch ein sich änderndes Geschäftsklima und durch einen viel mehr wettbewerbsorientierten Markt für ihre Produkte (sowohl im Inland als auch international). Die Teilnehmer am Kapitalmarkt benötigen heute eine geradezu unglaubliche Flexibilität bei den angebotenen Möglichkeiten, Instrumenten und Stilarten, um mit dem Wettbewerbsdruck Schritt zu halten, dem sie täglich ausgesetzt sind.

Die Entstehung eines aktiven Obligationen-Managements

Das Entstehen einer Strategie für festverzinsliche Investitionen muß im Rahmen der Zinssatz-Änderungen gesehen werden, die diesen Prozeß begleiteten. Figur 23.1

zeigt für die Zeit 1960 bis 1986 die Entwicklung der Renditen auf neue langfristige AA-Obligationen von Versorgungsunternehmen. In diesem ziemlich „ledernen" Umfeld waren die Möglichkeiten von Managementaktivitäten relativ beschränkt. Die traditionelle Einteilung des Marktes war so fest gefügt, daß einem Manager normalerweise wenige stragische Überlegungen blieben. Die Gelder wurden in einen genau definierten Marktsektor investiert; die Manager hielten keine flüssigen Mittel zurück, jedenfalls nicht sehr lange, und sie bewegten sich auch nicht zwischen dem langfristigen und kurzfristigen Bereich der Fälligkeiten hin und her. Nichtsdestoweniger wurden gelegentlich Obligationen gehandelt; meist geschah das als Reaktion auf neue Kreditüberlegungen oder sich entwickelnde Kreditbedenken, oder um zusätzliche Ertragsmöglichkeiten auszunutzen. Meist beruhten diese Entscheidungen auf der Beurteilung von Faktoren, die mit einem bestimmten Ausgeber von Obligationen oder einem ziemlich engen Sektor zu tun hatten. Der Analyst identifizierte Kandidaten, die in der Einstufung der einschlägigen Agenturen für eine Herab- oder Heraufstufung in Betracht kamen, oder er analysierte andere Gesichtspunkte der Kreditwürdigkeit, ehe der gesamte Markt sich über die Änderungen klar wurde. Für viele Jahre wurde so das aktive Management als gleichbedeutend mit Umtauschoperationen (Bond Swaps) angesehen. Der Ausdruck selbst zeigt den weitgehend nur taktischen Charakter dieser frühen Aktivitäten im Bereich von festverzinslichen Wertpapieren.

Umtauschoperationen zur Renditesteigerung

Der „Großvater" aller Umtauschoperationen in festverzinslichen Wertpapieren war der „Pure Yield Pick-up Swap" und diente ausschließlich der Verbesserung der Rendite. Die ideale Form dieser Umtauschoperation war ein Umtausch 1 : 1 der Position in einem Portfolio gegen eine Obligation, die dem bisherigen Wertpapier in allen wichtigen Charakteristiken entsprach und dennoch aus irgendeinem Grunde an der Börse zu einem Kurs gehandelt wurde, der eine höhere Rendite bis zur Fälligkeit bot. Der Zweck besteht hier darin, die gesamte Rendite über die Lebensdauer der Obligation zu erhöhen.

Diese Umtauschoperation erscheint so offensichtlich und unvermeidlich, daß man sich wundert, wie solche Gelegenheiten sich an einer effizienten und wettbewerbsorientierten Börse bieten konnten. Die Antwort auf diese Frage liefert einen äußerst interessanten Einblick, wie traditionelle Starrheiten Börsenineffizienz schaffen können. Im Laufe der Zeit und durch Börsenbewegungen können diese Fälle von Ineffizienz zu bemerkenswerten und eindeutigen Gelegenheiten werden. Andererseits führt dann gerade die Offensichtlichkeit und Größe der Gelegenheit zu einem kräftigen Druck in Richtung größerer Flexibilität. Dieses Bestreben, die offensichtlichen Vorteile aus vergrößerter Flexibilität zu verwirklichen, überwindet dann schließlich den Traditionalismus, gleicht die meisten Fälle von Börseninffizienz aus und weckt zugleich einen umso größeren Appetit auf bewegliches, aktives Management.

Eine wichtige Quelle von Gelegenheiten für Umtauschoperationen zur Renditeverbesserung ergab sich aus dem Zusammenwirken zweier Faktoren: Dem langfristigen Anstieg der Zinssätze seit Mitte der sechziger Jahre einerseits und andererseits verschiedenen Buchführungsbeschränkungen, die die Möglichkeit der Fonds begrenzten, Buchverluste zu realisieren. Diese Beschränkungen zwangen viele Fonds dazu, Positionen in niedrigverzinslichen Obligationen weit über den Punkt hinaus zu halten, an dem sie für ihr Portfolio noch angemessen waren. In dem Maße jedoch, in dem solche Papiere schließlich zum Handel verfügbar wurden, hatte gerade der große Abschlag einen besonderen Reiz für bestimmte Arten von neuen Investoren. Beispielsweise wurden die älteren langfristigen US-Obligationen höher gehandelt und erbrachten also niedrigere Renditen, als es der Zinssituation entsprach, weil eine spezielle Nachfrage von Käufern für „Flower Bonds" bestand; für sie war ihr Wert bei der Bezahlung der Erbschaftssteuer der im Vordergrund stehende Anreiz zum Kauf. In anderen Fällen gab es Gesellschaftsobligationen mit Tilgungsfonds, die regelmäßig vorgeschriebene Käufe vorzunehmen hatten; sie wurden oft zu höheren Kursen gehandelt als vergleichbare normale Werte. Obligationen mit großem Abschlag hatten wegen der günstigen steuerlichen Behandlung zu jener Zeit (Capital Gains Tax) einen besonderen Reiz für bestimmte Arten von steuerpflichtigen Institutionen, besonders wenn eine große Reserve von Verlusten benutzt werden konnte, um irgendeine Steuerverbindlichkeit aus Kapitalgewinnen auszugleichen.

In all diesen Fällen fand der ursprüngliche Käufer, daß sein Portfolio jetzt Obligationen enthielt, die für jemand anderen viel nützlicher waren als für ihn selbst. Konkret gesagt war die Börse bereit, einen erhöhten Kurs für das Wertpapier zu zahlen, d. h. eine geringere Rendite in Kauf zu nehmen. Andererseits konnte der Investor diese besondere Obligation mit ihrer geringeren Rendite verkaufen und den Erlös in eine besser rentierende Obligation mit vergleichbarer Kreditwürdigkeit oder Fälligkeit investieren und damit einen nennenswert höheren Ertrag erzielen.

Mit weiterer Erhöhung der Zinssätze wurde der Anreiz zu solchen Tauschoperationen aus Renditegründen immer zwingender. Wollte man diese anscheinend unwiderstehlichen Gelegenheiten ausnutzen, so erforderte das natürlich eine gewisse Abschwächung des absoluten Verbotes, Buchverluste zu realisieren. Diese Entwicklung begann in den späten sechziger Jahren und setzte sich in den frühen siebziger Jahren fort. Verschiedene Arten von Ausgleichsmaßnahmen in der Buchführung wurden entwickelt, um mit den Problemen des Buchverlustes fertig zu werden. Die Gesetzgeber vieler Einzelstaaten schufen besondere Regeln, die ihren Pensionssystemen erlaubten, Buchverluste zu realisieren, vorausgesetzt, daß sie durch die zusätzliche Rendite als Folge der Tauschoperation innerhalb einer bestimmten Anzahl von Jahren „ausgeglichen" werden konnten.

Eine Anzahl weiterer Schlupflöcher wurde geöffnet, um großen Fonds die Möglichkeit zu geben, diese Tauschoperationen zur Ertragsverbesserung auszunutzen. Eine beachtliche Anzahl von Buchführungsfiktionen wurde entwickelt, um die

Zeitdauer festzulegen, in der der Verlust aufgeholt war und/oder in der die realisierten Verluste als Belastung des zukünftigen Einkommens des Portfolios abgeschrieben wurden. Der Erfindungsgeist grenzte an das Bizarre. Viele der gefundenen Formeln waren widersprüchlich oder unter dem Blickwinkel eines wirklichen Investments fehlerhaft. Oft unterließen sie es beispielsweise, sich mit dem Wiederinvestment der Erträge und dem Zinseszinseffekt zu befassen. Nichtsdestoweniger konnten buchstäblich allen diesen Verlustausgleichsformeln genügt werden, wenn eine ausreichend große Ertragsverbesserung bis zur Fälligkeit eintrat. Die vorhergehenden Jahre der absoluten Beschränkung, Buchverluste zu realisieren, stellte sicher, daß viele Portfolios große Möglichkeiten enthielten, um die benötigten nennenswerten Renditeverbesserungen vorzunehmen. Dies führte in zunehmendem Maße zu Umtauschoperationen zur Renditeverbesserung. Einige ältere Pensionsfonds brauchten Jahre, um sich aus ihren angesammelten massiven Positionen von niedrigverzinslichen Staats- und Gesellschaftsobligationen zu lösen.

Unter einem wirtschaftlichen Gesichtswinkel ist der entscheidende Gesichtspunkt, daß die Fonds nunmehr aktiv begannen, Gelegenheiten für den Handel von festverzinslichen Wertpapieren zu suchen – besonders die unwiderstehlichen Gelegenheiten. Als ein Nebenergebnis wurde den Managern klar, daß die Entwicklung an der Börse selbst zu einer Portfolio-Zusammensetzung führen konnte, die nicht länger den Bedürfnissen des Fonds entsprach, obwohl das Portfolio ursprünglich einmal völlig richtig aufgebaut gewesen war. Mit anderen Worten: Der Zeitverlauf und die Entwicklung der Börse selbst konnten für ein Portfolio die Notwendigkeit eines aktiven Managements herbeiführen, nur um es mit den Zielen seines Trägers in Einklang zu halten.

Management mit dem Ziel kurzfristiger Erträge

Das Bewußtwerden der Notwendigkeit, ein Portfolio ständig aufzufrischen, trug zu einer Atmosphäre bei, in der ein aktiveres Management die ersten Schritte unternehmen konnte. Dieser Trend wurde verstärkt durch Änderungen in den stabilen, traditionellen Beziehungen, die lange die Gruppe der professionellen Investmentmanager charakterisiert hatte. Solche Änderungen waren an den Aktienmärkten schon weit fortgeschritten und hatten dort zu dem Wettlauf um das beste Ergebnis beim Gesamtertrag geführt, der den modernen Managementprozeß charakterisiert. Für wettbewerbsorientierte Aktienmanager hatte der Gesamtertrag eine besondere Anziehungskraft als natürliches Maß für die Managementaktivität.

Der Obligationenmarkt war viel langsamer darin, den Maßstab eines Gesamtertrages zu übernehmen. Ohne Zweifel wurde der natürliche Traditionalismus des Obligationenmarktes verstärkt durch den anderen Maßstab für Obligationen – die langfristige Rendite –, der für viele Jahre ausreichend gewesen zu sein schien. Als jedoch eine neue Generation von Obligationenmanagern versuchte, ihre Daseinsberechtigung nachzuweisen, übernahm sie den kurzfristigen Maßstab des Gesamtertrages. Die Kombination dieser Trends beim Portfoliomanagement und in der Gruppe der Investmentmanager öffnete eine neue Dimension für die Taktik des aktiven Obligationenmanagement – Tauschoperationen als solche (Substitution Swap).

Reine Umtauschaktionen („Substitution Swaps")

In den frühen siebziger Jahren waren die Zinssätze relativ stabil. Die neue Generation von Obligationenmanagern war bereit, die hohe Liquidität börsengängiger Obligationen auszunutzen, aus denen die festverzinsliche Komponente von Pensionsportfolios bestand. Sie erkannten, daß die Kosten dieser Liquidität im allgemeinen niedrigere Erträge waren, und sie waren entschlossen, aus dieser Liquidität fortlaufend Nutzen zu ziehen. Sie konzentrierten sich auf den kurzfristigen Handel(Trading) und insbesondere den „Ersatzumtausch", den „Substitution Swap".

Beim Substitution Swap verfolgte der Manager die Beziehungen der Renditedifferenzen (oder Kursdifferenzen) zwischen Gruppen von Obligationen, die einander ersetzen können. Wenn die Differenz zwischen irgendwelchen Obligationen innerhalb derselben Gruppe einen Extremwert erreichte, wurde ein Umtausch vorgenommen in der Hoffnung, eine schnelle, ertragbringende Umkehr ausnutzen zu können, wenn die Differenz sich später auf ein normales Niveau einpendelte. Im wesentlichen lief der Ersatzumtausch also darauf hinaus, übereuerte Obligationen zu verkaufen und zu niedrig bewertete zu kaufen. Weil die (benutzten) Obligationen so ähnlich waren, war ein Ersatzumtausch normalerweise mit wenig oder gar keiner Änderung bei Fälligkeit, Kreditwürdigkeit oder Sektorrisiko verbunden.

Der Portfoliomanager ging davon aus, daß der überhöhte oder zu niedrige Kurs eine zeitweilige Abweichung darstellte und daß die Tauschoperation durch eine relativ schnelle Rückkehr zu einer normaleren Beziehung Gewinn bringen würde. Da der Obligationenmarkt durch die Institutionen beherrscht wurde, waren solche zeitweiligen Börsenungleichgewichte aus den verschiedensten Gründen nicht ungewöhnlich.

Der Gewinn aus einer solchen Umtauschtransaktion war natürlich ziemlich begrenzt. Andererseits konnte eine solche Umkehr des Ungleichgewichts eine sehr klare Demonstration für den Erfolg des Managements sein. Wenn etwa ein Umtausch von A in B und dann zurück von B zu A vorgenommen wurde, konnte das Ergebnis durchaus beeindruckend sein, wenn das Portfolio seine ursprüngliche Position wiederherstellte, aber im Verlauf des Vorganges zusätzliche Mittel gewonnen hatte. Für viele Manager war eine Anzahl sauber durchgeführter Ersatztransaktionen der Beginn für noch größere Investmentflexibilität. Natürlich mußte der Wertpapieranalyst in der Lage sein, zu bestätigen, daß kein Verlust von Investmentqualität vorlag. Wenn die Differenz sich dadurch entwickelte, daß jemand anderes ein Abbröckeln in der Kreditwürdigkeit erkannt hatte, war eine gewinnbringende Beendigung der Umtauschaktion in Gefahr.

Sektor-Management

Tauschoperation zwischen Sektoren („Sector Swaps")

Um 1972 entwickelte sich dieser Drang nach Flexibilität und Performance in Richtung zunehmender Tauschoperationen zwischen Sektoren. Im Prinzip lief diese kühnere Form von aktivem Obligationenmanagement darauf hinaus, die Sektorverteilung innerhalb eines Portfolios neu vorzunehmen. Bei einer Umtauschoperation zwischen Sektoren versuchte also der Manager, eine Änderung in der Wertbeziehung auszunutzen, die zwischen erkennbaren Börsensektoren bestand. Der Manager möchte also beispielsweise Obligationen von Versorgungsunternehmen in solche der Industrie umtauschen oder solche kanadischer Schuldner in die von US-Schuldnern. Die Sektoren konnten dabei in vielerlei Weise festgelegt sein – durch die Art des Ausgebers wie in vorstehendem Beispiel; durch den Kupon, beispielsweise Obligationen mit großem Abschlag im Vergleich zu solchen mit Kupons, die dem augenblicklichen Zinssatz entsprachen, oder durch die Krediteinstufung, beispielsweise Obligationen mit der Einstufung A oder AA oder umgekehrt.

Umtauschaktionen zwischen Sektoren wurden durch die allgemeine Entwicklung an der Börse für festverzinsliche Werte erheblich erleichtert. Der Zinsanstieg in den vorhergehenden Jahren hatte einen klaren Unterschied zwischen den Obligationen gebracht, die mit dem laufenden Zinssatz verzinst und den älteren, die mit großem Abschlag gehandelt wurden. Die zunehmende Ausgabe von Schuldinstrumenten durch Gesellschaften, die nicht Versorgungsunternehmen waren, (Industrieobligationen und sonstige Finanzierungsinstrumente) brachten eine größere Auswahl von Sektoren. Der Beginn eines Hypothekenmarktes durch die Schaffung der Government National Mortgage Association (GNMA – „Ginnie Mae", eine Art staatlich garantierte „Hypotheken-Bank"), die gebündelte Hypotheken („Ginnie Mae Pass-Throughs") garantierte, stellte eine gute Gelegenheit für Umtauschaktionen zwischen Sektoren dar – ein echter Magnet für solche Umtausch-Aktivitäten über eine Anzahl von Jahren.*)

Gerade die Ginnie Mae Pass-Throughs liefern einige klassische Beispiele für einen „Sector Swap". Beispielsweise stieg im Herbst 1973 die Rendite auf GNMA Pass Throughs auf bisher unbekannte Höhen im Vergleich zu Gesellschafts- und sonstigen Obligationen. Die zugrundeliegende Ursache war klar – die naturgegebe-

---

*) Anm. des Übersetzers: Die Hypothek wird von einer (meist kleinen) Bank oder Sparkasse gegeben; zur Finanzierung werden Wertpapiere ausgegeben, die durch einen „Pool" von Hypotheken gesichert sind („Pfandbriefe"). GNMA (mit der Kreditwürdigkeit des Staates) garantiert Zins- und Kapitalzahlungen für diese „Pfandbriefe" (GNMA – Pass-Throughs). Dadurch kann der (große, nationale) Kapitalmarkt zur relativ billigen Refinanzierung der lokalen Hypothekengeber und damit zur Verbilligung der Hypotheken genutzt werden. (Vgl. Barron's Dictionary of Finance and Investment Terms, unter Ginnie Mae Pass-Throughs.)

nen ursprünglichen Käufer dieser Instrumente, die Sparorganisationen hatten im wesentlichen keine investierbaren Gelder mehr. (Die GNMA Pass-Throughs sollten eigentlich den Markt der Pensionsfonds anzapfen. Dieses Ziel war jedoch noch nicht erreicht worden, weil die Manager der Pensionsfonds durch die offenbare Kompliziertheit der GNMA Pass-Throughs abgestoßen waren und weil sich daraus Buchführungsprobleme ergaben.) Als die Rendite auf GNMA Pass-Throughs auf immer höhere Werte im Vergleich zu Gesellschaftsanleihen stieg, erregte das die Aufmerksamkeit einiger wacher Investoren. Die Manager von Pensionsfonds, die solche Tauschoperationen in GNMA Pass-Throughs in nennenswertem Umfange vornahmen, realisierten erhebliche Gewinne, als sich im Verlauf der nächsten Monate die Differenz zu den Gesellschaftsobligationen verringerte.

Ihrer Natur nach handelte es sich bei Umtauschaktionen zwischen Sektoren um größere Prozentsätze des gesamten Portfolios. Infolgedessen hatten sie größere Auswirkungen auf Struktur und Performance eines Obligationenportfolios als etwa einfache Tauschaktionen im Verhältnis 1 : 1 innerhalb von Sektoren (Substitution Swaps).

Gesamtertrag als Maßstab für Performance

Die Verringerung der Renditedifferenzen war besonders wichtig im Hinblick darauf, daß als Maßstab für die Performance zunehmend der Gesamtertrag angewandt wurde. Der erste Index, der den Gesamtertrag für den Obligationenmarkt darstellte, wurde 1972 von Salomon Brothers eingeführt – der High Grade Long Term Corporate Bond Rate-of-Return Index. Damals diente er als Maßstab für die natürliche, grundsätzliche Investitionsform der meisten Obligationenmanager im Bereich der Pensionsfonds. In späteren Jahren, als Obligationenmanager über den natürlichen Jagdgrund des Fälligkeitsspektrums hinausblickten und sich in Richtung einer Kapitalmarktorientierung bewegten, wurden breiter fundierte Indizes für den Gesamtertrag populär: Etwa der Shearson Lehman Government Corporate Index, der Merryll Lynch Bond Index und der Salomon Brothers Broad Index (siehe Figur 23.4). Die Kombination von Umtauschaktionen zwischen Sektoren und dem (neuen) Maßstab des Gesamtertrages veranlaßte die Manager von Obligationenfonds, sich von dem bisherigen Schwerpunkt der Rendite abzuwenden und sich auf den „Wert" zu konzentrieren. Der beste Gesamtertrag über kurzfristige Perioden ließ sich nicht damit erreichen, daß man wie bisher nach den Wertpapieren mit der höchsten Rendite suchte. Vielmehr war es die Obligation oder der Obligationensektor mit der relativ größten Kurssteigerung, auf den es kurzfristig ankam. Diese Bewegungen im relativen Kurs würden die Auswirkungen einer höheren Rendite kurzfristig überdecken. Die Manager suchten den zur Zeit besten Wert, und sie verfolgten diesen „billigen Sektor", selbst wenn das auf eine niedrigere Rendite hinauslief. Die Maximierung der Rendite hörte damit auf, die heilige Kuh des Obligationenmarktes zu sein und machte der kurzfristigen Performance Platz.

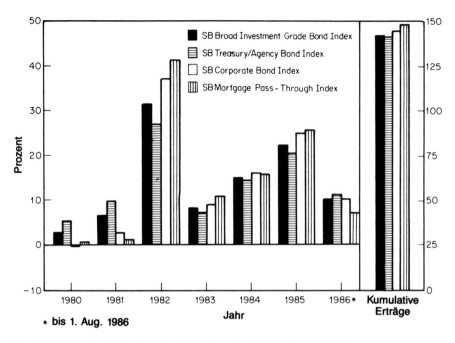

Fig. 23.4: Historische Erträge über Kalenderjahre (bis 1. August 1986)

Vorwegnahme der Zinsentwicklung: Management der Fälligkeiten

Im großen und ganzen beließen es Tauschoperationen zwischen Sektoren bei der Fälligkeitsstruktur des ursprünglichen Portfolios: Das langfristige Portfolio blieb ein solches; das mittelfristige Portfolio blieb mittelfristig. Tauschoperationen zwischen Sektoren konzentrierten sich auf die relativen Werte, die (in weitem Umfange) unabhängig von der Richtung der Zinssatzentwicklung bestanden. Die Manager für die Obligationen eines Pensionsfonds oder einer Versicherungsgesellschaft hatten immer noch das Gefühl, daß ihre natürliche Investmentumgebung der langfristige Markt war, und dahin dirigierten sie ihre Mittel. Abgesehen von der vorübergehenden Ansammlung von neuen Kapitalien über etwas längere Perioden versuchten diese Manager nicht eigentlich, größere Investmententscheidungen auf ihre Vorhersage zu stützen, in welche Richtung sich die Zinssätze entwickeln würden.

All dies begann sich 1973 zu ändern. Inzwischen war die Performancekontrolle weit verbreitet. Anfang 1973 begannen die Zinssätze einen Anstieg, der sich fast das ganze Jahr 1974 fortsetzte und zu einer verheerenden Auszehrung im typischen Obligationenportfolio führte. Diese Auszehrung betrug oft 25 %, und die Verheerung betraf alle Obligationenmanager, ob sie nun mit Substitution Swaps oder mit Sektorswaps arbeiteten, ob sie weiterhin „passiv" verwalteten oder nach sonstigen Gesichtspunkten.

Es gab aber einige Ausnahmen. Bestimmte Manager waren durch eine richtige Erkenntnis oder großes Glück in der Lage, den fortgesetzten Anstieg der Zinsraten vorherzusehen; sie reagierten kühn und steckten erhebliche Teile ihres Portfolios in kurzfristige Wertpapiere. Diese wenigen Manager erhielten den Börsenwert ihres Portfolios und hatten entsprechend riesige Performancevorteile. Es bedarf keiner Betonung, daß die Ergebnisse dieser Strategie in bezug auf die Fälligkeiten große Aufmerksamkeit innerhalb der interessierten Kreise erregte, zumal die erfolgreichen Manager (verständlicherweise) nicht gerade zurückhaltend bei der Vermarktung ihrer spektakulären Ergebnisse waren.

Dieses Debakel von 1973/74 war sicherlich nicht der erste ungünstige Zyklus für Obligationenkurse. Aber es war das erste Mal, daß solche horrenden Ergebnisse *voll sichtbar* wurden, weil inzwischen die Beobachtung der Portfolioergebnisse weit verbreitet war. Das führte zu einem dramatischen Wechsel im Stil des Obligationenmanagements. Erstens zeigte es, daß eine günstige Fälligkeitsstruktur zu Erträgen führen konnte, die alle Vorteile selbst aus den erfolgreichsten Umtauschoperationen weit in den Schatten stellte. Zweitens entwickelte sich daraus die Vorstellung, daß ein Obligationenmanager weite Bewegungen in den Zinssätzen vorwegnehmen könnte. Die überwältigende Kombination dieser beiden Argumente führte viele Investmentmanager dazu, in weitem Umfange Strategien für die Vorwegnahme von Zinsentwicklungen zu übernehmen. Solche Manager konzentrierten sich in erster Linie darauf, die Entwicklung von Zinssätzen vorauszusagen und dann entsprechende Änderungen in der Fälligkeitsstruktur ihrer Portfolios vorzunehmen. Die Umformungen der Portfolios waren oft sehr dramatisch mit Änderungen von einem Extrem zum anderen.

Die Beachtung der Zinsvorwegnahmemethode wurde durch zwei aufeinanderfolgende Runden von Erfolgen vergrößert: Eine Anzahl der neuen „Vorwegnehmer" (Anticipators) nahm nicht nur den Zinsanstieg 1973 und 1974 vorweg, sondern erkannte auch richtig die Umkehr, als die Zinssätze 1975 und 1976 nach unten fielen. Dieser zweite Erfolg bedeutete natürlich Zündstoff auf ein schon stark brennendes Feuer. Aktives Obligationenmanagement wurde bald gleichgesetzt mit Vorwegnahme der Zinsentwicklung. Die tüchtigen aktiven Manager waren weitgehend der Auffassung, daß Zinssätze vorhergesagt werden könnten und daß die einzig nützliche Rolle für festverzinsliche Investitionen darin lag, den höchsten Ertrag durch solche Fälligkeitsstrategien zu erzielen. Es ist interessant, daß dieser Glaube auch bei solchen Fonds-Trägern weitgehend geteilt wurde, die Anhänger der Efficient Market Theory waren, soweit es sich um ihre Aktienportfolios handelte. Soweit es sich um die Richtung des Aktienmarktes handelte, sahen sie Timing allgemein als unmöglich an, aber das herabsetzende Wort „Timing" wurde buchstäblich niemals auf die wachsende Anzahl von Managern im Obligationenmarkt angewandt, die Zinsentwicklungen vorwegnehmen wollten.

Die Blütenblätter dieser Rose fielen relativ langsam ab. Während die Zinssätze durch die siebziger und frühen achtziger Jahre eine Achterbahnfahrt nach der anderen vollführten, änderte sich möglicherweise die Börse selbst. Mit zunehmender Beseitigung von Barrieren und dem riesigen Zuwachs von Krediten aus verschiedenen Quellen (siehe Fig. 23.3) wurde es jedenfalls immer schwieriger, vernünftige Schätzungen über die Faktoren zu bekommen, die die Bewegungen am Obligationenmarkt beeinflussen konnten. Außerdem wuchs die Zahl von Investmentfonds immer mehr an, die aus jeder erwarteten Änderung in der Richtung von Zinssätzen Gewinne ziehen wollten. Das machte die einschlägigen Märkte immer beweglicher und immer weniger vorhersehbar. Eine Börse, die voll auf Vorwegnahme von Zinsentwicklungen eingestellt ist, ist offensichtlich die schwierigste für diejenigen, die solche Entwicklungen vorwegnehmen wollen.

Was auch immer die Gründe waren, schien es schwieriger und schwieriger zu werden, für einen Zyklus nach dem anderen eine makellose Performance bei der Vorwegnahme von Zinsentwicklungen aufrechtzuerhalten. Einer nach dem anderen schienen die Helden der Zinsvorwegnahmebewegung zu straucheln. Dieses Straucheln erwies sich als kostspielig. Die Portfolioumstellungen dieser Manager waren äußerst radikal, und daher traf es ihre Erträge besonders stark, wenn sie unrecht hatten. Die Börse wurde insoweit offensichtlich schwieriger, und die Verläßlichkeit unter den gut bekannten einschlägigen Managern nahm ab; damit sank auch das Vertrauen der Fondsträger in die Vorwegnahme von Zinsbewegungen.

Duration: Die Suche nach einer besser geplanten Risikokontrolle

Anfang der achtziger Jahre suchten die Träger von Fonds nach Wegen, um eine größere Kontrolle über die Zinsempfindlichkeit ihrer Obligationenkomponente im Fonds zu erlangen. Anstatt solche wichtigen Entscheidungen einem Manager vom Vorwegnahmetyp zu überlassen, begannen sie nach Wegen zu suchen, um ein Management ihres Obligationenportfolios entsprechend dem eigentlichen Zweck des Fonds zu erreichen. Dieser Trend entwickelte sich in einer Periode historisch hoher Zinssätze, die eine ganze Reihe von neuen Werkzeugen und neuen Hilfsmitteln hervorbrachte. Diese neuen Werkzeuge erwiesen sich als gut geeignet, den Bedürfnissen der Fondsträger nach besserer Kontrolle der Zinsempfindlichkeit zu entsprechen. Das allereinfachste dieser Werkzeuge war das Maß der „Duration" („Dauer").

Das Konzept der Duration als Maß der Kursempfindlichkeit wurde Ende der siebziger Jahre in weitem Umfange benutzt. In der neuen Obligationen-Welt, in der die Performance nach dem Gesamtertrag bemessen wurde, beherrschten Änderungen im Börsenwert eines Portfolios alle übrigen Erwägungen. Für Obligationenportfolios wurde die Kursempfindlichkeit individueller Wertpapiere gegenüber Änderungen im allgemeinen Zinsniveau zum entscheidenden Faktor. Früher hätte die Fälligkeit einzelner Obligationen oder die durchschnittliche Fälligkeit eines

Portfolios als grobes Maß für diese Empfindlichkeit genügt, aber das neue Investmentumfeld erforderte ein verfeinertes Maß von Kontrolle. Die kurzfristige Performance eines Managers wurde quartalsweise oder sogar Monat um Monat sorgfältig durchleuchtet. Der Ertrag eines Managers wurde mit dem der übrigen ebenso wie mit dem Ertrag von Obligationenindizes verglichen. Der Manager eines Obligationenportfolios mußte jetzt wissen, wie sich die Zinsempfindlichkeit seines Portfolios zu der der übrigen Manager und der größeren Indizes verhielt.

Dazu war die Fälligkeit einer Obligation ein viel zu grobes Werkzeug. Die Kursempfindlichkeit einer Obligation ergibt sich aus allen ihren einzelnen Geldzuflüssen (Cash-flows), – Kuponzahlungen, Zahlungen eines Tilgungsfonds und/oder Rückzahlungswert bei Fälligkeit. Alle diese Komponenten eines Cash-flow gehen in die Gleichung ein, die den gegenwärtigen Wert (Kurs) der Obligation für einen gegebenen Abzinsungssatz (ihre Rendite) bestimmt. Die Fälligkeit spiegelt nur eine Komponente dieses gesamten Cash-flow. Für längerfristige Instrumente mag die Zahlung bei Fälligkeit sogar nur einen relativ geringen Teil des Gegenwartswertes der Obligation darstellen. Offenbar würde eine verläßlichere Berechnung die Formel für den Gegenwartswert auf alle Geldzuflüsse anwenden und dann mathematisch einen Ausdruck für die prozentuale Kursänderung ableiten, die mit geringen Änderungen in der Abzinsungsrate verbunden sind. Dieser Ausdruck wird die „Duration" der Obligation genannt.

Das Konzept der Duration war besonders interessant, denn es konnte in zwei scheinbar verschiedenen Formen interpretiert werden. Einerseits war es in der Tat ein besseres Maß für die durchschnittliche Lebensdauer. Andererseits lieferte es ein nützliches Maß für die „tangentiale" Kursempfindlichkeit (Figur 23.5). Auf den ersten Blick scheinen Kursempfindlichkeit und durchschnittliche Lebensdauer ganz unterschiedliche Konzepte zu sein. Bei näherem Nachdenken (oder einfach durch mathematische Umstellung) kann man sehen, daß diese beiden Charakteristiken für festverzinsliche Instrumente buchstäblich identisch sind.**)

Als Maß der Kursempfindlichkeit hatte die Duration eine Anzahl von Vorteilen: Man konnte sie für einzelne Obligationen leicht errechnen. Indem man eine Gewichtung nach dem Börsenwert vornahm, konnte die Duration einer Obligation mit anderen Obligationen in einem Portfolio kombiniert werden, so daß man zu einem Wert für die Duration des gesamten Portfolios kam; die Unterschiede in der Duration zwischen zwei Portfolios war ein nützliches Maß der Unterschiede in ihrem weiteren Kursverhalten.

**) Anm. des Übersetzers: Eine weiterreichende Erläuterung des Begriffs der Duration, auch mit mathematischen Grundlagen, findet sich z. B. bei Cohen, Zinbarg, Zeitel, Investment Analysis and Portfolio Management, S. 450 ff. Aus einer Aufstellung dort ergibt sich z. B. für eine 6%ige Obligation, die zum Pari-Kurs gekauft wurde, einen Jahreskupon und Endfälligkeit von 5 Jahren hat, eine Duration von 4,27, bei 10 Jahren Laufzeit von 7,44. In dieser Größenordnung (d. h. ungefähr 4,27 bzw. 7,44 Punkte) ist ein Kursrückgang zu erwarten, wenn das allgemeine Zinsniveau auf 7 % steigt, vgl. oben Kap. 6, Anm. 3. Die Duration für eine entsprechende Obligation mit einem Zinssatz von 8% beträgt nach jener Aufstellung 4,06 (5 Jahre) bzw. 6,80 (10 Jahre).

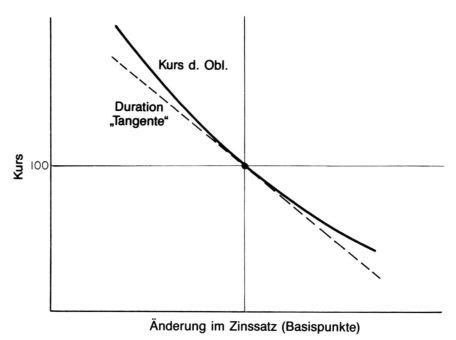

Fig. 23.5: Änderung im Zinssatz (Basispunkte). Duration einer Obligation

Die Duration war jedoch immer noch weit entfernt davon, ein perfektes Maß für diese Zwecke darzustellen. Im echten Sinne genau war sie nur für ganz geringfügige Bewegungen von Zinssätzen – die Art, die niemals vorkommt! Für große Bewegungen von Zinssätzen führte die Duration nur zu angenäherten Ergebnissen, deren Genauigkeit mit der Größe der Zinssatzbewegung geringer wurde. Noch ernsthafter war der Nachteil, daß diese Ungenauigkeiten von der Richtung der Zinssatzbewegung abhingen. Im allgemeinen wurden die Ungenauigkeiten sehr viel größer, wenn die Zinssätze fielen. Bezogen auf ein Portfolio hing die Duration-Methode davon ab, daß es einen gemeinschaftlichen Zinssatz gab, der alle Obligationen betraf. Diese Annahme wurde offensichtlich durchlöchert, wenn sich Sektordifferenzen änderten oder Börsenbewegungen die Renditekurven (Yield Curves) über die verschiedenen Fälligkeiten neu formierten.

Die Probleme mit dem Konzept der Duration wurden weiter verschärft durch die Eventualmöglichkeiten, die in vielen Obligations-Portfolios steckten. Diese Eventualeigenschaften verursachen ein sogenanntes „Krümmungsproblem" („Convexity Problem"), das die Wirksamkeit der Duration als Richtschnur für Kursreaktionen ernsthaft einengt. Beispielsweise unterliegen die meisten Industrieobligationen (ebenso wie viele langfristige Obligationen von Staatsstellen und des Staates selbst) einer Kündigungsklausel für näher festgelegte zukünftige Zeitpunkte. Im wesentlichen ist dies die Möglichkeit, daß der Ausgeber die Obligation vor

Fälligkeit kündigen kann ("Call In"), falls die Zinssätze genügend unter den Kuponsatz fallen. Wenn daher das Zinsniveau unter den Kuponsatz einer Obligation fällt, ist die Kursreaktion der Obligation durch die Gefahr einer solchen Kündigung zunehmend gedämpft. Ein ähnliches, aber wesentlich komplizierteres Phänomen betrifft (gebündelte) Hypothekenwertpapiere, wo der Geldrückfluß durch vorzeitige Tilgung von Hypothekennehmern beschleunigt werden kann.

Diese Auswirkungen führen zu einer radikalen Verringerung in der Kursempfindlichkeit von festverzinslichen Portfolios, wenn die Zinssätze niedrig liegen. Die formelle Duration solcher Portfolios, die sich allein auf die Fälligkeitsdaten stützt, kann diesen nachteiligen „Krümmungseffekt" („Adverse Convexity Effect") nicht erfassen. In den Hochzinsperioden der späten siebziger und frühen achtziger Jahre allerdings hatten diese Probleme, wie sie bei niedrigen Zinssätzen auftreten, eine geringe Priorität im Bewußtsein des Obligationenmanagers; dadurch fand das einfache Werkzeug der Duration damals weitverbreitete Anwendung als Maß für die Kursempfindlichkeit eines Portfolios.

Immunisierung von Erträgen

In diesem Umfeld hatte die Duration noch einen anderen Reiz. Ebenso wie die Fälligkeit ein viel zu grobes Maß für die Kursempfindlichkeit war, war die Rendite einer Obligation bis zur Fälligkeit eine ungenügende Richtschnur für den Ertrag, den man über eine Zeitspanne erhalten konnte. In einer Zeit hoher Zinssätze versuchten gewisse Obligationenmanager, die hohen Renditen für eine vorgeschriebene Zeitperiode „einzuschließen". Traditionelle Instrumente mit Kupons konnten für diesen Zweck mit der normalen „Buy and Hold"-Methode nicht benutzt werden, weil das Problem der Wiederanlage der Kuponerträge bestand: Zukünftige Kuponzahlungen mußten zu den dann vorherrschenden Zinssätzen wieder investiert werden. Da der Zinssatz für diese zukünftigen Investitionen möglicherweise viel niedriger als der ursprüngliche Satz lag, zu dem die Obligationen gekauft waren, ergab sich daraus, daß man durch einfaches Kaufen und Halten von Obligationen mit Kupons einen Ertrag nicht in befriedigender Weise „einschließen" konnte.

Eine neue Technik, die auf dem Konzept der Duration beruhte, die „Obligationen-Immunisierung" („Bond Immunisation") ermöglichte (innerhalb gewisser Grenzen) dieses „Einschließen". Nehmen wir beispielsweise an, daß in einer Periode mit 14%igen Zinssätzen ein Manager über eine 5-Jahres-Periode einen vollen Ertrag von 14 % (unter Berücksichtigung des Zinseszinses) „einschließen" wollte. Das Problem besteht darin, das Wiederinvestmentproblem zu lösen, d. h. das Problem, unter Umständen Kuponzahlungen zu einem Zinssatz unter 14 % wieder investieren zu müssen, sollte das allgemeine Zinsniveau sich senken. Offensichtlich sind dafür 5jährige Obligationen mit einem 14% Kupon nicht geeignet. Wäre allerdings eine 5-Jahres-Obligation mit einem Null-Kupon zu einem Zinssatz von 14 % verfügbar, wäre das Problem sofort gelöst. Leider war damals eine größere Anzahl von

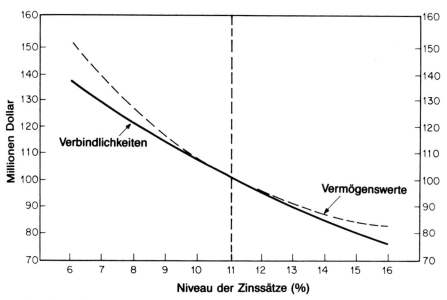

Fig. 23.6: Das Immunisierungskonzept

Nullkupon Anleihen noch nicht verfügbar. (Selbst heute ist das volle Fälligkeitsspektrum von Nullkupon-Anleihen nur zu den niedrigeren Sätzen verfügbar, die in der Renditekurve der US-Regierungs-Anleihen enthalten sind). Um mit kuponzahlenden Obligationen in diesem hohen Maße den Ertrag „einzuschließen", muß die Wiederanlage jener Kupons gegen Änderungen der Zinssätze in der Zukunft „immunisiert" werden. Im Jahre 1952 hatte der britische Versicherungswissenschaftler F. M. Redington ein sehr ausgeklügeltes Schema entwickelt, um diese Immunisierung zu erreichen.[1)]

Der entscheidende Gedanke bestand darin, ein Portfolio von Vermögenswerten zu schaffen, deren Wert mit dem Gegenwartswert der feststehenden Verbindlichkeiten zusammenfiel und dessen Zinsempfindlichkeit das Merkmal einer Dominanz aufwies, wie es in Fig. 23.6 dargestellt ist. Mit anderen Worten: Unter einer festzulegenden Spanne von Zinssatzänderungen würde der Börsenwert der Papiere im Portfolio immer größer bleiben als der Gegenwartswert der (dadurch gedeckten) Verbindlichkeiten. Dieses Merkmal der Dominanz würde sicherstellen, daß mit einer Änderung der Zinssätze die Änderungen im Einkommen aus Wiederanlage und die Kapitalgewinne sich immer zumindest ausgleichen würden. Bei niedrigeren Zinssätzen würde daher das verringerte Einkommen aus Wiederanlage durch die gesteigerten Kapitalgewinne ausgeglichen.

[1)] F. M. Redington, „Review of the Principles of Life-Office Valuations", Journal of the Institute of Actuaries, Band 78, Nr. 3, 1952

Der grundsätzliche Mechanismus für diese Immunisierung hängt von verschiedenen Maßen ab, die auf den Gegenwartswert bezogen sind. Zunächst einmal muß der Gegenwartswert einer Anlage (üblicherweise ihr Börsenwert) dem Gegenwartswert der Verbindlichkeit entsprechen. Zweitens müssen die Anlagen und die Verbindlichkeiten dieselbe durchschnittliche Lebensdauer haben, wenn sie nach dem Gegenwartswert ihrer jeweiligen Zahlungsflüsse gewichtet sind – dies ist genau das Maß der „Duration", der durchschnittlichen Lebensspanne. Damit ist das Durationmodell der erste Schlüssel für das Verfahren einer Immunisierung. (Jedoch sind noch weitere zweitrangige Bedingungen erforderlich, um das Dominanzmerkmal von Fig. 23.6 sicherzustellen – selbst unter der verhältnismäßig einfachen Annahme über Änderungen in den Zinssätzen.)

Immunisierung erfordert implizit Änderungen im Portfolio über die Zeit. Diese Notwendigkeit für ständige Änderungen in immunisierten Portfolios ergibt sich aus der Notwendigkeit, das Dominanzmerkmal über die Zeit aufrechtzuerhalten. Jede einkommende oder ausgehende Zahlung unterbricht dieses Merkmal und erfordert in gewissem Umfange eine neue Zusammenstellung des immunisierten Portfolios. Diese erzwungenen Neuzusammenstellungen sind ein wesentlicher Bestandteil des Immunisierungsverfahrens.

Immunisierung der Erträge war eine interessante Idee und errang schnell die Aufmerksamkeit aller Interessierten, obwohl sie mehr diskutiert als angewandt zu werden schien. Das Problem bestand darin, daß bestimmte Zwecke eine wirklich exakte „Einschließung" von vorher festgelegten Erträgen erforderten. Immunisierung und verwandte Techniken wurden nicht ernsthaft angewandt, ehe sie nicht in das Rahmenwerk der Verbindlichkeitspläne der Pensionsfonds eingebettet waren. Das begann mit dem Interesse der Gesellschaften an „Dedicated Bond Portfolios" (gewidmeten Obligationenportfolios).

„Dedication" von Obligationen-Portfolios

Die frühen achtziger Jahre sahen ein explosives Wachstum in der Zahl von spezialisierten Obligationenportfolios, die der Finanzierung einer vorgegebenen Anzahl von Auszahlungen von Gesellschaftspensionen über die Zeit „gewidmet" (dedicated) waren. Die Techniken, die man bei der Konstruktion dieser spezialisierten Portfolios benutzte, wurden in verschiedener Weise bezeichnet: Dedication (Widmung), Immunisierung, Cash Matching (Abstimmung der Mittelzu- und -abflüsse), Horizon Matching (Abstimmung auf einen bestimmten Zeithorizont), Combination Matching (Kombinierte Abstimmung) und so weiter. Das grundsätzliche Ziel all dieser Techniken bestand darin, die Ungewißheit von langfristigen Investmentergebnissen zu verringern, soweit sie der Erfüllung bestimmter Verbindlichkeiten dienten. Eine solche Verringerung der Ungewißheit führte ihrerseits zu einer Anzahl von unmittelbaren und mittelbaren Vorteilen im Bereich der Gesellschaften und Institutionen.

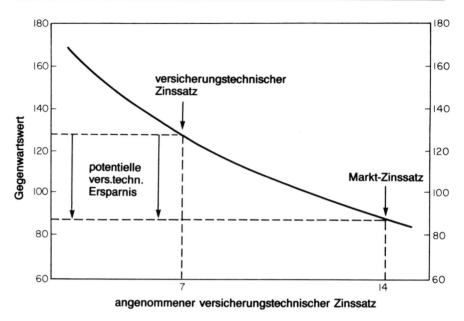

Fig. 23.7: *Gegenwartswert einer Verbindlichkeit aus Pensionsverpflichtungen (retired-lives liability)*

Diese Vorteile waren besonders groß, wenn die Zinssätze an der Börse erheblich höher lagen als die rechnerische oder versicherungstechnische Abzinsungsrate, die man für die Bewertung der Verbindlichkeiten benutzte. Damals fanden viele Gesellschaften ihre Gewinne und Mittelzuflüsse unter erheblichem Druck, und insbesondere ihre Beiträge zu den Pensionsfonds waren zu einer Bürde geworden. Zugleich hatten die Zinssätze ein historisch so hohes Niveau erreicht, daß viele Gesellschaften als Träger von Pensionsfonds glaubten, daß Obligationen eine einmalige Investmentgelegenheit darstellten – zumindest langfristig, wenn nicht auch kurzfristig. Dieses Zusammentreffen von Ereignissen führte dazu, daß die Gesellschaften als Fondsträger erstens den starken Wunsch hatten, ihre Pensionskosten zu verringern und zweitens bereit waren, größere Teile ihres Gesamtvermögens in den festverzinslichen Sektor zu investieren.

Das „Dedicated Portfolio" paßte für diese Bedürfnisse wie ein Handschuh. Der grundsätzliche Gedankengang ist in Figur 23.7 dargestellt: Nehmen wir an, ein Pensionsfonds hatte eine Reihe von Verbindlichkeiten in seinen Büchern, für die eine versicherungstechnische Ertragsrate von 7 % angenommen worden war. Abgezinst zu diesem Satz hatten diese Verbindlichkeiten einen versicherungstechnischen Gegenwartswert von ungefähr 128 Millionen Dollar. Nehmen wir weiter an, daß sie ohne besondere, künstliche Annahmen fast Dollar für Dollar mit einem „Cash-matched Dedicated Portfolio" erfüllt werden konnten, dessen Mittelzuflüsse den Mittelabflüssen entsprachen. Die Kosten für den Erwerb entsprechender Obligationen betrugen 88 Millionen Dollar, weil die Marktrendite („Umlaufrendite" von Obligationen) in den frühen Tagen der „Dedication" 14 % betrug. Nehmen wir weiter an, daß diese ganze Rechnung so wenige Annahmen voraussetzte, daß der Versicherungsmathematiker der Firma sie ohne weiteres akzeptieren konnte.

Die Differenz von 40 Millionen Dollar zwischen den beiden Zahlen bedeutete eine Verringerung von 31 % in den rechnerischen Kosten des Fonds für die Finanzierung seiner Verbindlichkeiten. Diese Verringerung würde durch eine Amortisation über die Zeit realisiert werden. Der Reiz einer solchen Technik liegt auf der Hand – es war im wesentlichen eine sehr bedeutsame Hinausschiebung der Finanzierung.

Dies war das ursprüngliche Motiv hinter dem Trend in Richtung „Dedicated Portfolio". In den folgenden Jahren hat sich die Anwendung der „Dedication" bei der Finanzierung von Pensionen erheblich ausgedehnt, sowohl in bezug auf die verfolgten Zwecke als auch hinsichtlich der finanziellen Lage der Gesellschaften, die diese Technik benutzen. Die „Widmung" findet sich nicht mehr allein bei Gesellschaften, deren Zahlungsmittel oder Gewinnposition angespannt ist. Viele führende Versicherungstechniker haben die Dedication (zumindest in gewissen Formen) akzeptiert, und sie ist weitgehend zu einem Standardwerkzeug des Planers für Unternehmenspensionen geworden. Viele der heutigen Anwendungsfälle finden sich bei den verschiedensten Gesellschaften mit denkbar höchstem finanziellen Standard. Genaugenommen wird sie jetzt zunehmend von Gesellschaften benutzt, deren Pensionsfonds bereits übermäßig bestückt sind.

Unter dem Gesichtspunkt eines Obligationen-Investments handelt es sich wieder um die Frage, wie man eine Rendite „einschließt". Das Ziel dabei hat sich allerdings verschoben: Es geht nicht mehr allein darum, eine bestimmte Rendite (unter Berücksichtigung des Zinseszinses) „einzuschließen", sondern darum, einen vorgegebenen Plan von Pensionsfondsauszahlungen zu erfüllen, die sich über viele Jahre erstrecken können. Offensichtlich sind Kreditverluste auf Obligationen in einem solchen Programm nicht akzeptabel, und die Qualität der einzelnen Wertpapiere muß daher den Anforderungen des Wertpapieranalysten entsprechen.

Die Ausdrücke „Dedication" (Widmung) und „Immunisation" (Immunisierung) werden oft austauschbar benutzt. Es ist jedoch richtiger, die einzelnen Techniken durch besondere Ausdrücke zu unterscheiden, wie „Cash Matching", „Immunisation" und „Horizon Matching" (siehe im folgenden). Damit ist die Dedication eine umfassendere Beschreibung all dieser formalisierten Techniken, mit deren Hilfe Obligationenportfolios zur Bedienung einer vorgegebenen Gruppe von Verbindlichkeiten „gewidmet" sind.

Cash Matching

Die einfachste Methode der Widmung ist das Cash Matching (Abstimmung der Mittelzuflüsse – aus den Obligationen – mit den Mittelabflüssen – für die Pensions-

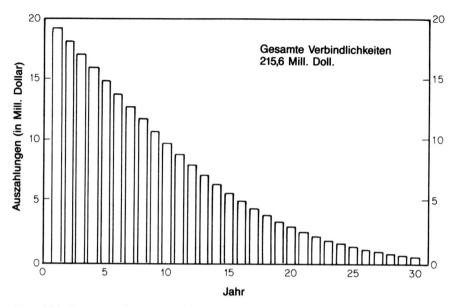

Figur 23.8: *Ein vorgegebener Auszahlungsplan für Verbindlichkeiten*

Verbindlichkeiten). Das typische Problem einer solchen Abstimmung beginnt mit der Aufstellung eines Planes für die Verbindlichkeiten, so wie es in Figur 23.8 dargestellt ist. Die abnehmenden Auszahlungen für spätere Jahre ergeben sich dabei aus versicherungstechnischen Gründen („retired lives Component") des Pensionsplanes.

Das Ziel des Cash Matching besteht darin, ein festverzinsliches Portfolio mit einem Zahlungsstrom zu entwickeln, der aus Kuponzahlungen, Leistungen eines Tilgungsfonds und fällig werdenden Kapitalrückzahlungen besteht und der auf den vorgegebenen Zahlungsplan für die Verbindlichkeiten abgestimmt ist. Genauer ausgedrückt, besteht das Problem darin, mit völliger Sicherheit ausreichende Mittel vor jedem vorgesehenen Zahlungstermin so zu erhalten, daß die Auszahlungen allein aus dem „Dedicated Portfolio" erfolgen.

Das Portfolio in Figur 23.9 zeigt den theoretischen Fall, daß einkommende Zahlungen und Auszahlungen sich genau entsprechen. Mit der genauen Entsprechung würde jeder Dollar von Zahlungen auf Kupons und Kapital zu einem bestimmten Datum sofort benutzt, um die erforderlichen Auszahlungen zu demselben Datum vorzunehmen. Dies scheint der ideale Fall eines solchen abgestimmten Portfolios zu sein. Es zeigt sich jedoch, daß eine solche exakte Abstimmung – selbst wenn sie möglich wäre – normalerweise nicht optimal wäre!

In der Praxis wird es eine viel größere Gesamtheit von akzeptablen Obligationen geben, die Kupon- und Kapitalrückzahlungen zu anderen Terminen vornehmen, als es genau den Auszahlungsdaten des Planes über die Verbindlichkeiten entspricht.

Im allgemeinen werden unter diesen Obligationen solche sein, die höhere Renditen bringen als diejenigen, die exakt den Fälligkeiten entsprechen. Die Berücksichtigung solcher höher rentierlichen Wertpapiere hat natürlich einen geringeren Kostenaufwand für das Portfolio zur Folge. Wenn solche Obligationen in einem „Cash Matching"-Portfolio benutzt werden, müssen der Kuponertrag und/oder die Zahlungen auf das Kapital eine Zeitlang vor dem Auszahlungsdatum akkumuliert werden. Dann müssen diese vorzeitigen Empfänge zu irgendeinem Zinssatz wieder angelegt werden, bis sie benötigt werden.

In der Praxis unterliegen Portfolios mit Cash Matching einer Reihe von „Unebenheiten", die sich sowohl aus der dem Problem innewohnenden Logik ergeben als auch aus dem Grad, bis zu dem der Träger des Fonds konservativ denkt. Diese Unebenheiten beziehen sich auf die Möglichkeit der Kündigung von Anleihen, die Qualität, die Art des Ausgebers, Diversifizierung unter verschiedenen Arten von Ausgebern und unter einzelnen Ausgebern, die Verwendung von Beständen aus schon bestehenden Portfolios usw.

Durch das energische Management eines Portfolios mit Cash Matching konnten insgesamt erhebliche Ersparnisse erreicht werden. Andererseits war Cash Matching eine verhältnismäßig strikte und durch die Bindung an die Zahlungsperioden sehr eingeengte Methode, um das Problem zu lösen.

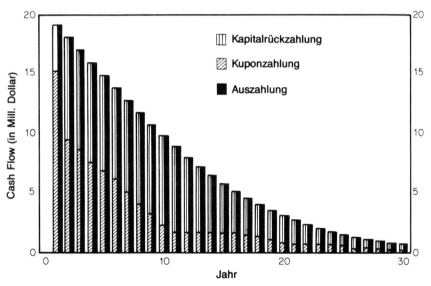

Fig. 23.9: Portfolio mit exakter Abstimmung (Matching) von Zahlungszuflüssen und Auszahlungen

Immunisierung der Auszahlungspläne

Um eine größere Flexibilität und vielleicht etwas niedrigere Kosten zu erreichen, benötigen die Portfoliomanager ein Finanzierungsverfahren für die Verbindlichkeiten, ohne von Anfang an so eingeschränkt zu sein, daß jede einzelne Auszahlung mit einem entsprechenden Eingang verbunden ist; das gilt besonders für die relativ ungewissen Auszahlungen in späteren Jahren. Es zeigt sich, daß das Konzept der Immunisierung eine natürliche Ausdehnung auf dieses Problem der Auszahlungspläne zuläßt.

Bei dieser Ausdehnung erfordert die Immunisierung, daß der Strom der (auszuzahlenden) Verbindlichkeiten in der Form ihres Gegenwartswertes und ihrer Duration ausgedrückt wird. Dann kann auch hier eine Immunisierung erreicht werden, indem eine Abstimmung zwischen den Gegenwartswerten und Durations der

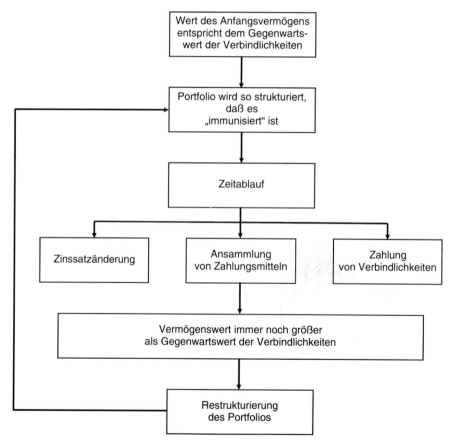

Fig. 23.10: Das Immunisierungsverfahren

Vermögenswerte und der Verbindlichkeiten aufrecht erhalten wird. Der Hauptunterschied besteht hier darin, daß der Zufluß aus den Vermögenswerten und ihrem Verkauf benutzt werden muß, um die Mittelabflüsse zu bezahlen, die durch den Zahlungsplan erfordert werden. Dies kompliziert den Immunisierungsprozeß etwas, wie das in Figur 23.10 dargestellt ist.

Mit dem Immunisierungskonzept kann die Portfoliostruktur viele Formen annehmen. Nur muß die Zinsempfindlichkeit die verschiedenen Bedingungen erfüllen, um das Dominanzmerkmal der Vermögenskurve über der Verbindlichkeitskurve zu erreichen. Das gibt einen hohen Grad an Flexibilität bei der Auswahl eines immunisierten Portfolios, aber es bedeutet zugleich, daß letztlich die Erfüllung der Verbindlichkeiten viel mehr auf den besonderen Annahmen beruht, die der Immunisierungstheorie zugrunde liegen. Leider hat das tatsächliche Verhalten der festverzinslichen Werte an der Börse gelegentlich diese Annahmen verletzt, wie etwa Parallelbewegungen in der Renditekurve, gleichmäßige Differenzen zwischen den einzelnen Sektoren usw.

Beispielsweise forderte Redingtons ursprünglicher Vorschlag, daß die Zinssätze eine flache Renditekurve (Flat Yield Curve) mit parallelen Bewegungen aufwiesen. Obwohl moderne Techniken dazu geführt haben, daß man für die Immunisierung ein weiteres Feld von Renditekurven erfassen kann, sind die Immunisierungsverfahren immer noch verwundbar durch bestimmte Aufeinanderfolgen von Börsenbewegungen.

Horizon Matching

Die vorhergehende Diskussion von Cash Matching und Immunisierung zeigte, daß eine richtig ausgewogene Kombination dieser beiden Werkzeuge zu einer sehr wünschenswerten neuen Technik führen könnte. Eine Anzahl solcher Kombinationen wurde untersucht. 1983 wurde das Konzept des „Horizon Matching" (Hinw. d. Übers.: Abstimmung unter Benutzung einer Zeit-Trennungslinie) eingeführt. Horizon Matching liefert genau eine solche günstige Mischung, die die besten Merkmale beider Techniken vereint.

Das zentrale Konzept des Horizon Matching wird in Figur 23.11 gezeigt. Im wesentlichen wird der Fluß der Verbindlichkeiten in zwei Segmente geteilt, indem man einen angemessenen Zeit-„Horizont" auswählt. Dann wird ein einziges zusammengesetztes Portfolio geschaffen, das den beiden Verbindlichkeitssegmenten gleichzeitig gerecht wird, aber in verschiedener Weise. Im ersten Segment muß das Portfolio in vollem Umfange ein Cash Matching der Verbindlichkeiten erreichen, die bis zu dem gewählten und festgelegten Datum des „Horizontes" einschließlich dieses Horizontes anfallen. Dieser Teil des Portfolios (mit Cash Matching) unterliegt denselben Bindungen, die für jedes Portfolio mit Cash Matching gelten.

Zum Zwecke der Illustration ist hier ein „Horizont" von 5 Jahren gewählt. Für diese ersten 5 Jahre hat der Träger des Fonds die volle Sicherheit, daß das Portfolio ausreichende Mittelzuflüsse liefern wird, um die festgelegten Auszahlungen sicher-

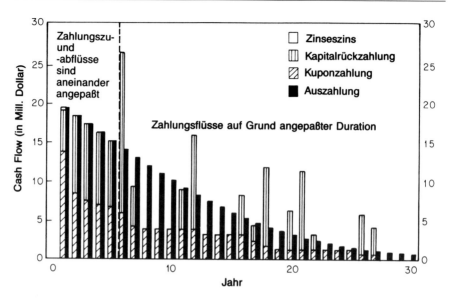

Fig. 23.11: Portfolio mit Horizon Matching

zustellen. Die Verbindlichkeiten jenseits des 5. Jahres werden durch eine Abstimmung der jeweiligen Durations gedeckt, die auf den Prinzipien der Immunisierung beruht.

Figur 23.11 zeigt die Zahlungsflüsse, die durch ein Portfolio mit Horizon Matching bei einem 5-Jahres-Horizont anfallen. In diesem Falle zeigt sich, daß die ersten 5 Jahre auf einer Jahresbasis fast perfekt aufeinander abgestimmt sind. In der Periode vom 5. Jahr ab, wo die Durations aufeinander abgestimmt sind, kann jedoch der Zufluß der Vermögenswerte – sogar radikal – von dem Bild des Zahlungsplanes abweichen. Jedoch ist dieser Vermögensfluß so strukturiert, daß das gesamte System den Erfordernissen der Zinsempfindlichkeit Genüge tut. (Das heißt, daß die Durations von Vermögenswerten und Verbindlichkeiten aufeinander abgestimmt sind.) Außerdem werden eine Anzahl von zweitrangigen Bedingungen erfüllt.

Diese Struktur gibt dem Management mehr Raum für Auswahlentscheidungen, und das Portfolio dient seinem Zweck selbst dann, wenn es für die ersten 5 Jahre passiv bleibt. Damit kann der Träger theoretisch einfach die Verbindlichkeiten, wie sie während der ersten 5 Jahre anfallen, auszahlen und sich nicht um die verstreichende Zeit kümmern. Selbst mit einer so passiven Haltung wird die Bedingung der Dominanz während der anfänglichen Periode (bis zum „Horizont") aufrechterhalten, solange sich die Zinsbewegungen innerhalb des breit vorgegebenen Rahmens halten.

Ein Problem bei der praktischen Anwendung der Immunisierung beruhte auf nicht parallelen Bewegungen der Renditekurve (Yield Curve). Diese Empfindlichkeit gegenüber Umformungen der Renditekurve ist in einem Portfolio mit Horizon

Matching weitgehend eliminiert, wenn der „Horizont" zwischen 3 und 5 Jahren oder mehr liegt, und zwar deswegen, weil die stärksten Änderungen in der Renditekurve in den kürzesten Fälligkeiten eintreten.

Die Vorzüge des Horizon Matching bedeuten allerdings auch die Akzeptierung eines gewissen zusätzlichen Risikos. Das Portfolio mit Horizon Matching hat nach seiner Definition einen geringeren Vermögenswert als das Portfolio mit vollem Cash Matching mit seinen viel engeren Beschränkungen. Infolgedessen gibt es keine Sicherheit, daß das Portfolio mit Horizon Matching jederzeit in ein volles Portfolio mit Cash Matching umgewandelt werden könnte. Obwohl das Portfolio während der „Horizontperiode" ohne weitere Umstellungen seinen Charakter als Portfolio mit Cash Matching beibehält, können bestimmte Arten von Börsenbewegungen nach Ablauf der „Horizontperiode" zu Ausfällen für den Teil führen, wo nur die Durations des Portfolios und der Verbindlichkeiten aufeinander abgestimmt sind. Horizon Matching liegt also irgendwo in der Mitte zwischen einem optimalen Portfolio mit Cash Matching und einem solchen mit reiner Immunisierung; das gilt sowohl für die Kosten als auch das Risiko von möglichen Ausfällen.

Ein zusätzlicher Vorteil des Horizon Matching liegt in der Tatsache begründet, daß die Verbindlichkeiten der späteren Jahre im Zahlungsplanes oft von Anfang an sehr konservativ festgelegt sind. Daher werden die Anforderungen mit dem Zeitablauf vermutlich geringer werden. Horizon Matching bringt also eine Kosteneffizienz für das Portfolio, indem die genauer feststehenden Verbindlichkeiten in naher Zukunft voll mit Zahlungseingängen abgedeckt sind, während andererseits keine zu enge Bindung an bestimmte formelle Verbindlichkeiten besteht, die sich über die Jahre wahrscheinlich nach Betrag und Zeitpunkt ändern werden.

Potentielle Immunisierung (Contingent Immunisation)

Schon seit langem weiß man, daß Immunisierungsverfahren, die die allerhöchstmögliche Portfoliorendite in einem gegebenen Börsenumfeld zu erreichen suchen, auch das größte Risiko von zukünftigen Ausfällen bringen. In Verbindung damit steht die Beobachtung, daß ein „Polster" (Cushion) unter dieser Maximalrate einem Immunisierungsverfahren zusätzliche Sicherheit und Flexibilität verleiht. Dieses Konzept der „gepolsterten" Flexibilität kann man so ausbauen, daß es ein erhebliches Maß von aktivem Management innerhalb eines konservativ strukturierten Portfoliorahmens erlaubt.

Als 1981 die Zinssätze auf bisher nicht dagewesene Höhen stiegen, wurden Minimalerträge akzeptabel, die erheblich unter dem maximal möglichen Satz lagen. Als der allgemeine Zinssatz etwa bei 15 % lag, erschien auch noch ein Mindestertrag von 14 % in hohem Maße befriedigend. Für diese Differenz von 100 Basispunkten als „Polster" (zwischen 15 % und 14 %) erhielt man ein gewisses Maß an Portfolioflexibilität. In der Tat schaffen Sicherheitspolster von 100 bis 200 Basispunkten ein erstaunlich großes Feld für aktives Management. Mit einem solchen Sicherheitspolster konnte es eine Serie von wiederholten Gegenbewegungen geben – die traditionellen Schaukelkurse, der Alptraum jedes Portfoliomanagers – und das Portfolio behielt immer noch ein restliches Sicherheitspolster über dem festgelegten Mindestsatz. Es war diese Erkenntnis der Flexibilität, die durch ein vernünftiges Sicherheitspolster geboten wurde, die zum Konzept der potentiellen Immunisierung (Contingent Immunisation) führte.

Der Hauptgedanke besteht darin, daß der Manager eine aktive Strategie verfolgen kann, solange er ein positives Sicherheitspolster hat. Sollte dieses Sicherheitspolster durch die Börsenentwicklung aufgezehrt werden, wird das Portfolio zu einem normalen immunisierten Portfolio, und der ursprünglich in Aussicht genommene Minimalertrag wird immer noch erreicht.

Nehmen wir beispielsweise an, daß ein Portfoliomanager sehr optimistisch eingestellt war und ein Portfolio von 30jährigen 15%igen Obligationen zu Pari halten wollte. Die Duration dafür würde dann 7 Jahre betragen – viel länger als der 5-Jahres-„Horizont". Dieses Portfolio wäre offenbar nicht immunisiert. Die geringste ungünstige Entwicklung (das heißt eine Aufwärtsbewegung bei den Zinssätzen) würde sofort den Vermögensbestand unter die Grenze sinken lassen, die für eine 15%ige Zielrate erforderlich ist. Wenn der Fonds jedoch bereit ist, als Mindestertrag eine niedrigere Rate von 14 % zu akzeptieren (und seinen Berechnungen zugrunde zu legen), wird damit eine weite Spanne in dem folgenden Kursverhalten der 30jährigen Obligation tolerierbar.

Wenn die Zinssätze dann sanken, hätte sich die aktive Strategie als erfolgreich erwiesen, und die Sicherheitsgrenze der überschüssigen Vermögenswerte würde mit der überdurchschnittlichen Entwicklung des aus 30-Jahres-Obligationen bestehenden Portfolios steigen. Diese erfolgreiche Entwicklung würde das Portfolio befähigen, 5-Jahres-(Gesamt-)Erträge zu erzielen, die weit über die ursprüngliche Berechnung bei einer 15%igen Umlaufrendite hinausgingen. Sollten dagegen die Zinssätze steigen, würde der Sicherheitsrahmen abnehmen und die Vermögenswerte im Portfolio würden sich dem Mindestniveau an erforderlichen Vermögenswerten nähern. Allerdings würde der Wert der 30jährigen Obligationen erst auf das erforderliche Mindestniveau sinken, nachdem die Zinssätze sich ungefähr 350 Basispunkte nach oben bewegt hätten. In diesem Zeitpunkt wäre der Sicherheitsrahmen völlig verschwunden, und das Portfolio müßte immunisiert werden, um die Erfüllung der vorgesehenen 14%igen Mindestrate sicherzustellen. In diesem Beispiel kann also das Portfolio eine nachteilige Börsenbewegung von mehr als 350 Basispunkten hinnehmen, auch nachdem seine Position aus den längstmöglichen Fälligkeiten im Pari-Markt besteht.

Wie verhält sich potentielle Immunisierung im Vergleich zur klassischen Immunisierung? Die klassische Immunisierung zahlt einen hohen Preis für Opportunitätskosten (Opportunity Costs): Die potentiellen Gewinne eines erfolgreichen aktiven Managements, die damit aufgegeben werden. Die potentielle Immunisierung stellt dieses Gewinnpotential wieder her, und zwar im Austausch für die Differenz zwischen der immunisierbaren Rate und dem Mindestertrag (Floor Return). Allgemeiner, im Zusammenhang mit der Dedication (Widmung) bringt die potentielle

Immunisierung etwas höhere anfängliche Portfoliokosten, um damit die Flexibilität für spätere mögliche Überschüsse (Takeouts) zu gewinnen. Bei erfolgreichem, aktivem Management können diese Überschüsse die effektiven Kosten für die Finanzierung des gesamten Schuldenplanes erheblich verringern.

Neue festverzinsliche Schuldinstrumente

In den späten siebziger und in den achtziger Jahren führte das Verlangen nach Flexibilität – sowohl bei Investoren als auch Ausgebern von Schuldinstrumenten – dazu, daß sich ein völlig neues Spektrum von Investmentvehikeln entwickelte. Zusammen mit den neuen Portfoliostrategien, die wir eben beschrieben haben, boten diese neuen Instrumente den Marktteilnehmern die Möglichkeit, ihre Zielvorstellungen präziser zu realisieren; dabei wurde das Umfeld zunehmend beweglicher und wettbewerbsorientierter.

Die Renditekurve für Staatsobligationen

Auf Grund der besonderen Ausnahmegenehmigungen von der Regel, die langfristige Staatsanleihen mit einer Verzinsung über 4,25 % verbot, begann die Regierung im Jahre 1973, Obligationen über die ganze Breite der Renditekurve auszugeben. Hand in Hand damit gingen zunehmende Haushaltsdefizite, die eine riesige Zunahme der Nettoausgabe von Wertpapieren aller Fälligkeiten der US-Regierung zur Folge hatte. Der Markt für Staatsobligationen wurde sich nunmehr auch in der Praxis seiner natürlichen theoretischen Rolle bewußt, daß er als Maßstab für buchstäblich alle Bereiche von festverzinslichen Wertpapieren diente. Alle Differenzen zwischen Obligationen in den einzelnen Sektoren wurden nunmehr an der Renditekurve der Staatsobligationen für die jeweilige Fälligkeit gemessen.

Schuldinstrumente mit Floating Rate (Variabler Zinssatz)

Die späten siebziger Jahre brachten die erfolgreiche Einführung einer völlig neuen Klasse von festverzinslichen Wertpapieren. Sie stellten einen Zwitter dar zwischen gesicherter langfristiger Finanzierung und einer wirtschaftlichen Empfindlichkeit gegenüber kurzfristigen Zinssätzen. Im Prinzip hat eine Obligation mit Floating Rate einen Kupon, dessen Höhe von dem Wert irgendeines Zinssatz-Index zum Zeitpunkt abhängt, in dem die Zahlung auf den Kupon fällig wird. Damit „floatet" (schwimmt) die Zahlung des Zinskupons mit dem (allgemeinen) Niveau von Zinssätzen. Floating Rate-Notes wurden zuerst bei den internationalen Banken populär: Sie dienten dazu, langfristige Finanzierungsmittel zu bekommen, wobei die Kosten für die Zinsen aber an den floatenden Charakter ihrer (kurzfristigen) Ausleihungen gebunden waren. Mit dem Anwachsen von hohen Zinskosten und hoher Beweglichkeit in den Märkten für festverzinsliche Werte fanden Floating Rate-Notes bald ein viel weiteres Anwendungsgebiet: Viele Ausgeber von Schuldinstrumenten wünschten eine langfristige Finanzierung aber zu den kurzfristigen Marktsätzen, weil sie nicht in die hohen Zinssätze „eingeschlossen" werden wollten, die zur Zeit der Ausgabe herrschten. Da typische Floating Rate-Notes einen erheblichen Renditevorteil im Vergleich zu tatsächlichen kurzfristigen Instrumenten boten (zumindest an den US-Börsen), entwickelte sich für sie ein starker Appetit auch unter den Investoren, die auf der kurzfristigen Seite des Fälligkeitsspektrums investieren wollten.

Terminkontrakte und Optionen

1975 wurde am Chicago Board of Trade der erste Zinskontrakt (Interest Rate Future) eingeführt, und zwar auf der Grundlage des GNMA Pass-Through (gebündelte Hypotheken, Ginnie Mae). Ihm folgte alsbald (im Januar 1976) ein Zinskontrakt für Treasury Bills an der Chicago Mercantile Exchange. Der T-Bill-Kontrakt wurde schnell ein äußerst erfolgreicher und intensiv gehandelter Futures-Kontrakt. Ihm folgte 1977 ein Treasury Bond Future am Chicago Board of Trade; er wurde der erfolgreichste Kontrakt in der Geschichte der an einer Börse gehandelten „Futures". Andere Kontrakte in den USA beziehen sich auf CD's („Certificates of Deposit" der Banken), Eurodollar CD's, Treasury-Notes (mittelfristige Staatsobligationen) und Municipals („Kommunalanleihen"). Terminbörsen in anderen Ländern haben Zinskontrakte eingeführt, die sich auf britische Staatsanleihen, Yen-Obligationen der japanischen Regierung und Eurodollar CD's beziehen.

Das ursprüngliche Interesse für die US-Terminkontrakte wurde durch viele der Spekulanten („Locals") begründet, die in Warenterminkontrakten handelten. Aber die traditionellen Teilnehmer der Obligationenbörse lernten bald, wie sie die Terminkontrakte als wirksames Hedging Instrument benutzen konnten, und sie fanden bald immer mehr Anwendungsmöglichkeiten. Händler und Handelsbanken waren unter den ersten, die die Kontrakte benutzten, um ihre Handelsbestände durch Hedging zu schützen. In neuerer Zeit haben Pensionsfonds und in gewissem Ausmaße auch Versicherungsgesellschaften Terminkontrakte benutzt, um ihre Empfindlichkeit in bezug auf die Zinssätze näher auszuformen, oder als Hilfe bei einer Umgruppierung in der Vermögensverteilung (Asset Allocation). Im letzteren Anwendungsfalle dienen Terminkontrakte als eine Art von höchst liquider Brücke, mit deren Hilfe der Fonds die gewünschte Verteilung „einschließen" kann, bis die effektive Wertpapierumschichtung in Ruhe durchgeführt ist. Neuerdings werden Terminkontrakte auch für die neuen dynamischen Hedgingverfahren benutzt, die seit kurzem unter den Pensionsfonds von Gesellschaften populär geworden sind.

Optionen auf Terminkontrakte für Staatsanleihen (Treasury Bonds) wurden 1982 am Chicago Board of Trade eingeführt. Diese Optionen wurden populär und fanden eine Anzahl von Anwendungen bei institutionellen Investoren. Optionen können als Schutz für Ausgeber von Schuldinstrumenten dienen, die den augenblicklichen Zinssatz für eine Zeit „einschließen" wollen und bereit sind, die damit verbundene „Versicherungsprämie" zu zahlen. Von der Seite des Vermögensbestandes her gesehen, können Optionen den Wert eines Investmentportfolios für eine begrenzte Zeit schützen. Sie sind in bestimmte Formen einer dynamischen Hedging-Politik einbezogen worden. Die an der Börse gehandelten Optionskontrakte werden oft mit einer Reihe von Terminkontrakten für Zinsen verbunden, die „over the counter" gehandelt wurden, manchmal in der Form von „Caps" (Höchstsatz) oder „Floors" (Mindestsatz).

Viele konventionelle festverzinsliche Wertpapiere haben in den Bedingungen eingebettet Optionen, die der Investor dem Ausgeber (durch den Kauf) stillschweigend zugesteht. Beispielsweise enthalten Gesellschaftsobligationen üblicherweise einen genauen Plan von Kursen, zu dem die Obligationen „gekündigt", das heißt vor Fälligkeit eingezogen werden können. Diese Kündigungsklauseln (Call Features) sind in Wirklichkeit eine komplexe Serie von Optionen, die dem Ausgeber einen entschiedenen wirtschaftlichen Vorteil bieten, wenn die Zinssätze genügend fallen. Ähnlich hat bei Hypotheken der eigentliche Hypothekennehmer die Option, das Darlehen, unter den verschiedensten Umständen zurückzuzahlen. Optionen, die an einer Börse gehandelt werden, können oft mit konventionellen Wertpapieren kombiniert werden, die in ihren Vertragsklauseln eingebettete Optionen enthalten, um so ein Paket zu schaffen, das günstigere Rückzahlungsmerkmale enthält. Beispielsweise wurden zur Zeit der niedrigen Zinssätze von 1985 bis 1986 viele solche „synthetischen" Pakete konstruiert; dabei wurden an der Börse gehandelte Kaufoptionen (Call Options) benutzt, um das Risiko vorzeitiger Rückzahlung auszugleichen, das mit GNMA – Pass Through's (gebündelte Hypotheken) verbunden war, die noch einen hohen Kupon hatten.

Original Issued Discount Bonds

Original Issued Discount Bonds (OID's = von Anfang an mit einem Abschlag herausgegebene Obligationen) mit einem mäßigen Abschlag hatte es seit langem in den verschiedensten Marktsektoren gegeben, wenn neue Obligationen geringfügig unter Pari ausgegeben wurden, um sie mit dem augenblicklichen allgemeinen Zinsniveau in Einklang zu bringen. Auch hatte es im Bereich der steuerfreien Anleihen einige sogenannte „Nickelbonds" gegeben, die einen „beinahe Nullkupon" von 0,05 % hatten.[1a] (Diese „Nickels" waren Anhängsel in einem Paket von

---

[1a] Anm. des Übersetzers: Das 5-Cent-Stück der USA heißt im Volksmund „Nickel". Hier bekam man also für 100 $ einen „Nickel" an Zinsen.

verschiedenen Fälligkeiten, die anläßlich einer einheitlichen [steuerbefreiten] Kommunalanleihe ausgegeben wurden.) 1980 jedoch tauchte eine neue Form von zu versteuernden OID's auf. Diese Wertpapiere hatten einen Kupon, der erheblich unter der Umlaufrendite lag; sie wurden daher zu Kursen zwischen 35 bis 85 ausgegeben. Sie waren die Vorboten einer ganz neuen Familie von festverzinslichen Wertpapieren, zuerst mit einem niedrigeren Kupon und dann mit einem Zero-Kupon; sie haben einen erheblichen Einfluß auf den Obligationenmarkt als Ganzes gehabt.

Das ursprüngliche Motiv für die frühen OID's ergab sich aus gewissen Steuervorteilen, die im Umfeld von hohen Zinssätzen attraktiv wurden. Die Ausgeber solcher Wertpapiere erhielten einen erheblichen Vorteil durch die damals bestehenden Steuerregelungen, die ihnen erlaubten, die errechnete Verzinsung linear abzuschreiben (diese Regel ist im folgenden geändert worden). Die Investoren hatten an solchen Wertpapieren ein Interesse, weil bei hohen Zinssätzen die OID's einen starken Schutz gegen vorzeitige Kündigungen darstellten und eine hohe Duration hatten; damit war für die Lebensdauer der Obligation ein Schutz vor niedrigeren Zinsen bei einer Wiederinvestition verbunden. Diese verschiedenen Beweggründe führten letztlich zur Ausgestaltung in der Form als Nullkupon Anleihen, wo die einzige Zinszahlung aus einer Gesamtzahlung bei Fälligkeit bestand. Viele Gesellschaften und auch internationale Ausgeber von Schuldinstrumenten kamen mit solchen Wertpapieren an den Markt, und für eine Weile waren diese Instrumente dort ganz populär. Der Wertpapieranalyst muß den Zuwachs des Abschlages als Zinsposten behandeln, wenn es um die Berechung der Deckung für Zinskosten geht. Der Zahlungabfluß konzentriert sich natürlich auf das Jahr der Fälligkeit.

Nullkupon-Anleihen

Da die Nullkupon-Anleihe bis zur Fälligkeit keinerlei Zahlung brachte, hatte die Kreditwürdigkeit des Ausgebers besondere Bedeutung. Dies führte naturgemäß zu einem starken Interesse daran, Nullkupon-Instrumente zu bekommen, die auf Wertpapieren des Schatzamtes beruhten. Wenn man die Kupons von einer US-Regierungs-Anleihe trennte (stripping), konnte man einzelne Kuponzahlungen (und natürlich die Kapitalzahlung bei Fälligkeit) erhalten, die als solche Schuldinstrumente mit einer einzigen Zahlung bei Fälligkeit wirkten. Diese sogenannten „Stripped Treasuries" waren von Zeit zu Zeit erhältlich, aber das Angebot war begrenzt, denn die Regeln des US-Schatzamtes erschwerten ihre Bildung.

1982 hob das US-Schatzamt diese Beschränkungen auf; zugleich wurden die Steuerregeln geändert, so daß sich ihre steuerliche Behandlung vereinfachte. Investmenthändler begannen sofort, verschiedene Formen von Schuldinstrumenten mit einer einzigen Zahlung zu schaffen, die sie aus „stripped Treasury Bonds" (US-Regierungsanleihen, von denen die Zinskupons getrennt waren) herstellten. Diese Instrumente wurden äußerst populär, und große Mengen gewisser US-Staatsanleihen wurden in diese spezialisierten Wertpapiere umgewandelt. Diese Schuldinstrumente erhielten recht witzige Acronyme (Hinw. d. Übers.: Aus den Anfangsbuchstaben gebildete Abkürzungen), die alle verschiedene Arten der Katzenfamilie darstellten: TIGERS (Treasury Investment Grade Receipts), CATS (Certificates of Accrual for Treasury Securities usw). Für diese neuen Wertpapiere mit nur einer einzigen Zahlung entwickelte sich ein relativ liquider Markt, der die gesamte Renditekurve umfaßte. Nun endlich war jener akademische Traum verwirklicht, daß man durch den Markt festgelegte Abzinsungsraten für buchstäblich jeden Zeitpunkt in der Zukunft hatte. (Abgesehen von einigen geringfügigen Verzerrungen, die in jedem realen Kapitalmarkt unvermeidlich erscheinen.) Jedes festverzinsliche Wertpapier konnte – theoretisch – in seine einzelnen Zahlungsbestandteile (Cash-flows) zerlegt werden; und dann konnten diese Zahlungen so bewertet werden, wie es dem jeweiligen Fälligkeitszeitpunkt auf der gegenwärtigen Renditekurve (Spot Rate Yield Curve) entsprach.

In dem neuen Klima der hohen Zinssätze wurden diese Schuldinstrumente mit einmaligen Zahlungen in den verschiedensten praktischen Anwendungsformen benutzt. Für den Investor, der eine Rendite für eine bestimmte Periode „einschließen" wollte, stellten sie das ideale Schuldinstrument dar. Für den Investor, der am Gesamtertrag interessiert war und ein Instrument mit präziser Duration wünschte, waren diese Obligationen mit einer einzigen Zahlung die Lösung seines Problems. Für das „Dedicated Portfolio", das noch zusätzliche Dollarzuflüsse für genaue Perioden der Zukunft brauchte, waren die Obligationen mit einer einzigen Zahlung der perfekte „Pfropfen".

Die verschiedenen Produzenten solcher (künstlicher) Wertpapiere kämpften erbittert um diese Konstruktion, bis 1985 das US-Schatzamt beschloß, unmittelbar an dieser Entwicklung teilzunehmen. Es verkündete, zukünftig werde es die Herstellung solcher „Strips" (Anleihen ohne Zinskupon) aus US-Regierungsobligationen auf Antrag des Inhabers zulassen. Der Sache nach würde die Regierung selbst die Rolle des „Stripping Dealer" übernehmen, indem sie die Wertpapiere des Schatzamtes in seine Zahlungskomponenten zerlegte und jede der Komponente getrennt registrierte. Auf dieser neuen Basis gedieh der Markt für „Strips" auch weiterhin, bis das Interesse für Instrumente mit einer einzigen Zahlung nachließ, als die Zinssätze im Anschluß an die großen Kursbewegungen von 1984 bis 1986 niedriger blieben.

Interest Rate Swaps

Ein anderes Phänomen der achtziger Jahre war die explosionsartige Entwicklung der „Interest Rate Swaps" (Tausch von Zinsen). Ein Interest Rate Swap ist im Prinzip ein Vertrag, in dem sich die eine Partei verpflichtet, eine Anzahl von festen Kuponzahlungen zu leisten und dafür Floating Rate-Kuponzahlungen von einer zweiten Partei zu erhalten. Kapitalzahlungen erfolgen nicht. Auf diese Weise kann ein Investor, der ein Schuldinstrument mit fester Verzinsung besitzt, im Wege des Interest Rate Swap seine Kuponzahlungen für die Zahlungen eintauschen, die von einem Floating Rate Schuldinstrument eingehen würden.

Interest Rate Swaps können entweder von Investoren, zum Beispiel Sparkassen und Versicherungsgesellschaften, benutzt werden (vermögensbezogene Swaps) oder durch Ausgeber von Schuldinstrumenten (verbindlichkeitbezogene Swaps). Interest Rate Swaps können über viele Fälligkeiten und mit einer großen Anzahl von Gegenparteien vereinbart werden. Sie sind sowohl für Investoren als auch für Ausgeber von Schuldinstrumenten eine wichtige Waffe im Kampf um größere Flexibilität, und sie haben einen großen Anwendungsbereich: Der Swapmarkt wuchs von seinem Beginn im Jahre 1982 auf über 200 Milliarden Dollar im Jahre 1986 an!

Die Ausgeber von Schuldinstrumenten können Interest Rate Swaps benutzen, um erhebliche Ersparnisse bei den Finanzierungskosten zu erzielen: Nehmen wir beispielsweise an, ein bestimmter Ausgeber von Schuldinstrumenten wünscht eine Finanzierung auf der Basis von Floating Rates, aber wegen seiner Kreditwürdigkeit ist er für die Investoren in bestimmten Märkten als Emittent von langfristigen Wertpapieren attraktiv. Er kann dann langfristige Obligationen zu einem günstigen Satz ausgeben, mit einer Gegenpartei einen Interest Rate Swap durchführen und so eine Verpflichtung auf Floating Rate Basis eingehen, die für ihn günstiger ist als wenn er die Anleihe umittelbar auf Floating Rate Basis ausgegeben hätte. Als ein anderes Beispiel für eine verbindlichkeitsbezogene Anwendung wollen wir annnehmen, daß der Ausgeber von ausstehenden langfristigen Verbindlichkeiten den Eindruck hat, daß die Zinssätze sinken werden. Eine Ausnutzung dieses Rückganges kann dadurch erreicht werden, daß die zur Zeit noch ausstehenden (am langfristigen Zinsniveau orientierten) Zahlungen gegen Zahlungen auf Floating Rate Basis „geswapt" (getauscht) werden.

Auf der Investmentseite können Interest Rate Swaps benutzt werden, um die Mittelzuflüsse (Cash-flows) eines Portfolios mit festen Kuponzahlungen in das eines Floating Rate Portfolios umzuwandeln oder umgekehrt. Da die Floating Rate-Komponente als Ersatz für zukünftige kurzfristige Zinssätze anzusehen ist, kann die Floating Rate Seite (eines solchen Tauschgeschäftes) als Schutz (Hedge) für die Kosten einer Arbitrage-Finanzierung benutzt werden oder als Schutz (Hedge) gegenüber den Kosten von zukünftigen Kreditaufnahmen. Wenn ein Investor einen Interest Rate Swap vornimmt, mit dessen Hilfe er Floating Rate Zahlungen für eine Reihe von festen Zahlungen austauscht, verringert er damit auch erheblich die Duration einer bereits bestehenden Komponente seines Portfolios. Interest Rate Swaps können oft auch Buchführungsvorteile mit sich bringen. Als Schutzmaßnahme (Counter Hedge) für eine bestehende Investmentposition können Swaps das Zinsrisiko von bestehenden Positionen in Obligationen verringern. Die Benutzung von Swaps kann die Zinsempfindlichkeit und die Cash-flow-Charakteristiken eines Portfolios erheblich ändern, ohne daß man die Steuernachteile und die buchhalterischen Folgen eines unmittelbaren Verkaufs in Kauf nehmen müßte.

Heute ist das Bemühen um Flexibilität überwältigend geworden, und der Interest Rate Swap ist insoweit in der Tat ein wirkungsvolles Werkzeug. Schon aus diesen wenigen Beispielen seiner vielen Anwendungsmöglichkeiten kann man ersehen, warum der Markt für Interest Rate Swaps so schnell auf seine augenblickliche Größe gewachsen ist.

Die Gesellschaft, die Floating Rate-Obligationen ausgibt oder Interest Rate Swaps vornimmt, macht das Leben für den Wertpapieranalysten schwer, wenn er die Kreditkosten der Zukunft projizieren will. Die einzige praktische Lösung besteht darin, irgendeinen willkürlichen, allerdings vernünftigen Durchschnittssatz zu wählen.

Die Entwicklung in Richtung eines strukturierten Managements

Die achtziger Jahre haben eine wesentliche Änderung in den Zielen und Stilen der Manager von Obligationsfonds gesehen. In mancher Hinsicht war es eine enttäuschende Zeit von heruntergeschraubten Erwartungen. In anderer Hinsicht entwickelte sich in dieser Zeit eine besser definierte und realistischere Bewertung der Rolle, die die Obligationenkomponente innerhalb der verschiedenen institutionellen Fonds spielt.

Die Investoren sind – vielleicht verständlicherweise- erheblich enttäuscht in bezug auf die Fähigkeit der Obligationenmanager, Bewegungen am Obligationenmarkt verläßlich abzupassen und zusätzliche Gewinne durch Vorwegnahme von Zinssatzänderungen zu machen. Die Ertragsstatistiken der frühen achtziger Jahre zeigten, daß die Mehrzahl der aktiven Manager die Gesamterträge der breiten Börsenindizes (für Obligationen) nicht übertreffen konnten. Die Obligationenmanager ihrerseits brauchten eine glaubwürdige neue Methode, die verläßlichere Ergebnisse versprach.

Die „Dedication" schien für eine Weile *die Lösung* zu sein. Als ein Fonds nach dem anderen sich dafür entschied, ein „Dedicated Portfolio" zu konstruieren, schien damit eine massive Änderung zu beginnen, fort von einem freien, aktiven Management und hin zu dieser in hohem Maße strukturierten Form von Obligationenmanagement. Die Portfolio Dedication beseitigte in der Tat viele der Probleme, die mit ungebremstem, aktivem Management verbunden waren und mit denen man vor kurzem so negative Erfahrungen gemacht hatte. Sie verdankte jedoch einen großen Teil ihrer Attraktivität den hohen Zinssätzen und den großen versicherungstechnischen Differenzen, die in den frühen achtziger Jahren üblich waren. Portfolio Dedication konnte nicht als Obligationenstrategie für *alle Zeiten* und für *alle* dienen.

Als die Zinssätze von ihren Höhen im Jahre 1981 herunterkamen, entwickelte sich deutlich die Notwendigkeit, für das Bondmanagement strukturierte Methoden zu entwickeln, die nichts mit Portfolio Dedication zu tun hatten.

Das Hauptelement jeder strukturierten Methode war die disziplinierte Kontrolle des Zinssatzrisikos. Wenn die Zinsempfindlichkeit des Portfolios in bezug auf irgendeinen als Maßstab benutzten Index unter Kontrolle war, konnte der berufsmäßige Obligationenmanager eine Reihe von aktiven Strategien verfolgen, die auf relativen Werten beruhte. Seine Ergebnisse würden nicht länger ausschließlich darauf beruhen, daß er ausdrücklich (oder stillschweigend) eine Wette einging, in welcher Richtung sich die Zinssätze bewegen würden. Zwei wichtige Vorteile ergaben sich: Die Manager konnten sich auf ihre berufsmäßigen Einsichten konzentrieren, wenn sie erhöhte *relative* Erträge suchten, und zweitens konnten die Fondsträger *gesamte* Erträge erwarten, die ein gewisses Maß von Verläßlichkeit in bezug auf den Obligationenmarkt als Ganzes hatten.

Immer mehr Obligationenmanager begannen, ihre Ergebnisse nicht nur miteinander zu vergleichen, sondern auch an den breiten Börsenindizes (für Obligationen) zu messen und zu versuchen, die Timing-Probleme der Vergangenheit zu vermeiden. Damit begann der Ertrag, den sie erreichten, in der Nähe des Ertrages von breiten Börsenindizes zu liegen. Die Manager fingen an, eine Reihe von strukturierten Techniken zu benutzen, um ihre Erträge in eine festgelegte Nähe zu den Erträgen eines solchen Index zu bringen. Zu diesen Techniken gehörten verschiedene Formen von stillschweigender Annäherung an den Index und eine Duration-Kontrolle im Verhältnis zum Index. Schließlich begannen Fondsträger, im Prinzip den Ertrag des Gesamtmarktes zu suchen und dabei möglichst geringe Managementkosten aufzuwenden (insbesondere solche Fondsträger mit sehr großen Mitteln); damit begannen Gelder in ausdrücklich als solche konstruierte Obligationen-Indexfonds zu fließen, zuerst 1985 und dann wesentlich stärker 1986.

Zur Zeit wollen viele Fondsträger im Prinzip Erträge aus ihrer Obligationenkomponente erzielen, die mit den breiten Börsenindizes übereinstimmen. Gelder aus Pensionsfonds werden weiterhin in Obligationen-Indexfonds investiert, die einfach diese allgemeine Struktur für festverzinsliche Werte nachahmen. Der Bereich der festverzinslichen Werte folgt damit einem Entwicklungstrend im Managementstil, der ähnlich verläuft wie einige Jahre früher bei den Aktien. Zwar verbleibt noch in erheblichem Maße eine Neigung zu irgendeiner Form von aktivem Obligationenmanagement, aber es wird zunehmend verschiedenen ausdrücklichen Formen einer strukturierten (dem Manager vorgeschriebenen) Risikokontrolle unterworfen.

Die Struktur der Risikokontrolle kann verschiedene Formen annehmen. Beispielsweise mag die Forderung bestehen, daß das Portfolio Erträge erbringen muß, die denen eines ausdrücklichen Index nahekommen. Es mögen sorgfältig kontrollierte Abweichungen bestehen, die so bemessen sind, daß die Portfolioerträge nicht mehr als um eine bestimmte Toleranzgrenze unter die Erträge des Index fallen können. Oder die Kontrollstruktur mag die damit verwandte Form annehmen, daß ein Duration-Ziel zusammen mit dem Träger des Fonds festgelegt wird. Dieses Ziel kann zu einer Abweichung vom Index führen, wenn die gewählte Duration nennenswert kürzer oder länger als die des Index ist. Seit kurzem wird auf das Problem der Risikokontrolle im Obligationenmarkt eine Technik des „dynamischen Hedging" angewandt. „Dynamisches Hedging" ist ein Verfahren, das die Duration des

Portfolios nach einer genau definierten Methode ändert, um für eine bestimmte Zeitperiode einen optionsähnlichen Ertrag zu erzielen. Die erste Reaktion auf die Desillusionierung mit den völlig auf das Timing abgestellten Formen von aktivem Management bestand also darin, daß man sich in die Nähe eines breiten Index von festverzinslichen Werten begab oder daß man ein in hohem Maße spezialisiertes und auf ein Ziel hin strukturiertes Portfolio schuf, wie bei der Portfolio Dedication. Wenn man in die Zukunft blickt, könnte man erwarten, daß die größere Befassung mit der Verbindlichkeits-Seite zu Management-Stilarten für Obligationen führt, die das Problem von Vermögenswerten und Verbindlichkeiten unmittelbarer in Angriff nehmen.

In gewisser Weise drängte sich die Verbindlichkeits-Seite dem Obligationenmanager sicherlich schon ins Bewußtsein, als die Methode der Portfolio Dedication ihren Höhepunkt erreicht hatte. Man kann sich jedoch eine wesentlich allgemeinere Methode vorstellen, in der Weise, daß eine Reihe von aktiven Strategien um richtungsweisende Indizes (Baseline Indexes) konstruiert werden, die sich direkt auf die Verbindlichkeiten beziehen. Wenn man von der reinen Strategie, die Finanzierung und die Verbindlichkeiten aufeinander abzustimmen (Matching), in der Weise abweicht, daß man eine ganze Reihe (continuum) von solchen Abweichungen mit verschiedenen Graden von Risiko schafft, könnte dadurch das Risiko, daß die einzelnen Verbindlichkeiten auch erfüllt werden können, auf ein Minimum reduziert werden. Der Hauptbestandteil wäre ein Index als Richtschnur (Base Line Index), der die Zinsempfindlichkeit und andere Risikocharakteristiken der Verbindlichkeiten erfaßt und für jeden Fonds ein maßgeschneidertes Ziel setzt. In einem solchen Zusammenhang wäre der aktive Manager in der Lage, seine beruflichen Erkenntnisse bei der Suche nach verbesserten Erträgen in Relation zu dieser Richtschnur zu verfolgen; damit würde man ein aktives Management innerhalb einer Struktur erhalten, die an dem eigentlichen, endgültigen Ziel ausgerichtet ist.

Die Fähigkeit, einen solchen Richtschnur-Index zur Verfügung zu stellen, ist sicherlich eher charakteristisch für die Märkte von festverzinslichen Wertpapieren als für die Aktienbörsen. (In der Tat mag dies ein wichtiges Unterscheidungsmerkmal für Obligationen als Klasse von Vermögenswerten sein.) Manager und Fondsträger in gleicher Weise sollten diese natürliche Gelegenheit ausnutzen, die der Markt für festverzinsliche Wertpapiere bietet.

Kapitel 24
Auswahl von festverzinslichen Wertpapieren

Die Auswahl von festverzinslichen Wertpapieren – entsprechend den Zielen des Investors – beginnt mit der Analyse der Jahresabschlüsse; dann folgt die Bewertung der Kreditwürdigkeit der Gesellschaft und der Attraktivität ihrer Obligationen und Vorzugsaktien für Investmentzwecke. Jahresabschlüsse sind dabei die hauptsächliche Grundlage für solche Beurteilungen.

Systematische Bewertung

Ein Hauptziel bei der systematischen Bewertung von festverzinslichen Wertpapieren besteht offensichtlich darin, eine optimale Auswahl zu treffen. Gesucht werden die Werte, die dem Investor die besten Eigenschaften bieten, wenn er einen vorhersehbaren, vertraglich festgelegten Ertrag auf sein Kapital sucht. Die wichtigste Aufgabe des Analysten bei diesem Ausleseprozeß besteht darin, die sich verbessernde oder verschlechternde Kreditwürdigkeit des Unternehmens in bezug auf ein definiertes Sicherheitsniveau zu erkennen. Außerdem soll er die Unterschiede unter den Typen und Vertragsbedingungen individueller Wertpapiere herausarbeiten.

Ein zweiter Grund für die sorgfältige Beurteilung der finanziellen Stellung einer Gesellschaft beruht auf dem Bedürfnis des Eigenkapital-Investors, ein sinnvolles Maß für das mit dem Unternehmen verbundene Risiko zu bekommen. Die Risikokomponente des Satzes, zu dem zukünftige Aktienerträge abgezinst werden, leitet sich offensichtlich von denselben Faktoren ab, die der Investor in festverzinslichen Werten untersucht, wenn er eine verläßliche Kreditbewertung haben will.

Das dritte Ziel einer systematischen Analyse besteht darin, die Fähigkeit einer Gesellschaft zu beurteilen, zukünftiges Wachstum mit Fremdkapital allein oder zusammen mit Eigenkapital zu finanzieren. Jede sinnvolle Vorhersage zukünftigen Wachstums der Gewinne, die für das Gesamtkapital zur Verfügung stehen, setzt Zugang zu einigen oder allen Sektoren des Kapitalmarktes voraus. Nur dadurch kann eine Expansion finanziert werden, ohne daß die Gesellschaft exzessive Kosten oder lästige Beschränkungen ihrer Entscheidungsfreiheit auf sich nehmen muß.

Freie Kapazität zur Schuldenaufnahme

Von der Definition her ist die größte Summe, die eine Gesellschaft sich ohne übermäßig einschränkende Bedingungen leihen kann, genau der Betrag, den Kapitalgeber ihr zu leihen bereit sind, ohne auf solchen Bedingungen zu bestehen. Daher ist es ganz wesentlich, das Maß an Schulden zu bestimmen, das eine Gesellschaft ohne Schwierigkeiten aufnehmen kann und das die Kapitalgeber ihr bereitwillig zu Sätzen leihen werden, die für Wertpapiere von Investmentqualität gelten.

Die Differenz zwischen der vorhandenen Kreditposition einer Gesellschaft und dem ermittelten Niveau der möglichen Kreditaufnahme ist das Maß für die freie Kapazität zur Schuldenaufnahme. Viele Aktienanalysen zeigen in diesem Punkt eine wesentliche Schwäche, weil sie nicht die Bedingungen untersuchen, zu denen zukünftiges Wachstum (vermutlich) finanziert werden kann. Die Berechnung der unausgenutzten Kapazität zur Schuldenaufnahme, wie sie in Kapitel 25 durchgeführt wird, soll eine klare Antwort auf diese Frage liefern. Keine Bewertung der Aussichten einer Gesellschaft ist verläßlich, wenn sie nicht eine Analyse der Möglichkeiten enthält, wie die Zukunft durch eine Kombination von Eigen- und Fremdkapital finanziert werden kann. Diese Bewertung muß auch die vertraglichen Verpflichtungen zur Schuldenrückzahlung, für Nutzungsverträge (Leasing, Pacht, Miete) und die geplanten Rückkäufe von Aktien berücksichtigen.

Ein Zertifikat auf Konfiszierung?

Während der starken Inflation in den siebziger Jahren verdienten sich Obligationen den zweifelhaften Ruf, daß sie „Zertifikate auf Konfiszierung" (Certificates of Confiscation) seien. Der Käufer einer Obligation wurde als der Dummkopf angesehen, der eine vertragliche Position kaufte, die ihm einen Inflationsverlust, höher als der versprochene Ertrag, garantierte. Die folgenden Jahre brachten jedoch außerordentlich hohe reale Gesamterträge für ein Investment in Gesellschaftsobligationen (gemessen durch Kupon, plus oder minus Kursänderung abzüglich Änderung im Lebenshaltungskostenindex – Consumer Price Index). Der Ertrag lag beinahe 18 % im Jahr über der Inflationsrate und zwang die Investoren, ihr negatives Urteil zu ändern.

Allerdings ist der Obligationenvertrag seiner Natur nach unattraktiv. Als Ersatz für nur beschränkte Teilhabe an zukünftiger Ertragskraft erhält der Obligationär für seinen Anspruch einen Vorrang auf die Beträge, die der Darlehensnehmer einnimmt, sowie ein unbedingtes Versprechen auf Rückzahlung zu einem festen Datum. Erfolgreiches Wachstum bringt dem Obligations-Investor Beruhigung und Vertrauen, aber keinen materiellen Zuwachs bei seinen Erträgen. Abnahme der Rentabilität hingegen bringt Sorgen und eine niedrigere Bewertung seiner Obligation.

Die Kündigungsklauseln (Call Features) in Gesellschaftsobligationen stellen darüber hinaus sicher, daß der Investor die Gewinner aus seinem Obligationenportfolio los wird und die Verlierer behält. Ein Beispiel: Ein Investor kaufte eine Obligation von hoher Qualität wie die 12 7/8 % Schuldverschreibungen der Southern Bell Telephone mit Fälligkeit am 5. 10. 2020, als das Papier 1980 auf den Markt kam. In den folgenden Jahren sah der Investor seine Obligation bis 75 1/8 fallen, als die Zinssätze scharf anstiegen. (Die hohe Investmentqualität der Obligation wurde nie in Frage gestellt.) Anfang 1986 sanken die allgemeinen Zinssätze und sollten einen hübschen Gewinn bringen. Bei einem allgemeinen Zinsniveau im Januar 1986 von 10 3/4 % hätte ein Wertpapier mit 12 7/8 % Zinsen einen Wert von 119,21 gehabt. Leider sah das Ergebnis anders aus, denn die Gesellschaft verkaufte (neue) Schuldverschreibungen zu 10 3/4 % mit Fälligkeit im Jahre 2025 und zog das 12 7/8 %ige Papier zum Kündigungskurs von 110,61 ein. Wenn der Investor im Gegensatz dazu im August 1963 die 4 3/8 % Schuldverschreibungen der Gesellschaft mit Fälligkeit im Jahre 2003 gekauft hatte, sah er, daß sie 1981 beinahe bis 30 fielen und sich Ende 1986 nur bis auf 62 erholten. Er hat nun für weitere 17 Jahre Aussicht auf Zinszahlungen von 4 3/8 %. Einen Schutz vor Kündigungsklauseln erhält man durch den Kauf von „Discount Bonds" (Obligationen, die unter Pari gehandelt werden), die aber häufig einen gewissen Abschlag auf den Ertrag aufweisen: Die Rendite auf Fälligkeit für die Southern Bell 4 3/8 % Obligation bei 62 betrug 8,85 %; eine 8 1/4 %ige Obligation mit Fälligkeit im Jahre 2016 bei 91 brachte eine Rendite von 9,13 %.

Nichtsdestoweniger gibt es für den Investor Umstände, in denen feste Zahlungen von Zinsen und Kapital erforderlich sind, um eine vorgegebene Beziehung zwischen Vermögenswerten und Verbindlichkeiten herzustellen. Gerade diese Notwendigkeit erfordert, daß alle ausgesuchten Obligationen genau festgelegte und überzeugende Sicherheitsfaktoren bieten, um Zahlung in Übereinstimmung mit den Bedingungen sicherzustellen. Wenn man weniger als diese Sicherheit erhält, während man die Teilhabe an den Gewinnen aufgibt, macht man in der Tat ein sehr schlechtes Geschäft: Keine nennenswerte Beteiligung bei den Gewinnen, aber volle Beteiligung bei den Verlusten aus nicht vorhergesehener Inflation. Wenn man dazu noch Kreditausfälle hat, ist das unentschuldbar.

Vermeidung von Verlusten

Da das Hauptgewicht bei dem Investment in Obligationen auf der Vermeidung von Verlusten liegt, ist Auswahl von Obligationen im wesentlichen eine negative Kunst. Es ist ein Verfahren des Ausschließens und Ablehnens anstatt des Suchens und Akzeptierens – es sei denn, daß der Investor in der Lage ist, ein breit diversifiziertes Portfolio von Wertpapieren mit fraglicher Sicherheit anzusammeln, für das die erhöhte Rendite eine wirklich großzügige Belohnung darstellt. (Siehe die Erörterung von „Junk-Bonds" in Kapitel 25.)

Die Strafe für ungerechtfertigte Ablehnung einer Obligation ist vermutlich kaum von Bedeutung, aber die Akzeptierung eines unsicheren Wertes wird kostspielig. Bei der Auswahl von Obligationen *für Investmentzwecke* sind Ausschließungsregeln, ausgedrückt durch quantitative Tests, notwendig und wesentlich. Bei der Anwendung solcher Regeln bedeutet Kreditwürdigkeit einer Gesellschaft nichts anderes als ihre entsprechende Bewertung. Sicherheit wird durch die Fähigkeit des Ausgebers gemessen, *alle* seine Verpflichtungen unter widrigen gesamtwirtschaftlichen und finanziellen Bedingungen zu erfüllen – nicht durch vertragliche Klauseln des betreffenden Wertpapiers.

Gesellschaftsschulden in der Perspektive

Über viele Dekaden stand in den Vereinigten Staaten die Gesamtverschuldung von Schuldnern, die nicht Finanzinstitutionen sind, in einem stabilen Verhältnis zum Bruttosozialprodukt (BSP) in laufenden Dollar – siehe Tafel 24.1

In den letzten Jahren ist die Verschuldung von Nicht-Finanzgesellschaften spektakulär angestiegen. Allein in den Jahren 1984 und 1985 betrug der Anstieg 358 Milliarden Dollar (31,2 % in 2 Jahren). Das ist ein klares Signal, daß der Wertpapieranalyst strikt an seinen Ausschlußregeln festhalten sollte. Verlust des Vertrauens in die Schuldner ist eine ansteckende Krankheit. Nicht nur sind die Verbindlichkeiten der einen Firma die Forderungen der anderen, sondern Kreditgeber und Investoren verschärfen ihre Standards, sobald auch nur vereinzelte Fälle von finanziellen Schwierigkeiten auftauchen.

Tafel 24.1: Ausstehende Schulden in den USA von Kreditnehmern, die nicht Finanzinstitutionen sind, ausgedrückt als Prozentsatz des Bruttosozialproduktes

Jahr	insgesamt	US-Regierung	Einzelstaaten und örtliche öffentliche Stellen	Geschäftskredite (nichtfinanziell)	private Haushalte
1960	137,6	45,2	13,7	37,9	40,9
1970	136,4	28,4	14,2	47,8	46,2
1980	138,1	25,7	10,6	50,6	51,2
1981	135,8	25,7	9,8	50,3	50,0
1982	142,5	28,4	10,0	52,9	51,0
1983	146,7	32,9	10,3	52,1	51,4
1984	149,8	34,1	10,1	53,2	52,4
1985	161,4	37,3	11,5	56,6	56,0

Quelle: Board of Governors of the Federal Reserve System, Division of Research and Statistics, und Federal Reserve Bulletin, August 1986, S. 511–524.

Im Jahre 1985 betrug die Nettofinanzierung über Obligationen durch Nicht-Finanzgesellschaften insgesamt 73,9 Milliarden Dollar (verglichen mit einem Durchschnitt von 26,3 Milliarden Dollar in den vorhergehenden 5 Jahren), und der Einzug von Aktienkapital (Equity Retirements) erreichte 77 Milliarden Dollar. Akquisitionen, Leveraged Buy-Outs, Umstrukturierungen und Aktienrückkäufe kamen zusammen, um diese noch nie dagewesene Verringerung im Nettowert (Eigenkapitalanteil) von Gesellschaften herbeizuführen; nur zum Teil erfolgte ein Ausgleich durch einbehaltene Gewinne. Die Verschuldung (Financial Leverage) wurde also schnell erhöht, und entsprechend erweiterte sich der Markt für Schuldinstrumente niedriger und nachgeordneter Qualität, die das ermöglichten. Fonds mit hoch verzinslichen Obligationen wurden eines der populärsten Produkte der Investmentfonds-(Mutual Funds)-Industrie. 1985 wuchsen die Vermögenswerte von Obligationenfonds, hauptsächlich in der Kategorie der hoch verzinslichen Obligationen, um beinahe 9,5 Milliarden Dollar auf eine Gesamtsumme von 24 Milliarden Dollar. Der Anstieg 1986 in dieser Kategorie belief sich auf 17,5 Milliarden Dollar. Finanzinstitutionen wie Spar- und Darlehensvereinigungen (Savings and Loan Asssosiations) und Versicherungsgesellschaften waren ebenfalls große Abnehmer.

Deckung der Zinsen

Zinsbelastung

Das traditionelle Maß für die Deckung der Zinsbelastungen, nämlich durch den Jahresüberschuß vor Steuern und Zinsen, steht immer noch im Mittelpunkt der Bewertung der Kreditwürdigkeit einer Gesellschaft. Der Standard für die Angemessenheit muß jedoch angepaßt werden, um der radikalen Änderung in der Höhe der Zinssätze Rechnung zu tragen. Ein einfaches Beispiel macht das deutlich. Die Industriegesellschaft XYZ hat einen Jahresüberschuß vor Zinsen und Steuern von 20 Millionen Dollar und Schulden in Höhe von 100 Millionen Dollar zu einem durchschnittlichen Satz (Composite Rate) von 4 %. Die Deckungsrate für die Zinsen beträgt also 5, und auf dieser Basis sind Obligationen deutlich als von Investmentcharakter einzustufen. 20 Jahre später ist die Gesellschaft XYZ gewachsen und gediehen. Sie hat nun Gewinne vor Zinsen und Steuern in Höhe von 60 Millionen Dollar, doch ihre ausstehende Verschuldung hat sich nur auf 200 Millionen Dollar verdoppelt. Aber Umschuldung der alten Wertpapiere und Verkauf neuer Obligationen haben den durchschnittlichen Zinssatz auf 10 % verändert. Die Zinsdeckung ist damit auf 3mal zusammengeschrumpft (60 Millionen Dollar verfügbar, um 20 Millionen Dollar Zinsen zu bezahlen). Allein nach diesem Maß hat die Gesellschaft XYZ erheblich an Investmentreiz eingebüßt. (Nebenbei bemerkt: Beachten Sie, daß der wirtschaftliche Vorteil der Fremdverschuldung erheblich zurückgegangen ist.)

Tafel 24.2: Deckung des Schuldendienstes

	1966	1986
Schuldendienst		
steuerlich absetzbare Zinsen	4,0 $[1]	20,0 $[1]
jährliche Leistungen des Tilgungsfonds auf Basis vor Steuern[2]	20,8 $	37,0 $
	24,8 $	57,0 $
Quellen der Mittel für den Schuldendienst		
Jahresüberschuß vor Zinsen und Steuern	20,0 $	60,0 $
Abschreibung, Amortisation, aufgeschobene Steuern und sonstige Belastungen ohne Mittelabfluß	20,0 $	60,0 $
Gesamter Mittelzufluß (Cash Flow)	40,0 $	120,0 $
Deckung der Zinsen durch Mittelzufluß	10,00×	6,00×
Deckung des Schuldendienstes durch Mittelzufluß	1,61×	2,11×

[1]) Dollarbeträge in Millionen.
[2]) Der Erhöhungsfaktor, um die Belastung durch Rückzahlungen auf Basis vor Steuern umzurechnen, beträgt 100/(100 – Steuersatz). Hier wird angenommen, daß die Gesellschaft XYZ in 1966 einen Steuersatz von 52 % und 1986 von 46 % hatte.

Historische Zahlen für Zinsdeckung haben daher als Maßstab viel an Wert verloren. Genaugenommen waren sie niemals ein ausreichender Ersatz für ein echtes Maß der Deckung des Schuldendienstes. Denn das ist Deckung der Gesamtkosten von Zinsen plus Rückzahlung des Kapitals (wenn man davon ausgeht, daß die Ertragskraft und nicht die Liquidation von Vermögenswerten die Bedienung der Schulden sicherstellen sollte). Im Beispiel unserer Gesellschaft XYZ gibt Tafel 24.2 ein Maß für die Deckung des Schuldendienstes unter der Annahme, daß die jeweils 1966 und 1986 ausstehenden Schulden in 10 gleichen jährlichen Raten getilgt werden sollten. Auf dieser Basis wird das offensichtlich, was uns schon der gesunde Menschenverstand gesagt hat: Wenn eine Gesellschaft um 200 % expandiert, während nur die Hälfte der Expansion mit Fremdkapital finanziert wird, hat ihre Kreditwürdigkeit zugenommen und ihre Obligationen sollten in der Qualität höher eingestuft werden, weil der Sicherheitsrahmen gewachsen ist. Wenn die Verschuldung 1966 mit einem Zinssatz belastet gewesen wäre, der näher an dem der letzten Dekade gelegen hätte, wäre der Vergleich mit den Zahlen 1986 für die Gesellschaft XYZ noch günstiger ausgefallen.*)

*) Anm. des Übersetzers: Interessant an Fig 24.2 ist die Tatsache, daß die Berechnung des Cash-flow hier in der vereinfachten, hergebrachten Weise erfolgt, Kap. 15, „Methode 1", nicht nach dem Schema in Fig. 15.1, vgl. auch Kap 25, Anm. [2a]).

Schuldendienst

Wenn man die Aufmerksamkeit von der Deckung der Zinsen allein auf die Deckung des gesamten Schuldendienstes richtet, wird damit aber nicht die Empfindlichkeit von Kennzahlen gegenüber den zugrunde liegenden Zinssätzen beseitigt. Im praktischen Sinne hat das Problem, Vergleichbarkeit zwischen verschiedenen Schuldnern und für denselben Schuldner über die Zeit zu erreichen, keine allgemeine Lösung. Jede Wertpapieranalyse für festverzinsliche Wertpapiere hat sich mit diesem Problem zu befassen und einen „normalen" Schuldendienst festzulegen, um die Instabilität von Deckungs-Kennzahlen zu verringern. Wenn man die ausgewiesenen Zinszahlungen an einen beweglichen 10-Jahres-Durchschnitt für neue Obligationen, die mit A eingestuft sind, anpaßt, kann das für diesen Zweck als normaler Zinssatz dienen; dadurch können die Gewinne oder Verluste ausgeklammert werden, die sich aus gutem Management von rechtzeitigen Ausflügen an die Kapitalmärkte oder aus „Unfällen" bei solchen Gelegenheiten für die Bewertung der Kreditwürdigkeit ergeben.

Ein neueres Problem ist das große Volumen von Obligationen mit veränderlichem Zinssatz. Terminkredite von Banken haben oft dasselbe Problem aufgeworfen. Niemand von uns kann mit Zuverlässigkeit Zinssätze für die nächste Dekade oder noch länger vorhersagen. Der Analyst muß daher einfach von einer vernünftigen Annahme ausgehen, die den Kreditnehmer nicht zu sehr begünstigt und dann zu seinem quantitativen Test übergehen. Wenn nur das untere Ende der denkbaren Zinssätze eine Einstufung als „von Investmentqualität" zuläßt, ist die einzige richtige Entscheidung die Ablehnung. Das gilt umsomehr, als der Investor in Obligationen bereits das Risiko eines Zinssatzanstieges trägt.

Um den Trend der Kreditwürdigkeit einer einzelnen Gesellschaft über eine Reihe von Jahren zu beurteilen, ist das einfache Verhältnis der gesamten Verschuldung zum Jahresüberschuß (nach Steuern) nützlich; dadurch erhält man eine Zahl für die Jahre, die nötig sind, um die Schulden abzuzahlen. Zinsbelastungen werden dabei ignoriert, abgesehen davon, daß sie von dem Nettobetrag, der für das Eigenkapital zur Verfügung steht, schon abgezogen sind. Ein Wechsel in den Zinssätzen hat daher wenig Einfluß auf die Bedeutung dieser Kennzahl.

Ein allgemeiner Standard für die Kreditwürdigkeit

Eine Gesellschaft muß allen Verpflichtungen aus ihren Geschäften, so wie sie fällig werden, nachkommen können, und zwar mit einem Sicherheitsrahmen, der diese Fähigkeit auch in Perioden von wirtschaftlichen Widrigkeiten sicherstellt. Diese Fähigkeit verschafft einer Gesellschaft vollen Zugang zu den Kapitalmärkten zu vernünftigen Bedingungen. Die Aufgabe des Wertpapieranalysten besteht darin, die Angemessenheit jenes Sicherheitsrahmens im Verhältnis zu den Geschäftsrisiken festzulegen. Offenbar muß dabei der Analyst auf das Unternehmen als Ganzes sehen, um sich eine Meinung über dessen Stabilität und Rentabilität zu verschaffen.

Vermögenswerte als Zahlungsquelle

Die Fähigkeit einer Gesellschaft, Schulden aus der Liquidation von Vermögenswerten zu bezahlen, ist nur dann ein nützliches Maß, wenn die Vermögenswerte in weitem Maße unabhängig von dem Wert des Unternehmens selbst sind. Eine abhängige Finanzierungsgesellschaft wie General Motors Acceptance Corporation läßt nicht erwarten, daß sie ihre Schulden aus den Gewinnen tilgt. In einem günstigen Jahr wie 1985 betrug ihr Jahresüberschuß lediglich 1,4 % der Gesamtverschuldung. Der Sicherheitsrahmen liegt hier nicht in der Ertragskraft, sondern in dem Überschuß der einziehbaren Forderungen über die gesamten Schulden. Am Jahresende zeigten flüssige Mittel und ausstehende Forderungen in Milliarden die folgende Schuldendeckung: (Alle Vermögenswerte außer den Forderungen werden ignoriert. Verpflichtungen gegenüber der Muttergesellschaft sind als nachrangige Verbindlichkeiten berücksichtigt.)

$$\frac{\text{Flüssige Mittel und Forderungen}}{\text{Vorrangige Schulden}} = \frac{66{,}64\ \$}{60{,}34\ \$} = 1{,}10$$

$$\frac{\text{Flüssige Mittel und Forderungen}}{\text{Gesamte Schulden}} = \frac{66{,}64\ \$}{65{,}79\ \$} = 1{,}01$$

Ein anderes Maß ist das Polster durch das Eigenkapital, das man in dieser Weise ausdrücken kann:

$$\frac{\text{Nettowert (Eigenkapital)} + \text{nachgeordnete Schulden}}{\text{Vorrangige Schulden}} = \frac{10{,}60\ \$}{60{,}34\ \$} = 17{,}6\ \%$$

$$\frac{\text{Nettowert (Eigenkapital)}}{\text{Gesamte Schulden}} = \frac{5{,}15\ \$}{65{,}79\ \$} = 7{,}8\ \% \quad \text{(ein Verhältnis von Schulden zu Eigenkapital von 13 zu 1)}$$

Andere Fälle, in denen Vermögenswerte als Quelle für die Schuldenrückzahlung dienen, sind:

– Zahlungen aus der Produktion von Bodenschätzen
– Ratenzahlungsforderungen, die durch Verkauf von Produkten erzeugt werden
– Transportgeräte wie Eisenbahnwaggons, Flugzeuge und Öltanker
– Ölpipelines mit Sicherung durch feste Abnahmekontrakte (Take or Pay Contracts)
– Geleaste Kapitalgüter wie Geräte für Datenverarbeitung, Nachrichtenübermittlung und Produktionsanlagen
– Hypotheken auf Immobilien

Die entscheidenden Faktoren für die Analyse sind die Qualität der Sicherungsobjekte und die Kreditwürdigkeit des Benutzers.

Die Beurteilung des Analysten über die Kreditwürdigkeit einer Obligation beruht damit auf den Einzelheiten der Rückzahlungsverpflichtung. Die Finanzierung der Flotte einer Luftfahrtgesellschaft beispielsweise braucht nicht durch einen Leasingvertrag, einen bedingten Verkaufsvertrag oder eine Hypothek für bewegliche Sachen (Chattle Mortgage) gesichert zu sein, um den Kreditgeber zu schützen; es genügt, wenn die Darlehensvereinbarung eine ausreichend starke Verpfändungsklausel (Negative Pledge) enthält, um den Zugriff anderer Kreditgeber auf die Flotte zu verhindern. Moderne Ausrüstung, wenn sie gut unterhalten ist, ist leicht verwertbar und bietet gute Sicherheit, um die oft schwache Kreditposition von Luftfahrtgesellschaften zu stützen.

In Zeiten überschüssiger Öltankerkapazität mag der Sicherungswert eines Tankers soweit fallen, daß wenig Sicherheit übrigbleibt. Aber eine feste Vercharterung ohne Mannschaft (Bareboat Charter) an eine größere internationale Ölgesellschaft macht die Finanzierung zu einer solchen mit hoher Investmentqualität. Dies ist ein typischer Fall, in dem die Bewertung der Kreditwürdigkeit des Schuldners sich auf die Fähigkeit des Benutzers bezieht, die Schuld zu bedienen. Obligationen auf Einnahmen aus Industrieansiedlung (Industrial Revenue Bonds) sind heute ein wesentliches Kapitalmarktinstrument im Aufgabenbereich des Wertpapieranalysten. Der Kredit einer unbekannten Gemeinde oder eines „Landkreises" (County) ist unbedeutend; lediglich der Schuldner gegenüber dieser Einheit, häufig ein größeres Wirtschaftsunternehmen, muß analytisch untersucht werden.

Ein Pfandrecht an einem Grundstück, das vom Geschäftsbetrieb des Kreditnehmers benutzt wird und in seinem Eigentum steht, verleiht einem Schuldinstrument meist nur wenig zusätzlichen Wert. Besonders ausgelegte Grundstücke im Unternehmensgebrauch erhalten ihren Wert hauptsächlich durch ihren Beitrag zu der Ertragskraft der Gesellschaft. Rentabilität des Betriebes ist daher die wirkliche Quelle der Kreditwürdigkeit. Ansprüche auf sonstige Vermögenswerte des Unternehmens haben ebenfalls an Wert verloren: Die Entwicklung im Konkursfalle geht immer mehr dahin, das Unternehmen zu restrukturieren („Vergleich"), damit es weiterlaufen kann und nicht dahin, es zu liquidieren, um die Schulden entsprechend den gesetzlichen Prioritäten bezahlen zu können. Zwangsversteigerungen für Hypotheken können nach dem Konkursgesetz über lange Zeit aufgehalten werden, und die Verzögerung bei der Durchsetzung von Ansprüchen verringert ihren möglichen Wert. Das Hauptziel des Investors in Obligationen muß daher darin bestehen, Schwierigkeiten von vornherein zu vermeiden, anstatt Schutz im Falle von Schwierigkeiten zu suchen.

Wenn daher die nachrangigen Schulden einer Gesellschaft nicht sicher sind, sind die ihnen vorgehenden Verbindlickeiten wahrscheinlich auch kein geeignetes Investment. Umgekehrt formuliert: Wenn eine Gesellschaft kreditwürdig ist, sollte der Investor das Wertpapier mit dem höheren Ertrag kaufen, und das wäre vermutlich die neuere oder nachgeordnete Obligation. Wenn man ein Investment nur auf vorrangige Wertpapiere beschränkt, ist das ein Mißtrauensvotum gegen die Bewertung der Kreditwürdigkeit einer Gesellschaft.

Bei dieser weitreichenden Schlußfolgerung zugunsten der nachrangigen Wertpapiere müssen wir allerdings eine Einschränkung machen: Wenn die vorrangige Position nicht mehr als ein geringes Opfer an Ertrag kostet, mag der daraus folgende bescheidene Schutz gegen das Unvorhersehbare sein Geld wert sein. Wenn der

Tafel 24.3: Häufigkeit von Zahlungsunfähigkeit bei öffentlich ausgegebenen Obligationen

Periode	Prozentsatz der Zahlungsunfähigkeit für alle Gesellschaften
1900–1909	0,90
1910–1919	2,00
1920–1929	1,00
1930–1939	3,20
1940–1949	0,40
1950–1959	0,04
1960–1967	0,03
1968–1977	0,16
1978–1985	0,10

Quelle: Die historischen Daten entsprechen der Darstellung bei Edward I. Altman and Scott A. Nammacher in Investing in Junk Bonds, John Wiley & Sons, New York, 1987, S. 107.

Investor außerdem Bedenken hinsichtlich der Liquidität der Obligation hat, liegt die Auswahl der vorrangigen Wertpapiere nahe in der Annahme, daß sie geringeren Kursschwankungen unterworfen ist.

Ertragskraft als Zahlungsquelle

Für die Masse der Gesellschaftsobligationen ist es die Ertragskraft, die als Zahlungsquelle in Betracht kommt. Sicherlich wird eine Elektrizitätsgesellschaft, wenn sie ein wachsendes Gebiet versorgt, ein Wertpapier durch den Verkauf eines neuen

Tafel 24.4: Verteilung der notleidenden Obligationen nach Einstufung

	ursprüngliche Einstufung	ein Jahr vor Zahlungsunfähigkeit	sechs Monate vor Zahlungsunfähigkeit
BBB	22,4 %	7,8 %	1,4 %
BB	19,8 %	11,3 %	7,9 %
B	40,5 %	42,6 %	41,1 %
CCC	17,3 %	33,3 %	41,1 %
CC	0,0 %	5,0 %	8,5 %
	100,0 %	100,0 %	100,0 %

Quelle: Edward I. Altman and Scott A. Nammacher, Investing in Junk Bonds, John Wiley & Sons, New York, 1987, S. 131.

Tafel 24.5: Zahlungsunfähigkeit bei Industrieobligationen von 1970–1985, nach Industrien

	Anzahl der Kreditnehmer	Gesamtbetrag der Kredite (in Millionen $)
Industriegesellschaften (58,6 %)		
Einzelhandel	14	669,9
Allgemeine Verarbeitung	18	573,4
Computer, Elektronik, Kommunikation	21	574,4
Öl und Gas	18	1 101,4
Grundstücksgesellschaften, Bau	12	209,4
Verschiedenes	17	737,2
	100	3 865,6
Real Estate Investment Trusts (REIT's) (5,7 %)	12	379,2
Finanzdienstleistungen, Leasing (8,8 %)	10	579,0
Transport (26,9 %)		
Eisenbahn	9	1 291,3
Luftfahrtindustrie	6	303,0
Sonstige	6	181,1
	21	1 775,5
Insgesamt (100 %)	143	6 599,3

Quelle: Edward I. Altman and Scott A. Nammacher. Investing in Junk Bonds, John Wiley & Sons, New York, 1987, S. 133.

ablösen. Aber es ist die langjährige Gewinnentwicklung, die die Umschuldung im Kapitalmarkt möglich macht. Für kapitalintensive Industriegesellschaften wird die Rückzahlung der einzelnen Wertpapierausgaben erwartet, wenn auch die gesamte ausstehende Verschuldung mit dem Wachstum des Unternehmens steigen mag.

Tafel 24.3 gibt einen Überblick über die Fälle, in denen Obligationen notleidend wurden. Chronologisch gesehen ist diese Rate – mit einer leichten Verzögerung – in Zeiten von Rezession oder Depression angestiegen.

Ein besseres Maß mag die Rate für notleidende Wertpapiere niedrigerer Qualität sein, aber einige Fälle von Zahlungsunfähigkeit ereignen sich auch bei Wertpapieren von Investmentqualität. Tafel 24.4. beispielsweise zeigt die Verteilung der Zahlungsunfähigkeit nach der Einstufung der Gesellschaften für die Periode 1970–1985.

In Tafel 24.5 werden die notleidenden Obligationen in der Periode 1970–1985 nach Industrien aufgeteilt. Darin zeigt sich, daß Wachstum und Rentabilität eines Industriezweiges keineswegs sicherstellen, daß alle Gesellschaften dieser Industrie eine befriedigende Performance aufweisen werden. Es besteht sogar die Gefahr, daß eine günstige Stellung der Industrie die Investoren dahingehend beeinflussen mag, ihre Vorsicht aufzugeben und besondere Risiken einzugehen, die sie sonst als unakzeptabel ansähen. Die Geschichte von Viatron Computer Systems ist ein Beispiel. Die Gesellschaft bot ein preiswertes, effizientes System für kleine Geschäftsunternehmen an in der Art, wie sie letztlich höchst erfolgreich wurden. Die Gesellschaft konnte aber dieses Produkt nicht liefern. Innerhalb eines Jahres, nachdem die Gesellschaft Wandelschuldverschreibungen angeboten hatte, befand sich Viatron im Konkurs.

Vor vielen Jahren schon sah man auf die drei großen C's der Kreditwürdigkeit: Es sind Collateral (Sicherungswerte – Vermögenswerte als Quelle der Schuldenrückzahlung), Capacity (Ertragskraft als Quelle der Schuldenrückzahlung) und Charakter. Das dritte C wird zu häufig als gegeben unterstellt und nicht genügend bewertet. Wir brauchen nicht zu Ivar Kreuger und der internationalen Streichholzgesellschaft zurückzugehen, um fehlende Integrität im Geschäftsleben und finanziellen Dingen zu suchen. Equity Funding, Flight Transportation, Itel, Saxon, US Financial und Westgate vereinigten auf sich 6 % der Dollarbeträge in Tafel 24.5, und die Verluste für Investoren waren letztlich größer.

Die Ertragskraft, die ein befriedigendes Investment in Obligationen sicherstellt, hängt von mehreren Faktoren ab: Es ist einmal die grundsätzliche Stärke im Geschäftsleben (zum Beispiel Stellung im Markt, Loyalität der Kunden, Entwicklung neuer Produkte, Verkaufsförderung und allgemeines Management). Es ist weiter die finanzielle Stärke (zum Beispiel Liquidität, angemessene Eigenkapitalfinanzierung, Preispolitik, Kostenkontrolle und Gewinnplanung) und schließlich die allgemeine wirtschaftliche Entwicklung der betreffenden Industrie. Selbst diese abgekürzte Liste zeigt, daß die Faktoren sich in starkem Maße auf die einzelne Gesellschaft beziehen. Gibt es nicht dennoch allgemeine Richtlinien, um zu messen, ob der Schutz durch die Ertragskraft angemessen ist? Bemühungen, den Konkurs von Gesellschaften vorherzusagen, sind ein fruchtbares Feld, um solche Richtlinien zu finden. Denn sie suchen finanzielle Kennzahlen, die im allgemeinen als Frühwarnsignale von möglichen Versagensfällen dienen können.

Das maßgebliche Werk von Beaver und Altmann[1]) liefert eine Fülle von Beweisen, daß finanzielle Kennzahlen, allein oder zu mehreren, ziemlich frühzeitig Gesellschaften entdecken können, die vermutliche Kandidaten für einen Konkurs sind. Altmanns Z-Punkte sind zu dem ZETA-Modell erweitert worden, das von Robert Haldemann als ZETA-Credit/Risk Evaluation kommerziell vertrieben wird.[2]) Die sieben Finanzkennzahlen, die für das dortige Punktesystem benutzt werden, haben diese Reihenfolge:

---

[1]) William Beaver, „Financial Ratios as Predictors of Failures", Journal of Accounting Research, Januar 1967, und Edward I. Altman. „Financial Ratios, Discriminant Analysis and the Prediction of Corporate Bankruptcy", Journal of Finance, September 1968. Ein umfassender Überblick über das ganze Gebiet findet sich bei Edward I. Altman, „Corporate Financial Distress", Wiley, New York, 1983.
[2]) Zeta Services, Inc. 5, Marine View Plaza, Hoboken, N. J. Ein ZETA-Wert und Änderungen darin werden für mehr als 4800 Gesellschaften berechnet.

Kapitel 24: *Auswahl von festverzinslichen Wertpapieren*

1. *Angesammelte Rentabilität (Cumulative Profitability).* Das Verhältnis der laut Bilanz einbehaltenen Gewinne zu den gesamten Vermögenswerten.
2. *Stabilität der Gewinne.* Ein Maß für den (statistischen) Standard-Fehler der Schätzung (Standard Error of Estimate), bezogen auf den 10-Jahres-Trend der Gewinne vor Zinsen und Steuern im Verhältnis zu den gesamten Vermögenswerten.
3. *Kapitalisierung.* Ein 5-Jahres-Durchschnitt des Börsenwertes des Eigenkapitals (Common Equity) im Verhältnis zur Gesamtkapitalisierung. Dabei werden vorrangige Wertpapiere zum Pariwert oder zum Liquidationswert und die Stammaktien zum Börsenkurs genommen.
4. *Größe.* Buchwert der materiellen Vermögenswerte.
5. *Liquidität.* Die Liquidität zweiten Grades.
6. *Schuldendienst.* Verhältnis der Zinsdeckung.
7. *Rentabilität im allgemeinen.* Gewinne vor Steuern und Zinsen im Verhältnis zu den gesamten Vermögenswerten.

Durchschnittliche ZETA-Werte für einzelne Gesellschaften, deren vorrangige Verbindlichkeiten von Standard und Poor's eingestuft waren, betrugen im Februar 1987:

Einstufung durch Standard & Poor's	durchschnittliche Punkte	Einstufung durch Standard & Poor's	durchschnittliche Punkte
AAA	8,78	BB	1,47
AA	6,82	B	−0,59
A	5,19	CCC	−8,36
BBB	2,87	ohne Einst.	0,41

Quelle: Zeta Services, Inc., Analysis Book, Hoboken, N. J., Winter 1986–1987, bond rating analysis table, S. 1.

Diese Analysen zeigen nicht nur mögliche Kandidaten für den Konkurs auf, sondern geben auch ein ständiges Maß für die Entwicklung der Kreditwürdigkeit und helfen dem Analysten, Kandidaten zu finden, die für Investoren entweder herauf- oder herabgestuft werden sollten. Wenn die ZETA-Werte unter 2.9 fallen, droht der Verlust einer Einstufung von BBB oder besser.[3]

---

[3] Eine nützliche Erörterung von Einstufungen findet sich bei David F. Hawkins, Barbara A. Brown und Walter J. Campbell, „Rating Industrial Bonds", Financial Executives Research Foundation, Morristown, N. J., 1983.

Bedeutung der Vorgeschichte

Die bisherige Performance ist die hauptsächliche Grundlage, um zu entscheiden, ob ausreichender Schutz für festverzinsliche Wertpapiere besteht. Die Fähigkeit, die der Analyst hier sucht, um den Sicherheitsrahmen abzustecken, ist bereits demonstriert worden und hat sich damals als verläßlich für die Zukunft erwiesen. Wer im Hinblick auf zukünftige Entwicklungen etwas riskieren will, soll Junk Bonds kaufen oder ein Risiko bei Aktien eingehen.

In ausgesuchten Fällen von besonders guten Kreditnehmern braucht der Analyst nicht über die Ertragskraft und Liquidät laut Geschäftsbericht hinauszugehen, um das Bedürfnis für einen Sicherheitsrahmen in einem ungünstigen Umfeld der Gesamtwirtschaft oder einer Industrie zu befriedigen. Im Normalfalle jedoch sind Bilanz und Gewinn- und Verlustrechnung, wie sie für die Analyse angepaßt wurden, die einzig verläßlichen Quellen. Teil 2 hat die Arten von Anpassungen, die erforderlich sind, vollständig erörtert.

Die Vorgeschichte ist auch die beste Quelle für Erkenntnisse über die Auswirkungen von augenblicklichen und zukünftigen Entwicklungen. Dazu müssen allerdings aus dieser Vorgeschichte willkürliche oder künstliche Maßnahmen ausgeklammert werden, die ihr Erscheinungsbild verbessern sollen. Die Empfindlichkeit gegenüber gesamtwirtschaftlichen und Wettbewerbs-Faktoren in jüngster Zeit ist häufig eine bessere Richtschnur für zukünftige Aussichten, als Ergebnisse in der fernen Vergangenheit. Ohne sich zu sehr in kurzfristige Entwicklungen von begrenzter Bedeutung zu verlieren, kann der Analyst doch viele Erkenntnisse dadurch gewinnen, daß er beobachtet, wie eine Gesellschaft auf die Kapriolen des Marktes für ihre Produkte reagiert.

Hohe oder stabile Deckung des Schuldendienstes?

Der Käufer von festverzinslichen Wertpapieren mit Investmentcharakter ist normalerweise bereit, ein gewisses Risiko bei den Zinssätzen einzugehen, besonders bei langfristigen Papieren. Aber er will kein Kreditrisiko und erhält dafür auch keine Entschädigung. Ein nachhaltiger bescheidener Sicherheitsrahmen ist gegenüber einer höheren Durchschnittsdeckung des Schuldendienstes zu bevorzugen, wenn diese durch weite Fluktuationen gekennzeichnet ist.

Der Charakter der Industrie (und an zweiter Stelle der Gesellschaft) sollte die Maßstäbe des Analysten dafür bestimmen, was als angemessene Fähigkeit zur Schuldenrückzahlung anzusehen ist. Ein sehr bescheidener Sicherheitsrahmen kann ausreichen, wenn der Geschäftszweig von Natur aus stabil in seiner Fähigkeit ist, flüssige Mittel zu erzeugen. Stromversorgungsunternehmen haben bisher viele Beispiele für festverzinsliche Wertpapiere von guter Qualität geliefert, weil ihre Erträge so eine geringe Schwankungsbreite haben. Dennoch brachte die Kernkrafttechnologie für einige Gesellschaften wesentliche Änderungen ihrer historischen

Kapitel 24: *Auswahl von festverzinslichen Wertpapieren*

Wachstumsraten und Stabilität. Diese Erfahrung ist eine nützliche Erinnerung, daß die Kräfte des Wandels ständig bequeme historische Vorbilder zerstören.

Umstrukturierungen

Eine Gesellschaft kann sich durch radikale Änderungen in der Zusammensetzung ihrer Geschäftszweige oder durch größere Änderungen in ihrer Finanzposition umstrukturieren. Das erfordert in beiden Fällen eine völlig andere Benutzung der bisherigen Vorgeschichte. Wenn man diese Vorgeschichte auf individuelle Geschäftssektoren aufteilen kann, mag genügend Kontinuität bestehen, um sie weiter verwenden zu können. Sonst muß der Analyst zukünftige (hypothetische) Jahresabschlüsse konstruieren; er muß dabei mit Klugheit und Vorstellungskraft vorgehen, die er durch einen gesunden Skeptizismus gegenüber der neuen Situation kontrollieren muß.

Wenn die Umstrukturierung größtenteils finanzieller Art ist, ist der Analyst dieser Aufgabe gut gewachsen. Bei einem Leveraged Buy-Out[3a] beispielsweise mag der wesentliche Unterschied darin liegen, daß das Management keine freie Kapazität zur Schuldenaufnahme mehr hat und daher das Geschäft nur in etwas engeren und vorgezeichneten Grenzen entwickeln kann. Beschränkungen bei Kapitalinvestments sind wahrscheinlich, und eine gewisse Zeitspanne ist erforderlich, um die geschmälerte Eigenkapitalbasis durch Gewinne wieder aufzubauen. Eine mäßige Ersetzung von Eigenkapital durch Fremdkapital wird solche Folgen normalerweise nicht haben.

Definition der Kreditwürdigkeit

Sowohl für die Finanzpolitik der Gesellschaft als auch für die Entscheidung des Kreditgebers oder Investors ist eine allgemeine Definition der Kreditwürdigkeit nützlich. Wenn Aktien und Obligationen als von Investmentqualität angesehen werden sollen (wo Investmentfaktoren und nicht Spekulation die Ergebnisse des Investors beherrschen), muß der Analyst in dreierlei Hinsicht zufriedengestellt sein:

1. In bezug auf die Fähigkeit der Gesellschaft, ihren Betrieb ohne ernsthafte Verluste oder drastische Einschränkungen aufrecht zu erhalten, auch wenn widrige Bedingungen in der Gesamtwirtschaft oder Industrie herrschen.
2. In bezug auf die Fähigkeit der Gesellschaft, ihre laufenden Verbindlichkeiten und ihre festen Verpflichtungen auch unter widrigen Bedingungen für eine vernünftige Zeitspanne zu erfüllen.

[3a] Anm. des Übersetzers: Übernahme einer Gesellschaft mit geliehenem Geld, für das die übernommene Gesellschaft als Sicherheit dient. (Barron's Dictionary of Finance and Investment Terms unter „Leveraged Buyout".)

3. In bezug auf die Fähigkeit der Gesellschaft, auch unter widrigen Bedingungen neue Kapitalquellen zu finden, um kritische Gebiete ihrer Geschäftstätigkeit zu ändern oder auszudehnen.

Mit diesen Beurteilungen sind Ungewißheiten verbunden, und daher ist ein Sicherheitsrahmen wesentlich, wenn die Größe und Stabilität der Mittelzuflüsse projiziert wird, die für diese Tests erforderlich sind.

Kapitel 25
Besondere Standards für das Investment in Obligationen

Wenn man die negative Kunst der Obligationenauswahl systematisch anwenden will, erfordert das eine gewisse Einheitlichkeit bei den Standards für die Kreditwürdigkeit. Ausnahmen zu allgemeinen Regeln mögen völlig gerechtfertigt sein, aber der Ausgangspunkt muß ein klarer Standard sein, mit dem Wertpapiere zur Berücksichtigung für Investmentzwecke ausgeschieden werden. Es gab Versuche, solche Standards für Finanzinstitutionen gesetzlich festzulegen; sie sind fehlgeschlagen, denn die Standards waren in Form von historischen und mechanischen Verhältniszahlen ausgedrückt. Diese können nicht immer die maßgeblichen wirtschaftlichen und industriellen Faktoren widerspiegeln, die eine zukünftige Entwicklung beherrschen.

Ein klassisches Beispiel für einen solchen Versuch war eine Lockerung der Gewinnstandards für Eisenbahngesellschaften im Jahre 1929; sie bezog sich auf die Festlegung der Obligationen, die legalerweise von Sparkassen und Treuhandfonds im Staate New York gehalten werden durften. Am Vorabend eines schweren wirtschaftlichen Rückschlages für Eisenbahngesellschaften wurde das Volumen von Eisenbahnobligationen, die für „sicheres" Investment zugelassen wurden, um 64,3 % erhöht. Von den zusätzlich in die gesetzliche Liste aufgenommenen Gesellschaften wurden 22 % in der folgenden Dekade der großen Depression zahlungsunfähig.

Nichtsdestoweniger zwingen klare quantitative Standards den Analysten zu besonderer Aufmerksamkeit, wenn er Ausnahmen davon vorschlagen will.

Sicherheitsstandards

Natur des Geschäfts

Die finanzielle Vorgeschichte zeigt klar das Ausmaß, bis zu dem ein Unternehmen durch dynamisches Wachstum, Stabilität, Empfindlichkeit gegenüber dem Konjunkturzyklus oder gegenüber politischen (nichtwirtschaftlichen) Faktoren charakterisiert ist.

Kapitalumschlag

Die Stabilität solcher Charaktereigenschaften über verschiedene Zyklen kann deutlich beobachtet werden, wenn man den Kapitalumschlag (Umsätze, dividiert durch das Gesamtkapital) von Jahr zu Jahr vergleicht.

Beispiel: American Home Products hat eine lange Vorgeschichte stabilen Wachstums mit geringer Empfindlichkeit gegenüber technologischen Änderungen oder Entwicklungen des Konjunkturzyklus. Die erste Hälfte der letzten 10 Jahre sah eine bemerkenswerte Stabilität in der Kennziffer für den Kapitalumschlag, aber in der zweiten Hälfte dieser Periode gab es eine Änderung:

1976	2,49×	1981	2,50×
1977	2,59×	1982	2,49×
1978	2,60×	1983	2,32×
1979	2,57×	1984	2,15×
1980	2,58×	1985	2,04×

Die Fragen des Analysten in den achtziger Jahren sind: Gerät das Unternehmen in seinen Reifezustand? Sammelt die Gesellschaft überflüssiges Kapital an? War die vorhergehende Stabilität ein Kunstprodukt, weil Umsätze in laufenden Dollar und das gesamte Kapital in historischen Einheiten angegeben war? Die Gesellschaft hat diese Fragen bejaht. Das Haushaltsproduktegeschäft wurde 1984 abgestoßen (10 % der Verkäufe 1983); das war eine Antwort. Mehr Aktivität durch Akquisitionen und die Entwicklung neuer Arzneimittel sind eine andere Antwort; dazu kam 1984/1985 ein Aktienrückkaufsprogramm von 3,2 %; dann folgte ein zweites von gleicher Größe. Der Kapitalumschlag ist weit bekannt und geschätzt als der „beste Freund des Analysten"; auch hier gab er einen verläßlichen Hinweis auf einen Wechsel in der Natur des Geschäfts.

Als Ergebnis des Rückganges im Kapitalumschlag hätte man eine niedrigere Gesamtkapitalrentabilität erwartet. Aber im Falle von American Home Products nahm diese Rentabilität nicht ab, denn die Gewinnquote stieg genug, um die Gesamtkapitalrentabilität von 29 % auf 30 % in den späten siebziger Jahren und auf 31,3 % 1984–1986 zu verbessern. Der Analyst würde immer bevorzugen, wenn sich eine solche Verbesserung aus dem Kapitalumschlag entwickelt, weil dieser vermutlich stärkere Kontinuität zeigt. Aber andererseits mag natürlich eine Erweiterung der Gewinnquote eine erfreuliche Zunahme in der Effizienz bedeuten.

Rentabilität

Ein zweites brauchbares Maß für die Natur des Geschäfts ist die Rentabilität. Die an sich aussagekräftigere Gesamtkapitalrentabilität ist häufig nicht verfügbar. Dann kann man die Eigenkapitalrentabilität von Jahr zu Jahr mit der Rendite auf das Eigenkapital des S&P 400 vergleichen. Dadurch erhält man eine Übersicht über die Rentabilität, die eine Berücksichtigung von Inflation und zyklischen Faktoren enthält. Investmentdienste liefern Daten für Industrien, mit deren Hilfe man das

Niveau, das Wachstum und die Stabilität der Ertragskraft vergleichen kann. Dieser Aspekt in der Auswahl von festverzinslichen Wertpapieren ist nahezu identisch mit der Aktienbewertung (Teil 4).

Standort

Der Standort des Unternehmens kann ebenfalls von Bedeutung sein, wenn politische Risiken in Übersee eine Rolle spielen. Im allgemeinen sollte der US-Investor davon ausgehen, daß Fabriken oder Naturschätze einheimischer Gesellschaften im Ausland besonderen Risiken unterliegen. Schuldinstrumente, die durch solche Vermögenswerte gesichert werden, sind kaum attraktiv und können nicht den Sicherheitsrahmen eines einheimischen Unternehmens bieten. Die örtliche Lage innerhalb der USA kann ein wirtschaftlicher Faktor von etwas größerer Bedeutung sein, wenn der Standort ungünstig zu verfügbaren Bodenschätzen, Absatzmärkten, Transportmitteln, Arbeitskräften oder in bezug auf die Praxis von Aufsichtsbehörden gelegen ist; aber solche etwa bestehenden Mängel werden sich wahrscheinlich schon im Niveau der Rentabilität zeigen.

Wachstum

Das bisherige Wachstums des Unternehmens zeigt eine bewiesene Fähigkeit, Güter und Dienstleistungen erfolgreich zur Verfügung zu stellen. Wie schon betont, kann man solche Daten nicht einfach in die Zukunft extrapolieren, aber sie können nützlich für die Schätzung der Marktentwicklung sein. Bei allen solchen Maßen taucht das Problem auf, daß sie empfindlich gegenüber der Auswahl von Anfangs- und Endpunkten sind. Für die meisten Zwecke reichen Berechnungen von Höhepunkt zu Höhepunkt und Tiefpunkt zu Tiefpunkt aus, ohne daß man die statistische Verfeinerung von logarithmischen Trendlinien nach der Methode der kleinsten Quadrate (log least-squares Trendlines) benutzen müßte, um diese Empfindlichkeit zu vermeiden.[1]

Ein ernsteres Problem rührt aus der Inflation der siebziger Jahre her. Hier ist es wesentlich, die Inflation auszuschalten, entweder durch die Benutzung des BSP-Deflators, des Produzentenpreisindexes oder andere Maßnahmen. Sonst kann man der Geldillusion erliegen, wenn man nach langfristigem Wachstum sucht und Daten über Produktionsmengen nicht in zusammenhängender Form zur Verfügung stehen. Für die 15 Jahre, 1970 bis Ende 1984, erzielte American Home Products mit außergewöhnlicher Verläßlichkeit einen Zuwachs der ausgewiesenen Gewinne von 12 % im Jahr, während die Umsätze um weniger als 11 % stiegen. Was heißt das? Wie berücksichtigt man eine unregelmäßige, aber andauernde Inflationsrate von nahezu 7 %, gemessen im Produzentenpreisindex für fertiggestellte Konsumgüter?

---

[1] Das richtige Verfahren, um dieses Problem zu vermeiden, ist in Kapitel 2, Figur 2.2 illustriert.

Soll man sich auf eine *reale* Wachstumsrate von 4 % beziehen? Aber andererseits sollten sicherlich nominelle, nicht reale Dollar benutzt werden, um die Fähigkeit zu messen, Schulden in nominellen Dollar zurückzuzahlen.

Ein noch wichtigerer Aspekt der Erwartungen von zukünftigem Wachstum ist die damit zusammenhängende Kapitalnachfrage. Wenn der Kapitalumschlag stabil bleibt und keine größeren Änderungen in der Art der Geschäftstätigkeit stattfinden, hilft das dem Analysten erheblich, die möglichen Erfordernisse und Methoden der Finanzierung zu schätzen. Er muß die ausreichende Kapazität zur Schuldenaufnahme für solche Bedürfnisse bewerten, wenn er über vorhandene oder demnächst auszugebende festverzinsliche Wertpapiere urteilt.

Stabilität der Ertragskraft

Kontinuität, Verläßlichkeit und Stabilität der Ertragskraft sind Schlüsselfaktoren bei der Bestimmung der Kreditwürdigkeit. Nehmen wir folgendes Beispiel: Die Gesellschaft A verdient ihren Schuldendienst durchschnittlich zwei mal und in keinem Jahr weniger als 1,75 mal. Die Gesellschaft B dagegen hat eine durchschnittliche Deckung von drei mal, hat aber dabei Schwankungen zwischen 4,5 bis 0,5 mal. Auf der Basis dieser Zahlen sollte der Investor die Gesellschaft A bevorzugen. Vielleicht mag Gesellschaft B niemals ernsthaft in die Gefahr eines Zusammenbruchs geraten, aber wenn die Investoren das Vertrauen in die anschließende Erholung verlieren, wird der Wert des Papiers wesentlich leiden. Wie schon vorher betont, besteht ein Hauptziel der Obligationenauswahl darin, Preisschwankungen zu vermeiden, die auf finanzieller Schwäche beruhen.

Sich wiederholende zyklische Unstabilität ist weniger besorgniserregend, weil anzunehmen ist, daß ein ungünstiger Trend sich umkehren wird. Von politischen Faktoren und technologischen Änderungen kann man hingegen nicht nur annehmen, daß sie sich fortsetzen, sondern sie mögen sogar mit der Zeit stärker werden. Dasselbe kann man von Wettbewerbskräften im Markt sagen. Gelegentlich werden die Aussichten eines Wettbewerbers ebenso wichtig für die Analyse sein wie alle Informationen über die untersuchte Gesellschaft selbst.

Außer diesen äußeren Einflüssen auf den Charakter des Unternehmens gibt es einige interne Elemente, die sich aus der Eigenart der Industrie ergeben. Bei einer Luftfahrtgesellschaft besteht eine starke Hebelwirkung, die abhängig von der Sitzplatzausnutzung ist. Wenn diese hohe, durch den Betrieb bedingte Hebelwirkung (Operating Leverage) noch durch eine finanzielle Hebelwirkung bei der Finanzierung des Gerätes verstärkt wird, läßt das ihre Schuldinstrumente nur selten Investmentqualität erreichen. Die Untersuchung des Analysten kann zumindest eine grobe Unterscheidung zwischen den fixen und variablen Kosten einer Gesellschaft treffen. Sollte der Auslastungsgrad (Operating Leverage) ein kritischer Faktor sein, muß der Analyst diese Berechnungen auf den neuesten Stand bringen und Änderungen in der Produktzusammensetzung und erhöhte oder verringerte finanzielle Hebelwirkung aufzeigen.

Für die Stabilität kann man kein quantatitatives Maß angeben, um festverzinsliche Wertpapiere als Investmentkandidaten auszuschließen. Wenn in wirtschaftlich widrigen Zeiten der Schuldendienst nicht verdient werden konnte, sollte ein Wertpapier abgelehnt werden, lautet die allgemeine Regel. Das bedarf jedoch einer Einschränkung: Der Analyst muß sich über die Faktoren klar sein, die die wirtschaftlich widrige Lage hervorriefen und über die Wahrscheinlichkeit, daß sie wiederkehren.

Größe

Größere Gesellschaften – gemessen an ihren materiellen Vermögenswerten – sind im Zweifel kreditwürdiger als kleinere Firmen, einfach wegen ihrer größeren Marktpräsenz, breiteren Produktpalette und ihrem leichteren Zugang zu den Kreditmärkten. Wenn man eine Minimalgröße für festverzinsliche Wertpapiere mit Investmentcharakter festlegen will, ist das unvermeidlicherweise willkürlich. American Motors mit 4 Milliarden Dollar Umsatz und mehr als einer Milliarde Dollar an Kapital ist eine kleine Gesellschaft in der Automobilindustrie. J. M. Smucker Company mit weniger als 300 Millionen Dollar Umsatz und 100 Millionen Dollar Eigenkapital hat eine führende Stellung auf dem Markt für Marmeladen und Gelees inne und hat viele Jahre rentablen Wachstums hinter sich, um seine offensichtliche Kreditwürdigkeit zu begründen.

Die große Depression und frühere Perioden zeigten, daß erhebliche Größe einen gewissen Schutz gegen die bei Industriegesellschaften bestehende Gefahr bietet, daß die Schulden nicht bezahlt werden. Die Übersicht über die Zeit von 1900–1943 von W. Braddock Hickman zeigt, nach der Größe des Schuldners geordnet, den Anteil von Industrieobligationen, die vor 1944 notleidend wurden (siehe Tafel 25.1).

Die größere Verletzlichkeit der Ertragskraft kleiner Gesellschaften in Rezessionen wird durch die neueren Ergebnisse 1981/1982 illustriert. Tafel 25.2 zeigt den Rückgang der Eigenkapitalrentabilität nach Steuern für alle Produktionsgesellschaften vom dritten Quartal 1981 bis zum dritten Quartal 1982.

Tafel 25.1: Notleidende, Industrieobligationen 1900–1943

materielle Vermögenswerte des Schuldners	zahlungsunfähig (%)
Unter 5 Millionen Dollar	38,0
5 bis 99 Millionen Dollar	25,3
100 bis 199 Millionen Dollar	17,2
200 Millionen Dollar und darüber	3,4

Quelle: W.B. Hickman, Corporate Bond Quality and Investor Experience. Princeton University Press for the National Bureau of Economic Research, Princeton, 1958, S. 495.

Tafel 25.2: Rückgang der Eigenkapitalrentabilität (in Prozent)

Eigenkapital	1981	1982	Änderung
Unter 5 Millionen Dollar	16,1	9,1	−43,5
5 bis 10 Millionen Dollar	14,6	8,0	−45,2
10 bis 25 Millionen Dollar	11,4	10,4	− 8,8
25 bis 50 Millionen Dollar	10,6	7,8	−26,4
50 bis 100 Millionen Dollar	13,0	5,0	−61,5
100 bis 250 Millionen Dollar	12,5	7,4	−40,8
250 Millionen bis 1 Milliarde Dollar	12,2	6,8	−44,3
1 Milliarde Dollar und darüber	13,6	10,0	−26,5
alle Produktionsgesellschaften (Manufacturing)	13,4	9,2	−31,3

Quelle: Federal Trade Commission, Quarterly Financial Report for Manufacturing, Mining, and Trade Corporation, third quarter 1982, S. XXIII.

Wenn es auch berechtigt ist, die Größe im Verhältnis zu den führenden Gesellschaften der betreffenden Industrie zu messen, ist es dennoch nützlich, eine zahlenmäßige Mindestgröße festzusetzen. Sicher ist Größe nicht eine Garantie für Rentabilität und finanzieller Stärke, aber ihre nachgewiesene Bedeutung für die Kreditwürdigkeit spricht dafür, daß der Schuldner über 5 Jahre eine Börsenbewertung des Eigenkapitals von mindestens 50 Millionen Dollar gehabt haben sollte. Diese einfache Berechnung ergibt sich als Summe der Hoch- und Tiefpreise der Aktie für die vorhergehenden 5 Jahre, dividiert durch 10 und multipliziert mit der Zahl der ausstehenden Aktien am Ende der Periode. Für regulierte Industrien wie Stromversorgungs-, Telefon- und Gasverteilungsunternehmen scheint keine Notwendigkeit zu bestehen, eine Mindestgröße festzusetzen.

Eine Industriegesellschaft, die diesen Mindestanforderungen an die Größe genügt, mag typischerweise Obligationen in der Größenordnung von 10 bis 25 Millionen Dollar ausstehen haben. Für die Größe der Emission setzen wir keine Mindestzahl fest. Die Größe mag zwar die Handelbarkeit beeinflussen, hat aber keine Bedeutung für das analytische Verfahren.

Emissionsbedingungen

Wenn die Obligation mit Bedingungen ausgegeben wird, die sie den Folgen von Zinsschwankungen besonders aussetzt oder sie davor besonders schützt, verdient das die Aufmerksamkeit des Portfoliomanagers. Der Wertpapieranalyst hat die Aufgabe, solche Eigenschaften einer Emission zu beschreiben und sich zu vergewissern, daß der Investor die dahinterstehenden Möglichkeiten für ihn selbst, aber auch für den Ausgeber, völlig überblickt. Außerdem muß der Analyst feststellen, ob Schutzklauseln vorhanden sind, inwieweit sie Sicherheit bieten und ob sie die Eignung der Obligation für Investmentzwecke vergrößern.

Kapitel 25: *Besondere Standards für das Investment in Obligationen*

Kurze Fälligkeit

Eine kurze Fälligkeit bedeutet einen Anspruch auf Rückzahlung ziemlich bald nach dem Kauf. Das wird unter Sicherheitsgesichtspunkten als vorteilhaft betrachtet, vermutlich wohl, weil weniger Zeit vorhanden ist, in der die Dinge schieflaufen können.Wenn es sich um Schuldscheine (Notes) oder Obligationen handelt, die in Kürze fällig werden, sind daher Investoren oft weniger scharf in ihren Anforderungen als beim Kauf von anderen Obligationen,

Diese Unterscheidung ist ungesund. Eine nahe Fälligkeit bedeutet nicht nur das Privileg für den Investor, bald die Schuld zurückbezahlt zu bekommen, sondern bringt auch das Problem der Refinanzierung für die Gesellschaft. Der Obligationenbesitzer kann nicht einfach damit rechnen, daß die bloße Tatsache der Fälligkeit auch die Rückzahlung garantiert. Die Gesellschaft muß dazu entweder flüssige Mittel haben oder eine Ertragskraft und finanzielle Position besitzen, mit deren Hilfe sie neue Gelder aufnehmen kann. Gesellschaften haben häufig kurzfristige Wertpapiere verkauft, weil ihr Kredit zu diesem Zeitpunkt zu schlecht war, um den Verkauf eines langfristigen Wertpapiers zu einem vernünftigen Satz zu erlauben. Kurz gesagt: Machen Sie keinen Unterschied zwischen lang- und kurzfristigen Wertpapieren dadurch, daß Sie die Sicherheitsanforderungen bei der Auswahl von Wertpapieren kurzer Laufzeit lockern.

Obligationen mit Sicherungsrechten

Wie schon erwähnt, sollte der Analyst der Verpfändung von Vermögenswerten als Sicherheit kein übermäßiges Gewicht beimessen. Sicherlich stellen Transportgerät, Geschäftsräume, Mietwagen und andere Vermögenswerte, die Erlöse bringen, eine gute Sicherheit dar, wenn sie rentabel genutzt werden. Der Geldgeber sieht darin jedoch die Ertragskraft, die die ordnungsmäßige Bedienung der Obligation sicherstellt und nicht so sehr die Möglichkeit, von physischen Vermögenswerten Besitz zu ergreifen.

Zwar muß sich der Besitzer von vorrangigen Wertpapieren in erster Linie auf die Ertragskraft des Ausgebers für seine Sicherheit stützen. Dennoch sollte der Schuldner durch vernünftige Regeln guter Finanzverwaltung gebunden sein: Dadurch sollten Transaktionen der Gesellschaft zum Schaden des Investors verhindert und die Kreditwürdigkeit der Gesellschaft gestärkt werden; im Falle von ungünstigen Entwicklungen sollten Abhilfen bereitstehen. Es ist nicht möglich und nicht einmal wünschenswert, diese Richtlinien auf präzise Regeln zurückzuführen, aber sie sichern zweifellos die Stellung des Inhabers von vorrangigen Wertpapieren (Senior Securities).

Die Bedingungen nachgeordneter Schulden und vorrangiger Wertpapiere verdienen besondere Aufmerksamkeit; es mag zum Beispiel keine Begrenzung für die Ausgabe von vorgehenden Ansprüchen bestehen und nur ein schwacher Schutz gegen die Verwässerung der nachgeordneten Ansprüche. In diesem Falle ist der Gläubiger fast ausschließlich auf die Ertragskraft angewiesen, und der Investor wird vergeblich nach anderen Möglichkeiten Ausschau halten, die ihm Schutz gewähren.

Schutzklauseln

Zu den ziemlich allgemein üblichen Schutzklauseln für vorgehende Wertpapiere gehören:

- Verbot vorgehender Pfandrechte. Unter sonst gleichen Bedingungen ist eine Klausel in einer Hypothekenurkunde, die neue vorgehende Pfandrechte auf dem Eigentum verbietet, durchaus üblich und wünschenswert.
- Klausel über gleiche und anteilmäßige Sicherheit. Wenn eine Obligation nicht gesichert ist, sollte Vorsorge getroffen sein, daß keine Grundpfandrechte an allen oder einigen der Grundstücke der Gesellschaft bestellt werden, ohne daß die Obligation gleichmäßig und anteilmäßig gesichert wird.
- Ausnahme für Restkaufgeldhypothek. Es ist jedoch üblich, uneingeschränkt Restkaufgeldhypotheken auf nachträglich erworbenen Grundstücken zuzulassen.
- Begrenzungen für die Vergrößerung der Emission oder Aufnahme weiterer Schulden. Viele Obligationen haben eine Schutzklausel gegen die Verwässerung der speziellen Emission und gegen die Erhöhung der Schuld im Verhältnis zum Eigenkapital. Übliche Klauseln erfordern zusätzliches Eigenkapital im Falle von öffentlichen Versorgungsunternehmen und befriedigende Gewinne im Falle von Industriegesellschaften. Die praktische Bedeutung dieser Klauseln ist jedoch geringer, als es den Anschein hat, denn im Normalfalle würden die Klauseln ohnehin erfüllt sein müssen, wenn die Gesellschaft mit einer weiteren Obligation erfolgreich auf den Kapitalmarkt gehen wollte.
- Erfordernisse für das Nettoumlaufvermögen. Klauseln, wonach das Nettoumlaufvermögen im Verhältnis zur Gesamtverschuldung aufrecht erhalten werden muß, erscheinen nur in Industrieobligationen. Die erforderlichen Prozentsätze schwanken ebenso wie die Strafen bei Verletzung. In den meisten Fällen ist das Ergebnis ein Verbot von Dividendenzahlungen oder Beschränkungen beim Investment in Fabriken und Anlagen, bis das erforderliche Niveau oder Verhältnis des Nettoumlaufvermögens wieder hergestellt ist. Das Verbot von Dividendenzahlungen und Aktienrückkäufen unter solchen Bedingungen ist gesund und praktikabel. Aber wenn eine schärfere Klausel vorgesehen ist, die einen Mangel an Nettoumlaufvermögen als einen Fall behandelt, der der Zahlungsunfähigkeit gleichsteht (Default), ist das wahrscheinlich nicht wirkungsvoll oder auch nur günstig für den Besitzer der Obligation. Der Konkurs schadet mehr, als daß er den Gläubigern hilft, und das gilt besonders in diesem Zusammenhang. Begrenzte Verzichte auf solche Klauseln sind üblich bei Privatplazierungen und in Terminausleihungen von Banken.
- Tilgungsfonds und Serienfälligkeiten. Die Vorteile eines Tilgungsfonds sind doppelt. Die ständige Verringerung der Größe der Emission sorgt für zunehmende Sicherheit und leichtere Rückzahlbarkeit des Restes bei Fälligkeit. Ebenso wichtig ist die Unterstützung, die die Obligation an der Börse erfährt, indem wiederholt Nachfrage erscheint. Unter bestimmten Umständen ist ein Tilgungsfonds zum Schutz absolut notwendig, beispielsweise wenn die hauptsächliche Sicherheit der Emission ein Vermögenswert ist, der sich erschöpft. Eine Til-

gungsfondsvereinbarung, die an die Gewinne geknüpft ist, mag besonders wünschenswert erscheinen. Als American Sugar Refining ihre 7%igen Vorzugsaktien einzog, bezahlte sie diese zum Teil mit nachgeordneten 5,30%igen Schuldscheinen, fällig 1993. Die Urkunde sah einen Tilgungsfonds vor, und zwar in Höhe des geringeren Betrages: Entweder 10 % des konsolidierten Jahresüberschusses oder eines Betrages, der ausreichte, die gesamte Emission bei Fälligkeit zurückzuzahlen. Die Gewinne sind seitdem mehr als ausreichend gewesen, und die letzten 23 % des Wertpapieres wurden schnell durch den Tilgungsfonds aufgekauft. Die Obligation, die Mitte 1986 bei 81 notierte, wurde im Januar 1987 zu 101½ zurückgekauft. Für die Durchsetzung von Tilgungsfondsklauseln bestehen dieselben Probleme wie für die Durchsetzung von Klauseln über das Nettoumlaufvermögen. Das Ausbleiben einer Tilgungsfondszahlung wird in der Obligationsurkunde normalerweise als ein Fall des Verzuges oder der Zahlungsunfähigkeit (Default) bezeichnet, der dem Treuhänder erlaubt, den Kapitalbetrag für fällig zu erklären. Diese Klausel wird fast nie erzwungen. Die Obligationäre, vor allem von nachgeordneten Schulden, stimmen im allgemeinen zu, daß Zahlungen des Tilgungsfonds aufgeschoben werden, um nicht eine vorzeitige Zahlungsunfähigkeit im rechtlichen Sinne herbeizuführen.

Ein Verzug (Default) bei einer Verbindlichkeit hat unter Umständen Verzug für andere zur Folge (Cross-Default). Deshalb und wegen anderer Klauseln muß der Analyst die Bedingungen aller Zahlungsverbindlichkeiten, sowie Leasing-, Miet- und Pachtverbindlichkeiten überprüfen, nicht nur die des besonderen Wertpapieres, das er analysiert. Häufig werden Bankkredite die stärksten Einschränkungen enthalten, aber sie werden möglicherweise abgeändert oder das Darlehen abgezahlt, lange bevor die Obligation fällig wird.

Kündigungsklauseln (Call Provisions) und Tilgungsfondserfordernisse sind für den Portfoliomanager wichtig, wenn er ein Portfolio für seine besonderen Bedürfnisse und Ziele zusammenstellt. Aber für den Wertpapieranalysten haben sie eine völlig andere Bedeutung. Er ist mit solchen Bedingungen nur insofern befaßt, als sie die Fähigkeit des Darlehensnehmers berühren, seinem Schuldendienst nachzukommen, ohne ihn übermäßig bei neuen Projekten und neuen Gelegenheiten einzuengen.

Bisherige Rentabilität

Das einfache Verhältnis von einbehaltenen Gewinnen in der Bilanz („Gewinnrücklage") zum Gesamtvermögen erscheint ein hoffnungslos naiver Standard, aber dennoch kann man daraus wichtige Informationen entnehmen, und zwar: 1. über die Rentabilität, 2. über das Alter (das Reifwerden) und 3. das Wachstum der Gesellschaft. Ihre Bedeutung bei der Vorhersage eines Konkurses kann nicht übersehen werden. Bei Benutzung der Kennzahl sollte die normale Vorsicht beachtet werden, um sicherzustellen, daß sie nicht verzerrt ist. Wenn beispielsweise eine sehr erfolgreiche Gesellschaft über eine Reihe von Jahren in großem Umfange Gratisaktien (Stock Dividends) ausgibt, überträgt sie Kapital aus den einbehaltenen Gewinnen auf das ausgewiesene Kapital. Dadurch könnte sie ein Niveau einbehaltener Gewinne ausweisen, das ihre bisherige Rentabilität viel zu niedrig erscheinen läßt.

Es wird keine Mindestzahl als Erfordernis angegeben, aber Kennzahlen von 40 % oder mehr lassen auf eine lange Geschichte von Rentabilität schließen. Für kapitalintensive Gesellschaften können 25 % oder mehr in gleicher Weise positiv zu beurteilen sein. Prozentsätze darunter sollten den Analysten veranlassen, die bisherige Entwicklung näher zu untersuchen. Dieses Maß für die bisherige Rentabilität einer Gesellschaft ist verläßlicher als die Bezugnahme auf die bisherigen Dividendenzahlungen.

Schutz durch Vermögenswerte

Liquidität

Abgesehen von kapitalintensiven Industrien wie Materialverarbeitung, öffentliche Versorgungsunternehmen, Transport, Holzprodukte und andere, die durch geringe Kapitalumschlagsraten gekennzeichnet sind, sollte das Nettoumlaufvermögen (Net Current Assets) 100 % der gesamten langfristigen Verbindlichkeiten (total longterm debt) ausmachen. Die andere Alternative, das Verhältnis des gesamten Umlaufvermögens zu allen Verbindlichkeiten, ist in gleicher Weise aufschlußreich.

Für die Liquidität hat die konventionelle Kennzahl für das Nettoumlaufvermögen (Liquidität 2. Grades, Current Ratio – Kap. 20, Nr. 26) immer noch ihren Stellenwert. Wenn das Umlaufvermögen effizient eingesetzt wird, kann dieses Verhältnis etwas unter dem traditionellen Standard von 2 : 1 liegen, aber 1,75 : 1 sollte von finanziell starken Gesellschaften mit Ausnahme der oben genannten Arten verlangt werden.

Die Liquidität ersten Grades (Quick Ratio – Kap. 20, Nr. 27 – Umlaufvermögen abzüglich Vorräte, dividiert durch kurzfristige Verbindlichkeiten) ist das beste Liquiditätsmaß und gilt im allgemeinen für alle Industrien. Sie sollte nahe bei 1 : 1 liegen, um eine starke Krediteinstufung zu stützen, auch wenn die Gesellschaften heute viele Techniken entwickelt haben, um die Haltung von flüssigen Mitteln zu verringern. Der Trend dieser Kennzahlen ist aufschlußreicher als eine bestimmte Zahl zum Jahresende.

Beispiel: Monsanto Company hatte für 1985 und 1984 die in Tafel 25.3 gezeigten Kennzahlen. Der Rückgang bei diesen Kennzahlen ist eine Folge des Kaufes von G.D. Searle and Company im Jahre 1985. Die Erklärung der Gesellschaft in ihrem Geschäftsbericht 1985 (S. 35) äußert sich klar über Fragen von Liquidität und Kapitalstruktur: „Um das Niveau der Schulden und die finanziellen Kennzahlen nach der Akquisition von Searle wieder auf akzeptable Maße zu bringen, beschloß die Gesellschaft ein Programm, um verschiedene Geschäftszweige und Vermögens-

Tafel 25.3: Kennzahlen für Monsanto Company

	1985[2])	1984[2])
Liquidität 2. Grades		
Umlaufvermögen[1])	3 497 $	2 830 $
kurzfristige Verbindlichkeiten	2 378 $	1 202 $
Kennzahl	1,47 : 1	2,35 : 1
Liquidität 1. Grades		
Umlaufvermögen abzüglich Vorräte	2 180 $	1 758 $
kurzfristige Verbindlichkeiten	2 378 $	1 202 $
Kennzahl	0,92 : 1	1,46 : 1
Deckung aller Verbindlichkeiten		
Umlaufvermögen[1])	3 497 $	2 830 $
Gesamte Verbindlichkeiten	5 470 $	2 739 $
Kennzahl	0,64 : 1	1,03 : 1

[1]) Angepaßt, um die LIFO Reserve nach Steuern wieder herzustellen.
[2]) Dollarbeträge in Millionen.

werte zu veräußern ... Monsantos Liquidität zweiten Grades betrug zum Jahresende 1985 1,4 : 1, verglichen mit 2,2 : 1 im Jahre 1984. Das Management hält eine Kennzahl von 2,0 : 1 für wünschenswert." Unter Hinweis darauf, daß die langfristige Verschuldung 38 % des gesamten Kapitals, verglichen mit 18 % 1984, ausmachte, führte der Geschäftsbericht 1985 weiter aus: „Das Management ist der Auffassung, daß das Verhältnis der langfristigen Verschuldung zur gesamten Kapitalisierung auf die Dauer ungefähr 33 % betragen sollte." Diese Erklärung macht klar, daß die Finanzpolitik der Gesellschaft solche Standards ansteuert, die eine unzweifelhafte Kreditwürdigkeit der Obligationen der Gesellschaft sicherstellen.

Eigenkapitalpolster

Das Anlagenkonto einer öffentlichen Versorgungsgesellschaft, so wie es für ihre Gebührenbasis anerkannt ist, liefert einen wichtigen Hinweis für den Schutz, der für Obligationen besteht. Dies trifft im Falle von Transportunternehmungen und Industriekonzernen kaum zu. Für die letzteren sollte man ein anderes Maß des Eigenkapitalpolsters benutzen, auf das der Obligationär angewiesen ist, um Erschütterungen durch widrige Umstände abzufangen. Dieses Eigenkapital ist der Wert des laufenden Unternehmens und nicht der Buchwert der Vermögensgegenstände. Ehe er einen vollen Preis für die Obligationen eines Unternehmens zahlt, muß der Investor überzeugt sein, daß das Geschäft mehr wert ist, als es schuldet.

Für eine gesunde Industrieobligation sollte der Wert des Unternehmens *dreimal so hoch wie die gesamten Schulden* sein. Das Eigenkapitalpolster sollte also 200 % des Nennbetrages der Schulden einer Industrie- oder Transportgesellschaft betragen, wenn ihre Kreditwürdigkeit eindeutig sein soll. Zwar wäre es wünschenswert, daß der Analyst eine vollständige Bewertung des Eigenkapitals für diesen Zweck vornähme, wie das in Teil 4 des Buches dargestellt ist. Aber das mag erheblich mehr Zeit und Aufwand erfordern, als durch die Entscheidung über das Investment in die Obligation gerechtfertigt wäre. Wenn auch im Hinblick auf die Launen der Börse etwas zögernd, empfehlen wir daher als Ersatz einen 5-Jahres-Durchschnitt des Börsenwertes des Eigenkapitals.

Nach diesem Maß hatte Monsanto Company Ende 1984 eine erhebliche unbenutzte Kapazität zur Fremdkapitalaufnahme; der 5-Jahres-Durchschnitt der Börsenbewertung des Eigenkapitals betrug 382 % der gesamten Verschuldung. Nach der Akquisition von Searle sank das Eigenkapitalpolster auf 168 % Ende 1985, ist aber inzwischen durch Schuldenrückführung wieder aufgebaut worden. Sicherlich ist ein Eigenkapitalpolster von 200 % ein scharfer Test für die Qualität einer Obligation. Aber sie stimmt überein mit der Regel, daß die Fremdkapitalkomponente in der Kapitalstruktur einer Industriegesellschaft ungefähr ⅓ betragen soll. Wenn der durchschnittliche Börsenwert für das Eigenkapital sich nur auf 133 % des Buchwertes beläuft, würde eine 40%ige Schuldkomponente der Kapitalisierung zu Buchwerten diesen Test noch bestehen. Der Value Line Industrial Composite aus über 900 Gesellschaften für Industrie, Einzelhandel und Transport (mit Ausnahme von Eisenbahnen) ergibt Ende 1985 eine Kapitalstruktur von 32 % Fremdkapital, 2 % Vorzugsaktien und 66 % Stammaktien zu Buchwerten. Für dieses Datum betrug das Verhältnis des Börsenwertes zum Buchwert 1,58.[2] Der Test auf ausreichendes Eigenkapitalpolster ist eine Ergänzung, nicht ein Ersatz für den Test in bezug auf die Deckung durch Gewinne.

Schutz durch die Ertragskraft

Im vorigen Kapitel wurde schon die Problematik erörtert, die im Hinblick auf die übliche Zinsdeckungsrate besteht: Daß die Zinsen soundsoviel mal durch den Nettoertrag (Jahresüberschuß) vor Zinsen und Ertragssteuern gedeckt sind. Ursache sind die weiten Schwankungen bei den Zinssätzen über die letzte Dekade. Ein beweglicher Durchschnitt (Moving Average) für die 10 Jahre, die 1986 endeten, stünde bei 12 % für neue Gesellschaftsobligationen mit Investmentqualität (mit A eingestuft) und kann benutzt werden, um eine formelle Zinsdeckung zu berechnen, die vielleicht brauchbarer ist. Nutzungsverträge sollte man auf derselben Basis aktivieren (kapitalisieren), um die Verzerrungen zu vermeiden, die durch besonders gute oder schlechte Auswahl des Finanzierungszeitpunktes verursacht werden.

---

[2] Value Line Inc., The Value Line Investment Survey, New York, 25. Juli 1986, S. 951–954.

Kapitel 25: *Besondere Standards für das Investment in Obligationen*

Wenn keine erhebliche Verzerrung bei den Zinsbelastungen besteht, ist eine durchschnittliche Deckung vor Steuern von mindestens 5 mal für Industriewerte und 3mal für öffentliche Versorgungsunternehmen ausreichend, um eine starke Sicherheit zu gewährleisten. (Für diese Berechnungen werden die gesamten Zinsverpflichtungen benutzt; kapitalisierter Zins oder im Falle von öffentlichen Versorgungsunternehmen der manchmal erhebliche Betrag für AFUDC [Allowance for Funds used during Construction] wird nicht abgezogen). Ein Testergebnis für das schlechteste Jahr in Höhe von 2mal Zinsdeckung (gestützt auf das Betriebsergebnis) ist für die meisten Kreditnehmer ausreichend, um Fälle zu berücksichtigen, wo die Ertragskraft typischerweise weiten Schwankungen unterliegt.

Der Zeitraum für Beobachtung und Berechnung von durchschnittlichen Deckungsquoten sollte ausreichend sein, um ein oder zwei volle Konjunkturzyklen zu umfassen, was 5 oder 10 Jahre bedeuten kann. Die Rezessionen 1980 und 1981/1982 beispielsweise brachten ziemlich gute Tests. Aber gewisse Industrien haben ihre eigenen, lang ausgezogenen Rezessionen, zum Beispiel Landwirtschaftsmaschinen, Stahl und Nichteisenmetalle. Die Benutzung der Mindestdeckung für das schlechteste Jahr soll Anzeichen für chronische Instabilität bei der Ertragskraft erfassen.

Das bevorzugte Maß für den Schutz durch die Ertragskraft ist jedoch die Deckung für den gesamten Schuldendienst. Diese Kennzahl ist das Verhältnis des Jahresüberschusses (Net Income) vor Zinsen und Steuern zuzüglich sonstiger Belastungen ohne Mittelabfluß, dividiert durch das nachhaltige Zinsniveau für die gesamten Verbindlichkeiten zuzüglich Zahlungen zur Schuldentilgung, erhöht auf eine Basis wie vor Steuern.[2a] Diese Kennzahl sollte im Durchschnitt 2 betragen und im schlechtesten Jahr nicht unter 1 fallen. Zahlungsverpflichtungen aus Nutzungsverträgen (Operating Lease, Miete, Pacht) sind natürlich eingeschlossen, aber der Anteil, der davon auf die Kapitalrückzahlung entfällt, braucht nicht auf eine Basis vor Steuern erhöht zu werden, denn er ist so schon steuerlich abziehbar, genau wie die Zinskomponente. Die Schwankungsbreite und der Trend dieser Kennzahl sind ebenso wichtig wie das absolute Niveau der Deckung und müssen sorgfältig analysiert werden.

In der Stromversorgungsindustrie wird der erwirtschaftete Nettobetrag flüssiger Mittel (net cash generation) im Verhältnis zum Gesamtkapital benutzt; 6 % oder höher wird für langlebige Güter wie das Anlagekapital (Permanent Capital – „Sachanlagevermögen") als akzeptabel angesehen. Dieser Umschlag der Investmentbasis liefert auch Erkenntnisse über die Fähigkeit des Versorgungsunternehmens, Investments aus internen Quellen zu finanzieren.

[2a] Anm. des Übersetzers: Diese Formel unterscheidet sich von der Kennzahl Nr. 34 in Kap. 20 u. a. dadurch, daß der Cash-flow in der oft benutzten vereinfachten Weise wiedergegeben wird, vgl. Kap. 15, „Methode 1". Siehe auch Tafel 24.2 und Anm. *) dazu sowie Kap. 26 nach Anm. [6] – Wegen der Erhöhung auf Basis vor Steuern vgl. Kap. 26 Text vor und auch nach Anm. [6]

Zusammenfassung

Die quantitativen Mindesterfordernisse für Obligationen von Investmentqualität sind folgende:

1. Die einbehaltenen Gewinne („Gewinnrücklage") betragen 40 % der Vermögenswerte. Ausgenommen sind kapitalintensive Unternehmen, wo 25 % ausreichend sein können.
2. Positive Trends bei Wachstum und Rentabilität im Verhältnis zu den Trends in der Gesamtwirtschaft und in der Industrie der Gesellschaft.
3. Ausreichende Stabilität der Ertragskraft mit keinen oder seltenen Verlustjahren.
4. Eine Mindestgröße von 50 Millionen Dollar, gemessen durch den 5-Jahres-Durchschnitt des Börsenwertes für den Nettowert (Eigenkapital) des Kreditnehmers.
5. Ausreichender Schutz gegen übermäßige Verwässerung des vorrangigen Anspruchs auf die Ertragskraft.
6. Das Nettoumlaufvermögen beträgt 100 % der gesamten langfristigen Verschuldung.
7. Die Liquidität zweiten Grades (Working Capital Ratio, Current Ratio) beträgt zumindest 1,75 : 1.
8. Die Liquidität ersten Grades (Quick Ratio) beträgt 1 : 1.
9. Das Eigenkapitalpolster beträgt 200 % der Gesamtverschuldung. Das Eigenkapital wird gemessen durch den 5-Jahres-Durchschnitt des Börsenwertes für das Eigenkapital des Kreditnehmers.
10. Die Gewinne vor Steuern betragen durchschnittlich ein Fünffaches der Zinsbelastung bei Industriewerten und ein Dreifaches bei öffentlichen Versorgungsunternehmen; das Mindestmaß für das schlechteste Jahr beträgt das Zweifache.
11. Die Deckung des gesamten Schuldendienstes beträgt im Durchschnitt 2mal und im schlechtesten Jahr nicht unter 1mal.

Ausnahmen zu einer dieser Anforderungen können in Einzelfällen aus begründetem Anlaß gemacht werden, aber der Analyst muß nachweisen, daß die Ausnahme gerechtfertigt ist. Eine besonders gute Vorgeschichte hinsichtlich eines Standards kann rechtfertigen, daß Grenzwerte bei einem anderen in Kauf genommen werden.

Wertpapiere von fraglicher Kreditwürdigkeit

Nachgeordnete Schulden

Im Falle bestehender Kreditwürdigkeit können nachgeordnete Schulden ausreichende Investmentqualität besitzen. Die Gefahr dabei ist immer, daß sehr große vor- oder gleichrangige Rechte ausgegeben werden und die bestehende Beteiligung an der

Ertragskraft verwässern. Besondere einschränkende Klauseln in bezug auf das Nettoumlaufvermögen, das Verhältnis von Schulden zu Eigenkapital, Dividendenzahlungen und Aktienrückkäufe sind sämtlich wünschenswert. Schutzklauseln für vorgehende Schulden mögen sich auch zugunsten von nachgeordneten Schulden auswirken.

Tilgungsfonds für ordnungsgemäße Rückzahlungen sind wesentlich, obwohl Zahlungen im Falle von ernsthaften Problemen nicht zu erzwingen sind. Praktisch gesehen können sie mit den Gewinnen in Beziehung gesetzt werden; in guten Jahren sorgen sie für eine aktive Rückzahlung und machen dadurch die nachgeordnete Verschuldung zu einem geringeren potentiellen Problem.

Gefallene Engel

Wenn Obligationen, die früher Investmentgrad hatten, auf ernsthafte Schwierigkeiten stoßen, werden sie zu „gefallenen Engeln". Große Elektrizitätsversorgungsunternehmen wie Consumers Power, Long Island Lighting, Public Service of New Hampshire und große Luftfahrt- und Stahlgesellschaften haben zu dem großen Volumen dieser früher akzeptablen oder sogar guten Papiere beigetragen. Sie bedeuten riskante, aber potentiell einträgliche Spekulationen auf die Zukunft. Wenn man bei solchen Kreditnehmern die Klauseln der einzelnen Papiere genau untersucht, kann sich diese Mühe bezahlt machen.

Viele Besitzer solcher Wertpapiere finden es ungemütlich, äußerst riskant und unangenehm, diese in ihren Portfolios zu behalten. Infolgedessen mögen die Kurse weit unter den „Schrottwert" gedrückt sein. Zeit und Mühe mögen sich in solchen Situationen für den Investor mit Fachkenntnissen und Erfahrungen gut bezahlt machen. Der Kurs ist der Verbündete des Analysten, die Verzögerung sein größter Feind.

Neue Unternehmen als Kreditnehmer

Die festverzinslichen Wertpapiere neuer Gesellschaften, die sich in den risikoreichen Jahren ihrer beginnenden Geschäftstätigkeit befinden, sind als einfache Schulden unattraktiv. Kein tragbarer Zinssatz reicht aus, um für das Risiko zu entschädigen. Irgendeine Form der Eigenkapitalbeteiligung, etwa durch eine Wandlungsabrede oder einen Warrant zum Aktienkauf bilden die einzigen Mittel, um einen fairen Ausgleich zwischen Kreditnehmer und Kreditgeber zu schaffen.

Wenn eine großzügige Beteiligungsmöglichkeit (Equity Kicker) in Bedingungen solcher unsicherer Wertpapiere vorgesehen ist, läßt sich ein diversifiziertes Portfolio konstruieren, das ein vernünftiges Ertragspotential im Verhältnis zu den übernommenen Risiken bietet. Die Diversifizierung muß sich jedoch sowohl auf die Zeit als auch auf die Wirtschaftssektoren und Industrien beziehen. In Zeiten allgemeinen Optimismus', der manchmal an Euphorie grenzt, kommen große Mengen von solchen „unreifen" Wertpapieren an die Börse. Die Erfahrung der Investoren damit ist unglücklich, um nicht zu sagen verheerend. Später mögen sich hier Gelegenheiten ergeben, aber in den meisten Fällen ist der Risikoinvestor besser beraten, wenn er die gedrückten Aktien selbst kauft.

Junk Bonds

Die Bezeichnung „Junk Bonds" (Schrott-Obligationen) hat man insbesondere den großen Emissionen von nachgeordneten Schuldverschreibungen gegeben, die zur Finanzierung von Leveraged Buy-Outs und Gesellschaftsumstrukturierungen ausgegeben wurden. Der Analyst sollte auf den Wert des Unternehmens als Ganzes sehen, wenn er die Sicherheit seiner Schulden untersucht; deshalb ist es unmöglich, daß solche Wertpapiere als Papiere mit Investmentqualität eingestuft werden. Fast schon nach der Definition ist der Preis, der für die Gesellschaft gezahlt wurde, ihr Investmentwert zuzüglich einer Prämie für die Kontrolle. Selbst wenn die Gesellschaft an der Börse unterbewertet war, muß eine Prämie von 25–50 %, die zur Durchführung der Transaktion bezahlt wurde, das Ausmaß der Unterbewertung weitgehend beseitigt haben.

Unter den besseren Kandidaten für Leveraged Buy-Outs befinden sich recht solide und stabile Gesellschaften, die keine große Zuführung von Kapital benötigen und einen positiven Cash-flow für die Abzahlung der Schulden liefern. Die Schaffung von erheblicher finanzieller Hebelwirkung, die bekannte Praxis der Fremdkapitalaufnahme, mag für Kreditgeber auch gesunde Investmentgelegenheiten schaffen, aber nur unter der Bedingung, daß sie sich mit einem Wertpapier abfinden, das in Wahrheit teilweise Fremdkapital- und teilweise Eigenkapitalbeteiligung ist. Unter diesem Blickwinkel kann man einen Junk Bond als aus zwei Teilen zusammengesetzt ansehen: Ein Schuldinstrument von zweifelhafter Sicherheit, zuzüglich ein Stück Papier, das sich, wenn alles gut geht, in ein wirkliches Schuldinstrument verwandeln wird. Es ist eine Art bedingter Anspruch, nicht unähnlich einem Warrant oder einem anderen Mittel, um an der Zukunft eines Unternehmens teilzunehmen. Die Aufgabe des Analysten besteht darin, die relative Größe und das Risiko des Schuldanteils und des Eigenkapitalanteils des Junk Bond zu beurteilen.

Das Fehlen eines nennenswerten Sicherheitsrahmens für den Schuldendienst von Anfang an ist der Grund, warum der Zinssatz für Junk Bonds eine Risikoprämie enthält, solange die erhoffte Abzahlung der vorgehenden Verbindlichkeiten durch Gewinne dauert. Die Angemessenheit dieser Risikoprämie ist ein wesentlicher Gesichtspunkt für den Investor; der Analyst muß eine sorgfältige Bewertung des Risikos der Zahlungsunfähigkeit liefern.[3]

---

[3] Eine ausgezeichnete Studie über die Anatomie dieses Marktes und der Risikoprämien darin findet sich bei Edward E. Altman und Scott A. Nammacher, „Investing in Junk Bonds", John Wiley and Sons, New York 1987.

Nur die Zukunft wird zeigen, ob die Welle der Junk Bond-Emissionen auf eine solide und disziplinierte Anwendung der Wertpapieranalyse gestützt war. Die Überzeugung der Autoren geht dahin, daß der Erfolgsdruck, „um zu einem Abschluß zu kommen", das Beurteilungsvermögen verzerrt hat und daß noch viele schwierige Probleme gelöst werden müssen – mit entsprechenden Verlusten von wirtschaftlichen Werten. Eigenkapital kann nicht in ungenutzte Kapazität zur Aufnahme von Fremdkapital dadurch umgewandelt werden, daß man es so benennt; nur die zugrunde liegenden wirtschaftlichen und finanziellen Realitäten können das bewirken. Übermäßiger Fremdfinanzierung sind schon immer Wertpapiere zum Opfer gefallen, und wir sind nicht überzeugt, daß diese Episode eine Ausnahme ist.

Kapitel 26
Auswahl von Vorzugsaktien

Vorzugsaktien sind eine weitere große Gruppe von Wertpapieren mit festem Ertrag, die von Gesellschaften ausgegeben werden. Sie weisen erhebliche Unterschiede gegenüber Investments in Obligationen auf sowohl in bezug auf ihren Charakter als auch die Auswahlstandards; sie werden daher in diesem Kapitel besonders behandelt. Das Schwergewicht liegt auf Industriewerten, die in der Wertpapieranalyse den meisten Raum einnehmen.

Charakteristiken des Wertpapieres

Der Steuerfaktor

Solange der steuerliche Absetzungsbetrag von 80 % auf Dividenden besteht, die eine Gesellschaft von einer anderen erhält, wird aktives Investmentinteresse an Vorzugsaktien bestehen. Eine Gesellschaft mit einem Steuersatz von 34 % US-Ertragssteuer zahlt also nur einen Satz von 6,8 % auf Dividendeneinkommen. Mutual Funds für die Verwaltung der flüssigen Mittel von Gesellschaften sind in großem Umfange verkauft worden, und gleichzeitig wurden aktiv Schuldinstrumente mit veränderlichem Zinssatz ausgegeben, um diesen Markt anzuzapfen. Geschäftsbanken (Commercial Banks) bieten aktiv Vorzugsaktien mit veränderlicher Rate an, die so ausgestattet sind, daß das Risiko für die Zinsentwicklung bei ihnen liegt.

Wie nicht anders zu erwarten, hat dieser Steuervorteil für Gesellschaften eine deutliche Auswirkung auf Börsenkurs und Ertrag. Wertpapiere dieser Art von hoher Qualität rangieren zwar rechtlich nach bevorrechtigten und nachgeordneten Schulden sowie den Verpflichtungen aus Nutzungsverträgen (Pacht, Miete, Leasing), aber dennoch haben sie oft eine niedrigere Rendite als die Obligationen derselben Gesellschaft. Ende 1986 beispielsweise hatten die entsprechenden Wertpapiere von zwei Gesellschaften folgende Rendite:

	Rendite der Obligationen in %	Rendite der Vorzugsaktien in %
E. I. Du Pont de Nemours	8,65	7,00
General Motors	8,80	6,98
Standard & Poor's High Grade Industrials	9,31	7,15

Einzelpersonen und Einheiten, die nicht nach den Grundsätzen von Gesellschaften besteuert werden, sollten deshalb nicht in Vorzugsaktien investieren, sondern die zinsbringenden Obligationen kreditwürdiger Gesellschaften bevorzugen. Ausnahmen beschränken sich auf Fälle, wo ein zeitlich unbegrenztes Schuldinstrument wegen seiner langen Duration angebracht ist oder wo besondere Eigenschaften wie Umwandlungsrechte in Betracht kommen. Unter dem Gesichtspunkt der Analyse taucht natürlich die Frage auf, ob Vorzugsaktien in der Kapitalstruktur einer Gesellschaft die geeigneten Schuldinstrumente sind.

Allgemeine Stellung

In der Kapitalstruktur einer Industriegesellschaft stellen Vorzugsaktien einen Teil des Eigentums am Kapital der Gesellschaft und zugleich des Eigenkapitalpolsters für ihre Schulden dar. Von den Stammaktien her gesehen macht jedoch ihr vorrangiger Anspruch auf Gewinne und Vermögenswerte die Vorzugsaktie zu einem bevorrechtigten Wertpapier, das wegen der Nichtabziehbarkeit ihrer Dividenden bei der Ertragssteuer besonders teuer ist. Immerhin mögen Vorzugsaktien noch eine nützliche Funktion dann haben, wenn sie für andere Schuldinstrumente eine Einstufung von Investmentqualität aufrechterhalten und zugleich etwas finanzielle Hebelwirkung liefern, um das Wachstum der Gewinne für die Stammaktien zu vergrößern.

Die rechtliche Stellung der Vorzugsaktien ist grundsätzlich unbefriedigend: Sie gibt ihrem Inhaber weder einen erzwingbaren Anspruch auf Zinsen und Kapital bei Fälligkeit, wie im Falle einer normalen Obligation, noch gibt sie ihm ein Recht auf die verbleibenden Gewinne, wie es den Vorteil der Stammaktien ausmacht. Nichtsdestoweniger können Vorzugsaktien ein gesundes und gut geschütztes Investment festverzinslicher Art darstellen, wenn die ihnen von der Konstruktion her innewohnende Schwäche durch die Stärke der ausgebenden Gesellschaft ausgeglichen wird. Im Prinzip haben dieselben Elemente, die Sicherheit und relative Stabilität einer hochgradigen Obligation gewährleisten, die gleiche Wirkung für eine stark gesicherte Vorzugsaktie. Aber als Gruppe sind Vorzugsaktien entschieden leichter verletzlich durch widrige Entwicklungen als Obligationen. Daher war die Erfahrung, die Investoren damit insgesamt über die letzten Dekaden gemacht haben, weniger befriedigend als mit Obligationen. Daraus ergibt sich, daß die Auswahl von Vorzugsaktien noch stärker als eine negative Kunst gesehen werden muß. Und sie sind nicht nur verletzlich gegenüber widrigen wirtschaftlichen und finanziellen Entwicklungen; einfache Vorzugsaktien – jene ohne Einziehungsklausel – haben eine viel längere Duration und damit eine viel größere Schwankungsbreite (Volatility) der Kurse als Ergebnis von Zinssatzänderungen.

Heutige Bedeutung der Vorzugsaktien

Die meisten Industriegesellschaften haben aufgehört, Vorzugsaktien von Investmentqualität auszugeben, denn finanziell sind sie nicht sinnvoll. Wenn eine solche Emission wirklich Investmentgrad haben soll, muß die Gesellschaft stark genug sein, um eine Obligation in gleicher Höhe auszugeben, durch die sie im Ergebnis jährlich Kosten sparen würde. Die Benutzung von nachgeordneten Obligationen gibt die etwa benötigte Flexibilität für Kreditaufnahmen jetzt oder in Zukunft. Die vorhandenen Bestände von Vorzugsaktien sind durch die Tätigkeit von Tilgungsfonds erheblich verringert, und viele Vorzugsaktien sind ganz eingezogen und durch Obligationen ersetzt worden. Lediglich Versorgungswerte unter Staatsaufsicht, die im Endergebnis die Ertragssteuer der Gesellschaft auf die Abnehmer abwälzen können, haben weiterhin regelmäßig Vorzugsaktien benutzt.

Für neue Unternehmen und solche, deren Kapazität zur Schuldenaufnahme ernsthaft beschränkt ist, werden weiterhin Vorzugsaktien ausgegeben, die allerdings unterhalb von Investmentqualität liegen. Meistens kann man bei solchen Wertpapieren, selbst in einem weit diversifizierten Portfolio, ein schlechtes Ergebnis erwarten, wenn man die Kapitalverluste voll berücksichtigt. Ein Investor in diesem Bereich des Kapitalmarktes ist gut beraten, wenn er auf irgendeiner Form von Beteiligung an der zukünftigen Ertragskraft besteht, die über seine Vorzugsdividende hinausgeht.

Der Anspruch auf Dividenden

Der Inhaber von Vorzugsaktien hat einen Anspruch auf Gewinne und Vermögenswerte, der Vorrang nur vor denen des Stammaktionärs hat. Die Investoren haben darauf bestanden, daß der Dividendenanspruch kumulativ ist. Das bedeutet, daß alle Dividendenansprüche auf Vorzugsaktien, die sich seit der Ausgabe angesammelt haben, zunächst befriedigt werden müssen, ehe irgendwelche Dividenden auf Stammaktien gezahlt werden dürfen. Bei finanzieller Neuordnung einer Gesellschaft (Vergleich) können Vorzugsaktien, die an Kreditgeber ausgegeben werden, kumulativ (bis zur Höhe des Gewinnes) sein, aber diese Klausel zeigt schon, daß das Wertpapier durch eine nur ungenügende und ungewisse Ertragskraft gesichert ist.

Während der großen Depression wurde die Dividende auf Vorzugsaktien ihrem härtesten Test unterworfen. In beinahe der Hälfte der Fälle fiel die Vorzugsdividende innerhalb eines Jahres aus, seit auch die Dividende auf die Stammaktien ausgefallen war. In beinahe einem Viertel der Fälle wurde die Vorzugsdividende nicht länger als drei Monate danach weiter gezahlt. In dieser ausgedehnten Periode wirtschaftlicher Schwierigkeiten hätten vielleicht ⅔ der Vorzugsaktien, auf die sich Dividendenrückstände ansammelten, volle Zinsen erhalten, hätte es sich um Obligationen gehandelt. Die rechtliche Konstruktion kann daher ein ernsthafter Nachteil für den Besitzer von Vorzugsaktien im Vergleich zum Obligationär sein.

Ein Überblick für 243 Industrievorzugsaktien von allgemeinem Börseninteresse, die in der Dekade der dreißiger Jahre ausstanden, zeigt, daß 41 % jedes Jahr ihre volle Vorzugsdividende zahlten. Weitere 24 % zahlten Rückstände innerhalb einer erträglichen Zeit ab, aber die verbleibenden 35 % befaßten sich mit den Dividendenrückzahlungen nur im Rahmen von finanziellen Umschichtungen (Vergleich) oder überhaupt nicht.[1]

Dieses Ergebnis erklärt sich daraus, daß die Direktoren nach ihrem Ermessen die Zahlung der Vorzugsdividende ausfallen lassen können. Ihre Loyalität gilt hauptsächlich den Stammaktionären; wenn Schwierigkeiten die Direktoren zwingen, die normale Dividende ausfallen zu lassen, ist es nicht überraschend, daß auch die Zahlungen auf die Vorzugsaktien bald ausgesetzt werden. Sicherlich mag es im langfristigen, besten Interesse der Vorzugsaktionäre liegen, wenn vorhandene flüssige Mittel für Modernisierung, Entwicklung neuer Produkte, Schuldentilgung und andere gute Zwecke verwandt werden. Aber all dies kommt letztlich auch den Stammaktionären zugute, und zwar ohne Begrenzungen. Im Endergebnis läuft die Sache darauf hinaus, daß man von den Vorzugsaktionären zinslose Darlehen ohne lästige Rückzahlungsbedingungen erhalten kann einfach dadurch, daß man die Vorzugsdividende ausfallen läßt, selbst wenn sie eigentlich verdient wurde.

Infolgedessen muß der Inhaber einer Vorzugsaktie mit dem Risiko rechnen, daß sein Einkommen ausfällt, ein Risiko, das bei einer entsprechenden Obligation nicht besteht. Ein solches Risiko disqualifiziert die Vorzugsaktie automatisch als ein Investment für festes Einkommen; es gehört zum Wesen solcher Investments, daß das Einkommen als äußerst verläßlich angesehen werden muß. Außerdem wird eine Vorzugsaktie, bei der die ernsthafte Gefahr von Dividendenkürzung oder -ausfall besteht, im Börsenkurs weit fluktuieren. Wenn immer eine Dividende, die eigentlich weiter gezahlt werden könnte, statt dessen „im zukünftigen Interesse der Vorzugsaktionäre" ausgesetzt wird, erleidet der Kurs einen erheblichen Rückgang; das zeigt, daß der Investmentmarkt mit den Direktoren nicht darin übereinstimmt, was wirklich im besten Interesse der Vorzugsaktionäre liegt.

Stimmrecht

Die typische Vorzugsaktie hat kein Stimmrecht, ausgenommen den Fall, daß Dividende für 4, 6 oder 8 Quartale nicht gezahlt worden ist. Dann können die

---

[1] Roger F. Murray, „Preferred Stocks of Industrial Corporations", Doktor Dissertation, Graduate School of Business Administration, New York University 1942, S. 46

Vorzugsaktionäre zwei oder mehr Direktoren wählen, aber fast niemals eine Majorität im Board. Manchmal wird auch das Recht zugestanden, getrennt als Gruppe über Zusammenschlüsse oder Umstrukturierungen abzustimmen, aber keine dieser Klauseln hat ernsthafte Bedeutung. Schwierigkeiten bei der Abstimmung und die Unfähigkeit, irgendwelche wirklichen Kontrollrechte in Angelegenheiten der Gesellschaft auszuüben, geben den Stimmrechten wenig praktischen Wert. Würde man den Inhabern von Vorzugsaktien das Recht geben, den gesamten Board of Directors neu zu wählen, falls die Dividende für ein Jahr nicht gezahlt wurde, könnte das wirkungsvoll sein; aber als Gruppe sind die Vorzugsaktionäre selten genügend organisiert, um einen neuen Board unabhängig vom Management der Gesellschaft zu wählen. Eine Analyse von Vorzugsaktien für Investmentzwecke muß davon ausgehen, daß der Investor sich auf die Stimmrechte nicht verlassen kann, wenn es um den Schutz seiner bevorrechtigten Interessen geht.

Ansprüche auf die Vermögenswerte

Ein Vorzugsanspruch auf die Vermögenswerte scheint zu bedeuten, daß bei Verkauf einer Gesellschaft zumindest der volle Liquidationserlös realisiert wird, ehe die Stammaktionäre etwas erhalten. Praktisch gesehen, kann sich das u. U. als leeres Versprechen herausstellen.

Beispiel: Die nicht kündbaren 7%igen Vorzugsaktien der Liggett Group mit 100 $ Pari-Wert und 8 Stimmrechten je Aktie in allen Gesellschaftsangelegenheiten notierten im April 1980 bei 60¼, eine Folge der hohen Zinssätze. Die ausstehenden 103 231 Vorzugsaktien hatten anscheinend einen Vorzugsanspruch auf 10 323 100 $ des Erlöses aus einem Übernahmeangebot im Werte von 606 957 000 $. Bei der Übernahme wurden 39,8 % der angebotenen Aktien zu 70 $ je Aktie angenommen; das war auch der Kurs für den folgenden Zusammenschluß (Merger). Die Direktoren befanden, daß die Bedingungen „im besten Interesse der Gesellschaft und ihrer Aktionäre" seien und daß „der bezahlte Kurs für die Aktien angemessen (fair) sei". Es stellte sich heraus, daß die erwartete Bevorzugung in Höhe von zumindest 100 $ je Vorzugsaktie nur 70 $ wert war, weil der Verkauf des Unternehmens von den Juristen nicht als Liquidation angesehen wurde. Eine kleine Anzahl von Vorzugsaktionären versuchte, ihr Recht auf Bewertung nach dem Recht des Staates Delaware auszuüben, aber im Hinblick auf die damit verbundenen Kosten und Verzögerungen gaben alle bis auf einen auf. Drei Jahre später einigten sie sich auf eine Zahlung von 73,50 $ je Aktie zuzüglich Zinsen und einem bescheidenen Ersatz für Kosten der Rechtsverfolgung. Der echte Wert der Vorzugsaktie hätte eindeutig auf der Basis bewertet werden sollen, daß sie nicht kündbar war – eine wertvolle Klausel neben dem Pari-Anspruch auf die Vermögenswerte. Die Gesellschaft hatte in den Jahren zuvor den Wert dieser Klausel dadurch anerkannt, daß sie weit über 100 $ je Vorzugsaktie zahlte, um einen großen Teil der ursprünglichen Emission einzuziehen. Die Direktoren der Liggett Group, die bei dem Handel so hart für die Stammaktionäre kämpften, fühlten offensichtlich eine solche Verantwortung nicht gegenüber den bevorrechtigten „Eigentümern" der Gesellschaft.

Angesichts der Probleme bei der Durchsetzung von Vorzugsansprüchen auf Vermögenswerte haben die Investoren – völlig logisch – eine ordnungsgemäße Sicherung der Rückzahlung durch Tilgungsfonds gesucht. Der Analyst muß herausfinden, ob die betreffende Klausel lediglich eine Wahlmöglichkeit gibt oder aber eine klare Verpflichtung der Gesellschaft enthält: Der Investor in 4½%ige Vorzugsaktien von Cleveland Cliffs Iron Company sah den Tilgungsfonds von 15 % des konsolidierten Jahresüberschusses für jedes Jahr und konnte diese Vorzugsaktien 1961 mit einer Rendite von 5¼ % kaufen, als langfristige Regierungsanleihen 3,85 % abwarfen; sie wurden 1975 zu 101½ eingezogen, als US Treasury Bonds eine Rendite von 8⅜ % abwarfen.

Wenn Investoren sich nicht die Mühe nehmen, die Klauseln über den Tilgungsfonds genau zu untersuchen, kann das außergewöhnliche Gelegenheiten für andere bieten. Crown Zellerbach hatte seine 4,20 $ Vorzugsaktien über eine Reihe von Jahren eingezogen, bis der ausstehende Betrag nicht mehr wesentlich war. Die Vorzugsaktien notierten im Januar 1979 bei 63 und wurden am 2. April 1979 mit 102½, das heißt mit einem erheblichen Gewinn für den Investor eingezogen.

Welche Bedingungen müssen hochgradige Vorzugsaktien erfüllen?

Angesichts der schwachen rechtlichen Stellung des Vorzugsaktionärs muß ein ausreichend sicheres Papier zunächst alle Minimalerfordernisse einer sicheren Obligation erfüllen. Sie muß diese Minimalerfordernisse durch einen zusätzlichen Sicherheitsrahmen übertreffen, um die Tatsache aufzuwiegen, daß die Zahlung von Dividenden (in gewissen Grenzen) auf einer Ermessensentscheidung beruht. Der Sicherheitsrahmen muß also so groß sein, daß man von den Direktoren erwarten kann, daß sie die Dividende selbstverständlich ausschütten werden. Schließlich müssen die Anforderungen an die innewohnende Stabilität des Unternehmens selbst schärfer sein als im Falle einer Obligation. Denn wenn eine Gesellschaft starken Schwankungen zwischen großen Profiten einerseits und zeitweiligen Verlusten andererseits unterliegt, ist es wahrscheinlich, daß die Vorzugsdividenden während der letzteren Perioden ausgesetzt werden, obwohl die durchschnittlichen Gewinne die jährlichen Erfordernisse weit übersteigen.

Sicherheitsstandards

Es ist unnötig alle Einzelheiten der allgemeinen und besonderen Standards zu wiederholen, die in den Kapiteln 24 und 25 für die Auswahl von Obligation erörtert wurden. Alle sind anwendbar, aber einige erfordern besondere Betonung, soweit es sich um Vorzugsaktien von Industrieunternehmen handelt.

Natur des betriebenen Geschäfts

Die bisherige finanzielle Entwicklung und alle übrigen Beweise für Rentabilität, Wachstum und Stabilität sind kritische Faktoren. Größe und Stellung als Wettbewerber sind ebenso wichtig, weil sie zu Kontinuität und Verläßlichkeit der Ertragskraft beitragen. Für Wertpapiere mit Investmentqualität muß der Investor also kurzgefaßt darauf achten, daß die Firmen groß, stark und gut etabliert sind.

Kontinuität und Stabilität der Ertragskraft verdienen jedoch besondere Aufmerksamkeit. Die bisherige Zahlung von Vorzugsdividende in einer Industrie ist ein nützlicher Hintergrund, um ein konkretes Papier zu beurteilen. Es gab keine Überraschungen in bezug auf Dividendenzahlungen von Industriezweigen während des harten Tests der großen Depression. Die folgenden Ergebnisse für Industriegruppen zeigen den Anteil aller Vorzugsdividenden, die von 1931–1940 gezahlt wurden:[2])

Wachstumsindustrien	88 %
Konsumgüterindustrien	84 %
Zyklische Industrien	48 %
Rückläufige Industrien	32 %

Für kürzer zurückliegende Zeiträume, beispielsweise die letzten fünf oder zehn Jahre, sollte auch die Zahlung von Dividenden auf Stammaktien bedeutsam sein. Eine Industrie, die nicht einen wachsenden Strom von Dividenden für die Stammaktien produziert, liefert vermutlich auch keine Vorzugswerte von guter Qualität, ausgenommen möglicherweise den Sonderfall einer kleinen Emission einer Gesellschaft, die keine oder wenig Schulden hat. Wichtiger als die bisherigen Dividendenzahlungen jedoch ist dasselbe gründliche Verständnis der Art der Unternehmenstätigkeit, wie es schon vorher für ein Investment in Obligationen beschrieben worden ist.

Emissionsbedingungen

Wie ihr Gegenstück auf dem Obligationenmarkt, die nachgeordneten Schuldverschreibungen, sind Vorzugsaktien typischerweise einer Vielzahl von Verbindlichkeiten und den Verpflichtungen aus Nutzungsverträgen (Leasing, Pacht, Miete) untergeordnet. Klauseln, die die Ausgabe von vorgehenden oder gleichgestuften Wertpapieren beschränkten, waren ganz üblich. In gleicher Weise waren Dividenden auf Stammaktien und der Rückkauf von Stammaktien häufig auf Gewinne beschränkt, die nach Ausgabe der Vorzugsaktien angefallen waren. Viele oder die meisten dieser Schutzklauseln sind heute in den Bedingungen für Vorzugsaktien nicht mehr enthalten. Der Analyst muß daher sorgfältig auf die Bedingungen der

---
[2]) Murray, „Preferred Stocks", S. 90–91

(sonstigen) ausstehenden Schulden achten, damit er ernsthafte Sicherungen für die Vorzugsstellung findet. Die Einschränkungen, die wir insoweit in Kapitel 25 über die Auswirkungen von Schutzklauseln gemacht haben, gelten jedoch noch wesentlich stärker für Vorzugsaktien.

Wenn eine Gesellschaft schlecht geführt wird, empfiehlt es sich für die Vorzugsaktionäre, sich mit den Stammaktionären zu verbinden, um jenes Management auszuwechseln. Wenn das Unternehmen aus äußeren Gründen zurückfällt, die nicht unter der Kontrolle des Managements stehen, sind Schutzklauseln von geringer oder gar keiner Hilfe und mögen sogar ein Hindernis darstellen.

Bisherige Entwicklung der Rentabilität

Bei Obligationen sollte das Verhältnis von den nach der Bilanz einbehaltenen Gewinnen („Gewinnrücklage") zu den Vermögenswerten 40 % oder mehr betragen (oder 25 % oder mehr im Falle von kapitalintensiven Unternehmen), so hatten wir in Kapitel 25 gesagt. Diese Kennzahl gilt genauso für die Analyse von Vorzugsaktien. Anpassungen in der Bilanz sind für diese Berechnungen nicht erforderlich, außer daß Verbindlichkeiten außerhalb der Bilanz und dazugehörige Vermögenswerte berücksichtigt werden müssen. Dieses Maß ist unabhängig von der Kapitalstruktur, und daher kann es sowohl für Obligationen als auch Vorzugsaktien angewandt werden.

Schutz durch die Vermögenswerte

Liquidität

Die Liquiditätskennzahlen, die wir im Falle von Obligationen angewandt haben (Kap. 25), sind gleicherweise angemessen; allerdings müssen die Vorzugsaktien zum Pari-Wert, oder wenn er höher ist, zum Liquidationswert zur Summe der Schulden (total of debt) addiert werden. Das Nettoumlaufvermögen (Net Current Assets) sollte zumindest 100 % der gesamten Summe ausmachen mit den bereits genannten Ausnahmen.[2a] Die Liquidität zweiten Grades sollte bei mindestens 1,75 : 1 liegen, und eine Liquidität ersten Grades (Quick Ratio) von 1 : 1 ist ebenso wünschenswert. Der Analyst sollte besonders strikt auf das Niveau und den Trend dieser Liquiditätskennzahlen achten, weil die Zahlung der Vorzugsdividenden in gewissem Umfange eine Ermessensentscheidung ist.

[2a] Anm. des Übersetzers: Das Original spricht hier (und unter Nr. 5 der Zusammenfassung – S. 536 –) vom „total of debt". Im vorigen Kapitel 25 dagegen heißt es: „total longterm debt" (S. 516 und 520, Nr. 6). Ein sachlicher Unterschied ist aber damit nach dem vorhergehenden Satz insoweit wohl nicht beabsichtigt.

Kapitel 26: *Auswahl von Vorzugsaktien*

Eigenkapitalpolster

Wenn aufgeschobene Ertragssteuern einen wesentlichen Posten darstellen, beeinflußt ihre Behandlung die Berechnung der Kennzahlen für die Deckung durch Vermögenswerte. Im Falle von American Brands (vergleiche die Daten in Tafel 19.1) beträgt die Deckung der gesamten Verschuldung und der Vorzugsaktien durch materielle Vermögensgegenstände zum Buchwert 2,11, wenn die aufgeschobenen Steuern als Verbindlichkeit berücksichtigt werden, was sie im Laufe einer Liquidation vermutlich auch wären. Wenn das Unternehmen als weiterbestehend behandelt wird, würden die aufgeschobenen Steuern zum Nettowert (Eigenkapital) addiert werden, und dann würde die Kennzahl auf 2,60 steigen.[3]

Wenn man nunmehr zum 5-Jahresdurchschnitt für den Börsenwert des Eigenkapitals übergeht, erhält man ein Eigenkapitalpolster von 272 % für langfristige Schulden und Vorzugsaktien:

$$\frac{2\,976,4}{748,7 + 95,7 + 137,5 + 47,3} = 2,72 \times$$

Diese Zahl liegt reichlich über dem Sicherheitsstandard für das Eigenkapitalpolster von 200 %. Im Falle von American Brands betrug der durchschnittliche Börsenwert 145 % des Buchwertes der materiellen Vermögenswerte zum Jahre 1985; dies legt die Vermutung nahe, daß Markennamen in diesem Falle als erheblicher wirtschaftlicher Wert angesehen wurden.

Kapitalstruktur

Es braucht nicht betont zu werden, daß das Fehlen von fundierten (langfristigen, verbrieften) Schulden ein wünschenswertes Merkmal für Vorzugsaktien wäre; es ist ein Vorteil, so als wenn man eine erste anstatt einer zweiten Hypothek an einem Grundstück hat. Es ist daher nicht überraschend, daß Vorzugsaktien ohne vorgehende Obligationen als Gruppe ein besseres Ergebnis aufweisen als diejenigen von Gesellschaften mit fundierten Schulden. Aber umgekehrt folgt daraus nicht, daß alle Vorzugsaktien, wenn ihnen Obligationen vorgehen, ein ungesundes Investment wären. In der schwierigen Testperiode von 1931–1940 konnten 30 % der Vorzugsaktien von Industriegesellschaften häufig ohne Unterbrechung bedient werden, falls die vorgehende Verschuldung nicht über 5 % lag. Wenn dagegen die Verschuldung 15 % der Kapitalstruktur überstieg, war die Dividendenkontinuität bedroht, außer

---

[3] In dieser und der vorhergehenden Kennzahl werden die „anderen kurzfristigen Verbindlichkeiten" (vgl. Tafel 19.1) von den gesamten Vermögenswerten und Verbindlichkeiten abgesetzt. Die beiden Berechnungen lauten:

$\frac{3\,664,6}{1\,734,6} = 2,11 \times$ und $\frac{3\,664,6}{1\,411,1} = 2,60 \times$

wo es sich um starke Gesellschaften in wachsenden oder stabilen Industrien handelte.[4])

Offensichtlich ist die Kapitalstruktur nicht der einzige Faktor, der zu berücksichtigen ist. Hebelwirkung im Betrieb (Operating Leverage – Hinw. d. Übers.: Siehe als Beispiel die Kapazitätsausnutzung von Flugzeugen) macht eine Investition in Vorzugsaktien fragwürdig, selbst wenn diese Hebelwirkung nicht noch durch finanzielle Hebelwirkung verstärkt wird; die Kombination von beiden macht Vorzugsaktien fast immer ungeeignet für Investmentzwecke.

Schutz durch die Ertragskraft

Kennzahlen

Die Angemessenheit und Verläßlichkeit der Ertragskraft ist besonders wichtig für ein erfolgreiches Investment mit einem von Natur aus schwachen Instrument, wie es eine Vorzugsaktie ist. Die wichtigste Aufgabe des Analysten hier besteht deshalb darin, daß er jenen Schutz durch die Ertragskraft mißt. Unter dem Blickwinkel der bisherigen Entwicklung ist das einzig nützliche Maß der Dividendendeckung das Ergebnis vor Steuern, dividiert durch Zinsen plus Vorzugsdividenden, erhöht auf eine Basis wie vor Steuern.[5]) Die Erhöhungsrate von 100/(100 – Steuersatz) bedeutet jetzt eine Erhöhung auf das 1,5fache, wenn man eine 34%ige Ertragssteuerrate zugrunde legt.[6])

Die Deckung von Zinsen und Dividendenbelastungen in einem typischen Falle würde also wie folgt berechnet werden:

	Mill.	mal verdient:
Ergebnis vor Zinsen und Steuern	200 $	–
Zinsen auf vorrangige Verbindlichkeiten	20	10,0×
Zinsen auf nachrangige Verbindlichkeiten	5	8,0×
Vorzugsdividenden 10 Mill. × 1,5	15	5,0×

Wenn eine Gesellschaft hohen Anforderungen in bezug auf die Deckung der Dividende genügt, ist klar, daß sie notwendigerweise noch höheren Anforderungen für ihren Schuldendienst entspricht. Der Analyst weiß umgekehrt: Wenn die

---

[4]) Murray, „Preferred Stocks", S. 100
[5]) Der ausgewiesene Gewinn je Vorzugsaktie ist eine völlig sinnlose und potentiell irreführende Berechnung, die glücklicherweise nicht mehr oft angewandt wird.
[6]) Der Leser wird feststellen, daß die Senkung der Ertragssteuerrate für Gesellschaften von 46 % auf 34 % die Erhöhungsrate von 1,85 mal auf 1,5 mal verringerte; dadurch wurde die Position von Vorzugsaktien im Verhältnis zu Obligationen in der Kapitalstruktur der Gesellschaften verbessert.

Kapitel 26: *Auswahl von Vorzugsaktien*

Obligationen einer Gesellschaft nur ganz knapp Kreditwürdigkeit aufweisen, wird eine Vorzugsaktie mit Sicherheit den Test nicht bestehen.

Angemessenheit

Die Deckung des gesamten Schuldendienstes ist das beste Maß dafür, wieweit Obligationen durch die Ertragskraft geschützt sind. In gleicher Weise erfordern die Vorzugsaktien einen entsprechenden Sicherheitsrahmen. Dafür gilt folgende Berechnung:

$$\frac{\text{Jahresüberschuß vor Zinsen und Steuern} + \text{Belastungen ohne Mittelabluß}}{\text{Schuldzinsen} + (1{,}5 \times \text{Schuldentilg.}) + (1{,}5 \times \text{Vorz.–Div.}) + (1{,}5 \times \text{Leistg.–Tilggs.fonds f. Vorz.–Akt.})}$$

Diese Deckungszahl sollte im Durchschnitt mindestens 2 betragen und im schlechtesten Jahr nicht unter 1 fallen.

Stabilität

Die besondere Betonung bei der Analyse von Vorzugsaktien liegt auf Stabilität und Verläßlichkeit der Ertragskraft. Die Erfahrung zeigt eindeutig, daß die Deckung keine Rolle mehr spielt, wenn ein Mindestniveau erreicht ist. Genaugenommen ist bescheidene Deckung verbunden mit Stabilität ein besserer Beweis für Investmentqualität als hohe durchschnittliche Deckung mit gelegentlichen schlechten Jahren. Die bisherige Entwicklung kann guten Aufschluß über die Empfindlichkeit der Ertragskraft gegenüber dem wirtschaftlichen Umfeld sein. Änderungen in Produktionszweigen, Management und der Finanzstruktur mögen jedoch den Analysten zwingen, die Informationen aus der Vergangenheit den neuen Verhältnissen anzupassen. Qualitative Faktoren sind vermutlich entscheidend, wenn es darum geht, die Erwartungen für die weitere Zukunft zu umreißen.

Das beste Maß für die Stabilität der Ertragskraft, und zwar unabhängig davon, ob finanzielle Hebelwirkung (Fremdfinanzierung) vorhanden ist oder nicht, sind die Schwankungen (Variability) der Gesamtkapitalrentabilität. Das Verhältnis des schlechtesten Jahres zum Durchschnitt der vorhergehenden 3 Jahre ist ein Maß, das man für alle Industriezweige benutzen kann. Um die zusätzlichen Auswirkungen der Kapitalstruktur einzufangen, ist eine zusätzliche Berechnung von Bedeutung: Es wird die Deckung der gesamten vorgehenden Ansprüche im schlechtesten Jahr ins Verhältnis gesetzt zum Durchschnitt der vorhergehenden drei Jahre.

Wenn sowohl Angemessenheit als auch Stabilität vorhanden sind, hat eine Vorzugsaktie Investmentqualität. Stabilität auf einem ziemlich guten Niveau ist immer zu bevorzugen gegenüber der Instabilität auf einem sehr guten Durchschnittsniveau. Ein Papier von Investmentcharakter muß beide Tests bestehen.

Zusammenfassung der Standards

Die quantitativen Mindestanforderungen für Vorzugsaktien von Industriegesellschaften mit Investmentqualität sind die folgenden:

1. Die einbehaltenen Gewinne (Gewinnrücklage) entsprechen 40 % der Vermögenswerte, ausgenommen bei kapitalintensiven Unternehmen, wo 25 % ausreichend sein mögen.
2. Positive Trends bei Wachstum und Rentabilität im Verhältnis zu den Trends in der Gesamtwirtschaft und in der Industrie der Gesellschaft.
3. Ausreichende Stabilität der Ertragskraft und keine Verluste aus dem laufenden Betrieb.
4. Eine Mindestgröße von 100 Millionen Dollar, gemessen nach dem 5-Jahres-Durchschnitt der Börsenbewertung des Eigenkapitals (Stammaktien) des Ausgebers.
5. Ein Nettoumlaufvermögen (Net Current Assets) von 100 % der gesamten Schulden (of total debt) plus Vorzugsaktien zum Liquidationswert.
6. Eine Liquidität zweiten Grades (Current Ratio) von 1,75 : 1.
7. Eine Liquidität ersten Grades (Quick Ratio) von 1 : 1.
8. Ein Eigenkapitalpolster von 200 % für die gesamte Verschuldung zuzüglich der Vorzugsaktien zum Liquidationswert, gemessen nach dem 5-Jahres-Durchschnitt der Börsenbewertung für das Eigenkapital (Stammaktien) des Ausgebers.
9. Die Belastung für Zinsen und Vorzugsdividenden auf einer Basis vor Steuern wird durchschnittlich 5 mal verdient, wobei das schlechteste Jahr ein Minimum von 2 mal hat.
10. Die Deckung des gesamten Schuldendienstes und des Dienstes für die Vorzugsaktien beträgt im Durchschnitt zweimal, aber nicht weniger als einmal im schlechtesten Jahr.

Ausnahmen von diesen Standards sollten nur nach sehr sorgfältiger Untersuchung gemacht werden, wobei die den Vorzugsaktien von der Konstruktion her innewohnende Schwäche besonders berücksichtigt werden muß.

Vorzugsaktien als Eigenkapital

Im Falle, daß das Unternehmen untergeht – sei es wirtschaftlich oder auch rechtlich – kann sich ergeben, daß die Vorzugsaktie das wirkliche Eigenkapital ist, wenn etwas übrig bleibt, während die Stammaktie zu einer Art Warrant oder einer anderen Form von bedingtem Anspruch wird. In einem solchen Falle müssen sich die Vorzugsaktionäre durch ein Komitee oder durch eine Vertretung im Board organisieren, um ihre Interessen bei der Reorganisation oder Rekapitalisierung zu schützen.

Obwohl die Lösung in solchen Fällen meist sehr lange dauert, macht sich eine sorgfältige Untersuchung in einigen Fällen bezahlt. Bei extrem niedrigen Börsenkursen haben Vorzugsaktien die Tendenz, im Verhältnis zu den Stammaktien materiell unterbewertet zu werden. Gelegentlich steigen auch solche Gesellschaften wie ein Phoenix aus der Asche eines Scheiterhaufens von übermäßiger Verschuldung wieder auf.

TEIL 4

Bewertung von Aktien und Eventualansprüchen

Kapitel 27

Investment in Aktien*) in den späten achtziger Jahren: Die Aufgabe des Wertpapieranalysten

Der Aktienanteil im Portfolio

Frühere Ausgaben dieses Buches führten die folgenden Gründe für die Aufnahme einer Aktienkomponente in ein typisches Investmentportfolio an: 1. Wenn man eine repräsentative Gruppe von Aktien zu einem *vernünftigen Preisniveau* kauft, kann man damit rechnen, daß es einen höheren Gesamtertrag bringt als Obligationen. 2. Die Wahrscheinlichkeit von Inflation hat viel von der Sicherheit beseitigt, die dem Obligationeninvestment innewohnt und fordert, daß man einen erheblichen Anteil von Aktien als Schutzmaßnahme hält. Offensichtlich wären Sicherheit und Attraktivität eines Investments in Aktien beeinträchtigt, wenn sie auf einem extrem hohen Börsenniveau gekauft werden oder für die vielversprechenden Aussichten einer bestimmten Aktie zuviel gezahlt wird.

Ist der vorstehende Ratschlag heute angebracht? Wie die noch folgenden Tatsachen zeigen, ist es nicht länger nötig, für die Aufnahme von Aktien in Investmentportfolios zu argumentieren. Wichtig jedoch bleibt, daß man einen Wertstandard hat, damit man Aktien zu einem vernünftigen Kursniveau kauft.

Aktien sind heute zu einem weithin akzeptierten Investmentmedium geworden – in welchem Ausmaße, zeigt eine Untersuchung von 37 Gesellschaften.[1]) Das normale Niveau für den Aktienanteil in ihren Pensions- und Gewinnbeteiligungsfonds betrug 57 %. (Das „normale Niveau" ist jene Mischung, die bestünde, wenn alle Anlagegruppen als im Verhältnis zueinander angemessen bewertet angesehen werden, das heißt, wenn die Wertpapiermärkte im Gleichgewicht wären.) Obwohl Unterschiede bei den Portfoliozielen eine weite Anlagemischung (Asset Mix) vorschreiben, besteht eine starke Tendenz in Richtung eines ⅔ Anteils von Aktien für langfristige Investmentportfolios.

---

*) Anm. des Übersetzers: Wenn nichts Besonderes gesagt wird, handelt es sich in diesem Teil immer um Stammaktien, nicht Vorzugsaktien.
[1]) Eine Untersuchung aus dem Jahre 1982 durch FRS Associates, Los Altos, California. Die Vermögenswerte in den Pensions- und Gewinnbeteiligungsfonds für die 37 Gesellschaften machten insgesamt über 86 Milliarden Dollar aus.

Dieses Kapitel untersucht drei Aspekte der augenblicklichen Praxis im Management von Aktienportfolios: 1. Die Kräfte des Wandels, die das Aktienmanagement so dynamisch machen, 2. verschiedene Stilarten von Portfoliomanagement und 3. Einstufung und Untersuchung von grundsätzlichen Investmentmethoden unter dem Gesichtpunkt des Beitrags, den der Wertpapieranalyst leistet.

Kräfte des Wandels

Es gibt vier große Anreize für Innovation und Wandel im Portfoliomanagement von Aktien. Erstens, das erhebliche Wachstum und die augenblickliche Größe von institutionellen Fonds (wie Pensions- und Stiftungsfonds) und als Ergebnis davon die Entwicklung von Managementstrukturen mit mehreren Managern. Das Anlagevermögen der tausend größten Pensionsfonds für unselbständig Beschäftigte betrug am 30. September 1986 über 1,339 Billionen Dollar.[2]) Weil die meisten größeren Fonds heute ein Management mit mehreren Managern haben, wird die Festlegung des Stils zunehmend betont. Heute beurteilen die Träger den Stil als fast ebenso wichtig wie die Performancegeschichte, wenn sie einen Manager aussuchen. Die Berücksichtigung des Stils ist ein vorherrschender Faktor, wenn eine optimale Zusammensetzung von Managern erreicht werden soll. Als Reaktion darauf versuchen Manager ihre Art von Stil ausdrücklich zu definieren und verwenden besondere Sorgfalt darauf, in ihrer Arbeit entsprechende Beständigkeit zu gewährleisten.

Der zweite Anreiz ist die Tatsache, daß die Träger immer erfahrener und anspruchsvoller werden. In diesem Zusammenhang führte das zunehmende Interesse am Stil eines Managers zur Entwicklung von quantitativen und nicht nur qualitativen Bewertungen eines Stils.

Die dritte Kraft, die das Management von Aktienportfolios dynamisch macht, ist der intensive Wettbewerb unter den Investmentorganisationen um das Management von institutionellen Fonds. Dementsprechend verwenden die Manager viel Aufmerksamkeit darauf, den Stil zu finden, der ihren Fähigkeiten am besten entspricht, um die Performance zu verbessern und das Risiko zu kontrollieren. Dazu gehört auch Festlegung eines Systems von Portfoliocharakteristiken zu Kontrollzwecken, um Qualitätskontrolle und Übereinstimmung mit dem Stil sicherzustellen.

Der vierte Anreiz ist der Fortschritt in der Investmenttechnologie. Er zeigt sich besonders in der Festlegung von der Größe nach umschriebenen Investmentzielen, Performance-Maßen, Performance-Eigenarten, Risikoanalyse und der Definition von „normalen Portfolios".

Zusammen haben diese vier Faktoren dazu geführt, daß das Investmentmanagement zunehmend ein zusammenhängendes und zielgerichtetes Verfahren für Aus-

---

[2]) Mitgeteilt in „Pension and Investment Age", 26. Januar 1987, S. 1

wahl und Timing des Aktienkaufs geworden ist. Dieses Verfahren (diese Stilarten) kann man unter zwei Gesichtspunkten einteilen – Portfoliomanagement und Wertpapieranalyse.

Investment-Stilarten und Portfoliomanagement

Unter dem Gesichtspunkt des Portfoliomanagement kann man das Verfahren oder den Stil einer Investmentorganisation entweder als passiv oder als aktiv einstufen. Passives Management versucht, das Ergebnis eines vorher bestimmten Aktienindex (zum Beispiel des S&P 500) zu wiederholen oder einen anderen identifizierbaren objektiven Standard zu erreichen, der für das Investmentziel angemessen ist (zum Beispiel das Ergebnis einer Gruppe von vorher ausgesuchten Wachstumsaktien). Ein „passiver" Manager braucht keinen Wertpapieranalysten und benutzt verschiedene statistische Mittel und Börsentechniken, um einen Indexfonds aufzubauen.

Im Gegensatz dazu versucht das aktive Management, einen ausgesuchten Standard zu übertreffen. Es gibt im wesentlichen vier Stilarten für aktives Aktienmanagement: Diversifiziert, nicht diversifiziert, Rotation und Modulmanagement. Die Eigenarten jedes Stils werden im folgenden beschrieben.[3]

Ein *diversifizierter* Manager wird Aktien aller wichtigen Industrien halten und hat keine starke oder dauernde Vorliebe für eine bestimmte Industrie oder einen bestimmten Sektor. Im übrigen wird der normale Anteil einer Industrie am Portfolio dem Börsengewicht entsprechen, wenn der Manager die Aussichten für die Industrie als neutral beurteilt. Wertzuwachs wird ausschließlich dadurch erreicht, daß relativ unterbewertete Aktien in jeder Industrie oder jedem Sektor ausgesucht werden.

Zur *nichtdiversifizierten* Kategorie gehört jede Art von spezialisiertem Manager (oder „Konzentrator"), dessen Portfolios immer eine starke Bevorzugung für einen oder mehrere Sektoren des Marktes aufweisen. Beispiele sind Organisationen, die ihre Investmentaktivitäten auf größere Sektoren konzentrieren wie Wachstumsaktien mit großer Kapitalisierung, qualitätsorientierte Aktien, kleine Gesellschaften, Spezialsituationen oder ertragsstarke Aktien.

Der Typ des *„Rotationsmanagers"* liegt zwischen der diversifizierten und nichtdiversifizierten Variante. Dem diversifizierten Manager ist er insofern ähnlich, als seine Organisation in alle Marktsektoren und Industrien investiert, ohne einzelne ständig zu bevorzugen. Er unterscheidet sich jedoch insofern vom diversifizierten Manager, als er die Gewichtung eines Sektors oder einer Industrie nach dem Börsenanteil nicht als neutrale Position ansieht. Der „Rotator" wählt keine Aktien in einem Sektor oder einer Industrie aus, wenn er diese nicht als attraktiv bewertet.

---

[3] Es gibt noch andere Einteilungen von Stilarten. Der „Trust Universe Comparison Services" benutzt die folgenden sechs: Wachstum, Wachstum – klein, diversifiziert, Wert, Sektor und Börsentiming. Mitgeteilt bei R. L. Knisely, Jr. „Performance Evaluation: How do you Compare Management Styles?" Pension World, Oktober 1985, S. 19–21

Sein Portfolio kann also zu Zeiten ein betontes Gewicht in Richtung Wachstum, Einkommen, Qualität oder Größe von Gesellschaften haben.

Der *„Modul-Manager"* ist eine neuere Erscheinung im Bereich des Portfoliomanagement. Ein Modul ist eine Gruppe von Aktien, die wegen ihrer wirtschaftlichen, finanziellen oder sonstigen Eigenschaften als vergleichbar unter Investmentgesichtspunkten angesehen werden kann. (Zum Beispiel Aktien mit hohem Wachstum, Aktien mit hohem Einkommen oder ausländische Aktien.) Mit einer ganzen Gruppe von Modulen kann ein Manager Portfolios schaffen, die entweder auf bestimmte Sektoren konzentriert sind oder in allen größeren Sektoren anlegen. Der Manager kann dann entweder zur diversifizierten oder zur spezialisierten Kategorie gehören.

Investmentmethoden und Wertpapieranalyse

Die vier Stilarten von aktivem Investmentmanagement könnten dieselben analytischen Informationen über Gesellschaften und Industrien benutzen. Die folgenden Praktiken jedoch können eher als grundsätzliche „Methoden" für Auswahl und Timing und nicht sosehr als verschiedenen Stilarten angesehen werden. Unter diesem Blickwinkel sind die nötigen Informationen durch die Wertpapieranalyse nicht identisch:

1. die „Querschnittmethode" (Cross-Section Approach)
2. die „Vorwegnahmemethode" (Anticipation Approach)
   a) kurzfristige Auswahl
   b) Auswahl von Wachstumsaktien
3. die Benutzung eines Sicherheitsrahmens (Margin-of-Safety Approach)
   a) Werte bei Tiefpunkten und bei mittlerem Niveau der Gesamtbörse
   b) Werte in einzelnen Aktien

Querschnittmethode

Die Methode entspricht dem „passiven Management". Im Vordergrund steht nicht Auswahl, sondern Diversifizierung. Diese Methode will sicherstellen, daß es dem Investor, gemessen an einem Index wie etwa dem S&P 500, so gut geht wie den größeren US-Gesellschaften. Diese Methode benötigt keine Wertpapieranalyse.

Vorwegnahmemethode: Kurzfristige Auswahl

Die Empfehlungen von Aktien in Wall Street und vermutlich auch der Kauf durch Investoren und Spekulanten wird zu häufig auf Vorwegnahme von kurzfristigen

Entwicklungen gestützt. Das ist keine Bewertungsmethode; der Schwerpunkt liegt vielmehr auf relativen Gewinnen. Nach dieser Methode werden die Aktien mit dem größten Gewinnmoment im Quartal die höchsten Erträge liefern; wenn die Änderungsrate bei den Gewinnen ihren Gipfel erreicht hat, ist es Zeit, zu verkaufen. Mit viel analytischer Anstrengung wird versucht, die kurzfristigen Aussichten für die nächsten sechs oder zwölf Monate zu bewerten. Umsatzvolumen, Verkaufspreise und Kosten werden sorgfältig abgeschätzt, oft mit Hilfe von Feldstudien. Die Aufmerksamkeit, die diesen kurzfristigen Erwartungen erwiesen wird, wird oft mit der Behauptung gerechtfertigt, daß Voraussagen für mehr als ein Jahr im voraus nicht wirklich verläßlich seien.

Trotz dieses plausiblen Argumentes ist die Bedeutung, die so häufig der nahen Zukunft beigemessen wird, dennoch bedauerlich. Der Wert einer Aktie hängt nicht davon ab, welche Gewinne sie in diesem oder nächsten Jahr haben wird, sondern von ihrer erwarteten durchschnittlichen Ertragskraft, ihren Dividenden über eine ziemlich lange Zeit und ihren allgemeinen Aussichten für die weitere Zukunft. Der hauptsächliche Gedankenfehler, wenn Aktien auf Grund ihrer Aussichten in unmittelbarer Zukunft gekauft werden, liegt darin, daß der Aktienkurs schon genau jene Verbesserung oder Verschlechterung vorweggenommen haben mag, auf die der Verkäufer oder Käufer zählt. In vielen solchen Fällen wird wenig oder gar keine Aufmerksamkeit auf den Aktienkurs verwandt und auf die Frage, ob er den günstigen Gewinnausblick nicht schon voll reflektiert. Und so besteht für den Kurs oft kein Boden, der durch den Wert gebildet wird und den Käufer nach unten schützt.

Betonung auf der kurzfristigen Zukunft zeigt sich auch in dem Verhalten einiger professioneller Investoren. 1986 betrug die Umschlagrate des Aktienvolumens an der New York Stock Exchange (Aktienvolumen geteilt durch den Durchschnitt der notierten Aktien) 64 % im Vergleich zu einer Umschlagrate von 23 % im Jahre 1976.[4]) Der nach oben weisende Trend in dieser Umsatzrate kann durch die folgende Aufstellung von 3-Jahres-Durchschnitten gezeigt werden:

Jahre	Umschlagrate in %
1975–1977	22
1978–1980	30
1981–1983	42
1984–1986	56

Wie sehr die kurzfristige Zukunft betont wird, zeigt sich auch am Portfolioumschlag. CDA Investment-Technologies Inc. befragte 778 Investmentmanager: In den vier Quartalen, die im Dezember 1986 endeten, hatten 141 größere Investment-

---

[4]) New York Stock Exchange Fact Book, N. Y., Stock Exchange, Inc., N. Y., 1987

organisationen einen jährlichen Portfolioumschlag in Aktien von über 100 %.[5]) Ein anderer Bericht stellt fest, daß 1983 der Portfolioumschlag bei Pensionsfonds 62 % betrug, verglichen mit 21 % zehn Jahre früher.[6]) Offensichtlich hat sich die Zeitdauer, über die Aktien gehalten werden, erheblich verringert, teilweise auch, weil die Träger von Fonds ihre Manager gern nach ihrer quartalsweisen Performance messen und beurteilen.

Vorwegnahmemethode: Auswahl von Wachstumsaktien

Die Auswahl für das Aktieninvestment nach kurzfristigen Aussichten kann man kritisieren, weil sie sich zu sehr an vorübergehenden und oberflächlichen Dingen orientiert. Diese Kritik gilt nicht für langfristige Aussichten; sie sind nicht nur wichtig für den Investmentwert jedes Wertpapieres, sondern verkörpern den wichtigsten Bestimmungsfaktor des Wertes überhaupt. In der Vergangenheit ist eine Reihe von begünstigten Konzernen weit über dem Durchschnitt gewachsen und gediehen. Solche Wachstumsgesellschaften werden heute als besonders geeignete Medien für langfristiges Investment angesehen.

Offensichtlich wird ein Investor äußerst gut fahren, wenn es ihm gelingt, Wachstumsgesellschaften zu erkennen, solange ihre Aktien zu vernünftigen Kursen erhältlich sind. Einige Investoren sind ohne Zweifel fähig, solche Auswahl mit beeindruckender Genauigkeit zu treffen, und sie haben von ihrer Voraussicht und ihrem guten Urteil erhebliche Vorteile gehabt. Können sorgfältige und intelligente Investoren generell (als Gruppe) diese Politik mit gutem Erfolg verfolgen? Die Frage besteht aus drei Teilen: 1. Was heißt „Wachstumsgesellschaft"? 2. Kann der Investor solche Gesellschaften mit einiger Sicherheit identifizieren? und 3. In welchem Ausmaße berücksichtigt der gezahlte Kurs schon das erwartete Wachstum?

Was ist eine Wachstumsgesellschaft?

Wir kennen keine allgemein akzeptierte Definition der *„Wachstumsgesellschaft".* Für die Zwecke dieses Buches wird eine Wachstumsgesellschaft definiert als eine Gesellschaft, die auf Wachstumsmärkten für Produkte oder Dienstleistungen tätig ist, ein jährliches durchschnittliches Wachstum der Gewinne von zumindest 12 % über vielleicht 5 oder 10 Jahre gehabt hat und voraussichtlich mit dieser Rate weiter wachsen wird. Diese Rate liegt 60 % über unserer langfristigen Projektion von 7,5 % für den S&P 400 Index.[7]) Das Kriterium von 12 % ist nicht gedacht für Gesellschaften, deren Gewinne lediglich – auf Grund des Konjunkturzyklus oder aus

---

[5]) „Spectrum Turnover Report", 31. Dezember 1986, CDA Investment Technologies, Inc. Silver Spring, MD.
[6]) „Will Money Managers Wreck the Economy?" Business Week 13. August 1984, S. 86–93
[7]) Siehe dazu unsere Projektion in Kapitel 32.

Kapitel 27: *Die Aufgabe des Wertpapieranalysten*

anderen Gründen – gedrückt waren und im Augenblick eine Erholung erleben. Solche Gesellschaften liegen nicht innerhalb unserer Definition einer Wachstumsgesellschaft; die Erholung solcher Aktien liefert vielmehr Beispiele dafür, wie der Kurs mit dem Wert zusammenläuft.

Kann der Investor sie identifizieren?

Unser natürlicher Enthusiasmus für hervorragende Entwicklung in der Vergangenheit und für besonders günstige Industrieaussichten wird durch eine etwas ernüchternde Überlegung gemäßigt. Historisch gesehen folgen auch die erfolgreichsten Gesellschaften im allgemeinen einem gut definierten Lebenszyklus – der traditionellen S-förmigen Wachstumskurve. Sie beginnt mit einer Reihe von Kämpfen und Rückschlägen; dann folgt eine gleichmäßige Periode von Wohlergehen und ständigem Wachstum; dann folgt eine letzte Phase der Reife, charakterisiert durch ein Nachlassen der Expansion und vielleicht einen Verlust der Führungsstellung oder sogar der Rentabilität. Wenn also eine Gesellschaft eine sehr lange Periode wachsender Gewinne gehabt hat, mag sie sich aus diesem Grunde gerade ihrem eigenen Sättigungspunkt nähern, weil ihre lange Rentabilität den Wettbewerb anreizt.

Damit steht man, wenn man nach Wachstumsgesellschaften sucht, vor einem Dilemma. Wählt man Gesellschaften mit einer kürzeren Vorgeschichte von Expansion, so trifft man auf die Probleme kleinerer Gesellschaften, die weiter unten erörtert werden. Wählt man dagegen Unternehmen, die über mehrere Konjunkturzyklen gewachsen sind, kann diese offensichtliche Stärke der Vorbote für kommende Reife oder selbst Schwäche sein.

Kleinere Gesellschaften in den früheren Stadien ihres Lebenszyklus weisen eine Zahl von besonderen Problemen bei der Bewertung auf. Zunächst einmal sind die Möglichkeiten der Finanzanalyse begrenzt: Erstens gibt es keine ausreichende Vorgeschichte von Erfolgen für die Analyse, zweitens: Die Wettbewerbsfaktoren sind schwer zu bewerten, drittens: Die Überlastung der Managementkräfte – oft ist das Management nicht tief genug gegliedert – und der finanziellen Ressourcen bedeuten erhebliche Hindernisse auf dem Wege zum Erfolg, viertens: Technologische oder andere Entwicklungen nicht-finanzieller Art haben den größten Einfluß auf die ungewisse Zukunft.

Außerdem erfolgt das Wachstum für solche Gesellschaften in der Entwicklung wahrscheinlich nicht einer gleichmäßigen Kurve mit zunehmendem oder abnehmendem Volumen. Der Erfolg – wenn er eintritt – kommt eher in Form einer Reihe von Schritten, wenn ein Durchbruch in neue Märkte erzielt wird. Das Timing dieser Schritte ist außerordentlich wichtig für den Bewertungsprozeß.

Das finanzielle Bild des Erfolges kann vielleicht für einen Punkt in der Zukunft, zum Beispiel in drei oder fünf Jahren, skizziert werden. Man entwirft also ein Modell der Gesellschaft für den Zeitpunkt, wenn sie ihre nächste Phase vollendet haben wird. Auf diese Weise kann man das erwartete Niveau von Umsatzvolumen und finanziellen Erfordernissen darstellen und so das grobe Bild eines aktiven Unternehmens zeichnen, das ein Wachstumspotential als etabliertes Unternehmen hat. Wenn man den Gegenwartswert einer solchen Firma berechnet, sollte die Abzinsungsrate das Risiko ausdrücken, das ein solches Unternehmen einschließt.

Der Wertpapieranalyst mag möglicherweise nicht in der Lage sein, solche Schätzungen der Zukunft genügend genau vorzunehmen, um zu einer sinnvollen Bewertung zu kommen. Diese Tatsache ist wichtig und enthält eine nützliche Information: Sie sagt dem Investor, daß er eine Wette auf irgendeinen Prozeß und irgendwelche Leute macht und man keine verläßliche analytische Beurteilung darüber vornehmen kann, welche Chancen sie bietet. Wenn man dagegen eine systematische Bewertung mit einigem Zutrauen vornehmen kann, ist das Ergebnis wahrscheinlich lohnend.

Wenn man ein diversifiziertes Portfolio von kleinen Gesellschaften auswählt, hat es Aussicht, dem Investor höhere langfristige Erträge zu liefern – unter Berücksichtigung ihrer größeren Schwankungsbreite – als eine diversifizierte Gruppe von größeren, reiferen Gesellschaften. Dies ist als der „Effekt der kleinen Gesellschaften" (Small Company Effect) beschrieben worden. Dieser Effekt, der einfach von der Größe abhängig ist, scheint das Ergebnis einer systematischen Unterbewertung kleiner Gesellschaften zu sein und ist ein Gegenbeweis gegen die Efficient Market Theorien.

Den „Kleine-Gesellschaften-Effekt" kann man historisch durch einen Index wie den Wilshire 5000 messen, wenn man ihn börsenwertgewichtet und gleichgewichtet vergleicht. Es folgt ein Vergleich für Zeiträume, die jeweils am 31. Dezember 1986 enden. (Die Schwankungsbreite wird durch die [statistischen] Standardabweichungen gemessen, die in Klammern stehen):

	1 Jahr	2 Jahre	5 Jahre	10 Jahre
Wilshire 5000 gleichgewichteter Kursindex (ohne Dividende)	21,2	30,8	26,3 (18,0)	24,7 (15,1)
Wilshire 5000 wertgewichtet, Gesamt-Ertragsindex (einschließließlich Dividende)	16,1	24,1	18,4 (9,7)	14,9 (13,0)

Dieser Vergleich des wertgewichteten Wilshire 5000 Index für den Gesamtertrag mit dem gleichgewichteten Kursindex zeigt, daß selbst ohne Berücksichtigung von Dividenden die Aktien mit kleiner Kapitalisierung die Aktien mit großer Kapitalisierung erheblich übertrafen. Wenn auch der gleichgewichtete Index auf dem Gesamtertrag beruhte, wäre der Performance-Unterschied noch größer.

Die Identifizierung einer Wachstumsgesellschaft oder einer Wachstumsindustrie ist nicht ganz so einfach, wie es zu Anfang erscheinen mag. Man kann dahin nicht nur durch eine Prüfung der Statistiken und der bisherigen Entwicklung kommen, sondern benötigt erhebliche Ergänzungen durch spezielle Untersuchungen und Geschäftsbeurteilungen.

Berücksichtigt der Kurs schon das potentielle Wachstum?

Die dritte Schwierigkeit ist vielleicht die größte. Wenn man einmal ein erhebliches Maß an Zutrauen hat, daß die Gesellschaft sich in der Zukunft ausdehnen wird, ist die nächste Frage, welchen Kurs der Investor berechtigterweise für dieses attraktive Element zahlen kann.

Wenn eine Bewertung in starkem Maße auf Vorwegnahme der Zukunft beruht – in der Form der langfristigen Fortsetzung einer erheblich über dem Durchschnitt liegenden Performance – enthält das unvermeidlicherweise die Möglichkeit erheblicher Irrtümer. Um dies zu vermeiden, schlagen wir vor: Erstens, daß die hohe Wachstumsrate nicht mehr als 7 Jahre in die Zukunft projiziert wird und zweitens, daß bei der Schätzung des Wertes der Analyst die projizierten Gewinne oder die Dividendenzahlen für das vierte Jahr benutzt (was einem Durchschnitt der sieben Jahre entspricht). Unabhängig von der benutzten analytischen Methode muß der Investor überzeugt sein, daß der Kurs angemessen ist, wenn er das betreffende Risiko und das erwartete Wachstum sieht. Der Kurs sollte daher auf quantitativer Grundlage zu rechtfertigen sein.

Die Erörterung hat mehr Gewicht auf die Schwierigkeiten als auf die Vorteile gelegt, wenn man in Wachstumsaktien investieren will. Wenn die Analyse von Wachstumsaktien jedoch mit Geschick, Intelligenz, Beständigkeit und sorgfältigem Studium verfolgt wird, gibt sie insgesamt befriedigende Resultate. Ständige gute Erfolge werden von vielen erfahrenen Investoren in Wachstumsaktien erzielt.

Das Auswahlprinzip eines Sicherheitsrahmens

Die dritte Methode zum Aktieninvestment beruht auf dem Prinzip des Sicherheitsrahmens. Wenn der Analyst sich überzeugt hat, daß eine Aktie *mehr wert* ist als im Augenblick dafür gezahlt wird und er die Zukunft der Gesellschaft einigermaßen optimistisch beurteilt, wird er sie als geeignet für die Aktien-Komponente eines Portfolios ansehen. Bei dieser Methode gibt es zwei mögliche Techniken. Die eine besteht darin, zu kaufen, wenn *die Börse im allgemeinen* tief steht, gemessen in quantitativen Wertstandards. Vermutlich würde dann der Kauf auf große und ziemlich aktive Werte beschränkt werden. Die andere Technik besteht darin, *individuelle* Werte zu entdecken, die unter – oder zumindest innerhalb – einer konservativen Wertspanne liegen. Solche Aktien sind vermutlich verfügbar, selbst wenn die allgemeine Börse nicht besonders tief steht. In jedem Falle besteht der Sicherheitsrahmen in der Tatsache, daß die Aktie im Vergleich zu ihrem inneren Wert, wie ihn der Analyst mißt, einen befriedigenden Kurs hat. Das heißt, daß der Investor nach konservativen Maßstäben für sein Geld den vollen Wert bekommt. Aber in bezug auf die Wechselfälle und die beteiligten psychologischen Faktoren unterscheiden sich die beiden Techniken erheblich. Sie werden im folgenden erörtert.

Werte beim Börsentief

Auf den unteren Niveaus von allgemeinen Börsenbewegungen ist es im allgemeinen möglich, unterbewertete erstklassige Werte zu finden, indem man den Bewertungsprozeß wie für individuelle Aktien benutzt oder ihn auf eine zusammengesetzte Gruppe wie den Dow-Jones Industrial oder den S&P 500 oder 400 anwendet. Hier laufen die „Querschnittsmethode" und die Wertmethode zusammen, denn auf historisch tiefen Börsenniveaus erweisen sich die meisten Aktien als unterbewertet, wenn man sie dem Bewertungsprozeß unterzieht.

Von Ende 1974 bis Mitte 1982 brachte die ständige Unterbewertung der Ertragskraft von Gesellschaften an der Börse das Investieren in Werte wieder in Mode. Die bisher nicht dagewesene Welle von Zusammenschlüssen, Akquisitionen und Buyouts (Aufkäufe durch das Management) war die unausweichliche Antwort der Finanzmanager der Gesellschaften und der Investoren, die nach einer solchen Unterbewertung von Ertragskraft suchten. Wir sehen diese Zusammenschlüsse und Akquisitionen als Bestätigung dafür an, welchen Nutzen die Bewertungsmethode beim Investment hat.

Werte auf mittlerem Kursniveau der Börse

Wenn die Börse sich auf einem mehr oder weniger neutralen Niveau befindet, sind erstklassige Werte, die zu nachweisbaren Ausverkaufspreisen gehandelt werden, kaum zu finden. Das Feld der unterbewerteten Wertpapiere beschränkt sich im wesentlichen auf zu niedrig stehende Obligationen und Vorzugsaktien und auf bestimmte zweitklassige Aktien. In den meisten Fällen werden die letzteren unter einem quantitativen Gesichtspunkt als billig erscheinen, aber ihre Zukunftsaussichten sind nicht besser als durchschnittlich. Das kann zu einem attraktiven quantitativen Bild führen – im Verhältnis zum Kurs natürlich –, während die qualitative Stellung mittelmäßig ist.

Daher werden einige solcher Unternehmen von der Börse vernachlässigt werden: Sie sind lange etabliert, gut finanziert, wichtig in ihrem Industriezweig und vermutlich auf unabsehbare Zeit im Geschäft und rentabel, aber ihnen fehlt der Reiz des Wachstums. Diese Vernachlässigung zeigt sich vor allem in Jahren von unterdurchschnittlichen Gewinnen. Dann werden diese Unternehmen für erheblich weniger gehandelt, als sie einem privaten Eigentümer wert wären. Dieses letztere Kriterium, ein Preis erheblich unter dem Wert, ist der Prüfstein für die Entdeckung von wirklichen Investmentgelegenheiten in Aktien.

Einzelwerte

Der Wertpapieranalyst sucht einzelne Wertpapiere aus, die im Verhältnis zu einer konservativen Werteinschätzung attraktiv im Kurse stehen. Das Verfahren besteht darin, zum Investment eine Anzahl von Einzelwerten zu empfehlen, die zur Zeit unterhalb oder jedenfalls innerhalb einer berechneten Wertspanne liegen. Der

Gedanke, individuelle Wertpapiere formell auf ihren inneren Wert zu schätzen, ist nicht länger neu, aber er wurde in den 60er und frühen 70er Jahren oft zugunsten der modischen Wachstumsaktien beiseite geschoben. Dies war die Ära der „One-Decision Stocks", Aktien, die nur eine einzige Entscheidung brauchten: Man sollte Wachstumsaktien kaufen und liegenlassen, ohne auf den Kurs zu achten. Das Ergebnis war eine geteilte Börse, in der die bevorzugten Wachstumsaktien, die „Nifty-Fifty" mit dem Zwei- bis Dreifachen des (normalen) Börsenmultiplikators bewertet wurden. Erst nach dem langfristigen Börsenrückgang 1973/74 und dem damit verbundenen Zusammenbruch der Kurse von Wachstumsaktien wandten sich die Investoren wieder dem Wertkonzept zu. Diese erneute Aufmerksamkeit ist besonders sichtbar in der Suche nach Kandidaten für Zusammenschlüsse und Akquisitionen.

Den vorigen Krieg gewinnen

Die übliche Kritik am Militär geht dahin, es treffe seine Vorbereitungen so, daß es damit den vorigen Krieg gewonnen hätte. Investmentstrategen sind Opfer derselben Tendenz. Die Wechselfälle und Gelegenheiten des vorigen Börsenzyklus sind im Rückblick betrachtet klar, und ebenso offensichtlich sind die Verteidigungen, die nicht entwickelt und die Strategien, die übersehen wurden. Selbst nach dem erheblichen Kursrückgang der Börse 1973–1974, als sich überall hervorragende Investmentgelegenheiten entfalteten, wurde das Börsentiming sehr populär. Jene Investoren, die noch überzeugt waren, daß es unvorsichtig war, sich an der Börse zu beteiligen, waren nicht in der Lage, in langfristigem Wachstum zu denken.

Die Erholung vom August 1982 bis Juni 1983 wurde durch Technologiewerte, neue Wachstumswerte (Emerging Growth) und nicht amtlich notierte Werte angeführt. Der NASDAQ Over-the-Counter Composite Index stieg um 105,8 %, verglichen mit einem Anstieg von 66,9 % für den S&P 500. Gerade als diese Börsenphase ihren Höhepunkt erreichte, blühte der Markt für neu zugelassene Aktien (Initial Public Offerings) – und Venture Partnerships (Risikogemeinschaften) wurden mit Mitteln überschwemmt.

Von Juni 1983 bis Juli 1984 sank der NASDAQ Index um 31,5 %, während der Rückgang im S&P 500 auf 13,6 % beschränkt war. „Wertinvestment in der Tradition von Graham und Dodd" stand 1984 als Thema im Vordergrund als Reaktion auf die Korrektur, die NASDAQ Aktien mit hohem Börsenmultipklikator in der zweiten Hälfte 1983 erlitten.[8])

Bemerkenswert an diesen Beispielen ist, daß nach jeder Phase von Versprechen und Gewinn die weniger erfolgreichen Geldmanager die Strategien der erfolgreicheren zu einem Zeitpunkt übernahmen, wo die Strategien aufhörten, erfolgreich zu sein.

---

[8]) Die folgenden beiden Jahre waren für buchstäblich alle Aktiengruppen günstig.

Passives Management

Passives Management in der Form eines dem Index entsprechenden Portfolios kommt jedesmal wieder in Mode, wenn der „Kleine-Gesellschaften-Effekt" eine Kontraktion erlebt. Im allgemeinen haben aktive Investoren keine Portfolios von Aktien im Verhältnis der Gesellschaften zu ihrem Börsengewicht, sondern neigen mehr zu gleichgewichteten Portfolios. Wenn daher große alte Gesellschaften an der Spitze einer Börsenbewegung stehen, werden aktive Manager wahrscheinlich im Durchschnitt schlechtere Gesamterträge haben. Wenn an der Börse kleinere, weniger reife Gesellschaften im Vordergrund stehen, ist das aktive Management in der Regel verhältnismäßig erfolgreich, selbst wenn man die erhöhte Schwankungsbreite (Volatility) berücksichtigt.

Es gibt natürlich noch weitere Gründe, um ein passives Management zu betreiben: Zum Beispiel sehr große Anhäufung von Vermögenswerten, zeitweilig fehlende Überzeugung in bezug auf Börsensektoren oder Bevorzugung von Beteiligung an der Börse insgesamt im Vergleich zu individuellem Wertpapierertrag. Programme der Portfolioversicherung beispielsweise sind so gestaltet, daß sie am besten mit einem indexierten Portfolio funktionieren, das sehr genau einem Futures-Kontrakt entspricht. Optionenschreiben für ein ganzes Aktienportfolio funktioniert vermutlich ebenfalls besser, wenn sich der Manager für Optionen mehr auf den angemessenen Wert der Optionskontrakte konzentriert als auf die Bewertung der zugrunde liegenden Wertpapiere. Die Anhänger der Meinung, ein internationales Aktienportfolio sollte an Indizes ausgerichtet sein, bringen das zusätzliche Argument, daß die Finanzberichterstattung in vielen Ländern keine erfolgreiche Anwendung von Techniken der Fundamentalanalyse zuläßt.

Die Ebbe und Flut von Geldern, die in und aus Portfolios mit passivem Management strömen, werden mehr durch die Erfahrungen in der jüngsten Vergangenheit beeinflußt als durch jeden anderen Faktor. Dies ist kaum vermeidlich. Selten können wir vorweg wissen, ob aktives Management in der nächsten Marktphase im allgemeinen überlegen sein wird. Die Überzeugung der zwei Generationen von Autoren dieses Buches geht dahin, daß über einen Börsenzyklus – mit all seinen auseinanderlaufenden Trends –, beständige Anwendung von Bewertungsprinzipien gute Resultate bringen wird, ohne den Investor ernsthaftem Verlustrisiko auszusetzen.

Betonung auf dem Wert

Die größeren Bewegungen (Swings) in Aktienkursen seit dem Ende der sechziger Jahre haben den Investoren spektakuläre Gewinne und Verluste gebracht. Diversifizierung ist wieder in Mode, und der Gedanke, daß man einen Sicherheitsrahmen suchen soll, der mit dem inneren Wert zu tun hat, wird mehr akzeptiert. Performancemessung in absoluter Form, nicht nur im Verhältnis zu Vergleichsgruppen, hat ebenfalls seinen Platz im Investmentdenken wieder eingenommen.

Kapitel 27: *Die Aufgabe des Wertpapieranalysten* 551

Die Anhänger der Fundamentalanalyse des Wertes von Gesellschaften, Industrien und Sektoren können solche Trends mit Befriedigung zur Kenntnis nehmen. Aber das ist nur die eine Seite. In den langen Jahren der Börsenstärke seit August 1982 hat sich die Aufmerksamkeit häufig von den spezifischen Gesellschaften abgewandt. Zugewandt ist sie dem Markt für Aktienzertifikate (oder Bucheintragungen) und arithmetischen Kunstprodukten, die Indizes, Durchschnitte und Zusammenfassungen heißen (Indexes, Averages, Composites) und die so konstruiert sind, daß individuelle Unterschiede verborgen oder ausgeglichen werden. Das riesige Volumen täglicher Transaktionen, das in den Büchern einer Hinterlegungs- und Abrechnungsgesellschaft (Depositary Trust Company) erscheint, zeigt alle möglichen Aktivitäten: Arbitrage, Handel in Aktienblöcken, die zu groß sind, als daß die Spezialisten und Börsenhändler sie handhaben könnten, Hedging gegen Portfoliorisiken und eine Unzahl von Anstrengungen, um das Börsenrisiko in all seinen Formen zu kontrollieren. Nur ein kleiner Teil dieser manchmal hektischen Aktivität spiegelt Investmententscheidungen wider, die auf der systematischen Bewertung von Gesellschaften beruhen.

Der Beobachter dieser Szene könnte erhebliche Sorgen um die Effizienz unserer Wertpapiermärkte als Verteilungsstellen von knappem Kapital haben. Für den Wertpapieranalysten dagegen, der getreulich seine disziplinierte Bewertung von spezifischen Gesellschaften als fortlaufende Unternehmungen vornimmt, sieht die Sache anders aus. Die Ablenkung der Aufmerksamkeit seiner Wettbewerber oder der anderen Investoren von dem ernsthaften Geschäft der Wertpapieranalyse bringt für ihn außergewöhnliche Chancen: Er kann nicht nur Fehlbewertungen von individuellen Gesellschaften entdecken, sondern ebenso Unterbewertungen von ganzen Industrien und Sektoren. Mit diesen Chancen kommt außerdem die Sicherheit, daß fundamentale Werte letztendlich die Richtung des Kapitalflusses für Investments bestimmen werden.

Kapitel 28
Das Für und Wider der Bewertungsmethode

Das praktische Ziel der Wertpapieranalyse für Aktien besteht darin, dem Investor bei der Auswahl attraktiver Werte zu helfen. Wie kommt der Analyst zu der Schlußfolgerung, daß eine bestimmte Aktie attraktiv ist?

In unserer Ausgabe 1962 stellten wir fest, zwar sei inzwischen mancher Fortschritt gemacht, aber viele Untersuchungen individueller Gesellschaften durch Wall Street Broker beruhten noch auf einer zu kurzen Vorhersagespanne für die Gewinne, sie befaßten sich im allgemeinen nur mit den nächsten zwölf Monaten. Der wesentliche Inhalt der typischen Studie habe qualitativen Charakter und befasse sich mit der Stellung und den Aussichten des Unternehmens.

Infolge der Benutzung des Dividendenabzinsungsmodells und von Fortschritten in der analytischen Praxis wendet man heute den längeren Projektionen mehr Aufmerksamkeit zu. Auch enthalten Gesellschaftsstudien heute etwas mehr quantitative Elemente, und die Entwicklung ist mehr in Richtung auf genauere Wert- oder Ertragsschätzungen gelaufen; heute wird eine Aktie als „billig" oder „attraktiv" angesehen, wenn ihr berechneter Wert oder Ertrag im Vergleich zu dem augenblicklichen Börsenkurs günstig erscheint.

Die Bewertungsmethode in der Perspektive

Ein Analyst kann bei der Beurteilung einer Aktie verläßlicher und professioneller arbeiten, wenn er einen objektiven Wert (wie das in Kapitel 4 erörtert wurde), bestimmen kann, der unabhängig von der Börsennotierung ist und mit dem er den augenblicklichen Kurs vergleicht. Der Analyst kann dann dem Investor zum Kauf raten, wenn der Kurs unter oder bei dem Wert liegt – oder zumindest, wenn der augenblickliche Kurs innerhalb der möglichen Wertspanne liegt – und zu verkaufen, wenn der Kurs erheblich über dem Wert liegt. Dies ist ohne Zweifel eine gute Idee – wenn sie funktioniert. Offensichtlich muß sie ihre Schwierigkeiten und Grenzen haben, andernfalls wäre sie seit langem Standardpraxis. Wir erkennen diese Schwierigkeiten an, aber wir glauben, daß der Gedanke der Bewertung oder Schätzung nichtsdestoweniger im Grundsatz gesund ist.

Ganz allgemein sind wir der Meinung, daß der Investor mit Hilfe der Aktienbewertung solche Werte auswählen kann, die befriedigende Dividende bringen und eine Ertragskraft behalten, die dem bezahlten Kurs angemessen ist. Wenn man dieses Ergebnis erreicht, sollte die generelle Erfahrung mit der Börse nicht unbefriedigend sein. Aber der Börsenkurs ist der Faktor, der für den Wertpapieranalysten am schwierigsten zu kontrollieren oder vorauszusagen ist. Eine grundsätzliche Schwierigkeit besteht darin, daß die Aktien, die vom Standpunkt der Wertanalyse her am attraktivsten erscheinen, das ausgerechnet deshalb sind, weil sie an der Börse verhältnismäßig unpopulär sind. Das „Momentum" der Börse ist gegen sie, und es gibt keine Sicherheit, daß das Unpopuläre innerhalb einer meßbaren Zeit populär werden wird.

Lassen Sie uns unsere Position noch in anderer Weise formulieren. Man kann nicht darauf zählen, daß die Bewertungsmethode einen schnellen Börsengewinn bringen wird; allerdings ist zweifelhaft, ob irgendeine Betrachtungsweise oder Methode diese Art von Ware liefern kann. Erfolgreiches Aktieninvestment läuft über viele Jahre und enthält normalerweise viele verschiedene Engagements. Die Ergebnisse werden nach der gesamten erzielten Rendite gemessen, d. h. kumulierter Dividendenertrag plus (kumulierte) Entwicklung des Börsenkurses, vorzugsweise, wenn der Anfangs- und der Endpunkt im Börsenzyklus ähnlich liegen. Aktieninvestments, die in erster Linie auf der Bewertungsmethode beruhen und möglicherweise noch durch eine erhebliche Sicherheitsspanne abgestützt sind, entwickeln sich über die Jahre wahrscheinlich besser als jene, die auf oberflächliche Analyse, Börsenpopularität oder Vorwegnahme kurzfristiger Geschäftsentwicklungen gestützt sind.

Praktische Anwendung und Brauchbarkeit der Bewertungsmethode

Um zu entscheiden, wie brauchbar die Ergebnisse des Bewertungsprozesses sind, müssen wir verschiedene Fragen beantworten:

1. Welche Arten von Bewertungen wurden in der Vergangenheit vorgenommen und wie verläßlich waren sie?
2. Welche Arten von Aktien eignen sich am besten und welche am schlechtesten für die Bewertung?
3. In welchem Ausmaße hängt die Brauchbarkeit des Bewertungsprozesses von den zusätzlichen Faktoren Sicherheitsrahmen und Diversifizierung ab?
4. Ist eine unvollkommene Bewertung besser oder schlechter als gar keine für den Investor? Genügt eine Bewertung, die unvollständig in absoluter Hinsicht, aber richtig in relativen Werten ist?

Frühere Bewertungen – im Bereich des Rechts

Die größte Sammlung von formalen und kompletten Bewertungen von Aktien kann man zur Zeit noch in Rechtsverfahren finden. Solche Bewertungen kann man in drei Gruppen einteilen:

1. Bewertungen für Erbschafts- und Schenkungssteuer
2. Bewertungen als Basis für Neuorganisation, Neukapitalisierung und Zusammenschlüsse oder andere Beziehungen zwischen mehreren Gesellschaften
3. Bewertungen zum Zweck der Abfindung von widersprechenden Aktionären nach den Schätzungsstatuten der verschiedenen Einzelstaaten

Schätzungen im Rahmen eines Rechtsverfahrens werden allerdings nicht gemacht, weil die betreffenden Aktien besonders gut für die Bewertung geeignet wären, sondern weil einige Ereignisse im Leben der Gesellschaft oder von Personen die Festlegung eines Wertes erfordern. Bei näherer Betrachtung befassen sich die meisten solcher Bewertungen mit ziemlich wenig geeignetem Material. Der typische Schenkungs- oder Erbschaftssteuerfall betrifft Aktien einer „geschlossenen Gesellschaft"; sie ist meist recht klein und müßte im Sinne von Wall Street als, in einem überdurchschnittlichem Maße künftigen Ungewißheiten ausgesetzt, angesehen werden. Umorganisationen von Gesellschaften ergeben sich aus Insolvenzen; das zeigt, daß eine erhebliche Verletzlichkeit gegenüber wirtschaftlichen Widrigkeiten bestand. In gewissem Maße gilt das auch für Rekapitalisierungspläne, mit deren Hilfe große Beträge von aufgelaufenen Vorzugsdividenden bereinigt werden sollen, was für sich selbst schon ein Zeichen von besonders schlechter Performance in der Vergangenheit ist.

In den zahlreichen Fällen von Wertpapierprozessen jedoch hat man im allgemeinen das Verfahren des Wertpapieranalysten benutzt, um zu Wertfeststellungen zu kommen. Oft betreffen solche Fälle auch Entscheidungen darüber, ob und in welcher Höhe ein Schadenersatzanspruch für falsche oder unterlassene Darstellung von Finanz-Informationen besteht. Der Analyst soll jene Tatsachen festlegen, die ein vernünftiger Investor als wichtig für seine Entscheidung ansehen würde. Eine solche Festlegung führt unvermeidlich zu einer Bewertung der Gesellschaft unter der Annahme, daß die wirklichen Tatsachen voll bekannt gewesen wären.

Wert auf Grund zukünftiger Ertragskraft

Eine historische Rückschau der Bewertungsarbeit zeigt, daß seit den dreißiger Jahren einige wichtige Änderungen in der richterlichen Auffassung den Begriff des „Wertes" mehr an die Denkweise eines erfahrenen Investors angenähert haben. Frühere Bewertungen, hauptsächlich für Steuerzwecke, folgten oft einer starren Formel, die sich auf Gewinne der Vergangenheit und das bilanzmäßige Eigenkapital stützten. Es wurde angenommen, daß entweder die zukünftigen Gewinne so sein würden wie die in der Vergangenheit oder – sehr unreal – daß nur die Gewinne aus der Vergangenheit und die Vermögenswerte bei der Festlegung des Wertes zählten. Der Oberste Gerichtshof (Supreme Court) ist bereits lange der Auffassung, daß der Wert einer Gesellschaft für Zwecke der Re-Organisation in erster Linie auf ihrer erwarteten Ertragskraft beruht.[1]

Ähnlich ist auch in Steuer- und Schätzungsfällen der Standard für den Wert der Kurs, zu dem ein kaufwilliger und informierter Käufer mit einem verkaufswilligen und informierten Verkäufer zum Abschluß kommen würde. In normalen Fällen, in denen ein Unternehmen in erster Linie als laufender Betrieb und nicht auf Liquidationsbasis bewertet werden soll, stimmt dieses Kriterium mit den Entscheidungen des Obersten Gerichtshofes überein; und beide würden sich auch mit der allgemeinen Ansicht über den gesunden Wert in Investmentkreisen decken.

Insgesamt gesehen folgen jetzt richterliche und Investmentbewertungen denselben Prinzipien und stehen vor denselben Problemen. Wertpapieranalysten haben jedoch einen Vorteil, den die Gerichte nicht haben; sie können in gewissem Ausmaße die Arten von Aktien auswählen, die sie bewerten wollen.

Geeignete und ungeeignete Aktien für die Bewertung

Gutes Urteilsvermögen ist erforderlich, um zwischen Wertpapieren und Situationen zu unterscheiden, die besser und jenen, die schlechter für die Wertanalyse geeignet sind.

Eine Arbeitsannahme der Wertpapieranalyse geht dahin, daß die Vorgeschichte zumindest eine grobe Richtschnur für die Zukunft liefert, weil in der Regel Kontinuität in Gesellschaftsangelegenheiten besteht. Wenn das jedoch nicht der Fall ist, werden Vorgeschichte und andere vorhandene Unterlagen als Richtschnur für die Zukunft fraglich, und damit wird auch die Wertpapieranalyse als Technik weniger geeignet. Sie ist daher besser brauchbar, wenn man sie auf bevorrechtigte Wertpapiere anwendet (die in gewissem Maße gegen Änderungen geschützt sind), als auf normale Aktien, besser brauchbar, wenn man sie auf Unternehmen mit grundsätzlich stabilem Charakter anwendet, als auf solche mit großen Schwankungen und schließlich besser brauchbar, wenn man sie unter einigermaßen normalen allgemeinen Bedingungen anwendet, als in Zeiten großer Ungewißheit und radikaler Änderungen.

Eine für die Analyse gut geeignete Gesellschaft

Die Dayton Hudson Corp. betreibt Ketten von Kaufhäusern, Bekleidungs-, Spezialitäten- und Buchgeschäften. Hier zeigt sich jene Kontinuität und Beständigkeit in

---

[1] Siehe beispielsweise Consolidated Rock Products Company et AL. v. Dubois, 312 U.S. 510 (1941). Case v. Los Angeles Lumber Products Company, Ltd., 308 U.S. 1o6 (1939). Group of Institutional Investors and Mutual Savings Bank Group v. Chicago, Milwaukee, St. Paul & Pacific Railroad Company, 318 U.S. 523 (1943). Ecker v. Western Pacific Railroad Corporation, 318 U.S. 448 (1943).

Kapitel 28: *Das Für und Wider der Bewertungsmethode*

Tafel 28.1: Dayton Hudson Corporation

Jahr	Gewinnquote (in Prozent)	Gesamtkapitalrentabilität (in Prozent)
1976	3,5	10,9
1977	3,8	11,9
1978	3,3	10,6
1979	3,7	11,6
1980	3,4	10,9
1981	3,2	11,1
1982	3,5	11,6
1983	3,5	12,1
1984	3,2	12,3
1985	3,2	11,6
Durchschnitt		
1976–1980	3,5	11,2
1981–1985	3,3	11,7

Quelle: Value Line, Inc., The Value Line Investment Survey, 6. März 1987, S. 1639.

der Performance, die eine brauchbare Analyse des inneren Wertes möglich macht. Die Daten in Tafel 28.1 zeigen diese Kontinuität über den Zeitraum von 1976 bis 1985:

- Das jährliche Wachstum der Umsätze (unter Berücksichtigung des Zinseszinses) für die zweite Hälfte der 10-Jahresspanne (16,9 % für 1981–1985) war vergleichbar mit dem für die erste Hälfte (19,5 % für 1976–1980)
- Die Gewinnquote[1a]) war fast identisch für die beiden 5-Jahreszeiträume (3,5 % und 3,3 %) und die Unterschiede bei den jährlichen Zahlen waren sehr gering
- Die Gesamtkapitalrentabilität lag für jede der beiden 5-Jahres-Perioden dicht zusammen (11,2 % beziehungsweise 11,7 %)

Eine schlecht geeignete Aktie für die Analyse

Arrow Electronics, Inc. ist ein großer Lieferant von elektronischen Komponenten und Computerprodukten und betreibt eine kleinere Bleihütte. Die Gesellschaft zeigt eine Entwicklung, die für die Bestimmung des inneren Wertes sehr schwierig zu beurteilen ist. Tafel 28.2 gibt für Arrow Electronics dieselben Zahlen wie Tafel 28.1 für die andere Gesellschaft:

[1a]) Anmerkung des Übersetzers: Im amerikanischen Text (auch in den Tafeln 28.1 und 28.2) heißt es „net profit margin". Vermutlich ist damit die Kennzahl Nr. 16 in Kapitel 20 („Gewinnquote") gemeint, obwohl diese dort im amerikanischen Text als „earnings margin" bezeichnet wird; vergleiche aber auch den Text zu Kennzahl 16.

Tafel 28.2: Arrow Electronics Data Inc.

Jahr	Gewinnquote (in Prozent)	Gesamtkapitalrentabilität (in Prozent)
1976	0,7	4,5
1977	3,6	11,0
1978	3,1	11,5
1979	2,1	7,4
1980	2,3	10,9
1981	0,3	5,0
1982	Verlust	Verlust
1983	0,9	6,2
1984	1,7	8,8
1985	Verlust	0,8

Quelle: Value Line, Inc., The Value Line Investment Survey, 6. Februar 1987, S 1032.

- Die durchschnittliche jährliche Wachstumsrate der Umsätze (unter Berücksichtigung der Zinseszinsrechnung) für 1981–1985 betrug 8,7 %, verglichen mit 32,2 % für 1976–1980
- Für die Gewinnquote können keine 5-Jahres-Durchschnitte berechnet werden, weil 1982 und 1985 Verluste eintraten. Aber aus den jährlichen Daten geht hervor, daß in Gewinnjahren die Spanne weit zwischen 3,6 % und 0,3% schwankte
- Die Berechnung der Gesamtkapitalrentabilität unterliegt denselben Schwierigkeiten. Beachten Sie, daß in Gewinnjahren die Rentabilität zwischen 11,5 % und 4,5 % schwankte

Ein weiteres qualitatives Problem war der tragische Verlust von 13 Führungskräften einschließlich des leitenden Direktors (Chief Executive Officer) im Jahre 1980 durch einen Hotelbrand; dadurch wurde die Kontinuität in der Managementgruppe zerstört.

Die besten Industrien für die Bewertung

Öffentliche Versorgungsunternehmen scheinen Qualitäten von Stabilität und Vorhersehbarkeit zu haben, die sie ideal für eine formelle Bewertung erscheinen lassen. Theoretisch würde allerdings die bloße Tatsache von Schwankungen bei den Gewinnen eine brauchbare Bewertung nicht verhindern, vorausgesetzt, daß man einigermaßen sicher sein könnte, was die Ertragskraft ist. In der Praxis wird jedoch die Ertragskraft umso weniger voraussagbar, je mehr die Ergebnisse der Gesellschaft Fluktuationen unterliegen. Daher sind die besten Industrien für die Bewertung jene, die in Rezessionszeiten keine großen Gewinnrückgänge aufweisen. Dazu

Tafel 28.3: Vergleich der Eigenkapitalrentabilität stabiler Industrien 1980–1985

Industrie	Ertrag auf das Eigenkapital (in Prozent)					
	1980	1981	1982	1983	1984	1985
Stromversorgung – Ost USA	10,1	11,0	11,7	12,7	12,9	12,8
Stromversorgung – Mitte USA	10,1	11,0	11,7	12,7	12,9	12,8
Stromversorgung – West USA	10,1	11,0	11,7	12,7	12,9	12,8
Getränke	16,8	18,3	16,4	17,1	18,0	16,2
Alkohol und Tabakprodukte	18,1	17,3	16,5	16,6	18,5	17,2
Drugstores	16,5	17,1	16,2	16,4	17,5	15,9
Lebensmittelverarbeitung	14,8	14,5	13,9	14,2	15,4	15,6
Haushaltsprodukte	16,2	16,3	15,8	16,3	15,3	13,2
Lebensversicherung	12,7	12,8	10,9	11,5	11,9	12,2
Medizinische Geräte	16,1	16,4	16,9	16,7	16,2	14,1

Quelle: Value Line, Inc., The Value Line Investment Survey, Ausgaben veröffentlicht am 29. März, 7. Juni 1985, 2. Januar und 27. März 1987.

gehören außer den öffentlichen Versorgungsunternehmen folgende Industriezweige: Lebensversicherung, Lebensmittelverarbeiter, medizinisches Gerät und Material, Getränke, Tabak- und Alkoholprodukte, Haushaltsprodukte, Drugstores und andere.

Benutzt man die Eigenkapitalrentabiltät als Maß für Rentabilität, so zeigt sich (Tafel 28.3), daß die dortigen acht Industrien über die 6-Jahresspanne durch stabile Erträge charakterisiert waren. Die Tatsache, daß die drei geografischen Gruppen von Elektrizitätsversorgungsunternehmen in jedem Jahr die gleichen Erträge haben, ist bemerkenswert. In den letzten ein oder zwei Jahren haben allerdings Gesellschaften, die Kernkraftwerke bauten, außerplanmäßige Abschreibungen gehabt, die ihre Rentabilität erheblich beeinträchtigten.

In vielen ziemlich instabilen Industriezweigen gibt es ein paar günstiger gestellte Mitglieder, die im Vergleich zum Rest einen strategischen Vorteil oder ein besseres Management haben, und die selbst in schlechten Zeiten eine gute Performance zeigen. Solche Gesellschaften haben ihre eigene Stabilität, die sie für die Bewertung geeignet macht.

Wir möchten hier jedoch folgenden Punkt betonen: Die zukünftigen Gewinne der starken und stabilen Gesellschaften (für beispielsweise eine 7-Jahres-Periode) können zwar mit einigem Vertrauen geschätzt werden. Genau diese Tatsache mag aber so sehr zu einer Verteuerung führen, daß sie für das Investment unattraktiv werden. Wenn Gesellschaften Widerstandsfähigkeit gegen Rückschläge mit guten Zahlen für das Wachstum verbinden, werden sie unter den Investoren meist sehr populär. Infolgedessen werden sie zu exzessiven Multiplikatoren ihrer vergangenen Gewinne und Dividenden und jeder vernünftigen Projektion von zu erwartenden

Gewinnen und Dividenden gehandelt. So stehen wir vor dem bekannten Dilemma, daß Aktien mit Investmentqualität oft zu spekulativen Kursen gehandelt werden. Damit wird die erfolgreiche Auswahl von Aktien für das Investment zu einem sehr viel schwierigeren Geschäft als zur bloßen Auffindung von „guten Gesellschaften".[2])

Sicherheitsrahmen und Diversifizierung als Hilfe für die praktische Bewertung

Wenn ein hoher Kurs eine Investmentaktie zu einer Spekulation machen kann: Kann umgekehrt ein niedriger Kurs eine spekulative Aktie (die Aktie einer zweitklassigen Gesellschaft) zu einem Investment machen? Im Sinne einer Wertbetrachtung ausgedrückt, besagt dieser Gedanke: Auch wenn eine Gesellschaft überdurchschnittlichen Ungewißheiten und Fluktuationen unterliegt, können ihre Aktien dennoch eine Minimalbewertung haben, die so konservativ ist, daß sie verläßlich genug erscheint und erheblich über dem Börsenkurs liegt. Diese Situation finden wir für die große Mehrheit von Wertpapieren, wenn die Gesamtbörse auf ein extremes Tief (Depression Levels) gefallen ist. Sie besteht ebenfalls zu anderen Zeiten für bestimmte einzelne Wertpapiere, die unter Unpopularität oder bloßer Vernachlässigung leiden. Die Antwort auf die Frage lautet also „ja".

Wenn der Kurs erheblich unter dem ermittelten Wert einer zweitklassigen Aktie liegt, hat der Investor einen Sicherheitsrahmen: Damit können ungünstige zukünftige Entwicklungen aufgefangen werden und letztlich erlaubt er ein befriedigendes Ergebnis, auch wenn die zukünftige Entwicklung der Gesellschaft keineswegs brilliant sein mag. Dieser Sicherheitsrahmen entspricht dem, was wir als wesentlich beim Kauf von Obligationen und Vorzugsaktien für Investmentzwecke angesehen haben. Er dient demselben Zweck bei Aktien wie bei Obligationen, aber bei Aktien mit dem zusätzlichen Vorteil, daß er oft einen erheblichen Gewinn aus dem anfänglichen Auseinanderfallen von Kurs und ermitteltem Wert ermöglicht.

Nach unserer Auffassung ist ein Sicherheitsrahmen – in Form eines Überschießens des geschätzten inneren Wertes über den augenblicklichen Börsenkurs – Voraussetzung für eine Investition in zweitklassige Aktien. Aber ist er ebenso wichtig beim Kauf von erstklassigen Werten?

Offensichtlich ist es äußerst wünschenswert, ein erhebliches „Schutzpolster" zwischen dem geschätzten inneren Wert und dem bezahlten Kurs für eine Aktie von Invstmentqualität zu haben. Jedoch mag es schwierig sein, so etwas zu finden, ausgenommen, wenn die Börse allgemein auf ein sehr niedriges Niveau zurück-

---

[2]) Benjamin Graham, „The New Speculation in Common Stocks", Ansprache vor der jährlichen Convention of the National Federation of Financial Analysts Societies, Mai 1958, wiedergegeben in „The Intelligent Investor" Benjamin Graham, vierte Auflage, Harper & Row, New York 1973, S. 292

gefallen ist. Muß also der Analyst das Konzept einer Sicherheitsspanne für Standardwerte aufgeben? Wir glauben nicht. Man sollte es vielmehr in anderer Form suchen: In einem Überschuß von erwarteten Dividenden für eine Reihe von Jahren im Vergleich zu dem Einkommen aus einem normalen Zinsertrag. Wenn der Investor beispielsweise 1976 Abbott Laboratories kaufte, erhielt er eine laufende Rendite von weniger als 2 % (10¾ Cent Dividende auf einen Kaufkurs von 5,75 $). Aber das Wachstum der Dividenden auf einen Satz von 0,84 $ im Jahre 1986 steigerte die laufende Rendite auf mehr als 14 % für den im Jahre 1976 gezahlten Kurs.

Ein Sicherheitsrahmen – entweder als Kurs- oder als Ertragsunterschied (oder beides) – gibt dem Investment keine *Garantie* gegen Verluste; sie zeigt nur, daß die Wahrscheinlichkeit gegen einen Verlust spricht. Daher mag ein einzelner Wert – sowohl eine erstklassige als auch eine zweitklassige Aktie – die mit einer Sicherheitsspanne gekauft wurde, dennoch aus irgendeinem besonderen Grunde „sauer" werden und einen Verlust bringen.

Eine Gruppe von etwa 20 oder mehr Aktien wird normalerweise die individuellen günstigen und ungünstigen Überraschungen ausgleichen. Darum ist die Diversifizierung oder die „Gruppenmethode" ein wesentlicher Bestandteil des Bewertungskonzeptes. Offensichtlich wird der Analyst sehr viel mehr Vertrauen in seine Projektion der zukünftigen Gewinne und Dividenden haben, wenn es sich um eine repräsentative Liste von Aktien insgesamt handelt und nicht nur um eine Einzelschätzung und ebenso, wenn es sich um eine längere Zeit und nicht nur ein einzelnes Jahr handelt.

Bewertung im Vergleich zu alternativen Methoden

Wir wollen annehmen, daß irgendeine normale Aktie nicht besonders gut geeignet für eine formelle Bewertung ist: Es gibt zu viele Ungewißheiten um ihre Zukunft, als daß der Analyst ihre Ertragskraft mit ausreichendem Vertrauen schätzen könnte. Sollte der Analyst in diesem Falle die Bewertungstechnik ablehnen und seine Meinung über die Aktie mit einer anderen Methode bilden? Eine Aktie, die nicht mit ausreichender Sicherheit bewertet werden kann, kann auch nicht mit Sicherheit analysiert werden. In anderen Worten: Wenn die Kauf- oder Verkaufsempfehlung einer Aktie nicht auf eine einigermaßen sorgfältige Bewertung gestützt werden kann, beruht der Kauf oder Verkauf nicht auf einer Analyse, sondern auf etwas, was man als „Pseudoanalyse" oder „Quasianalyse" bezeichnen könnte. In einer solchen Situation ist das wirkliche Interesse, sowohl im Kopf des Analysten als auch des Investors, vermutlich das Interesse an dem wahrscheinlichen Börsenverhalten der Aktie in einer relativ nahen Zukunft. Die analytische Arbeit, die vielleicht ganz umfassend sein mag, dient so in Wahrheit als Beiwerk für eine im wesentlichen spekulative Entscheidung – wenn sie auch vielleicht unter einem anderen Namen verborgen ist.

Als eine andere Alternative kann man das tun, was jeder andere auch tut, auch wenn der Kurs der Aktie hoch erscheint; das ist die sogenannte „größere Dummkopf-Theorie" (Greater Fool Theory). Diese Theorie beruht auf der Überlegung: „Ich weiß, daß ich dumm bin, einen so hohen Kurs für diese Aktie zu bezahlen, aber ich weiß, daß ein noch größerer Dummkopf kommen und mir einen noch höheren Kurs zahlen wird."

Ob eine Aktieninvestition – in eine einzige Aktie oder eine Gruppe von Aktien – eine gute Grundlage hat, hängt von der Fähigkeit des Investors oder des Analysten/Beraters ab, den Kauf durch eine formelle Bewertung zu rechtfertigen. Einfacher: Aktienkauf kann nicht als Teil eines echten Investmentprogramms angesehen werden, wenn nicht eine rationale Berechnung zeigt, daß sie zumindest so viel wert ist wie der dafür gezahlte Kurs.

Testergebnisse für die Methode des inneren Wertes

Wenn sie praktischen Wert haben soll, muß die Bewertungsmethode befriedigende Investmentergebnisse liefern. Wie sollte man solche „befriedigenden Ergebnisse" messen? In den letzten Jahren hat das Messen (Measurement) und die Zuerkennung (Attribution) von Performance viel Interesse gefunden. Messung bestimmt, *wie* das Ergebnis des Portfolios war. Zuerkennung versucht herauszufinden, *warum* ein Portfolio so abgeschnitten hat.

Es gibt verschiedene objektive Tests, um zu prüfen, ob die Bewertungsmethode befriedigende Ergebnisse liefert. Beispielsweise kann man einen Kauf 20 % unterhalb des zentralen Wertes – dem Zentrum oder dem Mittelpunkt der Bewertungsspanne – als den „gerechtfertigten Kaufpreis" nehmen. Die obere Grenze der Spanne – zum Beispiel 20 % oberhalb des Zentralwertes – könnte als gerechtfertigter Verkaufspreis genommen werden. Er sollte innerhalb einer vernünftigen Zeitspanne erreicht werden, etwa innerhalb der nächsten vier Jahre. Unter normalen Verhältnissen würde der Zentralwert über die 4-Jahres-Periode ansteigen, vermutlich um den Satz, um den die Ertragskraft der Gesellschaft steigt. Ein Investment, das mit einem 20%igen Abschlag gekauft und mit einem 20%igen Aufschlag auf den inneren Wert verkauft wird, hat mehr Ertrag als lediglich die 50 % Kursgewinn. Der Investor erhält außerdem die Dividenden und das Wachstum des inneren Wertes. Wenn man 1. eine 4%ige Dividende annimmt, 2. ein 6%iges Wachstum, 3. eine 4jährige Halteperiode zugrunde legt, würde die jährliche Rendite über 20 % ausmachen, das heißt, eine Verdoppelung des Investments in 4 Jahren.

Der Erfolg der Bewertungstechnik könnte nach dem Prozentsatz der Werte beurteilt werden, die unterhalb ihres zentralen Wertes gekauft wurden und tatsächlich innerhalb von 4 Jahren eine Prämie über den zentralen Wert erreichten. Das Ergebnis müßte natürlich berichtigt werden, um die Auswirkungen der Börse insgesamt auszuklammern. Das Maß des zusätzlichen Gewinns auf die Aktie (von dem der Kurs eine wesentliche Komponente bildet) ist immer im Verhältnis zur Gesamtbörse (S&P 500) zu sehen, berichtigt, um das Beta der Aktie.

Wertorientierte Methoden im Vergleich zum S&P 500

Für das Messen der Performance gibt es viele Tests verschiedener Bewertungsmethoden. Es folgen einige Beispiele für die Ergebnisse von wertorientiertem Management:

	Jährlicher Gesamtertrag (unter Berücksichtigung des Zinseszinses) 1981–1985 in %
First Manhattan Capital Management	21,7
Prudential Equity Management Associates	19,6
Trinity Investment Management	21,1
Windsor Fund	22,6
Standard & Poor's 500	14,6

Sicherlich war die Periode 1981–1987 günstig für wertorientierte Manager, aber die Ergebnisse wurden erreicht bei einem allgemein niedrigeren Niveau von Beweglichkeit (Volatility), gemessen nach der (statistischen) Standardabweichung der Erträge.

Außer dieser Portfolioperformance kann ein brauchbares Maß darin liegen, daß man die Einstufung von Aktien durch den Analysten nach ihrer Attraktivität mit den folgenden 3–5 Jahres-Ergebnissen vergleicht. Die Einstufung in der Value Line Timeliness Liste, die in Kapitel 2 zitiert wurde, wäre ein Beispiel für einen kürzeren Zeithorizont; daran könnte man sehen, ob die Einstufungen im folgenden zum Ertrag des Investors beitragen.

Einstufungen nach dem Kurs-/Gewinnverhältnis

Ein anderer einfacher Test benutzt das Kurs-/Gewinnverhältnis als Hauptkriterium für relativen Wert. Aktien mit dem niedrigsten Kurs-/Gewinnverhältnis werden als unterbewertet angesehen, verglichen mit jenen, die zu hohen Kurs-/Gewinnverhältnissen gehandelt werden. Es gibt verschiedene Untersuchungen in dieser Richtung. Eine der frühesten erfolgte 1960.[3] Kritiken dieser frühen Untersuchungen haben darauf hingewiesen, daß andere Faktoren außer dem Kurs-/Gewinnverhältnis die Ergebnisse beeinflußt haben – zum Beispiel die geringe Größe der Firma, Risiko und Marktenge. Eine kürzliche Studie untersuchte Portfolios aus Aktien mit niedri-

---

[3] S. F. Nicholson, „Price-Earnings Ratios", Financial Analysts Journal, Juli/August 1960, S. 43–45

gem Kurs-/Gewinnverhältnis, „die so konstruiert waren, daß Einflüsse, die nichts mit dem Kurs-/Gewinnverhältnis zu tun hatten, kontrollierbar waren". Für diese Portfolios wurde untersucht, ob sie zusätzliche Erträge liefern konnten.[4] Die Aktien wurden in 5 Kurs-/Gewinnverhältnis-Gruppen (Portfolios) gegliedert – die Aktien mit dem niedrigsten Kurs-/Gewinnverhältnis in Gruppe 1. Über 42 Quartale von Beginn 1970 bis Mitte 1980 wurden die Gruppen jeweils neu zusammengesetzt (Rebalanced). Die Ergebnisse sieht man in der folgenden Tabelle:

Portfolio (KGV-Gruppe)	jährliche risiko-berichtigte Rendite (in %)
1	10,89
2	3,69
3	0,69
4	–5,35
5	–9,91

Die Studie bestätigt die Ergebnisse anderer und zeigt, daß über längere Zeit Erträge auf Aktien mit geringem Kurs-/Gewinnverhältnis die derjenigen mit höherem Kurs-/Gewinnverhältnis übertreffen. Natürlich wird es zeitlich begrenzte Perioden geben, in denen dies nicht gilt, vor allem nach einer starken Schrumpfung der Kurs-/Gewinnverhältnisse.

Unter- und überbewertete Aktien

Eine grundlegende Erkenntnis der Wertpapieranalyse – ziemlich gut durch allgemeine Erfahrung bestätigt – besteht darin, daß die meisten der großen Unterschiede zwischen Kurs und Wert durch die Börse selbst korrigiert werden. Damit ergeben sich befriedigende Ergebnisse für den Investor, der (unter Benutzung von öffentlich verfügbarer Information und mit den Werkzeugen der Wertpapieranalyse) die Fähigkeit hat, diese Unterschiede festzustellen.[5] Es gibt jedoch eine wichtige

---

[4] D. A. Goodman und J. W. Peavy, III, „Industry Relative Price-Earnings Ratios as Indicators of Investment Returns", Financial Analysts Journal Juli/August 1983, S. 60–65. Die Beispielgruppe bestand aus 40 Aktien aus jeder der drei Industrien – Elektronik, Papierbehälter („Verpackung") und Lebensmittel. Es wurden Kursgewinnbeziehungen benutzt, die sich auf einen Index des Kursgewinnverhältnisses einer Aktie im Verhältnis zu dem seiner Industrie stützten.

[5] Wenn solche Unterschiede offensichtlich wären, würde die Börse natürlich den Kurs schon berichtigt haben. Die Existenz und der volle Umfang des Unterschiedes sind normalerweise erst im nachhinein offensichtlich.

Einschränkung. Sowohl die Natur der Börse als auch die Psychologie des Investors führen meist dazu, daß diese befriedigenden Resultate sich mehr auf den Kauf unterbewerteter Papiere beziehen als auf den Verkauf überbewerteter. Die Methode des inneren Wertes liefert eine Disziplin, die hilft, sich von überbewerteten Gewinnern zu trennen.

Viele solcher Überbewertungen zeigen sich bei den „Glamour"-Gesellschaften, die meist erheblich oberhalb dessen gehandelt werden, was eine konservative Bewertung rechtfertigen könnte. Diese Werte sind schwieriges Material für die Analyse. Ihren Verkauf zu empfehlen, kann ebenso mißlich sein, wie zu ihrem Kauf zu raten. Schließlich ist ein möglicher Verlust auf 100 % des Investments beschränkt, aber ein Gewinn kann sich zu dem Vielfachen der ursprünglichen Kosten entwickeln.

Die Bewertungstechnik ist ohne Zweifel nützlich, wenn sie zeigt, daß viele der neu angebotenen Aktien im Bull Market viel zu teuer sind und daß dasselbe möglicherweise auch für zyklische Aktien zweiter Wahl gilt, weil die Börsenbedingungen allgemein sehr günstig sind. Die Bewertung kann zeigen, daß die Investmentkomponente im Vergleich zur spekulativen Komponente des Gesamtkurses gering ist.

Die Wertmethode beim Timing von Investments

Die Methode des inneren Wertes, wie sie in diesem Buch vorgeschlagen wird, ist nur eine von verschiedenen Methoden, um sowohl die absolute als auch die relative Attraktivität von Aktien zu bestimmen. Wer diese Methode anwendet, wird ihre Schlußfolgerungen als Grundlage für die Auswahl von Aktien für ein Portfolio benutzen. Später wird er den Verkauf von gehaltenen Aktien empfehlen, die entschieden zu hoch notieren oder aber den Ersatz von weniger attraktiven durch attraktivere Aktien.

Wenn es angebracht ist, individuelle Aktien danach einzustufen, ob sie über oder unter ihrer Wertspanne notieren, dann sollte dasselbe auch für die Gesamtbörse, ausgedrückt durch einen umfassenden Index, gelten. Die Übernahme der Methode des inneren Wertes für einzelne Aktien umfaßt damit logischerweise auch ihre Anwendung auf die Börse insgesamt mit entsprechenden Konsequenzen für den gesamten gehaltenen Aktienbestand. Wenn beispielsweise die Kurse individueller Werte über ihrer Wertspanne liegen, und keine attraktiven Werte zu finden sind, folgt daraus logischerweise, daß die Börse insgesamt überteuert ist. Das Umgekehrte würde natürlich für die Gesamtbörse gelten, wenn viele einzelne Aktien als unterbewertet angesehen werden müssen.

Die Grenze sollte klar sein zwischen dieser Anwendung eines Wertstandards für das Niveau der Börse und einer Vorhersage des zukünftigen Verhaltens der Gesamtbörse. Wenn man eine Spanne von angemessenen Werten bestimmt, bedeutet das keine Vorhersage, ob oder wann jener Kanal in der einen oder anderen

Richtung durchbrochen werden wird. Und diese Schlußfolgerung verletzt auch nicht die klassische Mahnung an Personen, die ein Urteil über die Zukunft abgeben müssen: Habe keine Furcht, die möglichen Hoch- und Tiefpunkte (Tops und Bottoms) der Börse vorherzusagen und habe keine Furcht, das Timing für Tops und Bottoms vorherzusagen; aber sage *niemals* beide zugleich vorher!"

Kapitel 29
Bedeutung der bisherigen Gewinnentwicklung

Zeithorizont, Re-Investmentertrag und Investmentwert

Kapitel 28 erörterte eine Aktienbewertungsmethode, die normalerweise auf projizierte Gewinne und Dividenden für vielleicht die nächsten fünf bis zehn Jahre abstellt. Diese Methode ist nicht das Standardverfahren von Wall Street gewesen. Dort wurden meist kürzere oder aber längere Perioden für Gewinnprojektionen benutzt. Soweit es sich um normale Gesellschaften handelte – das sind solche, die nicht als Wachstumsunternehmen angesehen werden – war es bisher populär, die Gewinne nur für die Gegenwart und für die nächsten zwölf Monate zu schätzen. Wenn man jedoch die hohen Multiplikatoren für Gewinne (Gewinnvervielfältiger) rechtfertigen wollte, die manchmal für die Wachstumsaktien gelten, wurden schnell wachsende Gewinne ganz weit in die Zukunft hineinprojiziert: Wenn der spekulative Enthusiasmus überschäumt, finden die vielen Analysten, die die Gesellschaften dieses Typs bevorzugen, keine Schwierigkeiten, so weitreichende Voraussagen zu machen.

Formel für den Gegenwartswert

Wachstumsaktien

Ein weitgehend anerkannter Grundsatz besagt, daß der Investmentwert einer Aktien dem Gegenwartswert seiner zukünftigen Dividenden entspricht.[1] Um dieses Prinzip anzuwenden, würde man Dividendenprojektionen für etwa 40–50 Jahre benötigen.[2] Wir glauben nicht, daß Schätzungen für eine so entfernte Zukunft mit genügend Verläßlichkeit gemacht werden können, um wirklich brauchbar zu sein. Der

---

[1] John Burr Williams, „Theory of Investment Value", Harvard University Press, Cambridge, Mass. 1938, S. 55
[2] Jenseits von 40 bis 50 Jahren wird der Gegenwartswert weiterer zukünftiger Dividenden relativ unbedeutend. Der Gegenwartswert eines Dollars, der in 50 Jahren zu zahlen ist, abgezinst mit 12 %, beträgt weniger als 0,4 Cent. Die starke Abnahme im Gegenwartswert von Gewinnen in weiter Zukunft bedeutet (wenn man 12 % Zinsen zugrunde legt), daß der Gegenwartswert einer Jahresrente von 1 $ über 25 Jahre 94 % des Gegenwartswertes einer entsprechenden ewigen Jahresrente beträgt.

Investor kann jedoch eine dauernde oder „eingebaute" Wachstumsrate für Aktien im allgemeinen unterstellen. Sie ergibt sich im Prinzip aus der Wiederanlage von nicht verteilten Gewinnen und wird gestützt durch die historische Erfahrung mit dem langfristigen Wachstum von Gesellschaftsgewinnen in diesem Lande. Für Aktien mit hohem Wachstum dagegen sollte die genaue Projektion von Ertragskraft auf etwa 4 Jahre begrenzt sein (der Mittelpunkt einer projizierten 7-Jahresspanne), und die attraktiven langfristigen Aussichten sollte man weniger genau durch einen höheren als durchschnittlichen Multiplikator berücksichtigen.[3])

Aktien mit langsamen Wachstum

Für Gesellschaften mit Erträgen wesentlich unter dem Durchschnitt läßt sich wohl nur schwer die Meinung vertreten, daß Aktionäre und Direktoren eine solche Situation unbegrenzt lange ertragen werden. Früher oder später wird die Liquidation gefordert werden, oder ein neues Management übernimmt die Führung, oder das alte Management wird sich gedrängt fühlen, die Angelegenheiten der Gesellschaft neu zu ordnen; all das führt letztlich zu einer (für diese Gesellschaft) eher charakteristischen Wachstumsrate, verglichen mit derjenigen, die (jetzt) auf kurze oder mittlere Sicht wahrscheinlich ist.

Austauschbarkeit von tatsächlichen Gewinndollars

Offensichtlich ist ein *tatsächlicher* Dollar aus Gewinnen einer Wachstumsaktie nicht mehr wert als ein tatsächlicher Dollar aus Gewinnen einer Nichtwachstumsaktie. Wäre daher eine völlig genaue Schätzung der gesamten Gewinne (und Dividenden) einer Wachstums- und einer Nichtwachstumsaktie über die Lebensdauer von beiden Gesellschaften möglich, so wäre *dieselbe* Kapitalisierungsrate – oder derselbe Abzinsungsfaktor – für beide angemessen. Wenn man dieselbe Abzinsungsrate für die Gewinndollars benutzt, ergibt sich ein unterschiedlicher Multiplikator für die Gewinne bei verschiedenen Gesellschaften, abhängig von der Wachstumsrate der betreffenden einzelnen Gesellschaft. Der Analyst sollte bereit sein, normale Ertragskraft für etwa 4 Jahre in die Zukunft vorherzusagen, aber möglicherweise hat er Erwartungen für weiteres überdurchschnittliches Wachstum über das vierte Jahr hinaus. Dies würde rechtfertigen, daß er für die normale Ertragskraft in vier Jahren bei der weiterwachsenden (Wachstums-)Gesellschaft einen höheren Multiplikator benutzt, als sie für eine Nichtwachstumsgesellschaft angemessen wäre. Beispielsweise wäre der Analyst bereit, 12mal die geschätzte Ertragskraft in 4 Jahren für die durchschnittliche Gesellschaft zu zahlen, aber 18mal

---

[3]) Außer im Falle von sehr hohen angenommenen Wachstumsraten repräsentiert eine Trendprojektion über 4 Jahre das *durchschnittliche* Niveau für 7 Jahre. Wenn man beispielsweise eine 10%ige Wachstumsrate annimmt, würde eine 4jährige Projektion ein Wachstum von 46 % zeigen. Die Gewinne über eine 7-Jahres-Periode würden im Durchschnitt 49 % über dem Anfangsniveau gelegen haben.

die geschätzte zukünftige Ertragskraft einer Gesellschaft, von der er auch danach fortgesetztes Wachstum mit einer relativ hohen Rate erwartet. Der Analyst sollte sich jedoch darüber klar sein, daß die Rechtfertigung einer 50%igen Prämie im Multiplikator die Annahme voraussetzt, die Wachstumsaktie würde für die vollen 7 Jahre mehr als ½mal so schnell wachsen wie die Nichtwachstumsaktie. Oder aber es müßte die (angenommene) Periode des schnellen Wachstums in die Zukunft über die 7 Jahre hinaus ausgedehnt werden, wie sie in diesem Buch vorgeschlagen werden. Viele Gesellschaften haben dauernde Wachstumsergebnisse über Perioden von 5, 10 oder sogar 20 Jahren gezeigt. Die Frage ist jedoch, ob es wahrscheinlich ist, daß das vergangene schnelle Wachstum sich für eine weitere ausgedehnte Periode fortsetzen wird. Die historische Erfahrung zeigt, daß es nur einem kleinen Prozentsatz der Gesellschaften mit guten Ergebnissen in der Vergangenheit gelingt, fortgesetztes schnelles Wachstum für so lange Perioden zu erreichen. Eine 50%ige Prämie im Multiplikator beseitigt jeden Sicherheitsrahmen, der auf Unterbewertung beruhen könnte. Die Prämie für nichtspezifisches Wachstum sollte daher ziemlich bescheiden sein.

Einbehaltene Gewinne sind nicht austauschbar

Wie gesagt ist der tatsächliche Gewinn-Dollar dasselbe wert, ob er von einer Wachstumsgesellschaft oder einer Nichtwachstumsgesellschaft verdient wurde. Das ist völlig richtig in dem Sinne, daß ein Dollar auf der Hand dasselbe für jedermann wert ist, weil jeder ihn ausgeben und dafür die jeweilige Kaufkraft des Dollars erhalten kann. Diese Gleichwertigkeit besteht auch für einen Dollar Dividende, der durch eine Gesellschaft gezahlt wird. Der Dividenden-Dollar der herrlichsten Wachstumsgesellschaft kauft nicht mehr als der letzte Versteigerungsdollar einer bankrotten Gesellschaft. Wenn jedoch eine Gesellschaft die Gelegenheit hat, einen Dollar einbehaltener Gewinne zu einem höheren Ertrag zu investieren als eine andere Gesellschaft mit nur kümmerlichen Gelegenheiten zum Re-Investment, dann hat der Dollar in der Hand der ersteren Gesellschaft einen sehr viel höheren *Investmentwert*. Wenn ein Dollar einbehaltener Gewinne für eine unbegrenzte Zeit zum selben Re-Investmentertrag wieder investiert werden könnte, wäre sein Investmentwert in der Tat direkt proportional zum Re-Investmentertrag.

Re-Investmentertrag und Investmentwert

Um die Auffassung über unterschiedliche Werte von einbehaltenen Gewinnen zu illustrieren, wollen wir den einfachen hypothetischen Fall zweier Gesellschaften untersuchen, von denen jede 2 Dollar je Aktie verdient und eine 50%ige Auszahlungsrate hat. Die angemessene Abzinsungsrate wollen wir mit 10 % für beide Gesellschaften annehmen. Die Gesellschaft A kann alle einbehaltenen Gewinne ständig mit einem (Ertrags-)Satz von 20 % im Jahr wiederanlegen (re-invest), während Gesellschaft B die einbehaltenen Gewinne nur zu einem Satz von 10 % jährlich investieren kann. Der Einfachheit halber nehmen wir an, daß die Investoren gleichermaßen mit Dividenden oder Kapitalgewinnen zufrieden sind, so daß kein Gewichtungssystem nötig ist, um den Investmentwert der Dividenden von dem Wert der Kapitalgewinne zu unterscheiden. Für beide Gesellschaften beträgt die Dividende 1 $, weil die Auszahlungsrate 50 % von 2 $ beträgt. In jedem Falle beträgt der Investmentwert der Dividende 10 $, weil der Abzinsungssatz für beide Gesellschaften 10 % beträgt.

Der Wert des einen Dollar einbehaltener Gewinne der Wachstumsgesellschaft A beträgt jedoch 2 $, nämlich den Investmentwert von 1 $ einbehaltener Gewinne, der ständig 20 Cent Ertrag bringen wird. Demgegenüber ist der 1 Dollar einbehaltener Gewinne der weniger rentablen Gesellschaft B nur 1 Dollar wert, weil er nur 10 Cent Ertrag bringen wird. Anders ausgedrückt: 1 Dollar einbehaltener Gewinne der Wachstumsgesellschaft ist so produktiv für zukünftige Gewinne wie 2 $ einbehaltener Gewinne der langsamer wachsenden Gesellschaft. Diese einfache Beschreibung funktioniert für die Analyse einer einzigen Abrechnungsperiode oder dann, wenn die zusätzlichen Gewinne als Dividende ausgezahlt werden. Wenn jedoch die Wachstumsgesellschaft eine 50%ige Auszahlungsrate und eine 20%igen Re-Investmentrendite beibehielte, wäre das in einer Analyse für mehrere Perioden noch wertvoller wegen des beeindruckenden Zinseszinseffektes beim Dividendenwachstum. Der entscheidende Punkt ist hier: Obwohl die tatsächlichen Gewinndollars der beiden Gesellschaften sich nicht unterscheiden, haben die unterschiedlichen Möglichkeiten bei der Wiederanlage verschiedene Investmentwerte für diese Gewinndollars zur Folge und machen die Auszahlungsrate zu einer kritischen Frage bei den Anstrengungen des Managements, den Wert der Gesellschaft zu optimieren.

Wenn der Dollar einbehaltener Gewinne der Gesellschaft A doppelt soviel wert ist wie die einbehaltenen Gewinne der Gesellschaft B, dann sollte der Investmentwert der einbehaltenen Gewinne bei A doppelt so hoch sein, und man kann argumentieren, daß der Investmentwert von A auf einer Grundlage von 3 $ Gewinnen beruhen sollte – 1 $ Dividende und 2 $, die dem einen Dollar entsprechen, der von B als Gewinn einbehalten wird. A würde demgemäß berechtigterweise bei 30 $ notieren und B bei 20 $, was beide auf eine Basis von 10 % Rendite stellt. Überflüssig zu sagen, daß dieser vereinfachte Fall nur den grundsätzlichen Gedanken erklären soll, daß der Multiplikator (Gewinnvervielfältigcr) durch den Betrag der einbehaltenen Gewinne und ihren Re-Investmentertrag beeinflußt wird; es soll dadurch nicht eine unmittelbare Bewertungsmethode angeboten werden.

Willkürliche Wahl der Projektionszeit

Die Wahl der Projektionszeit muß notwendigerweise willkürlich sein. Der Zeitraum von 5–10 Jahren, den wir hier empfohlen haben, beruht teilweise auf dem Konzept, daß damit die guten, schlechten und durchschnittlichen Jahre eines oder mehrerer voller Konjunkturzyklen erfaßt werden. Außerdem ist sie vergleichbar mit der Zeit,

Kapitel 29: *Bedeutung der bisherigen Gewinnentwicklung* 571

für die die meisten tüchtigen Geschäftsmanager gewöhnlich in die Zukunft blicken und planen. Und nebenbei entspricht sie der Periode der vergangenen Gewinne, die der Analyst normalerweise mit besonderer Sorgfalt untersuchen wird.

Längere Voraussagen – schwieriger, aber nützlicher

Zwar nimmt ihre Zahl schnell ab, aber immer noch sind einige Analysten der Meinung, daß es schwierig genug sei, Ergebnisse des nächsten Jahres mit einiger Genauigkeit zu schätzen, und daß deshalb die Ausdehnung der Vorhersage über die nächsten fünf oder zehn Jahre töricht sei. Aber mit dieser Auffassung wird nur der Leichtigkeit der Analyse der Vorzug vor ihrer Wichtigkeit und Brauchbarkeit gegeben. Für den Investor sind die Gewinne des nächsten Jahres nur von wirklicher Bedeutung, wenn er sie als Indiz für die längerfristige *Ertragskraft* ansehen kann. Wenn also die Ergebnisse eines Jahres sinnvoll benutzt werden sollen, müssen sowohl Investor als auch Analyst zumindest eine Hintergrundidee davon haben, wie das wahrscheinliche Gewinniveau für eine Reihe von Jahren aussehen wird. Selten sind die Ergebnisse eines einzelnen Jahres repräsentativ für die Ergebnisse über einen vollen Konjunkturzyklus. Der Analyst kann sich dafür entscheiden, einen Konjunkturzyklus zu ermitteln, der das geschätzte Jahr einschließt. Dann bildet er einen Durchschnitt aus den Jahren und wendet die Wachstumsrate vom Mittelpunkt dieser Periode bis zum Ende der Periode an, um so die Ertragskraft am Ende der Periode zu bekommen. Ein Charakterzug des erfolgreichen Wertpapieranalysten ist die Bereitschaft, die Zukunft vorherzusagen, obwohl er vorweg weiß, daß die Vorhersagen oft falsch sein werden. Wer keine Entscheidungen treffen kann oder nicht erträgt, Fehler zu machen, hat ein erbärmliches Leben während seiner kurzen Karriere als Wertpapieranalyst.

Projektion von Gewinnen

Ertragskraft und projizierte Gewinne

Wenn man die *Ertragskraft* für ein Zieldatum, zum Beispiel fünf Jahre im voraus, schätzt, folgt das Verfahren dieser Ordnung:

1. Die Vorhersage für die Gesamtwirtschaft
2. Eine Gewinnschätzung für den Standard & Poor 500 oder einen anderen breiten Index
3. Vorhersagen der Gewinne für Sektoren und Industrien
4. Schätzungen von Gesellschaftsgewinnen

Diese Projektionen reichen zumindest soweit in die Zukunft wie das Zieldatum.

Gegenkontrolle der Schätzungen des Analysten

Eine interessante Idee ist es, die Summe der Einzelschätzungen für individuelle Gesellschaftsgewinne mit der Gesamtschätzung für einen Index wie etwa den S&P 500 zu vergleichen. Große Investmentorganisationen benutzen diese Vergleiche als Korrektur im analytischen Prozeß. So werden die anfänglichen Schätzungen für den Index etwa ein Wachstum von 5 % vorhersagen, während die Summe der Schätzungen, die die Analysten für die einzelnen Gesellschaften machen, vielleicht einen Gewinnzuwachs von 15 % zeigen werden. In dieser Differenz zeigen sich die leuchtenden Hoffnungen des Analysten, verstärkt durch den ewigen Optimismus des Managements. Auf dem Gebiet der Industrieanalyse können die Zahlen den Analysten daran erinnern, daß nicht alle Gesellschaften in einem Industriezweig im nächsten Jahr Marktanteile gewinnen und auch nicht alle Industrien über dem Durchschnitt liegen können.

Vorhersagen im großen und im kleinen.

Die Zahl der beteiligten Variablen und ihr ständig wechselnder Einfluß machen es unmöglich, bestimmte erlernbare Techniken für die erfolgreiche Vorhersage von finanziellen Entwicklungen aufzustellen. Ständig erfolgreiche Arbeit auf diesem Gebiet ist abhängig von überlegener Fähigkeit, die Schlüsselfaktoren zu entdecken und zu bewerten, die die Gewinne für längere Zeit bestimmen. Nichtdestoweniger beginnt in der Wertpapieranalyse die Arbeit für eine Projektion immer mit einer Prüfung der tatsächlichen Ergebnisse der Vergangenheit. Das Ausmaß, in dem man eine Fortsetzung des Durchschnitts oder des Trends aus der Vergangenheit erwartet, bestimmt den relativen Wert und die Wichtigkeit einer solchen Prüfung. Je breiter das analysierte Segment der Wirtschaft, desto allmählicher wird im allgemeinen der Wechsel sein und desto enger die wahrscheinliche Beziehung zwischen der Vergangenheit und der Zukunft. Daher wird die Projektion des BSP – das grundlegende Maß der wirtschaftlichen Leistung der Nation – wahrscheinlich näher am Ziel liegen als die Projektion der Aktiengewinne insgesamt und die letztere Vorhersage ist wahrscheinlich genauer als eine entsprechende Projektion für Sektoren, Industrien und dann – am wenigsten genau – für individuelle Gesellschaften.

Projektion des Bruttosozialprodukts und der Unternehmensgewinne

BSP-Projektionen sollten recht genau gemacht werden, wenn sie in der Wertpapieranalyse brauchbar sein sollen. Beispielsweise sollte die Hausbaukomponente des privaten inländischen Investments von entsprechenden Statistiken begleitet sein: Über den Baubeginn für Einzel- und für Mehrfamilienhäuser, über Quellen und Beträge von verfügbaren Hypothekengeldern und über Hypothekenzinsen, über

Durchschnittspreise für Häuser und über Arbeitslöhne und sonstige Kosten. Wenn sie fehlen, muß der Analyst mehr Zeit aufwenden, um diese Daten zusammenzutragen, und hat weniger Zeit, einzelne Gesellschaften zu analysieren.

Die Vorhersagen für die Gesamtwirtschaft werden normalerweise eine Vorhersage der Gesellschaftsgewinne enthalten, die teilweise in den Gesellschaftskonten für die inländische Nettoproduktion mitgeteilt werden. Die Komponente „nicht überwiesene ausländische Gewinne" der Gesellschaftsgewinne ist im Inlandsprodukt nicht enthalten und muß getrennt geschätzt werden.

Es besteht eine enge Verbindung zwischen den Unternehmensgewinnen, wie sie in den Wirtschaftsprognosen entwickelt werden, und dem Gesamtgewinn auf einen breiten Index von öffentlichen Gesellschaften wie den S&P 400 Industrials. Man kann jedoch die Gewinne für den Index nicht dadurch erfolgreich vorhersagen, daß man einfach die Vorhersage über die Unternehmensgewinne mit einem bestimmten Faktor multipliziert. Dafür bestehen mehrere technische Gründe:

- Häufiger Austausch der Gesellschaften in einem Index
- Zusammenschlüsse, Erwerb und Rekapitalisierung von Gesellschaften
- Ausgabe von Aktien mit Verwässerungseffekt und mit gegenteiligem Effekt
- Das Fehlen der kleineren Gesellschaften (im Index)
- Starke Benutzung von Gedanken aus der Steuerbilanz und von gesamtwirtschaftlichen Berechnungen bei der Zusammenstellung der Unternehmensgewinne nach BSP

Kapitel 6 erörtert eine Methode, um Gewinne für einen Börsenindex vorherzusagen, aber viele weitere Methoden sind im Gebrauch.

Eine solche Vorhersage der Gewinne für einen breiten Börsenindex kann der Wirtschaftler oder Investmentmanager bis zu einem gewissen Grade noch weiter zerlegen, aber es ist zweifelhaft, ob damit viel gewonnen wird. Der Analyst ist in einer viel besseren Lage, Gesellschafts- und Industriegewinne zu schätzen. Die Beziehung zwischen den Gewinnen des Analysten und dem breiteren Bild der Gewinne auf den Index kann durch gute Zusammenarbeit der Beteiligten geklärt werden – jener, die als Volkswirte tätig sind und Strategieentscheidungen treffen auf der einen Seite und des Analysten auf der anderen.

Gewinnprojektionen für einzelne Aktien

Die Gewinnschätzungen für die meisten Aktien werden natürlich eine Beziehung zu den Wachstumsraten haben, die für die Gesamtwirtschaft und insbesondere die Gewinne für alle Aktien angenommen werden. Es gibt jedoch keine einfache mechanische Projektion oder eine formalisierte Methode mit genügend verläßlichen Ergebnissen, als daß man sie zur Grundlage von Investmententscheidungen machen könnte. Wenn die Arbeit des Analysten wirklich Wert haben soll, muß jede mechanische Methode ergänzt werden durch erhebliches Wissen um die gewinnbringenden Faktoren einer Gesellschaft. Diese werden später in diesem Kapitel erörtert.

Mechanische Schätzungen

Jede Projektion hat eine mechanische Basis insofern, als sie mit einer Betrachtung der Ergebnisse der Vergangenheit beginnt – dazu gehören Durchschnitte, Abweichungen (Variance) und Trends. Und eine oft benutzte, vereinfachte Projektionsweise besteht darin, das zukünftige Wachstum mit derselben Rate zu schätzen, wie sie für irgendeine Periode der Vergangenheit bestand. Wie gut ist diese Methode? Wir wollen sie auf die Aktien im Dow Jones Industrial Average so anwenden, daß wir ihren Gebrauchswert beurteilen können.

Tafel 29.1 zeigt zunächst für jede Aktie die prozentuale Änderung der Gewinne über eine 5-Jahresspanne von dem Durchschnitt 1973–1975 bis zum Durchschnitt 1978–1980. (3-Jahres-Perioden sind einzelnen Jahren gegenüber zu bevorzugen, weil sie die Auswirkung von nicht wiederkehrenden Bedingungen verringern). Als nächstes zeigt die Tafel die projizierten Gewinne für 1973–1985 unter der Annahme, daß die Rate der Änderung in der zweiten 5-Jahresspanne dieselbe ist wie in der ersten. Als Kontrast fügen wir eine noch naivere Projektion hinzu, die dieselbe 67%ige Wachstumsrate für jede einzelne Aktie annimmt, wie sie für den Durchschnitt der Gruppe für die Zeit 1973–1975 bis 1978–1980 ermittelt wurde. Schließlich werden die tatsächlichen durchschnittlichen Gewinne 1983–1985 wiedergegeben, und die prozentuale Änderung gegenüber 1978–1980.

Einige Schlußfolgerungen ergeben sich aus den Zahlen in der Tafel: 1. Weder die Steigerungsrate einer Gesellschaft aus der Vergangenheit noch die gleichmäßige Anwendung eines Wachstumsfaktors von 67 % lieferte ausreichend genaue Schätzungen der Gewinne 1973–1985, um diese Methode zu empfehlen. Die Ergebnisse dieser einfachen Übung bestätigen die Überzeugung, daß beinahe jede naive Extrapolation von Gewinnen sinnlos ist. Wenn es eine Sicherheit im Leben gibt, dann ist es die, daß sich die Zukunft von der Vergangenheit in vielerlei Hinsicht unterscheiden wird. Die Chance, daß diese Differenzen sich gegenseitig ausgleichen, sind gering, vor allem auf dem mikro-ökonomischem Gebiet (Gesellschaft oder Industrie). 2. Die gleichmäßige Anwendung einer Steigerung von 67 % kam immer noch den tatsächlichen Gewinnen in mehr Fällen nahe als die Anwendung der eigenen Performance auf die einzelne Gesellschaft. Hier sehen wir schon stärker den Einfluß von gesamtwirtschaftlichen Entwicklungen auf die einzelne Aktie. Keine Gesellschaft ist völig frei von den Einflüssen der allgemeinen Entwicklung in der Wirtschaft in bezug auf Preise, Löhne, Arbeitslosigkeit, Steuern, Zinsen und dergleichen.

Ein einfacher Vergleich von Gesellschaften in derselben Industrie legt die Annahme nahe, daß ein sorgfältiges Studium der Industrieaussichten wertvolle Hinweise auf das Potential einzelner Gesellschaften geliefert hätte. Die Stahlindustrie wurde unrentabel, und sowohl Bethlehem als auch US Steel litten zusammen

Kapitel 29: *Bedeutung der bisherigen Gewinnentwicklung*

Tafel 29.1: Mechanische Schätzungen von Gewinnen je Aktie für ausgesuchte Aktien im Dow-Jones Industrial Average

Gesellschaft	Gewinne je Aktie			Schätzung auf Grund		tatsächlicher Gewinn 1983–85	Änderung (%) von 1978–80 auf 1983–85
	1973–75	1978–80	Änderung (%)	Individueller Änderung	Änderung von 67 % (Gruppenänderung)		
Alcoa	1,68 $	6,05 $	+260	21,78 $	10,11 $	2,27 $	– 62
Allied Signal	2,90 $	2,80 $	– 3	2,72 $	4,68 $	4,20 $	+ 50
American Can	4,41 $	5,58 $	+ 27	7,09 $	9,33 $	4,42 $	– 21
Am. Express	1,10 $	2,41 $	+119	5,28 $	4,03 $	2,96 $	+ 23
Beth. Steel	6,04 $	4,74 $	– 22	3,70 $	7,92 $	–4,36 $	d
Chevron	2,54 $	5,16 $	+103	10,47 $	8,62 $	4,76 $	– 8
Du Pont	2,85 $	5,55 $	+ 95	10,82 $	9,27 $	5,13 $	– 8
E. Kodak	2,61 $	4,21 $	+ 61	6,78 $	7,03 $	2,51 $	– 40
Exxon	3,01 $	4,82 $	+ 60	7,71 $	8,05 $	6,66 $	+ 38
G.E.	1,62 $	3,04 $	+ 88	5,72 $	5,08 $	4,87 $	+ 60
G.M.	5,31 $	6,54 $	+ 23	8,04 $	10,92 $	12,78 $	+ 95
Goodyear	2,32 $	2,66 $	+ 15	3,06 $	4,44 $	3,27 $	+ 23
IBM	3,05 $	5,53 $	+ 81	10,01 $	9,24 $	10,16 $	+ 84
Inco Ltd.	3,22 $	1,65 $	– 49	0,84 $	2,76 $	–1,14 $	–169
Int'l Paper	4,83 $	7,29 $	+ 51	11,01 $	12,18 $	3,07 $	– 58
McDonald's	0,77 $	2,10 $	+173	5,73 $	3,51 $	4,40 $	+110
Merck	1,37 $	2,45 $	+ 79	4,39 $	4,09 $	3,40 $	+ 39
MMM	2,52 $	5,40 $	+114	11,56 $	9,02 $	5,99 $	+ 11
Navistar	3,53 $	1,75 $	– 51	0,86 $	2,92 $	–4,90 $	d
Owens-Il. Gl.	2,74 $	0,40 $	+114	11,56 $	9,02 $	5,99 $	+ 11
Philip Morris	0,79 $	2,02 $	+156	5,17 $	3,37 $	4,30 $	+113
P. & G.	1,93 $	3,50 $	+ 81	6,34 $	5,85 $	4,70 $	+ 34
Sears	1,81 $	2,44 $	+ 35	3,29 $	4,08 $	3,78 $	+ 55
Texaco	4,55 $	5,98 $	+ 31	7,83 $	9,99 $	4,50 $	– 25
U. Carbide	2,19 $	2,74 $	+ 25	3,43 $	4,58 $	1,03 $	– 62
United Tech.	1,28 $	2,83 $	+121	6,25 $	4,73 $	4,24 $	+ 50
U.S. Steel	6,24 $	1,56 $	– 75	0,39 $	2,61 $	–0,52 $	d
Westinghouse	0,67 $	2,03 $	+203	6,15 $	3,39 $	3,03 $	+ 49
Woolworth	1,44 $	2,61 $	+ 81	4,72 $	4,36 $	2,28 $	– 13
d = Defizit							

Hinweis: Die Gewinne sind angepaßt für Gratisaktien und Dividenden in Form von Gratisaktien (Stockdividends).

mit dem Rest der Industrie. Der Industrie für elektrische Ausrüstungen ging es gut, und sowohl General Electric als auch Westinghouse Electric zeigten überdurchschnittliche Gewinne. Die chemischen Grundstoffindustrien schnitten im allgemeinen schlecht ab. Union Carbide fühlte die volle Auswirkung des ungünstigen Umfeldes, aber die Diversifizierung verringerte den Einfluß auf Eastman Kodak und Allied Signal.

Führende Gesellschaften haben Kontrolle über ihr Schicksal

Einige Gesellschaften sind dominierende Spieler auf ihrem besonderen Feld; sie waren in der Lage, ihren Gewinntrend gut zu kontrollieren – Beispiele sind IBM, McDonalds und Philipp Morris. Projektionen müssen daher notwendigerweise die Zukunft auf zumindest drei Ebenen analysieren: Auf der der Gesamtwirtschaft, der Industrie oder des Sektors und der einzelnen Gesellschaft. Nur so erhält man einigermaßen erfolgreiche Schätzungen der Gesellschaftsgewinne. Und selbst da muß der Analyst mehr mit relativen als mit absoluten Erfolgen zufrieden sein.

Ein riesiger Aufwand von Bemühungen wird der Vorhersage von Gewinnen für das nächste Quartal oder das nächste Jahr gewidmet. Diese Konzentration auf die berichteten Gewinne, im Gegensatz zu der allgemeinen, ständigen Ertragskraft einer Gesellschaft kann eine ziemliche Ablenkung darstellen. Vielleicht werden viele Analysten zu sehr durch die Reaktion der Börse auf Bekanntgabe von ausgewiesenen Gewinnen fasziniert, als daß sie ihre Aufmerksamkeit eindeutig auf die Bestimmung des Investmentwertes und andere fundamentale Fragen richten, die mit einem längerfristigen Zeithorizont verbunden sind.

Zwei andere Tests von Gewinnprojektionen

In Fortsetzung unserer Untersuchungen wollen wir nunmehr zwei andere Arten von Vorhersagen für zukünftige Änderungen bei den Gewinnen untersuchen. Die erste Art ist die Vorhersage, die in der Bewertung verschiedener Aktien durch die Börse mittelbar enthalten ist. Man kann wohl mit Recht annehmen, daß im allgemeinen die Meinung der Börse in bezug auf das erwartete Wachstum umso optimistischer sein wird, je höher der Multiplikator der augenblicklichen Gewinne an der Börse ist. Die zweite Art von Gewinnvorhersagen wird durch große Investmentorganisationen auf der Grundlage des Potentials einzelner Gesellschaften erstellt.

Das Kurs-/Gewinnverhältnis als Vorhersage

Tafel 29.2 zeigt wieder die Gesellschaften im Dow Jones Industrial Average, diesmal in der Reihenfolge ihrer durchschnittlichen Kurs-/Gewinnverhältnisse 1978–1980. Die Tafel zeigt außerdem für jede Gesellschaft die tatsächliche prozentuale Zunahme – oder den Rückgang – in den durchschnittlichen Gewinnen je Aktie zwischen der Periode 1978–1980 und 1983–1985. Wenn das Kurs-/Gewinnverhältnis ein Indiz für das erwartete zukünftige Wachstum ist, scheint eine solche Korrelation zwischen den Wachstumserwartungen der Börse und dem tatsächlichen Wachstum über die nächsten fünf Jahre zwar positiv, aber jedenfalls nur schwach zu sein: Die zehn Aktien mit den höchsten Kurs-/Gewinnverhältnissen hatten bis auf zwei Ausnahmen ein positives Gewinnwachstum, und fünf von den sechs

Tafel 29.2: Kurs-/Gewinnverhältnisse und Änderungen in den Gewinnen je Aktie

Gesellschaft	durchschnittl. KGV 1978–1980	Änderung der Gewinne je Aktie von 1978–1980 auf 1983–1985
Inco Ltd.	14,2	d
Merck	13,6	+ 39 %
IBM	12,3	+ 84 %
Procter & Gamble	11,6	+ 34 %
MMM	10,3	+ 11 %
McDonald's	10,2	+110 %
Eastman Kodak	9,1	− 40 %
Philip Morris	8,9	+113 %
General Electric	8,4	+ 60 %
Sears	8,1	+ 55 %
United Technologies	7,6	+ 50 %
Allied Signal	7,5[1]	+ 50 %
Du Pont	7,5	− 8 %
American Express	7,0	+ 23 %
U.S. Steel	6,7[2]	d
American Can	6,5	− 21 %
Exxon	6,2	+ 38 %
International Paper	6,2	− 58 %
Goodyear	6,1	+ 23 %
Chevron	5,7	− 8 %
Texaco	5,6	− 25 %
Bethlehem Steel	5,5	+192 %
General Motors	5,3[2]	+ 95 %
Westinghouse	5,3	+ 49 %
Union Carbide	5,1	− 62 %
Owens-Illinois Glass	5,0	− 7 %
Alcoa	4,5	− 62 %
Woolworth	4,5	− 13 %
Navistar	4,4[2]	d
AT&T	[3]	[3]

[1] 1 Jahr mit nur nominellen Gewinnen wurde ausgeschlossen.
[2] 1 Verlustjahr wurde ausgeschlossen.
[3] Vergleichbare Daten stehen nicht zur Verfügung.
d = Defizit

höchsten Wachstumsraten befanden sich unter diesen zehn Aktien. Die untersten zehn Aktien in der Tabelle enthielten nur zwei Aktien mit positivem Wachstum und vier der sechs mit dem schlechtesten Ergebnis. Die Beziehung ist also positiv, aber es besteht kein Grund zu der Annahme, daß diese Beziehung den Analysten mit Informationen versorgt, die die Börse nicht schon hat. Die Vorhersagen sind schon in den Kursen enthalten, die die Kurs-/Gewinnverhältnisse bewirken, und man kann kaum erwarten, daß die Börse den Investor ein zweites Mal für die Information belohnt, die sie schon berücksichtigt hat. Außergewöhnliche Gewinne und Verluste kommen zustande, wenn der Investor eine andere Meinung als die Börse hat und daraufhin tätig wird.

Die Vorhersagen professioneller Analysten

Die Gewinnvorhersagen einer Investmentorganisation sind in Tafel 29.3 zusammengestellt. Die Gewinnprojektionen 1983–1985 für 29 Dow Jones Werte durch Value Line im Jahre 1980 werden mit den tatsächlichen Ergebnissen verglichen. 19 ihrer Schätzungen für einzelne Gesellschaften verfehlten das tatsächliche Ergebnis um mehr als 25 % – wie schon gesagt, ist es sehr schwierig, das absolute Niveau der Gewinne von einzelnen Unternehmen zu schätzen. Ehe der Leser den Schluß zieht, daß Value Line bei ihrer Schätzung schlechte Arbeit geleistet hat, möchten wir darauf hinweisen, daß ein großer Teil dieser Schätzungsirrtümer durch den weltweiten Rückgang der Preise für Grundstoffe wie Öl, Stahl, Nichteisenmetalle, Papier, Gummi und Chemikalien verursacht wurde. Zur Zeit der Schätzung im Jahre 1980 ging die konventionelle Weisheit dahin, daß Rohstoffpreise steigen würden, Öl an der Spitze. Ein erheblicher Teil des Irrtums muß daher auf allgemeinwirtschaftliche, Sektor- und Industriefaktoren zurückgeführt werden, für die der Analyst nur teilweise verantwortlich ist. Eine übliche und wahrscheinlich berechtigte Entschuldigung dafür, daß Analysten die Gewinne nicht sehr gut vorhersagen, geht dahin, daß die Ursache die Wirtschaftler sind, die keine guten Vorhersagen für die Gesamtwirtschaft liefern.

Gewinnprojektionen durch Unternehmensanalyse

Aus den Zahlen in den Tafeln 29.2 und 29.3 ergeben sich zwei Schlußfolgerungen:
1. Tafel 29.3 zeigt, daß selbst die sorgfältigste Vorhersage weit entfernt vom Ziel liegen kann, insbesondere wenn es sich um eine einzelne Gesellschaft handelt.
2. Tafel 29.2 ist ein weiterer Beweis dafür, daß der Analyst nicht einfach mechanischen Methoden folgen kann, sondern spezialisierte Kenntnisse und Geschick für seine Probleme mitbringen muß. Mit anderen Worten: Die Aufgabe besteht darin, das Unternehmen *selbst* zu analysieren. Um das zu tun, muß der Analyst auch die

Kapitel 29: *Bedeutung der bisherigen Gewinnentwicklung*

Tafel 29.3: Die Schätzungen von Value Line im Vergleich zu den tatsächlichen Ergebnissen

Gesellschaft	Schätzung 1980 von Value Line für 1983–1985	Tatsächliche Gewinne je Aktie 1983–1985
Alcoa	7,75 $	2,27 $
Allied Signal	7,20 $	4,20 $
American Can	8,50 $	4,42 $
American Express	5,64 $	2,96 $
Bethlehem Steel	9,00 $	–4,36 $
Chevron	10,00 $	4,76 $
Du Pont	8,70 $	5,13 $
Eastman Kodak	7,47 $	2,51 $
Exxon	10,00 $	6,66 $
General Electric	5,20 $	4,87 $
General Motors	13,00 $	12,78 $
Goodyear	6,50 $	3,27 $
IBM	9,90 $	10,16 $
Inco Ltd.	5,25 $	–1,14 $
International Paper	9,20 $	3,07 $
McDonald's Corp.	4,55 $	4,40 $
Merck	4,60 $	3,40 $
MMM	9,25 $	5,99 $
Navistar	13,00 $	–4,90 $
Owens-Illinois Glass	8,00 $	4,14 $
Philip Morris	4,35 $	4,30 $
Procter & Gamble	6,53 $	4,70 $
Sears, Roebuck	4,20 $	3,78 $
Texaco	9,40 $	4,50 $
Union Carbide	4,17 $	1,03 $
United Technologies	5,25 $	4,24 $
U.S. Steel	8,30 $	–0,52 $
Westinghouse	3,63 $	3,03 $
Woolworth	5,75 $	2,28 $

Performance und die Aussichten der Industrie (oder der Industrien) untersuchen, von denen die Gesellschaft ein Teil ist. Es gibt zwei Methoden für Gesellschaftsanalyse und -Projektionen, und sie können getrennt oder zusammen benutzt werden: Die „direkte" (explicit) Methode und die Methode, die die Gesamtkapitalrentabilität benutzt.

Die direkte Vorhersage

Die „direkte Methode" zur Vorhersage zukünftiger Gewinne entwickelt ihre Zahlen aus Schätzungen von Einheiten, Preisen, Umsätzen, den einzelnen betrieblichen und sonstigen Aufwendungen und den Steuern. Die Zahl für die Umsätze wird gewöhnlich dadurch gewonnen, daß man die Umsätze zu den erwarteten gesamtwirtschaftlichen und Wettbewerbsbedingungen in der Industrie in Beziehung setzt. Die Aufwendungen können nach ihren einzelnen Kategorien ausgearbeitet werden – Löhne, Materialkosten, Dienstleistungen (zum Beispiel bei Versorgungsbetrieben), fixe Kosten usw. – oder man kann sie durch eine einzige Schätzung der Gewinnspanne bekommen.

Direkte Vorhersagen erfordern Informationsquellen, die teilweise über den normalen Kontakt mit der Gesellschaft hinausgehen. Einige Posten wie der Abschreibungsaufwand können berechnet werden aus den historischen Zahlen plus Kenntnis der Abschreibungspolitik der Gesellschaft und der neuen Fabriken und Anlagen im Anlagevermögen. Lohnkosten jedoch erhält man nur manchmal von der Gesellschaft selbst am besten; zu anderen Zeiten ist es besser, sie aus der Beobachtung von Lohnabschlüssen im allgemeinen, in der besonderen Industrie, aus der Unterhaltung mit Gewerkschaftsführern oder anderen Quellen zu ermitteln. Die beste Informationsquelle über die Kosten von Rohmaterialien können andere Analysten, Gesellschaften und Handelsvereinigungen sein, die in den einschlägigen Industrien tätig sind.

Änderungen in der Technologie spielen eine erhebliche Rolle in der Wertpapieranalyse. Das ist nicht nur eine Frage der Entwicklung neuer Produkte; dazu gehört auch die Entwicklung neuer Materialien und neuer Verfahren. Technologische Änderungen können durch andere Einflüsse überwältigt werden, zum Beispiel durch Änderungen in den sozialen Werten, demografische Entwicklungen, neue Lebensstile und Wettbewerb aus dem Ausland. Es mag richtig sein, daß die Leute einen Weg zu Ihrer Tür austreten werden, wenn Sie eine bessere Mausefalle produzieren; aber die Regel stimmte insofern nicht mehr für Pferdepeitschen, als die Leute nicht mehr in Kutschen fahren wollten.

In den siebziger und achtziger Jahren lernten die Amerikaner wieder ihre Lektion über die Stärke oder Schwäche des Dollars und die Auswirkungen des Wettbewerbs aus dem Ausland. Viele Analysten verbrachten ihre Zeit mit Untersuchungen, welcher inländische Produzent in der Inlandsindustrie mit der größten Effizienz arbeitete; das eigentliche Problem war, ob einer von ihnen den Angriff der Wettbewerber aus dem Ausland überleben würde.

Der Managementfaktor

Auf lange Sicht hängt die Vorhersage zunehmend von einer richtigen Bewertung der Kompetenz und Integrität des Managements ab. Im Falle von mittleren und kleineren Gesellschaften ist die Tiefe des Managements ein wichtiger Punkt, und der Verlust von ein oder zwei Schlüsselkräften kann Unheil oder eine goldene Gelegenheit für die Gesellschaft bedeuten. In großen Gesellschaften artet das Management manchmal zu einem Wasserkopf aus und ist trotz individueller Geschicklichkeiten ineffizient. Einige Informationsquellen über das Management können nützlich sein. Zunächst einmal zeigt die Vergangenheit der Gesellschaft, was das augenblickliche Management erreicht hat, und ist die hauptsächliche Beurteilungsquelle für die Qualität des Managements. Weitere Erkenntnisse können nicht selten von Wettbewerbern gewonnen werden. Sie wissen oft mehr, als man glaubt, über Kenntnisse, Geschicklichkeit, Strategien und Taktiken, Organisation, Charakter und persönliche Gewohnheiten und Probleme des anderen Managements, mit dem sie im Wettbewerb stehen. Obwohl solche Quellen gelegentlich günstige oder ungünstige persönliche Beziehungen widerspiegeln mögen, Neid, „saure Trauben" oder schlechte Information, liefern sie doch auch faktische Informationen. Wenn man zu den Managern einer Gesellschaft über die Manager anderer spricht, kann das auch viel über das Management der ersten Gesellschaft aussagen. Wenn sie nicht verstehen, was die zweite Gesellschaft tut oder warum, stehen sie einfach nicht über den Dingen.

Der Analyst wird normalerweise mit einer Public Relation Person für Finanzen zu tun haben, die intelligent, charmant, freundlich und hilfsbereit ist. So eine Person wird ihrerseits den Analysten den Personen in der Spitze des Managements vorstellen, die den besten Eindruck des Managements hinterlassen werden. Ein unattraktiver Genius wird versteckt bleiben. Mitglieder des Managements sind *liebenswert*, sonst hätten sie nicht bis zur Spitze aufsteigen können. Sie können und werden ihren Charme leuchten lassen. Der einzige Rat, den wir dem Analysten geben können, besteht darin, *spezifische* Informationen von seinen Kontakten zu erfragen und das Management nach seinen erklärten Plänen und Strategien zu beurteilen – wie gut oder schlecht diese Pläne und Strategien ausgeführt wurden und wie erfolgreich sie waren.

Bedenken Sie auch die Vor- und Nachteile, denen das Management gegenübersteht. Nur wenige Manager können hervorragende Resultate in einer Industrie erzielen, wo allgemein ungünstige Wirtschaftsbedingungen herrschen, beispielsweise starker Wettbewerb aus dem Ausland. Fast jedes Management in schnell wachsenden Industrien scheint aus Genies zu bestehen – bis die Wachstumsrate der Industrie geringer wird.

Für alle Gesellschaften spielt der Managementfaktor eine besondere Rolle, wenn *größere* Änderungen an der Spitze stattgefunden haben. In solchen Fällen gibt das bisherige Ergebnis der Gesellschaft wenig Hinweise über die Qualität des neuen Managements, und deshalb muß es in anderer Weise beurteilt werden – vorzugsweise durch ein direktes Interview über Pläne und Strategien.

Benutzung der Gesamtkapitalrentabilität

Die Vorhersage von Gewinnen je Aktie wird im allgemeinen genauer sein, wenn man sie von der geschätzten Ertragskraft des Unternehmens als Ganzes ableitet, das heißt von seiner Fähigkeit, auf das gesamte benutzte Kapital Gewinne zu machen. Daher sollten die Schätzungen je Aktie aus der Analyse und Vorhersage der Erträge entwickelt werden, die für das gesamte Kapital zur Verfügung stehen (Gesamtkapitalrentabilität) und nicht nur von Schätzungen der Erträge auf das Eigenkapital (Eigenkapitalrentabilität). Mit anderen Worten: Die Gesamtkapitalrentabilität ist der grundsätzliche Rentabilitätstest und der hauptsächliche Faktor, auf den das anfängliche Interesse gerichtet ist.[4])

Es gibt mehrere Gründe dafür, die Gesamtkapitalrentabilität als Kriterium der Ertragskraft zu benutzen: 1. Wenn wir eine Ertragskennzahl (Verhältniszahl) – anstelle des tatsächlichen Dollarbetrages für Gewinne – benutzen, stören Änderungen im Kapitalinvestment nicht. Wir erhalten so ein besseres Maß, um die langfristige Gewinn-Performance eines Unternehmens zu überblicken. 2. Anders als die Gewinne auf das Nettovermögen oder Eigenkapital (Eigenkapitalrentabilität) werden Gewinne auf das gesamte Kapital (Gesamtkapitalrentabilität) durch Änderungen in der Kapitalstruktur nicht beeinflußt. Sie liefern daher das am meisten beständige langfristige Maß für Performance. 3. Die Gesamtkapitalrentabilität beschränkt den Einfluß von Unterschieden in der Kapitalstruktur auf ein Minimum. Deshalb liefert ihre Benutzung eine gesunde und gemeinsame Basis für vergleichende Untersuchungen der Ertragskraft von verschiedenen Gesellschaften.

Wenn es sich um eine bestimmte zukünftige Spanne von Jahren handelt, besteht das Ziel des Analysten darin:

1. Die Gesamtkapitalrentabilität zu wählen, die am besten die *durchschnittliche* Performance repräsentiert
2. Das *durchschnittliche* gesamte Kapitalinvestment zu schätzen

In diesem Zusammenhang kann die Gesamtkapitalrentabilität entweder mit breiten Pinselstrichen oder in einer detaillierten Art für die Projektion zukünftiger Gewinne benutzt werden. Im ersteren Falle kann der Analyst die Schätzung der durchschnittlichen Gesamtkapitalrentabilität für eine Periode der Zukunft einfach durch eine Analyse der Gesamtkapitalrentabilität für ausgewählte Perioden der Vergangenheit gewinnen. Die Schätzung des durchschnittlichen Gesamtkapitals entwickelt er aus dem geschätzten Betrag der einbehaltenen Gewinne und der Aufnahme von Fremdkapital. Bei der gründlicheren Methode würde der Analyst die Schätzung der Gesamtkapitalrentabilität auf eine genaue Untersuchung der hauptsächlichen Bestimmungsfaktoren der Rentabilitätsrate in Perioden der Vergangenheit stützen. Diese Rate ist ein Produkt von Gewinnquote (der Erträge für das gesamte Kapital dividiert durch Umsätze) und Kapitalumschlag (Umsätze dividiert durch das gesamte Kapital). Deshalb sollten die hauptsächlichen Faktoren hinter etwaigen Änderungen in diesen Kennzahlen sorgfältig untersucht werden. Eine sorgfältige

---

[4]) Performancevergleiche werden genauer, wenn man für die Berechnung der Gesamtkapitalrentabilität die Steuerersparnis absetzt, die auf der Benutzung von fundierten (langfristigen, verbrieften) Schulden beruht.

Projektion muß für den Kapitalbetrag gemacht werden, denn die Endergebnisse hängen ebensosehr vom Zähler wie vom Nenner der Kennzahl ab. Die zukünftige Kapitalstruktur und ihr Steuereffekt sollten projiziert und wenn möglich durch Erörterungen mit dem Management bestätigt werden. Der Betrag des ausstehenden Kapitals kann durch Verkäufe oder Käufe von weiteren Aktien – über oder unter dem Buchwert – beeinflußt werden, durch Änderungen in der kurz- oder langfristigen Verschuldung oder durch Finanzierung außerhalb der Bilanz. Umgekehrt kann der Analyst die Schätzung des zukünftigen Gesamtkapitals auf eine sorgfältige Projektion der Umsätze und des geschätzten Kapitalumschlages genausogut stützen wie auf die Projektion der einbehaltenen Gewinne.

Die Benutzung beider Techniken, der direkten und der auf die Gesamtkapitalrentabilität gestützten, liefert eine nützliche Gegenkontrolle für die geschätzten Gewinne, obwohl beide nicht völlig unabhängig voneinander sind.

Nichtbenutzung der Vorgeschichte

Zur Vorhersage zukünftiger Gewinne gehört, wie gesagt, eine sorgfältige Untersuchung der bisherigen Ergebnisse unter der Annahme, daß diese Vorgeschichte von erheblichem Wert für die folgenden Projektionen ist. In verschiedenen Fällen jedoch wird der Analyst die bisherige Entwicklung (oder Teile davon) als Richtschnur für die Zukunft verwerfen. Die wesentlichen Elemente für die Betriebsergebnisse eines Unternehmens sind Umsatzvolumen, erzielte Preise und Kosten. Wenn Entwicklungen eingetreten sind oder eintreten werden, die die Stellung der Gesellschaft in bezug auf eine dieser Kategorien erheblich berühren, muß der Analyst sie natürlich berücksichtigen. Wenn sie die bisherigen Ergebnisse wahrscheinlich irrelevant für zukünftige Prognosen erscheinen lassen, muß die Vorgeschichte als Richtschnur verworfen und eine verläßlichere Grundlage für die Schätzung des Wertes gefunden werden. Gewisse Änderungen sind ständig bei allen drei Hauptkomponenten der Gewinn- und Verlustrechnung am Werke. Aber im Normalfall sind diese Änderungen nicht drastisch genug, um die Kontinuität des Betriebs, soweit es um die Analyse geht, zu unterbrechen. Die Entwicklungen, an die wir denken, werden im folgenden erörtert.

Änderungen eines Produktionszweiges

Änderungen eines Produktionszweiges kommen auf verschiedene Weise zustande. Aus Gründen der Diversifizierung begeben sich manche Gesellschaften auf neue Gebiete, teils durch Akquisitionen, teils durch direktes Investment. In beiden Fällen mögen Finanzinformationen über die neue Tätigkeit nicht verfügbar sein. Wichtige neue Produkte können aus der internen Forschung oder auf Grund gekaufter Lizenzen und Royalties auf den Markt gebracht werden. Auch hier wird Finanzinformation für die Vergangenheit nicht verfügbar sein, und zukünftige Abschlüsse werden anders aussehen, mit anderen Trends, anderen Kennzahlen, anderen Durchschnitten usw. – Produktionszweige können mangels Rentabilität aufgegeben werden oder einfach deshalb, weil das Management sie zu uninteressant oder zu kompliziert findet. Was immer der Grund ist: Die Kontinuität in den Jahresabschlüssen wird gestört, und das verringert ihren Nutzen für die Projektion zukünftiger Gewinne und zukünftigen Kapitals.

Beispiel: Am Ende des zweiten Weltkrieges war praktisch keine US-Zigarettengesellschaft diversifiziert. Mit zunehmender öffentlicher Besorgnis über die Gesundheisprobleme des Rauchens und mit Zuerkennung immer größerer Schadensersatzansprüche aus Produkthaftung begannen die Gesellschaften Diversifizierungsanstrengungen, die sich in den siebziger und achtziger Jahren verstärkten. 1985 hatte American Brands (früher American Tobacco) die Tabakprodukte auf 61 % der Umsätze reduziert; Philipp Morris hatte seine Tabakumsätze auf 46 % des Gesamtumsatzes zurückgeführt.

American Can verringerte den Anteil bei Behältnissen auf 37 % der Umsätze und US X Corporation (früher US Steel) begrenzte seine Stahlaktivitäten auf 33 % des gesamten Umsatzes. In beiden Fällen sahen die Gesellschaften die langfristigen Aussichten für ihre bestehenden Produktionszweige nicht als günstig an und diversifizierten durch Akquisitionen auf Gebiete, die sie für aussichtsreicher hielten.

Änderungen in der Produktions- oder Verkaufspolitik

Änderungen bei Verkauf oder Produktion können dazu führen, daß unrentable Tätigkeiten aufgegeben werden. Die Forschung und Entwicklung kann neue und verbesserte Produktionsverfahren liefern. Ähnlich dramatische Änderungen können eintreten, wenn eine Gesellschaft sich dazu entschließt, Teilprodukte zu kaufen anstatt sie selbst herzustellen oder Produktionstätigkeiten ins Ausland zu verlagern, um die Lohnkosten zu verringern. Die Verkaufspolitik kann sich in verschiedener Weise ändern: Die Dienstleistungkomponente eines Produktes kann vergrößert oder verringert werden. Die Verteilungsmethode kann von einem internen Verkaufsstab auf eine Händlerorganisation, auf Repräsentanten, auf Versandgeschäfte oder auf einen Stab von Teilzeitverkäufern verlagert werden, die von Tür zu Tür verkaufen. Die Verkaufspolitik mag dahingehen, daß nur für Bargeld oder nur auf Kredit verkauft wird; Leasing oder andere Finanzierungsmöglichkeiten mögen aufgenommen oder abgeschafft werden. Das Problem des Analysten besteht darin zu entscheiden, wie die neuen Jahresabschlüsse aussehen werden, wenn die Änderung in der Verkaufspolitik durchgeführt worden ist.

Beispiel: In den Anfangsjahren des Fernsehens betätigten sich die meisten inländischen Radioproduzenten auf diesem Gebiet und produzierten Fernsehgeräte in den USA, die fast völlig aus dort produzierten Teilen zusammengesetzt waren. Viele dieser Gesellschaften verteilen auch heute noch Fernsehgeräte unter ihrem Markennamen, aber ein großer Teil der Produktion ist an Vertragsproduzenten in Südostasien vergeben worden. Einige, die weiterhin selbst produzieren, haben ihre Betriebe in den fernen Osten oder nach Mexico verlegt. Die wenigen Produktionsbetriebe in den USA sind weitgehend automatisierte Fließbänder, die ausländische

Teile verarbeiten. Da diese Gesellschaften sich jetzt in erster Linie auf Verteilung und Verkauf beschränken und nicht mehr selbst produzieren und da weltweit scharfer Wettbewerb herrscht, sind die Verdienstspannen im Fernsehgerätegeschäft bei inländischen Gesellschaften dramatisch geschrumpft. In Wahrheit zeigt die gesamte Gewinn- und Verlustrechnung jetzt gegenüber früher ein anderes Bild. Die früheren hohen Lohnkosten sind durch Abschreibung auf hochautomatisierte Maschinen ersetzt und der durch Produktion von Teilen geschaffene Wert durch gekaufte Teile.

Ein drastischer Wechsel im Management

Abschlüsse der Vergangenheit haben möglicherweise einige Erkenntnisse über die Qualität und Eigenarten des Management der Gesellschaft geliefert. Aber wenn jetzt ein drastischer Wechsel im Management eintritt, ist diese Informationsquelle nicht mehr brauchbar. Außerdem sollte man erhebliche Änderungen in der Gesellschaftspolitik erwarten, Umorganisierung und Rationalisierung und zukünftige Jahresabschlüsse, die die Eigenart des neuen und nicht des alten Managements widerspiegeln. Aber da Jahresabschlüsse für kurze Perioden nicht charakteristisch für den normalen Betrieb sind, mögen mehrere Jahre vergehen, ehe genügend Jahresabschlüsse für den Analysten zusammenkommen, um seine Vorhersage mit genügend Vertrauen machen zu können.

Beispiel: Gulf & Western Inc. wurde unter der Führung von Charles Bluhdorn zu einem weit diversifizierten Konglomerat ausgebaut. Die Gesellschaft hatte über hundert produzierende Tochtergesellschaften und war vielleicht die am meisten diversifizierte Gesellschaft an der New York Stock Exchange. Infolgedessen wurde sie von Wall Street als nicht analysierbar angesehen, eine Gesellschaft ohne klare Orientierung. Beim Tode von Mister Bluhdorn stieg die Aktie um 8 Punkte. Das neue Management faßte ihre Tätigkeiten in drei klar verständlichen Zweigen zusammen (Unterhaltung, Finanzdienstleistungen und Verlagswesen). Die Strategie des neuen Managements bestand einfach darin, die Gesellschaft so umzustrukturieren, daß sie leichter zu managen und auch sicherlich leichter zu verstehen war („Rationalized" ist der britische Ausdruck).

Der Verlust eines besonderen Vorteils

Irgendein besonderer Vorteil einer Gesellschaft kann durch das Auslaufen von Patenten oder Verkaufsverträgen, durch Erschöpfung eines Erzkörpers usw. verlorengehen. Vielleicht das einfachste Beispiel eines solchen Bruches mit der Vergangenheit findet sich, wenn eine Bergwerksgesellschaft, deren alte Mine sich der Erschöpfung nähert, einen Umzug ihres Betriebs auf ein neues Grundstück plant. Hier sind die früheren Gewinne offensichtlich irrelevant für die Zukunft; der Analyst befaßt sich buchstäblich mit einem neuen und ganz anderen Unternehmen. Einen ähnlichen Effekt gibt es, wenn sich bei einer Minengesellschaft hochgradiges, das heißt mit niedrigen Kosten gewinnbares Erz erschöpft, so daß im folgenden ihre Gewinnspanne erheblich geringer wird. Umgekehrt kann die Entwicklung eines neuen Erzkörpers zu einer Mine die Stellung einer Gesellschaft in die umgekehrte Richtung verschieben.

Beispiel: Johns Manville ist eine Gesellschaft, deren besonderer Vorteil sich zu einem besonderen Nachteil veränderte. In ihrer besten Zeit hatte die Gesellschaft ein buchstäbliches Monopol für erstklassige Asbestreserven und beherrschte die Industrie. Es war eines der unumstrittenen Monopole in den Vereinigten Staaten. Dann wurde das Gesundheitsrisiko entdeckt, das die Arbeit und das Wohnen in einer Atmosphäre mit Asbest bedeutet. Dann wurde der Beweis gefunden, daß Asbest für Tod und Gesundheitsschäden verantwortlich ist. Durch Schadensersatzansprüche in Milliardenhöhe wurde die Gesellschaft gezwungen, sich unter den Schutz der Konkursgerichte zu stellen.

Beispiel: Industrial Rayon war über viele Jahre der hauptsächliche Produzent von synthetischen Kleiderstoffen und Reifeneinlagen, bis neue Produkte mit besseren Eigenschaften ihr Produkt obsolet machten. Das einstmals führende Industrieunternehmen verschwand.

Beispiel: Im Dezember 1981 waren 4530 Ölbohrtürme in den USA tätig. Öl und Gaspreise waren nahe ihrem Höhepunkt. Jedermann *wußte*, daß die Ölpreise sich innerhalb der nächsten zehn Jahre noch einmal auf 80 $ je Barrel oder mehr verdoppeln würden. Da die weltweite Explosion der Bohraktivität recht erfolgreich gewesen war und neue Ölquellen in Konkurrenz mit dem Opec-Ölkartell erschlossen hatte, gab es bald einen Überschuß an Öl. Mitte 1986 war die Zahl der aktiven Bohrtürme fast auf 600 zurückgefallen. Nachträglich liegt es auf der Hand, daß die Gewinne in der Bohr- und Dienstleistungsindustrie für Öl zeitweise durch Umstände aufgebläht waren, die sich nicht fortsetzen konnten: Ob ein Analyst diese vorübergehende Natur der Gewinne hätte vorhersehen können, kann man bezweifeln. Offensichtlich dachten die meisten Leute in der Industrie nicht, daß ihre Konjunktur nur vorübergehend war, denn sie nahmen massiv Kredite auf und machten riesige Investments in Bohrtürme, setzten also auf die Fortsetzung ihres Booms. 1985 und 1986 gab es in der Ölregion eine Depression, und viele Teilnehmer am Bohrboom hatten Termine bei den Konkursgerichten, Totalabschreibungen, erzwungene Zusammenschlüsse und all die anderen Schrecken als Folge einer übermäßigen Expansion. Wenn der Analyst vorübergehende Booms und Pleiten erkennen und ihre Umkehrpunkte bestimmen kann, kann er große Gewinne machen und Verluste vermeiden.

Probleme einer Projektion für diversifizierte Gesellschaften

Diversifizierung und die Konglomerate

Wachstum durch Akquisition

Während der fünfziger Jahre erwarb eine Anzahl von unternehmerischen Finanziers die Kontrolle über Gesellschaften und begann einen Expansionsprozeß durch

Akquisitionen. Die meisten bezogen sich auf Aktien von Gesellschaften in stark diversifizierten Industrien; die Muttergesellschaft tauschte (beim Erwerb) verschiedene Arten von Wertpapieren, oft konvertierbare Vorzugsaktien. Diese letzteren Wertpapiere wurden abschätzig als „chinesisches Geld" bezeichnet. Ein großer Teil des offenbaren Wachstums bei den Gewinnen je Aktie kam durch besondere Buchführungsmethoden zustande (Pooling of Interest Accounting). Mit dieser Buchführung war es möglich, die berichteten Gewinne je Aktie durch gut geplante Akquisitionen selbst für eine Gesellschaft wachsen zu lassen, die in allen ihren Betrieben einen sinkenden Gewinntrend hatte!

Gemischte Resultate

Die Ergebnisse dieser Akquisitionen waren ziemlich gemischt. In einigen Fällen wurde eine Akquisition lediglich wegen ihrer Auswirkung auf die kurzfristigen Gewinne je Aktie gemacht, ohne daß die fundamentale, langfristige Ertragskraft der erworbenen Gesellschaft berücksichtigt wurde. In anderen Fällen handelte es sich um schläfrige, alte Gesellschaften mit reicher Substanz, die aber ineffizient genutzt worden war. Sie wurden durch das neue Management in höchst rentable und wachsende Unternehmen umgewandelt. In wieder anderen Fällen stieg das Management einfach in Geschäftszweige ein, von denen es nichts verstand, und die folgenden Betriebsergebnisse waren äußerst ungünstig.

Das falsche Wachstum wird enthüllt

Der Trend zu Konglomeraten kam gerade, als Wall Street seine Aufmerksamkeit dem Wachstum zuwandte. Daher machte das Wachstum der Gewinne je Aktie die Konglomerate anfangs zu beliebten Glamour Aktien. Wall Street war wild vor Begeisterung über die „Synergy" jeder neuen Akquisition; nicht nur würde es der Gesellschaft selbst gut gehen, sondern es ergaben sich auch neue Gelegenheiten für alle übrigen Teile der aufnehmenden Gesellschaft. Wie bei den meisten Moden in Wall Street wurden die Aktienkurse viel zu hoch getrieben. Es zeigte sich, daß die Genies ihre Füße im Lehm hatten und daß Wachstum in den Büchern bei weitem nicht so gut wie Wachstum bei den echten Gewinnen ist: Der Konglomerat-Ballon platzte. Die meisten der betreffenden Gesellschaften notierten für eine erhebliche Zeit sehr niedrig, und letztlich gab es bei vielen von ihnen gute Kaufgelegenheiten.

Lektion für den Analysten

Die Geschichte der Konglomerate enthält viele Lektionen für den Wertpapieranalysten. Diversifizierung in Gebiete, von denen das Management keine Ahnung hat, entwickelt sich meist sehr schlecht – wenn nicht ein gutes Management mit der Akquisition erworben und behalten wird. Am besten scheint die Diversifizierung dann zu funktionieren, wenn die Gesellschaft sich innerhalb der Industrien oder der Gebiete hält, mit denen sie schon vertraut ist. Wachstum durch Akquisition und die damit verbundenen Besonderheiten in der Buchführung erfordern, daß der Analyst sorgfältig das zugrundeliegende Wachstum bei den Gewinnen untersucht, ob es dem angeblichen Gewinnwachstum entspricht. Eine Gesellschaft muß jederzeit eine klare Identität in der Vorstellung der Investoren haben. Sie müssen das Vertrauen haben, die Gesellschaft so gut zu verstehen, daß sie vernünftige Voraussagen für ihre Zukunft machen können. Gesellschaften, die unverständlich sind, werden normalerweise von den Investoren gemieden und erreichen nicht ihr Marktpotential.

Anders als Portfoliodiversifizierung

Diversifizierung einer Gesellschaft hat nicht dieselben Ergebnisse wie Diversifizierung bei den Aktien in einem Portfolio. Diversifizierung im Portfolio erlaubt in gewissem Grade, daß Aufwärtsbewegungen die Abwärtsbewegungen von Kursen ausgleichen und führt zu geringerer Schwankungsbreite der Performance im Portfolio. Obwohl dieser Ausgleich in einer diversifizierten Gesellschaft auch für die Gewinne stattfindet, gilt das nicht für den Aktienkurs, weil nur eine Aktie existiert.

Zwei günstige Faktoren

Zwei günstige Faktoren der Diversifizierung sind 1. die Fähigkeit, Kapital aus einem weniger günstigen Bereich der Gesellschaft in einen anderen mit besseren Aussichten für zukünftige Gewinne zu verlagern, und 2. die Existenz einer Ausgangsbasis, um eine Gesellschaft in einer Industrie umzustrukturieren, die ungünstige langfristige Aussichten hat. Als beispielsweise USX Corporation 1982 Marathon Oil und 1986 Texas Oil and Gas erwarb, wurde das in Wall Street überwiegend nicht so sehr als Versuch gesehen, *in* das Ölgeschäft einzudringen, als *aus* dem Stahlgeschäft auszusteigen. Entsprechende Entwicklungen in vielen anderen Industrien sind von Wall Street in derselben Weise gesehen worden.

Gelegenheit zur Bereinigung

Für stark diversifizierte Gesellschaften waren die siebziger und achtziger Jahre eine Zeit der Bereinigung (Divestment). Erfolglose und schwer regierbare Beteiligungen und Tochtergesellschaften wurden liquidiert, an andere verkauft, vom Einzelmanagement aufgekauft oder in anderer Weise abgestoßen. In zu vielen Fällen haben die großartigen Aussichten, wie sie fünf oder zehn Jahren vorher zu bestehen schienen, einfach nur gezeigt, daß es möglich ist, Geld in einer großen Vielzahl von Industrien zu verlieren.

Fehlende Kontinuität und Vergleichbarkeit

Die Mode der Diversifizierung hat einige andere Schwierigkeiten für den Wertpapieranalysten mit sich gebracht. Wie schon gesagt, können die Ergebnisse der Vergangenheit wenig Wert für die Untersuchung haben, wenn der Betrieb in der

Zukunft völlig anders aussehen wird. Wenn aber die erworbenen Firmen lange bestehen und Finanzinformationen verfügbar sind, kann man dieses Hindernis wenigstens teilweise überwinden, indem man die Zahlen der vergangenen Jahre kombiniert und künstlich eine Performance-Entwicklung für die Vergangenheit konstruiert. (Dies wird allerdings nicht immer möglich sein.) Die Benutzung von Segmentdaten war besonders nützlich, wenn ein Segment einer Gesellschaft von einer anderen gekauft wurde. Auf diese Weise kann man wenigstens ungefähr eine künstliche gemeinsame Vergangenheit konstruieren, auch wenn vollständige Jahresabschlüsse der erwerbenden Gesellschaft fehlen. Ein besonderes Problem der Eingruppierung ergibt sich, wenn eine Gesellschaft die Industriegrenzen so wesentlich überschreitet, daß man sie nicht länger in die einfache Kategorie von „Stahl", „Kaufhäuser" oder in eine andere Gruppe einordnen kann. Sinnvolle Vergleiche mit anderen Gesellschaften in derselben Industrie – ein beliebtes analytisches Werkzeug – werden dann schlicht unmöglich.

Vorsicht vor zeitweiligen Faktoren bei der Ertragskraft

Ein kompetenter Analyst ist immer auf der Hut, ob nicht in den Gewinnen der Vergangenheit Elemente stecken, die sich in der Zukunft nicht fortsetzen werden. Diese sind in ihrer Bedeutung vergleichbar den nicht wiederkehrenden Gewinnen und Verlusten, die der Analyst bei seiner Darstellung der „wirklichen Betriebsergebnisse" in einem bestimmten Jahr ausklammern sollte. Aber von diesen nicht wiederkehrenden Posten im technischen Sinne unterscheiden sie sich, weil diese Transaktionen von dem normalen Betrieb der Gesellschaft ausgesondert werden können und sollen während jene *Diskontinuitäten* und keine außergewöhnlichen Posten darstellen.

Kapitel 30

Projektionen von Gewinnen und Dividenden: Das Konzept der Ertragskraft

Ertragskraft

Zwei Methoden

Das Konzept der Ertragskraft hat einen festen und sehr wichtigen Platz in der Investmenttheorie. Es verbindet eine Vorgeschichte tatsächlicher Gewinne über eine Reihe von Jahren mit einer vernünftigen Erwartung für die Zukunft: Der Erwartung, daß das bisherige Niveau oder der bisherige Trend auch in der Zukunft erreicht werden wird, wenn nicht besondere Entwicklungen dazwischenkommen. Diese Performance kann man in zweierlei Weise messen, erstens als Gewinne je Aktie oder zweitens als Rendite auf das Eigenkapital (Eigenkapitalrentabilität). Genaugenommen kann der Analyst beide Methoden benutzen, um sein Resultat zu überprüfen. Wenn er die Methode der Eigenkapitalrentabilität benutzt, errechnet er zunächst die Gesamtkapitalrentabilität, benutzt dies als Maß für die Performance der Gesellschaft und leitet daraus die Eigenkapitalrentabilität ab. Der hier vorgeschlagene Weg stellt sicher, daß Änderungen in der Kapitalstruktur und bei den Kosten von vorgehendem Kapital in angemessener Weise berücksichtigt werden.

Eine ausreichend lange Vorgeschichte, um Unebenheiten auszugleichen

Welchen Maßstab für die Gewinne man auch wählt, es muß die Vorgeschichte über eine Reihe von Jahren vorliegen. Dies ist aus zwei Gründen wesentlich: Erstens ist eine längere oder wiederholte Performance immer eindrucksvoller als ein einzelnes Ereignis, und zweitens gleichen die Ergebnisse über eine ausreichend lange Periode – entweder als Trend oder als Durchschnitt – die verzerrenden Einflüsse des Konjunkturzyklus oder eines etwaigen Industrie- oder Sektorenzyklus aus.

Eigenkapital- oder Gesamtkapitalrentabilität

Nach unserer Meinung ist die Benutzung eines Durchschnitts über eine Periode fast immer angemessen, wenn es darum geht, die Rentabilität zu analysieren. Bei der

Analyse von Gewinnen je Aktie hängt das vom Einzelfall ab. Wann immer ein Durchschnitt benutzt wird, muß der Analyst unterscheiden zwischen einem Durchschnitt, der einfach das arithmetische Resultat einer Ansammlung einzelner Zahlen ist und einem Durchschnitt, der „normal" oder „modal" zusammengesetzt ist, in dem Sinne, daß die jährlichen Resultate eine klare Tendenz zeigen, sich dem Durchschnitt anzugleichen. Den Unterschied zwischen den beiden Arten von Ertragskraft kann man deutlich an den drei Beispielen in Tafel 30.1 erkennen.

Die Ertragskraft von PSA Inc.

Diese Gesellschaft betreibt die Pacific Southwest Airlines. Die Schwankungsbreite (Variance) der Gewinne je Aktie in den einzelnen Jahren gegenüber dem Durchschnitt der Periode ist so groß und so erratisch, daß der 10-Jahres-Durchschnitt für den Analysten keine praktische Hilfe bedeutet, wenn er das zukünftige *Niveau* der Gewinne vorhersagen will. In einem der zehn Jahre verdiente die Gesellschaft genau den Durchschnitt von 2,23 $ je Aktie, aber in den anderen neun Jahren lagen die Ergebnisse nicht einmal innerhalb von 50 % des Durchschnitts. Bei der Eigenkapitalrentabilität von PSA lagen zwei Jahre dicht am Durchschnitt, aber der Rest war völlig verstreut, und wenn man die Eigenkapitalrentabilität auf den neuesten Buchwert je Aktie bezogen hätte, hätte man damit keine sinnvolle Schätzung der Ertragskraft bekommen. In einem Falle dieser Art muß der Analyst offensichtlich die „direkte Methode" wählen und Geschäftsvolumen und Preise vorhersagen, um Umsatzerlöse und einzelne Zeilen für Aufwendungen zu erhalten und so eine Gewinnschätzung zu bekommen. Selbst dann ist das Ergebnis nur die Schätzung für ein einzelnes Jahr, und nicht die Schätzung für die normale Ertragskraft. Es ist charakteristisch für spekulative Gesellschaften, daß eine normale Ertragskraft kaum geschätzt werden kann.

Ertragskraft von Sierra Pacific Resources

Im Gegensatz zu PSA liegen die Gewinne je Aktie für Sierra Pacific Resources in jedem Jahr dicht am 10-Jahresdurchschnitt von ungefähr 1,80 $. Eine so gleichmäßige Vorgeschichte ist normalerweise eine große Hilfe, wenn man Gewinnprojektionen macht, aber es ist keine unfehlbare Richtschnur für die Zukunft. Man könnte viele andere Beispiele von Versorgungsunternehmen zeigen, die ähnlich aussehen wie Sierra Pacific Resources, aber eine abrupte Abweichung von ihrer anscheinend normalen Ertragskraft aufweisen – gewöhnlich nach unten hin. Die Ursache sind Eingriffe der Aufsichtsbehörden in die Gebühren, übermäßige Kostensteigerungen bei der Konstruktion von Kraftwerken, Aufgabe von Kraftwerken und andere Umstände. Beachten Sie, daß auch die durchschnittliche Eigenkapitalrentabilität von Sierra Pacific Resources für die Berechnung der normalen Ertragskraft vielversprechend aussieht.

Kapitel 30: *Projektionen von Gewinnen und Dividenden<*   593

Tafel 30.1: Vergleich der Gewinne je Aktie und der Eigenkapitalrentabilität für drei Gesellschaften, 1976–1985 (Verluste in Klammern)

	McDonald's Corp.	Sierra Pacific Resources	PSA, Inc.
	Gewinne je Aktie[1]) (in Dollar)		
1985	3,32	1,95	3,88
1984	2,93	2,11	(0,90)
1983	2,55	1,70	(2,95)
1982	2,22	1,82	3,56
1981	1,94	1,48	6,19
1980	1,63	1,56	3,58
1979	1,39	1,96	5,28
1978	1,19	1,83	2,23
1977	1,00	1,90	0,61
1976	0,81	1,69	0,86
10-Jahres-Durchschnitt	1,90	1,80	2,23
	Eigenkapitalrentabilität[1]) (in Prozent)		
1985	20,9	12,5	13,3
1984	21,0	13,9	—[3])
1983	20,8	11,2	—[3])
1982	20,7	12,3	10,1
1981	21,0	9,9	20,4
1980	21,1	10,0	14,2
1979	21,6	12,7	25,3
1978	22,6	12,2	12,9
1977	23,4	13,2	3,8
1976	23,4	12,3	5,5
10-Jahres-Durchschnitt	21,7	12,0	13,2[2])

[1]) Außergewöhnliche Posten ausgelassen.
[2]) Durchschnitt der 8 Jahre mit Gewinn.
[3]) Keine sinnvolle Zahl verfügbar

Quelle: Jährliche Geschäftsberichte.

Ertragskraft von McDonald's Corp.

McDonald's ist ein interessantes Beispiel für eine andere Möglichkeit, wie durchschnittliche Erträge je Aktie ein irreführender Indikator für die Ertragskraft sein können. Zwar verdiente McDonald's in der Mitte der 10-Jahres-Periode ungefähr

1,90 $, aber die Gewinne zu Beginn und Ende der Periode waren von diesem Durchschnitt recht weit entfernt. Offenbar sind die Gewinne der Gesellschaft laufend gewachsen, und der Analyst würde dazu neigen, viel mehr Gewicht auf die neueren Jahre als auf den Durchschnitt zu legen. Angesichts der Stabilität der Wachstumsrate und der Gewinne um die Trendlinie könnte man leicht dahin argumentieren, die Ergebnisse des letzten bekannten Jahres als beste Schätzung für die Ertragskraft anzunehmen.

Eine Untersuchung der Eigenkapitalrentabilität mag jedoch nützlicher für die Schätzung der Ertragskraft sein. Die Eigenkapitalrentabilität der Gesellschaft hat beständig dicht beim Durchschnitt gelegen, aber der Analyst würde den leicht nach unten gerichteten Trend nicht übersehen können. Zu Beginn der Periode lag die Eigenkapitalrentabilität bei über 23 % und in den letzten Jahren etwas unter 21 %. Wenn der Analyst die Eigenkapitalrentabilität benutzte (zweite Methode), würde er diesen Trend beachten. Für das geschätzte, im Durchschnitt tätige Eigenkapital während des Jahres 1986 würde er einen Buchwert von 18,50 $ zugrunde legen, diesen mit einer Eigenkapitalrentabilität von 20,5 % multiplizieren und so auf eine Gewinnschätzung von 3,79 $ kommen. Dieser Betrag könnte entweder als Gewinnschätzung *für* 1986 angesehen werden oder als Schätzung für einen Punkt, nämlich als normalisierte Ertragskraft der Gesellschaft Mitte 1986. Es ist interessant, daß der Value Line Investment Survey in seiner Ausgabe vom 4. Juli 1986 für dieses Jahr die Gewinne je Aktie auf 3,80 $ schätzte. Wir möchten hoffen, unser McDonald's Beispiel führt den Leser nicht zu der irrigen Annahme, daß man die normale Ertragskraft im wirklichen Leben in so einfacher, mechanischer Weise festlegen kann. Selbst für eine hervorragende Wachstumsgesellschaft mit einer Entwicklung wie der von McDonald's muß die gesamte Vergangenheit und alle von außen auf die Gesellschaft einwirkenden bekannten Tatsachen bei der Projektion von Gewinnen berücksichtigt werden.[1]) In einigen wenigen Fällen werden sie den Analysten nicht zu weiteren Anpassungen veranlassen, aber in den meisten Fällen wird das so sein.

Im Falle von McDonald's muß das schnelle Wachstum der amerikanischen Fast-Food Industrie (Imbißgaststätten) berücksichtigt werden. Sicherlich muß man davon ausgehen, daß alle Beteiligten versuchten, zunächst die besten Standorte auszusuchen, so daß die weiteren Standorte immer weniger günstig sein werden. Irgendwo muß die Sättigung beginnen, wenn die hohen Gewinne der ersten erfolgreichen Teilnehmer mehr und mehr Wettbewerb anlocken. Änderungen in der Fremdfinanzierung der Gesellschaft legen nahe, daß man der Gesamtkapitalrentabilität mehr Aufmerksamkeit als der Eigenkapitalrentabilität zuwenden sollte. Die steigende Auszahlungsrate der Gesellschaft ist ein Signal für möglicherweise verringerte Wachstumsgelegenheiten und würde die Aufmerksamkeit des Analysten auf sich ziehen.

---

[1]) A. Briloff „You Deserve a Break – McDonald's Burgers are more palatable than its Accounts", Barrons' 8. Juli 1974, S. 5

Kapitel 30: *Projektionen von Gewinnen und Dividenden<*

Tafel 30.2: Schwankungen der Gewinne je Aktie (Verluste in Klammern)

	Caterpillar Inc. ($)	Enterra Corporation ($)
1985	2,11	(0,73)
1984	(2,60)	(1,29)
1983	(3,12)	(1,94)
1982	(2,04)	3,17
1981	6,64	5,78
1980	6,53	3,28
1979	5,69	2,42
1978	6,56	2,34
1977	5,16	1,74
1976	4,45	1,37
1975	4,65	1,13
1974	2,67	0,73
1973	2,88	0,51
1972	2,41	0,34
1971	1,50	0,27

Hinweis: Außergewöhnliche und nicht wiederkehrende Posten wurden ausgeschlossen.

Ergänzung der quantitativen Analyse durch qualitative Überlegungen.

Wenn man eine Gewinnentwicklung untersucht, muß man an ein wichtiges Prinzip der Wertpapieranalyse denken: *Quantitative Daten sind nur in dem Umfange nützlich, als sie durch eine qualitative Betrachtung des Unternehmens bestätigt werden.*

In fast allen Fällen wird eine lange Vorgeschichte gleichbleibender Gewinne unter verschiedenen wirtschaftlichen Bedingungen als gutes Indiz dafür angesehen werden können, daß das Unternehmen innerlich stabil ist. Eine Untersuchung der Natur des Unternehmens wird normalerweise die qualitativen Faktoren zeigen, auf denen eine solche Stabilität beruht. Es gibt aber eine Reihe von Ausnahmen. Zwei Beispiele, für Caterpillar Inc, und Enterra Corp., finden sich in Tafel 30.2.

Die Gewinne von Caterpillar Inc.

Vor 1982 hat Caterpillar eine lange Vorgeschichte von ständigem Wachstum und weitgehender Unabhängigkeit von Konjunkturzyklen, die die Gesellschaft zu einem beliebten „Blue Chip" für Institutionen machte. Das flacher werdende Gewinnwachstums und die folgenden Defizite waren teilweise die Folge von Problemen mit der Arbeiterschaft, aber hauptsächlich Auswirkungen des starken Dollar, der die Wettbewerbskraft der Gesellschaft auf den Weltmärkten zerstörte.

Die Gewinne von Enterra Corp.

Die Entwicklung bei Enterra wird hier gezeigt, um die Plötzlichkeit zu zeigen, mit der eine lange und anhaltende Wachstumsentwicklung umgekehrt werden kann – oft ohne jede Warnung oder doch mit nur geringen Anzeichen von schlechtem Wetter, die durch die liebliche Vergangenheit verdeckt werden.

Trends im Vergleich zu Durchschnitten von Gewinnen

Es ist unsere Überzeugung, daß es bei Aktien von Investmentqualität im allgemeinen eine *ständige* Wachstumsrate gibt. Dieses Wachstum kann man mit 7½ % im Jahr schätzen, und es beruht auf den Faktoren, die wir in Kapitel 32 in Verbindung mit unserer Bewertung der Börse insgesamt erörtern werden. Wir bevorzugen daher eine Trendmethode, wenn es um die Projektion von Gewinnen je Aktie für die typische Industriegesellschaft geht. Beachten Sie dazu zwei Punkte: In den früheren Auflagen dieses Buches haben wir vorgeschlagen, erstens, daß der Analyst *Durchschnitte* für die Gewinne je Aktie benutzt, wenn es darum geht, Perioden der *Vergangenheit* als Indikatoren für zukünftige Gewinne zu benutzen; und zweitens stellten wir die Regel auf: Der Analyst dürfe keine Zahl je Aktie benutzen, die höher liege als eine schon erreichte. Diese Auffassung beruhte auf niedrigeren Inflationszahlen und niedrigeren historischen Wachstumsraten der Gewinne je Aktie, als sie in den neueren Dekaden der Erfahrung entsprechen. Die Weigerung, einen aufwärts gerichteten Trend bei den Gewinnen zu projizieren, kann außerdem den Investor dazu zwingen, beiseitezustehen und seine Kapitalien über ausgedehnte Perioden nicht zu investieren, wenn die Gesamtbörse bei ihrem Kursniveau zukünftige Gewinnerwartungen zugrunde legt, die die vorhergehenden Höchstgewinne übertreffen.

Durchschnitte für die Vergangenheit, Trends für die Zukunft

Wenn wir hier die Trendmethode befürworten, schlagen wir damit nicht vor, die Benutzung von Durchschnitten völlig aufzugeben. Ein einfacher Durchschnitt läßt einen möglicherweise bedeutsamen Trend bei den Gewinnen je Aktie unberücksichtigt, aber dies heißt nicht, daß eine Wachstumswirtschaft die Benutzung von Durchschnitten obsolet werden läßt. Wir glauben, daß der Leser überrascht wäre über die große Zahl von Gesellschaften, deren Gewinne je Aktie – hauptsächlich als Ergebnis von zyklischen Schwankungen – für eine Behandlung mit einem Trend nicht gut geeignet sind. In diesen Fällen kann ein Vergleich von Durchschnittswerten für ausgesuchte Zeiträume ein besseres Werkzeug sein als traditionelle Trendlinien, wenn man zu Wachstumsraten und Gewinnprojektionen gelangen will.

Auswahl einer geeigneten Periode

Gleichgültig, ob es sich um Durchschnitte oder Trendlinien handelt, wird das Ergebnis stark durch den Zeitraum beeinflußt, aus dem die Daten entnommen werden. Das Problem ergibt sich teilweise aus der Beweglichkeit (Volatility) von

Gewinnen. Die Hereinnahme oder der Ausschluß eines besonders guten oder schlechten Jahres kann erheblichen Einfluß auf den Durchschnitt der Periode haben, wenn diese nicht extrem lang ist. Und wenn man die Trendmethode benutzt, sind die Anfangs- und Endjahre von äußerster Wichtigkeit. Dabei ist gleichgültig, ob die Berechnung nur auf diese beiden Jahre bezogen wird oder ob eine Regression vorgenommen wird, um einen statistischen Trend zu bekommen. Als Beispiel mag die Wachstumsrate der Gewinne für den Value Line Industrial Composite für die Zeit 1972 bis Ende 1981 dienen. Wenn man nur die Anfangs- und Endjahre benutzt, beträgt die Wachstumsrate 11,5 %. Wenn man dieselbe Berechnung für die Jahre 1973–1982 durchführt, also die Periode nur um 1 Jahr vorwärts verschiebt, beträgt die Wachstumsrate nur 4,8 %. Wenn ein Analyst den Trend durch lineare Regression anstatt durch Anfangs- und Endpunkte mißt, hätte er eine Wachstumsrate von 13,9 % für die Periode 1972–1981 und 12,1 % für die Periode 1973–1982 gefunden.[2]) Durch das Beispiel wird die Überlegenheit der statistischen Regression für Auffindung von Trendlinien demonstriert, aber selbst die besten statistischen Methoden können nicht den Einfluß des gewählten Zeitraumes vermeiden. Beispielsweise lagen die Gewinne für den Value Line Industrial Composite 1982 leicht unter denen von 1978, und wenn man die Periode 1978–1982 gewählt hätte, hätte man ohne Rücksicht auf die Methode eine negative Wachstumsrate für die Gewinne erhalten. Dieser Rückgang hatte nichts mit der *langfristigen* Wachstumsrate der Gesellschaftsgewinne zu tun, sondern damit, wo sich die Wirtschaft zu Beginn und Ende der untersuchten Periode im Konjunkturzyklus befand. Denken Sie daran, daß Gewinne für einzelne Gesellschaften noch sehr viel beweglicher sind als die für einen Index. Daher ist die Aufgabe, das Wachstum zu messen, erheblich schwieriger.

Beherrschender Einfluß des Konjunkturzyklus auf die kurzfristigen Trends

Es ist klar, daß ein Trend über eine kurze Zeitspanne wahrscheinlich durch den Konjunkturzyklus oder in manchen Fällen durch den Industriezyklus beherrscht wird. Deswegen ist es zur Zeit üblich, längere Perioden, etwa 10 oder 15 Jahre, für eine Trendanalyse zu benutzen. Selbst für diese langen Zeiträume bleiben die ausgesuchten Enddaten äußerst wichtig. Je länger die ausgesuchte Periode, desto wahrscheinlicher ist es im übrigen, daß die Anfangsjahre für die augenblickliche Situation nicht mehr länger von Bedeutung sind.[3])

---

[2]) Genaugenommen ist eine logarithmisch-lineare Regression theoretisch zu bevorzugen, aber für Zeiträume bis zu zehn Jahren ist der Unterschied in den berechneten Wachstumsraten gering.

[3]) In den frühen sechziger Jahren wurde ein Gewinnwachstum für eine Periode von nur 5 Jahren allgemein als ausreichend angesehen, um das Unternehmen als Wachstumsgesellschaft einzustufen. Das galt vor allem im Falle von neu angebotenen Aktien kleiner Gesellschaften. (Eine Anzeige über eine dreiviertel Seite in einer bekannten Tageszeitung des Ostens trug die Überschrift „Unsere Investmentmethode für Wachstumsaktien" und erklärte: „Wir projizieren Gewinne auf der Basis eines historischen Trends über drei bis vier Jahre".)

Gefahren der Überbetonung von Trends

Wenn Bewertungen auf Grund von Trendprojektionen der Gewinne je Aktie erfolgen, unterliegen sie keinen mathematischen Beschränkungen und können daher leicht zu Übertreibungen führen. Allzu häufig erweist sich ein vorgeschlagener Trend – besonders wenn er ausgeprägt ist – als irreführend, und der Fehler wird dann noch kostspieliger, weil die Schlußfolgerungen in bezug auf den Wert so sehr auf der Trendprojektion und so wenig auf der vergangenen Ertragskraft aufgebaut waren. Für Wachstumsgesellschaften ist der Trend als Maß für die zukünftige Ertragskraft äußerst verlockend – und um so verheerender sind die Folgen, wenn der Trend versagt, weil sowohl die Gewinne als auch der Multiplikator die Erwartungen nicht erfüllen.

Konflikt zwischen Durchschnitt und Trend

Es gibt in der Tat einen grundsätzlichen Konflikt zwischen den beiden Konzepten, zwischen Durchschnitt und Trend, wenn man sie auf die Vorgeschichte der Gewinne anwendet. Im vereinfachten Beispiel in Tafel 30.3 kann man sehen, daß zwar alle Firmen *dieselben Gewinne* im laufenden Jahr hatten. Die Gesellschaft A hatte jedoch einen ausgesprochenen Aufwärtstrend und im Verhältnis zu den augenblicklichen Gewinnen einen niedrigen 7-Jahres-Durchschnitt. Im Gegensatz dazu hatte die Gesellschaft C einen Abwärtstrend und einen 7-Jahres-Durchschnitt, der viel höher lag als die Zahl für die gegenwärtigen Gewinne. Gesellschaft B mit konstanten Gewinnen je Aktie – ein horizontaler Trend – lag zwischen den beiden anderen Gesellschaften. Diese hypothetischen Zahlen zeigen zwei wichtige Tatsachen:

1. Je besser der Gewinntrend je Aktie für eine Gesellschaft aussieht, umso niedriger wird der Durchschnitt der Periode im Verhältnis zu den gegenwärtigen Gewinne sein.
2. Je schlechter der Trend ist, umso höher wird der Durchschnitt im Verhältnis zu den gegenwärtigen Gewinnen sein.

Tafel 30.3: Gewinne je Aktie in aufeinanderfolgenden Jahren

Gesellschaft	Jahr 1	Jahr 2	Jahr 3	Jahr 4	Jahr 5	Jahr 6	Jahr 7 (laufendes Jahr)	Durchschnitt von 7 Jahren	Trend
A	1,00 $	1,35 $	1,85 $	2,50 $	3,30 $	4,50 $	6,00 $	2,95 $	[1]
B	6,00 $	6,00 $	6,00 $	6,00 $	6,00 $	6,00 $	6,00 $	6,00 $	[2]
C	11,00 $	10,00 $	9,00 $	8,00 $	7,20 $	6,50 $	6,00 $	8,25 $	[3]

[1] hervorragend
[2] enttäuschend
[3] schlecht

Durch das Vorstehende ergibt sich eine wichtige Frage in bezug auf die theoretische und praktische Interpretation von längerfristigen Gewinndaten. Ist nicht der Trend zumindest so wichtig für die Zukunft wie der Durchschnitt? Oder konkret, wenn es um die Beurteilung der wahrscheinlichen Performance der Gesellschaften A und C über die nächsten 5 Jahre geht: Würde der Analyst nicht mehr Grund haben, im Sinne eines Trends, als im Sinne von Durchschnittswerten aus der Vergangenheit zu denken – ein Wachstum von ungefähr 35 % im Jahr für A und ein Rückgang von ungefähr 10% für C? Die zukünftige Entwicklung der Gewinne bei A würde man in anderen Worten mit 8,09 $, 10,90 $, 14,70 $, 19,81 $ und 26,71 $ annehmen und nicht mit dem 7-Jahresdurchschnitt von 2,95 $. Und C's Gewinne würde man mit 5,42 $, 4,90 $, 4,43 $, 4,01 $ und 3,62 $ erwarten und nicht mit dem 7-Jahresdurchschnitt von beinahe 8,25 $.

Die Antwort für das Problem ergibt sich nicht so sehr aus formalen Überlegungen oder der Logik, sondern aus dem gesunden Menschenverstand. Der günstige Trend der Gesellschaft A muß sicherlich berücksichtigt werden, aber nicht dadurch, daß einfach mechanisch eine Wachstumsrate von 35 % in die ferne Zukunft projiziert wird. Man muß sich im Gegenteil daran erinnern, daß die normalen Wirtschaftskräfte gegen eine unbegrenzte Fortsetzung von ungewöhnlich schnellem Wachstum arbeiten. Denken Sie daran, daß vergangene *Gewinniveaus* quantitative Informationen darstellen, aber die vergangene *Entwicklung von Gewinnwachstum* sowohl quantitativen als auch qualitativen Charakter hat. Die Existenz von Wachstum ändert zugleich das Umfeld für zukünftiges Wachstum. Wettbewerb, Staatseingriffe, das Gesetz der abnehmenden Erträge usw. sind mächtige Feinde einer unbegrenzten Expansion. Und die entsprechenden umgekehrten Elemente wirken – wenn auch in geringerem Umfange – dahin, einen fortgesetzten Rückgang aufzuhalten. Anstatt also die Aufrechterhaltung eines starken Aufwärtstrends als sicher anzunehmen – wozu die Aktienbörse oft neigt – muß der Analyst die Angelegenheit mit Vorsicht angehen. Er muß versuchen, die Gründe für die überlegene Entwicklung herauszufinden und die spezifischen Elemente von Stärke in der Position der Gesellschaft gegen die allgemeinen Hindernisse für fortgesetztes schnelles Wachstum abwägen.

Geld wird durch unpopuläre Meinungen verdient

Wo in der Vorgeschichte ein Trend existiert, weiß jeder etwas davon, der an der Gesellschaft ein Interesse hat. Soweit die Börse naive Extrapolationen vornimmt, ist der Trend im Kurs völlig berücksichtigt. Wenn der Investor erstens eine Fortsetzung des Trends erwartet und zweitens weiß, daß die anderen an der Aktie interessierten Investoren dieselbe Meinung haben, ergibt sich für ihn keine ungewöhnliche Verdienstmöglichkeit, selbst wenn er mit dem Trend Recht hat. Die Aktie ist wahrscheinlich angemessen bewertet, aber nur, wenn der Trend sich fortsetzt. *Erhöhte Gewinne werden nicht dadurch gemacht, daß man angemessen bewertete Aktien kauft*, sondern indem man Aktien erheblich unter dem inneren Wert der Gesellschaft erwirbt. Im allgemeinen wird der Investor dann kaufen, wenn er anderer Ansicht ist, als die gerade populäre Meinung. Die Börse ist der Auffassung, daß die Aktie angemessen bewertet ist oder sie würde diesen Kurs ändern. Ein Investor kauft die Aktie, weil er glaubt, daß sie unterbewertet ist – eine unpopuläre Ansicht. Für Aktien, deren Kurse erheblich durch Trends – nach oben oder unten – beeinflußt sind, ist eine entgegengesetzte Meinung im allgemeinen die, daß der Trend kurz vor der Wende steht. Den beginnenden Wechsel eher als die übrige Börse zu entdecken und in Übereinstimmung mit seiner Überzeugung vom Wechsel prompt zu handeln, sind die kritischen Schritte, um aus falsch bewerteten Aktien Gewinne zu ziehen.

Die Entdeckung einer Änderung

Weil die Entdeckung von Änderungen ein Schlüsselelement bei der Wertpapieranalyse ist, verwendet der Analyst einen großen Teil seiner Zeit darauf, über die Änderungen und ihre Ursachen nachzudenken. Einige wichtige Fragen sind:

– Wie lange kann dies noch weitergehen?
– Welche Faktoren werden höchstwahrscheinlich zu einer Trendänderung führen?
– Wie sieht jeder einzelne dieser Faktoren genau aus?
– Auf welche Anzeichen einer Änderung sollte man achten?
– Wo kann man Anzeichen dafür finden, daß ein kausaler Faktor oder ein kausales Ereignis ins Spiel kommt?

Anzeichen durch Änderungen in Kennzahlen

Kapitel 20 befaßte sich mit Kennzahlanalyse, aber ohne eine Erörterung dieses Gesichtspunktes (des Wechsels). Die erste Reaktion vieler geht dahin, daß die Kennzahlanalyse nichts weiter als eine langweilige arithmetische Schreibarbeit ist, und in den alten Tagen waren Rechenschieber und Bleistift die beruflichen Insignien des Analysten. Wenn die Analysten es auf sich nahmen, die mühselige Arbeit zu verrichten, die man jetzt so schnell auf einem kleinen Computer erledigen kann, gab es dafür einen Grund: Die Kennzahlanalyse läßt die beginnende Änderung klar hervortreten, sobald sich die Zahlen anfangen zu ändern. Die Disziplin, die nötig ist, um Kennzahlen, Trends und Durchschnitte zu berechnen, zwingt den Analysten, Fragen in bezug auf sich entwickelnde Änderungen zu stellen.

Durch die Erfahrung lernt der Analyst, wie Gesellschaften und Menschen unter den Bedingungen des Wechsels reagieren. Wenn eine Gesellschaft über Dekaden mit 20 % im Jahr gewachsen ist und ihre Wachstumsrate dann allmählich zu sinken beginnt, ist es typisch, daß das Management nicht ganz glaubt, was es sieht. Es versucht, das Absinken irgendwie auszugleichen; vielleicht kratzt es hier und dort einige Aufwendungen weg wie Forschung und Entwicklung, Trainingsprogramme oder Werbung. Ein Ausgleich kann auch durch Änderung bei der Buchführung erreicht werden, indem die Gesellschaft allmählich ihre Buchführungstechniken immer großzügiger gestaltet, um die Gewinne auf der Trendlinie zu halten. Wenn

Kapitel 30: *Projektionen von Gewinnen und Dividenden<*

die Buchführungsmöglichkeiten zu Ende sind, mögen vielleicht besonders geplante Transaktionen vorkommen, die eine zeitliche Vorverschiebung des Gewinnausweises bringen. Es ist bemerkenswert, wie oft die Kennzahlanalyse solche aufeinanderfolgenden Entwicklungen aufzeigt. Die Umsätze nach Einheiten wachsen nicht mehr mit 20 %, sondern fallen auf 18 % oder 15 % Wachstum zurück, aber die berichteten Gewinne bleiben auf der 20-%-Spur. Um das zu erreichen, muß sich irgendetwas in den Zahlen ändern – vielleicht nimmt die Abschreibungsrate ab, weil die Gesellschaft für ihre Anlagen eine längere Nutzungsdauer angenommen hat oder irgendein anderer Aufwand ist willkürlich verringert worden, um der Gewinnspanne nachzuhelfen. Die Gesellschaft wird für eine Weile noch auf ihrem Wachstumskurs bleiben können, aber offensichtlich sinkt die Qualität der Gewinne ständig. Die Kennzahlen werden den Analysten mit Hinweisen überschütten.

Wachstumsaktien

Regeln für die Projektion von schnellem Wachstum

Wenn eine Untersuchung der qualitativen Umstände zu einem günstigen Urteil über die Fortsetzung eines Wachstumstrends führt – wie das oft der Fall ist – sollte der Analyst dennoch einen möglichlicherweise ungerechtfertigten Enthusiasmus dämpfen. In dieser Hinsicht haben wir drei Vorschläge:

1. Eine projizierte hohe Wachstumsrate für Gewinne sollte nicht die Wachstumsrate überschreiten, die das Unternehmen schon erreicht hat – wobei man die Jahre von ungewöhnlichen und gewöhnlichen Gewinnen berücksichtigen muß. Wir schlagen diese Begrenzung vor, weil nach unserer Meinung Investmentwerte nur in bezug gesetzt werden können zu bewiesener Performance. Es dürfen also weder eine nur *erwartete* höhere Zuwachsrate als Basis für die Projektion von Wachstum genommen werden, noch selbst die Ergebnisse der Vergangenheit, wenn diese Ergebnisse unter Bedingungen von außergewöhnlicher Wirtschaftskonjunktur erzielt wurden. Wie wir in diesem Kapitel schon ausführten, wird der Gewinntrend typischerweise aus einer relativ kurzen Periode abgeleitet, und wenn die Ergebnisse für ein einzelnes Jahr außergewöhnlich gut oder außergewöhnlich schlecht sind, können sie die Zahlen verzerren. Der Analyst sucht entweder den Trend aus jenen Gewinnzahlen zu entwickeln, die er als besonders repräsentativ für die Ertragskraft der Gesellschaft hält oder ihn unabhängig davon durch eine Schätzung der zukünftigen Aussichten zu ermitteln.
2. Wir schlagen vor, daß die Projektionen für Wachstum auf sieben Jahre beschränkt werden und für die Bewertung auf die normale Ertragskraft am zeitlichen Mittelpunkt abgestellt wird – das vierte Jahr. Andere Projektionen sind natürlich geeignet, wenn es sich nicht um die Bewertung handelt.

3. Außerdem schlagen wir als sehr wichtig vor, daß die angenommene Wachstumsrate, wenn nicht ganz besondere Umstände vorliegen, *nicht über 20 % im Jahr liegen sollte.*

Beachten Sie, daß eine Zinseszinsrate von 20 % mehr als eine Verdoppelung der Gewinne in vier Jahren und einen Zuwachs von 258 % über sieben Jahre bedeutet. Das gesamte Wachstum für die vier Jahre übertrifft drei mal das Wachstum, das sich aus der Anwendung unserer konservativen Rate von 7½ % für das allgemeine Wachstum der Gewinne je Aktie für Industriegesellschaften ergibt (siehe Kapitel 32). Schließlich zeigt eine Prüfung des Gewinnwachstums je Aktie von mehr als 800 Aktien im Value Line Investment Survey, daß über die fünf Jahre, die im Geschäftsjahr 1985 endeten, nur 8% Wachstumsraten von 20 % oder mehr hatten. Davon hatten nur ungefähr die Hälfte ein solches Wachstum über die letzten zehn Jahre. Eine Anzahl der Gesellschaften, die eine durchschnittliche Wachstumsrate von 20 % für die zehn Jahre hatten, erreichten das höchste Wachstum in den ersten fünf Jahren und lagen während der zweiten fünf Jahre unter 20 %. Die meisten Gesellschaften, die 20 % Wachstum über zwei folgende 5-Jahres-Perioden erreichten, waren kleine Gesellschaften der Hochtechnologie. Die Gewinnentwicklung der einzelnen Gesellschaften zeigte in vielen Fällen, daß die Ursache der günstigen Wachstumsrate eine Erholung der Gewinne von einem tief nach unten abgesunkenen Niveau war und nicht echte Wachstumseigenschaft.[4])

Begrenzung des Gewinnmultiplikators für Wachstumsgesellschaften

In der vorigen Auflage dieses Buches schlugen wir vor, den höchsten Multiplikator für die projizierte Ertragskraft in vier Jahren bei ungefähr dem 20fachen zu belassen, wenn die Bewertung im Investmentbereich gehalten werden sollte. Der Zusammenbruch der Kurse von Wachstumsaktien Anfang der siebziger Jahre beweist, daß eine solche Begrenzung den Investor unter Umständen nicht davor schützt, für Wachstumsaktien zu viel zu zahlen. Der Hauptfehler der Formel bestand darin, daß sie nicht nur vier Jahre schnellen Wachstums zuließ, sondern auch eine Prämie auf den Multiplikator, die auf jenes Wachstum gestützt war.

Betrachten wir eine andere Entscheidungsregel dahingehend, daß man nicht mehr als das Doppelte eines für die Gesamtbörse angemessenen Multiplikators für die

---

[4]) Ähnliche Untersuchungen in der vierten Auflage dieses Buches zeigten einen wesentlich kleineren Prozentsatz von Gesellschaften, die eine 20%ige jährliche Wachstumsrate während der fünfziger Jahre erreichten. Aber die Gewinne in jenen Tagen waren noch nicht durch die Inflation in dem Maße beschleunigt worden wie in der Dekade, die 1985 endete. Der Anteil der Aktien, die unsere maximale Wachstumsrate noch übersteigen, scheint jedenfalls sehr klein zu sein.

augenblickliche Ertragskraft zahlen sollte. Dieser *Börsenmultiplikator* bezieht sich auf die Börse insgesamt oder beispielsweise den S&P 500. In Kapitel 32, wo wir die Bewertung der Gesamtbörse erörtern, wird ein Kurs-/Gewinn-Multiplikator von 12,3 entwickelt. Wenn wir die Regel des doppelten Multiplikators für die Gesamtbörse auf die Gesellschaft A, die Wachstumsgesellschaft in Tafel 30.3, anwenden, würde der Höchstkurs 2 mal 12,3 mal 6 $ (der laufende Gewinn) sein, das heißt 147,60 $. Die Investmentwertgrenze nach der vierten Auflage betrug 20 mal die Gewinne in vier Jahren. Wenn man eine 20%ige Wachstumsrate annahm, hätte diese Begrenzung einen Kurs von sechs Dollar $\times (1{,}20)^4 \times 20$, das heißt 248,80 $ erlaubt. Eine Begrenzung, die an den Multiplikator der Gesamtbörse, multipliziert mit den augenblickliche Gewinnen gebunden ist, kann also sicherlich den Enthusiasmus für Wachstumsaktien mäßigen – aber ist zweimal eine angemessene Begrenzung? Vielleicht führt uns die Erörterung der spekulativen Komponente der Wachstumsaktien weiter.

Investment und Spekulation

Wenn man Investment dahin definiert, daß nur für die nachgewiesene Entwicklung gezahlt wird und Spekulation als jeden Betrag, der darüber hinaus zugestanden wird, dann würde selbst eine Verdoppelung des allgemeinen Börsenmultiplikators mehr als 50 % Spekulation in den Kurs einschließen können. Das folgt daraus, daß unser 12,3facher Multiplikator für die Gesamtbörse bereits auf einer 7,5%igen Wachstumsannahme für die durchschnittliche Aktie beruht.

Wenn eine Gesellschaft in der Vergangenheit 6 $ verdient hat, erscheint es durchaus vernünftig, daß dieses Gewinn-Niveau von 6 $ einigen oder sogar erheblichen Einfluß auf die Schätzung des Analysten für die Ertragskraft hat. Eine Wiederholung der Gewinne hängt nur davon ab, daß die Umstände so günstig sind, wie sie in der Vergangenheit waren. In dem Umfange, wie die angenommene gegenwärtige Ertragskraft auf Informationen aus der Finanz-Geschichte einer Gesellschaft gestützt wird, ist sie als „machbar" erwiesen. Denn unter bestimmten Umständen in der Vergangenheit wurde sie in der Tat realisiert. Bedenken Sie, daß die 6 $ Gewinne des Analysten das sind, was nach Ausklammern von ungewöhnlichen und nicht wiederkehrenden Effekten übrigblieb. Es ist also kein Wunder erforderlich, um tatsächliche Gewinne zu erzielen, die der Schätzung des Analysten über die normale Ertragskraft entsprechen. Den Kursanteil einer Aktie, der auf den Ergebnissen der Vergangenheit beruht, kann man als die *Investmentkomponente* betrachten. Die Zahlung für alles, was darüber hinaus geht, ist die *spekulative* Komponente; sie hängt ab von der Fähigkeit der Gesellschaft:

– mehr Einheiten zu produzieren und zu verkaufen
– sie zu höheren Preisen je Einheit zu verkaufen
– sie an Kunden zu verkaufen, die in der Vergangenheit noch nicht gekauft haben
– die Kosten je Einheit unter das bisherige Niveau zu drücken
– erfolgreiche neue Produkte zu entwickeln

Kurz gesagt, die spekulative Komponente hängt davon ab, daß die Gesellschaft neue Fähigkeiten entwickelt, Dinge zu tun, die sie bisher nicht getan hat. Dieser Teil ist auf Projektion, Vermutung, Extrapolation, Hoffnungen und selbst Träume gestützt.

Eine zweite Komponente des spekulativen Risikos liegt in dem Multiplikator, der für *zukünftige Gewinne* angewandt wird. Wenn ein Spitzen-Multiplikator von beispielsweise dem 20fachen auf die projizierten Gewinne in vier Jahren angewandt wird, bezieht sich dieser Multiplikator auf Erwartungen, die vier Jahre in der Zukunft liegen. Sie besagt zum Beispiel, daß von jetzt an in vier Jahren die Börse glauben wird, daß die dann *folgende* Periode fortgesetztes Wachstum mit einer hohen Rate haben wird – hoch genug, um in jenem zukünftigen Jahr das 20fache der dann gegenwärtigen Ertragskraft für jenes Jahr zu rechtfertigen. Andernfalls wird die Aktie zu einem Kurs gehandelt werden, der unter dem heute angenommenen „gerechtfertigten" Kurs liegt!

Was ist die angemessene Beziehung zwischen einem Multiplikator für die Investmentkomponente und dem Multiplikator, der der offensichtlich stärker risikobeladenen spekulativen Komponente angepaßt ist? Wenn der spekulative Aspekt doppelt so riskant wie der Investmentteil ist, könnte man sagen, daß man nur halb so viel dafür zahlen sollte. Eine Aktie, die zur Hälfte aus Investment und zur Hälfte aus Spekulation besteht, würde dann zu einem Kurslimit von möglicherweise anderthalb mal dem Börsenmultiplikator führen, bezogen auf die augenblickliche Ertragskraft.

Anders ausgedrückt: Wenn sich sowohl die Schätzung für das Gewinnwachstums als auch für den erhöhten Multiplikator als falsch herausstellt, bleibt dem Investor nur der erwiesene Investmentwert als wahrscheinlicher Börsenkurs. Der Verlust wird die spekulative Komponente sein, die wir hoffentlich auf nicht mehr als ein Drittel des in die Aktie investierten Kapitals beschränken können. Vielleicht hatte die Gesellschaft sogar Gewinne aus der Zukunft „geliehen", indem sie eine liberale Buchführungspraxis anwandte und Transaktionen durchführte, die dem beschleunigten Gewinneingang dienten. Dann mag auch ein Teil des angenommenen Investmentwertes nicht bestehen, und der Verlust kann sogar noch größer sein. In solchen Fällen besteht kein Sicherheitsrahmen. Im Gegenteil: Wenn eine große spekulative Komponente besteht, besteht ein übermäßig großer *Risikorahmen* und kein Sicherheitsrahmen.

Unser Vorschlag für eine Begrenzung des Multiplikators bei Wachstumsaktien

Der Zusammenbruch 1973/74 für Kurse von Wachstumsaktien zeigt, daß wir eine engere Begrenzungsregel brauchen als „zwanzig mal die normalen Gewinne in vier Jahren": Unsere Empfehlung heute geht dahin, *den Multiplikator für die gegenwärtigen Gewinne einer Wachstumsaktie auf das Anderthalbfache des Börsenmultiplikator zu begrenzen*. Wenn man den in Kapitel 32 entwickelten Vervielfacher von 12,3 benutzt, heißt es, daß die augenblickliche Grenze bei ungefähr 18½ mal das augenblickliche normale Gewinn-Niveau liegt. Wir sind uns darüber klar, daß fast alle Wachstumsaktien diesen Test heute nicht bestehen würden. Der Leser mag mit unserer empfohlenen Formel nicht übereinstimmen, aber vielleicht doch mit uns der Meinung sein, daß irgendeine willkürliche Begrenzung erforderlich ist.

Wir finden uns damit ab, daß unsere bemooste konservative Haltung in der Tat den Investor aus vielen Wachstumsaktien heraushalten wird, in denen andere riesige Gewinne machen werden. Wir glauben, daß es in Wall Street wenig Genies gibt, aber daß die meisten Wertpapieranalysten genügend gesunden Menschenverstand haben. Die Prinzipien und Techniken in diesem Buch erfordern nur Sorgfalt und gesunden Menschenverstand und wenden sich gegen Investmentabenteuer, die entweder Geistesblitze eines Genius' oder sehr viel gutes Glück voraussetzen.

Aktien im Abwärtstrend

Haltung des Analysten, wenn der Trend nach unten geht

Wo der Trend eindeutig nach unten geht, wie im Falle der Gesellschaft C, wird der Analyst diesem ungünstigen Faktor großes Gewicht beimessen. Er wird nicht annehmen, daß die Kurve wieder nach oben drehen *muß* und er kann auch nicht den Durchschnittswert aus der Vergangenheit – der viel höher als die augenblickliche Zahl ist – als normalen Index für zukünftige Gewinne nehmen. Andererseits sollte der Analyst in gleicher Weise vorsichtig mit irgendwelchen eiligen Schlußfolgerungen sein, etwa dahingehend, daß:

– die Aussichten der Gesellschaft hoffnungslos sind
– die Gewinne mit Sicherheit völlig verschwinden werden
– die Aktie daher keine Aussichten und keinen Wert hat

Hier wiederum ist eine Untersuchung der qualitativen Situation der Gesellschaft und ihrer Aussichten wesentlich. Der Analyst muß eine Meinung dazu entwickeln, ob die Aktie zu *irgendeinem Kurs*, der natürlich verhältnismäßig niedrig liegt, nicht doch trotz des nach unten gerichteten Gewinntrends eine gute Gelegenheit bietet. Wieder muß der Analyst wie ein vernünftiger Geschäftsmann denken, der das Für und Wider irgendeines privaten Unternehmens prüft.

Ein wenig Ertragskraft muß in Sicht sein

Die Auffassung des Analysten sollte ähnlich der eines Geschäftsmanagers sein, der eine Akquisition überlegt. Bedenken Sie jedoch, daß der Manager direkte Kontrolle über die Vermögenswerte und Verbindlichkeiten haben wird und daher in der Lage ist, die Gesellschaft umzustrukturieren, um ihren Wert zu erhöhen. Der Analyst ist insoweit hilflos und völlig abhängig davon, daß irgendein Management in der Zukunft den Abwärtstrend aufhält und das Steuer der Gesellschaft herumwirft. Unter diesen Umständen ist immer die erste Frage die, ob die Gesellschaft überleben wird. Diese Frage ist dringlich, wenn die Gesellschaft bereits Verluste ausweist. In diesem Falle muß man zunächst klären, ob sie ihrer Natur nach zeitweilig sind, wie etwa Verluste von Betrieben, die inzwischen eingestellt sind oder in Kürze eingestellt werden. Es sollte etwas zugrunde liegende Ertragskraft vorhanden sein, wenn die Gesellschaft einen Platz in einem Investmentportfolio haben soll. Das heißt, es sollten einige rentable Betriebe vorhanden sein, die vom Rest der Gesellschaft getrennt werden und weiterhin positive Ergebnisse produzieren könnten. Sonst handelt es sich um eine reine Spekulation, die nur auf Grund von Vermutungen beurteilt werden kann.

Positiver Betriebs-Cash-flow nach Schuldendienst

Der zweite Aspekt der Überlebensfähigkeit ist die Frage, ob in ausreichendem Maße ein positiver Betriebs-Cash-flow besteht, um zumindest die bald fälligen Verpflichtungen gegenüber Gläubigern zu bedienen, kurzfristige Schulden zu bezahlen, Zinsen, Mieten usw. Man muß eine sorgfältige Analyse von Schutzklauseln in den Wertpapieren und besonderen Vereinbarungen in Darlehensvereinbarungen der Gesellschaft vornehmen, um zu sehen, ob die Gefahr einer Zahlungsunfähigkeit (default) besteht.

Vermögenswerte – die Basis für einen Umschwung

Wenn der Analyst überzeugt ist, daß die Gesellschaft überleben wird, ist die nächste wichtige Frage: „Sind Elemente vorhanden, die die Grundlage für einen Umschwung bei der Gesellschaft abgeben können?" Solche Elemente sind oft ein starkes Nettoumlaufvermögen, wertvolle Fabriken und Anlagen, die man verkaufen oder liquidieren kann, LIFO-Reserven, verborgene Vermögenswerte wie überhöhtes Pensionsvermögen und ähnliches. Es ist auch wichtig, diese Werte mit einem bestimmten Betrieb in Verbindung zu bringen. Denn wenig oder gar nicht rentable Betriebe müssen daraufhin geprüft werden, ob man sie abstoßen kann, um Vermögenswerte für Schuldenrückzahlung, Wiederinvestment in andere Aktivitäten und ähnliche Zwecke zu erhalten.

Die Gründe für den Niedergang

Ein drittes Gebiet wichtiger Informationen ist eine Liste der Gründe, die zum Niedergang der Gesellschaft geführt haben. Hier ist zu fragen:
– Bestehen diese Ereignisse oder Faktoren weiterhin?
– Wann werden sie ihr Ende finden?
– Kann man sie kontrollieren?

Normalerweise wird die Untersuchung den Analysten davon überzeugen, daß die Risiken zu groß sind und daß man die im Krebsgang befindliche Gesellschaft vermeiden sollte. In einer kleinen Anzahl von Fällen wird er jedoch feststellen, daß an der Gesellschaft wenig auszusetzen ist, das sich im Laufe der Zeit nicht korrigieren ließe. Das Problem mag einfach daran liegen, daß ein schläfriges Management schlechte Arbeit für ein im Grunde gesundes und rentables Unternehmen leistet. Die Gesellschaft mag finanziell stark und reich an Vermögenswerten sein; lediglich einige unrentable Tochtergesellschaften müßten verkauft und die Kosten in einigen anderen Betrieben oder Beteiligungen besser unter Kontrolle gebracht werden. Wenn man Zutrauen haben kann, daß ein gewisses Niveau von Ertragskraft besteht, daß der Kurs billig ist und eine anständige Dividende gezahlt werden wird, während der Investor die endgültige Wende abwartet, kann die Situation potentiell recht lohnenswert sein. Die Glamour-Wachstumsaktie hat das Risiko einer Enttäuschung bei den Gewinnen *und* bei dem Kurs-Multiplikator – die gut ausgesuchte Gesellschaft mit einer mittelmäßigen Vorgeschichte hat das Potential einer erheblichen Verbesserung der Gewinne *und* einer Verbesserung des Multiplikators. Eine diversifizierte Liste solcher Gesellschaften in einem Portfolio kann die Performance erheblich verbessern – für den geduldigen Investor, der nicht sofortige Erfolge erwartet.

Defizite – qualitativ, nicht quantitativ

Wenn eine Gesellschaft für das Jahr ein Defizit ausweist, ist es üblich, den Betrag in Dollar je Aktie oder in bezug auf die Zinserfordernisse zu berechnen. 1983 beispielsweise erlitt Armco Steel einen Nettoverlust nach Steuern in Höhe von 672,5 Millionen Dollar oder 10,27 $ je Aktie. Es hieß, die Gesellschaft habe die Zinsen auf ihre langfristigen Schulden „3,6 mal negativ verdient". Solche Zahlen für sich selbst haben keine quantitative Bedeutung und ihr Wert, wenn man einen Durchschnitt oder einen Trend bilden will, kann oft sehr in Frage gestellt werden.

Wir wollen annehmen, daß die Gesellschaft X im letzten Jahr 5 $ je Aktie verlor, und die Gesellschaft Y 7 $ je Aktie. Beide notieren zu 25. Ist dies irgendeine Art von Hinweis, daß die Aktien der Gesellschaft X gegenüber der Gesellschaft Y zu bevorzugen seien? Offensichtlich nicht. Sonst würde es bedeuten, daß die Aktien umso wertvoller wären, je mehr davon ausgegeben wären. Wenn die Gesellschaft Y zwei Aktien für eine ausgibt, halbierte sich der Verlust auf 3,50 $ je Aktie, und unter der soeben gemachten Annahme wäre jede Aktie mehr wert als die alte. Dasselbe Argument gilt übrigens auch für die Zinsen auf Obligationen. Angenommen, die Gesellschaft X und Y verloren jede eine Million Dollar, aber X hat vier Millionen und Y 10 Millionen Dollar 5%iger Obligationen ausstehen. Die Gesellschaft X hätte dann ihre Zinsen „5 mal negativ verdient", und die Gesellschaft Y hätte ihre Zinsen „2 mal negativ verdient". Diese Zahlen sollten nicht als irgendeine Art von Indiz konstruiert werden, daß die Obligationen der Gesellschaft X weniger sicher seien als die der Gesellschaft Y. Denn wenn es so wäre, hieße es, daß, je kleiner die Verbindlichkeit, um so schlechter ihre Stellung – eine offensichtliche Absurdität.

Im allgemeinen muß ein Durchschnitt von Gewinnen aus der Vergangenheit sowohl die Verlust- als auch Gewinnzahlen enthalten, aber der Voraussagewert eines Durchschnitts, der auch Defizitzahlen enthält, ist notwendigerweise geringer als in anderen Fällen. Das ist so, weil ein Durchschnitt eher als zufällige, denn als beschreibende Zahl angesehen werden muß, wenn seine einzelnen Zahlen weit auseinanderliegen.

Intuition

Wenn nichts Gegenteiliges vorliegt, benutzen wir die Vergangenheit zumindest als Ausgangspunkt für die Beurteilung der Zukunft, aber der Analyst muß wachsam sein, ob er irgendwelche Indizien für das Gegenteil findet. Hier müssen wir zwischen Vision oder Intuition auf der einen Seite und normalem, gesundem Nachdenken auf der anderen unterscheiden. Die Fähigkeit, die zukünftige Entwicklung zu sehen, ist von unschätzbarem Wert, aber man kann nicht erwarten, daß sie zum Rüstzeug des Analysten gehört. (Mit einer solchen Fähigkeit brauchte man keine Analyse.) Vom Analysten kann man nur jenes bescheidene Maß an Voraussicht erwarten, wie sie sich aus der Logik und aus Erfahrung und intelligentem Nachdenken ergibt. Man konnte nicht erwarten, daß der Wertpapieranalyst rechtzeitig die Bildung des OPEC Ölkartells vorhersagte, den Aufstieg des Islamischen Fundamentalismus, den Krieg zwischen Iran und Irak und viele der anderen Faktoren, die weltweit so großen Einfluß auf die Energiepreise gehabt haben. Ebensowenig soll man vom Analysten erwarten, daß er weit im voraus die dramatische Änderung in der Beschäftigungsstruktur vorhersagte, die aus der zunehmenden Tätigkeit von Frauen herrührt oder die Wechselkursänderungen, die so sehr die Handelsbilanz des Landes beeinflußt haben. Wenn natürlich solche Entwicklungen erkennbar werden, muß der Analyst sie berücksichtigen und aus ihnen in vernünftigen Grenzen Schlußfolgerungen ziehen. Analytische Begründung in bezug auf die Zukunft kann nur gründlich sein, nicht prophetisch.

Intertype Corporation – eine wenig eindrucksvolle Vorgeschichte von Gewinnen

Die folgenden Beispiele (aus der dritten und vierten Auflage dieses Buches) werden hier als Illustration einer genauen Aktienbewertung gebracht, die zur Zeit ihrer Auswahl aktuell war und nicht rückwirkend gemacht wurde.

Beispiel: Die Aktien von Intertype Corp. wurden von März bis Juli 1939 zu 8 $ je Aktie gehandelt. Diese alte etablierte Gesellschaft war eine der führenden Gesellschaften in einer relativ kleinen Industrie (Setzmaschinen für Druckereien). Damals waren ihre neuesten Gewinne nicht sehr günstig ausgefallen, und es bestand auch kein besonderer Grund, für die nähere Zukunft besonders optimistische

Kapitel 30: *Projektionen von Gewinnen und Dividenden<*

Tafel 30.4: Intertype Corporation

Jahr	Gewinne je Aktie (in Dollar)	gezahlte Dividende (in Dollar)	Kursspanne
1938	0,57	0,45	12¾– 8
1937	1,41	0,80	26¼– 9
1936	1,42	0,75	22¾–15
1935	0,75	0,40	16 – 6⅛
1934	0,21	—	10 – 5⅝
1933	0,77 d	—	11¼– 1⅞
1932	1,82 d	—	7 – 2½
1931	0,56	1,00	18½– 4⅝
1930	1,46	2,00	32 –12
1929	3,05	1,75	38⅞–17
Durchschnitt			
1934–1938	0,87		
1929–1938	0,68		
d = Defizit			

Erwartungen zu hegen. Die Bilanz war jedoch beeindruckend, denn sie zeigte ein Nettoumlaufvermögen („Umlaufvermögensüberschuß") für die Aktie in Höhe von fast 20 $ je Aktie.[4a] Eine 10jährige Übersicht über Gewinne, Dividenden und Aktienkurse findet sich in Tafel 30.4.

Die meisten Analysten hätten diese Vorgeschichte als unattraktiv angesehen, weil die Gewinne sehr schwankend waren und keinen günstigen Trend aufwiesen. Aber die wesentliche Frage war, ob man damit rechnen konnte, daß die Gesellschaft weiter tätig bleiben und ungefähr zum selben Niveau wie zuvor in guten und schlechten Zeiten arbeiten würde. Die Industrie, die starke Stellung der Gesellschaft darin und ihre starke finanzielle Position sprachen eindeutig dafür. Die Schlußfolgerung war: Die Aktien konnten bei 8 $ mit einem nur sehr geringen Risiko eines völligen Verlustes gekauft werden und alles sprach dafür, daß der Wert der Aktie sich verdoppeln würde, sobald wieder günstige Geschäftsbedingungen herrschten. (In den fünf Jahren vor 1939 war die Aktie in drei Jahren und in den zehn Jahren vor 1939 in sechs Jahren zwischen zwei bis vier mal so hoch wie im Juli 1939 gehandelt worden.)

[4a] Anmerkung des Übersetzers: In der amerikanischen Ausgabe ist die Rede von „Net Current Assets available for the Stock" und später von „Working Capital". Vermutlich ist damit der „Umlaufvermögensüberschuß" im Sinne der besonderen Terminologie der Autoren gemeint, vgl. oben Kap. 19 zu Anm. [1a]).

Diese Art von analytischer Beweisführung legt nicht das Schwergewicht darauf, zukünftige Trends genau vorherzusagen, sondern kommt nur zu der allgemeinen Schlußfolgerung, daß die Gesellschaft weiterhin in etwa so arbeiten wird wie vorher. Wall Street bezweifelt, daß man eine solche Annahme auf Gesellschaften anwenden kann, die einen irregulären Trend aufweisen. Dort neigt man zu der Auffassung, daß es ebenso schwer und risikoreich ist, eine Schlußfolgerung dieser Art zu ziehen als zu entscheiden, daß eine wachsende Gesellschaft auch weiterhin wachsen wird. Aber nach unserer Meinung hat die Art der Argumentation im Falle Intertype zwei entschiedene Vorteile gegenüber der übliche Auffassung. Diese bevorzugte damals (1939) eine Gesellschaft wie Coca Cola zum Kurse von 142 (24 mal die letzten Gewinne und 35 mal ihren Buchwert), weil diese Gesellschaft ihre Gewinne über mehr als 15 Jahre buchstäblich ununterbrochen ausgedehnt hatte.

Ergebnis

Die vierte Auflage zeigte, daß die Wahl von Intertype erfolgreich gewesen wäre. Die vergleichsweisen Ergebnisse werden in Tafel 30.5 wiedergegeben und stützen sich auf folgende Tatsachen:

1. Intertype wurde 1939 bei 8 $ und Coca Cola bei 142 $ gekauft
2. Gratis-Aktien (Stock Dividends und Splits) wurden gehalten
3. Beide Werte wurden zum Schlußkurs am 31. 12. 1959 verkauft

Der Ertrag auf das Investment von 8 $ in Intertype hätte über 20 Jahre 19,9 % im Jahr betragen (unter Berücksichtigung des Zinseszinses), verglichen mit 4,1 % für Coca Cola. Ein realistischeres Szenario ist, daß man Intertype verkauft hätte, als die Aktie sich vervierfacht hatte (1946). Ein Verkauf zum Durchschnittspreise von 1946 hätte (mit Zinseszins) einen jährlichen Ertrag von 29,2 % erbracht.

Tafel 30.5: Vergleich der Ergebnisse für Intertype und Coca-Cola

	Harris-Intertype[1])	Coca-Cola
Börsenkurs am 31.12.1959 (Dollar)	98 $[2])	150 $
Einstandskosten	8 $	142 $
Realisierte Kurssteigerung	90 $	8 $
Gesamte Bardividenden	35 $	102 $
Gesamtertrag	125 $	110 $

[1]) Intertype wurde 1957 mit der Harris-Seybold Company verschmolzen; 6 Aktien Intertype wurden für 5 Aktien von Harris-Seybold getauscht.
[2]) Nach Anpassung für Gratisaktien und Stockdividends.

Kapitel 30: *Projektionen von Gewinnen und Dividenden<*   611

Das Intertype Beispiel ist in mehrerer Hinsicht klassisch. Die Gewinnentwicklung bei Intertype von 1929–1938 war im wesentlichen ein Spiegelbild von extremen Wirtschaftsbedingungen. Selbst gesunde Gesellschaften hatten am Tiefpunkt der großen Depression Verluste. Kauf von Nettoumlaufvermögen (Working Capital, „Umlaufvermögensüberschuß" s. o. S. 609 [4a])) zu einem Discountpreis ist eine der besten, allerdings seltenen Gelegenheiten; ebenso wünschenswert ist der Kauf einer Aktie zu Kursen, die erheblich unter ihren Höchstkursen in nicht zu ferner Vergangenheit liegen. Der mittelmäßige Ertrag aus Coca Cola beruhte zum Teil darauf, daß man zuviel für eine Wachstumsaktie gezahlt hatte und zum Teil darauf, daß sich das Gewinnwachstum von 1939 bis etwa 1956 nicht fortsetzte.

Verhältnis des Kurses – zu welchen Gewinnen?

Augenblickliche Gewinne als Basis für den Börsenkurs

Wenn wir die Rolle der augenblicklichen Gewinne für die Aktienkurse betrachten, wollen wir keine gründliche Untersuchung über die Aktienkursbildung anstellen, sondern einige allgemeine Gesichtspunkte dazu vortragen. Die augenblicklichen Gewinne spielen weder eine genau definierbare noch eine gleichbleibende Rolle für die Aktienkurse. Das heißt, daß die Aktienbörse den augenblicklichen Gewinnen nicht immer dasselbe Gewicht zumißt. (Das soll nicht heißen, daß die Börse es tun sollte. Die augenblicklichen Gewinne sollten im Zusammenhang mit dem gesehen werden, was man als „normal" ansieht.) Die widersprüchlichen Erfahrungen an den Börsen nach dem zweiten Weltkrieg illustrieren diesen Punkt gut.

Das durchschnittliche Kurs-/Gewinnverhältnis während der vierziger Jahre lag in der Nähe des 12fachen der Gewinne, aber 1949 war es so sehr gefallen, daß es unter dem 8fachen der Gewinne lag. Der Durchschnitt in den fünfziger Jahren war ungefähr derselbe, aber die Zahlen spannten sich von weniger als dem 7fachen der Gewinne bis zu dem über 20fachen. Von etwa 1958–1972 lag der Börsendurchschnitt bei ungefähr dem 17fachen der Gewinne, aber hatte in jedem Jahr einen Rahmen, der oft über 20 lag und das 15fache berührte. In der Periode 1974 bis 1984 lagen die Kurs-/Gewinnverhältnisse meistens unter 10 und 1979 sogar unter dem 7fachen der Gewinne. Nach einem Tiefpunkt der Börse im Jahre 1982 stiegen die Kurs-/Gewinnverhältnisse im Rahmen einer größeren Börsenbewegung bis Mitte 1987 auf ein Niveau um 15.

Gegenwart und Zukunft

Wenn die historischen Zahlen des Kurs-/Gewinnverhältnisses überhaupt Bedeutung haben, besteht wenig Zweifel, daß *an den Extrempunkten* die Börse durch die augenblicklichen Gewinne wenig, und sehr stark durch Erwartungen der zukünftigen Gewinne beeinflußt ist. Zu anderen Zeiten verharren die Kurs-/Gewinnverhältnisse tendenziell auf einem Plateau mit einer Schwankung von vielleicht plus oder minus 20 % und vermitteln den Eindruck, daß das augenblickliche Niveau der Gewinne als repräsentativ für zukünftige Gewinne angesehen wird.

Wie die verschiedenen Aktienindizes zeigen, werden die augenblicklichen Gewinne im allgemeinen nicht sehr beachtet. Trotzdem haben bei den Kursen für die einzelne Aktie die Ankündigung der augenblicklichen Gewinne und Änderungen in den laufenden Aussichten oft erhebliche Fluktuationen zur Folge. Die Aktivitäten der Wall Street-Analysten dienen daher zu einem erheblichen Teil dem Bemühen, kurzfristige Änderungen bei den Gewinnen vorherzusagen; das zeigen die Veröffentlichungen von Finanzdiensten und die Berichte von Brokerhäusern. Viele ihrer Schlußfolgerungen, daß einzelne Aktien (ausgenommen Wachstumsaktien) teuer oder billig seien, beruhen offenbar auf einer Kapitalisierung der Gewinne und Dividenden, die in den nächsten zwölf Monaten oder so erwartet werden. Das ist eine Anerkennung der Tatsache, daß *Ankündigungen* der neuesten Gewinne die Aktienkurse doch beeinflussen – zumindest auf kurze Sicht.

Die Auswirkung einer solchen Ankündigung der Gewinne auf den Wert ist wahrscheinlich unbedeutend, wenn nicht die Gewinnankündigung zugleich einen Wechsel in den Aussichten für die Zukunft signalisiert. Der Investor, der sich am langfristigen Wert orientiert, ist sich darüber klar, daß der Kauf einer Aktie den Erwerb von vorhandenen Vermögenswerten und Verbindlichkeiten bedeutet, unabhängig davon, woher sie kamen oder wann sie erworben wurden. Da man die Vergangenheit nicht ändern kann, spielt sie in der Kaufentscheidung keine Rolle. Worauf es in der Kaufentscheidung ankommt, sind die zukünftigen Gewinne, die der Investor durch den Kauf der Aktie erhalten wird. Es ist die Fähigkeit der vorhandenen Vermögenswerte und Verbindlichkeiten, zukünftige Gewinne zu produzieren, die den Wert der Kapitalposition bestimmt.

Der Unterschied zwischen Kurs und Wert wird lebendiger, sobald der Analyst versteht, daß Ereignisse wie Gewinnankündigungen den Kurs kurzfristig beeinflussen können, ohne den zugrunde liegenden Wert um einen Cent zu verändern.

Zyklische und zeitweilige Gewinne

Für einzelne Aktien haben die laufenden Gewinne nur einen bescheidenen Börseneinfluß. Das ist so, wenn die Gewinne durch zeitweilige Faktoren übermäßig gedrückt worden sind, wie etwa durch einen langen Streik oder eine tiefe Rezession. Aus diesem Grunde findet man oft zyklische Gesellschaften, die zu Kurs-/Gewinnverhältnissen gehandelt werden, die selbst für die beste Wachstumsgesellschaft hoch wären. Wenn also beispielsweise in der Vorstellung der Börse ein Gewinn von 2 $ je Aktie verankert ist und die Gewinne vorübergehend auf 0,10 $ je Aktie fallen, kann das Ergebnis leicht ein Kurs-/Gewinnverhältnis von 100 sein. Wenn die extrem niedrigen Gewinne das Ergebnis vorübergehender Geschäftsbedingungen sind, fährt

Kapitel 30: *Projektionen von Gewinnen und Dividenden<* 613

der Investor wahrscheinlich gut, wenn er eine zyklische Gesellschaft kauft, obwohl ihr Kurs-/Gewinnverhältnis im Verhältnis zu den laufenden Gewinnen hoch ist, aber niedrig im Verhältnis zu den normalen Gewinnen. Er kann dann die Aktie verkaufen, wenn die Gewinne ansteigen und das Kurs-/Gewinnverhältnis niedrig ist.

Saisonale Gewinneinflüsse

Denken Sie daran, daß im Verlauf des Jahres das Denken der Börse durch die Gewinne aus verschiedenen Jahren beeinflußt sein kann. Im Januar kann die Börse noch stark durch ihre Schätzungen für das volle vergangene Jahr beeinflußt sein, während die Schätzung für das laufende Jahr nur bescheidenen Einfluß hat. In der Mitte des Jahres mag die Schätzung für das laufende Jahr im Vordergrund stehen, aber auch die Erwartungen für das folgende Jahr, und andererseits die tatsächlichen Ergebnisse des vorigen Jahres, werden etwas Einfluß haben. Zum Ende des Jahres hin wird das vorhergehende Jahr keine Bedeutung mehr haben. Das laufende Jahr mag den größten Einfluß haben, und die Schätzungen für das folgende Jahr nehmen in ihrem Einfluß zu. Manche Investmentorganisationen haben versucht, eine Betrachtungsweise für Gewinne über 3 Jahre einzuführen und berechnen Gewichtungsfaktoren auf einer jahreszeitlichen Basis, um die „normale" Verhaltensweise von Kurs-/Gewinnverhältnissen zu finden. Solche Untersuchungen haben einen offenbar jahreszeitlichen Einfluß gezeigt, aber die jeweiligen jahreszeitlichen Gewichte scheinen nicht stabil zu sein. Vielleicht liegt es daran, daß die Börse gelegentlich bereit ist, die Zukunft viele Jahre im voraus zu projizieren, während ihr zu anderen Zeiten die Überzeugung zu fehlen scheint, Schätzungen mehr als 12 Monate im voraus aufzustellen.

Vorwegnahme von Kursbewegungen und Investieren aufgrund des Wertes

Es scheint zumindest zwei Investmentstile zu geben, die auf verschiedenen Ansichten über die laufenden oder unmittelbar vorhersehbaren Gewinne beruhen. Manche Investoren stellen fest, daß die Kurse der einzelnen Aktien auf Berichte über die laufenden Gewinne und kurzfristige Gewinnschätzungen reagieren. Sie betrachten solche Informationen als das hauptsächliche Ziel ihrer Tätigkeit und den hauptsächlichen Grund zum Kauf und Verkauf von Aktien. Diese Art von Investment erfordert einen sehr kurzen Zeithorizont, schnellen Portfolioumschlag und hohe Kommissionskosten. Eine solche Handelsstrategie erfordert große Genauigkeit der Schätzungen, schnelle Information und die Fähigkeit, sofort zu handeln.

Im Gegensatz dazu legt das Investieren aufgrund von innerem Wert nur geringe Betonung auf die kurzfristigen Aussichten und konzentriert sich auf die fundamentalen Faktoren, die die langfristigen Trends und Niveaus für Gewinne und Dividenden beeinflussen. Ob ein neuer Bericht oder eine neue Schätzung über die Gewinne eine Änderung im Wert zur Folge hat, ist einfach eine analytische Frage. Die Aktienkursbewegungen als Folge von kurzfristigen Gewinnentwicklungen werden normalerweise als gute Gelegenheit angesehen, unterbewertete Aktien zu kaufen oder überbewertete zu verkaufen.

Berufsmäßige Wertpapieranalysten müssen zwischen diesen beiden Methoden wählen – eine Wahl von entscheidender Bedeutung für ihre Laufbahn. Wir empfehlen stark die langfristige Methode, die auf Wert beruht; sie ist bei weitem die gesündere und ertragreichere von beiden.

Dividendenprojektionen

Die Schätzung zu erwartender Dividenden hängt normalerweise eng mit der Projektion von Gewinnen zusammen. Dies erklärt das Paradox, daß die Aufmerksamkeit des Analysten wahrscheinlich viel mehr auf die Faktoren der Ertragskraft konzentriert ist, während für die meisten Gesellschaften die Dividendenzahlung im Grunde wichtiger als der Gewinn sein mag. Gewinne sind die Komponente mit der größten Schwankungsbreite im Cash-flow und dieser ist der beherrschende Faktor für die Dividendenentscheidung. Bei der getrennten Untersuchung der Dividendenfrage wird sich der Analyst durch die bisherige Auszahlungspolitik der Gesellschaft leiten lassen, durch ihre finanzielle Position, die Mittel, die für die Finanzierung des beabsichtigten Wachstums benötigt werden und durch ausreichende Berücksichtigung von neuen Bedingungen für die Gesellschaft.

Ein subtiler, aber äußerst wichtiger Punkt ist die Tatsache, daß Dividenden oft durch den kurzfristig verfügbaren Cash-flow bestimmt werden und eine bessere Korrelation zwischen Dividenden und Cash-flow als zwischen Dividenden und Gewinnen besteht. Die am besten brauchbare Auszahlungsrate ist daher der Prozentsatz des Cash-flow[4b], der als Dividende gezahlt wird. Über längere Zeiträume jedoch, zum Beispiel fünf oder zehn Jahre, müssen die Dividenden mit den echten Gewinnen in Zusammenhang gebracht werden. Wenn die Dividenden die echten Gewinne übersteigen, liquidiert die Gesellschaft einen Teil ihres Eigenkapitals. Wenn diese Politik fortgesetzt wird, muß die Gesellschaft letztlich ihren Betrieb einstellen. Infolge dieses scheinbaren Widerspruchs wird der Analyst die Dividenden eines einzelnen Jahres aufgrund seiner Projektion des Cash-flow vorhersagen, aber er wird die langfristige Beziehung zwischen Dividenden und Gewinnen untersuchen, indem er die Summe der ausgezahlten Dividenden über fünf oder zehn Jahre nimmt und diesen Betrag durch die gesamten Gewinne für diese Periode dividiert. Mit dieser Methode wird er nicht nur die Vergangenheit durchleuchten, sondern auch Erkenntnisse über die Wahrscheinlichkeit seiner Projektionen gewinnen.

Wir hoffen, daß in Zukunft sowohl Management als auch Aktionäre ein besseres Verständnis für die Vorteile einer langfristigen Dividendenpolitik bekommen: Sie sollte im Prinzip an der Ertragskraft und dem inneren Wert des Eigenkapitals

---

[4b] Anmerkung des Übersetzers: Gemeint ist hier und vorher offenbar der Betriebs-Cash-flow nach Steuern, vgl. Fig. 20.4, Kennzahl Nr. 25 und Tafel 21.1 und 2.

orientiert sein und nicht so willkürlich durch die (augenblicklichen) „Erfordernisse des Geschäfts" bestimmt werden. (Eine solche Politik sollte auch den legitimen Erfordernissen des Unternehmens für *große* Beträge von zusätzlichem Kapital gerecht werden, die durch den Verkauf von Wertpapieren finanziert werden und zwar zu befriedigenden Bedingungen.) Für Wachstumsgesellschaften würde eine klar formulierte und beständig verfolgte Dividendenpolitik durch Ausgabe von Gratisaktien (Stock Dividends) genügend Beweglichkeit bei der Auszahlung mit mehr Vertrauen verbinden, und die Aktionäre könnten auf eine gerechtere und günstigere Behandlung zählen.

Zur Zeit jedoch ist die Dividendenpolitik vieler Gesellschaften nicht sehr stark an der vergangenen oder geschätzten zukünftigen Ertragskraft der Gesellschaft orientiert. Infolgedessen ist der Dividendenfaktor ein Wertelement, das unabhängig von den Gewinnen ist, und spielt oft eine größere Rolle bei der Bewertung von Aktien. In den nächsten zwei Kapiteln befassen wir uns mit dem, was man letzten Endes als Problem des Auseinanderklaffens zwischen Gewinnen und Dividenden bezeichnen könnte.

Kapitel 31
Der Dividendenfaktor bei der Aktienbewertung

Die Fähigkeit, Dividenden zu zahlen und die Ertragskraft

Der Ertrag des Investors aus einer Aktie setzt sich zusammen aus der Bardividende, die er im Verlauf seiner Anlage empfängt, plus oder minus Kursänderung zwischen Kauf und Verkauf. Wo die Anlagedauer unbegrenzt ist, besteht der Wert einer Aktie in dem abgezinsten (diskontierten) augenblicklichen Wert ihres voraussichtlichen Dividendenstromes, weil die Aktie nach Voraussetzung nie verkauft wird.[1] Unter dieser Annahme ist der Wert eine Funktion der Fähigkeit der Gesellschaft, Dividenden zu zahlen.

Zukünftige Gewinne sind es jedoch, die allgemein als der langfristig bestimmende Faktor angesehen werden, der die Gesellschaft zur Zahlung zukünftiger Dividenden befähigt. Diese Verbindung zwischen Gewinnen und Dividenden erlaubt es, den Wert als Funktion der zukünftigen Ertragskraft anzusehen. Das hat zu Kontroversen über die jeweilige Bedeutung von Gewinnen und Dividenden als Quelle des Wertes geführt. Es hat auch zwei verschiedene Arten von Bewertungsmodellen zur Folge gehabt: Dividendenabzinsungsmodelle (Dividend Discount Model) und Gewinnkapitalisierungsmodelle bzw. Kurs-/Gewinnverhältnis-Modelle (Earnings Capitalisation Model- bzw. Price-Earnings Ratio Model). Für uns sind die beiden Schätzungen von zukünftiger Ertragskraft und zukünftiger Fähigkeit, Dividenden zu zahlen, nicht unterscheidbar. Man kann das eine nicht ohne das andere richtig schätzen. Gewinne sind die Quellen von Dividenden, und die Dividendenauszahlungsrate (bzw. die Einbehaltungsrate von Gewinnen) muß bei der Vorhersage des Wachstums einer Gesellschaft berücksichtigt werden. Daher müssen Bewertung und Voraussage der Fähigkeit einer Gesellschaft zur Dividendenzahlung ein wesentlicher Bestandteil einer sorgfältigen und gründlichen Schätzung der Ertragskraft einer Gesellschaft sein. Dementsprechend kann sowohl das eine als auch das andere der

---

[1] Wenn die Aktie am Ende einer kürzeren Periode, N, verkauft werden soll, wird der Verkaufspreis dann der auf jenen Zeitpunkt abgezinste Gegenwartswert der dann noch verbleibenden Dividenden sein (vom Jahr N+1 bis unendlich). Das gibt denselben gesamten Gegenwartswert wie das „ewige Modell". Daher wird das ewige Modell meistens benutzt, wenn nicht der Investor bestimmte Vorstellungen über Änderungen der Abzinsungsrate im Jahre N hat.

beiden grundsätzlichen Modelle benutzt werden. Der Wertpapieranalyst muß sowohl Gewinne als auch Dividenden vorhersagen, auch wenn seine Organisation nur ein Dividendendiskontierungsmodell zur Bewertung von Aktien benutzt.

Dividenden und die Auszahlungsrate

Eine Diskussion der Dividendenpolitik der Gesellschaft liefert den richtigen Ausgangspunkt und die Perspektive für die Untersuchung der Dividenden und der Auszahlungsrate (Ausschüttungsquote) vom Standpunkt des Investors aus.

Dividendenpolitik der Gesellschaft

Investoren haben nie erwartet, daß eine Gesellschaft den vollen Betrag ihrer Gewinne auszahlt. Es wird als gesunde Gesellschaftspolitik und daher im Interesse der Aktionäre liegend angesehen, einen nennenswerten Teil der Gewinne eines Durchschnittsjahres einzubehalten. Diese Beträge dienen als Schutzpolster und für konstruktive Zwecke, zum Beispiel 1. zur Stärkung von Liquidität und Kapitalposition – das heißt, des Verhältnisses von Umlaufvermögen zu kurzfristigen Verbindlichkeiten und des Eigenkapitals zu den Schulden, 2. zur Modernisierung der Produktion im Interesse größerer Effizienz, 3. für Expansion und neue Produkte, 4. zum Aufbau einer Notreserve für „Regentage" und um die Dividende in Jahren geringer Gewinne aufrecht zu erhalten. Diese gemischte Liste für sich gibt keinen

Tafel 31.1: Auszahlungsraten für die Aktien im Standard and Poor's Composite Index für Fünf-Jahresspannen, 1936–1985

Periode	Prozent
1936–1940	71
1941–1945	64
1946–1950	52
1951–1955	55
1956–1960	56
1961–1965	57
1966–1970	55
1971–1975	46
1976–1980	41
1981–1985	49

Quelle: Zusammengestellt aus Standard & Poor's Statistical Service, Security Price Index Record, New York 1986, S. 118–121.

Hinweis darauf, welcher Anteil der Gewinne einer bestimmten Gesellschaft den Aktionären vorenthalten werden sollte.

Tafel 31.1 gibt Zahlen darüber, wie sich die Auszahlungspraxis über die 50 Jahre von 1936–1985 entwickelte. In der Periode 1936–1945 betrug der Durchschnitt ungefähr ⅔ Auszahlung und ⅓ Einbehaltung. Dieses Verhältnis entsprach der historischen Erfahrung vor der schweren Depression der dreißiger Jahre. (Der Durchschnitt 1871–1930 betrug 64 %.) In der Periode 1946–1970 drückte der Kapitalbedarf für die Ausdehnung der Gesellschaften, verstärkt durch Preisinflation, die Dividendenauszahlungen auf eine Spanne von 50–60 %. Als Ergebnis der verstärkten Inflation, die bis vor kurzem anhielt, lag die Auszahlungsrate von 1971 an im Rahmen von 40–50 %. Die echten Gewinne – im Sinne der Aufrechterhaltung der Produktionskapazität – waren infolge der Inflation aufgebläht. Offensichtlich ist die historische Auszahlungsrate von ⅔ der Gewinne nicht mehr üblich, und ein viel tieferer „normaler" Standard hat sich während dieser Inflationsperiode eingebürgert.

Argumente für großzügige Dividenden

Alsbald werden wir uns mit Konzepten befassen, die eine geringe Auszahlungsrate für besonders erfolgreiche und schnell wachsende Gesellschaften empfehlen. Aber zunächst wollen wir die Gründe untersuchen, warum der Investor großzügige Dividenden bevorzugt. Diese Bevorzugung beruht nicht nur auf der natürlichen Freude an hohen Dividendenschecks und der praktischen Ansicht, daß eine Gesellschaft dazu da ist, Gewinne zu machen und entsprechende Dividenden an ihre Aktionäre zu zahlen. Die Notwendigkeit, daß Gesellschaften ihre Fähigkeit zur Dividendenzahlung beweisen müssen, ist auch ein Wertfaktor. Da Dividenden so viel weniger schwanken als Aktienkurse, wissen die Investoren, daß eine große Dividendenkomponente am gesamten Investmentertrag zu einer geringeren Schwankungsbreite ihrer Aktien führen wird. Je geringer die Schwankungsbreite, desto höher wird die Ertragskraft an der Börse bewertet, wenn die übrigen Faktoren gleich sind. Der Wertpapieranalyst muß die Voreingenommenheit der Investoren, wie sie sich auch an der Börse selbst ausdrückt, bei der Bewertung des Dividendenfaktors berücksichtigen. Er sollte dabei allerdings auch nicht vergessen, daß diese irrationale Voreingenommenheit der Investoren zu einem falschen Kurs des Wertpapiers führen kann, die Chancen bietet.

Einbehaltene Gewinne sind nicht mit Sicherheit verfügbar

Außerdem hat – ein negatives Argument – lange Erfahrung den Investor gelehrt, die angeblichen Vorteile zu bezweifeln, die ihm von den einbehaltenen und wieder investierten Gewinnen zuwachsen sollen. In vielen Fällen hat eine große Kapitalansammlung weder einen vergleichbaren Zuwachs bei den Gewinnen und Dividenden gebracht, noch die Fortsetzung des vorher erreichten Dividendensatzes gesichert. Dieser wichtige Gesichtspunkt kann durch Beispiele aus der Stahl- und Raumfahrt-/Verteidigungsindustrie illustriert werden.

1. Beispiel: Armco Inc. Die fehlende Beziehung zwischen einbehaltenen Gewinnen und späteren Dividenden wird gut verdeutlicht durch Zahlen für die fünftgrößte Stahlgesellschaft des Landes für die 20 Jahre von 1962–1981:

Jahresüberschuß (verfügbar für Stammaktien)	2 370 500 000 $
gezahlte Bardividenden	1 013 200 000 $
nicht verteilte Gewinne	1 357 300 000 $

Die Auszahlungsrate betrug in den 20 Jahren im Durchschnitt 42,7 %, und die einbehaltenen Gewinne hatten sich bis 1981 auf 1,862 Milliarden Dollar angehäuft. Als jedoch im dritten und vierten Quartal 1982 Verluste eintraten, wurde die Dividende von 45 Cent (die für die vorhergehenden 4 Quartale gezahlt worden waren) auf 30 Cent gesenkt. Infolge der fortgesetzten Verluste 1983 und 1984 wurde die Dividende drastisch gekürzt und im dritten Quartal 1984 völlig eingestellt.

2. Beispiel: Fairchild Industries Inc. In den 14 Jahren von 1970–1983 hatte Fairchild insgesamt 18,74 $ Gewinne je Aktie und zahlte daraus Bardividenden von 4,88 $ – eine Auszahlungsrate von 26 %. Die einbehaltenen Gewinne stiegen von 14 auf 194 Millionen Dollar. Vom dritten Quartal 1984 bis Ende des zweiten Quartals 1985 hatte die Gesellschaft einen Verlust. Im dritten Quartal 1985 wurde die Dividende von den seit dem ersten Quartal 1981 gezahlten 20 Cent je Aktie auf 5 Cent gekürzt.

Einbehaltene Gewinne erscheinen nicht im Kurs

Die Tatsache, daß einbehaltene Gewinne oft nicht voll im Kurs reflektiert werden, kann mit den Daten für Brad Ragan in Tafel 31.2 gezeigt werden.[2]) Die Dividendenauszahlung war in beiden 5-Jahres-Perioden äußerst niedrig. Als Folge der niedrigen Auszahlung 1980–1984 erhöhten die einbehaltenen Gewinne den durchschnittlichen Buchwert von 15,65 $ je Aktie (erste 5-Jahres-Periode) auf 19,57 $ je Aktie in der zweiten Periode. Der durchschnittliche Kurs 1980–1984 jedoch betrug nur 12,21 $ oder 62 % des Buchwertes. Für jeden Dollar einbehaltener Gewinne erhielt der Investor bescheidene 0,57 $.[3]) Offenbar wurden im damaligen Börsenklima die einbehaltenen Gewinne bei weitem nicht voll im Börsenkurs reflektiert. Außerdem reichte die Ertragskraft des Unternehmens nicht aus, um die Eigenkapitalrentabilität auf dem früheren hohen Niveau zu halten.

---

[2]) Brad Ragan Inc. ist der größte Runderneuerungsbetrieb für Reifen von Spezialfahrzeugen, die nicht auf der Straße verkehren, sondern im Bergbau, auf dem Bau und bei Erdbewegungen. Die Gesellschaft unterhält Dienstleistungszentren in 25 Einzelstaaten und hat Geschäfte in Nord- und Südkarolina für Reifen, Autozubehör und Haushaltsgeräte.

[3]) Die Änderung im Kurs (2,24 $), dividiert durch die Änderung im Buchwert (3,92 $) zeigt, daß die einbehaltenen Gewinne im Kurse keinen Dollar wert waren: 2,24 $ dividiert durch 3,92 $ = 0,57 $.

Tafel 31.2: Buchwert je Aktie und Kurs für Brad Ragan Inc. – Fünf-Jahresdurchschnitte

Zahlen je Aktie	1975–1979	1980–1984
Gewinne	5,34 $	3,71 $
Dividenden	0,50 $	0,60 $
Auszahlungsrate	9,4 %	16,2 %
Buchwert (Durchschnitt)	15,65 $	19,57 $
Kurs*)	9,97 $	12,21 $
Kurs/Buchwert	0,64×	0,62×
Eigenkapitalrentabilität (Buchwert)	34,1 %	19,0 %
*) Durchschnitt von jährlichen Hoch- und Tiefkursen.		

Quelle: Zusammengestellt aus The Value Line Investment Survey, 27. Sept. 1985, S. 135.

Einbehaltene Gewinne unterliegen dem Risiko

Einbehaltene Gewinne entsprechen einem voll ausgeübten Bezugsrecht aller Aktionäre

Ob diese Form, weiteres Eigenkapital zu beschaffen, für die Investmentposition des Aktionärs vorteilhaft ist, ist durchaus die Frage. Bardividenden sind sicheres Geld, aber einbehaltene Gewinne bleiben dem Risiko unterworfen. Wenn das Ziel der einbehaltenen Gewinne in erster Linie defensiv ist, ist die Einbehaltung eher durch Wettbewerbsdruck erzwungen als durch eine freie Wahl im Hinblick auf vergrößerte Ertragskraft. Die einbehaltenen Gewinne zeigen dann solche Faktoren auf wie unzureichende Abschreibung und Obsoletwerden und sind daher keine echten wirtschaftlichen Gewinne. Sie werden einbehalten, um ein Abbröckeln der Wettbewerbsstellung der Gesellschaft zu verhindern. Man kann deshalb von einem solchen zwangsweisen Re-Investment nicht erwarten, daß damit viel zu dem wirklichen Eigenkapital des Aktionärs hinzugefügt wird. In solchen Fällen würde der Analyst den Schluß ziehen, daß verläßliche Gewinne nur die als Dividenden ausgezahlten Beträge sind; der einbehaltene Anteil sollte nur mit einem erheblichen Abschlag bewertet werden, denn er ist nicht in verläßlicher Weise verfügbar und unterliegt einem Risiko. Im folgenden untersuchen wir die Gründe und Beispiele, die für ein Re-Investment der Gewinne sprechen.

Die Gründe für ein Re-Investment der Gewinne

Für unsere Erörterung wollen wir annehmen, daß eine erfolgreiche Gesellschaft dadurch gekennzeichnet ist, daß sie voraussichtlich eine Rendite auf ihr Eigenkapital verdienen wird, die über der Gewinnrendite, bezogen auf den Kurswert der Aktie, liegt. Dieser Unterschied ist groß genug, um einen durchschnittlichen Börsenkurs

Tafel 31.3: Verhältnis von Börsenkurs zu Buchwert für den S&P 400, 1961–1985

Jahr	Durchschnittskurs (in Dollar)	durchschnittlicher Buchwert (in Dollar)	Verhältnis von durchschnittlichem Kurs zu durchschnittlichem Buchwert
1961	69,99	34,29	2,04
1962	65,54	35,60	1,84
1963	73,39	37,27	1,97
1964	86,19	39,20	2,20
1965	93,48	41,87	2,23
1966	91,08	44,55	2,04
1967	99,18	46,69	2,12
1968	107,50	49,00	2,19
1969	107,10	50,96	2,10
1970	91,29	52,18	1,75
1971	108,40	53,97	2,01
1972	121,80	56,81	2,14
1973	120,50	60,59	1,99
1974	92,91	65,33	1,42
1975	96,54	69,33	1,39
1976	114,50	73,55	1,55
1977	108,40	79,24	1,37
1978	106,20	85,97	1,24
1979	114,80	94,22	1,22
1980	134,50	103,51	1,30
1981	144,20	112,20	1,29
1982	133,60	117,35	1,14
1983	180,56	120,46	1,50
1984	181,26	122,80	1,48
1985	207,78	124,74	1,67
Durchschnitt 1961–1985			1,73
1976–1985			1,38

Quelle: Standard & Poor's Statistical Service, Security Price Index Record, 1986, S. 110, 237; Current Statistics, November 1986, S. 30.

für die Aktie über dem Buchwert zu liefern. Wir wollen außerdem annehmen, daß dieses Ertragsniveau mit einem großen Betrag von wieder investierten Gewinnen aufrechterhalten werden kann. Die logische Folgerung aus diesen Annahmen in bezug auf den Ertrag besteht darin, daß es zum Vorteil des Investors ist, wenn eine solche Gesellschaft *alle* Gewinne wieder investiert, solange, bis die überlegene Grenzinvestmentrendite durch verringerte Erträge verschwindet.

Einbehaltene Gewinne im Börsenkurs reflektiert

Viele wichtige US-Industriegesellschaften sind viele Jahre lang über ihren Buchwerten gehandelt worden, wie sich aus Tafel 31.3 ergibt. Dort wird ein Überblick über 25 Jahre für das prozentuale Verhältnis zwischen Aktienkurs und Buchwert für die S&P 400 Industrieaktien gegeben. Dieser breite Index zeigt, daß der Investor im Durchschnitt über die gesamten 25 Jahre von 1961–1985 für jeden an Gewinnen re-investierten Dollar 1,73 $ erhielt. Über die letzten 10 Jahre ist der Durchschnitt auf 1,38 $ gesunken. Dieser Rückgang in neuerer Zeit im Verhältnis zwischen Kurs und Buchwert legt die Vermutung nahe, beweist es allerdings nicht, daß zusätzliche Dollars, die in neuerer Zeit wieder investiert wurden, einen Wert von weniger als 1 Dollar hatten.

Daten über die 15 Jahre von 1971–1985 für drei führende Aktien, IBM, Hewlett-Packard und General Electric sprechen noch stärker für ein Wiederinvestment (Tafel 31.4).

Alle drei Gesellschaften haben eine konservative Kapitalstruktur, und es gab keine nennenswerte Änderung darin über diese Periode; Fremdfinanzierung war also kein wichtiger Faktor für den Ertrag, der auf den Buchwert der Aktien verdient wurde. Die Eigenkapitalrentabilität wurde gut aufrechterhalten, Finanzierung durch neues Eigenkapital verwässerte die Stellung der Aktionäre nicht. Das Kurs-/Buchwertverhältnis für IBM und Hewlett-Packard, zwei Wachstumsaktien, sprechen für eine niedrige Auszahlungsrate.

Gesellschaften mit hoher Eigenkapitalrentabilität

Je höher die Eigenkapitalrentabilität einer Gesellschaft (das wird in dem durchschnittlichen Multiplikator der Gewinne reflektiert), umso größer ist der Anteil der Gewinne, der einbehalten werden sollte. Im typischen Fall wird die Rendite auf das Re-Investment erheblich das übertreffen, was der Aktionär mit demselben Geld verdienen könnte, wenn er es als Dividende ausgezahlt bekommen hätte.

Ein gutes Bild der Gewinne einer Gesellschaft und die Gelegenheiten für rentable Expansion gehen meist Hand in Hand. Für solche Gesellschaften, besonders auf dem Gebiet der Technologie würden niedrige Dividenden und hohes Re-Investment, jedenfalls theoretisch, die beste Politik für die Aktionäre sein. Führte man diese Analyse zu ihrem logischen Schluß, würde das bedeuten: Fast alle erfolgreichen

Tafel 31.4: Nettoertrag verfügbar für das Eigenkapital dividiert durch den durchschnittlichen Buchwert der (Stamm-)Aktien, Gewinnrendite und Verhältnis von Börsenkurs zu Buchwert, 1971–1985

	IBM			Hewlett Packard			General Electric		
	NACE[1])/ Buchwert[2])	NACE/ Börsenkurs	Kurs/ Buchwert	NACE/ Buchwert	NACE/ Börsenkurs	Kurs/ Buchwert	NACE/ Buchwert	NACE/ Börsenkurs	Kurs/ Buchwert
1971	17,2	2,9	5,9	10,5	2,2	4,7	17,3	4,6	3,8
1972	18,8	2,9	6,5	14,6	2,2	6,8	18,1	4,5	4,1
1973	19,3	3,6	5,4	16,2	2,2	7,2	18,2	4,9	3,7
1974	19,5	6,2	3,2	20,9	4,3	4,8	17,2	7,0	2,4
1975	18,5	7,0	2,7	16,4	3,4	4,8	15,0	7,5	2,0
1976	19,9	6,2	3,2	14,8	3,3	4,4	18,2	7,7	2,4
1977	20,7	6,9	3,0	16,0	5,5	2,9	19,5	9,2	2,1
1978	23,9	7,8	3,1	16,6	6,8	2,4	19,6	10,7	1,8
1979	21,2	7,3	2,9	18,0	6,6	2,7	20,3	12,4	1,6
1980	22,7	9,9	2,3	19,2	6,0	3,2	19,5	12,5	1,6
1981	19,1	9,4	2,0	18,0	5,6	3,2	19,1	12,0	1,6
1982	23,2	9,6	2,4	17,8	5,2	3,4	18,9	10,3	1,8
1983	25,4	7,7	3,3	16,3	4,1	4,0	18,9	8,5	2,2
1984	26,5	9,5	2,8	16,9	5,6	3,1	19,2	9,3	2,1
1985	22,4	7,7	2,9	13,0	5,6	2,3	17,7	7,9	2,2
Durchschnitt									
71–85	21,2	7,0	3,4	16,3	4,6	4,0	18,4	8,6	2,4
76–85[3])	22,5	8,2	2,8	16,7	5,4	3,2	19,1	10,1	1,9

[1]) NACE (= Net available for common equity = Nettoertrag, verfügbar für das Eigenkapital) dividiert durch den Buchwert entspricht der Eigenkapitalrentabilität, außer wenn Vorzugsaktien vorhanden sind. Wenn Vorzugsaktien in der Kapitalstruktur enthalten sind, muß man NACE an Stelle von Gewinn je Aktie (earnings per share) benutzen.
[2]) Hier wird der durchschnittliche Buchwert (und nicht der Wert zum Jahresende) benutzt, wie wir es empfehlen. Der Börsenkurs ist der Durchschnitt von Hoch- und Tiefkurs für das Jahr.
[3]) Hier wird der Durchschnitt für die 10-Jahresperiode gegeben, um einen Vergleich mit dem Durchschnitt des Verhältnisses Kurs/Buchwert für den S&P 400 zu ermöglichen (Tafel 31.3).

Quelle: Gewinne, Buchwerte und Börsenkurse sind unmittelbar dem Value Line Investment Survey, 6. Februar 1987, S. 1013, 1099, 1102 entnommen. Die Zahlen für den Buchwert enthalten gewisse Beträge von immateriellen Vermögenswerten, die aber für diese Gesellschaften nicht wesentlich waren.

Gesellschaften sollten ein massives Re-Investment von Gewinnen vorsehen und Bardividenden nur in dem Maße zahlen, als Möglichkeiten für eine rentable Expansion oder Diversifizierung nicht vorhanden sind.

Die obigen Schlußfolgerungen gelten jedoch nur bedingt und nur mit Einschränkungen. Es gibt keine Gewißheit, daß die zukünftige Rendite auf zusätzliches Kapital mit den Erträgen aus der Vergangenheit gleichgesetzt oder von Analysten mit wirklicher Verläßlichkeit berechnet werden könnte. Diese sehr reale Ungewißheit macht es für Aktionäre im allgemeinen – und ihren Doppelgänger, „die Börse" – schwieriger, ihre eingefleischte Bevorzugung von Bardividende zugunsten des theoretischen Vorteils von einbehaltenen Gewinnen aufzugeben.

Einkassieren

Wenn einige Eigentümer Bareinkommen aus ihren Aktien benötigen, ist das kein überzeugendes Argument gegen ein vollständiges Re-Investment von Gewinnen, denn diese Dollars werden voraussichtlich eine Prämie an der Börse erzielen, wenn sie wieder investiert werden. Solche Aktionäre stehen sich also viel besser, wenn sie entsprechende Anteile ihres Aktienbesitzes verkaufen, als wenn sie das Geld in Form von Dividenden ausgezahlt erhalten. Wenn eine solche Realisierung notwendig ist, sollte sie durch die Gesellschaft bereitwillig erleichtert werden, indem sie periodisch in kleinem Umfange Gratisaktien (Stock Dividends) zahlt, die die einbehaltenen Gewinne repräsentieren.

Beispiel: Citizens Utilities Company hat ihre Stammaktien unterteilt in 64 % der Klasse A und 36 % der Klasse B. Der einzige Unterschied zwischen den beiden besteht darin, daß die Dividenden der Klasse A in Form von Gratisaktien in demselben Umfange gezahlt werden wie die Barzahlung auf die Aktien der Klasse B. Alle Aktien werden zum selben Kurse gehandelt, wobei A-Aktien im Verhältnis 1 : 1 in B-Aktien getauscht werden können. Diese einzigartige Konstruktion stellt zwei Arten von Interessenten zufrieden: Erstens den Investor, der seine Dividenden re-investiert und die Steuern darauf hinausgeschoben haben möchte, und zweitens den Investor, der eine laufende Bardividende in Höhe von etwa 80 % der Gewinne je Aktie wünscht. Die Steuerverwaltung will diese Ersetzbarkeit der Dividenden allerdings für andere Gesellschaften nicht genehmigen.

Schlußfolgerung

Die Daten, die wir hier für eine großzügige Dividende und für ein Re-Investment vorgelegt haben, zeigen, daß ein fundamentaler Unterschied zwischen der richtigen Auszahlungsrate für durchschnittliche oder unterdurchschnittliche Gesellschaften auf der einen Seite und für überdurchschnittliche oder Wachstumsgesellschaften auf der anderen Seite besteht. Theoretisch sollte diese Schlußfolgerung zu einer völligen

Einbehaltung der Gewinne durch Gesellschaften führen, die ein erheblich über dem Durchschnitt liegendes Wachstumspotential haben. Denn es wäre schwierig, irgendeine Prozentzahl festzulegen, über die hinaus die Zahlung von Bardividende vorteilhafter wird.[4])

Dividendendiskontmodelle

Die Rolle der Dividenden in der Bewertung von Aktien hat sich erheblich geändert, seit in neuerer Zeit Dividendendiskontmodelle entwickelt wurden und zunehmend benutzt werden. Sie erfordern eine ausdrückliche Vorhersage der Dividenden über eine Reihe von Jahren. Infolgedessen muß man hier mehr als unter einem Kurs-/Gewinnverhältnismodell darauf achten, welche Auszahlungsquote der Gewinne man von einer Gesellschaft erwarten kann. Obwohl Dividendendiskontmodelle ungefähr in den letzten 10 Jahren eine vielbenutzte Bewertungsmethode geworden sind, wurde die Theorie schon in den späten dreißiger Jahren durch J. B. Williams dargelegt.[5])

Die Struktur der Dividendendiskontmodelle

Das Konzept, einen zukünftigen Geldzufluß (Cash-flow) abzuzinsen (zu diskontieren), um zu seinem Gegenwartswert zu kommen, ist ein Standardwerkzeug der Finanz- und Wirtschafts-Analyse. Der wesentliche Gedanke besteht darin, daß ein zukünftiger Strom von Dividenden (D) einen gegenwärtigen Wert hat, wenn er mit einer bestimmten Rate K abgezinst wird:

$$\text{Wert} = \frac{D_1}{(1+K)^1} + \frac{D_2}{(1+K)^2} + \frac{D_3}{(1+K)^3} \cdots + \frac{D_n}{(1+K)^n}$$

Die Struktur der Dividendendiskontmodelle und ihrer Haupt-Parameter kann man am besten verstehen, wenn man zunächst das einfachste Modell betrachtet. Eine Aktie existiert unendlich lange. Daher ist der Dividendenstrom, den der Analyst

---

[4]) Eine instruktive Übersicht über die Kontroverse um die Dividenden und neue Untersuchungsergebnisse findet sich bei Terry A. Marsh und Robert C. Merton, „Dividend Behaviour for the Aggregate Stock Market", The Journal of Business, Januar 1987, S. 1–14. Die Autoren kommen zu dem Ergebnis, daß Aktienkursänderungen regelmäßig *vor* Dividendenänderungen stattfinden und ein besseres Barometer sind als Gewinnausweise.
[5]) J. B. Williams, „The Theory of Investment Value", North Holland Publishing Company, Amsterdam 1938.

vorhersagen muß, unendlich lang. Sinnvolle Dividendenvorhersagen auf einer jährlichen Basis in die unbestimmte Zukunft sind nicht möglich, und einige vereinfachende Annahmen sind daher erforderlich. Diese Annahmen können mehrere Formen annehmen. Eine beschränkt die Vorhersage auf eine einzige Zahl, die eine durchschnittliche Wachstumsrate darstellt. Diese Abart des Dividendendiskontmodells ist bekannt als das Modell mit *konstantem Wachstum* (Constant Growth Model, auch als Ein-Perioden- oder Ein-Zustand-Modell bezeichnet). Es wird durch folgende Gleichung gekennzeichnet:

$$\text{Wert} = \frac{D}{K - g}$$

Darin ist:

D = die erwartete Dividende für die nächsten 12 Monate
K = der Abzinsungssatz (Discount Rate)
g = Wachstumsrate der normalisierten Ertragskraft

Die obige Form des Dividendendiskontmodells stellt eine Übervereinfachung dar. Sie hat einen Informationsverlust in bezug auf das zukünftige Wachstumsbild einer Gesellschaft zur Folge, das für ihre Bewertung benötigt wird.

Es ist logisch und typische Praxis, ein Modell für viele Perioden (Multi Period Model) zu benutzen, insbesondere ein Modell für drei Perioden. Ein solches Modell liefert mehr Informationen in bezug auf das Wachstumsmuster einer Firma und bringt zugleich einige Vereinfachungen, die die Aufgabe der Vorhersage auf regierbare Größenordnungen bringt. Die erste Periode ist der Zustand des *Wachstums*. Je nach dem Modell sagen die Analysten die Dividenden entweder mit einer gleichmäßigen Wachstumsrate voraus oder aber auf einer Basis Jahr um Jahr für eine von ihnen entschiedene Zeitdauer.

Die zweite Periode ist das *Übergangsstadium*, in dem die Wachstumsrate abnimmt (oder steigt) und die Auszahlungsrate sich an den Satz anpaßt, der für die dritte Periode erwartet wird – das langfristige Stadium des *stetigen Zustandes* (Steady State). Der Analyst sagt normalerweise innerhalb bestimmter festgelegter Grenzen die Dauer der Übergangsperiode voraus. Die Art des (Wachstums)rückganges (oder Anwachsens) kann linear oder exponential sein. Obwohl einige Modelle dem Analysten die Möglichkeit geben, die eine oder andere Art zu benutzen, bevorzugen doch viele aus Gründen der Einfachheit eine lineare Form.

Für die dritte Periode wird normalerweise angenommen, daß eine Gesellschaft auf unbestimmte Zeit mit derselben Rate wachsen und dieselbe Auszahlungsrate haben wird, wie eine durchschnittliche Gesellschaft. Einige Organisationen berücksichtigen jedoch die Möglichkeit, daß in Ausnahmefällen der Analyst zu Recht eine höhere oder niedrigere Rate annehmen kann.

Durch den Übergang von einem Modell mit einer Periode zu einem solchen mit drei Perioden werden die Anforderungen an die Eingaben durch den Analysten wesentlich gesteigert. Infolgedessen ist eine ausgedehntere Analyse der Industrie-

und Gesellschaftseigenarten nötig. Wie gesagt, besteht das Ziel natürlich darin, die nötigen Informationen zu erhalten. Das drei-Perioden-Modell ermöglicht dem Analysten, den zukünftigen Wachstumspfad ausdrücklich vorherzusagen und so eine sinnvollere Schätzung des Wertes zu entwickeln.

Indem man die Zukunft in drei verschiedene Perioden teilt, können mit einer begrenzten Zahl von Parametern Muster für Dividenden für zukünftige Zeiträume beweglich entwickelt und bewertet werden. Ein solches Dividendendiskontmodell kann also mit Hilfe einer bescheidenen Anzahl von Eingaben, die der Analyst vorhersagen kann, den Wert errechnen.

Zwei grundsätzliche Arten von Dividendendiskontmodellen

Die einzelnen Benutzer fügen der Struktur des Dividendenstromes meist ihre eigenen Besonderheiten hinzu, und so ist eine große Anzahl dieser Modelle in Gebrauch. Sie alle lassen sich jedoch auf zwei grundsätzliche Typen zurückführen: Das eine zinst den projizierten Dividendenstrom zu einem vorher festgelegten Satz ab, um einen geschätzten Investmentwert zu bekommen, der mit dem augenblicklichen Börsenkurs verglichen werden kann. Das andere leitet jenen Abzinsungssatz ab, bei dem der gegenwärtige Wert des projizierten Dividendenstromes mit dem augenblicklichen Börsenkurs übereinstimmt (die zugrunde liegende Abzinsungs-Rate oder interne Ertragsrate). Diese zugrundeliegende Rate wird dann mit einer festgelegten Zielrate für den Gesamtertrag verglichen – meist eine Rate, die für das Risiko der Aktie angepaßt ist. Die meisten Dividendendiskontmodelle entsprechen diesem letzteren Typ. Die Wahl zwischen Festlegung der Abzinsungsrate und der Auflösung nach dem Kurs oder der umgekehrten Prozedur ist oft eine Frage der internen Bequemlichkeit. Jedoch ist mehr Beurteilung nötig, wenn man die Abzinsungsrate selbst bestimmt. Dazu muß man auf den Zinssatz von festverzinslichen Wertpapieren sehen und eine angemessene Risikoprämie hinzufügen. Angesichts der Struktur der Zinssätze nach Fälligkeiten und der größeren Ungewißheit bezüglich des Dividendenwachstums in weiterer Zukunft könnte man argumentieren, daß man in den einzelnen Perioden verschiedene Abzinsungsraten benutzen sollte; aber diese Verfeinerung wird selten angewandt.

Das Dividendendiskontmodell in Perspektive

Das Modell hat eine Anzahl attraktiver Eigenschaften. Es liefert eine strukturierte Betrachtungsweise für die Bewertung von Aktien; es ermöglicht die systematische Verarbeitung von Daten; es erfordert die Lieferung von ausdrücklichen Daten zur Eingabe. Infolgedessen ist es möglich, bei fehlerhaften Eingaben die Natur dieser Fehler zu bestimmen und zu entscheiden, wie man sie korrigieren kann.

Kapitel 31: *Der Dividendenfaktor bei der Aktienbewertung*

Viel Forschung ist dem Verständnis des Dividendendiskontmodells und seinem Verhalten gewidmet worden.[6] Diese Forschung hat zwei gedankliche Schulen hervorgebracht: Die eine ist der Auffassung, das Dividendendiskontmodell enthalte von seiner Struktur her Bewertungsvorurteile. Dadurch würden Aktien mit hoher Rendite und Aktien mit niedrigem Kursgewinnverhältnis bevorzugt, die übermäßig attraktiv gegenüber Wachstumsaktien auszusehen schienen. (Die sogenannte „Yield Tilt" – die Neigung in Richtung Rendite.) Die andere Schule ist der Meinung, das Modell sei neutral und zeige keine auffälligen strukturellen Vorurteile. Sie weist darauf hin, daß die beobachteten Performancetendenzen an den analytischen Eingaben und an der Börse selbst lägen. In bezug auf die Eingaben stamme die Bevorzugung zum Teil von vereinfachenden Annahmen – wie etwa der, daß alle Aktien im Endzustand (Steady State) dieselbe Wachstums- und Auszahlungsrate hätten. Außerdem hätten Analysten eine natürliche Tendenz, bei der Projektion von Wachstumsraten für Gesellschaften mit hohem Wachstum konservativ zu sein.[7] In bezug auf die Börse ist deren Voreingenommenheit wohl bekannt: Sie bewertet Wachstumsaktien mit geringem Ertrag viel höher als Aktien mit hohem Ertrag und geringem Wachstum.

Wir empfehlen das Dividendendiskontmodell hauptsächlich, wenn man es für etablierte Gesellschaften mit beständiger Ertragskraft und zusammen mit anderen Bewertungsmodellen benutzt. Es ist unsere Ansicht, daß ein Investor auf alle Fälle mehr als ein einziges Modell benutzen sollte.

---

[6] Siehe zum Beispiel R. O. Michaud, „Another Look at Dividend Discount Models", eine Untersuchung, vorgelegt im Institute for Quantitative Research in Finance, Key Biscayne, Fla. Mai 1985; S. G. Einhorn und P. Shangquan, „Using the Dividend Discount Model for Asset Allocation", Financial Analysts Journal Mai–Juni 1984, S. 30–32; W. M. Bethke und S. E. Boyd, „Should Dividend Discount Models be Yield-tilted?" Journal of Portfolio Management, Frühjahr 1983, S. 23–27; R. O. Michaud, „Should Dividend Discount Models be Yield-tilted? Comment", Journal of Portfolio Management, Sommer 1984, S. 85–86; R. O. Michaud und P. L. Davis „Valuation Model Bias and the Scale Structure of Dividend Discount Returns", The Journal of Finance, Mai 1982, S. 563–573; J. D. McWilliams und James Wei, „Some Like To-matoes and Some Like To-matoes", Journal of Portfolio Management, Sommer 1981, S. 43–47.

[7] Wenn die Kapazität, Dividenden zu zahlen und nicht die Dividenden selbst als Eingabe in das Modell benutzt würden, würde damit die Tendenz gegen Wachstum möglicherweise ausgeschaltet.

Kapitel 32
Kapitalisierungsrate für Gewinne und Dividenden

Wie schon ausgeführt, gibt es zwei prinzipielle Methoden für die Bewertung von Aktien – durch die Kapitalisierung von Gewinnen oder Dividenden. Dieses Kapitel untersucht beide Methoden und schlägt in beiden Fällen eine Kapitalisierungsrate für die Gesamtbörse vor. Die Annahmen über Gesamtwirtschaft und Kapitalmarkt, die der vorgeschlagenen Kapitalisierung zugrunde liegen, werden im einzelnen erörtert; die gesamtwirtschaftlichen Annahmen stimmen mit denen überein, die in den Kapiteln über die Projektion von Gewinnen und Dividenden zugrunde gelegt wurden. Als Basis für die Beurteilung der benutzten Annahmen über den Kapitalmarkt wird ein Rahmen vorgelegt, in dem sich die Vorhersagen bewegen, die von verschiedenen großen Investmentmanagern und Brokerfirmen entwickelt wurden.

Zweistufen-Methode

Ebenso wie der Analyst die Vergangenheit untersucht, um zukünftige Gewinne und Dividenden zu schätzen, sollte er auch die Vergangenheit untersuchen, wenn er eine Kapitalisierungsrate wählt – indem er sie übernimmt oder modifiziert, so wie es rationale Überlegungen erfordern. Hierzu muß er das Kurs-/Gewinnverhältnis (den Multiplikator für die Gewinne) oder den Abzinsungssatz für Dividenden der konkreten Aktie untersuchen, nicht nur unter Berücksichtigung ihrer eigenen historischen Entwicklung, sondern auch ihres Verhältnisses zu den entsprechenden Zahlen der gesamten Börse.

Wir schlagen vor, daß man eine Kapitalisierungsrate, (den Multiplikator, d. h. Vervielfältiger für Gewinne oder den Abzinsungssatz [Discountrate] für Dividenden), für eine Gesellschaft in zwei Schritten gewinnt: Zuerst wird eine *allgemeine Kapitalisierungsrate* für Aktien im allgemeinen festgelegt, das heißt für eine umfassende Gruppe von Gesellschaften, wie sie in einem der bekannten Börsenindizes repräsentiert sind. In der zweiten Stufe wird ein Multiplikator oder eine Abzinsungsrate für die konkrete Aktie festgelegt, die zu dieser allgemeinen Rate in Beziehung steht, die aber auch die Bewertung der Vorgeschichte, der Qualität und der langfristigen Aussichten dieser bestimmten Gesellschaft widerspiegelt. Diese zwei-Stufen-Methode liefert ein beständiges und gleichmäßiges Bewertungsverfahren.

Allgemeine Kapitalisierungsrate für die Gesamtbörse

Wahl des Börsenindex

Es gibt eine ganze Reihe von Indizes oder „Durchschnitte" für Aktien, aber die meisten Untersuchungen für Gewinne, Dividenden, Kurse und andere börsenmäßige Beziehungen von Gruppen, die über einen Ausschnitt hinausreichen (Cross-sectional Groups), benutzen die beiden Serien von Standard & Poor's – den S&P 500 und den S&P 400 (Industrial).

Gewinn- und Dividendendaten werden vierteljährlich und Kurse täglich berechnet. Im Juli 1976 wurde die Zusammensetzung des umfassenden S&P 500 Index erheblich geändert. Er hatte aus 425 Industrieaktien, 60 Versorgungswerten und 15 Eisenbahnaktien bestanden. Der revidierte Index besteht aus 400 Industrie-, 40 Versorgungs-, 20 Transport- und 40 Finanzwerten. Außer dem Gewinn, den Dividenden- und Kursdaten für die Indizes liefert Standard & Poor's eine Indexzahl für die Buchwerte des S&P 400.

Der gegenwärtige Index reicht bis 1926 zurück, aber der S&P 500 ist mit den Indizes der Cowles Commission verknüpft, die bereits 1871 beginnen. Es ist daher möglich, zusammenhängende Untersuchungen gewisser Beziehungen unter Aktien vorzunehmen, die sich über 115 Jahre erstrecken. (Die Daten in den Jahren vor 1900 sind wesentlich bruchstückhafter und weniger verläßlich als die in den späteren Jahren.)

Kurse, Gewinne und Dividenden werden für den Index nach der „Base Weighted Aggragative"-Methode berechnet: Der augenblickliche Wert wird in Beziehung gesetzt zu dem durchschnittlichen Wert für die Basisperiode 1941–1943, die auf 10 festgesetzt ist.

Auf den folgenden Seiten wird der S&P 400 häufiger als der S&P 500 benutzt, weil Standard & Poor's für die erstere Serie Buchwerte liefert, so daß man die Eigenkapitalrentabilität und das Verhältnis Kurs/Buchwert für den S&P 400, aber nicht für den S&P 500 berechnen kann.

Die historischen Börsenmultiplikatoren für Gewinne

Wir möchten einen allgemeinen Multiplikator für die Gesamtbörse entwickeln, der auch für den zukünftigen Gebrauch angemessen ist. Wenn man eine Richtschnur für die Zukunft sucht, wird man vernünftigerweise immer mit einem Blick auf die Vergangenheit beginnen. Tafel 32.1 liefert umfangreiches Datenmaterial für das Verhältnis zwischen bestimmten Durchschnittsgewinnen und -Kursen für die Werte der Cowles Commission, den S&P 500 sowie den S&P 400. Die letztere Serie beginnt 1926.

Die Beziehungen in der Übersicht von Tafel 32.1 erscheinen äußerst schwankend, wenn man sie in der Form von 5-Jahres-Durchschnitten untersucht. Sie wären

Kapitel 32: *Kapitalisierungsrate für Gewinne und Dividenden*

Tafel 32.1: Durchschnittliche Kurs-/Gewinnverhältnisse für ausgewählte Indexe, 1871–1985

Periode endet	5-Jahres-Periode		10-Jahres-Periode		20-Jahres-Periode	
	S&P 500	S&P 400	S&P 500	S&P 400	S&P 500	S&P 400
1880			11,2			
1890			16,0		13,6	
1900			16,1		16,1	
1910			13,2		14,7	
1920			9,7		11,5	
1930	14,7	14,5	12,3		11,0	
1935	18,0	18,9	16,4	16,7	14,4	
1940	13,5	14,5	15,8	16,7	16,7	
1945	11,7	13,7	12,6	14,1	14,5	15,4
1950	10,1	10,6	10,9	12,2	13,3	14,4
1955	10,7	11,5	10,4	11,1	11,5	12,6
1960	15,3	15,8	13,0	13,7	11,9	12,9
1965	18,8	18,8	17,1	17,3	13,7	14,2
1970	16,5	16,2	17,7	17,5	15,3	15,6
1975	14,2	14,8	15,3	15,5	16,2	16,4
1980	8,9	9,2	11,5	12,0	14,6	14,7
1985	10,3	11,0	9,6	10,1	12,5	12,8
Durchschnitt	13,6	14,1	13,5	14,3	13,8	14,3

Quellen: Standard & Poor's Statistical Service, Security Price Index Record, 1986, S. 118–121; Graham, Dodd, Cottle, Security Analysis, 4. Auflage. McGraw-Hill, New York, 1962, S. 509.

das natürlich noch viel mehr, wenn man einzelne Jahre betrachtete. Für die gesamte Serie (Cowles Commission + S&P 500) über die 115 Jahre von 1871–1985 liegt das Mittel (Mean) der sechzehn 20-Jahresdurchschnitte bei 13,8 mal entsprechend einem Gewinn-/Kursverhältnis (Gewinnrendite) von 7,2 %.

Daten für den S&P 400 (Industrials) erfassen den Zeitraum von 1926–1985. Die vergleichsweise Spanne und das Mittel (Mean) für die zwölf 5-Jahres-Perioden der zwei S&P Serien sind:

	S&P 500	S&P 400
Hoch	18,8×	18,9×
Tief	8,9	9,2
Mittel	13,6	14,1

Über längere Zeit waren die Multiplikatoren für die beiden Serien einigermaßen vergleichbar, aber die Börse hat ständig den S&P 400 leicht bevorzugt. Beispielsweise lag der Durchschnitt 1961–1985 für den S&P 500 bei 13,8mal und der für den S&P 400 bei 14mal.

Anstatt die Gewinnmultiplikatoren im Sinne von festgelegten Zeitperioden, zum Beispiel über 5 Jahre zu untersuchen, kann man sie auch im Sinne von Stufen für verschiedene Perioden betrachten. Dann sehen beispielsweise die Ergebnisse für die beiden Indizes nach dem Kriege wie folgt aus:

Zeitraum	Multiplikator	
	S&P 500	S&P 400
1947–1957	10,1	10,5
1958–1972	17,6	17,7
1973–1985	10,1	10,5

Die Unterschiede in den Multiplikatoren zeigen die höheren Wachstumserwartungen für den S&P 400. Obwohl dieser Unterschied begrenzt ist, ist er hinreichend nachhaltig, um einen um ½ (= 0,5) mal höheren Multiplikator für den S&P 400 anzunehmen.

Dividendenkapitalisierung für die Gesamtbörse

Der projizierte Dividendenstrom ist im wesentlichen das Produkt einer Kette von Wirtschafts- und Kapitalmarktprojektionen. Die folgenden Seiten geben diese Projektionen wieder, und wir legen unsere Annahmen in bezug darauf dar.

Wirtschafts- und Kapitalmarktprojektionen

Um Dividenden zu projizieren, muß man zunächst die Gewinne und die Dividendenauszahlungsrate vorhersagen. Die Rentabilität der amerikanischen Gesellschaften im allgemeinen hängt von dem Niveau der wirtschaftlichen Aktivität in den Vereinigten Staaten ab. Demgemäß sind die zugrunde liegenden Vorhersagen Projektionen über den Ausstoß der Nation an Gütern und Dienstleistungen, das reale BSP und die Inflationsrate (Deflator des BSP). Mit diesen Daten ist es möglich, das nominale BSP und die Gesamtheit der Gesellschaftsgewinne zu projizieren und daraus wiederum die Gewinne für den S&P 500 und 400. Da der von den Aktien erwartete Ertrag von dem erwarteten Ertrag auf Obligationen berührt wird, besteht der nächste Schritt darin, den Zinssatz für Aaa Industrieobligationen und eine Risikoprämie für Eigenkapital (Aktien) zu projizieren.

Kapitel 32: *Kapitalisierungsrate für Gewinne und Dividenden*

Die zugrunde liegenden Projektionen im einzelnen

Tafel 32.2 stellt die Annahmen zusammen, auf die unsere Bewertung des S&P 400 gestützt wird. Die langfristigen Projektionen für Gesamtwirtschaft, Gewinne und Dividenden wurden in früheren Kapiteln schon erörtert. Im Hinblick auf die erwartete Inflationsrate von 5,2 % wird das langfristige Zinsniveau von Aaa Industrieobligationen mit 8,5 % projiziert. Die Risikoprämie für Aktien (Equity Risk Premium) wird mit 2,75 % vorhergesagt. Damit beträgt die erwartete Rendite auf den S&P 400 11,25 %, von denen 7,5 % aus Wertzuwachs des Kapitals infolge des Wachstums bei Gewinnen und Dividenden bestehen. Der Rest von 3,75 % ist der Dividendenertrag. Die angenommene Eigenkapitalrentabilität von 14 % nähert sich dem Durchschnitt der Jahre 1976–1985 von 13,8 %.

Tafel 32.2: Langfristige Projektionen für den Standard & Poor's Industrial Stock Index (S&P 400) (in Prozent)

Wachstum des realen BSP	2,7
Inflation – Zunahme des BSP-Deflators	5,2
Nominelles Wachstum des BSP	8,0
Wachstum der Gewinne aller Gesellschaften nach Steuern	8,0
Wachstum der Gewinne des Index	7,5
Auszahlungsrate für Dividenden	46,0
Wachstum der Dividenden	7,5
Zinssätze – Aaa Industrie Obligationen	8,5
Prämie für Aktienrisiko	2,75
Erwarteter Gesamtertrag	11,25
Ertrag auf Eigenkapital (Eigenkapitalrentabilität)	14,0

Aus den Projektionen in Tafel 32.2 kann man unseren Multiplikator für die Gewinne ableiten. Die Gleichung W (Wert) = D/(K – g) liefert die Grundlage für die Berechnung. Mit anderen Worten, der Wert (W) entspricht den Dividenden (D) dividiert durch die erforderliche Abzinsungsrate (K) von 11,25 % abzüglich der Wachstumsrate der Dividenden (g) von 7,5 %. Zur besseren Illustration wollen wir annehmen, daß die normalen Gewinne auf den Index im laufenden Jahr 1 $ betragen und die Dividenden davon 0,46 $ (Auszahlungsrate 46 %), so daß sich ergibt:

$$W \text{ (Wert)} = \frac{0{,}46 \text{ \$}}{0{,}1125 - 0{,}075} = 12{,}27 \text{ \$}$$

Diese Berechnung hat für den S&P 400 sowohl den Teiler (divisor) für die Dividenden in Höhe von 3,75 % (0,1125 – 0,075) als auch den Multiplikator für Gewinne von etwa 12,3 mal (12,27 $ dividiert durch 1 $ Gewinn) geliefert.

Um eine Basis für die Bewertung unserer Annahmen in Tafel 32.2 zu finden, haben wir mehrere Institutionen und Brokerhäuser befragt, um die augenblickliche

Meinung über die langfristigen Aussichten für die aufgelisteten Faktoren zu ermitteln. Die folgenden Zahlen zeigen die Spanne der von uns gefundenen Ergebnisse.

	Wachstumsraten (%)
Reales BSP	2,0– 3,0
Inflation-Deflator des BSP	4,5– 6,0
Nominales BSP	7,0– 8,5
Unternehmensgewinne nach Steuern	7,0–11,0
Gewinne, bezogen auf den Index	6,5–10,5
Dividendenauszahlungsrate	40,0–47,0
Dividenden	6,5–10,5

Die Zinssatzprojektionen und Risikoprämien der befragten Institutionen waren mit unseren projizierten Raten nicht vergleichbar, weil ihre Vorhersagen sich auf unterschiedliche festverzinsliche Wertpapiere bezogen. Unsere Annahmen in Tafel 32,2 liegen aber innerhalb des Rahmens der augenblicklichen professionellen Meinungen.

Die Bewertung der Gesamtbörse

Die Bewertung des S&P 400

Wenn wir die oben entwickelten Kapitalisierungsraten und die normalen geschätzten Gewinne benutzen, können wir nunmehr den Schätzwert für den S&P 400 errechnen. Auf der Basis einer Schätzung für die normalen Gewinne von 19,50 $ für das Jahr 1987 und einem Multiplikator von 12,3mal beträgt der geschätzte Wert zum Jahresende 1986 240 oder sagen wir zwischen 220 und 260. Der Börsenkurs des S&P 400 lag bei 270 oder etwa 12 % über der Mitte der geschätzten Wertspanne.

Wenn wir eine Auszahlungsrate von 46 % annehmen, werden die Dividenden 1987 im Laufe des Jahres auf 9 $ ansteigen; das entspricht einer laufenden Rendite von 3,75 % auf den geschätzten Wert von 240. Wie stimmt dies mit der bisherigen Entwicklung überein? Die folgende Aufstellung von 5-Jahres-Durchschnitten zeigt, daß unsere vorhergesagten 3,75 % Rendite unter der der letzten beiden 5-Jahresperioden liegt, aber erheblich über denen für 2 vorhergehende 5-Jahres-Perioden:

1966–1970	3,2 %
1971–1975	3,3 %
1976–1980	4,7 %
1981–1985	4,5 %
1986	3,2 %

Die niedrigere Dividendenrendite ist im Hinblick auf den Rückgang bei den Zinssätzen zu erwarten. In der Periode 1976–1985 betrug die Rendite auf Aaa Industrieobligationen bis zu 15 % und der Durchschnitt lag bei 11,1 %. Am Jahresende 1986 war diese Rendite auf unter 9 % gefallen.

Verhältnis von Kurswert zum Buchwert

Die Schätzung des Wertes (der Gesamtbörse) kann man auch in einer anderen Perspektive sehen, indem man das Verhältnis von Börsenkurswert zu Buchwert untersucht. Das Verhältnis, das sich aus einer Bewertung des S&P 400 mit 240 ergibt, beträgt 1,76 mal (Buchwert). Beachten Sie in der folgenden Aufstellung, daß das Verhältnis erheblich über dem für die Periode 1976–1985 liegt, aber unter dem für die vorhergehende Dekade 1961–1970.[1])

Zeitraum	Verhältnis von Kurswert zum Buchwert
1946–1950	1,16 mal
1951–1955	1,34
1956–1960	1,76
1961–1965	2,00
1966–1970	2,00
1971–1975	1,74
1976–1980	1,38
1981–1985	1,38
1986	1,97

Der S&P 500

Wie früher in diesem Kapitel festgestellt, liegt der Multiplikator der Gewinne für den S&P 500 meist leicht unter dem für den S&P 400. Dementsprechend wird ein Multiplikator von 11,8mal vorgeschlagen. Auf dieser Basis und wenn man die allgemeine Meinung für die geschätzten normalen Gewinne zugrunde legt, beträgt

---

[1]) Sehr umfangreiche, außerplanmäßige Abschreibungen der Schwerindustrie für 1985 und 1986 haben das Wachstum im Buchwert gedrückt. Auch würden Ersatzkosten für die Buchwerte im allgemeinen höher liegen als die aus historischen Kosten zusammengesetzten. Unser Verhältnis zwischen Kurswert und Buchwert übertreibt daher wahrscheinlich die Prämie. Entsprechend würde unsere Projektion 1987 für die Rendite auf den ausgewiesenen durchschnittlichen Buchwert (Eigenkapitalrentabilität) in Höhe von 14,7 % niedriger liegen, wenn aufgeschobene Ertragssteuern in das Eigenkapital einbezogen würden, wie es für den S&P 400 angebracht wäre.

unsere Bewertung für den S&P 500 (11,8×18,00) = 213. Der Kurs am Jahresende 1986 betrug 242 und lag damit fast 14 % über unserer Schätzung des inneren Wertes.

Eine andere Möglichkeit, unsere Bewertung des S&P 500 zu beurteilen, besteht darin, den projizierten Gesamtertrag von 11,25 % (3,75 % Dividendenrendite plus Wachstum von 7,5 %) mit den bisherigen Zahlen zu vergleichen. Die durchschnittliche jährliche Rendite für die gesamte Nachkriegsperiode (1946–1985) beträgt 12,6 %. Wenn man die hohen Erträge für die Periode 1980–1985 ausklammert, liegt der Durchschnitt 1946–1979 bei 11,5 % oder leicht über unserem projizierten Gesamtertrag. Die folgende Aufstellung von Durchschnittswerten für 5-Jahres-Perioden erinnert uns an die Beweglichkeit der Aktienerträge:

Periode	Gesamtertrag (%)
1951–1955	25,1
1956–1960	10,3
1961–1965	14,0
1966–1970	4,1
1971–1975	5,9
1976–1980	14,8
1981–1985	15,5

Quelle: R. G. Ibbotson Associates, Inc, „Stocks, Bonds, Bills and Inflation: 1985 Yearbook", Chicago, 1985, S. 90–91

Bedeutung der Gesamtbörsenbewertungen

Es ist wichtig, daß der Leser versteht, was genau wir in der vorhergehenden Erörterung getan haben und was nicht. Dies war keine mathematische oder „wissenschaftliche" Berechnung des echten Wertes der beiden Aktienindizes auf das Jahresende 1986. Aber als beständige Grundlage bei der Wertpapierbewertung benötigt der Analyst eine Vorstellung vom angemessenen oder gerechtfertigten Niveau von Aktien im allgemeinen. Wir haben gezeigt, wie wir vorgehen würden, um eine solches Niveau oder eine solche Bewertung zu finden.

1962 gab es Kritik unserer Position in der vierten Auflage dieses Buches, wonach es wichtig sei, die Gesamtbörse zu bewerten. Damals stellten wir fest: „Viele Analysten behaupten, daß die ganze Idee, die Durchschnitte (Indizes) zu bewerten, der Vergangenheit angehört und mehr als nutzlos ist." Eine Verteidigung unserer Position ist nicht länger nötig. Die Notwendigkeit, die Gesamtbörse zu bewerten, wird nunmehr weithin akzeptiert. Was an der Börse insgesamt geschieht, ist ein Hauptbestimmungsfaktor bei der Kursperformance einzelner Aktien.

Wenn sich die Börse auf einem hohen Niveau befindet, werden vernünftige Investoren einen kleineren Teil ihrer Mittel in Aktien halten, als wenn sie auf einem niedrigen oder normalen Niveau steht. Um eine solche Politik zu verfolgen, ist eine fundierte Meinung darüber nötig, ob das Niveau der Börse exzessiv ist oder nicht. Hat der Investor festgestellt, daß das Niveau nicht exzessiv ist, kann er nunmehr einzelne Aktien aussuchen, soviel sein analytisches Talent erlaubt.

Festlegung einer Spanne von Multiplikatoren

Wir empfehlen, daß der Analyst die Spanne seiner Multiplikatoren innerhalb etwas engerer Grenzen hält als die Börse in der Vergangenheit. Diesem Buch liegt die Annahme zugrunde, daß die am Aktienmarkt ablaufenden Prozesse sowohl psychologischer als auch arithmetischer Natur sind. Das führt zu der bekannten Tendenz von Aktienkursen insgesamt, in beiden Richtungen zu Extremen auszuschlagen, je nachdem, ob Optimismus oder Pessimismus vorherrschen. Beliebte Aktien werden der Tendenz nach zu einem übermäßig hohen Kurse gehandelt, während unpopuläre Aktien übermäßig billig notieren. Diese Eigenart zeigt sich in außerordentlich weiter Verteilung der Kapitalisierungsraten der Börse für durchschnittliche Gewinne in Gegenwart und Vergangenheit.

Wenn die Spannweite der Multiplikatoren begrenzt sein soll, müssen diese Grenzen etwas willkürlich gesetzt werden. Aus Gründen, die man zwar in breiten Strichen erklären, jedoch im einzelnen nur schwer verteidigen kann, neigen wir zu einer Spanne zwischen ungefähr 6 bis 18. Diese Multiplikatoren würden auf die laufenden (augenblicklichen) „normalen" Gewinne anzuwenden sein. Nachdem wir 12,3 als den Multiplikator für durchschnittliche Industrieaktien von Investmentqualität, (das heißt den S&P 400) ausgewählt haben, können wir diese Zahl als Mitte der Bewertungsspanne ansehen. In Kapitel 30 hatten wir vorgeschlagen, die Prämie für das überdurchschnittliche Wachstumspotential eines erstklassigen Wachstumswertes auf nicht mehr als etwa 50 % des Kurses zu begrenzen, den man sonst als angemessen ansähe. Wenn man 12,3 als die Basis ansieht, sollte man also nicht mehr als etwa das 18½fache der augenblicklichen geschätzten normalen Gewinne zahlen – ausgenommen unter ganz ungewöhnlichen Umständen.

In der Theorie könnte das Minimum des Multiplikators auf praktisch 0 sinken. Wenn jedoch für eine Aktie im heutigen Investmentklima ein normaler Multiplikator von weniger als 6mal der augenblicklichen normalen Gewinne gerechtfertigt wäre, wäre es sehr zweifelhaft, ob eine solche Aktie noch für die Wertmethode geeignet wäre. Die Benutzung eines Mindestwertes von 6 für den Multiplikator bedeutet, daß zwischen der Kapitalisierungsrate für Aktien mit durchschnittlicher Investmentqualität ungefähr derselbe verhältnismäßige Unterschied nach unten zu den Aktien mit der geringsten Investmentqualität wie nach oben zu den Wachstumsaktien mit Spitzenqualität besteht.

Kapitalisierungsrate für einzelne Werte

Die Wahl eines konkreten Multiplikators muß der Analyst ohne Hilfe einer bestimmten Formel vornehmen. Darin zeigen sich die qualitativen Faktoren, die wir zuvor erörtert haben und die voraussichtlich die langfristigen Aussichten beeinflussen werden. Natürlich wäre es möglich, ein Einstufungssystem zu entwickeln, das „Zensuren" für Wachstumsaussichten, innere Stabilität und Qualität des Managements gibt und in eine endgültige Zahl für den Multiplikator umwandelt. Aber wenn man insoweit ein konkretes System vorschlüge – selbst wenn es nur zur Illustrierung diente – könnte das den Leser dazu verleiten, einer solchen Formel mehr Wert beizulegen, als sie verdiente.

Bewertung von immateriellen Faktoren

Die Einstellung der Aktienkäufer und -Verkäufer zu einer Gesellschaft scheint besonders durch folgende Faktoren beeinflußt zu werden: 1. die Qualität des Managements und 2. die Aussichten der Industrie. Die entscheidende Bedeutung beider Faktoren kann nicht geleugnet werden, aber keiner eignet sich besonders gut für das Verfahren der Wertpapieranalyse.

Qualität des Managements

Das Problem bei der Bewertung des Managementfaktors für eine Investmententscheidung ist ein doppeltes: 1. Wie bildet sich der Analyst ein verläßliches Urteil über Fähigkeit oder Unfähigkeit des Managements, abgesehen von den tatsächlichen Ergebnissen der Vergangenheit? 2. Unterstellt, das Management kann mit Recht als Plus- oder Minusfaktor unabhängig von den bisherigen tatsächlichen finanziellen Ergebnissen bewertet werden: Wie wandelt der Analyst oder Investor diesen Faktor in ein angemessenes Kurs-/Gewinnverhältnis um?

Vorsicht bei Industrieuntersuchungen

Kapitel 9 erörterte zwei wichtige Punkte in bezug auf Industrieuntersuchungen: 1. Informationen über die Gesamtindustrie haben eine wesentliche Rolle bei der Bewertung von einzelnen Gesellschaften zu spielen. 2. Der Analyst sollte sich vor Industrieuntersuchungen hüten, die nur eine Aufwärmung allgemein verfügbarer Daten enthalten; mit ihnen ist die Öffentlichkeit bereits weitgehend vertraut, und sie haben schon einen erheblichen Einfluß auf die Börsennotierungen gehabt. Wenn Industrieuntersuchungen einen nutzbringenden Beitrag für die Wertpapieranalyse und das Investment in Aktien liefern sollen, müssen sie gründlich genug sein, um neue Informationen zu bieten und besser als bisher die Anatomie der Industrie darzustellen. Wenn solche Untersuchungen allerdings neue Einsichten in wichtige

Faktoren bringen, die zukünftig wirksam sein werden und von der augenblicklichen Börse ungenügend berücksichtig sind, ist ihr Wert erheblich.

Technisch-finanzielle Analyse

Neben der Produktion, dem Verkauf und der Geschicklichkeit des Managements ist das Gebiet von Forschung und Entwicklung in einer Reihe von Industrien zu einem der Hauptbestimmungsfaktoren für den Erfolg geworden. Erheblich höhere Ausgaben für Forschung und Entwicklung zeigen den Einfluß dieses Faktors in der Industrie. Die Lebenszyklen von Produkten werden meßbar kürzer, wenn es sich um Industrien mit hohem Forschungsaufwand handelt, und die Verkäufe neuer Produkte bilden einen zunehmenden Anteil der Gesellschaftsumsätze. Das technologische Obsoletwerden von Produkten und Verfahren wird beschleunigt, und dadurch haben Forschung und Entwicklung ein dynamisches Element in das Geschäftsleben eingeführt, das die volle Aufmerksamkeit des Analysten erfordert.

Industrieuntersuchungen müssen heute zu einer tiefer eindringenden technisch-finanziellen Analyse werden. Finanzielle Projektionen werden das entscheidende Endprodukt bleiben; verläßliche Projektionen auf Grund einer entdeckten Änderung werden eine Untersuchung der Stellung der Gesellschaft erfordern, die sowohl mehr in die Breite als auch mehr in die Tiefe geht. Sorgfältig müssen folgende Punkte beachtet werden: 1. Wachstumsgelegenheiten infolge der Entwicklung von Produkten und Verbesserung von Verfahren und 2. drohender Wettbewerb als Ergebnis von Änderungen und Umstellungen in der Industrie. Eine zunehmende Diversifizierung unter den Gesellschaften – die ebenfalls durch Forschung und Entwicklung beschleunigt wird, – erzwingt eine nähere Analyse über mehrere Industrien, um besser die mögliche Attraktivität zu bewerten, wenn sich Gesellschaften neue Arbeitsgebiete erschließen

Die Zukunft und der heutige Kurs

Wenn der Analyst die relativ langfristigen Aussichten einer Industrie vorhersagt, muß er folgendes bedenken: Wo die Chance eines Irrtums bei der Voraussage am geringsten zu sein scheint, mag auch die Aussicht auf einen Gewinn daraus die geringste sein. Die augenblicklichen Börsenkurse zeigen oder „diskontieren" solche zuversichtlich erwarteten Entwicklungen. Der Analyst mag also vielleicht recht in bezug auf die Zukunft haben, aber er kann unrecht haben in bezug auf den Kurs für die Aktie. Allerdings kann man auch sowohl in bezug auf die Zukunft als auch auf den Kurs unrecht haben.

Vom Ergebnis ausgehen

Ein häufiges Verfahren von Wertpapieranalysten besteht darin, sich zunächst eine günstige Meinung der langfristigen Aussichten für eine bestimmte Industrie zu bilden, die auf ihrer allgemeinen Kenntnis und auf ihrem Urteil beruht. Dann beginnen sie eine intensive Untersuchung des verfügbaren Materials, um diese Ansichten bestätigt zu finden. Forschung, die (wenn auch unbeabsichtigt) vom (vorweggenommenen) Ergebnis her rückwärts arbeitet, ist von fraglichem Wert. Eine der Gefahren besteht darin, daß die allgemein verfügbaren und bekannten Zahlen – zumindest zu Anfang – ganz ermutigend aussehen. Denn der Analyst wurde sehr wahrscheinlich auf die Industrie überhaupt erst durch Anzeichen aufmerksam, die auf der Oberfläche optimistisch aussahen. Infolgedessen hat er die starke Neigung, die Sache damit bewenden zu lassen, ohne tiefer unter der Oberfläche nachzuforschen.

Vorsicht vor Börsenidolen

Gründliche Studien können die Unsicherheiten bei der Voraussage von relativ langfristigen Aussichten einer Industrie zwar verringern, aber nicht ganz ausschließen. Bis zu einem gewissen Grade sollten die Beurteilungsfaktoren bei jeder langfristigen Projektion schärfer und verläßlicher werden, je besser die Informationen werden. Nichtsdestoweniger müssen solche unscharfen Industriefaktoren wie die Art des Managements als qualitativer Faktor bei der Wertpapieranalyse angesehen werden.

Wenn der Analyst die Industrieaussichten betrachtet, muß er sich vor einer Anbetung dessen hüten, was sich vielleicht – um mit Francis Bacons' Ausdruck zu sprechen – „als Idol auf dem Marktplatz" erweisen mag. Die Bezahlung eines extrem großzügigen Kurses für erwartete zukünftige Verbesserungen – in Form eines sehr hohen Multiplikators für vergangene oder gegenwärtige Gewinne – ist kaum das Verfahren eines Geschäftsmannes. Der Investor sollte erwarten, für gute Beurteilung belohnt zu werden, wenn die erwartete Verbesserung eintritt. Aber wenn der heute gezahlte Kurs bereits die Performance von morgen vorwegnimmt, ist das beste, was ihm passieren kann, nichts zu verlieren. Angesichts der Ungewißheiten der Zukunft wäre das ein schlechtes Geschäft.

Vielversprechende Gesellschaften, hauptsächlich in vielversprechenden Industrien, werden immer zu höheren Kursen gehandelt als solche, die wenig aussichtsreich erscheinen. Der Analyst muß zwar diese Tatsache akzeptieren, aber er muß dafür Sorge tragen, daß er die Prämie für zukünftige Aussichten maßvoll begrenzt. Die Börse tut das im allgemeinen nicht. Das hat zeitweilig dazu geführt, daß einige unserer besten und stärksten Aktien zu spekulativen und riskanten Vehikeln wurden.

Bewertung durch die Börse und durch die Wertpapieranalyse

Der Analyst wird solche Werte als attraktiv bevorzugen, die zu einem niedrigeren Prozentsatz des geschätzten Wertes notieren im Vergleich zu denen mit einem höheren Prozentsatz. Unter Berücksichtigung des Stabilitätsfaktors wird er normalerweise eine diversifizierte Investmentliste von Aktien zusammenstellen, die den größten „Wert" für den gezahlten Kurs bieten. Eine der Grenzen dieser Methode beruht auf den Mängeln, die notwendigerweise allen Investmententscheidungen innewohnen: Sie beruhen zum großen Teil auf Schätzungen der zukünftigen Gewinne und auf einer mehr oder weniger subjektiven Wahl eines Multiplikators, der auf diese Schätzungen angewandt wird.

Der Analyst muß sich auch der innewohnenden Gegensätzlichkeit zwischen der Börsenbewertung und der Bewertung durch die Wertpapieranalyse bewußt sein. Die Börse neigt in ihrem allgemeinen Optimismus und Pessimismus zu wiederkehrenden Extremen; sie überbewertet ihre Investment- und Spekulationslieblinge und unterbewertet unpopuläre Aktien. Der Analyst sucht nach einem mittleren Grund für Aktien im allgemeinen und verringert etwas die riesige Spanne, die die Börse zwischen dem Bewertungsatz für populäre und unpopuläre Werte geschaffen hat. Diese Einstellung ergibt insgesamt ein gesundes Korrektiv für die Exzesse der Börse und liefert auf lange Sicht ein besseres Investmentresultat, als wenn man einfach der Masse folgt.

Diese Auffassung und die darauf beruhende Bewertungstechnik schließen aus der Investmentliste des Analysten oft gerade die Gesellschaften aus, die die am meisten beeindruckende Entwicklung von vergangenem Wachstum hinter sich und die besten Aussichten von zukünftigem Wachstum vor sich haben, – es sei denn, es handelt sich um Perioden von allgemein gedrückten Börsenkursen. Denn es sind gerade die Aktien dieser Gesellschaften, die von der Börse am großzügigsten bewertet werden; ihre Kurse liegen die meiste Zeit über dem maximalen Wert, den der Analyst ihnen noch zuerkennen kann. Und jeder dieser Werte hat die Möglichkeit eines weiteren erheblichen Kursanstiegs: Entweder übersteigt die folgende Wachstumsrate noch die konservativen Erwartungen des Analysten, oder aber die Börse selbst besteht auf einem unrealistisch hohen Multiplikator für ihre besonderen Lieblinge. Unsere Überzeugung geht dahin, daß in solchen Fällen eine im wesentlichen spekulative Entwicklung und Kurssteigerung besteht. Der Analyst kann sie mit seinen Hilfsmitteln weder vorhersehen noch mit ausreichender Zuversicht vorhersagen, um diese Werte zu empfehlen.

Kapitel 33
Kapitalstruktur

In unserer Diskussion über Kennzahlanalyse von Jahresabschlüssen in Kapitel 20 sprachen wir kurz über das Verhältnis von Aktienkapital (Eigenkapital) zum gesamten benutzten Kapital: Je höher dieses Verhältnis – unter sonst gleichen Voraussetzungen – umso besser die Krediteinstufung der Gesellschaft, umso höher wiederum die „Qualität" der Aktie und umso höher der Multiplikator, den man auf die Gewinne je Aktie anwenden kann. Eine Kapitalstruktur nur aus Aktien war jedoch nicht notwendigerweise die vorteilhafteste für die Eigentümer des Unternehmens. Auf diesen Punkt kommen wir nun zurück; es handelt sich um einen der Faktoren, die den Multiplikator für die Gewinne je Aktie und die Dividenden bestimmen. Zwei Fragen ergeben sich:

1. Wie sollten sich theoretisch Veränderungen in der Kapitalstruktur auf den Multiplikator für Gewinne und Dividenden auswirken?
2. Welche durchschnittliche Beziehung herrscht tatsächlich an den Börsen zwischen dem einen und dem anderen Faktor?

Die zweite Frage ist für den Analysten wichtiger als die erste. Aus Gründen der Klarheit wird jedoch die theoretische Frage zuerst erörtert; dann zeigen wir einschlägiges Material, das aus den Börsendaten abgeleitet ist, und schließlich entwickeln wir unsere Schlußfolgerungen in bezug auf das Bewertungverfahren und die Gesellschaftspolitik.[1]

Theorie der Kapitalstruktur

Eine der am meisten kontroversen Fragen der letzten 25 Jahre zur Gesellschaftsfinanzierung betrifft die Auswirkung der Kapitalstruktur auf den Börsenwert einer Gesellschaft. Die Kontroverse begann mit einer Theorie, die von Modigliani und Miller 1958 entwickelt wurde. Danach ist der Börsenwert einer Gesellschaft

---

[1] Zwei ausgezeichnete Sammlungen von Aufsätzen über dieses Thema wurden von B. M. Friedmann herausgegeben und durch die Universitiy of Chicago Press veröffentlicht: „The Changing Roles of Debt and Equity in Financing" U. S. Capital Formation, 1982 und Corporate Capital Structures 1985

unabhängig von ihrer Kapitalstruktur (Verhältnis von Schulden zu Eigenkapital).[2]) Diese ursprüngliche These, die Ertragssteuern oder andere Unvollkommenheiten der Börse ausschloß, wurde im folgenden durch die Autoren modifiziert, um den Steuerfaktor zu berücksichtigen.[3]) Seitdem hat sich eine ausgedehnte theoretische Literatur zur optimalen Kapitalstruktur entwickelt. Das Ausmaß des akademischen Interesses an dieser Frage zeigt sich daran, daß in den letzten 4 Jahren zwei Ansprachen von Präsidenten bei der jährlichen Versammlung der American Finance Assossiation den Überlegungen zur Kapitalstruktur gegolten haben.[4])

Die Kontroverse geht weiter. Die in der Wissenschaft überwiegende Meinung und empirische Daten unterstützen jedoch die Auffassung, daß die angemessene Benutzung von Fremdmitteln den Börsenwert einer Gesellschaft normalerweise erhöht. Mit anderen Worten: Es gibt es eine optimale Kapitalstruktur, und die Fremdfinanzierung berührt den Wert.[5]) Damit wird die Kapitalstruktur einer Gesellschaft in der Tat auch Einfluß auf ihre Bewertung an der Börse haben, und eine optimale Kapitalstruktur wird den Wert des Unternehmens optimieren.

Hypothetische Ergebnisse aus Variationen in der Kapitalstruktur

Wir wollen drei Industriegesellschaften in ähnlicher Situation betrachten, A, B und S (S steht hier für spekulativ). Jede von ihnen benutzt 10 Millionen Dollar Kapital und verdient vor Zinsen und Ertragssteuer 1,6 Millionen Dollar. Gesellschaft A hat Wertpapiere nur in Form von 100 000 Aktien ohne Nennwert. Gesellschaft B hat dieselbe Anzahl von Aktien plus 3 Millionen 10%iger Obligationen. Die Gesellschaft S hat wieder dieselbe Anzahl Aktien plus 8 Millionen 10%iger Obligationen.

Beispiel 1: Für unsere erste Betrachtung wollen wir annehmen, daß die Börse, unabhängig von der Kapitalstruktur für die Aktie das 11,6fache der Gewinne zahlt und daß die Obligationen auf pari stehen. Die sich daraus ergebenden Zahlen finden sich in Tafel 33.1. Dieses Ergebnis – wenn wir es tatsächlich an der Börse fänden – wäre außergewöhnlich. Gesellschaft A würde mit einer Prämie von 22,5 % über dem investierten Kapitalbetrag notieren, Gesellschaft B mit einer solchen von 29,5 % und Gesellschaft S mit einer Prämie von 41,2 %. Diese Unterschiede im Wert der Unternehmen würden lediglich auf der verschiedenen Kapitalstruktur

---

[2]) F. Modigliani und M. H. Miller „The Cost of Capital, Corporation Finance and the Theory of Investment" American Economic Revue, Juni 1958, S. 261–297

[3]) F. Modigliani und H. Miller, „Corporate Income Taxes and the Cost of Capital: A Correction", American Economic Revue, Juni 1963, S. 433–443. Eine weitere Erörterung bei M. H. Miller, „Debt and Taxes", Journal of Finance, Mai 1977, S. 261–278

[4]) F. Modigliani, „Debt, Dividend Policy, Taxes, Inflation and Market Valuation", Journal of Finance, Mai 1982, S. 255–273; und S. C. Myers, „The Capital Structure Puzzle", Journal of Finance, Juli 1984, S. 574–592

[5]) Eine umfassende Untersuchung findet sich bei J. C. Van Horne, „Financial Management and Policy", Prentice-Hall, Englewood Cliffs, N. J. 1976, S. 275–307

Kapitel 33: *Kapitalstruktur*

Tafel 33.1: Berechnung der Effekte der Kapitalstruktur – Konstante Multiplikatoren und Parikurs für die Obligationen (Dollarbeträge in Tausend)

Kapitalstruktur	Gesellschaft A	Gesellschaft B	Gesellschaft S
Obligationen – 10 Prozent	0 $	3 000 $	8 000 $
Buchwert des Eigenkapitals (Stammaktien)	10 000 $	7 000 $	2 000 $
Insgesamt eingesetztes Kapital	10 000 $	10 000 $	10 000 $
Nettoertrag vor Zinsen und Steuern	1 600 $	1 600 $	1 600 $
Zinsen	0 $	300 $	800 $
Rest	1 600 $	1 300 $	800 $
Ertragssteuer (34 Prozent)	544 $	442 $	272 $
Rest für Stammaktien	1 056 $	858 $	528 $
Wert des Eigenkapitals bei 11,6mal Gewinne	12 250 $	9 953 $	6 125 $
Wert der Obligationen bei Pari	0 $	3 000 $	8 000 $
Gesamtwert der Gesellschaft	12 250 $	12 953 $	14 125 $
Vor Steuern verdiente Zinsen		5,3×	2,0×
Eigenkapitalrentabilität	10,6 %	12,3 %	26,4 %

beruhen, einschließlich des Unterschiedes in der Steuerbelastung. Wenn unsere Annahmen über die Kursbeziehungen richtig wären, würden die Aktionäre offensichtlich am meisten dadurch gewinnen, daß sie den größtmöglichen Betrag von Obligationen ausgäben, und die vielgepriesene „saubere" Kapitalstruktur wäre ein kostspieliger Fehler. Natürlich sind unsere Annahmen nicht richtig. Die Aktien aller drei Gesellschaften würden *nicht* mit demselben Multiplikator für die Gewinne notiert werden, und auch die beiden Obligationen würden nicht denselben Kurs haben.

Beispiel 2: Wir wollen nun eine alternative Annahme unterstellen. Alle Gesellschaften befinden sich wieder in genau derselben Position, soweit es den Gesamtbetrag des eingesetzten Kapitals, die Gewinne vor Zinsen und Steuern und die Aussichten betrifft. Wir wollen annehmen, daß sie zu derselben Gesamtbewertung ihres Unternehmens gehandelt werden, ausgenommen den Faktor, daß Zinsbelastungen die Steuerlast erleichtern. Wir nehmen also an, daß die drei Gesellschaften mit demselben Multiplikator für den gesamten Gewinn auf das Kapital nach Steuern

Tafel 33.2: Berechnung der Effekte der Kapitalstruktur – Konstante Multiplikatoren für die gesamten Gewinne nach Steuern und Parikurs für die Obligationen (Dollarbeträge in Tausend)

	Gesellschaft A	Gesellschaft B	Gesellschaft S
Gewinne nach Steuern	1 056 $	858 $	528 $
Zinsen	0 $	300 $	800 $
Gewinne nach Steuern plus Zinsen	1 056 $	1 158 $	1 328 $
Angenommener Multiplikator für (Stamm-)Aktien	11,6×	11,6×	11,6×
Wert der Gesellschaft	12 250 $	12 953 $	14 125 $

gehandelt werden (Gewinne, die für das Aktienkapital zur Verfügung stehen plus Zinsen)[5a]. Der Einfachheit halber wollen wir weiter annehmen, daß die Obligationen jeweils zu pari notieren. Die sich ergebenden Werte für die drei Gesellschaften finden sich in Tafel 33.2.

Unter diesen Annahmen steigt der Wert der Unternehmen mit der steigenden Obligationenkomponente, weil dadurch Steuern gespart werden.

Eine realistischere Börsenreaktion

Tafel 33.3 zeigt ein realistischeres Bild der wahrscheinlichen Bewertung der Kapitalstruktur der drei Gesellschaften durch die Börse. Die Kapitalstruktur der Gesellschaft B wird im Hinblick auf ihre Schulden als angemessen angesehen. Die Schulden betragen 30 % des Gesamtkapitals (Fremdkapitalquote)[5b] und die Zinsdeckung vor Steuern beträgt 5,3 mal. Beide liegen innerhalb der oberen Grenze einer konservativen Schuldenaufnahme für ein typisches Industrieunternehmen. Der Vorteil der konservativen Fremdfinanzierung mit ihrer Steuerersparnis für den Investor in das Eigenkapital würde dazu führen, daß der Multiplikator für Gewinne

---

[5a] Anm. des Übersetzers: Gemeint ist, daß für alle drei Gesellschaften in gleicher Weise der Gewinn auf das Eigenkapital nach Steuern mit einem Gewinnmultiplikator von 11,6 bewertet wird und dazu der Paribetrag der Schulden (10%ige Obligationen mal 10) addiert wird, um so den Gesamtwert des Unternehmens zu bekommen, wie eine Berechnung ergibt.

[5b] Anm. des Übersetzers: Dieses Verhältnis wird in Deutschland gelegentlich als „Verschuldungsgrad" bezeichnet. Meist versteht man darunter jedoch das Verhältnis von Verschuldung zum Cash-flow, vgl. Nr. 11 der Definitionen der Dt. Vereinigung f. Finanzanalyse und Anlageberatung, Heft 21 der Beiträge zur Aktienanalyse

Tafel 33.3: *Berechnung der Effekte der Kapitalstruktur – Realistischer Börsenkurs für Obligationen und Aktien (Dollarbeträge in Tausend)*

	Gesellschaft A	Gesellschaft B	Gesellschaft S
Angenommener Obligationenkurs		100 $	70 $
Wert des Obligationenkapitals		3 000 $	5 600 $
Angenommener Multiplikator für die (Stamm-)Aktien	11,6×	12,0×	6,0×
Wert des Aktienkapitals	12 250 $	10 296 $	3 168 $
Börsenwert der Gesellschaft	12 250 $	13 296 $	8 768 $

für eine solche Gesellschaft geringfügig über dem für eine ähnliche Gesellschaft ohne Obligationen (Gesellschaft A) liegen würde.

Wenn man einen Multiplikator von 11,6mal für die Gesellschaft A und 12mal für die Gesellschaft B wählt und die Schulden zu pari bewertet, ergibt sich ein Gesamtwert von 12 250 000 $ für Gesellschaft A und 13 296 000 $ für B. Die Gesellschaft mit einem mäßigen Schuldenanteil hat einen Wertvorsprung von 8,5 % gegenüber der schuldenfreien Gesellschaft A.

Der Grund für einen höheren Multiplikator

Zunächst einmal erscheint die Annahme eines höheren Multiplikators für die Gesellschaft B merkwürdig. Eine Folge der Hebelwirkung durch Schuldaufnahme ist größere Schwankungsbreite der Gewinne, und wir wissen, daß die Börse dagegen eine Abneigung hat. Für sich genommen, sollte also eine Erhöhung in der Schwankungsbreite zu einer Verringerung des Multiplikators führen. Der wichtigere Effekt der Hebelwirkung, wenn richtig angewandt, besteht jedoch in einer Erhöhung der Eigenkapitalrentabilität. Gesellschaft A verdiente 1 056 000 Dollar auf ein Eigenkapital von 10 Millionen Dollar, das heißt 10,6 %. Gesellschaft B verdiente 858 000 $ auf 7 Millionen Dollar; das sind 12,3 %. Gesellschaft B kann einbehaltene Gewinne zu einer höheren Rate wieder investieren, wenn sie ihren Fremdkapitalanteil durch kleine zusätzliche Schuldenaufnahmen jedes Jahr aufrecht erhält. Bei gleicher Auszahlungsrate kann also B schneller wachsen als A oder bei derselben Wachstumsrate kann B höhere Dividenden zahlen als A. Der Effekt der Re-Investmentrate auf den Investmentwert wurde schon in Kapitel 29 erörtert.

Weitere wichtige Überlegungen

Es liegt natürlich auf der Hand, daß die Bedingungen der Fremdkapitalaufnahme, insbesondere der Zinssatz, die Hauptfaktoren sind, wenn man den Vorteil der

Fremdfinanzierung bestimmen will. Soweit es sich um den Multiplikator für Dividenden und Gewinne handelt, sollte der Analyst ihn allenfalls nur geringfügig erhöhen, wenn Schulden (und/oder Vorzugsaktien) konservativ und die Gewinne stabil sind. In diesen Fällen können die vorgehenden Verbindlichkeiten aber auch ganz unberücksichtigt bleiben, soweit es sich um die Wahl der Kapitalisierungsrate handelt. Die Auswirkungen auf die Finanzpolitik der Gesellschaft werden später in diesem Kapitel erörtert: Im allgemeinen fahren die Aktionäre besser, wenn die Gesellschaft einen maßvollen Betrag von Schulden hat, als wenn sie keine hat.

Gesellschaft S: ein Fall übermäßiger Verschuldung

Wir wollen nun Gesellschaft S betrachten, die als Extrembeispiel gewählt wurde. Gesellschaft S hat eine offensichtlich spekulative Kapitalstruktur mit entsprechender Instabilität und sogar möglicher Zahlungsunfähigkeit. Die Zinszahlung ist nur in knappem Maße gedeckt (nur zweimal vor Steuern) und die Aktie ist daher offensichtlich ungeeignet für ein konservatives Investment. Aus diesem Grunde würden die Obligationen normalerweise unter pari notieren und die Aktien zu einem relativ niedrigen Multiplikator ihrer durchschnittlichen oder augenblicklichen Gewinne. Eine der Auswirkungen einer Kapitalstruktur mit hoher Hebelwirkung (Fremdfinanzierung) besteht darin, den Börsenwert der Gesellschaft weitgehend unvorhersehbar zu machen. In einem günstigen finanziellen Klima mag die Gesellschaft S mit einer Prämie über den investierten 10 Millionen Dollar notieren. Aber wenn die Stimmung negativ oder auch nur neutral ist, mag sie ebensogut zu einem Abschlag vom Buchwert gehandelt werden. Zu solchen Zeiten können die Risiken infolge der übermäßig großen Obligationenkomponente den beeindruckenden finanziellen Hebeleffekt und die Steuerersparnis mehr als ausgleichen. Daher hat die Annahme, die wir für Tafel 33.2 gemacht haben – daß nämlich Gesellschaft S mit demselben Multiplikator für die gesamten Gewinne auf das Kapital notieren wird wie die anderen beiden Gesellschaft – keine gesunde Basis. Die Übervereinfachungen in bezug auf Gesellschaft S wurden nur für Demonstrationszwecke gemacht und sind offensichtlich nicht realistisch.

Eine formelle Bewertung spekulativer Gesellschaften vermeiden

Der Analyst wird es äußerst schwierig finden, einen angemessenen Multiplikator der projizierten Gewinne und Dividenden der Gesellschaft S für Bewertungszwecke zu wählen. Unsere Wahl des 6fachen in Tafel 33.3 beruht auf der willkürlichen Annahme, daß für diese Gewinne ein Multiplikator von ungefähr der Hälfte wie für die Gewinne der Gesellschaft A angebracht ist. Die Kapitalstruktur selbst gruppiert die Gesellschaft S in die spekulative Kategorie ein, genauso als ob etwa Ungewißheiten über die zukünftigen Geschäftsaussichten eines Industrieunternehmens bestünden. Wie wir schon mehrfach erwähnt haben, sollte der Analyst eine formelle Bewertung von im wesentlichen spekulativen Unternehmen vermeiden.

In einem spekulativen Börsenklima werden die Investoren der hohen Eigenkapitalrentabilität und den damit zusammenhängenden Wachstumsaussichten der Gesellschaft S mehr Aufmerksamkeit widmen als den hohen Risiken, und der Multiplikator der Gesellschaft S mag sogar den der Gesellschaften A und B überholen.

Kapitalstrukturen und tatsächliche Gewinnmultiplikator in der Praxis

Unsere bisherige Untersuchung lief auf den Schluß hinaus, daß die Gesellschaft B zu bevorzugen sei – eine Kapitalstruktur mit einer konservativen Form von Hebelwirkung durch Fremdkapital. Wir wollen nun die tatsächlichen Kennzahlen für das Verhältnis von Eigenkapital zum gesamten benutzten Kapital (Eigenkapitalquote) und die Gewinnmultiplikatoren betrachten, und zwar zunächst für Elektrizitätsversorgungsunternehmen. Dann werden wir die Kennzahlen für das Verhältnis von Schulden zum Gesamtkapital (Fremdkapitalquote), und die Gewinnmultiplikatoren für andere ausgesuchte Industrien untersuchen, um herauszufinden, inwieweit sie unsere Auffassung bestätigen oder daran Zweifel erwecken.

Daten für Stromversorgungsunternehmen

Obwohl Stromversorgungsunternehmen im einzelnen erhebliche Unterschiede aufweisen, bieten sie in genügend großer Anzahl erhebliche Homogenität. Wenn die tatsächliche Kapitalstruktur einen nennenswerten Effekt auf den jeweiligen Multiplikator hat, müßten die Daten unsere These unterstützen. Tafel 33.4 faßt die Zahlen für 102 Stromversorgungsunternehmen für 1984 zusammen.[6])

Die Eigenkapitalquote der 102 Gesellschaften ist stark in dem Bereich 36–47 % konzentriert. Innerhalb dieser großen Häufigkeitsgruppe (Modal Group), und wenn man den Mittelwert (Median) als angemessenes Maß benutzt, sinkt das Kurs-/Gewinnverhältnis nur um einen Punkt – von 6,6 auf 5,6 –, wenn die Eigenkapitalquote in der Kapitalstruktur von 45,5 % auf 37,5 % (Mittelpunkte der Gruppenintervalle – Midpoints of Class Intervals) sinkt. Dies bestätigt unsere frühere Empfehlung, daß der Analyst für Gesellschaften mit konservativer Kapitalstruktur nur sehr bescheidene Anpassungen im Multiplikator für den Schuldenfaktor – wenn überhaupt – vornehmen sollte.

---

[6]) Zusammengestellt aus: The Value Line Investment Survey, Value Line, Inc.: 23. Januar 1987, S. 701–749; 6. März 1987, S. 1715–1733; 27. März 1987, S. 175–210. Nach 1984 wurden zahlreiche Kernkraftwerke fertiggestellt; das brachte erhebliche Gebührenprobleme und führte zu größeren Diversifizierungsanstrengungen durch eine Anzahl von Versorgungsunternehmen. Infolgedessen besteht jetzt wesentlich weniger Homogenität in der Industrie.

Tafel 33.4: Kapitalstruktur und Gewinnmultiplikator für 102 Elektrizitätsversorgungsunternehmen

Anteil des Eigenkapitals	Kurs-/Gewinnverhältnisse			Zahl der Gesellschaften
	Hoch	Tief	Mittelwert (Median)	
Unter 36 Prozent	8,7	4,5	5,0	8
36–39 Prozent	9,4	2,2	5,6	27
40–43 Prozent	12,4	2,0	6,0	32
44–47 Prozent	8,4	5,6	6,6	26
48 Prozent und darüber	11,1	4,7	6,7	9

Industriedaten

Tafel 33.5 gibt über die Jahre 1982–1985 für die 25 einzelnen hauptsächlichen US-Industriezweige eine Zusammenstellung der durchschnittlichen Prozentsätze des langfristigen Fremdkapitalanteils am gesamten benutzten Kapital sowie das durchschnittliche Kurs-/Gewinnverhältnis.[7] (Der „langfristige Fremdkapitalanteil" erfaßt nur die langfristigen Schulden, wie sie aus den Gesellschaftsbilanzen hervorgehen, und enthält nicht die kurzfristigen Verbindlichkeiten und etwaige Finanzierung außerhalb der Bilanz – off Balance Sheet Financing.) Die Industrien sind nach Kurs-/Gewinnverhältnis geordnet. Zwei Tatsachen springen ins Auge: Erstens besteht keine enge Beziehung zwischen dem Verhältnis der beiden Anteile in der Kapitalstruktur und den Kurs-/Gewinnverhältnissen der einzelnen Industrien. Zweitens ist die Benutzung von langfristigen Verbindlichkeiten sehr maßvoll; nur in drei Fällen überstiegen sie 35 % des gesamten benutzten Kapitals. Für fünf Industrien lag die Zahl unter 15 %. Der Durchschnitt für die 25 Industrien beträgt 24,33 %.

Hätten wir nicht das Verhältnis der langfristigen Verbindlichkeiten zum Buchwert des Gesamtkapitals genommen, sondern dafür den Börsenwert der (Stamm-) Aktien benutzt, wäre der Fremdkapitalanteil der meisten größeren Industrieunternehmen geringer gewesen. Wenn man beispielsweise den S&P 400 als repräsentativ für die größeren Industriegesellschaften in den Industriegruppen von Value Line ansieht, lag 1982–1985 das durchschnittliche Verhältnis Kurswert zu Buchwert bei 143 %. Auf dieser Basis würde die obige Fremdkapitalquote von 24,3 % auf 17 %

---

[7] Zusammengestellt aus: Value Line, Inc. Value Line Investment Survey: 2. Januar 1987, S. 334; 9. Januar 1987, S. 401, 446, 500: 16. Januar 1987, S. 551; 23. Januar 1987, S. 812; 30. Januar 1987, S. 851, 912, 954, 974; 6. Februar 1987, S. 1001, 1027, 1078, 1118; 13. Februar 1987, S. 1240, 1250; 27. Februar 1987, S. 1451; 6. März 1987, S. 1621, 1632; 13. März 1987, S. 1829; 27. März 1987, S. 113, 127, 138, 147, 211.

Tafel 33.5: Vergleich des Fremdkapitalanteils am Gesamtkapital mit den Gewinnmultiplikatoren für 25 Industrien – Durchschnitte 1982–1985 (geordnet nach Multiplikatoren)

Industrien	Langfristige Verbindlichkeiten als % des Gesamtkapitals	Kurs-/Gewinnverhältnis
Elektronik	19,6	20,7
Präzisionsinstrumente	12,0	17,9
Ölproduktion	51,3	17,5
Haushaltsgeräte	17,3	16,1
Medizinische Geräte	21,0	15,1
Bauindustrie	31,4	13,7
Autoersatzteile	17,5	13,6
Computer und Zubehör	14,5	13,4
Chemie (Spezialitäten)	21,3	12,3
Verpackung und Behälter	29,2	12,3
Pharmazeutische Produkte	11,8	12,2
Büroausrüstung und -Geräte	21,8	12,0
Chemie (Grundstoffe)	30,1	11,7
Erdgas (diversifiziert)	46,4	11,7
Elektronische Ausrüstung	10,0	11,0
Einzelhandel	39,4	11,0
Toiletten- und Kosmetikartikel	24,2	10,9
Möbel und Ausstattung	16,1	10,7
Haushaltsprodukte	19,2	10,7
Reifen und Gummi	25,7	10,3
Textilien	26,7	10,0
Lebensmittelverarbeitung	25,1	9,9
Luftfahrt und Verteidigung	14,6	9,5
Alkohol und Tabakwaren	32,7	8,4
Ölindustrie (integriert)	29,0	6,7

fallen. Wenn man also den Börsenwert benutzt, haben viele große Gesellschaften (ungefähr ¾), einen Fremdkapitalanteil von unter 20 %.

Unsere Schlußfolgerung aus diesen Daten geht dahin, daß für die Masse der Aktien die augenblickliche Fremdkapitalquote keinen erkennbaren Effekt auf den Gewinnmultiplikator hat, und zwar aus zwei Gründen: 1. liegt die Fremdkapitalquote für die meisten Industrien weit innerhalb konservativer Grenzen, und 2. hat die große Mehrzahl der Gesellschaften eine Kapitalstruktur, die in einer engen Bandbreite liegt und den augenblicklichen Standard für die jeweilige Industrie darstellt. Der Unterschied zwischen den unteren und oberen Grenzen dieser Spannen ist nicht groß genug, um den Multiplikator in irgendeiner nennenswerten Weise zu beeinflussen. Überdies wird ein etwaiger geringfügiger Einfluß typischerweise durch den viel stärkeren Faktor der erwarteten Wachstumsrate überdeckt.

Theorie und tatsächliche Multiplikatoren – Schlußfolgerung

Die Ergebnisse dieser Untersuchung von tatsächlichen Erfahrungsdaten stehen andererseits unserer These nicht ernsthaft entgegen, daß Gesellschaften mit maßvoller Verschuldung wahrscheinlich einen etwas größeren Unternehmenswert haben als dieselbe Art von Gesellschaft ohne Schulden. Dies würde sicherlich gelten, wenn die Multiplikatoren für Gesellschaften mit maßvoller Verschuldung im allgemeinen jedenfalls nicht tiefer lägen als diejenigen von Gesellschaften mit geringer oder gar keiner Verschuldung. Die meisten verfügbaren Daten sprechen genau dafür. Die Ergebnisse bestätigen unsere Empfehlung, daß der Analyst innerhalb einer vernünftigen Spanne von gesunder Verschuldung wenig oder überhaupt keine Anpassung des Gewinnmultiplikator für Unterschiede in der Fremdkapitalquote vornehmen sollte.

Gesellschaftspolitik in bezug auf die Kapitalstruktur

Die eben beendete Erörterung führt aus dem Gebiet arithmetischer Berechnungen und Aktienbewertungen in das der Gesellschaftspolitik. Unsere Schlußfolgerung ging dahin, daß Gesellschaft B einen größeren Unternehmenswert haben wird als Gesellschaft A – *nur weil ihre Kapitalstruktur besser geeignet ist*. Das legt die Vermutung nahe, daß die Aktionäre der Gesellschaft A sich besser stünden, wenn jenes Unternehmen zu 30 % mit Obligationen kapitalisiert (finanziert) wäre, anstatt nur Aktien (Eigenkapital) zu benutzen. Viele Gesellschaftsmanager und erfahrene Investoren mögen dieser Schlußfolgerung widersprechen. Es entspricht der traditionellen Denkungsweise, Gesellschaftsverbindlichkeiten als etwas von Natur aus Ungünstiges anzusehen und eine „saubere Bilanz" – das heißt eine Kapitalisierung nur mit Aktien (Eigenkapital) – als lobenswerten Erfolg für das Management zu betrachten.

Zur Verteidigung von Verschuldung

Daß übermäßige Verschuldung schädlich ist, bedarf keiner Erörterung, und die Geschichte der Eisenbahnen zeigt dies nur zu gut. Aber es wäre nur zu naiv, aus solchen Beispielen zu folgern, daß alle Schulden bei Gesellschaften schlecht und zu vermeiden seien. Wenn das so wäre, verdienten nur die Gesellschaften eine gute Krediteinstufung, die niemals Kredit aufnehmen. Und wie wäre es möglich, konservatives Investment mit Investment in Obligationen gleichzusetzen – wie es Lebensversicherungsgesellschaften, Sparkassen und Trustfunds tun – wenn die bloße Aufnahme einer Obligationenschuld schon bedeutet, daß die Gesellschaft einen gefährlichen und unvorsichtigen Schritt unternommen hätte? Offenbar sind die Bedenken gegen Fremdkapital an sich eher ein Klischee als ein ernstzunehmendes Prinzip der Gesellschaftsfinanzierung.

Nach unserer Meinung kann die Frage, ob Gesellschaftsschulden erwünscht oder unerwünscht sind, nicht nach allgemeinen Prinzipien entschieden werden, sondern nur nach den Einzelheiten des Falles. Für manche Gesellschaften sind schon geringfügige Schulden gefährlich, und es könnten nicht ohne Gefahr genügend Schulden gemacht werden, um die Maßnahme lohnenswert zu machen. Für die meisten öffentlichen Versorgungsgesellschaften ist eine erhebliche Verschuldung durch die innewohnende Stabilität ihres Betriebes gerechtfertigt. Der Vorteil für die Aktionäre aus der Benutzung von billigem Geld (nach Steuerersparnissen) ist wesentlich, um das eigene Investment rentabel zu machen. Üblicherweise wird die typische Kapitalstruktur eines Versorgungsunternehmens so gesehen, daß sie aus ungefähr 45–50 % Schulden, 10 % Vorzugsaktien und 40–45 % Stammaktien und Rücklagen besteht.

Im Falle von Unternehmen, die keine Versorgungsgesellschaften sind, kann man nicht den Buchwert des Eigenkapitals nehmen, um danach zu beurteilen, ob die Schuldenstruktur gesund ist. Denn es besteht keine Sicherheit, daß die Gewinne dem Buchinvestment entsprechen. (Die Eisenbahnen scheinen eher die umgekehrte und melancholische Sicherheit zu geben, daß die Gewinne *nicht* den Vermögenswerten entsprechen.) Das erste Kriterium einer gesunden Schuldenaufnahme ist daher nicht unbedingt die Bilanz, sondern in erster Linie die Gewinn- und Verlustrechnung über einige Jahre und eine nüchterne Einschätzung der Ungewißheiten der Zukunft.

Das Prinzip der optimalen Kapitalstruktur

Die Kriterien aus Teil 3 für eine richtige Obligationenauswahl können auch als Kriterien für eine gesunde Obligationenfinanzierung durch Gesellschaften benutzt werden. Bei den meisten Unternehmen sollte die Obligationenkomponente nicht höher – und nicht zu viel niedriger – liegen als der Betrag, den sorgfältige Finanzinstitutionen bereitwillig zum laufenden Satz für gesunde Risiken leihen würden. Das läge wahrscheinlich im Interesse der Eigentümer und ergäbe das, was man eine *optimale Kapitalstruktur* nennt. Der Obligationenanteil für Industriegesellschaften kann typischerweise um 30 % des gesamten Kapitals angesetzt werden.

Wenn die Zinssätze hoch liegen, ist die Auswirkung eines vorhandenen Betrages von Fremdkapital auf die Schwankungsbreite der Gewinne hoch. An irgendeinem Punkt überschreiten die Kosten für Schulden den Ertrag vor Steuern auf das gesamte Kapital, und das heißt, daß die Ausgabe neuer Schulden einen negativen Effekt auf die Eigenkapitalrentabilität hätte. Zu Zeiten ist Aktienkapital billiger als vorgehende

Wertpapiere und sollte an ihrer Stelle benutzt werden. Offensichtlich ändert sich die optimale Kapitalstruktur mit den Bewegungen der Börsen und den Änderungen in der Steuergesetzgebung.

Faktoren zu Gunsten einer Obligationenkomponente

Wie schon gesagt sollte eine Industriegesellschaft von einiger Größe und vernünftiger Gewinnstabilität eine Obligationenkomponente von konservativer, aber nennenswerter Größe haben. Die günstige steuerliche Behandlung der Belastung durch Obligationenzinsen vermindert die Kosten von Obligationengeld in den meisten Fällen um 34 % und bringt die Nettokosten dafür erheblich unter die für Aktienkapital. Im Beispiel unserer Gesellschaft B entsprachen die 300 000 Dollar Gewinn vor Steuern einem Betrag von drei Millionen Dollar Obligationen; die verbleibenden 1,3 Millionen Dollar Reinertrag vor Steuern entsprachen jedoch nur 953 000 $ Aktienkapital (Tafel 33.1). Dies ist ein Verhältnis von 1,3 zu 1 zu Gunsten des Obligationengeldes.[8]

In der Praxis betrifft ein Anwendungsgebiet für die Prinzipien einer optimalen Kapitalstruktur solche Gesellschaften, die eine gute Finanzposition, wenig oder gar keine Schulden und ungenügende Gesamtkapitalrentabilität haben. Ihre Aktien notieren vermutlich ständig zu Börsenkursen unter dem Buchwert. Wenn solche Gesellschaften bevorrechtigte Wertpapiere ausgeben und damit die Akquisition von anderen Unternehmen mit erheblicher Ertragskraft finanzieren, ist das sehr wahrscheinlich von echtem Nutzen für die Aktionäre. Als Alternative könnten solche Gesellschaften Darlehen aufnehmen und damit Aktien zurückkaufen, um so eine besser ausgeglichene Kapitalstruktur zu schaffen.

---

[8] Im Augenblick notieren die Aktien zu einem Kurs-/Gewinnverhältnis von 16mal, was einer Gewinnrendite von 6,25 % entspricht. Die Rendite auf neu herausgegebene Obligationen liegt bei etwa 8,75 %, kostet also die Gesellschaft nach Steuern 5,8 %. Daher liegen die Kosten für eine Finanzierung durch Schuldenaufnahme zur Zeit nur leicht unter denen für eine Finanzierung durch Aktienausgabe.

Kapitel 34
Der Substanzwert bei der Bewertung von Aktien

Kapitel 19 erörterte Techniken, um den Nettovermögenswert je Aktie und gewisse damit zusammenhängende Zahlen je Aktie zu berechnen. Kapitel 34 untersucht die Bedeutung solcher Berechnungen für die Bewertung und Auswahl von Aktien.

Erneutes Interesse an der Vermögensbewertung

1962 führten wir aus: „Die Tatsache ist, daß – ausgenommen in bestimmten begrenzten Bereichen – die Vermögenswerte (Substanzwerte) an der Börse buchstäblich ignoriert werden." Seitdem hat es eine leichte Veränderung in Richtung auf stärkere Berücksichtigung gegeben. Die Welle von Zusammenschlüssen und Akquisitionen hat die Aufmerksamkeit auf den Substanzwert gelenkt, besonders wenn ein Teil der erworbenen Gesellschaft wieder veräußert werden kann. Die Berechnungen von Gesamtkapitalrentabilität und Eigenkapitalrentabilität haben ebenfalls dazu geführt, daß die Analysten die Vermögenswerte einer Gesellschaft gründlicher untersuchen. Hinzu kommt, daß jetzt noch ein weiteres Maß für Gewinnwachstum benutzt wird, nämlich die Gewinneinbehaltungsrate mal Eigenkapitalrentabilität. Dieser analytische Schritt führt zu einer Untersuchung der Vermögenswerte. Um das zu illustrieren, wollen wir eine Dividendenauszahlungsrate von 40 % der Gewinne annehmen und damit eine Einbehaltungsrate von 60 %, weiter eine Eigenkapitalrentabilität von 2o%. Die Wachstumsrate des Buchwertes beträgt 12 % (0,60 × 0,20 = 0,12). Wenn die Eigenkapitalrentabilität bei 20 % bleibt, werden auch die Gewinne mit 12 % wachsen.

Die Substanz (die Vermögenswerte) ist schon lange in solchen Industrien wie öffentliche Versorgungsunternehmen, Finanzgesellschaften, Gesellschaften für Holzprodukte, Öl, Gas und Bergwerke als wichtig erkannt worden. Diese Industrien werden am Ende dieses Kapitels kurz erörtert.

Aufschlußreiche Daten

Wir glauben, daß das Verhältnis zwischen Kurs- und Buchwert erhöhte Beachtung bei der Analyse von Industrieunternehmen verdient. Daten insoweit für 596 große

Tafel 34.1: Beziehung zwischen Börsenkurs und Buchwert

Verhältnis von Kurs zu Buchwert	Zahl der Gesellschaften
50 bis 100 Prozent	45
100 bis 200 Prozent	196
200 bis 500 Prozent	295
500 bis 1000 Prozent	48
über 1000 Prozent	12
Insgesamt	596

Quellen: Zusammengestellt aus „The 1000 Largest U.S. Companies Ranked by Stock-Market Valuation", Business Week, Special Issue, 18. April 1986, S. 62.

US-Industriegesellschaften finden sich in Tafel 34.1. Fast 60 % der Gesellschaften hatten am 21. März 1986 ein Verhältnis von Kurs- zu Buchwert von über 200 %, und 10 % wurden mit über 500 % des Buchwertes gehandelt.

Tafel 34.2 vergleicht die durchschnittlichen jährlichen Zahlen für Kurs- und Buchwert für 1971 und 1985 für 28 von den 30 Werten, aus denen sich der DJJ zusammensetzt. Diese Übersicht zeigt die weite Spanne der Verhältnisse von Kurs- zu Buchwert innerhalb einer Gruppe von vergleichbaren großen Gesellschaften. 1971 war der Wert bei Coca Cola (835 %) 18mal so groß wie der für USX (früher US Steel) mit 47 %. 1985 war die Spanne zwischen den Extremwerten viel geringer; das Verhältnis für Coca Cola (332 %) war 5,5mal so hoch wie für Texaco (60 %). Das durchschnittliche Verhältnis von Kurs- zu Buchwert für die 28 Gesellschaften fiel von 290 % im Jahre 1971 auf 164 % im Jahre 1985.

Die Behandlung des Nettovermögens durch die Börse

Der Vermögensfaktor im privaten Geschäftsleben

Das Vermögen ist ein Hauptfaktor bei der Bewertung der meisten privaten Unternehmen. Der private Eigentümer hat oft kein besseres Maß für den Wert des Unternehmens als den Buchwert. Daher fängt er meist mit dieser Zahl an, und oft hört er auch damit auf. Etwaige Anpassungen werden in Richtung von versuchsweisen Zuschlägen für Goodwill liegen, der allerdings konservativ bewertet wird.

An der Börse gehandelte Aktien

Dieses Verfahren gilt nicht für die an der Börse gehandelten Aktien. Durch Untersuchung ihres tatsächlichen Verhaltens an der Börse können wir allerdings

Tafel 34.2: Verhältnis von Kurs zu Buchwert für 28 DJJ-Gesellschaften 1985 und 1971

	Durchschnittlicher Buchwert 1985	Durchschnittlicher Kurs 1985	Verhältnis von Kurs zu Buchwert 1985	Verhältnis von Kurs zu Buchwert 1971
Allied Signal	33,00 $	40,95 $	124,1 %	99,5 %
Alcoa	40,12 $	35,30 $	88,0 %	95,5 %
American Can	22,80 $	28,80 $	126,3 %	91,7 %
American Express	21,59 $	45,45 $	210,5 %	460,9 %
Bethlehem Steel	17,58 $	16,80 $	95,6 %	54,8 %
Boeing	26,73 $	44,50 $	166,5 %	50,3 %
Chevron	44,31 $	35,05 $	79,1 %	97,2 %
Coca-Cola	7,40 $	24,55 $	331,8 %	835,0 %
DuPont	50,84 $	58,50 $	115,1 %	238,8 %
Eastman Kodak	29,82 $	47,20 $	158,3 %	571,8 %
Exxon	38,33 $	50,20 $	131,0 %	144,6 %
General Electric	29,07 $	64,75 $	222,7 %	368,0 %
General Motors	83,74 $	75,15 $	89,7 %	248,9 %
Goodyear	31,11 $	28,55 $	91,8 %	156,7 %
IBM	47,61 $	138,10 $	290,1 %	564,3 %
International Paper	66,32 $	51,05 $	77,0 %	142,9 %
McDonald's	15,91 $	44,20 $	277,8 %	757,1 %
Merck	18,21 $	57,05 $	313,3 %	800,3 %
MMM	33,94 $	82,60 $	243,4 %	532,0 %
Philip Morris	18,35 $	41,80 $	227,8 %	276,1 %
Procter & Gamble	30,96 $	61,10 $	197,4 %	400,2 %
Sears, Roebuck	30,64 $	36,00 $	117,5 %	342,9 %
Texaco	56,10 $	33,65 $	60,0 %	139,6 %
Union Carbide	21,56 $	18,15 $	84,2 %	146,3 %
United Technologies	30,81 $	40,50 $	131,5 %	83,3 %
USX	44,58 $	28,70 $	64,4 %	47,0 %
Westinghouse	21,22 $	36,10 $	170,1 %	202,5 %
Woolworth	17,57 $	24,80 $	141,1 %	168,0 %

Hinweis: American Telephone and Telegraph und Navistar mußten ausscheiden, weil sie für die beiden Jahre nicht vergleichbar sind.

Quelle: Zusammengestellt aus Value Line, Inc., The Value Line Investment Survey, Ausgaben veröffentlicht vom 9. Januar bis 3. April 1987.

einige Beziehungen erkennen, die zwischen der Bewertung von materiellen Vermögenswerten und von Goodwill bestehen. Diese Beziehungen sind grundsätzlich entgegengesetzt denen, die im Bereich privater Unternehmen herrschen. Dies wäre

Tafel 34.3: Hypothetischer Einfluß des Buchwertes auf den Aktienkurs

	Gesellschaft A	Gesellschaft B	Gesellschaft C
Buchwert je Aktie (nur materielle Vermögenswerte)	100 $	100 $	100 $
Ertrag auf das Eigenkapital	10 %	14 %	8 %
Angenommener Multiplikator für Gewinne	10	13	8
Daraus folgender Börsenkurs	100	182	64
Daraus folgende Goodwill-Komponente	0	82	−36
Gewinne, zurechenbar			
den materiellen Vermögenswerten (10 %)	10 $	10 $	10 $
dem Goodwill (plus oder minus 5 %)	0	+ 4	− 2
Gesamte Gewinne	10 $	14 $	8 $

jedenfalls richtig unter der plausiblen Annahme, daß die Multiplikatoren der Börse für Aktien sich mehr oder weniger im selben Verhältnis bewegen wie der Prozentsatz der Rendite auf das Eigenkapital: Das heißt Aktien mit hoher Eigenkapitalrendite werden auch zu einem hohen Kurs-/Gewinnverhältnis gehandelt. Die arithmetischen Folgen aus einer solchen Einstellung der Börse kann man in Tafel 34.3 sehen, die auf gewissen übervereinfachten Annahmen beruht.

Die Bedingungen wie in Tafel 34.3 finden wir an einer Börse, wo eine Eigenkapitalrentabilität von 10 % gerade ausreicht, damit eine Aktie zum Buchwert notiert. Wenn Aktien höhere Gewinne haben, erhalten sie durch die Börse eine Prämie für Goodwill – ihr Börsenkurs spiegelt immaterielle Werte wieder, die sich nicht im materiellen Eigenkapital zeigen. Besonders kennzeichnend ist der negative Goodwill (eher die Einstellung potentieller Investoren, nicht so sehr potentieller Kunden gegenüber dem Unternehmen), der durch die niedrige Rentabilität der Gesellschaft C geschaffen wird. Mit anderen Worten: Wenn eine Gesellschaft einen niedrigen Ertrag auf das investierte Kapital bringt, wird sie meist mit einem Abschlag vom Vermögenswert gehandelt.

Betonung auf Rentabilität oder zukünftigem Wachstum

Der Leser mag einwenden, daß unsere Berechnung den Multiplikator ausschließlich von der Eigenkapitalrentabilität her ableitet. Dies stehe nicht mit unserer wiederholten Feststellung in Einklang, daß Börsenmultiplikatoren hauptsächlich durch die angenommene Rate des zukünftigen Wachstums bestimmt werden. Der Widerspruch ist aber nur scheinbar, denn hohe Rentabilität und gutes Wachstum gehen meist Hand in Hand.

Substanz als negativer Wertfaktor

Ein ernsthafterer Einwand gegen unsere Art von Berechnung besteht darin, daß sie ein Investment in ein großes Vermögen weniger wertvoll macht als in ein kleines – und so in gewissem Sinne die Vermögenswerte zu Verbindlichkeiten umwandelt. Denn hätte die Gesellschaft C nur ein Eigenkapital von 57 $ je Aktie anstelle von 100 $, so würde sie 14 % auf ihr Eigenkapital verdienen. Dann hätte sie ein Anrecht auf den Multiplikator 13 der Gesellschaft B, und damit würde sie zu 104 $ je Aktie anstatt zu 64 $ notieren. Heißt dies, daß die zusätzlichen Vermögenswerten von 43 $ je Aktie der Gesellschaft C tatsächlich als negativer Faktor, buchstäblich als Verbindlichkeit in Höhe von mindestens 40 $ wirken? Wenn das so wäre: Könnte die Gesellschaft C nicht ihren Aktionären dadurch nutzen, daß sie ihre Vermögenswerte durch außerordentliche Abschreibungen herabsetzt? Durch einen Federstrich würde sie ihre Rentabilität erheblich erhöhen und ihrem Börsenkurs 47 % hinzufügen.

Dies ist vielleicht eine interessante Idee, aber in der Regel keine praktische.[1]) Wertpapieranalysten lassen sich kaum durch eine solche offensichtliche finanzielle Taschenspielerei in die Irre führen. Außerdem beruht, wie schon erklärt, der Test der Rentabilität nicht nur auf der Eigenkapitalrentabilität, sondern auch auf der vergleichsweisen Gewinnspanne auf den Umsatz (Gewinnquote) und auf der Gesamtkapitalrentabilität.

Börseneinführung von kleinen Gesellschaften

Trotz theoretischer Einwände dagegen, daß die Börse Vermögenswerte auf diese Weise ignoriert, muß der Analyst diese Einstellung akzeptieren. Er sollte aber auf Situationen achten, in denen die Vermögenswerte tatsächlich eine ziemlich bedeutende Rolle für den Börsenkurs spielen. Eine Gruppe solcher Fälle findet sich bei der Börseneinführung neuer Aktien von relativ kleinen Gesellschaften – besonders Unternehmen der Hochtechnologie. Hier zeigt die Diskrepanz zwischen der Bewertung eines privaten Unternehmens und der Bewertung durch die Börse ihre auffälligsten und schlimmsten Resultate.

In der entfernten Vergangenheit bestand das Kriterium für Aktien, die man an der Börse einführen konnte und die man nicht einführen konnte, hauptsächlich in der Größe des Unternehmens. Unter den Millionen kleiner Unternehmen war es niemals

---

[1]) Maßnahmen dieser Art wurden tatsächlich in den dreißiger Jahren von einigen Gesellschaften ergriffen; sie schrieben ihr Sach-Anlagevermögen auf Werte von 1 $ ab. Der Hauptzweck bestand allerdings darin, die Gewinn- und Verlustrechnung von den Abschreibungsbelastungen zu befreien.

schwierig, eine erhebliche Anzahl zu finden, die über mehrere Jahre der Vergangenheit eine hohe Eigenkapitalrentabilität und gutes Wachstum aufwiesen. Aber solche günstigen Ergebnisse lassen sich eher mit einem kleinen Unternehmen erzielen, etwa einem Investment unter einer Million Dollar. Bei einem großen Unternehmen steht den Gewinnen ein erhebliches Kapital gegenüber. Verantwortliche Investmentbanken sahen kleine Gesellschaften nicht als geeignet für eine Börseneinführung an, weil aus ihrer geringen Größe besondere Unsicherheiten erwachsen. Seit Anfang der sechziger Jahre begann jedoch eine Flut von kleinen Gesellschaften die Börse zu überschwemmen. Viele von ihnen konnten durch eine hohe Gesamtkapitalrentabilität und offensichtlich eindrucksvolle Wachstumsraten (meist nur für einige wenige Jahre der Vergangenheit) einen Einführungskurs erzielen, der ein Mehrfaches des Nettoeigenkapitals betrug und der spätere Börsenkurs lag noch erheblich darüber.

Der Kauf solcher Papiere zu Kursen, die ein Mehrfaches ihrer Buchwerte betragen, muß ein erhebliches Risiko für die Käufer insgesamt bedeuten, und dieses Risiko hängt unmittelbar mit der Vermögenssituation zusammen. In früheren Perioden solcher Angebote – immer im höheren Bereich von Bullmarkets – ging die Entwicklung für die meisten dieser neuen Werte regelmäßig dahin, daß sie unter ihren Buchwert fielen. Hinterher dann erkannte man, daß sie wegen ihrer unzureichenden Größe ungeeignet für das Publikum waren, und ihre Aktien fanden an der Börse Käufer nur zu Ausverkaufspreisen. Anstatt sie also (wie zuerst) großzügiger zu bewerten als ein Privatmann, sah sie Wall Street nunmehr als wesentlich weniger wert für den Käufer an, als sie ein privater Eigentümer bewertet hätte.

Der Vermögenswert bei größeren Gesellschaften

Höhere Zahlen für das Verhältnis von Kurs- zu Buchwert kommen natürlich auch bei gutgehenden größeren Gesellschaften vor, nicht nur bei den eben erörterten kleinen Unternehmen. Aus der Erfahrung ließe sich nur schwer ein Beweis dafür finden, daß eine hohe Verhältniszahl zwischen Kurs- und Buchwert für sich genommen im Falle einer führenden Gesellschaft ihren Kauf riskant und unvorsichtig machen würde. Eine etwaige Gefahr wäre viel deutlicher mit einem hohen Multiplikator für die laufenden oder die durchschnittlichen Gewinne verbunden – das heißt mit einer übermäßig großzügigen Vorwegnahme zukünftiger Aussichten. Infolge der Eigenart des Bewertungsprozesses an der Börse gehen allerdings die beiden Verhältniszahlen der Tendenz nach Hand in Hand.

Quantitative Anpassungen für Vermögenswerte

Es gibt plausible Gründe dafür, dem Substanzfaktor bei allen Bewertungen des Analysten getrenntes Gewicht zu geben und damit die Berechnung des inneren Wertes einer Gesellschaft zu verringern, wenn dieser Wert, gestützt auf andere Faktoren, ein hohes Vielfaches des Buchwertes für das Eigenkapital (Net Worth) erreicht. Ein Grund besteht darin, daß bei rechtlichen Bewertungen, die für die verschiedensten Zwecke angestellt werden, Vermögenswerte niemals ignoriert werden. Dem Vermögenswert wird manchmal ein Gewicht bis zu 25 % beigelegt. Vermögenswerte erhöhen das Potential von Gesellschaften, die mit einem Abschlag vom Nettobuchwert notieren und die aus gerade diesem Grunde oft Kandidaten für Zusammenschlüsse oder Verkäufe sind. Der umgekehrte Effekt zeigt sich oft für besonders teure Gesellschaften (High Premium Companies) mit hoher Gesamtkapitalrentabilität (Return on Capital). Die Wirtschaftswissenschaftler glauben, daß hohe Gesamtkapitalrentabilität Wettbewerber anlockt, die schließlich die Gewinnrate nach unten drücken. Hohe Börsenmultiplikatoren für Buchwert und Gewinne erfordern viele Jahre von Wachstum und überdurchschnittlicher Rentabilität, um gerechtfertigt zu sein; dieses wirtschaftliche „Gesetz" mag daher mehr Gewicht haben, als kurzfristige Aussichten annehmen lassen.

Gesellschaften mit hoher Prämie und geringem Vermögenswert

Wir haben immer gezögert, irgendwelche festen Regeln zu geben, wie man den Vermögensfaktor im Falle von Gesellschaften mit hoher Prämie bewerten soll. In früheren Auflagen haben wir – nur versuchsweise – vorgeschlagen, der Analyst solle ein Viertel des Betrages absetzen, um den die Bewertung nach der Ertragskraft den doppelten Buchwert übersteigt. Diese Formel brachte keinen Abzug, wenn der Fehlbestand an Vermögenswerten bis zu 50 % des Schätzungswertes betrug. Als extremes Beispiel wollen wir eine Gesellschaft betrachten, die eine 20%ige Wachstumsrate für die nächsten vier bis sieben Jahre hat; dafür haben wir unseren höchsten empfohlenen Multiplikator von 18mal der augenblicklichen Gewinne vorgesehen. Ein solches Unternehmen mag leicht 20 % auf das investierte Kapital (Invested Capital) verdienen, und daher würde unser Wert in diesem Falle 3,6mal den Buchwert für das Eigenkapital (Net Worth) betragen. Wenn der Analyst dann den hier vorgeschlagenen „Deflator" wegen des fehlenden Buchwertes anwendet, würde er etwa 1/9 von der Bewertung nach Ertragskraft abziehen und dadurch den Multiplikator auf 16 reduzieren.

Nur wenige praktische Analysten wären mit einem solchen Abzug einverstanden. Eine Prämie auf den Buchwert ist in dem Konzept für Wachstumsaktien stillschweigend enthalten. Der Leser mag entscheiden, ob er unseren Vorschlag in vollem Umfange, teilweise oder gar nicht akzeptiert. Letzten Endes geht es um die Frage zwischen konservativer und optimistischer Einstellung.

Bewertung entsprechend dem Buchwert

Nur in einer geringen Zahl von Fällen wird die Standard-Bewertungsmethode, die hauptsächlich auf die erwarteten Gewinne und Dividende gestützt ist, einen Wert ergeben, der ungefähr dem ausgewiesenen Buchwert entspricht. Wenn eine Bewertungsspanne gebraucht wird, ist natürlich die Aussicht, daß der Buchwert in sie fallen wird, umso größer, je weiter die Spanne ist. In einem solchen Falle mag der

Tafel 34.4: Vergleich der Kennzahlen für diversifizierte Chemiegesellschaften, 1983–1985

Geselllschaft	Umsätze (in Mill. $)	Zahlen je Aktie			Kennzahlen		
		Gewinne	Buchwert	Durch-schnitts-kurs	Verhält-nis Kurs/ Buchwert	Verhältnis Gewinne/ Buchwert	Kurs-/Ge-winnver-hältnisse
MMM	7 530,3	5,99	33,14 $	81	244 %	18,1 %	13,5
Millipore Corporation	330,6	0,94	7,90 $	17	215 %	11,9 %	18,1
Dexter Corporation	606,6	1,19	8,69 $	15	173 %	13,7 %	12,6
American Cyanamid	3 642,8	3,47	34,01 $	49	144 %	10,2 %	14,1
Ethyl Corporation	1 655,8	0,87	5,71 $	8	140 %	15,2 %	9,2
First Mississippi	249,1	0,79	8,26 $	11	133 %	9,6 %	13,9
Air Products	1 733,0	2,12	18,26 $	24	131 %	11,6 %	11,3
Cabot Corporation	1 572,7	2,31	21,03 $	26	124 %	11,0 %	11,3
International Minerals	1 540,7	3,49	38,82 $	40	103 %	9,0 %	11,5
W. R. Grace	6 046,8	2,83	44,42 $	43	97 %	6,4 %	15,2
National Distillers	2 374,3	1,75	30,13 $	28	93 %	5,8 %	16,0

Quelle: Umsätze und Zahlen je Aktie beruhen auf den jährlichen Zahlen von Value Line; die Kennzahlen beruhen auf diesen Drei-Jahres-Durchschnitten. Gewinne und Buchwert sind angepaßt, wenn Vorzugsaktien bestehen. The Value Line Investment Survey, 12. Dezember 1986, S. 1886.

Bewerter den Buchwert selbst als ein bequemes und irgendwie befriedigendes Maß für den „besten Wert" benutzen. Dabei würde der Analyst sich in Übereinstimmung mit der Praxis befinden, die oft bei formellen oder gesetzlichen Bewertungen angewandt wird; er befände sich auch in Übereinstimmung mit der von Alters her bestehenden Auffassung des privaten Kaufmannes. Ein solcher Wert würde tief unter dem historischen „Wall Street Wert" liegen, denn das Verhältnis von Börsenkurs zu Buchwert hat über die vergangenen hundert Jahre im Durchschnitt nahe dem 1½fachen gelegen.

Aktien unter Buchwert

Den vielen Gesellschaften, die erheblich über ihrem Buchwert notieren, steht die ruhmlose Gruppe derjenigen gegenüber, die nicht genug verdienen, um ihren Buchwert an der Börse zu erreichen. Die Gründe für die unbefriedigenden Gewinne sind unterschiedlich. Sie mögen in der Industrie begründet sein, wie etwa die schweren Verluste für die integrierte Stahlindustrie in der Zeit 1982 bis 1985. Die Gründe, „die die letzten vier Jahre zu den schlimmsten in der Erinnerung der Stahlunternehmen gemacht haben", waren laut einer Studie dieser Industrie: Die niedrige Nachfrage für Stahl und Stahlprodukte, übermäßige weltweite Kapazitäten, nicht wettbewerbsfähige Lohnkosten, veraltete Fabriken und Ausrüstungen und ruinöser Wettbewerb.[2])

---

[2]) Value Line, Inc., „The Value Line Investment Survey", 23. Mai 1986, S. 140

Die Eigenkapitalrentabilität ist unter den Gesellschaften in derselben Industrie oft sehr unterschiedlich und führt zu entsprechend verschiedenen Verhältniszahlen zwischen Kurs- und Buchwert. Um das zu illustrieren, zeigt Tafel 34.4 eine gekürzte vergleichende Analyse von 11 diversifizierten Chemiegesellschaften. Sie sind geordnet in abnehmender Reihenfolge der Durchschnittswerte 1983–1985 für das Verhältnis von Kurs- zu Buchwert. Beachten Sie, daß im allgemeinen eine gute Korrelation zwischen der Eigenkapitalrentabilität und dem Verhältnis von Kurs- zu Buchwert besteht. Das Kurs-/Gewinnverhältnis stimmt mit der Rentabilität nicht so gut überein wie das Verhältnis von Kurs- zu Buchwert, obwohl das doch eine logische Erwartung wäre. In manchen Fällen zeigt sich im Kurs-/Gewinnverhältnis die Überzeugung der Börse, daß die normale Ertragskraft erheblich über oder unter dem Drei-Jahresdurchschnitt liegt. Es besteht keine Korrelation zwischen der Größe dieser Gesellschaften und ihrer Performance.

Unser Interesse gilt der Frage, ob der Besitz an Buchvermögen einen Faktor für den Analysten darstellt, den er unabhängig von den schlechten Gewinnen auf dieses Vermögen berücksichtigen muß. Im Extremfall muß dem Buchwert offenbar einige Bedeutung zugemessen werden. Auch eine Gesellschaft ohne Gewinne und selbst ohne klare Aussichten auf Gewinne wird an der Börse nicht zu Null notieren. Aus demselben Grunde wird eine marginale Gesellschaft mit sehr geringer Ertragskraft normalerweise mit einem großen Multiplikator ihrer mikroskopischen Gewinne notiert werden – der Molodovsky-Effekt.[3] In solchen Fällen bezahlt der Investor etwas für die Vermögenswerte, von denen er irgendwie erwartet, daß sie ein befriedigendes Ergebnis bringen, wenn er sie zu einem geringen Bruchteil ihres Buchwertes erhält; sie werden vielleicht produktiver eingesetzt oder werden insgesamt an ein anderes Unternehmen verkauft oder mit ihm verschmolzen oder (sehr selten) im einzelnen liquidiert.

Der Verkauf oder der Zusammenschluß einer Gesellschaft, die unter Buchwert notiert (Sub Asset Company) sollte als Möglichkeit keineswegs übersehen werden. Die Zahl solcher Transaktionen ist in den letzten Jahren erheblich angewachsen. Das erwerbende Unternehmen kann die materiellen Vermögenswerte (Tangible Assets) erheblich unter ihren Wiederanschaffungskosten abzüglich Abschreibung erwerben; es erwirbt dazu einen gewissen Umsatz und zumindest etwas brauchbares Personal. Man könnte sagen: Je länger und je tiefer eine Gesellschaft unter ihrem Buchwert notiert, umso mehr entwickelt sich von verschiedenen Seiten Druck auf das Management, die Betriebsergebnisse zu verbessern, zu verkaufen oder sich mit einem anderen Unternehmen zusammenzuschließen. Bei einem Zusammenschluß werden die Vermögenswerte notwendigerweise ein ernsthafter Faktor für die Abschlußbedingungen sein.

Es wäre daher logisch, dem Analysten einen gewissen Zuschlag zu der Bewertung auf Grund von Gewinnen und Dividenden zu empfehlen, wenn der

---

[3] Siehe die Erörterung in Kapitel 20 darüber, wie die immateriellen Werte die Entwicklung der materiellen Werte beeinflussen.

Buchwert diese Bewertung nennenswert übersteigt. In der Vergangenheit haben wir das nicht getan, teils aus konservativer Einstellung und teils mangels klarer statistischer Beweise. Aber die Zunahme von Zusammenschlüssen und Akquisitionen spricht dafür, den zusätzlichen Buchwert etwas stärker als bisher anzuerkennen. Wir möchten daher – wiederum nur versuchsweise – eine Formel vorschlagen, die eine gewisse Parallele zu der umgekehrten Situation von Gesellschaften mit hoher Prämie darstellt: Der Analyst sollte dem normalen Buchwert nur dann Gewicht beimessen, wenn er 150 % der Bewertung nach Ertragskraft übersteigt. Er kann dann willkürlich ein Drittel des Betrages hinzufügen, um den ⅔ des Buchwertes die Bewertung nach Ertragskraft übersteigen. Wenn beispielsweise eine Gesellschaft eine geschätzte Ertragskraft von 3 $ und einen Buchwert von 100 $ je Aktie hat, mögen die Gewinne und Dividende einen Wert von 30 $ rechtfertigen. Wenn der Analyst unserer Formel folgt, würde er ⅓ des Unterschiedes zwischen 67 und 30 $ hinzufügen, womit die endgültige Bewertung auf 42 $ steigt. Eine solche Anpassung sollte allerdings nicht vorgenommen werden, wenn man den Liquidationswert des Vermögens als erheblich unter dem Buchwert liegend ansieht. Natürlich wird der Investor wiederum versuchen, die Aktie erheblich unter dieser Bewertung zu kaufen.

Der Wert des Umlaufvermögensüberschusses

Einfacher zu handhaben sind die Fälle, in denen der Börsenkurs oder der auf Grund von Gewinnen und Dividenden errechnete Wert niedriger liegt als der Umlaufvermögensüberschuß, bezogen auf die Stammaktien. (Der Leser wird sich erinnern, daß wir bei dieser Berechnung *alle* Verbindlichkeiten und Vorzugsaktien vom Umlaufvermögen abziehen; der Rest bleibt für die Stammaktien.)[3a] Die Erfahrung lehrt, daß der Kauf einer diversifizierten Gruppe von Gesellschaften auf der Grundlage eines solchen Ausverkaufspreises fast mit Sicherheit innerhalb einer venünftigen Zeitspanne Gewinn bringt. Ein Grund, warum so etwas Ausverkaufspreis genannt wird, besteht darin, daß normalerweise der Wert des Umlaufvermögensüberschusses (Current Asset Value) als konservatives Maß des Liquidationswertes angesehen werden kann. Praktisch gesehen könnten die meisten dieser Gesellschaften für nicht weniger als ihren Umlaufvermögensüberschuß (Working Capital) liquidiert werden, wenn er konservativ bewertet ist. Es ist eine allgemeine Regel, daß aus dem Anlagevermögen und sonstigen Werten zumindest genug

---

[3a] Anm. des Übersetzers: Es handelt sich also um einen Anwendungsfall, der oben (Kap. 19 zu Anm. [1a])) als Umlaufvermögensüberschuß bezeichnet wird, obwohl die Autoren auch hier die sonst für das Nettoumlaufvermögen üblichen Ausdrücke „Working Capital" und „Net Current Asset Value" benutzen. Wie oben sind auch hier die amerikanischen Ausdrücke jeweils in Klammern hinzugesetzt, damit sich der Leser ein eigenes Bild machen kann.

realisiert werden kann, um die Verluste im Laufe eines Liquidationsverfahrens auszugleichen. (Diese Regel würde fast immer auf einen Verkauf des gesamten Unternehmens an einen einigermaßen interessierten Käufer zu gelten haben.) Wenn man den Wert des Umlaufvermögensüberschusses (Working Capital Value) als das Äquivalent des „Mindestliquidationswertes" ansieht, können wir nunmehr das Verhältnis zwischen dem Kurs einer Aktie und dem realisierbaren Wert des Unternehmens erörtern.

Wenn man die historische Entwicklung dieser Beziehung untersucht, gewinnt man Perspektive. Vor 1920 waren Aktien, die unter dem Wert ihres Umlaufvermögensüberschusses (Current Asset Value) notierten, praktisch unbekannt. In den zwanziger Jahren wurde besonderes Gewicht auf die Aussichten gelegt und andere Faktoren fast ganz eliminiert. Damals notierten nur einige wenige Werte in Industrien, die sich in einer Depression befanden, unter dem Wert ihres Umlaufvermögensüberschusses. In der großen Depression Anfang der dreißiger Jahre wurde dieses Phänomen weitverbreitet. Unsere Berechnungen zeigen, daß 1932 irgendwann ungefähr 40 % aller Industriegesellschaften an der New Yorker Börse zu weniger als dem Wert ihres Umlaufvermögensüberschusses (Net Current Assets) notierten. Viele Werte notierten sogar unter dem Nettowert ihrer flüssigen Mittel. Als im Jahre 1932 Benjamin Graham über diese Situation schrieb, stellte er fest, daß den Börsenkursen nach zu urteilen die US-Wirtschaft „tot mehr wert war als lebendig".[4] Es war offensichtlich, daß die Börse in ihrem Pessimismus viel zu weit gegangen war – offenbar, um einen Ausgleich für ihren übertriebenen Optimismus der zwanziger Jahre zu finden.

Anteil der Aktien mit Kursen unterhalb ihres Umlaufvermögensüberschusses – ein Schlüsselwert für das Börsenniveau

Auf dem Höhepunkt des folgenden Bullmarket, 1937, war diese Situation fast bereinigt, aber in der folgenden Rezession notierten wieder ungefähr 20 % aller Industriewerte auf einer Basis unterhalb des Umlaufvermögensüberschusses (Current Assets). Für eine Reihe von Jahren danach konnten die Änderungen in dieser Zahl an der Börse New York als ziemlich verläßliche Richtschnur für die technische Position der Börse benutzt werden. Wenn die Zahl groß war, war die Börse in eine Kaufzone gekommen, wenn sie sehr klein war, stand die Börse gefährlich hoch.

Im Mai 1946 beispielsweise war es schwierig, irgendeine Aktie unter dem Wert ihres Umlaufvermögensüberschusses (Current Assets) zu finden. 1947–1950 jedoch sahen wir eine neue und noch seltsamere Phase dieses Phänomens. Nachhaltig hohe

---

[4] Siehe drei Artikel von Benjamin Graham hierzu in Forbes Magazine am 1. und 13. Juni 1932 und am 1. Juli 1932

Gewinne bauten bei vielen Gesellschaften schnell einen hohen Umlaufvermögensüberschuß (Working Capital) auf. Aber die damals vorherrschende vorsichtige Einstellung gegenüber der Zukunft verhinderte, daß die Aktienkurse entsprechend stiegen. Als Ergebnis notierten in jenen Jahren viele Werte nachhaltig zu Kursen unterhalb ihres Umlaufvermögensüberschusses (Working Capital). Noch seltsamer war, daß diese Beziehung ausgerechnet der Tatsache zu verdanken war, daß die Gesellschaften so hohe Gewinne gehabt hatten. In früheren Jahren war ein niedriger Kurs im Verhältnis zum Umlaufvermögen fast immer ein Zeichen für unbefriedigende laufende Gewinne gewesen. Aber wenn dieses Verhältnis nicht einfach durch die Unaufmerksamkeit der Börse zu erklären ist, muß es ein Anzeichen dafür gewesen sein, daß sie zwischen 1947 und 1950 trotz höchst befriedigender laufender Ergebnisse der Zukunft mißtraute.

Ein Kennzeichen für eine gedrückte Börse ist eine Vielzahl von Aktien, die für weniger als ihren Umlaufvermögensüberschuß gekauft werden können. Die Bearmarkets von 1974 und 1982 sind Beispiele dafür. In jenen Jahren hatte man keine Schwierigkeiten, rentable Gesellschaften zu finden, für die kaum ein Konkurs zu erwarten war und die dennoch für weniger als ihren Umlaufvermögensüberschuß gekauft werden konnten. Selbst bei durchschnittlichen Börsenbedingungen kann man auf diese Weise ein diversifiziertes Portfolio zusammenstellen. Während wir dies schreiben, Anfang 1987 und mit dem DJJ bei 2400, kann man allerdings wenige solcher Aktien finden. Nach unseren Erfahrungen bewerten wir das Austrocknen dieser „Ausverkaufsgelegenheiten" als Indiz dafür, daß die allgemeine Börse ein gefährlich hohes Niveau erreicht hat. Bewertet nach ihrer Ertragskraft, gibt es immer einige Gesellschaften, die weniger Wert sind als ihr Buchwert. Und wenn ihr Buchwert dann im wesentlichen aus Umlaufvermögen (Working Capital) besteht, sind sie – als fortbetriebenes Unternehmen – weniger Wert als der Umlaufvermögensüberschuß. Wenn an der Börse die Kurse so stehen, daß man keine lebensfähige Gesellschaft zu Kursen unter dem Wert ihres Umlaufvermögensüberschusses finden kann, ist das Kursniveau wahrscheinlich generell zu hoch. Allerdings kann die Börse für Jahre in diesem Zustand der Überbewertung verharren, wenn die Überzeugung vorherrscht, man lebe in einer „neuen Ära".

Flüssige Mittel – ein besonderer Faktor bei der Bewertung

Manche Gesellschaften notieren zu einem zu niedrigen Kurs, weil ihre flüssigen Mittel zu hoch sind. Diese paradoxe Feststellung beruht darauf, daß flüssige Mittel keinen oder nur geringen Gewinn bringen. Der Börsenkurs hängt hauptsächlich von den Gewinnen ab. Eine Gesellschaft mit nichts anderem als Geld in der Bank kann nicht genug Gewinne machen, um einen Börsenkurs zu rechtfertigen, der dem Wert ihrer flüssige Mittel entspricht. Es ist keineswegs ungewöhnlich, Gesellschaften zu finden, die so viel flüssige Mittel haben, daß sie notwendigerweise eine schwache Ertragskraft, bezogen auf ihren Buchwert, aufweisen.

Kapitel 34: *Der Substanzwert bei der Bewertung von Aktien*

Die steuerlichen Aspekte einer Bewertung unter dem Buchwert

Der Leser möge einmal über die Tatsache nachdenken, daß die 34%ige Beteiligung der US-Steuerbehörde an den Gewinnen der Gesellschaften eine entsprechende 34%ige Beteiligung an den meisten ihrer Verluste mit sich bringt. Betriebsverluste werden gegen die Gewinne früherer Jahre zurückgetragen oder vorgetragen gegen die Gewinne späterer Jahre. Unter bestimmten Umständen können diese Verluste von einer rentablen Gesellschaft ausgenutzt werden, die die andere mit den Steuerverlusten übernimmt. In ähnlicher Weise kann u. U. ein Rückgang des Unternehmenswertes auf eine Zahl erheblich unter den Buchwert (der vermutlich die Steuerbasis darstellt) bis zu einem Drittel wieder herausgeholt werden. Dies würde durch die Realisierung des genannten Verlustes unter Bedingungen erfolgen, die erlauben, ihn gegen entsprechende Betriebsgewinne derselben oder einer anderen Gesellschaft aufzurechnen. Der Sinn dieses etwas rätselhaften Hinweises ist folgender: In letzter Zeit ist oft der Vorteil erörtert worden, den Unternehmen bieten, die mit einem Verlustvortrag „gesegnet" sind. Ungefähr dieselbe Art von Steuervorteilen könnte für Gesellschaften bestehen, die an der Börse erheblich unter ihrem Buchwert notieren, auch wenn Betriebsverluste fehlen: Verkauf von Vermögenswerten zu dem Preis, wie er sich aus dem Aktienkurs ergibt, würde Verluste schaffen, die vor- oder zurückgetragen werden können.

Probleme zwischen Aktionären und Management

In vielen Fällen haben Gesellschaften, die unterhalb ihres Umlaufvermögensüberschusses (Working Capital) notieren, eine enttäuschende Vorgeschichte. Entweder haben sie Verluste gehabt, oder sie haben nicht genug verdient, um einen Kurs in Höhe des Umlaufvermögensüberschusses zu rechtfertigen. Unter solchen Bedingungen kann der Umlaufvermögensüberschuß (Current Assets) allein keinen Investmentwert über dem Börsenkurs rechtfertigen. Sie sind nicht notwendigerweise „Ausverkaufswerte", aber diese Aktien sind unter einem anderen Gesichtspunkt interessant. Warum sollten die Aktionäre zulassen, daß die Dinge auf einer so unbefriedigenden Basis weitertreiben? Die Frage wird in Kapitel 36 erörtert werden.

Anpassung für den Umlaufvermögensüberschuß

Wir haben einen willkürlichen Abschlag vom Wert auf Grund der Ertragskraft vorgeschlagen, wenn er das Doppelte des Buchwertes übersteigt. Eine entsprechende Anpassung in der umgekehrten Richtung sollte gemacht werden, wenn der Wert des Umlaufvermögensüberschusses (Net Current Asset Value) allein den Wert auf Grund der Ertragskraft übersteigt. Unser Vorschlag geht dahin, die Hälfte eines solchen übersteigenden Betrages zu dem Wert auf Grund der Ertragskraft zu addieren, um das endgültige Schätzungsergebnis zu bekommen.

Industrien, bei denen Buchwerte von Bedeutung sind

Öffentliche Versorgungsunternehmen

Das hauptsächliche Kennzeichen von öffentlichen Versorgungsunternehmen ist die Tatsache, daß ihre Preise („Gebühren") staatlich kontrolliert werden. Dafür werden ihre Vermögenswerte (Buchwerte) zugrunde gelegt, die also letztlich ihre Gewinne bestimmen. Zu dieser Grundlage für die Gebühren (Rate Base) gehören grundsätzlich alle Vermögenswerte; einige mögen allerdings ausgeschlossen werden, weil es sich um „leichtfertig" verursachte Kosten handelt. Einige Vermögenswerte für die Gebührenbasis sind nicht mehr als Bucheinträge, wie etwa die „Allowance for Equity Funds During Construction" (AFUDC – siehe oben Kapitel 14), und einige der ausgewiesenen Gewinne stellen dasselbe dar. Öffentliche Versorgungsunternehmen werden nicht zum Buchwert gehandelt, weil die „zugelassenen Gebühren" auf Grund der Berechnungsbasis nicht so hoch sind wie die sonst an der Börse gängigen Renditen (für Eigenkapital); außerdem errreichen die tatsächlich eingenommenen „Gebühren" nicht die „zulässigen Gebühren".

Finanzgesellschaften

Bei den meisten Arten von Finanzgesellschaften übt der Faktor des Buchwertes einen größeren Einfluß aus als bei den Industriegesellschaften. Ihre Vermögenswerte bestehen hauptsächlich aus flüssigen Mitteln, Investments und Forderungen. Daher wird ihr ausgewiesener Buchwert (Net Worth) als ziemlich repräsentativ für ihren tatsächlichen Liquidationswert angesehen – allerdings unter Berücksichtigung gewisser Anpassungen, wie etwa ein Abzug für den Anteil an nicht verdienten Prämien bei den Versicherungsgesellschaften. Die engste Beziehung zum Buchwert haben natürlich offene Investmentfonds. Dies ist die notwendige Konsequenz ihrer festgelegten Politik, Anteile zu ungefähr dem augenblicklichen Liquidationswert auszugeben und zurückzunehmen. Die geschlossenen Investment – Gesellschaften, die Anteile nicht auf Antrag zurücknehmen, unterliegen erheblichen Schwankungen zwischen Buchwert und Kurs. Die Spanne ist aber dennoch meist viel enger als bei Industriegesellschaften.

Bis auf die letzten Jahre lag das Verhältnis von Kurs- zu Buchwert für Banken sowie Sach- und Unfallversicherungsgesellschaften meist in einem ziemlich engen Bereich, der im Laufe der Zeit schwankte. Erstaunlicherweise lag die häufigste Zahl (Modal Figure) für lange Zeit unter 100 % – was die grundsätzliche Rentabilität dieser wichtigen Unternehmen dem Zweifel aussetzte. Nur ganz selten ließ sich ein Papier finden, das zu mehr als dem Doppelten oder weniger als der Hälfte des Buchwertes notierte. Eine breitere Verteilung der Verhältniszahlen war unter den sonstigen Arten von Finanzgesellschaften erkennbar. Eine große Anzahl von Lebensversicherungsaktien – im Unterschied zu den Unfallversicherungen – haben zu einem Vielfachen ihres ausgewiesenen Buchwertes notiert.

Die Bewertung von Lebenversicherungsgesellschaften ist etwas spezialisiert, hauptsächlich wegen versicherungstechnischer Schwierigkeiten. Auf diesem Gebiet ist es üblich geworden, den bestehenden Versicherungen einen bestimmten Wert zuzuschreiben – so und so viel je 1000 $ Nominalbetrag – wobei der Satz zwischen den verschiedenen Arten der Policen verschieden ist. Diese Werte für die Policen werden zusammen mit den materiellen Vermögenswerten berücksichtigt, wenn der *angepaßte Buchwert* der Aktien errechnet wird; der Zuwachs im Wert der Policen in einem bestimmten Jahr wird von manchen Analysten den ausgewiesenen Gewinnen hinzugerechnet, um die *angepaßten Gewinne* für das Jahr zu bekommen.

Diese letztere Behandlungsweise ist grundsätzlich ungesund. Zuwachs beim Anlagevermögen (Capital Values) kann in verschiedenster Weise in der Gestalt kapitalisierbarer Gewinne dargestellt werden. Der Investor muß sich vor ihnen hüten, und der Analyst muß ihnen entgegentreten.

Gesellschaften zur Ausbeutung von Bodenschätzen

Primäre Produzenten von Rohmaterialien besitzen normalerweise erhebliche Reserven im Boden, die nach Quantität, Lage und Grad bewertet werden können, beispielsweise, wenn es sich um die Produktion von Metallen, Öl, Gas, Holz, Schwefel und vielen anderen Mineralien handelt. Bei der Analyse solcher Unternehmen wird man oft ihren entwickelten Rerserven einen Geldwert zuweisen und diesen Wert zumindest als einen Test für die Attraktivität der Aktie zum augenblicklichen Kurse benutzen. Wir haben gesehen, daß diese Methode am häufigsten auf Öl- und Gasgesellschaften und auch ziemlich häufig für Holzproduktionsgesellschaften mit großen Waldreserven angewandt wird. Für die letzteren kann ein Wert je 1000 „Board Feet" von stehendem Holz benutzt werden, das die Gesellschaft besitzt oder kontrolliert. Für Öl- und Gasgesellschaften spielt das standardisierte Maß des abgezinsten zukünftigen Cash-flow (erörtert in Kapitel 21) eine Rolle bei längerfristigen Gewinnprojektionen; dieser Wert muß entsprechend für politische Risiken oder neue Schätzungen von Öl- und Gasreserven angepaßt werden. Im allgemeinen wird dem Wert von Reserven bei der Kursbildung von Öl- und Gasaktien mehr Aufmerksamkeit geschenkt als bei den Kursen von Industriegesellschaften. Der Wert von Reserven in noch nicht entwickeltem Gelände wird normalerweise nicht getrennt von ihren Buchkosten berechnet, aber er kann einen entscheidenden Einfluß auf den Börsenkurs ausüben, den die Aktien letztlich erreichen.

Verborgene Werte bei kleinen Gesellschaften

Anfangs der sechziger Jahre entwickelte sich eine ziemlich paradoxe Situation in der Gruppe der Öl- und Gasgesellschaften. Viele kleinere Gesellschaften wurden von größeren aufgekauft. Der Preis, den die Aktionäre erhielten, war meist recht hoch im Verhältnis zu den Gewinnen und betrug manchmal ein Mehrfaches des Börsenkurses vor den Verhandlungen. Im Endergebnis stellte sich heraus, daß alle diese kleinen Gesellschaften einen realisierbaren Wert für ihre Aktionäre hatten, der erheblich sowohl höher lag als der Börsenkurs für vergleichbare Gewinne als auch für vergleichbare ausgewiesene Reserven von größeren und vermutlich stärkeren Ölgesellschaften. Solche Fälle wären unter der „Efficient Market Hypothesis" nicht möglich.

Ein anderes Beispiel für verborgene Werte kleiner Gesellschaften findet sich bei der Akquisition von kleinen Banken „auf dem Lande" durch große Banken, die neue Märkte suchen. Der Kurs liegt oft bei mehr als dem doppelten Buchwert. Banken „auf dem Lande", die nicht als Akquisitionsziel in Frage kommen, notieren weiterhin um den Buchwert.

Kapitel 35

Eventualansprüche: Wandelanleihen, Warrants und Optionen

Die Erfahrung der Investoren mit Wandelanleihen

Ehe wir die Analyse und Bewertung von Wandelanleihen und Wandelvorzugsaktien beginnen, erscheint es zweckmäßig, kurz die langjährigen Erfahrungen der Investoren mit dieser Art von Wertpapieren in Erinnerung zu rufen.

Eine lange Geschichte von Enttäuschungen

Es gibt keine umfassende historische Studie über Anleihen (Obligationen) und Vorzugsaktien mit Wandlungsrechten, aber eigentlich ist auch keine nötig, um aus der Erfahrung zu lernen. Sehen wir uns beispielsweise an einem Tage im späten Januar 1987 im Wall Street Journal die Transaktionen an, die in den Wandelanleihen von 169 Ausgebern an der New York Stock Exchange und der American Stock Exchange stattgefunden haben. Praktisch alle von ihnen waren ursprünglich zu pari (hundert) an Investoren verkauft worden. Diese waren bereit, einen erheblichen Anteil an laufendem Ertrag für die Möglichkeit aufzugeben, ein Wandlungsrecht in die (Stamm-)Aktien der ausgebenden Gesellschaft ausüben zu können. Wie waren diese Investoren nach dreieinhalb Jahren eines rasanten Bull Market für Obligationen und Aktien gefahren? Notierten die meisten Wandelanleihen über 110, um zumindest eine bescheidene Wertsteigerung als Ausgleich für die unter Marktwert liegende Verzinsung zu geben? Die enttäuschende Antwort ist negativ. Nur ein Drittel der Werte notierten über 110 (57 von 169). Weitere 47 standen zwischen 100 und 110, aber 65 standen unter 100, und von diesen Verlierern zeigten 16 einen Abschlag von mehr als einem Drittel im Kurs.

Natürlich steckt eine Ungenauigkeit in diesem Beispiel, denn eine Anzahl von Gewinnern war durch Rückkauf und Umwandlung in Aktien mit Gewinn ausgeschieden. Nichtsdestoweniger: 112 entschieden unrentable Investments nach einem so ausgedehnten Anstieg für Aktienkurse ist ein ernüchterndes Ergebnis für den Investor. Fast zwei Verlierer für jeden Gewinner unter den Überlebenden bei einem sehr günstigen Kapitalmarktklima ist genug, um selbst den optimistischsten Analysten zu entmutigen. Die allgemeine Performance von Wandelanleihen war über so lange Zeit so unterdurchschnittlich, daß ein Schriftsteller einen Artikel über wandelbare Vorzugsaktien mit dem Titel versah: „Der Triumph der Hoffnung über die Erfahrung".[1])

Die feste Verzinsung bietet einen „Boden" (Floor) nach unten und laufenden Ertrag, während das Wandlungsrecht Teilnahme an der Aktienkurssteigerung bietet. Wandelanleihen scheinen damit die beste beider Welten zu bieten: Gelegenheit zum Gewinn mit begrenztem Verlustrisiko. Man wird an die alte Warnung erinnert: „Wenn ein Wertpapierangebot zu gut erscheint, um wahr zu sein, ist es das wahrscheinlich auch nicht." Wandelanleihen hören sich so attraktiv an, daß die Investoren im Durchschnitt viel zu hohe Preise für Werte mit guter Qualität zahlen. Sie kaufen allerdings auch Werte geringerer Qualität, die wegen mangelnder Sicherheit zurückgewiesen werden sollten. Denn der „Boden" kann keine Erschütterungen aushalten. Dann erweist sich das vielversprechende zukünftige Wachstum als schlechter Ersatz für ausreichende Sicherheit in der Konstruktion des „Bodens".

Das Problem des Timings

Das Volumen angebotener Wandelanleihen erhöht sich meist am schnellsten während einer langen Zeit steigender Aktienkurse und optimistischer Erwartungen. Das Fehlen von Kreditbeschränkungen mit der Folge günstiger Zinssätze und Bedingungen für Kreditaufnahmen ist der andere positive Anreiz, eine Finanzierung durch neue Wandelanleihen vorzunehmen.

Beispiel: Mitte 1976, als Gewinne, Dividenden und Aktienkurs auf dem höchsten Niveau der letzten 15 Jahre standen, kam USX (damals US Steel) mit einer großen Emission an die Börse: Es waren 5¾%ige nachgeordnete Obligationen, die 2001 fällig sind. Die Aktie wurde in den niedrigen fünfzigern gehandelt, und die Anleihe konnte zu 62¾ gewandelt werden, ein Kurs, den man zuletzt 1959 gesehen hatte. Nach dem Angebot sank die Aktie vier Jahre lang, und von 1981–1986 erreichten die Höchstkurse nicht einmal 36. Hingerissen von dem Blick auf die kürzliche Vergangenheit, hatten die Investoren eine erhebliche Prämie über den Investmentwert einer 5¾%igen nachgeordneten Obligation von USX gezahlt und das für ein Kurssteigerungspotential, das nicht existierte.

Viele Finanzchefs wünschen, daß ihr Börsentiming dem von USX im Jahre 1976 gleichkäme, vor allem wenn sie für 10 oder 20 Jahre nicht wieder an die Börse kommen wollen. Wenn gute Obligationen- und Aktienmärkte zusammenfallen, steigt das Volumen von neuen Wandelanleihen, um den günstigen Bedingungen Rechnung zu tragen. Das gute Geschäft für den Darlehensnehmer ist per Definition ein schlechtes für den Investor. Eine naive, aber keineswegs unlogische Regel für den Käufer könnte sein: Kaufe nie eine neue Wandelanleihen bei der Ausgabe.

---

[1]) Der Titel ist entlehnt aus Boswell's „Life of Johnson" – dies war die Antwort des großen Gelehrten auf Boswell's Frage, was er von einer zweiten Heirat halte.

Tafel 35.1: Gesamterträge des Putnam Convertible Income-Growth Trust (in Prozent)

	1 Jahr	3 Jahre	5 Jahre	10 Jahre
Putnam Convertible	25	55	138	387
S&P 500	33	69	151	284
Shearson Lehman Government-Corporate Bond Index	20	61	135	176

Quelle: Putnam Convertible Income-Growth Trust, Jahresbericht vom 31. Oktober 1986. Die Erträge des Fonds sind angegeben nach Abzug aller Ausgaben mit Ausnahme der Verkaufskommission (Sales Load).

Ausnahmen von dieser Regel würden nur für solche Angebote gelten, die bei oder nahe dem Tiefpunkt der Aktienbörse gemacht würden und die von einem angespannten Kapitalmarkt begleitet sind, das heißt unter Bedingungen erfolgen, wenn neue Wandelanleihen am unwahrscheinlichsten sind.

Abgesehen von einer solchen allgemeinen Regel gegen den Kauf von neuen Wandelanleihen im allgemeinen gilt die bekannte Warnung, daß nichts umsonst ist. Hüten Sie sich davor, zu viel für die Komponente mit festem Einkommen, das Wandlungsrecht oder für beides zu bezahlen. Diese Komponenten können allerdings in ausgedehnten Perioden von Weltuntergangsstimmung zu Ausverkaufspreisen erhältlich sein. Ineffiziente Bewertung von Wandelanleihen macht sie schließlich genau zu dem, was der Analyst sucht.

Die Auswahl attraktiver Investmentgelegenheiten in Wandelanleihen und wandelbare Vorzugsaktien beginnt also mit derselben Analyse des Ausgebers, wie man sie für jede Investmententscheidung braucht. Die Kreditwürdigkeit des Unternehmens muß sicher sein, um den „Boden" – den Wert der Wandelanleihen als festverzinsliches Wertpapier sicherzustellen. Der Umwandlungswert beruht natürlich auf der Bewertung der Aktie im Verhältnis zum Umwandlungskurs. Es ist offensichtlich, daß *beide* Komponenten günstig im Verhältnis zum Wert notieren müssen, wenn das Investment erfolgreich ausgehen soll.

Direkter Kauf der Aktie ist die logische und vorzuziehende Alternative, wenn die Aktie an der Börse unterbewertet ist.[2] Wenn man eine erträgliche Wandlungsprämie für den „Boden" zahlt, mag das zum Schutz des Kapitals angemessen sein, vorausgesetzt, daß jener „Boden" stabil und verläßlich ist und nicht zu weit unterhalb des Kurses des Wertpapieres liegt. Eine periodische Überprüfung des Wertpapieres ist erforderlich. Haben Änderungen bei den Zinssätzen den schützen-

---

[2] Eine Ausnahme kann man machen, wenn 1. die Aktie ein attraktives Investment ist, 2. die Wandelanleihe einen ausreichend höheren Ertrag hat, um eine etwaige bescheidene Prämie über dem Wandlungswert zu amortisieren und 3. genügend Sicherung gegen eine vorzeitige Fälligstellung (Call) besteht. Unter diesen Umständen kauft der Investor praktisch die Aktie, jedoch mit der Aussicht auf einen höheren laufenden Ertrag.

den „Boden" beeinträchtigt? Ist die Wandlungsprämie ein größerer oder kleinerer Teil des Gesamtkurses geworden? Kurz: Hat sich die Mischung von Obligations- und Kapitalkomponente wesentlich geändert, seit das ursprüngliche Investment eingegangen wurde?

Daß Erfolg über eine längere Zeit möglich ist, zeigt sich an dem Ergebnis eines großen (825 Millionen Dollar Vermögen) Mutual Fund für Wandelwertpapiere. Tafel 35.1 zeigt für den Putnam Convertible Income-Growth Trust die Entwicklung der gesamten Erträge für Zeiträume, die am 31. Oktober 1986 enden. Die jüngsten Erträge, höher als für normale Obligationen, aber niedriger als für Aktien, zeigen das zu erwartende Bild, nämlich daß sie sowohl in bezug auf Schwankungsbreite als auch Ertrag zwischen Obligationen- und Aktienindexen liegen. Vor 1981, als der Fond sehr viel kleiner war und außergewöhnliche Gelegenheiten zur Verfügung standen, übertraf der Fonds Erwartungen, die auf konventionellen Kapitalmarktannahmen beruhten.

Die wandelbaren Wertpapiere sind ein fruchtbares Feld für disziplinierte Wertpapieranalyse; hier verbinden sich die Erörterungen über festverzinsliche Wertpapiere und Aktienbewertung – und beide sind wesentlich, um die Fallstricke zu vermeiden, über die so viele Investoren gestolpert sind.

Warrants

Kennzeichen

Ein Warrant gibt dem Besitzer für einen bestimmten Zeitraum das Recht (nicht die Pflicht), eine Aktie von einer Gesellschaft zu einem festgelegten Kurs zu kaufen. Man kann ihn als einen Eventualanspruch ansehen: Der Besitzer hat das Recht, die Option auszuüben und Aktien während einer zukünftigen Periode zu erwerben, wenn der Kauf vorteilhaft ist. Er ist wie eine Kaufoption (Call), die jederzeit vor Verfall zu einem festgelegten Kurs (Strike Price) ausgeübt werden kann. Die Werteelemente in einem solchen Warrant sind im wesentlichen der Ausübungskurs, die Dauer bis zum Erlöschen und die Wahrscheinlichkeit, daß das Wertpapier, auf das sich die Option bezieht, über dem Ausübungskurs notieren wird.

Ein Beispiel kann man der Börsenpraxis entnehmen. Intel Corp., ist eine führende Gesellschaft für Halbleiter und Komponenten von Computer Memories. Ende 1986 notierte die Aktie bei 21½ nach einem Höchstkurs 1983 von 46½. Ein Investor möchte in diesem führenden Technologiewert eine langfristige Position aufbauen und muß wählen: Er kann unmittelbar 1000 Aktien zu 21½ im OTC Markt mit einem Investment von 21 500 $ kaufen oder aber 3500 Warrants zu 6 netto mit Kosten von 21 000 $. Die Warrants berechtigen den Besitzer, von der Gesellschaft jederzeit in den nächsten acht Jahren und fünf Monaten bis zum 15. Mai 1995 Aktien zu einem Kurs von 40 $ je Aktie zu kaufen.

Kapitel 35: *Eventualansprüche: Wandelanleihen, Warrants und Optionen*

In ungefähr sieben Wochen einer festen Börse steigt Intel auf 36½, ein Anstieg von 68,6 % im Kurs, während die Warrants bis auf 11 steigen, eine Verbesserung von 83,3 %. Unter den beiden Möglichkeiten erweist sich die Wahl des Warrant als um so vorteilhafter, je näher der Aktienkurs an die Schwelle kommt, die dem Warrant einen Wert bei Ausübung gibt. Würden die Aktien von Intel auf den Höchstkurs 1983 bei 46 zurückkehren, so wäre die Wahl des Warrant noch vorteilhafter gewesen, denn der Besitzer des Warrant würde 3½mal an jedem Punkt Kursanstieg über 40 teilnehmen. Eine ungünstige Kursentwicklung – das sollte man gleich hinzufügen – zeigt die volle Auswirkung der Hebelwirkung nach der negativen Seite, wenn die Kurse sich in umgekehrter Richtung bewegen.

Unser Beispiel zeigt die attraktiven Eigenarten eines Warrant; man kann ihn sich vorstellen als ein Hilfsmittel, um mit knappem Kapital sparsam umzugehen. Der Investor, der nur in den Erfolg von Intel investieren will, wie er durch den potentiellen inneren Wert über 40 $ je Aktie hinaus repräsentiert wird, sollte gern bereit sein, einen angemessenen Preis für den Warrant zu zahlen, der ihm diesen bedingten Anspruch bietet. Die Alternative, Geld zu leihen und damit Aktien zu kaufen, bedeutet Zinskosten, einen möglichen Margin-Call und die Notwendigkeit eines größeren Kapitaleinsatzes bei der Transaktion. Diese Kosten können vermieden werden, wenn man die Prämie für den langfristigen Kaufanspruch auf die Aktien von Intel bei 40 in Form eines Warrant bezahlt.

Bewertung eines Warrant

Die Bewertung eines Warrant ist über die Jahre vielfach untersucht worden, und aus diesen Untersuchungen stammen einige grobe Daumenregeln, die zwar vielleicht nicht elegant, aber doch dienlich sind.[3]

Giguère

Die einfachste Form der Bewertung eines Warrant wurde von Guynemer Giguère entwickelt und lautet: $W = P^2 / 4A$. Darin ist P der Kurs (Preis) der Aktie und A ist der Ausübungskurs des Warrant W. In unserem Intel-Beispiel vom Dezember 1986 sind die Zahlen:

$$W = \frac{(21,5)^2}{4 \times 40} = \frac{462,25}{160} = 2,89$$

---

[3] Ein guter Vergleich verschiedener Bewertungsformeln, auch der hier benutzten, findet sich in dem zweiteiligen Artikel von John P. Shelton: „The Relation of the Price of a Warrant to the Price of its Associated Stock", Financial Analysts Journal, Mai/Juni 1967, S. 134–151 und Juli/August 1967, S. 88–100.

Das Ergebnis ist ein typisch niedriger Wert (nur 48 % des Börsenkurses von 6) für Warrants, die „Out of the Money" sind (wo der Aktienkurs unterhalb des Ausübungskurses steht). Die Bewertung 7 Wochen später war:

$$W = \frac{(36,25)^2}{4 \times 40} = \frac{1\,314,06}{160} = 8,21$$

Der Betrag von 8,21 $ macht fast 75 % des Börsenkurses von 11 aus. Im allgemeinen liefert die Bewertungsparabel von Giguère sehr niedrige Werte, zu denen Warrants selten an der Börse gekauft werden können.

Kassouf

Hilfreicher und ebenso einfach ist eine Bewertungsformel, die von Sheen T. Kassouf entwickelt wurde. Wenn man dieselben Buchstaben benutzt, ist sein Ausdruck:

$$W = \sqrt{A^2 + P^2} - A$$

Für Intel wären danach die Zahlen:

$$W = \sqrt{(1600 + 462,50)} - 40 = 5,41$$

Diese Formel geht von durchschnittlicher Beweglichkeit aus; Intel's Beta-Koeffizient ist 1,45 (die Beweglichkeit der Aktie ist 45 % größer als die des S&P 500); der Warrant bei 6 war daher nach dieser Methode unterbewertet.[4]) Die Bewertung von 13,98 sieben Wochen später würde nahelegen, daß der Warrant eine attraktive Alternative war, verglichen mit dem Besitz der Aktie selbst.

Shelton

Diese Formel ist so konstruiert, daß sie auch paßt, wenn der Zeitraum bis zum Erlöschen kürzer ist; sie berücksichtigt auch Dividenden auf die zugrundeliegenden Aktien und geht von einer Notierung an einer nationalen Wertpapierbörse aus. Sie wurde durch John P. Shelton entwickelt.[5]) Sein Resultat für die beiden Daten wären Bewertungen des Warrant von 8¼ und 13¼.

Eine Bewertungsspanne

Interessant wäre auch die Bewertung, wenn der Warrant „At the Money" wäre, das heißt wenn $A = P$:

---

[4]) Dies ist eine wesentliche Vereinfachung des grundsätzlichen Modells von Kassouf in seiner Dissertation vor der Columbia Universität: „A Theory and Econometrics Model for Common Stock Purchase Warrants", New York, 1965.
[5]) Shelton „Price of a Warrant", Financial Analysts Journal, Juli/August 1967, S. 90–99.

Gigère	10
Kassouf	16⅝
Shelton	15⅜

Diese groben Bewertungen berücksichtigen nicht das Kapital, das durch die Ausübung der Warrants zufließen würde. Die 5,9 Millionen Warrants stellen 5 % der 117 Millionen Aktien dar, die ausstehen; bei Ausübung würden sie 18,5 % zum Eigenkapital am Jahresende 1986 hinzufügen. Ein anderer Faktor, der hier unberücksichtigt ist und den Wert des Warrant erhöhen würde, ist die vermutlich viel höhere Beweglichkeit von Intel Aktien im Verhältnis zur Gesamtbörse. Die offensichtliche Schwierigkeit, diesen Faktor bei der Bewertung auszudrücken, besteht in der Ungewißheit, die jeder Schätzung der Beweglichkeit (Volatility) über ausgedehnte Zeiträume anhaftet.

„Eingebettete" Warrants

Wenige Warrants werden unabhängig von anderen Wertpapieren gehandelt. Die meisten sind mit Obligationen und Vorzugsaktien fest verbunden und gewähren dafür ein Wandlungsrecht. Der Analyst muß die beiden Komponenten des Wandlungspapieres bewerten, den Warrant und das festverzinsliche Einkommenswertpapier. Erst dann kann er entscheiden, ob der Kurs angemessen ist verglichen mit der Alternative, die Aktie direkt zu kaufen. Dieses Verfahren ist eine Ergänzung der normalen Aufgabe, das Unternehmen als Ganzes zu bewerten, um zu einem Urteil über die Kreditwürdigkeit in bezug auf seine Schulden und über den Wert seines Eigenkapitals zu kommen.

Beispiel: Burlington Industries hat 75 Millionen Dollar 8¾%ige nachgeordnete Obligationen ausstehen, fällig am 15. September 2008 und wandelbar in 20,62 Stammaktien je Obligation, d. h. zu 48,50 $ je Aktie. Die Wandelobligationen notieren bei 110 und die Aktie bei 44. Die Kassouf-Formel gibt einen Wert für den Warrant von 16,98. Der hypothetische Wert der Wandelanleihen beträgt demnach

20,62 „eingebettete Warrants" zu je 16,98 $	350 $
8¾ nachgeordnete Obligationen mit einer Rendite auf Verfall von 10,25 %	870 $
insgesamt	1 220 $

Da dieser „Wert" von 122 den Börsenkurs von 110 erheblich übersteigt, kann man durchaus den Schluß ziehen, daß „eingebettete" Warrants weniger wert sind, als wenn solche Instrumente getrennt gehandelt werden.[6] Das ist nur logisch. Sie sind

---

[6] Die Formel von Giguère würde einen Wert für den Warrant von 206 $ und für die Obligationen von 1076 $ liefern.

nicht abtrennbar, und Kauf der festverzinslichen Komponente auf Kredit mag kostspielig sein. Hinzu kommt, daß die Gesellschaft das Recht hat, die Anleihe ganz oder zum Teil vor Fälligkeit zu kündigen; dies würde die Laufzeit des Warrant bis zum Erlöschen wesentlich verkürzen. Ein Vorteil besteht darin, daß die Obligationskomponente nur 87 wert ist, aber einen Wert von 100 bei Ausübung des Warrant (die Umwandlung) bietet. Wenn man die Warrant-Komponente (das Umwandlungsrecht) mit seinem vollen Wert von 35 Punkten rechnet, bleiben 75 für die Obligationskomponente, und die Rendite auf Fälligkeit zu diesem Kurs beträgt 12 %. Das ist ein großzügiger Ertrag für ein Wertpapier von Investmentqualität und könnte einen recht vernünftigen „Boden" darstellen, wenn nicht die Zinssätze scharf ansteigen.

Vergleichen Sie dieses Wertpapier mit der 5%igen nachgeordneten Anleihe derselben Gesellschaft, die am 15. September 1991 fällig ist und zu einem Kurse von 39 in 25,64 Aktien getauscht werden kann. Dieses Wertpapier notiert bei 113. Ein entsprechendes Bewertungsverfahren gibt diese Ergebnisse:

25,64 „eingebettete Warrants", jeder zu 19,80	507 $
5%ige nachgeordnete Obligation zu 10,25 % Rendite auf Fälligkeit	811 $
insgesamt	1 318 $

Der Börsenabschlag vom berechneten Wert repräsentiert einen geringeren Zeitwert beim Warrant und ein erheblich größeres Risiko, daß die Anleihe zum Rückkauf aufgerufen wird.[7] Die Anleihe notiert genau zu ihrem Wandlungswert (25,64 Anteile zu 44 = 112,82). Eine Bewertung des Warrant nach Giguère würde der Anleihe ebenfalls einen Wert von 113 geben.

Man könnte zu dem Schluß kommen, daß das 8¾%ige Wertpapier für eine 3- bis 5jährige Anlage zu bevorzugen sei, weil es den höheren „Boden" und höheren laufenden Ertrag hat. Für eine kurzfristige Position ist die zeitlich näherliegende Möglichkeit einer Beteiligung an den Aktien durch Ausübung des Wandlungsrechts zu 39 anstatt zu 48½ die hauptsächliche Attraktion. Auch wird der „Boden" ständig ansteigen, wenn die 5%ige Anleihe sich der Fälligkeit nähert. Abgesehen von diesem engen Vergleich der einzelnen Bedingungen bleiben noch wesentliche Fragen zu klären: Welchen Wert hat das Unternehmen in bezug auf den augenblicklichen Kurs? Wie ist die Kreditwürdigkeit der festverzinslichen Komponente zu beurteilen? Welches Zinsrisiko bietet der Zinssatz des „Bodens", auch wenn die Kreditqualität unverändert bleibt? Nur diese analytischen Schritte geben eine Chance, daß ein Investment in Wandelwertpapiere sich als rentable Anlage und nicht als frustrierte Hoffnung erweist.

---

[7] Eine Bewertung nach Shelton, die die kurze Laufzeit bis zum Erlöschen berücksichtigt, würde die Warrantkomponente mit 380 $ und die Obligationen mit 1190 $ bewerten.

Anpassung für Beweglichkeit

Die vorstehenden Daumenregeln zur Bewertung von Warrants berücksichtigen, wie schon betont wurde, nicht die Beweglichkeit (Volatility) eines bestimmten Aktienkurses. Für das Beispiel mit Burlington Industries ist dies kein großes Problem, denn jene Aktie hat eine durchschnittliche oder leicht unterdurchschnittliche Schwankungsbreite der Kurse. Aber wir wissen aus der Forschung über den Wert von Optionen, daß die erwartete Wahrscheinlichkeitsverteilung der zukünftigen Aktienkurse – ganz logisch – einen wesentlichen Bestanteil des Wertes eines Warrant ausmacht. Das Beispiel einer beweglichen Glamouraktie illustriert den Punkt. Die Wandelanleihe von Data Point Corp. mit 8⅞ %, fällig 2006, kam Ende Mai 1981 zu pari an die Börse. Die nachgeordneten Obligationen waren zu 83 wandelbar; die Aktie notierte bei 65. Tafel 35.2 vergleicht die berechneten Durchschnittswerte mit den Durchschnittskursen, zu denen die Wandelanleihe tatsächlich notierte. Die Bewertung des „eingebetteten" Warrants erfolgte nach der Methode von Shelton.

Tafel 35.2: Datapoint Corporation Convertibles (Wandelanleihe)

	Aktienkurs	Wert des festverzinslichen Anteils	Wert des Warrant	Gesamtwert	Börsenkurs
Juli 1981	51	55½	24½	80	87
September 1981	44	53½	22	75½	82
November 1981	46	55¾	22¼	78	84
Januar 1982	51	53½	24½	78	87
März 1982	22	53½	10½	64	65
April 1982	22	53	10½	63½	63

Die Prämie für die Beweglichkeit (Volatilität), die sich bei den ersten vier Werten zeigt, verschwand, als Data Point einen scharfen Rückschlag bei den erwarteten Gewinnen für das Geschäftsjahr 1982 berichtete und die Erwartungen auf hohes Wachstum zerstört waren.

Sinnvolle Schätzungen der Beweglichkeit für Perioden über 3 oder 5 Jahre sind äußerst schwierig; daher kann man diesen Faktor bei der Bewertung von Warrants nicht mit der Präzision berücksichtigen wie das häufig bei der Bewertung von Optionen für relativ kurze Zeiträume möglich ist. Nichtsdestoweniger ist offensichtlich eine Beurteilung erforderlich, und der Wertpapieranalyst muß Anzeichen einer Über- oder Unterbewertung sorgfältig interpretieren.

Die Alternative der Option

Charakteristiken und Benutzung

Kaufoptionen

Die an einer nationalen Börse notierte Kaufoption (Call-Option) hat dieselben Investmentcharakteristiken wie ein Warrant: Einen Zeitraum bis zum Erlöschen (der in Monaten, statt in Jahren bemessen wird) und einen Basispreis (Strike Price, entsprechend dem Ausübungskurs beim Warrant) – meistens einer von mehreren, die gehandelt werden. Zwei Optionen mit gleichem Basispreis und Verfalldatum werden im Wert verschieden sein, weil ihr Verhältnis zum Kurs der zugrundeliegenden Aktie, ihrer Dividende und Beweglichkeit verschieden ist. Diese Wertelemente der Option sind die hauptsächlichen Bestandteile des Optionsbewertungsmodells nach Black-Scholes.[8]

Während die Intel-Aktie bei 36¼ notierte, betrugen die Optionskurse für ein und zwei Monate Kaufoptionen:

Basispreis (Strike Price)	1 Monat	2 Monate
35	3¼	4¼
40	1⅜	2⅛

Der Zeitwert von 2 Monaten einer Call-Option mit einem Basispreis von 40 steht im Kontrast zu den mehr als 8 Jahren für den Warrant, der bei 11 notiert. Optionen beziehen sich also auf Kurse über relativ kurze Zeiträume, aber bieten sehr viel mehr Hebelwirkung.

Im späten Dezember 1986 beispielsweise, als Intel bei 21¼ notierte, konnte man Kaufoptionen mit einem Basispreis von 22¼, die im Februar ausliefen, zu 1 kaufen (das bedeutet Kosten von 21 000 $ für Kaufoptionen auf 21 000 Aktien zu 22¼). Als Intel 7 Wochen später 36¼ notierte, standen die Call-Kontrakte kurz vor dem Auslaufen bei einem Wert von 288 750 $. Das war ein Gewinn von 13,75 $ auf jede der 21 000 Aktien, verglichen mit insgesamt 38 500 $ in dem hypothetischen Falle einer gleichen Dollarinvestition in Warrants. Solche Exerzitien in der „Hätte-ich-doch-Welt", illuminiert durch brillante nachträgliche Kenntnis der Entwicklung, veranlaßt viele Leute, exorbitante Kurse für Kaufoptionen zu zahlen, die Out of the Money („aus dem Geld") sind und dann ohne Wert erlöschen. Solche Kurse werden

---

[8] Fischer Black und Myron Scholes, „The Pricing of Options and Corporate Liabilities", Journal of Political Economy, Mai/Juni 1973, S. 637–654. Siehe auch Robert A. Jarrow und Andrew Rudd, „Option Pricing", Richard D. Irwin, Homewood Ill. 1983 und Gary L. Gastineau, „The Stock Options Manual", 2. Auflage McGraw-Hill, New York, 1979.

natürlich nicht durch fundamentale Faktoren bei der Gesellschaft bestimmt, die an solchen Transaktionen keinen Anteil hat, sondern durch Wertpapierhändler und Spekulanten, die Risiken für kurze Zeiträume übertragen wollen.
Kaufoptionen zur Verringerung des Risikos können wie folgt benutzt werden:

- Das Schreiben von gedeckten Kaufoptionen auf ein Portfolio ist anerkannt als Methode, um eine Obligationen-Alternative zu schaffen.
- Ein Short-Verkauf hat nicht länger ein unbegrenztes Verlustrisiko, wenn er durch Besitz eines Call-Kontraktes (Kaufoption) geschützt ist. Wer beispielsweise der Auffassung war, daß Intel durch ungünstige Entwicklungen in ihrer Industrie gefährdet war oder daß ein allgemeiner Börsenrückschlag kam, konnte die Aktie zu $36\tfrac{1}{4}$ short verkaufen und eine 2-Monate-Kaufoption mit einem Basispreis von 40 kaufen, und zwar zu $2\tfrac{1}{8}$. Er wußte dann, daß sein größtes Verlustrisiko auf 6 Punkte beschränkt war ($40 - 36\tfrac{1}{4} + 2\tfrac{1}{8} = 5\tfrac{7}{8}$).
- Ein nervöser Intel-Investor konnte eine treuhänderische Kaufoption (Fiduciary Call) erwerben, bei der der Basispreis treuhänderisch zinsbringend angelegt wird. Anstatt 3625 $ in 100 Aktien im Risiko zu haben, hätte der Betreffende 3500 $ in Geld und besäße einen 2-Monats Call (Kaufoption) mit Basispreis von 35 bei $4\tfrac{1}{4}$; sein gesamtes Investment betrüge 3925 $, aber jeglicher Verlust wäre beschränkt auf die Kosten der Kaufoption abzüglich Zinsertrag.

Verkaufsoptionen

Verkaufsoptionen (Puts) verkörpern das Recht, 100 Aktien an den Verkäufer (Writer) des Kontraktes zu einem festgelegten Preis während einer festgelegten Periode jederzeit zu verkaufen. Sie sind das Spiegelbild der Kaufoption. Ihr Nutzen kann durch einen bestimmten Fall illustriert werden.
Beispiel: Ein Testamentsvollstrecker erhält am 22. April 1980 große Blöcke von Chevron, Exxon und Mobil Aktien. Ein Teil davon wird im folgenden Dezember und Januar für die Zahlung der Erbschaftssteuer verkauft werden müssen. Der Testamentsvollstrecker glaubt, daß diese Aktien bei $34\tfrac{1}{4}$, $29\tfrac{1}{4}$ beziehungsweise $36\tfrac{1}{4}$ unterbewertet sind. Zum Schutz gegen Kursrückgänge kauft er Verkaufsoptionen. Es gibt im folgenden eine bescheidene Erholung für internationale Ölwerte, und die betreffenden Verkäufe werden zu $36\tfrac{3}{8}$, 35 und $39\tfrac{3}{4}$ ausgeführt. Die Verkaufsoptionen laufen entweder aus oder werden für geringfügige Beträge verkauft.

Auf einen Besitz von 695 000 $ kostet der Schutz vor Kursrückgängen 15 500 $, aber ermöglicht Gewinne von 73 600 $, indem der Verkauf so lange wie möglich aufgeschoben wird.

Durch den Kauf einer Verkaufsoption kann die Position des Investors zu bescheidenen Kosten versichert werden. Wenn der Investor überzeugt ist, daß die Gesellschaft A unterbewertet ist, aber er andererseits Bedenken wegen des Börsenniveaus im allgemeinen hat, kauft er 1000 Aktien zu $52\tfrac{1}{4}$ und 10 Put-Kontrakte über 7 Monate zu $2\tfrac{3}{4}$ mit einem Basispreis von 50. Das gesamte Investment beträgt nun 55 000 $ in kursgesicherten Aktien mit vollem Potential nach oben. (Im Gegensatz dazu ist ein Put-Kontrakt über 2 Monate zu einem Ausübungspreis von 35 für Intel Aktien, die bei 36¼ notieren, logischerweise teurer, weil sich darin Intel's größere Beweglichkeit widerspiegelt. Die Prämie für den zeitlich kürzeren Schutz betrüge 2⅞).

Eine synthetische Wandelanleihe

Der Analyst kann nach seiner Wahl eine Wandelanleihe schaffen, indem er Kaufoptionen und Treasury Bills kauft. Eine allgemein benutzte Mischung besteht aus 10 % Kaufoptionen und 90 % Geldmarktpapieren. Einheiten von 1000 $ Treasury Bills und dazugekauften Kaufoptionen, die leicht „Out of the Money" sind, („aus dem Geld", d. h. deren Basispreis leicht über dem Börsenkurs liegt), bilden eine synthetische Wandelanleihe mit einem festen „Boden" und haben weder ein Risiko in bezug auf Zinssätze noch auf die Kreditwürdigkeit. Die Kaufoptionen werden (bei Verfall) mit ihrem neuen Basispreis verlängert und so die Bedingungen dem augenblicklichen Börsenniveau angepaßt. Wieviel besser wären die Investoren mit dieser Kombination anstatt mit der USX Wandelanleihe gefahren! Wenn man die Kaufoptionen erneuert, kostet das die Zeitwerte, aber wenn Wandelanleihen nicht mindestens in den ersten 3 Jahren der Halteperiode eine Wertsteigerung zeigen, sind sie wahrscheinlich kein gewinnbringendes Investment. Etwa innerhalb einer solchen Zeitspanne sollte eine Liquidation oder eine Umwandlung in die Aktie erfolgen.

Die Benutzung von synthetischen Wandelobligationen ermöglicht dem Investor den Erwerb von Wertpapieren, die er aussucht und zu Zeiten, die er bestimmt. Wenn die Bewertungsarbeit gut war, sind das die besten Gelegenheiten und nicht jene, die der Finanzdirektor einer Gesellschaft und ihre Investmentbank schaffen, um überteuerte Ware in einem günstigen Markt zu verkaufen.

Anpassung von Aktienpositionen

Limitierte Aufträge und Stop Loss Aufträge werden schon lange benutzt, um Urteile über Aktien in die Tat umzuwandeln. In gewisser Hinsicht kann man Optionskontrakte als ein Mittel ansehen, um für das noch bezahlt zu werden, was man ohnehin tun wollte. Wenn der Investor sieht, daß die Aktien der Gesellschaft X von 40 auf 60 gestiegen und damit nicht mehr unter- sondern überbewertet sind, denkt er daran, daß ein anderer die nächsten 20 Punkte verdienen mag – aber der Gesellschaft geht es noch gut. Wenn er jetzt eine Kaufoption zu 60 $ schreibt, entspricht das der Verkaufsentscheidung, aber mit zusätzlichen 4 Punkten als Prämie. – Wenn man Kaufoptionen, die „Deep in the Money" sind (weit „im Geld", deren Basispreis also erheblich unter dem Börsenkurs liegt), verkauft, kann das ein Mittel sein, um Brokerkommission zu sparen.

Wenn ein Investor gerne Aktien der Gesellschaft Y zu 25 kaufen möchte, aber sie stehen bei 28, wäre es logisch, eine Verkaufsoption über 7 Monate zu 25 zu schreiben. Dadurch würde er eine Prämie von ungefähr 1¼ Punkten bekommen. Eine solche Transaktion läuft darauf hinaus, daß man dafür bezahlt wird, einen limitierten Auftrag unter dem Börsenkurs aufzugeben, und die Nettokosten würden 23¼ betragen.

Im allgemeinen reagieren Wertpapieranalysten allergisch auf das Ausschreiben oder den Kauf von Optionen für Aktien, die sie untersuchen. Denn eine Optionsstrategie ist sehr spezifisch in bezug auf Vorwegnahme von Kursen, und zwar in viel größerem Maße, als ein guter Analyst bereit ist zu gehen. Für Faktoren, die unmittelbar mit dem analysierten Unternehmen zu tun haben, ist der Analyst verantwortlich. Aber die Faktoren aus der Industrie, dem Sektor oder der allgemeinen Börse gehören nicht dazu, und sie mögen das Ergebnis einer so kurzen Halteperiode bestimmen, wie es die bis zum Erlöschen einer Option ist. Wer daher gedeckte Kaufoptionen schreiben will, sollte niemals mit jemandem sprechen, der speziell mit der Auswahl von Aktien befaßt ist; er sollte sich auch keine Aktien abrufen lassen und sollte nur nach seiner Fähigkeit beurteilt werden, überteuerte Optionen auszuschreiben.

TEIL 5

Die Einwirkungsmöglichkeiten der Wertpapieranalyse

Kapitel 36
Kontrolle über die Gesellschaften

Der erfahrene, gut unterrichtete Wertpapieranalyst ist einzigartig berufen, den Investor in den zahlreichen Fragen der Gesellschaftskontrolle zu beraten. Die Rechte und Verantwortlichkeiten des Aktienbesitzes an US-Gesellschaften sollten niemals vernachlässigt oder auf andere übertragen werden.

Analytische, rechtliche und politische Fragen

Die Fragen der Gesellschaftskontrolle berühren auch die Juristen und die Politiker, obwohl wir hier keine von beiden ansprechen. Unser Interesse gilt lediglich der Rolle des Wertpapieranalysten und seiner Aufgabe: Nämlich, auf Ereignisse und Praktiken zu reagieren, die die Bewertung von Gesellschaftswertpapieren und damit das Investmentergebnis betreffen. Aktien reagieren dabei natürlich am empfindlichsten auf die Bedingungen, unter denen Investoren als Wertpapierinhaber am amerikanischen Wirtschaftssystem teilnehmen.

Unsere Betonung der Analyse führt uns direkt zu Fragen nach dem Wert von Wertpapieren anstatt zu grundsätzlichen Streitfragen um Eigentumsrechte. Nichtsdestoweniger erfordern allgemeine Fragen der treuhänderischen Verantwortung von Gesellschaftsdirektoren gegenüber ihren Aktionären große Aufmerksamkeit. Denn ungelöste Interessenkonflikte, Verschwendung von Gesellschaftsvermögen und fehlende Möglichkeit, zur Verantwortung gezogen zu werden, zerstören Investmentwerte.

Das ständige Untergraben der Rechte des Aktionärs über Jahrzehnte hat die Situation geschaffen, die in dem Klassiker von Berle und Means vor mehr als einem halben Jahrhundert beschrieben wurde:

> „Der Aktionär in der modernen Aktiengesellschaft hat eine Gruppe von bestimmten Rechten für eine Gruppe von unbestimmten Erwartungen aufgegeben. Die ständig wachsende Macht und Kontrollbefugnis der Direktoren hat sich dahin ausgewirkt, daß die Anzahl der Dinge ständig vermindert wurde, auf die ein Aktionär zählen kann, die Anzahl der Forderungen, die er mit der Aussicht stellen kann, daß sie befriedigt werden müssen."[1]

---
[1] Adolf A. Berle und Gardiner C. Means, „The Modern Corporation and Private Property", revidierte Auflage Harcourt, Brace & World, New York 1968, S. 244. Das ursprüngliche Buch wurde 1932 veröffentlicht.

Der vertraute Klang dieser Sätze zeigt ihre Bedeutung für die späten achtziger Jahre. Die Trennung des Eigentums von der Kontrolle, die in den Händen des Managements liegt, ist natürlich in den Jahren, seit Berle und Means so klar darauf hingewiesen haben, weiter fortgeschritten.[2])

Die Euthanasie des Aktionärs

Ausschluß von Aktionärsrechten

Historisch umfaßten die Entscheidungsbefugnisse des Aktionärs im Gesellschaftsvertrag folgende Punkte:

- Begrenzung auf Geschäftszweige
- Festlegung einer erlaubten Kapitalstruktur
- Bezugsrecht für neu ausgegebene Aktien
- Kontrolle über die Ausgabe von Wertpapieren, die die Beteiligung an Vermögen und Ertrag ändern können, (einschließlich Optionen und Warrants)
- Besondere Grenzen für Blanko-Genehmigungen zur Ausgabe von Aktien (Vorzugs- und Stammaktien)

Diese Regelungen in den Gesellschaftsstatuten, die die vertragliche Stellung des Aktionärs sichern sollten, wurden schon zur Zeit der Untersuchung von Berle und Means ausgehöhlt. Seitdem, insbesondere seit den späten vierziger Jahren, haben Gesellschaftsanwälte und Investmentbanken hohe Gebühren dadurch verdient, daß sie dem Management Wege zeigten, „die Flexibilität zu erhöhen", indem riesige Beträge von Vorzugs- und Stammaktien autorisiert wurden, während das Bezugsrecht der Aktionäre ausgeschlossen wurde.

Gleichzeitig wurde die Kontrolle des Managements über den Board of Directors mit Hilfe des Vertretungsmechanismus („Depotstimmrecht") verstärkt; es wurden Mehr-Stimmrechts-Aktien beseitigt, zeitlich gestaffelte Sitze am Board of Directors geschaffen und das Erfordernis von qualifizierten Mehrheiten eingeführt, um einen Direktor zu entfernen. Einberufung von Aktionärsversammlungen ohne Benachrichtigung der Gesellschaft und Abstimmungen mit Hilfe der Post sind beseitigt, um alle Aktionen zu verhindern, die nicht unter der Leitung des Gesellschaftsmanagements stattfinden. Sogar Aktionärsentschließungen in bezug auf den Ort der Jahresversammlungen wurden energisch bekämpft mit der Begründung, daß der Board of Directors solche Entscheidungen am besten treffen könne. Der Gedanke, die Aktionäre dazu zu befragen, hat dem Management von großen Publikumsgesellschaften offenbar nicht behagt.

---

[2]) Siehe auch Vorwort und Anhang zu dem eben genannten Buch und Professor Berle's „Power without Property", Harcourt, Brace, New York 1959.

Fehlende Repräsentation der Aktionäre

Offenbar scheint die Schaffung eines Nominierungskomitees für den Board of Directors eine Nachfolge von unabhängigen Direktoren zu sichern. In der Praxis hat natürlich das Management eine einflußreiche Rolle in der Bestimmung von erwünschten Kandidaten. Sich überschneidende Direktorate sind nicht notwendigerweise unerwünscht, aber sie werfen Fragen zur Unabhängigkeit auf. Wenn Direktor A. im Gehaltskomitee der Gesellschaft X sitzt und den Bonus des Vorsitzenden B. genehmigt, können wir sicher sein, daß B., der über die Tantieme (Incentive Compensation) von A. entscheidet, kaum kleinlich sein wird.

Die typische Aktionärsinformation zeigt Einstimmigkeit in vielen Fällen. Wenn Direktoren bei komplizierten Fragen niemals eine abweichende Meinung haben, erhebt sich die Frage: Haben sie wirklich ihre Hausaufgaben gemacht, oder stimmen sie nur passiv dem zu, was ihnen das Management vorschlägt? Die angebliche Unabhängigkeit des Direktors muß in den Augen des Aktionärs wenig glaubwürdig erscheinen.*)

Im Gegensatz dazu steht der „unbeteiligte Direktor" (Disinterested Director), wie er in den Bestimmungen der SEC nach dem Gesetz über Investmentgesellschaften von 1940 definiert ist. Er hat einen Vertrag mit einer Organisation, die eine regulierte Investmentgesellschaft (Mutual Fund) verwaltet; seine Verantwortung ist klar definiert. Die unbeteiligten Direktoren haben von den Aktionären des Fonds den ausdrücklichen Auftrag, ein Urteil über die Bedingungen des Managementvertrages, über Ausgaben, Performance, Verteilung und Dienstleistungen für die Aktionäre abzugeben. Die Definition von „Disinterested" bedeutet strikte Unabhängigkeit vom Management oder damit verbundenen Personen und entspricht dem traditionellen Konzept einer ungeteilten Loyalität. Die Verantwortlichkeit des Managements gegenüber dieser Art von Board ist klar und ausdrücklich, anders als im Falle des typischen Board of Directors einer Gesellschaft. Offensichtlich funktioniert das Konzept des „unbeteiligten Direktors" beim Mutual Fund, und es funktioniert gut.

Die Tatsache, daß Widerspruch, Protest und Rücktritt bei vielen tausend Board-Mitgliedern nie vorkommt, wirft unausweichlich Fragen in bezug auf das ganze System auf. Das „Corporate Governance Projekt" (Projekt „Kontrolle über Gesellschaften") des American Law Institute ist ein Beispiel dafür, daß verantwortliche Kreise die Notwendigkeit erkannt haben, einige der berührten Rechtsprinzipien zu überprüfen und neu zu durchdenken. Andererseits sind in manchen Fällen Direktoren in kritischen Situationen eingesprungen und haben eine Gesellschaft oder ihr Management umstrukturiert. Beispiele wie Chrysler Anfang der sechziger Jahre,

---

*) Anm. des Übersetzers: Der Direktor im Board einer amerikanischen Gesellschaft hat u. a. ähnliche Kontrollfunktionen wie ein Aufsichtsrat. Allerdings sitzen im Board außer den „Outside Directors" („Aufsichtsräte") auch die führenden Manager („Inside Directors", „Vorstandsmitglieder") und die Aufgaben sind z. T. anders als die des Aufsichtsrates (vgl. Barron's Dictionary of Finance and Investment Terms unter „Board of Directors").

Penn Central und mehrere Problemfälle bei großen Banken in den siebziger und achtziger Jahren zeigen, daß ein Board effizient arbeiten kann, wenn eine Situation verzweifelt wird. Aber bis dahin haben die Investoren erhebliche Verluste erleiden müssen. Die Wirksamkeit des US-Wirtschaftssystems hängt davon ab, daß Personen in Führungsstellungen prompt zur Verantwortung gezogen werden. Sicherlich ist die Börse für Gesellschaftswertpapiere die oberste Ordnungsinstanz, aber ihre Reaktionen folgen der enttäuschenden Performance des Managements, anstatt sie zu verhindern.

Die Notwendigkeit von unabhängigen Direktoren

Die offensichtlichen Fragen zur Rolle, die das Management beim Entwurf und der Durchführung von Gehaltsvereinbarungen spielt, sind häufig Gegenstand der Erörterung durch Kritiker des Systems. Erhalten Gehalts-Komitees unabhängige Untersuchungen von Gehältern und sonstigen Vorteilen bei der Konkurrenz? Sind Führungskräfte anwesend, wenn der Board die Fragen erörtert? Stimmen sie über ihre eigenen Anstellungsbedingungen ab? Informationen für die Aktionäre sagen darüber nichts.

Weniger sichtbar, aber noch wichtiger sind die Elemente der Gehaltsstruktur, die unmittelbar die Eigenkapitalinteressen des Aktionärs berühren. Einige Beispiele sind:

- *Performance-Maßstäbe.* Performance-Einheiten als Lohn für Steigerung der Gewinne je Anteil sind ein Beispiel. Hohe Gewinneinbehaltung und Benutzung von Fremdkapital in der Bilanz erleichtern das Wachstum, gemessen an den ausstehenden Aktien. Gesamtkapitalrendite wäre ein besserer Maßstab.
- *Rechte bei Aktienkurssteigerungen, Phantomanteile.* Die Empfänger haben volle Beteiligung bei möglichen Kurssteigerungen, aber anders als die Aktionäre sind sie nicht einem Kapitalverlust ausgesetzt. Eine qualifizierte Kaufoption für Aktien als Tantieme (Incentive Stock Option) ist schließlich eine sehr wesentliche Entschädigung. Sie sollte zumindest mit 40 % des Kurses der Aktie bewertet werden. Wenn die Aktie fällt, kann der Berechtigte den entsprechenden Kauf an der Börse vornehmen, und im Falle eines Anstiegs hat er noch die Option.
- *Bezugsrechte.* Ein günstiges Bezugsrecht der Aktionäre auf Aktien oder Wandelwertpapiere, so kann man argumentieren, macht das Timing und die Kursgestaltung der neuen Wertpapiere viel weniger folgenschwer. Daß die augenblicklichen Aktionäre von einem Bezugsrecht zu einem Kurs unter dem Börsenkurs profitieren, ist völlig legitim und vielleicht sogar wünschenswert. Wenn die Entschädigung der Führungskräfte an den Aktienkurs geknüpft ist, wird sich für sie allerdings daraus ein Nachteil ergeben. Regelungen, die Dividende wieder investieren zu können (Dividend Reinvestment Plans), bedeuten natürlich ein

ständiges Bezugsrecht – mit oder ohne Abschlag gegenüber dem Börsenkurs. Sie stellen fast die einzige Form eines Bezugsrechts dar, das angeboten wird.
– *Anstellungsverträge.* Wenn man eine unzufriedene Führungskraft mit Hilfe von Vertragsklauseln in der Gesellschaft festhält, ist das kaum eine ersprießliche Regelung. Wenn in diesem Punkt ein Vorteil besteht, besteht er meist für die Führungskraft. Das ist offensichtlich so bei einem „goldenen Fallschirm", der der Führungskraft eine wesentliche Entschädigung garantiert (vielleicht zwei oder drei Jahresgehälter), wenn die Anstellung endet, weil sich bei der Kontrolle der Gesellschaft eine Änderung ergibt. Was wurde hier aus dem Argument, Gehalt und sonstige Vorteile müßten großzügig bemessen sein, weil keine Sicherung gegen den Verlust des Arbeitsplatzes bestehe?

Diese und ähnliche Fragen werden in den meisten Fällen durch gesunden Menschenverstand und gutes Urteil bei allen Betroffenen gelöst. Letztendlich ist überragendes Management ein gutes Geschäft für die Gesellschaft, wenn die Entschädigung auf dem üblichen Niveau erfolgt. Wenn in Einzelfällen des Guten zu viel getan wird, mag das dem System einen schlechten Ruf verschaffen. Aber was die Aktionäre wirklich brauchen, ist nicht eine Gehaltskürzung, sondern Ersatz von Mittelmäßigkeit in der Führungsetage. Der Wertpapieranalyst befindet sich in einer günstigen Lage, um die erreichten Erfolge zu beurteilen, weil er die Bedingungen in der Industrie und die Wettbewerbssituation genau übersieht.

Die Rolle von unabhängigen Direktoren ist kritisch. Das gilt nicht nur für Gehaltsfragen, für die Beurteilung der leitenden Kräfte im Management und für Maßnahmen, die eine geordnete Managementnachfolge sicherstellen, so wichtig diese Verantwortlichkeiten auch sein mögen. Der Board of Directors muß die noch wichtigeren Fragen der Effektivität ansprechen, mit der das Kapital genutzt wird. Wenn nicht überzeugende Gegengründe bestehen, kann jeder Verkauf einer vorhergegangenen Akquisition, jede Umstrukturierung in Reaktion auf Druck von außen her, jede größere außerplanmäßige Abschreibung von Vermögenswerten und jede Übernahme (Takeover) als Zeichen dafür angesehen werden, daß die Direktoren bei der treuhänderischen Verwaltung des Investments der Aktionäre versagt haben. In solchen Fragen ist die Auskunft von erfahrenen Wertpapieranalysten eine wesentliche und zu wenig benutzte Quelle, wenn sich Boardmitglieder ein informiertes Urteil verschaffen wollen, wie sich der Wert ihres Unternehmens optimieren läßt.

„Raider" sind willkommen

Wenn Direktoren zu Gefangenen des Managements werden oder wenn sie Mängel in der Leistung der Gesellschaft nicht erkennen, bleibt den Aktionären nur die Möglichkeit, ihre Aktien – vermutlich zu einem niedrigen Kurs – zu verkaufen oder sich zusammenzuschließen, um eine Änderung herbeizuführen. Aus praktischen Gründen kann nur eine Person oder Gruppe mit wesentlichen finanziellen Hilfsquellen eine solche Aufgabe anfassen. Ein solcher „Dissident", „Raider" oder ein rivalisierendes Unternehmen wird feststellen, daß der Mechanismus von Hauptversammlungen, um zu einer Änderung zu kommen, nur schlecht funktioniert.[3]) Infolgedessen wird ein Übernahmeangebot (Tender Offer) für einen erheblichen Teil der ausstehenden Aktien zur hauptsächlichen Methode, um zu einem Ergebnis zu kommen.

In manchen Fällen, in denen einzelne Personen oder Gruppen solche Übernahmeangebote machen, kann man erwarten, daß sie die Gesellschaft aufbrechen, größere Teile liquidieren, die fortlaufenden Betriebe „melken" und den Ertrag benutzen, um die Schulden zu tilgen, die für die Übernahme eingegangen wurden. Ein solches Verfahren liefert keinen positiven Beitrag zur wirtschaftlichen Entwicklung und entspricht dem destruktiven Verhalten eines Plünderers. Ob dem Investor ein solches Verfahren oder die Personen, die es durchführen, gefallen, ist nicht die wirkliche Frage. Das Verfahren scheint die einzige Methode zu sein, weniger produktiv genutztes Kapital mit größerer Effizienz wieder einzusetzen. Jeder erfolgreiche „Überfall" (Raid), mag er auch schmerzlich sein, dient außerdem dazu, die Führungskräfte und Direktoren daran zu erinnern, die Kosten zu kontrollieren, ihre Märkte auszubauen, die Rentabilität zu steigern und die Dividende so regelmäßig wie möglich zu erhöhen. Trotz einiger ihrer Taktiken verdienen Raider die Unterstützung der Aktionäre, die sonst nicht in der Lage wären, ein lethargisches Management in Bewegung zu bringen.

Der unabhängige Wertpapieranalyst kennt die Vergangenheit des Raiders und die Zustände in der aufs Korn genommenen Gesellschaft. Er ist die richtige Quelle für einen Rat, ob es eine sinnvolle Alternative zu dem Übernahmeangebot des Raiders gibt. Der angebotene Kurs ist vermutlich nichts anderes als die letzte Börsennotierung zuzüglich einer genügend hohen Prämie, um eine breite Annahme des Angebots zu erreichen. Die Aufgabe des Analysten besteht darin, den angebotenen Kurs dahin zu überprüfen, wie er sich zu dem inneren Wert des Unternehmens zuzüglich einer vernünftig bemessenen Prämie für die Kontrolle verhält.

Eine fruchtbare Alternative

In dem langen Prozeß, durch den die Aktionäre ihrer Rechte und Verantwortlichkeiten als Eigentümer verlustig gegangen sind, ist die meiste Entscheidungsgewalt auf den Board of Directors und von diesem auf das Management übergegangen. Der Aktionär ist zu einer bloßen Belästigung geworden; man muß ihn mit Eigenlob in den Geschäftsberichten und steigenden Dividenden friedlich halten. Nur ein Raider und natürlich die Medien können ein Management zur Verantwortung ziehen, wenn nicht eine echte Katastrophe eintritt oder Vorschriften der SEC verletzt werden.

---

[3]) Im Zeitraum 1981–1985 blieb das Management Sieger in mehr als 40 % der Fälle, aber ein anderer erheblicher Anteil wurde einvernehmlich geregelt. Siehe Ronald E. Schrager, „Corporate Conflicts: Proxifights in the 1980s", Investor Responsibility Research Center, Washington, D. C. 1986; und James E. Heard und Howard D. Sherman, „Conflicts of Interest in the Proxy Voting System", Investor Responsibility Research Center, Washington D. C. 1987.

Wertpapieranalysten können dafür sorgen, daß ihre Meinung bei Entscheidungen von Investoren und an der Börse wirksam wird, aber meistens folgen die Analysten der Wall Street Regel „wenn du das Management nicht unterstützen kannst, verkaufe die Aktie". Ein Übernahmeangebot, ein Vorschlag für einen Leveraged Buyout oder eine Umfinanzierung oder ein Plan für einen Zusammenschluß brauchen jedoch nicht der einzige Anlaß zu sein, die Ertragskraft und den Wert des Unternehmens durch einen Fachmann untersuchen zu lassen. Auch ohne solche Änderungen in der Kontrolle können große Aktionäre oder Gläubiger sich einer solchen Unterstützung durch die Analyse bedienen. So können sie u. U. eine konstruktive Änderung erreichen, während sie ihre Position weiter halten. Fern von der Öffentlichkeit und ohne Konfrontationen besteht oft eine Möglichkeit für diese Art von Dialog mit dem Management über Gesellschaftsstrategien. Das ist eine rationale und fruchtbare Alternative zu den häufig destruktiven Aktionen eines Raiders.

Die Entmachtung des Aktionärs

„Im Interesse der Flexibilität, und um die Ausgaben für eine außerordentliche Aktionärsversammlung zu sparen" – das sind Standarderklärungen für den Ausschluß der Beteiligung der Aktionäre bei wichtigen Entscheidungen. Das Stimmrecht ist zunehmend degeneriert zu dem Privileg, die Direktorenliste und die Auswahl unabhängiger Wirtschaftsprüfer zu genehmigen. Die Gewinnbeteiligungspläne für Führungskräfte und Haftpflichtbeschränkungen für die Direktoren bleiben noch Punkte, denen die Aktionäre zustimmen dürfen. Sonst bleiben nur noch Entscheidungen über Zusammenschlüsse und darüber, ob die Gesellschaft erworben werden sollte, als fundamentale Aktionärsrechte übrig. Deshalb ging der Trend in den achtziger Jahren dahin, die Aktionäre zu veranlassen, diese Rechte und die Verantwortung des Eigentümers für diese Punkte aufzugeben.

Wahl von Direktoren

Eine Aktie – eine Stimme

Die Schaffung von verschiedenen Klassen von Aktien mit ungleichem Stimmrecht ist ein seit langem bekanntes Mittel, um die Kontrolle über den Board of Directors sicherzustellen. Dow Jones, Wang Laboratories, die New York Times, Hershey Food und McCormick sind einige Gesellschaften, die solche Regelungen haben.[4]

---

[4] Von der Liste der Fortune 500 Gesellschaften haben 30 ungleichmäßige Stimmrechte. Diese und die folgenden Daten über diese Gruppe großer Gesellschaften ist entnommen aus Virginia K. Rosenbaum, „Takeover Defenses: Profiles of the Fortune 500", Investor Responsibility Research Center, Washington D. C. 1987. Diese Studie enthält Profile von 424 der 500 Gesellschaften.

Eine neue Regel, die 1985 bei Potlatch Corp. eingeführt wurde, besagte, daß alle Aktien, die 48 Monate oder länger gehalten worden sind, vier Stimmen hatten. Auf diese Weise ist der Aktienbesitzer sicher, daß er fast bei jedem Punkt überstimmt werden kann und praktisch keine Stimme hat. Die seit je bestehende Einstellung der New York Stock Exchange zugunsten der Regel „eine Aktie – eine Stimme" wird nicht länger beachtet.

Kumuliertes Stimmrecht

Aktionäre hatten häufig das Recht, ihre Stimmen zugunsten eines einzigen Kandidaten für den Board zu kumulieren. Dies ist seit dem zweiten Weltkrieg weitgehend beseitigt worden. Ein seltener Fall von Wiederherstellung des kumulierten Stimmrechts bei Burlington Industries ist der Ausnahmefall; dort ist ein Großaktionär mit 40 % vorhanden, der vermutlich in eine Übernahmespekulation verwickelt ist.

Zeitlich gestaffelte Direktorensitze

Wenn jedes Jahr nur ein Drittel des Board gewählt werden kann, ist das Recht, abzustimmen, wirksam um zwei Drittel verringert worden. Häufig haben Gesellschaften mit solchen zeitlich gestaffelten Sitzen Regelungen, um die Entfernung eines Direktors zu verhindern, es sei denn aus berechtigtem Anlaß, durch andere Direktoren oder durch eine qualifizierte Mehrheit. Im Mai 1986 hatten 223 Gesellschaften aus der Liste der Fortune 500 in diesem Sinne klassifizierte Boards.

Begrenzung der Aktionärsrechte

Keine Maßnahmen auf Grund schriftlicher Zustimmung, kein Recht, außergewöhnliche Gesellschaftsversammlungen einzuberufen, sowie qualifizierte Mehrheiten (häufig 75–80 %), um Gesellschaftssatzungen zu ändern – das sind die letzten Einschränkungen von Aktionärsrechten, die 222 aus der Liste der Fortune 500 Gesellschaften in neuerer Zeit beschlossen haben.

Verteidigungen gegen Übernahmen

Zusätzlich zu dieser Schmälerung der Stimmrechte kommt das Arsenal von „Shark Repellents" (Haifischabwehrmitteln), das die im folgenden beschriebenen Waffen enthält.

Qualifizierte Mehrheiten

Wenn eine qualifizierte Zustimmung der Aktionäre mit 75 oder 80 % für einen Zusammenschluß erforderlich ist, der von dem Board of Directors nicht genehmigt

Kapitel 36: *Kontrolle über die Gesellschaften* 697

ist, so gibt das dem Board ein Vetorecht gegen die Entscheidung der Mehrheit der Aktionäre.

Regelungen über einen „fairen Preis"

In Satzungen wird vorgesehen, daß bei einem Übernahmeangebot allen Aktionären ein „fairer Preis" gezahlt werden muß. Eine solche Regel findet sich bei 158 Gesellschaften in der Liste der Fortune 500. Sie soll geteilte Übernahmeangebote verhindern, die mißbräuchlich erscheinen. Als solche entspricht die Regelung dem Sinne des Eigenkapitals. Aber natürlich dient sie auch dazu, die Kosten einer Akquisition zu erhöhen. Typisch ist, daß diese Regel nicht für eine Transaktion zu gelten braucht, die der Board genehmigt hat.

Blanko-Vollmacht für die Ausgabe von Vorzugsaktien

Häufig besteht eine Ermächtigung über lange Zeiträume zur Ausgabe von Vorzugsaktien, wobei die Direktoren völlige Ermessensfreiheit haben, die Bedingungen festzulegen. Diese Vorzugsaktien sind eher für eigene Akquisitionen und nicht als Waffe gegen Übernahmen gedacht. Bis Mitte 1986 hatten 362 Gesellschaften der Fortune 500 diese Ermächtigung geschaffen. Dies ist offensichtlich die am häufigsten benutzte und am leichtesten zugestandene Maßnahme gegen eine Übernahme durch Ausgabe von Wertpapieren. Nachdem die überraschten Schlumberger-Aktionäre eine Blankogenehmigung für die Ausgabe von 200 Millionen Vorzugsaktien gegeben hatten (verglichen mit 285 Millionen Stammaktien), war die Gesellschaft selbst verlegen genug, um freiwillig einige Beschränkungen für eine mögliche Ausgabe aufzustellen.

Ermächtigung zur Ausgabe von Stammaktien

Riesige Beträge von noch nicht ausgegebenen Stammaktien aber mit Ausgabeermächtigung stehen zur Abwehr von Übernahmen bereit. Mit der Beseitigung der Bezugsrechte kann einer begünstigten aufkaufenden Gesellschaft eine Option auf Aktien gewährt werden, und genehmigte Vorzugsaktien können wandelbar gemacht werden. Ein erfahrener Wertpapieranalyst ist bestens in der Lage, eine Meinung darüber zu äußern, ob eine erbetene Ermächtigung zur Ausgabe von Aktien echt für Gesellschaftszwecke gebraucht wird oder nur als „Shark Repellent" dienen soll.

Giftpillen (Poison Pills)

Hauptsächlich seit 1983 haben 143 Gesellschaften aus der Liste der Fortune 500 für den Fall einer Übernahme ein Bezugsrecht zu außerordentlich günstigen Bedingungen vorgesehen, üblicherweise zu 50 % des Börsenkurses; es bezieht sich entweder auf die Aktien der Gesellschaft oder der neuen Einheit nach Übernahme.[5]) Dieses Recht würde die Annahme eines Übernahmeangebotes unattraktiv machen, wenn die übernehmende Gesellschaft nicht bereit ist, ihr Angebot wesentlich zu erhöhen, das heißt, wenn sie nicht bereit ist, die Giftpille zu schlucken. Ausgabe der Bezugsrechte erfordert keine Zustimmung der Aktionäre und wird typischerweise auch nicht erbeten.

„Greenmail"

Im Gegensatz zu Blackmail (Erpressung) steht der Kauf von (eigenen) Aktien von einem „Raider" mit einer Prämie über dem Börsenkurs und wurde als Mittel entwickelt, um ein unerwünschtes Übernahmeangebot abzuwehren. Das Verbot von „Greenmail" wird natürlich von den Aktionären unterstützt, die es als unfair und als eine Verschwendung von Gesellschaftsmitteln ansehen. Das Management einiger Gesellschaften ist derselben Ansicht, denn es geht davon aus, daß dadurch potentielle Konkurrenzgebote verhindert werden. Ungefähr 37 Gesellschaften aus der Liste der Fortune 500 haben Regeln gegen Greenmail.

Goldener Fallschirm (Golden Parachute)

Großzügige Abfindungsvereinbarungen (für Führungskräfte) im Falle einer Änderung der Kontrolle über die Gesellschaft bedeuten offensichtlich zusätzliche Kosten für die erwerbende Gesellschaft, aber diese Kosten sind wohl nicht wesentlich. Üblicherweise fehlt die Zustimmung der Aktionäre zu solchen Vereinbarungen, aber dies erinnert sie nur an das fehlende Stimmrecht bei Entscheidungen. „Silberne Fallschirme", die eine große Anzahl von Beschäftigten oder sogar alle schützen, geben weniger Anstoß und mögen sogar wirkungsvoller sein. Ein „Pensionsfallschirm" sorgt dafür, daß alle etwaigen Überschüsse im Pensionsfonds zugunsten der Beschäftigten verwandt werden.

Gesamtergebnis

Das Gesamtergebnis dieses Arsenals von Shark Repellents („Haifischabwehrmitteln") läuft darauf hinaus, daß den Aktionären das Recht genommen wird, die Zukunft ihrer Gesellschaft selbst zu bestimmen. Es geht auf einen Board of Directors über, dessen Unabhängigkeit fraglich ist. Sicherlich mag den Direktoren, die nicht gleichzeitig Manager sind, ein besonderes Gewicht gegeben werden und eine Investmentbank mag benutzt werden, um die Übernahmebedingungen zu beurteilen, aber die bisherigen Ergebnisse sind keineswegs sehr befriedigend. In manchen

---

[5]) Dies ist die Zahl bis Mai 1986; weitere zusätzliche „Pillen" wurden anschließend beschlossen. Eine Aufstellung des Investor Responsibility Research Center im Februar 1987 nannte ungefähr 370 öffentliche Gesellschaften mit Plänen für eine „Giftpille".

Fällen ist den Aktionären ein Aufkauf der Gesellschaft durch das Management (Management Buyout) empfohlen worden, und dann kamen Angebote von außen her zu einem wesentlich höheren Kurs. Beispielsweise wurde bei Stokely-Van Camp ein Aufkauf zu 55 $ je Aktie durch das daran beteiligte Management empfohlen, aber konkurrierende Angebote ergaben schließlich einen Kurs von 77 $.[6]

Der Aktionär ist in diesen Fällen zwar seiner Rechte verlustig gegangen, aber hat möglicherweise keinen Nachteil erlitten. Wenn an einer allgemein niedrig notierenden Börse ein Raider versucht, eine Gesellschaft zu einem billigen Börsenkurs zu erwerben, will er sie aufbrechen und mit einem Gewinn liquidieren. Dann mag es für die Aktionäre vorteilhaft sein, den Raider fernzuhalten und dem Management die Gelegenheit zu geben, den Wert für alle Aktionäre in einem günstigeren Klima zu steigern. Dazu wäre die Aussetzung des Rechts, über Übernahmeangebote abzustimmen, in der Tat möglicherweise der einzige Weg, um „Arbitrageure", die einen schnellen Gewinn wollen, daran zu hindern, die Situation zu kontrollieren.

Ein Übernahmeangebot in Übereinstimmung mit den Satzungen kann selten durch das Management, die Direktoren oder die Aktionäre verhindert werden, es sei denn, daß die Bedingungen für den Bieter unattraktiv gemacht werden. Auch hier wieder werden die „Arbitrageure" die ersten sein, die ihre Aktien dem höchsten Bieter andienen. Für viele Aktionäre, besonders Treuhänder, ist es schwierig, ein Angebot zurückzuweisen, das erheblich über dem augenblicklichen Börsenkurs liegt. Die Analyse müßte hier schon ergeben, daß die Aktien sehr wesentlich unterbewertet waren und daß das Übernahmeangebot immer noch so weit unter dem inneren Wert liegt, daß selbst die angebotene Prämie für die Kontrolle den Kurs nicht auf ein vernünftiges Wertniveau bringt. Für die meisten institutionellen Investoren ist es überdies beinahe eine Pflicht, eine Kontrollprämie zu realisieren. Denn sie besitzen die Wertpapiere für Investmentzwecke und nicht, um damit Kontrolle auszuüben. Sie haben ohnehin eigentlich keine eigene „Kontrolle" – sie sind ihren Treugebern gegenüber verpflichtet, jenen Wert zu Geld zu machen, wenn sie sich in einem Übernahmekampf als gemeinsame Besitzer der Kontrolle wiederfinden.

In jedem Falle muß der Investor schwierige Entscheidungen treffen. Soll eine Prämie zu Geld gemacht werden, wenn sie angeboten wird, oder sollen die langfristigen Investmentgelegenheiten erhalten bleiben? Sollte nicht einem neuen Management oder einer neuen Gesellschaftsstrategie Zeit gelassen werden, um diese Früchte für die augenblicklichen Aktionäre reifen zu lassen? Manchmal kann der erfahrene Wertpapieranalyst gute Gründe dafür anführen, daß ein noch höherer Wert erreicht werden kann, wenn man die vorhandene Gesellschaftsstruktur und das Management so beläßt. Das logische Ergebnis wären allerdings nicht Maßnahmen

---

[6] Eine fundierte Erörterung dieses Problems findet sich bei Bewis Longstreth, „Management Buyouts: Are Public Shareholders getting a Fair Deal?" Abgedruckt bei Richard F. DeMong und John W. Peavy III, eds., „Takeovers and Shareholders: The Mounting Controversy", Financial Analysts Research Foundation, Charlottesville, Va., 1985.

gegen eine Übernahme für ewige Zeiten, sondern solche, die nach drei oder fünf Jahren erlöschen. Wenn sie diese zeitweilige, vorübergehende Immunität gegen Übernahmedrohungen haben, könnte das für die Aktionäre durchaus vorteilhaft sein. Leider sind solche Einschränkungen und eine entsprechende Verantwortlichkeit durch das Management der Gesellschaften und ihre Berater nicht akzeptiert worden.

Auswirkungen für die Bewertung

Der Analyst steht einer berechtigten Frage gegenüber: Verringert sich der Wert der Gesellschaft, wenn wirksame Maßnahmen gegen eine Übernahme angenommen werden? Sollte der Multiplikator reduziert werden, weil das Management es geschafft hat, sich Immunität gegenüber der Disziplin der Börse zu verschaffen? Empirische Studien haben insoweit etwas gemischte Resultate gebracht, aber ein gewisser Verlust an Börsenwert scheint die Folge gewesen zu sein, wenn ein komplettes Arsenal an „Shark Repellents" verabschiedet wurde. Solche Untersuchungen über die durchschnittlichen Erfahrungen sagen nicht eigentlich etwas über einen Einzelfall. Es erscheint jedenfalls logisch, daß der Ausschluß eines potentiellen Bieters für eine Gesellschaft kaum ihren Wert steigern kann, wohl aber ihn verringern mag. Wieweit die Verringerung geht, ist sicherlich eine Funktion der einzelnen Elemente des voraussichtlichen Wertes ohne einen solchen Bieter im Hintergrund.

Wenn der Analyst echte Elemente einer möglichen Wertsteigerung sehen kann, die sich aus einem Zusammenschluß mit anderen Gesellschaften ergeben, besteht immer die Möglichkeit, daß eine günstige Vereinbarung freiwillig geschlossen wird, wie das so oft in der Vergangenheit geschehen ist. Aber letztendlich sind Erfolg und steigende Aktienkurse die beste Verteidigung gegen Raider und machen Abwehrmaßnahmen überflüssig.

Die Zukunft

Nun endlich fangen institutionelle Investoren an, Interesse an Fragen zu gewinnen, die die Kontrolle von Gesellschaften betreffen. Sie erkennen in zunehmendem Maße, daß der Einsatz zu hoch ist als daß weiterhin Selbstzufriedenheit und Passivität vorherrschen. Vor einiger Zeit bekamen private Pensionsfonds, die ewig die Vorschläge des Managements unterstützten, die Bezeichnung „stille Partner". Wertpapieranalysten waren in gleicher Weise uninteressiert. Seit die Probleme klarer hervorgetreten sind, haben führende Investment-Manager ihre Bedeutung erkannt und sich klarer geäußert.[7]

---

[7] Siehe DeMong und Peavy, „Takeovers and Shareholders", S. 68–102, wegen einer Erörterung zwischen William S. Gray, Robert J. Kirby, Dave H. Williams und Dean LeBaron.

Treuhänderische Verantwortung nach dem Employee Retirement Income Security Act von 1974 – ERISA (Pensionsregelung für Angestellte) – erfordert sorgfältige Aufmerksamkeit in bezug auf die Abstimmungen von Aktionären und andere Fragen der Gesellschaftskontrolle.[8] Wohin auch immer dieses neue Interesse führen mag, erheben nunmehr offenbar die „stillen Partner" ihre Stimme und sind bereit, einen aktiven Teil bei der Ausgestaltung der Zukunft zu übernehmen.

---

[8] Siehe James E. Heard, „Pension Funds and Contests for Corporate Control", California Management Review, Winter 1987, S. 89–100.

Literatur

die in den „Anmerkungen des Übersetzers" benutzt wurde.

Robert N. Anthony, A Review of Essentials of Accounting, vierte Auflage 1988, Addison-Wesley Publishing Company Reading, Mass.

Barron's Dictionary of Accounting Terms, *Joel G. Siegel* und *Jae K. Shim*, New York, 1987.

Barron's Dictionary of Banking Terms, *Thomas P. Fitch*, New York, 1990.

Barron's Dictionary of Business Terms, *Jack P. Friedmann*, New York, 1987.

Barron's Dictionary of Finance and Investment Terms, *John Downes* und *Jordan Elliot Goodman*, zweite Auflage 1987, New York.

Jerome B. Cohen, Edward D. Zinbarg, Arthur Zeikel, Investment Analysis and Portfolio Management, fünfte Auflage 1987, Homewood, Illinois, 1987.

Deutsche Vereinigung für Finanzanalyse und Anlageberatung:
Beiträge zur Aktienanalyse (Heft 18), 1979/84;
Beiträge zur Wertpapieranalyse (Heft 24 und 24/II),1987/88;
alle betreffend: Arbeitsschema und Erläuterung zur Ermittlung des Ergebnisses nach DVFA;
sowie: Earnings per Share in Germany (Übersetzung von Heft 24 ins Englische);

ferner: Heft 21, Der Cash-flow in der Finanzanalyse;
und: Kennzahlen in der Finanzanalyse, Sept. 1982.

Helbing, Carl, Bilanz- und Erfolgsanalyse, fünfte Auflage 1986, Verlag Paul Haupt, Bern und Stuttgart.

Heymann, Handelsgesetzbuch (Kommentar), Band 3, Berlin, 1989 (Walter de Gruyter).

Palandt, Bürgerliches Gesetzbuch (Kommentar), München 1990 (Beck).

Schott, Gerhard, Kennzahlen, Instrument der Unternehmensführung, fünfte Auflage 1988, Forkel-Verlag, Wiesbaden.

Wöhe, Günter, Bilanzierung und Bilanzpolitik, siebte Auflage 1987, Verlag Franz Vahlen, München, 1987.

Carl Zimmerer, Industriebilanzen lesen und beurteilen, fünfte Auflage 1977, verlag moderne industrie, München.

Abkürzungsverzeichnis

ACRS	Accelerated Cost Recovery System („degressive Abschreibung")
APB	Accounting Principles Board (Ausschuß für Buchführungsgrundsätze)
AFUDC	Allowance for Equity Funds used during Construction (Sonderposten für Steuer- und Gebührenberechnung bei Versorgungsunternehmen)
AMT	Alternative Minimum Tax (Alternative Mindeststeuer)
AICPA	American Institute of Certified Public Accountants (Berufsorganisation für Wirtschaftsprüfer)
BSP	Bruttosozialprodukt
CCA	Capital Consumption Adjustment (Anpassung für Kapitalverzehr)
CLADR	Class Life Asset Depreciation Range System (Abschreibung, „betriebsgewöhnliche Nutzungsdauer")
DJJ	Dow Jones Industrial Average
DVFA	Deutsche Vereinigung für Finanzanalyse und Anlageberatung
EPS	Earnings per Share (Gewinne je Aktie)
EMH	Efficient Market Hypothesis (Hypothese von der Effizienz der Börse)
ERISA	Employee Retirement Income Security Act (Gesetz zum Schutz der Pensionsansprüche von Unselbständigen)
FASB	Financial Accounting Standards Board (Ausschuß zur Festlegung von Standards für Finanzbuchhaltung)
FSLIC	Federal Savings and Loan Insurance Corporation (Versicherung für Sparguthaben bei Zahlungsunfähigkeit des Sparinstituts)
FIFO	First In – First Out Methode (Lagerbewertung)
FAF	Financial Analysts Federation (Verband der Finanzanalysten)
GAAP	Generally Accepted Accounting Principles (Allgemein anerkannte Buchführungsgrundsätze, vgl. auch Kap. 8 Anm. ²))
GE	General Electric
GM	General Motors Corp.
GMAC	General Motors Acceptance Corporation
GNMA	Government National Mortgage Association („Ginnie-Mae", eine Art staatl. Hypothekenbank, die aber nur die eine Hälfte des Geschäftes, die Ausgabe von „Pfandbriefen" betreibt; die Ausgabe der Hypotheken erfolgt durch die „Sparkassen")
GNP	Gross National Product (Bruttosozialprodukt)
ICC	Interstate Commerce Commission (Eisenbahn-Kontrollbehörde)
IPO	Initial Public Offerings (Aktieneinführung neuer Gesellschaften an der Börse)

IRS	Internal Revenue Service (Steuerbehörde)
ITC	Investment Tax Credit (Steuergutschrift für Investitionen)
KGV	Kurs-/Gewinnverhältnis
NACE	Net Available for Common Equity (Nettobetrag, der zur Verteilung für das Eigenkapital zur Verfügung steht)
NASDAQ	National Association of Security Dealers (Over-the-Counter-Aktien)
OID	Original Issued Discount Bond (Obligationen, die sofort mit einem Abschlag auf den Pariwert ausgegeben werden)
PE	Price Earnings Ratio (Kurs-/Gewinnverhältnis)
REIT	Real Estate Investment Trust („Immobilienfonds" nach US-Recht)
ROE	Return on Equity (Eigenkapitalrentabilität)
ROI	Return on Investment (Ertrag auf das investierte Kapital, Gesamtkapitalrentabilität = ROTC)
ROTC	Return on Total Capital (Gesamtkapitalrentabilität = ROI)
SEC	Securities and Exchange Commission (Aufsichtsbehörde für Wertpapiere und Börse)
S&P 500	Standard & Poors' 500 Stock Index
S&P 400	Standard & Poors' 400 Industrial Companies

Amerikanische Fachausdrücke mit Erläuterungen

Accounting	Buchführungs . . . (Bilanzbuchhaltung)
Accounts Payable	Verbindlichkeiten aus Lieferungen und Leistungen
Accounts Receivable	Forderungen aus Lieferungen und Leistungen
Affiliate	Beteiligung (unter 50 %–20 %, gesetzlicher Oberbegriff)
Allowance	(steuerlicher) Abschlag, Abzug
Amortisation	Amortisation
Annual (Financial) Statement	Jahresabschluß
Annual Report (Earnings Report, Financial Report)	Geschäftsbericht (Ich oft: Jahresabschluß, nicht ganz richtig)
Assets	Vermögenswerte, Aktiva, Wirtschaftsgüter
Bear Market	Baisse Markt
Bonds	Obligationen, (Anleihen)
Book Value	Buchwert
Business Cycle	Konjunkturzyklus
Capital Lease	Capital Lease (Finanzierungs-Leasing)
Capital Maintenance	Kapitalerhaltung
Capitalization	Aktivierung (gelegentlich auch: Abzinsung, Kapitalisierung)
Capitalization Rate	Kapitalisierungsrate, Abzinsungssatz
Capitalization Rate	Kapitalisierungsfaktor, Abzinsungsfaktor
Cash	Flüssige Mittel, (Zahlungsmittel, Kassenbestände plus jederzeit verfügbare Bankguthaben und flüssige Wertpapiere)
Cash and Equivalent	Flüssige Mittel
Cash-Flow	Mittelzu- bzw. -abfluß
Cash Inflow	Mittelzufluß
Cash-Outflow	Mittelabfluß
Casualty Insurance	Unfallversicherung, Schadensversicherung
Commission	
Company Governance	Kontrolle über Gesellschaften
Compound	Unter Berücksichtigung des Zinseszinses
Consistent	Verläßlich, beständig und widerspruchsfrei

Contingencies	Eventualverbindlichkeiten
Contingent Litigation Liability	Eventualverbindlichkeit aus Prozeß
Cost of Goods Sold (Cost of Sales)	Herstellungskosten, (Anschaffungskosten für verkaufte Warenvorräte)
Cost of Sales (Cost of goods sold)	Herstellungskosten (Aufwendungen für Anschaffungen)
Current Assets	Umlaufvermögen
Current Liabilities	Kurzfristige Verbindlichkeiten (1 Jahr)
Current Value	Augenblicklicher, laufender, aktueller Wert
Debentures	Verbindlichkeiten, Obligationen
Debt Ratio	Fremdkapitalquote
Debt/Total Capital	Fremdkapitalquote
Deferred Liabilities	Aufgeschobene (noch nicht fällige) Verbindlichkeiten
Deferred Taxes	Aufgeschobene Steuern
Deferred Taxes Liability	Verbindlichkeit (Rückstellung) für aufgeschobene Steuern
Deferred Taxes Reserve	Reserve (Rückstellung) für aufgeschobene Steuern
Deflator	Bereinigungsfaktor, Deflator (Inflation)
Denominator	Nenner
Depletion	Substanzverzehr
Discount Rate	Abzinsungssatz, -Faktor
Earning Power	Ertragskraft
Earnings Margin (Profit Margin)	Gewinnquote
Earnings Rate (S. 526)	Gesamtkapitalrentabilität
Earnings Report	Gewinnausweis, Jahres-, Quartalabschluß
Earnings Yield	Gewinnrendite
Economic (s)	Gesamtwirtschaftlich
EMH (Efficient Market Theory)	Theorie über die Effizienz der Börse
Equipment	Anlagen, Ausrüstung
Equity (-Asset Value, -net worth)	Eigenkapital
Equity Method	Equity Methode
Equity Ratio	Eigenkapitalquote
Equity/Total Capital	Eigenkapitalquote
Expenditure	Ausgabe (Cash)
Expense	Aufwendung (Buchführungsbegriff)
Extraordinary Write up, -down	Außerordentliche (Sonder-) Zuschreibung, Abschreibung
Financial Statement	Jahresabschluß
Fixed Assets	Sachanlagenvermögen

Foreign Currency Translation Adjustment	Anpassung für Währungsumrechnung
Foreign Currency Translation Gain, Loss	Gewinn, Verlust aus Währungsumrechnung
Foreign Currency Translation	Währungsumrechnung
Foreign Remittance	Transfer aus dem Ausland
Fully Diluted Earnings/Share	Voll verwässerte Gewinne/Aktie
Funded Debt	Fundierte (langfristige verbriefte) Verbindlichkeit
Funds Statement	Finanzbewegungsrechnung
GAAP (Generally Accepted Accounting Principles)	Allgemein anerkannte Buchführungsgrundsätze
Generally Accepted Accounting Principles (GAAP)	Allgemein anerkannte Buchführungsgrundsätze
GNP	Bruttosozialprodukt (BSP)
Going Concern	Aktiv betriebenes Unternehmen
Gross Income	Ertrag vor Steuern
Gross Plant	Bruttoanlagevermögen (S. 363), Gesamtes Sachanlagevermögen
Income	Ertrag – im 2. Teil u. U.: Gewinn
Income before tax	Ergebnis, Ertrag vor Steuern
Income Statement	Gewinn- und Verlustrechnung
Income Tax	Ertragssteuer
Independant Public Accountant	Unabhängiger, öffentlicher Wirtschaftsprüfer (Abschlußprüfer)
Intangible Assets	Immaterielle Vermögenswerte
Interest Rate	Zinssatz
Intrisic Value	Innerer Wert
Inventory	Vorräte (Inventar, Lager)
Inventory Turnover	Umschlag der Vorräte (Lagerumschlag)
Labor Force	Werktätige Bevölkerung
Long-term liabilities/ share capital	Verschuldungsgrad
Lease	Nutzungsvertrag (Leasing-, Pacht-, Mietvertrag)
Leverage	Fremdfinanzierung
Leveraged Buy out	Erwerb einer Firma durch Fremdmittel, oft durch das Management
Margin of Profit	Gewinnspanne
Margin of Safety	Sicherheitsrahmen -Spanne

Market	Börse, Markt
Multiplier	Vervielfältiger, Multiplikator
Net Asset Value (Net Worth)	Nettovermögen (Eigenkapital)
Net Available for total Capital (NACE)	Netto-Ertrag, der für das gesamte Kapital zur Verfügung steht
Net Current Assets (Working Capital)	Nettoumlaufvermögen (Umlaufvermögensüberschuß)
Net Current Assets (Working Capital)	Nettoumlaufvermögen oder Umlaufvermögensüberschuß
Net Income	Jahresüberschuß (Ertrag nach Steuern, Ergebnis nach Steuern)
Net Income before Taxes	Jahresüberschuß, Ergebnis vor Steuern
Non Current Assets (Permanent Capital)	Anlagevermögen
Non Current Liabilities	Langfristige Verbindlichkeiten
Non Recurring Items	Nicht wiederkehrende Posten
Numerator	Zähler
Operating Income	Betriebsergebnis, Ergebnis der Betriebstätigkeit
Operating Lease	Pacht, Miete
Other Post Employment Benefits	Sonstige Ruhestandsleistungen
Payables (Accounts Payable)	Verpflichtungen aus Lieferungen und Leistungen
Permanent Capital	Anlagevermögen
Price	Kurs
Price to earning Ratio (p/e)	Kursgewinnverhältnis (KGV)
Primary Earnings per Share	(aktuelle Gewinne)
Product Line	Produktionszweig
Product Mix	Produktionsprogramm
Profitability	Rentabilität
Property and Casualty Insurance	Sach- und Unfallversicherung
Property Insurance	Sachversicherung
Quick Assets	„Schnelle Aktiva", Quick Assets (Cash and Receivables, Liquide Umlaufvermögenswerte)
Quick Ratio	Liquidität 1. Grades
Ratio	Kennzahl
Receipt	Einnahme (Cash)
Receivables	Forderungen aus Lieferungen und Leistungen (Außenstände, Debitoren)
Reserves	Reserven

Return	Ertrag, falls in % = Rendite
Return on Capital	Gesamtkapitalrentabilität
Revenue	Umsatzerlöse
Reversal of book-tax timing difference	Umkehr der Zeitdifferenz zwischen Büchern und Steuern (zwischen Handels- und Steuerbilanz)
S&P 500, 400	S&P 500, 400
Sales	Umsatzerlöse, Umsätze
Secular	Langfristig, säkular
Senior Security	Vorrangiges, vorgehendes Wertpapier
Sinking Fund	Tilgungsfond
Subsidiary	Tochtergesellschaft (100–50 %)
Surplus (Earned S)	(Gewinn) Rücklagen
Tangible Assets	Materielle Vermögenswerte
Total Capital	Gesamtkapital
Total Return	Gesamtertrag
Useful Life (span)	Nutzungsdauer
Working Capital (Net Current Assets)	Nettoumlaufvermögen oder: Umlaufvermögensüberschuß
Write-down (Write-off)	Außerplanmäßige (Sonder-) Abschreibung (Herunterschreibung)
Yield	Rendite (Ertrag)

Kennzahlenverzeichnis

Kennzahlen je Aktie

1. Gewinn je Aktie (Kap. 20) =

$$\frac{\text{Gewinn, der für die (Stamm)-Aktien zur Verfügung steht}}{\text{Gewichteter Durchschnitt der ausstehenden (Stamm)-Aktien}}$$

2. Dividende je Aktie (Kap. 20) =

$$\frac{\text{Gesamte jährliche Dividende, die auf (Stamm)-Aktien gezahlt wurde}}{\text{Gewichteter Durchschnitt der ausstehenden (Stamm)-Aktien}}$$

3. Umsatz je Aktie (Kap. 20) =

$$\frac{\text{Umsatz}}{\text{Gewichteter Durchschnitt der ausstehenden (Stamm)-Aktien}}$$

4. Betriebs-Cash-flow nach Steuern je Aktie (Kap. 15) =

$$\frac{\text{Betriebs-Cash-flow nach Steuern}}{\text{Gewichteter Durchschnitt der ausstehenden (Stamm)-Aktien}}$$

5. Buchwert je Aktie (Kap. 19) =

$$\frac{\text{Buchwert des Eigenkapitals − Goodwill − die meisten immateriellen Werte}}{\text{zum Bilanzstichtag ausstehende (Stamm)-Aktien}}$$

6. Umlaufvermögensüberschuß je Aktie (Kap. 19, Anm. 1a) =

$$\frac{\text{Umlaufvermögen − alle den (Stamm)-Aktien vorgehenden Ansprüche}}{\text{zum Bilanzstichtag ausstehende (Stamm)-Aktien}}$$

7. „Schnelle Aktiva" je Aktie (Kap. 19) =

$$\frac{\text{flüssige Mittel (i. S. von Kap. 19) + kurzfristige (1 Jahr) Forderungen − alle den (Stamm)-Aktien vorgehenden Ansprüche}}{\text{zum Bilanzstichtag ausstehende (Stamm)-Aktien}}$$

Kennzahlen je Aktie

8. Flüssige Mittel je Aktie (Kap. 19) =

$$\frac{\text{flüssige Mittel (i. S. von Kap. 19) alle den (Stamm)-Aktien vorgehenden Ansprüche}}{\text{zum Bilanzstichtag ausstehende (Stamm)-Aktien}}$$

Kurskennzahlen

9. Kurs-/Gewinnverhältnis (Kap. 19) =

$$\frac{\text{Kurs je (Stamm)-Aktie}}{\text{Gewinne je (Stamm)-Aktie}}$$

10. Gewinn-Rendite (Kap. 20) =

$$\frac{\text{Gewinn je (Stamm)-Aktie}}{\text{Kurs je (Stamm)-Aktie}}$$

11. Dividenden-Rendite (Kap. 20) =

$$\frac{\text{Dividende je (Stamm)-Aktie}}{\text{Kurs je (Stamm)-Aktie}}$$

12. Umsatz je Dollar Aktien-Kurswert (Kap. 20) =

$$\frac{\text{Umsatz}}{\text{Gewichteter Durchschnitt der ausstehenden (Stamm)-Aktien} \times \text{Kurs}}$$

13. Verhältnis Kurswert zu Buchwert (Kap. 20) =

$$\frac{\text{Kurs je (Stamm)-Aktie}}{\text{Buchwert je (Stamm)-Aktie}}$$

Rentabilitätskennzahlen

14. Gesamtkapitalrentabilität (Kap. 20) =

$$\frac{\text{Jahresüberschuß + (Gewinn)-Anteile anderer Gesellschafter + steuerberichtigter Zinsaufwand}}{\text{materielle Vermögenswerte − passive antizipative Rechnungsabgrenzungsposten}}$$

Rentabilitätskennzahlen

15. Kapitalumschlag (Kap. 20) =

$$\frac{\text{Umsatz}}{\text{materielle Vermögenswerte } - \text{ passive antizipative Rechnungsabgrenzungsposten}}$$

16. Gewinnquote (Kap. 20) =

$$\frac{\text{Jahresüberschuß } + \text{ (Gewinn)-Anteile anderer Gesellschafter } + \text{ steuerberichtigter Zinsaufwand}}{\text{Umsatz}}$$

17. Gesamtkapitalrentabilität vor Abschreibung (Kap. 20) =

$$\frac{\text{Jahresüberschuß } + \text{ (Gewinn)-Anteile anderer Gesellschafter } + \text{ steuerberichtigter Zinsaufwand } + \text{ (reguläre) Abschreibung}}{\text{materielle Vermögenswerte } - \text{ passive antizipative Rechnungsabgrenzungsposten}}$$

18. Eigenkapitalrentabilität (Kap. 20) =

$$\frac{\text{Jahresüberschuß } - \text{ Erfordernis (etwaiger) Vorzugsaktien}}{\text{Eigenkapital } - \text{ Goodwill } - \text{ die meisten immateriellen Werte } + \text{ aufgeschobene Steuerverbindlichkeiten (Steuerrückstellungen)}}$$

Wachstumskennzahlen

19. Umsatzwachstum (Kap. 20) =

$$\frac{\text{Umsatz in der Endperiode}}{\text{Umsatz in der Basisperiode}}$$

20. Wachstum im Gesamtertrag (Kap. 20) =

$$\frac{\text{Nettobetrag, der für das Gesamtkapital in der Endperiode verdient wurde}}{\text{Nettobetrag, der für das Gesamtkapital in der Basisperiode verdient wurde}}$$

21. Wachstum der Gewinne je Aktie (Kap. 20) =

$$\frac{\text{Gewinn je (Stamm)-Aktie in der Endperiode}}{\text{Gewinn je (Stamm)-Aktie in der Basisperiode}}$$

Stabilitätskennzahlen

22. Maximaler Rückgang in der Deckung für vorgehende Belastungen
(siehe Kennzahl Nr. 32) (Kap. 20) =

$$\frac{\text{Schuldendeckung (Nr. 32) im schlechtesten Jahr}}{\text{Schuldendeckung (Nr. 32) im Durchschnitt der drei vorhergehenden Jahre}}$$

23. Prozentualer Rückgang der Gesamtkapitalrentabilität
(siehe Kennzahl Nr. 14) (Kap. 20) =

$$\frac{\text{Gesamtkapitalrentabilität im schlechtesten Jahr}}{\text{Gesamtkapitalrentabilität im Durchschnitt der drei vorhergehenden Jahre}}$$

Auszahlungskennzahlen

24. Dividenden-Auszahlungsrate (Ausschüttungsquote) (Kap. 20) =

$$\frac{\text{Dividende auf (Stamm)Aktien}}{\text{Jahresüberschuß, der für die (Stamm)Aktien zur Verfügung steht}} = \frac{\text{Kennzahl Nr. 2}}{\text{Kennzahl Nr. 1}}$$

25. Verhältnis Dividende / Betriebs-Cash-flow nach Steuern (Kap. 20) =

$$\frac{\text{Dividende auf (Stamm)-Aktien}}{\text{Betriebs-Cash-flow nach Steuern}} = \frac{\text{Kennzahl Nr. 2}}{\text{Kennzahl Nr. 4}}$$

Kreditkennzahlen

26. Liquidität 2. Grades (Current Ratio, Kap. 19) =

$$\frac{\text{Umlaufvermögen}}{\text{kurzfristige Verbindlichkeiten}}$$

27. Liquidität 1. Grades (Quick Ratio, Kap. 19) =

$$\frac{\text{Umlaufvermögen} - \text{Vorräte}}{\text{kurzfristige Verbindlichkeiten}}$$

28. Barliquidität (Cash Ratio, Kap. 19) =

$$\frac{\text{flüssige Mittel (Kap. 19)}}{\text{kurzfristige Verbindlichkeiten}}$$

Kreditkennzahlen

29. Eigenkapitalquote (Equity Ratio, Kap. 20) =

$$\frac{\text{Eigenkapital zum Buchwert}}{\text{materielle Vermögenswerte } - \text{ passive antizipative Rechnungsabgrenzungsposten}}$$

30. Eigenkapitalquote zum Börsenkurs (Kap. 20) =

$$\frac{\text{Eigenkapital zum Börsenkurswert}}{\text{materielle Vermögenswerte } - \text{ passive antizipative Rechnungsabgrenzungsposten}}$$

31. Deckung vorgehender Belastungen („Schuldendeckung") (Kap. 20) =

$$\frac{\text{Ertrag auf das gesamte Kapital vor Steuern}}{\text{vorgehende Belastungen}}$$

32. Deckung vorgehender Belastungen („Schuldendeckung") durch Betriebs-Cash-flow nach Steuern (Kap. 20) =

$$\frac{\text{Betriebs-Cash-flow nach Steuern } + \text{ vorgehende Belastungen}}{\text{vorgehende Belastungen}}$$

33. Verhältnis von Betriebs-Cash-flow nach Steuern zu Gesamtkapital (Kap. 20) =

$$\frac{\text{Betriebs-Cash-flow nach Steuern } + \text{ steuerberichtigte Zinsen}}{\text{materielle Vermögenswerte } - \text{ passive antizipative Rechnungsabgrenzungsposten}}$$

34. Deckung des gesamten Schuldendienstes (Kap. 20) =

$$\frac{\text{Betriebs-Cash-flow nach Steuern } + \text{ Zahlungen für Nutzungsverhältnisse (Miete, Pacht, Operating Lease-Gebühren) } + \text{ steuerberichtigte Zinsen}}{\text{Zinsen } + \text{ Zahlungen für Nutzungsverhältnisse } + \text{ kurzfristig fällig werdende Schulden (Maturities) } + \text{ Tilgungsfonds-Zahlungen}}$$

35. Verteidigungszeitraum (in Tagen) (Kap. 20) =

$$\frac{(\text{flüssige Mittel } + \text{ kurzfristige [1 Jahr] Forderungen}) \times 365}{\text{gesamte Betriebsaufwendungen } - \text{ Abschreibungen } - \text{ sonstige Aufwendungen ohne Mittelabfluß}}$$

Sonstige Kennzahlen

36. Verhältnis der Abschreibungen zum Umsatz (Kap. 20) =

$$\frac{\text{Aufwand für Abschreibungen}}{\text{Umsatz}}$$

37. Verhältnis von Abschreibungen zum Brutto-Sachanlagevermögen (Kap. 20) =

$$\frac{\text{Aufwand für Abschreibung}}{\text{Brutto-Sachanlagevermögen}}$$

38. Umschlag der Vorräte („Umschlagshäufigkeit", „Lagerumschlag") (Kap. 20) =

$$\frac{\text{Herstellungskosten}}{\text{Vorräte einschließlich etwaiger LIFO-Reserve}}$$

39. Umschlag der Forderungen aus Lieferungen und Leistungen (Kap. 20) =

$$\frac{\text{Umsatz}}{\text{Forderungen aus Lieferungen und Leistungen}}$$

Stichwortverzeichnis

(Zahlen = Seiten; die Zeilen unterhalb der Stichworte sind nicht alphabetisch, sondern nach sachlichen Gesichtspunkten geordnet.)

Abhängigkeiten
 in der Analyse 31 ff
 von der Wirtschaftsanalyse, 55 ff, 62
 zwei Beispiele (Kosmetik, Einzelhandel) 63 ff
 Fehlen von Abhängigkeiten 71 ff
 zwischen Obligationen- und Aktienmarkt 75, 491
 Beispiel Gen. Mot. 32 ff
Abonnements (Reserven) 189
Abrechnung von Kontrakten 320
Abschlußprüfer (Stellung) 155
Abschreibungen 229 ff
 Begriff in diesem Buch 191 Anm. 1c
 Methoden 233 ff
 und Nutzungsdauer 233, 245 f
 und aufgeschobene Steuern 241 ff
 Kennzahlen 397, 408 f
 außerplanmäßige A. (Reserven) 191 Anm. 1c, 191 ff
  als Ersatz für normale A. 246 f
  steuerlich 318 f, 321
  siehe auch Herunterschreibung, Umstrukturierung
 von Sachgesamtheiten 235
 Immaterielle Güter 254 ff
 Aktivierung von Zinsen 236 ff
 „negative" 235
 Investment-Tax-Credit 240
 Abschreibungspolitik 239 ff, 243 ff, 396 f, 408 f
 Vergleichbarkeit (Luftfahrtges.) 247 f, 248 Taf. 14.4
 Umfang in versch. Industrien 230 ff, 232 Taf. 14.1
 bei den DJJ-Gesellschaften 244 Taf. 14.3

Bergwerks- und Ölgesellschaften 249
 Kraftwerke 235
 Leasing und A. 253 f
 in der Buchführung 275, 278
 und Investitionen 282
 und Mittelzufluß 288
 volkswirtschaftliche Betrachtung 246 f
 Vorratsbewertung u. Abschr. (Ähnlichk.) 213
Abwärtstrend von Aktien 605 ff
Abzinsungssatz
 siehe Kapitalisierungsrate
Accounts Payable 275 Anm. 2c
Accounts Receivable 268 Anm. 2a
Accrued Liabilities 276 Anm. 2e
Accrued Payables 394 Anm. 5b
ACRS 233
AFUDC 236 ff, 319
 bei Oblig. 519
Akquisition 665, 672
 Abwehrmittel (Shark Repellents) 696 f, 700
 Übernahmewert 40 Anm. 8, 354
 Buchwert nach A. 336
 Gesellsch. unter Buchwert 665
 G. über Buchwert 672
 A. Kandidaten 354
 Wachstum durch A. 586 ff
Aktien
 1. und 2. Kategorie 14
 und Obligationen (Beziehungen) 75, 491
 und Buchwert 657 ff
 Gesamtertrag 18, 24
 unter Buchwert 664 ff
 im Abwärtstrend 605 ff
 Bewertungsmodell (Beispiel) 93

eigene A.
(Kauf und Verk.) 371 ff
Gewinn und Verlust 176 ff
eine Aktie, eine Stimme 695 f
Aktienanteil (im Portfolio) 539 f
Aktienauswahl
am Tief der Gesamtbörse 548
bei mittlerem Kursniveau 548
Aktienindex
Bewertung 83 ff, 92 ff, 632 ff
Buchwert 86 f
s. im übrigen S&P 400 und 500, DJJ
Aktienkurse
langfristige Entwicklung 19 ff
säkularer Aufwärtstrend 19 Fig. 2.2
größere Schwankungen 1871 bis 1984
22 Taf. 2.6
Aktienvolumen (Umschlagrate) 543
Aktives Management (Oblig.) 457 ff
Aktivierung
von Zinsen 236, 265, 278 f; 319
und Betriebs-Cash-Flow 278 f
von Kosten bei Vorräten 222, 275, 321
steuerlich 319, 321
Prior Service Costs (Pensionen) 208
Aktivitätskennzahlen 395
Aktuelle Berichte an SEC 112
Allgemeinkosten (und Vorräte) 222, 321
Allg. anerkannte Buchf.grd.sätze 107
Anm. 2
Alternative Minimumsteuer 307
Amortisation 229 ff
Begriff in diesem Buch 191 Anm. 1c
bei Öl- und Bergwerksgesellschaften
249 ff
immaterielle Güter 254 ff
Analyse
Begriff 31
von Jahresabschlüssen 143 ff
von Bilanzen 327 ff
von Gewinn- und Verlustrechnungen
161 ff
von Finanzbewegungsrechnungen 259 ff
Verfahren 373
Form 162
sieben Schritte 168
z. Bewert. v. Oblig. u. Aktien 166
von Kennzahlen 373 ff
von zwei Chemieges. (Beisp.) 414 ff
einer Industriegruppe (Beisp.) 432 ff

Änderung (Produktionszweig, Verkaufspolitik) 584
Angebots-Vorhersagen 61
Angepaßte Daten 116
Anlagevermögen
Bilanz 336 ff
von Fonds (Größenordnung) 540
Anm. 1; 541
Anpassung
im allgemeinen 146, 159
für frühere Perioden 170
Bilanz (Beispiel) 359
bei Finanzbew.R. 268
beim Eigenkapital (Kennz.) 394 f
bei Währungsumrechnungen 195 ff,
273 f
bei Vorräten 225 ff
für Bezugsrechte (Kennzahlen) 378
für Warrants und Optionen (Kennzahlen) 379 ff
für noch nicht verdiente Prämien 188
für aktivierte Zinsen 238
für Substanzwert 659 ff, 665, 669
LIFO an FIFO 226
des Optionswertes (für Beweglichk.
d. Aktie) 681
Beispiele (viele Einzelh.) 413 ff, 432 ff
APB, 36, 107 Anm. 2
Arbeitsbogen (Finanzbew.R.) 270 Fig. 15.1
Asbest 586
Asset Allocation, Asset Mix 482, 539
aufgegebene Tätigkeiten 174
aufgeschobene Belastungen 339
aufgeschobene Steuern
Begriff 241 Anm. 2a
Wirkung, Beispiele 241 ff
und Abschreibung 242 Taf. 14.2
und Betriebsverlust 312
in Bilanz 361
Behandlung durch Analysten 184,
323 ff
als Eigenkapital? 323, 394, 413
als Gewinn? 396
Ausland
Gewinne 300, 573
Tätigkeitsbereiche (Konsolidierung)
299 ff
Vermögen 173
Steuersätze ausl. Staaten 310
Auslastungsgrad 510

Ausleihungsverluste der Banken 185
„Ausreißer" (statist. Behandl.) 436
Ausschüttungsquote 88
    (s. a. Auszahlungsrate)
Aussichten (des Geschäfts)
    für das einz. Unternehmen 125
    für einen Industriezweig 126
Ausübungskurs
    Warrants 676
    Optionen 682
Auswahl von Oblig. 493
Auszahlungsrate
    für Dividenden 88, 403, 422, 594
    für S&P 400, 500: 19, 88 Anm. 15; 89
        Taf. 6; 618 Taf. 31.1
    und Cash-Flow 262, 403
    s. a. Dividende, Einbehaltungsrate
Außenstände
    Umschlagskennzahl 409
    Bilanz 268 Anm. 2a
außergewöhnliche Posten, Begriff 169
    Anm. *
Autorität (des FASB) 144

Bankschulden 365
Barliquidität 365
Basispreis (Option) 682
Basispunkt (Oblig.) 479
„Bauzinsen" 236
Bedingte Vorhersage 9, 61 ff
„Bereinigung in einem Aufwasch" 194
Bergwerksgesellschaften
    Abschreibung 249
    Substanzwert 671
Bericht
    an SEC nach Formular 10-Q, 9-K usw.
    111 ff
    an sonstige staatl. Aufsichtsbehörden
    107
Beschreibende Funktion (der Wertp. A.) 37
„Best-Reports" 108
Beständigkeit 166
Beta 178 Anm. 4a
beteiligte Parteien (Geschäfte mit) 295, 349
Beteiligungsgesellschaft 291 ff
Betriebs-Cash-flow
    Begriff 259 Anm. *, 277 ff
    Arbeitsbogen 270 Fig. 15.1
    nach Steuern und Zinsen 271 Fig. 15.1
    Unterschied zu Gewinn 286 ff
    je Aktie (Kennz.) 403
    und Schuldendeckung (Kennz.) 407
    und Dividendenpolitik 283, 403
    Bedeutung für Qualität der Aktie 442
    Überlebensfähigkeit 606
Betriebsabteilung (Verlust) 302
Betriebsergebnis
    Gew.- und Verl.rechn. 164
    Beisp. Gen. Mot. 33
    Vergleich mit Betriebs-Cash-flow 277
Betrügerische Unterlagen 164
Bewertung, Wert 45 ff
    vorrangige Wertpapiere 39
    Privatplazierungen 39
    Aktien 40
    Grenzen der B. 53
    Obligationen 491 ff
    der Gesamtbörse 83 ff, 92 ff, 632 ff
        Bedeutung 638
    von Shark Repellents 700
    durch die Börse und den Analysten 642
    s. a. Vermögenswert, Gewinne und
    sonstige Bewertungsobjekte
Bewertungsfunktion
    (der Wertpapieranalyse) 38
Bewertungsmethode 553 ff
    im Bereich des Rechts 555
    geeignete und ungeeignete Aktien
    (Beispiele) 556
    alternative Methoden 561
    Ergebnisse 562
    Timing 565
    Dividendenfaktor 617 ff
    Beta (Warrants) 678, 681
Bewertungsmodell für Aktien (Index)
    83 ff, 93
Beziehungen zwischen Obligationen und
    Aktien 75, 491
Bezugsrechte (Anpass. f. Kennz.) 378
„Big Bath Accounting" 194
Bilanz
    Analyse 327 ff
    Darstellungsweise 327, 359
    und Gewinn 370
    und Vermögenswerte 353 ff, 359
    Taf. 19.1
    Pensionsplan 166
    s. a. Vermögenswerte, Verbindlichkeiten

Black & Sholes (Optionen) 383, 682
  Anm. 8
Bodenschätze (Substanzwert) 671
Bond Swaps 460 ff
Börsenidole 642
börsennotierte Wertpapiere (Verluste,
  Reserven) 185
Börsensegmente 97 ff
Brutto-Gesamtkapitalrentabilität 391
Brutto-Mittelzufluß 264
Brutto-Sachanlagevermögen (Begriff) 238
  Anm. 1a
Bruttosozialprodukt (BSP)
  Trendprojektionen 68 ff
  Beispiel 64 Taf. 5.1; 69 Taf. 5.4
  Abschreibung 246 f
Buchführung
  Eigenarten und Grenzen 143 ff
  und Barmittelzyklus 154
  Organisationen in USA 36 ff, 107
  Anm. 2; 143 f
Buchführungsstandards
  Festsetzung 107 Anm. 2; 143
  Auswirkung von Änderungen 166
Buchwert
  und Kurs 622 f, dort Taf. 31.3 u. 31.4;
  637, 657 ff, dort Taf. 34.1 u. 34.2
  eines Aktienindex 86 ff
  Eigenkapital 355 ff
  Verwässerung 355
  je Aktie 385
  Wachstum des B. 86 ff, 657
  in spez. Industrien 670 ff
  Aktien unter B. 664 ff, 669
  nach Akquisition 336
Business Cycle,
  siehe Konjunkturzyklus
„Buy and Hold" (Oblig.) 452

Call Option 682
Call Provision 15, 483, 493, 515
Capital Lease
  s. Finanzierungs-Leasing
„CAPS" 483
„CAR's" 334
Cash Equivalents, s. flüssige Mittel
Cash Matching (Oblig.) 473 f
Cash Ratio 365
Cash Yield Test 380

Cash-Flow 259 ff
  Begriff 259 Anm. *
  s. im übrigen Mittelzufluß, Betriebs-
  Cash-flow, Finanzbewegungsrechnung
Cash-flow-Rechnung,
  s. Finanzbewegungsrechnung
„CATS" 485
Certificates of Deposit, (CD's) 455
Chemie-Gesellschaften
  Vergl. d. Kennz. 411 ff
  Buchwert, versch. Kennz. 664 Taf. 34.4
„Chinesisches Geld" 587
CLADR 233
Closed Corporations 13
Cluster Analysis 98 Anm. 3
CMO's 334
Commercial Banks (Steuer) 316
Commercial Paper 455
Common Factor Analysis 4
Compensating Balance 331
Completed Contract-Methode (Steuer) 320
Computerdienste 114 ff
  Daten „wie berichtet" 115
  Daten, angepaßt 116
  Software-Programme 117 ff
Constant Growth Model 627
Contingent Immunisation (Oblig.) 479 ff
Contrarian 45
Cowles Commission (Index) 20, Fig. 2.2;
  632
Credit Rating 15 ff, 454
  s. a. Krediteinstufung, Kreditwürdigkeit
Cross Default 515
Cumulative Wealth Index 99 f
Current Assets 268 Anm. 2a, 329
Current Ratio 363 Anm. *; 363 ff
Customer Receivables 268 Anm. 2a

Darlehensportfolio (Wertberichtigung) 190
Daten
  „wie berichtet" 114
  angepaßte 116
Deckung
  der Zinsbelastung 495 ff
  des Schuldendienstes (Oblig.) 497, 519
  bei Vorzugsaktien 530
Dedication (Oblig.) 471 ff
Default 366, 514 f
Deferred Charges 339 und dort Anm. ***

Stichwortverzeichnis 723

Deferred Income 341 Anm. 1a
Defizite (bei Gesellsch., techn. Behandl.)
 607
Degressive Abschreibung (Methoden) 233
Delkredere (Rückst. bzw. Wertberichti-
 gung) 184
„Direkte Methode" (für Gewinnprojektio-
 nen) 580 f
Disinterested Director 691 ff
Diskontierungsfaktor, -rate,
 siehe Kapitalisierungsrate
Diskontinuitäten (Ertragskraft) 589
Disziplin (Begriff) 6
Diversifizierung,
 von Gesellschaften 586 ff
 im Portfolio 54, 542, 560 f, 588
 Managementstil 541
Divestment 588
Dividende 617 ff
 für und wider 619 ff
 D.politik 262, 403, 614 f, 618
 Kapitalisierungsrate 631 ff
 Dividenden-Diskontomodell 626 f
 an andere Gesellschaften (Steuer) 308
 Beschränkungsklauseln 366
 Auszahlungsrate 88, 403, 422, 594
 auf Index s. S&P 400 und 500
 Anspruch d.Vorzugsgsaktionäre 527 ff
 Anspruch d. Vorzugsaktionäre auf
  Rückstände 351
DJJ (Dow Jones Industrial Average)
 Kurs-/Gewinnverhältnisse 576 f
 Gewinn und Kurs-/Gewinnverhältnis
  388 Taf. 20.1
 Kurs-/Buchwertverhältnis 659 Taf. 34.2
 mechanische Gewinnschätzungen 574 f
 Value Line Gewinnschätzungen 578
 Abschreibung 244 Taf. 14.3
Double Declining Balance (Abschreibung)
 234
Duration
 von Oblig. 16, 78, 466, 467 Anm. **,
  486
 von Vermögenswerten 329
Durchschnitt
 modaler D. der Gewinne 591 f
 und Trend (techn.Einzelheiten) 434,
  509 Anm. 1; 591 ff
 aus Kennzahlen 436
 Indizes 443 ff

Durchschnittskosten Methode (Vorrats-
 bew.) 224
Durchschnittswerte (langfr. Projekt.) 60
Earnings Yield (Gewinnrendite) 624
 Taf. 31.4
 auf Index: 633
Efficient Market Hypothesis 24 ff
eigene Wertpapiere (Käufe und Verk.)
 176, 371
eigenkapitalähnl. Posten 398
Eigenkapitalpolster
 und Kreditwürdigkeit 517
 bei Vorzugsaktien 533
Eigenkapitalquote
 Kennz. 404
 zum Börsenkurs (Kennz.) 404
Eigenkapitalrentabilität
 Kennzahl 397 ff
 Zerlegung in Komponenten 87
  Anm. 14, 396 Anm. 5d, vgl. auch 437 ff
 zur Gewinnprojektion für Index 86
 Durchschnitte bilden! 591
 und Ertragskraft 574, 591
 und Kapitalstruktur 649
 und einbehaltene Gewinne 86 ff, 623 ff,
  657
 und Vermögenswerte 665 f
 Korrelation mit Kurs-/Buchwert 664
  Taf. 34.4
 Gesellschaften mit hoher E. 623
 Beisp. Gen. Mot. 33 f
Eigenkapitalumschlag 87 Anm. 14; 396
 Anm. 5d,
einbehaltene Gewinne
 und Börsenkurs 619 ff, 623 f
 Einbehaltungsrate (Index) 87
 Re-Investment 569 ff, 621 f
 und Wachstum d. Buchwertes 657
Einkommen (Gewinn, Auffassungen)
 148 ff, 285
Einzelhandelsmethode (Vorräte) 224 f
Einzelhandelsumsätze 66
Emissionsbedingungen
 und Kreditrisiko 512 ff
 bei Vorzugsaktien 531
Entwicklungskosten 254 f
Equity-Methode 292 f
 und mittelbare Kontrolle 295
Ergebnisse der Bewertungsmethode 562
ERISA (Pensionspläne) 203, 701

Ermächtigung z. Aktienausgabe 697
Ersparnisbildung 81 ff
Ertragskraft
    Konzept 167, 591 ff
    Verfahren zur Bestimmung 571, 591
    Faktoren 502
    Diskontinuitäten 589
    auf gesamtes Kapital 413
    Grundlage d. Kreditwürdigk.
        (Oblig.) 500, 518
        (Vorzugsaktien) 534
    s. a. Gesamtertrag, Gesamtkapitalrentabilität
Ertragsraten (versch. Arten v. Wertp.) 90 ff
    und dort Taf. 7–9
Ertragssteuern 305 ff
    s. im übrigen Steuern, aufgeschobene Steuern
Euthanasie des Aktionärs 690
„Event-Risk" 454,
Eventualverbindlichkeiten 181 ff, s. a. Reserven
Excise Tax 8
Explorationskosten 254,
Extrapolation
    mechanische 19, 23
    von Trendlinien 133
    von Gewinnen 574

Fälligkeiten, kurze (Oblig.) 513
FASB, 36, 105 Anm. 1
Fast Food Industrie 594
Federal Energy Regulatory Commission 108
Fernsehgerätegeschäft 584 f
Festverzinsliche Wertpapiere (= Obligationen) 11 Anm. *
FIFO 217 ff, s. im übrigen Vorratsbewertung
Financial Analysts Federation 121
Finanzanalyse 3, 31
Finanzbewegungsrechnung 259 ff
    Arbeitsbogen 270 Fig. 15.1
    Methoden 265 ff
    Anpassungen 268 ff
    Zusammenfassung 281
Finanzgesellschaften
    Buchwert 358
    Portfoliogewinne 177 f; 185 f
    Vermögenswerte 670

finanzielle Belastungen
    (nicht verdiente Reserve) 188
Finanzierung außerhalb der Bilanz 297, 334 ff
Finanzierungs-Leasing 253, 341 f
Finanzierungsgesellschaften
    selbständige und unselbständige 297
Finanzierungskosten
    (Ausgabe v. Akt. oder Oblig.?) 656 Anm. 8
Finanzierungstätigkeit (Fin.beweg. R.) 279
Flexibilität (Oblig.) 457, 486
Floating Rate Obligationen 481
„Floors" (Oblig.) 483
„Flower Bonds" 455 f
Fluggesellschaften, siehe Luftfahrtgesellschaften
Flüssige Mittel 260, 330, 368
    und Kurs 668
    freie flüss. Mittel je Aktie 369
    s. a. Betriebs-Cash-flow, FinanzbewegungsR.
Forderungen aus Lieferungen und Leistungen 268 Anm. 2a
Forecasts und Projections 57, 59 Anm. 7
Foreign Tax Credit 310
Forschung und Entwicklung 254 f
Fremdfinanzierung
    Auswirkungen, Wachstum 421 f, 438 ff
    und Aktienwert 646 ff, 654
Fremdkapitalquote 404, 518, 648, 653 Taf. 31.5
    s. a. Kapitalstruktur, Kreditwürdigkeit
FRS-Industriegruppen 101 ff
Frühwarnsignale (Oblig.) 502
FSLIC 315 Anm. ****
Fully Diluted Earnings 379
Fundamentalanalyse
    wesentlicher Inhalt 150
    andere Methoden 24 ff, 41
    und internationale Werte 550
    Einfluß an der Börse 551
    s. a. innerer Wert, Bewertung, Bewertungsmethoden

GAAP, 107 Anm. 2
Gasgesellschaften, siehe Ölgesellschaften
Gebührenanpassung (Versorg.U., Reserve) 189
„Gefallene Engel" 521

Gegenkontrolle für Indexbewertung 572
Gegenwartswert (von Dividenden) 567
  Anm. 2
General Motors (Analyse Beispiel) 32 ff
Gesamtertrag
  Aktien 18, 24
  Index (Aktien): s. S&P 400 und 500
  Indizes für Obligationen 463
  als Performance-Maßstab für Oblig.
  460 f, 463
Gesamtkapitalrentabilität
  zur Gewinnprojektion 581 ff
  zur Messung der Ertragskraft 591
  und Vermögenswerte 657
  Kennzahl 391 ff
  vor Abschreibung 397
  Komponenten 87 Anm. 14; 395, 396
  Anm. 5b; 437 und dort Taf. 22.2; 508
  diverse Industriegruppen 127 Taf. 9.1
  Beispiel General Motors 33 f
Gesamtwirtschaft (Analyse, Projektion
  der) 4,55 ff, 68 ff, 634 f
Geschäftsaussichten, (Industrieanalyse)
  125 f
Geschäftsbericht (als Informationsquelle)
  109 f
Gesellschaften
  führende 576
  Zahl der notierten 13 Anm. 1
  s. a. Aktien
Gesellschaftsgewinne
  volksw. GesamtR. 82 ff, 634 f
  einbehaltene 87, 569 ff, 619 ff, 657
  bisherige 567 ff, 591
  s. a. Gewinn
Gesellschaftskontrolle 295, 689 ff
Gesellschaftsoblig., hist. Entw. 453 ff
Gesellschaftsschulden (neuere Entwick-
  lung) 494
Gewinn
  Auffassungen 148 ff
  Grundsätze der Ermittlung 164 ff
  ausgewiesener und echter 157, 377
  Berechnung durch Bilanz 370 ff
  Berechnung für Kennz. 387
  Rückgang (Kennz.) 401
  Verwässerung des G. 379 ff
  ausländischer 301
  und Betriebs-Cash-flow 283, 285
  und Nettoumlaufvermögen 285

  Verteilung auf richtiges Gesch.jahr 191
  kurzfristige Börsenreaktion 158, 611 f
  Wachstum des G. 423, s. a. Wachst.,
    Wachst.Akt.
  auf Börsenindex s. S&P 500 und 400
  s. a. Gesellschaftsgewinne
Gewinn- und Verlustr. (Analyse) 161 ff
Gewinnprojektionen 567 ff
  für Börsenindizes 92 ff, 631 ff
  für einzelne Aktien 573 ff
  durch Kurs-/Gewinnverhältnis? 576 ff,
    577 Taf. 29.2
  durch „direkte Methode" 580 f
  mit Hilfe der Gesamtkapitalrentabilität
    581 ff
  diversifizierte Gesellschaften 586 ff
Gewinnquote
  Kennzahl 396
  Beispiel General Motors 33
  bei d. Indexbewertung 87 Anm. 14
  und Reingewinnquote 87 Anm. 14; 396
  Anm. 5b;
Gewinnrendite 624 Taf. 31.4
  Index 633
Gewinntrend 132 ff
Gewinnvervielfältiger, s. Multiplikator
„Giftpille" 697
Ginnie Mae Pass-Throughs 462 und dort
  Anm. *
GNMA 462,
„Golden Parachute" 693
Goodwill
  Abschreibung 256, 265
  wirtsch. Wert 354, 357, 394, 404
  steuerlich 322
Gratisaktien (u. Stockdiv., Anpassung) 378
„Greater Fool Theory" 562
„Greenmail" 698
Größe d. Unternehmens (Kreditwürdigkeit)
  511 f, 661
„Grundvorrats-Methode" (Lagerbewer-
  tung) 223
Guigére (Bewert. Warrants) 677

Handelsbanken (Steuer) 316
„Handelsbilanz" und „Steuerbilanz" 318
Hebelwirkung 88, 650
  s. a. Kapit.-Struktur, Fremdfinanz.,
    Schuldendeck.

Herstellungskosten 213 ff
    Aktivierung von H. 222, 321
„Herunterschreibung"
    Begriff 191 Anm. 1c
    von Anlagen, (Reservebildung) 191 ff, 236
    steuerlich 321
    Ersatz f. normale Abschreibung? 245 ff
    siehe auch: Umstrukturierung, Abschreibung
Historische Entwicklung d. Oblig.-Marktes 451 ff
Homogene Aktiengruppen 98
Horizon Matching (Oblig.) 477 f
Hypothekenmethode
    Abschreibung 235
    Capital Lease 341 f
Hypothekenportfolio (Wertberichtigung) 190

ICC, 108
„Immaterielle Bohrkosten" 252, 319
Immaterielle Faktoren 390, 640 f
Immaterielle Güter
    Übersicht 340
    Abschreibung 254
    Bilanz 355 ff
    Steuer 255
Immobilienindustrie (Cash-flow und Gewinn) 287 ff
Immunisierung
    von Obligationenportfolios 469 f
    von Auszahlungsplänen 476 f
    potentielle I. 479 ff
Index
    beim Trendvergleich (Industrieanalyse) 401, 442
    s. im übrigen S&P 400 und 500, DJJ
Indexfonds
    für Aktien 27 f, 541 f
    für Obligationen 488
Indizes für Obligationen
    Arten 77, 463
    als Performance-Maßstab 463
    zur Risikokontrolle 488
Industrial Development Bonds 307
    Anm. ***, 308, 499
Industrial Revenue Bonds 499
Industrieanalyse 125 ff, 640 f
    mit Kennzahlen (Beisp.) 431 ff

Gründlichkeit 126
Natur des Geschäftes 125 f
verschieden große Unternehmen 401, 431 ff
Änderungstendenzen 128, 433
Reihenfolge von I. nach Gesamtkap.R. 127 Taf. 9.1
Industrieaussichten 125 ff, 574, 640 f
Inflation
    und Vorratsbewertung 214 ff
    und Wachstum 401
    und Oblig. 492
    und Kreditwürdigk. 509
    Auswirkung auf Buchführung 144
    Einfluß auf Zinsen 82 f
    und Bewertung des Index 92 ff, 631 ff
Information (direkte auf Grund von Anfragen) 121
Informationsquellen 105 ff
Innere Stabilität 138
Innerer Wert 41, 45 ff
    s. a. Fundamentalanalyse
Institution (und Einzelinvestor) 4
Integralmethode (Quartalsgewinne) 158
Integration, vertikale 438
Interest Rate Futures 482
Interest Rate Swaps 485 f
    Behandlung d. Analysten 487
Internationale Faktoren 57, 72 f
Internationales Portfolio 550
Intrinsic Value 41, 45 ff
Intuition 608
Investieren (als Disziplin) 6
    auf Grund von Vergleichen 7
Investment
    Methoden 24 ff, 541 ff
    in der Bilanz 337
    Sicherheitsrahmen 139
    Inv. Technologie 540
    Re-Investment 569
    und Spekulation 138, 603 f, 650 f
    kurzfristiges 613
    Herauf- und Herunterschreibung von Inv. 173
    bei d. Finanzbewegungsrechnung 279, 282
    I.Verluste (Reserven) 186
    I.Gesellschaften (Steuer) 316 f
Investment Tax Credit 240, 309
Investmententscheidungen 4 ff

Investmentwert
  und Vermögenswert 150, 357 ff
IPO's (junge Gesellsch.) 53 Anm. 3

Januar-Effekt 25
Junge Gesellschaften 53 Anm. 3
  Kreditwürdigkeit 521
Junk Bonds 522

Kapazität zur Schuldenaufnahme 492
Kapazitätsausnutzung 427 f, 510
Kapital
  Berechn. für Kennz. 391 f, 411 f
  in der Bilanz 354 f
  K.Budget 114
  K.Nachfrage 82
  K.Erhaltung 148 ff, 266, 282 f
Kapitalflußrechnung 259 ff
Kapitalgewinne (Verluste)
  in der Analyse 177
  (steuerlich) 308
Kapitalisierungsrate
  Definition 35
  Risikoprämie 46, 90, 94, 635
  Multiplikator 48 ff
  Abzinsungssatz 628
  für Gesamtbörse 90 ff, 632 ff, 635
  für Gewinne und Dividenden 631 ff
  für einzelne Aktien 640 ff
Kapitalmarktanalyse 4,75 ff
Kapitalmarktprojektion 75 ff, 634 f
Kapitalnachfrage 82
  s. a. Zinsen
Kapitalstruktur 645 ff
  Bilanz 354, 362 ff, 377
  Kennzahlen 377, 395, 397, 407
  und Gewinnmultiplikator in der Praxis
    651 ff, 654
  Gesellschaftspolitik 654 ff
  optimale K. 646, 655 f
  Stromversorgungsunternehmen 652
  Taf. 33.4, 655
  Fremdkapitalanteil 404, 518, 648, 653
  Taf. 33.5
Kapitalumschlag
  Kennz. 395 f
  Oblig. (Kreditwürdigk.) 508
  Beisp. General Motors 33

Kapitalveränderungen (Kennz.) 377 ff
Kassouf (Bewert. v. Warrants) 678
„Kaufmethode" (Akquisition, Heraufschrei-
  bung) 336
Kaufoption 682 f
Kennzahlen
  Analyse mit K. 373 ff
  je Aktie 376 ff
  Schaffung neuer K. 446
  Bildung von Durchschn. 443
  und Trendänderung 508, 600
  und LIFO 223, 228
  Analyse von 2 Chemie Untern. 411 ff
  Industrieanalyse (Beispiel) 431 ff
  Beisp. GM 33
Klasse B Aktien 383
Kleine Gesellschaften
  Kurs- und Buchwert 661
  verborgene Vermögenswerte 672
  Börsenfähigkeit 551 f, 661 f
Kleine-Gesellsch.-Effekt 28, 546
Klumpenanalyse 98 Anm. 3
Komponenten
  der Gesamtkapitalrentabilität
    87 Anm. 14, 395, 396 Anm. 5d; 421,
    437, 508, 582 f
  der Eigenkapitalrentabilität 87
    Anm. 14; 396 Anm. 5d
  der Ertragskraft 45
Konglomerate 586
Konjunkturzyklus
  Einfluß auf Projektionszeit 59 ff, 597
  Kennz. 399, 402
Konsolidierung
  von Tochtergesellschaften 291 ff
    Ausnahmen 296
  von Pensionsplänen 205 ff
Konstantes-Wachstum-Modell 627
Kontrakte (Abwicklung) 320
Kontrolle
  über Gesellschaften 698 ff
  bei Equity-Beteiligung 295
Konventionsberichte 108
Konzentration d. Umsätze auf wenige Kun-
  den 429
Kosmetikindustrie 66
„Kostenlagen" (Vorräte, LIFO) 220
„Kostenmethoden" (Beteiligungen) 294
Kraftwerke
  negat. Abschr. 235

AFUDC (und aktiv. Zinsen) 236 ff, 319, 519
Kreditausfälle (Industr. m. hohem Risiko) 185
Krediteinstufung 454, 645
  von Ges.Oblig. 15 f
Kreditkennzahlen 404 ff
  Spread bei versch. Einstufung 18
Kreditstandards der Banken 364
Kreditwürdigkeit 452, 491 ff
  Definition 505
  allgemeiner Standard 497 ff
  besondere Standards 507 ff,
  fragliche Fälle 520 ff
  Junge Unternehmen 521
  Emissionsbedingungen 513 f
  kurzfristige Fälligkeit 513
  Wandelanleihen 675
Kritisierende Funktion (der Wertp.A.) 42
kumuliertes Stimmrecht 696
Kündigungsklausel (bei Oblig.) 15, 483, 493, 515
Kurs
  und Eigenkapitalrentabilität, s. dort
  und Buchwert s. dort
  und Gewinne s. dort
  s. a. Vermögenswert, Kurs-/Gewinnverhältnis
Kurs und Wert (Zusammenlaufen) 47 ff, 51, 53
Kursempfindlichkeit
  (von Oblig. gegen Zinsänderungen) 15 ff, 464 ff
Kurs-/Gewinnverhältnis 386 ff
  für S&P400 und 500 seit 1871: 633 Taf. 32.1; s. a. 611 f
  der DJJ-Werte 388 Taf. 20.1
  Wachstumsaktien 48 ff
  Höchstgrenze bei Wachstumsaktien 602 ff, 604
  Einstufung nach KGV. 563
  für Projektionen? 574 ff, 577 Taf. 29.2
Kurskennzahlen 385 ff
Kursvergleiche (Kennz. Analyse) 445 f
Kurswachstum
  säkulares 20 Fig. 2.2
  1965 bis 1984 (Gesamtertrag) 23 Fig. 2.3
Kurszyklen 21 f
  von 1871 bis 1986, 21 Taf. 2.6

kurzfristige
  Verbindlichkeiten in Bilanz 329, 335
  Verbindlichkeiten in Finanzbew.R. 292 f
  Fälligkeit (Oblig.) 513
  Gewinne(Oblig. Management) 460
  Gewinne (Aktien) 40, 403, 542, 613
  Kursbewegungen (Quartalsberichte) 145
  Trends (und Konjunkturzyklus) 59 ff, 612 ff
  Investments 542, 613

Lage,
  geografische L. 429, 509
Lageninvasion (LIFO) 221, 334
Lagerzyklus 71
Langfristige Vorhersagen 59 ff
Langfristiger (säkularer) Trend
  von Aktien 19 ff, 20 Fig. 2.2
Langsames Wachstum 568
Latente Steuern 241 Anm. 2a
  s. a. aufgeschobene Steuer, Ertragssteuern, Steuer
Laufender Betrieb
  Bewertung als, 40 Anm. 8
  und Vermögenswerte 253
Leasing
  Terminologie 341 Anm. 1b
  in der Bilanz 341 ff
  Beispiele 343
  und Abschreibung 253
  und steuerliche Verlustvorträge 314
  Leasing Tochtergesellschaften 298
Lebensmitteleinzelhandelsketten
  Analyse, Beispiel 431 ff
  Änderungstendenzen 433
  Umsatz/Verkaufsfläche 428
Lebensversicherung
  durch Betrieb 210 f
  in Bilanz 331
Leverage 88
  Beispiele (Versorgungswerte, Eisenbahnwerte, Stahlwerte, REIT's) 135 f
  s. a. Fremdfinanzierung, Schuldendeckung, Kapitalstruktur
LIFO
  Reserve 222, 333 f, 394, 418
  Pool 221, 321
  Kostenlagen 220
  s. im übrigen Vorratsbewertung

Stichwortverzeichnis 729

Lineare Abschreibung 233
Liquidität
 und Kreditwürdigkeit 516
 zweiten Grades 363 Anm. *, 294
 ersten Grades 365
 Kreditstandards der Banken 364
 Umstrukturierungsmaßnahmen 194
 bei Vorzugsaktien 532
 s. a. Mittelzufluß
Loan Loss Reserve 185
Luftfahrtgesellschaften (Abschr.) 248 f

Makro-ökonomische Schlüsselgrößen 65, 635
Management
 M.Faktor bei Bewertung 131, 580, 640, 669
 M.Wechsel 585
 M.Qualität 640
 siehe auch Portfoliomanagement
Manipulation (und SEC) 236 Anm. 1
Marktsegmente (Oblig.) 453
Maß der Ungewißheit (von Voraussagen) 9, 35, 63
Mechanische Gewinnprojektionen 574, 575 Taf. 29.1
Mehrstimmrechtsaktien 695 f
Miete 341 Anm. 1b
„Mietkauf" 341 Anm. 1b
Minderheitsbeteiligung 292
Mindestkontostände (Schuldklauseln) 331
Mindestwert (einer Option) 383
Minimumsteuer, Alternative 307
Mittelfristige Verbindlichkeiten 340 ff
Mittelzufluß 259 ff
 Brutto- und Nettorechnung 264
 Erhaltung des Kapitals 266
 und Schuldendeckung 407 ff
 im Immobiliensektor 287 ff
 und Abschreibung 288
 und Wachstumsfinanzierung 282 f, 285
Modal Group 651
Modeaktien 36
Modul 542
Molodovsky Effekt 390, 665 f
„Mortgage"-Methode (Abschreibung) 235
 Capital Lease 342
Multi-industrielle Unternehmung 126 Anm. 1

Multiplikator (für Gewinne)
 Begriff 35
 Berechnung 635, 639 f, 654
 historische Entwicklung 632 ff
 für Gesamtbörse 90 ff, 635
 für Wachstumsaktien 601 f
  Höchstwert 604
 und Kapitalstruktur 649 ff
 einzelne Aktien 639 ff
 Berichtigung 48 ff

Nach- und vorgehende Schulden 520
Nachfrage (nach Gütern; Projektion der N.) 58
Natur des Geschäfts
 Qualitative Faktoren 125 ff, 128 f
 und Kreditwürdigkeit 507 f
 Vorzugsaktien 531
„negative Abschreibung" 235
Net Available for Common Equity 397 Anm. 5e, 624
Net Available for Total Capital 393 Anm. 5a; 33, 34 Taf. 3.1; 413
Netto-Mittelzufluß 264
Nettoumlaufvermögen
 Begriff 149 Anm. 5a, 367 Anm. 1a
 Position 363
 Beschränkungsklauseln 366, 514
 Währungsumrechnung 199
Neuverhandlung von Verträgen
 Reserve 187
 nichtwiederkehrende Posten 169
Nicht-Benutzung von Daten 583
nichtwiederkehrende Posten 169 ff
 Begriff 169 Anm. *
 Behandlung 171 ff, 174 f
 Verluste als n.w.P. 301 ff
Nickelbonds 483
„Nonsale Sale" 334
„Nonsub Sub" 334, 349
Notes 331 Anm. **, 455
Notleidende Obligationen 501 ff u. dort Taf. 24.3 bis 5
 und Unternehmensgröße 511 Taf. 25.1 und 2
Nullkuponanleihen 484 f
Nutzungsdauer (Abschreibung) 236, 243 ff

Obligationen
 Definition für dieses Buch, 11 Anm. *

erstkl. und zweitkl. Gesellsch. O. 14,15
  Anm. 3; 18, 39 Anm. 7
 von Investmentwert 39 Anm. 7, 494 ff
 vorrangige 18, 39, 520
 Gesamtbetrag ausstehender Oblig. 77
  Taf. 6.1; 494 f
 der Regierung, Übersicht, 12 Taf. 2.1
 Krediteinstufung s. dort
 Indizes 77, 463
 Einfluß auf Aktien 75, 491
 steuerbefreite 308
 s. a. Kreditwürdigkeit, Zinssätze
Obligationenmarkt 76 ff
 Volumen 12 Taf. 2.1; 77 Taf. 6.1, 494 ff
 Indizes 77, 463
 hist. Entwicklung 451 ff
OID's 483
Ökonometrische Modelle 58
Öl- und Gasgesellschaften
 Öl-Reserven 252, 426 f
 Vermögen 671 f
 Abschreibung 249 ff
 Royalties 252
 Steuer 317
One Decision Stocks 25, 137, 549
Operating Income (Gen. Mot.) 33
Operating Lease 341 ff, 395
 Terminologie 341 Anm. 1b
 Beispiel 343 ff
 Daumenregeln 342, 346
 Zinskomponente 345 ff
 und Finanzierungs-Leasing 341
Operating Leverage 510
Optionen 682 ff
 Bewertung 682 Anm. 8
 Mindestwert 383
 Kennzahlberechnung 382
 Zinsterminkontrakte 483
 in Bedingungen von Oblig. 483
 als Teil des Gehalts 692
Original Issued Discount Bonds 483

Pachtverträge 336 ff, 341 Anm. 1b
„Parken" von Vorräten 348 f
Partizipationsscheine 384
Pensionspläne 202 ff, 322
 Beendigung 210
 Bilanz 207
 Vermögen 330

Pensionsverbindlichkeiten 350 ff, 362
Periode (Auswahl zur Ermittlung
  d. Ertragskraft) 596
Periodenechte Abrechnung 153
Physische Daten (Analyse) 424 ff
„Poison Pill" 697
Politik (der Gesellschaften) 42
Politische Faktoren 67, 71, 129
Portfolio
 Aktienanteil 539 f
 und Umlaufvermögen 330
 Hypoth. P. 190
 Umschlag 544
 Internationales P. 550
Portfolio Management
 für Oblig., histor. Entwickl. 452 ff
 passives und aktives Oblig. M. 452,
  457 ff
 Aktien, 540 ff
Portfolioergebnisse (Reserven) 178, 185
„Portfolioproblem" (Abschreibung von
  Sachgesamtheiten) 235
Portfolioschwankungen (Finanzges.) 178,
  185, 607
Posten (nicht wiederkehrende) 169 ff
Prämie (hohe über Vermögenswert) 663
 s. a. Risikoprämie
Prämien, nicht verdiente (Reserve) 188
Prepaid Expenses 276 Anm. 2d; 338
Price Earnings Effect 157, 563 f
Primary Common Stocks 14
Primary Earnings 379
Prior Service Costs (Pensionspläne) 205 ff
Private Activity Bond 307 Anm. ***
Privatplazierungen (Kreditwürdigkeit) 39
Product Category 65
Produktion in Einheiten 428
Produktionskosten (Aktivierung) 222, 321
Produktionspolitik, Änderung 583
Progressive Abschreibung 235
Projektionen
 und Vorhersagen 59 Anm. 7
 Projektionszeitraum 568, 570 f
 kurzfristige (zyklische) 57 f
 langfristige (säkulare) 59 ff
 bedingte 9, 61
 Ungewißheit bei P. 9, 35, 63
 von Gewinnen u. Dividenden 571 ff,
  591 ff
 wirtsch. Schlüsselgrößen 63 ff, 572, 634

des Börsenindex 83 ff, 92 ff, 631 ff
  von Gewinnen u. Dividenden 571 ff,
    591 ff
  Zinssätze 76 ff, 464 ff
Promissory Notes 331 Anm. *
Prospect 109
Proxy Statements 109
prozentuale Abrechnung
  (Kontrakte) 320 f
prozentualer Substanzverzehr 250 f, 314
Prozesse (Gericht)
  Reserven 187
  Bilanz 349
  nichtwiederkehrende Posten 169
Public Relations 581
Public Service Commission 107
Put-Option 683

Qualität des Managements 131, 580 f, 640,
  669
Qualitative Faktoren 136 ff
Qualitative und quantitative Daten 595
Qualitätsaktien 424, 442
Quantitative Faktoren (Sicherheitsrahmen)
  139 f
Quartalsberichte (10-Q-Bericht) 111
Querschnittsmethode (Aktien-Index-
  Fonds) 542
Quick Assets 368
Quick Ratio 365

Rahmen (der Schätzung) 9, 35
Raider 693 ff
Random Walk 25
Ratenzahlungsverkäufe 319, 332
Re-Investment 569 ff
  Gründe für und wider 621 f
  Auswirkungen auf Wachstum 570
Realisierungsprinzip (Buchführung) 155
Rechnungsabgrenzungsposten 270
  Fig. 15.1;
  276 Anm. 2d und 2e; 338, 339
  Anm. ***, 394 Anm. 5b
Regierungsverbindlichkeiten 12 f
Regression (statistische für Gewinntrend)
  597
Reingewinnquote 85, 87 Anm. 14
REITS 136
Relative Stärke 25, 54

Relativer Wert (Analyse-Methode des) 41
Rendite auf
  Buchwert 86 ff, 657 (s. a. Gesamt-,
    Eigenkap.Rentab.)
  erstklassige Oblig. 14, 15 Taf. 2.3
  verschiedene Wertpapiertypen 90 ff u.
    dort Taf. 6.6–6.9
Rendite-Maximierung (Oblig.) 452
Renditedifferenz
  zw. versch. Oblig.-Klassen 18 Fig. 2.1
Renditekurve 468
Rentabilität
  Kennzahlen, 25, 33, 391 ff
  bisherige R. (und Kreditwürdigkeit) 515
Report (10-Q-, 10-K- usw.) 110 f
Research and Development (Abschreibun-
  gen) 254
Reserven 181 ff
  Begriff 181 Anm. *
  Arten 181 ff
  aufgeschobene Steuern 184, 241 ff
  in speziellen Industrien 183
  für zweifelhafte Forderungen 184, 320,
    332
  physische Reserven 252 f, 424 ff
Residual Return 98
Restrukturierung
  siehe Umstrukturierungsmaßnahmen
Return 18, 24
Revenues 272
Revolution (in d. Buchf.) 143
„rezessionssichere" Industrien 559
Risiko
  der Ungewißheit von Voraussagen
    9, 35, 63
  und Duration, Vermögenswerte 329
  R.analyse 9, s. a. Beta
Risikoprämie
  für Aktien 46, 90
  für Obligationen 18 Fig. 2.1
  Kapitalisierungsrate 46, 94, 635
Risikokontrolle (Oblig.)
  Zins und Duration 466 ff
  für Oblig.Portfolio 488
risikoreiche Darlehen (Reserven) 185
ROE, 33, 397 Anm. 5e
ROI 393 Anm. 5a
Rotationsmanager 541
Rücklagen 181 Anm. *
  siehe im übrigen Reserven

Rückstellungen 181 Anm. *
  siehe im übrigen Reserven
Ruhestandsvergünstigungen, sonstige
  210 ff

S&P 400 und 500
  Auszahlungsrate 19,88 Anm. 15; 89 Taf. 6.6; 618, Taf. 31.1
  Zusammensetzung usw. 632
  Bewertung 92 ff, 631 ff, 636 ff
  Kurs-/Gewinnverhältnisse 1871 bis 1985, 633 Taf. 32.1
  Kapitalisierungsrate 90 ff, 632 ff
  Eigenkapitalrendite 86 Taf. 6.5
  Kurs zu Buchwertverhältnis 622 ff u. Taf. 31.3 u. 31.4; 637
  Projektionen 635 Taf. 32.2
  Gewinnrendite 633
  Gewinne und Umsätze 83 ff, 84 Taf. 6.3 ff; 86 Anm. 13; 573, 631 ff
  Gesamterträge (Zyklen), 101 Taf. 7.1; 104 Taf. 7.2
Sachanlagevermögen 197 Anm. 1d; 336 f
  und Cash-flow 279
Sachversicherungen (Reserve) 187
Saisonale Gewinnauswirkungen 613
Säkulare (langfristige) Vorhersagen 59
Säkularer Trend 19, 20 Fig. 2.2
Sale-Lease Back 172, 314
Schätzungen 419
Schätzungsrahmen 9, 35
„schnelle Aktiva" 368
Schriftform (der Analyse) 162
Schuldendeckung, -dienst 406 f, 495 ff
  Kennzahlen 406 ff
  Beispiele 423, 442 ff
  Kreditwürdigkeit 497, 500 ff, 518 ff
  Stabilität der Deckung 504
  Zinshöhe 497
  bei Vorzugsaktien 534 f
  durch Substanz 354, 498 ff
Schuldinstrumente (neue, festverzinsliche) 481 ff
Schutzklauseln (Oblig.) 514
Schutzpolster, s. Sicherheitsrahmen
Schwankungsbreite (von Kurszyklen) 20, 21 Anm. 7
SEC
  und Manipulation 236 Anm. 1

vorlagepflichtige Gesellschaften 106 f
  Veröffentlichung von Material 108 ff
Secondary Stocks 14
Security Analysis 3 Anm. 1
  s. a. Wertpapieranalyse
Segment (der Börse) 97
Segmentberichte 113
SEI-homogene Gruppen 98
Sektor-Analyse (Aktien) 4, 7, 97 ff
Sektorswaps (Oblig.) 462
seltene Posten 169 Anm. *
Senior Securities 39
Serienfälligkeit (Oblig.) 514
Service Costs (Pensionen) 206 Anm. 2a
Shark-Repellent 696 f, 700
Shelton (Warrants, Bewertung) 678 Anm. 5
Sicherheitsrahmen, -polster
  Aktien 139 ff, 547, 560
  Obligationen 479 ff, 497, 506
  Vorzugsaktien 530, 533
Sicherungsklauseln (Bankkredite) 366
Sicherungsrechte 513 ff
Sinking Fund 17, 335, 459, 514, 521, 530
Small-Company-Effect 28, 546
Software-Programme 117
Sonderposten m. Rücklagenanteil 181 Anm. *
sonstige Ruhestandsvergünstigungen 210 ff
Soziale Fragen 67 ff, 129
Sparaufkommen 81
Spekulation (und Investment) 138, 603 f, 650 f
Spekulative Aktien, Gesellschaften
  keine formelle Bewertung 650 f
  Beispiel 592
Staatl. Regulierung 71
Staatl. festverz. Wertp. (neuere Entwickl.) 12 Taf. 2.1; 455, 494 Taf. 24.1
Staatsaufsicht
  Einfluß 129
  Berichte 107 ff
Stabilität
  Faktoren bei Projektionen, 83 Anm. 10
  innere St. des Unternehmens 138 f
  Industrien 559 f, 559 Taf. 28.3
  Kennzahlen 401 ff
  der Ertragskraft (Kreditwürdigk.) 504, 510
  der Ertragskraft bei Vorzugsaktien 534 f

Standard Aktien 14
„Standardisiertes Maß" (Ölreserven) 426 f und dort Taf. 21.6
Standardkostenmethode (Vorratsbewertung) 224
Standort (u. Kreditwürdigkeit) 509
Steady State (Modell), 60, 627
Steueranpassung 169
„Steuerbilanz" und „Handelsbilanz" 318 ff
steuerl. Behandlung v. Vorzugsaktien 308, 525
Steuern 305 ff
    Besonderheiten USA (Überblick) 306 ff
    buchmäßige Behandlung 312 f
    Sonderstatus von Industrien 315 ff
    Steueränderungen 318, 325
    Steuerl. und Buchgewinn 318 ff
    u. U. nicht wiederkehrender Posten 169
    auf Auslandsgewinne 300 f
    Steuervorteile als Vermögenswert 194, 310 ff, 669
    Vorauszahlungsnoten 335
    wer zahlt am Ende? 325 f
    steuerkonforme Buchführung (LIFO) 220
    Begünstigung von Vorzugsaktien 308, 525
    Ertragsteuersätze div. Staaten 310
    siehe auch aufgeschobene Steuern
Steuernachlaß 169
Steuervorauszahlungsnoten 335
Steuervorteile (Verkauf) 194, 310 ff, 669
Stimmrecht 695 ff
Stripped Treasuries, Strips 485
Stromversorgungsunternehmen
    Vermögen 670
    Kreditwürdigkeit 519
    „Stromgebühren" (Reserve für Anpassung) 187
Strukturiertes Management (Oblig.) 487
Sub Asset Company 665
Substanzverzehr 191 Anm. 1c; 249
Substanzwert und Aktienbewertung 354, 657 ff
    s. im übrigen Vermögenswert
Substitutionsswap (Oblig.) 461
Südafrika-Frage 130
Sum of the Year's Digits (Abschreibung) 234
synthetische Wandelanleihe 684

Tax Anticipation Notes 335
Tax Credit 308 ff
Tax Preference Item 307 Anm. *
Technisch-finanzielle Analyse 641
Technische Analyse 24
Technologische Faktoren 71, 641
„Terminal Stage" 60
Terminkontrakte (Zinsen) 482
Tiefpunkt der Gesamtbörse 548
„TIGERS" (Oblig.) 485
Tilgungsfond 17, 335, 459, 514, 521, 530
Timing
    Aktien 53, 565
    Oblig. 465
    Wandelanleihen 674, 684
Tochtergesellschaft 291 ff
    für Finanzierung und Leasing 296
    Verluste von T. 301 ff
Total Return (Aktien) 18, 24
Trade Credits (T.Receivables) 268 Anm. 2a
Transaktion und Translation (Währungsumrechnung) 195
Translation 195
Treasuries (hist. Entwickl.) 455
„Treasury Stock"-Methode 382
Trend
    und Durchschnitt (techn. Einzelh.) 434, 509 Anm. 1; 591 ff
    kurzfristiger Tr. und Konjunkturzyklus 59 ff, 597, 612 ff
    und Wachstumsgesellschaften 598
    Wende im Trend (Kennzahlen) 508, 600 f
    Abwärtstrend (der Gewinne) 605
    zukünftige Gewinne 132 ff
    Extrapolation 133
    Projektionen (BSP, Index) 67 ff, 92 ff, 631 ff
Trendumkehr
    Kennzahlen 508, 600
    Industrieanalyse 128
    Gewinntrend (Beispiel) 135

Über- und unterbewertete Aktien 564
Überlebensfähigkeit von Gesellschaften 605 ff
Übernahme 665, 672
    s. im übrigen Akquisition
Übertragbarkeit von Steuervorteilen 194, 310 ff, 669

Umfang der Wertpapieranalyse 123
Umlaufrendite 78
Umlaufvermögen
   Begriff 149 Anm. 5a; 330
   und Duration 329
Umlaufvermögensüberschuß
   Begriff 367 Anm. 1a
   historischer Überblick 666 f
   als Indikator 667
   Wertanpassung 669
Umrechnung
   (des Ertrages auf Vorsteuerbasis) 496
   Taf. 24.2; 534 Anm. 6
   LIFO/FIFO 226
Umsätze
   Begriff (Kennzahlen) 385 Anm. 4a
   je Aktie (Kennz.) 385
   Index, s. S&P 400 und 500
Umsätze-Reingewinnquote-Methode
   (Bewertung des Index) 85
Umsatzgewinnrate 396 Anm. 5d
Umsatzrendite 396 Anm. 5d
Umschlagrate (im Aktienportfolio) 543 f
Umschlagskennzahlen 395, 409
Umstrukturierungsmaßnahmen
   Reserven 191 ff
   Mittelzu- und -Abflüsse 194
   zeitliche Verteilung der Kosten 193
   und Kreditwürdigkeit 504
   steuerl. Behandlung 321
   s. a. Herunterschreibung, Abschreibung
Umtauschoperationen (Oblig.) 458 ff
Umweltschutz 130
Unfallversicherungen (Reserven) 187
Ungewißheit von Voraussagen 9, 35, 63
Ungewißheiten der Zukunft (Berücksichtigung) 138
ungewöhnliche Posten 169 Anm. *
Unit of Production Methode (Abschreibung) 234
Unnotierte Gesellschaften (Berichte) 113

Value Line
   unrichtige Gewinnprojektion 578
   Timeliness Ranking Model 26
Variability 20, 21 Anm. 7; 46
Verbesserungen (auf Pachtgegenstand) 337
Verbindlichkeiten
   kurzfristige (Bilanz) 335
   mittelfristige (Bilanz) 340 ff
   außerhalb der Bilanz 297, 340 ff, 349
   und Reserven (Bezeichnung) 183
   aus Lieferungen und Leistungen 275 Anm. 2a und 2c
   gegenüber Banken 366 f
Verfahren bei Schätzung der Ertragskraft 571 f
Vergleich
   von Investmentgelegenheiten 7
   von Kursen (Kennz.Analyse) 420, 445 f
   zweier Chemiegesellschaften, Beispiel 411 ff
   mehrerer Gesellschaften 431 ff
   Finanzierungsaktivitäten 297 f
   von Abschreibungen 165
      Luftfahrtgesellschaften 248
   von Vorräten (Umrechnung) 165, 225 ff
Vergleichbarkeit 166
Verkauf und Rückpacht 172, 314
Verkaufsfläche (als Vergleichsmaßstab) 428
Verkaufsoption 683 f
Verkaufspolitik (Änderung) 584
Verluste
   bei Umstrukturierung 191 ff
   auf Ausleihungen 185
   Verteilung auf richtiges Geschäftsjahr 193 f
   Einzelbetriebe und Tochtergesellschaften 301 ff
   versicherungstechnische V. 209
   Verschleierung 332
   Reserven 209, 332
Verlustvor- und -rücktrag
   steuerliche Behandlung 311
   Verkauf 194, 310 ff, 669
Vermögenswert
   Einkommensbegriff und V. 149
   Bilanz 353 ff, 359 Taf. 19.1; 369 Taf. 19.2
   und Investmentwert 150, 353, 357 ff
   und Ertragskraft 358 f
   im Geschäftsleben und an der Börse 658 f
   als negativer Faktor 661
   s. a. „Bereinigung in einem Aufwasch"
   Zu- und Abschläge für V. 659 ff, 665, 669
   Umlaufvermögensüberschuß 666 ff, 669

flüssige Mittel 668
spezielle Industrien 670 ff
Aktien im Abwärtstrend 606
bei kleinen (jungen) Gesellschaften
 511 f, 521, 661 f, 672
Sicherungsfunktion 354
Schuldendeckung 498, 516
Zugriff der Vorzugsaktionäre 529, 536
im Ausland 173
Umschlag von Verm. 409
Veräußerung 171
Vorräte „parken" 348
siehe auch Anlagev., Vorräte
Umlaufv. Ab- und Zuschreibung
Verschuldung
 (Entwicklung) 494, 494 Taf. 24.1
 Umfang (Übersicht), 77 Taf. 6.1
Verschuldungsgrad, s. Kapitalstruktur,
 Kreditwürdigkeit
Versicherungsgewinne
 (nicht wiederk. Posten) 173
Versicherungsprämien (nicht verdiente)
 188
versicherungstechn. Gewinne u. Verl. 209
Verteidigungszeitraum 409
Vertrauensskala 9,35
Vervielfältiger für Gewinne, siehe Multiplikator
Verwässerung
 des Buchwertes 355
 des Gewinns 379 ff
Verzug (Default) 366, 514 f
voll verwässerte Gewinne 379
Von-oben-nach-unten-Methode 5
Von-unten-nach-oben-Methode 5
Vor-Steuer-Basis,Umrechnung 496
 Taf. 24.2; 534 Anm. 6
Vorausleistungen, finanzielle 276
 Anm. 2d; 338
vorgehende (vorrangige) Belastungen
 (Deckung, Kennzahl) 406 f
 und nachgehende B. 520
Vorgeschichte
 der Gewinne 567 ff, 591
 Bedeutung f. d. Zukunft 19, 161, 166 f
 immaterielle Faktoren 390
 Nichtbenutzung 583
Vorhersagen
 und Projektionen 59 Anm. 7
 kurzfristige (zyklische) 57 f

langfristige (säkulare) 59 ff
bedingte 9, 61
Ungewißheit 9, 35, 63
Rahmen 9, 35
wirtschaftliche Schlüsselgrößen 63 ff,
 572, 634
 des Börsenindex 83 ff, 92 ff, 631 ff
 von Zinssätzen 76, 465 ff
Vorleistungen, finanzielle
 (Rechnungsabgrenzungsposten) 276
 Anm. 2d, 338 f
Vorrangige Wertpapiere 18, 39, 351, 520
Vorräte (Aufgliederung in Bilanz) 333
Vorratsbewertung 213 ff
 und Allgemeinkosten 222, (275), 278,
 321
 Kennzahlen 223, 228, 409
 in Finanzbew.R. 275
 LIFO und FIFO 217 ff
 LIFO-Reserve 222, 333 f
 Parken von Vorräten 348
Vorteile (besondere der Ges.) 585
Vorwegnahmemethode 40, 403, 542, 613
vorzeitige Schuldentilgung
 Gewinne und Verluste 172
 steuerlich 322
Vorzugsaktien 525 ff
 erst- und zweitklassige 17 f
 in Bilanz 351, 361,
 Sicherheitsstandards 530 ff
 Eigenkapital? 526, 529, 536
 Dividendenrückstände 351
 steuerliche Behandlung 308, 525

Wachstum
 Kennzahlen 399 f
 Berechnungsmodus 399 f, 440 Taf.
 22.4; 443 ff
 W.trends, techn. Fragen, s. Trend
 des Buchwerts 86 ff, 657
 Stabilität und W. 402
 der Gewinne u. Mittelzufluß 263
 durch Fremdfinanzierung 165, 422,
 439 ff, 492
 durch Akquisition 586 ff
 und Kreditwürdigkeit 509
 Finanzierung (Kreditwürdigkeit) 491 f,
 510
 W.eigenschaften 444 Taf. 22.6

einer Industrie 401, 443 ff
W.rate, „eingebaute" 568
Wachstumsaktien 48 ff, 544 ff, 601 ff
   Definition 544
   Kurs-/Gewinnverhältnis 48 ff
   Auswahl 544 ff
   Höchstwert für Gewinnmultiplikator 601 ff, 604
   Constant Growth Model 627
   langsames Wachstum 568
   und Gewinntrend 598 f
   Prämie über Buchwert 663
Wachtumseigenschaften 444 Taf. 22.6
Waffenproduktion 130
Währungsumrechnung 195 f
   in Bilanz 361
   in Finanzbew.R. 273, 277
   Beispiel 418
Wandel
   im Portfoliomanagement 540
   im Trend 600 f, s. a. Trendumkehr
   am Obligationenmarkt 456
Wandelanleihen 673 ff
   historische Übersicht 673 f
   Timing 674, 684
   Fondsergebnisse 675 Taf. 35.1
   synthetische W. 684
Warrants 676 ff
   eingebettete 679
   Beweglichkeit der Aktie 681
   Berücksichtigung bei Kennz. 382
Wechsel im Management 585
Wert und Kurs 47 ff, 51, 53
Wertberichtigungskonten 181 ff,
   s. im übr. Reserven
Wertpapieranalyse,
   als Disziplin 8
   Bezeichnung 4 Anm. 1
   Umfang und Grenzen 31 ff, 123 ff
   quantitative und qualitative Elemente 124
   nicht finanzielle Faktoren 128 ff
   Managementfaktor 131, 580, 640, 669
   und Spekulation 138
   Funktionen der Wertpapieranalyse 37 ff
   s. a. Fundamentalanalyse, Bewertung, innerer Wert
Wertpapiere
   Einteilung 11
   vorrangige 18, 39

   von Gesellschaften, Übersicht, 13 Taf. 2.2
   festverzinsliche (= Oblig.) 11 Anm. *
   jährl. Ertragsraten (Übersicht) 90 ff u. dort Taf. 6.7–6.9
   handelbare in Bilanz 338
   Verluste (Wertberichtigung) 182, 185
   Gewinne und Verluste 360 f
   eigene (Gewinne und Verluste) 176, 371
   s. a. Aktien, Obligationen, Investment, Portfolio
Wilshire 5000 Index 546
„Windfall Profits" (Ölges.) 317
Wirtschaftliche Schlüsselgrößen 63 ff, 83 ff, 634 ff
Wirtschaftsanalyse 4, 55 ff, 634 ff
   BSP-Trendprojektionen 67 ff
Working Capital 149 Anm. 5a

Yield Curve 468
Yield Pick-up Swap (Oblig.) 458
Yield-Tilt 629

Zahlungsunfähigkeit (Oblig.)
   s. notleidende Oblig.
zehn-K-Report, 10-Q-Report usw. 110 f
Zentralwert (innerer Wert) 41, 45, 47 ff
Zero-Kupon-Anleihen 484 f
Zeta-Werte (Krediteinstufung) 503
Zinsanteil
   bei Kernkraftwerken 239
   in Leasinggebühren 345 f
Zinsbelastung (Schuldendienst) 495
Zinsdeckung 406, 442 ff, 495 ff
   s. a. Schuldendeckung
Zinsen
   steuerbefreite 308
   Aktivierung 236 ff
Zinsentwicklung (Vorhersage) 76 ff, 464
Zinskontrakt 482
Zinsrisiko (Kontrolle) 488 f
Zinssätze für Obligationen 76 ff
   und Ersparnisbildung 81
   und Bewertung des Index 90, 635
   Einfluß auf Aktienkurse 75 ff
Zukunft und Vorgeschichte 19, 161 f, 166 f
zukünftige Gewinne 132
Zusammenfassungen
   Standards für Obligationen 520

Standards für Vorzugsaktien 535 f
qualitative und quantitative Faktoren 140
Zusammenlaufen von Kurs und Wert 47 ff, 51, 53
Zusammenschluß, siehe Akquisition
Zuschreibung 191 Anm. 1c, 236

Zwischenberichte 111
Zyklen
   von Kursen 21 ff
   des Index 22 Taf. 2.6; 102 f; 104 Taf. 7.2
Zyklische (kurzfristige) Vorhersagen 57 f